1949—2018

《中国农业大事记》优秀单位展播

省市县风采

广东省农业农村厅 1
中国动物卫生与流行病学中心 2
贵州省农业农村厅 4
福建省农业农村厅 6
北京市海淀区农业农村局 7
北京市顺义区北小营镇人民政府 8
海南南繁管理局 9
青川县农业农村局 10
泰州市姜堰区农业农村局 11
德宏州农业技术推广站 12
上海市嘉定区动物疫病预防控制中心 13
上海市闵行区农村经营管理站 14
重庆市潼南区农业农村委员会 15
成都市郫都区农业农村和林业局 19
西藏自治区昌都市类乌齐县农牧局 16
古丈县茶叶局 17
江西省湖口县农业农村局 17
北京市怀柔区九渡河镇人民政府 18
合肥市农业农村局 18
岳阳市农业农村局 19
邓州市农业技术推广中心 19

科教兴农

云南省生态农业研究所 20
河北农业大学 22
北京市农林科学院玉米研究中心 24
河北农业大学科学技术研究院 25

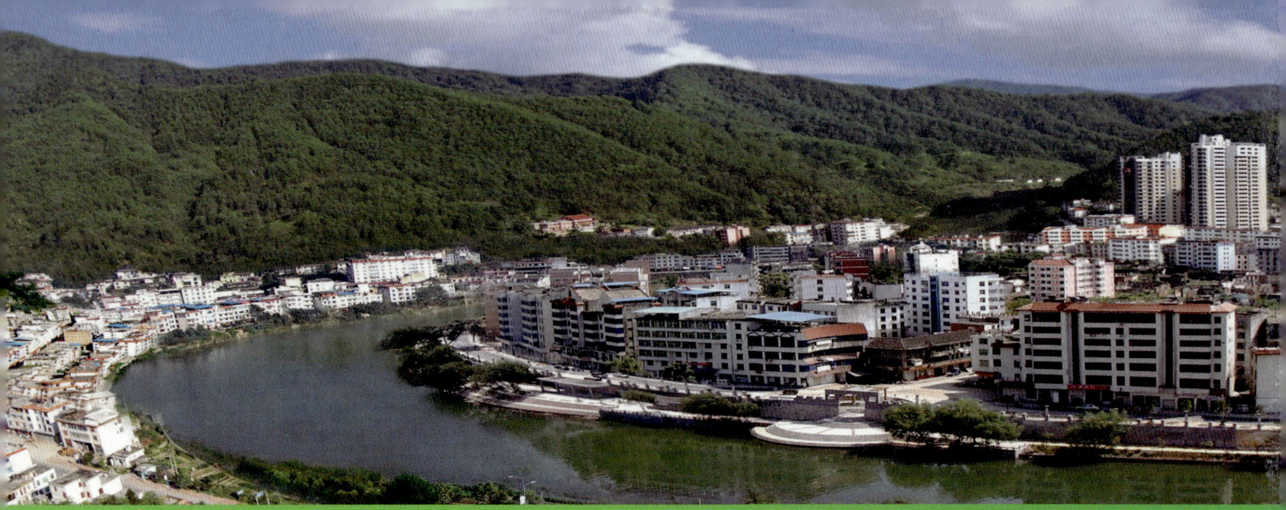

1949—2018

《中国农业大事记》优秀单位展播

科教兴农

江西省农业科学院水稻研究所 26
中国热带农业科学院环境与植物保护研究所 27
农业农村部设施农业工程重点实验室 28
辽宁果树研究所 29
新疆农业科学院哈密瓜研究中心 30
中国农业科学院资源与区划研究所 31
吉林省农业科学院（刘宝权团队） 32
吉林省农业科学院（李淑杰团队） 33
中国农业科学院北京畜牧兽医研究所 34
中国热带农业科学院环境与植物保护研究所 35
海南海洋与渔业科学院 36
中国农业科学院作物科学研究所（李立会团队） 37
中国农业科学院作物科学研究所（黄长玲团队） 38
中国水产科学研究院东海水产研究所 39
中国水产科学研究院黄海水产研究所 40
江苏大学流体机械工程学技术研究中心 41
江苏农牧科技职业学院 42
湖南农业大学 43
华中农业大学工学院 44
山东大学海洋学院（威海） 45
河南省农业广播电视学校夏邑分校 46
西南大学家蚕基因组生物学国家重点实验室 47
湖南省水利水电科学研究院 48
江苏大学 49
安康市农业科学研究所 50
衡阳市蔬菜研究所 51
江苏艾科姆检测有限公司 52

1949—2018

《中国农业大事记》优秀单位展播

科教兴农

北京汉科财富科技有限公司 53
农业农村部食物与营养研究所 54
中国农业科学院油料作物研究所 55
中国水产科学研究院 55
（江苏）中国科学院植物研究所 56
湖北省农业科学院植保土肥研究所 56
中国农业科学院北京畜牧兽医研究所 57
中国农业科学院蔬菜花卉研究所 57
中国农业科学院烟草研究所 58
河北省农林科学院旱作农业研究所 58
山西农科院右玉试验站 59
中国农业科学院兰州畜牧与兽药研究所 59
湖北华凯能源股份有限公司 60
中国热带农业科学院橡胶研究所 60
江苏省农业科学院畜牧研究所 61
中国农业科学院农业基因组研究所 61
中国水产科学研究院珠江水产研究所 62
河北省涿州市义民玉米研究所 62
贵州省水稻研究所 63
中国农业科学院北京畜牧兽医研究所 63
中国农业科学院农业基因组研究所 64
中国农业科学院作物科学研究所（王智团队） 64
天津市人工影响天气办公室 65
黑龙江省科学院微生物研究所 65
中国农业科学院植物保护研究所（徐学农团队） 66
吉林农业大学（许永华团队） 66
扬州大学农学院（张洪程团队） 67

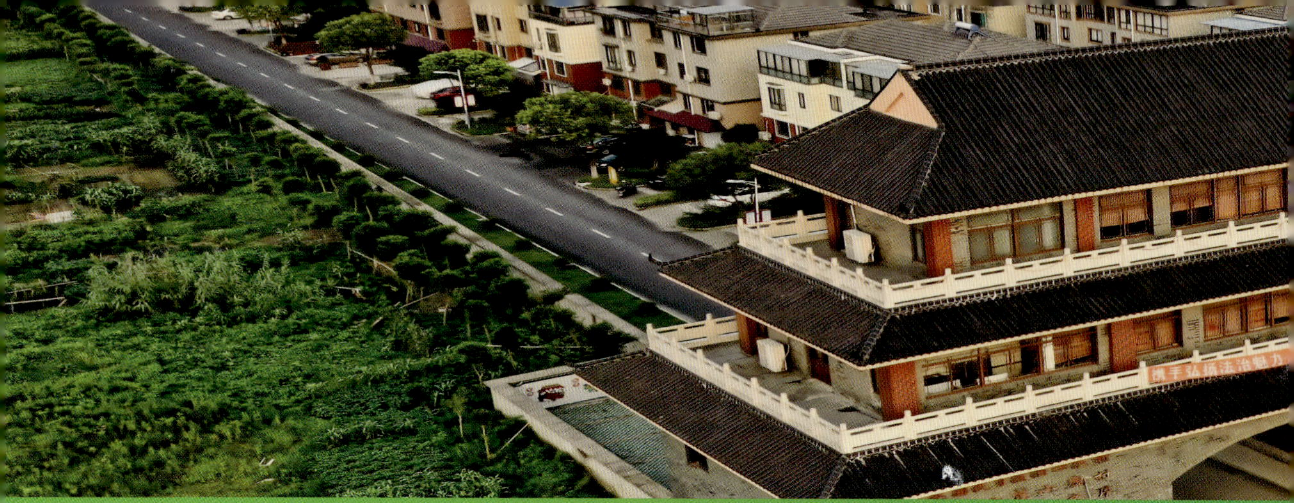

1949—2018

《中国农业大事记》优秀单位展播

科教兴农

中国热带农科院（詹儒林、王松标团队） 67
南京农业大学（章建浩团队） 68
随县农业科学研究所 68
甘肃谷丰源农化科技有限公司 69
广州华鑫检测技术有限公司 69
甘肃农业大学（吴建民团队） 70
甘肃农业大学（赵武云团队） 70
南京农业大学（姜平团队） 71
扬州大学（王金玉团队） 71
华中农业大学（倪德江、余志团队） 72
华南农业大学（杨丹彤团队） 72
华南农业大学南方草业中心 73
昆明理工大学 73
华南农业大学数学与信息学院 74
南京农业大学国家信息农业工程技术中心 74
内江杂交水稻科技开发中心 75
浙江省萧山棉麻研究所 75
江苏徐淮地区徐州农业科学研究所 76
平凉农业科学院 76
佛山市农科院 77
中国热带农科院橡胶研究所 77
山西省农业科学院农作物品种资源研究所 78
天津坤禾生物科技集团股份有限公司 78
山东成城物联网科技股份有限公司 79
浦江县农业信息中心 79

1949—2018

《中国农业大事记》优秀单位展播

美丽乡村

广州市白云区钟落潭镇寮采村 80
上海黄桥村 81
平度市旧店镇九里夼村 82
中山市南朗镇崖口村 83
桃源村 83
西藏扎囊县孟卡荣村农机合作社 84
江苏省苏州市吴中区东山镇三山村 84
上海市奉贤区南桥镇杨王村 85
张北县小二台镇德胜行政村 85
兰溪石塘山庄园果蔬有限公司 86

示范园区

曲水县才纳乡国家现代农业示范区管理委员会 86
湖北武汉黄陂台湾农民创业园管理委员会 87
清流台创农民创业园管委会 88
水城县东部农业产业园 88
湖南佳惠集团 89

农业产业化

中粮集团有限公司 90
光明食品（集团）有限公司 91
新疆盛康粮油有限公司 92
东营市垦利区万隆农林经贸有限公司 93
昌吉州粮油购销（集团）有限责任公司 93
山西古城乳业集团有限公司 94

农产品市场

潍坊亿家安农贸批发市场有限公司 94

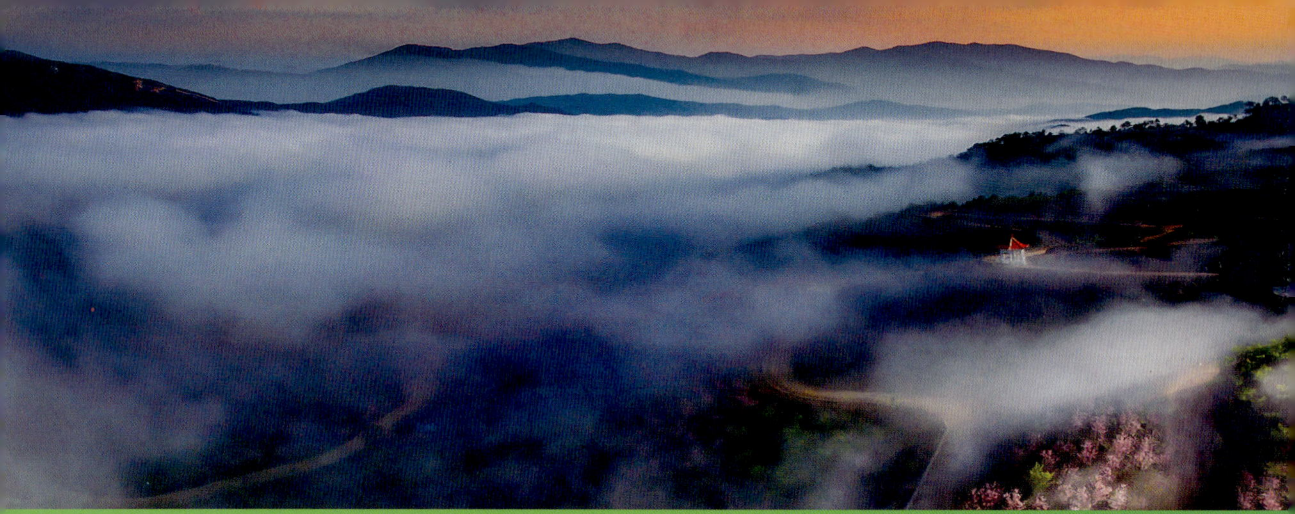

1949—2018

《中国农业大事记》优秀单位展播

农产品市场

长沙马王堆农产品股份有限公司 95
苏州市南环桥市场 96
厦门夏商农产品集团 96
吉首市蔬菜果品批发大市场 97
沭阳国际花木城 97

品牌农业风采

刘氏果业集团公司 98
西吉县马铃薯产业服务中心 99
中粮贸易内蒙古有限公司 100
中山食品水产集团 101
南方黑芝麻集团 101
湖北农谷实业集团 102
宿州市市外桃源生态农业发展有限公司 102
山西九牛农业有限开发公司 103

农民合作社

吴忠市伊禾农机作业服务有限公司 103
固安兴芦集团公司 104
北京五福兴农种植农民专业合作社联合社 104
惠泽农业生产专业合作社 105
定西鸿德农牧农民专业合作社 105
绥阳县雅泉小康农业专业合作社 106
古北口镇河西村 106
博野县翠伟柴胡知母专业合作社 107
临夏市绿星无公害蔬菜产销农民专业合作社 107
新和戈壁红农产品农民专业合作社 108
山西怀仁县文亮农机专业合作社 108

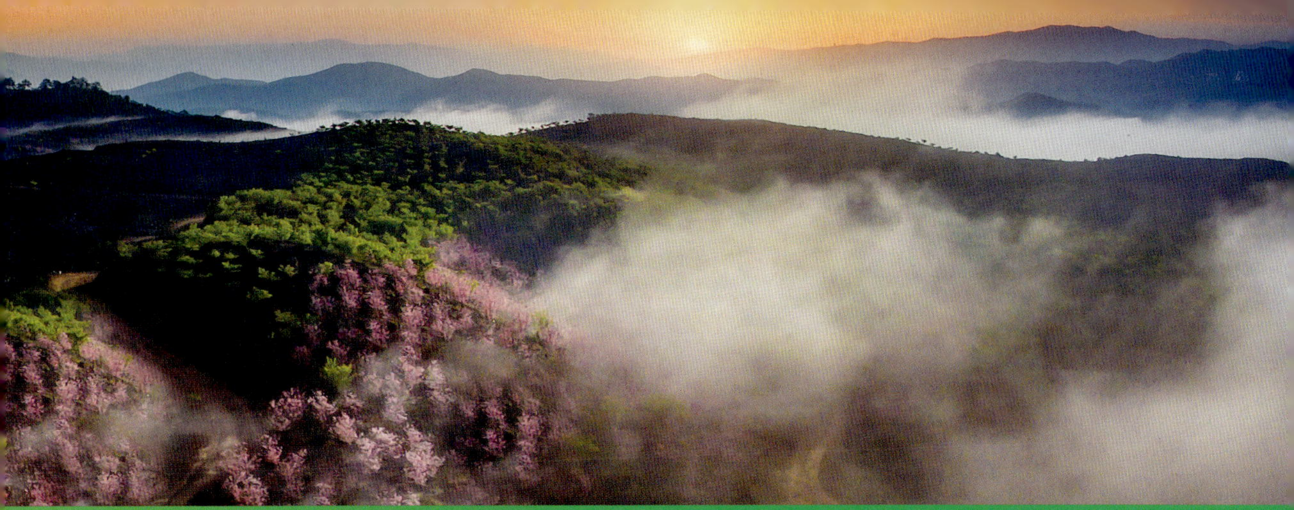

1949—2018

《中国农业大事记》优秀单位展播

畜牧业风采

广西扬翔股份有限公司 109
福建傲农生物科技集团股份有限公司 110
山东广耀牧业集团有限公司 111
山西保森畜牧有限公司 112
西藏农牧产业投资集团有限公司 113
郧县安阳湖生态园有限公司 114
龙江元盛和牛产业股份有限公司 114

良种风采

拜城县种羊场 115
湖南省贺家山原种场 116
华智水稻生物技术有限公司 117
五莲县莲山黑猪养殖场 118
南京新淳农业发展有限公司 118

农机风采

江苏常发农业装备股份有限公司 119
江苏悦达智能农业装备有限公司 120
徐轮橡胶有限公司 121
极飞科技 122

农垦风采

河南省黄泛区农场 123
巴南区昌元家庭农场 124
黑龙江省八五一〇农场 124
遂溪县金龟岭休闲农场 125
朝邑农场 125
包头市大西北科技发展有限责任公司 126

1949—2018

《中国农业大事记》优秀单位展播

渔业风采

广东省渔业互保协会 126
深圳市渔业服务与水产技术推广总站 127
沈阳市金山水产养殖公司 127

种业风采

山东登海种业股份有限公司 128
大华种业集团 129
四川国豪种业股份有限公司 129
安徽荃银高科种业股份有限公司 130
浙江更香有机茶业开发有限公司 130

广东省农业农村厅

广东全面实施乡村振兴战略 开创“三农”工作新局面

2018 年，全省各级农业农村部门认真贯彻落实党中央、国务院和省委、省政府的“三农”决策部署，全面实施乡村振兴战略。全省农林牧渔业总产值达到 6 326.3 亿元，增加值 3 943.5 亿元，同比分别增长 4.2%、4.3%，增幅自 2013 年以来最高。全省农村居民人均可支配收入 17 168 元，增速高于城市居民可支配收入和 GDP 增速，城乡居民收入比进一步缩小至 2.58:1。农产品进出口贸易总额 1 994 亿元，增长 6.7%，其中出口 678.6 亿元，增长 5.8%，增幅高于全省出口 4.6 个百分点。农业保供给、保质量、保安全成效显著，全省粮食总产量 1 193 万吨，“菜篮子”“果盘子”产品供应充足。主要工作如下：

1. 着力打好脱贫攻坚战。实施产业扶贫项目 33.27 万个，带动在家有劳动能力相对贫困户 19 万户、70.4 万人，产业项目收益 14.8 亿元，建档立卡贫困人员共有 24.5 万人实现就业，东西部扶贫协作，投入财政援助资金 39.27 亿元，筹集社会帮扶资金 28.6 亿元，实施扶贫项目、产业合作和劳务协作带动四省（区）减贫 240.7 万人。

2. 着力调整优化农业结构。培育 6 个国家级区域公用品牌，创建 66 个全国“一村一品”示范村镇、14 个国家质量安全县（市）、4 个国家级特色农产品优势区、5 个现代渔业示范园区，划定永久基本农田 3 214 万亩、粮食生产功能区 1 380.5 万亩，特色种养业走在全国前列。

3. 着力发展富民兴村产业。建设首批 50 个省级现代农业产业园，拉动各类投资 91.88 亿元，带动 123 万农民就业增收，国家现代农业产业园增至 4 个，建设省级农产品加工示范园区 3 个，全省规模以上农产品加工业主营业务收入 13 288 亿元，全省农业龙头企业、农民合作社、家庭农场分别达 4260 家、4.7 万家、1.72 万家，新型职业农民增至 74 万人，各类新型经营主体带动 635 万农户户均增收 3 500 元。

4. 着力强化科技支撑。启动创建广州国家现代农业产业科技创新中心，建立省级现代农业产业科技创新及转化平台 127 个，新育成优质绿色高效作物新品种 150 个，新增种苗繁育能力超过 1 亿株，示范推广优良新品种面积 250 多万亩，加快农业信息化建设，全省农业科技贡献率提高到 68%，居全国第二位。

5. 着力推进农业绿色发展。新创建国家级标准化示范场 4 家，全省畜禽粪污综合利用率达到 70%，规模养殖场处理设施装备配套率达 74.6%，在国家考核中被评为优秀。全省农药使用总量减少 3.4%，世行贷款农业面源污染治理项目区化肥、农药亩均使用量比非项目区分别减少 21.9%、17.3%，开展休耕轮作试点 100 万亩。

6. 着力改善农村人居环境。投入 161 亿元实施“千村示范、万村整治”工程，遴选建设 20 个示范县、120 个示范镇、1 260 个示范村，农村无害化卫生户厕普及率达到 95.36%，第 1~4 批 54 个示范片 98.5% 完成村庄规划编制，93.9% 完成卫生改厕，68.9% 实行雨污分流，93.6% 完成村村通自来水，90% 完成村道路硬化，部署启动“万企帮万村”行动。

7. 着力深化农业农村改革。全省农村土地确权登记颁证率达 97.21%，清理核实资产 6 511 亿元，量化集体资产总额 3 772.14 亿元，确认成员身份 1 191.11 万人，颁发股权证 347.67 万本，农业供给侧结构性改革引导基金完成项目投资 30.47 亿元、拉动社会投资 47.9 亿元，省农业信贷担保公司累计担保放款 26.02 亿元，政策性农业保险险种达到 40 个，年保费收入超过 15 亿元、增长 30%，实现增品扩面提标。

8. 着力防控农业风险。全力以赴打好非洲猪瘟防控硬仗，扎实推进“大棚房”问题专项清理整治，共清理排查各类农业设施 131 986 个、面积 215 095.46 亩，全省没有发生重特大农业生产安全事故，没有发生区域性重大农产品质量安全事件和区域性重大动植物疫情流行。

2018 年 9 月 23 日，“中国农民丰收节”梅州分会场暨广东庆祝首届“中国农民丰收节”主会场启动仪式在梅州市梅县区松口镇大黄村举行。

“中国农民丰收节”暨乐昌首届生态农业博览会

阳江市阳东区寿长村高位池

中国动物卫生与流行病学中心

紧急流行病学调查

Emergency epidemiological investigation

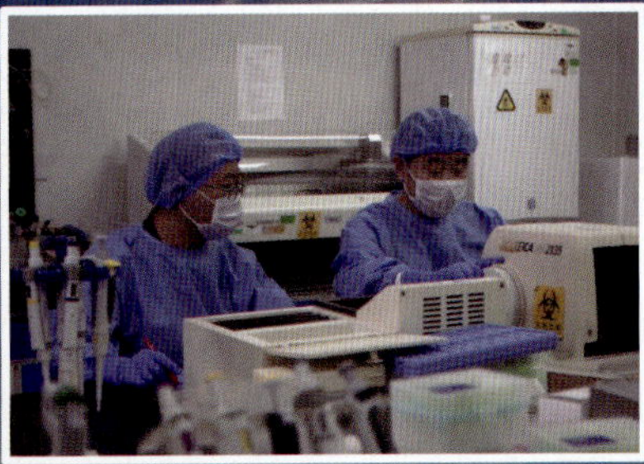

非洲猪瘟确诊

Confirming African Swine Fever outbreaks

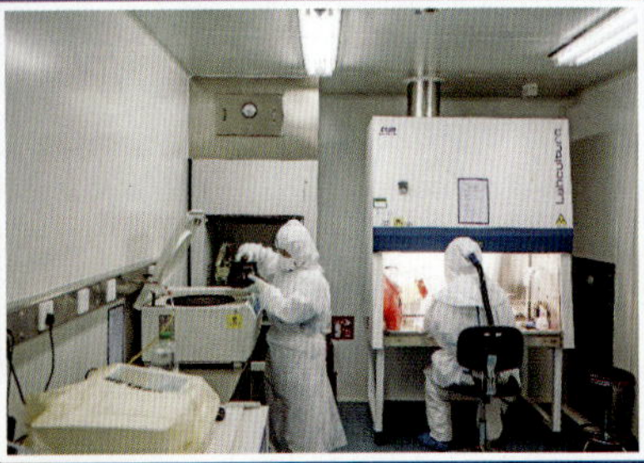

布鲁氏菌病原分离与鉴定

Isolating and identifying Brucella pathogens

中国动物卫生与流行病学中心（以下简称"中心"）是农业农村部直属正局级事业单位，是实施兽医行业管理的国家级动物卫生技术支持机构。中心前身"农业部动物检疫所"成立于1979年，经过40年的发展，中心形成了一个青岛总部，红岛、浙江中央山岛两个实验基地的业务布局，拥有青岛易邦生物工程有限公司、青岛立见诊断技术发展中心两个所办企业。

40年来，中心履职尽责、攻坚克难，业务领域不断拓宽，履职能力不断增强，工作质量不断提升。重大动物疫病流行病学调查监测、外来动物疫病监测研究、动物和动物产品兽医卫生评估检测、动物卫生法规标准研究等重点业务工作全面开展，服务行业能力不断增强，有效发挥国家兽医"智库"作用，成为我国兽医事业发展的一支重要力量。

40年来，中心开拓进取、砥砺前行，设施条件不断提升，发展空间不断拓展，保障能力不断增强。拥有国际参考实验室和协作中心3个、国家参考实验室和专业实验室6个、部级检测中心和风险评估实验室2个。红岛基地、质检中心、生物技术研发中心相继建成投入使用。所办企业经营管理有序，为中心事业发展提供了强大物质保障。

40年来，中心硕果累累，创新能力不断增强，创新机制不断健全，创新活力不断激发。中心及所办企业先后主持和参与各类项目101项，获得奖励61项、成果鉴定42项，发表论文1 000余篇，出版著作70余部，获得产品证书43个、获得专利和软件著作权50余项，一批核心技术转化应用，在国家动物疫病防控中发挥了重要作用。

40年来，中心桃李芬芳，人才规模不断扩大，人才素质不断提高，人才结构不断优化。打造出一支研究生学历占多数、高级研究人员为主体、涵盖10余个学科的人才队伍。培育出国家和行业创新团队3个，涌现出"万人计划"人才、全国农业先进个人等一大批业务骨干，多人在联合国粮农组织（FAO）、世界动物卫生组织（OIE）等国际组织任职，12人享受国务院政府特殊津贴。这支特别能吃苦、特别能战斗、特别能奉献的人才队伍是推动中心事业发展的中坚力量。

40年来，中心党建工作凝心聚力，全面推进从严治党，加强党员教育管理，坚决做到"两个维护"。成功创建精神文明单位，倾心助力扶贫攻坚，全力服务地方发展，为北京奥运会、广州亚运会、上合青岛峰会提供专业支持，向党和人民交出了令人满意的答卷。"求实、创新、和谐、奉献"的文化理念已深入人心，为中心事业发展营造了良好环境。

中心40年发展取得的光辉成就，是农业农村部党组坚强领导、亲切关怀的结果，是农业农村部相关司局关心鼓励、悉心指导的结果，是社会各界热情帮助、信赖支持的结果，也是一代又一代动卫人锲而不舍、砥砺奋斗的结果。

不忘初心，牢记使命。中心将紧跟新时代号角，坚决贯彻习近平总书记"守好'三农'这个战略后院"的指示精神，按照农业农村部党组对中心提出的"两个强化""两个更好发挥"要求，始终把促进"三农"事业发展、实现乡村振兴作为主战场，全面实施职能强化、技术优化和人才提升战略，向着建设世界一流动物卫生机构目标不断迈进，为国家动物卫生事业作出新的更大贡献。

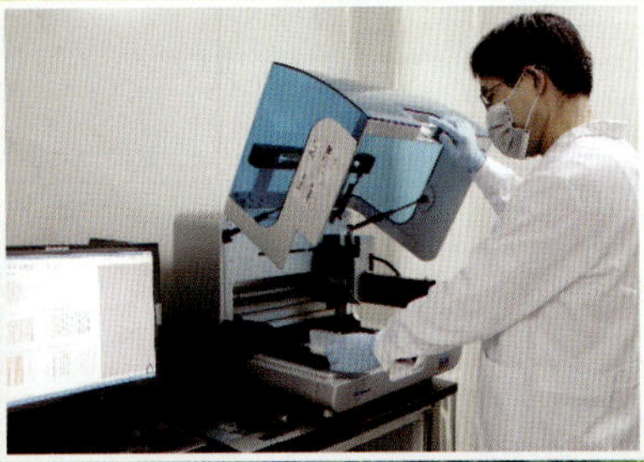

实验室样品检测

Sample testing in the lab

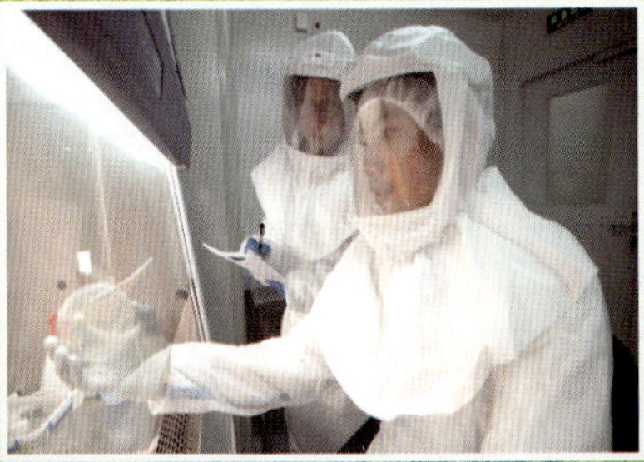

动物疫病诊断技术研究

Study on animal disease diagnosis technologies

兽药残留检测

Testing of veterinary drug residue

China Animal Health and Epidemiology Center (CAHEC)

As a bureau level public institute directly subordinated to the Ministry of Agriculture and Rural Affairs (MARA), China Animal Health and Epidemiology Center (CAHEC) is a national animal health service providing technical support for regulating the veterinary sector in China. Animal Quarantine Institute of the Ministry of Agriculture, its predecessor, was established in 1979. Over 4 decades of development, CAHEC has formed a business landscape with headquarter in city proper of Qingdao, 2 experimental bases respectively on Hongdao island and Zhongyangshan island. CAHEC also owns two enterprises, Qingdao Yebio Bioengineering Co., Ltd. and Qingdao ReGen Diagnostics Development Center.

Over the past 40 years, overcoming various difficulties, CAHEC has been expanding businesses with excellent performance and full diligence, improving both its technical capability and work quality. Key areas of CAHEC have all enjoyed full-fledged development, which include the epidemiological investigation and surveillance of major animal diseases, surveillance and research on exotic animal diseases, veterinary health assessment on and testing of the quality and safety of animals and animal products, as well as studies on animal health laws, regulations and policies. Thanks to its great efforts, CAHEC is gaining stronger competence to serve the veterinary industry of the country, and has grown as the country' s veterinary "think tank", playing a major role to boost veterinary development.

Over the past 40 years, forging ahead and blazing the trail, CAHEC continues to improve the condition of its infrastructure and facilities, keeps growing its development space and is committed to enhancing its capacity to provide stronger technical support. As the result, CAHEC boasts many renowned and advanced facilities, including 2 OIE reference laboratories, 1 OIE collaborating center, 4 national reference laboratories, 2 specialist laboratories, 1 ministerial level testing center and 1 risk assessment laboratory. Its Hongdao branch, testing center for the quality and safety of animal and animal products, and the bio-tech R&D center have all been put into use. Moreover, with good management and operation, the development of its two enterprises also maintains good momentum, paving a solid financial foundation for CAHEC to make further progress.

Over the past 40 years, from vision to fruition, CAHEC has been improving its capability, mechanism and vitality for innovation, gaining remarkable fruits. CAHEC and its 2 enterprises have led or participated in 101 projects, won 61 awards, get 42 achievement appraisal certificates, published more than 1,000 academic papers and 70 publications, gained 43 product certificates and owned more than 50 IPRs and software copyrights. A range of its core technologies have been transferred into applications playing very important role in the prevention and control of animal diseases in the country.

Over the past 40 years, under a fine atmosphere like spring breeze, CAHEC has brought up a large quantity of excellent talents, with the scale keeping expanding, the quality keeping improving and the structure keeping optimizing. With staffs specialized in more than 10 disciplines, CAHEC has built a team in which majority of members hold master degree or above, and have senior titles. It has 3 teams entitles with "special innovation teams" by the state or the industry, and a number of professional backbones being listed into various national-level programs such as "Ten-thousand Talents Program" or having got remarkable rewards such as "National Advance Individual in the Agricultural Industry". Several CAHEC staffs are working or have the working experience in FAO and OIE, and 12 formal staffs of CAHEC are granted to special government allowance from the Sate Council. Thanks to the efforts of our industrious, diligent and dedicated colleagues, CAHEC enjoys vigorous development with a thriving business.

Over the past 40 years, giving priority to the task of party building, CAHEC makes united efforts to respond to the call from the CPC Central Committee, comprehensively strengthening party discipline, and enhancing related education and administration towards all its Party member to resolutely uphold General Secretary Xi Jinping's core position on the Party Central Committee and in the Party as a whole, and resolutely uphold the Party Central Committee's authority and its centralized, unified leadership. CAHEC has received the honorary title of the Model of Spiritual Civilization. Besides, it has intensified efforts for poverty alleviation and local development, and provided professional support to Beijing Olympic Games, Guangzhou Asian Games and Shanghai Cooperation Organization Qingdao Summit. Therefore, we have given satisfied answer to both the Party and the people of China. Its culture concept of being "practical, innovative, harmonious and dedicated" has deeply rooted in the hearts of its staff, which creates very favorable cultural environment for the development of all the missions of CAHEC.

CAHEC bears in mind firmly that, there' s simply no way to realize its outstanding achievements without the strong leadership of the MARA Party Organization, the encouragement and guidance from relevant MARA departments, the selfless support and recognition from all walks of life and the hard works of CAHEC' s staff generation after generation in so many years.

Remain true to our original aspiration and keep our mission firmly in mind. Seizing every opportunity in the new era, CAHEC will always give top priority to issues related to "agriculture, farmers and rural affairs" (San Nong for short), and the realization of rural revitalization in order to fully follow the instruction of "well keep the strategic backyard of San Nong" made by President Xi Jinping and the requirements of "play a bigger role as the "think tank" in foreign veterinary affairs by strengthening the study on international veterinary rules and standards, and intensifying research on animal disease prevention and control policies, and play a bigger role in providing technical support for the prevention of the incursion of exotic animal diseases from overseas by strengthening the study and preparedness of techniques and measures for exotic animal disease, and enhancing risk assessment and early-warning for diseases related to animals and animal products in foreign countries" made by MARA. For this purpose, CAHEC will fully adopt strategies for strengthening functions, refining technologies and improving talents. The promising CAHEC has set its foot on the way to build itself into a world renowned animal health institute, making bigger contribution to the development of animal health industry in China.

动物卫生标准审查
Reviewing animal health standards

无疫区建设保障亚运会马术比赛
Building disease-free zone for equestrian event in Asian Games

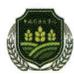

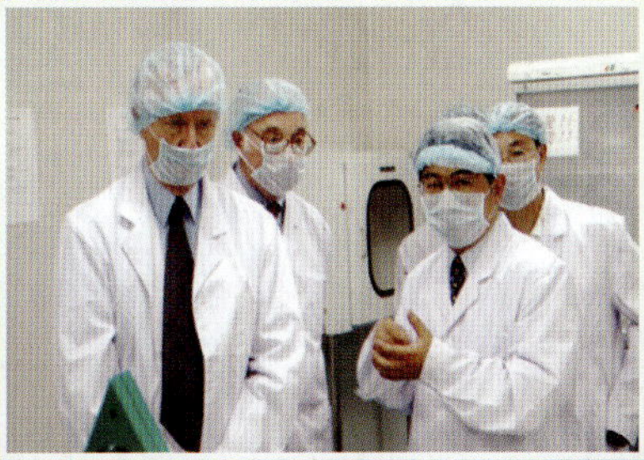

OIE专家来中心进行学术交流
OIE experts conduct academic exchange in CAHEC

贵州省农

生态贵州无闲草 天然宝库蕴灵药

“旧说天下山，半在黔中青。又闻天下泉，半落黔中鸣。”这说明贵州多山又多水。好山好水出灵药，贵州得天独厚的自然条件，孕育了丰富的中药材资源。已查明的中药材超过5300种，不仅品种多，而且蕴藏量大，素有“天然药物宝库”的美誉，是我国四大中药材主产区之一，这也是我们坚定不移做大做强中药材产业的最大底气。我们要做的就是将资源优势变成产业优势。

农业农村部、国家药品监督管理局、国家中医药管理局《全国道地药材生产基地建设规划（2018—2025年）》指出，道地药材是中医药事业发展的基石，发展道地药材是提高人民健康水平、促进资源保护和环境友好、助力农民增收脱贫和弘扬中华传统文化的迫切需要。

我们已明确，到2020年底，我省将建成全国道地药材重要产区，中药材种植面积超过870万亩，产量超过200万吨，产值超过300亿元，10万亩以上中药材大县超过20个。

贵州道地药材：一是贵州天麻。以大方天麻、德江天麻、雷山乌杆天麻为主，大力推广仿生循环种植模式，不断提升天麻品质，拓展产业链，天麻产业将迅速崛起。不远的将来，贵州天麻将成为贵州中药材产业的排头兵。二是贵州太子参。施秉太子参全国闻名，施秉县牛大场镇已自然形成了全国太子参的主要集散地和交易市场，交易量超过全国的一半。三是贵州半夏。赫章半夏、大方圆珠半夏出口免检，供不应求。四是贵州薏仁。以兴仁薏仁、晴隆糯薏仁等为主的小粒薏仁，品质好、糯性强、药效佳。目前，我省薏仁种植面积、加工能力、品牌影响、交易量、研发能力都居全国第一。五是贵州白及。以安龙白及为首独创了白及种苗培育（马鞍型白及组培种茎）与高产栽培技术，品质优、产量高。

我省组建了由中国工程院院士、中国中医科学院院长黄璐琦为组长、首席顾问，57名省内外专家组成的专家库，成立了8个专家组及7个单品行动组。各专家组深入中药材种植基地开展了多次技术培训和指导，及时解决企业、农户在基地管护、绿色防控等方面的相关问题，助推中药材产业高质量发展。独创了白及“马鞍型”驯化苗和优质高产栽培技术，《天麻仿野生栽培技术体系与示范应用》获国家教育部科技进步二等奖，大方县成为八个国家区域性中药材良种繁育基地之一。编制了《贵州省农村产业革命重点技术培训学习读本》（中药材产业）、《科技支撑中药材产业发展方案（2019-2020）》。组织开展了中药材生产技术骨干培训，累计在18个贫困县开展课堂教学和现场教学360余课时，培训各市、县技术骨干800余人。

我省着力通过全产业链推进中药材产业发展，推动一、二、三产业融合，医、养、游、食并进，中医药大健康千亿产业已启航，只要您来，商机无限。

贵州中药材资源富集、自然条件优越、政策路线明确，天时地利已就绪。贵山贵水迎贵人，诚挚邀请各位到贵州考察、旅游观光、投资兴业。天时地利人和，聚焦黔（药）材，钱财无量！我在贵州等您，等您一道前行。

白及—基地

太子参种植基地

太子参喜获丰收

业农村厅

后发赶超 黔菇飘香

贵州生态环境优良，食（药）用菌资源丰富，立体气候突出，可周年化生产，发展前景广阔。2016年以来，贵州省委省政府高度重视食用菌产业发展，把食用菌作为发展现代山地特色高效农业、推进农村产业革命和决战决胜脱贫攻坚的重要产业，初步实现了裂变式发展。在短短的4年时间里，贵州迈入了全国食用菌年产量100万吨以上的第一梯队省份。

2016年，食用菌第一次被纳入贵州农业重要特色优势产业大力发展，写入了《贵州省"十三五"现代山地特色高效农业发展规划（2016—2020年）》，编制了《贵州省食用菌产业发展规划（2016—2020年）》，实施裂变发展战略。当年全省食用菌种植规模达到5.1亿棒（万亩），产量达28.1万吨，实现产值27.7亿元，全省食用菌生产经营主体100余家。

2017年，贵州省人民政府办公厅印发《贵州省发展食用菌产业助推脱贫攻坚三年行动方案（2017—2019年）》，进一步明确了产业发展定位、发展目标、重点任务、产业布局和保障措施。同年2月在原省农业委员会组建了贵州省蔬菜产业扶贫工作专班，下设食用菌组，市州、县区也成立了相应的工作机构，形成省、市、县联动推进食用菌产业发展的工作机制，全产业链谋划推进产业发展。组织开展食用菌专题招商和装备招商，成功引进大山合集团、雪榕集团、裕国菇业等国家级食用菌企业入驻贵州，推进规模化、标准化发展。全省食用菌生产经营主体达到370家，其中市级以上重点龙头企业28家[其中：省级6家、市（州）级22家]。从食用菌生产的弱小省份跃升到全国食用菌年产量达到50万吨以上的第二梯队。

2018年，继续按照"大力发展特色珍稀食用菌和优势大宗食用菌，积极发展野生食用菌，突出产品品质和质量安全"的发展思路和要求，我省人工种植食用菌种类发展到20多种。打造了毕节市"乌蒙山宝·毕节珍好"、铜仁市"梵净山珍·健康养生"等区域公共品牌。"织金竹荪""大方冬荪""黎平茯苓"获得了国家地理标志产品认证。"织金竹荪"获第二批全国特色农产品优势区认定。继续实施基层农技推广体系创新，在贵州农业职业学院开设食用菌专业（高职），大力推进产、学、研融合发展。

2019年，贵州省委省政府建立了省委省政府领导领衔推进农村产业革命制度，把食用菌作为推进农村产业革命、打赢脱贫攻坚战的12个特色优势产业之一，由省委常委、省委组织部部长领衔推进、高位推动。省级成立贵州省农村产业革命食用菌产业发展领导小组，并由省农业农村厅组建专门工作机构——贵州省食用菌产业发展工作专班，各市州级产业县区也相应成立了领导小组和工作机构，强力推进全省食用菌产业发展。同年6月，贵州省委十二届五次全会把食用菌产业作为深入推进农村产业革命按时高质量打赢脱贫攻坚战的主要产业写入会议《决议》，在全省范围内强力推进。编制实施《贵州省食用菌产业发展规划（2020-2022年）》及配套规划，明确了"打造全国优质竹荪产业集群、南方高品质夏菇主产区，建成中国食用菌产业大省"的目标定位和"做优做强大宗食用菌，做特做精特色珍稀食用菌，积极发展野生食用菌"的发展方向，并形成了年度重点任务推进方案和菌种菌材保供、标准体系建设、固体废物环境污染防治的"1+N"配套方案。

通过4年努力，贵州省按照纵深推进农村产业革命、高质量打赢脱贫攻坚战的要求，围绕"五大工程""十项重点任务"，做优做强大宗食用菌，做特做精特色珍稀食用菌，积极发展野生食用菌，实现了产业持续裂变发展，后发优势逐步凸显。目前，全省88个县（市、区）中有85个县（市、区）发展食用菌产业。食用菌产业已成为推动贵州脱贫攻坚、实施乡村振兴的最佳产业选择之一，成为贵州按时高质量打赢脱贫攻坚战的重要支撑和保证。

下一步，贵州省将按照中央的各项决策部署，在省委、省政府的强力推动下，在全省上下共同努力下，在社会各界的大力支持下，推动全省食用菌产业由数量增长向质量提升转变，产业布局由广泛覆盖向优势区域集中，全面提升菌种、菌材供给能力，加快经营主体培育，加强品牌与市场建设，激发科技人才活力，推动产业绿色发展，从食用菌大省向食用菌强省的跨越发展，促进全省食用菌产业质量更高、效益更好、竞争力更强，为贵州决战决胜脱贫攻坚、实施乡村振兴作出更大贡献。

印江县朗溪菇农在采摘黑木耳

印江木耳基地

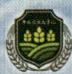

"毕节珍好"产品—织金竹荪

福建省农业农村厅

2018 年，福建省坚持以习近平新时代中国特色社会主义思想为指导，认真贯彻落实中央“三农”决策部署，以深入实施乡村振兴战略为总抓手，坚持高质量发展落实赶超，扎实推进各项工作任务落实，农业农村发展呈现稳中有进、稳中向好态势。全年农林牧渔业总产值 4 229.43 亿元、增长 3.5%，农村居民人均可支配收入 17 821 元、增长 9.1%。

1. 粮食生产保持稳定。全年粮食播种面积 1 251 万亩、总产量 499 万吨，均比上年略有增长。层层落实粮食生产责任制，指导性计划全面到乡到村；推广绿色优质高效技术 1 000 万亩，发展优质稻 630 万亩；完成水稻生产功能区 800 万亩划定任务，建设高标准农田 185 万亩，促进稳产增效。

2. 特色现代农业建设步伐加快。做强、做优、做大茶叶、水产、花卉苗木、水果、林竹、畜禽、蔬菜、食用菌、乡村旅游、乡村物流等十大乡村特色产业。强化农产品质量安全监管，全面推行一品一码、标识销售、全程追溯，纳入平台监管的生产主体 1.5 万个，农产品质量安全抽检合格率达 98.7%，保持全国前列。扩大优势特色农产品出口，全年农产品出口额 98 亿美元，保持全国前三。深化闽台农业合作交流，农业利用台资数量和规模保持全国第一，6 个台湾农民创业园在全国考评中包揽前六名。

3. 农业绿色发展实现新突破。强化源头保护，提升 5 000 个农产品产地环境长期定位监测点建设，加强土壤酸化治理，开展农药包装废弃物、地膜回收处置试点，农业生态环境不断改善。

4. 农业品牌建设持续加强。推进农业标准化生产，新建标准化生产基地 2 818 个，规模基地实现按标生产。加大品牌培育力度，累计认证“三品一标”4 147 个，评定 10 个福建著名农产品区域公用品牌和 30 个福建名牌农产品。持续开展“闽茶海丝行”活动，支持茶企在“一带一路”沿线国家和地区设立闽茶文化推广中心。

5. 产业融合不断深化。大力发展农产品产地初加工和精深加工，建成 121 个产地初加工中心，大力发展烘焙、米面等主食加工，支持从茶叶、食用菌、百香果等提取茶多酚、多糖、孢子油等生物活性物质，进一步延伸产业链、提升价值链，全省规模以上农产品加工企业达到 4 400 多家，农产品加工转化率提高到 70%。

6. 脱贫攻坚取得决定性进展。现行扶贫标准下的建档立卡贫困人口基本实现脱贫；省级扶贫开发工作重点县在 2017 年度退出 5 个的基础上，2018 年度又有 12 个县达到退出标准；2 201 个贫困村已退出 2 050 个；闽宁对口协作任务全面完成。

7. 农业农村重点改革扎实推进。省委深改组确定的 5 个方面 24 项农业农村重点改革任务全面落实。加快土地确权登记颁证扫尾，13 718 个村（居）、470 万农户、1 562 万亩耕地的承包经营权确权到户，是全国首批完成数据汇交的 8 个省份之一。加快农村集体产权制度改革，在完成清产核资的同时，推进 55 个试点县开展成员身份确认。培育发展新型经营主体，农民合作社、家庭农场分别发展到 3.8 万家、2.6 万家，累计培育新型职业农民 43 万名。积极推进农垦改革发展，国有土地使用权确权登记发证率达 98.3%，国有农场全部剥离社会职能。

8. 实施乡村振兴战略开局良好。强化五级书记抓乡村振兴，乡村振兴领导体制和工作机制基本建立，《福建省实施乡村振兴战略规划（2018—2022 年）》印发实施，12 个专项小组规划或方案相继出台，推动落实实施乡村振兴战略的领导体制和工作机制，实施一批重大工程、重大计划、重大行动。按照“留白、留绿、留旧、留文、留魂”的要求，统筹推进村庄规划编制。推进实施农村人居环境整治三年行动计划，突出抓好农村厕所、生活垃圾和污水治理、农房整治、村容村貌提升等“一革命四行动”，全面改善农村人居环境，乡镇生活垃圾转运系统全覆盖，生活污水处理设施覆盖 80% 的乡镇和 50% 的行政村。

2018 年 6 月 18 日，福建省委于伟国书记、省政府唐登杰省长、省委常委、省委宣传部梁建勇部长在省农业厅黄华康厅长等陪同下，视察了由省农业厅承办的现代农业馆，在缤纷鲜果中心展台前，于伟国书记等举起福建百香果 3 号黄金果，再次为福建百香果“代言”

2018 年 7 月 10 日，由农业农村部和福建省人民政府主办、省农业厅承办的 2018 年质量兴农万里行活动启动仪式在福州举行。农业农村部党组成员宋建朝，副省长李德金出席活动并讲话。农业农村部农产品质量安全监管局局长广德福主持启动仪式

2018 年 12 月 7—9 日，由中国绿色食品发展中心、福建省农业农村厅主办的第十九届中国绿色食品博览会暨第十二届中国国际有机食品博览会在厦门隆重举行。农业农村部总农艺师马爱国、福建省农业农村厅厅长黄华康出席开幕式并致辞

2018 年 9 月 9 日，两岸农民共庆丰收节——走进漳平“大陆阿里山”活动在漳平成功举办

2018 年 13 日至 14 日，副省长李德金率领部分市、县（区）党委领导赴浙江开展实施乡村振兴战略现场培训

第十六届中国国际农产品交易会福建展团荣获优秀组织奖

北京市海淀区农业农村局

近年来，海淀区农业农村局立足海淀区超大城市近郊区和高水平新型城镇化的区域定位，以赶考心态、奋斗姿态和奔跑状态，从农业、农村、农民、农资角度多方发力，全面推动农村城市化进程。近年来海淀区先后荣获全国农村集体“三资”管理示范区、全国农村集体产权制度改革试点典型单位等荣誉，海淀区农业农村局荣获全国农业农村系统先进集体称号。

一、以科技为手段推动农业转型升级

海淀区借力中关村科学城的顶级资源，谱写高科技农业新篇章，2019 年成功举办中关村论坛未来农业平行论坛，开启“农业中关村”会客厅，与国际国内农业领域嘉宾、科研院校专家共议兴农大计。不断探索农业发展新动力，积极举办樱桃文化节、“中国农民丰收节”等活动，多种形式发布和推介优质果品、农业园区和“三山五园—大西山”精品旅游路线，持续提升海淀农业影响力。研究落实农林生态补贴、耕地地力保护、政策性农业保险等惠农政策措施，护航农业稳步发展。扎实推进农产品质量安全区创建工作，持续加强农业行业执法、动物疫病防控等工作，全面提升农产品质量安全监管能力和水平。

二、以宜居为前提打造农村优美环境

近两年，海淀区以“厕所革命”、垃圾治理、污水治理和村容村貌改善为主攻方向，围绕“清脏、治乱、增绿、控污、拆违”等任务，实施“六大专项行动”，侵街占道私搭乱建、堆物堆料、污水直排等长期积累形成的环境问题得到破解，农村人居环境得到明显改善和提升。通过“煤改电”“煤改气”工程实现了“无煤化”，农村地区供暖和生活方式发生历史性变革，百姓生活更加节能环保。创新实施村庄准物业化管理，借鉴城市社区物业管理的有效方式和技术手段，对农村基础设施维护、村庄保洁、绿化养护、治安控违等实行专业化管理。多措并举持续发力，海淀农村地区人居环境更加优美。

三、以融合为特色实现农民身份转变

海淀作为特大城市近郊区，是科技创新和高端资源要素聚集的前沿阵地，为加快推进城乡融合发展，近年来全区持续推进“农转非”工作，过去十五年，海淀区共有 7.7 万人通过农转非享受到城镇职工社保待遇。推进农民身份转变的同时积极调整适应基层治理的体制机制，2018 年至今通过撤村改居共撤销 21 个行政村，占全区原有 84 个行政村的四分之一。加强农村回迁社区治理，创新建立适应回迁居民生产生活方式的社区治理模式，进一步提高基本公共服务水平，使回迁居民共建共享社会发展成果。

四、以改革为引领促进农资健康发展

在全国率先成立区镇两级“农资委”，构建符合中央要求、立足首都实际、具备海淀特色的政策体系。提升农村股份经济合作社治理现代化、市场化、法治化水平，获颁全国首批农村集体经济组织“身份证”。开展村级组织账务分离改革，为“政社分离”打下坚实基础，切实减轻了集体经济组织负担。积极发展壮大新型集体经济，探索出了集体经济主动融入科技创新、“双创”等国家战略，实现集体资产保值增值、让农民“带着资产进城”的“海淀路径”，涌现出中关村东升科技园、中关村创客小镇等新型集体经济园区。目前全区农村集体总资产 1 770 亿元，净资产 654 亿元。

2019 年 5 月海淀区第十九届樱桃文化节现场

高峰对话：未来农业发展的新趋势、新挑战和新机遇

2019 中关村论坛未来农业分论坛高峰对话

经过产权制度改革，海淀农民拿到了股权证。

人居环境整治后的海淀区罗家坟村

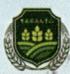

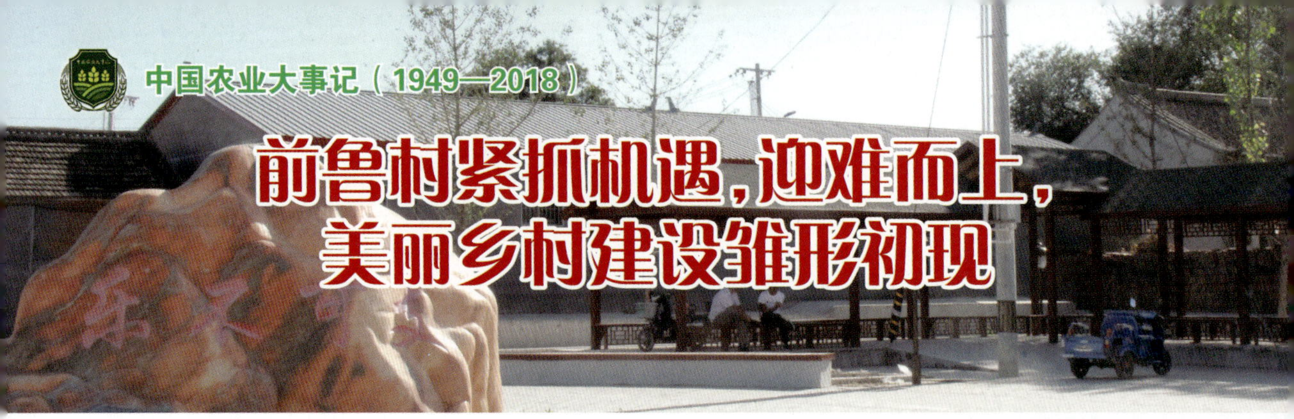

前鲁村紧抓机遇，迎难而上，美丽乡村建设雏形初现

“桑无附枝，麦穗两歧。张君为政，乐不可支。”这首儿歌为汉代渔阳人民颂扬太守张堪所创，在前鲁各庄村一带街头巷尾传唱至今。北小营镇位于顺义区东北部，前鲁各庄村坐落在北小营镇南 1 千米，潮白河西侧，地处潮白河冲积平原，地势平坦。村域面积 4 598 亩，3.07 平方千米，其中耕地面积约 2 900 亩。全村现有户籍人口 2 481 人、1 074 户，2018 年人均收入达到 24 980 元。

近年来，前鲁村以弘扬张堪农耕文化为契机，不断挖掘历史文化底蕴，以文化底蕴带动村庄发展，打造“一村一品”特色产业，为村庄经济发展和人民生活水平提高注入了新鲜血液。

1. 传承水稻种植技艺，打造农耕村庄。前鲁村有“北方水稻第一田”的美称，箭杆河边农业经济合作社承包 220 亩土地用来种植水稻，并且连续三年举办了水稻插秧节、收割节，2018 年前鲁大米取得了有机认证。2019 年生产大米超过 3 万千克，养殖稻田鸭 3 000 余只，年产鸭蛋 3 000 余千克。

2. 传承张堪勤俭廉文化，打造民俗村庄。该村的前鲁鸭场曾因供应北京烤鸭市场 80% 的白条鸭而红遍京城，但随着北京市产业结构调整加快，对环境污染监管力度进一步加大，前鲁鸭场部分厂房已转型为张堪农耕文化园一期，汉代农耕的场景被清晰地还原出来，成为一大靓丽的文化板块。

3. 传承国学文化，打造文化村庄。该村南侧建立起君德益文化创意产业园，是一座依托君德益红木古典家具生产基地创建的以木作文化为核心的综合性文化园区。这里生产“顺意礼物”100 多种，并开设国学讲堂宣扬传统文化，整个园区展示着中国古代劳动人民千百年来积攒的经验智慧。

4. 坚持产业转型，打造高精尖产业。原前鲁村北顺达水泥构件厂占地 300 余亩，生产环节低效，存在扬尘污染。如今，借助“疏整促”，区政府出息回收土地，转型为无人驾驶封闭测试场。借助测试场产业平台作用，吸引着上下游高精尖企业集聚，正在加快推进北小营镇智能网联特色小镇打造。

前鲁各庄村曾获得“北京郊区生态村”“生活垃圾分类居委会村贡献奖”“环境建设先进村”等多项荣誉称号。2019 年前鲁村获得“一村一品”示范村镇和“国家森林乡村”“中国美丽休闲乡村”称号，其中后两项荣誉正在公示阶段。成绩的取得离不开村党组织的攻坚克难，更离不开党员群众的共同努力。

墙根底下乱堆乱放没有了，私搭乱建几乎绝迹，圈地种菜现象消失了……2018 年下半年起，前鲁各庄村启动人居环境专项整治行动。截至 2019 年 12 月上旬，累计清理乱堆乱放 360 余处，拆除私搭乱建、侵街占道 153 处，共计 24 805.33 平方米，村域环境如今焕然一新。在人居环境整治推进过程中，前鲁各庄村积累了宝贵而丰富的经验做法。

一是凝聚力量，集中整治。启动前，前鲁村召开党员大会和村民代表大会，提高思想认识，凝聚支部力量，牢固树立起党员群众一视同仁的工作理念。村委会充分发挥战斗堡垒作用，采取“逐片推进”的方式，村干部、党员带头整改，群众积极配合。党支部书记带队，到其他区镇学习成功经验，借鉴先进做法，乱堆乱放、私搭乱建等“痼疾顽症”被一一破解。

二是加强宣传，营造氛围。借助镇政府编制发放的《改善人居环境，建设美丽乡村——致广大村民朋友的一封信》开展宣传工作，共计发放 600 余份，并通过广播、宣传栏、“口口相传”等多种方式，营造出“人人参与、家家行动、户户受益”的良好氛围。

三是注重提升，加快推进。前鲁村利用拆除私搭乱建、清理乱堆乱放腾退出的地块建设了 10 个“口袋公园”，共计 21 906.85 平方米。该项目新增绿化面积 526 平方米，停车位 130 个，树木 197 株，为村民提供休闲场地的同时也大大改善了环境质量。

四是重订村约，注重维护。前鲁村重新修订“村规民约”，将人居环境清晰纳入其中。村中成立环境巡查队、箭杆河护河队等队伍，对村中人居环境问题进行动态治理，发现反弹现象第一时间解决，逐步形成共治共享的良好局面。

前鲁村美丽乡村建设初具雏形，集农耕休闲观光为一体的旅游美丽乡村值得期待！

海南南繁管理局

南繁育种始于20世纪50年代，至今已有60年历史。现在每年有来自全国29个省份，700多家单位的近7000名科研人员从事南繁工作，先后培养了袁隆平、李登海等一大批享誉国内外的育种专家，育成的新品种占全国新品种数的70%以上，孕育了“艰苦卓绝、拼搏进取、创新创业、求真务实”的南繁精神。60多年来，南繁为保障国家粮食安全、推动农业科技进步作出了重要贡献，已成为我国品种选育的“加速器”，农业科技创新的“孵化器”，被喻为中国种业的“硅谷”。

党中央国务院历来高度重视南繁基地建设。特别是十八大以来，中央领导人多次就南繁工作作出过重要批示指示。习近平总书记2013年和2018年先后两次亲赴南繁基地调研，并强调：十几亿人口要吃饭，这是我国最大的国情。要下决心把我国种业搞上去，抓紧培育具有自主知识产权的优良品种，从源头上保障国家粮食安全。国家南繁科研育种基地是国家宝贵的农业科研平台，一定要建成集科研、生产、销售、科技交流、成果转化为一体的服务全国的“南繁硅谷”。

按照《南繁规划》要求，目前在三亚、陵水、乐东三市县共划定了26.8万亩南繁科研育种保护区和5.3万亩核心区，纳入永久基本农田范围予以重点保护，实行用途管制。大力推进南繁科研育种新基地土地流转和配套服务区建设，取得阶段成效，南繁新建核心区与南繁科技城周边科研用地流转面积27586.84亩。建立部（委）、省（区、市）、市（县）、乡镇、村5级南繁管理服务体系，南繁管理服务能力不断加强。推动实施了供地农民定金补贴、南繁水利、南繁高标准农田、南繁公共试验平台等南繁重点项目，在保障南繁科研用地、南繁基地用水、公共科研服务等方面渐显成效。

2019年12月9日，全国现代种业发展暨南繁硅谷建设工作会议在海南三亚召开。农业农村部部长韩长赋、副部长张桃林，海南省省长沈晓明、副省长刘平治，中国工程院院士袁隆平等出席会议。会议强调，要深入贯彻落实习近平总书记关于南繁工作的指示精神，加快建设南繁硅谷，坚持“一城（南繁科技城）两区（乐东、陵水）”布局，推进科技和体制机制创新，形成部、省、院、校、企五方合力，实现南繁由季节加代向全年研发、由育制种向产业链、由分散独立向集群协同拓展，打造服务全国、面向全球的种业创新先行区、人才聚集区、产业孵化区、开放试验区。

农业农村部韩长赋部长南繁基地调研

南繁基地联合植物检疫

2019年全国现代种业暨南繁硅谷建设会议

农业农村部种业管理司张延秋司长南繁基地调研

农业农村部张桃林副部长南繁基地调研

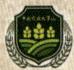

青川黑木耳

国家黑木耳质标

青川县地处川、陕、甘三省接合部，素有“绿水青山、熊猫家园”的美誉，森林覆盖率高达73.48%，负氧离子每立方厘米高达2万个。境内菌材资源丰富，是全国人工栽培黑木耳最早的地区之一，黑木耳栽培历史可追溯到唐代，迄今已有1 100多年，青川黑木耳传统栽培体系被国家农业农村部批准列入“中国重要农业文化遗产”第五批申报目录。青川黑木耳具有外型美、耳朵大、色泽好、肉质厚、味道鲜、有益元素含量高等特点，富含人体必需的多种氨基酸，具有活血补血、强体润肺、清涤胃肠、镇静止痛等功效，有“素中之荤”“黑色瑰宝”之美誉。20世纪80年代，青川黑木耳被国家商务部确定为“黑木耳质标”，2004年，青川黑木耳获得“国家地理标志产品保护”，2006年，青川黑木耳通过“国家原产地域保护”认证，2016年，青川黑木耳获得国家“生态原产地产品保护”。近年来，青川县委、县政府立足历史文脉、生态本底、资源优势、产业基础，坚持以农业供给侧结构性改革为主线，强力推进农业优势特色产业——青川黑木耳高质量发展。目前，全县栽培规模达3 000万棒，年产量达4 500吨，年产值达6亿元以上。

泰州市姜堰区——
加快现代农业高质量发展 打造乡村振兴新引擎

姜堰，地跨长江三角洲和里下河平原，古时长江、淮河、黄海三水在姜堰汇聚，故称“三水”；又因三水汇聚，冲击成塘，塘水多旋涡，形似人指罗纹，又名“罗塘”。北宋年间，姜仁惠、姜谔父子率领民众筑堰抗洪，姜堰由此得名。全区总面积928平方千米，人口80万人，下辖14个镇、2个街道、1个省级经济开发区、1个省级旅游度假区，连续多年入选综合实力百强区、投资潜力百强区、新型城镇化质量百强区、工业百强区行列。农业是姜堰的一张名片。近年来，姜堰农业秉持“创新、协调、绿色、开放、共享”发展理念，以全国农业改革与建设试点为契机，大力推动农业供给侧结构性改革，助力乡村振兴，以开放、创新、奋勇的态势全面推进现代农业高质量发展。

科技助农

与南京农业大学、扬州大学农学院、南京林业大学、中国家禽研究所、省农科院、里下河农科所、省淡水研究所、省畜牧兽医职业技术学院等20多家省内外科研院所建立了长期合作关系，全区共建成3家院士工作站。实施农业科技入户工程，开展基层农技员、土专家“走百村、进万户”活动，每年培植稻麦、蔬菜、畜禽、水产科技示范户5 000多户，辐射带动10多万户提升技术水平。加强农业信息网、12316、“三农”热线等农业信息服务平台建设，建设农业物联网应用示范点和农业电子商务平台，农业信息化服务覆盖率达到98%以上。

品牌兴农

在各项强农、惠农、富农政策的有力推动下，姜堰区把农产品品牌建设作为发展高效特色农业、提升农业竞争力和增加农民收入的重要措施，加快推进农产品品牌建设，提升农产品产供销精细化、专业化水平，姜堰区农产品品牌工作呈现出蓬勃发展的态势，促进了农业转型升级提质增效，壮大了农业经济产业发展，实现了由农业大县（区）向品牌大县（区）的转变。

河横稻麦科技综合示范基地

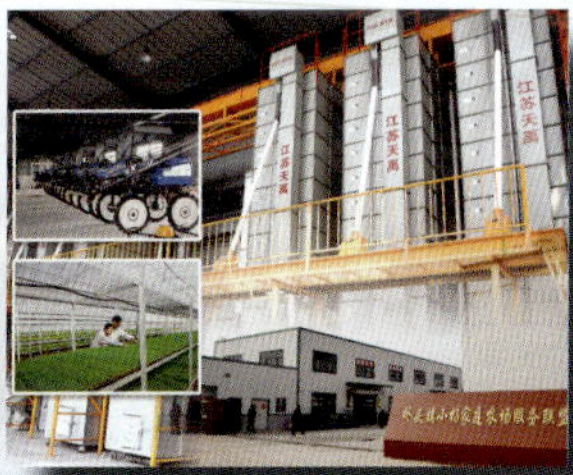
家庭农场服务联盟，装备与服务的有机结合，供需双方互动共赢

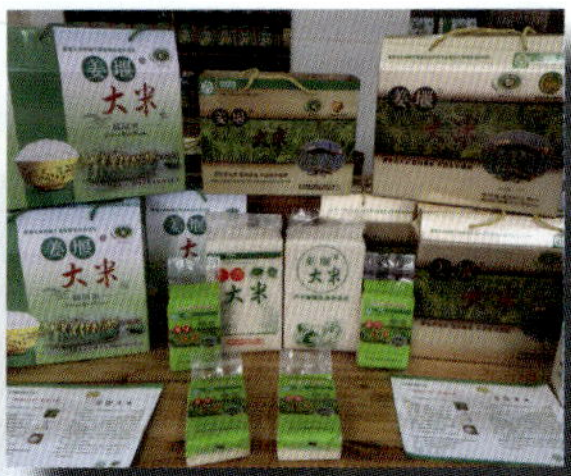
国家地理标志认证品牌“姜堰大米”

农业电商发展势头强劲

产业强农

全区高效设施农业占比达18.9%，农业适度规模经营占比达88%，已初步形成绿色稻米、设施果蔬、珍稀菌菇、特色水产等四大特色产业，先后建成省级以上农业标准化示范区3个，省市级农业产业化龙头企业37家，姜堰农业产业园区获评省级农业产业园区、省级农产品加工集中区、省级河横观光园以及省级苏台（姜堰）农业合作创业园，形成了“四园一体”发展格局，现已跻身全省现代农业产业示范园，全国农村一、二、三产业融合发展先导区。

融合富农

以推进农业供给侧结构性改革为契机，坚持三产融合发展思维，依托良好的生态环境，借力国家全域旅游城市和省特色田园乡村创建，大力发展创意休闲农业，打造农村经济发展新增长点。全区休闲观光农业已形成国家5A级溱湖旅游景区、4A级溱潼古镇景区、3A级中艺农业生态园、2A级河横生态农业旅游景区相连成片的环溱湖旅游核心板块，全面展现出“溱湖活力乡村、乐居水墨田园”的乡村风情画卷。休闲农业与乡村旅游产业成为姜堰旅游产业和现代农业的重要组成和特色亮点，在调整全区农业结构、带动产业增速、促进农民增收等方面发挥了重要作用。

桥头香菇“一村一品”

沈高蔬菜“一村一品”

河横菜花节

江苏乡村旅游节分会场——姜堰

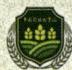

灵韵三水，美丽姜堰，奋进中的姜堰正在努力走出一条“质量更高、生态更优、产业更强、效益更好”的现代农业发展之路，用姜堰农业的“丰收”刻画乡村振兴的发展样板。

“德优”系列软米品种的示范推广

完成单位：国家水稻德宏综合试验站
主要完成人：董保柱、肖光秀、李生考、董诗龙、陈志雄、赵家满

软米是在千百年来德宏特殊生态环境下形成的一种珍贵优质米类型，其突出特点是：“热吃爽口、冷不回生、口感柔软、带有香味、营养价值高”，享有“贡米”赞誉，有“芒市谷子遮放米”之说。

开发德宏软米是发展优质、高产、高效农业的重要内容，也是当前社会消费和国内外市场的客观要求。积极的开展“德优”系列软米品种选育及栽培技术创新工作，改变我们中国人民虽然以稻米为主粮，但食味品质相对较差的现状，对提高我们中华民族的生活水平意义重大。

在云南省“九五”“十五”科技攻关计划、“十一五”至“十三五”国家水稻产业技术体系等 11 个国家、省州课题约 800 万元资金的支持下，本单位自 1988 年以来在董保柱二级研究员的主持带领下，花了 28 年的育种心血、16 年的示范推广汗水，独立自主创新选育成了“德优 1 号”至“德优 19 号”19 个“德优”系列软米新品种。这些品种由于米质和抗病虫性能好、产量高、易脱粒，化肥、农药施用量少，种子成本低，省肥、省药、省水、省工“四省”性状明显，深受德宏和缅甸农民的喜爱，种植面积快速扩大。瑞丽、陇川、芒市种子管理站，梁河、盈江植保站等 5 个单位进行的调查结果表明：“德优”系列软米品种 2013–2016 年这 4 年在德宏累计种植面积 144.81 万亩，平均每年达 36.2 万亩，占全州水稻种植面积的 38.2%，平均亩产达 468.8 千克，比对照种每亩增产 40.1 千克，增产 9.0%，新增总产 5 930.85 万千克，新增销售产值 1.8 亿元，新增销售利润 1.54 亿元，社会经济效益十分明显。“德优 16”和“德优 8 号”自 2010 年以来已连续 10 年成为德宏水稻排名前茅的大种，为德宏人民较好地解决吃软米难题做出了重大贡献。

“德优”系列软米品种现已获得省州品种审认定专利证书总数已达 17 个，获国家商标证书 1 个，在省级专业刊物上发表科技文章 14 篇。该项目已被授予全国发展展览会金奖、银奖各 1 项，云南省科技进步奖 3 项，德宏州科学技术成果奖 7 项（其中特等奖 1 项、一等奖 2 项、二等奖 2 项、三等奖 2 项），优质软米“德优 16 号”选育及示范获德宏州科学技术奖特等奖，这是德宏州农业系统自建国以来获得的 1 项州政府特等奖，标志着“德优”系列软米品种的选育及示范推广已获得了国家层面的正式认可。

世界上最好吃的大米 1853 人次品尝结果

近年来，由全国优秀科技工作者、全国十名农业科研标兵代表、全国五一劳动奖章、全国星火科技先进工作者、第三届中国优秀青年科技创业奖、国务院政府特殊津贴等 6 种中央荣誉获得者董保柱二级研究员亲自背着电饭煲和大米，在参加国家水稻产业体系会议、云南省党外知识分子和云南省委联席专家培训会议期间，外出参观考察和下乡培训农民期间用当地的自来水蒸煮，累计进行了 1853 人次世界上最好吃的大米蒸煮品尝工作，结果记录如下表。

世界上最好吃的大米 1853 人次品尝结果记录表

稻米品种名称	认为最好吃的人次	占比	位次
董保柱二级研究员选育的特软型新品种大米	1 442 人次	77.82%	1
董保柱二级研究员选育的软 88、软 99 大米	138 人次	7.45%	2
中国著名的黑龙江稻花香大米	63 人次	3.40%	3
中国著名的云南遮放贡米（品种：滇屯 502）	52 人次	2.81%	4
世界著名的泰国茉莉香稻大米	25 人次	1.35%	5
世界著名的日本越光大米	10 人次	0.54%	6
世界著名的印度巴斯马蒂大米	8 人次	0.43%	7
江苏省著名的南粳 9108 大米	4 人次	0.22%	8
天津市著名的津稻 179 大米	2 人次	0.10%	9
吉林省著名的吉粳 515 大米	1 人次	0.05%	10
其他品种	108 人次	5.83%	—
合计	1 853 人次	100%	—

中国的大米目前存在着三个明显缺陷：一是柔软度和爽口性相对较差；二是含雄性不育基因大米比重太大，可能潜在遗传风险；三是种植稻谷化肥、农药和灌溉用水需要量较大，对稻田生态环境破坏严重。董保柱二级研究员选育的特软型新品种可克服这三个缺陷。

证　书

董保柱同志：

为了表彰您为发展我国农业技术事业做出的突出贡献，特决定发给政府特殊津贴并颁发证书。

国务院

上海市嘉定区梅山猪育种中心

上海市嘉定区动物疫病预防控制中心梅山猪场创建于 1958 年，中心位于上海市嘉定区嘉唐公路 1991 号，占地 100 亩，现有存栏梅山生产母猪 146 头，梅山种公猪 32 头，8 个家系。

中心主要承担梅山猪的保种选育工作。1993 年被农业部确定为国家级重要种畜场，2000 年 8 月，国家畜禽遗传资源管理委员会将梅山猪列入《国家级畜禽品种资源保护品种名录》，2008 年被确定为国家级梅山猪资源保护场。

中心技术力量雄厚，承担多项部级、市级课题，先后获得 10 余项科技成果。中心目前采用现代化管理手段、GPS 育种软件技术，使种猪质量和生产性能不断提高。

梅山猪品种介绍

形态特征：

四肢蹄部至膝关节 10~20 厘米处为白色，俗称"四白脚"。嘴吻多有玉鼻，且嘴筒短而宽。被毛呈黑色，皮肤呈黑色或紫红色。

繁殖性能：

梅山猪性成熟早，85 日龄可发情，7 月龄即可配种。梅山猪繁殖力高，产仔多，平均每胎产仔 15 头；利用年限长，母性好，护仔性强，泌乳力高。

产品特性：

商品肉猪肉质鲜美，细嫩多汁，肌间脂肪丰富，具有明显的大理石花纹，肌间脂肪的数量和分布适度，五花肉多，胴体瘦肉率为 46.0%，肌内脂肪含量占 5.0%。

饲养：

梅山猪具有较强的环境适应能力，对外来疫病抵抗能力强，耐粗性能好，可充分利用糠麸、糟渣、藤蔓等农副产品。

杜梅商品猪介绍

杜梅商品猪是以梅山母猪为母本，杜洛克公猪为父本的二元杂交肉猪。

杂交优势：保证了梅山猪的肉质鲜美、适应性强等优点，遗传了杜洛克猪生长速度快、瘦肉率高的特点，杂交优势显著。

杜梅猪特征：全身被毛黑色，耳中等大小、前垂，脸面有浅纹，嘴中等长而直，四肢结实，背腰平直，后驱丰满，结构匀称，具有明显的瘦肉型猪特征。

育肥性能：达 90 千克日龄为 178±3.45 天，育肥期饲料转化率为 3.11，屠宰率 72.88%，背膘厚 2.33cm，眼肌面积 29.03cm^2，胴体瘦肉率 55.98%。

胴体品质：胴体瘦肉率为 56.10%±1.32%，肌内脂肪含量占 3%，肉色鲜红，细嫩多汁，肥瘦适度。

饲养：耐粗性能好，可在我国大部分地区饲养。

可利用二元母猪推荐

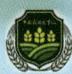

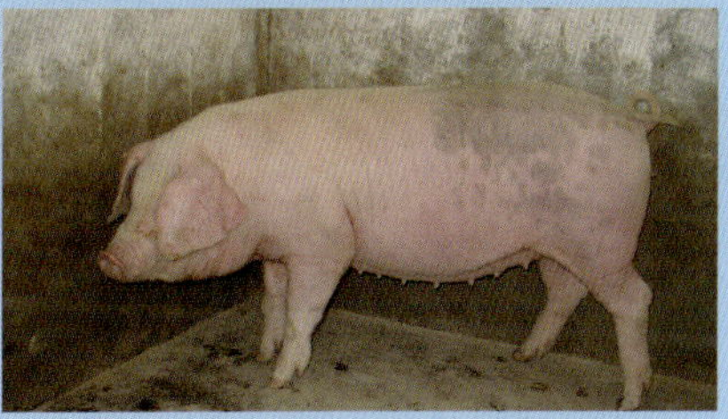

利用梅山猪母猪为母本可繁育多种优秀二元母本作为生产母猪，例如长梅二元杂母猪、大梅二元杂母猪、杜梅二元杂母猪等，二元母猪在保持原有梅山猪的高繁殖力的同时，更体现出杂交副本的优势，可满足不同市场和地区的需要。

全国农业农村系统先进集体组织材料

——上海市闵行区农村经营管理站

上海市闵行区农村经营管理站为上海市闵行区农业农村委员会下属事业单位，主要承担了三批全国农村改革试验区试验任务（产权改革、权能改革、集体经济管理发展）、集体“三资”监管、农村土地承包等工作。曾获“全国农业农村系统先进集体组织”“全国农村集体‘三资’管理示范县”“农业农村部选出的首批 20 个全国农村集体产权制度改革经验交流典型单位”等荣誉，改革工作更是得到了中央相关部委领导的充分肯定。

为实现好、维护好和发展好农民利益，区农经站从 20 世纪 90 年代开始在全区推进农村产权制度改革。通过顶层设计、创新机制、分类推进、还权赋能等手段，真正实现了公平和效益、推动了民主与法治、深化了共享与发展。目前，全区全面完成镇级改革，组建镇经济联合社 9 个；完成村级改革 145 个，入股人员 30 余万人实现“应改尽改”。改革后，50% 以上的村集体经济组织实施了收益分配，人均分配约 4 150 元。积极探索六项股份权能改革试点，21 个村开展股权有偿退出，有 35 个村开展股权转让与继承，1 个村探索股权抵押。

为管理好、发展好闵行 1 353 亿农村集体资产，区农经站从强化资产的全生命周期管理理念出发，标本兼治、严堵漏洞，构筑起农村集体“三资”防火墙。一是建立完备的监管制度体系。探索形成了公开招租、重大事项预审备案、证章管理、账户清理、资产登记、收益调控、内部审计、委派会计、公务卡结算、村购镇管等 10 项监管制度清单。全区 3 900 余个集体资产项目纳入区国有集体资产交易平台公开招标，合同总额近 15 亿元。配备村级委派会计超过 118 名，专职管好农村财务“一本账”。村级支出统一使用公务卡进行非现金结算。二是率先探索“村资委托镇管”模式。指导街镇建立专业化资产托管机构对村级资产进行统一招租管理，制定租赁指导价，实行产业准入清单式管理，并加强业态把控、做大资源优势、加强项目引进。全区共托管经营性集体建设用地近 2 万亩，房屋及建筑物近 700 万平方米，农村经营性资产实现“应托尽托”。通过托管，农村资产经营效益得到较大提升。三是创新资产监管信息系统建设。构建资产大数据平台和智能化监管系统，通过 GIS 定位、公众号联动、数据自动监测预警、网上智能办公等手段，对全区 1 560 家集体单位的房屋、物业、土地等实现全覆盖、全过程的信息化监管，有力保障了农村集体资产管理阳光高效运行。通过“制度 + 科技”组合发力，全区农村集体净资产实现同比增幅 22%，60% 的行政村总收入超千万元。

下一步，区农经站将继续完善提升农村改革后续管理，加大农村集体资产监管力度，促进农村集体经济转型发展，在农村改革发展方面当好“领头羊”。

0904 梅陇条例检查

2012 年在闵行区召开五省市专题会议，就合作社税费问题进行研讨

2018.4.27 日条例培训

七宝镇级改革改革研讨会

桂林万亩蔬菜基地

围绕七大特色产业，打造现代农业新高地

重庆市潼南区农业农村委员会

崇龛稻虾、稻蟹综合种养基地

柏梓万亩柠檬基地

柏梓生猪规模养殖基地

潼南是传统农业大区，位于重庆市西北部，享有“西部绿色菜都”“中国柠檬之都”的美誉，是全国首批现代农业示范区、国家农业科技园区、国家农产品质量安全区、国家级生态原产地产品保护示范区、全国休闲农业和乡村旅游示范区、中国特色农产品优势区、国家农村产业融合发展示范园。近年来，潼南紧紧围绕实施乡村振兴战略，以农业供给侧结构性改革为主线，持续做大做强做绿现代农业。

一是不断培育做强特色产业。推动产业结构调整，因地制宜发展粮油、蔬菜、柠檬、生猪、生态渔业、特色经果、中药材七大特色产业，实现村村都有规模产业覆盖。2019 年蔬菜产量 204 万吨，是全市保供核心基地；柠檬产量 25 万吨，是全市“百亿级”柠檬全产业链发展核心区。全区粮经比达 38:62。

二是聚力品种品质品牌提升。结合实际推广全市筛选出的优良农业主导品种，全区主要农作物良种覆盖率达 96%。组建 10 个产业协会，制定标准化技术规程。开展投入品二维码管理试点，实行农产品质量可追溯制度。累计认证“三品一标”351 个，“潼南萝卜”“潼南柠檬”获评全国名特优新农产品，“潼南柠檬”成功注册地理标志集体商标，汇达柠檬成为中国柠檬产业领军企业。

三是深化产业融合发展。推进精深加工龙头企业集群集聚发展，农产品加工企业达 120 余家，柠檬、萝卜等产品远销俄罗斯等 30 多个国家和地区。建成香水百荷、盛田良品等休闲农业与乡村旅游观光基地 30 余个，举办菜花节、柠檬节等特色旅游节会，年接待游客突破 700 万人次、旅游综合收入超过 35 亿元。

四是推动大数据智能化为现代农业赋能。发布中国首个柠檬指数，建成投产全市首个高标准现代化柠檬脱毒育苗繁育中心，引进水肥一体化云控制等智能化系统，建设农产品质量追溯系统等项目数据平台，推广无人植保机、无人驾驶耕整机等智能、半智能机械设备，全区农业机械化水平达到 58%，设施农业比重达 60%。

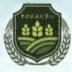

崇龛万亩油菜花基地

成都市郫都区农业农村和林业局

四川郫都林盘农耕文化系统是以林盘为核心，包括农田、自流灌溉渠系、传统农耕知识和技术、民风民俗在内的农业生产系统，是古代人民利用自然、改造自然过程中留下的宝贵财富。

1. 独特的川西林盘聚落

林盘自古是川西地区独特的农耕生活形态。在川西平原良好的地理环境与传统农耕文化的影响下，形成了以一个个林盘聚落为单元的分散聚居模式。林盘聚落以有机分散的形式植入环境中，居住院落结合河流、耕地、树林等自然环境构成了天然的生态聚居体系和富有层次的大地景观。

2. 悠久的水旱轮作历史

郫都区位于成都平原腹心地带，地势平坦，大部分土壤为冲积土，表面广布灰色水稻土，土质富饶，光热条件优越，适合多种农作物生长。古蜀先民从距今 4 500 年或更早，就设立原始聚落，从事原始渔猎，发展原始耕作，种植水稻、高粱等粮食作物。

3. 和谐的农田肌理景观

郫都区耕地集中连片，土地肥沃，河渠纵横密布，依水系划分农田，形成了因水成田的小田肌理，使农田与水系自然融为一体，种植水稻时形成小田块的水平流人工湿地，净化水质，同时以田埂为径串联各个林盘，农田水系林盘和谐统一。

4. 传统的知识技术体系

在绵延数千年的农业发展史中，蜀人种五谷、养六畜，农桑并举、耕织结合。其农耕“道法自然”“天地人合一”的哲学精神深深烙印于人类社会进程中，根据生产生活需要，结合农耕四季和水土特征，郫都区采用轮作、套种、种养结合等方式，提高了生产效益。

5. 独特的自流灌溉系统

郫都区的水文化萌生于古蜀国时期的水患治理，约 2 300 多年前，李冰父子率众修建的都江堰水利工程，根据江河出山口处特殊的地形、水脉、水势，乘势利导，无坝引水，自流灌溉，使堤坝、分水、泄洪、排沙、控流形成相互依存的体系，变害为利，使人、地、水三者高度协合统一，保证了防洪、灌溉、水运和社会用水综合效益的充分发挥，使成都平原成为“水旱从人，不知饥馑”的天府之国。

6. 浓厚的灌区农耕文化

蜀之先王，蚕丛“教民养蚕”，柏灌、鱼凫“教民捕鱼”，杜宇“教民务农”，鳖灵“治水兴蜀”，都与农业生产密切有关。郫都区处于都江堰核心灌区，加之其得天独厚的自然条件，孕育了底蕴深厚的灌区农耕文化。

水系、农田景观

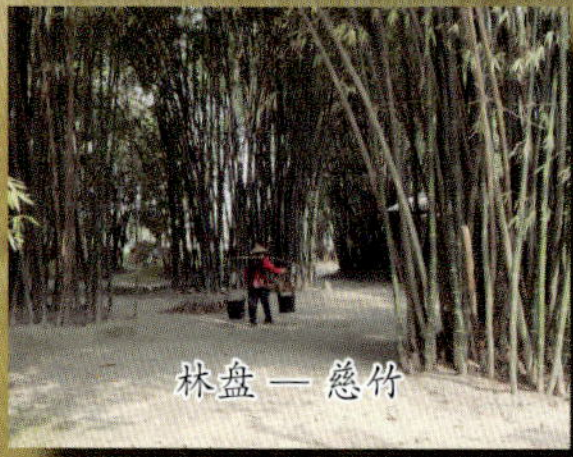
林盘—慈竹

生菜连作

助推牦牛产业发展 念好牦牛“产业经”

近年来，类乌齐县委、县政府按照习近平总书记“要立足当地资源，宜农则农、宜林则林、宜牧则牧、宜商则商、宜游则游，通过扶持发展特色产业，实现就地脱贫”的指示精神，围绕昌都市“五大养殖基地、七大种植基地”的产业布局，立足本地资源，宜牧则牧，通过发展牦牛产业，实现了就地脱贫增收致富。类乌齐县以“种草养畜加工”为抓手，不断做大做强“三万工程”，即万亩饲草料基地建设、万头牦牛育肥基地建设、百万斤牦牛肉加工基地建设，着力打造“种草—养畜—加工—销售”的扶贫产业链模式，有效带动群众脱贫增收致富。

2016 年“类乌齐牦牛肉”成功申报为国家地标产品；2017 年，类乌齐牦牛遗传资源经国家畜禽遗传资源委员会审定和鉴定通过。类乌齐牦牛成为西藏东部最响亮的牧业品牌。

昌都市藏家牦牛股份有限公司作为西藏昌都市农畜产品加工的龙头企业，公司生产的类乌齐牦牛肉产品荣获过多项区、市重要奖项，2018 年荣获第十六届中国国际农产品交易会“产品金奖”。

类乌齐牦牛

类乌齐牦牛

类乌齐牦牛现代化屠宰线

类乌齐牦牛休闲产品

类乌齐牦牛育肥基地

古丈县茶叶产业化建设

近年来，在党中央“十九大”精神指导和各级党委政府正确领导下，我县立足自然优势、生态优势和产业优势，始终坚持把茶叶产业作为推进脱贫攻坚、全面建成小康社会的支柱产业来抓，着力扩基地、树品牌、抓营销、增效益，茶叶产业发展取得了显著成效。

1. 突出科技兴茶，着力提升茶品质。一是推进茶园绿色有机标准化，二是推进生产标准化，三是推进队伍专业化。

2. 突出品牌带动，大力拓宽茶市场。一是开发新品拓市场，二是搭建平台拓市场。

3. 突出茶旅融合，致力提高茶效益。按照“茶园景区化、茶旅一体化”思路，坚持“以茶促旅、以旅带茶、茶旅互济”，全面提升茶旅融合效益。一是加快茶区景区一体化，二是加快茶旅产业一体化，三是加快推进茶旅文化一体化。

4. 突出机制创新，竭力推动产业精准扶贫。按照习近平总书记在湘西考察时提出的指示精神，古丈县把茶产业扶贫作为精准扶贫的主要内容。坚持把茶叶产业作为我县贫困群众脱贫致富的支柱产业之一，积极探索资金变资本、资本带产业、产业促增收的扶贫新模式。一是健全“整合投入”机制，二是健全“政策扶持”机制，三是健全“利益联结”机制。

为进一步做大做强茶产业，下一步我县将重点抓好以下措施落实：一是继续推进绿色防控和有机转换认证工作。强化茶园培管水平和茶叶品质的提升，促进产业升级。二是继续加强品牌建设。全力抓好第二届中国古丈茶旅文化节宣传推介活动；进一步探索新媒体宣传途径。三是进一步扩大基地，夯实产业基础。加快茶叶特色产业精品园、标准园、示范园建设，力争到2020年基地面积达20万亩，绿色有机茶基地达5万亩。四是进一步提升品质，提升产业效益。着力培育大型企业集团，培育发展农业产业化龙头企业、专业大户、家庭农场和农民专业合作社，实施创新驱动，推进标准化生产，提高茶产业竞争力。五是进一步树品牌，拓宽茶叶市场。以创建“中国名茶之乡”“中国有机茶之乡”“全国茶叶标准化工程示范县”等荣誉品牌为抓手，加强专业人才培养和茶文化挖掘，着力打造“古丈毛尖”“古丈红茶”公共品牌，壮大茶叶企业品牌，强力推介茶叶品牌，进一步扩大市场影响力；加快茶旅融合发展，高标准打造一批茶旅示范基地，打响一批茶旅品牌，尽快形成“以茶促旅、以旅带茶、茶旅互融”的发展格局。

国际茶叶委员会授予古丈茶“世界生态茶”称号

技术服务团合影

全国政协副主席卢展工实地考察古丈茶产业

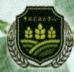

湖口螃蟹人文历史

一、 湖口螃蟹历史悠久

湖口县位于江西、湖北、安徽三省交界处，因地处中国第一大淡水湖——鄱阳湖入长江之口而得名，下辖6乡6镇2场，人口30万人，渔业资源十分丰富，全县面积100万亩，其中水域面积28.5万亩，现有可养水面9.41万亩。湖口县2017年被农业部授予全国渔业健康养殖示范县。2018年12月28日申报的“湖口螃蟹”农产品地理标志在北京被专家组通过。

据康熙壬子十一年（1672年）《湖口县志》记载：“洪武间本县设立逆沙夹河泊所，征收渔课……万历初渔户自行解京，后改布政司搭解，著为附载款项……又加鲥鱼、螃蟹额外之征，崇祯六年（1633）知县刘延汉申请裁革，永远免办，勒石治前”。清嘉庆二十三年《湖口县志》又作“加鲥鱼、螃蟹额外之征”的记载。

据1992年《湖口县志》记载：“特种水产有鲥鱼、螃蟹等。明洪武初至崇祯六年在湖口征收渔课时，加鲥鱼、螃蟹额外之征，解至京城作为贡品”。“螃蟹生产已经历了天然捕捞—内湖放养—人工繁殖蟹苗三个发展阶段”。“蟹苗：1984年水产局在苏官渡建成人工繁育蟹苗试验站，1985年初试成功，孵苗50万只。1986年孵苗112.4万只，1987年孵苗114.2万只，1988年孵苗1 012万只。有养殖点29个，养殖水面30 215亩，投放一龄幼蟹5 143千克，当年收成蟹8吨”。

根据1994年11月由中国广播电视出版社出版的《湖口旅游》描述“湖口螃蟹，俗称毛蟹、河蟹、又名中华绒螯蟹，是湖口县一大特产，久负盛名”。

二、湖口螃蟹产业发展前景广阔

根据湖口县人民政府印发的《湖口县养殖水域滩涂规划（2018-2030年）》（湖府发〔2018〕16号文件）中强调走绿色生态养殖之路，大力发展湖口螃蟹的要求，湖口县水产局又制订了《湖口螃蟹产业发展规划（2018-2025）》，为湖口螃蟹发展提供了具体指导性的意见和发展思路，并且湖口县财政局每年拿出40万元资金用于购买蟹苗投放至内陆可养水域，以鼓励发展湖口螃蟹产业。

湖口螃蟹以独特的人文历史和地方特色，加上传统的生态化养殖，确保了其特有的品质。近年来在省、市、县各级政府和部门的正确指导下，湖口螃蟹产业规模越来越大，形成了生产、流通、电子商务等完善的产业链，打造了湖口螃蟹销售一条街，经济效益日益明显，扩大了湖口螃蟹知名度和美誉度。湖口螃蟹多次在全国和省内举办的螃蟹节上荣获“优质蟹奖”，2018年10月在江西第二届鄱阳湖螃蟹节上再次获得金奖。加上湖口优越的地理位置（鄱阳湖入长江之口）和丰富的水草资源，随着产业化进程的加快，湖口螃蟹这一地方特色养殖品种前景广阔。

三、湖口螃蟹的营养价值

湖口螃蟹含有丰富的蛋白质、钙、铁和多种维生素，有补养骨髓、强壮手足关节的作用，可增强肝、胃功能，促使血脉流畅。

九渡河镇蓝莓

2012 年前，我镇以板栗、核桃为传统产业，是北京市板栗专业镇，年产量约 500 万千克。随着社会经济发展，板栗生产树种老化、发展空间不足、亩效益低下。为加快农民增收步伐，2012 年，镇党委、镇政府经充分考察、论证，引进蓝莓种植，加大农业种植结构调整力度、促进产业转型升级，促进农民增收致富、带动镇域经济发展。

根据我镇土质特点、气候条件和市场需求定位，精心选定“蓝丰”“都克”两个浆果型蓝莓品种。在推广过程中实行“三步走”策略：①引种试种。2012 年，政府投资 40 万元，对钢架大棚建设、土壤更换、种苗购置、施肥覆膜等全程提供资金扶持，在四渡河村试种 5 年生蓝莓大苗 500 株，3 年生种苗 3 500 株。在重点环节先后 4 次邀请专家到蓝莓园，实地手把手指导农户，确保种植效果，受益农户百余人，当年产果共成功收获蓝莓 400 多千克。②小面积示范。2013 年，投资 512 万元实施蓝莓高效种植示范与推广项目，在四渡河村示范种植蓝莓 120 亩。为提高土地利用率、增加亩效益，采取板栗林下种植蓝莓 50 亩，获得成功。③大规模推广。2014 年，申请财政资金推进蓝莓产业规模发展。为解决土地不足问题，组织镇内现有 14 个种植合作社负责人召开座谈会，在充分研讨的基础上，确定了产业方向，实现了 1 500 亩蓝莓的成功种植。

我镇形成企业带动、集体参与、政府引导发展模式，采取公司 + 合作社 / 集体方式，注册“山水蓝莓”商标，公司提供种苗、保底价回购，形成区域产业即团式发展的良性发展态势。此外，聘请技术专家提供技术支持，构建稳固的地区蓝莓产业发展团队。同时，政府集成农业、旅游等产业发展资金，为集体及合作社发展蓝莓产业提供资金支持，形成规模优势，围绕旅游沿线打造高品质采摘园，促进农业与旅游业产业融合，提升区域环境品质。

目前，我镇发展蓝莓产业经济效益明显，富民效果显著，涌现出不少种植先进代表。

2014 年，我镇被批准为国家级蓝莓标准化种植示范区。黄花镇村于 2019 年 9 月被农业农村部评选为全国一村一品示范村之一。现有 10 个合作社，涉及 9 个行政村，辐射带动农户 1 400 余户，种植总量达到 2 000 亩，收益约为种植板栗的 20~30 倍。

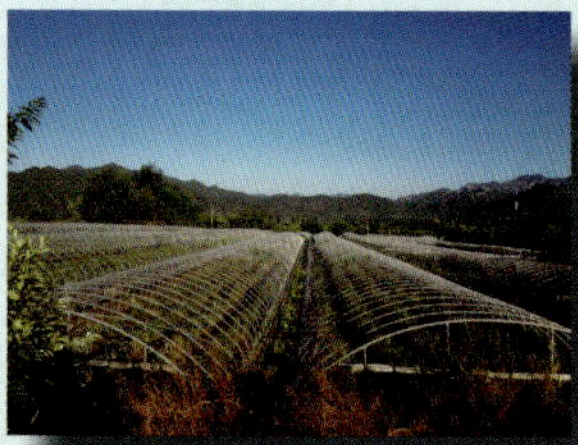

合肥市农业农村局

合肥市农业农村局是主管全市农业农村工作的重要职能部门，市委农村工作领导小组办公室设在农业农村局，接受市委农村工作领导小组的直接领导。

合肥市农业农村局的主要职责是贯彻落实中央、省、市有关农业农村工作的方针、政策和法律、法规；统筹实施乡村振兴战略，统筹推动发展全市农村社会事业、农村公共服务、农村文化、农村基础设施和乡村治理；承担完善农村经营管理体制责任；组织落实促进主要农产品生产发展的相关政策措施；指导乡村特色产业、农产品加工业、休闲农业和乡镇企业发展工作；负责种植业、畜牧业、渔业、农业机械化等农业各产业的监督管理和渔政渔港监督管理；负责全市有关农业生产资料和农业投入品的监督管理和农产品质量安全监督管理；组织农业资源区划工作，负责全市农业投资管理；推动全市农业科技体制改革和农业科技创新体系建设；依法管理耕地质量等。

2019 年，合肥市以乡村振兴战略为总抓手，以都市现代农业为发展主线，在省农业农村厅的正确指导下，聚焦农业农村重点领域，全面提升农业农村发展质量，荣获“全国农业农村先进集体”称号，是全国两个获此殊荣的省会城市之一，也是 2017 年我局被评为“全国农业先进集体”后再获此项荣誉。

都市现代农业“提质”。全市粮食产量 301.3 万吨，蔬菜、肉、禽蛋、奶、水产品总产量达 333 万吨。全市规模以上农产品加工企业 362 家，虾稻综合种养面积达 54.7 万亩，休闲农业接待游客突破 3 700 万人次。在成都召开的全国都市现代农业现场会上做典型交流发言，合肥“庆丰收 · 农民乐”农民丰收节作为全省三个举办地之一，被纳入全国 70 个现场直播点。

乡村振兴战略实施“提品”。乡村振兴入库项目总数 205 个，完成投资 22.8 亿元，市级 3 个示范项目高质量实施。农村生活垃圾无害化处理率达 100%，85 个乡镇已实现污水处理厂（设施）建设全覆盖，农村生活污水治理模式全国现场会示范推广。累计完成自然村改厕 20.35 万户，累计建成省、市级中心村 226 个。

农业科技装备“提优”。建立农业技术研发中心 57 个，涉农产业技术创新战略联盟 28 家，保持全国“种业之都”地位。建立 35 个农业行业首席专家工作室，发展各类园区 445 个。启用智慧农机平台上线高效农业机械 1 721 台，物联网应用与示范农场、企业突破 3 000 家。建立农技人员“1+5+2”工作机制（联系 1 个示范区、服务 5 个示范户、帮扶 2 个贫困户），培育科技示范户 5 084 户。

农业生态环境“提效”。化肥、农药使用量减少 3.34%、1.8%，建设绿肥种植基地 10 万亩。秸秆综合利用率达 90.9%，畜禽养殖废弃物资源化利用率和规模养殖场粪污处理设施设备配套率达分别 90.04%、89.84%。全市水产健康养殖比例达到 89%。

农村改革“提速”。农村“产改”和“三变”改革村居分别达 88.8%、66.9%。全年全市经济强村比去年增长 7.2%。前三季度，农村常住居民人居可支配收入 15 475 元，总量位于全省第 3 位，在全国省会城市中居第 8 位，增幅达 9.3%。发展场社新型主体 14 571 家。

农业抗风险能力“提升”。有效防控非洲猪瘟疫情，排查发现的 49 个“大棚房”问题全部如期整改到位，农业大灾保险试点和特色农业保险有序实施。

岳阳市农业农村局

1. 突出农业生态环境保护，补齐短板守底线。我们始终牢记总书记“守护一江碧水”的殷殷重托，落实省委省政府生态优先绿色发展的决策部署，在农业生态保护上大投入、下猛药、见真功。针对习近平总书记高度关注的下塞湖矮围问题，迅速强力整改，短短13天时间7 400余米矮围全部拆除，非法围垦达17年之久的下塞湖（岳阳湘阴水域）重现往日水清岸绿的景象。

2. 突出特色小镇创建，兴旺产业促发展。时刻把粮食生产作为“三农”工作的首要任务来抓，确保了全市粮食种植面积稳定在720万亩左右、总产量稳定在300万吨左右。坚持以产业兴旺引领乡村振兴。

3. 突出人居环境整治，全域推进惠民生。为坚决打好打赢乡村振兴“第一仗”，我市按照中央“三清一改”和湖南省“一拆二改三清四化”的要求，结合实际抓“三清理”“四拆除”“三提升”，具体搞好拆“四房”、清垃圾、治粪污等10件事。建立了50个市派驻村工作队蹲村带乡，创新农村人居环境整治路（段）长制，着力健全常治长效机制，实现了农村人居环境整治点线面全域推进。

4. 突出农村综合改革，强力攻坚破难题。为推动形成全省农村综合改革可复制、可推广的改革经验，2016年，我市启动了屈原管理区创建农村改革集中区工作。以农村改革为总抓手，扎实推进规划全域化、土地资本化、产业融合化、建房规范化、环境生态化、保障一体化“六化”改革，构建全社会参与、多元化发展的改革创新体制机制，取得了突破性成就。

5. 突出干部队伍建设，担当有为树形象。坚持把政治建设摆在首位，深入学习习近平新时代中国特色社会主义思想，特别是习近平总书记关于“三农”工作的重要论述精神，积极开展“不忘初心、牢记使命”主题教育，以政治建设为统领抓班子、带队伍，确保中央、省、市决策部署全面落细落地。

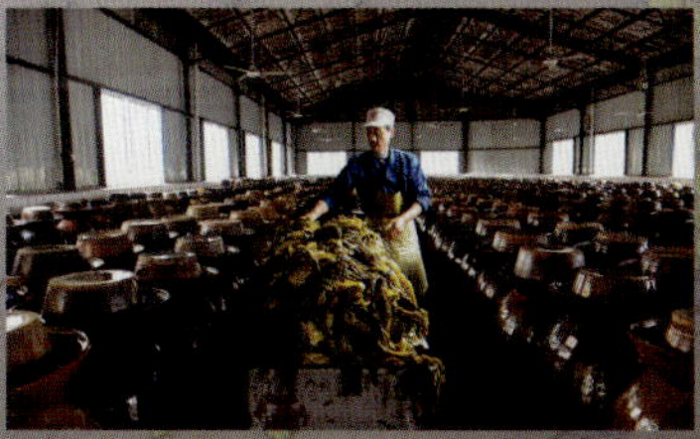
华容县三封寺镇云龙菜业芥菜加工

红色经典诵读活动领导与演职人员合影

赴任弼时故居接受革命传统教育

邓州市农业技术推广中心

邓州市有耕地244万亩，盛产辣椒、小麦、棉花、油料、烟草、豆类，被确定为国家粮食、内贸烟储备基地、外贸烟出口生产基地和河南省棉花、芝麻生产重点市，为全国50个商品粮基地县之一，素有“粮仓”之称。先后荣获“全国粮食生产先进县（市）”“全国基本农田保护建设示范区”，粮食核心主产区地位进一步巩固提高。

1. 粮食安全责任制工作。邓州市深入贯彻落实粮食安全责任制各项工作举措，积极承担维护粮食安全责任，各项工作取得明显成效，粮食安全保障能力得到进一步加强。小麦产量连续十三年增长，2019年粮食总产量达31亿斤左右，连续多年被评为全国超级产粮大县，为保障国家粮食安全做出了重要贡献。

2. 农业种植业结构调整工作。依据邓州市自然资源条件和现有种植业优势布局，邓州市农业种植业进行了粮食生产、涉水种植、特色种植方面的调整工作。

3. 主要推广的高新技术。邓州市近年来主推的高新技术有：小麦农机农艺融合技术、半湿润小麦绿色高产高效技术、花生绿色高产高效栽培技术、酒用高粱轻简化栽培技术、深耕与秸秆还田技术、小麦规范化播种技术、小麦节水高产栽培技术、夏玉米免耕机播栽培技术、夏大豆免耕节本增效高产栽培技术、测土配方施肥技术、秸秆快速腐熟技术等项技术。

2019年8月27日，邓州市农业专家对新型经营主体、种植大户、贫困户等进行花生增产科普培训。

2019年8月2日，邓州市农业专家服务团队在孟楼镇、林扒镇等乡镇对扶贫基地进行引导农业结构调整、发展特色农业、打好脱贫攻坚战。

2019年8月25日至9月10日，邓州市农业专家服务团队在邓州市刘集镇等21个乡镇进行了22场贫困户劳动力农业实用技术培训。

云南省生态

作物所有重要功能、性状，都是多基因、多基因簇互作协同表达的结果，中国独创的“GPIT”能做到让一万多个基因表达发生改变、3275 个基因表达显著改变！

土壤不施化肥、土壤不施农家肥、无农药包衣、全程无化学农药、无除草剂、无机械人工除草、无外施根瘤菌剂，灾年无明显减产、灾年无明显降质，无光周期影响不能开花给荚之大豆！壮根系强抗逆、大根瘤高固氮、增产显著、增质明显（增油、增氨酸、增多种活性物质、无豆腥味）。具有这些可配合表达的特征，才能生产出优质大豆。

经过多年努力育成的那氏超大穗玉米就是优质高产大豆良循环的配套基础。窄行玉米超密植，穴播四粒超大棒，宽行大豆超固氮，冷凝水笑草害让！湿热同步，有新农艺配套农业机械，占 1 / 7 面积窄行，2400 穴保 2 ~ 3 株超大穗玉米，亩保苗 5000 ~ 7000 株，一穴三株超高密植玉米，不仅攻克了玉米大欺小本性难题，且各株根系视观可超过单株、玉米棒仍可保持超大穗特性，生产玉米 1400 ~ 1800 千克；宽行 6/7 的面积种植大根瘤超固氮优质大豆，大豆产量 200 ~ 400 千克。湿热、碳源互补，双双优质超高产。并且达到：强势作物，和谐自然，湿热同步，速壮抑草，沃地优质，数倍增效！

药用西蒙红薯几十年薯块极低产的瓶颈被突破，现为优质安全高产红薯，优质藜麦的单株超高产等，为保障人民健康做出了贡献！

从郁金香一梗一花可变一梗双花开始，双头、三头小麦、双芽（三芽）玉米、双芽小麦、双芽黑青稞、双芽巨型优质稻、三子叶藜麦，黑豆、褐豆、高油、特早熟、大黑青等不同种质大豆，都在一腋可双花序（三花序）基础上出现叶梗、枝梗开花奇迹，这是古老植物快速进化的体现。那氏巨株烤烟、巨株水稻、巨株小麦、巨株谷、巨株藜麦、巨株大豆、等的培育成功绝非偶然。

氧气是光合作用改造地球促进生物进化的产物，氧气含量的提高又促进氧化还原的速率，综合促进了光能效率的提高和大气自净化的循环！这是努力适应环境—尽量改造环境—进化互促增效的良性循环过程！“史前曾多巨生物，温暖湿润氧气足！光合速率增数倍，自创高氧生巨物！”

细胞、组织形态及相关特征，是遗传物质对环境条件信息可反馈的表现。以相对稳定规范为基础，特殊应激反应为调节。特殊应

农业研究所

激反应调节增强，产生相对可记忆、稳定的表现规范，则成进化，与之相关的可遗传性物质一旦形成，新物种就此诞生，而同时有性可遗传，就诞生了高级新物种！

细胞、组织形态随信息感受度动力学机制的可改变性，甚至可在一定条件范围内起死回生，乃至生命过程可延长，甚至一年生作物在劣势条件下变为多年生植物，经过累加递增，稳定变为可有性遗传，这就是进化遗传的可见规律性，也是重要新物种能快速产生的重要途径。

那氏香豆六无优质多抗高产，为那氏模式无除草剂栽培小麦提供了可能，将再为中国优质冬茶创造世界最优品质奠定基础。

广大一季作地区冬播春出苗模式，将产生多层次革命：那氏模式春小麦优质早熟性，必将与那氏香小米、特早熟大豆、四用蔓菁等配套产生湿热同步的熟制革命。春小麦收获后，那氏模式种植的那氏四用蔓菁，已经成功地抗住了 -21℃低温，也突破了 -24.6℃极低温的检验，可安全越冬。结合大豆种植提供的优质饲料，可解决一季作物畜牧区发展难题，并从源头提供了优质良循环发展畜牧新方向和新模式；玉米、大豆等一季作区冬播春出苗及甜高粱等越冬再生变成多年生作物等，将加速种质变异，为新种质产生、培育新品种创造新途径。

总之，以诱导体调控表型的性状功能可产生巨变、可累加递增乃至有所进化遗传的源创，是阳光农业研究的累累创新硕果，为中华人民共和国成立 70 年周年献礼，尽快转化为生产力，能够引领世界农业优循环并无成本解决发展与影响气侯矛盾难题、从源头保护生物多样性，建设人类美好家园！超强抗逆功能性状基础的进一步研究，将为有效化解人类小冰河期粮食生产难题做出贡献！

靠大幅度提高光合速率与双向强抗逆互促为基础，冬播春出苗、湿热同步强势作物超高产、湿热同步抗霜冻熟制革命、无污染耕地和冷凝保湿热等水资源无成本开源节流模式，都是光热水肥及根面效应菌群（新菌种新蛋白）等自然资源最佳友好利用优循环模式的组成部分！

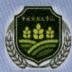

河北农

棉花是我国重要经济作物和纺织原料，关乎国计民生。黄河流域棉区是国家棉花生产保护区，与长江流域棉区和西北内陆棉区“三足鼎立”。棉花生产面临枯萎病重新抬头、黄萎病和棉铃虫危害依然严重，加之棉田向旱薄盐碱地调整，多逆境危害已成为影响棉花优质高产的重大障碍，而且纤维品质指标不配套、纺高档纱原棉缺乏，因而培育多抗、优质、高产新品种是我国棉花产业发展的重大需求。然而，多抗与优质、多抗与高产协同提高是选育优良品种的重大技术难题。因此，项目组在国家和河北省重大科技项目支持下，系统开展了种质资源评价与创制、育种技术创新和新品种选育与应用，取得了重大成果。

根据棉区重病地和旱薄盐碱地多的生产条件，以及纤维长度 27~29mm 占 60%、>29mm 占 20%~30% 的纺织业用棉需求，确立选育多抗高产、多抗优质两类品种。多抗高产型品种，长度确定为 28mm 左右，在选育长、强、细配套基础上，重点突破枯萎病、黄萎病、棉铃虫等抗性与高产的遗传负相关；多抗优质型品种，长度、强度达“双 30”以上、细度 3.9~4.7，重点解决病、虫、旱薄盐碱多抗与优质、丰产难以协调的突出问题。强化优良亲本筛选、创新与选配基础，突破育种技术和方法创新关键，实现目标性状协同提高。

多年多环境、分子标记、杂交组合多维度精准鉴定 1 100 多份种质资源，充分挖掘潜在可利用的种质优良特性，筛选出优质、高产、抗病、耐盐等性状优异的育种亲本 69 份；利用基因芯片率先解析其中 719 份重点材料的分子亲缘关系，构建了基于 10 511 个 SNP 的指纹图谱；利用筛选的优良亲本和创新的育种技术，创制了遗传背景优良的抗虫、抗黄萎病等不同类型新材料 26 份。拓宽了多抗优质高产品种选育遗传基础，突破了种质资源难以精准利用的瓶颈。

发现了棉花幼胚发育调控、抗病抗虫基因表达、优良品种高产优质性状关联 SNP 集聚等规律；创建了以幼胚成苗、标记选择为核心的棉花当地一年 3~4 代快速育种技术，创立了基于基因表达快速鉴定黄萎病抗性、基因检测与表达递进式准确选择抗虫性、显著关联 SNP 解析重要性状遗传基础的育种方法。突破了重要性状育种选择准确性差、效率低的技术难题。快速育种技术仅 2~3 年即可获得目标性状新材料，抗黄萎病基因快速鉴定技术较已有苗期鉴定法提早 20~25 天，获得 62 个产量、46 个品质性状显著关联 SNP，可用于多抗、优质、高产品种遗传基础解析和性状改良。

集成创新重要性状选育方案，攻克了多抗与高产、多抗与优质同步改良提升的技术难题，育成了多抗高产、多抗优质两种类型 7 个突破性棉花新品种，创造的高产纪录引领病地、旱薄盐碱地棉花优质高产高效生产迈上新台阶，解析了新品种的优异性状遗传基础，建立了高效配套的良种繁育与推广体系，应用效果显著。多抗高产型农大棉 7 号和农大 601，实现了多抗与高产同步改良新突破，两品种区试皮棉产量均居第 1 位。多抗优质型农大棉 8 号和农大棉 13，实现了优质与抗病虫同步改良新突破，农大棉 8 号达到国家 II 型优质标准，长度 30.5mm、强度 30.4cN/tex、马克隆值 4.6，农大棉 13 达到 I 型标准，长度 32.4mm，强度 33.2cN/tex，马克隆值 4.2。创立了国欣农研会自办农场良种繁育体系和订、供、服务、管理一条龙良种推广网络，助推了“农大棉”新品种的大面积应用。

农大棉 7 号是 2012 年农业部发布的重大育种成果——推广面积前 10 位的品种，农大 601 是 2015 年推广面积前 10 位的品种。2010-2017 年 7 次全国大田作物授权品种推广面积前十排行榜，农大棉 7 号 5 次（2013 年第 2）、农大棉 8 号 6 次上榜，2017 年农大棉 7 号、农大棉 8 号、农大 601 同时上榜。育成的新品种 2007-2018 年累计应用 3054.8 万亩，新增经济效益 77.94 亿元。获河北省科技进步一等奖 2 项，植物新品种权 6 项，发明专利 4 项，成果论文 21 篇。

业大学

项目得到国家棉花产业技术体系（CARS-18-08）、国家农业科技成果转化资金重点项目（2006GB2A200014、2008GB2A200001）、国家863计划（2011AA10A102）和河北省科技支撑计划（06220113D）资助。

项目负责人：马峙英，男，1958年10月出生。河北农业大学教授，太行学者，博士生导师，作物学学科带头人，教育部华北作物种质资源研究与利用重点实验室主任，河北省棉花产业协同创新中心主任。国务院政府特殊津贴专家，国家教学名师，全国优秀教师，全国“五一”劳动奖章获得者。河北省高端人才，河北省杰出专业技术人才，河北省棉花育种首席专家，河北省“巨人计划”领军人才，国家棉花产业技术体系岗位科学家。2015年获何梁何利科学与技术创新奖。任中国农学会棉花分会副理事长、中国作物学会监事会监事。长期致力于棉花育种及分子生物学研究。主持完成国家973计划、863计划、科技重大专项、自然科学基金、棉花产业技术体系等课题或任务60余项。以第1完成人身份获得国家科技进步二等奖3项，获教育部、河北省科学技术一等奖5项。育成抗病优质高产棉花新品种14个，以第一作者或通讯作者身份在Nature Genetics、Nature Biotechnology、The Plant Journal、Plant Biotechnology Journal等国际期刊发表论文50余篇，培养博士研究生、硕士研究生170余名。

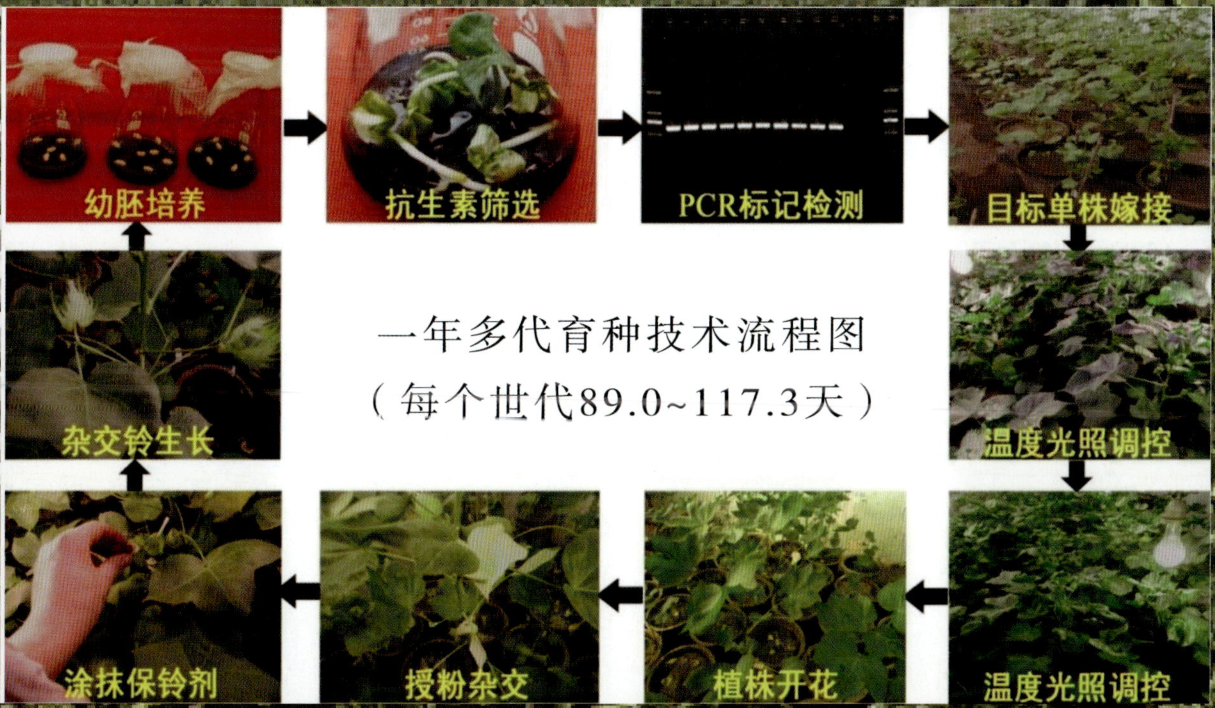

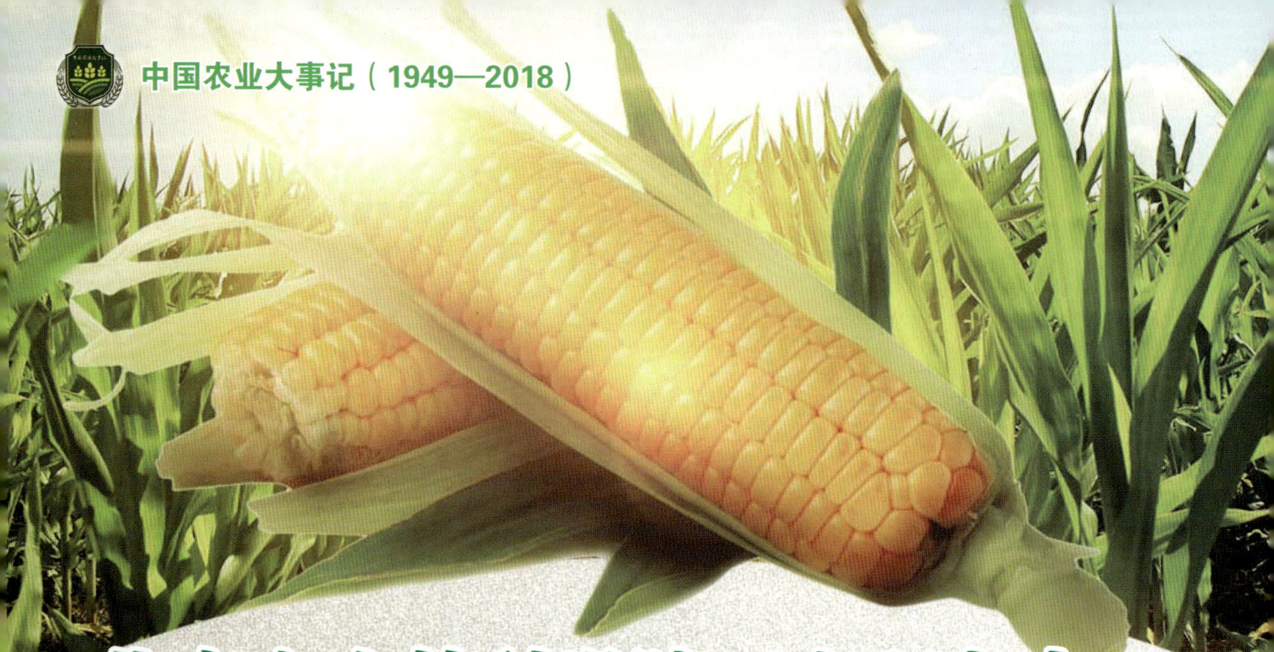

北京市农林科学院玉米研究中心

我国首批机收审定玉米品种 京农科 728

京农科 728 是北京市农林科学院玉米研究中心以京 MC01 为母本，京 2416 为父本自主选育而成的玉米品种。先后通过国家、北京市、内蒙古、黑龙江和国家机收审定，成为我国第一批通过国家审定的适宜籽粒机械化收获的玉米新品种。突破了夏播玉米机收籽粒技术瓶颈，在黄淮海夏玉米区实现大面积籽粒机收，符合农业生产雨养旱作节水、机械直收籽粒的发展方向。截至 2018 年，已累计推广应用 1 000 多万亩，推广应用前景广阔，发展势头强劲。

京农科 728 具有早熟优质、抗旱节水、耐密抗倒、籽粒脱水快、适宜全程机械化等突出优势，经受住了近年来频发的高温热害、风灾、干旱、涝渍、阴雨寡照、多种病害等环境胁迫，表现出很好的稳定性。株型紧凑，果穗呈筒型，穗轴呈红色，籽粒呈黄色，半马齿型，百粒重 37.1 克；籽粒成熟度好；容重 757 克 / 升、粗蛋白含量 9.03%、粗淀粉含量 73.33%；抗大斑病、小斑病和茎腐病；2010-2011 年参加国家京津唐夏玉米品种区域试验平均亩产 715.2 千克，比对照京单 28 增产 8.8%；2015-2016 年国家黄淮海夏玉米机收组区域试验平均每亩产量 569.8 千克，比对照郑单 958 增产 9.9%，生产性试验平均每亩产量 551.5 千克，比对照增产 8.5%。2017 年 10 月 28 日，农业部玉米专家指导组专家对四川省甘孜州丹巴县开展创建的玉米高产田进行测产验收，其中京农科 728 示范田平均亩产达到 1 059.54 千克，进一步证明了该品种是一个具有多抗广适和增产潜力大的优良品种。

高产优质多抗广适玉米新品种 京科 968

京科 968 为北京市农林科学院玉米研究中心自主选育的具有独立知识产权的玉米新品种。2011 年通过国家华北区审定，又于 2018—2019 年先后陆续通过黄淮海、西北、西南、东南等生态区审定以及黄淮海青贮玉米审定，成为我国迄今为止通过审定区域最广的玉米品种，也是第一个通过国审的粮饲通用型玉米品种。

京科 968 具有“高产、优质、多抗、广适、易制种”等综合优点和氮高效、耐瘠薄、耐干旱、耐盐碱和耐寡照等突出优点。高产稳产，可比郑单 958 增产 10% 以上，并在生产上涌现出大量农户吨粮田；具有广谱抗虫性，抗玉米螟、黏虫、蚜虫、红蜘蛛，并对大斑病、灰斑病、丝黑穗病、茎腐病、弯孢菌叶斑病等多种生产上主要病害都在中抗以上；籽粒商品性好，淀粉含量超 75%，属一级高淀粉品种；粮饲通用，在蜡熟期全株收获可做优质青贮玉米，达到国标一级；制种产量高，亩制种产量可达 600 千克以上。

截至 2018 年，京科 968 累计推广已达上亿亩，成为我国年目前年推广面积超过 2 000 万亩的三大主导品种之一，被科技部推荐为国家“十二五”重大科技成果和国家重点攻关项目标志性成果，被农业农村部连续 5 年推荐为主导品种，被北京、吉林等地列为主导品种、更新换代品种和高产创建主导品种，节水减肥减药，在农业调结构转方式发展节水减肥减药农业生产中发挥了重要作用。

京农科 728
开创玉米机收脱粒新时代

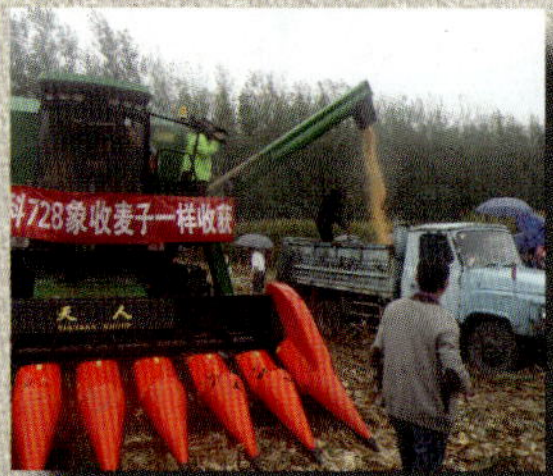

京农科 728 直接脱粒高价卖粮

京科 968 大面积繁育的精品种子

京科 968 成熟果穗结实饱满

河北省菜田养分微生物调控减肥增效关键技术

完成单位：河北农业大学、河北省农林科学院农业资源环境研究所
河北闰沃生物技术有限公司、河北民得富生物技术有限公司
廊坊海泽田农业开发有限公司
主要完成人：李博文，王　凌，郭艳杰，刘文菊，张丽娟
陆秀君，陶　晡，方雪丹，刘　辉，杨　威

河北蔬菜产业用全省 13% 的耕地创造了种植业近 1/3 的收益，成为种植效益最高的产业。但现行养分调控技术过度依赖有机肥、化肥，形成养分过剩、肥效锐减、面源污染“三大瓶颈”，已危及食品安全和环境安全，其根本出路在于减肥增效。

该项目针对破解“三大瓶颈”，开辟养分调控新路径，优选出高效解磷解钾、防病、降解有机物的功能菌株：巨大芽孢杆菌 S6、胶冻样类芽孢杆菌 T7、枯草芽孢杆菌 B-9 和 XN-13，具有耐盐碱、耐缺氧、耐高温等特异优势；发明了高效絮凝浓缩的微生物肥制作方法及节本增效新型肥料，生产省时 72h、降低成本 20% 以上，提高菌体回收率 22%，研发出微生物肥系列新产品；发明了硝化抑制新型缓释肥及制备方法。明确了 DCD 适宜配施量，施用微生物肥适宜用量、时期和方法，研发出新型套餐水溶肥，突破了减肥增效的技术瓶颈；揭示了菜田高氮土壤微生物调控氮的作用机理，明确了其氨氧化古菌对 NO_x 排放、硝酸盐淋失和氨氧化细菌对 N_2O、NH_3 排放起关键作用，硝化抑制可减氮增效；揭示了菜田石灰性土壤微生物调控磷的作用机制，发现微生物碱性磷酸酶基因 *phoD* 和磷转运基因 *pitA* 是活化调控磷的关键因子，施其有效菌可减磷增效；明确了河北省菜田磷钾养分过剩、镉污染凸现的分异特征。基于不同蔬菜需肥特点，根据缓释水溶肥与微生物肥的适宜用量、时期和方法，构建了 10 种蔬菜安全高效施肥模式，减肥 25% 增产 10% 以上；开发认定绿色食品蔬菜产品 11 个，果形周正、色泽鲜艳，畸形果率 ≤ 3.5%，蔬菜维生素、可溶性糖等含量显著提高，适口性增强；同时降低氮磷钾淋失 49.7%，降低 N_2O、NO_x 和 NH_3 排放量 21.8%、76.5% 和 21.8%，有效防控面源污染，切实保障蔬菜食品安全和生态安全。

2016—2018 年，构建了覆盖全省蔬菜主产区的推广网络，产学研合作建成万吨级微生物肥生产线，研发登记肥料 8 个，该成果被列入《河北省蔬菜绿色发展十大技术》，培训 115 场、1.25 万人次，推广 278.50 万亩，新增收益 41.52 亿元，保障了蔬菜食品安全和环境安全。并且，该项成果培植起蔬菜产业扶贫典型，使贫困山村稳定脱贫，受到国家、省市多家媒体报道，特别是“贫瘠沙土地上长出金芸豆”“用科技照亮增收致富路”等系列报道，引起社会广泛关注和强烈反响。随着农业绿色发展，减肥增效需求剧增，应用前景十分广阔。

选育的优质稻品种在加纳示范情况

赤几部长亲自主持水稻测产

选育的优质稻品种在加纳示范情况

江西省农业科学院水稻研究所

赤道几内亚农林食品部长尼古拉斯.阿塔波亲赴中国援赤几试验农场接见江西水稻专家团，并现场考察水稻种植情况。

菲律宾科技部罗薇娜副部长赴江西省农科院就中菲水稻合作进行座谈

江西省农业科学院水稻研究所建有水稻国家工程实验室（南昌）、国家水稻改良中心南昌分中心、中—菲水稻技术联合实验室等科研平台。现有在职职工 50 人，其中研究员 15 人、博士 23 名。每年举办一次国际杂交水稻技术培训班。2016—2017 年连续两年获得国家科技进步二等奖（合作）。近三年审定品种 21 个，在 Plant Physiology 发表论文 2 篇。

围绕供给侧结构性改革，示范七种新型水稻生产模式：双季机插秧（转方式）、双季机直播（节本）、晚稻早种—连种（去库存）、晚稻早种—再生（稳粮增收）、早籼晚粳（调结构）、有机稻米（提质增效）、稻田种养（提质增效）。指导 500 亩稻田养鳖亩增效 6 000~7 000 元，2017—2018 江西卫视连续两年报道生产情况。

围绕产业扶贫，破解杂交水稻种子生产技术发展不充分的难题，在莲花县开展父本机插秧 + 母本机直播同步操作全程机械化制种示范，院士扶贫在田间，降低杂交稻种子生产成本。

围绕乡村振兴，助推产业兴旺。对接服务高安巴夫洛等田园综合体建设，对接服务鄱阳湖米业等创建区域大米品牌，构建稻作三产融合产业体系；指导 13 个水稻绿色高质高效创建和产业重大技术协同推广县开展科技服务和技术培训，推广水稻新型生产模式，构建优质稻全程机械化抗倒栽培等生产体系；对接服务萍乡吉内德等企业，建设稻田公园，构建电商平台、会员订制、生产体验等经营体系。

2018 年菲律宾科技部副部长罗薇娜女士访问江西省农科院，促成江西省农科院与棕吕宋大学签订共建中—菲水稻技术联合实验室协议。

2018 年本所选育的两个优质稻品种“外七”“九香粘”在加纳示范增产 15%，计划提交加纳国家审定。加纳北部省省长亲自签订拓宽合作协议，在加纳日报头版报道。

2018 年与江西赣粮实业共同在赤道几内亚成功试种该国历史上第一批水稻，赤道几内亚农业部长亲自主持测产达 593 千克 / 亩（8.9 吨 / 公顷、远高于非洲一般的 2~3 吨 / 公顷），赤道几内亚国家电视台报道。

国家科学技术进步奖

证　书

为表彰国家科学技术进步奖获得者，特颁发此证书。

项目名称：中国野生稻种质资源保护与创新利用

奖励等级：二等

获 奖 者：江西省农业科学院水稻研究所

2017 年 12 月 6 日

证书号：2017-J-201-2-06-D03

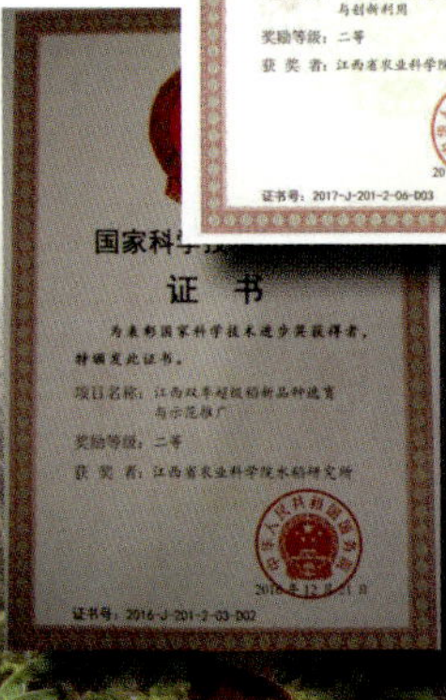

国家科学技术进步奖

证　书

为表彰国家科学技术进步奖获得者，特颁发此证书。

项目名称：江西双季超级稻新品种选育与示范推广

奖励等级：二等

获 奖 者：江西省农业科学院水稻研究所

证书号：2016-J-201-2-03-D02

赤道几内亚农林食品部长尼古拉斯. 阿塔波亲赴中国援赤几试验农场接见江西水稻专家团，并现场考察水稻种植情况。

橡胶树叶部病害无人直升机飞防技术

天然橡胶在全球60个国家种植，我国海南、云南两省种植面积分别在800万亩和900万亩以上，是我国重要的战略物资和热区农民主要经济来源之一。虽然多年来价格持续低迷，但相较其他农业产业，天然橡胶产业链完整，供需稳定，只要胶农割胶，每天都能拿到现钱，是当地农民的习惯性产业。要突破胶价低迷的困境，目前最需要解决的就是提高劳动生产率，创新推广省工省钱的生态高效植保技术，通过降低生产成本来增加农民收入。

为此，来自中国热带农业科学院环境与植物保护研究所的农业农村部农业科研杰出人才团队——橡胶、木薯病害监控团队，联合深圳华亚科技有限公司共同研发出集病害疫情监测、寄主抗性利用、多效药剂、提效助剂以及高效施药器械为一体的天然橡胶病害无人直升机飞防技术。

项目负责人黄贵修研究员介绍，该项技术主要突破点有三个方面：一是研发出可同时兼治白粉病、炭疽病和棒孢霉落叶病等多种叶部病害的“保叶清”新型药剂，省去每次换用不同的药剂，该药剂有可湿性粉剂、烟雾剂、微乳剂和超低容量微乳剂4个剂型；二是根据橡胶树叶片生物学特性研发了“热飞”植物油飞防专用助剂，相当于叶片黏着剂，可有效提升药剂防效30%以上；三是利用全球领先的大型无人机——华亚FBH300无人直升机，具有施药效率高、喷药均匀、易控制和专业性强等技术优点，目前正在我国热区各省胶园进行技术熟化与示范推广。

除了精准施药，该项技术中的大型无人直升机还能做到精准施肥和通过遥感摄像头来准确判定作物的物候期，了解生长状况、营养状况和病虫害疫情，进而做到精准施策和施药，有效解决了热带高大经济作物的植保和施肥问题。

在实现高效植保的同时，技术研发团队还借此专门研发了橡胶所病虫害监测手机APP应用平台，通过飞防作业采集和整理橡胶树病虫害基础信息并建立数据库，从而建立相应的防控预警系统。该套手机APP应用平台主要面向橡胶树植保专家、科研人员、胶园技术人员、农场管理人员、农业技术人员和广大植胶户。针对橡胶树病虫害的信息查询、专家诊断、为害监测及预警等科研和生产领域，植保专家可根据获得的图文信息进行远程诊断，实时监控指导农户做到什么时候用什么药，用多少药，用几次药。

中国热带农业科学院院长王庆煌认为，政产研企“同立项、同攻关、同转化”合作研发与协作推广模式是现代高效农业绿色发展的必由之路；科技要与产业需求紧密结合，充分利用现代农业科学技术的引领力，推进热带农业科技向现代化、智能化、数字化、轻简化方向发展。橡胶树无人直升机植保飞防的试验成功，为我国及“一带一路”沿线植胶国橡胶树叶部病虫害的专业化和统防统治奠定了坚实基础，值得大面积推广应用。

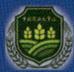

农业农村部设施农业工程重点实验室

1979 年，中国农业大学（原北京农业机械化学院）在全国率先创办农业建筑环境与能源工程（原农业建筑与环境工程）本科专业，先后入选“211”工程、“985”工程和国家“双一流”建设重点优势学科专业。40 年来，为全国培养了 1 433 名本科生，715 名研究生。农业农村部设施农业工程重点实验室（原农业部设施农业生物环境工程重点开放实验室）1996 年正式成立，2011 年设施农业工程重点实验室学科群获批农业部重点建设的 30 个学科群之一，目前已有一个综合性重点实验室，7 个专业性 / 区域性重点实验室，3 个综合观测实验站。

开展的湿帘风机降温系统研究，解决了我国农业建筑设施夏季换气与降温的难题，在全国 34 个省（市、自治区）推广应用。1996 年获国家科技进步三等奖。“规模化养鸡环境控制关键技术创新及其设备研发与应用”解决了我国立体高效养鸡环境的均匀调控与空气质量净化难题，为我国蛋鸡、肉鸡、种鸡的规模化多层立体高效健康养殖提供技术与装备支撑，技术产品成为现代养鸡的重要标志，并作为农业农村部标准化规模养鸡场示范创建的主推技术，为我国鸡蛋和鸡肉的安全供应作出了重要贡献。2015 年获神农中华农业科技奖一等奖。设施农业工程工艺与环境控制技术创新团队，在我国首次创建了设施农业工程工艺相关研究方向，在设施农业生产方式转型升级，设施农业环境控制技术创新，福利化健康养殖新工艺技术与装备等方面开发和推广应用了一系列成果。2017 年获神农中华农业科技奖优秀创新团队奖。

发起成立“动物环境与福利化养殖国际研究中心”，组织的“动物环境与福利化养殖国际研讨会”被认为是该领域国际水平最高的会议。2013 年开始发起全国大学生农业建筑环境与能源工程相关专业创新创业竞赛，至 2019 年第七届大赛，来自全国 25 个省（市、自治区）的 49 所高校选拔出 168 支参赛队伍共 700 余名师生参加。重点实验室主任李保明教授获 2019 年美国农业与生物工程师学会建筑与环境学术成就奖。该奖项每年在全球范围内评审奖励 1 人，这是该奖项自 1959 年设立 60 年来，首位亚洲人获此殊荣。

规模化养鸡环境控制关键技术创新及其设备研发与应用

李保明教授获 2019 年美国农业与生物工程师学会建筑与环境学术成就奖

蛋鸡福利化健康养殖

辽宁省果树科学研究所

"核果类果树遗传与育种国际研究中心"揭牌仪式

应邀参加"中国－智利科技创新合作座谈会"

苹果矮化砧栽培试验区

意大利米兰大学 Daniele Bassi 教授来所开展合作研究

辽宁省果树科学研究所位于营口市鲅鱼圈区熊岳镇，隶属于辽宁省农业科学院，是我国建所历史最久、科技队伍最大、研究领域最广的果树专业研究机构，其前身为"南满铁道株式会社熊岳城苗圃"，始建于 1909 年。是以应用基础与应用技术研究为主的省级果树专业科研机构，同时，也是国际园艺学会杏工作组主席单位、中国园艺学会李杏分会挂靠单位、《北方果树》主办单位、《果树学报》协办单位。

全所职工 284 人，其中博士 16 人，硕士 48 人；具有高级职称研究人员 46 人，享受国家政府特殊津贴专家 12 人。占地面积 2 050 亩，拥有我国唯一的国家李杏种质资源圃和我国建园最早、收集北方林木树种最多的熊岳树木园，保存苹果、梨、葡萄、李、杏、树莓、蓝莓等资源及观赏果树资源 3 000 余份、林木资源 600 余份。建有国际杏研究联合实验室、核果类果树遗传与育种国际研究中心、农业部小浆果遗传改良及高效栽培重点开放实验室、农业部东北果树科学观测实验站，国家现代苹果、梨、葡萄产业技术体系熊岳综合试验站，辽宁省"北方果树资源与育种"重点实验室，辽宁省现代果业示范基地。

全所设有 7 个行政科室、4 个服务中心、6 个研究中心。主要从事果树资源收集与评价、遗传与育种、栽培生理生态与栽培技术（包括设施栽培）、果树组织培养、病毒检测和脱病毒苗木繁育、果树营养与施肥、果树植保、果品采后生理与贮运技术、果品综合加工利用等方面的研究与开发。

自中华人民共和国成立以来，共取得科技成果 220 余项，获省部级以上奖励成果 35 项，取得国家专利 25 项，先后选育出果树新品种 47 个。其中，特早熟苹果品种"辽伏"的育成，把苹果栽培地域向南推进了 4 个纬度，填补了我国长江流域没有大苹果栽培的局面；率先从日本引进富士苹果并进行丰产技术的研究与开发推广，带动了全国富士苹果的发展，为完成我国历史上第一次苹果品种更新做出了重大贡献；成功进行了设施果树栽培研究，有力地推动了辽宁省内乃至全国设施果业的发展；蓝莓、李、杏等优势、特色学科的研发，推动了辽宁乃至全国特色高效果业、寒旱山区生态果业和旅游观光果业的发展。

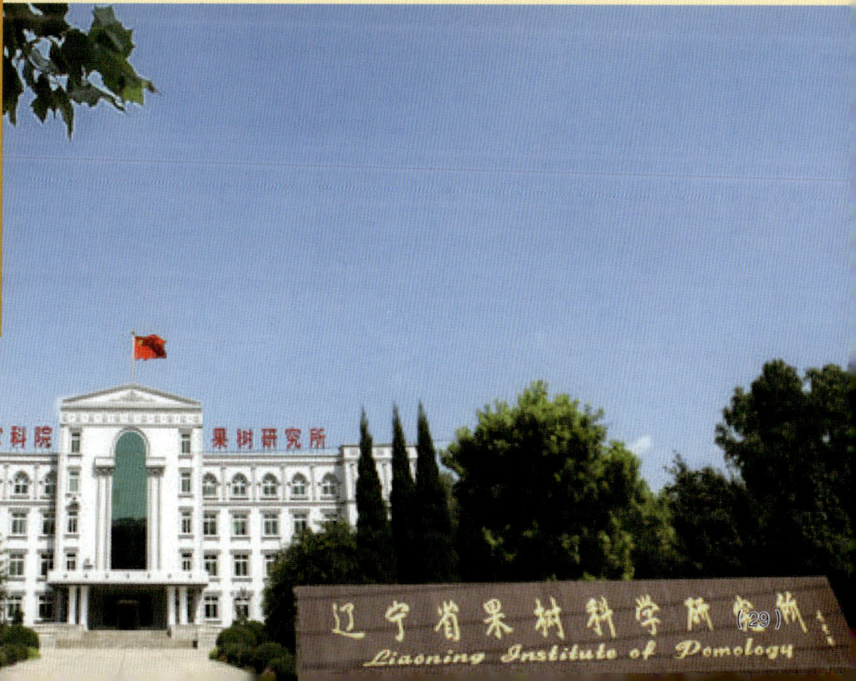

新疆农业科学院哈密瓜研究中心

新疆农业科学院哈密瓜研究中心从20世纪50年代开始西瓜甜瓜科学研究，研究中心已有职工21人，其中专业技术研究人员和新品种推广人员18人，具有高级专业技术职称11人，博士3人，硕士8人，在读博士2人，在读硕士2人。目前研究中心的人才队伍不仅在团队发展方面团结合作，更在科研领域勇于创新。

中心内设甜瓜西瓜育种研究、甜瓜西瓜栽培研究、甜瓜西瓜技术推广研究 3 个研究室。建有新疆吐鲁番、喀什及海南三亚3个科研育种基地及1个哈密瓜遗传改良实验室。主要承担甜瓜西瓜的种质资源收集整理研究、育种技术研究、优质抗病新品种选育、栽培生理研究、新品种和新技术示范推广的研究工作。

中心主持承担各类项目90余项，获得自治区科技进步一等奖1项、二等奖5项，国家科技进步三等奖1项，农业部全国农牧渔业丰收奖一等奖1项，神农中华农业科技一等奖1项，参与撰写、出版科普著作6部,发表论文90余篇，获得发明专利12项、软件著作权8项，制定标准、规程16项，取得国家植物新品种保护权6个、品种登记29个，在全疆和海南等地进行品种繁育和示范推广。

哈密瓜是新疆重要的特色经济作物，在国内外享有盛名。然而在扩大哈密瓜种植区域的过程中，现有品种的适应性较弱、抗病性不足、缺乏配套的栽培技术等。为克服以上存在问题，利用现代育种技术改良和拓宽哈密瓜遗传背景，创制适应范围广、抗病性较强的哈密瓜新种质材料，选育出适合在我国东南部省份种植的哈密瓜新品种，建立了甜瓜抗病分子育种技术体系（首次建立甜瓜白粉病菌保存技术，建立哈密瓜抗白粉病分子育种技术体系）；建立了甜瓜抗枯萎病分子育种技术体系；开创了甜瓜蔓枯病抗性基因聚合育种研究，建立了甜瓜抗蔓枯病分子育种技术体系。

创制出一批具有哈密瓜遗传背景的优异抗病自交系，并选育系列哈密瓜新品种。通过建立的哈密瓜抗病分子育种技术体系结合常规育种技术，创制出一批适合不同生态地区、优质抗病的具有哈密瓜遗传背景的新种质材料。利用这些新种质材料选育出金凤凰、黄皮9818、雪里红、黄梦脆等15个具有哈密瓜遗传背景的甜瓜新品种，并制定了适合不同生态地区的配套栽培技术，为扩大哈密瓜种植区域和延长供应期提供支撑。

制定了哈密瓜南移东进栽培技术体系。根据不同生态地区特点，建立哈密瓜有机生态型无土栽培和设施栽培技术，施用消毒有机肥，哈密瓜植株生长健壮，坐果整齐一致，果实外观漂亮，可提高果实可溶性固形物的含量，可降低肥料成本50%以上，并对环境无污染。

我国典型红壤区农田酸化特征及防治关键技术构建与应用

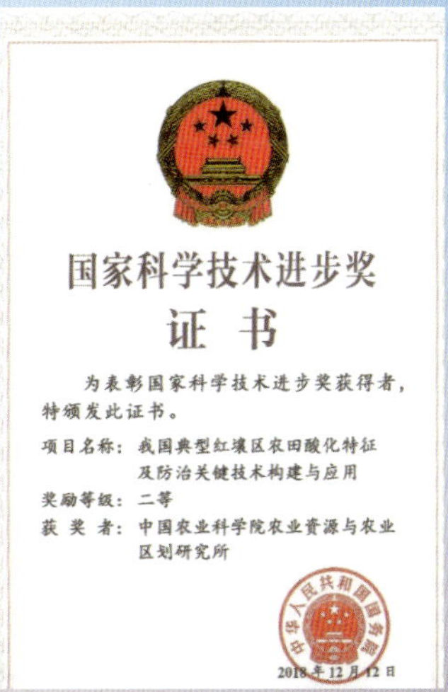
国家科学技术进步奖
证 书
为表彰国家科学技术进步奖获得者，特颁发此证书。
项目名称：我国典型红壤区农田酸化特征及防治关键技术构建与应用
奖励等级：二等
获 奖 者：中国农业科学院农业资源与农业区划研究所
2018年12月12日

南方红壤地区是我国农产品重要产区，近年来，红壤以自然条件下上万倍的速率酸化，导致红壤酸上加酸，作物减产，严重威胁国家粮食安全和生态安全。针对红壤区高度集约化种植模式下农田酸化时空演变特征及其驱动因素不明确、精准高效的防治技术缺乏等问题，徐明岗研究员牵头组织相关单位，通过近 30 年的长期试验与监测及实践验证，取得以下 4 个方面创新性成果。

1. 探明了红壤农田酸化时空演变特征，近 30 年来红壤农田酸化在时间上呈现出“慢—快—稍快”的近 S 形趋势，空间上呈现“整体酸化、局部严重”的特征。

2. 揭示了高温多雨气候下红壤中化学氮肥硝化快、硝酸盐淋失多、氢铝离子大量富集的酸化机制；构建了红壤农田酸化驱动因子效应模型，明确了化学氮肥驱动农田酸化的贡献率达 66% 以上；阐明了有机肥降低硝化潜势阻酸、中和氢离子和络合活性铝控酸的双重作用机制。

3. 建立了作物产量对红壤 pH 响应的双指数曲线方程，明确了主要作物的酸害阈值及酸度改良目标值。研制出多功能酸性土壤调理剂，构建了石灰类物质精准施用降酸技术；探明了防止红壤酸化的有机肥比例，揭示了化学氮肥施用与作物系统产酸的量化关系，创建了有机肥阻酸与减氮控酸关键技术。

4. 针对红壤农田酸化程度及养分状况，集成关键技术与配套技术，创建了极强酸性土壤降酸治理、强酸性土壤调酸增产、中度酸性土壤阻酸培肥以及弱酸性土壤控酸稳产等 4 种综合防治技术模式，经 6 省多点大面积示范，土壤 pH 提高 0.2~1.0 个单位，农作物增产 12%~27%，实现了酸化防治和与肥力提升协同发展。

该成果为《国家耕地质量保护与提升行动》《有机肥替代化肥行动方案》《耕地质量调查监测与评价办法》《酸性土壤改良评价技术规范》等国家级规划实施和标准制定提供了科学依据与技术支撑，可在我国红壤地区广泛应用，具有广阔的推广应用前景。

主要完成人：徐明岗，徐仁扣，周世伟，马常宝，李九玉，文石林，鲁艳红，彭春瑞，张青，詹绍军。

主要完成单位：中国农业科学院农业资源与农业区划研究所，中国科学院南京土壤研究所，农业部耕地质量监测保护中心，湖南省土壤肥料研究所，江西省农业科学院土壤肥料与资源环境研究所，福建省农业科学院土壤肥料研究所，成都新朝阳作物科学有限公司。

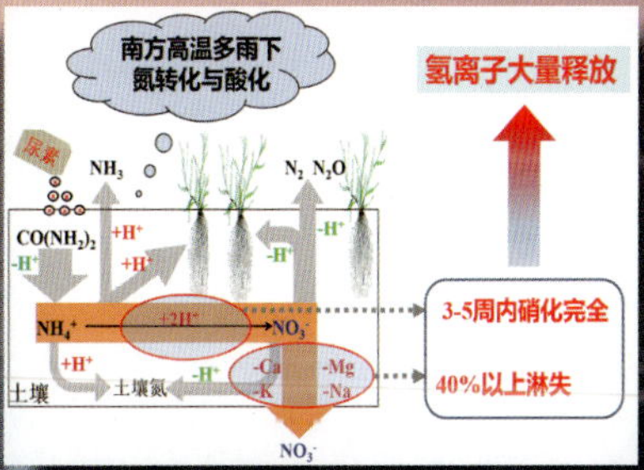

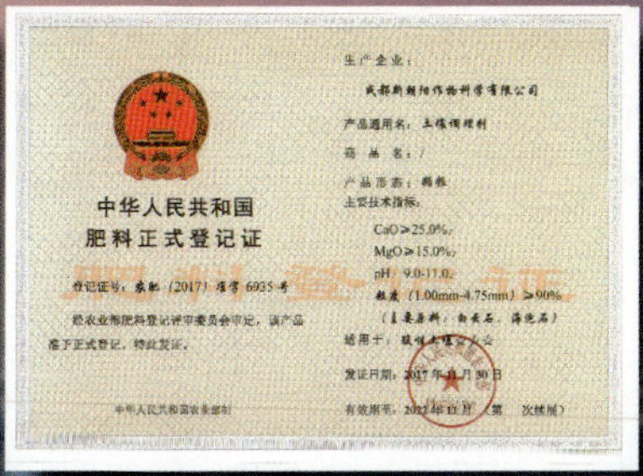

高产大豆新品种吉育 403

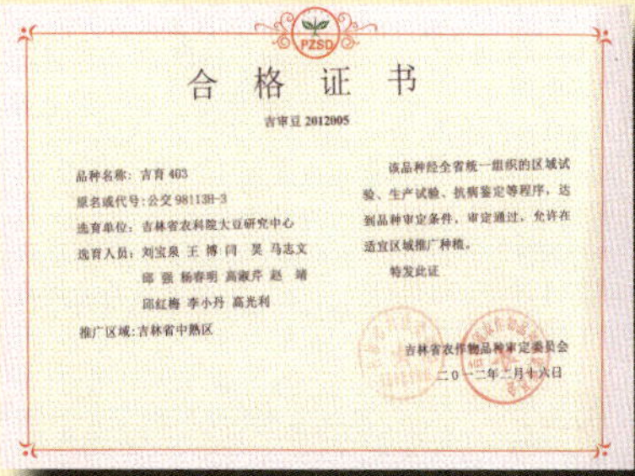

合 格 证 书

吉审豆 2012005

品种名称：吉育 403
原名或代号：公交 98113H-3
选育单位：吉林省农科院大豆研究中心
选育人员：刘宝泉 王 博 闫 昊 马志文
邸 强 杨春明 高淑芹 赵 婧
邱红梅 李小丹 高光利
推广区域：吉林省中熟区

该品种经全省统一组织的区域试验、生产试验、抗病鉴定等程序，达到品种审定条件，审定通过，允许在适宜区域推广种植。

特发此证

吉林省农作物品种审定委员会
二〇一二年二月十六日

吉育 403 品种合格证书

完成人：刘宝权 董志敏 厉志 刘佳 刘浩 陈亮 刘念析 王博 衣志刚

品种特性简介

吉育 403（吉审豆 2012005）是吉林省农业科学院大豆研究所优质团队选育的抗病高产品种，原品系代号是公交 98113H-3。品种特性为亚有限结荚习性，株高 85 厘米以上，紫花、尖叶、灰色茸毛。主茎型，分枝 1 ~ 2 个。三粒荚多，成熟时荚皮呈褐色。籽粒呈圆形，种皮呈黄色有光泽，种脐呈黄色，百粒重 16 ~ 20 克。脂肪含量 22.13%，蛋白质含量 36.33%，属高油品种。2008 年区试比对照品种九农 21 号增产 7.5%，2009 年区试比对照品种九农 21 号增产 5.7%。2011 年区试比对照品种九农 21 号增产 4.7%。三年区域试验平均每公顷产量为 2 766.03 千克，比对照九农 21 号平均增产 6.1%。2011 年生产试验，平均产量为 2 774.8 千克 / 公顷，比对照品种九农 21 号平均增产 7.9%。吉育 403 是吉林省中熟品种，生育期为 124 天，需≥ 10℃有效积温 2650℃左右，适于吉林省长春、吉林、松原、通化等中熟区种植。

2018 年吉育 403 测产现场

高产表现

2018 年在农安亿家福农牧专业合作社进行高产创建，种植 102 公顷。10 月 11 日，吉林省农委科教处组织省大豆产业体系、协同推广项目专家选取长势优秀的生产田进行实地测产。人工收割，机械脱粒，实收 900 平方米，大豆产量 399.2 千克，折合 4 435.6 千克 / 公顷，创吉林省大豆单产高产记录。机械收获 102 公顷大豆，入库大豆 37 5308 千克，平均 3 679.5 千克 / 公顷，实现吉林省大豆大面积生产田首次越上 3 500 千克 / 公顷新台阶。

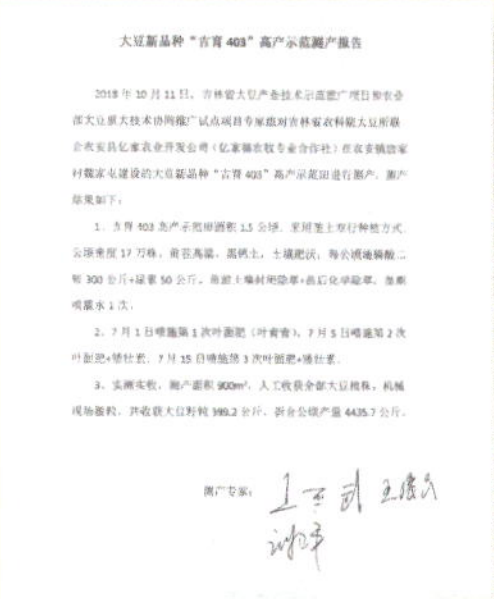

大豆新品种"吉育 403"高产示范测产报告

测产专家：

2018 年吉育 403
现场测产数据专家证明

2019 年在农安亿家福农牧专业合作社再次进行高产创建，累计连片种植大豆 87 公顷。2019 年 10 月 6 日，吉林省农业科学院大豆所组织国家大豆产业体系和吉林省大豆产业体系的部分专家进行测产。对十亩示范方随机选点，机收测产，去杂后，折合亩产 288.9 千克（含水量 10.6%）。对千亩示范带随机选点机收测产，去杂后，折合亩产 253.9 千克（含水量 10.6%），每公顷产量是 3 808.5 千克，再一次突破 3 500 公斤 / 千克。"

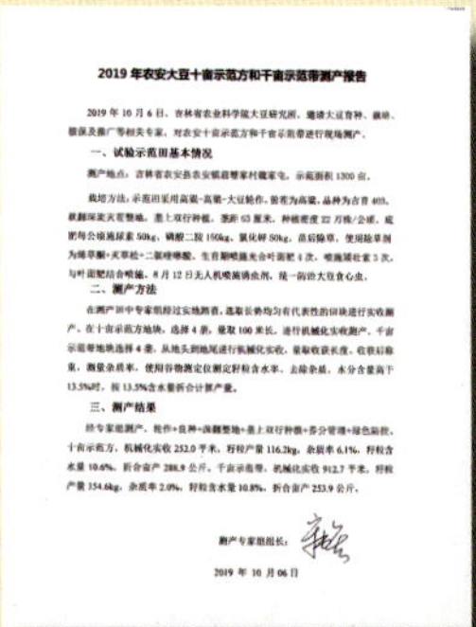

2019 年农安大豆十亩示范方和千亩示范带测产报告

2019 年 10 月 6 日，吉林省农业科学院大豆研究所，邀请大豆育种、栽培、植保及推广等相关专家，对农安十亩示范方和千亩示范带进行现场测产。

一、试验示范田基本情况

测产地点：吉林省农安县农安镇苗靠家村魏家屯，示范面积 1300 亩。

栽培方法：示范田采用高粱-高粱-大豆轮作，前茬为高粱，品种为吉育 403，秋翻深松天茬整地，垄上双行种植，垄距 65 厘米，种植密度 22 万株/公顷，底肥每公顷施尿素 50kg，磷酸二铵 150kg，氯化钾 50kg，苗后除草，使用除草剂为烯草酮+灭草松+二氯喹啉酸，生育期喷施先合叶面肥 4 次，喷施硼壮素 3 次，与叶面肥结合喷施，8 月 12 日无人机喷施诱虫剂，统一防治大豆食心虫。

二、测产方法

在测产田中专家组经过实地踏查，选取长势均匀有代表性的田块进行实收测产，在十亩示范方地块，选择 4 条，量取 100 米长，进行机械化实收测产，千亩示范带地块选择 4 条，从地头到地尾进行机械化实收，量取收获长度，收获后称重，测量杂质率，使用谷物测定仪测定籽粒含水率，去除杂质，水分含量高于 13.5%时，按 13.5%含水量折合计算产量。

三、测产结果

经专家组测产，轮作+良种+深翻整地+垄上双行种植+养分管理+绿色防控，十亩示范方，机械化实收 252.0 平米，籽粒产量 116.2kg，杂质率 6.1%，籽粒含水量 10.6%，折合亩产 288.9 公斤，千亩示范带，机械化实收 912.7 平米，籽粒产量 354.6kg，杂质率 2.0%，籽粒含水量 10.8%，折合亩产 253.9 公斤。

测产专家组组长：

2019 年 10 月 06 日

2019 年吉育 403
现场测产数据专家证明

吉育 403 标本样品

优质、抗除草剂谷子新品种公谷 88

选育人：李淑杰 张伟龙 高鸣 胡喜连 张婷 高忠 杨永志 侯佳明 徐晨 曲祥春 王阳 徐研 马一铭 窦忠玉 李翠丽

品种特性简介

公谷 88［登记编号：GPD 谷子 (2019)220071］，吉林省农业科学院作物资源研究所、河北省农林科学院谷子研究所联合选育的抗除草剂谷子粮用常规品种。该品种幼苗呈绿色，株高 92 厘米，穗长 23.7 厘米，单穗重 20.73 克，单穗粒重 15.63 克，千粒重 2.96 克，穗呈纺锤形，刚毛长度短，出谷率为 75.28%，生育期 126 天。粗蛋白 12.1%，粗脂肪 3.64%，赖氨酸 0.25%。中抗谷瘟病，中抗白发病，蛀茎率 1.48%。第 1 生长周期亩产 370.4 千克，比对照品种九谷 11 增产 7.14%；第 2 生长周期亩产 342.5 千克，比对照品种九谷 11 增产 1.27%。适宜在吉林长春、四平、吉林、白城，辽宁朝阳，内蒙古通辽、赤峰及黑龙江肇源≥ 10℃活动积温 2650℃以上地区春季种植。

该品种具有抗除草剂、品质佳，中矮秆适宜机械收获等特点，满足了谷子产业化发展需求，解决了生产中谷田草荒，种植投入大等问题，能够切实将农机与农艺结合，形成了以机械精量播种代替人工沟播、间苗，以机械化学除草代替人工除草，以机械收获代替人工割穗脱粒的全程机械化生产技术集成，解决了农民因谷田草荒难种谷、弯腰挥镰收谷田的困境，该品种的选育填补了吉林省抗除草剂谷子的空白。

栽培技术要点

1. 播种日期：4 月下旬 5 月上旬播种。
2. 播种方式：条播行距 60 ～ 70 厘米。
3. 播种量：机播公顷播量 3.5 ～ 4 千克。
4. 种植密度：保苗密度 50 万株 / 公顷。
5. 药剂使用：为抗除草剂（拿扑净）品种，可在谷苗 3 ～ 5 片叶时（大约出苗后 12 ～ 16 天）选择无风晴天，利用配套除草剂垄上均匀喷雾，亩用量为 80 ～ 100 毫升兑水 40 千克。如田间有阔叶杂草，可兑除草剂（4 叶以后喷施）。严格按照农药施用说明书使用。
6. 田间管理：间苗可在喷施完除草剂之后 4 ～ 5 叶进行。6 月至 7 月注意防治黏虫、玉米螟。
7. 施肥：种肥可用氮磷钾复合肥，每公顷用量 250 ～ 300 千克。追肥以氮肥为主，在拔节期至孕穗期进行 1 ～ 2 次。只追施一次的，宜在抽穗前 15 ～ 20 天的孕穗期进行；追施两次的可在拔节始期和孕穗期分别进行，结合中耕施入，一般每公顷施用尿素 150 ～ 200 千克。

注意事项

为抗除草剂品种，严格按照使用说明用药。

公谷 88 基地照片

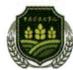

植株照片

我国首个生乳用途分级技术获长城食品安全科学技术奖特等奖

中国农科院牧医所奶业创新团队的“优质乳生产的品质提升与绿色低碳工艺关键技术”研究成果获得 2018 年长城食品安全科学技术奖特等奖。

长城食品安全科学技术奖

证 书

项目名称：优质乳生产的品质提升与绿色低碳工艺关键技术

奖励等级：特等奖

获 奖 者：王加启、张养东、刘慧敏、孟 璐、王忠铭、潘永胜、李慧颖、赵圣国

完成单位：中国农业科学院北京畜牧兽医研究所

光明乳业股份有限公司

福建长富乳品有限公司

长城食品安全科学技术奖励委员会

二〇一九年三月

证书编号：GWFSSTA2018-T002　证书查询：www.food-gov.cn

国家科学技术奖励工作办公室-社会科技奖励编号：【0276】

该成果针对优质乳生产关键技术空白，在国家重点基础研究发展计划（973 计划）的支持下，开展了系统研究及应用，取得了突破性成果。成功构建了奶及奶产品质量安全与营养品质评价数据库，研发出我国首个生乳用途分级技术，解决了因为奶源不分等级混合使用而造成大量优质奶源浪费、优质难以优价的重大产业难题，成功构建了涵盖“饲料—养殖—加工—产品—物流”的奶业全产业链质量安全与营养品质评价数据库，包括 144 项重点因子，基础数据 210 余万条。掌握了我国奶类质量安全变化特征，研发出我国首个生乳用途分级技术，将生乳分为特优级、优级、良级和合格 4 个级别。

由于把原料分级与原料用途直接关联在一起，优质奶源用于加工优质奶产品并供应市场，真正实现优质优价，有效保护了奶农利益，稳定了我国奶牛养殖业。2017 年，在全国奶牛养殖 50% 以上亏损的情况下，上海光明乳业股份有限公司全面应用生乳用途分级技术，每千克特优级生乳售价提高 0.15 元，每头成母牛每年增加收入 686 元。

同时，这一研究开发创建了优质乳绿色低碳加工工艺，实现了优质奶源与优质加工工艺融合，引领奶业从数量发展升级为优质绿色发展，显著提升了国产奶的核心竞争力。开发出了绿色低碳加工工艺，去掉传统加工工艺中的预巴杀和闪蒸工序，加工温度由原来的 95℃下降到 75℃，每吨加工成本降低 15% 以上，降低 CO_2 排放 46.51 千克，降低 SO_2 排放 0.15 千克，推动了奶业绿色低碳发展。

成果应用后，示范企业优质巴氏杀菌乳品质显著提高，热伤害副产物糠氨酸含量从 100 毫克 /100 克蛋白质降低到 12 毫克 /100 克以下，乳铁蛋白含量从 0~10 毫克 / 升提高到 25 毫克 / 升以上，β – 乳球蛋白含量从 100~500 毫克 / 升提高到 2 200 毫克 / 升以上。作为该成果应用的示范企业，光明乳业优质乳产品销售量增长 20%，新希望增幅 18%，长富乳业在福建同类产品的市场占有率达到 90%，优质乳产品的优异品质已经转化为核心竞争力。

该研究构建了活性酶类、活性蛋白和糠氨酸为核心的优质乳品质三维评价技术，揭示了进口奶存在热伤害程度高、运输距离远、贮存时间长等影响品质的因素，首次用科学数据诠释了“优质奶产自本土奶”的基本特征，已成为国产奶应对进口奶冲击、提振消费信心的理论基础和技术支撑。目前，优质乳生产关键技术已经在 23 个省、45 家乳制品企业示范应用，年生产优质巴氏杀菌乳产品 31.7 万吨，占全国规模以上企业产量的 60% 以上，从根本上提升了国产奶的市场竞争力，成为奶业供给侧结构性改革的突破口。

专家指出，该研究成果为支撑政府决策、提升企业竞争力、指导科学消费发挥了重要作用，取得了显著的经济、生态和社会效益。

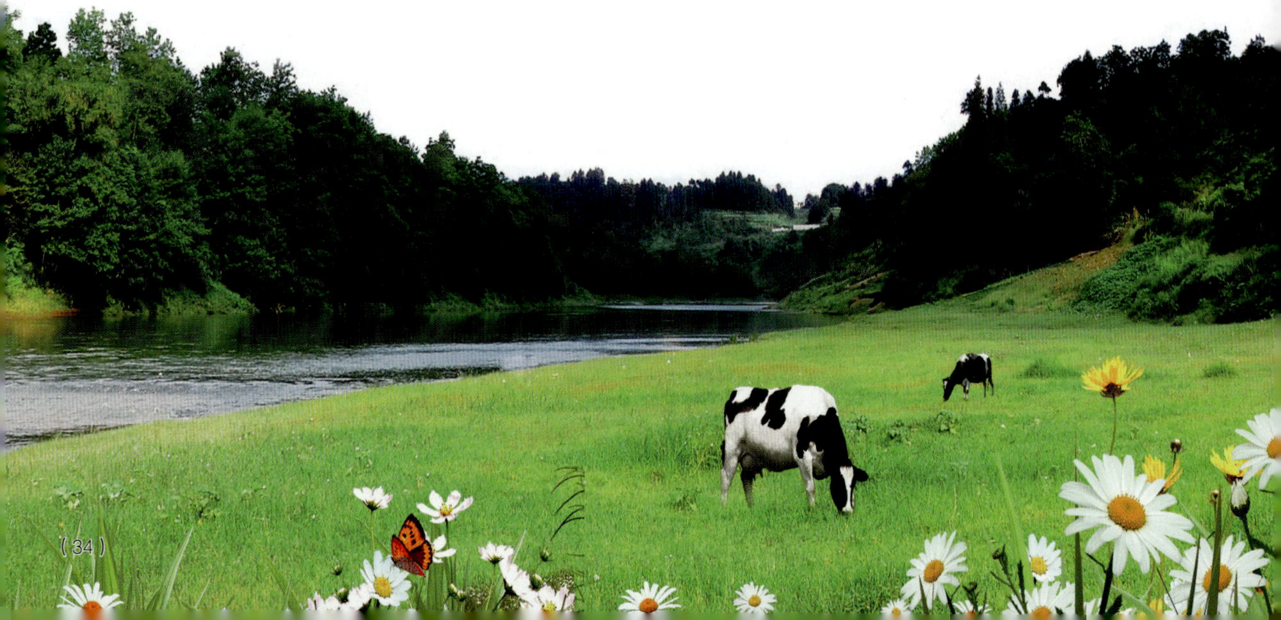

热带农业的农药毒理与现代施药技术研究

2019 年 4 月韩长赋部长一行亲临环植所视察指导

2018 年 11 月王庆煌院长再次亲临研究组视察指导

日本农林水产航空协会齐藤武司会长（左）接见林勇研究员

中日农业合作植物保护工作小组会谈代表

农药毒理与现代施药技术研究组长期得到了院所领导的亲切关怀和宝贵指导。

基础研究：在国家自然科学基金项目“有机质对热带农业土壤中残留壬基酚环境行为的影响研究”（21407177）的资助下，①研究了非离子表面活性剂对 NP 在土壤中吸附—解吸与迁移行为的影响，发现当外源添加非离子表面活性剂浓度大于其临界胶束浓度时，能显著抑制土壤对 NP 的吸附，促进其随水迁移，基于此可进一步运用土壤洗涤技术等利用表面活性剂增效修复去除地下含水层中的 NP 污染；② 研究了 2 种来源水溶性有机物对 NP 在土壤中吸附—解吸与迁移行为的影响，发现水溶性有机物能明显活化土壤中 NP；③ 研究了蚯蚓粪对土壤中 NP 的吸附—解吸、降解和生物有效性的影响，结果显示蚯蚓粪的施用能显著增强土壤对 NP 的吸附能力，并延长 NP 在土壤中的半衰期；同时还能抑制农作物对土壤中 NP 的吸收及传导；此结果对实现化肥有机替代与减施意义重大。④ 研究了 EWC 对 NP 诱导小番茄幼苗生物毒性的影响及其机制，结果显示 EWC 可显著增强农作物的生长及抗逆能力，缓解 NP 对小番茄幼苗造成的胁迫，上述结果对于制定策略应对 NP 对农业生产和食品质量的损害具有一定的启发作用。共发表学术论文 11 篇，其中 SCI 论文 4 篇（累积影响因子 14.678）。

产品研发应用：在国家重点研发计划项目“热带果树化肥农药减施增效技术集成研究与示范”和“化学农药对靶高效传递与沉积机制及调控”的两个子课题（2017YFD0202103–3 和 2017YFD020030305）资助下，研发出芒果树专用农药展着剂产品，示范果园应用实现农药全程减施 30%。已取得国家授权发明专利 2 项（ZL201410298069.7 和 ZL201310679966.8）。

该项工作得到了农业农村部种植业司领导的认可，2019 年 9 月 24 日，林勇研究员作为团组成员参加了在东京举行的“中日农业合作植物保护工作小组第 1 次会议（包括签署 TOR）”。

SCIENTIFIC REPORTS

OPEN Accumulation and toxicological effects of nonylphenol in tomato (*Solanum lycopersicum* L) plants

Effects of earthworm casts on sorption-desorption, degradation, and bioavailability of nonylphenol in soil

Lei Jiang, Yi Yang, Lin Xian Jia, Ying Liu, Bo Pan & Yong Lin

Environmental Science and Pollution Research

Journal of Environmental Management

Research article

Effects of two different organic amendments addition to soil on sorption–desorption, leaching, bioavailability of penconazole and the growth of wheat (*Triticum aestivum* L.)

ARTICLE INFO

ABSTRACT

Ecotoxicology and Environmental Safety

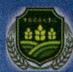

Biological responses of wheat (*Triticum aestivum*) plants to the herbicide simetryne in soils

ARTICLE INFO

ABSTRACT

海南省海洋与渔业科学院

海南省海洋与渔业科学院是省级综合性海洋与渔业研究机构。全院现有在职职工158人，其中研究员7人，高级工程师（副研究员）51人，博士（含博士后）14人，硕士57人。担负着渔业资源调查、海（淡）水养殖、海洋捕捞、水产品加工、水产遗传育种、养殖病害防治、渔业环境监测与修复、现代渔业设施研发、河口海岸动力环境与工程、海域与海岛资源开发与保护、产业经济与规划等方面的研究及应用推广职能，为海南省海洋与渔业产业发展提供技术支撑。

近年来，在省农业农村厅的正确领导下，我院牢固树立新发展理念，紧紧围绕实施乡村振兴战略，坚持自主创新，先后承担了国家科技支撑计划、863计划、水产良种体系建设以及省重点水产科研项目共100余项，为海南的海洋与渔业发展做出了突出的贡献。共获得包括国家科技成果奖、全国农牧渔业丰收奖一等奖、国家海洋创新成果奖、海南省科技成果转化奖特等奖、海南省科技进步奖等各类科技奖项20余项。荣获“全国星火科技先进集体”“省先进基层党组织”“省科研体制改革创新奖”“省对外科技合作贡献奖”等多项荣誉。2019年，我院海水渔业研究所、水产技术推广站双双获得“全国农业农村系统先进集体”称号，我院赵志英研究员荣获“全国农业农村系统先进个人”称号。

国内首次绘制豹纹鳃棘鲈基因组染色体图谱

2019年12月，我院设施渔业工程与技术团队联合海南热带海洋学院热带海洋生物资源利用与保护教育部重点实验室、海南大学海洋学院、海南晨海水产有限公司，借助华大基因平台成功破译豹纹鳃棘鲈基因组，绘制了豹纹鳃棘鲈基因组染色体图谱，这在国内尚属首次。

该图谱主要利用第二、三代测序和Hi-C染色体构象捕获技术，构建了豹纹鳃棘鲈染色体水平的基因组图谱。该项工作的完成，可深入解析豹纹鳃棘鲈生长快、体色红这些经济性状的遗传基础，有效解决养殖规模不断扩大过程中出现的种质退化、病害频繁等问题，为开展基因组选育优良品种奠定了基础。

这支由陈傅晓研究员带领，以符书源、王永波、谭围等高级工程师为核心的研究队伍在国内最早突破了豹纹鳃棘鲈的人工繁育技术，构建的室外大水体设施化育苗技术模式达到国内领先水平，研发和推广的适合海南热带地区的陆基工厂化养殖技术模式促使豹纹鳃棘鲈成为我省陆基工厂化养殖主打品种。预计2019年海南养成豹纹鳃棘鲈商品鱼达6000吨以上，产值15亿元以上。

地址：海南省海口市美兰区灵山镇白驹大道12号
邮编：571126
电话：0898-66728238　传真：0898-66517570
网址：http://www.hnhky.cn

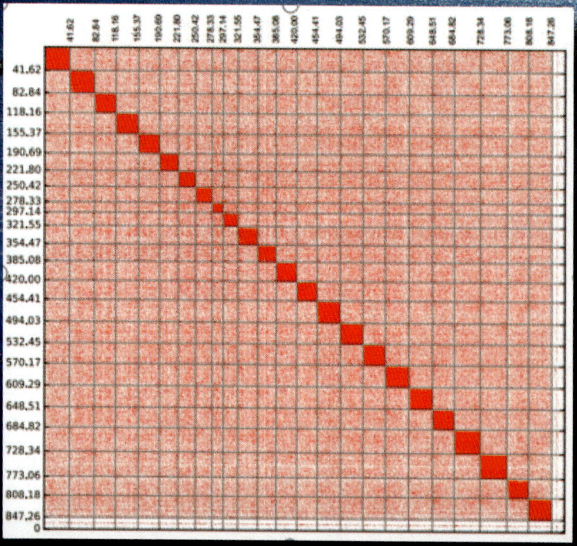

小麦与冰草属间远缘杂交技术及其新种质创制

（国家技术发明奖二等奖）

完成单位：中国农业科学院作物科学研究所。主要完成人：李立会等。

围绕破解小麦与冰草属间杂交及其改良小麦的国际难题，历时 30 年，实现了从技术创新、材料创制到新品种培育的全面突破。

1、创立小麦远缘杂交新技术体系，突破小麦与冰草属间杂交各个关键环节的技术瓶颈。针对杂交不结实的国际现状，创建基于受精蛋白识别免疫系统的幼龄授粉、盾片退化前的幼胚拯救和体细胞培养技术；针对高频率、规模化诱导小麦与外源基因组染色体异源易位技术缺乏的现状，创建了花器官不同发育时期的活体 ^{60}Co-γ 射线辐照高效诱导异源易位技术，平均异源易位频率达 17.9%；针对外源染色质难以检测与追踪的问题，开发了 *P* 基因组特异标记 229 628 个；针对易位系等育种中间材料难以利用的问题，研发了外源标志性状与 *P* 基因组特异标记追踪、大群体选择的育种材料创制技术；这些技术构成了完整的小麦远缘杂交技术路线，突破了小麦与冰草属间杂交各个关键环节的技术瓶颈。

2、创制类型多样的遗传与育种新材料 392 份，开创了通过远缘杂交规模化创制新种质和转移多个育种重要目标基因的先河。利用新技术体系，首次获得小麦与冰草属 3 个物种间的自交可育杂种；创制类型多样的遗传与育种新材料 392 份；揭示了自交可育以及染色体结构重排的遗传与应用基础，解决了利用冰草属物种改良小麦的理论基础问题；创新种质携带来自 *P* 基因组特异基因 5 111 个；7 个生态环境下的表型与基因型分析发现，创新种质的典型特征为：高穗粒数、高千粒重和对白粉病、条锈病、叶锈病等主要病害具广谱抗性；其中，高穗粒数材料每穗粒数达 97.0 ~ 136.7 粒，比 6 个主推品种提高了 64.9% ~ 134.0%；开创了通过远缘杂交规模化转移高产、抗病等多个育种重要目标基因的先河。

3、建立创新种质高效利用新途径，攻克利用冰草属物种改良小麦的国际难题，驱动育种技术与品种培育新发展。揭示育种新材料多粒基因来自 *P* 基因组，受主效 QTL 控制，可作为显性标志性状供育种选择，且与千粒重和有效分蘖形成优异基因簇，填补了小麦穗粒数缺乏主效 QTL 的空白，为提高互有拮抗作用的产量三要素亩穗数、穗粒数和千粒重的协调性开辟了新途径；创建“在创新中利用与利用中再创新”的创新种质高效利用新模式，23 个优势育种单位通过验证培育新品种 7 个、参加国家 / 省区试后备新品种 24 个，涵盖 7 个主产区，且在继承创新种质高穗粒数、广谱抗病性、抗旱等方面表现突出，证实了新种质具有广泛的可利用性和适应性；首次将 *P* 基因组遗传物质应用于商业品种，为小麦增加了新血缘，而且能够引领高产、优质、绿色生态等育种发展新方向。

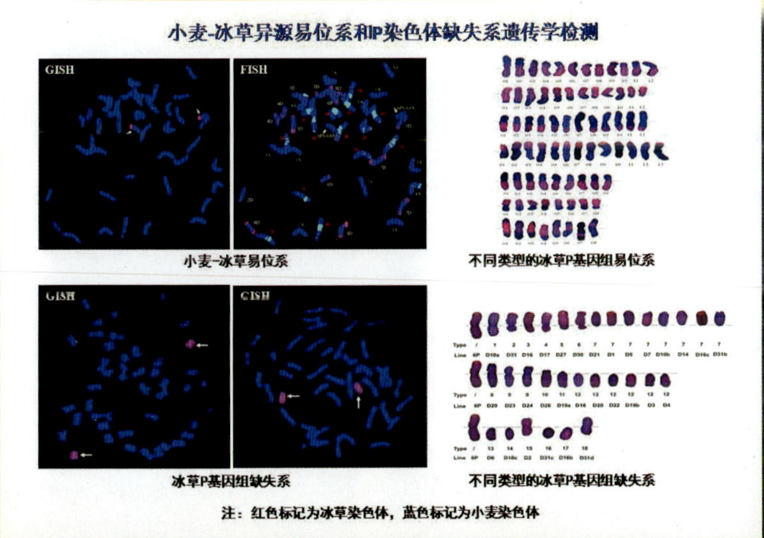

小麦-冰草异源易位系和P染色体缺失系遗传学检测

注：红色标记为冰草染色体，蓝色标记为小麦染色体

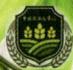

易位系与渐渗系穗部照片

耐密高产广适玉米新品种中单808和中单909培育与应用

成果完成人：黄长玲、刘志芳、李新海、吴宇锦、李绍明、王红武、李少昆、胡小娇、李坤、谢传晓

成果内容：

玉米是我国第一大粮食作物，畜禽主要饲料和工业加工原料。本项目针对我国玉米品种产量低、耐密抗逆性差、适应性窄等关键问题，历经23年，创新高效育种新技术，选育优良自交系，育成耐密高产广适新品种中单808和中单909，创建生产技术体系，实现了品种大面积推广。

1. 确立"三高三抗"耐密高产广适育种新思路，开发紧密连锁分子标记，结合常规育种技术，构建高效育种技术体系，创制优良新自交系15个。确立高密度、高穗粒重、高结实率、抗倒伏、抗病、抗旱（三高三抗）育种新思路，创建基于茎秆拉力及穿刺力的玉米抗倒性检测方法；创新基于*Dhn1*、*Gln1*和*Dwarf8*等功能基因的耐旱性、耐低氮、高收获指数分子标记选择技术；结合早代耐密性选择、多环境穿梭鉴定、杂种优势分群和增密配合力测定等技术，形成高效育种技术体系。利用外引抗逆亚热带种质和耐密温带种质，选育出耐低氮高收获指数自交系NG5、耐密耐旱自交系CL11、耐密耐低氮自交系HD568等15个新自交系。

2. 育成全国农业主导品种中单808和中单909，解决了玉米"密植与大穗""密植与抗倒伏"的矛盾，实现了耐密高产广适品种新突破。利用高效育种技术体系，优化P群×旅大红骨杂优模式，选用CL11与NG5育成中单808。该品种在国家西南区试增产幅度最高（19.7%）；在贵州比常规种植密度高30%的情况下，增产39.3%；在每亩4 400株高密度下，单株产量193.7克，比西南主栽品种临奥1号高18.3%；耐旱性强，耐旱指数比农大108高35.8%；抗茎腐病，中抗纹枯病，适宜10省市推广。中单808克服了大穗品种不耐密的矛盾，实现单株产量与耐密抗逆性的协同改良，引领大穗密植育种方向。改良瑞德×唐四平头杂优模式，选用郑58与HD568育成中单909。该品种在河南每亩6 000株高密度下比郑单958增产11.4%，在新疆每亩8 000株密度下创1 376千克高产典型；在国家生产试验中倒伏倒折率为1.5%，低于郑单958（3.9%）；在河南每亩6 250株的高密度下倒伏倒折率为1.6%，低于郑单958（3.6%）；抗大斑病、弯孢菌叶斑病和瘤黑粉病，适宜11省市推广。中单909克服了密植和抗倒伏的矛盾，实现群体产量和耐密抗逆性的协同改良。

3. 创建中单808和中单909高效种子生产和精准栽培推广技术体系，实现大面积应用。创建亲本繁育、杂交制种、种子加工、质量控制的种子精益生产技术体系，保障基础种子纯度>99.99%，亲本种子纯度>99.9%，商品种子纯度>99%。创建环境评价、品种认知、精细区划的品种精准栽培推广技术体系。中单808和中单909连续多年被遴选为全国农业主导品种，至2018年两品种累计推广1.004亿亩，增收粮食53.1亿千克，增创产值80.3亿元；种子企业开发品种销售额23.6亿元。

高产大穗大粒玉米品种中单808

耐密高产玉米品种中单909

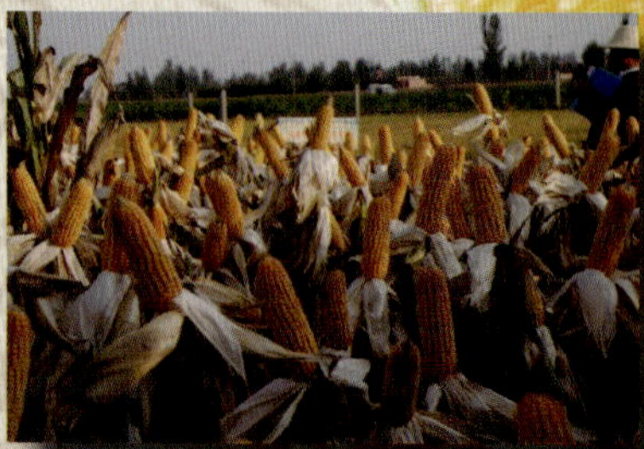

3 000吨级海洋渔业综合科学调查船

2012年，中国水产科学研究院唐启升院士等27名工程院院士联名提出了“把海洋渔业提升为战略产业和加快推进渔业装备升级更新”的建议，受到国务院的高度重视，国务院出台了第一个海洋渔业文件《关于促进海洋渔业持续发展的若干意见》，从而开启了3 000吨级海洋渔业综合调查船的建设序幕。在部领导和相关司局的全力支持下，2019年6月28日交付了由国内自主研发设计，具有全球航行能力（除两极冰区以外），农业农村部单船投资最多（22 881万元）、吨位最大（满载排水量3 289吨）、设施最先进的海洋渔业综合科学调查船。

海洋科考船被视为一个国家科技水平的重要标志。由于我国渔业科考装备薄弱，可借鉴经验少，建造一艘代表我国现代化先进造船水平的高质量海洋渔业综合科学调查船创新难度不小。中国水产科学研究院东海水产研究所高建芳副所长作为项目主要负责人，为做好调查船舶建造与协调工作，勤于专研，科学决策，带领建造团队以务实求真的工作作风和任劳任怨的奉献精神，驻扎建设一线，与设计单位、建造单位、监理单位及船检部门坚持高标准、严要求，认真组织策划、深入调查研究、加强建造监督管理，协同合作。先后开展方案论证4次、船型优化3轮、调研船舶建造企业17家、参观走访调查各类船舶10余艘、考察船载仪器设备厂商19家，听取设备推介技术方案汇报40余次。通过对国际先进技术引进、整合、优化与提升，实现全船调查设施的统筹布局、装备兼容与效能提升，高质、高效、安全、圆满完成船舶建设任务。

建成后的“蓝海201”主机功率为2 720千瓦，总长84.5米，型宽15米，型深8米，满载排水量3 289吨、续航力10 000海里、最大航速15节、自持力60天，全船定员60人（船员27人、科研人员33人）。拥有渔业资源调查、环境生态调查、海洋理化分析、声像评估与遥感四大科学调查系统，配备国际先进的科考设备和甲板机械操控系统，能高效完成海洋渔业资源与环境综合调查，海洋基本数据系统信息采集、传输、处理与集成，调查能力和技术水平达到国内领先，并跻身国际先进科考船行列。调查船高效节能、绿色环保、精准定位、环境舒适，建造质量优异，综合性能出色。

“蓝海201”是全国渔业科学调查船体系的重要组成部分，是我国海洋渔业科学研究的“国之重器”和“农业现代化标志性工程”。项目建设是我国现代渔业设施装备发展进程中一件具有里程碑意义的大事，标志着我国海洋渔业综合调查能力已跻身世界前列，将为我国从渔业大国向渔业强国转变、提升国际渔业话语权地位、推动构建“世界渔图”发挥重要的作用。

The 3 000ton Comprehensive Marine Fishery Scientific Investigation Vessel *Blue Ocean 201* Goes Deep Blue

In 2012, Mr Tang Qisheng, academician of the Chinese Academy of Fishery Sciences, and other 26 academicians of the Chinese Academy of Engineering jointly put forward the proposal of *promoting marine fishery as a strategic industry and accelerating the upgrading of fishery equipment*, which was highly valued by the State Council. The State Council issued the first document on marine fishery *Several Opinions on Promoting the Sustainable Development of Marine Fishery*, beginning the construction of the 3 000 ton marine fishery comprehensive scientific investigation vessel. With the full support of the department leaders and relevant bureaus, the vessel was delivered on June 28th 2019. The comprehensive marine fishery scientific investigation vessel is designed and developed domestically, with global navigation (except for the polar ice zone), and as the vessel with the largest investment (228.81 million yuan), the largest tonnage (loaded displacement 3 289 tons) and the most advanced facilities in the Ministry of Agriculture and Rural Affairs.

Oceanographic research vessel is regarded as an important symbol of national scientific and technological level. Due to the fishery scientific research equipments are weak and less referable experienced, it is very difficult to construct a high–quality marine fishery comprehensive scientific investigation vessel that represents the modern and advanced shipbuilding level of our country. Mrs Gao Jianfang, deputy director of the East China Sea Fisheries Research Institute, Chinese Academy of Fishery Sciences, is the project principal. In order to manage vessel construction and coordination, she devoted herself to specialized research and scientific decision–making, led the construction team in pragmatic working style and the spirit of dedication. Insisting in high standards and strict requirements, she cooperated with design company, construction company, supervision organizations and ship inspection departments to make planning with deep research, strengthen monitoring and management of vessel construction. Program demonstration had been carried out for 4 times, ship type optimization for 3 rounds, and they investigated 17 ship construction enterprises, visited more than 10 investigation vessels and 19 equipment manufacturers, and listened to the technical proposal report of equipment recommendation for over 40 times. Through the introduction, integration, optimization and upgrading of international advanced technology, the overall layout of the vessel's survey facilities, equipment compatibility and efficiency improvement were realized, and the construction tasks were completed with high quality, efficiency, safety and success.

After completion,*Blue Ocean 201* has a main power of 2 720 kw, a total length of 84.5 meters, a width of 15 meters, and a depth of 8 meters. It has a full load displacement of 3 289 tons, a range of 10 000 nautical miles, a maximum speed of 15 knots, and a self–sustaining force of 60 days. The whole vessel has a crew of 60 people (27 crew members and 33 scientific researchers). The marine fishery scientific research vessel has four investigation systems: fishery resources survey, environmental ecology survey, marine physical and chemical analysis, sound image assessment and remote sensing. It is equipped with internationally advanced scientific research equipment and deck machinery control system, which can efficiently complete comprehensive survey of fishery resources and environment. Sea–based data system information collection, transmission, processing and integration, survey capabilities and technical level of the vessel take a lead in China, and rank among the internationally advanced scientific research vessels. It is energy–efficient, environment–friendly, with precise positioning, comfortable, excellent in quality and comprehensive performance.

Blue Ocean 201 is an important part of the national scientific investigation vessel system, and is the *pillar of a great power* and *agricultural modernization landmark project* for marine fishery scientific research in China. It is a milestone in the development of modern fishery facilities and equipment in China. It marks that China's marine fishery comprehensive investigation capacity has been ranked among the top in the world. It will play an important role in transforming China from a fishery country to a fishery power, enhancing the status of international fishery discourse power, and promoting the construction of *global fishery map*.

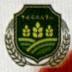

对虾重大疾病急性肝胰腺坏死病防控技术及推广应用

（一）防控技术构成

急性肝胰腺坏死病（AHPND），致病性强、死亡率高、传播面广，在对虾养殖主产区肆孽流行，排塘率达 80%，导致我国对虾养殖年经济损失 200 亿元以上。

中国水产科学研究院黄海水产研究所王印庚研究员带领团队开展了流行病学、病原学、药效学、临床防控技术等研究。患病对虾体色暗红、空肠空胃、肝胰腺萎缩、形成白便。查明了该疾病由副溶血弧菌、哈维氏弧菌、溶藻弧菌等感染而致，具有复杂的病原多样性。肝胰腺和肠道黏膜是易感组织，可导致其组织大面积坏死。

利用正电荷与菌体表面负电荷相结合致使有害菌失活的原理，筛选出电荷高分子消毒剂—聚六亚甲基胍（PHMG），是具有无毒副作用、长效抑菌绿色消毒剂。施用消毒剂后池水中弧菌总量下降 81%~90%，施药 10 天后弧菌量仍可维持低水平；在常规使用浓度下，PHMG 仅对有害菌具有较强杀灭作用，而对池水中单胞藻和有益菌没有杀伤作用，具有定向杀除有害菌的特点。另外通过细胞培养高通量药物筛选方法，筛选出高效中草药复方榆芩组合物，日服两次药饵，投喂 5~7 天肝胰腺组织内弧菌杀灭率达 90%，停药 10 天内弧菌总数仍处于低水平。

综上，建立的池水定向杀菌 + 口服药物体内控菌模式，对对虾体内外有害菌同步抑杀，创建了“水产养殖系统有害菌定量化控制技术”规程；根据流行病学规律、微生物监测和对虾健康评价，通过精准诊断、及时预防、准确治疗三步法实现诊疗一体化防控集成，定期预防或治疗能有效控制养殖池水和对虾体内的弧菌总量，保障对虾生存安全与正常生长。

该项技术具有原始创新性，其集成性防控技术居国内领先水平。该技术集成度高、实用性强、成本低、疗效好，在全国对虾养殖行业具有广阔的推广前景；这为实现对虾健康养殖提供了技术支撑，对推进绿色高质量发展具有重要现实意义。相关技术获得 2016 年中国国际高新技术成果交易会优秀产品奖和 2019 年第三届中国国际现代渔业暨渔业科技博览会最佳创新奖。

（二）示范与提质增效

先后在辽宁、河北、天津、山东、浙江、广东、广西等地 30 余家企业进行临床中试，其预防措施显著提高对虾成活率，疾病治愈率达 80% 左右。2015 年前，天津市对虾养殖面积 30 多万亩，养殖成功率不足 10%。经过该套防控技术示范推广，2017 年天津对虾养殖成功率达 70%~80%，养殖成活率和经济效益提升数倍，年增产增收 20 多亿元。此外，该技术主要使用绿色消毒剂和专用中草药，替代了盲目使用抗生素做法，由此大大减少抗生素使用和药残发生；在成本方面，养殖者因不掌握专用药物，往往盲目、超剂量使用药物，生产每千克对虾花费药物成本 1~2 元；而本技术方案所用药品仅为 0.5~0.7 元，药物成本节约 50% 以上。

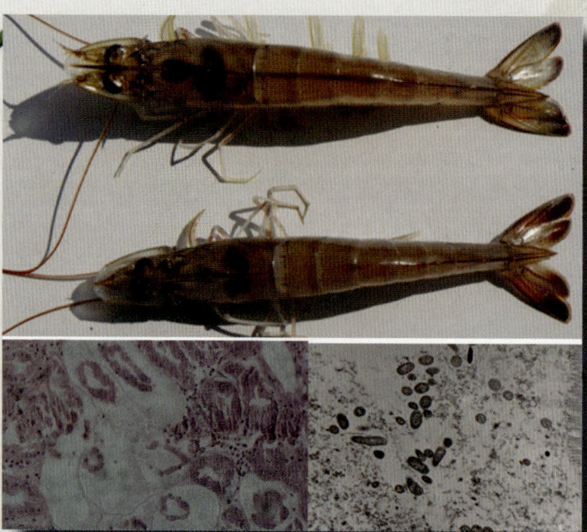

江苏大学流体机械工程技术研究中心

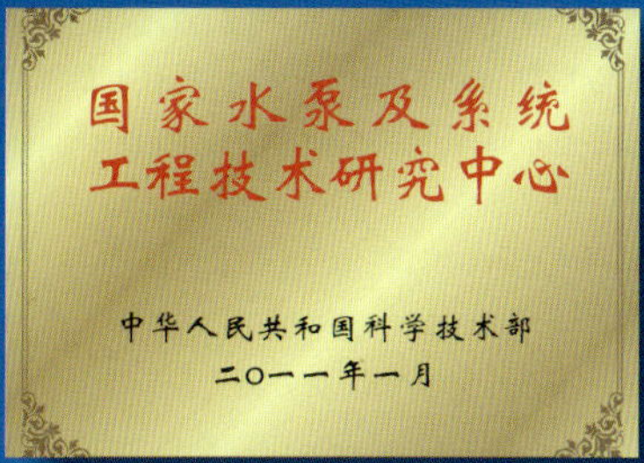

江苏大学具有百年办学历史，文化底蕴深厚。学校作为国内最早设立农机专业、最早系统开展农机教育的高校，坚持立足江苏、立足服务行业，始终以推动我国农业机械化、现代化为使命，培养了我国第一批农机本科、硕士和第一位农机博士、博士后，为我国农业装备人才培养、科技创新，为推动农民增收、农业发展和农村稳定作出了积极的贡献，形成了“工中有农，以工支农”的鲜明办学特色和独特的文化情怀。

江苏大学流体机械工程技术研究中心所依托的流体机械及工程学科，是我国唯一以水泵和喷灌为研究特色的国家重点学科，建有“国家水泵及系统工程技术研究中心”“国家流体工程装备节能技术国际联合研究中心”。

中心现有职工70余人，其中特聘工程院院士2人，博士生导师18人，教授(研究员)22人，副教授(副研究员)28人，国家杰出青年基金获得者1人，“万人计划”首批百千万工程领军人才1人，“百千万人才工程”国家级人选3人，全国“三八”红旗手1人，教育部霍英东高等院校青年教师奖获得者1人，中国农业机械学会青年科技奖获得者2人，江苏特聘教授3人，享受政府特殊津贴者5人，省部级有突出贡献的专家及青年专家5人。

本中心是全国小型潜水电泵、喷灌机械等行业技术的归口单位，拥有国内一流、国际先进的流体机械及工程试验条件和设备，设有机械工业排灌机械产品质量监督检测中心、江苏省质量技术监督泵类产品质量检验站等专职检测机构。

中心从成立之日起，就奠定了为国家经济建设服务的方向、针对国家水利工程、农田水利工程重大战略需求，积极开展各种流体机械、排灌机械、节水灌溉装备以及泵站工程等重大关键、共性技术研究，在泵内流动数值模拟研究、泵站水力模型设计理论及方法、新型高效节水灌溉装备及技术等方面形成了鲜明的特色和方向，并取得了一系列创新成果。中心80%以上的科研成果已转化为生产力，与全国1 000多家企业进行了多种形式的技术合作和技术服务，开发新产品600余种，其中众多产品被国家列为节能产品和更新换代产品，大量替代进口，并在南水北调、三峡工程、引滦入津、东深供水、太湖流域综合治理等国内外重点工程，以及国防、石化、电力、冶金、海洋工程等领域广泛应用，取得了十分显著的经济效益和社会效益，为我国流体机械(泵)和排灌机械行业技术进步和经济发展作出了突出贡献。

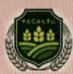

江苏农牧学院：团结彰显力量 拼搏铸就辉煌

江苏农牧科技职业学院，创建于 1958 年，是中国东南沿海地区以培养农牧科技类技术技能人才为主的高等院校。

建校 60 年来，学校高擎“团结拼搏、负重奋进、坚忍不拔、争创第一”的精神旗帜，为地区的农牧科技人才培养和“三农”事业发展作出了重要贡献。

学校现有专任教师 648 人，副高以上职称 245 人，正教授 58 人，博士 68 人，硕士 424 人，“双师型”教师占比达 88%；拥有国务院特殊津贴专家、全国农业职教名师、江苏省有突出贡献中青年专家等一大批国家级、省级高端人才。

学生工作队伍建设上，强化团结协作。学校规范化选聘了 290 名专兼职辅导员，通过制定奖惩结合的考核制度、坚持日常培训与专题培训相结合、打通辅导员专业发展与行政发展壁垒等，打造出了一支爱生如子的学工队伍。近 4 年，有 4 人入围江苏省辅导员年度人物，2 人获提名奖。学校连续多年被评选为高校辅导员网络培训“优秀组织单位”，并在学生资助工作、征兵工作等方面多次受到表彰。

近 5 年来，学校年均承担市级以上应用技术研究超 100 项，主持参与了 5 项国家自然基金项目，在畜禽新品种、新兽药研发等领域取得了一系列重大成果，先后荣获全国农牧渔业丰收奖农业技术推广成果一等奖等 6 项大奖、13 项省级奖；获得国家三类新兽药证书 1 个，授权专利 344 件，发表 SCI 论文 48 篇、核心期刊论文 2 000 余篇；自主培育的苏姜猪获国家畜禽新品种证书。

为了切实将科技推广工作落实落细，学校创新推出“县村（行业）—学校—企业（养殖户）”联动服务机制，通过“品种 + 技术 + 基地”的套餐式服务，有效解决了农业科技成果推广的“最后一公里”难题，5 年共推广畜禽新品种（系）4 个，养殖新技术新模式 20 余项，总价值超过 2.4 亿元；连续 4 年被评选为省“科技工作先进高校”，103 人被评为省“科技特派员”、25 人被评选为省“科技入户”专家、16 人被评为市“兴农富民工程”专家。

行走在江苏牧院的校园，首先感受到的是师生们“奋力拼搏，争创第一”的精气神。在这股心劲的推动下，学校一步一个脚印迈入全国高职院校领先方阵，学校也在砥砺中完成了由外延式拓展向内涵式提升的转变。

资源建设方面，学校自 2012 年起，连续 3 年投资兴建了倍康药业有限公司、畜牧科技园及凤凰路新校区，并抓住泰州发展农业开发区和国家医药高新区的历史性机遇，建设了江苏现代畜牧科技园、江苏中药科技园两大产学研基地。学校现已拥有 280 多个实验实训室、20 多个校内产学研基地、410 多家校外产学研基地。

学科建设方面，学校明确树立“紧扣农牧产业链办学、紧密结合产学研育人、紧跟区域增长极发展”的办学理念，全力打造以省级品牌（骨干）专业为引领的现代畜牧生产、现代宠物技术等 9 大高水平现代农牧产业专业集群。

教育教学方面，学校坚持“根据市场需求设专业，根据企业要求定课程，根据岗位标准学技术练技能，根据社会评价验质量”的宗旨，在国家教育教学成果奖“产教创三位一体”农牧业人才培养模式的基础上，进一步融入各学院特色化人才培养模式，携手 197 家企业积极探索课堂养殖场、GMP 工学结合等创新型人才培养路径。

素质教育方面，学校开设了大学生成长服务平台，年均开展第二课堂活动 4 000 余项，培养出了团中央践行社会主义核心价值观先进个人、践行工匠精神先进个人等一大批杰出青年。

科学研究方面，学校建设了国家级水禽基因库、姜曲海猪保种场、2 个科技创新平台及 23 个省市级创新平台。先后承担了国家发改委、农业农村部、国家自然科学基金等高级别项目 500 多项，投入科研经费近 4 亿元。

国际化办学方面，学校与全球 70 余所院校机构及 30 余家境外企业建立了紧密合作关系，先后建成《动物微生物》等 72 门英文课程，引进澳大利亚畜牧业人才培训资源等，有力地提升了专业化建设水平；学校还积极选派师生赴境外学习交流、招收留学生、举办重量级农牧业国际教育会议。

在奋力拼搏中，学校争创第一，现已成为全国农业高职院校的排头兵。学校荣膺“全国毕业生就业典型经验高校”“全国创新创业典型经验高校”“全国高等职业院校国际影响力 50 强”“全国高等职业院校服务贡献 50 强”“全国高职院校教学资源 50 强”“全国高职院校创新创业示范校 50 强”。

国际农牧业高等职业教育联盟峰会

全国动物防疫职业技能竞赛

全国高职高专校长联席会

蒋颖教授课题组团队合影

参数自适应农用动力平台关键技术与装备

水稻、油菜等大田作物的机械化生产一直以来是保障我国粮油安全的重要举措。在水稻、油菜全程机械化生产过程中，提高作业机械的水田通过性、稳定性与适应性至关重要。课题组立足“智能、高效、环保”，围绕“中国制造 2025”农机装备发展的方向与重点任务，针对南方地区的丘陵山地、块田小、泥脚深的水田特点，以动力平台为关键技术突破口，应用土壤—机械—液压—电子控制的基本理论，进行了参数自适应农用动力平台关键技术研究与装备开发，重点突破南方水田无作物作业时轻型履带动力平台与有作物作业时高地隙动力平台的通过性与适应性等问题。取得了显著的经济效益和社会效益。主要科技创新内容：①高地隙参数自适应动力底盘。根据南方农作物种类和种植模式多样化现状，针对水田作物田间管理机械沉陷量大、行走转向伤苗严重、不同作物和不同生长期的行距和植株高度变化大等问题，研发了适合南方水田的轮距、轴距、地隙自动可变的动力平台，可根据作物行距调整轮距，根据植株高度、田埂高度和稳定性要求调整地隙及轴距。②基于机械一静液压双输出的原位转向变速装置。针对水田拖拉机作业工况复杂、牵引功率变化大的问题，为了既具备液压无极变速功率匹配好的优点又能在大牵引力需求时减少液力损失，研发了可实现 HST 静液压驱动和机械直联驱动两种模式的机械及液压无级变速混合驱动系统。③基于行星齿轮的原位转向机构变速装置。为解决南方水田田块小、田间转向困难的问题，针对现有水田轻型履带式拖拉机普遍采用左右离合制动转向方式，转向时单边制动失去驱动力、沿边转向壅泥严重的问题，研发了基于行星齿轮的原位转向机构变速装置，解决了机具受侧偏力需转向修正时的牵引力和原位转向时壅泥问题。

授权参数自适应动力底盘、机液驱动式变速箱、行星齿轮式多级变速器等发明专利 10 项，实用新型等专利 8 项。

技术经济指标：轮距 1.6~2.4 米可调，轴距 2.0~2.4 米可调，离地间隙 1.0~1.6 米可调，配套动力 35~50kW，水田作业速度≤ 10km/h。宗南 752 型履带式拖拉机：轴距 1.62 米，轨距 1.15 米，最小离地间隙 0.45 米，行驶速度 0~14.1km/h。农夫 702 履带拖拉机：最小离地间隙 0.44 米，行驶速度 0~17.25km/h。

应用推广及效益：吉首市宗南重工制造有限公司近三年利用参数自适应高地隙动力底盘式制高地隙田间管理机 3 台，基于机械一静液压双输出的原位转向变速装置生产并推广履带式拖拉机超过 165 台，湖南农夫机电有限公司置基于行星齿轮的原位转向机构变速装置生产并推广履带式拖拉机超 10 000 台。

高地隙多功能田间管理机

应用推广行星齿轮的原位转向机构变速装置的农夫 802 履带拖拉机

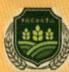

应用推广机械－静液压双输出的原位转向变速装的 ZN752 履带拖拉机

武汉励耕果园机械有限公司

武汉励耕果园机械有限公司是华中农业大学、武汉市农业科学院科技成果转化企业，主要从事山地果园全程机械化、蔬菜全程机械化、水产全程机械化的研发及产业化。

近年来，公司与高校及科研院所进行了深入的合作，与华中农业大学共建有：湖北省现代农业装备工程技术研究中心、华中农业大学励耕果园全程机械化研究所；与武汉市农业科学院共建了武汉市农业科学院励耕农业装备工程技术研究中心。2018 年，公司被认定为国家高新技术企业。

产、学、研的合力充分保证了公司持续领先的研发能力和产品的核心竞争力，2018 年公司获得湖北省高校科技人员创新创业大赛一等奖和光谷创业明星企业等荣誉称号。

公司目前的主营产品为田间单轨运输机，该系列产品于 2018 年作为新产品被纳入湖北省农机购置补贴目录。一直以来，公司对产品质量的坚守和售后服务的承诺赢得了广大客户的好评；我们将始终秉承：“质量铸就品牌、诚信成就未来”的理念，为客户提供优质的产品和服务！

7YGD-Q55 型遥控牵引式单轨道山地果园运输机

技术参数：

参数名称	指标值
驱动功率（kw）	电动机 5.5
运行速度（$m\cdot s^{-1}$）	约 0.7
承载重量（kg）	≤ 600
爬坡角度（°）	≤ 45
垂直起伏弯半径（mm）	≥ 4000
最小水平转弯半径（mm）	≥ 4000
制动距离（mm）	≤ 300
遥控距离（m）	≥ 300

技术优势：

①单轨结构，成本较低，转弯灵活；双向驱动，运行平稳。

②承载力大，适应复杂地形。

③防侧倒、防脱轨、防卡死，T 形夹紧轮与方管导轨有效配合，保证在运输车中心始终位于轨道中心。

④远程遥控，操作简便，远程遥控装置或手动可随时控制运输机前进、后退和停止，遥控距离达 300 米以上。

7YGD-Z75 型自走式单轨道山地果园运输机

技术参数：

参数名称	指标值
驱动功率（kw）	汽油机 7.3
运行速度（$m\cdot s^{-1}$）	约 0.7
承载重量（kg）	≤ 300
爬坡角度（°）	≤ 45
垂直起伏弯半径（mm）	≥ 4000
水平转弯半径（mm）	≥ 4000
制动距离（mm）	≤ 300

技术优势：

①单轨结构，成本较低，转弯灵活；双向驱动，运行平稳。

②防侧倒、防脱轨、防卡死，T 形夹紧轮与方管导轨有效配合，保证在运输车中心始终位于轨道中心。

③轨道齿条用 8mm 厚 Q355 钢板激光切而成，精度高、强度高。

④汽油机采用电子打火，操控方便，根据用户需求，可加装远程遥控功能。

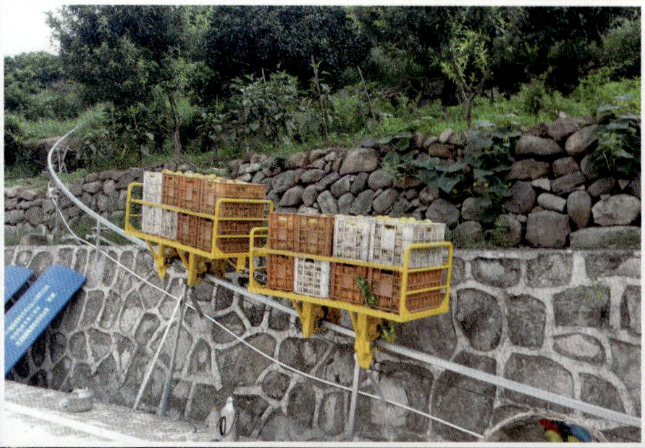

山东大学海洋学院海洋牧场工程技术团队

山东大学海洋学院于 2013 年设立“海洋牧场工程技术”科研团队以来，依托“山东省生态型人工鱼礁实验中心”（2015 年），重点围绕我国北方地区的海洋牧场建设，按照“新礁型、新材料、新布局”的创新思维，研发新型海洋牧场的构建技术，并联合多家企业打造新型国家级海洋牧场示范区。针对我国北方海洋牧场发展中的诸多问题，团队主要在以下三方面实现了技术突破。

一、针对山东北部沿海刺参底播增殖区，在夏季高温多雨少风期间，海域底层海水容易形成低氧区的问题，研发出以上升流礁、乱流礁等为代表的生态型人工鱼礁，充分发挥不同礁型的上升流效应，破除层化壁垒，促进底层与中层水体之间交换混合，改善区域海水溶解氧、营养盐类垂直分布状况，从而达到防控近海底播增殖刺参死亡灾害与风险的目的。

二、由于水土流失和筏式养殖沉积，我国沿海许多地区的海域，都存在大面积的、厚度在 1m 以上、富含有机质的淤泥沉积层，存在发生生态灾害的潜在风险。为此，团队开发了一种利用沉积淤泥现场快速制造生态型人工鱼礁的新技术，实现现场取料、现场制作、现场投放，大幅度降低人工鱼礁制造和投放成本，同时将有害的沉积淤泥资源化利用，达到修复和改善海域生态环境的目的。

三、我国北方海域的休闲海钓型海洋牧场的主要对象鱼种是许氏平鲉、大泷六线鱼等岩礁定居型鱼类，但迄今为止打造牧场所采用的人工鱼礁，基本上局限于诱集成鱼的大型构件礁，而没有考虑成鱼的的来源和补充问题。为此，团队提出“鱼类全生活史”型海洋牧场的构建理念，即在同一个海洋牧场内同时提供产卵保护礁、幼鱼培育礁、成鱼藏鱼礁、钓鱼礁，即可使其在有限的水域范围内完成其全部生活史，形成仔稚鱼→幼鱼→成鱼的“鱼类全生活史”保护链条，在同一海洋牧场范围内同时为岩礁性、洄游性鱼类和头足类提供产卵、仔稚鱼培育、幼鱼成长和成鱼栖息场所的构建技术。同时，利用该技术的溢出效应，还可以大范围修复周边海域内的生态环境，恢复鱼类资源。

目前，上述几项成果已在多家合作企业的海洋牧场中进行过反复实验验证，在山东省威海市双岛湾附近海域建立了国内首个鱼类全生活史型海洋牧场实验点，而且该牧场构建技术已在多家国家级海洋牧场示范区建设中得以实施应用。在 2018 年的全国海洋牧场现场工作会上，团队的成果获得了农业农村部韩长赋部长、于康震副部长的肯定。2019 年在大连举办的“第二届海洋牧场暨渔业新产品新技术博览会”、在美国佛罗里达举办的第六届世界增殖放流与海洋牧场国际研讨会上，获得了国内外同行的一致肯定。

团队负责人梁振林教授（右一）向韩长赋部长（右二）介绍新型人工鱼礁。照片背景的人工鱼礁为团队研发的一种上升流人工鱼礁。

团队负责人梁振林教授（前排右四）向韩长赋部长（前排右三）介绍传统人工鱼礁。

团队成员姜昭阳副教授赴英国格拉斯哥参加 OMAE2019 国际会议

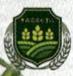

团队赴美国俄勒冈州州立大学海洋研究所探讨国际合作

河南省农业广播电视学校夏邑分校

河南省农业广播电视学校夏邑分校（夏邑县农民教育中心）创建于 1981 年，履行全县农民教育培训的统筹规划、综合协调、监督考核和指导服务等职能，负责组织拟定全县农民教育的发展战略、规划、计划、组织协调农科教结合，负责组织开展农民科技培训、农民继续教育和农民职业教育等工作。是县政府直属正科级事业单位，河南省农广校直管分校。夏邑县绿色证书工程办公室、农科教结合办公室、新型职业农民培育工程办公室均设在农广校。农广校现有教职工 58 人，其中有高级技术职称的 14 人，有中级技术职称的 16 人；另聘兼职教师 20 人，各乡镇建有教学班。

办学三十多年来，共培训“绿色证书”学员 89 467 人，组织开展农村劳动力阳光工程培训 33 453 人、新型农民科技培训 6 600 人、职业技能培训 4 900 人、实用技术培训达 160 多万人次，培养农民大中专学历生 9 580 人，特别是近几年培育新型职业农民 4 800 余人；组建科技协会 200 多个，村级科技报务站 100 多个；建立生产示范点 300 多个，带动发展 400 多个科技专业村。探索出的夏邑县新型职业农民培育模式，被农业部评选为全国十大新型职业农民培育典型模式；探索形成的“夏邑县构建产业扶贫带头人培养模式”，被定为全国产业扶贫十大创新机制典型，在全国推广。

联合国粮农组织教育专家和国家有关部委，省、市有关领导多次到学校参观考察。学校先后被评为全国农民技术教育先进集体、全国农业广播电视教育先进集体、全国育才兴农示范校、全国农广校系统 A 级校、中等职业教育和农民培训工作突出学校（百强校）。

2014 年 9 月，全国农广校校长会议在夏邑县召开；2018 年 5 月，全国新型职业农民培育管理培训班暨农民教育培训工作现场会在夏邑进行现场观摩，与会领导和代表均给予很高评价。张桃林副部长说，考察过商丘市夏邑县新型职业农民培育工作后，给我留下了深刻的印象，可以说更有成效、更有特色、更有亮点，看后很受启发和鼓舞。2019 年 9 月，联合国科教文组织驻华代表处、中国成人教育协会等单位联合主办的“开展生产技能培训，促进乡村持续发展”研讨会，特邀夏邑县农广校就技能培训促进脱贫攻坚做专题报告；10 月，第二届全国农民教育培训发展论坛在河南洛阳市召开。论坛“创新引领·农民教育培训十大推介”活动揭晓，公布了 2019 年度全国农民教育培训发展“十大宣介”结果，夏邑县农广校大获丰收，其中：100 个全国农民教育培训发展典型案例入选 3 项，100 个全国示范性农民田间学校，夏邑县永震农业有限公司农民田间学校入选；100 名优秀农民教育培训基层农广校校长，夏邑县农广校校长王留标榜上有名；100 名优秀农民教育培训教师，夏邑县农广校王红战、李存义两人入选；100 部优秀农民教育培训新闻宣传作品入选两件。

中央电视台、人民日报、农民日报、中国青年报、中央人民广播电台河南电视台、新华每日电讯、中国青年报、河南日报等多家重要媒体对夏邑县农民教育培训工作进行了多批次、多层面的专题宣传报道。

2018.3.18 张秀云老师指导前王楼中职教学班学员小麦返青期技术管理

2018 年 5 月张桃林副部长考察王飞农场

2018 年 5 月张桃林副部长考察夏邑农民教育工作

梁书记在全国农民教育培训工作现场上的照片

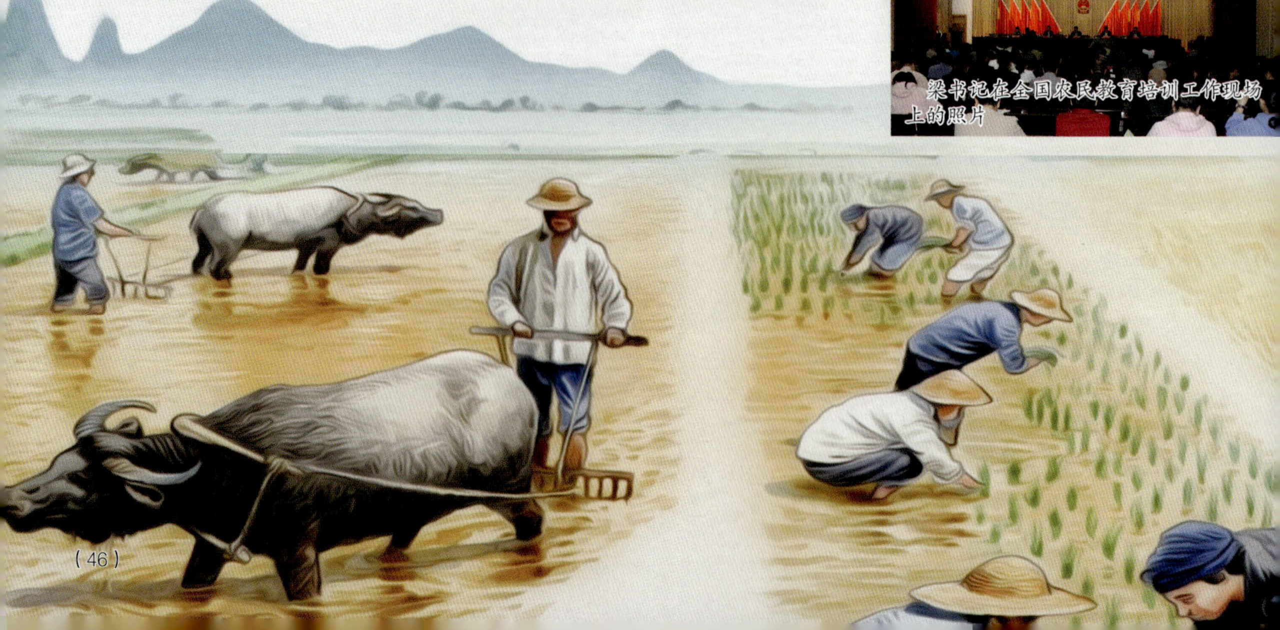

西南大学家蚕基因组生物学国家重点实验室

草地贪夜蛾 (Spodoptera frugiperda) 是一种源于美洲的重大迁飞性农业害虫，其具有食性广，迁飞迅速以及繁殖力强等特点。草地贪夜蛾自 2019 年初入侵我国，并迅速扩散至全国大部分地区，严重威胁我国的粮食作物生产安全。鉴于肠道微生物在昆虫生理、害虫生态适应等方面的重要性，2019 年 5 月，西南大学家蚕基因组生物学国家重点实验室潘国庆教授团队开始在重庆、云南、广西、河南等地区采集草地贪夜蛾样本，并对其幼虫及成虫肠道微生物（细菌与真菌）进行了详细研究。研究团队使用多种培养基分离培养鉴定，从幼虫肠道中共分离了 116 个细菌分离株，从云南地区成虫样本中分离到 16 个细菌分离株；所有细菌分离株归属于 16 个属，分别为克雷伯氏菌属 (Klebsiella)、不动杆菌属 (Acinetobacter)、假单胞菌属 (Pseudomonas)、肠球菌属 (Enterococcus)、鞘脂杆菌属 (Sphingobacterium)、肠杆菌属 (Enterobacter)、金黄杆菌属 (Chrysobacterium)、微球菌属 (Micrococcus)、寡养单胞菌属 (Stenotrophomonas)、葡萄球菌属 (Staphylococcus)、气单胞菌属 (Aeromonas)、沙雷氏菌属 (serratia)、欧文氏菌属 (Erwinia)、芽孢杆菌属 (Bacillus)、香味菌属 (Myroides)、摩根氏菌属 (Morganella)。

从巫溪地区的幼虫肠道中分离到 3 个属的细菌，同源进化关系聚类分析结果表明其分别为克雷伯氏菌属、不动杆菌属以及气单胞菌属，其中丰度最高的为克雷伯氏菌属，达到 87%；巫山幼虫肠道样品的分离到 8 个属的细菌，其中丰度较高的为克雷伯氏菌属、不动杆菌属以及假单胞杆菌属细菌；从重庆江津地区高粱地的幼虫样品中分离到 9 个属的细菌，其中克雷伯氏菌以及不动杆菌的丰度较高。从云南蒙自地区幼虫和成虫的样品中各分离到 4 个属的细菌，幼虫中以克雷伯氏菌属丰度最高为 53%，其余分别为沙雷氏菌属、肠球菌属以及摩根氏菌属，成虫中以不动杆菌属丰度最高为 56%，其余分别为克雷伯氏菌属、假单胞杆菌属以及微球菌属。比较分析发现，克雷伯氏菌以及不动杆菌在各地点样本中均分离得到，且都有较高的丰度，表明其可能是草地贪夜蛾核心细菌群（表 1）。

从重庆地区的成虫以及幼虫样本肠道中共分离获得了 5 个属的真菌分离株，幼虫样本中分离到了毛栓菌属、蜡质菌属以及伪壶担菌属 3 个属的真菌，从成虫肠道中分离获得了毛栓菌属、黄瓜枯萎菌属以及镰刀菌属 3 个属的真菌。

表 1　不同地区草地贪夜蛾肠道细菌分离株统计

Genera	YN（Corn） 云南	WS（Corn） 重庆巫山	WX（Corn） 重庆巫溪	JJ（Sorghum） 重庆江津	Adults 云南
Klebsiella	+++(53%)	++(26%)	+++87%	++(21%)	+(19%)
Pseudomonas		+(17%)		+	+
Enterococcus	++(25%)	+	+	+	
Sphingobacterium		+		+	
Enterobacter		+		+	
Chrysobacterium		+			
Acinetobacter		(26%)	+	++(34%)	+++(56%)
Micrococcus				+	+(19%)
serratia	(13%)				
Erwinia				+	
Bacillus				+	

注：
YN(Corn)，云南地区草地贪夜蛾幼虫　WS(Corn)，巫山地区草地贪夜蛾幼虫
WX(Corn)，巫溪地区草地贪夜蛾幼虫　JJ(Sorghum)，江津地区草地贪夜蛾幼虫
Adults，云南地区草地贪夜蛾成虫

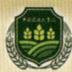

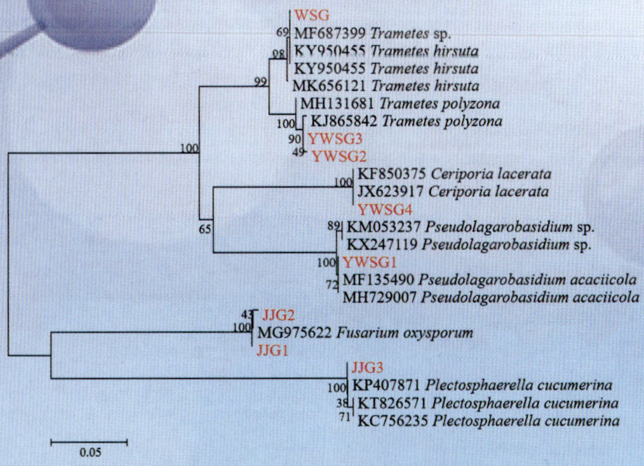

水稻节水减排、增氧高效灌溉排水管理技术研究及应用

针对我国南方地区水稻生育期天然降雨丰沛但灌溉耗水量大、稻田排水量大，稻田排水夹带化肥、农药残留物造成农村面源污染的客观情况，湖南省水利水电科学研究院李桂元、徐幸仪、胡春艳等研究提出了一种水稻“控灌中蓄”灌溉排水管理模式，即干旱期充分利用水稻耐旱性能控制（延迟）灌溉、降雨期间充分利用水稻耐淹性能及稻田蓄雨功能拦蓄降雨、减少排水，实现了水稻耐旱、耐淹性能及稻田蓄雨功能与天然降雨时程分布最优耦合匹配。与传统的水稻田间灌溉排水管理模式相比，具有显著的节水减排、提质增产功效。系列成果已获湖南省水利科技进步一等奖 2 项，二等奖 3 项、制定地方标准 1 项。2009 年被水利部列入《全国水利先进实用技术重点推广指导目录》，在湖南省农业节水技术标准制定、水资源管理、灌区节水改造、农业高效节水等领域广泛应用。

增氧灌溉是 21 世纪初提出并逐步发展起来的一项节水增效灌溉新技术，具有显著的节水、省肥、提质增产作用。受设备成本及应用条件限制，野外大田条件下水稻种植区域尚未能应用增氧灌溉技术。鉴于此，成功研制了一种自压吸气增氧放水管（专利号 ZL2016 1 0823146.5），只需在管道灌区的各分水口安装该增氧放水管，即可实现水稻增氧灌溉。经检测，应用该自压吸气增氧放水管可使田间灌溉水含氧量提高 12% 以上，灌溉水高含氧量持续时间达 20 小时以上，成功解决了野外无能源、动力条件下水稻增氧灌溉关键问题。

将水稻“控灌中蓄”与增氧灌溉两种技术组合，形成“水稻节水减排、增氧高效灌溉排水管理技术”，将可获得更加显著的节水减排、提质增产效果。研究团队经过持续深入开展灌溉试验研究，已推进该技术从科研院所深墙走向广袤的田间地头，目前已在湖南省长沙县、望城区、桃江县、澧县、湘潭县等 5 个县（区）高效节水灌溉项目区推广应用。应用中增氧效果直观、水稻生长及增产效果明显，深受农户好评。

Research and Application of Rice Water-saving and Emission-reducing, Oxygen-increasing and Efficient Irrigation and Drainage Management Technology

In view of the objective situation of abundant natural rainfall in the growing season of rice in the southern region of China, but large irrigation water consumption, large drainage of paddy fields, and non-point source pollution caused by fertilizers and pesticide residues in the paddy field drainage, Li Guiyuan, Xu Xingyi, and Hu Chunyan, researcher of Hunan Research Institute of Water Resources and Hydropower, proposed a "control irrigation and storage" irrigation and drainage management model for rice, that is, to fully utilize the drought tolerance of rice in the dry period to control (delayed) irrigation, to fully utilize the drought tolerance of rice during rainfall and the rain storage function of the paddy field to intercept rain and reduce drainage. To achieve the optimal coupling and matching of the drought tolerance and flood resistance of rice and the rain storage function of the rice field and the natural rainfall time distribution.

Oxygen-increasing irrigation is a new water-saving and efficiency-increasing new technology proposed and gradually developed in the early 21st century. It has significant effects of water saving, fertilizer saving, quality improvement and yield increase. Restricted by equipment cost and application conditions, under the conditions of the field, the rice-growing area has not yet been able to apply aeration irrigation technology. In view of this, a self-pressure suction aeration and oxygenation water discharge pipe (patent number ZL2016 1 0823146.5) was successfully developed. Only by installing the oxygenation water discharge pipe at each water diversion outlet of the pipeline irrigation area, the rice aeration irrigation can be realized. After testing, the application of the self-pressure suction aeration and oxygen release pipe can increase the oxygen content of field irrigation water by more than 12%, and the high oxygen content of irrigation water lasts for more than 20 hours, successfully solving the problem of rice in the field without energy and power, which is the key issue of aeration irrigation.

Combining the two technologies of "controlling irrigation and storing water" and oxygen-enriched irrigation to form a "rice water-saving and emission-reducing, oxygen-enriching and efficient irrigation and drainage management technology" will achieve a more significant effect of water-saving and emission-reducing, improving quality and increasing yield. After continuous and in-depth research on irrigation experiments, the research team has promoted the technology from the deep wall of the research institute to the vast fields, which is currently promoted and applied in 5 districts. In the application, the effect of oxygen increase is intuitive, the effect of rice growth and yield increase is obvious, and well received by farmers.

园艺生产智能化装备的创新研发

江苏大学刘继展团队围绕园艺生产的全程智能装备与技术开展了多年研发，形成了基质管理、秧苗种植、水肥管理、植保、运输、收获等系列智能化装备成果。

1. 温室智能作业装备

（1）温室高架栽培基质智能摊填装备

针对现有高架栽培中的基质摊铺作业仅靠人工完成、劳动量极大等现状，设计了集基质运送、箱内出料、双侧分料落料和均匀摊填为一体的高架栽培配套基质自动移动摊铺机。同时，开发了与自动移动摊铺机配套的基质自动挖料上料机，实现料堆的自动取料和上料一体作业，可实现超过 5 L/s 的基质装箱效率。

高架栽培基质自动摊铺机和自动挖料上料机

（2）高架 / 高垄草莓苗自主移栽机

团队针对长育苗期超大草莓苗、设施特殊栽培作业环境和弓背向外的特殊移栽要求，提出了完全不同于现有各类半自动、全自动移栽机的全新技术方案，突破了光电弧形阵列导航、全轮毂电机仿形底盘、打孔放苗精准定位、一插式自动换盘等新技术。成功研发了小型化、无人驾驶的双侧四行高架草莓苗自主移栽机和跨垄双行高垄草莓苗自主移栽机，实现人工极少便捷介入的全程自主打孔移栽作业。

草莓苗自主移栽机

（3）穴盘苗全智能分选—移栽—补苗一体机

团队研发了智能穴盘苗分选—移栽—补栽一体机，实现了缺苗、弱苗、作业损伤的同步检出和秧苗分选—移栽—补栽的一机集成高速作业。

穴盘苗全智能分选 - 移栽 - 补苗一体机

（4）温室小型叶面肥智能高效喷施机

团队自主研发的温室小型叶面肥智能高效喷施机，采用超小机身和渐缩喷筒风送作业方式，具有多维的双风筒回摆、展合、微调机构，可依据不同情况实现手动（自动）作业参数调整，提高了喷肥作业效率，有效降低用肥量与劳动强度。

小型叶面肥智能高效喷施机

2. 果园智能作业装备

（1）果园自变速宽深开沟施肥机

团队成功开发果园自变速宽深开沟施肥机，建立了基于速度监测和 HST 调速的自变速控制系统，实现一键式作业启停、电磁式动力切断和果园复杂环境条件下自变速调控与安全保护，有效降低了故障停机率，提高了开沟施肥作业效率。

（2）果园智能双摆式弥雾施药机

团队开发的果园智能双摆式弥雾施药机，充分利用小型弥雾施药机的雾滴细小、穿透性和均匀性强、省药等优势，通过平面—空间混合型机构实现了双弥雾机的摆动扩幅喷施，并攻克了双摆弥雾施药系统复杂启停动作流程的一键控制、复杂工况下的液位准确监测与分级响应等关键技术，有效降低了机载弥雾施药的操纵难度，满足了复杂工况下单人驾驶作业的自动监控与防护需要。

（3）自动防翻型单人操控小型升降管理机

团队特别针对我国果园多处丘陵地区和单人便捷操作等需要，开发了果园单人操控自动防翻型升降管理机，收放侧板的无障碍通道方便人员与物品上下工作台，集成控制系统实现果农便捷的台上一体操控，有效满足了坡地等各类复杂环境下单人驾驶操控的空中升降作业需要。

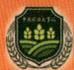

拉曼光谱技术在茶叶农残快速检测领域应用取得重要进展

安康市农业科学研究所成立于 1958 年，为公益类综合性农业科研单位，设薯类作物、粮油作物、茶叶、食用菌、果蔬、农产品加工等 6 个研究所，涉及魔芋、茶叶、食用菌、马铃薯、甘薯、水稻、玉米、杂粮、中药材、猕猴桃、柑橘、蔬菜、经济植物等作物研究。近年来，以富硒农业为主线，以新品种、新产品研究为重点，开展主导产业的关键技术、新兴产业的基础技术、传统产业的现代技术等研究工作，科研综合实力居全省市级农科院所前列。

科研团队：现有人员 60 人，其中研究员 2 人、中高级职称 32 人、硕士研究生 16 人。享受国务院特殊津贴、省市突出贡献专家 7 人，全国先进工作者 1 人，全国农业劳动模范 1 人，省产业技术体系首席科学家 1 名，岗位专家 13 人。

科研设备：有硒检测、植物营养、微生物、食品加工、分子生物学等 5 个重点实验室和茶叶、食用菌、组织培养等 3 个中试实验室，实验设备仪器 150 余台。联栋温室 2 栋 6 000 平方米、日光温室 9 栋 5000 平方米、智能温室 800 平方米、试验用地 500 余亩。

科研平台：有国家农业科学实验站、安康市现代农业科技服务中心、安康农科星创天地等三个国家级平台和陕西省魔芋产业技术体系等省级科研平台，在全市建有 10 个试验站。

成果转化：取得科技成果 164 项，培育作物新品种 36 个，科技新产品 16 项，获各级成果奖 99 项，发表学术论文 600 余篇，各类科技成果累计产生经济效益超过 80 亿元，为全市特色农业发展注入了强大的科技动力。

吴孔明院士调研我所魔芋科研工作

徐启方调研检查工作

马铃薯育种专家蒲正斌。育成国审马铃薯品种 3 个

马铃薯育种专家蒲正斌。育成国审马铃薯品种 3 个

农科院大门

水稻育种专家洪安喜。育成省审水稻品种 5 个，不育系 2 个

栉风沐雨秉初心，蔬菜科研绽芳华

——衡阳市蔬菜研究所先进事迹材料

衡阳市蔬菜研究所创建于 1979 年，建所以来，按照“政治立所、成果兴所、服务惠农、科技扶贫”的工作目标，秉承“育精优品种，兴蔬菜产业，为百姓造福”的初心，开创了科技助力乡村振兴的新篇章 。

1. 党建铸魂，政治立所。所党支部把党建放在首位，深入学习贯彻习近平新时代中国特色社会主义思想，扎实开展“不忘初心、牢记使命”主题教育，按照“讲政治、敢担责、懂专业”的思路，配齐配强了支部班子。支部一班人通过定期上党课、谈心谈话、组织生活会等方式，把对党忠诚、让人民满意的责任感、使命感根植于全所每一名党员干部心中。同时，把党的纪律和规矩挺在前面，完善各类管理制度，抓住重要节点，发送廉政短信，开展廉政家访，及时了解党员干部思想动态。建立困难党员台帐，强化重大疾病党员干部帮扶关心，让支部真正成为党员干部的“娘家”。在支部一班人的带领下，衡阳市蔬菜研究所形成了“信念坚定、埋头苦干、开拓创新”的良好工作氛围。

2. 潜心科研，成果兴所。自建所以来，全所科研人员立足科技创新，秉承“育精优品种，兴蔬菜产业，为百姓造福”的初心，耐得住寂寞，守得住清贫，面对简陋的设备、艰苦的环境，从未退缩，每天清晨五六点钟到田间授粉，整个夏季女同志几乎没有机会穿裙子，一到所里便匆忙换上工作服下田，从早上一直忙到日落。凭着这种不畏艰苦、无私奉献的精神，取得了丰硕成果：完成部、省、市科研课题 380 多项，获科技成果奖 78 项，发表科技论文 390 余篇，制定国家级、省级蔬菜行业标准、农业技术规程 24 个。选育蔬菜新品种 68 个，引进和筛选适合衡阳地区种植的蔬菜新品种 200 余个。创建“国家大宗蔬菜产业技术体系衡阳综合试验站”、科技部“国家南方优质蔬菜种苗快繁技术中心”两个国家级技术创新平台，“湖南优质蔬菜种苗繁育基地”“湖南省院士专家工作站” 两个省级技术创新平台。有 2 人享受国务院特殊津贴，有国家级、省级学科带头人 3 人。13 次评为衡阳市农业农村局先进单位，2018 年评为中国科协“全国农业科技创新十佳单位”。

3. 深入基层，服务惠农。科研的最终目的是服务于农民，让科研成果惠及农民，实现自身价值。本所选育和引进适合衡阳地区种植的“一串铃南瓜”“早冠丝瓜”“湘早优苦瓜”“早丰红茄”“丰源辣椒”等 5 个系列品种，每年推广面积达 100 多万亩，每年为农民提供优质蔬菜种苗 2 000 万株，为农户创造了很好的经济效益。“一串铃南瓜”被列为湖南省推广的六大蔬菜新品种之一，被老百姓称之为致富瓜、每年全省推广应用面积达 200 多万亩，新增产值超过 17.42 亿元。每年组成四个技术团队 30 多人深入生产基地进行现场技术指导，培训蔬菜生产技术人员，推广蔬菜新品种、新技术、新设施、新模式，现场解决蔬菜生产的技术问题。

4. 立足科技，精准扶贫。近年来，衡阳市蔬菜研究所充分利用自己的技术优势、人才优势、成果优势，按照“推广一项技术，发展一个产业，致富一方农民”的工作思路，创办蔬菜产业扶贫基地 113 个，面积 10 567 亩，结队帮扶贫困户 71 户，197 人全部脱贫。如蒸湘区呆鹰岭镇颜家塘组贫困户刘占魁，本所帮助他发展食用菌产业，年纯收入 8 万元，一年彻底脱贫，刘占魁还被评为 2018 衡阳市“全市自主脱贫示范户”，湖南省“百名阳光致富带头人”。

“大鹏一日同风起，扶摇直上九万里。”今天的衡阳市蔬菜研究所以全新的面貌、雄厚的科研实力、集聚的人才力量屹立蔬菜产业发展的前沿阵地，全所科研工作者秉承科技创新，服务于农的初心，在乡村振兴的道路上绽放人生芳华。

江苏艾科姆检测有限公司

江苏艾科姆检测有限公司（JIANGSU AGROCHEM LABORATORY，简称JSAL），筹建于2011年9月。从实验室成立之初便严格按照OECD-GLP和ICAMA-GLP原则运行。已连续三次顺利通过OECD成员国荷兰GLP监管部门的现场审核并获得OECD-GLP证书。2018年10月被农业农村部认定为首批“农药登记试验单位”。

实验室现有主要仪器

核磁共振仪，液质联用仪，气质联用仪，高效液相色谱，制备液相色谱，气相色谱，热重分析仪，红外光谱，紫外光谱，水份仪，熔点仪和表面张力仪等。

农药登记试验单位

产品化学试验类（全）组分分析试验、理化性质测定试验、产品质量检测试验/储存稳定性试验。

OECD GLP

物理化学性质测试和化学分析。

标准品

杂质和有效成分标准品。

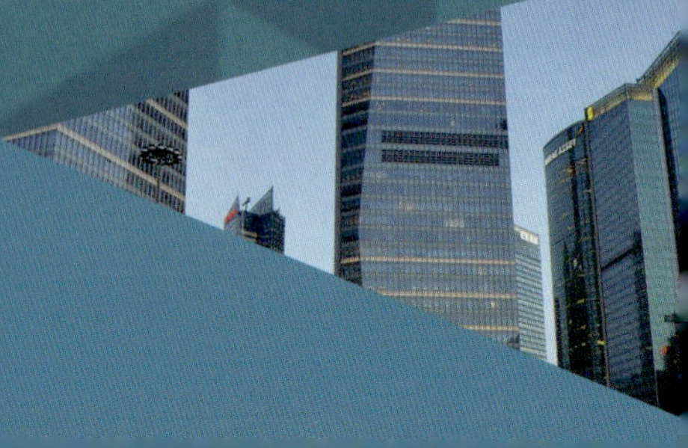

沼菌威科学技术项目

沼菌威科学技术项目是农业农村部和科学技术部科研课题成果项目，通过了院士专家委员会的评审。该技术以预处理后的优质沼液为主要原料，添加三酸有机营养素，高浓缩多功能复合生物菌以及生物物理转光剂等物质，提高了沼液肥的品质，技术工程示范实现了水肥、防病促长、提质增产一体化。该技术研发推广可有效解决沼液的污染问题，促进种植一养殖一沼气一肥料循环农业经济模式的发展，对加快我国生态农业发展起到推动作用。

通过养殖废弃物处理利用，生产沼菌威物理生物新型有机肥料， 建设绿色农产品种植生产基地使用的服务项目。 这是一个既能解决养殖废弃物处理难，又能解决对环境造成污染；既能改善培肥土壤，又能促进绿色生态农业发展，使农产品提质、增产，确保农产品源头安全，适应广大农村的好项目。

该项目通过6年多的研发取得成果，在3年多的全国东、西、南、北选点试验示范中获取了大量数据。分别在宁夏、内蒙古、辽宁、河北、浙江和新疆建设生产基地，取得了良好的效果。2020年起由北京汉科财富科技有限公司组织向全国推广应用。

欢迎大家参与！

优质农产品需用沼菌威物理生物新型有机肥才能吃出小时候的味道。

赤峰松山区合作建设的示范生产厂

◆ 2018年元月赤峰松山区合作建设了年产1万吨沼菌威物理生物新型有机肥料第五个生产厂！

沼菌威物理生物有机肥选点示范生产基地

经过3年多时间，在全国多地选点，不同地区、不同土壤、不同季节、不同植物上的试验示范，取得结果都达到了类同效果，是一个国家号召，政府扶持，市场需要，前景巨大，且投资少，见效快，赚钱多，值得推广的好项目。

2016年7月份，宁夏中卫市第一个沼菌威示范场，年产1万吨

2017年3月，浙江省台州市，年产1万吨

2017年10月，辽宁省朝阳县，年产1万吨

2018年元月，赤峰松山区，年产1万吨

2018年9月，河北廊坊，年产2万吨

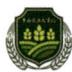

2019年5月，新疆玛纳斯的第一个样板点，国杰老教授研究院原院长王汉杰将军考察基地

农业农村部食物营养发展研究所

双蛋白定义与项目批文

· 双蛋白是指以大豆蛋白等植物蛋白和以牛奶蛋白等动物蛋白为代表的天然优质动植物蛋白，按照营养量效关系和精准互作获得的食用蛋白源。

· 2018 年3月，农业部科教司正式批准“中国特色双蛋白工程”项目立项，中国农业科学院科技局给予396 万专项科研经费支持。同时由农业部向科技部推荐，将“中国特色双蛋白工程”列入国家重点研发计划项目。

· 2019 年，实施“双蛋白工程”营养干预工作列入国民营养计划重点工作。

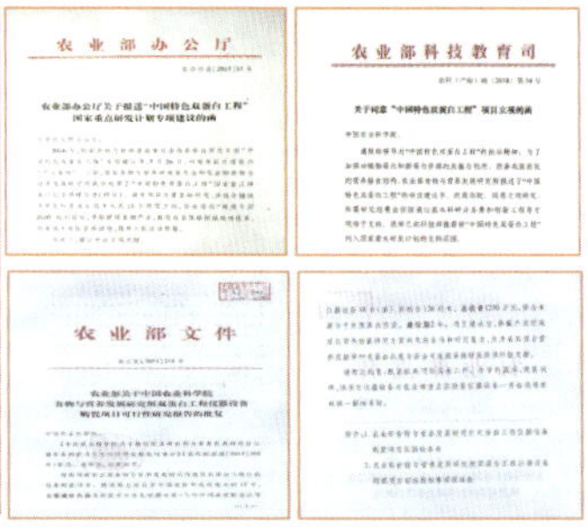

上图为农业农村部韩长赋部长、张桃林副部长等一行参观农业农村部食物与营养发展研究所，了解双蛋白食物在临床和扶贫方面的应用情况。

院士专家助推“双蛋白工程”项目

2019 年4月，召开“双蛋白工程”项目进展评价研讨会，王陇德院士、陆道培院士和陈君石院士等七位知名医学专家对项目给于充分肯定，并建议从临床着手，把双蛋白营养干预上升为国家行动。

双蛋白工程研究进展

双蛋白在陆道培医院的临床营养干预

2016 年3月，对异基因造血干细胞移植患者开展为期三年的I期、I期和II期双蛋白临床营养干预，明显改善患者基础状态及生存质量，节省8～10 万医疗费用。

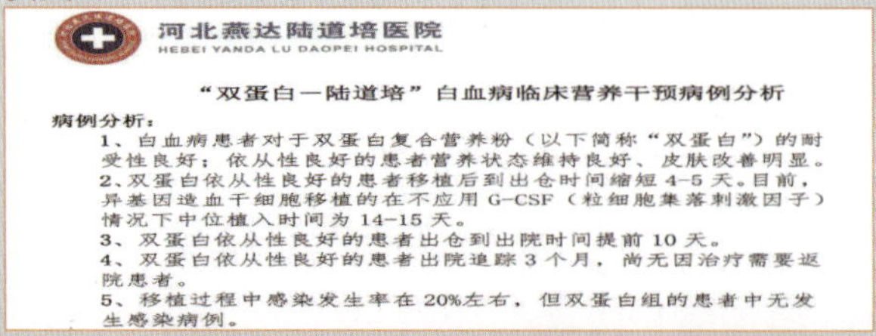

河北燕达陆道培医院
HEBEI YANDA LU DAOPEI HOSPITAL

“双蛋白—陆道培”白血病临床营养干预病例分析

病例分析：
1、白血病患者对于双蛋白复合营养粉（以下简称“双蛋白”）的耐受性良好：依从性良好的患者营养状态维持良好、皮肤改善明显。
2、双蛋白依从性良好的患者移植后到出仓时间缩短 4-5 天。目前，异基因造血干细胞移植的在不应用 G-CSF（粒细胞集落刺激因子）情况下中位植入时间为 14-15 天。
3、双蛋白依从性良好的患者出仓到出院时间提前 10 天。
4、双蛋白依从性良好的患者出院追踪 3 个月，尚无因治疗需要返院患者。
5、移植过程中感染发生率在 20%左右，但双蛋白组的患者中无发生感染病例。

中国特色双蛋白工程 精准营养干预（维西）健康扶贫行动

2019 年4月，“中国特色双蛋白工程—精准营养干预”健康扶贫工作在云南省维西傈僳族自治县试点启动。

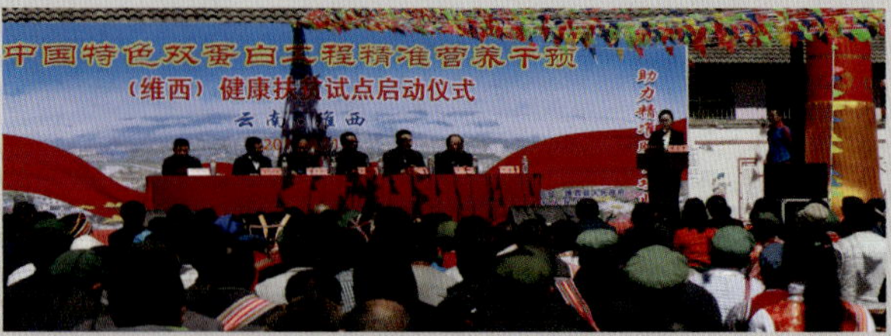

双蛋白技术成果转让

2019 年8月，研究所与海南制药企业正式签订500 万元合同转让双蛋白复合营养粉(I型专项技术。

功能型菜籽油7D产地绿色加工技术

现场会

菜籽油是国产第一大宗植物油，在发展优质健康食用油，维护国家食用油供给安全方面占据重要地位。针对菜籽加工产业面临品质低、能耗高、资源利用率低等技术难题，中国农科院油料所油料品质化学与营养创新团队经十多年协同攻关，基于菜籽品质和加工特性，突破了精选、微波提质生香、低温低残油压榨、低温绿色精炼、质量管理与自控等关键技术装备，创建了功能型菜籽油7D产地绿色加工技术。该技术具有工艺轻简、绿色、低耗、高效特点：①轻简：较色拉油工艺减少50%以上，占地少、投资省；②绿色：低温物理压榨和精炼，且无三废排放；③低耗：能耗降20%、成本减30%以上；④高效：产品得率高、自动化、模块化生产；⑤产品高值化：安全营养、香味浓郁、色泽纯正、口感醇厚，富含活性成分，为中国好油。该技术成果共获发明专利11件，开发出了5吨、10吨、30吨菜籽/天等系列成套技术装备，在全国二十余家企业应用，取得了显著的，经济效益，并获得了2017年度农产品加工业十大科技创新推广成果奖,入选 2017年中国农业农村十大新技术。新技术实现了油菜籽的安全、营养、低耗、高效及高值化加工，为全面提高国民食用油营养水平和促进人民美好生活提供有力的科技支撑。

中国水产科学研究院

经过40余年的发展，中国水产科学研究院已发展成为拥有13个独立科研机构及院部、5个共建科研机构，学科齐全、布局合理、在国内外具有广泛影响的国家级研究院，在解决渔业及渔业经济建设中基础性、方向性、全局性、关键性重大科技问题，以及科技兴渔、培养高层次科研人才、开展国内外渔业科技交流与合作等方面发挥着重要的作用。

2018年，恰逢改革开放40周年和水科院建院40周年，在农业农村部的正确领导下，全院紧紧围绕农业农村部中心工作和现代渔业建设目标任务，扎实开展科研和各项工作，各领域取得新的重要进展。全院新上科研项目1 020项，合同经费7.15亿元。获得省部级以上奖励21项，其中，牵头的“长江口重要渔业资源养护技术创新与应用”和参与的“扇贝分子育种技术创建与新品种培育”两项成果，分别获得2018年度国家科技进步二等奖和技术发明奖二等奖；发表论文1 259篇，其中SCI或EI收录461篇；出版专著25部；获得软件著作权65项；获国家授权专利502件，其中发明专利160件。成功举办“绿色渔业发展大会”，10年院志得以续写；启动实施“白洋淀水生生物资源环境调查及水域生态修复”示范项目；半潜桁架结构大型智能化渔场研制并海试成功；海带碘代谢应对海洋酸化研究取得新突破；两种基因组精细图谱解析技术建立并应用；全雄杂交鳢培育首获成功并实现规模化生产；我国首台数字多波束探鱼仪研制成功并海试；研发云南哈尼梯田稻渔综合种养及冬闲田生态养殖新技术；微塑料对渔业生物的毒性效应研究取得新进展；国产化渔用海洋卫星浮标研制成功；西藏尖裸鲤苗种培育取得突破；抗病转基因罗非鱼“珠研1号”获准转基因生物中间试验。编制实施农业农村部“‘一带一路’水产养殖科技创新合作”专项，获批“‘一带一路’海水养殖技术培训基地”。联合中国农业科学院成功申报水产一级学科学位授权点。牵头第二次全国水产养殖业污染源普查技术工作，牵头开展全国水产品质量安全风险评估，建立的中国工程院渔业专业知识服务系统正式上线运行。2艘3 000吨级调查船成功下水，国家级海洋渔业生物种质资源库开工建设并完成结构封顶。

2019年，全院将紧抓农业农村优先发展的有利时机，围绕实施乡村振兴战略、打赢脱贫攻坚战和渔业转型升级的部署要求，以绿色高质效关键技术为主攻方向，以争取国家重大科技项目为依托，健全学科体系，壮大创新团队，完善平台基地，加强协作合作，进一步夯实创新基础，加大高新和实用成果供给，强化乡村振兴支撑作用，为渔业渔村发展做出新的贡献。

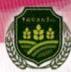

新兴糖料作物甜菊种质创新、新品种选育及应用

江苏省中国科学院植物研究所（南京中山植物园）是我国最早（1976 年）引种甜菊并持续开展甜菊植物资源评价、种质创新与利用研究的单位，目前甜菊课题组拥有研究人员 10 名。主要研究方向包括甜菊种质资源引种评价，遗传、抗逆及发育分子生物学，种质创新与育种以及营养栽培与繁殖技术。近年来主持完成国家自然科学基金、江苏省自然科学基金、省科技支撑以及农业自主创新、农业三新等项目 10 余项；在国内外学术期刊发表相关论文 20 余篇，其中 SCI 收录 2 篇。通过省级鉴定植物新品种 4 个；拥有发明专利 2 项；制定行业标准 1 项；获得江苏省科学技术奖三等奖 2 项。培养研究生 7 名，其中博士生 1 名。

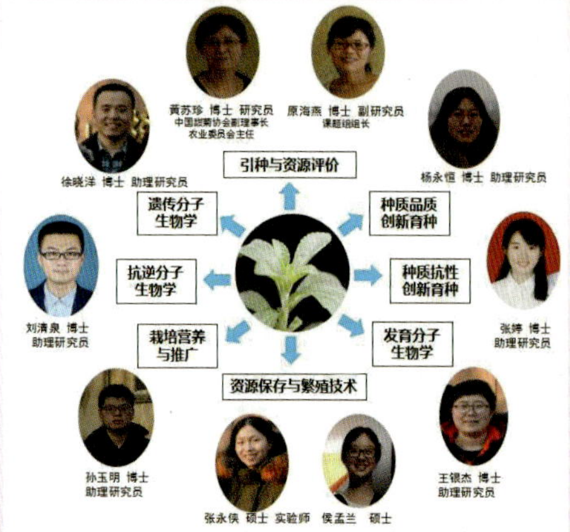

2018 年江苏省中国科学院植物研究所完成单位申报的《糖料作物甜菊产业关键技术创新及其应用》项目获得江苏省科学技术奖三等奖。

主要内容如下：

甜菊是一种重要的新兴糖料作物，尤以植体中甜菊糖苷具有的高甜度、低热量特性优于其他天然糖源适合患有糖尿病、高血脂等人群食用，成为全球备受关注的新兴保健型天然糖源。我国是全世界甜菊原料和甜菊糖最大生产国与出口国，其贡献率分别约占 85% 和 82%。近 16 年来项目组在科技部富民强县专项、科技成果转化及国家自然基金等 16 个科技项目支持下，针对我国甜菊农业产业中突出的品种退化和自主品种严重短缺等关键技术难题，联合国内相关研究高校、科研院所及行业龙头企业，围绕甜菊优异种质挖掘、新品种培育、高效栽培与标准化生产等开展重点技术攻关。

主要创新成果：①创新培育甜菊优良品种 12 个。新品种推广应用覆盖率在全国达到 90%，在甜菊主栽区达到 95% 以上，农户收益普遍提高 30%~50%。新品种使企业百吨原料甜菊糖产出率平均提高 20%~30%，节约综合生产成本 15%~20%。②创新研发甜菊高效繁殖生产技术 9 项。新技术在甜菊原料主产区应用覆盖率达到 100%，极大地提高了甜菊新品种应用与转化效率。③构建完整甜菊优种创新研发平台。创建甜菊种源我国最丰富甜菊活植物种质资源保存圃（库），以及甜菊糖苷优异基因挖掘与利用研究生物信息分析系统，甜菊优良 F1 种子创制和优种挖掘与繁殖保存等技术体系，为后续持续高效开展甜菊优种（质）培育研究与利用奠定了基础。项目获得授权发明专利 7 项，实用新型专利 7 项，甜菊新品种 12 个，软件著作权 6 个，制定行业及地方等标准 18 项，发表学术论文 32 篇。项目 2016—2017 年新增销售额 18.7 亿元，新增利润 7.6 亿元，成果已在全国甜菊栽培区得到广泛应用，经济和社会效益显著。

湖北省农业科学院植保土肥研究所

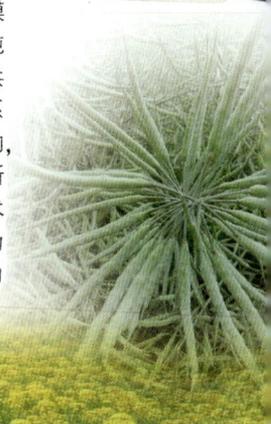

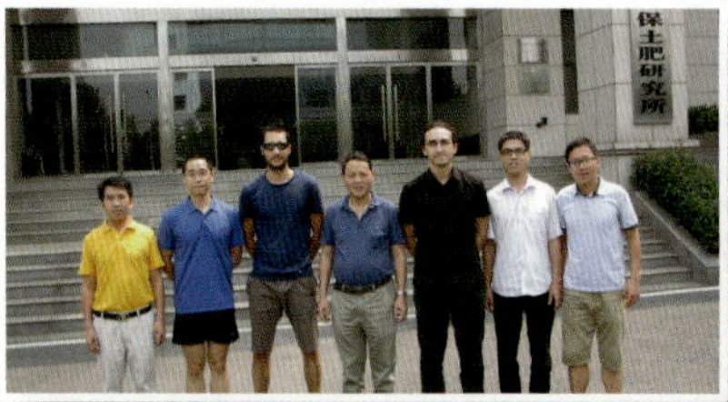

湖北省农业科学院植保土肥研究所成立于 2001 年，坐落于武汉市武昌南湖之滨，系院属正处级农业科研事业单位。

该研究所围绕植物源农药与新型肥料研发、主要农作物病虫草害综合防治、转基因作物安全评价、农业面源污染监测与防控、耕地地力提升、肥料合理施用与肥水调控、农业废弃物综合利用等领域展开了广泛深入的研究，取得了一批有影响力的科技成果，进行了大面积的推广和应用，产生了较大的社会经济和环境效益。“十一五”以来，共承担国家和省级各类项目 300 多项，有科研经费 2 亿余元。获得省部级以上科技奖励 34 项，授权专利 36 项，软件著作权 13 项，颁布国家及地方行业标准 22 项，发表论文 740 余篇。其中“新型天然蒽醌化合物农用杀菌剂创制及其应用”等三项成果获国家科技进步二等奖，“蒽醌衍生物作为防治植物病害农药的应用”获第十七届中国专利金奖。

近年来，该研究所坚决贯彻新发展理念和中央及省委的决策部署，紧紧围绕农业供给侧结构性改革、加快农业科技创新发展这一主线，以省、部重点实验室、实验站、工程研究中心等平台为依托，以国家、省重大项目为支撑，积极投入乡村振兴和三大攻坚战，广泛开展科技创新、精准扶贫、科技服务及湖北省农业科技“五个一”行动。“十一五”以来在全省范围内开展了广泛的技术培训和试验示范与推广，累计推广辐射 2.6 亿亩，为众多涉农企业提供技术咨询和服务，实现了科技创新、成果转化和技术服务协调发展，为全省乃至全国农业现代化发展做出了积极贡献。

家畜养殖数字化关键技术与智能饲喂装备创制取得阶段性进展

中国农业科学院北京畜牧兽医研究所智慧畜牧业创新团队，围绕畜禽养殖数字化重大行业需求，先后承担国家和部省级各类课题 90 余项，获部省级科技奖励 9 项，获授权发明专利 7 项，实用新型专利 90 余项，出版专著 21 部，获得计算机软件著作权 130 余件；在 SCI、EI 发表论文 40 余篇。主要研究方向进展如下：①饲料数据库及配方技术，建成了功能完整的中国饲料数据库，代表行业连续 29 年发布《中国饲料成分及营养价值表》；构建了主要家畜对关键养分的动态需求模型，集成数学规划及数据库技术，先后研制了 21 种代次针对不同家畜的日粮精算系统，全面引领饲料配方计算工具的发展；②畜禽体征感知及智能设备创制，创制了第一代家畜无源测温系统、奶牛计步器等家畜生命体征感知系统；创制了主要家畜智能饲喂设备及核心养殖装备 47 种，其中针对妊娠母猪、哺乳母猪的智能饲喂系统等 7 种产品获得“机械工业畜牧机械产品质量监督检测中心”的质量检测，填补了我国家畜智能饲喂设备与装备的空白；③芯片制造与数字化平台研制，联合创制的 22 种不同类型的 RFID 标签和阅读器，均通过国际 ICAR 机构认证，填补了国产家畜电子标识空白；率先创建了家畜饲养精准管理数字化和畜产品溯源的理论与技术体系，开发了 15 代次家畜的综合管理数字化平台，并得到广泛应用。

传统型妊娠母猪电子饲喂站

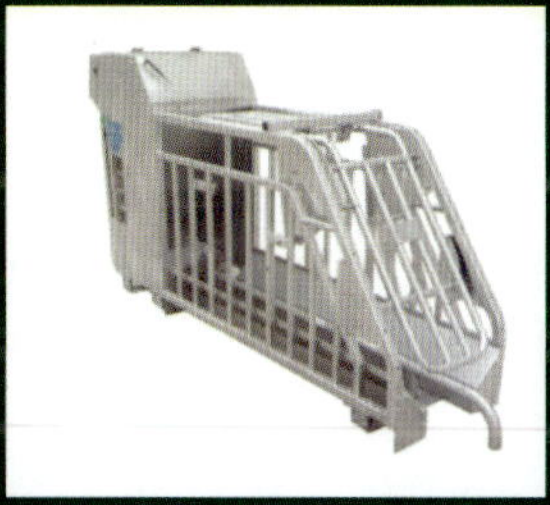

改进便捷型妊娠母猪电子饲喂站

保育猪干湿饲喂站

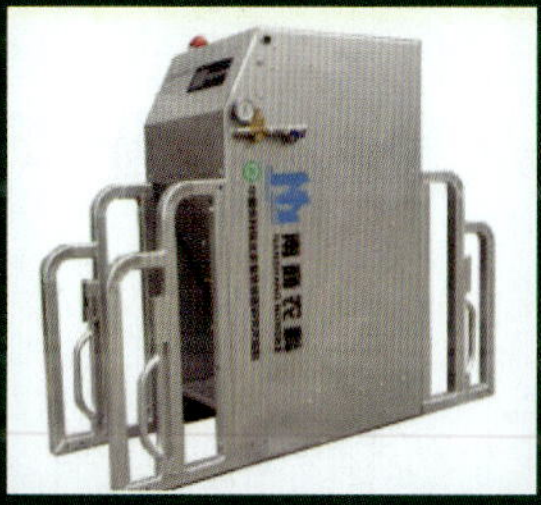

育肥猪饲喂站

中国农业科学院蔬菜花卉研究所

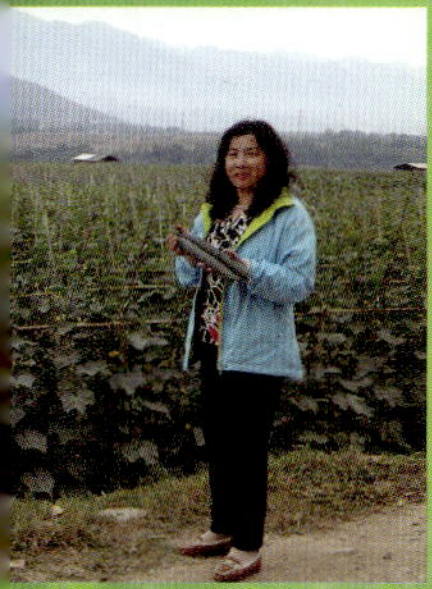

黄瓜是重要的蔬菜作物，也是我国第一大设施蔬菜，面积和产量居世界首位，是农民增收的高效产业。生产上原有品种存在复合抗病性差、商品品质欠佳、易出现苦味等问题，严重影响产量、品质和收益。针对上述问题，顾兴芳团队以提高品质和抗病性为主要目标，大规模发掘优异种质，创建高效育种技术，培育优质多抗新品种并推广应用。

1. 创建了 8 项先进高效的抗病性鉴定和品质评价技术，发掘出珍贵的黄瓜优异种质 19 份。研制出黑星病、病毒病等 8 种主要病害的抗病鉴定技术和瓜把长度、黄色条纹等品质评价技术，颁布行业标准 10 项。挖掘出 19 份珍贵种质，为优质和抗病基因挖掘及育种亲本创制奠定了基础。

2. 构建了首张栽培黄瓜高密度遗传图谱，创建了国际领先的分子标记多基因聚合育种技术，选择效率提高 5 倍以上。利用黄瓜基因组大数据，构建了国际上第一张超饱和含有 10 629 个 SNP 的遗传图谱；首次发现了果实苦味基因 *Bi-3* 和显性果皮有光泽基因 *G*，阐明了有光泽、抗黑星病、抗病毒病等性状的遗传规律；开发出与无苦味、有光泽、抗黑星病、抗病毒病等 21 个性状紧密连锁的分子标记。项目开发的分子标记、制定的抗病性鉴定技术和品质性状评价技术已被国内外科研单位及公司应用于育种实践，加速了优质和抗病黄瓜育种进程。

3. 率先创制出聚合无苦味、有光泽等 5~6 个优质基因和抗黑星病、抗病毒病等 5~10 个抗病基因的高配合力自交系 12 个，攻克了优质和抗病基因难以聚合的技术难题。突破了密刺型黄瓜不抗黑星病、水果型黄瓜不抗病毒病的育种瓶颈。

4. 利用创制的优质多抗自交系，育成适应保护地、露地等不同生态型的新一代优质多抗新品种 8 个，实现了密刺型黄瓜优质多抗育种的突破。首次培育出聚合 5~6 个优质基因和 8~9 个抗病基因的保护地新品种中农 16、中农 26 等，占辽宁、河北等设施黄瓜主产区总面积的 50% 以上。培育出聚合抗 5 种病毒、兼抗 3 种以上主要真菌性病害的露地新品种中农 106、中农 18 等，成为广东、云南等 7 省区的主栽品种，占主产区的 30% 以上。

育成的 8 个黄瓜新品种商品性突出，符合居民对高品质黄瓜的需求，受到消费者的青睐；适应性广，丰产性好，较原主栽品种平均增产 10% 以上，增收显著；复合抗病性强，生产中减少农药使用量约 20%，平均每亩节约农药成本约 150 元，受到种植者的欢迎。新品种在全国 27 个省（市、区）累计推广 1 187.9 万亩，新增经济效益 91.61 亿元。

中国农业科学院烟草研究所

中国农业科学院烟草研究所

中国农业科学院烟草研究所成立于1958年，是经国务院科学规划委员会批准、农业部设立的国家农业专业研究机构。1959年，经山东省人民委员会批准增名“山东省烟草研究所”。1987年，经国家科委、劳动人事部批准增名“中国烟草总公司青州烟草研究所”。研究所建有国家烟草改良中心等20个创新平台，构建起以青岛所部为中心，青州所区、青岛试验基地、西昌试验基地、宣城试验基地为支撑的“一所五地”发展布局。

承担烟草遗传育种、栽培营养、植物保护、调制加工、生物技术、质量安全、植物功能成分、海洋农业等学科领域科研任务，在烟草功能基因组、病虫害绿色防控、低危害烟叶开发、“高香低害”品种选育、烟草功能成分综合利用等方面开展协同攻关。

构建了全国烟区服务“三农”网络，开展农业高新技术创新、试验、示范工作。获得国家级科研成果奖励13项，省部级成果奖励185项，发表学术论文4 000余篇。

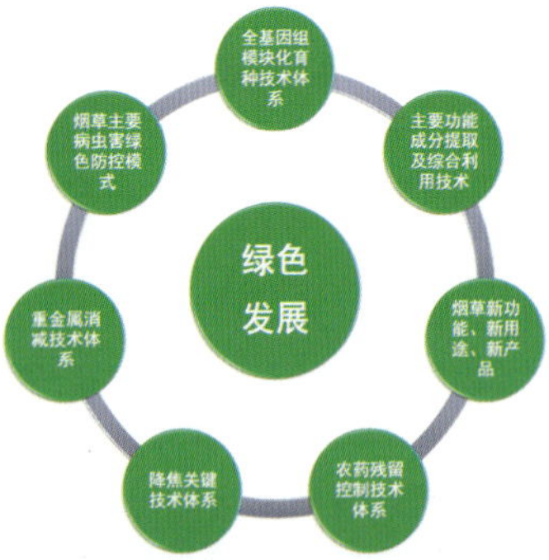

全国烟草病虫害监控预警平台

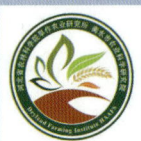

河北省农林科学院旱作农业研究所 衡水市农业科学研究院

河北省农林科学院旱作农业研究所，又称衡水市农业科学研究院，位于衡水市桃城区，始建于1955年。围绕华北地区水资源匮乏严重制约农业生产发展的突出问题，以水肥高效利用为核心，以抗旱、节水、丰产为主攻目标，主要开展抗旱节水新品种选育、节水技术、生物防治技术等方面的研究工作。

抗旱、节水小麦新品种选育

小麦品种衡观35，跨四大麦区，在河北、河南、安徽、山西、山东、陕西、江苏、湖北、天津9省（市）51个地区得到推广种植，累计推广面积超1.2亿亩。

衡4399成为河北省小麦区试对照品种。

高丹草、饲用小黑麦种质资源创新

种质资源创新在国内占优势，获河北省科技进步二等奖2项，牵头成立了“河北省牧草产业技术创新联盟”。

抗旱、节水鉴定技术

“抗旱节水性鉴定”已纳入国家和河北省小麦品种审定程序，旱作所是唯一指定鉴定单位。

农业节水技术

“测墒灌溉技术”“低平原浅层微咸水高效利用技术”居国际先进水平。

谨以此书纪念中华人民共和国成立70周年

中国农业大事记

（1949—2018）

中国农业大事记编辑委员会 编

中国农业出版社
北京

图书在版编目（CIP）数据

中国农业大事记．1949—2018 / 中国农业大事记编辑委员会编．—北京：中国农业出版社，2020.6
ISBN 978-7-109-26957-6

Ⅰ.①中…　Ⅱ.①中…　Ⅲ.①农业经济—大事记—中国—1949—2018　Ⅳ.①F32

中国版本图书馆 CIP 数据核字（2020）第 103259 号

中国农业大事记（1949—2018）
ZHONGGUO NONGYE DASHIJI（1949—2018）

中国农业出版社出版
地址：北京市朝阳区麦子店街 18 号楼
邮编：100125
责任编辑：边　疆　赵　刚
版式设计：王　晨　　责任校对：周丽芳
印刷：北京通州皇家印刷厂
版次：2020 年 6 月第 1 版
印次：2020 年 6 月北京第 1 次印刷
发行：新华书店北京发行所
开本：787mm×1092mm　1/16
印张：20.5　　插页：70
字数：502 千字
定价：360.00 元

中国农业大事记（1949—2018）
编 辑 委 员 会

编委会主任　胡乐鸣

编委会副主任　苑　荣

主　　编　赵　刚

执行主编　边　疆

编写人员　孙鸣凤　姚　佳　闫保荣　姚　红
刘明昌　潘洪洋　张　丽　肖　杨
王佳欣

中国农业大事记特邀编委单位

中国动物卫生与流行病学中心
广东省农业农村厅
贵州省农业农村厅
福建省农业农村厅
海南南繁管理局
中国农业科学院
中国水产科学院
中国热带农业科学院
吉林省农业科学院
湖南省水利水电科学研究院
海南海洋与渔业科学院
河北省农林科学院
江苏省农业科学院
江西省农业科学院
湖北省农业科学院
新疆农业科学院
中国农业大学
南京农业大学
华南农业大学
华中农业大学

目录

ZHONGGUO NONGYE DASHIJI
中国农业大事记
（1949—2018）

农村产业 1

一、种植业 3
二、林业 10
三、畜牧业 28
四、水产 37
五、农业机械化 45
六、农垦 52
七、农业产业化与农民生产合作组织 58
八、农村产业发展水平 68

农业农村政策 83

一、中央农村工作会议 85
二、全国农业工作会议 89
三、农业生产与保障 92
四、质量安全与标准化 215
五、农村法制建设 218
六、中央 1 号文件名录 238

农村劳动力 241

农业科研与教育 253

农业经济统计 303

1949—2018 年评奖评优项目选编 313

农村产业

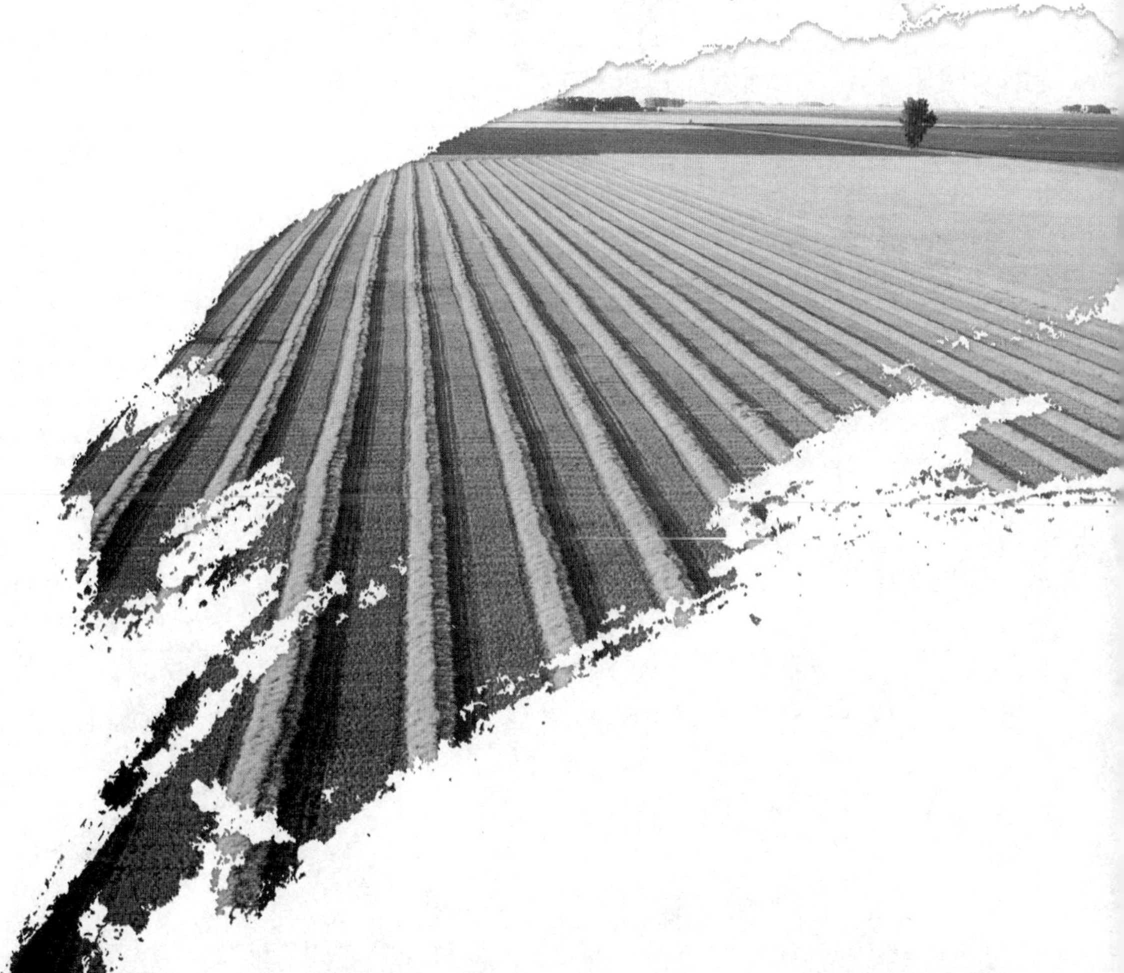

ZHONGGUO NONGYE DASHIJI

中国农业大事记
（1949—2018）

一、种植业

1951年11月22日，农业部发表《曲耀离棉花丰产成绩和技术经验的考接报告》。

1952年3月31日，农业部发布关于改进栽培技术提高棉花单位面积产量的指示。

1952年3月，政务院通过《关于修改种植橡胶计划的决定（修正稿）》。

1952年4月18日，农业部发出《棉花丰产技术指导纲要》。

1953年2月27日—3月7日，科学院、农业部在北京联合召开全国植物病理会议和中国植物病理学会全国代表大会联合会。大会一致同意成立“全国植物病理工作委员会”，并总结了中国植物病理学会三年来的工作，确定了1953年中国植物病理学会的工作计划。

1954年10月15日—25日，农业部召开全国棉产工作会议。会议研究了我国棉区的现状、今后扩大棉田的重点区域和今后三年棉花增产计划，提出了提高棉花产量的具体措施。

1955年3月15日—4月2日，农业部召开全国果树生产工作会议。会议研究了发展果树生产的方针和计划。

1978年2月8日，新华社报道：我国去年种植杂交水稻3 000多万亩①，绝大部分地区获得高产，每亩一般都比常规水稻品种增产50～100千克。

1978年4月4日，国务院发出《关于棉花生产的几项政策规定的通知》。《人民日报》发表社论：《社队企业要有一个大发展》。社论指出，现在全国广大农村已经有80%～90%的社队办了企业，去年全国社队企业的总产值，比1976年增长了30%以上，它已经成为国民经济中一个重要组成部分。

1978年5月23日，新华社报道：一种多快好省地培育植物良种的新技术——花药培养和单倍体育种技术的研究，在我国获得广泛发展，某些方面的成果达到了世界先进水平。

1978年7月21日，《人民日报》报道：我国杂交水稻研究获得重大突破，报道指出，1973年，我国育成世界第一批具有强优势的杂交水稻，经过三年试验推广，1977年全国已经栽植3 200多万亩，增产粮食20亿千克左右。今年计划扩大到1亿亩，争取增产粮食50亿千克以上。这项重大的科研成果，是我国对遗传育种学的新贡献，引起许多国家农业科学家的重视。

1979年1月11日，《人民日报》报道：农业部召开全国种子公司经理座谈会，讨论加快种子公司建设的问题。会议认为：成立种子公司，实现种子生产专业化、加工机械化、质量标准化、品种布局区域化和以县为单位组织统一供种（简称“四化一供”），是加快农业生产发展的一项重要措施。

1979年11月30日，《人民日报》报道：我国培育的杂交水稻，1978年共种植6 500多万亩，比同样面积的一般水稻增产70亿斤②，占水稻总增产量的42%。

1980年9月10日—17日，农业部在河南省安阳市召开了北方地区耕作制度改革考察汇报会。这次汇报会是在经过了两个月的考察，做了充分准备工作之后召开的。考察的范围，包括长城以南、淮河以北、陇东宝鸡以东地区；约有耕地44 000多万亩，占全国耕地面积30%左右。代表们根据考察的情况，对这个地区耕作制度的发展和现状进行了讨论。大家认为，耕作制度改革总的趋势是向更合理、完善的方向发展，应该肯定，这些改革基本上是成功的，方向是正确的。

1980年10月15日，《人民日报》报道：发展迅速的农业增产新技术——塑料薄膜地面覆盖栽培，1980年已扩大到23个省、市、自治区的120多个市、县，试验、示范面积25 000亩，比1979年增长37倍。农业部已选定这项新技术为全国重点示范推广的农业科技项目。

---

① “亩”为非法定计量单位，1亩＝1/15公顷。——编者注

② “斤”为非法定计量单位，1斤＝0.5千克。——编者注

1980年10月30日，《人民日报》报道：我国土壤学家结合农业生产实际，对水稻土进行了大量研究，在水稻土的发生、分类及肥力演变规律、高产稳产水稻土的培育等方面取得了一大批成果，在中国科学院召开的国际水稻土讨论会上，我国科学家提交的97篇论文中，第一次集中地、大批地向外国学者公布了我国三十年来在水稻土领域所取得的研究成果，引起了到会的45个国家和国际组织的科学家们的重视。

1980年12月24日，新华社报道：中国种子协会成立，最近在天津召开了成立大会。

1981年1月11日，新华社报道：新疆维吾尔自治区巴音郭楞蒙古自治州29团场大面积试验水稻立体栽培获得成功，除人工管水外，其他生产环节一律不用手工劳动了。据进行试验的4 500亩水稻单收入仓计算，平均单产达522.5千克，比旱直播等常规作业单产提高38.78%，成本还有所下降。

1981年2月24日，《人民日报》发表题为《我国南方水稻良种联合区域试验协作结硕果》的报道。报道指出，我国南方水稻育种科学工作者，近年来在中国农业科学院的主持下组织区域试验，共同协作，已取得24个有稳定的高产特性和有广泛的适应能力、利用价值较大的早稻、中晚籼及中晚粳稻良种，为我国增加稻谷产量做出了贡献。

1981年5月6日，《人民日报》报道：由我国科技人员袁隆平、李必湖等首先育成的强优势杂交水稻，经过几年的试种和推广，已经产生了巨大的经济效果。从1976年到1980年，五年累计播种面积达25 000多万亩，增产粮食130亿～135亿千克，平均亩产一般比其他水稻良种增产50千克以上。杂交水稻是我国农业方面一项重大发明，它的研究和推广均在国际上领先。《人民日报》为此发表社论：《"杂交水稻"和"鲁棉一号"的成功说明了什么?》。

1981年8月6日，新华社报道：第二次全国蔬菜杂种优势利用经验交流会在哈尔滨召开。会议认为，我国杂交蔬菜的研究和推广工作已经取得了可喜进步，同1977年相比，全国研究杂交蔬菜的种类已由14种扩大到20种，杂交蔬菜面积已由18万亩扩大到50万亩以上。这些杂交蔬菜具有明显的丰产、优质、抗病等特性。

1981年8月16日，新华社报道：据有关部门调查的材料表明，1981年我国夏粮作物获得丰收。全国夏粮面积比1980年减少近2 000万亩的情况下，总产量仍达到1 200亿斤以上，比1980年增加60多亿斤。

1981年9月23日，粮食部宣布，我国早稻征购任务已经超额完成。截至9月20日，全国早稻征购入库已达189.56亿斤，完成计划的107.4%，比1980年同期入库量增加21.45亿斤。1981年早稻的单产和总产都超过历史最高水平。

1981年10月13日，新华社报道：能够抵抗枯萎病的优良棉种"86－1号"，已在全国推广播种220万亩。这是中国农业科学院植物保护研究所的科技人员与河南省新乡县的农民技术员共同培育成功的。

1981年10月15日，新华社报道：中国农业科学院油料作物研究所，在长江中下游部分地区指导推广了油菜高产栽培技术，使16个县的156.52万亩油菜1981年获得大幅度增产，总产量比1980年增长63.5%，平均亩产量比1980年提高21.3%。

1981年12月3日，《人民日报》报道：中国农业科学院棉花研究所培育成功早熟、丰产、优质、适宜麦（油）棉两熟连作的棉花新品种"中棉所10号"，1981年已推广了1.3万多亩，普遍反映效果很好。

1981年12月3日，中共中央、国务院、中央军委发出《关于恢复新疆生产建设兵团的决定》，指出：生产建设兵团屯垦戍边，发展农垦事业，对于发展自治区各民族的经济、文化建设，防御霸权主义侵略，保卫祖国边疆都有十分重要的意义。生产建设兵团在过去长期的建设边疆、保卫边疆的斗争中，做出了很大的成绩。

1982年1月5日，《人民日报》报道：我国杂交水稻1980年在高温高热的美国加利福尼亚大学南部试验站取得平均亩产1 474.6～1 566.3斤的产量，高于美国名叫Starbonhet的良种稻558.7斤的平均亩产。

1982年6月15日，新华社报道：冬小麦新品种"京花1号"通过评定即将推广。这个品种秆矮，粗壮，有韧性，在多风地区也不易倒伏；抗病性强；在中等水肥条件下，平均亩产700多斤。

1982年8月21日，《人民日报》报道：甘薯良种"徐薯18"，正在全国不少地方迅速推广，获得显著增产效果。1981年全国推广1 300万亩，增产鲜薯65亿斤，折粮13亿斤。

1982年10月17日，《光明日报》报道：江西农业大学农学系讲师和校办药厂工程师合作，育成杂交水稻良种"赣化2号"。作中稻栽培一般亩产1 000～1 200斤，最高亩产可达1 882.3斤。

1982年11月7日，《人民日报》报道，近几年农业有六项重大发明：籼型杂交水稻、橡胶树在北纬18°～24°大面积种植技术、“鲁棉1号”“徐薯18”、优良玉米自交系“330”、玉米自交系“原武02”。

1982年12月22日—28日，全国杂交水稻生产会议在成都召开，会议分析了近年来推广杂交水稻取得的成绩，讨论落实了“六五”期间发展杂交水稻的任务和措施。会议明确指出，根据推广杂交水稻技术性、政策性强的特点，要切实抓好以下几项工作：①认真搞好杂交水稻的种植区划。②大力抓好繁殖制种工作。③不断提高栽培技术水平。④认真抓好病虫防治工作。⑤进一步组织科研协作攻关。

1983年1月17日，《人民日报》报道：1982年我国杂交水稻种植面积比1981年扩大690多万亩，达8 400多万亩，总产量增加到640多亿斤，比1981年增产110亿斤，约占当年全国水稻增产总数的44%。

1983年1月24日，《人民日报》报道：中国农业科学院培育出的含赖氨酸比普通玉米高一倍以上的新型玉米杂交种，经在全国10多个省、市、自治区大面积试种，效果良好。

1983年2月13日，新华社报道：我国杂交棉花的研究工作取得重大进展，并开始在大田生产中推广应用。1982年，四川、山东、湖北、河南、河北、陕西等省种植的18万亩杂交棉花，普遍获得丰收，一般比当地常规品种增产20%～30%。

1983年3月26日—31日，农牧渔业部农垦局在山西省太原果树农场召开农垦系统苹果贮藏技术经验交流会，主要推广了山西省土窑洞加简易气调贮藏苹果的新技术。

1983年11月28日，《人民日报》报道：中国农业科学院作物育种栽培研究所育成“京红1号”春小麦单体系统。

1984年1月3日，《中国农民报》报道：1983年，全国推广杂交水稻、杂交玉米、杂交高粱面积达3亿亩，其中1亿亩杂交水稻普获丰收。地膜覆盖面积近1 000万亩，其中棉花面积650多万亩。一般每亩可增产30斤以上。

1984年1月15日，《人民日报》报道：我国培育成功的棉酚含量仅为0.016%、棉仁蛋白质含量高达43%～50%的无毒棉新品系，中无151、中无378、中无383、湘无48、豫无19等正在河南、河北、山东、湖南等省试种推广。随着这些新品种的推广，我国每年直接作肥料的4 000多万担棉仁粉可望转作饲料或食品原料。棉籽油也可不经加工就能食用。

1984年2月6日，《光明日报》报道：广东省农业科学院水稻研究所用花药培养方法培育成功的双季晚籼新品种花11，最近通过技术鉴定。这是我国首次用花药培养法培育成功并已在生产上得到应用的一个籼稻新品种。

1984年9月25日，《光明日报》报道：我国已掌握了农田施用稀土微肥的一整套规律。1983年施用稀土示范的农田面积达150万亩，小麦每亩增产30斤，水稻每亩增产40斤。

1984年11月19日，新华社报道：全国地、县两级建立植保公司755个，乡、村两级建立植保公司和植保专业队68 758个，还涌现出许多植保专业户，共承包防治农作物面积2.6亿多亩次。专业化防治在一般情况下比分户防治节省用工25%，减少用药量20%，节约费用40%～50%。

1984年12月10日，《内蒙古日报》报道：内蒙古赤峰市农业科学研究所农艺师胡洪凯及助手首次发现谷子显性雄性核不育基因，为利用谷子杂种优势，大幅度增加谷子单位面积产量提供了可能性。

1986年1月3日，《人民日报》报道：我国农业科学工作者成功培育适宜在北京和长江流域生长的淮薯三号、烟薯二号、浙薯一号和胜南4个甘薯新品种，其淀粉含量和淀粉亩产量都达到国际先进水平。现已在江苏、山东、河南、浙江、四川推广101万亩，比种植原有品种增加收入400多万元。

1986年5月5日，《人民日报》报道：1985我国杂交水稻种植面积为1.26亿亩，占全国水稻面积的1/4多，总产量接近全国水稻总产量的1/3。单产平均430千克，比常规稻高出近80千克。共增产稻谷290万吨，使农民增加收入6亿多元。

1986年7月22日，《人民日报》报道：东北农学院科研人员经过10多年努力，培育出大豆新品种——东农三十六号大豆。该品种成熟期只有80～90天，蛋白质含量平均达到45.54%，比世界各国推广的早熟大豆蛋白质含量高1.77%～4.93%。

1987年10月10日，《江西日报》报道：江西省萍乡市农业科研所发现水稻显性雄性核不育材料。全国19位专家对此成果进行了鉴定。这是我国杂交水稻研究又一重大突破，达到了国际先选水平。

1988年8月2日，《人民日报》报道：我国第一个在籼稻中发现并育成的光敏不育系，7月27日在湖南省怀化通过由省科委主持的技术鉴定。专家认为，该项成果为杂交水稻的生产由三系法转为两系法提供了新的优良种质资源，是杂交水稻发展史上一个新的阶段。

1988年12月13日，《人民日报》报道：运用生物技术进行籼稻与粳稻两个亚种间杂交，今年在全国经过多点小区试验表明，产量比三系法杂交水稻增加20%。

1989年3月13日，国务院总理李鹏发布中华人民共和国国务院令，《中华人民共和国种子管理条例》已经1989年1月20日国务院第三十二次常务会议通过，自1989年5月1日起施行。《条例》共九章四十六条，主要内容包括：种质资源管理、种子选育与审定、种子生产、种子经营、种子检验和检疫、种子贮备等。《条例》规定：国家鼓励从事农业、林业生产的单位和个人采用良种。对良种选育、生产、经营和推广给予优惠。使用国家投资或者由国家扶持造林的，应当依照规定使用种子。国家鼓励种子科学研究，推广先进技术，提高种子工作的科学技术水平。国务院农业、林业主管部门，分别主管全国农作物、林木种子工作。国务院发布《关于进一步做好农林特产农业税征收工作的通知》。提出全面征收农林特产税，扩大征税范围，将果用瓜和海水养殖产品收入列入征税范围，改进计税办法，农林特产税按照产品实际收入计算征税。对大宗农林特产收入实行统一税率。对农林特产税单独分配征收任务，列入地方预算。

1989年7月16日，新华社报道：一种被命名为“广优青”的杂交稻新组合已由广东省农业科学院培育成功，其特点是茎叶形态好，穗大粒多，容易制种，产量高。

1989年8月4日，《人民日报》报道：由中国农业科学院棉花研究所主持、有38个单位参加的国家重点科技攻关项目——棉花新品种选育，历经数年努力，现已育成31个优良品种（系）。

1989年10月5日，《人民日报》报道：我国农作物已基本实现良种化，到1988年全国累计育成农作物新品种3 000多个，其中2 500多个在大田生产上推广应用，应用面积在100万亩以上的有300多个。据最新统计，1989年我国农作物良种覆盖率达80%以上。

1989年11月13日，《人民日报》报道：我国耕地因缺乏微量元素而造成农作物低产的局面，将得到改变。全国已有15个厂家运用中国农业科学院的多元微肥配方开始了批量生产，1988年微肥使用面积已达9 500万亩。

1989年11月19日，《人民日报》报道：世界上第一个应用于生产的亚种间杂交稻优势组合——籼粳“亚优2号”，1989年在江苏省大面积试种，获得增产效果。它比目前广为种植的杂交水稻“汕优63”增产15%左右，小面积高产田块亩产可达750千克左右。

1992年3月2日，《光明日报》报道：我国北方推广水稻旱育稀植技术取得大面积成功，据统计，从1964年到1991年，我国“三北”地区累计推广这项技术约400万公顷，增产稻米70亿千克。

1992年7月17日，《科技日报》报道：中国马铃薯种薯生产研讨会召开。目前，我国已有25个省、自治区、直辖市生产推广马铃薯种薯，1991年全国脱毒种薯推广面积达49.1万公顷，占全国马铃薯种植面积的17.4%。

1993年1月25日，《光明日报》报道：水稻栽培计算机模拟优化决算系统研制成功。利用这一系统，可使水稻每公顷增产5%～10%。

1994年5月9日，《人民日报》报道：农业部决定，将种子体系建设、化肥深施技术、“一虫两病”（棉铃虫、畜病、虾病）防治和秸秆过腹还田4项技术作为今后一个时期农业技术推广工作的重点。全国水利经济工作会议在湖北丹江口市召开（12日结束）。

1994年6月15日，《人民日报》报道：从1976年起，全国累计推广杂交水稻面积1.6亿公顷，增产稻谷2 400亿千克；目前，全国每年推广杂交水稻面积在1 533.3万公顷以上，约占全国水稻面积的50%以上。

1994年6月27日，《人民日报》报道：在全国推广的水稻旱育稀植技术，1993年推广面积达13.3万公顷，平均每公顷增产10%以上，全年共增产稻谷27.6亿千克，价值20多亿元，节省种子、灌溉水等约折合15亿元。

1995年7月2日，《光明日报》报道：山东省小麦在去年总产203.5亿千克的基础上，今年可望增产5亿多千克，单产、总产均达该省历史最高水平；总产已连续3年突破200亿千克，连续4年居全国榜首。

1995年9月15日，《人民日报》报道：中共中央政治局常委、国务院副总理朱镕基在新疆考察时强调，新疆要充分发挥特有的棉花生产优势，建设中国最大的棉花生产基地。

1996年1月10日，《科技日报》报道：9日，国家科委、农业部、国家外国专家局联合在昆明市召开第三次全国水稻旱育稀植技术推广协调会。水稻旱育稀植技术在全国的推广面积已达5 924千公顷，平均每公顷增产60多千克，共增产稻谷近40亿千克。

1996 年 5 月 3 日，《人民日报》报道：被列为国家杂交水稻制种生产经营基地之一的湖南资兴市，创造了小面积公顷产量 7 386 千克的世界新纪录，大面积制种公顷产量 4 584 千克，高出全国水平 1 倍多。

1997 年 2 月 17 日，《农民日报》报道：由湖南省承担的国家财政部、农业部“丰收计划”——“水稻良种及高产高效综合配套技术”项目实施 2 年，取得显著成效。据统计部门测产验收，年均实施水稻播种面积 153.33 千公顷，平均每公顷产稻谷 6.50 吨，比项目实施前 3 年增产 0.77 吨，年均增产稻谷 12.3 万吨，增收节支 1.96 亿元。

1997 年 3 月 26 日，《农民日报》报道：“九五”国家重点科技攻关项目“国家水稻工程”经过 1 年实施，进展顺利，已初步选出一批优质食用稻、高蛋白饲料和抗旱、抗洪、抗寒水稻新品种。万亩超高产样板田两季平均亩产 1 172 千克，10 万亩超高产样板田两季平均亩产 1 053 千克，百万亩超高产样板田两季平均亩产 979 千克，分别比前 3 年平均增长 14%、10.9%和 7.3%。

1997 年 9 月 25 日，《农民日报》报道：我国推广大豆优质、高产品种合丰 25 已取得令人瞩目的成效。该品种在我国累计种植面积已达 10 000 千公顷，增产大豆 165 万吨，增加经济效益 20 亿元以上。

1997 年 10 月 27 日，《科技日报》报道：国家“863”计划重大关键技术项目和重大成果转化项目——两系法杂交水稻的推广取得重大突破。到 1996 年，已累计发展两系杂交水稻 366.67 千公顷，其育种、制种、繁殖及栽培的总体技术达到成熟阶段，一批两系杂交水稻组合开始大规模推广应用，并开始向产业化发展。

1998 年 1 月 23 日，新华社报道：袁隆平领导的国家水稻工程技术研究中心与美国中国商务集团（CDG）合资组建袁隆平杂交水稻种业有限公司技术合作项目。此项目总投资 1 000 万美元，预计年产值约 6 000 万人民币。

1998 年 2 月 25 日，《科技日报》报道：我国“九五”国家重中之重科技攻关项目“大豆大面积高产综合配套技术研究与开发示范”，经过 3 年努力取得阶段成果，800 千公顷面积平均大豆每公顷产量 2 502 千克，比非试验区提高 33.9%。

1998 年 7 月 15 日，《人民日报》报道：经卫星育种培育的太空西瓜——卫星 2 号在浙江平湖市大面积种植成功。

1998 年 9 月 18 日，《人民日报》报道：新疆塔什库尔干塔吉克自治县在海拔 3 400～3 600 米的帕米尔高原上种植的 133.3 公顷地膜小麦全面成熟并获高产，改写了我国小麦生长最高海拔 3 000～3 200 米的纪录。

1998 年 10 月 3 日，《科技日报》报道：我国两系法杂交稻育种又有新突破，由江苏省农科院负责选育的两系亚种间杂交中稻 65 002 新组合，平均每公顷产量可达 11 250 千克，是我国目前大面积种植水稻中产量最高的新品种。

1999 年 10 月 26 日，《农民日报》报道：23 日，农业部在福建厦门市召开全国种植业结构调整会议（25 日结束）。

2000 年 6 月 5 日，《人民日报》报道：绿色环保型肥料技术近日在山东烟台市取得突破，由山东烟台绿色肥料有限公司研制成功的农氏可乐系列产品含有植物生长所必需的氮、磷、钾、镁等元素及大量的氨基酸、糖类，不含任何激素，对作物无毒副作用。

2000 年 8 月 10 日，农业部印发《关于开展农业植物有害生物疫情普查的通知》，决定从 2000—2001 年底，在全国范围内开展农业植物有害生物疫情普查工作。

2000 年 8 月 16 日，《人民日报》报道：我国抗虫棉育种技术获新进展，由中国农业科学院棉花研究所选育的拥有我国自主知识产权的转基因抗虫杂交棉中棉所 38 综合农艺性状表现良好。能有效降低棉铃虫和红铃虫的发生，一般可减少农药用量的60%～80%，从而有效保护了害虫的天敌，使瓢虫大量增加，对棉花伏蚜具有明显的抑制作用。经检测，该品种的丰产性、抗病性、纤维品质等优于其他参试品种。

2000 年 8 月 18 日，《科技日报》报道：我国首次利用遗传基因技术解决杂交稻不育系包穗难题培育出的杂交水稻新品种——高秆隐性杂交稻长协优 63 获得高产，比普通杂交稻增产 5.7%。

2000 年 9 月 25 日，《人民日报》报道：24 日，全国种子会议在河北承德市召开。我国创建“种子工程”5 年来，种业的综合生产能力得到大幅度的增强，主要农作物生产用种基本更换一次，良种覆盖率达到 95%。有关测算表明，良种在农业增长中的贡献份额近 5 年间增长了 7 个百分点。5 年来，农业部投资兴建了 10 个国家农作物改良中心、27 个国家级原种场以及 215 个大中型种子加工中心、种子包装材料厂、种子加工机械厂等，种业的基础设施日趋完善。据统计，目前，全国种子部门拥有原种、良种生产基地1 933.3千公顷，拥有每小时1～3吨的种子机械化加工流水线770条。生产用种每更换一次的时间由原来的10年缩短到6年，商品种子的生产能力比5年前提高了160万吨。

2000年9月28日，《农民日报》报道：由沈阳农业大学、辽宁省农业厅及农业技术推广总站联合组织实施的国家农业科技跨越计划“中国超级粳稻育种及生产技术集成”北方项目区试种的20余公顷粳稻，平均每公顷产量达12 144千克，为我国水稻育种取得历史性突破做出重大贡献。

2000年11月6日，《农民日报》报道：3日，农业部在北京召开了全国超级稻研讨会。

2000年12月11日，《人民日报》报道：云南成为全国第一大鲜切花产销大省。目前云南省年鲜切花产销总量逾11亿枝，云南专门从事生产、经销花卉的企业近300家，种植面积达1 333多公顷。

2000年12月12日，《科技日报》报道：春型及过渡型秋冬播性小麦品种异地春播试验在内蒙古自治区获得成功。长期以来困扰该区中、东部地区小麦品质差、产量低、效益低的问题将得到解决。

2001年1月8日，《光明日报》报道：截至1999年底，全国花卉种植面积达12.24万公顷，销售额540多亿元，出口创汇2.6亿美元。花卉生产面积已居世界第一，占世界总生产面积的1/3以上。

2001年7月12日，《农民日报》报道：北京九采罗彩棉有限公司在世界上首次培育成功彩色长绒棉种子。

2002年5月30日，《经济日报》报道：新疆优质棉基地建设项目全面启动。项目总投资15.86亿元，项目区域涵盖天山南北10个产棉地州的38个优质棉基地县市，建成后将具有年产150万吨优质棉花的生产能力。

2004年1月16日，《人民日报》报道：中国大豆硅谷组织筹建签字仪式在京举行，由北京世纪四环投资有限公司、国家大豆工程技术研究中心、东北农业大学三方发起成立的该组织旨在推动中国大豆产业的标准化、规模化、国际化进程，探索我国大豆产业全面发展新路。

2004年4月1日，《人民日报》报道：入春以来，我国西南、西北及黄淮等部分麦区小麦条锈病相继发生，已在西南地区局部流行，西北呈大流行态势。同时，小麦纹枯病、白粉病、赤霉病及小麦蚜虫等病虫害也呈偏重发生态势。农业部发出紧急通知，要求各地加大对条锈病等小麦病虫害防治力度，真正把防治措施落实到位，为夺取夏粮丰收打好基础。

2004年8月1日，《人民日报》报道：我国优质小麦种植面积已达1.4亿亩，比1996年增加8.7倍，优质小麦品种发展到100个，其中20～30个在生产中大面积推广，实现了历史性跨越。

2004年9月6日，《光明日报》报道：农业部决定从2005年开始选择若干个超级稻主产省区启动超级稻示范推广计划。

2004年10月12日，《人民日报》报道：2004年我国推广种植超级稻4 800万亩，比2003年增加800万亩。1998年以来，长江流域稻区和东北稻区示范推广面积到2003年底已累计推广1.12亿亩，大面积亩产一般达到600千克，亩增产55～60千克，累计增产稻谷65亿千克左右。

2004年11月9日，《人民日报》报道：中国工程院院士袁隆平主持的超级杂交稻课题组，已提前一年实现了中国超级稻中稻研究目标，大面积亩产达到800千克已成现实。

2004年12月31日，《人民日报》报道：世界首例绿色糯玉米在山东登海种业股份有限公司西由种子公司培育并试种成功。这种糯质玉米，经过专家组现场考察验收，亩产干粒都在700～800千克，平均亩产760千克，比大田主栽玉米鲁单50增产20%。

2005年1月15日，《人民日报》报道：14日，国家食物与营养咨询委员会在北京启动国家“大豆行动计划”标志商标许可使用工作，目的是规范实施国家“大豆行动计划”，促进我国大豆产业健康快速发展。

2005年4月8日，《光明日报》报道：4月7日，农业部宣布正式启动超级稻发展的“6236”工程。力争到2010年底，用6年的时间，培育并形成20个超级稻主导品种，推广面积占全国水稻总面积的30%（约1.2亿亩），每亩平均增产60千克，达到我国水稻单产的第三次飞跃，全面带动我国水稻的生产水平。

2005年5月13日，《经济日报》报道：针对全国大部地区出现高温、高湿天气，对小麦生产构成威胁的情况，农业部发出紧急通知，要求抓好小麦重大病虫害防治工作。

2005年6月23日，《人民日报》报道：我国已发放176项转基因生物安全证书，转基因抗虫棉、耐贮藏番茄、改变花色的矮牵牛花、抗病毒甜椒和线辣椒已获得生产应用安全证书。转基因抗虫棉种植面积已从2001年的2 500万亩增加到2004年的5 550万亩，超过我国棉花种植面积的2/3，其中具有自主知识产权的转基因抗虫棉占60%左右。

2005年8月27日，《人民日报》报道：近20年来，我国平均每年营造人工沙棘林120万亩，全国沙棘林已达3 000万亩，占全球总面积的90%，成为世界沙棘种植大国。沙棘主要种植区农民靠采摘沙棘果、叶每年人均增加收入200元。

2005年9月5日，《科技日报》报道：由人民日报社市场报、中国企业文化促进会、中国质量与品牌杂志社、客登庸实业（上海）有限公司等单位联合主办的"首届中国食用菌产业发展战略高层研讨会"8月28日在北京召开。来自全国各地的行业专家、科研机构、企事业单位代表300多人参加了会议。

2005年9月13日，《人民日报》报道：到2004年，全国花卉种植面积达到63.6万公顷，花卉业产值达430.6亿元，出口创汇1.4亿美元，已经成为世界最大的花卉生产基地。

2005年10月22日，《农民日报》报道：山东登海种业股份有限公司新育成的超级玉米新品种"登海超试1号"（试验编号DH3719），实收产量1 402.86千克/亩，比李登海研究员1989年创造的世界夏玉米单产最高纪录1 096.29千克超出306.57千克，将世界夏玉米单产纪录提高了27.96%。专家组一致认为，这次重大突破，是我国玉米育种和栽培水平的一个新里程碑。

2006年5月3日，《人民日报》报道：2002年中国抗虫棉占领国内市场份额的35%，2003年上升到50%左右，2004年攀升到60%以上，2005年已经占据70%的份额。抗虫棉的种植有效地控制了棉铃虫的暴发危害，农药用量减少60%～80%，每年节约化学农药用量2 000万～3 000万千克，农药中毒事件降低了70%～80%；国产转基因抗虫棉每亩还可增产皮棉7千克，增收节支约120元。

2006年5月20日，《人民日报》报道：30余年来中国农业科学院蔬菜花卉研究所相继育成不同类型甘蓝新品种15个，累计推广面积约1亿亩。

2006年9月8日，《科技日报》报道：我国超级稻再次刷新世界高产新纪录，新品种"协优107"亩产获1 287千克。

2006年9月19日，《人民日报》报道："中国超级稻研究计划"实施十年来，我国科学家成功培育出一批具有自主知识产权的超级稻新品种，实现了百亩连片单产800千克/亩，开始在生产上发挥大面积的增产作用。据不完全统计，1999—2005年，我国累计推广种植超级稻新品种约2亿亩，覆盖了长江流域稻区、华南稻区和东北稻区，累计增产稻谷120亿千克，为提高我国粮食综合生产能力做出了巨大贡献。

2006年12月24日，《人民日报》报道：2006年，以中国农业科学院棉花研究所为主培育成功的国产转基因抗虫棉种植面积已超过总面积的75%。河北、山东、河南等棉花主产省的国产生物技术棉花种植率已达到100%，棉花单产达到80千克/亩，棉花总产量达650万吨，创历史新高。

2006年12月29日，《农民日报》报道："国家转基因植物研究与产业化"取得丰硕成果，为农民增收和农业增效做出了重大贡献。仅转基因抗虫棉就培育出具有国际竞争力并通过商品化生产审批的转基因棉花新品种55个，累计推广1亿多亩，带来直接经济效益150亿元。

2007年6月13日，《科技日报》报道：吃起来口感好，看起来颜色白，测出来含"锌"高的优质、高产小麦新品种"中麦175"和"北京0045"，在"863"计划和科技支撑计划的支持下，由中国农业科学院作物科学研究所的国家小麦改良中心首次培育成功。经农业部谷物品质检测中心品质测试，"中麦175"和"北京0045"面粉颜色好，面条品质优良，口感、色泽和弹性均优于人们公认的雪花粉。连续两年测试，两者的"锌"含量每千克皆超过40毫克，高于一般品种20%～30%，具有营养保健功能。

2008年10月13日，《农民日报》报道：由我国自主培育的超级杂交糯稻品种日前在云南宾川创下亩产1 111.02千克的世界纪录。这是我国采用核辐射诱变培育糯稻品种的先进技术取得的又一成果。

2009年10月29日，《人民日报》报道：2009年全国超级稻示范推广9 100万亩，占水稻总面积的21.2%，比原计划增加600万亩，亩增产57.6千克，亩节本增效133元，实现年初确定的"双增一百"（即每亩增产100斤、节本增效100元）的目标，为保障国家粮食安全提供重要支撑。

2010年1月20日，《科技日报》报道：我国已推广超级稻新品种71个，其中超级杂交稻占64.8%。截至2009年，超级稻累计推广种植面积已超过3 500万公顷，按每公顷增稻谷0.9吨算，已累计增产稻谷3 000万吨，创造经济效益超过700亿元。

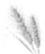

2010年6月25日，《人民日报》报道：截至6月23日，全国夏收小麦已收获3.08亿亩，占应收面积的90.4%。从各地田间测产和实打实收情况看，夏粮丰收已成定局。据农业部农情调度，2010年夏粮总产将超过 2 460 亿斤，接近上年水平。其中，冬小麦产量 2 170 亿斤以上，比上年略增。

2011 年 9 月 13 日，《科技日报》报道：我国在栽培纬度最高限禁区试种水稻成功，黑龙江省首次在高纬高寒的黑河市爱辉区试种水稻，长势良好，丰收在望。

2011 年 9 月 22 日，《人民日报》报道：2010 年我国茶叶种植面积 197 万公顷，居世界第一位；茶叶产量 147.5 万吨，居世界第一位；茶叶农业产值 530 亿元，居世界第一位；茶叶出口 30.24 万吨，居世界第二位，出口金额 7.84 亿美元，居世界第二位；与此同时，国内茶叶市场发展迅猛，110 万吨的茶叶内销总量，也居世界第一。

2013 年 7 月 11 日，《光明日报》报道：我国在超级稻研究与推广上再求新突破，2013 年将新培育超级稻品种 6～8 个，推广超级稻 8 666.7 千公顷。

2013 年 9 月 11 日，《经济日报》报道：农业部农作物新品种选育与推广工作会明确提出，争取 5 年内完成一次品种更新换代，主要农作物品种产量水平在现有基础上提高 5%以上，品质显著改善，稳产性、适应性、抗逆性、安全性明显提高，适宜机械化品种比例较大幅度增加。

2013 年 9 月 30 日，《科技日报》报道：27 日，"东北春小麦复种饲料油菜技术集成与示范"项目总结现场会在黑龙江国家级现代农业示范区召开。该项目构建的高寒复种技术体系，突破了我国高寒地区复种技术极限和轮作模式，改写了黑龙江北部原有的一年一熟的种植历史，实现了两年三熟，建立了"小麦—油菜—大豆—小麦"新的科学轮作体系，调整优化了种植结构，提高了资源利用率，可为农业大省黑龙江发展畜牧业提供新的高质量饲料来源。

2015 年 2 月 3 日，《人民日报》报道：国务院办公厅印发了《关于加快木本油料产业发展的意见》。《意见》部署加快木本油料产业发展，大力增加健康优质食用植物油供给，切实维护国家粮油安全，提出到 2020 年，建成 800 个油茶、核桃、油用牡丹等木本油料重点县，木本油料树种种植面积从现有的 1.2 亿亩发展到 2 亿亩。

2016 年 11 月 20 日，《科技日报》报道：11 月 19 日，在广东省梅州兴宁市龙田镇环陂村，"华南双季超级稻年亩产 3 000 斤全程机械化绿色高效模式攻关"项目测产验收组测产后宣布：该项目年亩产量达到 1 537.78 千克，项目实验获得成功，并创造了水稻亩产量新的世界纪录。

2017 年 12 月 18 日，《农民日报》报道：截至 2016 年底，我国棉花耕种收综合机械化率达 69.8%，其中机播率 84.6%、机采率 22.8%，比 2012 年分别提高了 10.2 个、21.9 个、14.6 个百分点。预计 2017 年棉花耕种收综合机械化率达到 73%，机采率达 28%。

2018 年 4 月 24 日，《农民日报》报道：海南南繁基地从上千份海水稻材料中，挑选出 176 份优良耐盐碱性水稻品种，2018 年将首次在全国大范围试种。我国有约 15 亿亩盐碱地分布在大江南北，气候带、光照条件都不尽相同，2018 年将首次在全国五个主要类型的盐碱地上同时进行千亩片的试验示范，就是为了在不同的地质条件下，检验这 176 份海水稻材料的最终产量和品质。全国 15 亿亩盐碱地当中，大概有 2 亿～3 亿亩有改良成农田的潜力，这 2 亿～3 亿亩土地大约分布在五种类型盐碱地，其中包括新疆的干旱半干旱地区，也包括东北的苏打冻土盐碱地，也包括黄河三角洲地区。除了 2018 年试种的 176 种海水稻材料，在海南南繁育种基地，工作人员也在不断尝试通过杂交的方式，将优良基因进行重新组合，培育更多的海水稻材料，为今后提供更多的试验品种。

二、林　业

1950 年 2 月 28 日—3 月 9 日，林垦部在北京召开第一次全国林业会议。会议确定林业工作的方针和任务是：普遍护林，重点造林，合理采伐和合理利用。并确定筹备开发大兴安岭林区。

1950 年 5 月 16 日，政务院发布《关于全国林业工作指示》。

1951 年 2 月 26 日，中国林学会在北京成立。

1951 年 4 月 21 日，政务院发布《关于适当地处理林权明确管理保护责任的指示》。

1951 年 11 月 5 日，中央人民政府第四次会议决议，林垦部改为林业部。原林垦部的垦务工作移交农业部主管。

1952 年 2 月 16 日，林业部发出《关于 1952 年春季造林工作的指示》，重申了谁种归谁政策和民办公助的方针。并要求积极推动合作造林和封山育林。

1952 年 11 月 20 日，政务院财政经济委员会发布《关于自 1953 年度起全国统一试行木材规格、木材检尺法、木材材积表》的命令。

1952 年 11 月 22 日—28 日，全国林业会议在京召开。会议总结了三年来林业建设的成就，讨论了1953年林业工作的方针、任务等问题。

1952年12月31日，政务院财政经济委员会决定由林业部统一领导全国国营木材生产和木材管理工作。

1953年8月27日，政务院财经委员会批准林业部建立中国木材公司。

1954年3月31日，林业部发布《育林基金管理办法》。

1954年8月10日，林业部发出《关于配合收购粮棉等农产品作好农村木材供应的指示》。要求各地木材公司大力开展农村业务，及时供应农民所需木材。

1954年10月25日—11月8日，第一次全国林业建设会议在北京举行。会议对过去的工作进行了检查总结，确定了1954年的中心工作。

1954年10月，华南垦殖总局从林业部划归农业部领导。

1955年3月24日—4月24日，林业部召开国有林森工局长会议。会议明确了森工部门的基本任务：既要保证发展国民经济需要木材的供应，又要为森林更新、森林扩大再生产创造良好条件。

1955年5月23日—6月7日，林业部召开私有林区森工局长会议。会议着重检查和研究了对木材收购计划进行适当控制的问题。确定从1956年1月起，私有林区森林工业改行商业制度。

1955年10月22日—1月10日，林业部召开第六届全国林业会议。会议根据中共中央《关于农业合作化问题的决议》，检查了林业工作，并确定以护林、经营和管理好现有森林；加强造林，提高造林质量作为1956年两大任务。

1955年12月22日，新华社报道：今年全国造林面积共达1 213 500多公顷，超过了1954年造林总面积的4.4%。

1956年4月1日，截至本日的初步统计，湖南、湖北、广西、浙江、江西、贵州、广东、福建、四川、安徽、山东、陕西、江苏、河南、河北等15个省、自治区，已经完成春季造林217万多公顷，连同全国在1953—1955年所完成的造林面积，共为610多万公顷，超过了第一个五年计划规定的造林面积2%以上。

1956年6月19日，梁希部长在第一届全国人民代表大会第三次会议上作《争取做到全国山青水秀风调雨顺》的发言。他指出：截至6月12日，全国造林419万公顷，加上1953—1955年造林面积398万公顷，已提前超额完成了第一个五年计划。在全国重点林区，建立基层森林经营机构352处，管理国有林1 250多万公顷。

1957年9月5日—12日，林业部、森工部联合召开国有林区林业厅长和森工管理局长座谈会，会议研究了林业和森工体制问题，并以两部党组名义向中央提出了《关于我国林业与森工体制的意见》。

1958年1月3日，《人民日报》报道：第一个五年计划期间林业建设成绩巨大，全国共造林15 480万亩，等于中国从1911—1946年35年期间造林总面积的33倍。

1962年6月16日—7月5日，在北京召开华东、中南、西南三大区及所属各省、市、自治区林业工作会议。会议在中共中央批转的中央办公厅林业调查组的《调查报告》的基础上，进一步分析讨论了南方各省、自治区几年来森林遭到严重破坏的情况，以及造成的原因，提出了制止破坏、扭转局面、发展林业的具体措施。会议还要求各省林业厅建立国营林场管理机构，掌握全省国营林场的计划和财务，同时直接管理大型林场。

1965年10月8日，新华社报道：我国最大的农田防护林带——东北地区西部防护林带，经过当地农民15年的努力已经营造300万亩，使近2 000万亩耕地和几十万亩草原受到保护。

1978年4月24日，国家林业总局成立。

1978年12月23日，国家林业总局印发关于《林木种子经营管理试行办法》和《林木种子发展规划》的通知（林造字28号）。

《林木种子经营管理试行办法》提出：种子经营管理工作的任务是建立相应的经营管理种子的专业机构，抓好种子生产基地建设，尽快实现种子生产专业化，早日实现种子质量标准化，健全良种繁育推广体系，加速造林良种化进程，赶超世界先进水平。选择种性优良、种源丰富的县、局作为当前重点采种区，装备种子采集、加工、保管设施，做好母树的保护和抚育，加强种子的采收和调运管理。建立和健全生产管理责任制度。坚持以选为主，选种、育种、引种和繁殖良种相结合，以达到收效大、见效快的目的。为保证和提高种子质量，杜绝种子的损失浪费和病虫害的传播，要积极开展种子检验工作。依靠经济手段的管理，努力提高组织和管理种子生产的水平。根据实际情况，建立林木种子公司，属事业单位，进行企业管理。

1978年12月28日，国家林业总局颁发关于《国有林抚育间伐、低产林改造技术试行规程》的通知（［78］林经字59号）。

《规程》提出，以营林为基础，采育结合，造管并举，综合利用，全面规划，因林制宜，抚育为主，抚育、改造、利用相结合。抚育间伐、低产林改造的主要目的是：调整林分组成，提高森林质量和单位面积产量，改善林分卫生状况，增强和发挥森林多种效能。逐步改善林区交通条件，实现机械化。

1978 年 12 月 25 日—31 日，国家林业总局在河南省信阳市召开南方用材林基地建设座谈会。会议明确，今后应把宜林荒山面积大的山区、半山区作为建设商品用材林基地的重点；丘陵区一般以发展木本油料为主，同时积极营造用材林。造林树种一般以杉木为主，同时因地制宜发展其他用材树种。

1979 年 2 月 6 日，国家林业总局、国家建委、铁道部、交通部、水电部联合发出《关于大力开展植树造林绿化祖国的通知》。

《通知》指出：植树造林，绿化祖国，是全党、全国人民的伟大事业。搞好铁路、公路、河渠堤坊两侧、水库周围和城镇造林绿化是铁路、交通、水利、城建、园林部门的重要职责。《通知》要求搞好植树造林规划，加快绿化步伐；办好苗圃，搞好育苗；认真贯彻“谁种谁有”的政策；发动本部门职工和组织有关社队群众植树造林建立健全护林制度和相应的造林绿化机构；加强林木管护，严格遵守采伐规定。

1979 年 2 月 23 日，《人民日报》报道：我国飞机播种造林取得显著成效。全国已有 22 个省（自治区）、89 个地区、458 个县采用飞机播种造林，播种面积达 1.6 亿多亩。

1979 年 3 月 2 日—5 日，共青团中央、林业部在延安市联合召开全国青年造林大会。大会向全国青少年倡议争当“绿化祖国的突击手”。

1979 年 8 月 20 日—29 日，林业部、国家物价总局发出《关于调整木材收购和出厂价格的通知》，将南方 10 省、自治区木材价格适当提高。平均计算，收购价格由 29.4 元/米^3 提高为 38.4 元/米^3；而出厂价格由 66.9 元/米^3 提高为 80.4 元/米^3。

1979 年 12 月 28 日至 1980 年 1 月 15 日，林业部在北京召开南方九省（自治区）林业工作座谈会，提出：调整林业经济结构，正确处理农林牧的相互关系，真正建立起农林牧相结合的大农业；重点林区县和林区社队要落实“以林为主，全面发展”的生产方针；林业内部要调整好森工和营林的关系，改变重采轻造的错误做法，改变目前单一经营的片面做法，把整个林业经济搞活。

1980 年 3 月 5 日，中共中央、国务院发布《关于大力开展植树造林的指示》。《指示》包括六个方面的内容：一、在实现四个现代化的历史进程中，大规模地开展植树造林，加速绿化祖国，是摆在我们面前的一项重大战略任务。二、实行大地园林化，把森林覆盖率提高到 30%，是全国人民一项建设社会主义、造福子孙后代的长期奋斗目标。第一步是，到 20 世纪末，要力争使全国森林覆盖率达到 20%。三、要坚持贯彻社队集体造林为主，积极发展国营造林，并鼓励社员个人植树的方针，国家、集体、个人都来兴办林业。四、办好社队林场，实行群众造林和专业队管理结合，加强经营管理，积极巩固和发展造林成果。五、实行科学造林、育林，切实加强技术指导，纠正植树造林只求数量，不顾质量的偏向。六、各级党委和人民政府，都要把林业建设列入自己的议事日程，认真加强领导，主要领导同志要亲自抓。

1980 年 5 月 4 日，国务院批转《“三北”防护林建设领导小组会议纪要》。会议认为，“三北”防护林体系建设第一期工程规划，反映了这一地区广大人民群众的根本利益和愿望，一定要确保实现。今明两年的主要任务是，切实保护好现有森林植被，努力提高造林质量，完成造林计划，从根本上解决造得多、活得少、成林更少的问题。1980 年和 1981 年两年，造林保存面积要确保 1 000 万亩，育苗 300 万亩，生产合格苗木 150 亿株。今年要全部完成县（旗）的规划设计和审批工作，并抓好今明两年的施工设计，将造林任务落实到山头地块。

1980 年 8 月 4 日，国务院批转国家农委《关于东北商品粮基地建设座谈会纪要》。国家农委于 1980 年 6 月 23 日到 7 月 2 日，在北京召开了东北商品粮基地建设座谈会。会议根据中央在东北发挥优势，大力发展农业机械化，加快建设以粮豆为主的商品粮基地的决定，提出了到 1985 年要达到的有关农业方面的各项经济指标。其中包括从 1981 年到 1985 年，黑龙江和吉林省五年累计给中央粮豆具体指标将上调。1985 年以后，两省每年上调给中央粮豆，也作了具体安排。同时，还提供油料、糖料、亚麻、药材等产品。人民公社用于购买农业机械的资金，三省自筹一部分，其他由国家扶持。

1980 年 9 月 20 日—30 日，林业部召开了第四次平原绿化会议。总结交流了三年来平原绿化工作的成绩、经验和问题。会议指出：经过三年的努力，已经在 1 亿亩的耕地上营造了农田林网，在 1 500 万亩耕地上实行了农桐间作，共植树 32 亿株，加上原来的基础，农田林网化面积已达 19 200 万亩，农桐间作 2 900 万亩，总共植树 72 亿株。

1980 年 12 月 1 日，最高人民检察院、林业部、司法部、公安部发出《关于在重点林区建立与健全林业公安、检察、法院组织机构的通知》。《通知》要求：在大面积国有林区的146个国营林业局、木材水运局所在地，已经建立的林业公安局，原则上不作变动，并要进一步充实和加强，同时要建立林区检察院和森林法院。未建立林业公安局的，要把林业公安、检察、法院三机关同时建立起来。在林管局所在地或在国有森林集中连片地区，可根据实际需要建立与健全林业公安处、林区检察院分院和森林中级法院。在自然保护区和上述林区重点国营林场、水运处、森铁处，可根据实际需要，建立林业公安派出所。

1980年12月17日，《人民日报》报道：全国第一次林业经济理论讨论会最近在南宁市召开。这次会议紧紧围绕森林生态经济、林业管理体制和结构、林业所有制以及如何实现中国式的林业现代化等问题，进行了热烈的讨论。

1981年2月16日—3月7日，国务院在北京召开了全国林业会议。会议研究解决了6个问题。①要求各级党委和人民政府，尽快做出部署，组织力量做好稳定山林权工作，落实林业生产责任制，以保护森林，调动群众造林育林积极性。②提高木材价格。从1981年起南方材提价20%，北方材提价10%。③林区木材及半成品由林业部门统一经营管理。④为了加强国家对林业的经济扶持，议定建立国家林业基金制度。⑤国营林场在抚育期间，收入不上交，以林养林，解决当前国营林场投资不足问题。⑥对东北、内蒙古林区知识青年的安置问题，也从各方面作了明确规定。

1981年3月8日，中共中央、国务院发布《关于保护森林 发展林业若干问题的决定》。为了迅速扭转林业面临的严重局面，坚决制止乱砍滥伐，切实保护现有森林，严格控制采伐，降低资源消耗，进一步落实林业政策，充分调动各方面的积极性，大力开展造林育林，使林业建设逐步走上健康发展的轨道。《决定》提出：要稳定山权林权，落实林业生产责任制。国家所有、集体所有的山林树木，或个人所有的林木和使用的林地，以及其他部门、单位的林木，凡是权属清楚的，都应予以承认。要根据群众的需要，划给社员自留山（或荒沙荒滩），由社员植树种草，长期使用。社员在房前屋后、自留山和生产队指定的其他地方种植的树木，永远归社员个人所有，允许继承。对木材实行集中统一管理，有计划有步骤地调整集体林区和国有林区的木材价格，建立国家林业基金制度，适当提高集体林区和国有林区（黑龙江、吉林、内蒙古林区除外）育林基金和更改资金的征收标准，扩大育林基金征收范围，抓紧林区的恢复和建设，大力造林育林，发展林业科学技术和教育。

1981年3月10日，林业部与国家城建总局联合发出《关于开展爱护树木花草文明教育活动的通知》，同时公布了《爱护树木花草公约》。

1981年5月13日，林业部印发《林木选择育种技术要领》。它规定了林木选择育种的技术原则和要求，对我国高质量建设良种基地有现实指导作用。

1981年6月30日，林业部向国务院写了关于稳定山权、林权落实林业生产责任制的情况简报。国务院办公厅于7月11日转发了这个简报。转发通知中指出，稳定山林权，落实林业生产责任制是党的农村经济政策的重要组成部分，是保护森林发展林业的一项根本措施，同时也是关系到山区、林区安定团结的一 件大事，要求各省凡行动迟缓的地方都要迅速赶上来。

1981年7月21日，国务院办公厅转发《林业部关于稳定山权林权　落实林业生产责任制情况简报》。要求各地务必加强领导，做出具体部署，建立领导小组，组织工作队伍，抓紧进行。

1981年9月22日—25日，共青团中央、林业部在北京召开全国青少年绿化祖国突击手（队）表彰大会。会议总结交流了经验，表彰了100个绿化祖国突击队、50名绿化祖国突击手，宣传贯彻了中共中央、国务院《关于保护森林发展林业若干问题的决定》，进一步动员全国各族青少年为植树造林、绿化祖国发挥突击作用。

1981年9月25日，林业部制订并颁发《关于加强东北、内蒙古林区林业企业营林工作若干问题的规定》。这个规定的实施将对迅速扭转林业企业采育失调、切实保护好现有森林资源、严格控制采伐、降低消耗、及时更新采伐迹地、扩大荒山造林、积极进行成林抚育等方面起促进作用。

1981年9月26日，林业部发出《关于进行造林检查工作的通知》。要求积极解决人力、经费等方面的问题，普遍开展和完善造林检查验收工作，努力做到上报面积符合实际面积，并逐年提高造林质量。

1981年11月3日—20日，林业部在福建省厦门市召开全国林业财务处长会议。会上集中讨论、制定和修改了《森工企业成本核算办法》《森工企业会计核算办法》《国营林场财务管理办法》《国营林场成本核算规程》《国营林场会计核算办法》《森工企业固定资产更新改造资金管理办法》《国家林业基金条例》《育林基金管理办法》等八个文件。

1981年11月26日，林业部、财政部联合发出通知，规定从1982年1月1日起适当提高我国南方各省育林基金、更改资金的提取标准。即国有林区和集体林区育林基金和更改资金的提取标准，在现行提取标准的基础上增加5元。

1981年12月13日，第五届全国人民代表大会第四次会议通过了《关于开展全民义务植树运动的决议》。规定凡条件具备的地方，年满11岁的中华人民共和国公民，除老弱病残者外，因地制宜，每人每年义务植树3～5棵，或者完成相应劳动量的育苗、管护和其他绿化任务。五届人大四次会议责成国务院根据决议精神，制定关于开展全民义务植树运动的实施办法并公布施行。

1982年1月2日，林业部在北京召开全国林业厅（局）长座谈会，传达中央书记处关于开展全民义务植树运动的指示精神，并就如何贯彻第五届全国人民代表大会第四次会议通过的《关于开展全民义务植树运动的决议》进行了深入讨论，并研究了为国务院代拟的《关于开展全民义务植树运动的实施办法》草案，安排了1982年全民义务植树的工作。

1982年1月23日，林业部发出《关于大力加强全民义务植树运动宣传动员工作的通知》，要求各地立即展开以全民义务植树运动为主要内容的绿化祖国宣传教育活动。

林业部发出《关于做好护林防火工作的紧急通知》。要求各省林区采取有效措施，防止森林火灾。

1982年7月22日—29日，全国森林资源清查和管理工作会议在北京举行，会议总结了1982年资源清查工作，决定在全国建立森林资源调查与森林资源管理体系，实行分级调查，分级管理，提出今后资源清查管理工作的具体安排意见。

1982年8月31日—9月9日，林业部在北京召开全国飞机播种造林工作会议。总结交流了二十多年来飞机播种造林经验，讨论和修改了《飞机播种造林技术规程（试行）》，落实了1983年飞机播种造林任务。

1982年10月18日—25日，林业部在北京召开全国林业企业整顿工作会议。会上研究了抓紧企业整顿，开创林业建设新局面等问题，同时讨论了全国林业企业整顿规划。

1983年2月23日，国务院批准建立中国林业对外工程公司。

1983年3月5日，林业部下达林业第六个五年计划。计划中提出："六五"期间要继续建设"三北"地区防护林体系；到1985年，全国造林29 000万亩，把保存率提高到60%以上；年产木材5 500万立方米；采伐迹地更新造林3 910万亩；认真执行国家木材政策，严格控制森林采伐量；大力发展人造板生产，继续搞好木材综合利用。

1983年7月3日，《中国农民报》报道：据全国27个省、市、自治区的不完全统计，有1 387个县已基本完成林业"三定"工作，占这些地区县总数的60.2%；74.2%的生产队基本完成这项工作。林业"三定"工作的开展，进一步划清了国家、集体、个人的山林树木权属，普遍颁发山林权证书。5 000多万农户划了自留山（包括荒沙荒摊）2.5亿亩，户均5亩左右。

1983年10月19日，林业部向国务院报送《关于全国森林资源"五五"清查成果的报告》。《报告》中说，全国林地面积为11 524万多公顷，较"四五"清查时减少9 921万公顷；森林覆盖率为12%，较"四五"清查时降低0.7%，活立木蓄积为102.59亿立方米，较"四五"清查时增加4.3%，但森林质量下降，残次林相增加，可采资源减少，主要产材省、区资源消耗过量。

1985年3月3日，林业部批准林业部调查规划院改名为林业部调查规划设计院。

1985年3月16日，《人民日报》报道：到1984年底，"三北"防护林第一期工程已完成造林任务的90%。

1985年4月6日，林业部决定，将南方森林植物检疫所与北方森林植物检疫所合并，所址设在沈阳市。

1985年8月21日，《人民日报》报道：全国第一个草地资源保护地——内蒙古锡林郭勒草原自然保护区最近在锡林郭勒盟东部的白音希勒牧场建成。总面积为10 786平方千米。

1985年9月16日，《人民日报》以《国有林分户承包经营取得好效果》为题，报道了黑龙江省桃山林业局大胆探索经营体制改革新路的情况。

1985年10月24日，《农民日报》报道：全国8个水土保持重点地区治理工作迈开第一步，初步治理水土流失面积8 000多平方千米，造林种草1 000多万亩。

1985年12月7日，《人民日报》报道：我国"三北"防护林体系第一期工程，奋战近八年，已于1985年超额完成任务，营造的各种防护林保存面积达9 080万亩，超过计划100多万亩。现在，"三北"万里风沙线上和黄土高原水土流失区，已有1.2亿亩农田得到林网保护，半数左右的缺柴农户烧柴困难得到缓解；三分之一的县农业生产开始向良性循环转化。据有关专家估算，一期工程现在一年产生的效益，价值达20多亿元。

1986年1月24日，联合国粮农组织总干事萨乌马致函林业部长杨钟，通知接受中华人民共和国为亚洲和太平洋区域林业委员会正式成员。

1986年10月19日，《人民日报》报道：据全国林产工业工作会议消息，“六五”期间，全国人造板总产量达630万立方米，比“五五”期间增长1倍；松香、栲胶、紫胶等主要化工产品比“五五”期间也有较大发展，总产量分别达到161万吨、18万吨和7 000吨。

1988年1月14日—25日，林业部科技委组织有关司局领导和专家共11人，对海南省进行了全面考察，提出了海南省林业以保护热带森林资源为重点，尽快建成三个体系一个基地的战略设想。

1988年3月5日，新华社报道：华北、中原两个地区的422个县（市），已有156个达到林业部颁发的平原绿化标准，林木覆盖率由中华人民共和国成立初期的2%提高到10.7%。

1988年5月8日，新华社报道：江西省发现一棵四季开红花的樱木，树高8.7米，胸围1.43米，已生长300多年，经中国林业科学院专家鉴定，属目前世界尚未发现的新树种，是我国植物王国中的“国宝”。

1988年5月31日，新华社报道：据不完全统计，我国“三北”防护林体系二期工程今春又新造林800万亩，“四旁”植树2亿株，义务植树1.5万株，完成了年度计划的80%。至此，二期工程已累计造林3 000余万亩。

《人民日报》报道：1987年，安徽全省实际采伐林木214.4万立方米，比1986年减少近100立方米，成为继广东省之后，我国第二个实现森林消长平衡的省区。

1988年11月23日，《人民日报》报道：我国“三北”防护林体系工程建设取得巨大成就。据林业部统计，近10年累计营造各种人工林1.37亿亩，封山育林3 357万亩，零星植树30亿株，使“三北”地区的森林植被增加到4.25亿亩。

1988年12月3日，《人民日报》报道：山东省目前全省林木蓄积量5 200立方米，森林覆盖率由1978年的8.8%提高到16.2%。已成为全国第一个近10年森林资源翻番的省份。

1989年7月17日，国务院批复同意林业部核发黑龙江省森工总局、大兴安岭林业公司、吉林省林业厅、内蒙古大兴安岭林业管理局四个单位所属各国营林业局的林权证。

1989年9月15日，《人民日报》报道：据统计，40年来全国人工造林除了近年来新造的幼材外，已经郁闭成林的面积达4.6亿亩，居世界第一位。

1989年9月24日—28日，林业部在长沙市召开全国平原绿化工作会议。据统计，截至1988年底，全国918个平原、半平原、部分平原县，已建农田林网的农田面积达4亿亩，占平原耕地面积的53.7%，占宜建林网耕地面积的70%，其中近三年新增农田林网1.8亿亩；农林间作面积已发展到59.57万亩，占适宜间作农田面积的67.5%，其中近三年新增农林间作面积1 080万亩；成片造林1.94亿亩；其中近三年营造成片林1.09亿亩。全国已有296个县（市、区）达到平原绿化标准，有15个地（市）实现了全面达标。

1989年9月25日，《人民日报》报道：我国乡村林场建设取得巨大成就。到1988年底，全国已有乡村林场11万多个，从业人员78万人，经营面积1.7亿亩，其中有林地面积1.3亿亩，占全国农村集体林面积的16%。

1989年12月4日，林业部“三北”防护林建设工作会议在北京召开。“三北”防护林工程从1978年开始到1989年，建设范围已达到514个县（旗），共完成人工造林1.37亿亩、封山（沙）育林3 357万亩、飞机播种造林360万亩、零星植树30亿株、至今“三北”地区共有森林4.25亿亩，林木覆被率已由原来的5.05%增加到7.09%。会议还讨论制订了《关于“三北”防护林建设经济政策的若干意见》《计划管理办法》《资金管理办法》《技术管理办法》和《“三北”防护林建设检查评比奖励办法》五个有关意见和办法。

1990年2月13日，林业部新成立4个事业单位，即林业工作站管理总站、林业部林业基金管理总站、林业部世界银行贷款项目管理中心、林业部林木种苗管理总站。

1990年7月18日，林业部、国家计委联合发出《关于加强林产工业建设项目管理的通知》。要求今后凡以木、竹资源为原料的林产工业基建项目，必须纳入本地区林产工业发展规划，由林产部门牵头实行行业管理，统一规划。

1990年8月3日，林业部印发《关于加强乡村林场建设若干问题的通知》。《通知》要求：一、稳定山林权属，巩固现有林场。二、因势利导，积极推进乡村林场的发展。三、正确处理分配关系，充分调动各方面办场的积极性。四、增加对乡村林场的投入，加快乡村林场建设。五、加强中幼林抚育，巩固现有造林成果。六、深化改革，不断提高乡村林场的经营管理水平。七、积极开展多种经营，努力搞活林场经济。八、依靠技术进步，努力提高乡村林场林业生产力水平。九、加强领导，把乡村林场建设提高到一个新水平。

1990 年 9 月 1 日，国务院批复《1989—2000 年全国造林绿化规划纲要》，并对实施规划纲要提出 4 点要求：一、要认真落实《规划纲要》的各项要求，加快造林绿化步伐，全面完成各项造林任务，充分发挥林业的经济效益、生态效益和社会效益。二、植树造林、绿化祖国是一项关系国民经济发展和人民长远利益的伟大事业，必须依靠全党、全民和社会的共同努力才能实现。要切实加强领导，坚持不懈，真抓实干，充分动员和组织群众，实行全社会办林业、全民搞绿化。认真实行各级领导干部任期绿化目标现任制，层层签订绿化责任状和落实领导干部亲自办造林绿化点等一些行之有效的制度。三、要与有关部门密切配合，采取有力措施，从政策上、资金上对造林绿化给予必要的扶持，多渠道、多层次筹集资金，及时帮助解决存在的问题，促进造林绿化事业的不断发展。四、要认真执行造林成果检查验收制度、规划执行通报制度和检查评比奖惩等制度，加快造林进度，保证造林质量，把造林绿化工作扎扎实实地推向深入，真正取得实效，使造林绿化工作逐步走向制度化、规范化和科学化。

1990 年 10 月 29 日，国家物价局、林业部决定从 1990 年 10 月 10 日起，适当提高东北、内蒙古国有林区统配木材价格，同时建立林价制度。

1991 年 3 月 12 日—13 日，全国绿化委员会在北京召开全国植树造林表彰动员大会。会上宣布：中共中央、国务院授予广东省“全国荒山造林绿化第一省”称号。国家森林防火总指挥部、林业部授予吉林省“森林防火先进省”称号。全国绿化委员会、林业部授予福建省“林业建设先进省”称号；授予湖南省、安徽省“造林绿化先进省”称号；授予山西省、河南省“平原绿化先进省”称号；授予北京市“平原绿化、城市造林绿化先进市”称号；授予辽宁省“三北防护林建设、城市造林绿化先进省”称号；授予内蒙古自治区“三北防护林建设先进自治区”称号；授予山东省“城市造林绿化先进省”称号；授予北京军区“造林绿化先进军区”称号。会上还宣布：授予北京市东城区等 524 个单位为全国造林绿化先进单位；授予赵桂琴等 271 名同志为全国造林绿化劳动模范。

1991 年 5 月 17 日，国家“七五”重点科技攻关项目用材林基地立地分类、评价及适地适树的研究，通过林业部组织的专家鉴定。

1991 年 7 月 29 日—8 月 2 日，国务院在兰州市召开了全国治沙工作会议。会议总结交流了我国 40 多年来治沙工作的经验教训，讨论了今后十年的治沙工程规划，部署安排了治沙任务。今后十年，治沙工程规划的总任务是，在切实保护好现有植被的基础上，共治理（包括开发）面积 6.7 万平方千米。其中，治沙造林 133.3 万公顷，封沙育林育草 266.7 万公顷，飞机播种造林种草 66.7 万公顷，治沙造田及改造低产田 40 万公顷，人工种草及改良草场 133.3 万公顷，发展各种经济植物 13.3 万公顷，开发利用水面 13.3 万公顷。会议还表彰了在治沙工作中做出优异成绩和突出贡献的先进单位和劳动模范。全国绿化委员会、林业部授予吉林省、甘肃省全国治沙先进省称号，全国绿化委员会、林业部、人事部授予陕西榆林地区等 33 个单位全国治沙先进单位称号，授予朱震达等 28 位同志全国治沙劳动模范称号。

1991 年 8 月 29 日，国务院办公厅转发全国绿化委员会、林业部《关于治沙工作若干政策措施的意见》。《意见》提出：一、治沙工作由沙区各级人民政府负责。二、全国绿化委员会、林业部和地方各级绿化委员会、林业部门主管治沙和沙区资源的开发利用工作。水利、农业、牧业、土地、环保、矿产、能源、铁道、交通、科技等有关部门要密切配合，通力合作，并负责做好本行业的治沙工作。三、沙区各级人民政府要根据全国治沙工程规划制定本地区的防沙治沙规划，并纳入国民经济和社会发展规划，积极组织各行业和广大人民群众实施。四、治沙工作要贯彻“统一规划、分工负责，因地制宜、综合治理，防治并重、治用结合，突出重点、讲求效益”的方针，有计划、有步骤、有重点地进行。五、沙区地方各级人民政府对适宜封沙育林、育草的沙漠戈壁、沙漠化土地，要划定范围，实行封育。六、在沙区从事采矿、石油开发、筑路及其他工程建设的部门和单位，要把防沙治沙作为环境评估的重要内容。七、防沙治沙资金实行多渠道筹集，以群众投工投劳为主、国家扶持为辅。八、全国治沙工程列为国家计划的重点建设项目，按年度安排基建拨款，按项目进行管理。九、国家每年发放治沙贴息贷款。十、国家每年安排一定的治沙事业费。十一、国家对治沙和合理开发利用沙区资源，在税收等方面给予优惠照顾。十二、新占用、征用经保护或治理的沙地，应按《中华人民共和国土地法》的有关规定向土地管理部门提出申请，在审批前，要征求同级林业主管部门的意见；用地单位应按规定缴纳土地占用补偿费，此项费用专项用于治沙。具体办法和补偿标准，由省、自治区、直辖市人民政府制定。十三、防沙、治沙所需的化肥、农药、汽油、柴油、农膜、木材、水泥、钢材等主要生产资料，视同重点工程项目所需物资，优先纳入国家物资供应计划。十四、治理沙漠及开发利用沙区资源的科技研究项目，应纳入科技项目计划，经有关领导机关批准后拨给专项经费。十五、各级人民政府对治沙工作成绩显著的单位和个人给予表彰奖励；对于因滥垦、滥牧、滥采、滥挖而破坏林草植被等沙区资源的单位和个人，由治沙主管部门责令其限期治理，并按有关规定追究责任和给予处罚。

1991 年 10 月 11 日，国务院办公厅转发农业部《关于农村改革试验区工作几个问题的请示》。《请示》提出：一、原中央农村政策研究室、国务院农村发展研究中心撤销后，农村改革试验区工作的指导和协调职能划归农业部。二、各地试验工作不应受中央有关机构变动的影响。三、农村改革试验区工作涉及许多方面的政策和体制问题，需要进行跨部门的政策、业务协调。今后，部门之间的协调工作主要由农业部负责，国务院各有关部门要积极支持和配合。四、农村改革试验区工作要以《国民经济和社会发展十年规划和第八个五年计划纲要》提出的改革原则和任务为依据，继续承担为深化农村改革探路的任务。五、农村改革试验区工作已从初创布局阶段转入稳步推进阶段，其中有些项目已完成阶段性试验，同时根据农村改革与发展的需要，要增设一些新的试验内容。试验区布局和试验项目的调整必须严格报批程序，已经确定的试验方案和试验项目不应随意变动。

1991 年 10 月 28 日，国务院发出《国务院关于加强农业社会化服务体系建设的通知》要求：一、明确农业社会化服务体系建设的方向和原则，农民接受服务实行自愿的原则，服务体系的发展实行量力而行的原则，基本实行有偿服务的原则。二、大力发展集体经济，不断壮大乡、村服务实力。三、充分发挥专业经济技术部门的职能作用。四、积极支持农民自办、联办服务组织。五、建立服务体系建设的资金保证制度。六、在工商管理和税收方面实行扶持政策。七、把支持技术服务和完善生产资料专营结合起来。八、加强农业社会化服务体系建设的领导和协调。各级政府要把农业社会化服务体系建设摆到农村工作的重要位置上，坚持不懈地抓下去。力争在“八五”期间，把以乡镇为重点的农业社会化服务体系，在全国农村多数地区逐步建立起来，开展有成效的生产服务。在大中城市郊区和经济较发达地区，“八五”期间要以县为单位，在县、乡、村三级建立起服务功能比较齐备的农业社会化服务体系，逐步开展全程化、系列化服务，使受益农户基本普及。

1991 年 10 月 28 日，《国务院关于进一步搞活农产品流通的通知》《通知》要求，进一步完善农产品放管结合的购销政策。遵循计划经济与市场调节相结合的原则，国家对农产品流通问题的总的要求是：随着农村商品经济的发展，适当缩小指令性计划管理，完善指导性计划管理，更多地发挥市场机制的作用。粮食，在保证完成国家定购任务的前提下，长年放开经营。棉花，继续由供销合作社统一收购，统一经营。烟草，蚕茧，以及麝香、甘草、杜仲、厚朴四种中药材，继续由国家指定的部门统一经营。食油（油料）、食糖（糖料）、生猪、绵羊毛、黄红麻等产品的购销实行指导性计划，通过规定指导性价格，建立和完善购销合同制，引导生产和流通。有条件的地方，生猪可以完全放开经营，其决策权归省、自治区、直辖市政府。其他农产品，各地根据不同情况，逐步实行市场调节，放开价格，多渠道、多环节自由购销，同时加强宏观指导和管理。《通知》还要求，打破地区封锁，撤掉滥设的关卡，保证货畅其流。继续发挥供销合作社和国营商业在农产品流通中的主渠道作用。鼓励集体和个人进入流通领域，发展多渠道经营。其中粮、油等关系国计民生产品的批发经营必须经过批准。积极发展产销一体化经营组织。逐步建立和完善以批发市场为中心的农产品市场体系。加强农产品流通基础设施建设。要在统筹安排、全面规划的基础上，大力发展和合理调整农产品加工业。切实安排好农产品收购资金。

1992 年 1 月 6 日—9 日，全国林业厅局长会议在北京召开。会上指出：全国森林资源清查和消耗量调查表明，我国已实现全国森林资源总生长量和总消耗量持平，消灭了森林资源“赤字”，扭转了长期以来森林蓄积量持续下降的局面。

1992 年 3 月 8 日，《人民日报》报道：一道绿色长城正在我国海岸线筑起，1991 年国家首次投入海防林专项资金 1 000 万元，沿海各省、市积极筹措建成资金 3 亿元，共完成造林 40 多万公顷，绿色海岸线 2 000 多千米。

1993 年 1 月 5 日，《人民日报》报道：1992 年我国林业建设以增资源、增活力、增效益为重点，全国造林合格面积达 454.4 万公顷，造林合格率由过去的 65.6%提高到 82.6%。

1993 年 2 月 23 日，《人民日报》报道：我国“三北”防护林体系建设工程到 1992 年已完成人工造林 1 340 万公顷，封山封沙育林、飞播造林 1 266.7 万公顷，零星植树 30 亿株。森林覆盖率由原来的 5.05%提高到 9.1%。

1993 年 2 月 25 日，《人民日报》报道：我国沿海防护林体系建设工程自 1988 年以来，已建成 1.3 万千米海岸线基干林带，有林面积达到 666.7 万多公顷。

1993 年 3 月 1 日，《人民日报》报道：福建省四年来，完成造林合格面积 124.8 万公顷，封山育林面积 33.5 万公顷，合计 158.3 万公顷，成为我国继广东省之后又一个基本消灭荒山的省份。

1993 年 3 月 1 日，《农民日报》报道：据林业部统计，在我国 918 个平原县中已有 603 个达到平原绿化标准，3 200 万公顷平原耕地实现了林网化。

1993 年 3 月 12 日，《人民日报》报道：据 1988—1992 年全国森林资源清查，全国森林面积达到 13 093.3 万公顷，活立木蓄积量达 109 亿立方米，森林覆盖率上升到 13.63%，林业总产值达到 1 265 亿元。

1993 年 3 月 12 日，《农民日报》报道：据统计，我国飞播造林自 1992 年列入国家计划以来，有效面积达 1 000 万公顷，为过去 25 年飞播造林面积总和的 115%。

1993 年 12 月 15 日，《人民日报》报道：我国森林面积蓄积实现双增长，据第四次全国森林资源清查，我国现有林业用地 2.6 亿公顷，森林面积 1.4 亿公顷，森林覆盖达 13.92%，活立木总蓄积量 117.85 亿立方米，森林蓄积量 101.37 亿立方米。

1994 年 1 月 17 日，《人民日报》报道：我国速生丰产林已发展到近 33.3 万公顷；经济林面积累计达到 1 333.3 万公顷，占森林资源比重的 12.1%。

1994 年 2 月 24 日，全国绿化委员会、林业部印发《关于在全国开展争创造林绿化千佳村、百佳乡、百佳县、十佳城市活动的实施方案》。

1994 年 4 月 14 日，《人民日报》报道：林业部颁发了《消灭宜林荒山荒地主要指标及其要求》。为加强对消灭宜林荒山荒地工作的宏观指导，加快造林绿化步伐，林业部日前颁发了《消灭宜林荒山荒地主要指标及其要求》。指标规定，消灭宜林荒山荒地的省，其宜林荒山荒地的剩余率不超过 10%，并将全国分为三个不同类型，其中一类灭荒地区包括上海、江苏、浙江、安徽、福建、江西、湖北、湖南、广东、广西、海南 11 个省（市、区），要求 10 亩以上的宜林荒山荒地之和不超过宜林荒山荒地总面积的 1%。

1994 年 5 月 16 日，国务院办公厅发出《关于加强森林资源保护管理工作的通知》。为进一步强化森林资源保护管理，经国务院同意，特发此通知。各地要高度重视林业的重要地位，加强对林业工作的领导，促进林业持续、快速、健康发展。严格执行森林采伐限额和木材凭证运输制度，坚决扭转林木资源过量消耗的局面。

1994 年 6 月 7 日，世界银行执行董事会批准中国“森林资源发展和保护项目”，项目总投资 3.6 亿美元，其中世界银行贷款 2 亿美元。

1994 年 10 月 26 日，《科技日报》报道：三北防护林体系二期工程提前超额完成规划任务，9 年造林 1 333.3 万公顷，使三北地区森林覆盖率接近 11.4%。

1995 年 3 月 25 日，《科技日报》报道：3 月 24 日，林业部经济发展研究中心在北京成立。该研究中心将围绕林业发展的战略目标，对有关林业经济发展的重大问题进行超前研究，重点研究现代林业的基本框架与指标体系、山区和沙区林业综合治理开发政策、建立现代林业企业制度，为林业产业发展做好服务工作。

1995 年 3 月 30 日，《科技日报》报道：29 日，中共中央政治局委员、书记处书记、国务院副总理姜春云在全国森林防火工作电话会议上强调，各级政府的领导要把森林防火工作作为林区工作的头等大事，切实抓紧、抓细、抓好。

1996 年 6 月 27 日，《科技日报》报道：林业部向“水土保持实验室”等 29 个部级重点实验室授牌，这是林业部命名的首批部级重点实验室。

1995 年 7 月 14 日，《人民日报》报道：全国生物防火林带工程建设现场会在福建省三明市召开。我国森林面积累计达到 1.34 亿公顷，森林覆盖率上升到 13.92%，其中人工造林保存面积为 3 300 多万公顷，居世界首位。

1995 年 9 月 15 日，《人民日报》报道：林业部提出，从 1996 年开始实施的“森林能源工作”将用 20 年时间在我国严重缺柴地区营造薪炭林 1.8 亿亩，从根本上解决我国农村生产生活用柴严重不足问题。

1995 年 10 月 13 日，《科技日报》报道：10 月 12 日，全国林业科技大会在北京召开，中共中央政治局委员、国务院副总理姜春云到会并指出，实现今后 5 年、15 年国民经济和社会发展的宏伟目标，林业必须有一个大的发展；加快发展林业的关键在于科技进步。

1995年10月25日，《光明日报》报道：林业部于10月21日—24日在河南鹤壁组织召开太行山绿化工程建设经验交流会，该工程自1993年全面启动以来，已造林1 780万亩，造林质量逐年提高，“两高一优”林业基地建设也有较大发展。

1995年12月10日，《经济日报》报道：我国经济林面积已达2.4亿亩，经济林产品产量达3 300多万吨，其中干果产量达140万吨，居世界第一位，经济林产值已突破500亿元。

1995年12月30日，《科技日报》报道：12月22日，林业部部长徐有芳在广州召开的全国林业厅局长会议上宣布：从1996年起我国对林业经营管理体制进行重大改革，逐步将林业区分为公益林和商品林两大类进行分类经营管理。

1995年12月20日，《经济日报》报道：到“八五”期末，我国森林面积增加了800多万公顷，森林蓄积增加3.1亿立方米，全国森林面积和森林蓄积量分别达到1.34亿公顷、101亿立方米，“八五”森林资源增长目标已经实现。

1996年1月8日，林业部在北京召开“三北”防护林体系二期工程总结表彰暨三期工程动员大会（9日结束）。为期10年的“三北”防护林二期工程全面完成规划任务，造林11 267千公顷，完成规划任务的139.7%。

1996年3月12日，中共中央政治局常委、国务院总理李鹏为全民义务植树运动15周年题词：“大力植树造林，改善生态环境，促进经济发展”。

1996年4月6日，江泽民、李鹏、李瑞环、朱镕基、刘华清、胡锦涛等中央领导同志到北京朝阳公园参加首都全民义务植树。

1996年9月13日，林业部发出《关于国有林场深化改革加快发展若干问题的决定》。为适应建立社会主义市场经济体制的要求，贯彻落实《林业经济体制改革总体纲要》，尽快建立比较完备的林业生态体系和比较发达的林业产业体系，作此决定。要明确国有林场工作的指导思想，科学划分国有林场类型，实行分类经营，转换经营机制，强化内部管理，提高经营水平。各省、自治区、直辖市要按照分类指导、分类经营的原则，积极探索与不同类型国有林场特点相适应的内部经营机制和管理制度。各级林业主管部门要按照宏观管好、微观放开的要求，转变职能，改善管理，落实国有林场经营自主权，为国有林场转换经营机制创造良好的环境条件，各省（自治区、直辖市）林业（农林）厅（局）根据本《决定》的有关精神，结合各自的具体情况，要研究制定具体的措施和办法，努力把国有林场事业推向持续、快速、健康发展的新阶段，等等，共三十三条规定。

1996年10月7日，《人民日报》报道：6日，全国飞播造林40周年纪念大会在北京举行。已在26个省、自治区的931个县市完成飞播作业面积0.25亿公顷，成效面积达8 677千公顷，飞播造林使我国森林覆盖率提高了0.9个百分点。

1996年10月14日，林业部发布实施《林木林地权属争议处理办法》。处理林权争议，应当尊重历史和现实情况，遵循有利于安定团结，有利于保护、培育和合理利用森林资源，有利于群众的生产生活的原则。林权争议由各级人民政府依法做出处理决定。林业部、地方各级人民政府林业行政主管部门或者人民政府设立的林权争议处理机构按照管理权限分别负责办理林权争议处理的具体工作。《办法》共五章二十八条。

1996年7月2日，我国林业系统第一家上市股份公司——常林股份有限公司成立。

1997年9月30日，《农民日报》报道：29日，为隆重纪念全民义务植树运动15周年，全国绿化委员会、林业部在北京西山林场绿色文化碑林举行了“造林绿化功臣碑”奠基仪式。全国900多名为我国造林绿化事业做出杰出贡献者的名字被镌刻于功臣碑上。

1998年1月13日，经中央机构编制委员会办公室批准，林业部设立防治荒漠化管理中心。“中心”为林业部直属的行使行政管理职能的事业单位。

1998年2月18日，林业部印发《林业部森林病虫害工程治理管理暂行办法》。

1998年3月19日，《光明日报》报道：17年来，全国共有54.86亿人参加了义务植树，共植树280亿株。现在全国已有12个省、自治区基本消灭宜林荒山，全国森林覆盖率从80年代的12%提高到13.92%，城市绿化覆盖率由1981年的15.4%提高到现在的24.43%。

1998年4月4日，党和国家领导人江泽民、李鹏、李瑞环、胡锦涛、李岚清等到北京玉渊潭公园参加首都全民义务植树活动，并对绿化工作作了重要指示。江泽民指出，植树造林，绿化祖国，保护环境，要领导带头，人人动手，坚持不懈才能见效。

1999年4月22日，国家林业局发布《中华人民共和国林业植物新品种保护名录》（第一批）。

1999年4月23日，我国正式加入《国际植物新品种保护公约》，并成为国际植物新品种保护联盟（UPGOV）成员国。

1999年4月23日，国家林业局受理北京林业大学递交的三倍体毛白杨新品种权申请。这是国家林业局受理的第一份植物新品种权申请。经审查，国家林业局授予北京林业大学三毛杨1号等6个三倍体毛白杨植物新品种权。

1998年5月13日—19日，国家林业局副局长李昌鉴率中国林业代表团赴泰国曼谷参加亚太乡村林业培训中心成立大会，并代表中国政府在成立章程上签字。

1998年5月14日，世界银行对总投资5.26亿美元的“国家造林项目”进行竣工验收，30日验收结束。世界银行经过对该项目执行情况以及经济、环境、社会效益的全面评估后，认为项目的执行是十分成功的，并给予“十分优良”的总评价。这一评价为世界银行评级划分的最高级别。

1998年5月20日，国家林业局发出《关于认真贯彻江总书记重要指示，切实做好森林防火工作的通知》。要求各地从政治高度和维护改革发展稳定的大局出发，充分认识森林防火工作的极端重要性，警钟长鸣，常抓不懈，切实搞好森林火灾的预防工作，把江泽民总书记的指示精神落到实处。

1998年8月18日，朱镕基总理主持召开国务院总理办公会议，提出了我国根治水患的32字综合治理措施：“封山育林，退耕还林，退田还湖，平垸泄洪，以工代赈，移民建镇，加固堤坝，疏浚河道。”朱镕基总理强调，要把林业生态建设放在首位，全面停止长江、黄河流域天然林采伐，实施天然林资源保护。

1998年8月31日，中共中央政治局常委、国务院总理朱镕基在东北洪涝灾区考察灾后重建工作时，在哈尔滨郊区会见了我国林业系统的老劳模马永顺。朱镕基指出，要下最大的决心，封山植树，退耕还林，恢复植被，保护生态。他号召学习马永顺生命不息、造林不止的精神，大搞植树造林，绿化祖国，为我们的子孙后代留下一个青山绿水的锦绣河山。

1998年11月3日，朱镕基总理主持召开国务院第24次总理办公会议，同意调整武警森林部队领导管理体制，实行武警总部和国家林业局双重领导体制，由武警总部对森林部队的军事、政治、后勤工作实施统一领导，国家林业局负责部队业务工作。成立武警森林指挥部，武警森林部队的森林防火业务工作实行中央和地方双重领导。

1999年2月5日，国务院、中央军委印发《国务院、中央军委关于调整武警黄金、森林、水电、交通部队领导管理体制及有关问题的通知》，明确森警部队实行新的领导管理体制，改称武警森林部队，接受武警总部和国家林业局的双重领导。

1999年6月7日，《人民日报》报道：四川、云南、贵州、广西、重庆及成都市的党政领导决定，在今后10年中投资1 200亿元在长江、珠江中上游联手建设超过65 780千公顷的林业生态工程。

1999年6月15日，由国家林业局组织的“新世纪保卫绿色行动——全国百家新闻单位联合行动”启动仪式在北京举行。

1999年7月6日，国家林业局在北京召开林业“十五”规划编制部署会议，对林业第十个五年计划和2015年远景规划编制工作进行了安排。

1999年7月15日，《中蒙两国政府关于边境地区森林草原防火联防协定》在蒙古国乌兰巴托签署。协定指定中华人民共和国国家林业局和蒙古国民防局分别为各自边境地区森林草原防火工作的主管部门，双方主管部门可就边境地区防扑火专业队培训、保障设备、交流经验等进行会晤。协定自签字之日起生效，有效期为5年。

1999年7月22日，《农民日报》报道：21日，国家林业局在郑州市召开全国森林病虫害防治工作会议（22日结束）。会议要求采取超常规的过硬措施，迅速遏制森林病虫害严重发生的势头。

1999年9月15日—16日，国家林业局在北京召开全国林业技术创新工作会议。

1999年9月17日—18日，国家林业局在北京召开长江上游及黄河上中游天然林保护工程省级规划方案编制工作会议。

1999年10月3日，国务院总理朱镕基在中央民族工作会议上指出：切实抓好天然林保护工程与生态环境建设，这是中央从我国现代化建设全局和实施可持续发展战略出发作出的一项重大战略决策，也是实施西部大开发，加快民族地区发展的重大步骤。

1999年11月15日—26日，联合国防治荒漠化公约第三届缔约方大会在巴西召开。以国家林业局副局长李育才为团长的中国代表团出席了大会，并发布了中国1999年国家履约报告。

1999年12月15日—16日，由中国国家开发银行、国家林业局和世界银行联合举办的林业发展与融资国际研讨会在北京召开。

1999年7月27日，由全国政协人口资源环境委员会、全国绿化委员会、国家广播电视总局、国家林业局、中国绿化基金会五家单位联合发起的“跨世纪保卫绿色行动——关注森林”系列宣传活动在北京宣布启动。

2000年2月2日，国家林业局发布《中华人民共和国植物新品种保护名录（林业部分）》（第二批）。

2000年2月29日，《科技日报》报道：我国承担的植物国际登录第一本年报——《梅品种国际登录1999年报》正式出版发行。标志着我国在梅领域的研究开发进入国际领先地位。

2000年3月9日，国家林业局、国家发展计划委员会、财政部印发《关于开展2000年长江上游、黄河上中游地区退耕还林还草试点示范工作的通知》，确定在长江上游的云南、四川、贵州、重庆、湖北和黄河上中游的陕西、甘肃、青海、宁夏、内蒙古、山西、河南、新疆等13个省、自治区、直辖市的174个县（团、场），开展退耕还林还草试点示范工作。

2000年3月23日，国家林业局在海口市召开“国家造林项目”竣工总结大会。“国家造林项目”从1988年着手准备，1990年向世界银行贷款3亿美元，加上国内配套资金共投入人民币37亿元，在全国16个省、自治区的300多个县市实施，历时10年，于1997年全面竣工。承担项目的省、自治区共完成高标准速生丰产林超过1 300千公顷，成为全国6 666.67千公顷速生丰产林规划的骨干工程。

2000年3月29日，《农民日报》报道：国家发展计划委员会、国家粮食储备局、国家林业局、财政部、农业部、中国农业发展银行联合出台了退耕还林还草粮食供应的暂行办法。

2000年4月29日，《农民日报》报道：28日，国家林业局发布了《长江上游黄河上中游地区2000年退耕还林还草试点示范科技支撑实施方案》（林计发〔2000〕111号），已确定2000年退耕还林（草）试点示范县174个。《方案》提出：实现科学规划，科学施工，科学管理，做到适地适树适草；初步建立起我国重大生态工程管理网络化系统；大力推广先进适用的科技成果，使科技成果推广应用率从30%提高到50%以上，科技进步贡献率由目前的27.3%提高到50%以上；工程建设按国家标准或行业标准的施工率达到95%以上；提高工程建设的良种使用率，由目前的不足20%提高到30%以上，造林保存率超过85%，全面提高工程建设质量。

2000年6月13日，国家林业局公布第五次全国森林资源清查结果：林业用地面积263 295千公顷，森林面积为158 941千公顷，森林覆盖率达到16.55%，活立木蓄积量124.9亿立方米，森林蓄积量112.7亿立方米。森林面积位居世界第五位，森林蓄积量位居世界第七位。

2000年7月27日，《人民日报》报道：26日，国务院西部地区开发领导小组在北京召开中西部地区退耕还林还草试点工作座谈会，总的看，试点工作进展顺利，取得了阶段性成果。上半年共完成退耕还林还草面积244.67千公顷，宜林荒山荒地造林种草面积309.33千公顷，都完成计划任务的70%以上。

2000年10月9日，《人民日报》报道：8日，“中日绿化合作纪念林”营造仪式在北京举行，这标志着两国政府共同开展的民间植树绿化合作正式启动。中日双方已确定绿化合作项目23个。

2001年10月19日，《经济日报》报道：11月18日，2001年湖南张家界国际森林保护节开幕，张家界地质公园也同时举行揭牌仪式。

2000年11月3日，中华人民共和国政府和俄罗斯联邦政府在北京正式签订《关于共同开发森林资源合作的协定》。

2001年2月8日，《农民日报》报道：国家出入境检验检疫局、海关总署、国家林业局、农业部、外经贸部联合发布公告要求，我国将进一步严格原木检疫措施，防止林木有害生物随进口原木传入。

2001年9月24日，《光明日报》报道：9月23日，由中国林学会、珠海市人民政府主办的为期5天的中国首届林业科技博览会在珠海市举行。

2001年12月5日，《农民日报》报道：国家启动了森林生态效益补助资金试点工作，辽宁等11个省区被列入先行试点省区。

2002年12月26日，《人民日报》报道：12月14日，国务院总理朱镕基签署第367号国务院令，公布《退耕还林条例》，自2003年1月20日起施行。《条例》指出，退耕还林应当遵循下列原则：①统筹规划、分步实施、突出重点、注重实效；②政策引导和农民自愿退耕相结合，谁退耕、谁造林、谁经营、谁受益；③遵循自然规律，因地制宜，宜林则林，宜草则草，综合治理；④建设与保护并重，防止边治理边破坏；⑤逐步改善退耕还林者的生活条件。下列耕地应当纳入退耕还林规划，并根据生态建设需要和国家财力有计划地实施退耕还林：①水土流失严重的；②沙化、盐碱化、石漠化严重的；③生态地位重要、粮食产量低而不稳的。江河源头及其两侧、湖库周围的陡坡耕地以及水土流失和风沙危害严重等生态地位重要区域的耕地，应当在退耕还林规划中优先安排。

2002年1月11日，《人民日报》报道：1月10日，国务院西部开发办召开退耕还林工作电视电话会议，2002年我国将全面启动退耕还林工程，

2002年计划新增退耕还林面积3 400万亩，宜林荒山荒地造林面积3 993万亩。

2002年1月28日，《人民日报》报道：据悉，2001年全国完成人工造林438万公顷，飞播造林91万公顷，封山育林606万公顷；林业产业增加值达到930亿元。

2002年1月31日，《人民日报》报道：国家林业局发布了第二次全国荒漠化、沙化土地监测结果：我国土地荒漠化、沙化呈局部好转、整体恶化之势，截至1999年，我国有荒漠化土地267.4万平方千米，占国土总面积的27.9%。1995—1999年净增荒漠化土地5.20万平方千米，全国沙化土地总面积到1999年为174.31万平方千米，占国土总面积的18.2%，5年沙化土地净增17 180平方千米。

2002年5月15日，《人民日报》报道：六大林业重点工程建设从试点和启动以来，天然林保护工程区9 266万公顷森林得到有效保护（占全国森林总面积的60%），新增森林面积633万公顷，净增蓄积量1.86亿立方米。我国实施的六大林业重点工程是：天然林保护工程、退耕还林工程、“三北”和长江中下游地区等重点防护林建设工程、京津风沙源治理工程、野生动植物保护和自然保护区建设工程、重点地区速生丰产用材林基地建设工程，总投资几千亿元。这六大工程规划范围覆盖了全国97%以上的县，规划造林任务达7 600万公顷，工程范围之广、规模之大、投资之巨，为历史罕见。

2002年5月21日，《人民日报》报道：到5月上旬，我国已经累计完成退耕还林面积3 500多万亩。退耕还林工程不仅有效改善了西部地区的生态环境，而且对于农业结构调整和农民增收起到了积极的作用。

2002年5月22日，《人民日报》报道：截至2001年底，我国已建立森林、草原、湿地等各种类型和不同级别的自然保护区1 551个（不包括港澳台），面积12 989万公顷，陆地保护区的面积约占陆地国土面积的12.9%。

2002年5月30日，《人民日报》报道：退耕还林科技示范项目启动两年来进展顺利。截至目前，各示范点共建设示范区47个，总面积达14万多亩；推广成熟的林业科技58项，辐射面积近30万亩；创造出51种综合治理与经营模式。

2002年5月31日，《人民日报》报道：三北防护林四期工程已全面启动，建设范围包括三北地区13个省、自治区、直辖市的590个县（旗、市、区），总面积405.39万平方千米，占国土总面积的42.2%。

2002年6月17日，《人民日报》报道：6月17日，全国绿化委员会、中宣部、人事部和国家林业局在京联合召开大会，隆重表彰为我国防沙治沙事业作出突出贡献的先进典型和模范人物。陕西省定边县海子梁乡四大壕村农民石光银荣获“全国治沙英雄”称号。

2002年7月24日，《人民日报》报道：7月23日，国务院召开全国“菜篮子”工作会议，中共中央政治局委员、书记处书记、国务院副总理温家宝在会议上强调，新阶段“菜篮子”工作的任务是：以保障“菜篮子”产品长期稳定供给为目标，以提高“菜篮子”产品质量卫生安全水平为核心，加快实现由比较注重数量，向更加注重质量、保证卫生和安全转变，真正让城乡居民吃上“放心菜”“放心肉”；逐步实现由阶段性供求平衡，向建立长期稳定供给机制转变，让城乡居民长期吃上“放心菜”“放心肉”，促进农业增效、农民增收。

2002年8月2日，《人民日报》报道：8月1日，总投资规模达718亿元的重点地区丰产用材林基地建设工程启动。这标志着中国历史上规模最大、范围最广、时间最长的速生丰产林基地建设工程正式拉开帷幕，也标志着经国务院批准的新时期六大林业重点工程全面驶入快车道。

2002年9月29日，《人民日报》报道：9月28日，中共中央政治局委员、国务院副总理温家宝在北京主持召开会议，听取“中国可持续发展林业战略研究”项目阶段性成果汇报。参加这项研究的有两位院士和有关部门资深专家60多人，加上其他研究人员近300人，涉及40多个学科和专业。课题组完成了调研报告30多篇。经过一年多的准备和研究，形成了《中国可持续发展林业战略研究总论》。

2002年10月19日，《人民日报》报道：10月18日，国家林业局部署开展我国首次大规模防沙治沙法执法检查和调研活动。此次执法检查的范围主要涉及北方14省区，检查的内容包括各地防沙治沙法的宣传、防沙治沙组织机构和执法队伍建设情况、地方配套规章的建立、预防沙化采取的措施及对违法案件的查处情况等。

2002年10月30日，《人民日报》报道：10月29日，九届全国人大常委会种子法执法检查组在京举行第二次全体会议，全国人大常委会副委员长布赫强调，要更加深入扎实地贯彻实施好种子法，加强种子产业法制建设，努力推进建设具有国际竞争力的现代种子种苗产业，为我国农业、林业的发展做出新贡献。

2002 年 11 月 24 日，《人民日报》报道：11 月 23 日，第三届中国环境与发展国际合作委员会第一次会议开幕。近 5 年来，全国累计封山育林 502.7 万公顷，退耕还林 216.36 万公顷；环保和生态建设投入逐年增加，5 年共投入 5 800 亿元，占国内生产总值的 1.29%。

2003 年 1 月 3 日，《人民日报》报道：2002 年，全国造林绿化突破 1 亿亩大关，成为中华人民共和国成立以来造林速度最快、造林质量最好、措施最有力、工作最扎实、成果最丰硕的一年。

2003 年 1 月 3 日，《人民日报》报道：我国林木种苗建设取得重大进展，宏观调控水平提高，种苗供应能力增强，基地供种率和良种使用率逐步提升，市场秩序明显好转，种苗科技含量显著提高，有力地保证了国土绿化事业的顺利发展。2002 年，全国种子生产能力达到 2 500 万千克，优良穗条生产能力达到 15 亿条（根），全国苗木生产能力达到 260 亿株。

2003 年 1 月 11 日，《人民日报》报道：国务院西部开发办、农业部 10 日召开退牧还草工作电视电话会议，全面启动退牧还草工程。中共中央政治局委员、国家发展计划委员会主任、国务院西部地区开发领导小组办公室主任曾培炎出席会议并讲话。退牧还草的规划目标和重点范围是，从今年起，用 5 年时间，在蒙甘宁西部荒漠草原，内蒙古东部退化草原，新疆北部退化草原和青藏高原东部江河源草原，先期集中治理 10 亿亩，约占西部地区严重退化草原的 40%。2003 年，安排退牧还草任务 1 亿亩。

2003 年 1 月 14 日，《人民日报》报道：13 日，国家林业局召开京津风沙源治理工程工作会议。国家将放宽工程荒山、荒地、荒沙造林政策，个体和多种所有制经济组织造林绿化同等享受国家补助，并依法核发林权证，以激励社会各界参与工程建设，加快工程区沙化土地治理和荒山绿化步伐。

2003 年 2 月 14 日，《人民日报》报道：13 日，国家林业局林业有害生物检验鉴定中心在中国林科院正式挂牌，这是我国为进一步加强对外来有害生物的防范和管理工作而成立的首个权威技术机构。林业有害生物检验鉴定中心将承担我国林业有害生物的权威检验鉴定、疫情的风险评估、生物制剂的质量检测、人员培训、及时发布国内外林业有害生物疫情信息，为林业有害生物预防与管理提供科学数据和信息服务。

2003 年 2 月 21 日，《人民日报》报道：全国绿化委员会发出通知，要求各地各部门切实做好今春造林绿化工作，大力开展全民义务植树运动，在植树节期间掀起绿化高潮，推进新世纪林业的跨越式发展。

2003 年 3 月 18 日，《人民日报》报道：经过多年坚持不懈治理，辽宁防沙治沙工作基本实现绿进沙退。全省沙区有林地面积由治理初期的 80 万亩增加到 641 万亩，森林覆盖率由新中国成立初的 2.8%，提高到 22.3%。

2003 年 3 月 19 日，《人民日报》报道：国家林业局副局长李育材表示，非公有制林业已经成为林业产业发展的主要力量。最近 5 年，林产工业发展的总投入中，近 90%是民间资本；非公有林在新造林面积中占了 80%以上，个别省区达到 90%。

2003 年 3 月 22 日，《人民日报》报道：内蒙古额济纳胡杨林等 9 处自然保护区日前晋升为国家级自然保护区，使我国的国家级自然保护区总数达到 197 处。我国共建立了各类自然保护区 1 757 处，总面积近 1.33 亿公顷，占国土面积的 13.2%，已超过世界平均水平。

2003 年 4 月 5 日，《农民日报》报道：4 月 4 日，经过 14 个昼夜艰苦奋战，3 月 22 日发生在黑龙江省大兴安岭地区松岭区和呼玛县境内草甸、森林火灾火场全部得到控制，明火已经扑灭。

2003 年 4 月 6 日，《人民日报》报道：5 日上午，胡锦涛、江泽民、吴邦国、温家宝、贾庆林、曾庆红、黄菊、吴官正、李长春、罗干等，在北京奥林匹克森林公园参加义务植树活动。

2003 年 4 月 11 日，《农民日报》报道：国家林业局启动“春雷行动”，从 4 月 10 日起在全国范围内对非法猎捕、运输和经营野生动物的违法犯罪行为，进行大规模打击整治。

2003 年 4 月 19 日，《人民日报》报道：国家林业局防止外来林业有害生物管理办公室近日首次发布“林业危险性有害生物名单”，有 233 种林业危险性有害生物“上榜”。

2003 年 4 月 24 日，《人民日报》报道：23 日，国家林业局发布的统计结果表明，截至 3 月底，全国森林火灾次数达 3 000 余起，受害森林面积 7 000 余公顷。国家林业局已经下发《关于进一步加强森林防火工作的紧急通知》，要求各地务必采取超常规措施，进一步加强森林防火工作。

2003 年 5 月 3 日，《人民日报》报道：4 月 25 日，黑龙江省伊春市境内乌伊岭林业局阿廷河林场发生森林火灾。因当地遭遇 50 年不遇的严重干旱，火场风力达到 6～7 级，阵风 8～9 级，大火烧入林场场部和附近宝山乡，241 户民房被烧毁。经过 1.1 万余名森警官兵、专业扑火队员和林业干部职工 7 个昼夜顽强艰苦扑救，到 5 月 2 日，火场明火全部扑灭。

2003 年 5 月 12 日，《人民日报》报道：国家林业局发出紧急通知，要求各地针对当前部分地区非典疫情和春季旱情严重带来的不利影响，抓住立夏后我国北方地区陆续进入雨季造林的时节，强化措施，不误农时，千方百计完成全年造林任务。

2003 年 5 月 13 日，《人民日报》报道：5 月 5 日，内蒙古大兴安岭金河发生火情，引发森林大火，截至 5 月 11 日下午，燃烧了 7 天的内蒙古大兴安岭金河林区的森林大火被全部扑灭。

2003 年 5 月 26 日，《人民日报》报道：国家林业局日前宣布，三北防护林体系建设四期工程实施两年多来，已累计完成造林面积 2 108 万亩，封山育林 1 650 万亩，治理沙化土地 1.95 亿亩，三北工程主攻目标已由农田草场防护林建设为主顺利转向防沙治沙为主，并快速推进。

2003 年 5 月 28 日，《人民日报》报道：国家林业局宣布：天然林保护工程 2000 年正式实施以来，累计完成公益林建设任务 1.23 亿亩，占整个工程计划的 64%。长江上游、黄河上中游 13 个省区市全面停止了天然林的商品性采伐。

2003 年 5 月 30 日，《人民日报》报道：为切断人与野生动物相互感染一切可能的渠道，也为了保护珍贵、濒危野生动物免受感染，国家林业局发出通知，要求严格控制野生动物经营利用和驯养繁殖活动。

2003 年 6 月 16 日，《人民日报》报道：6 月 15 日，国家林业局发布了《2002 年六大林业重点工程统计公报》。公报显示：2002 年，六大林业重点工程共完成造林面积 677.74 万公顷，占全国造林总面积的 87.15%，造林面积比 2001 年增长 113.58%。其中，人工造林 596.79 万公顷、飞播造林 80.95 万公顷，分别比 2001 年增长 151.17% 和 1.54%。到 2002 年底，实有封山育林面积 1 035.88 万公顷，比上年增长 25.57%；其中，当年新封山育林 137.66 万公顷。全年完成各类投资 255.80 亿元，其中国家投资 229.52 亿元，分别比 2001 年增长 53.69% 和 70.63%。

2003 年 8 月 20 日，《人民日报》报道：为加强和规范退耕还林工程管理，确保工程质量和效益，国家林业局近日出台了《退耕还林工程建设监理规定》。退耕还林工程建设监理，是指工程监理单位受建设单位的委托，在监理合同约定的范围内，依据国家有关退耕还林工程建设的法律、法规、技术标准、国家批准的年度计划和省级年度实施方案，对承包单位在工程质量、建设工期和资金使用等方面实施监督管理的活动，实行总监理工程师负责制。

2003 年 9 月 29 日，《人民日报》报道：9 月 27 日至 28 日，国务院在京召开全国林业工作会议。中共中央政治局常委、国务院总理温家宝在会上指出，加强生态建设，实现经济社会可持续发展，是关系中华民族生存与发展的根本大计。要开拓创新，扎实工作，加快推进我国林业发展的历史性转变，为再造秀美山川而努力奋斗。

2003 年 10 月 27 日，《人民日报》报道：26 日，首届中国林木业可持续发展国际研讨会在北京举行，国家林业局局长周生贤、副局长雷加富、泰国自然资源与环境部常务次长博霸索等政府官员与来自国内外的四百多名专家、企业家代表，围绕如何实现中国林木业的可持续发展等议题进行了深入研讨。本次研讨会由国家林业局经济发展研究中心和环球木材综合发展有限公司主办，顺和成集团（泰国）、承达木材制品有限公司和大兴安岭林业集团公司协办。

2004 年 1 月 12 日，《人民日报》报道：国家林业局发出通知，要求各级林业部门按照中央关于保护和提高粮食生产能力的要求，大力营造农田防护林，加快农田林网建设，为高标准农田提供高标准的生态屏障。

2004 年 2 月 2 日，《人民日报》报道：我国自 1992 年加入《湿地公约》以来，已有近 40% 的天然湿地纳入保护区范围得到了较好保护。黑龙江扎龙等 21 块湿地被列入《湿地公约》的国际重要湿地名录，达赉湖等 4 个湿地类型保护区还加入了国际人与生物圈网络。

2004 年 2 月 16 日，《人民日报》报道：入春以来，福建、湖北、浙江、湖南等省连续发生重特大森林火灾，造成多起人员伤亡事故。国家林业局 15 日发出紧急通知并派出 4 个工作组分赴重点火灾、火险区，要求有关省区加强森林火灾的预防工作，采取有力措施，确保森林资源和人民生命财产安全。

2004 年 3 月 31 日，《人民日报》报道：国家林业局宣布，2004 年全国将安排退耕还林 6 000 万亩，其中退耕地造林 1 000 万亩，宜林荒山荒地造林 5 000 万亩。同时，2004 年退耕还林责任书在京签订，签字的一方是国家林业局，另一方分别是 24 个省（区、市）及新疆生产建设兵团。

2004 年 4 月 2 日，《人民日报》报道：据国家林业局最新统计，我国通过大力加强自然保护区建设，85%的陆地生态系统类型，85%的野生动物种群类型和65%的高等植物群落类型得到有效保护，并在优化生态环境和促进野生动植物资源增长方面发挥了重要作用。

2004年4月20日，《人民日报》报道：国家林业局下发《关于进一步加强林木种苗生产供应管理工作的紧急通知》，要求提高种苗质量，加强信息调度，强化市场监管，维护林农利益，确保六大林业重点工程和国土绿化种苗持续稳定供应。

2004年6月14日，《农民日报》报道：6月12日，由国家林业局、农业部、国家知识产权局、国际植物新品种保护联盟（UPOV）联合举办的国际植物新品种保护公约暨植物新品种保护国际合作益处会议在北京召开。

2004年7月23日，《光明日报》报道：7月22日，国家林业局颁布《营利性治沙管理办法》，自2004年9月1日起施行。

2004年7月24日，《人民日报》报道：大兴安岭林业集团公司西林吉国有林管理分局在黑龙江省漠河县成立，这是我国第一个代表国家履行森林资源资产出资人职责、行使森林资源管理职能的国有林管理机构，标志着森林资源管理职能开始从森工企业剥离。

2004年7月25日，《人民日报》报道：7月20日，山东省又一项重大惠农政策——大型农机具购买补贴正式启动。首批项目国家和省级直补资金达到550万元。这次重点补贴购买大型拖拉机、玉米联合收获机、玉米收获青贮机、秸秆还田机等。补贴对象为项目县农民个人和直接从事农业生产的农机服务组织。

2004年8月14日，《经济日报》报道：据不完全统计，我国累计封山育林面积已达3 338.1万公顷，占我国林地面积的21.7%，为提高我国森林覆盖率贡献3.6个百分点。

2004年8月17日，《经济日报》报道：国家林业局发出《关于加强国有林场林地管理的通知》，要求对国有林场林地严格实行用途管制。

2004年9月25日，《人民日报》报道：国家林业局颁布《天然林资源保护工程森林管护管理办法》，对长江上游、黄河上中游，以及东北、内蒙古等重点国有林区天保工程森林管护工作作出详细规定。

2004年9月30日，《人民日报》报道：9月29日，国家林业局发布《关于促进野生动植物可持续发展的指导意见》，以加强对野生动植物资源的保护。

2004年11月1日，《农民日报》报道：10月29日，农业部、科技部、林业局在北京召开"现代农业技术装备研制开发"重点项目启动仪式。项目总投资4 000万元，将于2006年底完成。

2005年1月11日，《人民日报》报道：全国重点省区森林防火工作座谈会于1月10日在云南省昆明市召开。中共中央政治局委员、国务院副总理回良玉强调，要认真分析当前森林火险形势，切实加强森林防火工作，严密防范森林火灾的发生，坚决避免引发重大森林火灾和重大人员伤亡，确保森林资源安全，确保人民群众生命财产安全，确保经济社会可持续发展。

2005年1月19日，《人民日报》报道：历时5年的第六次全国森林资源清查结果显示，我国森林资源目前呈现出总量持续增加、质量不断提高、结构渐趋合理的良好态势，以生态建设为主的林业发展战略已初见成效。目前我国森林面积已达1.75亿公顷，森林覆盖率为18.21%，森林蓄积124.56亿立方米。其中人工林保存面积为0.53亿公顷，居世界首位。

2005年2月7日，《光明日报》报道：我国自20世纪70年代开始接受国外无偿援助以来，国家林业局（原林业部）共执行无偿援助项目500余个，受援金额达8亿多美元。无偿援助项目覆盖全国20多个省（区、市）及主要林业科研、教学机构，内容涉及林业生产建设的各个领域。其中仅德援项目就累计完成造林约40万公顷，修建与工程有关的各种基础设施200多处，直接受益农民达100多万人。

2005年2月20日，《人民日报》报道：近3年来，中央级林业投资达1 198.8亿元，使我国造林绿化步伐明显加快。目前，我国营造林面积已连续3年超过1亿亩。

2005年2月24日，《人民日报》报道：国务院总理温家宝23日主持召开国务院常务会议，讨论并原则通过《全国防沙治沙规划（2005—2010年）》。《规划》目标是，在规划期内，在全面保护现有林草植被的基础上，划定若干个沙化土地封禁保护区，封育保护面积372万公顷，完成治理任务1 300万公顷。力争到2010年，重点治理地区生态状况明显改善。本着因地制宜，因害设防，保护优先，积极治理的原则和生物措施、工程措施相结合的方式进行沙化土地综合治理。建设内容分为沙化土地封禁保护区建设，营林造林，草地治理，小流域综合治理和水源、节水灌溉工程建设，生态移民、小城镇建设、农村能源建设和沙产业发展六项内容。

2005年6月15日，《人民日报》报道：6月14日，国家林业局公布的第三次全国荒漠化和土地沙化监测结果表明，我国荒漠化和土地沙化整体扩展的趋势已得到初步遏制，“破坏大于治理”转为“治理与破坏相持”，重点治理区生态状况明显改善，绝大部分省区治理面积大于破坏面积，全国沙化土地由20世纪末每年扩展3 436平方千米，转为每年减少1 283平方千米，土地沙化状况首次呈现全国性逆转趋势。

2005年7月28日，《人民日报》报道：我国首次确定“东扩、西治、南用、北休”的林业生产力区域发展战略。

2005年8月6日，《人民日报》报道：8月5日，国家环保总局宣布，经国务院批准，我国在河北、内蒙古等12个省、市、自治区新建了17个国家级自然保护区。至此，我国的国家级自然保护区已达243个，总面积8 944.1万公顷，约占我国陆地国土面积的9.2%。

2005年11月3日，《人民日报》报道：我国天然林保护工程实施7年来，工程区森林面积净增12 235.5万亩，森林蓄积净增4.6亿立方米，相当于中等省份贵州省两个省的森林面积。累计减少森林蓄积消耗量4.26亿立方米，相当于少砍森林7 542万亩。天保工程实施以来，中央累计投入659.8亿元。共有74万名采伐工人重新分流安置。

2006年3月12日，《人民日报》报道：3月11日，2006年关注森林活动启动暨全民义务植树运动25周年纪念会在京举行。我国有林业用地43亿亩、有林地25亿多亩、可利用沙地8亿多亩。

2006年4月9日，《人民日报》报道：国家林业局确定2006年为推进社会主义新农村建设组织办好16件实事，包括选择100个重点县（市、区、旗）开展生态建设攻坚、使粮食主产区农田防护林网控制率提高1个百分点、加强重点地区森林灾害防治工作、抓好100个县的森林经营示范工作、发展一批野生动物养殖等特色林业产业、指导和扶持建立林业产业化服务体系等。

2006年5月25日，《人民日报》报道：我国依靠生态自我修复防治水土流失的探索与实践，取得重大进展和显著成效，现有水土保持措施每年可减少土壤侵蚀15亿吨，增产粮食180亿千克，五年间全国有1 200多万人通过水土保持解决了温饱。“十五”期间全国共完成水土流失综合防治面积54万平方千米，水土流失综合治理速度比“九五”时期翻了一番还多。全国有20个省、136个地（市）、697个县出台了封山禁牧政策。

2006年7月21日，《人民日报》报道：经国务院批准，国家林业局批复黑龙江省伊春市林权制度改革试点实施方案，我国国有林区林权制度改革试点工作启动。

2006年1月12日，《光明日报》报道：我国林业产业发展成就显著，逐步形成了基地化、市场化、集团化的发展格局。近年来，我国林业产业总值每年以两位数的速度递增，达到7 269亿元。

2007年3月28日，《农民日报》报道：全国防沙治沙大会26日至27日在北京举行。中共中央政治局常委、国务院总理温家宝会见与会代表并讲话。中共中央政治局委员、国务院副总理回良玉出席会议并讲话。国务院副秘书长张勇主持会议。全国绿化委员会副主任、中国防治荒漠化协调小组组长、国家林业局局长贾治邦宣读《关于授予王有德全国防沙治沙英雄的决定》，并作会议总结发言。

2007年4月1日，《人民日报》报道：3月30日，国务院副总理、全国绿化委员会主任回良玉在全国造林绿化电视电话会议上强调，要充分认识国土绿化巨大的生态功能，切实担负起促进人与自然和谐发展的神圣使命；充分认识国土绿化巨大的经济功能，切实担负起促进新农村建设和国民经济又好又快发展的光荣任务；充分认识国土绿化巨大的社会功能，切实担负起促进社会和谐稳定的重要职责。

2007年7月13日，《人民日报》报道：7月12日，中国林学会成立90周年纪念大会在人民大会堂隆重举行。中共中央政治局委员、国务院副总理回良玉出席纪念大会并发表讲话。回良玉强调，在全面建设小康社会、加快推进现代化建设进程中，林业的功能在不断拓展、效用在不断延伸、内涵在不断丰富。要全面落实科学发展观，大力推进林业科技创新，着力转变林业增长方式，加快建设现代林业，实现林业又好又快发展。

2007年9月11日，《人民日报》报道：国务院下发《关于完善退耕还林政策的通知》。国务院决定完善退耕还林政策，继续对退耕农户给予适当补助，以巩固退耕还林成果、解决退耕农户生活困难和长远生计问题。《通知》提出目标任务：一是确保退耕还林成果切实得到巩固。加强林木后期管护，搞好补植补造，提高造林成活率和保存率，杜绝砍树复耕现象发生。二是确保退耕农户长远生计得到有效解决。通过加大基本口粮田建设力度、加强农村能源建设、继续推进生态移民等措施，从根本上解决退耕农户吃饭、烧柴、增收等当前和长远生活问题。

2007年9月16日，《人民日报》报道：近年来我国林业产业持续高速增长，2006年林业产业总产值突破了1万亿元大关。人造板、木质地板、竹材及竹制品、经济林产品、松香、家具等产量都居世界前列，成为林产品生产大国。

2007年11月16日，《人民日报》报道：11月6日—7日，全国防沙治沙现场会在银川召开，向全国推广防沙治沙"宁夏模式"。我国防沙治沙事业取得了令人瞩目的成就，全国沙化土地面积年均净减少1 283平方千米，沙化面积实现缩减的省份由过去的19个增加到27个。

2008年1月26日，《人民日报》报道：中国荒漠化土地总面积达263.62万平方千米，沙化土地173.97万平方千米。从2000—2004年，全国荒漠化土地面积减少了3.79万平方千米，年均减少7 585平方千米。全国已有20%的荒漠化土地得到不同程度的治理。

2010年6月22日，《经济日报》报道：从2007年我国作出从全面推进退耕还林工程转向巩固成果的决策以来，中央财政已累计安排巩固退耕还林成果专项资金约224亿元。2009年退耕户人均纯收入3 863元，比2008年增加381元，实际增长11.3%，高于全国平均水平。

2011年3月16日，《农民日报》报道：15日，国务院召开全国森林草原防火工作电视电话会议，总结"十一五"期间森林草原防火工作，安排部署"十二五"及2011年森林草原防火重点任务。中共中央政治局委员、国务院副总理回良玉在会上强调，各地区、各有关部门要加强对森林草原防火工作的组织领导，及时排查隐患，严格火源管理，加强预警监测，强化队伍建设，充实物资储备，严防重大森林草原火灾和重大人员伤亡。

2011年4月22日，《人民日报》报道：截至2010年底，已有20个省（区、市）基本完成明晰产权、承包到户，全国共承包到户的集体林地占总面积的88.6%，3亿多农民直接受益。

2011年9月7日，《农民日报》报道：首届亚太经合组织林业部长级会议9月6日上午在北京人民大会堂开幕。国家主席胡锦涛出席开幕式并发表题为《加强区域合作实现绿色增长》的致辞，呼吁推动亚太区域林业发展与合作，实现绿色增长。胡锦涛强调，中国将继续加快林业发展，力争到2020年森林面积比2005年增加4 000万公顷，森林蓄积量比2005年增加13亿立方米，为绿色增长和可持续发展作出新的贡献。

2013年1月6日，《光明日报》报道：2012年，全国义务植树24.94亿株，有13个省份超额完成了2012年的造林任务，全国共完成造林6 008千公顷，完成全年任务。

2013年7月9日，《经济日报》报道：中央财政拨付农业综合开发项目资金70 087万元用于林业项目建设。其中：林业生态示范项目资金19 806万元，涉及北京、河北、内蒙古等24个省、自治区、直辖市。

2013年9月28日，《经济日报》报道：国家发展和改革委员会等五部门联合下达2014年退耕还林还草年度任务目标，安排山西、湖北、湖南等10个省份及新疆生产建设兵团2014年退耕还林还草任务为500万亩，此举标志着新一轮退耕还林还草正式进入实施阶段。

2015年1月5日，全国林业厅局长会议在北京召开。2014年，中央林业投入1 517亿元，全年完成造林6 027.3千公顷，新建一批国家森林公园、湿地公园、沙漠公园和自然保护区，林业产值达到5.26万亿元。2015年国家拟安排退耕还林任务1 000万亩，并启动严重沙化耕地和重要水源地坡耕地的退耕还林。

2015年8月8日，《农民日报》报道：中央政府已累计在25个省、自治区、直辖市投入4 056.6亿元用于第一轮退耕还林工程建设，共完成退耕地造林9 266.7千公顷、配套荒山荒地造林和封山育林20 600千公顷，涉及3 200万户农户1.24亿名农民。

2017年12月6日，《人民日报》报道：我国共有26个省份出台了省级湿地保护条例。通过实施三个"五年计划"，投入超过80亿元用于湿地保护和恢复，恢复湿地面积超过20万公顷。我国已建立湿地自然保护区602处，指定国际重要湿地49块，国家湿地公园达836个，湿地保护率达47.03%，初步形成了以自然保护区和湿地公园为主体的湿地保护管理体系。

2018年1月3日，《人民日报》报道：国家林业局重新制定印发了《国家湿地公园管理办法》，规定国家湿地公园的湿地面积原则上不低于100公顷，湿地率不低于30%。该办法自2018年1月1日起实施，有效期至2022年12月31日。

2018年1月8日，《人民日报》报道：我国将启动大规模国土绿化行动，力争2018年完成造林1亿亩以上，到2020年森林覆盖率达到23.04%、到2035年达到26%、到21世纪中叶达到世界平均水平。

2018年1月13日，《农民日报》报道：由商务部投资促进事务局主办、中国农业资源与区划学会承办的“现代农业科技成果项目对接洽谈会暨农业投资促进工作委员会2017年会”在京举办。

2018年1月17日，《人民日报》报道：中央宣传部、中央文明办、国家发展改革委、教育部、科技部、司法部、农业农村部、文化部、国家卫生计生委、国家新闻出版广电总局、国务院扶贫办、共青团中央、全国妇联、中国文联、中国科协联合下发通知，要求深入学习贯彻党的十九大精神，充分发挥文化科技卫生“三下乡”活动的品牌效应和示范作用，进一步动员社会各方力量，按照产业兴旺、生态宜居、乡风文明、治理有效、生活富裕的总要求，大力组织开展“三下乡”活动，深入实施乡村振兴战略，助力精准扶贫，补齐“精神短板”。

2018年1月18日，《农民日报》报道：国务院总理李克强1月17日主持召开国务院常务会议，决定扩大“证照分离”改革试点事项探索形成可复制经验，进一步改善营商环境；确定进一步支持返乡下乡创业的措施，激活农村资源要素促进乡村振兴。

2018年1月23日，《人民日报》报道：发改委、工信部、财政部、中华全国供销合作总社等12部门联合下发了《关于做好2018年春耕化肥生产供应和价格稳定工作的通知》。

2018年1月24日，《农民日报》报道：在中央有关农村改革发展的决策部署引导下，2017年中央财政推进农村综合改革工作取得新进展，试点省份扩大到23个，并安排50亿元资金支持试点。经过政策扶持和各地实践探索，试点村尤其是“薄弱村”“空壳村”的村集体收入明显增加，农村产业发展方式逐步转变。

2018年1月25日，《经济日报》报道：国家发展改革委、国家林业局、财政部、水利部、农业农村部、国务院扶贫办共同制定《生态扶贫工作方案》，部署发挥生态保护在精准扶贫、精准脱贫中的作用，实现脱贫攻坚与生态文明建设“双赢”。

2018年2月3日，《人民日报》报道：2月2日是第二十二个“世界湿地日”，2018年世界湿地日中国主场宣传活动在广东省广州市举办。2018年世界湿地日的主题为“湿地——城镇可持续发展的未来”。目前我国拥有国际重要湿地57个，建成湿地自然保护区602个、国家湿地公园试点898个，湿地保护率5年间增加5.52个百分点，已达49.03%。

2018年2月14日，《人民日报》报道：国务院办公厅近日发布通知，辽宁五花顶、吉林园池湿地、黑龙江仙洞山梅花鹿、黑龙江朗乡、四川南莫且湿地和陕西红碱淖等6处新建国家级自然保护区已经国务院审定，将名单予以公布。

2018年3月22日，《人民日报》报道：3月21日，全国绿化委员会、国家林业局、首都绿化委员会在北京举办2018年“国际森林日”植树纪念活动。10多个国家和国际组织代表，全国绿化委员会成员单位、有关部门（系统）代表及各界群众共200余人，共同栽下油松、国槐、柿树、白蜡、五角枫等苗木700余株。

2018年5月2日，《人民日报》报道：近日，国家林业和草原局决定启动新一轮集体林业综合改革试验工作，针对集体林业发展中的重点难点问题，确定了建立集体林地“三权分置”运行机制等十大改革试验任务，力争用3年左右时间，在重点领域和关键环节开展探索试验和制度创新，形成一批可复制、可推广的经验做法。

2018年5月21日，《人民日报》报道：2018年全国林业和草原科技活动周20日启动，本次活动周以“践行两山理念 共建生态文明——林业和草原科技助力绿色发展”为主题，通过大学生双创活动展示、科技合作仪式签订、科普互动体验、科技下乡、科技成果展播等系列活动，宣传森林、草原、荒漠、湿地和野生动植物保护等自然生态知识，进一步提高公众科学素质和科学意识。

2018年9月3日，《人民日报》报道：9月1日—12月10日，国家林业和草原局在全国范围内组织开展“绿剑2018”专项打击行动，重点打击非法占用林地、盗伐滥伐林木、破坏珍贵濒危野生动植物资源、自然保护区内的涉林违法犯罪以及在候鸟等野生动物迁徙通道、栖息地、繁殖地等重点区域非法猎捕、杀害野生动物等违法犯罪行为。

2018年10月24日，《人民日报》报道：23日，由联合国粮农组织、国家林业和草原局、国际林联联合主办，中国林科院承办的第四届世界人工林大会在北京开幕。根据第八次全国森林资源清查，我国人工林保存面积达6 933万公顷，占全国有林地面积的36%；人工林蓄积24.83亿立方米，占全国森林蓄积量的17%，人工林规模居世界首位。

三、畜牧业

1952年8月15日—9月4日，农业部在北京召开全国畜牧兽医工作会议，会议总结了三年来的畜牧兽医工作，着重研究了今后畜牧兽医工作的方针任务。

1956 年 3 月 14 日—22 日，农业部在北京召开全国畜牧兽医工作会议。会议制定了今后 12 年发展畜牧业生产的远景规划。预计到 1967 年，全国每人每年平均可食肉 40 多千克，蛋品 400 多枚。会议对 1956 年的畜牧兽医工作也作了具体安排；1956 年全国马、牛等大家畜要增加到 9 200 万头，绵羊、山羊和猪要增加到 22 900 多万头。

1965 年 6 月 16 日—29 日，全国畜牧工作会议在北京举行。会议认为，各地必须坚决贯彻执行农牧结合、以农养牧、以牧促农、农牧双丰收的方针，加速畜牧业生产的发展。毛泽东主席、刘少奇主席等党和国家领导人在会议结束后接见了与会代表。

1979 年 2 月 1 日，国务院发布《国务院关于保护耕牛和调整屠宰政策的通知》（国发〔1979〕26 号）。

《通知》提出：为了做到既要保护好耕牛，又要大力发展肉牛，对牛的屠宰、收购价格等有关政策进行调整，继续贯彻保护和发展耕牛的政策，恢复落实行之有效的饲养管理、良种繁育和奖惩办法；加强良种繁育，鼓励发展优良种牛，提高耕畜质量，对优良种牛应优质优价；老残耕牛、种牛的淘汰标准应当放宽；凡菜牛、杂种牛等肉用牛，除种用公牛、繁殖母牛外，不限年龄，育肥后可以出售屠宰；提高活牛收购价格。

1979 年 7 月 31 日，《人民日报》发表文章：《改变传统的农业观念，走以畜牧业为主的道路》。文章指出：打破传统的农业观念，就是要变革农业内部的结构，使我国农业从以粮食为主逐步向畜牧业为主的方向发展。

1979 年 9 月 20 日，《人民日报》发表文章：《以畜牧业为主的道路在我国走得通吗?》文章认为：在目前和今后相当长的时期内，“以畜牧业为主”的道路在我国走不通。

1980 年 1 月 9 日，《人民日报》报道：1979 年全国畜牧业生产取得了可喜成果。猪、羊、大牲畜和畜产品，普遍比上一年增产。据有关部门初步统计，猪的存栏数比 1978 年增加 300 多万头。肥猪收购量比上一年增加近 2 000 万头，加上农民自宰自食、集市贸易成交数，1979 年生猪的出栏量比上一年有较大幅度的增长；绵羊、山羊存栏数比上一年增加 700 多万只，收购了 1 070 万只，比 1978 年增加 11%；大牲畜的繁殖和收购，扭转了前些年连续下降的局面，开始有所回升。菜牛的收购量达 150 万头，比上一年增长 10%。家禽和鲜蛋显著增产。鲜蛋收购了82 500 万千克，比上一年增加 48.1%，在 1978 年历史最高纪录的基础上再创新纪录。蜂蜜收购量达 105 000 吨，比上一年增加 8 000 吨，增长 8%。

1980 年 1 月 12 日，《人民日报》报道：全国骆驼育种协作会议在盛产骆驼的内蒙古自治区阿拉善左旗召开。目前全国有骆驼 60 万峰，居世界第二位。会议讨论制定了全国养驼业的发展方向和规划，提出双峰驼的选育方向应以绒肉为主、兼顾使役和产乳。

1980 年 3 月 27 日，国务院批转农业部、商业部、粮食部《关于当前生猪生产情况的紧急报告》。指出：保护广大农民发展养猪的积极性，关系到市场供应、农业增产，关系到国民经济调整工作的顺利进行，各地区、各有关部门必须引起足够重视。要经常研究解决生猪生产以及商业购销、加工、储存等方面存在的问题，以促进生猪生产的稳步发展，保持猪肉供应的好形势。

1980 年 8 月 3 日—13 日，全国第二次畜牧业经济理论讨论会在西宁市举行。会议围绕畜牧业经济结构的调整、所有制和生产责任制及流通等问题，在理论上进行了具体的探讨和研究。到会同志认为，当前在畜牧业经济结构的调整中，既要调整好它与农业、工业、商业、运输等部门的关系，实行农林牧三结合，牧工商综合发展，又要调整好畜牧业内部的关系，建立合理的畜种结构。在生产责任制形式问题上，到会同志认为，根据我国畜牧业生产力的具体情况，实行专业组、专业户和公有私养，是当前促进畜牧业生产发展的比较好的责任形式。

1980 年 8 月 13 日，《人民日报》报道：在银川市举行的中国畜牧兽医学会 1980 年会议上，一些畜牧兽医专家、教授们提出：要把西北地区逐步建成我国畜牧业生产基地，这是西北地区农业现代化的战略目标。

1980 年 8 月 25 日，国务院批转农业部制订的《兽药管理暂行条例》。《条例》共十一章三十三条，对兽药生产，兽药质量标准，兽药新品种的审批，兽药供应，兽药使用，兽药质量的监督、检验，麻醉药品和毒、剧药品的管理，兽药宣传、奖惩等进行了规定。兽药管理工作，全国由农业部主管，地方由省、地、县级畜牧（农业）行政部门主管。农业部下设兽医药品监察所，省、自治区、直辖市畜牧（农业）局下设兽药检验所。

1980 年 9 月 28 日，新华社报道：我国商品牛生产基地建设已初见成效。到目前，各基地共建立了 16 处冷冻精液站，13 处液氮站，140 多处县站和

4 000多处人工输精点，培训了数千计的人工输精员，冷冻精液繁育体系初步形成。1979年改良配种牛68万多头，超过计划4.9%，比上一年增长80%，向国家交售肉用牛68 900头，占全国交售肉用牛总数的90%多，比上一年增长了38%。由于货源扩大，1979年外贸出口活肉用牛比上一年增长84.9%。

1980年11月25日，国务院批转《农业部关于改变口岸动植物检疫所管理体制的报告》，提出：从我国当前的实际情况出发，参照其他国家的一些经验，拟将全国36个口岸动植物检疫所都改为农业部直属单位，实行农业部与地方双重领导、以部为主的管理体制。各口岸动植物检疫所的基建投资、人员经费、物资供应，从1981年起均由农业部供应（人员经费按1981年预算基数上划，增加中央预算，减少地方预算），现有的固定资产（包括房屋、仪器设备、职工宿舍等）随单位体制改变而划转。

1980年11月28日，新华社报道：1980年全国皮毛等畜产品收购量有较大幅度的增长。据有关部门统计，和1979年同期相比，山羊板皮、狗皮、兔毛增长30%以上，牛皮、绵羊毛、羊绒增长20%以上，猪鬃等8种增长10%以上。大部分品种已基本完成全年计划，其中绵羊毛、羊绒已超额完成了全年计划。

1980年12月3日，新华社报道：我国牧区畜牧业现代化试点取得成绩，17个试点县经济效果显著。建立了一批饲草饲料基地，牛羊育肥场和基地，培养了一批牧业现代化骨干队伍。初步摸索到一些经验，如牧区实现畜牧业现代化，要从草原建设着手，但又要扎扎实实，量力而行；积极调整畜群结构，提高畜牧业经营效果。搞牧业机械化要因地制宜。牧区办牧工商联合企业有利于改变畜牧业生产、畜产品加工和销售互相脱节的不合理状况，合理地使用人、财、物力。

1980年12月6日，《人民日报》报道：为了改变我国牧区靠天养畜的落后状况，探索畜牧业现代化的途径，从1978年起，农业部在不同类型的草原地区的17个县进行了三种情况的试点：一是现代化草原建设试点，二是畜牧业现代化综合试点，三是牧工商联合企业试点。经过三年的实践，试点已取得了显著的经济效果：建立了一批饲草饲料基地；建立起一批牛羊育肥场和基地；改变了畜群结构，提高了良种畜和适龄母畜比例；各地区培养出了一支掌握畜牧业现代化经营管理知识和一定牧业生产技术的骨干队伍。

1980年12月8日，《人民日报》报道：为了改变我国牧区靠天养畜的落后状况，探索畜牧业现代化的途径，从1978年起，农业部在不同类型的草原地区的17个县进行了三种情况的试点，一是现代化草原建设试点，二是畜牧业现代化综合试点，三是牧工商联合企业试点。经过三年的实践，试点已取得了显著的经济效果：建立了一批饲草饲料基地；建立起一批牛羊育肥场和基地；改变了畜群结构，提高了良种畜和适龄母畜比例；各地区培养出了一支掌握畜牧业现代化经营管理知识和一定牧业生产技术的骨干队伍。

新华社报道：农业部畜牧总局组织经济调查，深入基层，就畜牧业经济问题开展调查研究，写出了《四川生猪产购销情况调查》《前进中的若尔盖牧工商联合企业》《发展中的安达县奶牛业》《三专一联就是好》等一批调查报告。

1980年12月14日，新华社报道：我国大力推广牛的冷冻精液人工授精繁殖技术，已形成一定规模的生产能力。1980年1～8月，生产冷冻精液400多万剂，全年用冷冻精液配种母牛100多万头。采用这一技术，一头种公牛可配种3 000～5 000头母牛，比直接配母牛头数提高几十倍到100倍，有利于发挥良种公牛的作用。

1981年3月26日，《人民日报》报道：国务院最近批转农业部、商业部、粮食部《关于当前生猪生产情况的紧急报告》，要求各地促进生猪生产稳步发展，保证猪肉供应。国家科委、国家农业委员会等12个部委联合发出《关于加强农业科技推广工作加速农业发展的联合通知》。

农垦部发出《关于稳步发展养猪的通知》，要求各级农垦部门和农场发挥国营农场在养猪业上的优势，调整猪群结构，保留足够数量的基本母猪；落实生产责任制，提高饲养管理水平；清理“左”的思想，落实养猪政策等。

1981年10月25日，《人民日报》报道：我国大牲畜存栏数从1980年开始转降为升。据农业部提供的情况表明，1980年底大牲畜存栏数为9 525万头，比1979年增加66万头，1981年6月底又比1980年同期增加102万头。

1982年2月15日，农业部发出《关于加速整顿兽药厂的通知》，决定自1982年7月1日起，凡未注明新批准文号的兽药，一律严禁出厂、收购和销售。

1982年4月23日，经国务院批准，农业部所属全国畜牧兽医总站成立。

1982年5月5日—13日，农牧渔业部在湖南省城步苗族自治县召开南方畜牧工作会议。会议指出，凡是能促进畜牧业发展的政策要继续坚持、完善，阻碍畜牧业生产发展的政策要进行调整。当前最重要的是落实草山草坡使用权，发挥国家、集体、个人三者的积极性。会议强调必须切实抓好饲料、良种、防疫体系的建设和发展加工业，推广科学饲养方法，不断提高经济效益。

1982年5月10日—16日，全国兽药药政、药检工作会议在山东省福山县召开。会议讨论了《新兽药管理暂行办法》和《兽药检验所工作细则》，并对如何加强药政、药检工作提出了一些建设性意见。

1982年10月4日，《人民日报》发表社论：《把发展畜牧业提到更高的地位》。社论说，畜牧业是目前我国国民经济的一个薄弱环节，畜牧业年总产值只占农业年总产值的14%左右，比重过低，迫切需要把它提到更高的地位上来。我们要经过多年的努力，使全国畜牧生产逐渐接近和达到种植业的规模，尽快赶上经济较发达国家的农牧业发展水平，在安排计划时，应把畜牧生产列为重点发展项目，逐步建立起和农、林并列的畜牧业生产体系。

1982年10月16日—23日，全国畜牧业区划工作经验交流会在北京举行。会议讨论修订了《县级畜牧业区划工作细则（修订草案）》，拟订了《省级畜牧业区划工作要点（试行草案）》。

1982年10月19日—24日，中国畜牧兽医学会第五次代表大会在贵阳召开。

1982年11月10日，农牧渔业部决定，对部分兽药按以下三种情况予以淘汰：1. 在卫生部公布淘汰的127种药品中，除保留6个品种外，其余属于人畜共用的药品全部淘汰。2. 在《兽药规范》（1978年版）收载的品种中，再行淘汰的有驱虫净等18种。3. 过去已经淘汰的品种，但各地仍有生产和利用，因此重申淘汰12种。所有淘汰的兽药品种，应立即停止生产，并撤销其批准文号，自1983年7月1日起停止使用。

1983年11月23日—30日，农牧渔业部畜牧局在南昌召开全国种畜场经验交流会。截至1982年底，全国已培育出50多个畜禽新品种和类群。建立起国营种畜、种禽场1 130多处，饲养国内外优良种畜72万余头（只），种禽、种兔75万多只，已初步形成了我国种畜、种禽生产体系。

1984年9月5日，《经济参考》报道：中国畜禽信息中心在北京成立。主要是为全国各地畜禽饲养与加工提供信息服务。

1984年11月1日，《中国农民报》报道：中国农业科学院畜牧研究所营养室研究的棉饼蛋白饲料综合配套技术，9月底在北京通过鉴定。这项配套技术的研究成功，可将我国常年榨油后的60亿斤棉饼，配合其他成分生产300亿斤配合饲料，这些饲料可转化成猪肉375万吨，或625万吨鸡肉。

1987年1月10日，《人民日报》报道：我国在各口岸设有42个动植物检疫所和30个动植物检疫站，检疫人员达2 000多人，形成了较为健全的口岸动植物检疫队伍。

1987年6月4日，《光明日报》报道：中国农科院畜牧研究所应用胚胎分割术，首次繁殖出了5只半胚绵羊羔。中国农科院哈尔滨兽医研究所卢景良运用生物技术的细胞工程方法，首次制备出能鉴别自然病马和人工免疫马的单克隆抗体试剂。

1988年11月10日—15日，全国商品牛基地评比座谈会在贵州省贵阳市召开。会上评出26个先进县、一个先进集体，43名先进工作者。

1989年1月10日，农业部在北京召开全国畜牧水产工作会议。1988年，全国肉、蛋、奶、毛总产量比1978年分别增长2.8倍、3倍、4.3倍和2.4倍。畜禽良种场发展到1 370个，乡镇良种繁育改良站6 945个；建成省级兽医化验诊断中心23个，兽药厂652个，兽药监察所31个；畜牧“三站”达到6.1万多个，职工总人数超过31万人，畜牧兽医技术服务中心860个；已有饲料监测中心（站）132处；牧草种子检验和鼠虫害测报中心（站、点）等227个；全国已有各类畜牧科研机构127处。1988年全国水产品总产量闯过1 000万吨大关，是当前世界上仅次于日本、苏联的第三个产量超千万吨的国家；养殖产量首次超过捕捞，占世界水产养殖总产量的40%。

1989年3月31日，国务院发布《关于加强家畜家禽防疫工作的通知》。一、撤销《家畜家禽防疫条例实施细则》中第六条第三项第二款、第二十条、第二十二条、第二十三条；二、农牧部门依法对畜禽或畜禽产品进行抽检时，不得收取费用；三、各级农牧、商业食品部门应当密切配合，认真做好畜禽和肉品检疫工作；四、各地检疫主管部门要加强对畜禽检疫人员的教育和管理，提高检疫人员的素质，维护执法人员的形象；五、县以下基层食品购销站畜禽及其产品的检疫工作，仍维持现状，但要严加管理。

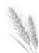

1989年5月24日—29日，农业部畜牧兽医司在长春市召开全国草地管理建设工作会议。1988年新增人工草地2 157万亩，新增改良草地1 166万亩，飞播牧草239万亩。累计达到人工种草8 281万亩，改良草地 4 317 万亩，飞播 1 622 万亩。新建围栏草场 1 039 万亩，累计达到 7 839 万亩。牧草种子田保有 587 万亩，当年产牧草种子 2 148 万千克。全国建立牧草种子检验中心（站）13 处，建立草地类自然保护区 8 处。草原治虫灭鼠累计达到 5 亿亩。

1989 年 11 月 14 日，国务院办公厅转发商业部、农业部、财政部《关于稳定生猪生产和搞好猪肉市场供应的报告》。《报告》提出：一、稳定养猪政策，扶持生猪生产。中央和地方鼓励和扶持生猪生产的各项政策措施都不要变动。各地要保持生猪与饲料粮、饲料地、化肥挂钩以及“以工补猪”等政策的稳定。二、广辟饲料来源，搞好饲料供应。三、推广科学技术，提高养猪水平。四、加强生猪价格指导，整顿市场秩序。五、搞好猪肉储备和调拨工作，发挥国营商业的主渠道作用。

1990 年 1 月 6 日—10 日，农业部在吉林省长春市召开了全国畜牧工作会议。会议强调，1990 年畜牧业要继续深化改革，稳定政策，强化基础设施建设，推广实用技术，积极开展畜禽疫病防治，完善商品生产基地建设，开发并合理利用草地资源，挖掘饲料资源潜力，尽最大努力保证肉蛋奶全国人均占有水平的稳步增长。

1990 年 10 月 2 日，《人民日报》报道：我国畜牧业在改革中起飞，鸡蛋总产量居世界第一位，肉类总产量居世界第二位。

1992 年 3 月 9 日，《经济日报》报道：欧共体援助我国最大项目——20 城市奶类发展项目执行 3 年，取得令人瞩目的成绩，与 1987 年相比，20 城市奶牛总头数增长 32.7%，奶量增长 43.6%，人均消费液态奶量 15.8 千克，增长 38.6%。

1995 年 3 月 27 日，《人民日报》报道：第一家全国性的畜牧企业集团企业——中牧集团在北京成立。

1993 年 12 月 7 日，《农民日报》报道：计划用 70 年时间完成的“三北”防护林工程，已历时 15 年。“三北”地区现有林面积已达 3 466.7 万公顷，活立木总蓄积量达 8.7 亿立方米，森林覆盖率已由 1978 年的 5.05%提高到 8.6%。

1994 年 12 月 18 日，《人民日报》报道：我国畜牧业 15 年来平均年递增率达 10%以上，目前已创造了生猪生产、肉类总产量、禽蛋总产量等多项世界第一，我国的秸秆饲料开发利用被联合国粮农组织称为“世界上唯一在秸秆饲料开发利用方面有突破的国家”。

1997 年 10 月 24 日，《人民日报》报道：23 日，由中国和荷兰两国政府合作建设的“中荷农业部—北京畜牧培训示范中心”在北京举行落成典礼仪式。

1998 年 1 月 1 日，国家濒危动植物保护管理办公室与国家海关总署发布的《进出口野生动植物种商品目录》正式施行，标志我国野生动植物进出口开始正式纳入海关商品监管系列。

1998 年 5 月 11 日，农业部万宝瑞副部长与保加利亚贸易旅游部部长签署了《中华人民共和国政府和保加利亚共和国政府兽医协定》。

1999 年 5 月 8 日，《经济日报》报道：7 日，中国畜牧业暨饲料工业交易会在长沙开幕。我国已成为世界肉类和禽蛋第一生产大国，工业饲料年产量跃居世界第一位。

2000 年 1 月 21 日，《科技日报》报道：14 日，国家重点基础研究项目——重大畜禽疫病病原大分子结构与功能研究项目启动。该项目将从分子、细胞和个体 3 个水平揭开病原的面纱，为从根本上扼制重大畜禽疫病的流行提供科学依据。

2000 年 3 月 20 日，国家濒危物种进出口管理办公室和国家海关总署对《进出口野生动植物种商品目录》进行了调整，决定将国家重点保护野生植物种的进出口管理纳入海关监管范围，并规定自 2000 年 5 月 1 日起执行调整后的《进出口野生动植物种商品目录》。

2000 年 4 月 8 日，《农民日报》报道：5 日，农业部发布第 35 号令，禁止从日本、韩国进口偶蹄动物及其产品，以防止口蹄疫传入我国。

2000 年 5 月 8 日，《人民日报》报道：近日，蒙古国东戈壁省乌兰巴德拉赫县爆发了口蹄疫。为防止该病传入我国，国家出入境检验检疫局 5 月 7 日发布公告，从即日起，禁止直接或间接从蒙古国输入偶蹄动物（如猪、牛、羊等）及其产品。

2000 年 7 月 11 日，《人民日报》报道：北京家禽育种有限公司日前通过了国家进出口商品农业大事记质量认证中心的审核，获得 ISO9001 国际质量认证。该公司是由北京大发、美国艾维茵、泰国正大三方合资建立的，其种雏的市场份额已占全国的 50%以上。

2000 年 10 月 23 日，《人民日报》报道：由对外贸易经济合作部主办，农业部饲料工业中心承办的亚太经合组织 2000 年畜牧学术研讨会在北京召开，来自亚太经合组织成员的 14 位著名营养学家应邀参加本次会议。本次大会的议题是“降低饲料、畜产品药物残留，减少环境污染”。

2000年12月4日，《人民日报》报道：中国饲料工业协会第四届理事会近日在北京市召开。目前，我国饲料总产量达到6 871万吨，其中配合饲料产量达到5 552万吨，浓缩饲料1 096万吨，预混合饲料223万吨，饲料产量跃居世界第二位。

2000年12月5日，《农民日报》报道：10月30日，投资总额达2.04亿元的国家农业重点工程——南京动物保健品工程项目在中牧集团南京药械厂落成。

2000年12月31日，《人民日报》报道：30日，农业部、对外贸易经济合作部、国家出入境检验检疫局联合发出通知，要求从2001年1月1日起，禁止从欧盟国家进口动物性饲料产品。

2001年2月8日，《农民日报》报道：2月6日，以色列外交部国际合作中心和中华人民共和国农业部关于建立中以示范奶牛场技术合作项目在北京举行签字仪式。

2001年10月19日，《农民日报》报道：国务院办公厅转发了农业部《关于加快畜牧业发展的意见》，要求各地区、各部门认真贯彻执行。《意见》指出，加快发展畜牧业是农业发展新阶段的战略任务，要不失时机地加快畜牧业发展，尽快把畜牧业发展成一个大产业；大力调整、优化畜牧业结构和布局。明确畜牧业结构调整重点，优化畜牧业区域布局；加强良种繁育、饲料生产和疫病防治体系建设。加大畜禽良种体系建设力度，建设高效安全的饲料生产和监管体系，强化动物疫病防治体系建设，加强对转基因畜禽产品生产、安全的监管。

2003年8月13日，《经济日报》报道：12日，国家林业局公布了梅花鹿、非洲鸵鸟等54种人工驯养繁殖技术成熟、可商业性驯养繁殖和经营的陆生野生动物的名单。

2004年1月8日，《人民日报》报道：我国畜牧业产值已占农业总产值的31%以上，畜牧业新增产值占农业总产值增量的部分已超过40%，农民人均现金收入来自畜牧业的约20%。

2004年1月16日，《人民日报》报道：韩国、日本、越南局部地区暴发鸡、鸭禽流感，国家质检总局和农业部发出紧急公告，要求相关单位严防疫病传入我国。

2004年1月16日，《人民日报》报道：根据世界动物卫生组织报告，塔吉克斯坦发生了3起A型口蹄疫。为保护我国畜牧业安全，农业部和国家质量监督检验检疫总局联合发出公告：禁止直接或间接从塔吉克斯坦输入偶蹄动物及其产品；已运抵我国口岸的一律作退回或者销毁处理。

2004年1月21日，《光明日报》报道：按照国务院要求，国家质检总局、公安部、农业部、商务部、海关总署、国家工商总局20日联合发出通知，要求各地规范边贸活动，加强边境管理，防止禽流感等严重动物疫情传入我国。

2004年1月31日，《人民日报》报道：为了加强对高致病性禽流感防治工作的组织领导，国务院决定，成立全国防治高致病性禽流感总指挥部，国务院副总理回良玉任总指挥。指挥部由发展和改革委员会、财政部、卫生部、农业部、质检总局、工商总局、科技部、商务部、海关总署等有关部门组成。

2004年3月17日，《人民日报》报道：3月16日，农业部总畜牧师贾幼陵在新闻发布会上宣布：我国前一阶段确诊的49起高致病性禽流感疫情已全部扑灭，高致病性禽流感阻击战取得了阶段性成果。

2004年5月1日，《人民日报》报道：国务院总理温家宝签署第404号国务院令，颁布《兽药管理条例》，自2004年11月1日起施行。《条例》共分九章七十二条，其内涵是通过加强兽药研发、生产、经营、使用等环节管理，推动养殖业健康发展，提高食用动物产品质量安全水平，维护人民群众身体健康。国务院于1987年5月21日制定发布了《兽药管理条例》，2001年我国为了履行有关知识产权保护方面的承诺，曾对该条例的个别条文作了修订。此次修订的内容主要包括，一是加强对兽药生产的管理。将兽药生产许可证的审批权由省级畜牧兽医行政管理部门上收到农业部，明确兽药产品批准文号由农业部统一核发，同时取消兽药行业标准和地方标准，只保留兽药国家标准，并删去了兽医医疗单位可以配制兽药制剂的规定，以确保兽药质量，防止出现地区封锁和行业垄断。二是进一步规范了兽药进出口管理程序。规定首次向中国出口的兽药，出口方必须通过其在中国境内的办事机构、代理机构向农业部申请注册，并提交兽药样品、对照品、标准品和环境影响报告等书面材料，经审查和复核检验合格，取得农业部颁发的进口兽药注册证书后，方可向中国出口，取消了原来省级畜牧兽医行政管理部门可以颁发进口兽药登记许可证的规定。三是根据防治动物疫病的需要，加强对兽用生物制品的管理。研制、生产、经营、进出口属于生物制品的兽药，都要遵守比普通兽药更加严格的管理制度。例如，每批兽用生物制品在出厂前都应当由农业部指定的检验机构审查核对，并在必要时进行抽查检验；普通兽药的经营许可证由市、县兽医行政管理部门核发，兽用生物制品的经营许可证由省级兽医行政管理部门核发；普通兽药的进口凭进口兽药注册证书即可办理通关手续，兽用生物制品的进口还需要向农业部申请允许进口兽用生物制品文件。此外，《条例》还规定国家实行兽药储备制度，以应对突发的动物疫情和灾情。四是强化监督措施，规范执法程序。

2004 年 8 月 20 日，《光明日报》报道：我国克隆牛产业化试验项目在河北省唐山市丰润区正式启动。

2004 年 12 月 2 日，《农民日报》报道：农业部部长杜青林分别签署第 44 号、45 号令，发布《兽药注册办法》和《兽药产品批准文号管理办法》，自 2005 年 1 月 1 日起施行。

2005 年 1 月 29 日，《光明日报》报道：28 日下午，国务院召开全国防控高致病性禽流感电视电话会议。会议传达了中共中央政治局常委、国务院总理温家宝作出的重要指示，冬春正是动物疫病特别是高致病性禽流感的高发季节，要高度重视防治工作，不可掉以轻心。

2005 年 4 月 5 日，《人民日报》报道：4 月 4 日，农业部正式启动奶牛良种补贴（试点）项目。根据项目实施方案，2005 年将在河北、内蒙古、黑龙江和山西 4 省区的 15 个奶业优势县进行试点，对每支价格为 15～60 元的优质奶牛冷冻精液给予 10 元补贴，投入 1 500 万元补贴资金，改良 60 万～65 万头奶牛。

2005 年 7 月 15 日，《农民日报》报道：7 月 13 日，农业部部长杜青林在全国兽医管理体制改革工作会议上透露，为适应防控重大动物疫病和提高动物产品安全水平的需要，我国推行官方兽医制度和执业兽医制度，逐步建立起与国际接轨的兽医管理体制，兽医管理体制改革全面铺开。

2005 年 8 月 7 日，《人民日报》报道：中国农科院兰州畜牧与兽药研究所的科研人员培育成功世界上首个人工牦牛品种——大通牦牛，填补了世界家畜育种史上的空白。

2005 年 9 月 3 日，《人民日报》报道：农业部发布《2005 年重大动物疫病防控秋季行动计划》，重大动物疫病防控秋季行动在各地全面展开。

2005 年 9 月 20 日，《人民日报》报道：我国拥有天然草原近 60 亿亩，占国土总面积的 41.7%，居世界第二位。自 2003 年以来，国家已安排退牧还草工程建设任务 2.9 亿亩，投入中央资金 42.2 亿元。

2005 年 10 月 21 日，《人民日报》报道：11 月 20 日，中美两国元首就加强禽流感防控双边合作的共同倡议达成一致，并形成共同文件《中美禽流感共同行动倡议概念文件》。

2005 年 10 月 21 日，《光明日报》报道：国务院总理温家宝签署第 450 号国务院令，发布《重大动物疫情应急条例》。

2005 年 11 月 10 日，《人民日报》报道：由农业部动物检疫所和青岛易邦生物工程有限公司联合研制生产的国家级新药——禽流感二价灭活疫苗首批产品，通过中国兽医药品监察所批签发后正式投放市场。新研制的禽流感二价灭活疫苗，免疫一次就能同时预防 H5 亚型和 H9 亚型禽流感，生产成本只相当于两种单苗的 60%。

2005 年 11 月 14 日，《光明日报》报道：由农业部制定的《高致病性禽流感疫情处置技术规范》正式出台并下发各地。技术规范对疫情处置“早、快、严”的要求进行了详细阐述。

2005 年 12 月 22 日，《人民日报》报道：10 月至今，我国已对 50 多亿羽家禽进行禽流感免疫，免疫密度达 85%以上；由对重点地区家禽进行免疫到对全国家禽实施全面免疫。

2005 年 12 月 22 日，《科技日报》报道：首次全国草原全面监测结果显示：我国大部分草原超载过牧问题突出，内蒙古、新疆、甘肃和四川等省区天然草原家畜超载 40%以上。草原保护建设工程区植被呈良性恢复势头，但草原生态“局部改善、总体恶化”的趋势仍未得到根本好转。

2005 年 12 月 26 日，《人民日报》报道：世界上第一个禽流感—新城疫重组二联活疫苗已在我国研制成功，于 12 月 23 日正式批准生产。新疫苗在国际上处于领先水平，我国拥有自主知识产权。

2006 年 1 月 22 日，《人民日报》报道：“奶业重大关键技术研究与产业化技术集成示范”专项技术通过验收。该技术经过 4 年实施，全面完成了项目各项考核指标和计划任务。该专项共取得经省部级鉴定的科技成果 162 项，获得各级奖励的成果 31 项；开发新技术、新产品、新材料 460 项；扶植示范户 10 万多户，辐射养殖户达 80 多万户，示范区农民每饲养一头奶牛比非示范区多收入 1 000 元以上，促进农民增收累计近 60 亿元。

2006 年 2 月 21 日，《人民日报》报道：2005 年我国野生动植物培育利用和进出口共实现总产值约 1 570 亿元，企业固定资产总值达 351 亿元，比 2003 年分别增长了 176% 和 58.8%。野生动植物保护与利用实现良性循环。约 300 种野生动植物人工培育技术成熟，其中近 200 种可通过人工培育满足相关产业需求，不再依赖野外资源。

2006年3月11日，《人民日报》报道：3月10日，中国动物疫病预防控制中心和全国畜牧总站正式成立。

2006年4月3日，《人民日报》报道：4月1日，春季禁牧休牧启动仪式在内蒙古自治区正镶白旗大草原举行，这是中华人民共和国成立以来首次在全国范围推行禁牧休牧总动员。春季休牧时间约为两个月，禁牧时间在一年以上。

2006年4月9日，《光明日报》报道：我国首例水牛体内胚胎在广西育成，每头水牛每次生产胚胎数量刷新了世界纪录，一头水牛一年至少能生产30枚胚胎，达到工厂化生产胚胎的目的。

2006年6月4日，《人民日报》报道：6月3日，2 006中国饲料工业展示交易会开幕。2005年，全国饲料产品总产量达到1.07亿吨，饲料工业总产值2 742亿元，总量首次突破亿吨大关，实现了历史性的跨越。

2006年6月15日，《人民日报》报道：国家禽流感参考实验室疫苗研制和诊断技术研究又取得新突破，三种新型禽流感疫苗研制和一项禽流感诊断技术研究获得成功。新研制成功的三种疫苗分别是新型禽流感（H5N1）标记灭活疫苗、密码子优化H5亚型HA基因禽流感DNA疫苗和禽流感重组亚单位疫苗，其中新型禽流感（H5N1）标记灭活疫苗为国际首创，该疫苗可经血清学方法区分自然感染和疫苗免疫产生的免疫反应，高效安全。

2006年6月18日，《人民日报》报道：中国动物疫病预防控制中心16日正式运行，这标志着我国兽医体制改革取得重大进展。目前我国已形成以农业部兽医局、中国动物疫病预防控制中心、中国兽医药品监察所、中国动物卫生与流行病学中心及4个分中心为主体的国家级动物疫病防控管理和技术支持体系。

2006年6月20日，《农民日报》报道：6月5日，农业部部长杜青林签署第66号农业部令，公布《优良种畜登记规则》，自2006年7月1日起施行。

2006年6月27日，《人民日报》报道：6月21日上午9时许，可可西里国家级自然保护区人工驯养的一只3岁母藏羚羊在藏羚羊救护中心成功产下一只雌性小藏羚羊。这是世界首例在人工救护管理条件下受孕并顺利生产的藏羚羊。

2006年6月28日，《人民日报》报道：6月27日，农业部兽药评审中心在北京正式运行，开始履行职能。

2007年1月13日，《农民日报》报道：由国家发改委会同农业部、财政部、国家质检总局、国家林业局联合编制的《全国动物防疫体系建设规划（2004—2008年）》发布。《规划》总投资88.35亿元，到2008年，通过中央、省、县、乡四级防疫基础设施项目建设，全面建成与新型兽医管理体制与防疫队伍相适应的动物防疫体系。届时，力争使每年减少养殖业直接经济损失170亿元，减少间接损失450亿元，使农民人均增收50元。

2007年1月27日，《人民日报》报道：1月26日，国务院召开全国防控禽流感等重大动物疫病电视电话会议。中共中央政治局委员、国务院副总理、全国防控高致病性禽流感指挥部总指挥回良玉在会上强调，各地区、各有关部门要在强化“三农”工作中依法加强动物疫病防控工作，密切关注国内外疫情发展态势，采取综合应对措施，坚决防堵疫情的传入传出，坚决防控国内疫情的发生蔓延，坚决防范人感染禽流感，促进畜牧业健康发展和农民持续增收，确保人民群众身体健康和公共卫生安全。

2007年3月11日，《人民日报》报道：3月10日，农业部全面启动禽流感等重大动物疫病防控行动，通过强化免疫、疫情监测，建立动物标识及疫病追溯体系等措施，确保有效控制我国的重大动物疫病。

2007年5月14日，《人民日报》报道：新型高致病性猪蓝耳病灭活疫苗通过农业部组织的专家审评，并已正式投入生产。该疫苗利用流行的高致病性猪蓝耳病变异毒株作为种毒，经种毒筛选、中间试制、临床和扩大临床试验等一系列试验，证实对高致病性猪蓝耳病病毒有良好免疫效果，免疫保护率超过80%。

2007年5月19日，《科技日报》报道：我国研制成功新型高致病性蓝耳病灭活疫苗，农业部已安排6家兽用疫苗生产企业紧急生产。

2007年7月2日，《农民日报》报道：我国第一个肉牛品种夏南牛在河南省泌阳县正式“诞生”，为全世界牛家族增添了新的一员，揭开了我国肉牛业发展新的一页。

2007年7月10日，《光明日报》报道：世界首例胎兔体细胞克隆实验在我国获得成功，中国农科院北京畜牧兽医研究所国家畜禽分子遗传育种中心进行的“通过获取胎兔成纤维细胞克隆兔实验”，通过了分子生物学鉴定。

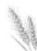

2008年1月17日，《人民日报》报道：广西

水牛研究所主持的农业部“948”项目“水牛克隆技术研究的引进与应用”取得重大突破，一头受体母水牛在南宁产下一头雌性亚种间克隆水牛犊。

2008年3月3日，《人民日报》报道：2月26日，一头冷冻胚胎移植的亚种间体细胞克隆雌性水牛犊在广西水牛研究所顺利诞生，这是继成功克隆出世界首例亚种间水牛之后的又一重大研究成果，利用冷冻胚胎克隆亚种间水牛，这在世界上尚属首例。

2008年4月20日，《人民日报》报道：我国奶量增长占世界奶量增长的一半以上，中国已成为世界第三大产奶国。2007年全国奶牛存栏1 470万头，比2006年增长7.8%。奶类总产量3 650万吨，比2006年增长10.5%。

2008年9月5日，《经济日报》报道：8月28日，国务院总理温家宝签署第533号国务院令，公布《中华人民共和国畜禽遗传资源进出境和对外合作研究利用审批办法》，自2008年10月1日起施行。《办法》规定，省、自治区、直辖市人民政府畜牧兽医行政主管部门，应当自收到畜禽遗传资源引进、输出或者对外合作研究利用申请之日起20个工作日内完成审核工作，并将审核意见和申请资料报国务院畜牧兽医行政主管部门审批。

2009年4月19日，《人民日报》报道：中国畜牧业协会和国家蛋鸡产业技术体系推出新培育的“京红1号”和“京粉1号”蛋鸡配套系。这一举打破了长期以来我国祖代蛋鸡品种受制于人、完全依赖国外进口的格局，揭开了我国蛋鸡育种事业新篇章。经农业部家禽品质监督检验测试中心（北京）性能测定和中试推广应用，北京华都峪口禽业有限公司培育的“京红1号”和“京粉1号”蛋鸡配套系，各项生产性能均达到国际先进水平。

2009年5月4日，《农民日报》报道：农业部组织专家开展联合攻关，成功研制出猪感染甲型H1N1病毒RT-PCR检测试剂盒，可在5小时内完成猪感染甲型H1N1病毒快速检测。

2009年6月9日，《农民日报》报道：全国首家畜牧业贷款中心——中国农业银行股份有限公司吉林省分行畜牧业贷款中心正式挂牌运行，这标志着吉林省诞生了为畜牧业发展提供专项金融服务的新型金融部门和金融产品。中国农业银行承诺5年内为吉林省用于畜牧业的专项信贷规模不低于400亿元。

2009年6月26日，《农民日报》报道：广西大学动物繁殖研究所经过长达4年多的研究实验，成功培育出我国首批分离X、Y精子性别控制的仔猪。

2009年10月29日，《农民日报》报道：10月28日，中国兽医协会在北京成立。

2011年6月14日，《农民日报》报道：2011年中央进一步加大了畜牧良种补贴力度，补贴资金较2010年增加2亿元，达11.9亿元。新增部分用于内蒙古、四川、云南、西藏、甘肃、青海、宁夏、新疆8个省区的肉牛、羊、牦牛良种补贴。

2011年11月9日，《农民日报》报道：11月4日，全国畜牧总站与德国农业技术咨询公司（GFA）在北京联合举办中德畜牧业技术创新中心——中国牛业发展合作项目启动仪式。全国畜牧总站与德国农业技术咨询公司（GFA）签署了项目实施方案，全国畜牧总站分别与6家中方项目示范单位签署了项目合作协议书，中德代表为第一批中方项目示范单位举行授牌仪式。

2012年5月2日，国务院总理温家宝主持召开国务院常务会议，讨论通过《国家中长期动物疫病防治规划（2012—2020年）》。

2013年5月14日，《经济日报》报道：财政部发出通知，按照国务院部署，在各地出台扶持生产措施的基础上，中央财政进一步采取稳定发展家禽业的政策措施，安排资金6亿元，对祖代种鸡饲养户给予补助，并对家禽加工重点龙头企业流动资金贷款给予短期贴息。

2013年7月12日，《光明日报》报道：我国首批转入大理石花纹状肉质基因的克隆肉牛“萌萌”“妞妞”10日吃到了美味的周岁生日蛋糕。经权威机构检测，外源的*A-FABP*基因成功转入基因组之中，并稳定整合，这表明这项体细胞转基因克隆技术生产体系可以用于安全生产转基因动物。

2013年8月15日，《人民日报》报道：中央财政下拨畜牧发展扶持资金20.5亿元，支持开展畜牧良种补贴，对养殖者购买牲畜良种冻精和种公畜进行补贴，支持畜牧水产等“菜篮子”产品养殖场开展规模化标准化生产。加上此前已下拨资金，2013年中央财政已下拨畜牧发展扶持资金29亿元。

2014年1月6日，国务院法制办公室、环境保护部、农业部联合召开《畜禽规模养殖污染防治条例》学习贯彻工作电视电话会议。

2014年2月14日，《光明日报》报道：针对遗传资源研发严重滞后、蜂种品质退化等问题，国家蜂产业技术体系的科研人员积极开展蜜蜂授粉增产实验，制定系列蜜蜂授粉及饲养技术规范，目前已成功繁育出5个中国优势本土蜂种，在全国建立27个示范基地，蜂授粉技术得到大力推广和应用。

2014年7月17日，《经济日报》报道：农业部16日召开肉牛基础母牛扩繁工作视频会议。2014年中央财政将安排9.4亿元，在各个省份启动肉牛基础母牛扩群增量项目，调动母牛饲养积极性，逐步解决基础母牛存栏持续下降、架子牛供给不足的瓶颈问题。

2014年11月1日，《农民日报》报道：国务院办公厅印发《关于建立病死畜禽无害化处理机制的意见》，部署全面推进病死畜禽无害化处理，保障食品安全和生态环境安全，促进养殖业健康发展。

2014年11月7日，《人民日报》报道：中央财政以绩效评价结果为重要依据，统筹考虑草原面积、畜牧业发展情况等因素，拨付奖励资金20亿元，用于草原生态保护绩效评价奖励，支持开展加强草原生态保护、加快畜牧业发展方式转变和促进农牧民增收等方面工作。

2015年5月7日，《人民日报》报道：截至5月6日，全国耕地受旱面积4 755.3千公顷（多年同期平均值10 866.7千公顷），有117万人、136万头大牲畜因旱饮水困难，主要分布在云南、内蒙古等地。国家防汛抗旱总指挥部派出6个工作组赶赴河北、吉林、广西、贵州等重旱区协助指导地方开展抗旱。

2015年5月15日，《人民日报》报道：农业部数据显示：2014年，全国牧业总产值已超过2.9万亿元，人均肉类占有量达64千克，直接从事畜禽养殖的收入占家庭农业经营现金收入的1/6，畜牧业国家级产业化龙头企业达583家，占比达47%。

2015年6月12日，《农民日报》报道：农业部办公厅印发《全国肉羊遗传改良计划（2015—2025）》。计划到2025年形成纯种基础母羊15万只的核心育种群，重点选育的地方品种主要肉用性能提高10%以上，绵羊产羔率牧区达到120%以上、农区达到150%以上，山羊产羔率达到180%以上，培育10个左右肉羊新品种，肉羊群体生产性能稳步提高。

2017年2月27日，国家畜禽养殖废弃物资源化处理科技创新联盟成立大会在京召开。会议选举产生了联盟理事会。联盟各成员单位共同发布了《国家畜禽养殖废弃物资源化处理科技创新联盟倡议书》。

2017年6月13日，《经济日报》报道：国务院办公厅印发《关于加快推进畜禽养殖废弃物资源化利用的意见》。《意见》提出，到2020年，建立科学规范、权责清晰、约束有力的畜禽养殖废弃物资源化利用制度，构建种养循环发展机制，全国畜禽粪污综合利用率达到75%以上，规模养殖场粪污处理设施装备配套率达到95%以上、大规模养殖场提前一年达到100%。

2017年6月27日，全国畜禽养殖废弃物资源化利用会议在湖南省长沙市召开。国务院副总理汪洋强调，要认真贯彻落实新发展理念，坚持保供给与保环境并重，坚持政府支持、企业主体、市场化运作，全面推进畜禽养殖废弃物资源化利用，改善农业生态环境，构建种养结合、农牧循环的可持续发展新格局。

2017年11月15日，《农民日报》报道：农业部在四川成都举办的第七届中国兽医大会上正式启动“传递爱心守护健康全国兽医在行动”公益活动暨全国兽医挑战“世界最长信封链条”活动。活动号召全国兽医工作者和兽医系统各类机构主动投身乡村振兴战略和健康中国战略的贯彻实施。此次活动将用近一年的时间，指导各地以兽医服务进“一园一院三区三场（厂）”系列活动为主要活动载体，广泛倾听民意，推动改进制度设计，推进养殖业生产安全、动物源性食品安全、公共卫生安全和生态安全保障工作。

2018年5月21日，《农民日报》报道：5月19日，在第十六届（2018）中国畜牧业博览会暨2018中国国际畜牧业博览会上，农业农村部副部长于康震宣布全国兽用抗菌药使用减量化行动正式启动实施。

2018年6月12日，《人民日报》报道：国务院办公厅印发《关于推进奶业振兴保障乳品质量安全的意见》，全面部署加快奶业振兴，保障乳品质量安全工作。《意见》提出，到2020年，奶业供给侧结构性改革取得实质性成效，奶业现代化建设取得明显进展。100头以上规模养殖比重超过65%，奶源自给率保持在70%以上。

2018年12月12日，《农民日报》报道：全国加强非洲猪瘟防控工作电视电话会议11日在北京召开，中共中央政治局委员、国务院副总理胡春华强调，要按照党中央、国务院的决策部署，加强非洲猪瘟防控处置，进一步落实各项防控措施，构建长效防控机制，确保生猪产业健康发展、市场供应稳定。

四、水　产

1950年2月6日，食品工业部在北京召开第一届全国渔业会议。朱德副主席到会讲话。

1950年4月10日，东北人民政府颁布《东北渔业暂行条例》《渔业登记细则》。

1950年4月24日，东北人民政府颁布《机船底曳网禁渔区》。

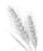

1951年2月28日，政务院批准《中南区渔业暂行条例》《中南区植业权登记暂行规则》《中南定置渔业管理暂行规则》及《中南区水产动植物繁殖保护暂行规则》公布试行。

1951年4月13日，农业部发布《关于渔业生产的指示》，要求各产鱼区人民政府及水产部门抓紧时机，组织植业生产，加强鱼货运销，完成全年生产任务。

1952年4月8日，农业部发出《关于大力发展淡水养殖事业的通报》，号召发展淡水养鱼事业。

1978年11月28日—12月5日，中共浙江省委宣传部、中国社会科学院经济研究所、农业经济研究所、财贸物质研究所、国家水产总局在浙江舟山联合召开全国渔业经济科学规划座谈会。

1979年2月5日—3月1日，国家水产总局召开全国水产工作会议。会议认为，为了改变当前的被动局面，水产工作着重点的转移要从调整入手，首先把资源利用、生产发展方向、管理体制、政策措施等调整好，使水产事业的现代化建设有一个坚实可靠的基础。会议提出近期应该采取的方针是：大力保护资源，积极发展养殖，调整近海作业，开辟外海渔场，采用先进技术，加强科学管理，提高产品质量，活跃城乡市场。

1979年3月22日，国家水产总局、国家物价总局发出《关于提高水产品收购价格的通知》。《通知》要求“认真贯彻按质论价和资源保护政策，优质鱼多提，一般鱼少提；鲜度好的多提，鲜度差的少提；大鱼多提，小鱼少提，幼鱼不提。”

1979年4月1日，国家水产总局、农业部发出《中华人民共和国口岸淡水鱼类检疫暂行规定》。第一次正式规定中国进口鱼类的检疫对象，共8种疾病。

1979年4月29日，《国务院批转国家水产总局关于全国水产工作会议情况的报告的通知》。《通知》指出：水产是国民经济中不可缺少的一个重要组成部分。我国有辽阔的海洋和内陆水面，水产资源丰富，发展水产事业的条件很好。但是，它的重要性，至今还没有被我们一些同志所认识。这些年来，水产品产量和质量，都远远不能满足人民生活和社会主义建设的需要。这种状况必须尽快改变过来。各地要切实加强对水产工作的领导，全面地、完整地执行农林牧副渔五业并举的方针。各有关部门也要积极支持渔业生产，努力把水产事业搞上去。

1979年10月22日—11月5日，国家水产总局在北京召开18省、市、自治区水产局长座谈会。会议讨论了保护水产资源问题、渔政管理工作问题、海淡水养殖问题、水产品保鲜加工问题和水产供销工作问题。

1979年12月15日—20日，国家水产总局在湖北洪湖县召开全国淡水商品鱼基地座谈会。1977年开始试点以来，淡水商品鱼基地建设取得了可喜的成绩。在长江两岸，黄河之滨，直至松花江畔，建立起900多个初具规模的基地点，建成集中连片的精养鱼池17万亩，1978年投产43 900多亩，产鱼1 962吨，平均亩产89斤；基地产量集中，便于外调，1978年上调1 238吨，占当年国家调拨淡水鱼的15%。

会议提出：基地建设应优先安排养鱼积极性高，自然条件好，交通便利，有一定生产基础，短期内能见实效的地方。基地的经营体制要因地制宜，分别采取社办、大队办或社队联营等多种形式。从1980年起，实行鱼粮挂钩，基地每上调1吨鱼，除原有回供半吨化肥外，新增回供半吨饲料粮。

1979年12月25日，国务院批准国家水产总局改由国家农委代管。国家水产总局颁发《渔政管理工作暂行条例》。

1980年6月5日，国务院批转水利部、财政部、国家水产总局《关于水库养鱼和开展综合经营的报告》。要求各级人民政府和有关部门积极支持水利工程管理单位把多种经营逐步开展起来，争取尽快在全国范围内实现水利工程管理经费的自给有余。水利工程管理部门要注意和周围社队群众搞好关系，有些生产和事业可以同社队联合经营，使群众得到好处，走共同富裕的道路。

1980年8月14日—24日，中国社会科学院农业经济研究所、国家水产总局在山东文登县举行全国第一次渔业经济理论讨论会。

1980年9月28日，新华社报道：我国商品牛生产基地建设已初见成效。到目前，各基地共建立了16处冷冻精液站，13处液氮站，140多处县站和4 000多处人工输精点，培训了数以千计的人工输精员，冷冻精液繁育体系初步形成。1979年改良配种牛68万多头，超过计划4.9%，比上一年增长80%，向国家交售肉用牛68 900头，占全国交售肉用牛总数的90%多，比上一年增长了38%。由于货源扩大，1979年外贸出口活肉用牛比上一年增长84.9%。

1980年11月14日，新华社报道：农村放宽了经济政策，社队养鱼在我国淡水渔业中已占据重要地位。据国家水产总局的统计，1979年社队养鱼产量占全国淡水渔业总产量的65%，1980年虽然多灾，但仍然大幅度增长。报道指出，发展社队养鱼，成本小，见效快，收益大，是加快发展水产业的重要措施，也是使农村社队和社员尽快富裕起来的途径。

1980年12月5日—19日，国家水产总局在北京召开全国水产厅（局）长会议，会议根据中央书记处对水产工作的指示和中央关于“狠抓调整稳定经济”的精神，在分析当前水产形势的基础上，集中研究了进一步搞好调整的有关政策、措施，讨论了向国务院请示的报告。

1981年1月2日，国家水产总局在广东东莞召开的第三次渔港建设会议结束。会议总结了近几年来我国渔港建设的经验教训，研究了当前水产调整工作中如何进一步搞好渔港建设的措施。

1981年1月10日—15日，中国水利学会在河南新乡召开灌溉排水技术讨论会并成立农田水利专业委员会。会议通过学术报告和分组讨论，交流了灌溉、排水经验和科研成果。

1981年1月19日，国务院批转《国家水产总局关于当前水产工作若干问题的请示报告》。《报告》提出：一、调整海洋渔业，合理安排渔场。压缩近海捕捞能力。从1981年起，若干年内，各地国营捕捞企业和渔业社队，一般不再新增和引进渔船。从现在起，在机轮底拖网禁渔区线海域内，禁止所有底拖网机动渔船作业。二、加速发展养殖生产。要明确政策，调动国家、集体、个人几方面的积极性，尽快把可以养殖的水面、滩涂利用起来。对水面、滩涂的所有权和使用权，已经确定的不要轻易变动；没有确定的要尽快确定下来。三、加强渔政管理，认真执行各项渔业法规。四、稳定渔业社队体制，健全生产责任制。要因地制宜加强和完善“几定奖赔”“比例分成”“大包干”等捕捞生产责任制，分配上体现作业单位之间的差别，不能“吃大锅饭”。采用“大包干”的，要切实做到包够、交齐，丰产时有所储备。五、调整水产品购销政策问题。对集体渔业的水产品应当继续实行派购与议购相结合的政策，适当调整二类产品的范围，加强必要的行政管理和经济措施。完成派购任务以后的产品，水产供销部门可以设立水产贸易货栈，开展议购议销或代理业务。水产供销企业的设置，要逐步打破行政区划，去掉不必要的层次，按经济区域设置机构，并开展产销挂钩，产品直达运输，鼓励活鱼上市，按合理的流向组织流通。

1981年4月2日，国务院委托国家农委在北京召开沿海渔场安排座谈会。会后向国务院写了《关于东、黄、渤海主要渔场渔汛生产安排的暂行规定报告》，国务院4月22日批转了这个报告。为保护大黄鱼和带鱼的幼鱼繁殖成长，国务院决定从4月22日起，在东海和黄海设立两个幼鱼保护区。

1981年5月4日，国务院批转国家水产总局《关于当前水产工作若干问题的请示报告》，要求各地在调整中切实加强对渔业工作的领导，认真解决存在的问题，调动各方面的积极性，使我国渔业能有一个较大的发展。

1981年5月18日—28日，中国水产学会第二次全国会员代表大会暨学术年会在北京召开。会议总结了1978年以来的工作，通过了新的学会章程，选举了新理事，调整了各专业委员会，进行了学术交流。会议还讨论通过了《关于大力发展烧水养殖和海水养殖建议书》及《致台湾水产界同仁信》。

1981年6月22日，由国家水产总局和联合国开发计划署及粮农组织合作举办的中国无锡亚太地区综合养鱼研究和培训中心举行开学典礼。

1981年10月16日—24日，国家水产总局在山东省牟平县召开全国水产科技工作会议。会议回顾和总结三十二年来水产科技工作的成就和经验教训，讨论了科技发展方针、技术政策和改进科研管理工作等问题，提出近期要集中力量推广突破的生产上急需的科研成果和课题。会议还讨论、修订了《全国水产科技“六五”发展计划和十年设想》《水产科学研究工作试行条例》《渔业科技研究成果鉴定实施办法》。

1981年10月17日，中共中央、国务院发出《关于批转农牧渔业部〈关于加速发展淡水渔业的报告〉的通知》（中发〔1982〕44号），指出：当前，鱼是各种副食品中最紧缺的，城乡到处吃鱼难。必须在抓紧粮食生产的同时，发展畜牧和水产业，逐步而适度地改变居民的食物构成。希望各级党委和政府要像重视耕地一样重视水面的利用，力争实现全国年产淡水鱼四五百万吨的目标，缓解吃鱼难的矛盾，并配合农、林、牧、副、工等其他各业的发展，使农民尽快地富裕起来。农牧渔业部在相关报告中提出：要落实水面使用权，长期使用不变。国家只对国营渔业生产单位和商品鱼基地的产品实行派购政策，其他社队养鱼和社员家庭养鱼，一般不派购。并且首次在农村规定，由养鱼能手承包较大面积的水面，经过批准，可以吸收3～5个学徒或帮手搞小业主式的经营。

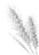

1981年12月2日—9日，国家水产总局在江苏无锡市召开全国海洋集体渔业经营管理工作座谈会，会上交流了各地渔业社队建立生产责任制、开展多种经营的情况和经验，集中研究了根据海洋渔业特点，进一步完善改进生产责任制，加强经营管理工作

的意见。

1981 年 12 月 20 日—27 日，国家水产总局在辽宁省大连市召开全国水产企业经营管理座谈会。会议总结交流了企业整顿推行经济责任制的经验，进一步贯彻全国计划会议和国务院关于抓好企业整顿工作、实行工业生产经济责任制意见的通知精神，研究直属企业 1982 年生产、财务任务。

1981 年 12 月 22 日—27 日，水利部在广西玉林县召开 10 省区公社水利站工作座谈会。会议交流了近几年充实、调整和建立公社水利站的情况和经验，讨论了《公社水利站工作条例（讨论稿）》。

1982 年 1 月 13 日，《光明日报》报道：在杭州召开的全国海水增养殖的发展方向和重点讨论会上，专家、教授们指出，由于捕捞过量，我国海洋渔业产量在近期内不会有大的增长，在这种情况下，发展海水增养殖已成为增加水产品的主要途径。

1982 年 2 月 12 日—24 日，农垦部在北京召开全国农垦厅（局）长会议，总结了农垦事业 30 多年的历史，有四方面基本经验：明确办社会主义农场的目的；从单一经营农业走向农工商综合经营；严格实行按劳分配原则，调动职工的积极性，提高劳动生产率；重视应用现代化农业科学技术和科学管理方法。

1982 年 2 月 18 日—27 日，国家水产总局在北京召开全国对虾养殖工作会议。会议总结、交流了几年来对虾养殖的成绩和经验，着重研究了巩固提高，稳步发展对虾养殖的方针和改善经营管理、实行科学养虾、提高经济效益的措施。

1982 年 3 月 10 日—22 日，由国家农业委员会主持，国家水产总局、水利电力部具体筹备的全国淡水渔业工作会议在北京召开。国家水产总局负责同志指出，我国淡水鱼总产量已连续三年平均每年增长 10%左右，1981 年达 137 万吨。

1982 年 3 月 11 日，《中国农民报》报道：三年来，我国对虾人工养殖业有了很大的发展。沿海各地养殖对虾已由 1978 年的十几个县、市发展到 90 多个县、市，产量也有了大幅度的提高，1981 年超额 11.5%完成国家计划。

1982 年 3 月 21 日，《中国农民报》报道：我国农村社队集体和社员家庭养鱼产量占全国淡水养鱼总产量 137 万吨的 70%。据湖北、湖南、江苏、安徽、江西、浙江、广东、广西等省、自治区不完全统计，目前家庭养鱼户有 130 多万户，养鱼水面 36 万多亩。

1982 年 3 月 25 日—27 日，国家水产总局在山东省青岛市召开对虾工厂化育苗鉴定会，与会专家一致认为，对虾工厂化育苗的成功，使我国对虾的育苗原理与方法都已进入了世界先进行列。从此我国养殖对虾不再依赖天然虾苗。

1982 年 9 月 30 日，《中国农民报》报道：据全国 18 个淡水鱼产区统计，1982 年头八个月，总产达到 56.8 万吨，比上年同期增加 3.5 万吨。网箱养鱼 1981 年 6 个省、市统计只有 484 亩，1982 年增加到1 400 多亩。贵州、湖南、湖北、四川、江苏、广西等省、自治区，恢复和发展了稻田养鱼，1981 年养殖面积 220 万亩，1982 年又增加了 20 万亩。1982 年国家建成投产的商品鱼基地达到 54.8 万亩。1981 年全国社员家庭养鱼有 130 万户，1982 年增加到 180 万户。

1982 年 10 月 26 日—11 月 4 日，农牧渔业部在福州召开全国海水养殖工作会议。会议着重研究加速发展海水养殖业的方针、政策、措施和规划，以及如何改进水产供销工作、解决海水养殖产品的加工、运销问题。

1983 年 3 月 20 日—24 日，中国水产学会在江苏省苏州市召开中国渔业史研究会成立会议。

1982 年 3 月 31 日—4 月 7 日，国家水产总局在辽宁省大连市召开全国海珍品增养殖座谈会。会议总结交流了近几年来我国开展海珍品（扇贝、海参、鲍鱼等）育苗和增养殖生产经验，讨论和研究了发展生产的措施。

1983 年 10 月 6 日—10 日，由农牧渔业部召开的沿海国营农场对虾养殖座谈会在辽宁省东沟县举行。据统计，现已有 15 个农场养殖对虾，1983 年养虾面积达 1.2 万余亩。

1984 年 9 月 14 日，《人民日报》报道：1983 年，我国淡水养殖产量达到 142.8 万吨，居世界第一位，比 1978 年增长 87.4%，平均每年递增 13.2%，全国人民食用的淡水鱼中，80%以上是人工养殖的"家鱼"。

1984 年 10 月 5 日，农牧渔业部党组决定，通知部属水产三个总公司（中国海洋渔业总公司、中国水产养殖公司、中国水产供销总公司）合署办公。对内简称中国水产联合总公司，对外联系按业务需要分别使用三个公司名称、印章。10 月 24 日国家经委正式批准组建中国水产联合总公司。

1984 年 10 月 13 日，《中国村镇百业信息报》的系列刊之一的《鱼刊》创刊。它是我国第一张水产专业报刊。

1984 年 11 月 27 日，《光明日报》报道：

1984 年，我国在山东南部沿海进行对虾放流增殖获突破性进展，增殖的对虾大大超过该海区的自然捕捞量，放流回捕率为 7%，达到世界先进水平。

1984 年 12 月 29 日，农牧渔业部主办的全国首届水产加工品展销会在北京开幕。参加展销的有沿海和内地的 17 个省（自治区、直辖市）2 800 多种水产加工品。

1985 年 3 月 24 日，《人民日报》报道：中共中央和国务院 11 日发出了《关于放宽政策、加速发展水产业》的指示，要求各地党委和政府抓住有利时机，解放思想，放宽政策，加强领导，努力工作，迅速打开水产业的新局面，如期实现到 20 世纪末全国水产品产量翻两番、产值翻两番多的奋斗目标。

1985 年 9 月 20 日，我国第一个全国性水产品加工行业的联合技术开发研究机构——上海水产品加工技术开发中心，在上海市正式成立。

1985 年 12 月 21 日，《农民日报》报道：目前，全国海水养殖面积已达 440 万亩，比 1980 年翻一番多，产量达 70 万吨。其中鱼、虾、海珍品的比重从 1980 年的 1.7%提高到 9.3%。

1986 年 4 月 17 日，在第 14 届日内瓦国际发明与新技术博览会上，我国赵乃刚等合作研究的河蟹繁殖的人工半咸水及工业化育苗工艺获金牌。

1986 年 2 月 1 日，《经济日报》报道：我国远洋渔业取得可喜成果。第二批鱼货近 2 000 吨已于 1 月 24 日安全运抵天津港。

1986 年 6 月 10 日，《光明日报》报道：海洋水产专家经大量调查研究指出，渤海水产资源捕捞强度过大，应严格控制捕捞量，开源节流。

1987 年 3 月 26 日—28 日，农牧渔业部渔政局、水产局在武汉联合召开长江中下游渔业资源管理工作座谈会。会上成立了长江渔业资源管理委员会。

1988 年 1 月 18 日—25 日，农牧渔业部在北京召开全国水产工作会议，会议提出采取的措施是：①逐步健全水产行业宏观控制调节体系，以改革统揽全局的经济体制；②挖潜、开拓，加强薄弱环节，不断提高市场应变能力和自我消化能力；③把科技进步和提高劳动者素质作为促进水产业健康发展的主要支柱；④要转变职能，强化水产行业管理。

1988 年 5 月 12 日，新华社报道：我国规模最大的综合性淡水鱼试验研究中心——北京淡水鱼养殖中心，5 月 10 日在北京市南郊落成。

1988 年 9 月 3 日，《人民日报》报道：我国远洋渔业船队建队 3 年已初具规模，现拥有 51 艘生产船和 4 艘冷藏运输船。活动在西非、北非、北美、南太平洋等地区，年捕鱼量达七八万吨，产值近 3 000 万美元。

1988 年 10 月 9 日，国务院批复农业部、财政部、国家物价局关于《渔业资源增殖保护费征收使用办法》，凡在中华人民共和国的内水、滩涂、领海以及中华人民共和国管辖的其他海域采捕天然生长和人工增殖水生动植物的单位和个人，必须依照此办法缴纳渔业资源增殖保护费。

1989 年 1 月 12 日，《人民日报》报道：1988 年水产品总产量首次超过 1 000 万吨，养殖产量首次超过捕捞产量，水产品人均占有量创历史最高水平。

1990 年 1 月 8 日，《人民日报》报道：1989 年我国海水养殖总产量达 154 万吨，创历史最高纪录，已跃居世界海水养殖首位。

1990 年 3 月 14 日，我国海洋水产品年产量由 10 年前的 350 多万吨，增至目前的 660 多万吨，一跃成为世界五大海洋渔业国家之一。

1990 年 6 月 1 日，农业部批准成立"农业部远洋渔业培训中心"，设在上海水产大学。

1990 年 6 月 11 日，农业部渔业船舶检验局成立。该局正式名称为中华人民共和国船舶检验局渔业船舶检验分局。

1990 年 6 月 12 日，由中国水产总公司组织的第三批赴帕劳捕鱼船队在广东汕头起航。该船队由 13 艘群众渔船组成，标志着我国群众渔船正式加入远洋渔业的行列。

1991 年 1 月 17 日，《人民日报》报道：我国水产养殖居世界首位。人均水产品占有量已达到 10.6 千克，比 1985 年底人均提高近 4 千克，初步解决了大中城市"吃鱼难"问题。

1991 年 1 月 18 日—23 日，农业部在北京召开了全国水产工作会议。会议的主要议题：总结水产业"七五"计划的执行情况，研究确定"八五"期间水产业的指导思想、发展道路和奋斗目标；分析水产业的形势，安排 1991 年工作。水产业提前三年完成了"七五"确定的年产 900 万吨的发展计划，1990 年全国水产品产量达到 1 237 万吨，首次位居世界首位。会议通过对资源潜力的分析和对市场需求的预测，确定"八五"末期水产品年产量为 1 450 万吨。会议提出，"八五"期间发展水产业总的指导思想是：坚持改革开放，以改善人民生活、促进国家经济繁荣为出发点，认真贯彻以养殖为主，养殖、捕捞、加工并举，因地制宜，各有侧重的全面发展的方针，以合理利用资源为前提，以市场为导向，以提高经济效益为中心，紧紧依靠科技进步和加强经营管理，着重挖掘内涵潜力，积极开拓新的生产领域，稳步发展生产，为城乡居民的“菜篮子”提供丰富的水产品，积极扩大出口创汇，为实现“八五”以至20世纪的发展目标而努力奋斗。

1991年3月26日—29日，由农业部水产司、福建省水产厅、中国福建国际经济技术合作公司和渔业机械行业协会联合举办的1991年中国渔业技术装备交易会在福州市开幕，共有包括台湾省统一企业在内的80多家单位参展。

1991年3月27日，《人民日报》报道：国务院委托林业部向60个国营林业局颁发林权证。

1991年5月4日，国务院办公厅转发农业部《关于加强群众渔港建设的报告》。《报告》指出：党的十一届三中全会以来，在改革开放政策的推动下，我国的水产事业有很大的发展。1990年水产品产量达到1 218万吨，比1979年增加近800万吨，其中海洋捕捞量为551万吨，增加274万吨，增长98.7%，高于世界同期增长水平。海洋捕捞业生产规模不断扩大，从事捕捞的渔民从1979年的84万人增加到1990年的130万人；海洋机动渔船由4.3万艘、216万千瓦增加到24.4万艘、680万千瓦。为了切实加强群众渔港建设，尽快改变群众渔港建设严重不适应捕捞业生产发展的状况。

1991年5月17日，《人民日报》报道：中国科学院海洋研究所研究员张福绥等科技人员，把美国大西洋海湾扇贝引进到我国海域，我国成为世界养殖扇贝第一大户。

1992年5月3日—7日，由农业部水产司主办的1992年中国国际渔业展览会在深圳举行。参加展出的有中国、美国、德国、日本、挪威、丹麦、法国、新加坡等14个国家和地区的共150多家厂商，来自马来西亚、越南、法国、新加坡等国家和地区的260多位来宾和来自全国各省、自治区、直辖市的3 000多人参观了展览会。

1992年6月5日，由农业部渔政渔港监督管理局和中国水产科学研究院联合举办的首届中国珍稀水生野生动物展在北戴河开幕。

1992年10月6日，中国水产品加工行业协会经民政部批准正式成立，协会下设水产制冷、水产食品、综合利用、水产制药四个专业委员会。

1992年12月6日，《人民日报》报道：我国远洋渔业积极参与国际竞争与合作，已发展成初具规模的外向型产业。目前，全国已创建了25个远洋渔业公司。

1993年2月27日，农业部张延喜副部长在全国水产厅局长会议上提出，1993年水产工作的重点：一是要一手抓生产发展一手抓市场建设；二是要加强渔业经济体制改革力度；三是要努力促使科技教育发挥支柱作用；四是要转变政府职能，强化管理协调，发挥社会组织作用。

1993年12月28日，农业部批准海南省海洋渔业公司、福州远洋渔业公司、山东水产外经总公司、钦州市海洋捕捞公司等七家企业有远洋渔业企业资格。

1994年6月5日，日本海外渔业协力财团援建的福建东山水产增殖中心落成。

1994年7月18日—21日，中俄渔业部长级会谈在北京举行，中国农业部张延喜副部长和俄罗斯渔业委员会副主席鲁特尼科夫就中国渔船在霍茨克公海捕鱼等问题进行了磋商。

1994年7月26日，以中国水产总公司为核心企业的农业部直属大型综合性企业集团——中水集团在北京成立。

1998年4月10日，《经济日报》报道：我国将于今年开始在东海、黄海实行新的伏季休渔制度。

1999年3月24日，《光明日报》报道：农业部决定，从1999年开始在南海海域实行伏季休渔。我国所管辖的海域，大部分都实行了一定程度的休渔制度。

1999年12月30日，《科技日报》报道：山东威海市环翠区羊亭水产公司开发出中国鲈鱼全人工育苗技术，在基础研究和应用方面均居世界领先水平。

2000年2月5日，《人民日报》报道：我国出入境检疫等部门经过长达5年的努力，终使欧盟于2月2日公布2008/86/EC决议，将中国列入允许向欧盟出口水产品的一类国家名单。今后中国对欧注册企业生产的水产品被允许正常进入欧盟15个成员。

2000年4月17日，《农民日报》报道：北京市水产总公司在人工环境下繁育欧洲鲜鱼获得成功，这在国内尚属首次。

2000年4月27日，《经济日报》报道：26日，农业部将2000年定为渔业质量年，以推动渔业质量管理工作全面开展。

2000年5月26日，《人民日报》报道：新中日渔业协定将于2000年6月1日正式生效。这是我国与周边国家在《联合国海洋法公约》框架下开展渔业谈判后达成的第一个协定。该协定的生效标志着我国海洋渔业管理制度将有重大改变，渔船由船旗国管辖变为沿岸国管辖，海洋渔业管理将从传统的近海和外海作业管理转入到专属经济区管理。

2000年11月1日，《农民日报》报道：10月31日，经国务院批准，第三次世界渔业大会在北京开幕。

2000年11月2日，《农民日报》报道：1日，为期3天的2000年中国国际渔业博览会在北京全国农业展览馆举行。

2000年12月25日，《人民日报》报道：24日，中越政府级边界谈判代表团双方团长在北京草签了《中华人民共和国和越南社会主义共和国关于两国在北部湾领海、专属经济区和大陆架的划界协定》及《中华人民共和国政府和越南社会主义共和国政府北部湾渔业合作协定》。

2002年1月9日，《农民日报》报道：农业部决定，自2002年起在长江流域试行春季禁渔制度。

2002年1月21日，《人民日报》报道：山东省去年全省水产品对外贸易总量146.4万吨，总额达21.02亿美元，同比增长27.4%和31.6%，继续保持全国第一。

2002年4月30日，《光明日报》报道：4月29日，农业部首次向社会发布《中国海洋渔业水域图》。旨在用地图的方式向社会公布黄渤海区、东海区、南海区的渔业水域，让有关方面了解我国渔业水域的分布情况，保护渔业水域不受污染和破坏。

2002年5月11日，《人民日报》报道：为挽救长江渔业资源，6月9日，在农业部的主持下，长江流域首次进行了同步性实验性增殖放流。湖北、湖南、江西、安徽、江苏、上海6省市向长江中下游春季禁渔水域同步投放鱼苗。

2002年7月26日，《人民日报》报道：农业部发出《关于进一步加强渔业安全生产工作的通知》，指出当前渔业生产中存在较多事故隐患，要求各地渔业系统广大干部、职工和渔民提高安全生产意识，并加强渔业行业重大安全事故的预防和处置工作。

2002年10月31日，《人民日报》报道：2002年中国国际渔业博览会暨中国国际水产养殖展览会在青岛举行，来自29个国家和地区的415家中外企业参展。

2003年1月11日，《农民日报》报道：经国务院同意，我国自2003年2月1日起正式实行全长江禁渔期制度。

2003年1月12日，《人民日报》报道：我国渔业经济发展保持良好势头，渔业生产在结构调整中稳步增长，水产品市场平稳，水产品进出口贸易仍保持较快的增长势头。初步测算，2002年全国水产品总产量达到4 500万吨。水产品市场平稳，总体价格继续走低，波动幅度较弱。水产品进出口贸易在比较困难的形势下仍保持快速增长。据海关统计，去年1月至11月，我国水产品出口额41.7亿美元，占全国农产品出口总额的25.9%，继续居农产品首位。

2003年4月29日，《人民日报》报道：农业部决定，长江上游（葛洲坝以上）2月1日至4月30日、中下游（葛洲坝以下）4月1日至6月30日实施禁渔期制度。

2003年5月7日，《人民日报》报道：农业部发出通知，对黄海和东海的部分海域休渔时间和休渔作业类型做了适当调整，其他海域继续按原规定执行。

2003年12月3日，《经济日报》报道：农业部向沿海各省印发了《关于2003—2010年海洋捕捞渔船控制制度实施意见》。我国海洋捕捞渔船数和功率数由“总量控制”阶段进入“总量压减”阶段。

2004年3月31日，《人民日报》报道：农业部30日颁布了新修订的《渤海生物资源养护规定》，将于2004年5月1日起施行，以期合理养护和利用渤海生物资源，促进渔业的可持续发展。《规定》对渤海从事作业的渔具渔法、渤海与黄海实行统一伏季休渔制度以及各级渔业行政主管部门如何加强渤海渔业水域生态环境管理提出了明确要求。将重点保护资源品种从现行规定的23种增加到30种，并调整了各自的可捕标准。同时根据网具分类国家标准，调整禁用渔具渔法和准用网具的最小网目尺寸，突出禁止三重流刺网和各种拖网在渤海作业，并规定渤海与黄海统一实行伏季休渔制度，明确6月16日12时至9月1日12时，渤海与黄海将实行统一休渔。配合《渤海生物资源养护规定》的颁布，黄渤海区渔政渔港监督管理局将2004年定为“渤海生物资源与生态环境养护年”，准备采取一系列措施确保养护规定的贯彻实施。这些措施包括，实行渔具最小网目尺寸检查制度；严肃查处违规作业渔船；建立健全渤海渔业监测网络体系；定期组织对沿岸水质和大中型河流入海处、大中城市污水排放附近海域进行水域环境监测，重点对渤海赤潮监测和预防以及及时组织对渔业污染事故进行调查处理等。

2004年4月23日，《人民日报》报道：22日，由农业部组织的“2004长江珍稀水生动物增殖放流行动”正式启动。10 000尾中华鲟苗种和10 000尾“四大家鱼”原种种苗回游长江，此次放流是21世纪以来在长江流域组织开展的规模最大的一次增殖放流行动，将在湖北、湖南、四川、江苏等沿长江10省市同时展开。行动期间，各地将累计向长江及主要湖泊投放长江主要经济鱼类和珍稀水生动物苗种近4亿尾。

2005年12月28日，《人民日报》报道：2006年水产品出口总额预计将达到80亿美元，约占我国农产品出口额的30%，约占世界水产品出口总额的10%，已经连续四年居世界水产品出口首位。

2006年3月1日，《人民日报》报道：国务院批准并印发了《中国水生生物资源养护行动纲要》。《纲要》提出采取生物多样性与濒危物种保护行动和水域生态保护与修复行动，到2020年将建立起200个以上省级以上水生生物自然保护区，渔业水域污染事故调查处理率将达到80%以上。

2006年3月4日，《人民日报》报道：国家发展和改革委员会、财政部、国家粮食局和中国农业发展银行四部门联合发出通知，公布了2006年稻谷和小麦最低收购价格。

2008年3月23日，《经济日报》报道：2007年我国水产品出口额达97.4亿美元，我国水产品出口已连续六年居世界首位，约占世界水产品贸易总额的十分之一。

2008年6月21日，《农民日报》报道：中国保险史上的首个巨额海水养殖保单6月20日在北京签署，中国渔业互保协会与大连獐子岛渔业股份有限公司签署了海水增养殖产品保险协议，总保险金额1亿元人民币。业内人士认为，这张保单的诞生标志着中国水产养殖保险市场尤其是海水养殖保险市场的正式启动。

2009年2月27日，《农民日报》报道：2008年我国水产品进出口总量684.8万吨，总额160.2亿美元，同比分别增长4.9%和10.7%。其中出口额106亿美元，首次突破100亿美元，继续位居大宗农产品出口首位，占农产品出口总额（405亿美元）的26.2%。

2010年11月28日，《科技日报》报道：黑龙江省重大科技攻关项目"冷水性鱼类增养殖技术与生产模式构建的研究"，11月23日通过了黑龙江省科技厅组织的专家鉴定。该项目对鲟鳇鱼规模化繁育与生产模式构建的研究填补了我国鲟鱼放牧式养殖的空白，并首次实现了我国濒危鱼种哲罗鱼的全人工繁殖，3年培育苗种130万尾。

2011年7月13日，《农民日报》报道：7月12日，农业部与江西、湖北、湖南、安徽、江苏五省人民政府联合启动长江中下游渔业资源修复活动。此次活动在五省共设置101个放流点，放流青、草、鲢、鳙等重要经济鱼类约13亿尾，种植水草13.5万亩，底播贝类2 100万粒。

2013年2月1日，《经济日报》报道：据我国海关最新统计数据显示，2012年我国水产品进出口总量792.5万吨，进出口总额269.81亿美元，贸易顺差109.85亿美元，比上一年增加12.09亿美元，水产品继续位居大宗农产品出口首位，出口额占农产品出口总额的比重达30%，较上年提高0.7个百分点。

2013年7月13日，《人民日报》报道：农业部出台《关于贯彻落实〈国务院关于促进海洋渔业持续健康发展的若干意见〉的实施意见》。《意见》提出，力争用2年左右时间完成一次渔业资源全面调查，用3年时间完成养殖池塘标准化改造1 333.3千公顷，建成一批池水深、基坚实、渠畅通、路成网、电到塘、机配齐的稳产高产水产健康养殖基地，力争到2020年，所有海洋渔船都能进港安全避风。

2013年8月11日，《光明日报》报道：农业部召开电视电话会议，开展清理整治违规渔具专项行动。为期一个月的专项行动将对海洋和内陆捕捞渔具进行全面清理整治，取缔"绝户网""迷魂阵"等违规渔具，打击大范围、群体性、普遍性的使用违规渔具捕捞行为。

2014年1月19日，《农民日报》报道：2013年我国水产品出口实现较快增长，出口额首次突破200亿美元，连续12年居全球首位。

2014年4月30日，《光明日报》报道：由国家海洋局海洋发展战略研究所29日在北京发布的《中国海洋发展报告2014》显示，我国海洋渔业资源利用质量、效率、效益"三低"，近海捕捞过度，远洋渔业技术和装备落后，水产品的加工以传统初级加工为主，冷冻水产品占了55%，高技术、高附加值的产品极少，影响持续发展。

2017年1月9日，《农民日报》报道：2016年12月31日，农业部印发《全国渔业发展第十三个五年规划》，提出到2020年全国水产品总产量6 600万吨，国内海洋捕捞产量控制在1 000万吨以内。

2018年3月1日，《农民日报》报道：2月28日，农业部在上海市召开"中国渔政亮剑2018"专项执法行动部署会。会议要求，2018年各级渔业渔政部门要全面组织实施好涉渔"三无"船舶取缔、"绝户网"整治、伏季休渔执法、长江珠江禁渔执法、黄河海河（京津冀）区域联合执法、边境水域执法、水生生物保护区执法、近海养殖环境整治、海洋渔船规范管理等九大专项渔政执法行动。

2018年10月16日，《人民日报》报道：近日，国务院办公厅印发《关于加强长江水生生物保护工作的意见》，进一步强化和提升长江水生生物资源保护和水域生态修复工作。《意见》明确，到2020年，长江流域重点水域实现常年禁捕，水生生物保护区建设和监管能力显著提升，保护功能充分发挥，重要栖息地得到有效保护，关键生境修复取得实质性进展，水生生物资源恢复性增长，水域生态环境恶化和水生生物多样性下降趋势基本遏制。

五、农业机械化

1951年1月18日—27日，农业部召开第一次全国农具会议，总结了1950年全国农具工作，讨论和确定了1951年全国农具工作的方针和任务，以及完成上述任务的具体办法。

1952年4月16日，农业部和中华全国合作社联合总社联合发出紧急指示，要求各级农业部门和合作社密切配合，及时开展农具供应工作。

1952年8月20日—26日，农业部召开了新式农具推广座谈会。

1954年7月16日—31日，农业部、第一机械工业部、中华全国供销合作总社联合召开全国新式畜力农具工作会议。会议确定今后推广新式畜力农具以犁为主，尤其是双轮双铧犁和双轮一铧犁。

1955年1月6日，《人民日报》发表社论：《推广新式畜力农具》。社论说，客观的形势要求农业技术的改革跟上互助合作运动的发展，作好新式畜力农具的推广工作，是我国当前和今后相当长的时期内改革农业技术、提高农业生产和促进合作化运动的一个根本性的措施。

1955年11月25日—12月11日，农业部、全国供销合作总社和全国手工业生产合作社联合总社筹备委员会召开第三次全国农具会议。会议确定大力推广各种新式农具和改良农具，以适应农业合作化运动发展的需要。

1957年12月16日，国家经委、水利部、农业部、第一机械工业部、全国供销合作总社联合召开的全国农田排灌机械及农业机械化会议闭幕。会议决定1958年我国将供应50万匹马力的动力排灌机械，给农村排涝和灌溉，以提高单位面积产量。会议还对我国农业机械的发展规划作了研究，并对1958年推广双轮双铧犁和其他新式农具作了初步安排。

1958年2月6日，《工人日报》发表朱德副主席在农业水利工会代表大会上的讲话。讲话指出，到1957年底，全国拖拉机站发展到383个，拥有拖拉机1.2万多标准台，服务面积2 600多万亩。全国已经建立和正在建立的大型水库10座，全国150万平方千米的水土流失面积中，有19.6万平方千米的面积被控制起来。

1964年1月5日，《人民日报》报道：我国农业机械站工作发展迅速。1963年与1957年相比，全国农业机械站增加2.81倍，拖拉机增加4.67倍，已有60%以上的县建立了农业机械站。

1978年1月4日—26日，国务院在北京召开了第三次全国农业机械化会议。会议提出1980年基本实现农业机械化。《人民日报》分别于5日和2月1日发表社论：《夺取三年决战的胜利——祝第三次全国农业机械化会议的召开》《做农业机械化大干快上的促进派》。

1979年3月10日，设立中华人民共和国农业机械部。

1979年10月25日—11月12日，全国农业机械工作会议在北京召开，会议主要研究了农机工业调整方案，安排1980年度的生产、基建计划，制定工作要点，并提出了十条调整措施。经过20多年的发展，农机工业已经有了一个不小的基础，全国县以上农机制造企业已有1 900多个，还有2 400多个县农机修造厂，可以制造拖拉机、内燃机及其配套的农机具1 000多种，有力地支援了农业机械化的发展。但是农机工业内部比例失调，有些产品有积压，而有的供不应求，农机生产技术水平低，企业管理落后。会议强调要解放思想，冲破阻力，把农机工业调整好。

1980年1月3日，国务院批转农业机械部《关于积极发展小麦收获机械的报告》。《报告》说，我国小麦播种面积约43 000万亩，其中约有31 000多万亩集中在京、津、冀、鲁、豫等11个省、市。《报告》提出，要集中力量解决好小麦收获机械问题，争取五年左右基本实现小麦收获机械化。

1980年1月12日，新华社记者从农机部获悉，国民经济调整、改革、整顿、提高的方针在农机战线初见成效。1979年，全国生产大中型拖拉机124 000多台，手扶拖拉机388 000多台，机引犁、耙、播种机129 000多台，农用拖车112 000多辆，超额完成了国家计划。拖拉机、发电机组、联合收割机、农用拖车等重点产品都比上一年增长10%以上。

1980年2月26日—3月7日，农机部在北京召开了全国农业机械管理工作会议。会议总结交流了农机管理工作的经验，表彰了一批在农机管理工作方面做出了显著成绩的先进单位和先进个人，讨论研究了1980年农机管理工作的任务，修改了农机管理工作的条例和有关规定。会议要求1980年的农机管理工作要做到两个“提高”（提高农业机械完好率、提高农业机械作业效率）、两个“降低”（降低油耗、降低成本）。

1980年10月，全国农业机械厅（局）长会议在北京举行。会议的内容是：总结1980年的工作，安排1981年农机生产，改革农机经营服务工作，为建设东北商品粮基地安排提供急需的农机装备，推动农机工业的调整和企业的联合，扩大农机产品出口，建立和健全农机管理责任制。

1980年10月20日—27日，由联合国工业发展组织和我国政府共同召开的发展中国家发展农机工业经验交流和合作会议在北京举行。参加这次会议的有28个发展中国家的代表，此外，还有美国、澳大利亚、保加利亚、联邦德国、芬兰、匈牙利等国的代表及联合国工业发展组织的官员等共130多人。会议期间，各国代表参观了我国中小型农机产品展览会。访问了农机制造厂、人民公社和农机研究院。

1980年10月28日，国家水产总局在江苏武进县召开全国社队养鱼经验交流会。1979年全国养鱼社队产量达73万多吨，比1978年增加6.13万吨，增长9%，占全国淡水养殖产量的89.8%，在淡水渔业中占有重要地位。会议进一步明确几个主要政策问题：①水面经营权要长期固定，受国家法律保护。②实行多种形式的专业承包、联产计酬的办法，可以定、包、奖到专业组，到户，到人。③国家对淡水国营渔场、集中产区和商品鱼基地，实行按产品比例或定额派购。

1980年11月15日，新华社报道：农机部主办的全国农机产品订货会在合肥市结束，成交额达10亿多元。这次订货会，是农机产品作为商品进入市场后的一次规模空前的交易会。

1981年8月28日，为适应农村形势的新变化，农业机械部提出了“四个转变”“六个面向”。“四个转变”是：转变盲目追求农机化速度的思想，坚持因地制宜，量力而行，讲求经济效益的方针；转变农机企业的“官工”、官商作风，树立市场观念，经营观念，用户观念；转变农机经营规模和经营方式，农业机械以生产队经营为主，并允许农民联户或独户经营；转变农机产品结构，扩大服务领域，大力增加小型农机产品的比重。“六个面向”是：农业机械企业要面向农林牧副渔各业发展的需要，面向社队工业发展的需要，面向城乡人民生活的需要，面向出口的需要，面向各部门技术改造的需要。

1981年10月，农机部组成“农机部东北农机化综合工作组”，协助东北三省发展农业机械化，加速商品粮基地建设。

1981年12月16日—21日，全国小型农业机械座谈会在北京召开。会议研究了在我国农村实行生产责任制后出现的新形势和新要求，强调小型农业机械的研制、生产一定要因地制宜，讲求经济效益，要规划定点，提高产品质量，降低成本。要搞好小型农业机械的宣传、推广和技术服务工作，沟通产需渠道，方便农民选购。

1981年12月23日，国家进出口委员会、国家机械委员会批准农机部成立“中国农业机械进出口联合公司”自1982年1月1日起即成为对外经营农业机械产品的法人。

1982年3月8日—15日，农业机械部在北京召开全国农业机械化管理工作座谈会，会议提出当前农业机械化管理的中心任务是：把提高农业机械的经济效益放在第一位，把保护好集体财产，管好用好现有农业机械作为当前工作的重点。

1982年12月1日—9日，农牧渔业部农业机械化管理局在北京召开了全国农机人员培训工作座谈会。会议着重研究了新形势下农民农机技术培训工作的新情况、新特点、新经验以及今后的任务和措施。会议提出1985年以前培训工作的任务是：拖拉机手、修理工等农机人员的技术等级普遍提高一级；基本消灭无证驾驶拖拉机的现象；对没有经过专业培训，不熟悉本职业务的社队农机管理人员普遍轮训一遍；为每个农机队（农机服务站）培训一名农民农机技术员。

1982年12月16日，机械工业部农业机械工业局在浙江省萧山县召开3～5马力手扶拖拉机造型评定会，评选出永康拖拉机厂的四方牌工农-3、江西手扶拖拉机厂的赣江-5、河北高邑县机械厂的河北-5、衡阳拖拉机厂的湖南-5、福建拖拉机厂的农友-5共5种产品，作为1982年机械工业部推荐机型。

1983年10月1日，《光明日报》报道：截至1983年7月底，全国喷灌工程设施的控制面积已达到1 400多万亩。据有关单位多年试验的结果表明，农田作物实行喷灌比畦灌要增产10%～20%，每亩耗水降低四五成以上。目前全国县以上的喷灌技术骨干已达3 000多人。

1984年2月22日，由机械工业部农机工业局组织，中国农机化科学研究院、中国牧业机械工业公司、中国农机化服务总公司和中国农机进出口联合公司参加，成立农机新产品展览会领导小组、展品评审小组和展览办公室。决定在中国农机化科学研究院举办农机新产品展览会，进行长期展销。

1984 年 7 月 23 日，机械工业部发布《关于命名第二批“节能内燃机产品”的通报》，批准丹阳柴油机厂的 170F 型，萧山动力机厂的 R175，宜昌柴油机厂的 R175A，常州柴油机厂、永康拖拉机厂、绵阳新华内燃机厂、株州市柴油机厂、平遥柴油机厂的 S195，金马柴油机厂、郑州第二柴油机厂、聊城柴油机厂的 X195，潍坊发动机厂的山东 195，南宁机械厂的 195S，沈阳柴油机厂的 L195，重庆柴油机厂的 CC195，龙溪机器厂的 S195G，石家庄柴油机厂的立式 195，上海内燃机厂的 495A，大连柴油机厂的 G2100B1D 和 G4100Bl，朝阳柴油机厂的 6102Q，南昌柴油机厂的 2105A 和 X4105G3 - 24，江门柴油机厂 6135G，英山柴油机厂的 6135 等 19 种机型的柴油机，为“节能内燃机产品”。

1984 年 11 月 2 日，湖南郴州碾米机厂、广东揭阳农业机械厂、黑龙江绥化小型拖拉机厂、湖北洪湖碾米机厂、湖南双峰机械厂、山东日照机械厂、山东鱼台农机厂、湖南省农机研究所，联合成立中华碾米机械联营公司。

1984 年 11 月 16 日，机械工业部批准中国牧业机械工业公司从 1985 年 1 月起实行企业化，改名为中国农牧业机械公司。

1984 年 11 月 22 日，机械工业部农机工业局批准由河南南阳光辉机械厂等八个企业和山东省农业机械研究所组成中华面粉机械联营公司。

1985 年 6 月 13 日，《农民日报》报道：到 1984 年底，全国农业机械总动力达到 1.95 亿千瓦（2.65 亿马力）。农用汽车达到 34.9 万辆，拖拉机达到 415 万台。全国农民个人和联户购买的各种农用拖拉机已达 312 万台，农民自有的农用汽车达到 18 万辆。

1986 年 8 月 21 日，国家科委批准下达了机械工业部 1986—1987 年“星火计划”15 个项目。

1987 年 6 月 1 日，林业部林业机械公司改名为中国林业机械公司，并已在国家工商行政管理局登记注册。

1987 年 7 月 25 日，国家经济委员会批准 22 个国家级产品质量检验测试中心。其中包括拖拉机质量检测中心（洛阳拖拉机研究所）、植保机械质量检测中心（南京农机化研究所）和农机内燃机质量检测中心（农牧渔业部农机试验鉴定总站）等农机检测机构。

1986 年 8 月 26 日，国内第一个农机企业集团——第一拖拉机工程机械联营公司成立。

1987 年 11 月 12 日，中国农机化报、中央人民广播电台等 4 个单位共同举办了首次由用户投票评议的全国手扶和小四轮拖拉机双“十佳”评选活动。潍坊拖拉机厂的泰山- 12 型小四轮拖拉机和常州拖拉机厂的东风- 12 型手扶拖拉机等 20 种产品分获“十佳”称号。

1988 年 1 月 5 日，《人民日报》报道：从 1984 年起，黑龙江垦区试用飞机喷药防治大豆病虫害收到良好效果，前三年共防治 600 万亩，增加经济效益1 890 万元。新疆生产建设兵团用国产运 11 飞机组建的一支农业航空服务队，近四年累计飞行 5 073 小时，作业 360 余万亩，也取得了明显增产效果。

1988 年 3 月 22 日，《人民日报》报道：农牧渔业部为维护广大用户利益，确保安全生产，决定对未获《农业机械推广许可证》的“四小机”停止上户、供油。

1989 年 4 月 18 日，国家计委批准中国第一拖拉机工程机械联营公司从 1990 年起在国家计划中实行单列。计划单列的范围限于其中紧密联营的企业，内容主要有生产计划、固定资产投资计划、财务计划、技术引进、利用外资及进出口贸易等几个方面。

1988 年 5 月 6 日，《人民日报》报道：1987 年我国农村机械化的发展出现了多年未有的好形势。一年中农民用于购买农机的资金达 84.79 亿元，比上年增加 13 亿元，增长 18%。比“六五”期间每年平均投入 39 亿元高出 1.17 倍。到 1987 年底，我国农业机械总值已达 700 亿元，平均每亩耕地农机累计投入达到 48.67 元。

1989 年 10 月 25 日—29 日，受国务院委托，农业部、机械电子工业部、水利部和国务院农村发展研究中心在北京共同召开了全国农业机械化工作会议。这次会议的重要议题是：紧紧围绕发展农业生产力，扭转粮棉生产徘徊局面，交流各地发展农业机械化，为农业生产服务的经验；讨论制定农业机械化和农机工业“八五”规划纲要；分析当前农业机械化发展中存在的问题和困难，研究解决问题应采取的政策措施；部署今后农业机械化工作。对今后农业机械化的发展，会议提出了几点意见。第一，要根据国情来制定农业机械化的发展战略。第二，要坚持多年来被实践证明了的正确的农机化发展方针。第三，要抓住重点，积极而稳步地发展农业机械化。第四，各部门通力合作，共同促进农业机械化事业的发展。

1990年4月22日，《人民日报》报道：近年来我国农机工业得到迅猛发展，到1989年底，全国共有县以上农机制造企业2 300多个，完成工业总产值211亿元，约占整个机械工业总产值的1/5，出口创汇突破1亿美元。农机工业部门40年来累计为农业方面提供了1 400多亿元的各类技术设备。

1990年8月29日—9月2日，农业部农机化司在呼和浩特市召开了全国农机化科技工作会议。会议总结了全国农机化发展的形势及近十年来的工作成绩，交流了各科技单位的典型经验，讨论了农机化科技工作“八五”规划。会议认为，近十年来农机化科技工作在改革中有了新的发展，取得了明显的成绩。会议就如何搞好深化改革，紧密结合农业生产的发展，把今后的农机化科技工作搞得更好，进行了充分的讨论。会议对强化各级科技机构，增强为农业服务的功能，巩固和建设农机化科技队伍，提高科技人员素质，加速农机化新技术、科研新成果的推广应用等方面提出了指导意见。会上还根据农业部的决定，表彰了全国70个先进农机化科技单位和611名先进工作者，颁发了荣誉证书和奖状。

1990年12月31日，《国务院批转农业部等部门关于加强农机生产和使用管理工作报告的通知》。《报告》指出：截至1989年底，全国农业机械总动力达到2.8亿千瓦，是1979年的2.1倍；农用拖拉机达738万台，是1979年的3.2倍；农用载重汽车达到60.6万辆，比1979年增长了5.2倍；排灌动力机械6 635.4万千瓦，比1979年增长29%。到1989年底，农村农业机械总值（原值）已近900亿元。全国万亩耕地拥有拖拉机动力577千瓦。全国机耕面积6.9亿亩，占播种面积的48.1%；机播面积2.8亿亩，占播种面积的13%；机收面积1.3亿亩，占播种面积的6.0%；机电灌溉面积4亿亩，占有效灌溉面积的56%；机械植保面积1.7亿亩。《报告》针对农业机械化的发展过程中存在的问题和困难提出9项建议，国务院要求各地认真贯彻执行《报告》。

1991年3月6日—10日，农业部在北京召开了全国农机管理工作会议。会议就如何贯彻《国务院批转农业部等部门关于加强农机生产和使用管理工作报告的通知》精神进行了重点研究，并讨论了《全国农业机械化十年规划和“八五”计划》，回顾总结了“七五”期间农机管理工作的情况和经验，部署了“八五”期间农机管理工作。会议对完成“八五”农机化发展的主要指标提出六项措施：①完善政策法规体系，建立起比较完备的农机管理法规体系，使农机管理纳入法制化，规范化轨道。②大力组织机械化农业生产，推动农机管理工作的全面发展，按照区域化、项目化的思想进行农业生产的建设和开发。③加强农机服务体系建设。巩固和发展多层次、多形式、布局合理的农机服务体系。85%的乡镇建立了农机管理服务站，乡镇农机供油点由1.6万个发展到2.1万个。④推进农机化技术进步，提高农机队伍素质。重点推广增产增收效果显著的机械化机具和技术；培训农机人员800万人。⑤增加农机化资金、物资投入。⑥加强对农机管理工作的领导。

1992年9月22日，《人民日报》报道：农民购买农机热情持续高涨，1991年全国农机公司系统农机销售总额达214亿元。

1991年10月11日—17日，农业部在山东诸城市召开了全国农机服务体系建设经验交流会。会议的中心议题是：总结近十年农机服务体系建设的经验，研究适应深化农村改革的要求，进一步加强农机服务体系建设的措施，表彰全国先进乡镇农机管理服务站，部署今后农机服务体系建设工作。会议认为农机服务体系建设的主要经验是：坚持走改革创新之路；以农为主、综合经营；按经济规律办事；自力更生，艰苦创业；发挥国家、集体、个人三者积极性；积极争取各级党政领导和有关部门的支持、配合。会议要求各级农机管理部门抓好以下几方面的工作：一是要在现有的基础上继续完善农机服务组织，重点发展县以下农机服务组织；二是要进一步健全各级各类农机服务组织内部管理和运行机制的建设，提高经营管理水平，向规范化、标准化方向发展；三是要通过服务组织，承担直接为农业生产服务的项目，组织好农业机械投入生产活动，承担农业综合开发任务，确保农机化“八五”计划中农机作业指标的完成，并发挥农业机械在抗灾救灾、抢农时、促增产增收等方面的突出作用；四是要进一步扩大服务领域，开拓多种经营门路，使乡镇农机服务组织普遍实现管理、服务、经营三位一体，大大增强自我积累和服务功能。

1994年7月6日，《农民日报》报道：由联合国开发计划署资助160多万美元，国内投资300多万元人民币的大型农机化国际援助项目“农机化田间试验示范与推广项目”取得成功。

1996年12月10日，《人民日报》报道：一种填补国内空白的新型小麦、水稻联合收割机械——4L-2.5型谷物联合收割机，在山东莱州市渤海机械厂研制成功，并通过省级技术鉴定。

1997年1月21日，农业部在北京召开1997

年跨区机收小麦会战协调会。据统计，1997年参加会战的省份由1996年的1个增加到19个，跨省、自治区作业的联合收割机达1.45万台，全国机收小麦面积达166.67千公顷，占小麦种植面积的54.9%，其中联合收割机收获6 654.67千公顷，占种植面积的21.8%。

1997年12月2日，《农民日报》报道：1997年中国国际农业机械展览会于12月1日—4日在北京全国农业展览馆举行。来自日本、德国、美国、俄罗斯、法国、中国等地的130多家厂商参加了展览。

1998年3月3日，由农业部、公安部、交通部、机械工业部、国家计委和中国石油化工总公司组成的全国跨区机收小麦工作领导小组下发《关于做好1998年联合收割机跨区收割小麦工作的通知》，制定了1998年跨区机收小麦会战实施方案。

1998年11月11日，《光明日报》报道：到目前为止，我国农用运输车全社会保有量为1 500万辆，与汽车、摩托车、拖拉机一起成为全国保有量超过千万辆的四大机动车之一。

1998年11月11日，《科技日报》报道：以“测试快速批量化、肥料配方科学化、配方肥生产专业化、土肥水监测网络化、技术服务产业化”，到2003年，实现新增产粮食生产能力在2 000万吨克以上为目标的“沃土工程”，开始在全国启动实施。

1999年8月12日，《人民日报》报道：8日，我国农机行业最大的合资企业洋马农机（中国）有限公司在江苏无锡落成投产，一期投资3 000万美元。

2000年1月16日，农业部、国家机械工业局等在山东潍坊市联合召开中国农业机械化与21世纪农村经济发展高层研讨会。

2000年4月10日，农业部农业机械化管理司主办、中国国际贸促会农业行业分会承办的中国水稻机械化生产国际研讨会在北京举行（11日结束）。

2000年5月15日，《人民日报》报道：全国最大的优质棉花生产和出口基地——新疆生产建设兵团决定引进和推广与国外接轨的机采棉技术，今年推广面积为6 667千公顷，从而拉开了我国棉花收获机械化的序幕。机采棉及清化处理技术被誉为“植棉史上的一次革命”。试验证明，引进采棉机的日作业量相当于650个劳动力一天的拾棉量，每公顷节省成本约750元。

2000年7月27日，《农民日报》报道：沈阳农业大学、辽宁省农作物秸秆饲喂反刍家畜配套技术推广中心研制的9WJS-20多功能微型秸秆丝化机，通过辽宁省科委的鉴定，该机为国内首创，达到国际领先水平，且小型实用、节能低耗，完全符合我国国情，具有广泛的应用前景。

2000年11月23日，《人民日报》报道：22日，中国机械化旱作节水农业国际研讨会在北京开幕。农业部近年把加速机械化旱作节水农业技术列为重点工作，在13省建立了以行走式节水灌溉机械化技术为重点的试验示范项目，节水增产效果良好。

2003年3月25日，《经济日报》报道：3月20日到21日，由农业部设施农业机械设备监督测试中心主办的中国设施农业国际研讨会暨北京设施农业协会会员大会在北京召开。来自以色列、法国、荷兰、美国等国的专家参加了大会。

2004年4月13日，《人民日报》报道：为鼓励和支持农民使用先进适用的农业机械，提高农业综合生产能力，农业部、财政部共同制定了《农业机械购置补贴资金使用管理办法（试行）》（农财发〔2004〕006号），从2004年4月5日起施行。《办法》规定补贴资金的使用应遵循公开、公正、农民直接受益的原则。补贴对象是农民个人和直接从事农业生产的农机服务组织。中央财政资金的补贴标准：按不超过机具价格的30%进行补贴。具体补贴标准由各省（区、市）制定。补贴的农业机械应符合国家农业产业政策、农业可持续发展和环境保护的要求，且经农机鉴定机构检测合格。主要补贴小麦、水稻、玉米、大豆四大粮食作物作业机械：（一）大中型拖拉机等农用动力机械；（二）农田作业机具，主要包括耕整、种植、植保、收获和秸秆还田等机具；（三）粮食及农副产品的产后处理机械；（四）秸秆、饲草加工处理及养殖机械。

2004年4月30日，《科技日报》报道：26日，由农业部农业机械技术开发与推广总站主办的“农业部2004科技之春大型农业技术推广活动——小麦、玉米生产机械化技术推广演示会”在山东淄博举行。

2004年5月26日，《人民日报》报道：经过多年努力，长期制约我国水稻生产机械化的栽植和收获两个关键环节的技术难题已基本解决。同时，我国油菜生产机械化技术也已取得重要突破，研制出了符合我国国情的油菜联合收割机，成功探索了配套的机械化直播种植技术。我国水稻机械化种植水平超过5%，机收水平达到24%，油菜机收水平达到4.5%。

2006年3月8日，《人民日报》报道：为支持春耕生产，调动广大农民种粮积极性，财政部向各地预拨47.1亿元，用于对农民购买良种、农机具进行补贴，并提供测土配方施肥补助。其中良种补贴

36.7亿元、农机购置补贴5.4亿元、测土配方施肥补助资金5亿元。

2006年12月25日，《人民日报》报道：2007年，国家将加大购机补贴资金投入，农机购置补贴将实现“五扩大”。一是实施范围扩大。二是补贴机具种类扩大。三是补贴试点范围扩大。四是县均投入规模扩大，并向粮食大县和农牧业大县倾斜。五是单机补贴额度将适当扩大，并适当提高血防区农机补贴的比例。

2007年12月19日，《人民日报》报道：2007年我国农业机械化水平显著提高，农机装备总量持续增长，结构进一步优化，预计2007年全国农机总动力将达7.6亿千瓦，比上年增长4.6%；农机作业水平不断提高，预计全年机耕、机播、机收的总面积达到24.3亿亩，全国耕、种、收综合机械化水平达到40.7%，比上年提高了1.4个百分点。

2009年1月6日，《农民日报》报道：农业部、财政部、国家发展和改革委员会联合发布公告，公布了《2009—2011年国家支持推广的农业机械产品目录》。按照《农业机械化促进法》和农业部与财政部、国家发展和改革委员会制定的《国家支持推广的农业机械产品目录管理办法》规定，农业部组织实施了《2009—2011年国家支持推广的农业机械产品目录》编制工作，经企业申报、省级农机管理部门推荐、农业部专家综合审议、网上公示、征求财政部和国家发展和改革委员会意见，最终确定了876家企业的3 788个产品列入《2009—2011年国家支持推广的农业机械产品目录》。

2009年4月4日，《人民日报》报道：在中央财政130亿元补贴政策带动下，地方各级财政安排农机补贴投入预计16亿元以上。农民购机热情高涨，农机市场产销两旺。截至3月30日，农机购置补贴资金已落实到农户40.8亿元，占中央财政已下达100亿元补贴资金的40.8%，带动农民和服务组织投入超过150亿元，补贴购置大中型拖拉机、水稻插秧机、联合收割机等各类农机具逾78万台套，受益农户约73万户。全国规模以上农机生产企业今年1月至2月实现农机产值280多亿元，同比增长22%。

2009年11月28日，《人民日报》报道：全国130亿元农机购置补贴全部实施到位，共补贴农机具超过343万台（套），受益农户逾300万户。地方各级财政今年对农机购置的投入达到16亿元，农民投入达340亿元。

2009年12月19日，《人民日报》报道：2009年我国农业机械化继续保持良好发展势头，农机作业水平不断提高，全国耕、种、收综合机械化水平预计可达48.8%，比上年提高约3个百分点。统计显示，水稻种植、水稻收获、玉米收获等薄弱环节机械化作业水平分别达到16%、56%、17%，同比分别提高2.3个百分点、5个百分点、6.4个百分点。

2010年5月31日，《光明日报》报道：在国家油菜产业技术体系的有效组织和国家公益性行业科技专项的大力支持下，我国油菜科技工作者经过多年、多学科协同攻关，成功攻克了机收品种、机收装备和配套农艺技术三大技术难关，为我国油菜机械化生产提供了强有力的技术支撑。适合于机械化收获的油菜新品种“中双11号”在机械直播的条件下，亩产达到303千克，机收菜籽损失率4.11%，比一般油菜品种低30%，在国际上率先实现了多熟制条件下低损失的油菜机械化收获。

2010年7月10日，《人民日报》报道：7月9日，国务院发布《关于促进农业机械化和农机工业又好又快发展的意见》。《意见》制定了未来10年的发展目标。即到2015年，农机总动力达到10亿千瓦，其中灌排机械动力达到1亿千瓦，主要农作物耕种收综合机械化水平达到55%以上。农业机械化服务体系不断完善，服务能力进一步增强。到2020年，农机总动力稳定在12亿千瓦左右，其中灌排机械动力达到1.1亿千瓦，主要农作物耕种收综合机械化水平达到65%。

2010年7月23日，《农民日报》报道：上半年全国农业机械化继续保持了快速的发展态势，农机装备水平、作业水平再创新高。全国农机总动力预计达到8.91亿千瓦，较2009年底增长1.8%，同比增长4.8%，机收水平达到了86%以上的历史新纪录。

2010年12月25日，《人民日报》报道：2010年，我国农业生产方式实现了人畜力为主向机械作业为主的历史性跨越，农业机械成为农业生产和抗灾救灾的主力军。“三夏”主产区小麦机收和玉米机播率都超过90%，国家对农业机械化扶持政策力度进一步加大，中央财政农机购置补贴资金155亿元，增加25亿元，共补贴购置各类农机具525万台（套），受益农户约400万户。农机总动力同比增长5.1%，达到9.2亿千瓦。

2010年12月30日，《农民日报》报道：2011年“新农保”试点范围将扩大到40%的县，全国已有838个县和4个直辖市的大部分区县纳入国家试点、12个省的298个县自费开展试点，3 500多万农村老年人领取到养老金。

2011年3月23日，《人民日报》报道：农业部、财政部联合印发了《2011 年农业机械购置补贴实施指导意见》，明确了实施农机购置补贴政策的总体要求、实施范围、补贴对象、补贴机具种类等相关工作要求。《意见》明确，中央财政农机购置补贴种类包括动力机械、种植施肥机械、畜牧水产养殖机械、排灌机械、农产品初加工机械等 12 大类 46 个小类 180 个品目机具，各地还可以增加不超过 30 个品目的其他机具列入中央资金补贴范围。2011 年中央财政农机购置补贴资金规模 175 亿元，比去年增加 20 亿元。

2011 年 5 月 31 日，《人民日报》报道：我国农作物耕种收综合机械化水平达到 52%，这标志着农业生产方式实现了由人畜力作业为主向机械化作业为主的历史性跨越。从 2004 年到 2010 年，实施农机购置补贴以来，我国农机总动力年均增幅 7%。全国耕种收综合机械化水平 7 年的增幅相当于政策实施前 30 年的增幅。2011 年，中央财政农机购置补贴资金规模再次扩大到 175 亿元，中央财政补贴资金七年翻了八番，补贴覆盖范围扩展到 100% 的农牧业县（场），925 万户农户受益。

2011 年 6 月 14 日，《科技日报》报道：6 月 10 日，“十二五”国家科技支撑计划“现代多功能农机装备制造关键技术研究”重大项目在京启动，将投入 2.94 亿元，重点突破无级变速传动系、田间作业导航等关键技术，并创制 400 马力级重型拖拉机和智能采棉机等新产品，全面提升我国农机装备制造能力。

2011 年 6 月 29 日，《经济日报》报道：全国小麦机收水平达 87.8%，比去年提高近 2 个百分点。河南、山东、安徽、江苏、河北五大主产省小麦机收水平均超过 96%，再创新高。各小麦主产区共投入 1 400 多万台（套）农机具参加“三夏”抢收抢种作业，其中稻麦联合收割机 50 万台，比去年增加 3 万台，参加跨区作业联合收割机达 32 万台，增加 2 万台。

2012 年 3 月 31 日，《农民日报》报道：农业部印发《关于进一步规范农机购置补贴产品经营行为的通知》，对补贴产品经销企业的资质条件、确定程序、纪律要求、违法违规行为惩处等做出明确规定。

2012 年 12 月 8 日，《农民日报》报道：据统计，2012 年全国玉米机收率超过 40%，比上年提高 6.5 个百分点。我国玉米机收率已连续 4 年同比增幅超过 6 个百分点，呈现出快速发展态势。

2012 年 12 月 28 日，《农民日报》报道：2012 年，我国农机总动力超过 10 亿千瓦，耕种收综合机械化水平达到 57%，农机工业总产值将达到 3 100亿元左右，居世界首位。

2013 年 2 月 5 日，《人民日报》报道：农机购置补贴实施 9 年来，中央财政共安排补贴资金 744.7 亿元，带动地方和农民投入 2 187.9 亿元，补贴购置各类农机具 2 272.6 万台（套），受益农户达到 1 822.5 万户，取得了利工利农、一举多效的好效果。全国农机总动力迈上 10 亿千瓦台阶，2012 年农作物耕种收综合机械化水平预计达 57%，9 年增长了 24.5 个百分点；全年农机工业总产值预计达 3 100 亿元，连续 6 年保持 20%左右的增速，我国成为全球第一农机制造大国。

2013 年 3 月 27 日，由中国农业机械工业协会、中国农业机械化协会、中国农业机械流通协会联合主办的 2014 年全国农业机械及零部件展览会在河南郑州国际会展中心开展，展会吸引了 350 多家农机生产厂家参展。

2013 年 5 月 7 日，《经济日报》报道：湖北荆门市与东风井关农业机械（湖北）有限公司签署协议，合作共建中国农谷东风农机合作社联盟。这是我国第一家农机合作社联盟。该联盟联合了荆门市 20 多个农机专业合作社，构建起中国农谷东风农机合作社联盟、乡镇农机推广服务中心、农机专业合作社三级农机服务体系，将建设集农机产品研发、试验示范、展示、销售、仓储、培训于一体的基地。

2013 年 5 月 13 日，《农民日报》报道：由中国农业科学院油料作物研究所联合农业部南京农业机械化研究所等多家科研单位，共同实施的油菜全程机械化生产在湖北云梦的千亩示范基地获得成功。通过集成品种、栽培、肥料、植保、农机装备等多项技术创新，长期受机械化限制的油菜生产模式获得新突破，这标志着我国油菜实现了全程机械化生产，解决了油菜产业“生死枚关”的大问题。

2013 年 5 月 16 日，农业部召开 2014 年全国“三夏”小麦跨区机收工作视频会议，全国将投入“三夏”生产的稻麦联合收割机达到 55 万台，同比增加 2 万台；全国冬小麦机收水平有望超过 92%，黄淮海主产区小麦机收水平达到 96%，夏玉米机播水平达到 83%，作业质量进一步提升。

2013 年 8 月 6 日，《农民日报》报道：2013 年中央财政共安排农机购置补贴资金 217.5 亿元，用于提高农业机械化水平和农业综合生产能力，支持农民购买先进适用农业机械。

2013 年 11 月 3 日，《中华人民共和国农业机械化促进法》实施十周年座谈会在北京召开。十年来，中央财政农机购置补贴资金累计超过1 200亿元，我国农机装备水平、农机作业水平、农机社会化服务、农机工业实现了前所未有的跨越式发展。2014年全国农作物耕种收综合机械化水平超过61%，比2004年提高27个百分点。

2013年12月5日，《经济日报》报道：2013年全国共完成玉米机收面积达17 333.3千公顷，机收水平超过49%，比上年提高了7个百分点。我国玉米机收水平已连续5年同比增幅超过6个百分点，进入持续快速推进阶段。

2014年7月25日，《经济日报》报道："三夏"期间，全国共投入收获机械55万台，完成小麦机收面积19 133.3千公顷，机收水平达到92%，同比提高1个百分点。

2015年2月9日，《人民日报》报道：《2015—2017年农业机械购置补贴实施指导意见》公布，据统计，2004—2014年中央财政共安排农机购置补贴资金1 200亿元，补贴购置各类农机具超过3 500万台（套）。全国农作物耕种收综合机械化水平由2003年的33%提高到2014年的61%，为保障我国粮食安全、加快农业现代化提供了坚实的支撑。

2015年8月3日，《人民日报》报道：为加快推进农业机械化和农业现代化，转变农业发展方式，提高农业综合生产能力，2015年，中央财政下拨农机购置补贴资金236.45亿元，对直接从事农业生产的个人和农业生产经营组织购买使用先进、适用农业机械给予补贴。重点支持粮、棉、油、糖等主要农作物生产关键环节所需机具，兼顾畜牧业、渔业、设施农业、林果业及农产品初加工发展所需机具。

2016年12月15日，《经济日报》报道：2016年以来，农业部公布了首批28个基本实现全程机械化的示范县，强化了对各地的全程机械化技术的指导服务。此外，农业部还启动了主要农作物生产全程机械化示范项目，支持159个县（区）创建全程机械化示范，预计2016年全国农作物耕种收综合机械化率达到65%。

2016年12月23日，《经济日报》报道：我国是农机生产大国。2015年，全国规模以上农机工业企业主营业务收入达到了4 523亿元，较"十一五"末增长73.6%。12月22日，工业和信息化部发布《农机装备发展行动方案（2016—2025年）》，提出到2020年，农机装备品类基本齐全，关键零部件自给率达到50%左右，拖拉机、联合收割机等重点农机产品可靠性较"十二五"提升50%以上，全国农作物耕种收综合机械化率达到70%。

2017年1月16日，农业部在北京召开全国农业机械化工作会议。会议强调，要坚持稳中求进、服务大局，强化五大发展理念，着力推进农业机械化供给侧结构性改革，创新引领添活力，凝心聚力促融合，攻坚克难补短板，两端发力提质量，推动农业机械化提档升级，加快"机器换人"，为农业农村经济发展提供有力支撑。

2018年12月20日，《人民日报》报道：我国已成为世界第一农机生产大国和使用大国。2017年全国农机总动力达到9.88亿千瓦，全国农作物耕种收综合机械化率超过66%，规模以上农机企业发展到2 500多家。

六、农　垦

1950年2月6日，中国人民解放军遵照《关于一九五〇年军队参加生产建设工作的指示》，先后有三十个师参加了农业生产建设。黑龙江、新疆、江苏、宁夏、山东等地陆续建立了一批军垦农场。华甫的林建一师和林建二师在广东的海南、湛江两地开始筹建橡胶和其他热带作物军垦农场。

1951年11月，中共中央决定成立华南垦殖局（地址：湛江），下设海南、高雷、广西三个垦殖分局。

1952年8月22日，政务院财政经济委员会批准农业部颁发《国营农场建场程序暂行办法》。

1954年7月，铁道兵第一批人员到黑龙江省虎林地区建立农场（即现在的八五〇农场）。

1954年11月23日，新华社报道：农业部决定从1955年开始，三年内在黑龙江开垦荒地300万公顷。

1954年12月7日，国务院常委会议通过《关于建设国营友谊农场的决定》。

1954年12月11日—29日，农业部召开全国国营农场工作会议。会议对1954年全国国营机械农场工作作了总结，研究确定了今后三年的方针，具体规定了1955年的生产任务。

1954年12月20日，《人民日报》报道：我国1954年新建43个国营机械农场，连同原有的已达103个。

1955年8月30日，北京市青年志愿垦荒队出发到黑龙江省萝北县，创建青年农场。

1956年5月2日，中华人民共和国农垦部成立。

1956 年 7 月 27 日，新华社报道：解放军新疆生产建设部队新建的 9 个农场，已投入生产。

1957 年 2 月 2 日，新华社报道：我国可以开垦的荒地面积共有 15 亿亩左右。1956 年全国开垦荒地的总面积达 3 000 多万亩，这个数字接近于从 1953—1955 年全部开垦荒地面积的总和。

1958 年 3 月 10 日，农垦部提出《关于开垦荒地建立国营农牧场的 10 年规划建议书》。

1961 年 4 月初，《红旗》杂志第 7 期发表农垦部长王震的文章：《加强国营农场的建设》。文章说，到 1960 年底，农垦系统的国营农场已经有 2 490 多处，职工 280 万人，比 1957 年增加 4.6 队耕地面积达7 000 多万亩，比 1957 年增加 4 倍；有拖拉机 2.8 万标准台，比 1957 年增加 1.7 倍以上；粮食总产量达 50 余亿斤，比 1957 年增长 3.7 倍以上。

1962 年 2 月底—3 月中旬，农垦部在南宁市召开全国农垦工作会议，讨论《国营农场工作条例（试行草案）》，总结经验教训，调整生产关系；建立责任制度，加强企业管理。

1963 年 1 月 3 日—2 月 20 日，农垦部召开大区农垦座谈会。向中央并向毛主席写了《关于农场工作座谈会议的报告》。

1963 年 5 月 15 日，农垦部发出《关于加强国营农场土地勘测工作》和颁发试行《国营农场建场程序规定（草案）》的通知。

1965 年 2 月 25 日，农垦部党组扩大会议讨论通过《关于改革国营农场经营管理制度的规定（草案）》（即国营农场经营管理十六条）。中共中央 4 月 6 日批转了农垦部党组的报告和《关于改革国营农场经营管理制度的规定（草案）》。

1979 年 2 月 23 日，国务院批转财政部、国家农垦总局《关于农垦企业实行财务包干的暂行规定》。规定从 1979 年到 1985 年，国家对农垦企业总的原则是实行独立核算，自负盈亏。

1979 年 6 月 10 日—19 日，农垦部和中国热带作物学会在广东海口市召开热带资源开发利用科学讨论会。与会的专家、学者认为：用橡胶林代替次生林，建立以橡胶林为主的人工经济林生态系统的做法是成功的。我国经过反复的科学研究和生产实践，积累了一套符合我国特点的比较有效的植胶经验，使我国成为唯一在北纬 18°以北大面积植胶成功的国家。目前全国植胶 571 万亩，年产干胶约 10 万吨，累计产胶 72 万吨，有力地支援了社会主义建设。其他热带作物如剑麻、胡椒等也有发展。会议肯定了二十多年来，热带植物科研部门的科研工作，初步掌握了我国热带植物资源情况，发掘出有经济价值的植物 130 多种。

1979 年 7 月 23 日，国务院发出通知，转发《关于尽快把国营农场办成农工商联合企业的座谈纪要》。《通知》指出，把国营农场办成农工商联合企业，是办好国营农场、加速农业现代化、逐步缩小三大差别的一项重大措施，也是解决城市副食品供应问题的一个重要途径。为了把这件事情办好，应先选择一些国营农场进行试点，以便取得经验，逐步推广。试点的面要严格控制，不宜铺得太宽。各省、市、自治区可以根据纪要精神作出本地区的具体实施方案和规定，在实践中不断总结经验，加以改进。对涉及到改变现行体制和政策的一些问题，中央和地方的各有关部门要积极配合，共同研究，提出解决办法。

1979 年 8 月 1 日，农垦部颁布《国营农场工作条例（试行草案）》。《条例》中就国营农场的性质和任务、管理体制和基本制度、开荒建场、经营方针、经营管理、农业机械的使用和管理、科学研究与教育、按劳分配、职工生活福利、场社团结、政治工作等问题作了明确的规定。《条例》指出：国营农场是社会主义的全民所有制农业企业。它的主要任务是根据“以粮为纲，全面发展，因地制宜，适当集中”的原则，分别建成为国家可靠的商品粮食、工业原料、出口产品和城市、工矿区副食品的现代化生产基地；保证完成和超额完成国家计划，不断地提高土地利用率、劳动生产率、商品率和资金利润率；积极采用先进技术和科学的管理方法，努力培养人材；在实现我国农业现代化的过程中起示范作用，充分发挥全民所有制的优越性。国营农场实行统一领导、分级管理的原则。国营农场要根据国家的需要和当地的自然条件，因地制宜地实行一业为主、农林牧副渔多种经营的方针。国营农场和各级管理部门必须按经济规律办事，充分发挥经济手段和经济组织的作用。国营农场在遵守国家方针、政策、法令和保证完成国家下达的各项经济计划的前提下，有经营的自主权。

1979 年 10 月 4 日，新华社报道：我国农垦系统试办农工商联合企业取得初步成绩。据不完全统计，目前有 26 个省、市、自治区举办农工商联合企业的试点，试点单位共 36 个。农工商联合企业的形式主要有三种：一是农垦系统或农场内部各单位之间进行联合；二是农场同农垦系统以外的工商企业进行一定的联合；三是农场同人民公社、生产大队挂钩，进行某些经济上的联合。

1979 年 10 月 25 日—11 月 11 日，农垦部在武汉召开国营农场经营管理会议，会议听取了 18

个先进单位的典型经验介绍和几位专家的学术报告，讨论了在新形势下搞好企业管理的重大意义和迫切任务，总结交流了经验，提出了《农垦企业经营管理若干问题的规定（试行草案）》。

1980年1月15日，《人民日报》报道：黑龙江省绥滨农场15连，1979年34名农业工人耕种16 200亩土地，平均每个农业工人生产粮豆6.5万千克，向国家提供商品粮5.35万千克。平均每个职工实现利润2 500元。

1980年3月20日—4月3日，农垦部在北京召开全国农垦局长会议，重点是贯彻党中央调整国民经济“八字方针”，研究农垦战线如何争取1980年增产增收、扭亏增盈，为“四个现代化”多作贡献。会议期间，中央书记处和国务院领导同志听取了农垦部党委的汇报，王震同志受国务院委派，到会向先进单位代表授了奖状，并讲了话。

1980年4月5日，《人民日报》报道：1979年，我国农垦系统出现了蓬勃发展的新局面。国营农场的粮、棉、油、橡胶总产量、上交量、工农业总产值和盈利额都突破了历史最高水平。29个省、市、自治区的农垦部门，盈利的有21个，比上一年增加9个，亏损的由上年的16个下降到8个。全国农垦系统盈亏相抵后，由上一年亏损9 000万元变为盈利3亿多元，扭转了全国农垦多年亏损的局面。

1980年10月1日—31日，农垦部在北京举办全国农工商联合企业第一次产品展销会，展销品共5 000种，其中：零售品800多种，成交品3 000多种，深受国内外观众的称赞。

1980年10月11日—21日，农垦部在北京召开农垦农工商联合企业会议，总结农工商联合企业试点的经验，讨论了农垦农工商联合企业的巩固与发展的问题，提出要加强领导，继续前进，尽快把国营农场办成农工商联合企业。会议还讨论了农垦农工商联合企业章程。

1980年11月23日，《人民日报》报道：黑龙江省国营农场普遍实行生产责任制，进一步发展农业机械化，1980年产粮62亿斤，预计交售商品粮32亿斤，在1979年盈利10 006万元的基础上，预计1980年可盈利1.5亿元。

1980年12月10日—20日，农垦部在广东湖光农场召开全国国营农场技术经济和管理现代化学术讨论会。

1981年1月9日，农垦部发出《关于颁发农垦机械工业企业新产品研制暂行管理办法（试行草案）的通知》，指出：“为了更好地适应‘四化’建设的要求，适应农垦机械工业的调整，适应机械产品的竞争，农垦机械工业必须抓紧进行研制和发展适销对路的新产品。这项工作的好坏关系各企业的生存和发展，各级领导要充分重视。”

1981年2月20日—3月5日，农垦部在北京召开1981年全国农垦厅、局长会议。这次会议，主要是贯彻国民经济调整方针，讨论把基本建设规模压下来，把各项生产搞上去的问题。会议总结了农垦战线三十年来的经验教训，安排了1981年的计划任务，讨论了一些规章制度。

1981年3月18日，农垦部印发财政部、农垦部《关于加强农垦企业包干结余资金管理的试行规定》的通知。农垦部、财政部印发《关于加强地、县属国营农场管理的通知》。

1981年3月18日，《云南日报》报道：西双版纳国营农场，积极帮助少数民族社队目前种植的橡胶已达34.4万多亩，1980年产干胶467吨，使社队增加收入250多万元。

1981年4月20日，《人民日报》报道：新疆农垦系统认真总结农业连续三年丰收的经验，大力推广行之有效的先进农业科学技术，近三年来农业生产的恢复和发展的速度很快，粮食产量每年递增14%，棉花产量每年递增40%，甜菜产量每年递增39%，油料以及其他农作物的产量也都大幅度上升。

《人民日报》发表了评论员文章：《国营农场要发挥潜力多做贡献》。指出：全国农垦企业经过近两年的整顿，继续增产增收，成绩显著。1980年自然灾害严重，全国粮食减产，但是农垦企业由于注意发挥优势，调整作物布局，加强田间管理，奋力抗灾，粮、棉、油、糖、茶和橡胶等都增产。全国农场在1980年调整工资、职工副食品补贴等增加开支6亿多元的情况下，还盈利4亿多元。增盈减亏幅度之大，也是过去所没有的。

1981年5月7日，《人民日报》报道：农垦系统出口商品大增。出口商品200多种，总额5 668万元，比1979年增长28.94%。出口数量较大的有猪、活牛、再制蛋、黑龙江的大豆、新疆的啤酒花、葡萄干，福建的红茶、绿茶、花茶，云南的咖啡、广东的香茅油等。

1981年6月1日，农垦部向国务院财贸小组报送《关于当前农垦农工商联合企业一些商业政策问题的请示报告》，其中提到：现在已建成各种形式的联合企业209个，参加的农场936个，占农垦系统农场总数的44%，此外还建立了一批跨行业跨地区的联合企业，并同1 000多个农林生产队实行了经济联合。

1981年6月20日—25日，农垦部在上海市东海农场召开国营农场植保工作会议，会议认真总结交流了经验，讨论了进一步加强植保建设，提高防治水平的措施。

1981年7月27日，农垦部向国务院财贸小组写了《关于加强农垦农工商联合企业商业工作管理的请示报告》。报告中提到：据不完全统计，农垦系统现在已有商业网点5 900多个，商业职工4.7万多人，1980年营业额14亿元。

1981年8月9日—16日，农垦部、财政部在佳木斯市联合召开全国国营农场财务工作会议。会议着重研究和讨论了进一步做好扭亏增盈工作、财务工作如何支持、促进调整方针的贯彻执行以及财务包干的新情况和需要解决的新问题。会议讨论拟定了《全国国营农场财务工作会议纪要》《国营农场会计师工作条例试行草案》和《关于加强农垦企业固定资产更新改造资金管理的试行规定》。农垦部、财政部9月5日联合印发了上述3个文件。

1981年9月9日，农垦部发出《关于加强农垦企业成本管理工作的通知》，要求加强对财会工作的领导；对今年的成本管理工作进行一次检查；组织专业人员进行调查研究，分析成本的实际构成，找出增大成本的各种因素，提出降低成本的具体措施，推动农场加强成本管理工作。

1981年9月14日，《人民日报》报道：国家对农场实行财务包干，调动了企业和职工的积极性，农垦系统上交商品粮增多，连年盈利，1980年经营盈利达到6.59亿元，粮豆总产153亿斤，上交商品粮61亿斤。棉花、干胶、油料等经济作物的总产量，也都有新的增长。1981年上半年，全国农垦系统实现利润又比1980年同期增长21%。农垦部、财政部召开全国国营农场财务工作会议，制定了进一步完善财务包干的四条措施：一、对财务包干范围，明确规定要实行分级包干、分项包干；二、财务指标既不能过高，也不能太低，要兼顾国家、企业、职工三者利益；三、包干节余资金的使用，主要作为生产发展基金，用于生产技术措施，一部分作职工奖励基金，同时，还应留有适当的储备基金，用于以丰补欠；四、加强财务管理，严肃财经纪律。

1981年10月24日，《人民日报》报道：新疆农垦系统169个农牧场1981年农业全面丰收。其中，粮食、棉花、油料的产量都创新纪录。433万亩小麦总产量比丰收的1980年增长7%，是1978年以来第四个丰收年。

1981年11月6日，农垦部对农垦工业企业生产的六项产品授予1981年农垦部优质产品光荣称号。这六项工业产品是：四川成都液氮容器厂的“金风牌”YN-10型生物贮存容器；江西万龙山电扇厂的“飞碟牌”FC3-30型1 400毫米吊式电风扇；上海前卫车灯厂的“象牌”6PC型单光磨电灯；上海市牛奶公司乳品二厂的“光明牌”全脂奶粉；黑龙江省八五一一农场完达山食品厂的“完达山牌”速溶全脂甜奶粉；江西省德安县国营共青垦殖场的“天鹅牌”羽绒被。

1981年11月26日，《人民日报》报道：黑龙江省国营农场干部学校举办各类轮训班，为垦区生产建设培养人才。自1979年以来，各类轮训班共举办43次，轮训人数达4 000多人次。

1981年12月21日—27日，农垦部在昆明市召开全国农垦系统国营农场经济学术讨论会，这次会议着重讨论了农工商联合企业、生产责任制和技术经济三个方面的农垦经济的重大问题。

1981年12月29日，《人民日报》报道：新疆农垦1981年盈利2 000万元，结束了十多年的亏损局面。广东、云南、广西、福建四个橡胶垦区超额完成1981年干胶生产计划。截至11月中旬，干胶总产量已完成95 910吨，为年计划的107%，比1980年同期增长11.1%，预计全年可完成107 150吨，为年计划的120%，这是历史上少有的好形势。

1982年4月28日—5月15日，农垦部在北京举办全国农垦第一届乳品评比会试。会上评选出优质乳品九种，包括“完达山牌”“滹沱河牌”“四湖牌”“培力牌”“红卫牌”“海河牌”全脂甜奶粉和“光明牌”“沪光牌”全脂淡奶粉，及“光明牌”甜炼乳。会上给中选产品颁发《农垦部优质乳品证书》。

1982年9月25日—10月15日，中国农垦农工商联合企业总公司在北京农业展览馆举办全国农垦农工商联合企业产品展销会。名牌产品、创新产品和一般产品计约2 000多种，提供成交产品计约8 000种。商品零售额达500多万元，成交额约4 000万元。

1983年5月11日—19日，中国农垦农工商联合企业总公司在武汉召开了首届全国农垦产品订货会和1983年全国农垦农工商联合企业产品展销会第一次筹备会议。

1983年9月23日—10月13日，中国农垦农工商联合企业总公司在北京农业展览馆举办全国农垦农工商联合企业产品展销会。展销会共接待顾客和观众约50万人次。参加展销的单位共计35个。展销的零售商品有2 700多种，较上年增加33%。可供成交货源5 400多种，商品总额6.6亿元，较上年增加了46.6%。零售额为668.1万元，较上年增长16%，签订了成交合同1 500多份。成交额达6 301万元，较上年增长25%。由于国家放宽了政策，粮食和饲料的成交活跃。成交额达1 645.4万元，占总成交额的26.1%。

1984年7月18日，《经济日报》报道：全国农垦系统实行农工商综合经营后，出现了一批五年产值翻番的农场。据26个省、自治区、直辖市农垦部门的统计，1983年比1978年工农业总产值翻番的有5个省、直辖市，23个地区农场管理局（师）和341个农场。翻番农场占26个省、自治区、直辖市农场数的18.9%。

1984年8月23日，全国农垦工作会议在黑龙江省农场总局红兴隆管理局召开。会议讨论修改了《加快农垦企业改革的意见》《积极发展和认真办好职工家庭农场》《国营农场职工家庭农场章程（试行草案）》《总结经验，加快步伐，争取提前完成农垦产值翻两番的任务》等文件。

1984年8月25日，《农工商联合企业动态》报道，农垦系统有七种产品获国家优质产品称号：黑龙江完达山食品厂的强化麦乳精和可可麦乳精；上海乳品二厂的可可麦乳精；四川宜宾市曲酒厂的叙府大曲；成都液氮容器厂的YDS-30B液氮生物运输容器和YDS-10型液氮生物容器；新疆八一毛纺织厂的XA2201牧羊（牧歌）牌全毛华达呢。

1984年10月4日，《人民日报》报道：我国农垦事业三十五年来发生了巨大变化。国家累计固定资产投资244.9亿元，现有固定资产净值近百亿元。1983年与1952年相比，全国农垦系统工农业总产值增长88倍，年平均递增15.6%。1979年以来连续五年盈利，共盈利31亿元。

1985年6月25日—7月2日，农牧渔业部农垦局在湖南株洲市召开全国农垦财务工作座谈会。会议主要讨论了农垦“七五”期间继续实行财务包干办法的意见；国营农场财务会计制度改革；经济体制改革后财务管理中急待解决的问题。

1988年1月24日，《人民日报》报道：1987年全国农垦系统工农业总产值可达210亿元。比1986年增长13%。较预定目标提前三年翻了一番，实现利润11.4亿元，比上年增长19%。这一年向国家交售粮豆447万吨，商品率达52.5%，交售棉花18万吨，商品率为96%，干胶产量突破20万吨，占全国总产量的90%以上。

1988年1月25日—31日，农业部在北京召开了全国农垦工作会议。会议确定，1988年农垦工作的基本任务是：认真贯彻党的十三大精神，围绕完善企业经营机制，进一步增强企业活力这个中心环节，加快和深化农垦企业改革，使新的经济体制尽快成熟起来，为农垦经济的发展创造良好的环境。

1988年2月13日，新华社报道：我国首次利用外资大规模开发三江平原的“黑龙江农垦项目”已经取得显著效益，从1983年6月项目开始实施到1987年，共开垦荒地279万亩，累计生产粮食和大豆5.65亿千克，盈利2 107万元。1987年生产粮豆2.47亿千克，盈利1 480万元，分别比上年增长55.2%和23.6%。

1988年7月16日，《人民日报》报道：“六五”期间，我国农垦企业累计出口总额33亿余元，平均每年递增13%，超过同期国家出口总额的平均递增速度。1987年农垦出口产品总值20亿元，比1986年增长38.4%，出口商品达279种。

1988年10月21日，国务院第二十二次常务会议通过《土地复垦规定》，自1989年1月1日起施行。《土地复垦规定》共二十六条，主要内容是，土地复垦实行“谁破坏谁复垦”的原则；各级人民政府土地管理部门负责管理、监督检查本行政区域的土地复垦工作；各级计划管理部门负责土地复垦的综合协调工作；各有关行业管理部门负责行业土地复垦规划的制定与实施；土地复垦应当充分利用邻近企业的废弃物充填挖损区、塌陷区和地下采空区，对利用废弃物进行土地复垦和在指定的土地复垦区倾倒废弃物的，拥有废弃物的一方和拥有土地复垦区的一方均不得向对方收取费用，利用废弃物作为土地复垦充填物，应当防止造成新污染；复垦后的土地达到复垦标准，并经土地管理部门会同有关行业管理部门验收合格后，方可交付使用。

1988年12月30日至1989年1月5日，农业部在北京召开了全国农垦工作会议。会议总结了十年改革经验，主要有：解放思想，更新观念是农垦经济体制改革的先导；稳定农垦的领导体制和隶属关系是发展农垦经济的重要保证；财务包干，兴办家庭农场和企业内部层层承包，是推动企业和职工前进的动力；农工商综合经营，是发展农垦经济的正确道路；横向经济联合，是长短互补、发挥群体优势的重要途径；系列化服务，是农垦企业商品经济发展的重要条件；把改革与科学技术进步相结合，是推动农垦经济发展的关键。改革开放以来，全国农垦工农业总产值由1978年的78.4亿元增至1988年的252.3亿元（按 1980 年不变价格计算），增长 2.2 倍，1987 年提前三年实现产值翻番的目标。全员劳动生产率由 1978 年的1 521 元增至 1988 年的 4 582 元，增长 2 倍。职工平均收入，也由 1978 年的 485 元增至 1988 年的 1 350 元，增长 1.78 倍。

1990 年 1 月 12 日—18 日，农业部在北京召开了全国农垦工作会议。会议的主要议题是：贯彻落实党的十三届五中全会关于进一步治理整顿和深化改革的精神；检查、总结 1989 年农垦生产建设计划执行情况，分析农垦经济发展面临的主要问题；讨论“全国农垦 1990 年生产建设计划”及在 90 年代新增 50 亿千克商品粮和 2 亿千克棉花的战略设想；确定 3 年治理整顿的目标；总结交流各垦区的工作经验，研究进一步办好国营农场的措施。会议指出，农垦经济长期发展的指导方针是“持续、稳定、协调”发展。会议确定了 1990 年工作的指导思想：一是落实十三届五中全会精神，在保证社会稳定和政策稳定的前提下，充分调动企业和职工的积极性；二是农业在 1989 年丰收的基础上，要稳得住、上得去，力求有新的突破；三是工业在提高效益的基础上，保持适当的发展速度。把农垦经济的治理整顿和深化改革向前推进一步。

1994 年 6 月 1 日—3 日，由中国农垦总公司举办的“94 进口商品联销和出口商品洽谈会”在北京召开。

1994 年 9 月 19 日，《农民日报》报道：1993 年，全国农垦系统累计吸收外资 20 多亿美元，建成“三资”企业 1 200 多家，提供外贸商品资金总额 293 亿元。

1994 年 12 月 28 日，以中国农垦总公司为核心企业的农业部直属大型综合性企业——中垦集团，在北京成立。

1995 年 6 月 14 日，《经济日报》报道：中国农垦物资供销协会（SFMA）正式成立，该协会是自我管理的行业性社会团体，业务上受农业部领导，为农垦物资企业进行协调和指导，提供有关服务，维护企业的合法权益。

2004 年 8 月 19 日，《经济日报》报道：经过 5 年项目可行性研究，全国最大的农业围垦工程——福建省泉州外走马埭围垦工程正式开工。工程围垦总面积 5.54 万亩，项目总投资 8.56 亿元。

2004 年 10 月 11 日，《人民日报》报道：我国北方粮食主产区——黑龙江垦区农业劳动生产率居全国领先水平。按照优势区域布局，黑龙江垦区成功实现了农机农艺结合、良种良法配套。北大荒的农业科技进步贡献率达 68%以上，高于全国农业科技进步贡献率平均值 20 个百分点。农业科技成果转化率已经达 70%以上，科技推广效益年均 4 亿元以上，在全国居于首位。

2006 年 3 月 23 日，《人民日报》报道：全国农垦系统农业区域化布局、规模化经营成效显著，促进了现代农业建设。2005 年，全国农垦粮豆总产达到 361 亿斤，商品量 288 亿斤以上，商品率达 80%。

2006 年 10 月 12 日，《人民日报》报道：我国 80%以上的历史遗留废弃地未得到恢复利用，全国因各种人为因素造成破坏和废弃的土地近 2 亿亩，国土资源部、国家发展和改革委员会、财政部、铁道部、交通部、水利部、国家环保总局联合发出《关于加强生产建设项目土地复垦管理工作的通知》，要求各地切实加强生产建设项目土地复垦管理工作，复垦义务人必须根据土地破坏面积和类型、采出原矿量、复垦标准等，依法缴纳土地复垦费。

2011 年 11 月 4 日，《农民日报》报道：全国农垦系统粮食总产继跨越 400 亿斤、500 亿斤两个台阶后，2011 年将首次突破 600 亿斤，实现“八连增”。

2012 年 7 月 19 日—20 日，国务院在黑龙江农垦建三江管理局和佳木斯市召开全国现代农业建设现场交流会。中共中央政治局委员、国务院副总理回良玉在会上强调，要着力改善农业基础设施和装备条件，大力加强农业科技进步和人才队伍建设，健全现代农业经营制度，完善现代农业支持保护体系，办好全国现代农业示范区，有计划、有步骤地扎实推进现代农业建设。

2012 年 12 月 25 日，《人民日报》报道：2012 年全国农垦生产总值预计达到 5 008 亿元，比上年增长 13.7%，连续 10 年保持 12%以上的增长速度；预计 2012 年实现企业利润 149 亿元，是 2002 年走出严重亏损后连续第十年盈利。

2014 年 4 月 12 日，《经济日报》报道：被称为粮食生产“国家队”的农垦系统将实施“联合、联盟、联营”三大战略，启动“国际大粮商”培育计划。

2015 年 12 月 29 日，《光明日报》报道：2015 年，我国农垦实现生产总值 7 011 亿元，2015 年农垦粮食总产量达到 3 635 万吨，比 2010 年增长 21.2%，农业综合机械化程度达 87.4%，高出全国平均水平 26 个百分点。

2016 年 10 月 23 日，《人民日报》报道：来自全国 35 个垦区的 100 家国有农（牧）场在安徽省滁州市联合发起倡议，成立中国农垦农场联盟。与此同时，中国农垦农场联盟还与滁州市联合举办了2016年全国“质量月”农垦活动暨中国农垦与安徽名优特农产品推介会。

七、农业产业化与农民生产合作组织

1952年4月10日，《人民日报》发表社论：《推广互助组和合作社的“结合合同”》。

1952年8月31日，农业部农政司公布1952年上半年全国互助合作运动情况。1952年上半年全国共有互助组600余万个，农业生产合作社3 000余个，全国组织起来的农户有3 500余万户，占全国总农户40%左右。

1953年2月15日，中国共产党中央委员会通过《关于农业生产互助合作的决议》。这个决议于1951年12月15日以草案形式发给各级党委试行，1953年2月15日中共中央通过成为正式决议，并做了部分修改。

1954年1月8日，中国共产党中央委员会发布《关于发展农业生产合作社的决议》（1953年12月26日中共中央通过。这个决议不适用于某些少数民族的地区）。

1954年1月9日，《人民日报》发表社论：《正确地贯彻中国共产党中央委员会关于发展农业生产合作社的决议》。社论说，这个决议总结了各地农业生产互助合作运动的经验，特别是总结了两年来发展农业生产合作社的经验。这个决议的重点是以办好和发展农业合作社来带动互助组的大发展，带动整个互助合作运动前进。这个决议，连同1953年3月公布的中央关于农业生产互助合作的决议，明确地规划出对农业实行社会主义改造的正确道路和具体办法。各级党委，特别是一切从事农村工作的同志们，必须用心学习这个决议，把它当作自己工作的指南，在农村的各项工作中正确地把它贯彻执行。

1954年1月16日，《人民日报》发表社论：《积极领导，稳步前进，争取实现今年发展农业生产合作社的计划》。社论说，到1954年秋收以前，连原有的14 000多个农业生产合作社在内，全国总共要办起45 000个左右农业生产合作社。

1954年1月19日，《人民日报》发表社论：《互助组是农业生产合作社的重要基础》。社论说：我国共有11 000多万农户，已经参加各种农业生产互助合作组织的有4 790多万户，其中参加农业生产合作社的有273 000多户。

1954年4月4日，农业部发出《关于训练农业生产合作社干部的通知》。通知说，1954年农业生产合作社已发展到9万多个。为适应目前合作社迅速发展的需要和为今后合作社大量发展作好准备，各大区和省农业部门应在党委农村工作部统一领导下拟定一个切实可行的训练合作社干部的计划，其所需经费，由农业训练费中开支。

1954年5月26日，《人民日报》发表社论：《要集中力量巩固现有的9万多个农业生产合作社》。社论说，全国各地的农业生产合作社，到1954年春季为止，已从1953年的14 000多个发展到95 000多个。这是国家过渡时期总任务在农村执行中的一项重大胜利，巩固9万多个农业生产合作社的中心环节，是迅速地建立和改善生产秩序，克服生产关系变革中极容易发生的生产上的混乱现象。

1954年7月7日，《人民日报》发表社论：《贯彻党在农村工作的领导方针》。社论说，当前农村工作的基本任务，是开展以互助合作为中心的农业生产运动。但是，以互助合作为中心的农业生产运动，绝不是说可以放弃其他工作，将中心工作孤立起来。“单打一”的做法是错误的。党对乡村工作的领导，既要紧紧掌握互助合作这个中心，又必须对各种工作有统一安排，以保证社会主义建设的全面发展。

1954年8月31日，《人民日报》发表社论：《必须重视农业生产合作社的收益分配工作》。社论说，在农业生产合作社中，分配收益问题是一项极其重要的政策。分配工作做得好，可以巩固内部合作，推动来年的生产，做不好，就会引起部分农民的动摇心理，影响今后生产。社论说，合作社的收益分配，既要符合半社会主义合作经济的性质，又要体现出能推进新生的生产关系和生产力向前发展的作用。因此，必须正确体现个人利益和集体利益融洽结合的关系；必须正确体现全体社员之间互助互利的原则。党在指导合作社进行收益分配工作的时候，必须强调深入实际，创造典型，总结经验，及时推广。每个干部在工作中，既要注意调查研究，计算比较，又要善于掌握党的基本政策，因势利导，耐心教育群众。要把经济工作和政治工作结合在一起，不要盲目的事务主义，也不要空洞的说教。

1954年9月12日，国家统计局发表《关于1953年度国民经济发展和国家计划执行结果的公报》。公报说，1953年粮食作物总收获量达到16 500余万吨，棉花总收获量达到117万余吨。全国参加在业生产互助合作组织的农户约占全国农户总数的43%。农业生产合作社已发展到14 900多个，参加的农户共有 275 000 余户，社数比较 1952 年约增加 3 倍，户数比较 1952 年约增加 3.7 倍。参加常年互助组的农户占参加互助合作组织农户数的 28%左右。

1954 年 12 月 4 日，《人民日报》发表社论：《及时检查和改进发展农业生产合作社的工作》。社论说，在检查工作的过程中，必须帮助干部认清群众路线和命令主义的区别和利害。要使他们切实地记住：办合作社的目的是完成对农业的社会主义创造，但是对于农民劳动者来说，改造就是要他们自愿联合起来。只有自愿的联合才能使合作社办好，才能巩固工农联盟，才能树立农民新的自觉的劳动态度，也才能保证生产的发展。如果违背自愿联合的原则，那么，不管你建立了多少合作社，也将是没有生气的，缺乏生命力的；并且会削弱党和群众的联系，阻碍革命事业的发展。社论还说，不是为检查而检查，是为改进工作而检查；检查不是去找岔子，而是去帮助工作。要做到这一点，各级党委的负责同志就必须亲赴前线加以掌握，以便把检查工作提到更高的水平上去进行。

1954 年 12 月 27 日，新华社报道：到目前为止，全国农业生产合作社已从秋收前的 225 000 多个增加到 40 多万个。

1955 年 2 月 15 日，新华社报道：1954 年冬和 1955 年春在全国建立 60 万个农业生产合作社的计划，已经完成。

1955 年 2 月 19 日，《人民日报》发表社论：《帮助农业生产合作社培养会计人才》。社论说，财务会计工作跟不上农业生产合作社的大量发展，成为目前农业合作化运动中的薄弱一环。不少合作社账目不清，影响了生产和分配工作的顺利进行。帮助现有的和正在建立的几十万个农业生产合作社培养会计人才，做好财务管理工作，是当前农业合作化运动中的一项突出的任务。

1955 年 2 月 28 日，《人民日报》发表社论：《为什么必须重视农业生产合作社的巩固工作》。社论说，现在全国的农业生产合作社已经发展到 50 多万个，目前的主要任务已经不是发展数量，而应集中注意于提高质量，也就是说，应当全面转向巩固工作了。已建成的合作社必须从经济上、政治上加以巩固，在发展社的时期出现过一轰而起的错误的地方，今天在巩固工作中必须特别注意强调深入工作，绝不要把发展工作中的一轰而起转化为巩固时期的一轰而退，或简单粗糙地进行整顿工作，致使工作的弱点被工作作风的弱点掩盖起来，遗留下去，造成无穷后患。

1955 年 10 月 4 日—11 日，中国共产党第七届中央委员会举行了第六次全体会议（扩大）。会议通过了《关于农业合作化问题的决议》（根据毛泽东同志 1955 年 7 月 31 日在省委、市委、自治区党委书记会议上的报告《关于农业合作化问题》通过的决议）。

1955 年 10 月 25 日，《人民日报》发表社论：《发展农业生产合作社必须注意质量》。社论说，为保证农业合作社具有较高的质量，在建社以前，要有充分准备。毛泽东同志在《关于农业合作化问题》一文中指出，要批判错误思想，总结工作经验；向农民群众全面地宣传合作化的方针、政策和作法；制定全面规划；训练办社干部；大量发展互助组。这五项准备工作必须全都作好。做好了这些准备工作，就可以把党的领导和群众办社的积极性结合起来，就可能基本上解决合作社发展的数量和质量统一的问题。

1955 年 11 月 20 日，新华社报道：据 8 月初到 11 月上旬的统计，全国已经新建立了 59 万多个农业生产合作社，加上原有的 65 万个农业生产合作社，现在全国共有 124 万多个农业生产合作社。

1955 年 11 月 21 日—28 日，全国供销合作总社召开第三次农村私商改造工作会议。会议讨论了农业合作化运动的蓬勃发展和农村私商改造工作，做出了对于农村私商进行社会主义改造的全国规划。

1955 年 12 月 17 日，新华社报道：截至 11 月底的不完全统计，全国已经有了新老农业生产合作社 139.7 万多个，还有 16.8 万多个社即将建成。全国入社农户已经达到 4 940 多万户，占全国农户总数的 40%以上。

1956 年 1 月 2 日，新华社报道：到 1955 年底，全国已经有了 190 多万个农业生产合作社，入社农户 7 000 多万户，占全国农户总数的 60%左右。

1957 年 9 月 14 日，中共中央发布《关于整顿农业生产合作社、做好农业合作社生产管理工作和在农业合作社内部贯彻执行互利政策等三项指示》。

1979 年 5 月 4 日—15 日，农业部人民公社局受国家农委的委托，在北京召开了全国农村人民公社收益分配座谈会。座谈会除了研究 1978 年的收益分配情况、交流改进收益分配工作经验之外，还讨论了《农村人民公社工作条例（试行草案）》，研究了对人民公社经营管理干部的培训工作和教材编写问题。会议着重讨论了农村人民公社开支费用大和浪费问题；部分社队储备粮管理混乱问题；少数生产队分配过头问题；固定资产折旧问题；农产品成本核算问题，编报年末资金平衡表问题；考核基本核算单位经营管理的经济指标问题等。会议经过讨论研究，写出了《农村人民公社财务管理和收益分配应解决的几个问题》的报告和《关于解决农村人民公社社员超支欠款问题的意见》的报告。

1979年7月3日，国务院颁发《关于发展社队企业若干问题的规定（试行草案）》，对社队企业的发展方针、经营范围、企业调整和发展规划、价格政策和奖售补贴、税收政策、经营管理制度等18个问题作了规定。《规定》指出：按照党的十一届三中全会关于加快农业发展的若干问题的决定，社队企业要有一个大发展。社队企业发展了，首先可以更好地为发展农业生产服务，可以壮大公社和大队两级集体经济，为农业机械化筹集必要的资金；同时也能够为机械化所腾出来的劳动力广开生产门路，充分利用当地资源，发展多种经营，增加集体收入，提高社员生活水平；还能够为人民公社将来由小集体发展到大集体、再由大集体过渡到全民所有制逐步创造条件。公社工业的大发展，既可以为社会提供大量的原材料和工业品，加速我国工业的发展进程，又可以避免工业过分集中在大中城市的弊病，是逐步缩小工农差别和城乡差别的重要途径。社队企业必须坚持社会主义方向，积极生产社会所需要的产品，主要为农业生产服务，为人民生活服务，也要为大工业服务、为出口服务。发展社队企业必须因地制宜，根据当地资源条件和社会需要，由小到大，由低级到高级。不搞“无米之炊”，不搞生产能力过剩的加工业，不与先进的大工业企业争原料和动力，不破坏国家资源。社队企业要坚持自力更生、艰苦奋斗，民主办企业，勤俭办企业，厉行经济核算。积极试办农工商联合企业。

1980年1月7日，新华社报道：据不完全统计，全国社队企业已发展到150多万个，平均每个公社有30多个，年总产值占公社经济收入的近1/3，从事社队企业的职工达2 000多万人，产品有7 000多种。

1980年1月11日—2月2日，国家农委在北京召开了全国人民公社经营管理会议。与会同志认为，为了使农民尽快富裕起来，要搞好农业全面发展的规划，既要抓紧粮食生产，又要积极开展多种经营，既要发展社队企业，又要搞好小城镇的建设。经营管理工作的任务是集约经营和广开门路相结合，搞好劳动管理，实行经济核算，切实解决浪费大、成本高的问题，解决超支分空和清理其他债权问题等。此外，会议还就改进计划管理、推行合同制、推行生产责任制、加强政治思想工作、健全经营管理机构等问题，提出了建设性的意见。

1980年7月31日，《人民日报》报道：1979年我国农村人民公社中，有1 622个大队每人平均分配收入超过300元，占大队总数的2.3%，其中有71个大队每人平均分配收入超过500元，最高的上海市崇明县渔业公社八滧大队，每人平均分配收入1 055元，每个劳动力平均收入1 301元。

1980年9月19日，国家农业委员会转发《农业部关于农村人民公社财务管理几个重要问题的报告》，提出：要千方百计增收节支，减少浪费，抓紧清理社队固定资产，建立折旧制度，搞好物资管理，进一步贯彻执行中央55号文件，抓紧清理超支分空款及外单位拖欠款，逐步解决生产费基金不足的问题，把农产品成本核算试点办好，加强经营管理队伍建设，提高财会人员业务水平。

1980年9月22日，《人民日报》报道：据28个省、市、自治区（缺西藏）的不完全统计，到6月底，社队企业总产值比1979年同期增长20%。目前，共有社队企业148万个（西藏除外）。90%以上的公社，80%以上的大队都办有多种企业。全国农村从事社队企业的专业劳动力将近3 000万人，占农村总劳动力的9.4%。

1980年10月1日，农业部人民公社企业管理总局和各省、市、自治区社队企业局联合举办全国社队企业产品展销会，这次会是与全国社队企业局长座谈会结合进行的。参加座谈会的全体代表和参加展销会的各地各界代表近4 000人。展销会持续到10月31日，参观人数达到30多万人次，各地前来参观学习和洽谈业务的约有2万人，成交总额5亿多元，其中社队企业之间经销、代销等合同的成交额占70%以上，零售额占100万元。

1981年5月4日，国务院做出《关于社队企业贯彻国民经济调整方针的若干规定》，充分肯定社队企业是农村经济的重要组成部分，符合农村经济综合发展的方向。并要求社队企业必须贯彻中央关于国民经济实行进一步调整的方针，从宏观经济的要求出发，根据社队企业的特点和存在的问题，进行认真的调整和整顿。

1981年6月27日，新华社报道：据农业部最近对1980年度农村人民公社收益分配情况的调查表明，1980年有12个省、市、自治区的社员集体分配每人平均达到100元以上。全国有343个县社员平均分配水平在150元以上，比上一年增加了120个县；人均分配在300元以上的大队达到5 569个，比上一年增加了2.4倍，其中人均分配400～1 000元的大队1 700多个，1 000元以上的有27个。更可喜的是，一些长期贫困落后的地区有了显著变化。据1979年调查，全国有221个人均分配水平连续三年在50元以下的穷县，1980年这些穷县中有近1/3即72个县，社员平均分配水平上升到50元以上。

1981年7月23日，新华社报道：一种由农民技术员与社员直接签订合同的联产奖惩技术承包制，正在安徽省巢县兴起。目前，全县已有85名农民技术员与1 883户社员签订了合同，对4 430亩农田实行杂交水稻制种、防治病虫害和良种提纯复壮等方面的技术承包。

1982年1月13日，国务院批转国家农委、农业部《关于整顿社队财务的意见》。国务院要求：各级人民政府必须把认真整顿社队财务，杜绝损失浪费和贪污，提高经济效益，作为当前农村工作的一项重要任务，列入自己的议事日程，结合完善生产责任制、开展多种经营等其他农村各项工作，在各级党委的统一领导和统一部署下，认真抓好，并且坚持不懈，扎扎实实地抓下去，务必达到预期的效果。

1982年5月28日，《中国社队企业报》报道：由中国科学技术协会科技咨询服务部、中国食品工业协会、中国农业银行企业信贷司、农业部社队企业管理总局联合筹办的联丰科技咨询服务公司在北京成立，这个公司将为全国食品工业和社队企业加快技术改造和技术革新，提供科学技术咨询服务。

1982年6月11日—23日，农牧渔业部在北京召开22省、市、自治区社队企业局局长座谈会。会议强调：要继续调整社队企业，把社队企业的发展和农村多种经营、专业户（重点户）结合起来，为它们产前产后服务，并因地制宜、有选择地明确发展重点；用两三年时间，以改进产品质量、降低能源和原材料消耗、提高综合经济效益为中心，把现有企业整顿好；积极进行技术改造，努力培养技术人员。

1982年6月28日，《农业经济问题》第六期刊登《我国社队企业基本情况》。文章说，到1981年底，全国共有社队企业134万个，从业人员3 000万人，拥有固定资产327亿元，占人民公社三级固定资产的32%。1981年总收入670多亿元（包括归社队企业系统管理的城镇街道企业可达690亿元），比1976年增长1.3倍，平均每年增长20%以上，占农村人民公社三级总收入的34%。工业总产值562亿元，占全国工业总产值的11%。

1982年10月27日，农牧渔业部发布《关于公社农机服务站若干问题的规定（试行）》。提出：公社农机服务站的主要任务，是开展农机服务工作。根据以农为主、综合经营、独立核算、自负盈亏的方针，服务的主要业务范围：一是直接为农林牧副渔业生产进行机械化作业服务；二是为农机化事业本身服务；三是为农业建设服务；四是为农民生活服务。

1984年4月12日，《中国农民报》报道：1983年，全国28个省、自治区、直辖市（缺西藏），有209个县的社队企业总收入超亿元；收入超过1 000万元的公社1 801个；超过100万元的大队4 919个。社队企业总收入历年名列前茅的江苏无锡县又居首位，总收入高达12.8亿多元。

1984年11月15日，《人民日报》报道：全国已有90%以上的农户成为供销社的股东。据10月底不完全统计，全国供销社已吸收农民的股金、投资13.5亿元，比1983年增长了一倍。

1984年11月24日，新华社报道：由农民自费举行的农村专业户座谈会17日—24日在北京举行。来自28个省、自治区、直辖市13个民族的300多名专业户代表参加了座谈会。

1984年11月27日，《光明日报》报道：由农民企业家与科技工作者自愿联合创建的中华乡镇企业开发公司在北京成立。这个新型民办公司是科研、生产、教育、市场“一体化”，工贸、技贸结合的综合经济实体。

1985年5月22日，《农民日报》报道：据国家统计局农业司的调查资料，1984年农村新经济联合体为46.7万个。从业人员355.7万人。1984年联合体的纯收入为39.07亿元，占总收入的47.7%。

1985年8月29日，《经济参考》报道：国家统计局最近对农村专业户、新经济联合体的标准做出以下规定，（一）专业户的标准：①家庭的主要劳动力或多数劳动力从事专业生产或专业经营活动的时间在60%以上；②专业收入比重占家庭总收入60%以上；③专业产品的商品率达到80%以上（粮食专业户商品率达到60%以上）；④出售产品收入（包括服务性收入），高出当地（县）农村住户家庭经营每户平均出售收入水平的1倍以上。（二）新经济联合体的标准：①有一定的组织规模、工作场所和固定人员；②有相对稳定的经营项目；③有会计核算制度和分配制度；④联合经营时间在三个月以上。

1986年7月17日，《人民日报》报道：农村供销社逐步恢复民办性质，已有1.4亿农民入股，9万多农民担任领导。

1989年7月25日，新华社报道：国家科委将从1989年起，在我国农村试点建立一批新型的以农民、农民技术员、科技人员为主体的科技服务合作协会。

1990 年 2 月 12 日，农业部发布《农民股份合作企业暂行规定》，主要内容包括：农民股份合作企业的社会主义劳动农民集体所有制性质、任务和经营范围；企业的领导、管理体制和分配制度；企业所有者、经营者、生产者各自的权利和义务；企业开办、生产经营活动所应遵循的原则等。它是国家对农民股份合作企业实行规范化管理和企业开展生产经营活动的法律依据。

1992 年 2 月 17 日，我国农村新型经济组织逐步健全。据统计，全国共有 189 万个村及村以下集体单位设置了经济管理机构。

1995 年 1 月 27 日，《中共中央国务院关于深化供销合作社改革的决定》指出，当前，我国农业和农村经济正向社会主义市场经济发展，广大农民迫切要求提供各种经济、技术、信息服务和联合起来进入市场，国家也需要对农村经济加强指导和调控。供销合作社应该在这些方面发挥作用，担当起责任。各级供销合作社都要把为农服务放在首位，一切活动要围绕建立和完善农业社会化服务体系，做好为农业、农村、农民服务的工作。建立和完善农业社会化服务体系，是促进农村经济发展的基础。党中央、国务院决定成立中华全国供销合作总社，组建工作要抓紧进行。新成立的中华全国供销合作总社，是全国供销合作社的联合组织，由国务院领导。各级党委、政府应当从全面发展农村经济的大局出发，加强对供销合作体制改革的领导，使这项改革有组织、有步骤、积极稳妥地深入进行，见到实效。

1995 年 5 月 13 日，《人民日报》报道：5 月 12 日，中华全国供销合作社第二次代表大会在北京召开。中共中央政治局常委、国务院副总理朱镕基在会上代表党中央、国务院向大会表示热烈祝贺并强调，把供销社办成农民的合作经济组织。国务院副总理李岚清主持了会议，国务委员、中华全国供销合作社总社筹建组负责人陈俊生向大会作了工作报告（15 日闭幕）。

1996 年 6 月 4 日，《人民日报》报道：5 月 28 日—6 月 3 日，国务委员兼中华全国供销合作总社主任陈俊生在山东考察了潍坊、烟台等地供销合作社的改革、发展情况，他指出，供销合作社要推动农业产业化。

1997 年 5 月 26 日，《农民日报》报道：25 日，中国农业新闻工作者协会和中国农业银行农村金融学会在北京联合召开全国农业产业化研讨会（27 日结束）。

2000 年 5 月 16 日，《人民日报》报道：15 日，由中国农业科学院、第一拖拉机股份有限公司、TCL 在线有限公司等共同组建的北京中农网科技有限公司今天在北京成立。这家综合性农业电子商务网站，被称为第一家网上“农村供销社”，是国内首家综合性农业网站。该网站的最大特点是要办成电子商务交易的场所，加快农业生产资料和生活资料的流通，促进农业科技与经济的紧密结合。

2001 年 7 月 31 日，《经济日报》报道：7 月 30 日，农业部、国家计委等 9 部门公布了《农业产业化国家重点龙头企业认定和运行监测管理暂行办法》。《办法》列出了申报企业应符合的 9 项标准。

2002 年 1 月 4 日，《人民日报》报道：2001 年，全供销合作社系统兴办各类农民专业合作社 16 488 个，带动农户 1 076 万户，仅此一项助农增收 37.1 亿元，户均增收 344.8 元；通过培育和发展龙头企业带动农户 128 万户，实现销售收入 160 亿元，户均增收 381 元。

2004 年 2 月 5 日，《人民日报》报道：农业部在西安召开全国农民专业合作经济组织试点工作会议。

2004 年 8 月 18 日，《人民日报》报道：全国供销合作总社和国家工商总局联合发出通知，要求供销合作社农资系统组织实施信用等级分类管理，促进供销合作社农资企业信用体系建设，诚信经营，规范农资市场秩序。

2004 年 10 月 15 日，《人民日报》报道：我国各地农村多种形式的新型农民专业合作经济组织大量涌现，总数已超过 15 万个，成为农民增收的新起点。

2005 年 9 月 20 日，《人民日报》报道：我国农业产业化经营取得历史性突破，“十五”以来，逐步由初级加工为主向精深加工延伸，由劳动密集型为主向劳动、技术和资金密集型并重发展。全国产业化经营组织发展到 11.4 万个，固定资产总额 8 099 亿元，分别比 2000 年增长 70.9%、91.7%。全国各类产业化组织带动农户 8 454 万户，从业人数 3 333.2 万人。

2007 年 12 月 6 日，《人民日报》报道：目前全国农民专业合作组织已超过 15 万个，但总体上发展水平还不高，农业部将从省级示范社中每年择优培育 100 个左右全国农民专业合作社示范社。

2008 年 9 月 23 日，《农民日报》报道：由农业部经管司、国际劳工组织、浙江省农业厅、浙江大学农村发展研究院、中国农村合作经济管理学会、《中国农村经济》杂志共同主办的中国农民合作经济组织发展国际研讨会在杭州召开。来自德国、日本、韩国、加拿大等国家以及国际劳工组织、国际合作社联盟等国际组织的数十位专家学者齐聚一堂，就中国农民专业合作社发展状况与对策、农民专业合作社联合社发展以及村经济合作社的发展路径等热门话题展开了广泛的研讨。

2009年11月6日，《人民日报》报道：“十五”期间，中央财政共安排农业综合开发产业化项目资金113.5亿元，占同期中央支持农业产业化总投入的90%以上。1988—2009年，农业综合开发共建设优质高效农业种植基地2 299多万亩，发展水产养殖749万亩，扶持农产品加工和农业生产服务项目9 074个。

2009年12月17日，《农民日报》报道：截至2009年9月底，全国农民专业合作社达21.16万家，比2008年底增长90.8%，在建设社会主义新农村、发展现代农业、带动农民增收等方面发挥重要作用。

2010年7月5日，《农民日报》报道：7月1日，由农业部管理干部学院主办，农民专业合作社发展教育中心、《中国农民合作社》期刊编辑部承办的“纪念《农民专业合作社法》实施三周年暨农民专业合作社与农村经营体制创新研讨会”在北京召开。截至2010年3月底，全国农民专业合作社数量已超过27万家。

2010年9月7日，《农民日报》报道：9月3日，中国首届国际大豆产业博览会暨北大荒大豆节在享有中国绿色大豆之都美誉的农垦九三分局隆重开幕。农业部、中国大豆产业协会等有关领导和中国工程院院士以及美国、德国、荷兰、印度、俄罗斯、日本、韩国等20个国家和地区的1 500余名高端嘉宾和客商参会。

2010年9月20日，《科技日报》报道：截至2010年5月，我国已育成并通过国家或省级鉴定的新品种达60多个，并在农业生产中大规模推广应用，在提高农作物产量、改善农产品质量、优化农作物抗性方面取得了实质性成果。航天工程育种的产业化已初露端倪。

2010年9月28日，《农民日报》报道：9月27日，国家发展和改革委员会、财政部、农业部、工商总局、质检总局、供销总社和农业发展银行七部门联合召开全国棉花工作电视电话会议。会议指出，我国将采取5项措施，保持棉花供需基本平衡和促进棉花生产稳定发展，保护棉农利益、保障用棉需要、稳定市场棉价、规范流通秩序、防控经营风险、深化质检改革。

2010年4月26日，《农民日报》报道：为发挥龙头企业集群集聚优势，集成利用资源要素，完善强化农业产业化功能，提升辐射带动能力，促进农民就业增收，推动农业现代化与工业化城镇化同步发展，农业部出台了《农业部关于创建国家农业产业化示范基地的意见》，决定从2011年起，创建一批国家农业产业化示范基地，发挥龙头企业集群集聚优势，集成利用资源要素，完善强化农业产业化功能，提升辐射带动能力，促进农民就业增收，推动农业现代化与工业化城镇化同步发展。

2011年3月23日，《人民日报》报道：2008—2010年，我国新型转基因抗虫棉培育和产业化全面推进，新培育36个抗虫棉品种，累计推广1.67亿亩，实现效益160亿元，国产抗虫棉市场份额达到93%，有效控制了棉铃虫危害，彻底打破了国外抗虫棉的垄断地位。这是我国转基因生物新品种培育重大专项取得的成就之一。

2011年7月12日，《农民日报》报道：7月8日，由中化集团所属中国种子集团有限公司投资兴建的中国种子生命科学技术中心正式在湖北武汉国家生物产业基地开工，项目总投资达50.6亿元，这是我国种业迄今为止在企业自主研发和人才创新创业基地建设方面最大规模的投资。

2011年8月10日，《农民日报》报道：统计表明，截至2011年上半年，农民专业合作社实有44.6万个，在各类市场主体中，农民专业合作社增长最快，比上年底增长17.66%，出资总额0.57万亿元，比上年底增长26.12%。

2011年9月16日，《人民日报》报道：15日，投资60亿元建设的中国棉花交易中心落户湖北天门，该项目有望成为全国棉花现货定价和交割中心。

2011年9月20日，《人民日报》报道：超级稻第三期亩产900千克攻关验收组组长程式华9月19日下午宣布，经专家测定，位于湖南省邵阳市隆回县羊古坳乡雷峰村百亩试验田的超级稻加权平均亩产达到926.6千克。

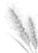

2011年9月26日，《农民日报》报道：9月23日，农业部在安徽省肥东县食品工业园广场举行国家农业产业化示范基地揭牌仪式。农业部公布了第一批76个国家农业产业化示范基地名单。龙头企业形成了以894家国家重点龙头企业为核心，9 000多家省级龙头企业为骨干，9万多家中小龙头企业为基础的发展格局，产品涵盖种植、畜牧、水产多领域，经营涉及生产、加工、流通多环节，销售收入突破5万亿元，提供的农产品及加工制品占农产品市场供应量的1/3，占主要城市“菜篮子”产品供给的2/3以上。

2011年10月12日，《人民日报》报道：11日，农业部与陕西省政府签订国家级洛川苹果批发市场建设合作备忘录，首家国家级农产品专业市场启动建设。

2011年10月18日，《人民日报》报道：我国杂交小麦育种技术将进入大规模产业化应用阶段。中国种子集团有限公司与北京农林科学院日前在京签署合作协议，共同投资设立中种杂交小麦种业有限公司，致力于加快杂交小麦优良品种的选育和推广。

2011年11月6日，《人民日报》报道：今后对农业综合开发的产业化项目，中央财政将主要采取贷款贴息方式予以扶持。2012年中央计划安排36亿元资金，扶持竞争优势明显、辐射带动能力强的农业综合开发产业化项目，其中60%以上的资金用于贴息，可引导银行贷款500多亿元。

2012年3月26日，《人民日报》报道：《国务院关于支持农业产业化龙头企业发展的意见》公布，提出了21条政策措施，涉及财政、税收、金融、贸易等领域，支持龙头企业生产基地和基础设施建设，支持符合条件的龙头企业开展高标准基本农田建设、土地整治、粮食生产基地、标准化规模养殖基地等项目建设；并且提出国家农业综合开发产业化经营项目要向龙头企业倾斜。全国农业产业化组织达到28万个，带动农户1.1亿户，农户年户均增收2 400多元。

2012年7月3日，《人民日报》报道：全国农民专业合作社经验交流会在北京举行。会议对600个农民专业合作社示范社进行了表彰。中共中央政治局委员、国务院副总理回良玉强调，要因地制宜、分类指导、因社施策，加强政策支持和法律保障，促进机制创新和科学管理，全面提升农民专业合作社发展水平，不断增强带动和服务能力，走出一条符合我国国情和农业生产经营特点、适应社会主义市场经济要求的农民专业合作社发展路子。

2012年9月25日，《农民日报》报道：全国依法登记的农民专业合作社达到60万家，实有入社农户达到4 600多万户，约占农户总数的18.6%，专业合作社已经成为我国重要的现代农业经营主体，在发展现代农业、促进农民增收、建设社会主义新农村中发挥了重要作用。

2012年11月27日，中国农业产业化龙头企业协会27日在北京人民大会堂举行成立大会。国务院副总理回良玉强调，要切实加强组织领导，创新体制机制，完善政策措施，大力发展农业产业化，培育壮大龙头企业，加快构建新型农业经营体系，推动现代农业建设和农业发展方式转变。

2013年2月21日，《经济日报》报道：在各省级农机化主管部门组织推荐的基础上，农业部审核确定了北京兴农天力农机服务专业合作社等1 022家农机合作社为全国农机合作社示范社，建设期限为2013—2015年。

2013年6月2日，《人民日报》报道：我国农民专业合作社发展势头强劲，成为构建新型农业经营体系的亮点。全国农民专业合作社已超过68.9万家，实有成员超过5 300万户，县级以上示范社达到10多万家，国家11个部门联合评定了6 663家全国示范社。

2013年6月5日，《农民日报》报道：截至2012年底，全国30个省、自治区、直辖市共有符合统计调查条件的家庭农场87.7万个，经营耕地面积达到11 733.3千公顷，占全国承包耕地面积的13.4%。平均每个家庭农场有劳动力6.01人，其中家庭成员4.33人，长期雇工1.68人。

2013年7月3日，《光明日报》报道：中国农业科学院宣布，将对遴选出的206项重点科研成果进行跟踪管理，搭建成果熟化与转化平台，尽快形成现实生产力，助力现代农业发展。

2013年8月6日，《农民日报》报道：国务院批复同意建立全国农民合作社发展部际联席会议制度。联席会议由农业部、国家发展和改革委员会、财政部、水利部、国家税务总局、国家工商行政管理总局、国家林业局、中国银行业监督管理委员会、中华全国供销合作总社等9个部门和单位组成，农业部为牵头部门。

2013年8月27日，全国农民合作社发展部际联席会议召开了第一次全体会议。会议审议了《国家农民合作社示范社评定及监测暂行办法（讨论稿）》。截至2013年6月底，全国依法登记的农民专业合作社达到82.8万家，约为2007年底的32倍；实有成员超过654万户，占农户总数的25.2%。

2013年9月5日，《经济日报》报道：4日，财政部发布修订后的《中央财政农民专业合作组织发展资金管理办法》，明确资金支持对象，即满足合作组织成员原则上不少于100户，同时具有一定的产业基础，服务网络健全，能有效地为合作组织成员提供农业专业服务等条件的农民专业合作组织，能够获得合作组织发展资金扶持。

2013年9月22日，《人民日报》报道：山东稼禾秸秆全元素综合利用生产线在山东沂南县建成投产。该项目以各种植物秸秆为原料，一次投料，就能联产出纸浆、乙醇、复合肥等产品，是全国第一条零排放生物乙醇生产线，也是世界上第一条生物质全元素分解利用生产线。

2013年10月3日，《人民日报》报道：为进一步挖掘增产潜力，促进粮食生产稳定发展，农业部在总结高产创建成功实践的基础上，组织开展了粮食增产模式攻关，集成组装了58个区域性、标准化高产高效技术模式。按照相应的技术模式图操作，农民种田更轻松省力。据测算，示范区域产量将超过现有大田产量的20%。

2013年11月2日，《人民日报》报道：中央财政下拨农业综合开发资金8.05亿元，大力支持以股份合作社、专业合作社、龙头企业等为主体的新型农业经营体系建设，促进高产、优质、高效、生态、安全、市场竞争力强的优势特色产业发展。

2013年12月3日，《经济日报》报道：由农民日报社主办的第二届中国品牌农资大会暨种植大户联谊会在北京举行。大会就农资行业发展、农业全产业链协作共赢模式等话题进行了深入探讨，并举办了职业合作社建设、农民培育、农业全程化解决方案等专题讲座。100余家农资企业、500多户种植大户、农资行业管理机构及农资专家参加了会议。

2014年1月27日，《人民日报》报道：农业部种植业管理司与中化化肥有限公司签署《合作推进科学施肥备忘录》，探索配方肥进村入户到田的有效模式。2014年在粮食和经济作物优势产区，选择一批粮食主产大市大县、蔬菜生产大县和特色经济作物优势县，共同开展“农企合作推广配方肥示范县”创建。

2014年2月19日，《农民日报》报道：“食用菌产量和品质形成的分子机理及调控”项目在中国农业科学院启动，今后5年，项目将围绕子实体形成的营养利用与遗传调控、抗逆性的温度响应和活性物质的合成代谢调控等3个科学问题，运用多种研究手段，揭示食用菌产量和质量形成的分子机理，建立科学研究的理论和方法体系以及遗传改良基础平台，提高食用菌产业的原始创新和关键技术创新能力。

2014年3月19日，《科技日报》报道：全国休闲农业创意精品展在北京市昌平区草莓博览园拉开帷幕，来自各省、自治区、直辖市的产品创意、包装创意、活动创意、景观创意等四大类3 000余件精品火爆北京农业嘉年华，吸引了5万名城乡居民到现场参观，现场销售额已超过3 000万元，投资意向签约额超过8亿元。

2014年6月7日，《光明日报》报道：中国已成为继美国之后全球第二大蓝莓主产区。“2014中国国际蓝莓大会暨青岛国际蓝莓节”6日在山东省青岛市黄岛区拉开帷幕。本次大会以“国际化、开放、专业”为宗旨，将聚焦全球蓝莓产业发展，探讨蓝莓市场营销、生鲜物流的破局和创新、冷链管理等焦点话题。

2014年6月25日，国务院总理李克强主持召开国务院常务会议，部署做好粮食收储和仓储设施建设工作，研究决定完善农产品价格和市场调控机制，确定促进产业转移和重点产业布局调整的政策措施。

2014年7月27日，《人民日报》报道；2013年我国农产品加工业主营业务收入17.2万亿元，同比增长18.3%，从业人员达2 298万人，其中70%以上是农民，农产品加工业对农民人均纯收入的贡献率达90%。

2014年9月16日，《经济日报》报道：农业部、国家发展和改革委员会、财政部等九部门联合下发《关于引导和促进农民合作社规范发展的意见》。《意见》要求进一步完善财政税收金融等支持政策，重点扶持运行规范的合作社。

2014年9月24日，《光明日报》报道：22日，在山东省德州市武城县的地头，“良种包衣”“叶面施肥”“辅助授粉”等玉米生产8项关键技术的集成效果被全面展示，经专家现场测产，示范区10亩超高产攻关模式示范田，平均每公顷产量达15 840千克，比常规生产增产4 500～6 000千克。

2014年10月11日，《人民日报》报道：由袁隆平院士领衔的超级稻第四期攻关项目获得重大突破，经农业部组织专家测产，湖南省溆浦县第四期超级稻百亩方平均每公顷产量超过15 000千克，创造了15 400.5千克的新纪录。

2014年10月18日，《人民日报》报道：国土资源部、农业部联合下发《关于进一步支持设施农业健康发展的通知》，明确取消设施农用地审核，改为备案制；进一步支持规模化粮食生产，配套设施纳入设施农用地管理，经论证可占用基本农田；严格界定设施农用地范围，落实农地农用原则，加强设施农业用地执法、监管。

2014年10月31日，《人民日报》报道：我国品牌农业近年来发展迅速，截至2013年底，我国农产品注册商标已达125万件。

2014年12月4日，《经济日报》报道：我国将探索建立农产品品牌目录制度，创建农业公用品牌发展体系。把农产品按照品牌种类、品种种类进行分类，按照影响层级和影响力范围进行分类，对产品的品种、品牌的种类进行系统梳理，形成目录，将最有影响力、最有价值的品牌纳入国家品牌的目录，实施定期发布、动态管理。

2014年12月12日，《经济日报》报道：农业部、国家发展和改革委员会、财政部、水利部、国家税务总局等九部门日前联合下发了《关于公布国家农民合作社示范社名单的通知》，认定北京利民恒华农产品种植专业合作社等3 759家合作社为国家农民合作示范社，北京密云县蔡家甸东沟农民用水合作社等254家用水组织为全国农民用水合作示范组织。

2014年5月6日，《人民日报》报道：中共中央、国务院印发《关于加快推进生态文明建设的意见》。《意见》指出，要充分认识加快推进生态文明建设的极端重要性和紧迫性，切实增强责任感和使命感，牢固树立尊重自然、顺应自然、保护自然的理念，坚持绿水青山就是金山银山，动员全党、全社会积极行动、深入持久地推进生态文明建设，加快形成人与自然和谐发展的现代化建设新格局，开创社会主义生态文明新时代。

2014年6月1日，《农民日报》报道：中共中央办公厅、国务院办公厅印发了《关于深入推进农村社区建设试点工作的指导意见》，并发出通知，要求各地区各部门结合实际认真贯彻执行。

2015年1月9日，《农民日报》报道：6日，由国家杂交水稻工程技术研究中心主办，中联重科股份有限公司承办的杂交水稻超高产农机农艺融合示范项目在湖南长沙中联重科正式启动。“杂交水稻之父”、中国工程院院士袁隆平，湖南省副省长张硕辅，湖南省农机局局长王罗方以及中联重科董事长詹纯新等300多人出席启动仪式。

2015年2月8日，《人民日报》报道：2015年起，山东将开展农民专业合作社信用互助业务试点，力争3年内初步建成与山东农业、农村、农民发展需要相适应的新型农村合作金融框架。农民专业合作社信用互助业务原则上以行政村为经营地域范围，互助资金总额原则上不超过500万元；确有需要的可扩大地域范围和资本规模，但不得超出注册地所在乡镇。

2015年2月12日，《农民日报》报道：首届中国有机农业创新与发展研讨会暨全国有机农业产业联盟成立大会在中国农业科学院举行。来自农业部农村经济研究中心、农业科研院所、农业大专院校、农业科技开发公司、投资公司、农资生产企业、流通企业、中绿华夏有机食品认证中心等单位的代表约150余人参加了会议。

2015年3月3日，《光明日报》报道：2003—2013年，我国农产品加工业规模以上企业主营业务收入从2.63万亿元增加到17万亿元，年均增长幅度达到20%以上，已成为横跨三次产业、汇聚多个行业、带动就业增收和满足消费需求的农业基础性、战略性、支柱性产业和国民经济中最具活力的产业之一。

2015年4月3日，《人民日报》报道：中共中央、国务院印发了《关于深化供销合作社综合改革的决定》。《决定》从深化供销合作社综合改革的总体要求；拓展供销合作社经营服务领域，更好履行为农服务职责；推进供销合作社基层社改造，密切与农民的利益联结；创新供销合作社联合社治理机制，增强服务“三农”的综合实力；加强对供销合作社综合改革的领导五个方面对深入贯彻落实党的十八大和十八届二中、三中、四中全会精神，加快推进农业现代化，促进农民增收致富，推动农村全面小康社会建设提出要求。

2015年4月20日，为期两天的2015年中国农业展望大会在北京开幕。大会首次以农业部市场预警专家委员会名义发布《中国农业展望报告（2015—2024年）》，对未来10年中国农产品的生产、消费、价格、贸易走势进行展望。

2015年7月28日，全球马铃薯领域最高级别的学术盛宴——2015北京世界马铃薯大会开幕，来自37个国家和地区的千余名马铃薯领域专家学者相聚八达岭长城脚下，共同开启世界马铃薯产业发展的新篇章。

2015年9月15日，《农民日报》报道：14日，农业部在北京启动稻米、小麦、玉米、大豆、棉花、生猪、牛羊肉、蔬菜等8个品种全产业链农业信息分析预警试点，面向河北、内蒙古、辽宁等14个主产区、主销区，在生产、加工、流通各个环节遴选了1 061名分析师，组建了全产业链分析预警团队。

2015年12月5日，《农民日报》报道：到2015年10月底，全国农民合作社数量达147.9万家，比2014年底增长15.5%，入社农户9 997万户，覆盖全国41.7%的农户，各级示范社超过13.5万家。

2015年12月15日，《农民日报》报道：12日，由国内外政、商、产、学、研、融、推等多个领域众多单位和个人自愿联合组成的农产品物联商务建设与运营推广的非营利性合作组织——中国农产品物联商务创新联盟在中国农业大学正式成立。联盟以“建设农产品品牌孵化的全产业链商业环境，形成农产品优质优价的完整生态系统，保障食品安全，为消费者健康保驾护航”为基本愿景。

2016年1月20日，《农民日报》报道：1月17日，作为开展自主研发、产业升级、成果转化等工作的重要载体，国家牧草产业技术创新战略联盟研究院在京成立，该研究院由国家牧草产业技术创新战略联盟与北京华夏草业产业技术创新战略联盟一体化运作，并由联盟出资控股成立。该联盟成立于2009年12月，现有成员单位44个。

2016年3月3日，《农民日报》报道：由来自我国土壤肥料行业的生产、经销、种植养殖和服务企业以及相关机构联合发起的土壤肥料产业联盟成立大会在京举行，会上，土壤肥料产业联盟成员共同发出倡议，倡导以农业生产需求和耕地生态环境可持续发展为主旨，全面提升我国土壤肥料行业综合水平和农产品的市场竞争力，为新时期国家粮食和食品安全、现代化农业发展、生态文明建设作贡献。

2016年9月17日，《科技日报》报道：湖南省科技厅组织专家对位于云南省红河州个旧市的百亩连片杂交水稻示范项目进行了现场考察，实地测收。中国科学院院士、福建省农业科学院研究员谢华安宣布，在随机抽取的3个地块中，平均亩产达到1 088千克，再次刷新世界亩产纪录。

2016年10月16日，第一届世界苹果大会在陕西圆满结束。30多个国家和地区的150余位世界知名苹果专家以及大型企业、产业协会负责人出席，参会人员总数突破4万余人。大会以“变革的苹果使更多人受益——现代科技与苹果可持续发展”为主题，会议期间进行了参观考察、学术会议、工商峰会、展览展示等多项活动，对于各国苹果生产技术的提升、经营理念的改善以及整个苹果产业链的发展发挥了重要作用。

2016年11月18日，《光明日报》报道：据农业部统计，截至10月底，全国依法登记的农民合作社已达174.9万家，入社农户占全国农户总数的43.5%。这些合作社的产业分布广泛，涵盖粮棉油、肉蛋奶、果蔬茶等主要产品生产，并扩展到农机、植保、民间工艺、旅游休闲农业等多领域。2015年，平均每个合作社成员当年分配盈余1 597元，普遍比生产同类产品的非成员增收20%以上。

2017年4月18日，《人民日报》报道：2016年，我国规模以上农产品加工企业达8.1万家，主营业务收入达20万亿元，实现利润总额1.3万亿元，农产品加工业正成为农业现代化的支撑力量，农业农村经济的支柱产业。

2017年5月19日，《光明日报》报道：农业部17日牵头成立中国茶产业联盟，联合157家大型茶叶企业集团及科研单位，将聚力技术创新、共创品牌、共拓市场，引领做强中国茶产业，助力农业转型升级。

2017年9月22日，全国农村产业融合发展现场会在内蒙古自治区巴彦淖尔市召开。国务院副总理汪洋强调，要认真贯彻党中央、国务院决策部署，以新发展理念为引领，以市场需求为导向，以完善利益联结机制为核心，以制度、技术和商业模式创新为动力，着力构建农业与二、三产业交叉融合的现代产业体系，为国民经济持续健康发展和全面建成小康社会提供重要支撑。

2018年1月30日，《人民日报》报道：日前，国务院办公厅印发《关于推进农业高新技术产业示范区建设发展的指导意见》。《意见》提出，到2025年，布局建设一批国家农业高新技术产业示范区，打造具有国际影响力的现代农业创新高地、人才高地、产业高地。

2018年4月18日，《农民日报》报道：4月16日，中国饲料工业协会主办、湖南省饲料协会协办的2018中国饲料发展论坛在湖南省长沙市举办。经过改革开放40年的努力，我国已发展成为世界第一大饲料工业生产国。

2018年4月24日，《科技日报》报道：湖南杂交水稻研究中心与湖南桃花源农业科技股份有限公司、四川农业大学三方合作，将第三代杂交水稻育种技术与雌性不育恢复系制种模式相结合，找到杂交水稻机械化制种的新技术路径。未来我国有望进入杂交水稻大规模机械化制种新时代。

2018年5月18日，《农民日报》报道：5月15日，农业农村部副部长韩俊主持召开全国农业产业化联席会议。会议强调，加快推动农业产业化高质量发展，发挥农业产业化在构建乡村产业体系、促进乡村经济多元化发展、带动农户就业增收等方面的重要作用，为农业供给侧结构性改革和乡村振兴作出新的贡献。

2018年10月31日，《经济日报》报道：我国已批复设立潍坊国家农业开放发展综合试验区，将在打造农业科技国际合作、新产业新业态、新模式和总部等4个聚集区方面着力，推动首个国家农业开放发展综合试验区发展。

2018年12月27日，《农民日报》报道：经国务院同意，农业农村部、发展改革委、科技部、工业和信息化部、财政部、商务部、卫生健康委、市场监管总局、银保监会联合印发《关于进一步促进奶业振兴的若干意见》。《意见》提出，力争到2025年全国奶类产量达到4 500万吨，切实提升我国奶业发展质量、效益和竞争力。

八、农村产业发展水平

1957年8月1日，国家统计局公布关于1956年度国民经济计划执行结果的公报。公报说，1956年我国农业合作化已经基本完成，参加秋收分配的农业生产合作社的入社农户达到1.1亿多户，占全国农户的92%。到年底，入社农户又增加到1.2亿户，占全国农户总数的96%。这些农业生产合作社中，高级社的入社农户达到1亿多户，占全国农户总数的88%。1956年我国许多地区遭受了严重水灾、台风和旱灾等灾害，不少农作物的产量计划没有完成。但是，由于全国农业合作化的实现，农田水利建设的发展，各项先进生产经验和生产措施的推广，粮食的产量仍比丰收的1955年有所增加。1956年全国粮食总产量（不包括大豆）达到1 825亿千克，完成计划的96%，比上年增加了4.4%，达到第一个五年计划规定的1957年的水平。棉花产量57.8万千克，完成计划的81%；大豆产量102.5亿千克，完成计划的102%。

1979年6月28日，国家统计局公布《关于1978年国民经济计划执行结果的公报》。公报说，1978年，农业总产值1 495亿元，超过计划2.7%，比上年增长8.9%。主要产品产量增长情况如下。

类别	1978年产量	1977年产量	1978年比1977年增长（%）
粮食	30 475万吨	28 275万吨	7.8
棉花	216.7万吨	204.9万吨	5.8
油料	521.8万吨	401.5万吨	30.0
甘蔗	2 111.7万吨	1 775.3万吨	18.9
甜菜	270.2万吨	245.6万吨	10.0
黄、红麻	108.8万吨	86.1万吨	26.4
蚕茧	22.8万吨	21.6万吨	5.6
茶叶	26.8万吨	25.2万吨	6.3
猪（年末数）	30 129万头	29 178万头	3.3
羊（年末数）	16 994万只	16 136万只	5.3
大牲畜（年末数）	9 389万头	9 375万头	0.1
水产品	466万吨	470万吨	−0.9

1978年粮食生产增长幅度是中华人民共和国成立以来所不多见的。油料的产量超过了历史最高水平。棉花、甜菜的产量还没有达到历史最高水平；全国造林面积4 497 000公顷，比1977年减少6.2%。1978年大中型拖拉机达到55.7万台，比上年增加9万台；手扶拖拉机达到137万台，比上年增加28万台；农用排灌动力机械达到4 897万千瓦，比上年增加407万千瓦。平均每公顷耕地施用化肥（按100%有效成分计算）89千克，比上年增加25千克。

1979年9月25日，新华社报道，三十年来我国农田基本建设的主要成果有：全国建成8万多座大中小型水库，修建了5 000多处万亩以上的灌区；全国机电井已建成200多万眼，机电排灌动力从中华人民共和国成立初的6.62万千瓦增长到4 413多万千瓦；全国低洼易涝耕地约有2/3得到初步治理；全国盐碱耕地有一半得到不同程度的治理；全国坡耕地有1/4改造成了水平梯田；全国农村建成8万多座小型水力发电站，装机容量达到500多万千瓦。由于进行了这些工作，全国耕地的灌溉面积达到7亿亩，比1949年的2.4亿亩增加近3倍。其中有1/2的耕地建设成为旱涝保收、高产稳产农田。

1980年5月1日，《人民日报》报道：国家统计局发表公报，公布了1979年我国国民经济计划执行结果。公报说，1979年农业总产值（包括农业、林业、牧业、副业、渔业和队办工业产值）达到1 584亿元，完成计划104.2%，比上年增长8.6%。在18种主要农畜产品产量中，粮食、油料、甘蔗、黄红麻、蚕茧、猪、羊等七种完成或超额完成了计划，棉花、甜菜、茶叶、大牲畜、水产品等五种没有完成计划。一些主要农产品产量如下。

类别	1979年（万吨）	1979年比1978年增长（%）
粮食	33 211.5	9.0
棉花	220.7	1.8
油料	643.5	23.3
其中：花生	282.2	18.7
油菜籽	240.2	28.6
芝麻	41.7	29.5
甘蔗	150.8	1.9
甜菜	310.6	15.0
黄红麻	108.9	0.1
蚕茧	27.1	18.9
茶叶	27.7	3.4

全国造林面积4 489 000公顷，同上年持平，其中经济林面积比上年增长6.2%，防护林面积增长

29.3%，造林成活率有所提高。

生猪、大牲畜、羊的年末存栏数和肉类产量都比上年同期增加。

类别	1979 年	1979 年比 1978 年增长（%）
猪（年末存栏数）	31 970.5（万头）	6.1
大牲畜（年末存栏数）	9 459.1（万头）	0.7
其中：牛（年末存栏数）	7 134.6（万头）	0.9
羊（年末存栏数）	18 314.2（万只）	7.8
猪、牛、羊肉总产量	1 062.4（万吨）	24.1

水产品产量 430.5 万吨，比上年减少 7.5%。产量下降的一个重要原因是，调整海洋捕捞作业，保护水产资源。

国营农场 1979 年粮食产量比上年增长 8.9%，棉花产量增长 9.1%，油料产量增长 23%，牛奶产量增长 11.4%。由于加强生产领导，改善经营管理，加上农产品收购价格提高等因素，全国国营农场总算起来已经转亏为盈。

1979 年全国大中型拖拉机拥有量达到 66.7 万台，比上年增加 11 万台，手扶拖拉机达到 167.1 万台，比上年增加 29.8 万台。机耕面积占耕地面积的比重，由上年的 40.9%上升到 12.4%。平均每公顷耕地施用化肥 109 千克，比上年增加 20 千克。农村用电量 2 827 000 万度，比上年增长 11.7%。

1980 年 8 月 30 日，五届人大第三次会议上的《关于 1980 年、1981 年国民经济计划安排的报告》指出：通过发展农业生产和提高主要农产品收购价格，1979 年农民增加收入 108 亿元；由于减免农业和社队企业税收，减轻农民负担 20 亿元。预计 1980 年棉花、糖料的产量可以超过 1979 年水平。油料、肉类、水产品的产量可以完成计划。预计 1981 年工农业总产值比 1980 年增长 5.5%。其中，农业总产值增长 4%。粮食产量 34 250 万吨，比 1980 年预计增加 1 000 万吨；棉花产量 255 万吨，比 1980 年预计增加 25 万吨。其他经济作物、肉类、水产品的产量和造林面积，也将有一个新的增长。

1980 年 8 月 30 日，五届人大第三次会议上的《关于 1979 年国家决算、1980 年国家预算草案和 1981 年国家概算的报告》指出：1979 年国家决算赤字 170.6 亿元。1980 年国家预算总支出比上年将减少 131 亿元。其中，支援农村人民公社支出和各项农业事业费 77.4 亿元，比上年减少 12.7 亿元。如果加上农业方面的基建投资、流动资金和农村救济费等支出 66.6 亿元，增加农业贷款 24 亿元，1980 年国家用于农业的资金共达 168 亿元。1981 年的概算总支出比上年将增加 61.7 亿元。其中，支援农村人民公社支出和各项农业事业费 88 亿元。

1980 年 9 月 4 日，《人民日报》报道：据有关部门统计，到 6 月末，全国猪存栏数达 31 400 多万头，比 1979 年同期增加 455 万头，增长 1.5%。1980 年上半年，全国出栏肥猪 9 142 万头，比 1970 年同期增加 813 万头，增长 9.8%；6 月末，全国羊存栏数达 20 610 多万只，比 1979 年同期增加 1 592 万只，增长 8.4%，是中华人民共和国成立以来同期增加最多的一年；牛、马、驴、骡、骆驼等大牲畜总头数为 9 525 万头，比 1979 年同期增加 100 万头，增长 1.1%，是近三年来增加最多的一年。

1980 年 12 月 28 日，新华社报道：全国棉油糖等经济作物丰收。棉花生产出乎意料得好，总产量超过了国家计划，比 1979 年增长一成以上。到 12 月 10 日，全国棉花收购任务已超额完成。油料 1980 年比 1979 年增产超过 50 000 千克；全国糖料总产量比 1979 年增长一成，食糖产量增加 30 万吨；柔蚕比 1979 年增加 14.8%，总产量超过历史最高水平；茶叶总产量比 1979 年增加 1 300 万千克；黄麻、红麻产量同 1979 年持平，芝麻比 1979 年增产。除了烤烟、水果、蔬菜比 1979 年略有减产外，经济作物普遍获得丰收。

1980 年 12 月 30 日，《财贸战线》报道：1980 年全国棉花收购创历史最高水平。到 12 月 25 日，已收购皮棉 4 763 万担，超过年收购计划的 8.3%，比 1979 年同期多收购 889 万担，比历史最高纪录 1973 年的全年收购量还多了 5 万担。

1981 年 1 月 3 日，《人民日报》公布了国家统计局对 10 282 户社员家庭的调查材料。调查材料说：1979 年平均每人总收入为 179.8 元，比上年增加 29.2 元，扣除家庭副业的生产费用和纳税后，平均每人纯收入为 160.2 元，比上年增加 26.6 元，提高 19.9%。在纯收入中，来自集体的收入为 102 元，比上年增加 13 元，提高 14.6%；来自家庭副业的收入为 44 元，比上年增加 8.9 元，提高 25.3%；其他收入由 9.6 元增加到 14.2 元，提高 48.7%。社员家庭副业和其他收入占纯收入的比重，由 33.4%上升到 36.4%，从集体得到的收入占纯收入的比重，由 66.6%下降为 63.6%。这反映了家庭副业发展较快的趋势。

1981 年 6 月 15 日，新华社报道：国家统计局对 27 个省、市、自治区的 15 914 户社员调查，

1980年家庭副业的总收入达770万元，比上一年增长37.3%，平均每人纯收入62.6元，比上一年增长12.2%。

1983年12月15日，《中国农民报》报道：1983年我国农业生产在连续四年增产的基础上又获丰收。粮食总产可达7 400亿斤，比上年增产330多亿斤，增长4.7%；棉花总产可达8 000多万担，比上年增产800多万担，增长11.6%；糖料总产可达9亿多担，增产2 300多万担，增长3.2%；油料，1983年国家控制生产，总产可达2.01亿担，完成国家计划；猪、牛、羊肉比上年增产6 000多万斤；鲜蛋比上年增产9亿斤；牛、羊奶比上年增产6.7亿斤；大牲畜比上年增加180多万头；水产品总产量可达530万吨，比上年增加14.5万吨。农用化肥施用量比上年增加700万吨，农用柴油、高效低毒农药、塑料薄膜等也有所增加。全国90%以上的生产队都实行了联产承包责任制；“两户”已占总农户的13%以上。

1984年12月8日，新华社报道：据国家统计局的统计，1983年全国有138个县（市）的农业总产值比1978年增长一倍以上。这些翻番县分布在18个省、自治区、直辖市，共有农业人口6 200多万人，占全国农业人口的7.4%。1983年，这些县的农业总产值为301.8亿元，比1978年增长1.3倍。

1985年4月20日，《农民日报》报道：据国家统计局农村抽样调查总队对全国28个省、自治区、直辖市31 357个农户抽样调查报告，1984年农民人均收入达355元，比上年增长14.7%。其中人均收入为800元以上的农户占全部调查户的比重由上年的1%上升为4%；人均收入为500～800元的农户所占比重由10.9%上升为14.2%；人均收入为300～500元的农户所占比重由34.5%上升为38.6%，人均收入为300元以下的农户所占比重比1983年减少10.4%；人均收入在150元以下的农户所占比重由7.6%下降为4.6%。

1985年9月17日，《人民日报》报道：国家统计局对农村住户进行抽样调查结果表明，“六五”期间，农民家庭收入持续增长。1984年农民人均纯收入达355.3元，比1980年增长85.7%，平均每年增长16.7%。1985年预计人均纯收入可达400元左右。农民纯收入中用于生活消费的部分，1984年比1981年增加121.3元，农民消费水平平均每年增长9.1%。

1985年9月23日，《农民日报》报道：1984年农村每个劳动力平均生产的农村社会总产值达到15 262元，比1980年提高54.2%；1984年平均每亩耕地生产的农作物种植业产值为149元，比1980年提高40.7%；农产品商品率1984年达到52.7%；农村各种经济组织向国家交纳的税金达到139.2亿元。

1989年3月31日—4月4日，农业部在昆明市召开了全国农业商品生产基地建设工作会议。据统计，111个商品粮基地县，1987—1988年累计生产粮食779.9亿千克，比1985—1986年累计增产39.4亿千克，增长5.3%；向国家交售商品粮166.3亿千克，占全国的15.6%。商业部表彰的1988年度全国100个粮食生产、交售先进县中，有50个县是商品粮基地县。1988年60个水果基地县的果树面积达到823万亩，比1985年扩大272万亩，水果产量达到23亿千克，比建设前增加45%；蔬菜、茶叶基地增产幅度分别为25%、22%。1988年111个商品粮基地县农业总产值2 628亿元，比1986年增加12.7%；名优项目所在县净增农业产值达6.12亿元，比1985—1986年增长15.2%。

1989年7月1日，新华社报道：1988年我国农村经济总收入为10 467.6亿元，比1987年增长31%，其中农户家庭经营收入达6 008.1亿元，占全国农村经济总收入增加额的57.4%。新华社报道：1988年，我国农村二三产业的收入达5 676.2亿元，比上年增加1 846.2亿元，占全国农村经济总收入增加额的58.2%。在非农产业中，各地主要发展了农村工业，其收入的增长额已占全国农村经济总收入增加额的46.3%。

1989年7月26日，林业部在北京举行森林资源新闻发布会，公布我国第二次森林资源清查结果。1984—1988年，历时五年，全国森林资源的情况是：林业用地面积为26 743万公顷；森林面积为12 465万公顷，森林覆盖率为12.98%；活立木总蓄积量为105.72亿立方米；森林蓄积量为91.41亿立方米。

1989年8月30日，新华社报道：国家统计局提供的材料表明，1952—1988年，农民累计向国家交售粮食21.53亿吨，棉花8 062万吨，食物植物油5 982万吨，生猪33.3亿头，鲜蛋2 573万吨，水产品8 195万吨。据国家统计局统计，1949年以来的40年间农民通过上缴农业税的形式为国家累计积累资金1 189亿元。

1989年10月18日，新华社报道：据国务院“三西”地区工作会议提供的数据，目前，甘肃省中部贫困区20个县，人均占有粮食已由1982年的152.5千克提高到260千克，农民人均纯收入已达

380元，宁夏西海固地区八县人均占有粮食240多千克，人均收入达210元。

1989年12月14日，《人民日报》报道：国务院贫困地区经济开发领导小组在第四次大别山扶贫开发座谈会上宣布，经过四年的努力，全国人均年纯收入在200元以下的贫困人口已减少了600万人左右，全国农村人口中贫困人口所占的比重也由原来的12.%下降到5.%，年人均纯收入在150元以下的贫困县也由原来的83个降至8个。

1990年7月31日，《人民日报》报道：国家统计局公布，1990年全国夏粮总产量为9 935万吨，比上年增长6%，油菜籽总产量640.8万吨，比上年增长22.1%。

1990年11月2日，《人民日报》报道：1990年全国2.389 2亿亩杂交水稻获得好收成。一般每亩比常规稻多产60千克左右。1990年杂交稻种植面积是历史上最多的一年，比1989年增加3 000多万亩。

1990年11月20日，《人民日报》报道：在全国2 000多个县（市、区）中，粮食产量和交售商品粮多年高居榜首的吉林公主岭市，1990年粮食总产达15亿千克以上，商品粮可达10亿千克左右，再次成为全国粮食生产的排头兵。

1990年11月25日，《人民日报》报道：我国的重要商品粮基地吉林省1990年又获大丰收，粮食总产量达到187亿千克，比上年增产52亿千克，增产数量约占全国增产总量的1/3。全省人均占有粮食已达775千克。

1990年12月20日，《人民日报》报道：1990年我国农业取得全面丰收，粮食生产再创历史新纪录，总产预计4.2亿吨以上。棉油糖等经济作物全面增产。棉花总计可达425万吨，油料作物预计增产两成，糖料作物预计增产一成以上，绝大多数农产品完成了“七五”计划指标。

1991年1月4日，《人民日报》报道：我国糖产量创新纪录。1990年我国糖产量完成525万吨，比上年实际增长4.8%，达到历史最高水平。

1991年2月20日，《人民日报》报道：据统计，全国畜禽饲养专业户已达154万多户，年出售畜禽产品总值达116.8亿元，户均年收入7 573.8元。

1991年3月10日，《人民日报》报道：“七五”期间，我国农业机械总动力已达到2.87亿千瓦左右，比“六五”期末增长37%。1990年全国有近50%的耕地使用机械耕种。

1992年3月18日，《农民日报》报道：我国各省农民人均纯收入排出座次：上海农民人均纯收入1991年首次突破2 000元大关，居全国第一位；北京第二为1 422.77元；浙江第三为1 210.77元；天津第四为1 168.53元；广东第五为1 143.06元。排列第六至第十位的依次为江苏、辽宁、福建、山东和吉林。

1991年8月30日，《人民日报》报道：在“七五”科技攻关活动中，农业科技攻关推动粮食产量上台阶，五年共培育优良作物品种277个。黄淮海中低产试验区粮食平均公顷产量由450～1 050千克提高到6 375～13 500千克，人均收入837元，成果转化率76%，获直接经济效益34亿元。

1992年5月8日，《人民日报》报道：第一次全国农业综合开发会议在海南省召开。我国国内国家立项开展的大规模农业开发工作成果令人瞩目。截至1991年6月底，已改造中低产田432万公顷，新增农产品生产能力有：粮食114.5亿千克，棉花36.75万吨，油料58.5万吨，肉类65万吨，糖料448.8万吨。

1993年6月22日，《人民日报》报道：国务院21日在北京召开全国“菜篮子工程”会议。1992年全国“菜篮子工程”的肉类总产量达3 430.7万吨，奶类总产量563.9万吨，禽蛋产量1 017.7万吨，分别比1990年增长20.1%，18.7%和28.4%，水产品总产量超过1 557万吨。

1992年7月1日，农业系统企业发展迅速，已拥有国营企业4.2万多个，其中农垦企业3.1万多个，水产企业3 000多个，畜牧企业2 500多个，农机企业1 700多个，农业企业2 600多个，共有职工2 600多万人，总产值达到1 690多亿元。

1993年1月28日，《人民日报》报道：1992年，我国经济林产品迅猛发展，总产值突破400亿元，其中干鲜果产量已达224.8亿千克，人均年占有量18千克，比十年前增长1.3倍。据统计，全国经济林产品出口量已超过100万吨，1992年出口创汇达12亿多美元。

1994年1月3日，《人民日报》报道：我国现有森林面积13 373.3万公顷，活立木总蓄积量117.85亿立方米，森林覆盖率13.92%。全国每年植树造林133.3万公顷，封山育林333.3万公顷，速度和规模均居世界第一。人工造林保存率达到92.5%。

1994年5月30日，《人民日报》报道：我国又一批农业综合开发项目通过了国家验收。1990年建立的18个农业综合开发项目，涉及18个省、自治区、直辖市和计划单列市，年改造中低产田88.8万公顷；开垦宜农荒地9.13万公顷；植树造林29.6万公顷；改良草场4.87万公顷。

1996年2月20日，《农民日报》报道：1995年，我国贫困人口由1994年的7 000万人减少到6 500万人。

1996年3月12日，《人民日报》报道：我国已有12个省、自治区消灭宜林荒山，广东、福建实现了绿化达标。据统计，12个省、自治区规划期内累计完成造林面积23 180千公顷；新增有林地面积1 570千公顷；新增活立木蓄积量1.68亿立方米；新增森林覆盖率8个百分点。

1996年4月27日，《人民日报》报道：我国稻田养鱼面积已达1 266.7千公顷，并建成了110个333公顷以上的稻田养鱼基地县，每年可向社会提供数十万吨水产品。

1996年6月18日，《人民日报》报道：我国已有多项荒漠化防治技术居世界领先地位，10%的荒漠化土地得到初步治理，以防沙治沙为主要目的的造林面积达到1 000千公顷，风沙危害严重的“三北”等地区林木覆盖率已由70年代的5%提高到9%以上，超过11 000千公顷农田受到保护。

1996年9月24日，《人民日报》报道：“丰收计划”实施10年来，共完成农牧渔业技术推广项目257项，累计增产粮食30亿千克，皮棉8亿千克，油料37亿千克，肉蛋及水产品14.6亿千克，新增产值400亿元。

1996年12月30日，《农民日报》报道：农业部年底组织全国30个省、自治区、直辖市测算出1996年我国农业科技进步贡献率为39%，其中畜牧业为47%，渔业为48%，林业为28%，种植业为34%。

1997年5月27日，《农民日报》报道：“丰收计划”实施10年来，共完成农牧渔业技术推广项目257项，累计增产粮食3 100万吨，皮棉80万吨，油料300万吨，肉蛋类90万吨，水产品60万吨，新增产值400多亿元。

1997年8月14日，《农民日报》报道：据国家杂交水稻工程技术研究中心（长沙）统计，近几年，中国每年推广种植杂交稻15 333.33千公顷左右，新增粮食2 000万吨，相当于中国一个中等省份的年粮食总产量。到1996年止，全国累计推广杂交水稻约186 666.67千公顷，共增产粮食28 000万吨。发明了杂交水稻的中国，推广面积和种植效益均居世界第一。

1998年1月6日，《人民日报》报道：据初步估算，1997年的农业科技进步贡献率达42%，比上年提高3个百分点。

1998年4月2日，《经济日报》报道：1997年，我国农村居民整体生活水平的小康综合评分已达到81.5分，这标志着我国农村居民生活消费进入了一个以提高质量为主的新阶段。

1998年6月5日，《人民日报》报道：目前，我国人均年蔬菜占有量已达253千克，而12年前仅为119千克。全国蔬菜种植业年总产值已达2 500亿元，在农业中高于林业和渔业，仅次于粮食。

1998年10月16日，《人民日报》报道：现在，我国粮食的人均占有量已超过世界平均水平，1997年我国人均粮食占有量达到400多千克。粮食储备量占粮食消费量的比重达30%以上。我国粮食人均占有量、储备量均达到历史最高水平。

1999年1月8日，《农民日报》报道：1月7日，1998年度国家科技奖励评审结果在北京揭晓，80项农林牧副渔业科技成果榜上有名，占获奖总数的14.7%，据不完全统计，此次获奖项目1997年一年累计新增产值561.8亿元，新增利税109.7亿元，其经济效益和社会效益均十分显著。

1999年3月23日，《科技日报》报道：联合国粮农组织公布的世界森林资源评估报告显示，中国森林面积1.34亿公顷，占世界3.9%，居世界第五位。人均森林蓄积量为8.6立方米，是世界人均拥有森林蓄积量最少的国家之一。

1999年4月21日，《人民日报》报道：我国的贫困人口已从1978年的2.5亿人下降到1998年的4 200万人。贫困人口的年均纯收入已由1986年的206元提高到1 200多元。

1999年5月18日，《人民日报》报道：我国人均蔬菜占有量已经超过250千克，远远超过世界人均102千克的水平。

1999年5月22日，《农民日报》报道：我国花卉种植面积已达86千公顷，跃居世界首位。年产鲜切花17亿支，产值达94亿元。

1999年5月25日，《农民日报》报道：1999年参加跨区机收的小麦联合收割机将达8万台以上，比上年增加近20%。

1999年5月26日，《人民日报》报道：我国地膜覆盖面积达到7 000千公顷。棚膜设施栽培面积达到840千公顷，成为世界上最大的农膜生产和使用国。1998年全国累计生产农膜82.17万吨，比上年增长8.6%。

1999年7月14日，《农民日报》报道：“丰收计划”从1987年开始实施以来，已推广了257类技术，新增产值 700 多亿元，增产粮食 4 200 万吨、皮棉 120 万吨、果菜 300 万吨，新增畜产品 120 万吨，水产品 80 万吨，培训各类科技人员 100 万人次、农民 4 亿人次。

1999 年 8 月 16 日，《农民日报》报道：8 月 10 日，“华西村” 3 500 万股 A 股在深圳交易所上市，上市第一天，共成交 2 690 万股，收盘价为 23.9 元，比开盘价上涨 2.28 元。

1999 年 9 月 15 日，《农民日报》报道：我国水产品产量已连续 10 年居世界首位，人均占有的水产品比 50 年前增长了 30 倍左右。1998 年人均占有水产品 30 多千克，比世界平均水平还多 10 千克。

1999 年 11 月 7 日，《人民日报》报道：我国各级森林公园总数达 870 座，面积达 7 480 多千公顷，占我国国土面积的 0.78%以上。

2000 年 1 月 12 日，《人民日报》报道：我国节水灌溉的普及推广取得了明显成效，在农业灌溉总用水量不变的情况下，全国灌溉面积从 1995 年的 50 400 千公顷，增加到超过 53 333 千公顷。粮食产量从 46 650 万吨增加到 49 250 万吨。

2000 年 1 月 28 日，《科技日报》报道：由科学技术部与湖南、河南、吉林、新疆、黑龙江 5 省（自治区）政府联合实施的“水稻、小麦、玉米、棉花、大豆大面积高产综合配套技术研究开发与示范”项目 4 年来累计增产粮食 1 441.4 万吨，增产棉花 75.4 万吨，增加直接经济效益 410.4 亿元。

2000 年 7 月 5 日，《人民日报》报道：4 日，国土资源部举行土地资源调查与土地国情报告会，宣告历时十余载的全国土地利用现状调查成果正式完成，此次调查的图件、数据、文字专著等全部成果资料已编制、印刷完毕，填补了我国土地资源调查史上的空白。此次调查是经国务院部署，于 1984 年 5 月开始的，以县为单位，经过全国 50 多万名土地管理专业技术人员的艰苦努力，于 1997 年底完成。调查结果显示，截至 1996 年 10 月 31 日，我国有耕地 130 066.7 千公顷，园地 10 000 千公顷，林地 227 600 千公顷，牧草地 266 066.7 千公顷，居民点及工矿用地 24 066.7 千公顷，交通用地 5 466.7 千公顷，其余为水域和未利用土地。

2000 年 8 月 20 日，《人民日报》报道：19 日，历时 5 天的 2000 年中国长春国际农业、食品博览（交易）会落下帷幕。据不完全统计，现场交易额达 11.38 亿元。在展会筹备期间，全省即洽谈成功经济合作项目 600 多个，引进资金 153 亿元。展会开始后，新洽谈经济合作项目 500 多个，协议金额达 50 多亿元；签订资源开发型协议 270 多个，总金额达 20 多亿元。

2000 年 8 月 20 日，《人民日报》报道：19 日，历时 5 天的 2000 年中国长春国际农业、食品博览（交易）会落下帷幕。据不完全统计，现场交易额达 11.38 亿元。在展会筹备期间，全省即洽谈成功经济合作项目 600 多个，引进资金 153 亿元。展会开始后，新洽谈经济合作项目 500 多个，协议金额达 50 多亿元；签订资源开发型协议 270 多个，总金额达 20 多亿元。

2000 年 11 月 6 日，《经济日报》报道：历时 3 天的 2000 年（海口）全国冬季农副产品交易会落下帷幕。交易会签订招商项目 49 个，投资额 16.13 亿元。

2000 年 11 月 12 日，《科技日报》报道：目前，我国蔬菜、水果的总产值已达 3 500 亿元人民币，蔬菜的出口量已占世界总出口量的 1/3。我国已成为世界上水果和蔬菜产量第一大国。

2000 年 12 月 12 日，《农民日报》报道：目前，我国辐射诱变育成的新品种更换旧品种的面积约在3 333.3 千公顷以上，每年为国家增加粮食产量 300 万～400 万吨、棉花 15 万～18 万吨、油料 7.5 万吨，年创经济效益 33.2 亿元。

2001 年 1 月 6 日，《光明日报》报道：我国首次对森林生物多样性进行量化核算后得出的结论表明，中国森林生物多样性价值高达 7 万多亿元。

2001 年 1 月 6 日，《农民日报》报道：到 2000 年 12 月为止，我国已建各类湿地自然保护区 274 处，保护面积约为 1 600 万公顷。

2001 年 11 月 7 日，《农民日报》报道：2001 年中国国际饲料新技术研讨会在北京召开，我国饲料加工能力达到 1.3 亿吨，2000 年饲料工业总产量达 7 429 万吨，居世界第二位。

2001 年 1 月 11 日，《农民日报》报道：我国农业综合开发 13 年，中央财政累计投资 316 元，带动其他方面的资金投入近 800 亿元，开发项目区遍及全国 31 个省区市，涉及 1 557 个县（市）和 243 个国有农牧场，共改造中低产田 2 153 万公顷，开垦宜林荒地 200 万公顷，累计新增粮食生产能力 578.9 亿千克，棉花 12.5 亿千克，油料 28.48 亿千克。

2001 年 2 月 3 日，《光明日报》报道：由农业部和国家粮食储备局主持的“九五”国家重点科技攻关项目“新型饲料及产业化技术研究与开发”，共取得成果 33 项，其中 19 项达到国内领先水平；形成高科技新产品 66 个；建成中试线和生产线 63 条，累计创直接经济效益5.54亿元，间接经济效益12亿元。

2001年5月29日，《光明日报》报道：我国优质专用小麦种植面积已达9 000万亩，占全国麦播面积的1/4。

2001年9月6日，《科技日报》报道：我国水生蔬菜种植面积超过1 000万亩，产值超过300亿元，居世界第一。

2001年9月19日，《农民日报》报道：到2000年底，我国经济林总面积已达4.1亿亩，总产值达1 320多亿元，接近我国林业总产值的一半。

2001年10月16日，《科技日报》报道：我国超级杂交稻再生稻亩产创世界纪录，福建省龙溪县"汕优明86"百亩再生稻示范片再生季平均亩产达到473.4千克，其中一丘亩产达到581.4千克。

2001年12月19日，《经济日报》报道：我国松香年产量超过40万吨，每年出口松香类产品30万吨，占松香国际贸易量的60%，生产和出口量均居世界第一。

2001年12月24日，《农民日报》报道：为期50年的全国野生动植物保护及自然保护区建设工程正式启动，工程将使全国自然保护区数量达到2 500个，总面积为1 728亿公顷，占国土面积的18%。

2002年1月7日，《人民日报》报道：据调查分析，2001年农户饲养1头猪可盈利70元左右，1头奶牛盈利2 500元，1头肉牛盈利370元。预计畜牧业产值占农业总产值的比重将达30%，畜牧业将使农民人均增收30元左右。

2002年1月8日，《人民日报》报道：据对全国20个主要省区市的不完全统计，2001年1月至11月水产品总产量为3 599万吨，同比增加108万吨，增长3.1%。1月至10月，我国水产品出口量达到155.6万吨，同比增长24%，出口额32.6亿美元，同比增长6.9%。

2002年1月9日，《人民日报》报道：截至2001年底，山东省烟台市全年苹果出口量突破13万吨，占据了全国苹果出口的"半壁江山"。

2002年1月9日，《人民日报》报道：据最新统计，到2000年，全国各类农业产业化经营组织已发展到6.67万个，平均每个组织的固定资产规模比1998年增长28%，销售收入增长26%。据不完全统计，各类农业产业化经营组织带动的农户达5 900多万户，占全国农村总户数的25%以上。

2002年1月12日，《人民日报》报道：2001年，参加全国联合收割机跨区机收小麦、水稻的联合收割机分别达到15万台和2.5万台，分别比上年增加了3万台和5 000台，机收小麦面积2.56亿亩，机收小麦比例达到71.6%，比上年增加5个百分点。

2002年2月22日，《光明日报》报道：2001年全国蔬菜种植面积达2.4亿亩，首次超过油料作物面积而成为仅次于粮食作物的第二大农作物。据世界粮食组织统计，我国蔬菜的人均占有量为世界平均水平的3倍多。

2002年3月6日，《人民日报》报道：截至2001年，全国花卉生产面积已超过15万公顷，成为世界花卉种植面积最大的国家。

2002年3月18日，《人民日报》报道：全国蜂产品市场信息交流会15日在武汉闭会。我国是世界第一养蜂大国。目前我国现有蜂群约750万群，年产蜂蜜20万吨、蜂王浆1 000多吨、蜂花粉约3 000吨、蜂蜡约3 000吨、蜂胶约300吨，产值约为20多亿元。其中，蜂王浆产量占世界总产量的90%。

2002年3月18日，《人民日报》报道：国家环保总局命名表彰了第二批49个国家级生态示范区，至此国家级生态示范区已经达到82个。

2002年4月15日，《人民日报》报道：十余年来，我国森林防火工作取得了显著成绩，火灾发生次数和损失均大幅下降。1988—2001年，我国年均发生森林火灾6 500余次，受害森林面积5.15万公顷，分别比1987年前下降了58%和94%。尤其是1998年以来，年均森林火灾受害率仅为0.31‰，远远好于1‰的世界平均水平。

2002年4月17日，《科技日报》报道：4月15日，农业部"万枚高产奶牛胚胎移植富民工程"在北京奶牛中心延庆基地正式启动。

2002年5月8日，《农民日报》报道：我国绿色食品产品总数达到2 000个，年销售额超过400亿元。

2002年6月14日，《科技日报》报道：据统计，我国每年因沙漠化造成的直接经济损失高达540亿元。"中国北方沙漠化过程及防治研究"项目正式启动。

2002年8月1日，《人民日报》报道：7月31日，全国绿色食品工作会议闭幕。截至2001年底，我国绿色食品产品总数达到2 400多个；生产实物总量达到2 000万吨，比1998年增加了1.4倍；产品销售额增加到500亿元，比1998年增长了75.4%；产地环境监测面积达5 800万亩，比1998年增加了71.3%；出口创汇4亿美元，比1997年增加近5倍。

2002年10月18日，《人民日报》报道：国家级自然保护区达到134个，全国已经建立各类各级自然保护区1 405处，总面积1.09亿公顷，有效地保护了85%的陆地生态系统、85%的野生动物种群和65%的野生植物群落。

2002年11月5日，《人民日报》报道：黑龙江省大面积高油高产大豆示范获得成功，据统计，黑龙江省570万亩高油高产大豆示范，亩产达到176.3千克，亩均纯收益170.4元．示范面积单产比全省大豆平均亩产量150千克高出26.3千克，增产幅度达17.5%；与普通大豆相比，亩均纯增效益54.4元。

2003年1月6日，《人民日报》报道：经中国森林风景资源评价委员会审议、国家林业局审核，我国又建立白草洼等59处国家森林公园，我国国家森林公园已增加到439处。

2003年1月31日，《人民日报》报道：2002年获得绿色食品标志使用权的企业增长39.7%，产品增长25.7%，分别提高25.9个和5.3个百分点。企业总数和产品总数分别增长44.4%和26.9%。产品实物总量增长25%，销售额增长19.4%，出口额增长1.1倍，产地环境监测面积扩大15%。

2003年2月23日，《人民日报》报道：加入世贸组织第一年，我国小麦结构调整迈出可喜步伐，首次成为小麦净出口国。据农业部统计，去年我国进口小麦60万吨，比上年下降12%；出口69万吨，比上年增长51%。其中食用小麦首次实现出口。据农业部介绍，去年全国优质专用小麦面积达1.09亿亩，占小麦总面积的31%，比1998年提高25个百分点，初步解决了专用小麦的进口替代问题，并开始走出国门，向东南亚国家和地区出口。

2003年3月13日，《人民日报》报道：根据国家统计局对全国农村贫困状况的监测调查，2002年底全国农村绝对贫困人口为2 820万人，比上年末减少107万人，贫困发生率为3.0%。初步解决温饱但还不稳定的农村低收入人口为5 825万人，比上年减少277万人，低收入人口占农村人口的比重为6.2%。目前剩余的贫困人口主要集中在西部地区和粮食主产区。

2003年3月21日，《人民日报》报道：2002年国家农业科技园区各项投资总额达到113亿多元，入驻园区的企业已成为园区的投资主体，政府的投入仅占12%。据不完全统计，国家农业科技园区共引进项目427个，自主开发项目363个，引进新技术474项，新品种3 135个，新设施1 114套，推广新技术820项，推广新品种784个。举办技术培训班4 018次，接受培训的人数超过31万人次，吸纳就业人数33万人，园区所在地农民人均纯收入达到4 124元，远远高于其他地区的农民人均纯收入。

2003年4月30日，《人民日报》报道：首届中国（菏泽）林产品交易会在山东菏泽举行。来自美国、澳大利亚、新西兰等6个国家和全国各地的客商共1 000多人参加了会展活动，签订招商引资和贸易合同（协议）338项，合同协议额达32亿元（其中包括外资合同协议额1.12亿美元），现场商品零售额达368万元。

2003年5月16日，《农民日报》报道：2003年，我国启动5 300多个县际农村公路建设项目，建设总里程7.8万千米，总投资750亿元。

2003年9月23日，《人民日报》报道：9月19日，中国农业生产资料集团公司与世界最大的磷肥出口商美国磷肥协会签订磷酸二铵进口合同。据此合同，在今后两年中，中农公司将每年从美国磷肥协会进口160万～190万吨的磷酸二铵，此举将对我国农业生产产生重要影响。近年来，中农公司每年磷酸二铵的进口量都在200万吨左右。

2003年9月24日，《经济日报》报道：农业综合开发作用逐渐加强，近5年来，农业综合开发项目区农民年人均纯收入比全国农民年人均纯收入高出220多元。

2003年9月27日，《人民日报》报道：中华人民共和国成立以来，我国林业为国民经济建设和生态状况改善作出了重要贡献。50多年来，林业累计向社会提供了50多亿立方米木材、80多亿根竹材。2002年，我国人造板产量达到2 930多万立方米，居世界第二位；经济林产品产量达到6 880万吨，居世界第一位；全年林业总产值达到4 380亿元，是改革开放初期的20多倍。

2003年9月30日，《农民日报》报道：2003年中央国债投资10亿元用于农村沼气建设，项目涉及24个省，540个县，6 000多个村，将使103万农户受益。

2003年10月6日，《农民日报》报道：由于森林资源稀少等原因，我国约有15% ～20% 的动植物濒临灭绝。

2003年10月10日，《人民日报》报道：10月9日，在湖南湘潭县泉塘子乡的超级杂交稻研究示范基地，验收测产显示，102亩示范田平均亩产达到807.46千克，顺利通过农业部组织的专家组验收。袁隆平院士在验收现场表示，我国超级杂交稻研究已取得突破，为大面积种植奠定了坚实基础。9月份，在湖南龙山县华塘乡螺蛳滩村的127亩示范田进行验收表明，袁隆平指导下育成的超级杂交稻新组合88S/0293平均亩产达到817.37千克，最高为835.2千克。

2003年10月15日，《人民日报》报道：据国家发改委的初步统计，全国有90%左右的省、自治区、直辖市已经开始县、乡、村三级价格监督网络的建设和试点工作。农村价格监督网络的初步建立取得了明显成效：价格法律、法规、政策得到宣传；群众反映的价格和收费问题得到及时反馈和处理，维护了农民的利益，缓解了农村的社会矛盾；涉农价格和收费公示、明码标价制度得到落实和完善，增强了价格政策的透明度，在一定程度上改变了农村价格信息不对称的状况。

2003年10月25日，《人民日报》报道：10月24日，中国野生植物保护协会在京成立。全国政协委员、国家林业局原副局长马福当选为首任会长。我国是国际公认的野生植物保护的重点和热点地区。据统计，仅高等植物就有3万余种，占世界总种数的10%以上，列北半球首位，居世界第三位。其中银杏、水杉、百山祖冷杉、珙桐、杏黄兜兰、麻栗坡兜兰等我国特有植物种类繁多，约17 300种，占我国高等植物种数的57%以上。

2003年11月8日，《农民日报》报道：11月6日—8日，首届沙产业博览会在北京举行。据了解，我国已累计治理沙化土地2 020万公顷。

2003年11月10日，《人民日报》报道：9日，为期5天的第十届中国杨凌农业高新科技成果博览会在陕西杨凌落下帷幕。本届博览会洽谈活跃，成果丰硕，共有来自国内外农业科技、金融、企业界人士及农民群众85万人参会，1 000多家单位参展，7 000多项高新科技成果和实用技术项目展示交流。大会共促成项目洽谈、技术成果及产品交易总额156亿多元，其中合同金额达80.67亿元，较上年增加了17亿多元。本届农高会邀请了300多家投资公司、中介公司、上市公司及一批重点企业参加投资贸易洽谈活动，邀请了20多位专家、农民企业家就农业发展战略与政策、创业致富的成功经验发表演讲，听众达5 000多人次；组织实用培训会50场次，培训人数达7 000人次；组织百名专家提供现场技术咨询服务，咨询人数超过5万人次。会上共评出“后稷特别奖”7项、“后稷奖”62项。

2003年12月18日，《农民日报》报道：按国家统计局统计，2003年中国农机工业企业约为8 000家，规模以上农机企业为1 470家。

2003年12月30日，《农民日报》报道：全国农村98%以上的村组开展了第二轮土地承包工作，92%耕地承包期延长到了30年，98%的农户与发包方签订了土地承包合同，70%的农户领到了土地承包经营权证书。《农民日报》报道：2003年，中央对林业投资达到429亿元，其中直接用于六大林业重点工程的资金达347元，全国造林面积突破1.6亿亩。

2004年1月13日，《农民日报》报道：1月10日，由《农民日报》发起的宣传推介2003年十佳小康村揭晓，江苏省江阴市华西村年销售收入105亿元，成为名副其实的“天下第一村”。

2004年2月25日，《人民日报》报道：国土资源部通报了2003年度全国土地利用变更调查结果。2003年全国耕地净减少3 806.1万亩，耕地面积由2002年末的18.89亿亩下降到2003年末的18.51亿亩。生态退耕是耕地减少的主要因素。

2004年5月13日，《人民日报》报道：改革开放20多年来，我国作物病虫害防治取得显著成绩，建立了38个综合防治试验示范基地，示范面积330万亩，减少化学用药2～3次，取得显著的增产、保产和生态效益，并将我国病虫害综合防治技术整体水平提高到了一个新的阶段。按粮棉作物的不同生态区划分别组建的病虫害综合防治技术体系，经33个综防示范区300万亩大面积示范，每亩挽回粮食损失15～30千克，皮棉4～6千克。农药施药量减少1/3，天敌数量成倍增加，投入产出比达到（1∶5）～（1∶10），获得了显著的经济效益、社会效益和生态效益。

2004年5月27日，《人民日报》报道：中国扶贫成就显著：贫困人口温饱问题基本解决。经过20多年的努力，中国农村极端贫困人口已从1978年的2.5亿人减少到2003年底的2 900万人，贫困发生率从30%下降到3%左右，农村贫困人口的温饱问题基本解决。

2004年8月8日，《光明日报》报道：8月7日，第二届中国乳业科技大会在北京召开。我国人均奶类占有量已从2000年的7.3千克发展到2003年的11千克以上。

2005年1月15日，《人民日报》报道：全国实施“农村劳动力转移培训阳光工程”一年来，已培训农村劳动力240万人，转移就业210万人，培训就业率达到87%。为推动“阳光工程”的实施，2004年中央财政安排了2.5亿元专项资金，对参加培训的250万农民按人均100元的标准进行补助，2004年全国省地级财政安排的农村劳动力转移培训资金达到

5亿多元。

2005年1月30日，《光明日报》报道：目前中国森林面积17 491万公顷，森林覆盖率18.21%。活立木总蓄积136.18亿立方米，森林蓄积124.56亿立方米。依据联合国粮农组织汇编《世界森林状况2003》分析比较，中国森林面积居俄罗斯、巴西、加拿大、美国之后，列第5位。

2005年3月30日，《人民日报》报道：2004年度全国土地利用变更调查结果显示，2004年我国耕地减少量为1 422.0万亩，全国耕地面积由2003年10月底的18.51亿亩降为2004年10月底的18.37亿亩，人均耕地由1.43亩降为1.41亩。

2005年6月29日，《光明日报》报道：我国鸭鹅饲养量已约占全世界总饲养量的3/4。联合国粮农组织的统计数据显示，2004年我国鸭鹅饲养量达30.6亿只，比2000年的27.8亿只增加了10.1%，鸭鹅肉的产量达41.6万吨，比2000年增加了8.3%，占世界鸭鹅肉总产量的77.5%。

2006年2月8日，《人民日报》报道：2005年，我国粮食总产达9 600亿斤，比上年增产291亿斤；粮食亩产619斤，再创历史新高。

2006年4月14日，《人民日报》报道：据国家工商总局的统计，我国已注册农产品商标约19万件，在国家工商总局商标局和商标评审委员会已认定的623件驰名商标中，农产品驰名商标近80件。另外，我国受理地理标志申请548件，已经注册和初步审定地理标志达167件。

2006年4月14日，《农民日报》报道：无公害农产品的全国统一认证工作启动以来，三年迈出三大步，初步建立起一套“统一规范、简便快捷”的规章制度和工作程序。截至2006年3月底，全国累计认定产地23 845个，其中种植业产地17 031个，面积1 982.4万公顷，占全国耕地面积的15.2%，累计认证产品18 829个，实物总量11 702万吨，约占食用农产品商品量的28%。

2006年9月25日，《科技日报》报道：我国农村贫困人口从1985年的1.25亿人到2005年底的0.236 5亿人，减少1亿多人，贫困发生率从14.8%下降到2.5%。

2006年10月19日，《人民日报》报道：截至2005年底，全国各类农业产业化组织总数达135 725个，比2004年增长19.1%。各类产业化组织共带动农户8 726万户，占全国农户总数的35.2%，农民从中增收总数达1 166亿元。

2006年11月10日，《人民日报》报道：我国红薯亩产突破世界纪录。四川省绵阳市梓潼县仙峰乡万斤红薯基地，实地实收亩产达5 015.84千克，突破万斤大关。目前，世界红薯平均亩产在1 000千克以下，我国红薯平均亩产1 000千克左右。

2006年11月24日，《人民日报》报道：我国农村能源建设资金由2000年的2 500万元增加到2005年的25亿元，到2005年底，户用沼气已发展到1 807万户。

2006年11月26日，《人民日报》报道：据统计，2005年我国有规模以上农产品加工企业7万多家，完成产值达到4.2万亿元。

2007年4月13日，《农民日报》报道：国土资源部公布2006年度全国土地利用变更调查结果报告。报告显示，截至2006年10月31日，全国耕地面积为18.27亿亩，比上年度末的18.31亿亩净减少460.2万亩。我国目前人均耕地只有1.39亩。

2007年7月17日，《人民日报》报道：今年全国夏粮又获好收成，实现了自1985年以来首次连续四年增产。据农业部预计，今年全国夏粮产量2 321.7亿斤，比去年增加43.9亿斤，其中夏收小麦产量2 061.3亿斤，比上年增加33.4亿斤。夏粮和小麦亩产分别达到288.6千克和382千克，再创历史最好水平。优质小麦比重达到61.6%，同比提高5.5个百分点。

2007年8月12日，《人民日报》报道：截至目前全国已累计认定无公害农产品产地34 406个，接近全国耕地面积的20%，认证无公害农产品28 563个，绿色食品14 339个，有机食品2 647个，“三品”实物总量约占全国食用农产品商品总量的20%。

2007年8月23日，《人民日报》报道：我国农田水利建设取得明显成效，截至目前，全国363个大型灌区实施了节水改造项目建设，使2.3亿亩农田的有效灌溉得到了保障。经过项目实施，实现了土地增效、粮食增产、农民增收的综合效益。统计显示，项目区新增粮食生产能力115亿千克，粮食平均单产提高了30千克，农民平均增收25%左右。

2007年10月10日，《人民日报》报道：我国发展“一村一品”工作成效显著。到2006年底，全国“一村一品”专业村已达到41 293个，1 870.58万户从业农户人均纯收入达到4 560元，比全国农民人均收入高27%。

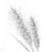

2007年11月5日，《人民日报》报道：在我国60多万个建制村中，生产总值超过亿元的逾8 000个，其中超百亿元的村庄有11个。这些创造了约1.6万亿元生产总值的“亿元村”，正成为我国农村

经济社会发展的领头羊。

2007年11月13日，《农民日报》报道：截至2007年9月30日，全国开展“新农合”的县（市、区）达到2 448个，占全国总县（市、区）的85.53%，参加新农合人口7.26亿，参合率为85.96%，全国新农合基金本年度已筹集353.26亿元。

2007年11月18日，《人民日报》报道：2006年，全国各类龙头企业71 691个，其中销售收入亿元以上的龙头企业达4 779家，同比增长19.2%。全国带动农户参与产业化经营的各类中介服务组织70 874个，同比增长12.7%。其中规模以上的专业合作经济组织19 847个，同比增长31.8%。参与产业化经营的农户增加收入1 352亿元，同比增长16.0%；户均增收1 486元，同比增长11.2%。各类产业化组织带动种植业生产基地13亿亩，带动禽类饲养量113.4亿只。

2007年12月1日，《农民日报》报道：2007年1月至9月，全国种养两业和涉农财产保险保费收入42.9亿元，比2006年全年增长4倍，提供风险保障4 300亿元，比2006年全年增长4.8倍；保险覆盖的农户数达2.7亿人次。

2007年12月23日，《经济日报》报道：2007年我国农业农村经济发展取得重大成绩，粮食总产超过10 000亿斤，实现连续4年总产增加，单产创纪录。

2007年12月27日，《光明日报》报道：截至目前，仅全国农村合作金融机构的农户贷款余额已经达到12 260亿元。其中，农户小额信用贷款2 038亿元，农户联保贷款余额达到1 351亿元。获得贷款的农户达到7 742万户，占全国农户总数的32.6%，占有合理需求并符合贷款条件农户数的近60%，受惠农民超过3亿人。

2008年1月2日，《人民日报》报道：近年来，按照农村经济变革对农村金融服务提出的新要求，我国不断革新农村小额信贷的制度办法，拓宽小额信贷业务发展的广度和深度，截至目前，全国农村合作金融机构的农户贷款余额已经达到12 260亿元，三成多农户获得贷款，受惠农民超过3亿人。

2008年1月4日，《人民日报》报道：1月3日，以“推进科技入户，促进增产增收”为主题的农业部科技下乡活动在安徽省五河县正式启动，拉开了2008年农业科技下乡的帷幕。3年来，科技入户示范工程在300个县实施，共培育25万个科技示范户，辐射带动周边500万农户。项目区主导品种和主推技术的到位率达95%以上，3年新增粮食100亿斤，促进农民增收150亿元。

2008年2月23日，《人民日报》报道：据国家统计局发布的第二次全国农业普查结果，到2006年末，全国共有农业生产经营户20 016万户，农业生产经营单位39.5万个；农业从业人员34 874万人（是指在2006年从业人员中，以从事农业为主的从业人员，包括我国境内全部农村住户、城镇农业生产经营户和农业生产经营单位中的农业从业人员）；农村劳动力资源（是指2006年末农村住户常住人口中16周岁及以上具有劳动能力的人员）总量53 100万人，其中男劳动力占50.8%；农村外出从业劳动力13 181万人，其中男劳动力占64%。

2008年6月3日，《农民日报》报道：2006年以来，农业部通过在全国推行“12316”三农服务热线，为农民提供全方位的即时信息服务。累计咨询人数达493.8万人次，为农民挽回直接经济损失和帮助农民增收2.3亿元。“12316”三农服务热线已初步形成从中央到地方的组织体系，建立起专业门类齐全、结构合理、服务到位的专家队伍，直接向农民提供咨询服务的农业专家已发展到6 021人。

2008年6月20日，《农民日报》报道：从2001年到2008年，国家共投资121.98亿元用于农村生物质能源技术推广，截至2007年底，全国户用沼气已发展到2 650万户。

2008年8月29日，《人民日报》报道：2004—2007年，农村居民人均纯收入增量实现了中华人民共和国成立以来首次连续4年超过300元。扣除价格因素，增幅实现了1985年以来首次连续4年超过6%。2007年农民人均纯收入达到4 140元，比上年实际增长9.5%；2008年上半年，农民人均现金收入2 528元，同比实际增长10.3%。

2008年12月26日，《人民日报》报道：中央强农惠农政策持续调动了农民的种粮积极性，2008年全国粮食总产和单产均超过历史最高水平，其中有6个省区粮食总产和单产双超历史，9个省区粮食总产超历史。这是改革开放以来，我国粮食首次实现连续5年增产增收。同时，农民收入也连续5年保持较大增幅，从全年看，农民出售农产品收入、工资性收入、转移性收入仍呈增长态势。

2009年1月11日，《人民日报》报道：2008年，602个粮油高产创建万亩示范片辐射带动新增粮食72.5亿千克，新增油菜子20万吨，增收130多亿元，扣除生产成本，亩均增效34元。2009年，农业部将把万亩高产创建示范片扩大到2 600个。

2009年2月3日，《人民日报》报道：2008

年，农业生产取得历史性突破，粮食实现连续5年丰收，总产量达到了10 570亿斤，创造了我国的历史最高水平；农民人均纯收入达到了4 761元，比2007年增加621元，是历史上增加最多的一年。

2009年9月3日，《人民日报》报道：截至目前，全国农村户用沼气已达3 050万户，各类农业废弃物处理沼气工程3.95万处。据测算：3 050万户用沼气和养殖场沼气工程年生产沼气约122亿立方米，生产沼肥（沼渣、沼液）约3.85亿吨，使用沼气相当于替代1 850万吨标准煤，减少排放二氧化碳4 500多万吨，替代薪材相当于1.1亿亩林地的年蓄积量，每年可为农户直接增收节支150亿元。

2010年1月1日，《人民日报》报道：国家统计局发布了2009年全国粮食总产量的公告。根据国家统计局对全国31个省（区、市）的抽样调查，2009年全国粮食总产量10 616亿斤，比上年增加42亿斤，增长0.4%。其中，全国夏粮产量2 467亿斤，比上年增加52亿斤，增长2.2%。全国早稻产量665亿斤，比上年增加33亿斤。全国秋粮产量为7 484亿斤，比上年减少43亿斤，减少0.6%。

2010年1月6日，《人民日报》报道：2009年中央财政加大农业综合开发投入力度，累计安排资金166亿元，比上年增加近30%。在中央大幅投入带动下，各地财政、农民和社会投资积极参与，全年总投入达到447.48亿元。2009年累计改造中低产田、建设高标准农田2 660多万亩，使过去的一片片“望天田”实现了旱涝保收，新增粮食生产能力32.73亿千克，为实现粮食持续增收、农业增效、农民增收做出了积极贡献。

2010年1月6日，《人民日报》报道：工业和信息化部最新统计显示，截至2009年底，我国已经实现了99.86%的行政村和93.4%的20户以上自然村通电话，乡镇通互联网比例从2009年初的98%提高到99.3%，行政村通互联网比例从年初的89%提高到91.5%，村村通电话工程年度计划整体超额完成。

2010年1月21日，《人民日报》报道：2009年，我国基本农田保护工作取得显著成效，已划定基本农田保护地块1.25亿块，基本农田面积达15.8亿亩，保护率超过80%。

2010年12月4日，《人民日报》报道：国家统计局发布了2010年粮食产量公告，根据全国31个省（区、市）抽样调查和全面统计，2010年全国粮食总产量为54 641万吨（10 928亿斤），比上年增加1 559万吨（312亿斤），增产2.9%。这是我国粮食连续第七年增产。

2010年12月18日，《农民日报》报道：农业部组织完成了首次全国农作物秸秆资源专项调查，并发布《全国农作物秸秆资源调查与评价报告》。我国农作物秸秆可收集资源量为6.87亿吨，其中玉米秸2.65亿吨、稻草约为2.05亿吨、麦秸1.50亿吨。调查显示：截至目前，我国农作物秸秆利用率达到69%。其中，作为饲料利用2.11亿吨，占30.69%；作为燃料利用（含秸秆新型能源化利用）1.29亿吨，占18.72%；作为肥料利用1.02亿吨，占可收集资源量的14.78%；作为食用菌基料1 500万吨，占2.14%；作为造纸等工业原料1 600万吨，占2.37%。

2011年5月26日，《人民日报》报道：农业部在京举行了全国休闲农业服务信息“进城入户”工程启动仪式，“魅力城乡”休闲农业门户网站正式开通，16个省级休闲农业行政管理部门向全社会发布了1 600个休闲农业精品景点。截至2010年底，全国农家乐已超过150万家，规模以上休闲农业园区超过1.8万家，全国休闲农业年接待人数超过4亿人次，年营业收入超过1 200亿元。

2011年7月5日，《人民日报》报道：首次完成的全国耕地后备资源状况调查显示，目前主要分布在我国北方的集中连片的耕地后备资源为734.39万公顷（1.1亿亩）。

2011年7月12日，《人民日报》报道：国家统计局11日发布了关于2011年全国夏粮产量数据的公告，根据对夏粮主产区抽样调查和非主产区统计，2011年全国夏粮总产量为12 627万吨，比上年增加312万吨，增长2.5%。

2011年7月26日，《人民日报》报道：截至6月底，“新农保”国家试点地区共有1.42亿人参保，3 713万人领取养老金。加上各地自行开展的“新农保”试点，全国参加“新农保”人数共1.99亿人，5 408万人领取养老金。北京、天津、重庆、浙江、江苏、西藏、宁夏、青海、海南9个省（区、市）已经实现“新农保”制度全覆盖。

2011年8月31日，《人民日报》报道：30日国家统计局对外公布2011年全国早稻产量数据。根据国家统计局对早稻主产区的实割实测推算和非主产区统计，全国早稻播种面积5 751千公顷，比上年减少45千公顷，下降0.8%。全国早稻单产为每公顷5 697千克，比上年增加290千克/公顷，提高5.4%。全国早稻总产量为3 276万吨，比上年增产143万吨，增长4.5%。

2011年9月14日，《人民日报》报道：中国银监会公布的统计数据显示，截至今年6月末，全国已组建新型农村金融机构615家，其中369家设在中西部省份。

2011年12月3日，《人民日报》报道：国家统计局2日公布，2011年全国粮食总产量达到57 121万吨，比2010年增产2 473万吨，增长4.5%，不仅再创历史纪录，而且达到了2020年粮食产能规划水平。这也是我国粮食产量连续第八年增长。

2012年1月18日，《农民日报》报道：截至2011年末，中国大陆城镇人口为69 079万人，比上年末增加2 100万人；乡村人口为65 656万人，减少1 456万人；城镇人口占总人口比重达到51.27%，比上年末提高1.32个百分点，城镇人口数量首次超过农村。

2012年1月21日，《经济日报》报道：2011年我国农村居民人均纯收入为6 977元，比上年增加1 058元，增幅首次突破千元，扣除价格因素，实际增长11.4%，成为自1985年以来增速最快的一年；同时，2010年和2011年农村居民收入增速分别超过城镇居民3.1个和3个百分点，城乡收入差距开始缩小。

2012年2月26日，《经济日报》报道：近10年来全国共审批生产建设项目水土保持方案34万个，生产建设单位投入水土保持资金4 000多亿元；在重点治理方面，国家水土保持重点工程规模和范围不断扩大，全国累计初步治理水土流失面积近110万平方千米，1.5亿名群众从水土保持治理中直接受益。

2012年7月11日，《人民日报》报道：据国家统计局发布的关于2012年夏粮产量数据的公告，2012年，我国夏粮生产获得了较好收成。全国夏粮总产量达到12 995万吨，比上年增加356万吨，增长2.8%；其中冬小麦产量11 430万吨，增加334万吨，增长3%。夏粮总产量超过1997年的12 768万吨的历史最好水平。

2012年8月25日，《人民日报》报道：国家统计局发布公告，2012年，在国家大幅度提高早稻最低收购价格和各地积极推行科学种植的共同作用下。全国早稻生产稳定增产。2012年全国早稻总产量达到3 329万吨，比上年增加53.6万吨，增长1.6%，总产量基本恢复到了2009年的水平。

2012年11月2日，《人民日报》报道：2012年前三季度，农村居民人均现金收入6 778元，比上年实际增长12.3%。农民收入增长速度比城镇居民收入增速高出2.5个百分点，城乡居民收入的差距由上年同期的2.77∶1缩小到2.72∶1，为近年来同期最低，并连续三年呈缩小态势。

2012年12月2日，《人民日报》报道：2012年全国粮食总产量58 957万吨，比上年增加1 836万吨，增长3.2%，实现"九连增"。

2013年1月3日，《人民日报》报道：自2009年，全国耕地保有量连续3年保持在1.216亿公顷以上，国家"十二五"期末1.212亿公顷耕地保有量目标得到有效保障，最严格耕地保护制度为我国粮食连年增产和保障粮食安全发挥了重要作用。

2013年1月21日，《农民日报》报道：根据国家统计局数据，2012年农村居民人均纯收入达到7 917元，比上年实际增长10.7%，连续三年增幅达到两位数以上，高出GDP实际增速2.9个百分点，延续了快速增长的好势头。

2013年10月9日，《农民日报》报道：在新疆生产建设兵团农六师奇台总场，农业部专家组织验收一季春玉米，测得高产田每公顷产量达到22 676.1千克，再次刷新全国玉米高产纪录。

2013年12月31日，《农民日报》报道：第二次全国土地调查数据显示，我国耕地面积为135 385千公顷，全国人均耕地0.101公顷（1.52亩），不到世界人均水平的一半。

2014年1月19日，《人民日报》报道：2013年我国粮食总产量超过6亿吨，比上年增产1 235.5万吨，比2003年增产17 125万吨。我国农民人均纯收入达到8 896元，比上年增加979元，扣除价格因素实际增长9.3%，比城镇居民收入增长幅度高出2.3个百分点，这是连续第四年农民收入的增长幅度快于城镇居民的收入增长幅度。

2014年5月10日，《人民日报》报道：我国蔬菜面积达到20 000多千公顷，年产量超过7亿吨，人均占有量500多千克，均居世界第一位。

2014年7月15日，《人民日报》报道：国家统计局14日发布统计结果，全国夏粮总产量13 659.6万吨，比上年增产474.8万吨，增长3.6%。其中，谷物总产量12 580.9万吨，比上年增产438.8万吨，增长3.6%。

2014年12月5日，《光明日报》报道：国家统计局4日公布的全国粮食生产数据显示，2014年全国粮食总产量为60 709.9万吨，比上年增加516万吨，增长0.9%。

2014年12月14日，《人民日报》报道：我国有机产业近年来呈现快速稳步发展态势，截至2013年底，按照我国《有机产品》国家标准生产的有机植物类产品面积 2 722 千公顷（包括转换期），其中有机种植面积为 1 287 千公顷，野生采集面积为 1 435 千公顷。有机种植面积占全国农业耕地面积的 0.95%。

2015 年 7 月 16 日，《人民日报》报道：15 日，国家统计局发布数据显示，2015 年全国夏粮总产量 14 106.6 万吨，同比增产 447 万吨，增长 3.3% 我国夏粮生产实现“十二连丰”。

2015 年 10 月 17 日，《光明日报》报道：改革开放以来我国农村贫困人口减少近 7 亿人，年均减贫人口规模 1 945 万人；贫困发生率同比下降 90.3 个百分点，贫困人口年均减少 6.4%。

2015 年 12 月 9 日，《人民日报》报道：我国粮食产量历史性地实现“十二连增”，2015 年全国粮食总产量 62 143.5 万吨，比上年增产 1 440.8 万吨，增长 2.4%。

2016 年 4 月 6 日，《农民日报》报道：截至 2015 年底，我国共保存各类农作物种质资源 470 295 份，保存总量居世界第二位，其中国家种质库长期保存资源已突破 40 万份，达到 404 690 份，43 个国家种质圃保存资源 65 605 份。

2016 年 6 月 15 日，《人民日报》报道：2012—2015 年，我国农村贫困人口减少 6 663 万人，常住人口城镇化率上升到 56.1%，连续 4 年城镇新增就业人数超 1 200 万。

2016 年 6 月 21 日，《经济日报》报道：经过农业部组织的由 4 省专家组成的小麦高产验收组对莱州市小麦高产攻关田进行实打验收，最终得出的数据比 2014 年创造的冬小麦单产纪录高出 11.5 千克，至此，我国冬小麦单产首次突破 820 千克大关。

2016 年 8 月 11 日，《农民日报》报道：截至 2015 年底，全国 31 个省（区、市）农用地面积 96.82 亿亩，建设用地面积 5.79 亿亩，未利用地 39.57 亿亩。与 2014 年底相比，全国农用地面积净减少 426.3 万亩（其中耕地净减少 89.2 万亩），建设用地净增加 713.5 万亩，未利用地净减少 287.2 万亩。

2016 年 8 月 16 日，《农民日报》报道：截至 2015 年底，国家工商总局累计核准注册农产品商标 205.61 万件，我国累计有效使用绿色食品标志的企业达 9 579 家，产品达 23 386 个，已创建 665 个绿色食品原料标准化生产基地，面积达 1.69 亿亩。我国 21 个有机农产品示范基地面积超过 1 000 万亩；无公害产品认证产品达 78 408 个。

2016 年 9 月 30 日，《光明日报》报道：农产品产地初加工补助政策实施五年来取得了显著成效。五年来，中央财政补助资金累计达 36 亿元，实施区域覆盖全国 20 个省（区、市），共扶持 632 个县、近 5 万个农户、8 300 多个合作社新建马铃薯贮藏窖、果蔬贮藏库和烘干房等初加工设施 10 万余座，新增马铃薯贮藏能力 170 万吨、果蔬贮藏能力 240 万吨、果蔬烘干能力 240 万吨。

2016 年 11 月 28 日，农业部副部长陈晓华在 28 日举行的第三届全国农产品质量安全检测技能决赛总结会上表示，国家和地方已安排投资 130 亿元，建设了部、省、地、县质检机构 2 770 个。其中，地市级综合性质检中心 339 个、县级综合质检站 2 272 个，检测人员达到 3.5 万人，实验室装备条件有了质的飞跃，我国农产品质量安全检验检测体系已初步建立。

2016 年 12 月 9 日，《农民日报》报道：国家统计局 8 日公布数据，2016 年全国粮食总产量 61 623.9 万吨（12 324.8 亿斤），略低于去年，减少 0.8%。

2017 年 5 月 2 日，《人民日报》报道：国家统计局对外公布的《2016 年农民工监测调查报告》显示，截至 2016 年底，农民工总量达到 28 171 万人，比上年增长 1.5%，增速比上年加快 0.2 个百分点。这也是 2011 年以来农民工数量增幅首次扩大。

2017 年 7 月 22 日，《经济日报》报道：国土资源部发布的 2016 年全国土地变更调查结果显示，全国新增城镇用地增幅放缓。2016 年全国新增城市用地面积 93 万亩，建制镇用地面积 215.7 万亩，比 2015 年分别下降了 34.1%和 7.3%，城镇用地扩张的势头得到有效控制。截至 2016 年底，全国耕地达 20.24 亿亩。

2017 年 9 月 14 日，《人民日报》报道：2016 年，我国纳入统计的粮食产业企业已达 1.8 万家，实现工业总产值 2.8 万亿元，同比增长 13.3%；销售收入 2.8 万亿元，同比增长 14.6%；利润总额 1 321 亿元。各类企业年处理粮食能力 10.4 亿吨，实际加工转化粮食 4.8 亿吨。

2017 年 12 月 15 日，《人民日报》报道：国家统计局 14 日发布第三次全国农业普查公报显示，随着城镇化进程加快推进，与 10 年前相比，我国乡镇数量减少了 8.1%，自然村减少了 3.8%，但农村水、电、路、气、房等基础设施条件明显改善，七成多通村道路为水泥路面，近九成的村通了宽带互联网。

2018 年 3 月 12 日，《人民日报》报道：全国绿化委员会办公室11日发布的《2017年中国国土绿化状况公报》显示，我国国土绿化事业取得了新成绩，2017年全国共完成造林736.2万公顷，森林抚育830.2万公顷。

2018年7月19日，《人民日报》报道：国家统计局18日公布的全国夏粮生产数据显示，2018年全国夏粮总产量13 872万吨，比2017年减产306万吨，下降2.2%，但还算较好收成。

2018年9月4日，《人民日报》报道：国家统计局3日发布的报告显示，1978—2017年，我国农村贫困人口减少7.4亿人，年均减贫人口规模接近1 900万人；农村贫困发生率下降94.4个百分点，年均下降2.4个百分点。改革开放40年来，我国对全球减贫的贡献率超七成。

2018年12月15日，《人民日报》报道：国家统计局14日公布的全国粮食生产数据显示，2018年全国粮食总产量65 789万吨，尽管比2017年减少371万吨，但减幅只有0.6%，仍处于高位水平，属于丰收年景。

农业农村政策

ZHONGGUO NONGYE DASHIJI

中国农业大事记

（1949—2018）

一、中央农村工作会议

1980年12月16日—25日，中共中央举行全国农村工作会议。这次会议确定了在经济上实行进一步的调整、在政治上实现进一步的安定的重大方针。

1982年1月1日，中共中央批转《全国农村工作会议纪要》。《全国农村工作会议纪要》指出：目前，全国农村已有90%以上的生产队建立了不同形式的农业生产责任制，包括小段包工定额计酬，专业承包联产计酬，联产到劳，包产到户、到组，包干到户、到组等，都是社会主义集体经济的生产责任制，反映了亿万农民要求按照中国农村的实际状况来发展社会主义农业的强烈愿望。不论采取什么形式，只要群众不要求改变，就不要变动。各级党的领导应向干部和群众说明，我国农业必须坚持社会主义集体化的道路，土地等基本生产资料公有制是长期不变的，集体经济要建立生产责任制也是长期不变的。党中央在做出关于加快农业发展的决定以后，又就提高农产品收购价格，健全农业生产责任制，发展多种经营等问题，采取了一系列的政策措施，进行了农村经济的调整和改革，从而激发了亿万农民的生产积极性，促进了农村经济的蓬勃发展。关于改善农村商品流通，要以计划经济为主，市场调节为辅。粮、棉、油等产品仍须坚持统购统销的政策，农副产品收购，要坚持国家、集体、个人三兼顾，不能只顾一头，必须多方设法疏通和开辟流通渠道，在保证完成计划上调任务的前提下，积极开展农副产品的就地加工、产品精选和综合利用。关于提高经济效益、改善生产条件，要按农、林、牧、副、渔全面发展的要求建立合理的生产结构，发展多种经营，要集体与个人一齐上，要着重抓好水利、农机、化肥等项投资的利用效益，改善农业生产条件。

1984年12月30日，新华社报道：中共中央12月中下旬在北京召开全国农村工作会议，确定今后农村工作的任务是在国家计划指导下扩大市场调节，促使农村产业结构的合理化。

1985年12月31日，《人民日报》报道：1985年12月5日至21日，中共中央、国务院在北京召开中央农村工作会议。会议要求继续落实农村各项政策深入改革，推动农村经济持续稳定协调发展。

1986年11月8日—12日，中共中央、国务院在北京召开中央农村工作会议。会议认为：从各方面看，农村经济的发展已经显现出若干新的特征，主要是：改革由突破转向纵深发展，经济由超常规增长转入常规性增长。整个农村经济改革的根本出发点和目标是发展有计划的商品经济，建设具有中国特色的社会主义新农村。会议提出，1987年农村工作总的要求是继续坚持改革，搞好基层整党，争取粮食有较大幅度的增产，全面发展商品经济，促进农村经济持续稳步发展。

1988年11月2日—7日，中共中央、国务院在北京召开了全国农村工作会议。这次全国农村工作会议的中心议题是，着重研究深化农村改革，大力发展农业，特别是今后两年搞好农业生产的措施，千方百计夺取1989年的农业丰收问题。会议认为：我国农业特别是粮食生产面临的形势，一是需求量不断增长，二是供应量增长有限，三是发展后劲不足。我国农业基础还是很脆弱的。会议提出，要积极稳妥地把农村改革继续推向前进，一是稳定和完善联产承包责任制；二是加强对主要农产品和重要农用生产资料的宏观调控和市场管理；三是逐步推进农产品流通体制和价格改革；四是从实际出发，逐步而又稳妥地调整农村产业结构。会议认为，今后农业的发展，关键要靠三条：一是靠政策调动农民的积极性。总的要进一步稳定和完善家庭联产承包责任制，同时发展多种形式的生产服务。在农副产品流通中，要重点抓好粮食合同定购制度的改进和完善。二是靠科技。农业生产下一步的突破要依赖科技的力量。三是靠增加投入。要采取措施增加化肥、农膜、农药等农用生产资料的有效供给。从长远看，把农业的基础建设和农用工业搞上去，对农业的发展将起到至关重要的作用。

1990年6月16日—22日，中共中央政策研究室在北京召开了农村工作座谈会。江泽民、李鹏、姚依林、宋平、陈俊生等领导同志与应邀到会的

14个省市的同志，中央、国务院有关部委的负责同志以及部分老同志一起，分析讨论了当前农村工作中带有共性的问题，提出了深化农村改革、发展农村经济中需要进一步解决和调查研究的问题。会议要求各级党委把农村工作摆上重要议事日程，地、县两级要把工作重心放在农村。落实好党在农村的各项方针政策，搞好农村党组织建设，加强农村思想政治工作，坚定不移地把农村工作做得更好。会议认为进一步发展集体经济，不仅关系到经济基础，也关系到上层建筑。发展乡镇集体企业一定要从本地实际出发。要把家庭联产承包责任制作为一项基本政策长期稳定下来，积极稳妥地推进农村流通体制改革，切实解决主要农产品卖难问题，充分发挥供销合作社主渠道作用，引导农民组织起来进入流通，积极发展产供销联合组织。农业生产要达到一个新水平，最终要靠科技进步。会议要求各地从实际出发，制定具体方案，努力推广现有的科研成果和适用技术；同时加强农业基础科学和新技术研究，不断增加科技储备。要健全基层组织，抓好两个文明建设。

1991年2月24日—3月2日，国务院在济南市召开农村经济工作经验交流会。会议的主要内容是学习领会党的十三届七中全会精神，明确今后十年和“八五”期间农业发展的方针和任务；总结交流各地农业生产和农村经济发展的经验，进一步加强和提高各级领导正确执行党的农村基本政策的水平；研究和部署1991年的农村经济工作。会议认为，今后的农村工作要更加面向基层、面向群众、面向实际。要充分尊重群众和基层的创造，凡是有利于社会主义建设的，有利于农村经济繁荣的一切好的经验和做法，都要充分肯定下来，为争取90年代农业的持续稳定发展，做好思想上、组织上、领导上的充分准备。会议指出，在今后十年中，我国农业综合生产能力要提高到一个新的水平，确保粮食生产连续登上两个新台阶；农村改革要有一个新的进展，使农村经济体制进一步完善；农村社会面貌要有一个新的变化，形成经济繁荣兴旺、思想健康向上、社会安定团结的局面。会议提出，当前和今后一个时期，深化农村改革的重点，是继续稳定完善以家庭联产承包为主的责任制，健全统分结合的双层经营体制，积极发展社会化服务体系，逐步壮大集体经济实力。同时，还要继续改革农产品价格和流通体制，疏通流通渠道，创造良好的市场环境。

1993年10月18日—21日，中共中央于1993年在北京召开了中央农村工作会议。会议中心议题是研究在建立社会主义市场经济体制的进程中，全面加强农业的基础地位，促进我国农业和农村经济上一个新台阶的战略思想和具体措施。18日，在中央农村工作会议的开幕会上，中共中央总书记江泽民发表了《要始终高度重视农业、农村和农民问题》的讲话。他指出，农业、农村和农民问题，始终是一个关系我们党和国家全局的根本性问题。民主革命时期是这样，社会主义现代化建设时期也是这样。党的十一届三中全会以来改革和发展的实践，已经充分说明了农业和农村工作在我们国家发展中所处的极端重要的地位。在实行社会主义市场经济的新形势下，农业和农村经济面临着许多新矛盾新问题，这些矛盾和问题解决得怎样，不仅直接关系到农村，也关系到整个国家的稳定和昌盛，建立社会主义市场经济体制，为农村经济的发展带来了前所未有的机遇。同时也应看到，农业无论在产品市场的竞争中，还是在经济资源的竞争中，常常处于软弱和不利的地位。因此，农业在国家的宏观调控中是需要加以保护的产业。当前深化农村改革，应以培育市场主体、健全市场体系、加强宏观指导和对农业的保护为主要内容，加快建立适应社会主义市场经济要求的农村经济运行机制和管理体制。中央和国务院各有关部门的负责人，认真讨论了江泽民总书记在开幕会上的重要讲话，深入讨论了《关于当前农业和农村经济发展的若干政策措施》。

1994年3月24日，《人民日报》报道：23日，中央农村工作会议在北京举行，中共中央总书记、国家主席江泽民提出了1994年农业和农村工作的基本任务，一是保证粮、棉油和“菜篮子”的生产和供应。二是全面发展农村经济，增加农民收入。三是保持农村社会稳定。四是搞好农村基层组织建设。

1995年2月25日，《人民日报》报道：24日，中共中央、国务院在北京召开农村工作会议。会议主要议题是，深入贯彻中央经济工作会议精神，落实中央加强农业的各项决策，部署今年农业和农村工作。根据中央政治局常委会工作要点，今年农业和农村工作的指导思想和主要任务是：以邓小平同志建设有中国特色社会主义理论和党的基本路线为指导，认真贯彻党的十四大、十四届三中、四中全会和中央经济工作会议精神，落实党在农村的基本政策，深化农村改革，充分调动农民的积极性，切实增加农业投入，提高农业综合生产能力，改善农业生产条件，千方百计夺取农业丰收，促进农业和农村经济全面发展，确保主要农产品有效供给，确保农民收入增加，确保农村社会稳定。在指导思想和工作布局上，真正把农业放在经济工作的首位，要把加强农业的各项政策措施真正落到实处，今年农业生产任务是艰巨的。

1996年1月9日，《农民日报》报道：8日，中央农村工作会议在北京结束。会议提出，1996年农业和农村工作的总的要求是：贯彻党的十四届五中全会和中央经济工作会议精神，坚持把加强农业放在发展国民经济的首位，稳定和完善党在农村的基本政策，深化农村改革，针对影响农业和农村经济发展的突出问题，探索扶持、保护、促进农业发展的新机制、新措施，调动农民的积极性，坚持两个文明一起抓，促进农业和农村经济发展、农民收入增加、农村社会稳定。一定要加倍努力，扎实工作，千方百计夺取农业丰收，为实现“九五”计划奠定良好基础。会议强调，“九五”期间农业要上新的台阶，今年农业要取得一个好收成，必须有明确的思路和得力的措施。要进一步加强党对农业和农村工作的领导。要求各级充实、加强农业和农村工作的领导力量；硬碰硬地解决农村的难点、热点问题。

1996 年 2 月 29 日，中央农村工作领导小组第 18 次会议决定，由林业部牵头，10 多个部门参加，在全国开展山区综合开发示范县工作。

1997 年 1 月 15 日，《人民日报》报道：13 日，为期 4 天的中共中央农村工作会议在北京闭幕。这次中央农村工作会议主要议题是，认真贯彻中共十四届五中、六中全会和中央经济工作会议精神，分析当前农业和农村形势，研究部署 1997 年的工作任务。重点是研究新情况，总结新经验，解决新问题，确保农业和农村经济持续稳定增长。会议认为，1996 年中国农业和农村经济形势比预计的好，基本实现了年初提出的“九五”第一年要“开好头，起好步”的要求。这次会议提出今年农业和农村工作的总体要求是：坚持以邓小平建设有中国特色社会主义理论为指导，全面贯彻中国共产党的基本路线和基本方针，认真落实中共十四届五中、六中全会和中央经济工作会议精神，着力研究和解决农业丰收后出现的新情况、新问题，会议确定，今年中国农业和农村经济的主要奋斗目标是：粮食播种面积稳定在 16.6 亿亩以上，总产量要保持去年 4 800 亿千克的水平，力争有所增长；会议还强调今年要着力做好八个方面的工作，紧密团结在以江泽民同志为核心的中共中央周围，把握大局，再接再厉，同心同德，开拓前进，努力实现今年的农业和农村工作目标，创造新的优异成绩，迎接香港的顺利回归和中共十五大的顺利召开。

1997 年 1 月 27 日，国务院批转《农业部关于进一步加快渔业发展意见的通知》。由于世界海洋管理制度的变革，远洋、外海渔业发展的制约因素增多等，为了进一步促进渔业持续、快速、健康发展，积极推进经济体制和经济增长方式两个根本性转变，调整产业和养殖品种结构，加快科技成果转化，使我国渔业的整体素质和发展水平有显著的提高，《通知》提出要切实加强渔业执法队伍建设，地方各级渔政渔港监督管理机构的工作人员，可依照公务员制度管理，具体管理范围要在机构改革的基础上按有关规定报批。关于渔政渔港监督管理设施和手段严重落后问题，建议各级政府的计划、财政等部门安排经费逐步解决。当前，我国发展渔业的机遇很好，各地要重视发挥渔业资源优势，认真解决好渔业发展中出现的问题。各级渔业行政主管部门要转变职能，改进工作作风，加强调查研究，做好行业规划、服务、指导和管理工作，把我国渔业推向一个新的发展阶段。

2000 年 1 月 7 日，《人民日报》报道：5 日，中央农村工作会议在北京召开。会议提出了 2000 年农业和农村工作总的要求，稳定农村政策，深化农村改革，保护和调动农民的积极性，适应农业和农村经济发展新阶段的要求，必须大力推进农业和农村经济结构战略性调整，全面提高农业和农村经济的素质和效益，增加农民收入，加强农业和农村基础设施建设，改善农业生产条件和生态环境，逐步提高农业的综合生产能力，这是整个新阶段农业和农村的中心任务。会议强调，完成 2000 年农业和农村工作和任务，需要着力做好八个方面的工作。一是大力推进农业和农村经济结构的战略性调整；二是促进农产品加工转化增值；三是积极发展小城镇和乡镇企业，调整农村劳动力就业结构。四是加快农业科技进步，支持农业结构调整。五是加强农产品市场建设，发挥市场对结构调整的带动作用。六是加强农业基础设施和生态环境建设，稳定提高农业综合生产能力。七是强化土地承包、集体财务和农民负担管理。八是加强农村基层组织、民主法制和精神文明建设，促进农村经济社会全面发展。会议指出，全党同志务必清醒地看到，我国农业的基础还不牢，任何时候都不能放松。切实加强农业的基础地位，是国民经济结构调整的重要任务，也是对农业和农村经济结构进行战略性调整的根本出发点。要坚定信心，埋头苦干，抓住机遇，开拓进取，努力开创农业和农村的新局面（6 日闭幕）。

2000 年 12 月 1 日，《人民日报》报道：11 月 28 日，中央经济工作会议在北京召开（30 日结束）。会议确定 2001 年经济工作的总体要求是：以邓小平理论为指导，按照“三个代表”的要求，贯彻落实党的十五大和十五届五中全会精神，抓住机遇，加快发展。坚持扩大国内需求的方针，继续实施积极的财政政策和稳健的货币政策，综合运用各种宏观调控手段，巩固和发展经济增长的好形势。依靠体制创新和科技创新，以信息化带动工业化，大力推进经济结构的战略性调整。强化农业的基础地位，加大对农业的支持和保护力度，努力增加农民收入。必须把千方百计增加农民收入作为明年经济工作的一件大事来抓。继续推进农业和农村经济结构的战略性调整。加快乡镇企业结构调整和体制创新。大力推进和扶持农业产业化，要正确处理调整农业结构与稳定粮食生产的关系，不能放松粮食生产。继续贯彻落实按保护价敞开收购农民余粮的政策，保护农民的利益和种粮积极性。要进一步增加对农业和农村的投入，支持农田水利建设、农业生态建设和农业科技推广。要加快农村税费改革和农村金融改革，高度重视减轻农民负担。认真搞好乡镇机构改革，下决心精简财政供养人员。加快转变企业经营机制，加强企业管理，巩固和扩大国有企业改革和脱困成果，正确处理改革、发展、稳定的关系，促进国民经济持续快速健康发展和社会全面进步，努力实现“十五”计划的良好开局。

2002 年 1 月 8 日，《人民日报》报道：1 月 7 日，为期两天的中央农村工作会议在北京闭幕。会议提出，要坚定不移地推进农业和农村经济结构的战略性调整，提高农业整体素质和效益，促进农民收入持续稳定增长。

2003 年 1 月 9 日，《人民日报》报道：1 月 8 日，为期两天的中央农村工作会议在北京闭幕。会议指出，全面建设小康社会，必须统筹城乡经济社会发展，更多地关注农村，关心农民，支持农业，把解决好农业、农村和农民问题作为全党工作的重中之重，放在更加突出的位置，努力开创农业和农村工作的新局面。党中央、国务院决定今后每年新增教育、卫生、文化等事业经费，主要用于农村，逐步缩小城乡社会事业发展的差距。

2003 年 12 月 1 日，《农民日报》报道：11 月 27 日至 29 日，中央经济工作会议在京召开。会议强调，把解决好“三农”问题作为全党工作的重中之重，巩固和加强农业基础地位，千方百计增加农民收入。

2003 年 12 月 26 日，《人民日报》报道：25 日，中央农村工作会议在北京闭幕。会议系统总结了 2003 年农业和农村工作，全面部署了 2004 年农业和农村工作，着重研究了促进农民增收、提高粮食综合生产能力、深化农村改革等问题。会议讨论了《中共中央、国务院关于促进农民增加收入若干政策的意见（讨论稿）》。

2004 年 12 月 30 日，《人民日报》报道：12 月 28 日至 29 日，中央农村工作会议在北京举行。会议认真总结了 2004 年农业和农村工作，深入分析了当前形势，全面部署了 2005 年农业和农村工作，着重研究了加强农业综合生产能力建设、促进粮食稳定增产和农民持续增收的政策措施。

2005 年 12 月 30 日，《人民日报》报道：中央农村工作会议 28 日至 29 日在北京举行。会议讨论了《中共中央　国务院关于推进社会主义新农村建设的若干意见（讨论稿）》。会议强调，建设社会主义新农村，是一个全面的目标，绝不单纯是搞新村建设，必须按照“生产发展、生活宽裕、乡风文明、村容整洁、管理民主”的要求，全面推进农村的经济、政治、文化、社会和党的建设。建设社会主义新农村是一项长期的任务，必须因地制宜，从实际出发，尊重农民意愿，注重实效，着力解决农民生产、生活中最迫切的实际问题，使新农村建设带给农民实惠、受到农民拥护，扎实稳步地向前推进。

2007 年 12 月 24 日，《人民日报》报道：中央农村工作会议 22 日至 23 日在北京举行。会议回顾总结了过去 5 年的农业农村工作，重点研究了加强农业基础建设、促进农业发展农民增收的政策措施，安排部署了 2008 年及今后一个时期的农业农村工作。会议讨论了《中共中央　国务院关于切实加强农业基础建设，进一步促进农业发展农民增收的若干意见（讨论稿）》。会议指出，2008 年和今后一个时期，农业农村工作的总体要求是：全面贯彻党的十七大精神，高举中国特色社会主义伟大旗帜，以邓小平理论和“三个代表”重要思想为指导，深入贯彻落实科学发展观，按照形成城乡经济社会发展一体化新格局的要求，突出加强农业基础建设，积极促进农业稳定发展、农民持续增收，努力保障主要农产品基本供给，切实解决农村民生问题，扎实推进社会主义新农村建设。

2008 年 12 月 11 日，《人民日报》报道：中央经济工作会议 12 月 8 日至 10 日在北京举行。会议提出，巩固和发展农业农村经济好形势，保障农产品有效供给、促进农民持续增收。一定要更加重视农业、农村、农民工作，千方百计确保农业特别是粮食安全不出问题，要把提高农民收入、夯实农业基础作为扩大内需的重要内容。高度重视粮食生产和主要农产品供给，千方百计调动农民种粮、地方政府抓粮的积极性，及时采取调控和引导措施，确保粮食和其他主要农产品生产稳定、市场稳定。

2009 年 12 月 29 日，《人民日报》报道：12 月 27 日—28 日，中央农村工作会议在北京举行。会议认真贯彻党的十七大和十七届三中、四中全会以及中央经济工作会议精神，系统总结 2009 年农业农村工作，重点研究加大统筹城乡发展力度、进一步夯实农业农村发展基础的政策措施，全面部署 2010 年的农业农村工作。会议讨论了《中共中央、国务院关于加大统筹城乡发展力度，进一步夯实农业农村发展基础的若干意见（讨论稿）》。会议强调，明年中央指导农业农村工作的文件，以加大统筹城乡发展力度、进一步夯实农业农村发展基础为主题，这是中央站在战略和全局的高度，认真研判“三农”形势，广泛听取各方意见，经过慎重考虑作出的重大决策。

2010年12月23日，《经济日报》报道：中央农村工作会议21日至22日在北京举行。会议系统总结2010年农业农村工作，科学谋划“十二五”时期农业农村发展，重点研究加快水利改革发展问题，全面部署2011年农业农村工作，讨论了《中共中央、国务院关于加快水利改革发展的决定（讨论稿）》。会议强调，2011年是“十二五”时期开局之年，做好农业农村工作具有特殊重要的意义。2011年农业农村工作的总体要求是：大兴水利强基础，狠抓生产保供给，力促增收惠民生，着眼统筹添活力。我们要坚决贯彻中央部署，采取有力措施，加大落实力度，力争“十二五”时期农业农村发展有个良好开局。会议提出了明年农业农村工作的重点任务。

2011年12月28日，《人民日报》报道：27日，中央农村工作会议在北京举行。中共中央政治局常委、国务院总理温家宝出席会议并讲话。温家宝在讲话中系统回顾总结了党的十六大以来农业农村发展取得的巨大成就，阐述了在推进工业化、城镇化进程中继续做好“三农”工作需要把握好的若干重大问题，对做好明年农业农村工作提出了要求。他指出，明年宏观调控面临的形势复杂严峻，特别是经济增长下行压力和物价上涨压力并存，做好农业农村工作具有特殊重要的意义。对明年的农业生产特别是粮食生产，各地区各部门务必高度重视，真正做到思想不麻痹、政策不减弱、工作不松懈、投入有增加，确保再夺丰收。在新的形势下，各级领导干部要善于把握农业农村发展规律，不断提高做好“三农”工作的能力和水平。

2012年12月22日，为期两天的中央农村工作会议在北京闭幕。会议讨论了《中共中央、国务院关于加快发展现代农业进一步增强农村发展活力的若干意见（讨论稿）》。

2013年12月23日—24日，中央农村工作会议在北京举行。会议强调，必须坚持把解决好“三农”问题作为全党工作重中之重，坚持工业反哺农业、城市支持农村和“多予少取放活”方针，不断加大强农、惠农、富农政策力度，始终把“三农”工作牢牢抓住、紧紧抓好。会议讨论了《中共中央、国务院关于全面深化农村改革加快推进农业现代化的若干意见（讨论稿）》。

2014年12月22日—23日，中央农村工作会议在北京举行。会议强调，推进农业现代化，要坚持把保障国家粮食安全作为首要任务，确保谷物基本自给、口粮绝对安全。要创新机制、完善政策，努力做好各项工作。

2015年11月24日—25日，中央农村工作会议在北京召开。会议强调，地方各级党委和政府要坚持不懈厚植重农氛围，把农业农村工作放到重中之重的位置，优先保障财政对农业农村投入，确保力度不减弱、总量有增加。要加大涉农资金的整合力度，发挥财政投入对结构性改革的引导作用，撬动更多社会资金投入农业农村。要挖掘农业内部潜力，促进一、二、三产业融合发展，用好农村资源资产资金，多渠道增加农民收入。深入推进精准扶贫、精准脱贫，确保完成脱贫攻坚目标任务。

2016年12月19日—20日，中央农村工作会议在北京召开。会议传达学习了习近平重要讲话和李克强指示要求，讨论了《中共中央、国务院关于深入推进农业供给侧结构性改革加快培育农业农村发展新动能的若干意见（讨论稿）》。

2017年12月28日—29日，中央农村工作会议在北京举行。会议全面分析“三农”工作面临的形势和任务，研究实施乡村振兴战略的重要政策，部署2018年和今后一个时期的农业农村工作。会议讨论了《中共中央、国务院关于实施乡村振兴战略的意见（讨论稿）》。

2018年12月30日，《农民日报》报道：中央农村工作会议28日至29日在北京召开。会议总结交流各地实施乡村振兴战略经验，研究落实明后两年“三农”工作必须完成的硬任务，部署2019年农业农村工作。

二、全国农业工作会议

1952年10月，农业部召开全国农业工作会议。要求1953年大力发展互助合作组织。总结1952年的农业生产工作，同时研究1953年的任务。会上确定成立国营农场管理总局。

1955年12月12日—23日，全国农业工作会议在北京举行。会议提出了1956年农业生产要达到第一个五年计划原订1957年指标的任务。会议还揭发和批判了过去农业工作中的右倾保守主义倾向，要求改进工作作风，总结和推广先进经验，保证增产指标的实现。

1957年12月24日，农业部在北京召开的全国农业工作会议闭幕。会议总结了第一个五年计划期间的农业生产，规划了第二个五年计划期间和1958年的农业生产。

1964年1月28日—2月9日，召开全国农业工作会议。会议交流了1963年农业生产经验，讨论了建设旱涝保收、稳产高产农田的问题，还介绍了山西省昔阳县大寨公社大寨大队等典型的经验，会议认为各地都有自己的先进典型。

1981年10月5日—21日，全国农村工作会议和全国农业工作会议同时在北京召开。农业工作会议除讨论国家农委代中央起草的《关于农村工作几个问题的通知（草稿）》外，还着重讨论了农业部的工作报告和畜牧、社队企业总局的两个专题报告，总结交流了经验，部署了今后工作，研究了如何加快农业发展速度等问题。会议明确指出，实行各种形式的农业生产责任制，要加强党的领导，坚持集体化方向。农业生产搞责任制长期不变，责任制的形式多样化不变，基本生产资料（主要是土地）的集体所有制长期不变。

1984年1月28日，《人民日报》报道：由农牧渔业部召开的全国农业工作会议17—26日在北京举行。会议主要是研究贯彻1984年中央1号文件，促进农村商品生产发展的问题。

1985年1月1日，《农民日报》报道：中共中央于1984年12月中下旬在北京召开了全国农村工作会议。会议确定今后的任务是：农村经济要在国家计划指导下扩大市场调节；改革农产品统购派购制度，调整农村产业结构。

1985年12月10日—23日，农牧渔业部在北京召开全国农业工作会议。会议从形势很好要肯定，问题不少要分析；农业是国民经济基础的战略地位不能动摇；“决不放松粮食生产，积极发展多种经营”是指导农业生产的根本方针；发展乡镇企业是振兴我国农村经济的必由之路；采取措施促进畜牧业大发展；水产养殖业进入了全面开拓的新时期六个方面展开。

1988年1月18日—26日，农牧渔业部在北京召开全国农业工作会议。会议提出10项重要措施：①深化改革，完善政策。②保持粮食播种面积，稳定生猪存栏数，调整农业生产布局和结构。③积极实施“丰收计划”，推广几项重大增产技术措施。④进一步深化农业科教体制改革。⑤按照商品化、社会化、现代化的要求，大力推进商品基地建设。⑥抓好开发农业、创汇农业。⑦积极参与流通体制改革，促进农产品产供销一体化。⑧抓好农业基础设施建设。⑨加强农业环境保护和农村能源工作。⑩以实事求是的精神和高度负责的态度，继续搞好贫困地区经济开发。

1990年1月13日—18日，全国农业工作会议在北京召开，这次会议的中心议题是：根据党的十三届五中全会和全国农业综合开发经验交流会、全国计划工作会议的精神，分析形势，统一思想，研究措施，安排计划，狠抓落实。会议对1990年的农业工作和生产建设计划作了部署和安排。提出1990年发展种植业的指导思想是：以粮棉生产为重点，稳定增产作物和增产地区，主攻减产作物和减产地区；依靠科技，主攻单产，提高总产；在突出抓好粮棉油糖生产的前提下，根据国民经济发展的需要和市场需求，发展其他经济作物，夺取种植业的全面丰收。会议强调，把粮棉油生产搞上去，打破徘徊局面，是1990年农业工作的首要任务。

1991年1月18日—23日，农业部在北京召开了全国农业工作会议。这次会议的主要议题是：分析1990年农业生产和农村经济形势，总结农业部门的工作；根据党的十三届七中全会审议通过的《中共中央关于制定国民经济和社会发展十年规划和“八五”计划的建议》的指导方针，进一步明确关于发展农业，搞活农村经济的大政方针；根据中共中央国务院《关于一九九一年农业和农村工作的通知》精神，研究落实农业生产和农村经济各项工作。会议强调，在近两年农业形势较好的情况下，要正确分析农业形势，保持清醒的头脑。农业丰收之后，带来了一些值得注意的减收因素，如思想上的放松、掉以轻心，丰收后出现了“卖难”，粮食及其他农产品的市场价格下跌，农民收入增长缓慢、生产的积极性下降等新情况和新问题。因此，在思想上和各方面的工作上绝不可放松。要充分认识到农业的持续稳定发展还面临着相当严峻的形势，农业的发展，还处于需求不断增长，负荷日益加重，发展不容停滞，而各方面条件又难以给予充分保证的状态之中，要冷静清醒地认识和分析新情况，积极认真地解决新问题。会议要求，农业各产业部门都要做好工作，全面完成1991年的生产计划，力争各个产业能够继续取得好成绩。会上，河北邯郸市等86个地（市）、北京顺义县等424个县（市），被国务院授予粮食生产先进单位称号。农业部授予北京通县农业局等11个单位全国科技推广年活动“先进集体”称号，授予谭文藻等1 049名同志为全国农业科技推广年活动“先进个人”称号。

1991年10月21日—26日，农业部在北京召开了全国农业计划工作会议。会议指出，在争取各级增加对农业投资的同时，要进一步管好用好有限的农业投资，注重提高投资效益，要加强农业的总体规划，坚持按基本建设程序办事，严格项目审批程序。农业计划工作要不断更新观念，拓宽工作领域，贯彻计划经济与市场调节相结合的原则，努力学会综合运用经济杠杆、行政手段、政策法规，调控和指导农业和农村经济的持续稳定协调发展。

1992 年 12 月 29 日，《经济日报》报道：国务院在北京中南海召开全国农业工作电视电话会议。李鹏总理提出了保持农业稳定发展的十项措施：①按期完成今年的国家定购粮食收购计划，适当增加粮食专项储备。②及时地全部兑现收购农副产品的欠款，解决“打白条”的问题。③制止各种违反法规的集资和摊派，切实减轻农民负担。④保留扶持粮棉生产的优惠政策。⑤多渠道发展粮食的转化。⑥大力扶持粮食主产区发展经济。⑦改进粮食管理和经营机制。⑧保护耕地资源，稳定粮田面积。⑨增加对农业的资金投入和物质投入。⑩加快农业结构调整。

1994 年 1 月 5 日，全国农业工作会议在北京召开。国务委员陈俊生到会作重要讲话，农业部刘江部长作报告。会议提出了以稳定增加农民收入和农产品有效供给为目标，稳定党在农村的基本政策，深化农村改革，推进科教兴农，促进农业和农村经济全面发展的 1994 年工作任务。1994 年一定要稳定粮食面积，优化结构，改善品质，主攻单产，确保粮食供应不出问题；要稳定主产区粮食生产，采取倾斜政策加以扶持。

1995 年 8 月 30 日，《农民日报》报道：农业部在北京召开全国农村经济工作座谈会。农业部部长刘江强调，要确保增加农产品有效供给，尽最大努力夺取全年农业丰收。

1996 年 1 月 30 日—2 月 2 日，全国农业工作会议在北京召开。

1996 年 3 月 28 日，《农民日报》报道：27 日，农业部在北京召开了首次全国农村经济信息工作会议。与会代表来自农业部各司（局）、农业部直属机构、各省（市）区主管信息工作的厅（局）长共 165 人。会议由洪绂曾副部长主持，吴亦侠副部长作了题为《提高认识，明确任务，努力开创农村经济信息工作的新局面》的重要报告。会上有七个单位作了典型发言，介绍了信息工作经验。中国农科院科技文献信息中心贾善刚副主任代表中国农科院出席了会议，并作了题为《加强农业科技信息工作的科技经济一体化进程》的典型发言，受到部领导和全体代表的重视，同时对中国农科院重视科技信息工作给予了肯定。

2000 年 1 月 5 日，全国农业工作会议在北京召开。会议的主题是：深入贯彻落实党的十五大、十五届三中、四中全会和中央经济工作会议、中央农村工作会议精神，总结上年农业和农村经济工作，安排部署 2000 年工作。（8 日结束）。

2000 年 3 月 29 日，《农民日报》报道：28 日，农业部、国家发展计划委员会、财政部、科学技术部、水利部、国家环境保护总局、国家林业局联合召开全国生态农业建设工作会议。

2002 年 1 月 11 日，《人民日报》报道：1 月 10 日，全国农业工作会议结束。我国将有重点、有计划地从优势产品入手，培育优势产业和产业带，不断提高我国农业的国际竞争力，努力扩大出口。

2003 年 1 月 10 日，《人民日报》报道：9 日，全国农业工作会议在京闭幕，2003 年农业农村经济工作的重点是：紧紧围绕全面建设小康社会的战略目标，坚持以农业和农村经济结构战略性调整为工作主线，以不断增加农民收入为中心任务，大力发展优质、高产、高效、安全、生态农业，扎实推进农产品竞争力增强、农业增效和农民增收，确保农业和农村经济持续健康发展。

2003 年 8 月 10 日，《经济日报》报道：经国务院同意，全国农业工作会议 8 月 8 日至 9 日在京召开。中共中央政治局委员、国务院副总理回良玉在会上强调，各地、各部门要认真贯彻落实党中央、国务院关于促进农民增收的一系列部署，按照城乡协调、经济社会协调发展的新思路，坚持“多予、少取、放活”的方针，进一步推进农业和农村经济结构战略性调整，继续深化农村改革，努力克服非典疫情和自然灾害的影响，促进农民收入稳定增长。

2003 年 12 月 27 日，《农民日报》报道：25 日，全国农业工作会议在北京召开。会议提出，2004 年确保粮食总产量达到 4 550 亿斤，转移农村劳动力达到 1 亿以上，全年农民收入增长 5%左右。

2004 年 12 月 30 日，《农民日报》报道：12 月 28 日至 29 日，全国农业工作会议在北京举行。

2005 年 12 月 29 日，《农民日报》报道：12 月 27 日，全国农业工作会议在北京召开，会议提出大力发展现代农业，扎实推进社会主义新农村建设。

2006 年 12 月 26 日，《农民日报》报道：12 月 22 日至 23 日，全国农业工作会议在北京召开。会议提出，以发展现代农业为重点，扎实推进社会主义新农村建设。

2010年12月24日，《农民日报》报道：12月21日至23日，全国农业工作会议在北京召开。会议研究了“十二五”现代农业发展，部署了2011年农业农村经济工作。会议总结了2010年和“十一五”农业农村经济工作，研究了“十二五”现代农业发展，部署了2011年农业农村经济工作。农业部部长韩长赋强调，要紧紧抓住我国发展的重要战略机遇期，牢牢把握加快发展现代农业的重大任务，加快转变农业发展方式，坚持做到“两个千方百计、两个努力确保”，全力夺取明年全年好收成，巩固“十一五”好势头，实现“十二五”好开局，推进现代农业和新农村建设迈出新步伐，实现粮食产量稳定在1万亿斤以上，农民收入持续较快增长，为增加供给、稳定价格总水平提供重要支撑，为经济社会发展全局作出新贡献。

2013年12月23日—25日，全国农业工作会议在北京举行。会议总结2013年农业农村经济工作，研究深化农村改革重点举措，部署2014年工作。

2015年12月28日，《农民日报》报道：24日至25日，全国农业工作会议在北京召开。会议强调，各级农业部门要认真贯彻落实习近平总书记和李克强总理对做好“三农”工作做出的重要指示批示精神，牢固树立五大发展理念，科学谋划“十三五”农业农村经济发展，切实增强忧患意识和责任意识，拿出应对复杂局面的有效举措和实际行动，坚定信心、鼓舞干劲、攻坚克难、真抓实干，巩固发展农业农村经济好形势，为全面建成小康社会做出新的更大贡献。

2016年12月19日—20日，全国农业工作会议在京召开。会议提出，2017年农业农村经济工作总的要求是：以优化供给、提质增效、农民增收为目标，以绿色发展为导向，以改革创新为动力，以结构调整为重点，着力培育新动能、打造新业态、扶持新主体、拓宽新渠道，加快推进农业转型升级，加快农业现代化建设，巩固发展农业农村经济好形势。

2017年12月29日—30日，全国农业工作会议在北京召开。会议总结了2017年及过去五年工作，研究实施乡村振兴战略措施，部署2018年重点工作，对全国农业劳动模范和先进工作者进行了表彰。

三、农业生产与保障

1950年1月13日，政务院举行第四次政务会议，通过《关于处理老解放区市郊农业土地问题的指示》。

1950年2月24日，政务院举行第21次政务会议，通过《新解放区土地改革及征收公粮的指示》。

1950年2月，农业部发出《关于一九五〇年农业生产方针及粮棉增产计划指示》。

1950年3月11日，交通部、林垦部联合发布《公路行道树栽植试行办法》。

1950年3月12日，毛泽东同志发出给中共中央中南局并华东局、华南分局、西南局、西北局关于《征询对待富农策略问题的意见》。指出：“在今冬开始的南方几省及西北某些地区的土地改革运动中，不但不动资本主义富农，而且不动半封建富农，待到几年之后再去解决半封建富农问题。”

1950年6月6日，毛泽东同志在《为争取国家财政经济状况的基本好转而斗争》中指出：“我们对待富农的政策应有所改变，即由征收富农多余土地财产的政策改变为保存富农经济的政策，以利于早日恢复农村生产，又利于孤立地主，保护中农和保护小土地出租者。”

1950年8月4日，政务院举行第44次政务会议，通过《中央人民政府政务院关于划分农村阶级成分的决定》。

1950年8月8日—17日，农业部召开全国棉产工作会议。会议总结了上半年的棉产工作，讨论了良棉收购、棉粮比价、产量调查和建立良种繁殖推广制度等问题，规定了下半年的工作任务，并初步拟定了1915—1953年的三年棉花增产计划。

1951年1月25日，内务部发出《关于加强代耕工作的指示》《关于检查救灾工作的指示》。

1951年2月18日，毛泽东同志在《中共中央政治局扩大会议决议要点》中指出：“土改完成，立即转入生产、教育两大工作。”

1951年3月13日，政务院发布《关于土地房产所有证收费的决定》。

1951年6月1日，政务院发布《关于购棉、储棉工作的指示》。《人民日报》发表社论：《响应国家号召开展售棉储棉运动》。

1951年10月23日，毛泽东同志在中国人民政治协商会议第一届全国委员会第三次会议上致开会词，题目是：《三大运动的伟大胜利》。他说：“土地改革，除一部分少数民族住居的地区以外，即将于一九五二年全部完成。”

1951年12月15日，毛泽东同志在为印发《中共中央关于农业生产互助合作的决议（草案）》发出的党内通知中指示全党“把农业互助合作当作一件大事去做。”

1952 年 2 月 15 日，政务院第 124 次会议通过了《关于 1952 年农业生产的决定》。指出：“1952 年农业生产总的要求是达到并超过抗战以前的生产水平”。

1952 年 9 月 21 日，廖鲁言同志发表文章：《三年来土地改革运动的伟大胜利》。文章说，土地改革运动已在全国范围内基本上完成。约有三亿农业人口的地区，在这三年之中完成了土地改革。加上三年以前即已完成土地改革的老解放区，完成土地改革地区的农业人口已共占全国农业人口总数的 90%以上。

1953 年 3 月 19 日，毛泽东同志在为中共中央起草的《解决“五多”问题》的党内指示中指出：“农业生产是农村中压倒一切的工作，农村中的其他工作都是围绕着农业生产而为它服务的。”

1953 年 5 月 15 日，政务院举行第 178 次政务会议。会议听取了农业部关于加强增产粮食和救灾工作的报告和内务部关于最近发生的霜灾及抢救情况的报告，通过了《中央人民政府政务院关于加强增产粮食和救灾工作的指示》。

1953 年 6 月 5 日，政务院举行第 181 次政务会议。通过了《中央人民政府政务院关于 1953 年农业税工作的指示》。

1953 年 7 月 9 日，政务院举行第 185 次政务会议。会议通过《关于发放农业货款的指示》和《关于发动群众开展造林、育林、护林运动的指示》。

1953 年 7 月 28 日，农业部、粮食部联合发出《国营农场粮食产品由粮食部门统一收购的指示》。

1953 年 8 月 12 日，毛泽东同志在《反对党内的资产阶级思想》中指出：“我们应当按照自愿的原则，把农民由个体所有制逐步引导到集体所有制。将来国有制和集体所有制也是有矛盾的。这都是非对抗性的矛盾。”

1953 年 8 月 31 日，毛泽东同志在审阅周恩来同志 1953 年夏季全国财经工作会议上的结论时批示：“从中华人民共和国成立，到社会主义改造基本完成，这是一个过渡时期．党在这个过渡时期的总路线和总任务，是要在一个相当长的时期内，基本上实现国家工业化和对农业、手工业、资本主义工商业的社会主义改造。这条总路线，应是照耀我们各项工作的灯塔，各项工作离开它，就要犯右倾或‘左’的错误。”

1953 年 9 月 7 日，毛泽东同志在同民主党派和工商界部分代表进行谈话时指出：“至于完成整个过渡时期，即包括基本上完成国家工业化，基本上完成对农业、对手工业和对资本主义工商业的社会主义改造，则不是三五年所能办到的，而需要几个五年计划的时间。在这个问题上既要反对遥遥无期的思想，又要反对急躁冒进的思想。”

1953 年 10 月 16 日，中共中央发出《关于实行粮食的计划收购与计划供应的决议》。

1953 年 10 月 26 日—11 月 5 日，中国共产党中央委员会召开了第二次农业互助合作会议。毛泽东同志于 11 月 4 日同中共中央农村工作部负责人谈话时说：“有句古语，‘纲举目张’，拿起纲，目才能张，纲就是主题。社会主义和资本主义的矛盾，并且逐步解决这个矛盾，这就是主题，就是纲。提起了这个纲，各项帮助农民的政治工作，经济工作，一切都有统属了。”

1953 年 11 月 9 日，《人民日报》发表社论：《必须大张旗鼓地向农民宣传过渡时期的总路线》。社论说，从中华人民共和国成立的时候起，我国人民就进入了一个新的发展时期，这就是一步一步过渡到社会主义的时期。在这个过渡时期中，我们国家的总路线，就是要逐步实现社会主义工业化，逐步实现对农业、手工业和私营工商业的社会主义改造。

1953 年 11 月 16 日，《人民日报》发表社论：《领导农民走大家富裕的道路》。社论说，党在过渡时期的总路线和总任务，在农业方面是逐步促进农业的合作化，实现农业的社会主义改造。这就是说，要逐步地把劳动农民组织起来，在土地和主要工具公有制的基础上，使用新农具和新技术实行大规模生产，并根据按劳分配原则进行分配。这是使农业生产和农民生活逐步地和普遍地提高、使全体农民走向幸福生活的唯一正确的道路，所有的农民，都应当热烈拥护和积极走上这条道路。因为只有这条道路才能使全体农民都富裕起来，才能使农民的利益同国家的利益、工业化的利益、工农联盟的利益相一致。

1953 年 11 月 24 日，新华社报道：中国人民银行总行指示各地人民银行配合大量售粮，积极开展农村储蓄。

1953 年 12 月 8 日，《人民日报》发表社论：《必须加强党对农村经济工作的领导》。社论说，过渡时期党在农村工作的基本任务，是发展农业生产互助合作运动，逐步实现对农业的社会主义改造。为了正确地领导农村的经济工作，党在农村中的责任是极为重大的。各地党委特别是县区党委应在党的委员会上，经常讨论各经济部门的工作方针、任务和工作计划，根据季节的变化和生产的需要，将各项经济工作进行统一的布置和妥善的安排，使其密切配合，互相支援，共同为农业生产服务，为农业的社会主义改造服务。各经济部门领导干部，在日常工作中，应经常向党委汇报经济情况和工作情况，凡涉及方针、政策问题的经济措施，必须请党委讨论通过。

1954年2月20日—3月7日，中国人民银行举行第一次农村信用合作座谈会议。会议初步拟定1954年全国要新建信用合作社26 527个，供销合作社的信用部2 965个。

1954年6月9日，《人民日报》发表社论：《再论建立国家领导的农村粮食市场》。社论指出，现在已经不是讨论应该不应该建立农村粮食市场的问题，而应该是进一步解决建立的时间、步骤、方法等实际工作问题了。为此，社论提出以下几点请各地注意的问题：（1）市场的建立要普遍，要及时，要迅速。（2）农村粮食市场既经建立，就必须加强国家的领导。（3）要因地、因时制宜，建立与改进管理制度。社论还指出，除粮食和油料以外，农民自带其他产品来市场交易，可以任其自由交换，而不应把所有商品交换都去规定限额价格等限制手续。除缺粮户外，一般手工作坊如粉坊、豆腐坊、面食业等，也应允许到市场采购其所必需的粮食与油料作物，不少地方任意扩大限制交易范围，从而促成整个农村经济交流的紧张状况，是错误的，必须迅速得到纠正。

1954年7月，中央批准成立新疆军区生产建设兵团。

1954年12月13日—24日，农业部、对外贸易部、中华全国供销合作总社联合召开全国茶叶专业会议。讨论了发展茶叶生产和茶叶购销问题，提出了最近数年茶叶生产和经营的方针：以开展互助合作为中心，大力发展茶叶生产，积极整理现有茶园，提高单位面积产量；迅速垦复荒芜茶园，有计划地大量在山区丘陵地带开辟新茶园，扩大茶园面积，不断改进产制技术，提高茶叶质量；保证全部收购，正确贯彻价格政策；改善经营管理，在内销服从外销的原则下，继续扩大外销，有计划地保证外销，适当安排内销。继续进行私营茶商的社会主义改造。会议根据这一方针，提出生产任务：1955年的茶叶生产应比1954年提高9%以上，1957年要提高40%，在1962年以前要超过战前水平。

1954年12月17日，新华社报道：1954年1月至10月国家银行发放了农业贷款66 838亿元，帮助农民发展生产。

1955年1月7日，新华社报道：中国共产党在农村中的组织有很大发展。目前全国已有70%的乡建立了共产党的支部。

1955年3月9日，《人民日报》发表社论：《迅速向全体农民宣传粮食的“定产、定购、定销”》。社论说，我国广大劳动农民是积极拥护粮食统购统销政策的。依靠农民的生产积极性和国家对农民的援助，我国粮食产量逐年增加，加以统购统销的及时实行，基本上适应了各方面对粮食的需要。现在国家又实行了粮食定产、定购、定销的办法，从根本上克服了统购统销工作中的缺点。农民只要积极增加生产，就能更好地适应国家建设的需要，更好地满足自己进一步发展生产、改善生活的要求。各地农村工作的同志应当充分运用这一项提高农民生产积极性的重要办法，把它迅速地、普遍地、正确地传达到广大群众中去，为争取1955年的丰收而奋斗。

1955年3月20日，新华社报道：目前全国农村已建立信用合作社超过13万个，比1953年底增加12倍以上，基本上完成去冬今春的发展计划。

1955年8月5日，国务院举行第17次全体会议。会议通过《关于农村粮食统购统销暂行办法》。

1955年8月29日，《人民日报》发表社论：《农村粮食统购统销工作的新发展》。社论说，农村粮食统购统销暂行办法的制定和实施，标志着我国农村粮食统购统销政策进一步发展，它将使农村粮食工作在“定产、定购、定销”的基础上更加健全起来。

1955年9月25日，毛泽东同志为他自己编辑的《中国农村的社会主义高潮》一书撰写了序言。该序言指出：“在从资本主义到社会主义的过渡时期内，中国共产党的总路线是：基本上完成国家的工业化，同时对于农业、手工业和资本主义工商业基本上完成社会主义的改造。这个过渡时期大约需要十八年，即恢复时期的三年，加上三个五年计划。在我们党内，对于这个总路线的提法和时间的规定，从表面上看，大家都是同意的，但是在实际上是有不同意见的。这种不同意见，在目前，主要地表现在关于农业的社会主义改造即农业合作化的问题上。”

1955年11月21日，新华社报道：截至目前，全国90%以上的乡建立了中共支部。1955年上半年，全国农村中有48万5千人参加了中国共产党。

1956年1月25日，毛泽东主席召集最高国务会议，讨论中共中央提出的《1956年到1967年全国农业发展纲要草案》（1956年1月23日中共中央政治局提出）。

1956年2月16日，新华社报道：今年国家又新增加了大量的农业贷款指标。新增加的贷款指标是156 600万元，如果加上国家原已拨给的农业贷款指标，1956 年全国的农业贷款总指标就达到 30 亿元。

1956 年 5 月 10 日，新华社报道：到目前为止，全国农业技术推广站已发展到 1 万多个。

1956 年 7 月 12 日，新华社报道：到 6 月中旬止，全国发放农业贷款 17.8 亿多元。

1956 年 7 月 13 日，国务院举行第 35 次全体会议，讨论和原则批准了 1956—1957 年度国家粮食收入计划和国务院关于农业生产合作社粮食统购统销的决定。

1956 年 11 月 22 日，《人民日报》发表社论：《健全地发展农民贸易》。社论说，在开展农民贸易的过程中，应该反复地深入地对农民进行宣传教育，说明开展农民贸易，对国家、对农民都有好处。但是，如果把路子走歪了，对国家的建设事业有妨害，对农民也有妨害。社论要求，在深入的思想教育的基础上，对农民贸易要继续健全地发展起来。

1957 年 1 月 5 日，新华社报道：据 1956 年 11 月底的统计，1956 年全国发放农业贷款的累计数（包括 1956 年发放的和以前九年发放尚未收回的部分），已经超过 32 亿元。这比 1956 年农民向国家缴纳的公粮（包括地方附加）折钱，还多 1 亿元。

1957 年 1 月 27 日，毛泽东同志在省、市、自治区党委书记会议上的讲话中指出："全党一定要重视农业。农业关系国计民生极大。要注意，不抓粮食很危险。不抓粮食，总有一天要天下大乱。"还说："在一定的意义上可以说，农业就是工业。要说服工业部门面向农村，支援农业。"

1957 年 3 月 7 日—19 日，农业部召开全国农业合作社经营管理会议。会议认为：勤俭办社和民主办社是农业经营管理的基本方针，而安排好生产和作好劳动规划及财物管理工作又是勤俭办社的重要环节。会议要求各地依照这一精神根据优先发展粮食生产同时发展其他多种经营的方针来全面部署农业生产。

1957 年 4 月 12 日，国务院最近举行第 44 次、第 45 次和第 46 次全体会议。会议通过了国务院《关于撤销中国农民银行的通知》。

1957 年 9 月 20 日—10 月 9 日，中国共产党第八届中央委员会在北京学行了第三次全体会议（扩大）。在这次会议上基本通过了《1956 年到 1967 年全国农业发展纲要（修正草案）》。会议决定将这个修正草案分发到全国农村中进行讨论，然后提交党的全国代表大会讨论，再提交全国人民代表大会讨论通过，毛泽东同志在这次会议上讲了话，题目是《做革命的促进派》。毛泽东同志说："农业发展纲要四十条，省的规划和其他各级的规划，都要拿到农村去讨论。"

1957 年 11 月 5 日，农业部在北京召开的全国植物保护及植物检疫工作会议今日结束。会议决定在第二个五年计划期间基本消灭水稻中的螟虫等害虫和棉花中的红铃虫等害虫。

1957 年 12 月 8 日，国务院举行第 14 次全体会议。会议通过《国务院关于农业生产合作社公积金的决定》，这个决定提交人大常委会审议批准后执行。

1957 年 12 月 8 日，《人民日报》发表社论：《山区建设有远大前途》。社论说，山区生产在我国国民生产建设中占有重大地位。发展山区生产是发展国民经济和改善人民生活的重要途径。山区建设包括经济上、文化上各方面的工作，必须加强领导，统一安排，做好组织工作。

1957 年 12 月 24 日，新华社报道：第一个五年计划期间国家发放的农业贷款累计已达 80 亿元，全国农户平均每户得到贷款 70 元。

1958 年 1 月 6 日，全国人大常委会举行第 90 次会议。原则批准《国家建设征用土地办法》，讨论通过《全国人民代表大会常务委员会关于适当提高高级农业生产合作社公积金比例的决定》。原则批准《国务院关于农业生产合作社股份基金的补充规定》。

1958 年 8 月 3 日，全国人大常委会通过《中华人民共和国农业院条例》。条例规定，全国平均税率为常年产量的 15.5%。

1961 年 1 月 14 日—18 日，中共八届九中全会召开。会议听取和讨论了中央政治局委员、国务院副总理、国家计委主任李富春关于 1960 年国民经济计划执行情况和 1961 年国民经济计划主要指标的报告。会议认为，鉴于农业生产连续两年遭到严重自然灾害，1961 年全国必须集中力量加强农业战线，贯彻执行国民经济以农业为基础、全党全民大办农业、大办粮食的方针，加强各行各业对农业的支援，尽最大努力争取农业生产获得较好的收成。

1961 年 4 月 2 日，《人民日报》发表社论：《认真执行农村人民公社的各项政策》。社论说，农村人民公社一般分为公社、生产大队（过去叫作生产队，其规模一般相当于原来的高级农业生产合作社）、生产队（过去叫作生产小队）三级。以生产大队（基本核算单位）所有制为基础的三级所有制，是现阶段人民公社的根本制度。

1961 年 5 月 1 日，中国人民银行开始降低农业放款利率，利率一律从现行的月息 6 厘降为月息

4.8厘。

1961年10月1日，《人民日报》发表社论：《高举总路线的伟大旗帜，争取新的胜利》。社论说，要利用今年和明年对国民经济实行党的八届九中全会提出的调整、巩固、充实、提高的方针，集中力量，调整国民经济在大发展中出现的新的不平衡，巩固已经取得的成绩，战胜自然灾害所带来的困难，努力恢复和发展农业生产，逐步使落后的部门和落后的环节赶上来，使新增加的工业生产能力充分发挥作用，为在第三个五年计划中国民经济的进一步发展创造良好的条件。

1962年2月13日，中共中央发布《关于改变农村人民公社基本核算单位问题的指示》，提出把以生产大队为基本核算单位改为以生产队为基本核算单位。

1962年9月24日—27日，中共八届十中全会在北京召开。会议指出，贯彻执行对国民经济调整、巩固、充实、提高的方针，加强农业生产战线，已经取得显著成效。会议认为，我国人民当前的迫切任务是：贯彻执行毛泽东同志提出的以农业为基础、以工业为主导的发展国民经济的总方针，把发展农业放在首要地位，正确处理工业和农业的关系，坚决地把工业部门的工作转移到以农业为基础的轨道上来。全会通过了《农村人民公社工作条例修正草案》（即“六十条”）、《关于进一步巩固人民公社集体经济、发展农业生产的决定》等文件。

1963年7月20日，国务院批转财政部、农业部、中国人民银行《关于建立各级农业资金小组、加强农业资金管理的报告》，要求各级农业资金小组一定要领导好有关部门，切实管好、用好国家直接支援农业集体经济的资金。

1963年11月19日，国务院批复财政部、林业部、中国人民银行，在执行国务院《关于国营企业销货收入扣款顺序的暂行规定》时，森林工业企业应该提取的维持生产基金和育林基金，可以同预留工资基金和大修基金一样，按照规定的提取比例预留。

1964年6月，《中华人民共和国贫下中农协会组织条例（草案）》发布。《条例》对贫下中农协会的性质、任务、成员、组织机构问题作了规定，要求在全国农村普遍建立贫下中农协会的组织，并且从中央到地方逐级成立这个组织的领导机构。

1965年11月1日，全国大寨式农业典型展览在北京开幕。展出的有50多个大寨式的农业先进单位。《人民日报》为此发表社论：《农业靠大寨精神》。社论说，大寨精神就是毛泽东思想挂帅，坚持以阶级斗争为纲、彻底革命、不断革命的精神；就是依靠人民公社集体力量、穷干苦干巧干实干、吃大苦耐大劳的自力更生的精冲；就是党的鼓足干劲、力争上游、多快好省地建设社会主义总路线的精神。

1966年1月1日，《人民日报》元旦社论指出：1965年我国农业生产获得连续第四年的好收成。要求在新的一年里，全国各省、地、县、社四级党委把农业放在首要地位，增产粮棉，发展多种经营，积极抗灾备荒。

1966年3月7日，中共中央和国务院确定把山西、河北、山东、河南、陕西、内蒙古、辽宁、北京等八省（市、自治区）的农业，作为农业战线上一个战略主攻方向。为了具体协助这个地区的农业发展，抓紧目前这个地区的抗旱防捞、抗旱保畜、争取丰收的群众动员和国家支援工作，以便深入基层，接触实际，协助各级领导，由下而上地制定各省、市、自治区的农业规划，逐步改变这个地区的农业面貌，中共中央和国务院决定成立中央北方八省（市、自治区）农业小组。

1978年12月18日—22日，中国共产党第十一届中央委员会第三次全体会议在北京举行。全会一致同意把全党工作的着重点和全国人民的注意力转移到社会主义现代化建设上来。会议深入讨论了农业问题，原则同意将《中共中央关于加快农业发展若干问题的决定（草案）》和《农村人民公社工作条例（试行草案）》（即60条）发到各省、市、自治区讨论和试行。全会认为，全党目前必须集中主要精力把农业搞上去，要坚决地、完整地执行农林牧副渔并举和“以粮为纲，全面发展，因地制宜，适当集中”的方针，从而逐步实现农业现代化，保证国民经济的迅速发展，不断提高全国人民的生活水平。全会提出了当前发展农业生产的一系列政策措施和经济措施，其中最重要的是：人民公社、生产大队和生产队的所有权和自主权必须受到国家法律的切实保护；不允许无偿调用和占用生产队的劳力、资金、产品和物资；公社各级经济组织必须认真执行按劳分配的社会主义原则，按照劳动的数量和质量计算报酬，克服平均主义，社员自留地、家庭副业和集市贸易是社会主义经济的必要补充部分，任何人不得乱加干涉；人民公社要坚决实行三级所有、队为基础，稳定不变，人民公社各级组织都要坚决实行民主管理、干部选举、账目公开。会议认为，在今后一个较长时间内，全国粮食征购指标继续稳定在1971年到1975年“一定五年”的基础上不变，绝对不许购过头粮。为了缩小剪刀差价，全会建议国务院做出决定，粮食统购价格从1979年夏粮上市的时候起提高20%，超购部分在这个基础上再加价50%，棉花、油料、糖料等农副产品的收购价格也要逐步作相应的提高。农业机械、化肥、农药等农用工业品的出厂价格和销售价格，在降低成本的基础上，在1979年和1980年降低10%～15%，把降低成本的好处基本上给农民。

1979年2月9日，财政部确定，从本年起进一步减轻农业社队的税收负担，并规定了实施办法。其中，对农村社队企业工商所得税的起征点，将由原来的600元提高为3 000元，税率仍按20%比例征收。在农业税方面，凡属粮食产区低产缺粮，每人平均口粮在起征点以下的生产队，免收农业税。实施办法已经国务院批准。预计全国农村每年将由此增加收入10亿元以上。

1979年2月16日，中共中央决定撤销农林部，成立农业部、林业部。

1979年2月19日，国务院批转中国人民银行总行《关于农贷豁免权应属中央的请示报告》。

《报告》提出：农贷豁免是个大问题，情况比较复杂，要慎重对待。这项工作由人民银行进行调查研究，提出处理意见，经中央、国务院批准后执行，农贷豁免权属于中央；现行的农业贷款政策和“有借有还，到期归还”的贷款原则，仍要贯彻执行。

1979年6月21日，五届人大二次全体会议上《关于1979年国民经济计划草案的报告》指出：1979年农业生产计划比去年增长4%。农业投资比重由去年的10.7%提高到14%。加上国家预算内的农业事业费和支援农业支出，再加上农业贷款以及扶持农业的其他基金，总数为174亿元。《1978年国家决算和1979年国家预算草案的报告》指出：1979年用于农业的支出共174亿元，如果再加上国家提高农副产品收购价格和减免农村税收使社队和农民收益的部分，总共是240多亿元。国家一年拿出这么多的资金，用于发展农业，这是中华人民共和国成立以来没有过的。

1979年7月6日—11日，中共中央、国务院在北京召开全国农田基本建设会议，进一步指明了开展农田基本建设的意义和实现农业现代化的关系。会议指出，搞农田基本建设一定要按自然规律和经济规律办事；一定要因地制宜，量力而行，讲究实效，互相协作；一定要坚持自愿互利、等价交换的原则，不能搞“一平二调”。

1979年9月5日，国务院发出通知，批转国家经委、国家科委、国家农委、农业部《关于当前农村沼气建设中几个问题的报告》。《通知》决定：成立全国沼气建设领导小组。由国家农委、计委、经委、科委、建委、财政、农业、商业、电力、农机、轻工、化工、卫生等部委，以及农业银行、供销总社和总后勤部组成。办公室设在农业部，日常工作由农业部负责。推广沼气的省、市、自治区和地、县，也要建立相应的常设办事机构，其归属和人员编制由各地根据具体情况确定，国务院不另给编制。将沼气建设纳入各级计划。国家支援人民公社投资，可以用于扶持穷队办沼气。银行对建池资金有困难的社员，应积极给予低息贷款。组织全国有关科研单位和大专院校开展沼气科研工作，并在有条件的大专院校设立生物能专业或开设沼气专业课程，培养沼气建设专业人才。同意将四川沼气科研所改为以农业部领导为主的农业部沼气科学研究所。

1979年9月25日—28日，中国共产党第十一届中央委员会第四次全体会议在北京举行。全会一致通过了《中共中央关于加快农业发展若干问题的决定》。党的十一届三中全会原则上通过的这个决定草案，经过9个月来全国范围的学习、讨论和试行，深受亿万农民群众的欢迎，收到了很好的效果。全会根据全国讨论和试行情况，集中广大群众和干部的意见，对决定草案作了必要的修改。《决定》共分四个部分：一、统一全党对我国农业问题的认识；二、当前发展农业生产力的25项政策和措施；三、实现农业现代化的部署；四、加强党和政府对农业的领导。

1979年10月20日，新华社报道：中国农业银行最近召开全国分行行长会议，着重讨论了农村金融工作如何贯彻《中共中央关于加快农业发展若干问题的决定》；提出农业银行和信用社当前的中心任务是筹集资金，管好资金，促进社队和国营农业企业开源、挖潜，加速农业的发展，逐步实现农业现代化。1979年2月中国农业银行恢复后，累计发放农业贷款147亿元，比同期增长30.8%，累计收回到期贷款83.5亿元，比1978年同期增长34.2%。

1979年10月24日，新华社报道：根据党的十一届三中全会的建议，国务院从1979年3月起，陆续提高了18种主要农产品的收购价格。这18种主要农产品是粮食、油脂油料、棉花、生猪、菜牛、菜羊、鲜蛋、水产品、甜菜、甘蔗、大麻、苎麻、蓖麻油、桑蚕茧、南方木材、毛竹、黄牛皮、水牛皮。据国家物价总局计算，以上18种主要农业产品的收购价格，平均提高24.8%，由于提价，预计1979年可使全国农民增加收益约70亿元。

1979年11月1日，党中央、国务院决定适当提高猪肉、牛肉、羊肉、禽、蛋、蔬菜、水产品、牛奶8种主要副食的销售价格。同时，给每个职工

（包括退休职工和学徒工）每月补贴5元。在纯牧业县（旗）工作的职工，因肉类消费水平较高，每月补贴8元。

1979年11月25日，《人民日报》发表社论：《加快发展农区畜牧业》。社论说，长期以来，全国肉类的90%左右是农区提供的。我国农区具有发展畜牧业的巨大潜力。目前，牛羊肉在全国肉类产量中只占7%～8%，食草牧畜是农区畜牧业生产的薄弱环节。

1979年11月27日，中国农业银行印发《关于办好信用站的若干规定》。信用站一般按生产大队设立，执行国家统一的金融政策和制度，主要办理社员存、放款业务，帮助社员解决生产生活困难，打击农村高利贷活动，并应逐步担负力所能及的其他农村金融任务，更好地为加快发展农业生产服务。

1979年12月2日—9日，1949年以来第一次全国农村房屋建设工作会议在青岛举行。会议要求各地认真做好农村房屋建设规划，把新村建设纳入农业基本建设规划，对山、水、田、林、路、村通盘考虑，合理安排。会议还讨论了农村房屋建设的政策、材料等问题。会议要各地建立相应的机构，在近几年内先搞试点，然后逐步展开。

1979年12月15日，卫生部发布《农村合作医疗章程（试行草案）》。根据《中华人民共和国宪法》的规定，国家积极支持、发展合作医疗事业，使医疗卫生工作更好地为保护人民公社社员身体健康、发展农业生产服务。对于经济困难的社队，国家给予必要的扶植。实行合作医疗的生产大队，要建立合作医疗站（卫生所），合作医疗基金由参加合作医疗的个人和集体（公益金）筹集，主要用于社员的医疗费。

1980年1月31日—2月8日，农业部在北京召开全国农牧局（厅）长会议。会议总结交流了1979年农业生产的成就和经验，讨论了三年农业调整问题，提出了1980年农业生产任务和要求。王任重同志在会上作了报告，明确指出：今后不再开展学大寨县运动和不再评选学大寨县的先进单位和个人。

1980年2月10日，新华社报道：安徽省1979年落实农村经济政策，加强生产责任制，有10个穷县粮食总产量比1978年增加205 200多万斤，增长35.1%，近全省另外60个县增产的总和；向国家交售粮食91 700万斤，比1975年增长50%，交售油脂5 500多万斤，超额一倍以上完成国家统购任务；社员口粮比上年增加10%，集体分配收入平均每人达81.6元，家庭副业收入平均每人增加25元以上。对一些县来说是中华人民共和国成立三十年来粮食产量最高的一年、口粮和经济收入最多的一年。

1980年3月10日，《人民日报》报道：据工商行政管理总局统计，目前我国农村集市已经有36 000多个，接近1965年的数量。1979年全国各地集市成交金额已达170亿元，比1978年增加36%。

1980年4月1日，工商行政管理总局下发《关于进一步发展集市贸易和城市农副产品市场，加强统一管理，搞好市场建设的通知》，指出：进一步发展农村集市贸易和城市农副产品市场，加强统一管理，搞好市场建设。要继续解放思想，纠正管理过死、限制过严的现象；也要防止放松管理、听任自流的倾向。要根据生产情况和社会需要稳步发展，切实做到管而不死，活而不乱。

1980年4月3日，国务院批转中国农业银行《关于全国农业银行分行行长会议情况的报告》。《报告》提出：要逐步增加农业信贷资金，农业贷款要支持商品经济的发展，信用社要在巩固集体经济的前提下，积极支持社员发展家庭副业，增加收入，解决生产生活困难，要坚持用经济方法管理贷款，坚决维护银行管理信贷和社队使用资金的自主权，逐步改革信贷管理体制，做到分级管理、权责结合、存放收管结合，全面试行“存贷挂钩，差额包干”的农村社队信贷管理制度。统一管理支农资金，充分发挥现有资金的作用，各有关地区要抓紧把农业银行分行和中心支行恢复起来。

1980年4月8日，新华社报道：国家计委负责人在五届全国人大常委会第十四次会议上说，1979年国家用于提高农副产品收购价格的开支，达108亿元左右（包括超购加价、议价收购在内），调价幅度是中华人民共和国成立以来最大的一次。全国粮食产量达到32 490万吨，比上年增产1 510万吨。粮食征购已经完成5 200多万吨，比上年增加400多万吨，国家的粮食库存有所增加。油料产量达到643万吨，比上年增产122万吨，创造了1949年以来的最好水平。棉花虽受到气候影响，产量仍然达到220.7万吨，比上年增产4万吨。猪的出栏数超额完成计划，收购量达到13 000万头，比上年增加2 000多万头，而且每头猪的重量平均增加了12斤，等于又多增加了1 000万头猪。农业总产值达到1 583亿元，完成计划的104.1%，比上年增长7.3%。初步计算，每个农民平均从集体分得的收入，由上年的74元增加到84元。负责人还说：1980年国民经济计划，预计工农业总产值比1979年（预计完成数）增长5.5%。其中，农业总产值增长3.8%。

1980年5月23日，《人民日报》报道：中国农业银行最近在苏州召开的支持商品生产活跃农村经济交流会上指出，1979年全国银行、信用社累计发放各项农业贷款193.9亿元，累计收回到期和逾期贷款172.7亿元，都超过了历史最好水平。

1980年5月24日，《人民日报》发表社论：《积极推广合同制》。社论指出，实行合同制，是学习用经济手段管理农业，用经济手段解决经济问题的好形式，是经济管理体制的一项重要改革。

1980年6月25日—7月2日，农业部在江苏省武进县召开了1949年以来第一次全国农情工作座谈会，据28个省、市、自治区统计，省、地、县三级共有农情专职干部3 000多人，公社一级兼管农情的工作人员5万多人，从上到下建立了一支队伍，不少地方形成了农情工作网。

1980年7月3日，《人民日报》报道：财政部最近在河南开封召开全国农业税工作会议。会议认为：对那些长期低产缺粮，收入水平低的穷队，从1980年开始，可以按照实行起征点的办法，给予免税一定三年不变的照顾。1979年国务院批准核减的各省、市、自治区的农业税额，从1980年开始，原则上一定五年不变。会议指出，国家1979年对农业税实行起征点办法，减免农业税即公粮（包括地方附加）达236 750万千克，折合人民币74 600万元，约占1979年全国农业税征收任务的18%。会议要求各地要把国家核减的农业税额保证用于减免贫困地区社队的负担。

1980年7月13日，《光明日报》发表全国沼气建设领导小组办公室的文章：《要有计划地大力推广沼气》。文章指出，目前，我国农村已建成社员生活沼气池700万个，约有3 000万社员用上了沼气。另外，一些社队、国营农牧场等单位，还修建了36 000多个容积较大的沼气池，并利用沼气工作。但与我国实际需要相比，其发展还是很缓慢的。从1975年到1979年底，只有3.9%的农户用上了沼气。如果按这个速度发展，到20世纪末，全国也只能有20%的农户用上沼气。必须做好各方面的工作，使沼气在全国有计划地迅速而稳步地推广。

1980年7月24日，国务院批转《海南岛问题座谈会纪要》。今后海南岛的农业生产建设方针是：以加速发展橡胶等热带作物为重点，大力营造热带林木，努力提高粮食产量，全面发展农林牧副渔各业生产，逐步建立适应海南岛特点的新的生态平衡和农业结构，使国营农业企业和农村社队共同富裕起来。国务院决定：从1981年起，由中央和广东省每年给海南岛调进45 000万斤粮食，五年不变。

1980年8月26日，国务院批转财政部《关于执行农业税起征点办法的情况报告》。要求各级政府认真检查和总结一年来的执行情况，组织财政、农业、粮食、银行等各有关部门密切配合，进一步把执行农业税起征点工作做好。实行新的财政管理体制以后，各地仍要继续执行党和国家关于稳定农业税负担、增产不增税的政策。国家核减的农业税额，一定要落实到应减免的贫困社队，任何部门、单位和个人都不得克扣挪用。

1980年8月30日，五届全国人大三次会议上的《关于1980年、1981年国民经济计划安排的报告》指出：通过发展农业生产和提高主要农产品收购价格，1979年农民增加收入108亿元；由于减免农业和社队企业税收，减轻农民负担20亿元，预计1980年棉花、糖料的产量可以超过1979年水平。油料、肉类、水产品的产量可以完成计划。预计1981年工农业总产值比1980年增长5.5%。其中，农业总产值增长4%。粮食产量34 250万吨，比1980年预计增加1 000万吨，棉花产量255万吨，比1980年预计增加25万吨。其他经济作物、肉类、水产品的产量和造林面积，也将有一个新的增长。五届全国人大三次会议上的《关于1979年国家决算、1980年国家预算草案和1981年国家概算的报告》指出：1979年国家决算赤字170.6亿元。1980年国家预算总支出比上年将减少131亿元。其中，支援农村人民公社支出和各项农业事业费77.4亿元，比上年减少12.7亿元。如果加上农业方面的基建投资、流动资金和农村救济费等支出66.6亿元，增加农业贷款24亿元，1980年国家用于农业的资金共达81亿元。1981年的概算总支出比上年将增加61.7亿元。其中，支援农村人民公社支出和各项农业事业费88亿元。

1981年8月31日，财政部发出《关于加强农业税征收工作的通知》（财农字〔1981〕第221号）。要求：（一）加强农业税的征收管理工作，保证完成农业税征收任务。（二）农业税征收仍应以生产队为纳税单位。生产队如有调整变动，农业税征收任务要及时相应调整落实。（三）做好农业税的缴纳和结算工作，分不同情况采取不同的缴纳和结算办法。（四）做好农业税减免工作。

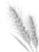

1980年9月1日，国务院批转国家农委《关于召开棉花、糖料生产座谈会的情况报告》。报告说，扬长避短，发挥优势，争取最大的经济效益，是我们经济工作的一个根本性方针。中央决定多进口一些粮食，在适宜发展棉花糖料的地区，实行棉粮、棉糖结梅，安排好生产者的口粮，促进棉糖生产的发展，争取五年内做到国内用棉、用糖不进口或少进口，这是一项使农民富起来，使国民经济活跃起来的重大政策。

1980年9月27日，中共中央批转9月14日至22日由中央主持召开的各省市第一书记座谈会《关于进一步加强和完善农业生产责任制的几个问题》的纪要，要求各地、各部门及时组织传达讨论，澄清思想，统一认识，结合当地具体情况贯彻执行，做好工作，发展农业生产。纪要提出：集体经济是我国农业向现代化前进的不可动摇的基础。在不同的地方、不同的社队，以至在同一个生产队，都应从实际需要和实际情况出发，允许有多种经营形式、多种劳动组织、多种计酬办法同时存在。对于包产到户应当区别不同地区、不同社队采取不同的方针。要充分发挥各类手工业者、小商小贩和各行各业能手的专长，组织他们参加社队企业和各种集体副业生产；少数要求从事个体经营的，可以经过有关部门批准，与生产队签订合同，持证外出劳动和经营。要继续鼓励社员发展家庭副业，以活跃繁荣农村经济。党在农村实行任何一种政策，开展任何一项工作，都必须照顾农民的经济利益和尊重农民的民主权利。

1980年10月9日，《财贸战线》报道：从1979年4月到1980年3月的粮食年度内，全国共议购粮食105亿斤，相当于同期粮食征购、超购总数的10%，成为1949年以来议购粮食最多的一年；这一年度议销的粮食总数为45亿斤。1980年4月—8月，全国继续议购粮食36.8亿斤，比上年同期增加24.6亿斤；议销粮食41.4亿斤，比上年同期增加28.4亿斤。这对满足农民出售余粮的要求、调剂粮食余缺、平抑集市粮价、活跃城乡市场起到了积极作用。

1980年10月23日—11月9日，全国供销合作总社在北京召开省、市、自治区供销社主任会议，研究和部署供销社系统的调整和改革工作。会议确定，供销社要积极开展购销活动，搞活农村市场；原料产区必须按照计划保证完成调拨任务，保证上海、天津等地轻纺工业生产。

1980年10月24日，新华社报道：国家计委、国家农委、农业部、国家统计局联合发文，通知各地在计划、统计工作中，衡量农业生产成果，不再用"牲畜年末存栏数"和"粮食耕地亩产地"作为考核指标。

1980年11月29日，新华社报道：我国农村已经建立起了1 000多个土产品、副产品的大型生产基地。这些基地，提供着麻、蚕茧、茶叶、毛竹等几十种产品。目前这些产品国家的收购总量中，有60%以上来自这些基地。

1980年12月13日，新华社报道：据有关部门统计，到11月底，全国农村储蓄存款余额达到104亿元，比1979年同期增加41亿元，平均每个农业人口存款12.8元。

1980年12月27日，新华社报道：在南涝北旱和严重低温等灾害影响下，1980年我国粮食总产量比1979年减少二三百亿斤，但比1978年增加一二百亿斤。1980年是中华人民共和国成立三十年来第二个粮食高产年。

1981年1月7日，国务院发出通知，批转国家建委、国家农委报送的《第二次全国农村房屋建设工作会议纪要》。通知指出：各级政府要从农村发展的全局出发，把村镇规划和建设摆上议事日程，认真加以研究，做出部署，定期检查。特别是县一级政府要在抓好农业生产的基础上，抓好村镇建设，采取有效措施，加强组织领导，切实搞好规划，要十分珍惜和节约用地，制止乱占滥用耕地的现象。主管村镇建设的部门、农业部门和其他有关部门要密切配合，大力协同，充分调动社队和广大农民的积极性，依靠农民自己的力量，在统一规划下，逐步把我国现在还比较落后的村镇建设成为现代化的、高度文明的社会主义新村镇。

1981年1月16日，中国农业银行全国分行行长会议在北京闭幕。会议提出1981年农村金融工作的主要任务是：贯彻国民经济的调整方针，加强信贷管理，积极组织资金，把资金管好用活，提高经济效果，合理地满足农村资金需要，促进农业生产全面丰收。会议强调，1981年的农业贷款要着重支持商品生产的发展，在帮助社队和国营农场发展粮食生产的同时，大力发展多种经营，为国家提供更多的农副产品、工业原料和出口商品。

1981年1月16日，中国农业银行全国分行行长会议在北京闭幕。会议提出1981年农村金融工作的主要任务是：贯彻国民经济的调整方针，加强信贷管理，积极组织资金，把资金管好用活，提高经济效果，合理地满足农村资金需要，促进农业生产全面丰收。会议强调1981年的农业贷款要着重支持商品生产的发展，在帮助社队和国营农场发展粮食生产的同时，大力发展多种经营，为国家提供更多的农副产品、工业原料和出口商品。

1981年1月30日，国务院发出《关于调整农村社队企业工商税收负担的若干规定》，从4月1日起执行。为了扶植社队企业生产的正常发展，对符合条件的社队企业，经省、市、自治区人民政府批准，可以继续减税、免税。取消现行社队企业在开办初期免征工商税和工商所得税二年至三年的规定，改为根据不同情况区别对待的办法。农村社队用提留的饲料粮酿酒，并交由商业部门收购的，恢复按40%的税率征收工商税。国家收购的土糖、土纸、土丝、土布等农副产品，应坚持在收购环节征税。农工商联合企业应按规定征收工商税；属于集体所有制的部分，还应按规定征收工商所得税。参加农工商联合企业的基层供销社，仍按39%的税率征收工商所得税。城镇上山下乡知识青年在农村或城镇郊区所办的场（厂）队生产的烟、酒、糖、棉纱、手表等高税率产品和他们设在城镇的商业、服务业企业，应照章交纳工商税和工商所得税。

1981年2月9日，国务院发出《批转国家经委、国家计委〈关于抓好小商品、中小农具生产和供应的意见〉的通知》。《意见》提出：切实地解决好原材料供应，改进中小农具的价格管理工作，制订适应中小农具生产发展的价格政策，凡生产、经营中小农具的企业，按规定纳税有困难的，可由企业提出申请，经财税部门审核批准，给予减税或免税照顾。

1981年2月11日，新华社报道：中共中央批发了山西省委《关于农业学大寨运动中经验教训的检查报告》。中央在批语中指出：山西省委总结了大寨大队从农业战线的先进典型变成执行“左”倾路线的典型的经验教训。各地应认真总结学大寨和三中全会以来农业战线上的经验教训，以利于进一步肃清农业战线上“左”倾路线的影响，更好地贯彻执行三中全会以来中央制定的各项农村政策。“文化大革命”以来，大寨和昔阳县推行“左”领路线，主要应由陈永贵负责。在全国范围内推行大寨经验的错误，主要责任在当时的党中央。历史已经证明，把先进典型的经验模式化、绝对化、永恒化的做法是错误的、有害的。任何先进技术经验或经营管理经验都必须同当地农民的经济利益联系起来，重视经济效果，在农民自愿接受的基础上，经过试验逐步推广。要接受正反两方面的经验，使培养劳动模范、培养工农干部，有一套完整的、切实可行的制度，不要让他们担任不能胜任的领导职务。山西省委在《报告》中分析，大寨和昔阳县“左”倾错误的主要内容及其危害是：人为制造阶级斗争，使相当多的干部群众遭到迫害；搞“穷过渡”，阻碍和破坏生产力的发展；不断地“割资本主义的尾巴”，扼杀了集体经济的必要补充部分，阻碍了社会主义经济的全面发展；不断地鼓吹平均主义，破坏按劳分配。

1981年2月25日，国务院副总理兼国家计划委员会主任姚依林向五届全国人大常委会第17次会议作了《关于调整1981年国民经济计划和国家财政收支》的报告，报告指出：目前的经济形势是中华人民共和国成立以来少有的很好的形势。其显著标志之一是8亿多人口的广大农村形势越来越好。1980年粮食总产量预计为31 600万吨左右，是中华人民共和国成立以来仅次于1979年的第二个粮食高产年。棉花产量预计达到260万吨以上，比上年增加40多万吨，增长20%，创造了中华人民共和国成立以来的最高纪录。油料、糖料在上年大丰收的基础上，又各增加了10%以上。农民在1979年、1980年两年出售农副产品即增加收入258亿元。特别令人高兴的是，许多贫困地区在一两年的时间内，就扭转了多年以来“吃根靠返销、生产靠贷款、生活靠救济”的状况。

1981年3月2日，中央书记处第88次例会讨论发展农村多种经营问题。

1981年3月27日，中共中央办公厅转发国家农委副主任杜润生同志《关于农村经济政策问题的一些意见》。杜润生同志根据目前农村情况，认为：一、困难地区实行包产到户稳定几年，大有好处；二、统一经营、联产到劳是适应中间社队采用的一种责任制形式；三、建议在不搞包产到户的地方，适当扩大自留地的数量；四、要采取措施，稳定县、社干部；五、加强农村社会治安。

1981年3月30日，中共中央和国务院就转发国家农委《关于积极发展农村多种经营的报告》发出通知。通知指出：积极发展多种经营，是繁荣我国农村经济的一项战略性措施。我们的方针是：决不放松粮食生产、积极开展多种经营。中央、国务院决定，今后若干年要继续保持一定数量的粮食进口。各级人民政府应在粮食供求平衡的条件下，有计划地逐步把农业经济内部比例失调的状况调整过来。决不放松粮食生产，积极开展多种经营，这就是我们的方针。开展多种经营，要发挥集体和个人两个积极性。生产队要根据当地自然资源、劳动力资源的状况和生产习惯，推行在统一经营的前提下，按专业承包、联产计酬的生产责任制，组织各种形式的专业队、专业组、专业户、专业工。同时要通过订立合同和其他形式，积极鼓励和支持社员个人或合伙经营服务业、手工业、养殖业、运销业等。凡是适宜社员个人经营的项目，尽量由农户自己去搞，生产队加以组织和扶助。农民在发展多种经营及其他各项生产时，由于技术水平高低和付出劳动多少不同而出现收入上的差别，因差别而出现竞争，是合理的。不应当把这种现象看成是资本主义的两极分化，更不应当由此导致打击、限制多种经营的错误做法。中央、国务院建议逐步推广经济合同制，条件具备的地方可以先行试点。粮食征购任务和经济作物的收购任务，由国家收购部门同生产队订立合同，确定双方应承担的义务。生产队保证完成合同规定的交售任务，对作物种植面积有权自行灵活安排，剩余的产品，有权自行处理。开展多种经营，要组织各种形式的经济联合，切实解决产供销和技术指导等方面的问题。

1981年3月30日，国务院批转中国农业银行《关于处理农贷积欠 加强农贷管理的报告》。

1981年3月31日，新华社报道：为了研究和制订农业发展长期规划，国家农委邀请在北京的部分农业科学家、专家和农口各部门的科技人员进行座谈，听取他们的意见和建议。座谈会上大家一致认为，制订农业发展规划要从批"左"入手，把搞好农业的眼光，从局限于15亿亩耕地，放开到全国960万平方千米的土地上和广阔的海洋上，使农林牧副渔五业俱上。

1981年4月20日，新华社报道：国家农委和民政部最近联合转发了《广西壮族自治区人民政府关于切实抓好农村老弱孤寡残疾社员供给政策落实的通知》。指出：对于老弱孤寡残疾社员实行供给，是党的一项政策，即使在实行包产到户的地方，也必须想办法使这部分人的生活得到可靠保证。

1981年4月13日，新华社报道：河南省开封地区根据农村实行各种形式生产责任制后出现的新形势，改革公社一级的领导体制，加强公社管理农业生产的机构，大部分公社建立了经营管理、农技推广、水利、农机、林业、种子、畜牧和农用电等几个管理站，简称为"八大站"。

1981年4月24日，国务院发出《关于加强茶叶工作的通知》，规定：一、坚持计划收购，并同生产单位签订合同；二、超过计划交售的毛茶（不包括红碎茶，边销茶），工商税税率由40%减为20%；减税金额全部给超交茶叶的生产单位；三、茶叶的收购精制加工、调拨标准，由全国供销合作总社归口管理，出口茶叶加工标准归外贸部管理；四、凡按以上规定在完成国家计划任务以后由生产单位自销的茶叶，应交工商税，销售价不得高于当地规定的最高限价；五、国家今后不再新建精制茶厂；六、全国茶类生产布局，应保持稳定；七、国家扶持起来的重点产花社队要加强香花的管理。

1981年5月23日，国务院发出《关于棉粮、糖粮挂钩奖售粮几个问题的通知》，对棉粮挂钩的奖售基数问题，棉粮、糖粮挂钩奖售粮的供应价格和经营费用负担问题，都作了说明和规定。

1981年6月2日，国务院批转粮食部《关于夏季粮油征购的报告》指出，1981年的夏粮、油菜籽生产情况都很好，各地要做好工作，按照政策，力争多收购一些。粮食部的报告中就收购中的几个政策问题作了明确的规定。

1981年6月21日，《人民日报》报道：两年来我国农收本着"决不放松粮食生产，积极发展多种经营"的方针，多种经营生产发展之快为历史所少见。1980年，全国棉花、油料、糖料、茶叶、桑蚕茧、黄红麻、肉类7种主要产品都创造了新纪录。同时，农副产品的商品率也逐年提高。据统计，1980年国内农副产品收购总额已由1978年的460亿元增加到677亿元，占农业总产值的比例由31.5%上升到41.6%，平均每个劳动力向国家提供的商品价值由148元增加到215元左右。

1981年7月13日，《国务院关于新扩大的自留地、饲料地照征农业税的通知》（国发〔1981〕112号）。为了保持不搞包产到户的地方与搞包产到户的地方在农业税负担政策上的平衡，同时考虑到目前国家财政有困难的实际情况，国务院决定，各地适当扩大自留地、饲料地后，对这部分土地原来负担的农业税应继续征收，不要减免。征收的具体办法，由各省、市、自治区人民政府根据当地情况确定。目前，农业税的实际税负是比较轻的，社员多分自留地、饲料地后增加了家庭收入，继续向国家缴纳一点农业税是应当的。希望各地接到本通知后，切实加强宣传教育和征收工作，努力完成国家的农业税征收任务。

1981年7月28日，国务院批准全国供销合作总社《关于当前农副产品收购几个问题的报告》。批转通知说：近两年，农副产品的收购工作，总的说是好的，但是也出现了部分农产品价格上涨过高、议价偏高等现象，以致影响到某些重要农副产品的收购、调拨计划的完成，因此，需要采取措施加以解决。供销合作总社的报告中提出了以下措施：一、坚持统购、派购、议购政策；二、认真执行农副产品价格政策；三、推行合同制度；四、加强农副产品的市场管理；五、组织好农副产品收购工作。

1981年7月30日，国家物价总局、全国供销合作总社、商业部、粮食部、对外贸易部、国家水产总局、国家医药管理总局、工商行政管理总局关于试行《农副产品议购议销价格暂行管理办法（草案）》

的通知。《办法》规定：议购议销商品的范围，限于三类农副产品和完成收购任务以后允许上市的一、二类农副产品。议购价格应根据市场供求情况，保护并合理利用资源，考虑与相关产品的比价，同生产者协商议定。供求大体平衡或供不应求的商品，议购价应略低于当地当时的集市贸易价格。议销价格一般要坚持薄利多销的原则，以议购价格为基础，按照商品合理流向，加上必要的费用和薄利（统算利润掌握2%～3%）制定，一般应低于当地当时的集市贸易价格。管理农副产品议购议销价格的原则是：有利于发展农业生产，增加市场商品供应，有利于保持市场物价的基本稳定；管而不死，活而不乱。管理权限也实行统一领导，分级管理的原则。

1981 年 8 月 17 日，全国供销合作总社发出《关于适应新形势 进一步做好农业生产资料供应工作的通知》。要求：要根据当地实际情况，改变过去某些品种只供应集体，不供应个人的做法。不论是对生产队，还是对专业组、农业户或个人的供应，都要一视同仁，同等对待。计划外商品，要敞开供应，扩大销售。农药供应部门要在当地党委和政府具体指导下，因地制宜地积极倡导和扶植各种形式的联合防治，加强技术指导，确保安全合理用药，对剧毒农药，必须坚持凭使用农药单位的证明供应。1981 年 8 月 21 日，国务院办公厅转发供销合作总社《关于全国棉花收购、加工工作会议情况的报告》。要求各级政府进一步加强领导，棉花收购部门切实安排好收购网点，加强收购力量，改进收购方法，有关部门给予密切配合，把今年的棉花收购、加工、检验、调运、储存等工作搞得更好，争取棉花丰产丰收。《报告》提出：继续实行统购统销，由供销社统一收购、统一分配，棉花、土纱、土布一律不准上市。棉花收购工作，要适应各种形式生产责任制变化的情况，也可以采取户交户结的形式，千方百计满足售棉群众的要求，各地应对陈欠的预购定金，全面地清理一次，并商定归还计划，力争逐步收回。

1981 年 8 月 21 日，国务院办公厅转发供销合作总社《关于全国棉花收购、加工工作会议情况的报告》。要求各级政府进一步加强领导，棉花收购部门切实安排好收购网点，加强收购力量，改进收购方法，有关部门给予密切配合，把今年的棉花收购、加工、检验、调运、储存等工作搞得更好，争取棉花丰产丰收。《报告》提出：继续实行统购统销，由供销社统一收购、统一分配，棉花、土纱、土布一律不准上市。棉花收购工作，要适应各种形式生产责任制变化的情况，也可以采取户交户结的形式，千方百计满足售棉群众的要求，各地应对陈欠的预购定金，全面地清理一次，并商定归还计划，力争逐步收回。

1981 年 10 月 5 日，新华社报道：据中国农业银行统计，1981 年 1 月至 8 月，全国累计发放农业贷款 218 亿元，比 1980 年同期增加 22%，累计收回贷款 134 亿元，回收率为 61.5%（1980 年同期的国收率是 49%）。

1981 年 12 月 20 日，《人民日报》报道：全国各地信用社在农业银行领导下，冲破过去“贷贫不贷富”、限制金额、限制项目等的思想束缚，积极帮助农民解决生产、生活资金困难，发展多种经营。1981 年 1 月至 11 月累计发放社员贷款 28.9 亿元，比上年同期增长 2.7 倍。

1981 年 12 月 30 日，国务院发出《关于严格控制农村劳动力进城做工和农业人口转为非农业人口的通知》（国发〔1981〕181 号）。要求采取有效措施，严格控制农村劳动力进城做工和农业人口转为非农业人口，严格控制从农村招工，城镇集体所有制单位一律不准招收农民当职工（包括临时工）。城镇的技工学校不得从农村招生。认真清理企业、事业单位使用的农村劳动力，对农村人口迁入城镇要严格掌握，粮食部门要按照政策规定严格控制农业人口转为非农业人口。不符合规定的，不供应商品粮。

1982 年 1 月 2 日，新华社报道：经国务院批准，从 1982 年第一季度开始，银行农业贷款利率做如下调整。

单位：月息‰

项　目	现行利率	调整后利率
国营农业生产费用贷款	3.6	4.8
国营农业生产设备贷款	3.6	4.2
社队农业生产费用贷款	3.6	4.8
社队农业生产设备贷款	1.8	3.6
社队企业中的种植业、养殖业生产费用贷款	3.6	4.8
社队企业中的种植业、养殖业牛产设备贷款	1.8	3.6
农机专项贷款	1.8	3.6
预购定金贷款	3.6	4.8
社员个人贷款	4.2	4.8～6.0

1982 年 1 月 5 日，《光明日报》报道：中国科学技术协会在北京召开农业（包括多种经营技术）技术承包经验交流会。据不完全统计，全国已有 2 500 多个公社成立了科协或科普协会。会上提出，在新的

一年里，中国科学技术协会系统的地、县以下科协，要把工作重点放在农村，尽快把科学技术送到八亿农民手里。

1982年2月5日，《中国社队企业报》发表社论：《要小康 农工商》。社论指出，实行农工商综合经营，是农民致富的必由之路，是振兴我国农业，建设富庶农村的光荣而艰巨的任务。

1982年2月6日，《人民日报》刊登农业部调查组的文章：《怎样完善农业生产责任制》。文章分四部分：加强具体指导；处理好统与包的关系；同发展多种经营相结合；建立健全合同制。

1982年2月13日，国务院发布《村镇建房用地管理条例》。要求各省、市、自治区人民政府抓紧时间研究制定实施办法，结合本地区实际情况，对村镇建房用地限额和省、地、县三级具体审批权限等问题做出规定，并督促所属县级人民政府及时制订出具体宅基地面积标准，抓紧进行村镇规划（规划可先粗后细，首先解决合理布局、控制用地问题），迅速建立起村镇建房审批制度，做到有章可循、有人管理，坚决刹住乱占滥用耕地之风。《条例》共六章，25条。对农村村庄和集镇建房用地的统一规划、用地标准、审批制度、奖惩等方面做出了具体规定。农村人民公社、生产大队、生产队的土地，分别归公社、大队、生产队集体所有。社员对宅基地、自留地、自留山、饲料地和承包的土地，只有按照规定用途使用的使用权，没有所有权。

1982年2月16日，《光明日报》报道：由60多名科学家组成的考察队，对海南岛进行了为期一个多月的多学科综合考察后，向有关部委报告说，应该把海南岛建设成为我国以热带种植业、养殖业及其加工业为主体的工农业生产基地、吸收外国先进技术和资金的重要对外开放基地和热带科学研究基地。

1982年2月27日，国务院、中央军委发出《关于成立中央绿化委员会的通知》，决定成立中央绿化委员会。并举行了第一次会议。中央书记处书记、国务院副总理万里任主任委员。

国务院常务会议通过《关于开展全民义务植树运动的实施办法》（国发〔1982〕36号）。《办法》规定：县以上各级人民政府均应成立绿化委员会，统一领导本地区的义务植树运动和整个造林绿化工作。凡是中华人民共和国公民，男十一岁至六十岁，女十一岁至五十五岁，除丧失劳动能力者外，均应承担义务植树任务，各单位要将人数据实统计上报当地绿化委员会，作为分配具体任务的依据。

1982年3月22日—30日，全国农业国际经济技术合作会议在北京召开。会议期间，介绍了使用外资的各种渠道，交流了开展对外经济技术合作的经验，参观了引进技术和设备的北京农业大学遥感室、北京市东沙鸡场和种公牛站。1979—1981年，先后利用了联合国粮农组织、世界粮食计划署、国际农业发展基金会的援款和低息优惠贷款10 100多万美元，搞了23个项目。此外，还使用了联合国开发计划署的无偿援助资金407万美元，搞了7个项目。1982年将签订协议并付诸执行的项目还有13个。此外，联邦德国、澳大利亚、意大利、日本、加拿大等国也向我国提供农业技术援助项目。会议指出，实现“六五”规划，主要靠国内资源、市场和财力。利用外资，引进技术，开展对外经济技术合作，这可以和解决发展农业的主要课题结合起来，统一考虑，统筹规划。

1982年4月25日，中国新闻社报道：中国农村发展研究中心最近成立。它是国务院领导下的研究咨询机构。其任务是遵循中央的路线、方针，联络全国研究农村和农业问题的各方面力量，协调研究计划，组织多学科攻关，在信息资料和成果交流等方面提供服务，在有关问题上向中共中央、国务院和有关部门提出建议、提供咨询。

1982年5月4日，第五届全国人民代表大会常务委员会第二十三次会议通过的《关于国务院部委机构改革实施方案的决议》决定，将农业部、农垦部、国家水产总局合并，设立农牧渔业部。将第一机械工业部、农业机械部、国家仪器仪表总局、国家机械设备成套总局合并，设立机械工业部。设农业机械工业局，保留中国拖拉机内燃机工业公司、中国拖拉机内燃机配件工业公司、中国牧业机械工业公司、中国农业机械化服务总公司、中国农业机械进出口联合公司。农业机械化管理局归属农牧渔业部。国家水产总局并入农牧渔业部后，成立水产局、渔政渔港监督管理局，并先后恢复或成立中国海洋渔业总公司、中国水产供销总公司、中国水产养殖公司。

1982年5月28日，《中国社队企业报》报道：由中国科学技术协会科技咨询服务部、中国食品工业协会、中国农业银行企业信贷司、农业部社队企业管理总局联合筹办的联丰科技咨询服务公司在北京成立。这个公司将为全国食品工业和社队企业加快技术改造和技术革新提供科学技术咨询服务。

1982年7月8日—11日，农牧渔业部在湖北省新洲县召开了全国农业基点调查工作座谈会。会议期间湖北省介绍了省、县、大队三级农业基点调查工作的经验；参观了新洲县代湾大队和道观大队田间取样测产和经验估产的方法，同时听取了道观大队关于实行包产到户以后，结合包产合同进行实产调查的经验。会议对今后的农业基点调查工作提出了以下几点意见：①按照抽样调查原理建立农业基点。②继续抓好现有县以上在职统计员的培训工作，通过基点县的统计员，辅导基点调查员学习业务技术，搞好基点调查员的评比工作，总结和推广基点调查的工作经验，不断提高基点调查员的业务水平。③田间测产一般采用经验估产和查穗数粒两种方法。④为了县以上各级使用资料方便，一般应由县汇总基点队的实地调查资料，推算出全县的总产量上报。

1982 年 7 月 23 日—29 日，农牧渔业部在北京召开了全国农业科学实验、推广、培训中心（简称农业技术推广中心）试点县经验交流会。随着农村生产责任制的实行，积极试行各种形式的农业技术责任制；因地制宜推广各种增产技术；大力推广、繁育优良品种；参加土壤普查；加强病虫害防治；开展技术培训，宣传、普及科学技术。三年来共培训技术骨干 14 万名，并逐步建立、健全了县以下的技术推广体系。大部分农业技术推广中心已在当地农业生产中发挥了积极作用，并积累了不少经验，受到了群众的欢迎。会议指出农业技术推广中心的试点工作应采取更积极的步骤，加快步伐，争取在十年或稍多一些时间内，把全国 2 000 多个县的农业技术推广中心都建立起来，为我国农业现代化发挥更大的作用。

1982 年 8 月 21 日，《人民日报》报道：党的十一届三中全会以来，全国扶贫工作取得显著成绩。到目前为止，全国已有超过 2.43 万个公社做了扶贫工作，占公社总数的 45%。

1982 年 10 月 29 日，《中共中央办公厅、国务院办公厅转发书记处农村政策研究室、城乡建设环境保护部〈关于切实解决滥占耕地建房问题的报告〉的通知》。要求：（一）严格控制占用耕地建房。从现在起，几年内，农村建房不准再占用耕地，只能在现有的宅基地空地内调剂解决。要以村、镇为单位，由县级有关部门派人协助，抓紧时间，在充分地进行调查研究的基础上，制定出村、镇建设的全面规划，经县人民政府审查批准后实行，以利于节约土地。（二）坚决刹住干部带头占地建房风。各地都要像北京、山西那样，立即对滥占耕地建房问题进行一次检查，抓几件典型案件，严加处理，并在报刊上公布。

1982 年 11 月 6 日，《人民日报》报道：1979—1981 年，农业银行和信用社累计发放的贷款共 7 047.7 亿元，平均每年累计发放达 2 349 亿元，资金回收率达 96.8%。1982 年 1 月—9 月又累计发放 2 053.8 亿元，累计收回 2 011.1 亿元，回收率达 97.9%。据农业银行总行统计，到 1982 年 8 月底，对农村社员的贷款金额已达 53.8 亿元，比 1978 年同期增加 4.3 倍。这些贷款主要用于支持“双包”户和专业户、重点户发展生产。

1982 年 11 月 29 日，国务院决定撤销全国农田基本建设办公室。

1982 年 12 月 9 日，新华社报道：我国农村人民公社和大队举办的敬老院已发展到 8 800 多所，比 1978 年增加 1 600 多所，有 116 000 多名五保老人在敬老院里欢度晚年。辽宁、吉林、江西、黑龙江、河北、内蒙古、北京、天津、上海、山东、湖北 11 个省、市、自治区的 93 个县实现了社社有敬老院。

1982 年 2 月 23 日，《中国农民报》报道：为搞好粮食收支平衡，国务院发出通知决定，凡不需要继续用粮食加奖的，如大肥猪等，可以不加奖，不换购。对需要控制发展的产品，如油菜籽、烟叶、麻类等，可以不奖粮或少奖粮。对与粮食无直接关系的产品，如一些皮毛等，可以不用粮食奖售或换购。议购议销产品，一律不奖粮食，社员自留塘也不再奖粮。通知强调，要切实解决有些地方农民卖粮难的问题：凡是生产队和农民向国家交售余粮，只要质量符合标准，一律不得拒收。

1983 年 1 月 4 日，《人民日报》发表《全国农业书记会议侧记——完善生产责任制重点抓什么?》，提出稳定、完善农业生产责任制，首先要进一步提高干部的思想，继续统一认识；完善责任制的关键是围绕着一个“包”字，抓住关键，围绕联产承包制解决现存的各种实际问题，使之完善、发展；要正确对待专业户和新的联合体；要看到商品生产发展的新趋势；又要抓紧当前，扎扎实实地解决前进中的问题。

1983 年 1 月 14 日，《人民日报》报道：国务院决定成立由农牧渔业部、国家经委、水利电力部、财政部、林业部、商业部、民政部、国家科学技术委员会、中国科学院、国家计委等有关部门负责人参加的（河西、定西、西海固）地区农业建设领导小组，以加强对“三西”建设的领导。

1983 年 2 月 15 日，《经济参考》报道：我国最大的现代化复合肥料加工厂——山西化肥厂，正在煤炭资源丰富的山西省潞城县着手兴建。这家工厂将生产硝酸磷肥，设计能力为年产 90 万吨。计划 1987 年 2 月建成。

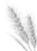

1983 年 9 月 18 日，《中国农民报》报道：全国已有 290 个县建立了试验、示范、培训、推广相结

合的农业技术推广中心。

1983年11月12日，《光明日报》报道：据在成都召开的全国农村科技读物出版问题座谈会不完全统计，1981—1983年上半年，全国出版农村科技图书2 253种，发行12 700多万册。

1983年12月1日，《中国农民报》报道：1月至9月全国农村保险承保金额达到246亿元，比上年同期增长34.4%。目前全国农村社队企业财产保险占农村保险业务的46%；家庭财产保险占2.5%；运输工具保险占44.9%。全国已有13个省、市开办了牲畜保险。

1983年12月8日，《中国农民报》报道：国务院最近对农林特产收入征收农业税做出若干规定：凡从事农林特产品生产，取得农林特产收入的单位和个人，都应当按照《中华人民共和国农业税条例》缴纳农业税。征税范围是：园艺收入、林木收入、水产收入。税率一般定为5%～10%。对少数获利大的产品，可以适当提高税率，但最高不得超过15%。

1984年1月24日，《经济日报》报道：党的十一届三中全会以后，全国农村开始大规模地有计划地进行扶贫工作。到1983年底，开展这项工作的已达1 900多个县。

1984年1月31日，《人民日报》报道：由民政部门组织的中华人民共和国成立后首次全国农村五保普查工作已基本结束。据统计，全国农村有无劳动能力、无生活来源的老人264.78万人，残疾人19.85万人，孤儿14.26万人。在上述已符合五保条件的298.89万名公民中，有90%以上的人落实了各种形式的五保供养和社会救济。

1984年3月16日，中共中央书记处农村政策研究室和中国农村发展研究中心，在北京召开农村社会经济典型调查试点座谈会。根据各省、自治区、直辖市推荐，确定进行试点的单位有：广东南海县凤池乡；黑龙江海伦县明伦大队；湖南望城县新塘村、浣陵县龚家湾衬；河北藁城县西垒下村、深泽县南袁庄；山西原平县阎庄；安徽金寨县金桥村、肥西县官亭村；河南郾城县黄庄村；北京昌平县南郝庄；内蒙古阿巴嘎旗沙如塔拉村等。

1984年8月1日，中国农村发展研究中心和国家经委联合发出《关于贯彻中共中央1984年1号文件抓好部分县发展食品工业试点工作的通知》。《通知》指出，在全国选择不超过100个不同类型的县，作为发展农村食品工业的试点县。

1984年8月2日，中国农村发展研究中心在江苏苏州市召开部分发达地区农村经济发展趋势讨论会。会议着重对发达地区土地承包形式和经营形式进行了交流；探讨了苏南和烟台地区出现的土地经营方式趋向分散的原因；交换了乡镇企业补贴农业和刚刚出现的“农工一体化”的生产组织形式等问题的意见。

1984年8月11日，内蒙古农牧场管理局和巴彦淖尔盟农牧场管理局联合召开家庭农场学术论证会。

1984年8月13日，《人民日报》报道：国务院发出批转中国农业银行《关于改革信用合作社管理体制的报告》的通知。通知指出，信用合作社管理体制必须抓紧进行改革，把信用社真正办成群众性的合作金融组织。

1984年8月28日，《中国农民报》报道：全国已有25个省、自治区、直辖市的1 560个县全面或部分实行了乡镇干部选聘合同制，选聘乡镇干部近6万人。

1984年9月25日，中共中央书记处农村政策研究室、中国农村发展研究中心邀请农牧渔业部、商业部、新华社、中国人民大学、北京经济学院和天津社会科学院的有关同志，在北京召开大城市蔬菜产供销体制改革座谈会。会议认为，大城市蔬菜统购包销体制已难以为继，全面改革的条件已基本成熟。

1984年10月4日，全国农牧渔业厅（局）长关于农业改革调查座谈会在北京召开。座谈讨论了农业结构调整、粮食向畜牧业、加工业转化和农牧业改革等问题。

1984年10月8日，中共中央办公厅转发了中共中央书记处农村政策研究室关于《建议开展农村社会经济典型调查的报告》。

1984年10月28日，中国农村发展研究中心在北京召开全国农村发展纲要问题座谈会。

1984年11月20日，《经济日报》报道：中国农业银行决定改革信贷管理办法，支持国营农场职工兴办家庭农场。今后，农业银行对家庭农场直接发放贷款，直接办理结算业务，增加贷款种类，扩大贷款方式，在信贷政策上，银行对家庭农场和国营、集体农业一视同仁。

1984年11月27日，新华社报道：1979—1983年，我国农民新建住宅28亿多平方米。农村文教、医疗、科技、娱乐和服务等公共设施建筑达10 400万平方米。建设速度和规模是前所未有的。

1984年11月29日，《中国农民报》报道：到1984年9月底，全国开展政社分开、建立乡政府工作的县（市、区）有2 339个，占农村县级单位总数的96%；已全部完成建乡工作的有2 156个，占农村县级单位总数的88.7%。全国53 730个人民公社中，已实行政社分开的有48 401个，占总数的90%；全国建立了80 140个乡政府（含民族乡），659 560个村民委员会。全国已有19个省、自治区、直辖市完成了建乡工作，其余在1984年底以前完成。

1985年1月1日，《中国农民报》从本日起改名为《农民日报》。

1985年1月24日，上海经济区农业信息服务中心在上海市正式成立。该中心是由上海市农业局、江苏省农林厅、浙江省农业厅、安徽省农牧渔业厅、江西省农牧渔业厅联合成立的。

1985年1月26日，《农民日报》报远：党中央、国务院决定，从1985年起，除个别品种外，国家不再向农民下达农产品统购派购任务，按照不同情况，分别实行合同定购和市场收购。

1985年2月28日，《经济日报》报道：我国第一家专门从事农业工程技术开发工作的经济实体——华夏农业工程技术开发公司，最近在北京农业展览馆成立。

1985年3月16日，《农民日报》报道：到目前为止，中国农业银行系统已发放开发性贷款4.8亿元。

1985年5月2日—10日，中央书记处农村政策研究室、农牧渔业部在北京联合召开了第二次全国农村合作经济经营管理工作会议暨中国农村经济组织经营管理研究会成立大会。

1985年5月14日，《农民日报》报道：近几年，我国农村初步改良中低产土壤1亿多亩，1984年全国推广配方施肥面积3.7亿亩，有针对性地推广微量元素肥料面积7 500多万亩。这三项经济效益达52亿多元。

1985年5月15日，《农民日报》报道：新中国成立以来我国第一次在广西、吉林两地开始试办林木（森林）保险，填补了我国森林经营和保险业务的一个空白。

1985年5月25日，《人民日报》报道：经国务院批准，从1985年起我国农业税由过去征收实物改为折征代金。

1985年8月1日，《人民日报》报道：农牧渔业部、人民日报社、经济日报社和中国农业经济学会联合举办的1985年度全国中青年农村经济讨论会5月31日在辽宁大连市开幕。

1985年6月5日，《人民日报》报道：全国农村建乡工作全部完成。建乡前全国共有5.6万多个人民公社、镇，政社分开后，共建立9.2万多个乡（包括民族乡）、镇人民政府，并建立了村民委员会82万多个。

为帮助贫困地区农民休养生息，河南省对全省经济落后的贫困乡（镇）和苏区乡（镇）的困难农户，从1985年起分别免征和减征农业税三年到五年。

1985年6月8日，《江西日报》报道：江西上高县涌现出养鸡、养猪、养鱼、柑橘、蔬菜和其他经济作物等农民专业研究会93个，参加的农户有2 352户，有1万多户农民接受这些专业研究会的各类技术指导。

1985年6月10日，农牧渔业部发出《关于加强进口废钢船动植物检疫的通知》和公布《进出口集装箱运输动植物检疫办法》。林业部颁发《森林资源档案管理办法》。

1985年12月2日，《农民日报》报道：我国农业资源调查和农业区划工作，自1978年在全国科技大会上确定为重点科研攻关项目以来的六年多时间里，全国有关部门共抽调了13万多名技术干部，组织了40多万人参加调查，共形成3万多份成果报告和4万多幅图件以及大量数据、实物标本和声像资料，为农业宏观决策、科学地规划和指导农业生产，提供了可靠的科学依据。

1986年4月15日，《人民日报》刊登《中华人民共和国国民经济和社会发展第七个五年计划（摘要）》。

1986年10月31日，《人民日报》报道：自1979年以来的七年间，我国新建农民住房42.6亿平方米，大大超过前30年农村建房面积的总和。目前，全国农村平均每人拥有住房面积17.8平方米。

1986年12月30日，《人民日报》报道：据全国农业技术推广总站统计，目前全国已有700个农业县相继建立起农业推广中心，占农业县数的三分之一。其中316个是地方集资办的，384个是中央和地方联合办的。从1982年到1986年投资总额达4.5亿元。

1986年12月31日，《农民日报》报道：中国农业银行总行首次发行金融债券15亿元。据对14个省、自治区、直辖市6个月不完全统计，发放特种贷款6.8亿多元，支持4 000多个在建项目投产，增加产值8亿多元。

1987年7月2日，《经济日报》报道：中国农业银行总行统计，1979—1986年，全国农村信用社累计发放各项贷款3 000多亿元，其中对农户发放贷款1 300多亿元，占40%以上，平均每年对农户发放贷款160多亿元。信用社机构网点40多万个，从业人员（包括不脱产）达70万人，平均每2个行政村有一个网点。

1987年7月8日，《农民日报》报道：我国14个沿海开放城市已初步形成农产品加工业和为出口服务的新产业格局。1986年，农村工业产值占14个城市农村社会总产值比重的45.6%；畜牧业、水产业各占农业总产值比重的29.3%。

1987年10月13日，《人民日报》报道：我国农业资源调查和区划工作取得成果，共获得科学成果4万多项，其中有7 000多项获各级科技成果奖。

1988年1月3日，《国务院关于完善粮食合同定购"三挂钩"政策的通知》。《通知》指出：一、1988年度，中央按照分配的粮食合同定购任务和规定的挂钩标准，将化肥、柴油和预购定金下拨给各省、自治区、直辖市包干使用。二、1988年度中央分配给各省、自治区、直辖市的粮食合同定购任务，仍按五百亿千克不变。三、与粮食合同定购挂钩的化肥和柴油，中央安排的部分，仍按去年的标准不变。四、供应与粮食合同定购挂钩的化肥和柴油，仍按1987年的价格执行。严禁变相提价，不准中间盘剥，以维护农民应得利益。五、与粮食合同定购挂钩的化肥和柴油，仍采取分期分批供应办法。六、预购定金应在签订定购合同时，按合同定购粮食价款总数的20%发放，在农民交粮时扣还，利息由中央财政负担，有的地方经济较发达，农民不缺资金，或定购任务少，农民不愿领取的，也可以不发。如果在一个县或一个地、市范围内全部不发，要报经上一级人民政府批准。

1988年1月23日，《中国商业报》报道：为持续稳定地发展猪禽蛋生产，国家决定1988年到1990年，每年增拨"议转平"饲料粮155万吨的差价款，扶持生猪基地县和京津沪的猪禽蛋生产。

1988年1月28日，《人民日报》报道：截至1987年底，中国农业银行已发放由中央财政贴息的扶贫专项贷款14亿元，扶持贫困户482万户。其中约有180万户解决了温饱问题。

1988年2月6日，《人民日报》报道：我国最大的一项区域性农业开发建设扶贫工程——"三西"地区农业生产开发建设。经过五年的努力，已收到明显效果，农业总产值以每年10%的速度递增，粮食生产每年以5.2%的速度递增，畜牧业、林业产值分别以2.5%和12.5%的速度递增，发展速度超过全国平均水平。

1988年3月25日，农牧渔业部印发《全国农牧渔业"丰收奖"奖励办法实施细则（试行）》。凡采用综合或单项的先进科学技术成果，促进了农牧渔业的发展，提高了农牧渔业产品的产量和质量，提高了劳动生产率并取得了重大经济效益、社会效益和生态效益者，均属奖励范围。

1988年2月21日，新华社报道：中科院决定，从今年起用5年至8年左右时间，投入精兵强将，深入黄淮平原中低产地区，与地方联合承包对冀、鲁、豫、皖4省的数千万亩中低产田进行综合治理。以期彻底改变这些地区的后进面貌，实现农、林、牧、副、渔各业大发展。

1988年2月28日，《人民日报》报道：中共中央决定，中央书记处农村政策研究室改为中央农村政策研究室。

1988年2月28日，《人民日报》报道：三年来，中国人民解放军驻贫困地区的部队和人民武装部共建扶贫点4.2万多个，帮助近百万农户走上致富道路。

1988年5月19日，《人民日报》报道：从1988年起，中国人民银行和中国工商银行将新增扶持贫困县县办企业贷款7亿元，这笔资金不再由贫困地区单方面使用，而将集中用于发达地区和贫困地区联合开发的项目。

1988年6月2日，《人民日报》报道：1987年，国家计委和国家土地管理局联合下达的非农建设占用耕地计划指标为307万亩。比1985年的建设占地少178万亩，比1986年少72万亩。经过一年的实践，1987年实际占用耕地为299.6万亩，节约计划指标7万亩。

1988年7月8日，《人民日报》报道：农业部在7月7日举行的新闻发布会上宣布，将组织实施一个被称为"菜篮子工程"的计划，以保障我国城乡副食品供给水平逐步增长。

1988年7月27日，《农民日报》报道：由农业部经营管理总站组织的，包括全国26个省、区、市的100个农经信息县（点），3 200个农户问卷调查结果表明，多数农民对现行的土地承包制度和方式是满意的，拥护党和国家关于联产承包制长期不变的政策。

1988年9月27日，《国务院关于加强粮食管理稳定粮食市场的决定》（国发〔1988〕67号）。《决定》指出：一、国家粮食储备和周转库存，粮权属于中央，必须服从统一调度，决不允许以任何借口有粮不调。二、从今年秋季开始，大米由粮食部门统一收购，其他部门、单位和个人不得经营。三、逐步建立粮食批发市场，有秩序地组织市场调节。四、加强粮价管理。合同定购的粮食，必须严格按照国家规定价格收购，不准擅自提价和增加价外补贴。五、铁道、交通部门对国家调拨的粮食，要优先安排运输。六、压缩平价粮销售，逐步做到平价粮食收支平衡。七、目前社会积存着的大量粮票，对市场是一个潜在的冲击力量，必须加强管理，避免引起波动。八、进口粮食是平衡国家粮食收支的重要部分，对宽松市场环境有重要补充作用。今年地方进口粮食的计划，有关省、自治区、直辖市必须保证如数完成，不准在国内抢购。

1988 年 9 月 28 日，《国务院关于化肥、农药、农膜实行专营的决定》（国发〔1988〕68 号）。为了制止多头插手倒买倒卖，解决市场、价格混乱的状况，维护农民利益，促进农村商品经济的发展，国务院决定对化肥、农药、农膜实行专营。（一）国家委托商业部中国农业生产资料公司和各级供销合作社的农业生产资料经营单位对化肥、农药、农膜实行专营，其他部门、单位和个人一律不准经营上述商品。（二）大、中型化肥厂生产的优质化肥，无论是计划内还是计划外超产肥，均由专营部门统一收购。（三）进口化肥、农药、农膜（含原料）由国家实行计划管理。（四）为及时支援农业救灾，国家必须储备一定数量的化肥、农药、农膜。（五）基层农业技术推广单位（县以下，不含县）结合有偿技术服务所用少量化肥、农药、农膜，由县专营批发部门或基层供销合作社按计划供应。

1988 年 11 月 25 日，中共中央、国务院发布《中共中央　国务院关于夺取明年农业丰收的决定》。近几年，由于多方面的原因，我国粮食生产出现了新的徘徊，棉花产量下降幅度较大，生猪生产也出现过波动。而人民生活消费、工业加工原料和外贸出口对主要农副产品的需求却增长较快，致使供求关系出现了新的矛盾。农业特别是粮食问题，已经引起全党和全国人民的关注。为了加快农业发展，夺取明年农业丰收，增加农副产品的有效供给，中共中央、国务院特作如下决定：一、今冬明春在农村广泛开展形势教育，要引导广大农民和农村基层干部为深化改革和夺取农业丰收做出积极贡献。二、发动和组织农民进行农田基本建设。三、增加化肥等农业生产资料的供应。四、为了调动农民发展粮食生产的积极性，确定全国粮食合同定购任务不变。五、积极发展肉、蛋、菜生产，做好副食品供应。六、要以推广良种、改良施肥技术和发展节水农业、旱作农业为重点，搞好农业技术推广服务工作。七、必须增加对农业的资金投入。八、乡镇企业已经成为农村经济的支柱产业，要在治理经济环境、整顿经济秩序中稳步发展。九、以家庭经营为主的联产承包责任制，符合目前我国大多数地区农业生产力的发展水平，仍具有旺盛的生命力，应保持稳定并不断完善。十、加强对农村工作的领导。

1988 年 11 月 27 日，《人民日报》报道：为了尽快给贫困地区培养一支素质较高的经济开发管理人才队伍，国务院贫困地区经济开发办公室在北京农业工程大学建立了全国贫困地区经济管理干部培训基地，由联合国开发计划署提供近 200 万美元的援助。

1988 年 12 月 2 日，《人民日报》报道：全国贫困地区干部培训中心自 1987 年始，在杭州、无锡、苏州等地先后举办 10 期培训班。已轮训了国家重点扶持的 338 个贫困县的 2 036 名干部。

1988 年 12 月 11 日，国务院发布《关于建立农业发展基金 增加农业资金投入的通知》（国发〔1988〕80 号）。开辟资金渠道，使农业发展有一个稳定的资金来源。从 1989 年开始，按国家能源交通重点建设基金的征收比例，拿出一个百分点作为农业发展基金。从 1989 年起，乡镇企业税收比上年实际增加的部分，大部分用于农业，特别是粮食生产；已经开征的耕地占用税收入，全部用于农业开发；农林水特产税收入，大部分用于农业收入；向农村个体工商户及农村私营企业征收的税额，比上年增加的部分，主要用于农业投入；根据需要和可能，各地可从粮食经营环节中提取农业技术改进费，提取标准和办法由各省、自治区、直辖市自定；从 1989 年起，从世界银行的贷款中划出 25%左右用于农业，纳入国家计划，用于农业生产、大型水利和林业建设；其他政府间和国际金融组织的贷款，也要尽量优先安排用于农业生产和农用工业。

国务院发布《关于增加粮食合同定购挂钩化肥数量的通知》（国发〔1988〕81 号）。《通知》指出：一、挂钩的粮食合同定购数量仍按 500 亿千克计算。分品种计：大米约 188 亿千克，大豆 22 亿千克，小麦 170 亿千克，玉米 120 亿千克。二、增加与合同定购粮食挂钩的化肥数量。根据中央 1989 年掌握的化肥资源情况测算，决定按照不同粮食品种分别实行挂钩，初步确定明年的挂钩标准增加到：每 50 千克贸易粮，大米、大豆挂钩标准肥 15 千克，小麦、玉米挂钩标准肥 10 千克，其中，中央负担一半；各省、自治区、直辖市可根据自有化肥资源情况确定。各地在确定了本地区的挂钩标准后，连同中央专项安排的挂钩化肥数量，一起向农民公布。三、中央对各省调出粮食的化肥补贴标准不变。四、供应与合同定购挂钩的化肥，仍按 1988 年的价格执行。

1989年1月8日，新华社报道：中国农业银行两年向273个国家审定的贫困县发放27亿元贴息扶贫贷款，使这些地区55%的贫困户解决了温饱问题。

1989年1月28日，《人民日报》报道：我国农村信用合作社经过十年改革和发展，现已有6万多个独立核算的信用社和33万多个信用服务网点，职工75万多人。到1988年底，全国信用社各项存款余额已达1 397.66亿元，比1979年增加1 182亿元，其中农民储蓄存款增加1 061.2亿元。

1989年2月21日，国务院发布《关于切实做好耕地占用税征收工作的通知》。从1989年1月1日起，耕地占用税收入中央和地方的分成比例，由原来的对半分成调整为“倒三七”比例分成，即：中央30%，地方70%。中央这次让出的20个百分点是给县的，目的是调动他们的征收积极性。因此，省、地两级都不得截留。调整分成比例以后，各地必须保证完成中央收入任务，凡实际占用了耕地而完不成上交中央任务的，要用地方财政补足。对于1988年应收未收的税款要继续组织征收，其分成比例仍按中央、地方对半分成执行。

1989年2月28日，《国务院关于提高棉花价格和实行棉花调出调入包干办法的通知》。一、提高棉花收购价格。1989年新棉上市起，棉花收购价格由国发〔1989〕2号文件规定的标准级皮辊棉每50千克提到236.42元。二、1989年度新棉上市起，实行棉花调出、调入包干的办法。三、棉花调拨包干后，市场用棉必须保证供应。四、棉花是国家管理的计划商品，实行调拨包干以后，仍必须坚持国家统一计划和规定的收购、供应价格，坚持由供销合作社统一经营。不开放棉花市场，不搞价格双轨制。

1989年3月9日，《人民日报》报道：1989年新开征的国家预算调节基金，按中央和地方各自分得额的10%用于农业投入，支持和加强农业。对301个贫困县免征国家预算调节基金，新菜地开发基金也将免征。

1989年3月24日，《人民日报》报道：为了逐步把重点转向农业区域规划，国务院决定，保留和调整全国农业区划委员会。其主要职责是：继续深入开展农业资源调整、动态监测和综合评估；组织农业资源开发的重大政策；组织并推动各地和有关部门搞好农业区域开发规划，拟定农业区域开发总体布局的科学方案；协调区域开发中部门之间、地区之间以及资源开发利用与保护治理的关系；组织进行跨地区、跨部门重大农业投资项目和商品基地的前期论证和综合开发。

1989年6月22日—26日，财政部在山东威海市召开全国农业财务工作会议。根据国务院《关于建立农业发展基金 增加农业资金投入的通知》精神，会议研究财政部门如何建立农业发展基金，增加农业资金投入的具体政策，同时还研究了促进农口企业扭亏增盈和进一步加强财政支农周转金管理的问题。会议讨论了《关于农业发展基金使用管理的试行规定》《关于抓好国营农垦企业扭亏增盈工作的意见》《关于加强农垦企业资金管理的若干意见》《关于改进财政支农周转金管理工作的若干意见》四个文件草案。

1989年8月10日，《人民日报》报道：到7月底止，中国农业银行、信用社农村储蓄存款突破2 000亿元大关，储蓄余额已达2 024.56亿元，超额完成了全年储蓄存款计划。

1989年8月10日，《人民日报》报道：自1986年以来，“科技星火”已遍及全国2 000多个市县。到1988年底，已向社会推出500多个示范企业，100多种满足乡镇企业和农村需要的技术装备，为农村培训技术骨干和管理人员近400万名。1989年全国又安排了320个国家级“星火计划”项目，将大力加强科技服务体系、产业集团和“星火”技术密集区的建设。

1989年11月27日，《国务院关于依靠科技进步振兴农业加强农业科技成果推广工作的决定》。《决定》指出：一、大力加强农业科技成果的推广应用。二、建立健全各种形式的农业技术推广服务组织，积极支持各级农业科技推广机构深化内部改革。三、进一步稳定和发展农村科技队伍，尽快改善农村生产第一线科技人员的学习、工作条件和生活待遇，对贡献突出者，应进行表彰和奖励。四、大力加强农村教育；广泛开展技术培训。五、广辟资金来源，增加农业科技投入，要积极鼓励引导集体和农业开发服务经济实体及农民增加对农业科技应用的投入。六、重视并做好农业高技术和基础研究工作，高技术研究发展计划，要进一步突出农业生物技术等重点领域，并在计划滚动中不断充实动植物新品种开发研究等内容。

全国农业综合开发经验交流会在北京召开。我国的农业开发，起步于五六十年代，1983年开始，国家和地方共同投资，先后建设了254个商品粮基地县、74个优质棉基地县、113个优质农产品基地县、278个名优农产品基地、490多个出口农副产品生产基地以及一批商品木材生产基地，现在已逐步发挥效益，这是农业综合开发的第一步；1988 年开始，国务院决定将上交中央的耕地占用税作为农业综合开发基金（原称土地开发建设基金），进行农业综合开发，这是第二步。1988 年、1989 年两年，国家选定黄淮海平原等 19 片地区立项进行开发。按计划要求，将改造中低产田 6 000 万亩，开垦宜农荒地 1 000 多万亩，营造农田防护林网 800 多万亩，治理草场 150 万亩。会议强调，进一步搞好农业综合开发，一要领导重视，依靠群众。二要指导思想和方针政策明确。三要实行科学管理，开发与治理相结合，社会效益、生态效益、经济效益并重。四要注重基础设施建设和科技投入。五是新的农业综合开发，一开始就要实行多种形式的适度规模经营。

1989 年 12 月 12 日，《人民日报》报道：截至 11 月底，中国农业银行累计发放农副产品收购贷款1 492 亿元，比上年同期多发放 160 亿元。

1990 年 1 月 3 日，《国务院批转国家土地管理局〈关于加强农村宅基地管理工作请示〉的通知》（国发〔1990〕4 号）。国实行改革开放政策以来，农村经济有了很大发展。农民在收入增加、生活水平提高之后，出现了兴建住房热，造成宅基用地不断扩大，使大量的耕地被占。据统计，1985—1988 年，全国农村建房占用耕地 415 万亩，占同期全国各项建设占用耕地数量的 1/3。《请示》提出：一、深入宣传《中华人民共和国土地管理法》，开展“人多地少、节约用地”的国情、国策观念教育。二、切实强化土地管理职能，加强农村宅基地审批管理工作。三、进行农村宅基地有偿使用试点，强化自我约束机制。

1990 年 2 月 3 日，《国务院关于切实减轻农民负担的通知》指出：近几年，一些部门和地区纷纷向农民摊派、收费和集资，使农民负担日益加重。不少地方农民人均负担的增长，超过了人均纯收入的增长，超过了农民的承受能力，严重挫伤农民发展生产的积极性，损害党群、干群关系。如此发展下去，必将影响农村经济的发展和社会安定。对此，各级人民政府必须高度重视，把减轻农民负担问题真正提到议事日程中，作为当前治理整顿、加强廉政建设的一项重要工作认真抓好。《通知》要求：一、进一步明确农民合理负担的项目和使用范围。统筹费由村农业集体经济组织或村民委员会收取集体提留，数量及用途要由其成员民主商定。农民负担的乡（包括镇，下同）统筹费，要坚持定项限额原则，由乡统筹安排用于乡村两级的办学、计划生育、优抚、民兵训练、交通等民办公助事业。农村义务工主要用于植树造林、防汛抢险、公路建勤、修缮校舍等。二、明确规定农民负担的比例。以乡为单位，人均集体提留和统筹费，一般应控制在上一年人均纯收入的 5% 以内。三、改进农民负担的提取办法。集体提留，主要按经济收入分摊，也可按土地亩数或劳力分摊。乡统筹费，可按不同产业负担。集体提留和统筹费，全年统算统收，严禁在农民交售农副产品时借机扣取。农村义务工，以出劳为主，一般不以资代劳；不能出劳者，经村农业集体经济组织或村民委员会批准，可以资代劳。四、实行严格的资金管理制度。五、建立健全监督管理体系。六、及时查处违反本通知的行为。七、壮大集体经济实力，减轻农民负担。八、各省、自治区、直辖市人民政府要在调查研究的基础上，根据本通知的规定，制定减轻农民负担的具体办法。

1990 年 2 月 14 日，《人民日报》报道：国务院发出通知，明确规定农民合理负担的项目范围和比例，要求各省、自治区、直辖市制定减轻农民负担的具体办法。

1990 年 2 月 23 日，《国务院批转国务院贫困地区经济开发领导小组〈关于九十年代进一步加强扶贫开发工作请示〉的通知》指出：近几年来，经过各级人民政府、国务院各部门以及社会各界的共同努力，我国的扶贫工作取得了令人瞩目的成绩。全国农村人均纯收入 200 元以下的贫困人口已由 1 亿人减少到 4 000 万人。预计到 1990 年底，全国大多数贫困地区人民温饱问题可基本得到解决。但是，要从根本上解决我国贫困地区的问题，任务还相当艰巨。在今后一个时期内，扶贫开发工作仍要作为各级人民政府的一项重要工作，进一步抓紧抓好。国务院各部门及社会各界要继续关心和支持扶贫开发工作，把扶贫工作扎扎实实、坚持不懈地抓下去，为彻底改变我国贫困地区的落后面貌做出应有的贡献。

1990 年 3 月 23 日，《国务院批转商业部等八部门〈关于试办郑州粮食批发市场的报告〉的通知》试办郑州粮食批发市场，是深化粮食流通体制改革的重要尝试，涉及面广，政策性强。商业部和河南省人民政府要通力协作，加强领导，及时研究解决试办过程中出现的问题，并负责制定、实施郑州粮食批发市场交易管理规则；有关地方政府和国务院有关部门要积极给予支持，密切配合，共同办好郑州粮食批发市场。

1990 年 4 月 25 日，《人民日报》报道：全国劳动模范、黑龙江八一农垦大学教授刘惕若进行的小麦赤霉病研究居国际领先水平。

1990 年 6 月 15 日，《人民日报》报道：我国从 1987 年 4 月 1 日起开征耕地占用税到 1989 年底止，3 年共征收该项税款 46 亿元，全部用于农业综合开发并取得成果。1988年立项的11片及1989年立项的8片，已改造中低产田3 139.1万亩，扩大灌溉面积577.43万亩，改造灌溉面积377.71万亩。1989年增产粮食25亿多千克。

1990年6月30日—7月4日，农业部在北京召开全国农村合作经济经营管理工作会议。这次会议的主要议题是进一步研究讨论经营管理工作的指导思想、主要任务和近期工作重点。会议指出，农村合作经济经营管理工作的指导思想应该是：坚持农村经济发展的社会主义方向，围绕稳定、完善联产承包责任制和健全双层经营体制目标，因地制宜地指导合作经济组织建设；改善经营管理，提高经济效益；逐步壮大集体经济，促进农村经济持续、稳定、协调地发展。会议确定，农村合作经济经营管理工作的主要任务是：指导农村各类合作经济组织的建设和发展；指导农村联产承包责任制的稳定和完善；指导农村集体所有土地的制度建设和承担承包合同管理工作，指导和参与农村集体财务管理，协调其内部各种经济利益关系；开展农村合作经济审计工作；承担农民负担的监督管理工作；统计和分析农村合作经济情况；提供经营咨询服务；辅导和管理农村会计等。

1990年7月18日，国务院发布《国务院办公厅转发全国农业区划委员会〈关于编制农业区域开发总体规划工作要点〉的通知》。农业区域开发总体规划是为适应农业长期稳定发展的需要，在一定时期内，就农业资源合理开发利用和保护整治而制定的规划方案，具有综合性、地域性和超前性的特点。搞好农业区域开发总体规划，对于加强农业资源开发特别是国家确定的农业综合开发项目的计划性，提高开发决策的科学性，提高宏观经济效益，具有重要的指导作用。《通知》指出：为了加强农业资源开发的计划性，提高开发决策的科学性，国务院同意由全国农业区划委员会组织有关部门和地方编制农业区域开发总体规划。编制农业区域开发总体规划涉及许多部门和学科，是一项十分复杂的系统工程。各级人民政府和国务院有关部门要加强对这项工作的领导和支持，并切实帮助解决工作中的实际问题。

1990年7月24日，国务院发布《国务院关于加强粮食购销工作的决定》。《决定》指出：一、必须正确认识粮食形势。粮食总需求大于总供给的状况并未根本改变。各级政府必须认真吸取1984年以后粮食生产出现徘徊的教训，振奋精神，克服困难，兢兢业业，切实把粮食工作做好。二、务必抓好粮食收购。今年夏粮和早稻丰收，秋粮生产形势较好，各地一定要不失时机地把收购工作抓紧抓好，保证质量，完成和超额完成粮食定购任务。三、切实保证粮食收购资金。四、进一步压缩平价粮食销售。五、加强粮食调动工作。六、加强粮油市场管理。七、建立和健全粮食储备制度。八、抓紧食油购销工作。九、加快粮食仓库建设。十、逐步解决粮食财务挂账。十一、加强对粮食工作的领导。

1990年8月12日，《人民日报》报道：1990年上半年我国农村存款、特别是储蓄持续增长，到6月底，农业银行各项存款余额达2 339.6亿元，比年初增加284.1亿元，其中储蓄存款增加208.5亿元，是历史上增加最多的一年。

1990年10月24日，《人民日报》报道：党中央、国务院决定1990—1992年拿出价值15亿元的工业品开展以工代赈，扶助老、少、边、穷地区脱贫致富和经济开发。

1990年11月7日，《人民日报》报道：山东牟平县宁海镇等10个乡镇获“全国最佳乡镇”称号，河南洛阳市郊区工农乡等100个乡镇获“中国乡镇之星”称号。

1990年11月10日—15日，全国粮食工作会议在北京召开。会议期间，各地代表就如何进一步贯彻落实国务院《关于加强粮食购销工作的决定》《关于建立国家专项粮食储备制度的决定》文件精神，深化粮食流通体制改革进行了讨论，同时安排了晚稻、玉米和秋油专项储备计划，商定了1991年度粮食包干计划、出口计划和一季度粮油调拨计划。会议指出，今后粮食部门的工作任务是：第一，积极抓好秋粮收购，坚持按照保护价敞开收购，决不能限收拒收；第二，抓紧落实国家专项粮食储备计划；第三，进一步加快粮食基础设施建设，除了国家安排的建设投资外，各地都要想方设法，多方筹集资金，采取建、修、租、买等多种形式，增加仓储能力，多存粮食；第四，加强粮食调运工作；第五，组织好市场供应，增强粮食企业活力；第六，切实安排好灾区群众生活；第七，抓好计划用粮、节约用粮；第八，加强粮食职工队伍建设。

1990年12月13日，《中共中央关于批转〈全国村级组织建设工作座谈会纪要〉的通知》。中央组织部、中央政策研究室、民政部、共青团中央、全国妇联于8月5日至10日联合召开了全国村级组织建设工作座谈会。会议围绕在新形势下按照党的基本路线的要求，进一步加强以党支部为核心的村级组织建设，密切党和政府同农民群众的血肉联系，团结和带领广大农民发展经济，走共同富裕的社会主义道路这一主题，分析了全国村级组织建设工作的现状，交流了经验，研究了今后工作。中央同意《全国村级组织建设工作座谈会纪要》，要求各地区、各部门认真贯彻执行。

1991 年 1 月 17 日，国务院批转卫生部等部门《关于改革和加强农村医疗卫生工作的请示》。《请示》提出：一、必须把加强农村卫生事业建设，改善农村卫生状况，解决 8 亿多农民的基本医疗保健问题，保护农民健康，作为整个卫生工作的重点，努力办好。二、巩固发展三级医疗预防保健网，完善农村卫生服务体系。各地要按照统一规划、合理布局的原则，逐步健全和完善以县级医疗卫生机构为技术指导中心，以乡（镇）卫生院为枢纽，以村卫生室（所）为基础的卫生服务体系。在管理体制上，原则是实行分级管理。县级医疗卫生机构和中心卫生院由县举办和管理。在经营管理上，县、乡、村三级医疗卫生机构，不论是全民或集体所有制性质，都应实行独立核算、自主经营和目标管理责任制。三、采取切实有效的办法，解决农村卫生技术人才缺乏的问题，稳定、充实和提高农村卫生技术队伍。四、稳步推行合作医疗保健制度，为实现“人人享有卫生保健”提供社会保障。五、加强领导，促进农村卫生事业与经济、社会同步发展。

1991 年 2 月 7 日，《国务院批转全国农业区划委员会关于进一步加强农业区划工作报告的通知》国务院同意全国农业区划委员会《关于进一步加强农业区划工作的报告》，要求各地结合实际情况贯彻执行。《通知》指出：农业区划工作，是科学地指导农业发展的基础工作。近 10 年来，经过农业区划工作者的艰苦努力，农业资源调查与农业区划工作取得了很大成绩。充分利用好农业区划成果，对于提高农业综合开发和扶贫开发工作的科学性，促进农业区域化、专业化、现代化发展，具有十分重要的作用。各地区、各有关部门要提高对农业区划工作长期性和综合性的认识，进一步加强领导和支持，为更好地发挥农业区划工作的作用创造良好的条件。广大农业区划工作者要继续发扬艰苦奋斗、无私奉献的优良传统，按照新形势下农业区划工作的基本任务和要求，勤勤恳恳地努力工作，为加快我国农业现代化步伐做出更大贡献。

1991 年 3 月 3 日—5 日，国务院在济南市召开了全国扶贫开发工作会议。会议认为，我国“七五”扶贫开发工作取得了举世瞩目的效果，贫困地区经济发展迅速，农民收入大幅度提高，生活明显改善，贫困问题正在逐步缓解。“七五”期间，解决大多数贫困地区群众温饱问题的目标已基本实现。“七五”期间，扶贫工作改革和调整的经验是：经济开发，自力更生，加强领导，目标集中，抓住农业，项目管理，科技扶贫，智力开发，控制人口，社会动员。会议提出，“八五”期间扶贫开发工作的基本目标是：在“七五”工作的基础上，实现两个稳定：一是加强基本农田建设，提高粮食产量，使贫困地区的多数农户有稳定解决温饱问题的基础。二是发展多种经营，进行资源开发，建立区域支柱产业，使贫困户有稳定的经济收入来源，为争取到 20 世纪末贫困地区多数农户过上比较宽裕的生活创造条件。

1991 年 3 月 8 日，国务院发出《国务院批转建设部等部门关于进一步加强村镇建设工作请示的通知》。国务院同意建设部、农业部、国家土地管理局《关于进一步加强村镇建设工作的请示》，请结合本地实际情况，认真贯彻执行。

1991 年 4 月 15 日，国务院办公厅转发国务院贫困地区经济开发领导小组《关于“八五”期间扶贫开发工作部署的报告》。《报告》提出：“八五”期间扶贫开发工作的基本目标是在“七五”期间工作的基础上实现两个稳定：一是加强基本农田建设，提高粮食产量，使贫困地区的多数农户有稳定解决温饱问题的基础；二是发展多种经营，进行资源开发，建立区域性支柱产业，使贫困户有稳定的经济收入来源，为争取到 20 世纪末贫困地区多数农户过上比较宽裕的生活创造条件。“八五”期间扶贫开发工作必须进一步贯彻分级负责的原则，要保证扶贫开发工作的连续性和稳定性，继续增加对贫困地区的投入，“八五”期间，国家每年增加 5 亿元专项扶贫贴息贷款，贯彻全面开发、综合治理的方针，继续组织经济发达地区对口帮助贫困落后地区，继续动员国家机关和社会各界帮助、支持贫困地区的开发建设，加强干部培训和农民实用技术培训。

1991 年 5 月 6 日，《人民日报》报道：区域综合治理试验获重大成果，46 项达国际先进水平，99 项居国内领先地位，已在 1 200 万余公顷耕地推广，五年新增产值 57 亿多元。

1991 年 5 月 7 日，国务院发出《国务院关于严格控制农业生产资料价格的通知》。要求：一、各地区和有关部门对生产和经营化肥、农药、农膜等企业已经采取的各项优惠扶持措施，包括减免税收、财政补贴、实行优惠电价、供应平价原材料等，今年要继续执行。二、各省、自治区、直辖市提高农用塑料薄膜的出厂价、销售价，要报国务院特批；提高碳酸氢铵、过磷酸钙价格，必须从严控制，由各省、自治区、直辖市人民政府审批。三、加强对农业生产资料价格的管理和监督检查，把不合理的电价降下来，切实保证计划供应的农用柴油不涨价。

1991年6月24日—29日，国家计委在北京召开了全国农村经济长期计划会议。会议分析和研究了90年代农村经济发展面临的矛盾和问题，提出了今后十年和“八五”计划期间农村经济发展的目标、任务和政策措施。90年代，要继续稳定和完善党在农村的基本政策，努力提高农业生产力水平，实现农村经济全面发展，农业总产值年均递增3.5%，乡镇企业总产值年均递增11%，到2000年全国粮食产量达到5亿吨。

1991年8月16日—19日，国务院在北京召开了全国棉花工作会议。这次会议的目的是要进一步贯彻国务院办公厅转发国务院生产办公室等十个部门《关于整顿棉花质量、价格和严格执行国家调拨计划意见的通知》精神，统一认识，加强管理，统筹研究解决棉花生产、流通和棉纺工业生产方面存在的一些突出问题。

1991年10月9日，民政部在山东牟平县召开全国农村社会养老保险试点工作会议。决定今明两年在100个县推广山东试点经验，并逐步建立农村社会养老保险制度。

1991年10月16日—23日，国务院贫困地区经济开发领导小组在陕西白河县召开了全国贫困山区经济开发经验交流会。会议的中心议题是：总结交流贫困山区建设基本农田的经验；讨论“八五”期间贫困山区基本农田建设的任务及相关政策、措施，研究在基本农田建设中如何用好每年10亿千克以工代赈专用粮，达到“以粮造地，以粮养粮”的目的。会议指出：①搞好基本农田建设是从根本上解决贫困山区脱贫致富的必由之路。②凡是有条件的贫困山区，到20世纪末，都要达到人均半亩到一亩高产稳产的基本农田。③必须坚持自力更生为主，国家适当帮助的原则。④改善山区的生产、生态环境，必须把工程措施和生物措施结合起来，对山、水、林、田、路统一规划，综合治理。要把修田造地放在首位。⑤正确执行政策，是搞好基本农田建设的关键。必须把农户的积极性和集体经济的优越性结合起来，宜统则统，宜分则分，联合协作地建设，要贯彻互利原则。⑥加强社会主义思想教育和基层组织建设，是把基本农田建设开展起来并坚持下去的重要保证。

1991年10月26日—30日，中国农业银行在北京召开了全国农村金融支持科技兴农经验交流会议。会议根据农村经济发展和科技进步的形势要求，确定了“八五”期间农村金融支持科技兴农工作的指导思想：认真贯彻党中央、国务院关于科技兴农的指示精神，落实国家“八五”计划纲要和农业银行“八五”规划中提出的关于支持科技进步的要求，不断提高广大干部的科技意识，把农村金融工作的重点转移到支持科技兴农的轨道上来，进一步完善信贷政策和措施，大力组织资金，优化贷款结构，增加科技信贷投入，提高贷款效益，促进农村经济依靠科技进步持续、稳定、协调发展。

1991年11月11日—14日，由中共中央政策研究室、中共中央宣传部、中共中央组织部联合召开的部分省区市农村社会主义思想教育工作座谈会在北京举行。会议指出，我们建设的是有中国特色的社会主义，必须坚持“一个中心，两个基本点”，不能一手硬一手软。我们是社会主义国家，要坚定不移地走社会主义道路，理所当然地要对干部和群众进行社会主义思想教育。我国有9亿多农民，因此，在坚持发展农村经济建设的同时，认真开展农村社会主义思想教育十分必要。这是一项长期的任务，不能有一蹴而就、一劳永逸的思想，要善始善终、坚持不懈、锲而不舍地把这项工作搞好。

1991年11月25日—29日，中国共产党十三届八中全会召开。全会审议并通过了《中共中央关于进一步加强农业和农村工作的决定》，指出，我们党在领导农村改革的实践中，逐步形成的一系列基本政策，必须长期保持稳定，并根据客观情况的变化不断加以完善，把改革引向深入。第一，把以家庭联产承包为主的责任制、统分结合的双层经营体制，作为我国乡村集体经济组织的一项基本制度长期稳定下来，并不断完善。完善双层经营体制，包括完善家庭承包经营和集体统一经营。第二，积极发展农业社会化服务体系，着重办好乡村集体经济组织，加强供销合作社和信用社的服务功能，努力把农民急需的产前、产中、产后服务办起来，并随着集体经济实力的增强逐步扩展服务内容。第三，逐步壮大集体经济实力，增加集体可以统一支配的财力和物力，是完善双层经营，强化服务功能的物质基础，是增强集体凝聚力，促进共同富裕，巩固农村社会主义阵地的根本途径。应从当地实际出发，依靠生产的发展和自身的积累壮大集体经济实力，决不可急于求成，更不能平调农户的财产；要建立严格的财务、审计、监督等管理制度，防止集体资产流失；对于贫困村发展集体经济，各级政府应在资金、物资、技术等方面给予必要的扶持，使之形成自我发展的能力。第四，深化农产品价格和流通体制改革，要遵循计划经济和市场调节相结合的原则，根据商品经济的一般规律和各类农产品的具体特点，采取恰当的措施，加快改革步伐。除了国家规定的少数重要的农产品实行国家统一收购和部分统一收购经营外，其余全部放开，实行市场调节。要加强国家对市场的宏观调控和管理，建立正常的流通秩序，促进市场发育。对于重要的农产品，中央和地方都要逐步建立必要的储备调节制度，搞好市场吞吐，平抑市场物价。加强粮食购销体制改革，要有计划地解决粮食收购价格偏低和购销价格倒挂的问题。“八五”期间要在稳妥地做到购销同价的基础上，力争基本理顺价格关系，在国家宏观调控下，逐步放开经营。

1991 年 12 月 23 日—27 日， 由农业部主持的全国农村改革试验区第七次工作会议在北京召开。全国 21 个农村改革试验区及所在省主管部门的负责同志，部分省级试验区的代表及中央、国务院有关部门的代表共 150 多人参加了会议。会议的主要议题和任务是：贯彻党的十三届八中全会精神，总结几年来试验区工作的经验，重点研究在新形势下继续办好试验区的有关问题，研究部署下一阶段农村改革试验的各项工作。

1991 年 12 月 27 日， 国务院令〔1991〕92 号发布《农民承担费用和劳务管理条例》，自发布之日起施行。《条例》共六章四十一条，规定了村提留、乡统筹费、劳务的标准和使用范围，村提留、乡统筹费、劳务的提取和管理，其他项目的监督管理，奖励与处罚等。向国家缴纳税金，完成国家农产品定购任务，承担前款规定的各项费用和劳务，是农民应尽的义务。除此以外要求农民无偿提供任何财力、物力和劳务的，均为非法行为，农民有权拒绝。

1992 年 1 月 3 日， 农业部与人事部联合颁发《乡镇农业技术推广机构人员编制标准（试行）》的通知。《通知》指出：乡镇农业技术推广机构是国家在基层的事业单位，各地要从实际情况出发，根据农业生产的布局、规模和工作任务，因地制宜地设立农业技术推广机构，乡镇农业技术推广机构实行条块结合、双重领导，乡镇农业技术推广机构的人员编制审定，要贯彻精简原则，根据当地的实际需要和财力状况，参照本编制标准的要求从严控制，加强管理，在编制定员范围内，允许有国家干部、聘用制干部、合同制工人等不同身份的人员存在，积极鼓励乡镇农业技术推广机构开展有偿服务，兴办经济实体，走自我积累、自我发展之路，各省、自治区、直辖市及计划单列市可参照本标准根据当地实际情况制定实施细则。

1992 年 1 月 9 日，《农民日报》报道：农业部部长刘中一签署了 8 号和 9 号部令，颁布了《乡镇企业组建和发展企业集团暂行办法》和《乡镇联营企业暂行规定》。《乡镇企业组建和发展企业集团暂行办法》规定：企业集团可先在本社区范围内组建；有条件的，应积极发展跨地区、跨行业、跨部门、跨所有制的竞争性企业集团。企业集团应正确处理国家、地方、成员单位之间的利益关系，调动各方面的积极性。各成员单位利益共享、风险共担。根据国家有关规定，鼓励和支持企业集团的发展。企业集团享有国家对乡镇企业和企业集团规定的各项权益。企业集团应当按照社会化大生产的客观要求，采取专业分工、协作配套的生产经营方式，发挥生产、经营、外贸、科技开发、资金融通、信息服务、企业管理等综合功能。企业集团由核心企业所在地乡镇企业行政主管部门管理。

1992 年 1 月 10 日—14 日，《经济日报》报道：全国农村合作经济经营管理工作会议在北京召开。这次会议贯彻《中共中央关于进一步加强农业和农村工作的决定》精神，总结了“七五”期间农村合作经济经营管理工作的主要成就和基本经验，明确了“八五”农经工作的奋斗目标和任务，部署了 1992 年的工作。

1992 年 1 月 11 日，《农民日报》报道：全国 100 个农村能源综合建设县工作会议在北京召开。会议由国家计委、财政部、农业部、水利部、林业部和能源部共同组织召开，这次会议是在总结“六五”“七五”农村能源综合建设试点示范县工作经验的基础上，对即将实施的“八五”期间国家重点建设项目——全国 100 个农村能源综合建设县工作进行具体部署。目的是提高认识，开拓思路，更加深入地探索出一条不以牺牲生态条件为代价，使能源、经济、生态环境协调发展的，具有中国特色的农村能源建设路子。

1992 年 2 月 10 日， 国务院批转国家土地管理局、农业部《关于在全国开展基本农田保护工作的请示》。《请示》对基本农田保护工作提出了具体意见：一、明确指导思想，加强组织领导。各级人民政府对农田保护工作应高度重视，列入议事日程，认真部署，切实抓好。二、根据不同地区确定保护重点。在东部和中部地区要全面开展划定基本农田保护区工作，把大部分农田划为保护区，重点保护起来。西部地区要首先把高产稳产农田、城镇郊区农田保护起来。三、建立基本农田的保护制度及地力补偿制度。四、严格对占用保护区土地的审批管理。基本农田保护区的耕地，原则上不得用于非农业建设。五、开展划定基本农田保护区所需资金，由地方人民政府根据财力情况统筹安排予以解决。

1992 年 2 月 12 日，《国务院关于积极实行农

科教结合 推动农村经济发展的通知》（国发〔1992〕11号），指出：一、农科教结合是实现农业现代化的一个重要途径。农业发展靠科技，科技进步靠人才，人才培养靠教育，这是现代农业发展的客观规律。二、农科教结合要紧紧围绕振兴农业和农村经济这个中心。实行农科教结合，主要目的是推动农业、科技、教育事业的结合，建立相互促进、协调发展的运行机制，逐步实现农业和农村经济的现代化。三、加强政府统筹是推动农科教结合的关键。四、充实和健全科技培训与推广网络是当前的重要任务。五、在农科教结合中大力发展农村职业技术教育。六、进一步落实和采取发挥科教人员积极性和提高农民科学文化素质的政策。七、必须树立适应现代农业发展需要的领导观念。

1992年2月15日，《农民日报》报道：我国农村形成种子、植保、农技和农机四大社会化服务体系。

1992年2月15日，《人民日报》报道：我国村镇建设成就举世瞩目，四成农户迁入新居，人均住房面积增加一倍。

1992年3月6日，《国务院关于提高粮食统销价格的决定》。国务院决定自1992年4月1日起，提高粮食统销价格，实现购销同价。

1992年4月15日，《经济日报》报道：我国农业引进外资逾32亿美元，其中无偿援助为9.56亿美元，占29.87%，这些粮食援助和贷款用于发展农业，遍及全国30个省、自治区和直辖市。

1992年5月15日，《农民日报》报道：全国科教兴农工作会议在京召开。会议根据今后我国农村经济、社会发展的总体要求和农牧渔业科研、教育事业发展的自身需要提出，90年代科教兴农工作的基本任务是继续贯彻执行“依靠、面向”的战略方针，加快改革步伐；加强科教投入和基础建设；加速科技开发和成果转化；建立起科教事业良性发展、科教与经济紧密结合的新的运行机制，把科教兴农推向一个新的发展阶段。

1992年6月5日，《科技日报》报道：我国农业环保产业正在形成，全国各级农业环保机构已有480多个，专业干部近万人，建立了900多个生态农业试验点。基本形成了全国农业环境监测网络。

1992年6月25日—29日，国务院在广州召开全国发展高产优质高效农业经验交流会。会议提出，要推动农业向高产优质高效转变，必须抓住当前有利时机，加快农产品购销体制改革。充分利用和重视市场机制的作用，对适宜放开而尚未或没有完全放开的农产品，要积极创造条件，逐步向生产商品化、经营市场化的方向推进。同时要加强批发市场建设，完善粮食等主要农产品储备制度，还要继续重视对粮食主产区的支持，国家要采取多种措施支持粮食主产区的发展，为国家培育充裕的粮源。在深化改革上，要大力发展贸工农一体化经营组织，加强农业社会化服务体系；要加快农业对外开放，积极参与农业国际交流和竞争；要搞活农村金融，调整农业投资结构；要建立健全农业标准化体系和监控体系。会议还认为，发展高产优质高效农业，科学技术是强有力的助推器。我国农业的进一步发展，必须把着眼点放在科技成果的推广应用上，下大力普及优良品种，采用先进的技术，建立技术含量较高的农用物资生产体系，形成上下贯通的科技推广系统和“农科教”三结合的科技服务体系。

1992年7月23日，《国务院办公厅关于进一步做好农民承担费用和劳务监督管理工作的通知》指出：农民负担过重，是当前农业和农村工作中一个十分尖锐的问题。随意向农民摊派以及各种乱收费、乱集资、乱罚款的现象时有发生。从全国情况看，农民总的负担水平大大超过政策规定的界限，并且有继续增长的趋势。《通知》要求：一、切实加强领导。各级人民政府的主要领导同志，要对本地区减轻农民负担的工作全面负责。二、统一政令，完善立法。各级人民政府要认真贯彻执行《农民承担费用和劳务管理条例》。各地区、各部门要根据《条例》的规定，对过去制定的有关法规和政策文件进行认真清理，凡与《条例》规定不符的，以《条例》为准。各省、自治区、直辖市人民政府要尽快制定《条例》的实施细则。三、严格审批程序。凡涉及农民负担的收费、罚款、集资等项目，中央和省级各部门、各单位都应按照《条例》的规定，同时报同级财政、物价和农民负担监督管理部门，共同审核后联合发文，否则不得出台。对未经农民负担监督管理部门审核出台的涉及农民负担的收费、罚款、集资等项目，一律无效，地方各级人民政府应予抵制，农民有权拒绝。四、坚持定项限额管理办法。《条例》规定的村提留和乡统筹费限额比例不得突破。五、尽快制定《违反〈农民承担费用和劳务管理条例〉处罚办法》。六、定期进行执法检查。七、继续开展减轻农民负担的宣传活动。

1992年9月25日，《国务院关于发展高产优质高效农业的决定》（国发〔1992〕56号）提出：一、进一步把农产品推向市场。加快粮食购销体制改革，进一步向粮食商品化、经营市场化的方向推进。二、以市场为导向继续调整和不断优化农业生产结构。三、以流通为重点建立贸工农一体化的经营体制。四、依靠科技进步发展高产优质高效农业。五、建立健全农业标准体系和监测体系。六、继续增加农业投入，调整资金投放结构。七、改善高产优质高效农业的生产条件。八、积极扩大农业对外开放。九、加强领导，建立适应高产优质高效农业的考核制度。

1992 年 10 月 5 日—8 日，全国农业社会化服务体系建设经验交流会在南昌召开。会议总结交流了农业、畜牧、兽医、水产、农机和经管五个专业在乡镇技术推广服务机构定性、定编工作和各级农业部门兴办经济实体的经验；研究讨论了农业服务体系兴办经济实体增强自身活力的政策措施。会议提出农业社会化服务体系建设的总目标是：努力建成能适应农村社会主义市场经济的、充满发展活力的农业社会化服务体系，为农业和农村经济的全面发展，提供优质、高效的社会化服务。基本要求是：形成多层次、多形式、多成分的服务网络；具有产前、产中、产后综合配套的服务功能；建立起国家扶持与自我积累相结合的发展运行机制，加快农业社会化服务产业发展的进程。争取做到一、二年打基础，三、四年上轨道，五年大见成效。

1992 年 10 月 25 日，《国务院关于加强化肥、农药、农膜经营管理的通知》（国发〔1992〕60 号）提出：一、中国农业生产资料公司和各级供销社的农资经营单位是农资经营的主渠道。农业部直属直供垦区（含建设兵团、农垦总局、管理局、国营农场等），继续执行中央和地方直供体制，由垦区组织供应。除规定的单位外，任何单位和个人不得经营化肥、农药、农膜。二、国家安排一部分企业承担统配化肥生产任务，由国家和省（区、市）计委按年度分别下达。生产企业自己组织原料生产的产品，可销给农资经营单位。三、要切实安排好中央统配的化肥、农药、农膜生产所需主要原材料、燃料和电力供应。四、为了保证突发性病虫害和其他灾害急用，中央、地方要分级储备一部分农药。五、为了保证流通渠道畅通，农资经营周转金要配套。六、要切实搞好工商衔接。七、中央外汇和地方、部门自有外汇进口的化肥、农药（包括原料和中间体）及农膜、化肥包装、农用水利灌溉管原料，按照择优委托的原则，中央外汇进口的，可委托中国化工进出口总公司代理；农垦系统自有外汇进口农药的业务，可委托中国农垦进出口总公司代理；其他部门和地方自有外汇进口的，其委托代理进口单位按经贸部有关规定办理。八、化肥、农药、农膜及生产所需的主要原材料、燃料，交通、铁道部门要根据各级农资公司（供销社）和农垦系统、农技部门及生产企业申报的计划优先安排运输计划，及时组织运输卸运，保证不误农时。九、积极稳妥地推进农业生产资料价格改革。十、切实把农资生产、供应、进口工作组织、协调好。

1992 年 12 月 24 日，中共中央总书记江泽民在武汉主持召开湖北、湖南、江西、安徽、河南、四川六省农业和农村工作座谈会，并发表了重要讲话。他反复强调，农业是国民经济的基础，这个指导思想任何时候都不能动摇。11 亿人的吃饭问题始终是一件大事，粮食生产任何时候都不能放松。他要求上下齐心协力，采取有力措施，解决好当前农民和基层干部反映强烈的问题，确保农民增产增收，减轻农民负担。他说，关心农民的利益，维护党和国家的威信，关系到国家的长治久安，切不可掉以轻心。

1993 年 1 月 19 日，《国务院关于加强水土保持工作的通知》。指出：一、增强对 90 年代治理水土流失的紧迫感，进一步加强领导。要建立每年向同级人民代表大会常委会及上级水行政主管部门报告水土保持工作的制度，并建立政府领导任期内的水土保持目标考核制，层层签订责任状。二、认真贯彻执行《中华人民共和国水土保持法》，加强预防监督，建立和完善各项监督管理制度。三、多形式、多渠道增加投入，大力开展水土保持。四、抓好重点，以点带面，全面推进。各地和有关部门都要在《全国水土保持规划纲要》的指导下，制定本地区、本行业的水土保持规划、计划，确定治理的重点，扎扎实实地开展水土保持工作。

1993 年 2 月 9 日，《人民日报》报道：中国农业银行、信用社计划增加农业贷款 300 多亿元，支持春耕生产，今年 1 月全国农行信用社已累计发放农业贷款 158 亿元，比 1992 年同期多发放 40 亿元。

1993 年 2 月 11 日，全国农业厅局长会议在上海召开。会议研究了在建立和发展社会主义市场经济的过程中，如何稳定发展粮棉生产、建立以粮棉为主的农产品宏观调控体系问题。农业部部长刘中一出席会议。

1993 年 2 月 15 日，《国务院关于加快粮食流通体制改革的通知》（国发〔1993〕9 号）提出：一、积极稳步地放开粮食价格和经营，粮食价格改革总的原则是：统一政策，分散决策，分类指导，逐步推进。争取在两三年内全部放开粮食价格。二、继续实行粮食包干办法，现行国家对各省、自治区、直辖市粮食购销调拨包干办法到 1992 年度末（1993 年 3 月底）结束。三、继续加强和完善国家对粮食的宏观调控。四、大力促进企业转换经营机制，进一步增强国有粮油企业的活力，要继续推行和完善各种形式的经营承包责任制。五、绝不放松粮食工作。在多渠道、多种经济成分的竞争中，要加强和改进国有粮食企业的工作，继续保持和发挥主渠道作用。

1993年2月15日，国务院办公厅印发《全国土地利用总体规划纲要（草案）》。《纲要》对土地利用现状和后备资源潜力进行了综合分析研究，根据需要和可能提出今后一个时期内全国土地利用的目标和基本方针；在预测土地利用变化的基础上，提出各类用地的控制性指标；协调各部门的用地需求，提出对各省、自治区、直辖市土地利用方向和结构的指导性意见；提出实施规划的政策、措施和步骤。《纲要》以国民经济和社会发展十年规划和第八个五年计划纲要为依据，以1985年为基期，2000年为规划期限，并展望到2020年和2050年。我国的土地总面积为960万平方千米，全国土地类型中，山地占33%，丘陵占10%，高原占26%，盆地占19%，平原占12%。我国土地资源的总量大，但人均占有量少。我国土地总面积虽居世界第三位，但人均占有量仅0.9公顷，只及世界人均的1/3。已利用土地资源中耕地占世界耕地总面积的9%，居第四位，但人均仅0.12公顷（1.8亩），只及世界人均的41%。山地高原多于平地，耕地后备资源不足，各类用地分布不平衡，土地利用地区差异大。《纲要》提出2000年全国土地利用的总目标是：实现粮食和其他主要农产品基本自给，耕地面积要确保12 000万公顷以上，森林覆盖率要由目前的13%提高到17%，适当调整全国土地利用结构和布局，提高土地利用的综合效益。

1993年2月20日，《国务院关于改进粮棉“三挂钩”兑现办法的通知》（国发〔1993〕11号）指出，为了进一步落实扶持粮棉生产的优惠政策，促进粮棉生产的稳定发展，国务院决定从1993年粮食、棉花生产年度起，改进粮棉“三挂钩”兑现办法。一、国家用于扶持粮棉生产的化肥、柴油，由按平价供应实物，改为以货币方式，在收购价格之外将平议价差以加价形式付给农民。二、改变粮棉“三挂钩”兑现办法后，原来中央按平价拨给各省、自治区、直辖市的粮棉挂钩化肥和柴油，数量继续保留，价格放开。三、按照规定，“三挂钩”物资由地方负担的部分，以及地方原来在国家规定之外增加的“三挂钩”化肥、柴油，也应改以货币方式付给农民，其平议价差继续由地方财政负担。

1993年2月20日，《国务院关于建立粮食收购保护价格制度的通知》（国发〔1993〕12号）指出，为了保护农民种粮的积极性，促进粮食生产的稳定增长，国务院决定建立粮食收购保护价格制度。一、粮食收购保护价格的制定要以补偿生产成本并有适当利润，有利于优化品种结构，并考虑国家财政承受能力为原则。二、为了既保护农民利益，又不过多增加财政负担，保护价的实施范围限于原国家定购和专项储备的粮食。三、粮食收购保护价格由国务院和省、自治区、直辖市人民政府制定。全国主要粮食品种的收购保护价格的基准价，由国务院制定下达。四、对粮食的主要品种实行收购保护价格制度，除早籼稻外，其他粮食品种的保护价格，按不低于国家合同定购价格制定。五、建立粮食风险基金制度。六、要切实执行粮食收购保护价格制度。

1993年2月20日，《国务院关于加强农业生产资料价格管理以及对其主要品种实行最高限价的通知》（国发〔1993〕13号）指出：为了切实保护农民利益，调动农民生产积极性，促进农村社会主义市场经济的发展，应进一步加强对农业生产资料价格的管理并对农业生产资料的主要品种实行最高限价。

1993年2月20日，《国务院关于调整农林特产税税率的通知》指出：为了适应农村社会主义市场经济发展的需要，促进高产优质高效农业的全面协调发展，国务院决定，适当调整农林特产税税率：一、对大宗农林特产收入仍实行全国统一税率。二、农林特产税征收的范围，仍按照《国务院关于对农林特产收入征收农业税的若干规定》和《国务院关于进一步做好农林特产农业税征收工作的通知》的规定执行，对列举的应税产品必须依法征税。三、对新开发荒山、荒地、滩涂、水面从事农林特产生产的，一至三年内给予免税照顾；对农业科研单位和院校从事科学实验所取得的农林特产收入，经县级以上人民政府批准，给予免税；对农村特别是老、少、边、穷地区的贫困户，纳税确有困难的，适当给予减免税照顾。减免审批程序由省、自治区、直辖市人民政府具体规定。四、征收农林特产税，必须严格按照国家有关规定执行。全国统一规定的征税产品目录、税率、减免事项，各地都要贯彻执行，以保持国家税收政策的统一。

1993年2月25日，《人民日报》报道：国务院发布五项粮食产销政策：①国家定购和专项储备粮食实施收购保护价；②粮棉“三挂钩”由平价供应实物改为以货币方式付给；③主要农业生产资料实行计划外最高限价；④调低海淡养殖等大宗农林特产税税率；⑤增加农业投资，扶持粮食主产区发展经济。

1993年3月19日，《中共中央办公厅、国务院办公厅关于切实减轻农民负担的紧急通知》提出要求：一、自本通知下发之日起，农民除依法纳税和按国务院《农民承担费用和劳务管理条例》关于村提留和乡统筹费必须严格控制在上年农民人均纯收入5%

以内的规定继续执行外，其他涉及要农民负担费用的各种摊派、集资、达标活动和行政事业性收费，以及在农村建立各种基金等，不论是哪一级政府或哪一个部门制定的文件或规定，一律先停止执行，然后进行清理。二、清理文件必须从源头抓起，首先从中央国家机关抓起。三、各级党委、政府要把减轻农民负担问题作为一项紧急的政治任务，摆上重要议事日程。党政主要领导要亲自动手，深入问题较多的地方调查研究，采取得力措施，尽快把农民的过重负担减下来。同时，加强对本地区清理农民负担情况的监督检查。

1993年4月13日，《人民日报》报道：由国家计委、农业部和国务院研究室联合召开的中国农村奔小康经验研讨会12日在北京举行，来自全国100多个农民人均纯收入超过千元的县（市）代表，共同探讨我国农村奔小康面临的问题。

1993年5月23日，《人民日报》报道：我国农经系统社会化服务有新进展，据农业部门统计，我国各级农经机构已发展到47 048个，农经工作覆盖片达95%以上，1992年全国有2万多个基层站开展有偿服务，兴办各类经济实体1万多个，从业人员达6万人，当年收入10.65亿元。

1993年5月23日，《农民日报》报道：1992年确定星火计划7 688项。几年累计42 389项，平均每个县实施19项，投资额突破60亿元，达到93.78亿元。经济效益好，1992年比上年新增产值171亿元，新增利税39亿元，分别增长43%和56%，出口创汇、节汇8.5亿美元。1993年7月12日，《人民日报》报道：7月11日，全国农村金融工作会议在北京闭幕。主要议题是坚决贯彻党中央关于加强宏观调控、整顿金融秩序的精神，严格控制信贷总量，坚决纠正违章拆借资金；坚持深化农村金融体制改革，高度重视支农工作，集中资金，支持重点，支持农村经济持续协调稳定地发展。

1993年6月10日，《经济日报》报道：中国扶贫开发协会9日在北京成立。

1993年6月17日，日本政府1993年度无偿援助中国政府“粮食增产”项目的换文签字仪式在北京举行。该项目的第十期，援款金额为7亿日元。

1993年7月22日，《中共中央办公厅、国务院办公厅关于涉及农民负担项目审核处理意见的通知》（中办发〔1993〕10号）。经党中央、国务院批准，取消“农村宅基地有偿使用收费”等37项，暂缓执行2项，修改17项，纠正有强制、摊派和搭车收费等行为14项，可以继续执行的29项。取消要求农民出钱、出物、出工的达标升级活动43项。在农民承担费用的收取与管理方法上，坚决纠正“提前预收村提留和乡统筹费”等10种情况。

1993年8月27日—30日，全国“绿色证书”制度试点工作会议在长春市召开。这次会议是贯彻落实实施科技、教育兴农发展战略，把农业发展转移到依靠科技进步和提高劳动者素质的轨道上来的重要会议。实施“绿色证书”的三年多试点工作，创造了成功经验，有6万多农民获得了“绿色证书”。

1993年9月8日，《国务院关于做好棉花工作及有关政策问题的通知》（国发〔1993〕61号）要求：一、提高棉花收购价格。从1993年棉花年度起，现行标准级皮辊棉的收购价格，由每担① 300元提高到330元。二、保证良好的收购秩序。重申，国家合同定购计划内的棉花，实行统一的收购价格和优惠政策，仍由供销社统一收购、统一经营。三、认真落实收购资金，保证不打“白条”。四、严格执行国家棉花标准，保证棉花质量。五、继续征收棉花技术改进费并提高征收标准。六、从1993年度起，恢复征收棉花批发环节营业税。七、加强宏观调控，保证完成棉花调拨任务。八、建立健全国家棉花储备制度，加强储备棉管理。

1993年10月15日，《农民日报》报道：全国村镇建设会议14日在江苏苏州市召开。国务院总理李鹏对这次会议的召开作了重要批示。国家科委副主任邓楠、国家体改委副主任马凯在大会上作了重要讲话。这次会议的中心任务是围绕农村经济发展这个中心，研究部署村镇建设工作。会议明确提出了小城镇建设是今后几年村镇建设的重点，这标志着我国村镇建设进入了一个新的阶段。

1993年12月9日，全国生态农业试点县建设工作会议在北京开幕。为进一步推动我国生态农业的发展，在由农业部等7个部委联合召开的全国生态农业县建设工作会议上，决定选择具有不同社会经济发展水平、不同资源环境特征、区域代表性强的50个县作为全国生态农业县试点。这50个县耕地面积4 910万亩，有人口2 392万人，基本代表了全国各种农业生态典型。计划要通过5年建设，进一步促进试点县农业生产的发展和生态环境的改善，建成一批可供辐射推广的示范县，探索总结出适应不同类型的生态农业工程技术和管理经验，以便在更大范围推广。

---

① “担”为非法定计量单位，1担=50千克。——编者注

1993年12月22日，《光明日报》报道：世界银行贷款农业科研教育项目达17 000多万美元。

1994年1月19日，《人民日报》报道：国务院公布《九十年代中国农业发展纲要》。1993年8月20日经国务院第七次常务会议审议通过了《九十年代中国农业发展纲要》。《纲要》指出80年代我国农业发展在六个方面取得了重大突破，为加快改革开放、加速国民经济发展创造了条件。90年代是我国农业发展的关键性历史阶段，我们必须全面贯彻党的十三届八中全会决定和党的十四大精神，争取农业和农村经济在80年代的基础上取得新的突破。发展农业要按照社会主义市场经济的要求，坚持靠政策、靠科技、靠投入的指导方针，采取有效的措施，促进农业持续、稳定、协调发展，把农业的综合生产能力和经济效益提高到一个新的水平，农林牧副渔各业和乡镇企业持续发展，促进农业再上新台阶。为此，特制定我国90年代农业发展纲要。《纲要》从十个方面共50条对90年代的农业发展各个领域都做了指导和布局规划。一、90年代我国农业发展的主要目标；二、90年代农业发展的总体布局；三、依靠农业科技进步，提高土地和各种农业资源的单位产出率；四、加强农产品商品生产基地建设；五、加强农业综合开发；六、大力发展乡镇企业；七、加强农业发展支撑体系建设；八、广辟农业投资渠道，增加农业建设资金；九、加强农业社会化服务体系建设；十、加强领导，为农业发展创造良好的社会环境。

1994年2月2日，《人民日报》报道，国务院发布《关于对农业特产收入征收农业税的规定》。为了合理调节农林牧渔各业生产收入，公平税负，促进农业生产全面发展，根据国家有关法律，制定此规定（1994年1月30日国务院令第143号发布）。国家依照此规定对农业特产收入征收农业税。《规定》对于征农业特产税的农产品都作了具体条目，全国统一的农业特产税税目、税率、依照《规定》所附的农业特产税税目税率表执行。个别税目、税率的调整，国务院授权财政部决定。规定以外的农业特产税税率，由省、自治区、直辖市人民政府在5%～20%的幅度内规定。农业特产税的应纳税额，按照农业特产品实际收入和规定的税率计算征收。《规定》共计十七条规定，并列出了农产品特产税税目税率表。

1994年3月7日，《人民日报》报道：国务院正式批复《全国水土保持规划纲要》。《纲要》提出，水土保持工作是一项系统工程，必须坚持“预防为主，全面规划，综合防治，因地制宜，加强管理，注重效益”的方针，切实抓好预防保护和监督执法工作。要贯彻落实谁治理、谁管护、谁受益的政策，以调动群众的积极性。水土保持要突出重点，以点带面。在全国以黄河、长江为治理重点，同时要抓好其他江河的水土流失治理，以及各级重点防护区、重点监督区和重点治理区的水土保持工作。原则同意按《全国水土保持规划纲要》提出的第二方案安排水土保持治理工作。各省、自治区、直辖市要根据这个方案制定和修订本地区的规划、计划，在预防人为造成新的水土流失和巩固现有治理成果的基础上，加快治理速度，以适应国民经济发展的需要。各级政府和各有关部门都要十分重视水土保持工作，依法防治水土流失。要把水土保持工作纳入国民经济和社会发展的总体规划。资金的筹集，要本着自力更生的精神，以地方投入、群众投劳为主，国家适当扶持。实施规划纲要的经费，需中央投资部分，由有关部门统筹安排；需地方匹配的资金，由各省、自治区、直辖市及计划单列市人民政府安排。中央和地方要有计划、有步骤地开展水土流失综合防治工作。

1994年4月15日，国务院关于印发《国家八七扶贫攻坚计划（1994—2000年）》的通知。全国扶贫开发工作在各级党委和政府的领导下，经过贫困地区广大干部群众的艰苦努力，各级有关部门和社会各界的大力支持，取得了巨大成就。现在全国农村没有完全稳定解决温饱问题的贫困人口已经减少到8 000万人，以解决温饱为目标的扶贫开发工作进入了攻坚阶段，为此，国务院决定，制定和实施《国家八七扶贫攻坚计划（1994—2000年）》，从现在起到20世纪末的7年时间里，基本解决8 000万人的温饱问题。《计划》从形势与任务，奋斗目标，方针与途径，资金的管理使用，政策保障，部门任务，社会动员，国际合作，组织与领导九个方面做了全面的部署。

1994年5月23日，国务院办公厅转发财政部《关于农业综合开发若干政策》的通知。国家立项的农业综合开发是政府保护、支持农业发展，对农业实施宏观调控的重要手段之一。农业综合开发的目标，主要是从各地的实际生产情况出发，通过对水土资源的开发治理，改善农业生产基本条件，提高农业的发展后劲。土地资源开发治理，要坚持治理与开发结合的原则，以改造中低产田为主。新开垦的耕地和新建的果园、林场等要进行适度规模经营，提高机械化水平。国家立项的农业综合开发，要按项目安排投入和加强管理，坚持择优立项，集中投入。土地开发利用必须按照国家规定的标准进行设计、施工和验收。建立健全管理维护责任制。在农业综合开发范围内，实行谁开发、谁利用、谁受益原则。各有关部门要在各级政府的统一领导下密切配合，把农业综合开发这件事办好。

1994年6月8日， 国务院办公厅转发《国家计委关于建设高产优质高效农业示范区和扶持粮棉大县发展经济的报告》的通知。《报告》提出：为了更好地扶持粮棉主产区发展农村经济，适应农村市场经济发展的需要，充分发挥地区资源优势，优化农业生产和农村产业结构，引导和推动高产优质高效农业的发展，以市场为导向，以效益为中心，进行科技、资金、物资等生产要素的综合投入，在农产品品种和质量方面进行深度开发，以生产、加工、储蓄、运销一体化的经济实体为龙头，使示范区生产商品化，服务系列化；通过建立贸工农一体化的组织经营，带动千家万户发展生产，进入市场，在发展高产优质高效农业中发挥示范作用。

1994年6月28日， 国务院批准《农业部职能设置、内设机构和人员编制方案》(国办发〔1994〕79号)《农业部职能设置、内设机构和人员编制方案》根据第八届全国人民代表大会第一次会议批准的国务院机构改革方案，保留农业部。农业部机构改革的指导思想是：按照建立社会主义市场经济体制的要求，把工作重点转到加强对农村经济的“引导、支持、保护、调控”上来，改革旧的管理体制和工作方式，理顺农业系统的内、外部关系，实行政事、政企职责分开，转变职能，精兵简政，提高效率，促进农业生产持续稳定发展。

1994年7月22日，《人民日报》报道：中共中央办公厅、国务院办公厅转发农业部、监察部、财政部、国家计委、国务院法制局《关于1993年农民负担检查情况的报告》。要求认真对照检查，采取坚决有力的措施，切实解决本地区、本部门工作中存在的问题。农民和农村问题，始终是我国革命、建设、改革的根本问题。农村的稳定是整个社会稳定的基础。农民状况如何，不仅直接影响到国民经济的发展，而且影响到国家的政治稳定和整个社会的安定。保护农民合法权益、调动农民生产积极性、切实减轻农民负担，是党的农村工作的一项基本政策，深得民心，决不允许在执行过程中走样。今后，在涉及农民负担的问题上，未经合法程序批准，绝不允许任何地方和部门开口子。各级党政一把手要切实做到亲自抓，负总责。对继续加重农民负担酿成恶性事件的，除了依法追究当事人和直接领导者的责任外，还要追究上一级党政领导的责任。

1994年10月16日， 国务院批复农业部、公安部、交通部、国家工商行政管理局、海关总署《关于清理、取缔“三无”船舶的通告》。根据《通告》精神，沿海和内河各级港监机构及其他交通行政管理部门应认真履行自己的职责，对无船名船号、无船舶证书、无船籍港的“三无”船舶坚决进行清理、整顿，必要时予以没收、拆解。《通告》要求，各级主管部门高度重视，做好组织领导工作，做好宣传工作，清理登记，加强检查，取缔“三无”船舶。

1994年10月29日，《国务院关于第一次全国农业普查的通知》。改革开放以来，我国农村经济和社会事业得到全面发展，取得了举世瞩目的巨大成就。为准确掌握农业生产要素的规模与结构，进一步查清农村劳动力的使用、转移以及乡镇企业和农村小城镇发展的基本情况，国务院决定在1997年进行第一次全国农业普查。

1994年11月23日， 财政部颁发《国有林场与苗圃财务制度（暂行）》，自1995年1月1日起实行。场圃是国家培育森林资源和优良苗木的基地，是全民所有制为主体的生产性事业单位，按照企业经营管理的要求，实行经济核算。场圃及其所属各单位都要按照《国有林场与苗圃财务制度（暂行）》的规定进行财务管理。各级财政部门可以根据本地实际情况，对场圃实行不同形式的财务管理。具体形式由各省、自治区、直辖市财政厅（局）确定。

1994年11月25日，《人民日报》报道：中共中央发出《关于加强农村基层组织建设的通知》。实现新时期党在农村的历史任务，必须大力加强农村基层组织建设。今后几年，要努力实现以下五项目标：一是建设一个好领导班子，尤其要有一个好书记，能够团结带领群众坚决贯彻执行党的路线方针政策。二是培养锻炼一支好队伍，共产党员能够发挥先锋模范作用，干部能够发挥示范带头作用，共青团员能够发挥助手和后备军作用。三是选准一条发展经济的好路子，充分发挥当地优势，加快农民脱贫致富奔小康的步伐。四是完善一个好经营体制，把集体统一经营的优越性和农户承包经营的积极性结合起来，增强经济发展的活力，引导和帮助农民走共同富裕的道路。五是健全一套好的管理制度，体现民主管理原则，保证工作有效运转，使村级各项工作逐步走上制度化、规范化的轨道。另外需要明确，村党支部和其他组织都要把贯彻执行党的基本路线、团结带领农民群众奔小康作为根本任务。

1994年1月1日，《农民日报》报道：我国已有900多个县划定了基本农田保护区，约占全国耕地总面积20%的农田得到保护。

1994年1月1日，《人民日报》报道：1993年全国乡镇财政总收入达878亿元，比上年增加218

亿元，预算内财政收入超过1 000万元的乡镇达936个，占全国乡镇财政单位数的2%。财政收入最高的乡镇是广东顺德市的容奇镇，收入为16 136万元。

1994年1月6日—7日，国务院治淮、治太第三次工作会议在北京召开。国务委员陈俊生在工作会议的讲话中明确提出治淮、治太的任务和目标，号召两流域内各级人民政府以及中央各部门要统一认识、统一步调、统一行动，下决心务必完成1991年国务院治淮、治太会议确定的治淮“八五”期间初见成效“九五”期间基本完成目标。

1994年3月1日，《人民日报》报道：2月28日，国务院在北京召开全国扶贫开发工作会，国务委员兼国务院扶贫开发工作领导小组组长陈俊生宣布：国务院决定从今年起实施“国家八七扶贫攻坚计划”，力争在20世纪末最后的7年内，基本解决全国8 000万贫困人口的温饱问题。国家主席江泽民、国务院总理李鹏发表重要讲话。

1994年4月16日，《人民日报》报道：15日，全国农村改革试验区第八次工作会议在北京举行。全国经国务院批准创办的农村改革试验区已达26个，分布在17个省、自治区、直辖市，各试验区共有150多个试验项目在有关地、市、省或全国推广。

1994年4月27日，《人民日报》报道：26日，农业部召开全国农业系统职称改革工作会议。据悉，我国农业系统中已有科技人员75万人，其中高级职务2.9万人，中级职务16.8万人。

1994年5月23日，《人民日报》报道：“中国农业普查准备”顾问委员会第一次会议22日在北京召开。有关方面已确定这次普查项目和目标（会议24日结束）。

1994年5月26日，《人民日报》报道：25日，国家计委、国家经贸委和电力工业部在北京联合召开全国农村电气化工作会议，讨论和确定90年代我国农村电气化改革与发展目标及“电力扶贫工程”。

1994年6月9日，《农民日报》报道：8日，全国农村社会治安综合治理工作会议在江苏吴江市召开（会议11日结束）。

1994年6月26日，《人民日报》报道：24日，为期3天的全国棉花生产工作会议结束。1994年全国棉花播种面积540多万公顷，比上年增加46.7万公顷。

1994年7月25日，《人民日报》报道：21日—24日，中共中央宣传部和国务院办公厅在河南林州市联合召开全国农村精神文明建设座谈会，提出积极引导农民奔小康。

1994年8月22日，《人民日报》报道：8月18日，国务院在北京召开全国农业生产资料流通体制改革工作会议（19日结束）。国务院副总理朱镕基在会上指出：改革化肥等农业生产资料流通体制，是建立社会主义市场经济的流通体制，加强宏观调控，整顿流通秩序的一项重要任务。

1994年9月26日，《光明日报》报道：“绿色证书工程”已在全国28个省、自治区、直辖市516个县全面实施，有12万农民获得了农业部统一颁发的“绿色证书”。

1994年10月17日，《人民日报》报道：16日，我国政府在人民大会堂举行“国际消除贫困日”纪念活动。国务委员、国务院扶贫开发领导小组组长陈俊生作了《向绝对贫困宣战》的主题报告。

1994年10月18日，《农民日报》报道：由国家科委主持实施的星火计划，9年来共安排示范项目5万多项，累计投资467亿元，共培训农村科技管理人才和技术人才2 070万人次，1993年产值达1 700亿元，实现利税370亿元，创汇10亿美元。

1994年10月27日，《农民日报》报道：26日，中共中央在北京召开全国农村基层组织建设工作会议，国家主席江泽民会见会议代表时强调，把农业和农村工作摆在经济工作首位。胡锦涛在会上指出，适应新的形势和任务，农村基层组织建设必须明确前进目标。

1994年10月30日—11月1日，经国务院批准，农业部和监察部、财政部、国家计委、国务院法制局等五部委（局）在北京联合召开全国农民负担监督管理工作会议。

1994年11月20日，《人民日报》报道：经国务院批准组建的又一家政策性银行——中国农业发展银行正式成立，并投入运营。

1995年1月3日，《人民日报》报道：自1990年我国开始实施绿色食品工程以来，已在全国28个省市设立了绿色食品委托管理机构。获得绿色食品标志的产品由1990年的125个增加到1994年的588个，绿色食品的食物生产规模已从1990年底的不到35万吨扩大到目前的800多万吨，年均增长速度超过130%，绿色食品的原料作物种植面积也增加到近800万亩。

1995年1月19日，《人民日报》报道：国务院决定于1997年进行第一次全国农业普查，1月18日在北京召开了第一次全国农业普查联席会议，就农业普查工作进行了研究部署，国务委员陈俊生到会并讲话。

1995 年 3 月 13 日，《人民日报》报道：国务院 10 日—12 日在北京召开了全国粮食、棉花、化肥工作会议。会议强调，我国地域辽阔，各地情况千差万别，在发展社会主义市场经济和实行新的财税体制的条件下，各级地方政府特别是省、自治区、直辖市一级政府，必须承担起保证本地区粮食、棉花等主要农产品和化肥等主要农业生产资料供求平衡、价格稳定的责任，实行省长负责制。

1995 年 3 月 28 日，国务院批转农业部《关于稳定和完善土地承包关系意见的通知》，文件中提到，为了更好地落实中共中央、国务院关于当前农业和农村经济发展的若干政策措施，进一步稳定和完善家庭联产责任制，加快农村经济发展，维护农村社会稳定，对“增人不增地，减人不减地”，建立土地承包经营权流转机制等一些问题，提出了意见。一是切实维护农业承包合作的严肃性；二是积极、稳妥地做好延长土地承包期工作；三是提倡在期内实行“增人不增地，减人不减地”，有利于稳定农村土地承包关系；四是建立土地承包经营权流转机制；五是不得借调整土地之机变相增加农民负担，不得随意提高承包费，要严格控制乡村提留统筹的范围；六是保护继承人的合法权益；七是要加强对延长土地承包期工作的领导，各级主管部门要高度重视，加强对这项工作的领导。

1995 年 4 月 5 日，《光明日报》报道：4 月 4 日，全国化肥工作会议在北京召开，化工部部长顾秀莲在会上强调，17 个统配大化肥企业要严格执行国家制定的化肥出厂价，中小化肥企业要严格执行当地政府制定的化肥价格，决不允许任意提高出厂价。

1995 年 4 月 7 日，《经济日报》报道：国家开发银行 1995 年农业贷款将超过 70 亿元，比 1994 年计划增长 25%以上。

1995 年 4 月 7 日，《农民日报》报道：全国已有 4.5 万个乡、70 万个村、8 亿农牧民用上电，分别为农村牧区乡、村、户的 97%、93%、89%。农村电力网已覆盖 90%的国土。

1995 年 4 月 18 日，《人民日报》报道：4 月 9 日—16 日，中共中央政治局常委、书记处书记胡锦涛在太行山区农村考察时强调指出，切实加强农村基层组织建设，农业兴，全国兴；农民富，国家强；农村稳，天下安。

1995 年 5 月 12 日，《农民日报》报道：5 月 11 日，历时 6 天的全国农村文化暨文化先进县工作会议在湖北省宜昌市闭幕。会议提出了加速以小康文化建设为核心的当前农村文化工作总要求；上海市奉贤县等 24 个县（市、区）被命名为全国文化先进县。

1995 年 5 月 6 日，《中共中央国务院关于加速科学技术进步的决定》指出，要全面落实科学技术是第一生产力的思想，大力推进农业和农村科技进步，依靠科技进步提高工业增长的质量和效益，发展高技术及其产业，推动社会发展领域的科技进步，切实加强基础性研究，深化科技体制改革，建立适应社会主义市场经济体制和科技自身发展规律的新型科技体制，建设高水平的科技队伍，提高全民族科技文化素质，多渠道、多层次地增加科技投入，进一步扩大对外开放，广泛开展国际科技合作与交流，切实加强党和政府对科技工作的领导。

1995 年 5 月 30 日，《国务院批转中国人民银行等六部门关于加强粮棉油政策性收购资金管理意见的通知》指出，近年来，国家采取一系列政策措施，保证了粮棉油收购资金的供应，对调动农民的种田积极性、发展农业生产起到了积极作用。粮棉油收购资金供应和管理要在当地政府的统一领导下，坚持实行分级、分部门责任制。各省、自治区、直辖市的粮棉油收购工作实行省长（自治区主席、直辖市市长）负责制。在各级政府统一领导下，收购部门、财政部门和银行要各负其责，保证本部门应筹措的收购资金及时足额到位，并切实防止被挤占挪用。认真清理收回被挤占挪用的收购资金。粮棉油收购部门要切实加强对本系统收购资金的管理。粮棉油收购主管部门要强化对收购企业资金使用情况的监督和检查，建立内部管理责任制，要加快粮棉油收购部门政策性业务与经营性业务的分离。改进粮棉油收购贷款管理办法。要加强对粮棉油收购资金的专户管理。尽快建立健全粮棉油收购资金管理台账及统计报告制度。建立收购资金的定期稽核检查制度。

1995 年 6 月 3 日，《经济日报》报道：国务院办公厅发出通知，要求各地人民银行、农业银行、农业发展银行以及其他有关国家专业银行支行和有关部门，在当地政府的统一领导下，组织力量于 6 月上旬对农副产品收购资金供应和管理情况进行一次大检查。

1995 年 6 月 7 日，《人民日报》报道：6 月 6 日，全国扶贫开发工作会议在北京召开，国务院提出扶贫攻坚新要求，每年解决 1 000 万以上贫困人口温饱问题（9 日闭幕）。

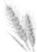

1995 年 6 月 13 日，《人民日报》报道：中国农林牧副渔综合信息网在北京建立。该信息网将面向全国传播农业经济信息、科技信息以及适时提供发展

农业和农村经济的新出台的方针政策与最新动态。

1995年7月19日，《经济日报》报道：国务院发出《关于粮食部门深化改革实行两条线运行的通知》，决定将粮食部门的政策性业务和商业性经营分开，建立两条线运行机制。《通知》要求，各级粮食主管部门要认真贯彻国务院文件精神，将粮食部门承担的粮油政策性业务与商业性经营分开，实行两条线运行。国有粮食企业要将其承担的粮油政策性业务与商业性经营的财务分开，单独核算。各级财政部门要积极参与粮食部门两条线运行改革，加强两条线运行后粮食企业的财务管理，做好相应的财政补贴工作。粮油政策性业务包括：国家定购粮、中央和地方储备粮油的收购、进出口、储存、批发、调运和城镇居民基本口粮及农村需救助人口的粮食供应；军粮、救灾救济粮和水库移民口粮供应；吞吐粮食平抑市场粮价。粮食部门在组织实施两条线运行过程中，对主要承担粮油政策性业务的单位的政策性业务要定岗定员，地方政府委托的粮油政策性业务所需的费用，由地方财政补贴，或通过粮油购销价差解决，中央和地方委托的粮油政策性业务补贴标准确定后，财政部门应按此标准和委托的粮油政策性业务量足额安排预算，及时拨补，不得留有缺口，不得形成新的政策性财务挂账。

1995年8月9日，《科技日报》报道：到1995年7月31日，中国农业银行和农村信用社的储蓄存款余额已突破1万亿元，达到10 071.13亿元。其中农业银行储蓄存款余额为4 329.55亿元，农村信用社储蓄存款为5 741.58亿元。

1995年8月26日，《光明日报》报道：8月24日，我国第一部农业白皮书——《中国农业发展报告1995年》正式出版。

1995年8月31日，《经济日报》报道：经国务院批准，农业部、监察部、财政部、国家计委、国务院法制局8月30日在北京联合召开全国农民负担监督管理工作会议，研究防止农民负担反弹问题。

1995年9月1日，《经济日报》报道：8月31日，全国农民负担监督管理工作会议在北京结束，中共中央政治局委员、国务院副总理姜春云宣布“约法三章”，要求坚决制止农民负担反弹。

1995年9月5日，《科技日报》报道：9月4日，农业部在天津召开全国农业种子工作会议，会议强调，要加大力度推进种子产业化工程，并决定组建中农种业集团，以开创种子工作新局面，实现良种“育繁推”一体化。

1995年9月7日，《光明日报》报道：9月6日，全国棉花工作会议在北京结束，中共中央政治局常委、国务院副总理朱镕基在会上强调指出：今年的棉花工作继续坚持市场、经营、价格三不放开政策。

1995年10月10日，《光明日报》报道：10月8日，中共中央政治局常委、书记处书记胡锦涛在中共中央组织部召开的全国农村基层组织建设经验交流会上发表重要讲话，强调要加强农村基层组织建设的领导。

1995年10月19日，《国务院办公厅转发民政部关于进一步做好农村社会养老保险工作意见的通知》指出，随着社会主义市场经济体制的逐步形成，在农村相应地建立社会养老保险体系已很紧迫。1991年1月，国务院决定由民政部负责开展建立农村社会养老保险制度的试点。民政部在深入调查研究和总结经验的基础上，制定了《农村社会养老保险基本方案》，并在山东等地组织了较大规模的试点，有条件的地区在试点的基础上正在逐步推开。随着我国农村经济的发展，在群众温饱问题基本解决、农村基层组织比较健全的地区，采取政府组织引导和群众自愿结合的方法，逐步建立较为规范的农村社会养老保险制度是可行的。在农村建立社会养老保险制度是个新生事物，当前的发展势头是好的，但也存在一些问题。因此文件要求统一认识，加强领导，从实际出发，分类指导，推广规范操作，逐步完善管理体系，切实加强基金的管理和监督，加强宣传教育，改进工作方法，要通过政策引导、村民和企业职工民主讨论等方法，帮助群众解除各种思想疑虑，调动各方面的积极性，吸引群众参加养老保险。

1995年11月3日，《人民日报》报道：11月1日，由法国农渔食品部长菲力普·瓦瑟率领的法国农业代表团结束对华访问，访华期间，两国签订了粮食储运技术合作协议和动植物检疫协议。

1995年11月30日，《光明日报》报道：中共中央办公厅、国务院办公厅转发了《中央宣传部、农业部关于深入开展农村社会主义精神文明建设活动的若干意见》，要求各地认真贯彻执行《意见》要求。党的十一届三中全会以来，我国农村发生了历史性的深刻变化。改革开放不断深入，经济建设取得巨大成就，社会面貌明显改观，精神文明水平逐步提高，亿万农民解放思想、更新观念，民主法制意识增强，科学文化素质提高。在农村经济发展和社会进步过程中也存在一些突出问题，主要是部分农民思想观念和科学文化素质与农村现代化建设的要求不相适应，一些地方治安秩序混乱，社会风气不好，封建迷信蔓延。我们必须在抓好物质文明建设的同时，抓好精神文明建设。农村改革越深入，市场经济越发展，就越要加强社会主义精神文明建设。

1995年12月13日，《人民日报》报道：12月11日，国务院办公厅发出通知，严禁在农副产品收购中代扣代缴各种款项向农民乱摊派。

1995年12月31日，《国务院关于加强农村集体资产管理工作的通知》要求各级人民政府要高度重视农村集体资产管理工作。要健全农村集体资产管理的法规和制度。要加强集体资产管理方面的立法和制度建设。农业部要会同有关部门抓紧拟定农村集体资产管理的法规，尽快提请国务院审议并发布施行。

1996年1月8日，农业部在北京主持召开中美农业科技合作联合工作组第十次会议，双方签署了《中美农业科技合作联合工作会议纪要》，确定了1996年的科技交流项目。

1996年3月10日，《人民日报》报道：国务院发出《关于进一步加强农田水利基本建设的通知》。《通知》指出，党的十四届五中全会对“九五”期间和到2010年的农业农村工作提出了明确的战略目标。实现这一目标，最根本的措施是大力推进农田水利基本建设，改善农业生产条件。要求各级政府要按照党的十四届五中全会的精神，根据本《通知》的要求，抓紧部署，认真组织动员广大人民群众，把农田水利建设推向新的高潮，并持之以恒地坚持下去，从根本上改善我国农业生产条件和生态环境，为促进国民经济持续、快速、健康发展和社会全面进步做出新贡献。

1996年6月17日—20日，农业部在广西召开全国“绿色证书工程”工作会议。自1990年开展“绿色证书工程”试点工作以来，20多万农民参加绿证培训，其中有30万人获得“绿色证书”。这次会议提出“九五”期间全面实施“绿色证书工程”，培养1 000万名“绿色证书”学员的目标。

1996年8月16日，《人民日报》报道：国务院发出《关于环境保护若干问题的决定》。文件就实行环境质量行政领导负责制、认真解决区域环境问题、坚决控制新污染、加快治理老污染、禁止转嫁废物污染、维护生态平衡，保护和合理开发自然资源、切实增加环境保护投入、严格环保执法，强化环境监督管理、积极开展环境科学研究，大力发展环境保护产业、加强宣传教育，提高全民环境意识等问题做出了具体规定。

1996年9月16日，《人民日报》报道：12日，国务院召开的为期3天的棉花工作会议在北京结束。会议强调，1996年继续实行棉花经营、市场、价格“三不放开”政策。

1996年9月17日，《农民日报》报道：国务院作出《关于进一步深化农村金融体制改革的决定》。《决定》从七个方面作出了具体要求，一是农村金融体制改革的指导思想；二是改革农村信用社管理体制；三是办好国有商业银行，建立农村合作银行；四是增设中国农业发展银行的分支机构；五是逐步建立各类农业保险机构；六是清理整顿农村合作基金会；七是农村金融体制改革的组织领导。《决定》最后要求，农村金融体制改革直接涉及农村经济的发展和广大农民的切身利益，政策性强，影响面广，对增加农产品和供应，提高农民的收入，以及抑制通货膨胀都具有十分重要的意义。各级人民政府要从全面发展农村经济的大局出发，加强对农村金融体制改革工作的组织领导，使这项改革积极稳妥地进行。

1996年11月14日，国务院办公厅转发农业部《关于1996—2000年全国秸秆养畜过腹还田项目发展纲要》。《纲要》提到，几年来的实践证明，充分利用秸秆养畜、过腹还田，实行农牧结合，形成节粮型的畜牧业结构，是一条符合我国国情的畜牧业发展道路。《纲要》提出了推进秸秆养畜、过腹还田项目的若干政策措施，包括把秸秆养畜、过腹还田项目纳入国家农业综合开发计划。根据国家财力增长的情况，农业综合开发资金中用于秸秆养畜、过腹还田项目建设的资金应逐年有所增加。各级政府要多方筹集资金，尤其要落实好地方配套资金，并积极引导农户增加投入，以保证国家示范项目建设的顺利进行。

1996年5月8日，林业部发出《关于开展林业分类经营改革试点工作的通知》。要求各地坚持统筹规划、分类指导、稳步推进的原则，大胆实践，勇于探索，努力为全国实施林业分类经营改革积累经验。

1996年6月7日，《人民日报》报道：1日—5日，中共中央总书记、国家主席、中央军委主席江泽民在河南考察时，就农业和农村工作发表了重要讲话。他强调指出，要始终抓紧农业尤其是粮食生产，农业的持续发展也要依靠两个转变，农村经济和社会应当协调发展。

1996年9月9日，《农民日报》报道：8日，为期4天的1996年中国青岛国际农业科技博览会在山东平度市开幕。同时，全国唯一的农业技术市场——江北农业技术市场也在平度市正式开业。

1996年10月9日，《农民日报》报道：全国农村改革试验区第九次工作会议在北京举行。经国务院批准建立的农村改革试验区已达28个。

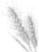

1996 年 10 月 22 日，《人民日报》报道：全国基本农田保护区规划和划定工作取得阶段性成果。全国 30 个省、自治区、直辖市都划定了基本农田保护区，河北、江苏、辽宁、浙江、上海、福建、吉林、广东、山西、山东、广西、黑龙江、河南 13 个省、自治区、直辖市，已初步完成划定任务。全国有 2 个省、自治区、直辖市制定了地方的基本农田保护条例。

1996 年 10 月 24 日，中国政府发表第一部《中国的粮食问题》白皮书。中国政府一向十分重视粮食问题。中国有超过 12 亿人口，是粮食生产与消费大国。中国的粮食状况如何？中国的粮食生产潜力有多大？中国人民能不能养活自己？中国将如何发展粮食生产？是人们普遍关心的问题。中国政府经过科学论证，《白皮书》从七个方面做出实事求是的回答。一是中国解决了人民的吃饭问题；二是未来中国的粮食消费需求；三是中国能够依靠自己的力量实现粮食基本自给；四是努力改善生产条件，千方百计提高粮食综合生产能力；五是推进科教兴农，转变粮食增长方式；六是综合开发利用和保护国土资源，实现农业可持续发展；七是深化体制改革，创造粮食生产、流通的良好政策环境。

1996 年 11 月 5 日，《农民日报》报道：10 月 25 日—11 月 3 日，中共中央总书记、国家主席、中央军委主席江泽民先后在贵州、广西重点考察了扶贫开发工作。江泽民强调，本世纪内基本解决贫困人口温饱问题是党中央国务院的重大战略部署，这场扶贫攻坚仗必须打好，务求全胜。

1996 年 11 月 6 日，《人民日报》报道：10 月 28 日—11 月 4 日，国务委员、国务院扶贫开发领导小组组长陈俊生在贵州考察工作时强调，扶贫要集中力量打歼灭战。

1996 年 11 月 19 日，《人民日报》报道：经国务院批准，我国将在全国重点粮食生产省以地区（市）为单位，建设 20 个大型商品粮生产基地，这批大型商品粮基地由中央和地方政府共同投资建设，总投资 21.3 亿元，计划 2000 年建成发挥效益。

1996 年 11 月 23 日，《人民日报》报道：国务院发出通知，要求各地切实做好粮食经营管理和收购、储存工作，同时，抓住机遇，深化粮食流通体制改革。

1997 年 1 月 1 日，农业部发出《关于加强进口粮食检疫有关问题的通知》，规定从 1997 年 1 月 1 日起正式实行进口粮食检疫审批制度。考虑到国外疫情不断变化以及国际粮源偏紧，我国需要增加进口粮源国数量的实际情况，为防止疫情传入，避免粮食进口部门因不了解国外疫情而错误购买了疫区粮食，给国家造成损失的情况发生，从 1997 年 1 月 1 日起实行检疫审批，所有粮食进口单位在签订购粮（包括食用的、工业用的、饲料用的、榨油用的各类粮谷类、豆类粮食）合同之前必须向中华人民共和国动植物检疫局办理检疫审批，所有粮食进口单位在签订购粮（包括食用的、工业用的、饲料用的、榨油用的各类粮谷类、豆类粮食）合同之前必须向中华人民共和国动植物检疫局根据国际疫情变化提出针对性的检疫要求。

1997 年 3 月 17 日，《人民日报》报道：农业部提出早稻实现“五化”：栽培轻型化、育秧工厂化、品种优质化、用途多样化、收获机械化。早稻主产区要把“五化”工作抓紧抓好，促进早稻生产的持续稳定发展。

1997 年 3 月 31 日，《科技日报》报道：中国农业银行决定，1997 年在信贷资金中拿出 10 亿元贷款，专项用于我国“种子工程”。

1997 年 4 月 6 日，《人民日报》报道：国务院决定在陕西杨凌建立我国唯一的国家农业高新技术产业示范区，以推动我国西北地区农业高新技术的全面进步，并带动全国农业高新技术的发展。

1997 年 4 月 11 日，《农民日报》报道：农业部、国家工商行政管理局共同发出关于进一步做好农资市场管理工作的通知，明确指出要支持农业“三站”的农资经营活动。

1997 年 4 月 25 日，经国务院同意，农业部向沿海各省、自治区、直辖市人民政府印发了《关于“九五”期间控制海洋捕捞强度指标的实施意见》，决定从 1997 年 7 月 1 日起在全国统一换发新版捕捞许可证和功率凭证，以确保海洋捕捞强度控制指标的实现。新版渔业捕捞许可证由中华人民共和国渔政渔港监督管理局统一印制，自 1997 年 7 月 1 日起开始启用，原发捕捞许可证可继续使用到 1998 年 3 月 31 日止。地方各级人民政府要根据国家对控制海洋捕捞强度指标的要求，统一认识，加强领导，组织渔业、工商、公安等有关部门，加强对渔船建造企业的管理，各省、自治区、直辖市政府渔业行政主管部门每年年底向农业部报告海洋捕捞强度控制指标的执行情况，抄送所在海区渔政渔港监督管理局，农业部根据执行情况，进行检查和通报。

1997 年 5 月 19 日，《经济日报》报道：中共中央、国务院发布《关于进一步加强土地管理切实保护耕地的通知》。《通知》指出，各省、自治区、直辖市必须严格按照耕地总量动态平衡的要求，做到本地耕地总量只能增加，不能减少，并努力提高耕地质量。各级人民政府要按照提高土地利用率，占用耕地与开发、复垦挂钩的原则，以保护耕地为重点，严格控制占用耕地，统筹安排各业用地的要求，认真做好土地利用总体规划的编制、修订和实施工作。实行占用耕地与开发、复垦挂钩政策。要严格控制各类建设占地，特别要控制占用耕地、林地，少占好地，充分利用现有建设用地和废弃地等。

1997 年 6 月 21 日，《农民日报》报道：国务院办公厅转发了《中国人民银行关于进一步做好农村信用社管理体制改革工作的意见》，并要求各地区、各部门认真贯彻执行。《意见》指出，农村信用社与中国农业银行脱钩后，一些信用社历年积累的风险逐步暴露，已经成为当前突出的问题。切实加强对农村信用社管理体制改革工作的领导，建立农村合作金融管理体制，直接关系农业的发展、农民的富裕和农村经济的繁荣，农村信用社要不断加强经营管理，改进金融服务，以崭新的风貌发挥支农作用，努力开创农村信用合作事业的新局面。

1997 年 7 月 14 日，《农民日报》报道：7 月 9 日—11 日，国务院在北京召开全国粮食购销工作会议。国务院副总理朱镕基在会议上指出：各地区、各部门要认真传达和学习党中央、国务院的有关文件，统一思想，掌握政策，吃透精神，按照国务院的部署一齐行动。所有粮食收购站都要迅速挂出定购价和保护价的牌子，全面展开收购。各新闻单位要加强粮食购销工作的宣传，安定民心。各级计划、财政、银行、物价、工商、铁路、交通等有关部门，要同粮食部门密切配合，协调行动，并加强监督检查，狠抓各项配套措施的落实，要对农民反复宣传“储粮备荒”的思想。“敞开收购”议价粮，是指收购余粮，切不要把农民自己的口粮、种子粮、饲料粮、必要的储备粮都卖给国家。要告诉农民，如果卖了过头粮，将来需要用粮时，还要以较高价格买回来，自己反而多花钱。要告诉农民，国家的粮食储备已经很多了，保管不易，希望农民多储备一些粮食，以丰补歉，对国家、对自己都有利。请农民兄弟放心，你什么时候要用钱，就什么时候去卖粮，任何时候都是这个保护价，绝不会吃亏。

1997 年 8 月 29 日，《人民日报》报道：8 月 26 日，国务院副总理朱镕基在全国棉花工作会议上强调：1997 年度要继续稳定和完善棉花购销政策，进一步深化棉花流通体制改革，鼓励棉纺企业多用国产棉，努力实现国内棉花供求总量平衡。

1997 年 9 月 16 日，《人民日报》报道：联合国国际农业发展基金会和联合国世界粮食计划署决定向中国两项农业扶贫项目提供 4 000 多万美元的贷款和援助。根据协议，国际农业发展基金会将向“安徽皖西南山区农业综合开发项目”提供 2 653 万美元贷款，世界粮食计划署将为“青海海东地区农业综合开发项目提供 1 260 万美元的援助。

1997 年 9 月 22 日，《人民日报》报道：12 日，中共中央总书记江泽民在向中国共产党第 15 次代表大会所作的报告中指出，加强农业基础地位，调整和优化经济结构；坚持把农业放在经济工作的首位，稳定党在农村的基本政策，深化农村改革，确保农业和农村经济发展、农民收入增加；改造和提高传统农业。

1997 年 10 月 7 日，《农民日报》报道：农业部和国家粮食储备局发出通知，要求各地严禁在粮食收购中代扣代缴各种款项加重农民负担。

1997 年 12 月 8 日，《农民日报》报道：全国拍卖“四荒”地使用权加快治理水土流失现场经验交流会在山西吕梁地区召开。目前，全国拍卖“四荒”地面积已达 3 769.33 千公顷，初步治理 1 900 千公顷，不少农民通过治理开发“四荒”地脱贫、致富。

1998 年 1 月 12 日，《人民日报》报道：江苏省和浙江省内的贫困县全部脱贫，实现告别贫困县的目标。

1998 年 1 月 26 日，《科技日报》报道：《中国农业科学技术政策》正式发布实施。这是我国未来 5～15 年农业科技发展行动指南，是继 1985 年国家科委发布《中国技术政策（农业卷）》12 年后，由国家科委联合农业部、林业部、水利部、国内贸易部、化工部、全国供销总社、中国轻工总会、中国科学院、中国气象局等有关部门修订的。根据世界农业科技发展趋势和发展新修订的《中国农业科学技术政策》明确了农业科技的主要方向，要求加强农业高新技术的研究和开发。力争以生物技术、信息技术为主导的高新技术研究开发取得重大突破。促进农业科技革命；加强先进适用技术的集成、组装配套、全面推广。以农业产业化为目标，面向整个国土资源的开发、治理、保护、开展农业科技工作；用现代工业技术及产品装备农业、武装农业；发展设施农业。发展持续农业技术，转变农业增长方式，走可持续发展的道路。《中国农业科学技术政策》确立的主要目标是：提高农业研究开发能力，使农业科技率先跃居世界先进水平；大幅度提高技术推广力度，使科技在农业增长中的贡献率达到 50%以上；加强农业科技队伍机构建设，大幅度提高农民科技素质；改革体制，增加投入为农业科技提供良好的保障条件。

1998年1月21日，《科技日报》报道：我国在东南亚最大的农业综合开发项目，1月上旬在柬埔寨首都金边签约。该项目由广西北海海外经济技术合作公司申报并操作实施。在柬埔寨租赁土地23.3千公顷，进行农业综合开发，租期为70年。这是中柬两国以政府名义签约的第一个农业项目。

1998年3月10日，新华社报道：第九届全国人民代表大会第一次会议通过关于国务院机构改革的方案。方案中拟保留中华人民共和国农业部，并列入国务院组成部门序列。

1998年3月10日，九届全国人大一次会议通过国务院机构改革方案。依据这一方案，国务院部委从40个削减到29个，林业部改组为国家林业局，列入国务院直属机构序列。

1998年3月29日，《国务院关于议事协调机构和临时机构设置的通知》明确保留全国绿化委员会，具体工作由国家林业局承担。

1998年4月8日，根据机构改革后的人员变动和工作需要，国务院对全国绿化委员会组成人员进行了调整：国务院副总理温家宝任全国绿委主任，国家林业局局长王志宝、国务院副秘书长马凯、总后勤部副部长周友良和北京市副市长岳福洪任全国绿化委员会副主任，有关部门负责同志19人任全国绿化委员会委员。王志宝同志兼任全国绿化委员会办公室主任。

1998年4月17日，新华社报道：针对目前国内棉花市场供大于求、销售困难的情况，国家将适当降低棉花收购价格，并引入市场机制，将长期以来棉花收购价格实行政府统一定价改为政府指导价。

1998年5月1日，《农民日报》报道：科学技术部决定启动"持续高效农业技术研究与示范"项目，在全国确定了7个示范区为我国"持续高效农业示范区"。它们是，北京顺义示范区、山东龙口示范区、江苏常熟示范区、河北藁城示范区、黑龙江牡丹江示范区、广东新兴示范区和甘肃张掖示范区。

1998年5月5日，新华社报道：4月27日—29日，全国粮食流通体制改革工作会议在北京召开。朱镕基出席会议并在讲话中强调，粮食流通体制改革的基本原则是"四分开一完善"，即实行政企分开、储备与经营分开、中央与地方责任分开、新老财务账目分开，完善粮食价格机制。5月10日，国务院将发出《关于进一步深化粮食流通体制改革的决定》。

1998年5月25日，新华社报道：中共中央政治局委员、书记处书记、国务院副总理温家宝近日在吉林考察工作时指出，各地要统一思想，坚定信心，克服困难，积极推进粮食流通体制改革，切实保护农民的生产积极性，促进粮食生产的稳定发展。

1998年5月26日，《经济日报》报道：21日—25日，国务院总理朱镕基在安徽考察粮食工作时指出，各级党委和政府要认真学习贯彻国务院《关于进一步深化粮食流通体制改革的决定》和六个配套文件，统一行动，把粮食流通体制改革进行到底。

1998年6月12日，新华社报道：为了切实做好今年的扶贫开发工作，国务院办公厅日前发出《关于切实做好扶贫开发工作的通知》。《通知》要求，加强扶贫攻坚工作力度。各级地方政府，特别是贫困地区的政府，务必把扶贫开发工作摆上重要议事日程，切实加强领导，认真研究部署，确保完成1998年本地的扶贫攻坚任务。千方百计增加扶贫开发投入。国务院决定，1998年新增扶贫资金30亿元，全年中央扶贫资金总量达183亿元，是历史最高水平。各省、自治区、直辖市人民政府要按中央的要求，认真落实配套资金。各级政府应当动员地方财力、集体和群 众及社会各界增加扶贫开发投入。加大扶贫投入的力度，坚持做好各级党政机关定点扶贫工作。党政机关联系帮助贫困地区的工作，必须按照党中央、国务院确定的"不脱贫不脱钩"的原则，继续坚持下去，不能松懈。政府机构改革后，定点扶贫任务不变，要转变工作作风，提高办事效率，坚持做好这项工作。

1998年6月12日，《经济日报》报道：6月1日，朱镕基总理签署中华人民共和国国务院令。发布《粮食收购条例》，自发布之日起施行。

1998年6月21日，新华社报道：今年我国加大农业投入力度，仅农业部和全国农业综合开发办公室负责执行的财政投入就达到60多亿元。

1998年7月17日，《农民日报》报道：中国农村改革20周年之际，"大包干"故乡的农民再吃"定心丸"。从年初开始，安徽省凤阳县全面开展土地合同续签工作，6月底，全县12万份土地承包合同书全部发放到农民手中。

1998年7月21日，国家林业局决定定期开展全国荒漠化监测工作。本次监测从1998年下半年开始，2000年出成果。

1998年7月27日，新华社报道：中共中央办公厅、国务院办公厅发出《关于切实做好当前减轻农民负担工作的通知》。《通知》提出，1998年改革发展任务繁重，要保证各项任务的实现，必须确保农业增产，农民增收，农村稳定。各地区、各部门必须充分认识到当前增加农民收入和减轻农民负担的特殊重要意义，下大力气认真做好减轻农民负担工作，切实把农民不合理的负担减下来。《通知》要求，严格控制提留统筹费，坚决把向农民的乱收费、乱集资、乱罚款和各种摊派全部停下来。严格加强对农民义务工的管理。严格执行国家的农业税收政策，严禁在粮食收购时期代缴各种款项。严禁强迫农民借款、贷款缴纳各种税费。切实减少乡镇村非生产性投入。严肃查处加重农民负担的违法违纪行为。进一步加强对减轻农民负担工作的领导。

1998 年 9 月 5 日，农业部、国家工商行政管理局、国家质量技术监督局联合召开全国种子市场检查新闻发布会。联合下发《关于开展种子市场检查活动的通知》。

1998 年 9 月 21 日，《人民日报》报道：20 日，由国家发展计划委员会、全国供销合作总社、国务院体改办、农业部和国家纺织工业局联合召开的全国棉花工作会议在北京闭幕。会议明确宣布，1998 年度棉花政策相对稳定，以每 50 千克 617.5 元的价格向农民敞开收购，并坚持棉花购销环节的“三统一”。

1998 年 9 月 28 日，《人民日报》报道：21 日—26 日，中共中央总书记、国家主席、中央军委主席江泽民在安徽考察了农业和农村工作。25 日，江泽民在合肥召开的安徽省党政领导干部会议上，发表重要讲话强调，深化农村改革，首先必须长期稳定以家庭经营为基础的双层经营体制。稳定家庭承包经营，核心是要稳定土地承包关系。承包期再延长 30 年不变，30 年以后也没有必要再变；扩大农村基层民主，保证农民直接行使民主权利，当前重点要抓好村民委员会的直接选举、村民议事和村务公开制度等村级民主制度建设。

1998 年 10 月 8 日，《经济日报》报道：国家计发展计划委员会、国家粮食储备局近日发出《关于认真做好粮食收购工作的通知》。《通知》要求，坚决执行敞开收购农民余粮政策，切实做到“四个不准”。加强粮食收购市场的监管，维护粮食收购秩序。加强领导，密切配合，精心做好秋粮收购准备工作，确保粮食安全度汛，积极做好灾后仓储设施的修复工作，严禁国有粮食收储企业以外的任何单位和个人直接到农村收购粮食，切实维护好粮食收购市场秩序。各地区和各执法部门对违反《粮食收购条例》规定、擅自从事粮食收购活动的，要严格按照《粮食购销违法行为处罚办法》的规定，严肃查处。

1998 年 10 月 19 日，《人民日报》报道：14 日，中国共产党第十五届中央委员会第三次会议通过《中共中央关于农业和农村工作若干重大问题的决定》。《决定》高度评价农村改革二十年所取得的巨大成就和创造的丰富经验，指出，实行家庭联产承包责任制，废除人民公社，突破计划经济模式，初步构筑了适应发展社会主义市场经济要求的农村新经济体制框架。这个根本性改革，解放和发展了农村生产力，带来农村经济和社会发展的历史性巨变。《决定》按照十五大确定的我国社会主义初级阶段的基本纲领和总体部署，从经济、政治、文化三个方面，提出了从 20 世纪末起到 2010 年建设有中国特色社会主义新农村的奋斗目标，确定了实现这些目标必须坚持的十条方针。《决定》强调，以公有制为主体、多种所有制经济共同发展的基本经济制度，以家庭承包经营为基础、统分结合的经营制度，以劳动所得为主和按生产要素分配相结合的分配制度，必须长期坚持。要在这个基础上，按照建立社会主义市场经济体制的要求，深化农村改革。

1998 年 10 月 24 日，《人民日报》报道：中共中央政治局委员、国务院副总理温家宝 23 日在部署全国农业综合开发工作时强调，农业综合开发是党中央、国务院加强农业的一项重大决策，各级政府要努力把农业综合开发提高到一个新水平。我国农业综合开发开展 10 年来，共改造中低产田 15 333 千公顷，开垦宜农荒地 1 661 千公顷，改良草场 1 155 千公顷，造林 10 000 千公顷，有效地提高了农业综合生产能力。

1998 年 11 月 9 日，《光明日报》报道：5 日—7 日，中宣部、中央文明办在山东省文登市召开全国农村精神文明建设工作座谈会。会议提出，要认真贯彻党的十五届三中全会精神，紧紧围绕经济建设的中心，着力为农民办实事，引导农民奔小康，把农村精神文明建设推向前进。

1998 年 11 月 24 日，《人民日报》报道：农业部主办的专业服务信息服务网络中国农业信息网（www. agri. gov. cn），已有 3 000 多个信息集散点，网上信息每天更新 20 多万字，受益者不计其数。

1998 年 12 月 24 日，新华社报道：国务院近期发出《关于深化棉花流通体制改革的决定》。国务院决定从 1999 年 9 月 1 日新的棉花年度起，棉花的收购价格、销售价格主要由市场形成，国家不再做统一规定。近年来，国务院在棉花生产、流通、消费方面制定了一系列政策和改革措施，有力地促进了棉花生产的发展，满足了纺织用棉和其他用棉的需要。当前我国社会主义市场经济迅速发展，棉花资源充裕，棉花替代品逐步增多，进一步深化棉花流通体制改革的时机已经基本成熟。因此国务院决定从1999年棉花年度开始进一步改革棉花流通体制。《决定》要求，首先要按照建立社会主义市场经济体制要求，逐步建立起棉花资源合理配置的新体制。建立政府指导下的市场形成棉花价格的机制，拓宽棉花经营渠道，减少流通环节。完善储备棉管理体制，实行储备与经营分开。推行公正检验制度，加强对棉花质量的监督管理。培育棉花交易市场，促进棉花有序流通。分清职责，做好棉花收购资金的供应和管理工作。加强棉花进出口管理，确保有效的宏观调控。调整优化棉花生产布局，努力提高棉花单产。规范棉花企业与供销社的关系，深化棉花企业改革。统一认识，加强领导，确保棉花流通体制改革顺利进行。

1999年1月7日，《经济日报》报道：1月6日，中华全国供销合作会议在北京召开，国务院副总理温家宝在会议开幕时指出，供销合作社要适应农村经济发展需要，进一步深化改革。当前最紧迫的任务，一是扭转亏损局面，二是防范化解农村金融风险。

1999年1月8日，《农民日报》报道：1月7日，由中宣部和农业部共同主办的向全国592个贫困县（市）赠送《九亿农民致富丛书》仪式在北京举行。

1999年1月8日，《人民日报》报道：全国供销合作总社、国家工商行政管理局、中国人民银行联合发出《关于进一步加强棉花市场管理的通知》。《通知》说，严禁非法收购棉花。除供销社棉花经营企业，农业部门所属的良种棉加工厂、国有农场收购、加工良繁区及自产棉花外，其他任何单位和个人参与棉花收购、加工和经营，一律视为非法行为，金融部门严禁对其提供收购贷款，由工商行政管理部门按有关规定坚决予以查封或取缔，没收加工机具，吊销营业执照。纺织企业可以委托县级棉麻公司收购棉花，但不允许到棉区直接设点收购。严格禁止商业银行对个体工商户和棉纺厂直接收购棉花提供贷款。取缔私下交易的棉花市场，取缔小轧花机、土打包机，控制新上籽棉加工项目。

1999年1月15日，国家林业局、财政部联合组织的总投资为30亿元，总产值可达460亿元的世界银行贷款项目——“贫困地区林业发展项目”正式启动实施。该项目世界银行贷款资金为2亿美元，覆盖河北、山西、辽宁、江西、安徽、河南、湖北、湖南、广西、四川、贵州、云南等12个省、自治区180多个县。

1999年3月23日，《科技日报》报道：22日，科学技术部召开的全国星火计划工作座谈会结束。会议对“十五”星火计划发展纲要、“十五”全国星火密集区和区域性支柱产业建设总体方案等进行了广泛的讨论，并对今后的全国星火计划工作进行了部署。

1999年3月26日，《光明日报》报道：受科学技术部部长朱丽兰的委托，正在日内瓦访问的中国代表团团长段瑞春向国际植物新品种保护联盟副总干事长巴利·格林格拉斯递交了中华人民共和国加入《国际植物新品种保护公约（1978年文本）》的加入书。我国成为国际植物新品种保护联盟（OUPV）的第39个成员。

1999年3月31日，《农民日报》报道：农业部编制完成了《中国21世纪议程农业行动计划》，并于30日举行了新闻发布会。该行动计划列出了十章三十六个方案领域，分析了我国农业农村经济发展及资源环境现状和存在的主要问题，阐述了农业可持续发展的基本目标思路和途径。

1999年4月12日，《农民日报》报道：9日，国务院扶贫开发领导小组在贵阳市召开全国东西扶贫协作经验交流会。国务院扶贫开发领导小组组长温家宝出席会议。他强调，广泛动员社会各界力量，开展多种形式的经济合作，把东西扶贫协作推向一个新的阶段。

1999年4月12日，《农民日报》报道：10日，中国对外经济贸易合作部部长石广生与美国贸易谈判代表巴尔舍夫斯基分别代表中美两国政府，在华盛顿签署了《中美农业合作协议》。

1999年4月12日，《农民日报》报道：4月6日—8日，国务院副总理温家宝在贵州农村考察时强调，要切实加强以党支部为核心的农村基层组织和干部队伍建设、民主法制建设和精神文明建设，促进农村经济发展和社会全面进步。

1999年4月14日，《科技日报》报道：13日，由农业部、中国科协、中华全国供销合作总社联合主办的第三届中国国际农业科技年会在北京举行。本届年会以“植物保护与植物营养”为主题。

1999年4月16日，《农民日报》报道：自1994年起实施的粮棉大县和高产优质高效农业示范区专项贷款已执行完毕，从1999年起，中国农业银行将不再设立此专项贷款。1994—1998年，农业银行共计发放两个专项贷款365.7亿元，支持粮棉大县贷款项目12 828个，实施高产优质高效农业示范区贷款项目1 025个。5年来，两个专项贷款项目共计实现产值 2 326.2 亿元，创利税 168.3 亿元，创汇 26.4 亿美元。

1999 年 4 月 24 日，《科技日报》报道：23 日，农业部、财政部在北京召开新闻发布会，宣布正式启动农业科技“跨越计划”。该计划重点解决我国农业科技成果转化率低，技术普及薄弱问题。预计计划总投资为 5 000 万元。

1999 年 5 月 22 日，《农民日报》报道：由农业部种植业管理司和农业部信息中心共同创建的覆盖全国水果主产区、联结各大中城市果品批发市场的中国果业信息网正式开通。

1999 年 5 月 25 日，《农民日报》报道：国土资源部、农业部发出通知，要求各地认真落实基本农田保护责任制。

1999 年 6 月 3 日，《农民日报》报道：湖北省经过 3 年的努力，已全面完成国家下达的第三期农业综合开发建设任务。3 年来累计投入资金 10.36 亿元。治理改造中低产田 205.5 千公顷，建成农业综合开发项目 325 个。项目区的农民人均收入达到 2 310 元，比开发前增加了 1 010 元。

1999 年 6 月 16 日，农业部第 13 号令发布实施《中华人民共和国植物新品种保护条例实施细则》(农业部分)。对危害公共利益、生态环境的植物新品种不授予品种权。中国单位或者个人就其在国内培育的新品种向外国人转让品种权申请权或者品种权时，属于职务育种的，需经省级人民政府农业行政部门审核同意后报农业部审批；属于非职务育种的，直接报农业部审批。国有单位在国内转让品种权申请权或者品种权的，由其隶属的上级主管部门批准。转让品种权申请权或者品种权的，由农业部公告，并自公告之日起生效。中国单位或者个人申请品种权的，可以直接申请或者委托农业部指定的代理机构向农业部办公室提出申请。本细则共十章八十条。

1999 年 6 月 17 日，江泽民总书记针对贵州台江县发生的天然林采伐问题作出重要指示：禁伐天然林，保护生态环境是党中央、国务院作出的重大决策，任何地方、任何人都必须认真贯彻执行。

1999 年 6 月 18 日，《光明日报》报道：国务院办公厅发出《关于加强土地转让管理严禁炒卖土地的通知》。《通知》说，严格控制城乡建设用地总量，坚决制止非农建设非法占用土地加强对农民集体土地的转让管理，严禁非法占用农民集体土地进行房地产开发。加强对农林开发项目的土地管理，禁止征用农民集体土地进行“果园”“庄园”等农林开发强化开发用地的监管，禁止利用土地开发进行非法集资。规范国有土地交易活动，制止炒卖土地，全面清理土地转让、炒卖土地情况，坚决查处土地使用权非法转让和农民集体土地非法交易的行为，国务院各有关部门和各省、自治区、直辖市人民政府要认真贯彻落实本《通知》精神，制定相应的实施办法和相关的实施细则，确保加强土地转让管理、严禁炒卖土地各项规定的落实。

1999 年 6 月 18 日，《人民日报》报道：中国农业发展银行总行发出《关于做好夏季粮油收购资金供应和管理工作的通知》。《通知》要求，要按规定及时、足额发放收购资金贷款。今年仍然实行按保护价敞开收购政策。各地农发行要按照“收多少粮，贷多少款”的原则，严格按收购进度发放收购贷款，做到既保证粮食购销企业敞开收购的合理资金需要，又不得超量发放，确保新发放的收购贷款与新收购的粮油库存值一致。要根据各省、自治区、直辖市政府调整确定的各粮食品种的收购价格，合理测算本地区收购资金需求量，做好夏季收购资金贷款计划安排和资金调度工作，确保收购资金及时、足额到位。要切实做好财政补贴资金的监督拨付工作，各级支行要加强对财政补贴款项拨补情况的监测考核，重点放在督促粮食风险基金的及时、足额到位方面，并督促迅速下拨，减少补贴资金在途时间，保证各种利费补贴及时足额拨补到粮食企业，并及时足额收回相应的利息。要注重加强政策宣传，做好政策解释工作，帮助和督促企业转变观念，了解财政补贴政策和拨补情况，改善银企关系。继续严格执行总行关于收购、调销等为解决企业必要费用支出而发放贷款的规定，要切实加强对收购费用发放贷款的管理，严格禁止企业将其挪用于仓库维修、粮食移库等费用支出。要积极支持国有粮食购销企业正常的粮食销售活动。对因粮食调出、销售中发生的有关集并费用，只要在该笔销售货款中可以收回，应及时发放调销贷款予以支持。

1999 年 7 月 6 日，《光明日报》报道：农业部和海关总署发出通知，决定在我国对进出口农药实施登记证明管理制度。

1999 年 7 月 22 日—27 日，国家林业局与联合国《防治荒漠化公约》秘书处联合在北京举办亚非防治荒漠化早期预警专家研讨会、亚洲区域防治荒漠化公约联络员会议及亚洲区域防治荒漠化综合评价和监测网络启动会。

1999 年 8 月 3 日，《人民日报》报道：国务院办公厅转发了农业部、监察部、财政部、国家计委、法制办《关于做好当前减轻农民负担工作的意见》，要求各地遵照执行，坚决把农民的不合理负担减下来。《意见》要求各地区各部门，一是严格执行农业税收法规政策，二是严格控制提留统筹费提取数额，三是禁止一切乱收费、乱集资、乱罚款和各种摊派，四是禁止一切要农民出钱、出物、出工的达标升级活动，五是切实减轻农民的用电负担，六是坚决精简机构、人员，压缩不合理开支，七是切实落实领导责任。

1999年8月4日，武警森林指挥部成立大会在北京举行。

1999年8月5日，《农民日报》报道：中国人民银行发布《农村信用社农户小额信用贷款管理暂行办法》。农户小额信用贷款是信用社以农户的信誉为保证，在核定的额度和期限内发放的小额信用贷款。农户小额信用贷款采取“一次核定、随用随贷、余额控制、周转使用”的管理办法。农户小额信用贷款使用农户贷款证。贷款证以农户为单位，一户一证，不得出租、出借或转让。农户小额信用贷款用途及安排次序：种植业、养殖业等农业生产费用贷款；为农业生产服务的个体私营经济贷款；农机具贷款；小型农田水利基本建设贷款。信用社成立农户资信评定小组。小组由信用社理事长、主任、信贷人员、部分监事会成员和具有一定威信的社员代表组成。农户小额信用贷款按人民银行公布的贷款基准利率和浮动幅度适当优惠。农户小额信用贷款的结息方式与一般贷款相同。《办法》共六章十九条。

1999年8月13日，《农民日报》报道：12日，全国绿色证书工程经验交流会在长春市召开（13日结束）。到1998年底，全国获得绿色证书的农民已达315万人，通过实施绿色证书工程累计推广14万项科技开发项目。

1999年8月17日，《农民日报》报道：国务院办公厅转发了农业部《关于当前调整农业生产结构的若干意见》，要求各地区、各部门认真贯彻执行。《意见》指出，当前我国农业发展进入了一个新的发展阶段，各地要进一步贯彻落实党的十五届三中全会通过的《中共中央关于农业和农村工作若干重大问题的决定》精神，抓住主要农产品供应比较充裕的有利时机，大力调整农业生产结构，把农业的发展切实转到以提高质量和效益为中心的轨道上来。当前调整农业生产结构总的指导思想是，在继续改善农业生产条件，稳定提高农业综合生产能力的前提下，适应农业发展新阶段的需求，面向国内外市场，依靠科技进步，着力改善农产品的品种和质量，发挥区域比较优势，大力发展高产优质高效农业，提高农业的综合效益。《意见》提出了调整农业生产结构应坚持的原则，农业生产结构的调整重点，还提出了促进农业生产结构调整的政策措施。各级政府和有关部门要适应农业发展新阶段的要求，抓住机遇，把调整农业生产结构作为一件大事，列入议事日程，加强领导，转变职能，把工作重心切实转移到为调整农业生产结构提供指导和服务上来。各地要尽快制定规划，提出调整方案和实施意见，落实具体政策措施，通过政策引导、信息服务、技术示范等办法，切实加强对调整农业生产结构的指导。各有关部门要加强配合，支持和保证农业生产结构调整顺利进行。

1999年9月1日，《农民日报》报道：8月30日，荷兰政府资助我国开展水稻病虫害综合治理项目签字仪式在北京举行。根据协议，荷兰政府将在未来5年捐助约200万美元，通过联合国粮农组织在我国实施水稻病虫害综合治理工作。

1999年10月14日，《经济日报》报道：国务院办公厅转发农业部、中编办、人事部、财政部《关于稳定基层农业技术推广体系的意见》。《意见》中说，农业技术推广体系是农业社会化服务体系和国家对农业支持保护体系的重要组成部分，是实施科教兴农战略的重要载体。加强基层农业技术推广体系建设，鼓励农业科技人员到农业生产第一线直接为农民服务，确保农业和农村经济稳定发展。《意见》提出，要充分认识稳定基层农业技术推广体系的重要意义。经过多年努力，我国已初步形成了比较健全的农业技术推广体系，农业技术推广事业有了长足的发展。各级农业技术推广机构在农业技术引进、试验示范和推广应用，开展技术培训和咨询，提高广大农民素质，推动农业和农村经济发展等方面，发挥了不可替代的作用。要进一步贯彻落实稳定基层农业技术推广机构的政策措施。为了稳定基层农业技术推广机构，推进农业技术推广事业发展，国家制定了一系列政策措施，对基层农业技术推广机构的性质、人员编制、经费保障等做出了明确规定。这些政策措施要继续贯彻落实。县、乡两级农业技术推广机构是事业单位。积极为农业技术推广事业改革与发展创遗条件各级人民政府要积极创造条件，推动农业技术推广事业的改革与发展。财政、计划、金融、工商管理等部门，要积极鼓励和支持农业技术推广机构兴办经营实体、开展有偿服务。同时，农业技术推广机构要深化改革，逐步打破用人制度上的任命制和分配制度上的“大锅饭”，建立严格考核、竞争上岗、按岗定酬、以绩付酬的机制。

1999年10月20日，《经济日报》报道：全国农村电网建设与改造工程预计将在2000年底结束，3年间将共投资1 800亿元，可望每年为农民减负

330亿元。

1999年11月15日，《农民日报》报道：13日，出席联合国粮食及农业组织第30届大会的中国政府代表团团长、农业部部长陈耀邦在会上发言指出，中国政府坚定不移地把农业放在国民经济发展的首位，中国农业与农业经济的发展在下个世纪一定会能够取得更大的成就。

1999年11月18日，《科技日报》报道：中央经济工作会议提出，当前，世界多极化的趋势在继续发展，国际形势总体上仍然趋向缓和，和平与发展依然是时代的主题，1999年的经济工作，是在比较复杂的国际国内环境中进行的。我们克服了各种困难，集中精力抓好经济建设。当前经济生活中存在的问题主要是，有效需求不足，就业压力增大，农民收入增长缓慢，结构不合理的矛盾更加突出。会议对明年的经济工作做了全面部署，提出五项主要任务，会议从八个方面具体部署了明年的经济工作，要求进一步稳定农业的基础地位，着力调整农业和农村经济结构，千方百计增加农民收入。

1999年12月1日，《农民日报》报道：我国首批20项农业科技跨越计划正式启动。国家总投资6 000万元，主要集中于国际市场竞争潜力较大的农产品生产项目。

1999年12月29日，《光明日报》报道：28日，中宣部、农业部、财政部、国务院研究室和国家新闻出版署在北京举行由江泽民题写书名并作序的《中国农民基本常识读本》首发式。

2000年1月16日，《经济日报》报道：国土资源部和农业部发出《关于搞好农用地管理促进农业生产结构调整工作的通知》。《通知》指出，各级土地和农业行政主管部门要认真学习领会中央精神，提高认识，调整思路，精心组织，密切合作，增强对农业生产结构调整指导和服务意识。坚持政策引导，对有利于稳定提高农业综合生产能力的农业生产结构调整，要给予支持；坚持科学规划，统筹安排，努力实现耕地总量动态平衡；坚持“在保护中开发，在开发中保护”的原则，改善生态环境，防治水土流失，保障资源可持续利用。各地要从实际出发，采取有效措施，切实做好有关调整农业生产结构的各项工作。《通知》在五个方面做出了具体要求。一是提高认识，加强对农业生产结构调整指导和服务；二是在土地利用总体规划指导下，搞好农用地结构调整；三是以市场需求为导向，引导农民调整农业生产结构；四是结合农业生产结构调整，加强农用地管理；五是通过土地开发整理，促进农业生产结构调整。

2000年1月17日，《农民日报》报道：国务院扶贫开发领导小组召开第四次会议，研究部署扶贫攻坚工作。

2000年1月18日，《经济日报》报道：江泽民总书记为《中国农民基本常识读本》题写书名并作序。中共中央宣传部、农业部、财政部、国家广播电影电视总局、新闻出版署、共青团中央和全国妇联联合发出《关于做好〈中国农民基本常识读本〉学习宣传工作的通知》，要求各地切实做好这套读物的学习宣传工作。

2000年1月27日，《科技日报》报道：26日，第一个设在中国的政府间国际组织——国际竹藤组织（INBAR）总部和国际竹藤网络中心大楼开工典礼仪式在北京举行。

2000年2月14日，《人民日报》报道：中共中央、国务院发布关于做好2000年农业和农村工作的意见。主要内容为：大力调整农业生产结构；促进农产品加工转化增值；积极发展小城镇和乡镇企业；加快农业科技进步；加强农产品市场建设；加强农村基础设施和生态环境建设；强化农村土地承包、集体财务和农民负担管理；加强农村基层组织建设、民主法制建设和精神文明建设。

2000年3月29日，《农民日报》报道：由科学技术部、农业部联合组织的优质及专用农作物新品种“后补助”评审28日在北京揭晓。水稻、小麦、玉米、棉花、大豆、油菜六大农作物的31个新品种各获得政府一次性补助15万元，并纳入国家“九五”农业科技攻关项目管理中。

2000年4月5日，《科技日报》报道：我国农业的重大工程——国家蔬菜改良中心3月31日破土动工。

2000年4月10日，《农民日报》报道：国务院决定从今年开始，将乡镇企业交费纳入全国企业治乱减负整体工作范围。全国2 000多万家乡镇企业承担的1 100亿元交费负担有望得到清理。

2000年4月20日，《人民日报》报道：19日，农业部和德国技术合作公司在北京举办中德合作项目中国华北地区集约化农业的环境对策规划研讨会，共同探讨如何控制集约化农业带来的面源污染。

2000年4月24日，《人民日报》报道：18日，建设部在成都市召开全国村镇建设工作会议。全国镇区人口在3万人以上的小城镇达800个（20日结束）。

2000年4月27日，《经济日报》报道：26日，38项农业植物新品种第一次被农业部授予品种权。这标志着我国开始对农业植物新品种实施知识产权保护。

2000年4月28日，《农民日报》报道：27日，世界粮食计划署援助我国“陕西/湖北秦岭山区农业扶贫开发项目”签字仪式在北京举行。世界粮食计划署将在5年内向项目区无偿提供8万吨小麦。

2000年5月3日，《人民日报》报道：5月2日，首届“乡村发展世纪论坛”在“京郊第一村”房山区韩村河村开幕。

2000年5月16日，由国务院扶贫开发领导小组办公室、联合国开发计划署、世界银行、亚洲开发银行联合举办的“21世纪初中国扶贫战略国际研讨会”在北京举行（18日结束）。

2000年5月25日，《农民日报》报道：24日，全国农业综合开发工作会议在北京召开。2000年中央财政安排的全国农业综合开发资金总额达到61.07亿元，比上年增加13.18亿元。

2000年5月29日，《人民日报》报道：28日，中国农业生态环境保护协会在北京举办西部开发与农业生态环境保护研讨会。专家们认为，西部大开发要树立生态和经济并重的观点，恢复和重建西部地区极其脆弱的生态环境，要坚持分类治理、科学指导的方针，强化农业在生态建设和西部开发中的地位和作用。同时，专家们还呼吁要重视“还草”问题。

2000年5月30日，《人民日报》报道：全国农技推广服务中心近日出台了《关于做好当前农业技术推广工作的意见》，提出今年农技推广工作要以优质高效为中心推广四大类重大技术：第一类为农作物优质新品种；第二类为节本增效栽培技术；第三类为可持续农业技术；第四类为植保防灾减灾技术。

2000年6月30日，《人民日报》报道：29日，全国农村电网建设与改造工作先进表彰电视电话会议召开。我国农村电网建设改造取得初步成效。截至今年5月底，全国已有512个县全部完成了低压电网改造任务，占全部农网改造县的22%。

2000年7月5日，《人民日报》报道：中共中央、国务院近日出台《关于促进小城镇健康发展的若干意见》。《意见》指出，当前，各地积极贯彻落实中央精神，小城镇的发展形势总的是好的，但也存在着一些不容忽视的问题：一些地方缺乏长远、科学的规划，小城镇布局不合理；有些地方存在不顾客观条件和经济社会发展规律，盲目攀比、盲目扩大的倾向；多数小城镇基础设施不配套，影响城镇整体功能的发挥；小城镇自身管理体制不适应社会主义市场经济的要求。对农业和农村经济结构进行战略性调整，全面提高农业和农村经济的整体素质和效益，增加农民收入，提高农业生活水平，是当前和今后一个时期我国农业和农村工作的首要任务。发展小城镇，是实现我国农村现代化的必由之路。农村人口进城定居，有利于广大农民逐步改变传统的生活方式和思想观念；有利于从整体上提高我国人口素质，缩小工农差别和城乡差别；有利于实现城乡经济社会协调发展，全面提高广大农民的物质文化生活水平。当前，加快城镇化进程的时机和条件已经成熟。抓住机遇，适时引导小城镇健康发展，应当作为当前和今后较长时期农村改革与发展的一项重要任务。

2000年7月26日，《人民日报》报道：25日，全国乡镇政务公开经验交流电视电话会议在北京召开。

2000年9月8日，《人民日报》报道：7日，保护母亲河——新加坡李氏基金绿色希望工程林启动仪式在北京人民大会堂举行。新加坡李氏基金捐赠100万元港币，用于在河北怀来县建立333.33公顷绿色林带，防沙治沙，促进京津周边地区绿色生态屏障的构筑。

2000年9月9日，《科技日报》报道：8月18日，全国首家农副产品交易平台——中国农副产品市场（网）在乌鲁木齐市开通。

2000年9月10日，国务院发出《国务院关于进一步做好退耕还林还草试点工作的若干意见》的通知。《意见》指出，2000年以来，按照党中央、国务院的部署，长江上游、黄河上中游有关地区认真开展退耕还林还草的试点工作，进展比较顺利，得到广大农民的拥护和支持。但试点工作中也出现了一些新情况、新问题，为了明确责任、严格管理，推动试点工作的健康发展，特作出此规定。一是加强领导，明确责任，实行省级政府负总责；二是完善退耕还林还草政策，充分调动广大群众积极性；三是健全种苗生产供应机制，确保种苗的数量和质量；四是依靠科技进步，合理确定林草种结构和植被恢复方式；五是加强建设管理，确保退耕还林还草顺利开展。《意见》共列出三十三条办法和要求。

2000年9月21日，《人民日报》报道：20日，首届中国国际农业博览会在沈阳市开幕，来自中国、意大利、英国、法国等24个国家和地区的客商参展。农博会展示了当今国内外农作物的新品种，还推出了100项重点农业合资合作项目。

2000年10月11日，国务院发出《国务院关于进一步推进全国绿色通道建设的通知》，要求各地、各部门进一步推进全国绿色通道建设。绿色通道建设是一项社会公益性事业，应动员全社会参与这项工作，鼓励国家、部门、集体、个人一起上，实行谁绿化谁所有、谁投资谁受益、谁经营谁得利，充分调动各方面建设绿色通道的积极性。绿色通道建设任务艰巨，必须突出重点，分步实施。要优先抓好高速公路、铁路、国道、省道、重要堤坝沿线以及重点水库周边地区的绿化。新建、改建、扩建的道路、堤坝等沿线的绿化要和工程项目统筹规划，统一纳入工程概算，同步建设。

2000年10月19日，《农民日报》报道：一种绿色农药在武汉问世，国家火炬计划项目——0.1%氧化苦参碱植物源杀虫剂将在武汉东湖高新技术开发区大规模投入生产。

2000年10月20日，《农民日报》报道：国家“九五”重点科技攻关项目——“棕红壤丘陵区粮经作物及名优林果发展研究”，通过了农业部验收。

2000年10月23日，《科技日报》报道：由中国科学院水生物研究所朱作言主持的“快速生长转基因鲤鱼的中试研究”项目，建立了快速生长转基因鲤鱼的高效、安全养殖模式，证实了转“全鱼”生长激素基因鱼的食品消费安全性，为转“全鱼”生长激素基因鲤鱼的大规模商品化生产提供了科学依据，研究成果居国际领先水平。

2000年10月25日，《人民日报》报道：我国农业技术推广体系建设取得显著成绩，机构和队伍基本稳定，科技成果转化率接近40%。截至1999年底，全国种植业、畜牧兽医、水产、农机化、经营管理五个系统，共有推广机构21.5万个，其中县级2.2万个，乡级约有18万个，有40多万个村设立了服务组织，还有超过10万个农村设立了专业技术协会，以及数百万个科技示范户。

2000年11月9日，《人民日报》报道：8日，国家林业局向新闻界宣布，我国正式实施《中国湿地保护行动计划》。我国湿地总面积65 940千公顷，居亚洲第一位，世界第四位。中国湿地保护行动计划由国家林业局牵头，外交部、国家计委、财政部、农业部、水利部等国务院17个部门共同参加。这是1992年中国加入《关于特别是作为水禽栖息地的国际重要湿地公约》以来，保护湿地资源的一个重大举措。这一计划的启动，将使湿地保护的行动朝着统一的方向发展。到目前为止，我国已初步建立湿地保护与合理利用的法律法规体系，建立了湿地保护管理的组织机构体系，全国建立了湿地类型自然保护区263处。但是，盲目围垦和城市开发占用造成了我国天然湿地面积削减、功能下降；湿地资源和水资源过度利用造成湿地生物多样性衰退；湿地污染严重，水质恶化。加大湿地保护力度成为我国生态建设的一项艰巨而紧迫的任务。

2000年11月30日，《人民日报》报道：29日，全国农业科技信息网络化和数字化工作会议在中国农业科学院召开。目前，我国已有农业信息网站1 500个，其中农业科技网站177个。大部分省、自治区、直辖市的农业科学院、农业大学已不同程度与本地区信息网或因特网联网，基本上可以连通国家或国际网，获取电子信息目录或原文。

2000年12月4日，《科技日报》报道：2日，国际智能化农业信息技术会议在北京开幕。我国已在20个省建立了推广应用智能化信息技术示范区，建立了100多个农业智能应用系统，累计创经济效益15亿元。

2000年12月4日，《人民日报》报道：3日，全国农村“三个代表”重要思想学习教育工作会议在成都市召开。中共中央政治局常委、国家副主席胡锦涛在会上强调，认真开展“三个代表”重要思想学习教育活动，切实提高农村基层干部思想政治素质和工作水平。

2000年12月12日，《农民日报》报道：12月11日，袁隆平农业高科技股份有限公司A股在深圳证券交易所上市。

2000年12月14日，《人民日报》报道：13日，为期两天的中德2000年环境合作会议在北京闭幕，会议通过了《中华人民共和国政府和德意志联邦共和国政府环境保护联合声明——行动议程》。会议围绕提高能源效率、资源保护与生态保护、污染防治、城市环境等主题进行了广泛探讨，举行了45场技术报告会，近1/3的企业达成合作意向。

2000年12月22日，《人民日报》报道：日前，国务院发出通知，印发国家环境保护总局会同有关部门制定的《全国生态环境保护纲要》。生态环境保护是功在当代、惠及子孙的伟大事业和宏伟工程。坚持不懈地搞好生态环境保护是保证经济社会健康发展，实现中华民族伟大复兴的需要。要求各地区、各有关部门结合实际认真贯彻执行，并根据《纲要》制定本地区、本部门的生态环境保护规划，积极采取措施，加大生态环境保护工作力度，扭转生态环境恶化趋势，加强生态环境保护的宣传教育，不断提高全民的生态环境保护意识。深入开展环境国情、国策教育，分级开展生态环境保护培训，提高生态环境保护与经济社会发展的综合决策能力。重视生态环境保护的基础教育、专业教育，积极搞好社会公众教育。城市动物园、植物园等各类公园，要增加宣传设施，组织特色宣传教育活动，向公众普及生态环境保护知识。进一步加强新闻舆论监督，表扬先进典型，揭露违法行为，完善信访、举报和听证制度，充分调动广大人民群众和民间团体参与生态环境保护的积极性，为实现祖国秀美山川的宏伟目标而努力奋斗。《纲要》从四个方面进行了阐述。一是当前全国生态环境保护状况；二是全国生态环境保护的指导思想、基本原则与目标；三是全国生态环境保护的主要内容与要求；四是全国生态环境保护的对策与措施。

2001 年 1 月 9 日，《经济日报》报道：中共中央办公厅发出《关于在农村开展“三个代表”重要思想学习教育活动的意见》。《意见》指出，开展学习教育活动的指导思想是：以马列主义、毛泽东思想、邓小平理论为指导，按照“三个代表”的要求，深入贯彻落实党的十五大和十五届三中、五中全会及中央经济工作会议精神，紧紧围绕农村改革、发展和稳定的大局，着力解决当前农村存在的突出问题，努力创建“五个好”村党支部、“六个好”乡镇党委和农村基层组织建设先进县，进一步提高农村基层干部素质，增强农村基层党组织的凝聚力和战斗力，为做好农业和农村工作提供坚强有力的思想和组织保证。学习教育活动要达到的基本要求：推动农村经济发展，增加农民收入要有新进展；减轻农民负担要切实见到成效；基层干部思想作风和工作作风要有明显改进；精神文明建设和民主法制建设要进一步加强。

2001 年 1 月 9 日，《农民日报》报道：1 月 4 日—8 日，中共中央政治局常委、国务院总理朱镕基在重庆考察农业和农村发展时指出，特别要把加强农业、增加农民收入作为经济工作的首要任务，努力解决农业和农村中存在的问题。

2001 年 2 月 8 日，《农民日报》报道：国家出入境检验检疫局、海关总署、国家林业局、农业部、外经贸部联合发布公告要求，我国将进一步严格原木检疫措施，防止林木有害生物随进口原木传入。

2001 年 4 月 6 日，《农民日报》报道：4 月 5 日，中共中央统战部在北京举行报告会，国务院副总理温家宝就搞好农村税费改革试点工作、减轻农民负担等问题向党外人士作了报告。

2001 年 5 月 20 日，《经济日报》报道：5 月 19 日，针对香港、澳门禽流感疫情，农业部、国家质检总局、外经贸部联合发出紧急通知，要求各地切实做好防范工作。

2001 年 5 月 25 日，《农民日报》报道：5 月 24 日，由农业部中国—欧洲联盟农业技术中心和中国未来研究会主办的 2001 年中国农业暨高新技术项目招商引资洽谈会在北京举行。

2001 年 5 月 29 日，《农民日报》报道：5 月 27 日，中央财经领导小组办公室、国务院扶贫开发领导小组办公室和财政部，在北京联合举行向全国贫困地区赠送《农村政策简明读本》仪式，向贫困地区赠书 10 万册。

2001 年 5 月 31 日，《光明日报》报道：国务院发出《关于加强国有土地资产管理的通知》（国发〔2001〕15 号）。《通知》指出：严格控制土地供应总量是规范土地市场的基本前提。各地要加大对闲置土地的处置力度，积极稳妥地解决历史遗留问题，最大限度地减少国有资产的损失。对依法应无偿收回的闲置土地，要坚决收回。严格实行国有土地有偿使用制度，严格执行《中华人民共和国土地管理法》《中华人民共和国城市房地产管理法》关于划拨用地范围的规定，任何单位和个人均不得突破。除法律规定可以采用划拨方式提供用地外，其他建设需要使用国有土地的，必须依法实行有偿使用。

2001 年 6 月 1 日，《经济日报》报道：5 月 31 日，全国人大常委会村民委员会组织法检查组举行第一次全体会议。全国人大常委会委员长李鹏强调，各级人大要保障村民依法行使自治的权利。

2001 年 6 月 5 日，《农民日报》报道：农业部会同公安部、国家工商行政管理总局、中华全国供销合作总社等部门联合出发《关于深入开展农业生产资料打假联合行动的通知》（农市发〔2001〕4 号）。这次农资打假联合行动，重点围绕七类产品和五种违法违规行为进行。七类农资产品是：假冒伪劣种子（包括种畜禽、水产苗种、热作种苗、牧草种子）、化肥（主要是复混肥）、农药（包括鼠药、卫生杀虫剂等）、兽药、饲料（包括鱼粉）、农机及零配件和渔机渔具。五种违法违规行为是：未取得或冒用他人产品登记证（或推广许可证）、批准文号、生产许可证、经营许可证、审定证书、质量合格证而违法进行农资生产、销售的行为；无产品标识或产品标识不全的行为；生产经营劣质和失效变质农资产品，掺杂使假、以次充好、以假充真、以不合格产品冒充合格产品的行为；假冒他人商标、产品名称、包装、装潢，伪造和冒用他人厂名、厂址、质量标志，涂改伪造产品生产经营单位名称、地址、有效期限的行为；利用广告或其他手段对产品质量、服务、功效、适用范围等做虚假宣传，误导消费者的行为。对群众投诉多，社会反映强烈的重点地区、重点市场，要重点整治。

2001年6月6日，《农民日报》报道：国务院纠风办、农业部联合发出通知，要求各地区、各部门在年内对要求农民出钱、出物、出工的各种达标升级活动再进行一次全面清理。

2001年6月7日，《农民日报》报道：5月23日，国务院总理朱镕基签署第304号国务院令，公布《农业转基因生物安全管理条例》，自公布之日起施行。《条例》指出，国务院农业行政主管部门负责全国农业转基因生物安全的监督管理工作，国务院建立农业转基因生物安全管理部际联席会议制度，国家对农业转基因生物安全实行分级管理评价制度，国家建立农业转基因生物安全评价制度，国家对农业转基因生物实行标识制度。国务院农业行政主管部门应当加强农业转基因生物研究与试验的安全评价管理工作，并设立农业转基因生物安全委员会，负责农业转基因生物的安全评价工作，农业转基因生物安全委员会由从事农业转基因生物研究、生产、加工、检验检疫以及卫生、环境保护等方面的专家组成。生产转基因植物种子、种畜禽、水产苗种，应当取得国务院农业行政主管部门颁发的种子、种畜禽、水产苗种生产许可证。经营转基因植物种子、种畜禽、水产苗种的单位和个人，应当取得国务院农业行政主管部门颁发的种子、种畜禽、水产苗种经营许可证。从中华人民共和国境外引进农业转基因生物用于研究、试验的，引进单位应当向国务院农业行政主管部门提出申请；境外公司向中华人民共和国出口转基因植物种子、种畜禽、水产苗种和利用农业转基因生物生产的或者含有农业转基因生物成分的植物种子、种畜禽、水产苗种、农药、兽药、肥料和添加剂的，应当向国务院农业行政主管部门提出申请。

2001年7月3日，《科技日报》报道：7月2日，全国人大环境与资源保护委员会在北京召开环境保护专题会议，听取有关环保专家就我国环境质量状况和对策所作的专题汇报。

2001年7月17日，《经济日报》报道：全国棉花工作会议在北京举行。国务院副总理温家宝强调，要大力推进棉花流通体制改革，为促进我国棉花生产健康发展，增强棉纺产品国际竞争力奠定良好的基础。

2001年7月25日，《农民日报》报道：7月23日至26日，由国际植物新品种保护联盟与中国农业部、国家林业局、国家知识产权局合作召开的“亚洲地区植物新品种保护技术协调会议”在北京举行。

2001年7月28日，《农民日报》报道：农业部出台《关于进一步加强节水农业工作的意见》，要求各地大力推广8项节水农业技术。《意见》指出，抓紧制定节水农业发展规划，加强对节水农业工作的宏观指导。各地要根据本区域的水资源状况和农业农村经济发展实际，按照《全国生态环境建设规划》和《全国节水农业发展规划》的要求，结合本地区资源特点和农业生产实际，认真编制本地区节水农业发展规划。要针对影响本地节水农业发展的关键因素和难点，确定主攻方向、发展目标及切实可行的关键技术和措施。制定规划时，应加强对节水农业重大战略问题、政策问题和技术问题的研究，认真探讨不同类型和区域的节水农业发展战略和技术路线，重点围绕田间节水，促进传统农业向节水高效型转化。根据我国国情，发展节水农业要走常规技术与高新技术并重、工程技术与非工程技术相配套、蓄水保水技术与节水管理技术相结合的路子。当前要重点抓好以下8项技术措施的推广应用：雨水积蓄利用技术、田间工程技术、节水灌溉技术、机械化保护性耕作技术、耕作与覆盖保墒技术、节水抗旱品种和高效栽培技术、化学抗旱保水节水技术、土壤地力墒情监测与信息管理技术。

2001年8月18日，《农民日报》报道：8月9日，我国最大的复合肥企业——贵州西洋肥业有限公司100万吨硫基复合肥生产线在贵州省息烽县正式投产。

2001年8月22日，《光明日报》报道：8月20日，全国粮食工作会议在北京召开。国务院副总理温家宝在会上强调，坚持按保护价敞开收购农民余粮，保护农民种粮积极性。

2001年8月29日，《农民日报》报道：8月28日，中共中央办公厅、国务院办公厅召开全国减轻农民负担电视电话会议。国务院副总理温家宝强调，各地区、各部门一定要把思想统一到中央的政策上来，认真抓好减轻农民负担工作。

2001年9月10日，《农民日报》报道：中宣部、农业部、国家广播电影电视总局和国家新闻出版署联合发出《关于加强农村经济信息宣传工作的通知》。《通知》对各级农业、宣传、新闻出版、广播电视等部门加强经济信息宣传工作提出三点要求。第一，加大农村经济信息宣传的力度。第二，加大农村经济信息宣传的深度。第三，形成农村经济信息宣传的规模效应。

2001年9月11日，《农民日报》报道：9月8日至10日，农业部和黑龙江省政府在齐齐哈尔市举办了中国首届绿色食品博览会。

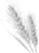

2001年9月13日，《农民日报》报道：9月12日，农业部、人民日报社联合举办的农业结构调整经验交流会在北京召开。

2001年9月28日，《农民日报》报道："九五"期间，国家财政用于农业的各种直接和间接支出达到8 460多亿元，有力地推动了农业和农村经济登上新台阶。

2001年10月9日，《光明日报》报道：11月8日，国家环保总局宣布，以改善渤海生态环境为目的的《渤海碧海行动计划》已经国务院批准，我国将先后投入555亿元实施这一计划。确保到2005年，渤海海域的环境污染得到初步控制，生态环境破坏的趋势得到初步缓解，陆源COD入海量比2000年削减10%以上，磷酸盐、无机氮和石油类的入海量分别削减20%；到2010年，渤海海域环境质量得到初步改善，生态环境破坏得到有效控制，陆源COD入海量比2005年削减10%以上，磷酸盐、无机氮的入海量分别削减15%，石油类的入海量削减20%；到2015年，渤海海域环境质量明显好转，生态系统得到初步改善。《计划》是渤海和环渤海地区水环境保护、生态环境保护和海洋资源保护工作的重要依据。渤海和环渤海地区的各项生产、建设活动必须符合《计划》的要求。天津市、河北省、辽宁省、山东省人民政府和国务院有关部门要根据《计划》，尽快制定本地区和本部门的具体实施计划，按基本建设和技术改造项目审批程序列入地方、部门和国家的国民经济和社会发展五年计划和年度计划，并同其他环保规划相衔接，加强部门、地方之间的配合，认真组织实施。

2001年10月11日，《光明日报》报道：10月10日，国土资源发布了《"十五"西部国土资源开发利用规划》。《规划》指出，实施西部大开发战略，加强国土资源开发利用，必须把握好以下基本原则：一是坚持开发与保护相协调的原则；二是坚持政府宏观调控和市场配置资源的原则；三是坚持全方位改革开放的原则；四是坚持科技创新的原则；五是坚持因地制宜、全面规划、突出重点、分步实施的原则。规划目标：经过5～10年的努力，实现国土资源开发利用的总体目标是：充分发挥国土资源在西部大开发中的基础性作用，完成退耕还林还草的阶段目标，为基础设施建设、生态建设和环境保护、产业结构调整提供支持；科学合理开发利用石油、天然气、优质煤炭、锰、钢、铅锌、稀土、钾盐、磷等优势矿产，使其在国内市场中占有较大份额；逐步形成符合市场体制要求，技术含量、开放程度较高的"绿色"矿业；合理利用地下水资源，综合整治国土，初步实现资源开发利用、经济发展与生态建设和环境保护的良性循环，建设山川秀美的新西部。

2001年10月26日，《农民日报》报道：11月25日，由中国农村劳动力资源开发研究会、中国扶贫基金会和国务院发展研究中心农村部共同主办的2001年全国"创业之星"经验交流表彰大会在北京举行。据不完全统计，出席会议的390位农村"创业之星"所创办的企业总资产约339亿元，年实现利税35亿元，解决了约32万人的就业问题。

2001年11月24日，《农民日报》报道：23日，农业部和联合国粮农组织在北京召开中国农村人口变动与农村土地制度变革国际研讨会。

2001年12月1日，《经济日报》报道：国家计委、国家粮食局发出《关于开展全国粮食主产区粮价专项检查的通知》。

2001年12月7日，《农民日报》报道：国务院印发了《中国食物与营养发展纲要（2001—2010年）》，提出今后10年我国将优先发展奶业、大豆产业和食品工业。

2001年12月12日，《农民日报》报道：12月11日，中宣部等12部委在北京召开文化科技卫生"三下乡"电视电话会议，会议提出，传播先进文化，促进农村发展。

2001年12月21日，《农民日报》报道：12月20日，农业部第三届软科学委员会工作会议在北京举行。会议提出了下一步农业软科学研究的九项重点。

2002年1月10日，《人民日报》报道：第五次全国环境保护会议在北京召开。中共中央政治局常委、国务院总理朱镕基在会上强调，在保持国民经济持续快速健康发展的同时，必须把环境保护放在更加突出的位置，加大力度，狠抓落实，努力开创新世纪环境保护工作新局面。

2002年1月12日，《人民日报》报道：全国有29个省（区、市）农业部门在互联网上开通了信息网站，建立了118个数据库。据调查，全国地（市）级农业部门中有105个建了局域网，134个建了互联网站，分别占地（市）总数的32%和40%，全国省、地、县三级农业部门在信息网络建设方面的投资已达4.12亿元，其中省级1.18亿元，地（市）级1.22亿元，县（区）级1.72亿元。

2002年1月17日，《农民日报》报道：1月15日，针对违法使用"瘦肉精"等较为严重的问题，农业部发出紧急通知，严令各地有关部门加强防疫检疫力度，让群众吃上"放心肉"。

2002年1月17日，《人民日报》报道：2001年我国水利投资创历史最高水平，中央水利投资总规模达401亿元，水利建设取得突破性进展，长江干堤加固工程累计完成设计土方的73%，完成石方占设计的48%；黄河下游完成大堤加高544千米。2001年，全国新增节水灌溉面积147万公顷，新增粮食生产能力7亿千克，新增节水能力近11亿立方米。

2002年1月31日，《人民日报》报道：中国人民银行宣布，为促进农村信用社依法合规经营和做好支农服务工作，将加强农村信用社的监管，实施八项措施。发放农户贷款必须尊重农民意愿，不得以物抵贷；大力吸收种养业大户、各类专业户、个体工商户和农村中小企业入股；亏损社在扭亏之前不得兴建办公楼、购买小汽车。

2002年2月2日，《人民日报》报道：国家计委1月30日公布了《农产品进口关税配额管理暂行办法》，这是我国加入世界贸易组织后，对农产品进口管理体制的一项重要改革。

2002年2月2日，《人民日报》报道：2月1日，由中国农工民主党中国初级卫生保健基金会主办的中国健康扶贫工程在京正式启动。这项工程为期10年，主要内容有：通过慈善捐赠、公益活动、技术咨询、社会活动、文艺演出、公益广告等形式，呼吁社会各界共同关心农村特别是贫困地区的医疗卫生保健事业。

2002年2月11日，《经济日报》报道：国家经贸委、国家计委、国家工商行政管理总局、国家质量监督检验检疫总局联合发布了《蚕丝流通管理办法》，以进一步深化茧丝流通体制改革，规范管理。《办法》规定，鲜茧收购实行资格认定制度，桑蚕鲜茧和干茧实行省级政府定价或省级政府指导价，各地不得将桑蚕鲜茧收购定价权下放到市、县，不得擅自放开价格。《办法》规定，由省级经贸委在征求同级工商行政管理、质量技术监督部门意见后，认定或取消鲜茧收购单位及其收购站（点）的资格，负责放发或收回《鲜茧收购资格证书》。该证书应当注明收购鲜茧的区域范围，并报国家经贸委备案。省级经贸委会同工商行政管理和质量技术监督等部门制定鲜茧收购资格认定的具体细则。未取得鲜茧收购资格、未经登记注册的单位和个人不得从事鲜茧收购活动。同时，各地应当取消对干茧经营的限制，对正常的流通、经营，不得设置障碍。

2002年3月2日，《经济日报》报道：3月1日，全国农村信用社工作会议召开，会议确定2002年增加对农村信用社的支农再贷款260亿元。

2002年3月8日，《人民日报》报道：国务院办公厅转发了财政部《关于农业综合开发的若干意见》，要求各地、各有关部门认真贯彻执行。《意见》指出，农业综合开发的指导思想是适应新阶段农业发展的要求，以农业主产区为重点，着力加强农业基础设施建设，改善农业生产条件，提高农业综合生产能力和保护农业生态环境；着力推进农业和农村经济结构战略性调整，提高农业综合效益，增加农民收入。农业综合开发的目标任务是坚持以改造中低产田为重点，加强农田水利基本建设，建设优质、高产、稳产、节水、高效农田，增强农业抗御自然灾害的能力，提高我国基本农田的生产能力，特别是主产区粮食生产能力；以市场为导向，发挥农业区域比较优势，积极培育农村支柱产业，发展产业化经营，推进农业和农村经济结构战略性调整，全面提高农产品质量、农业生产组织化程度和农业抗御市场风险的能力；实行山水田林路综合治理，加强农田林网建设，推进退耕还林，加大生态工程和生态项目支持力度，治理水土流失，有效地改善生态环境，促进农业可持续发展；积极推动农业科技革命，加强农民技术培训，加大农业新品种、新技术的推广力度，促进农业信息化和农业生产标准化建设，推进项目区农业现代化进程，提高农业国际竞争力。

2002年3月21日，《人民日报》报道：3月20日起，凡在中国境内销售列入标识目录的5类17种农业转基因生物必须进行标识。我国已经对农业转基因生物的研究、试验、生产、加工、经营和进出口活动实施全面管理。

2002年3月21日，《经济日报》报道：国家计委批准了18个粮油加工项目的立项，这标志着国家计委组织实施的农副产品深加工食品工业专项工程开始启动。首批粮油加工项目主要建设内容有大豆深加工、稻米深加工、小麦深加工、玉米深加工、特色油脂深加工、马铃薯深加工等内容，新增年加工能力总计209万吨，项目建设总投资309 597万元，大部分项目建设期在2年以内。项目达产后，预计年可实现销售收入121亿元，税收10亿元，利润15亿元。可解决直接就业近3万人，使45万户农民增收。

2002年4月4日，《人民日报》报道：3月29日至4月2日，中共中央政治局常委、国务院总理朱镕基在山西考察时指出，在我国经济发展进入新阶段和加入世贸组织的新形势下，必须充分认识增加农民收入和加强农业的极端重要性，当前特别要加快退耕还林步伐，加大产业结构调整力度，积极稳妥地推进农村税费改革，千方百计增加农民收入，切实减轻农民负担。

2002年4月9日，《人民日报》报道：历时三年的第一期全国农村电网建设与改造已经完成，农村（县及县以下）用电量增长超过10%，首次超过城市，而且不少地方农村用电量的增长率达到了20%以上。农网改造后，农村供电电压合格率由网改前的78%提高到目前的90%以上，供电可靠率由网改前的87%提高到目前的95%，一些地区农村供电可靠率达到了99%。同时，农村电价水平大幅度降低，通过整顿农村电价和取消各种乱收费，全国农村到户电价平均每千瓦时下降了0.13元左右。全国每年可减轻农民电费负担350多亿元。

2002年4月11日，《人民日报》报道：全国农村青年工作会议4月9日至10日在北京举行。会议提出，要在农村青年中深入持久地开展“三个代表”重要思想学习教育活动，深入实施跨世纪青年农民科技培训工程，大力培养农村青年创业致富带头人，积极构建农村青年社会化服务体系，不断丰富农村青年的精神文化生活，切实代表和维护农村青年的民主权利和合法权益，切实加强农村基层团组织建设。

2002年4月12日，《人民日报》报道：中共中央政治局委员、书记处书记、国务院副总理温家宝对全国粮食局长会议作批示要求：深化国有粮食购销企业改革，是推进整个粮食流通体制改革的重要环节。国有粮食企业要通过改革、改组和改造，提高经营效益和市场竞争力。

2002年4月20日，《经济日报》报道：2002年3月28日，江苏出入境检验检疫局从来自荷兰的盐渍猪肠衣中检出氯霉素残留。4月19日，国家质检总局和外经贸部联合发出公告，要求自即日起，停止从荷兰进口动物源性食品，对从荷兰输入的动物源性食品进行严格检验，检出有害人体健康物质残留的产品一律作销毁处理。

2002年4月24日，《人民日报》报道：4月23日，中央、国家机关定点扶贫工作会议召开。实施“八七扶贫攻坚计划”期间，有138个中央和国家机关定点联系了325个贫困县，有1.7万人次干部到贫困地区调查研究，共派出3 298名干部蹲点扶贫，开展帮扶工作。

2002年4月27日，《人民日报》报道：4月26日，国务院办公厅召开完善农村义务教育管理体制电视电话会议，对贯彻落实国务院《关于基础教育改革与发展的决定》和国务院办公厅《关于完善农村义务教育管理体制的通知》精神，调整和完善农村义务教育管理体制进行部署。

2002年4月30日，《人民日报》报道：第四次全国农村改水工作会议4月27日至29日在重庆召开，全国爱卫办、卫生部、农业部、建设部、国家环保总局的领导及全国各省、自治区、直辖市的有关领导和代表共200余人出席了会议。到2000年底，全国农村改水受益人口累计达到8.8亿，占农村人口的92.38%，其中饮用自来水的人口达5.26亿。全国有1.06亿户农民用上了卫生厕所，卫生厕所普及率达到44.84%。目前全国农村已有各种类型的自来水厂（站）67.4万座，手压机井4 891万台，收集雨水水窖162万眼。

2002年5月12日，《人民日报》报道：7月10日至11日，国家计委在湖南省郴州市召开全国涉农价格和收费公示工作经验交流会。全国完成涉农价格和收费公示牌设立工作的乡镇占70.4%，行政村占55.6%，共设置公示牌42.5万个，其中乡镇6.8万个，行政村35.7万个，发给农民公示手册5 424.8万本。据23个省（自治区、直辖市）的统计，通过清理整顿和公示工作，年可减轻农民负担74亿元。

2002年5月16日，《人民日报》报道：7月15日，“十五”国家科技攻关重大专项“生态农业技术体系研究与示范项目”正式启动。该项目由农业部与科技部、国家林业局共同承担，项目形成的技术成果在示范区、产业化基地和农业主产区应用，预计每年可产生直接经济效益5亿～6亿元，间接经济效益20亿元左右。

2002年5月27日，《光明日报》报道：国家计委、水利部与有关各地签订责任书，保证3年基本解决农村饮水困难。

2002年5月27日，《农民日报》报道：在财政部的支持下，农业部决定正式启动“农业结构调整重大技术研究专项”，51个科技项目将为农业结构调整提供技术支撑。

2002年5月28日，《农民日报》报道：农业部2002年重点工作之一，农产品优势区域布局规划工作取得阶段性进展，已基本成型。

2002年5月31日，《人民日报》报道：7月30日，外经贸部部长石广生与来访的美国农业部长安·维尼曼就执行中美农业协定以及进一步发展中美农产品贸易等问题交换了意见。

2002年6月5日，《人民日报》报道：今年6月5日是第三十个世界环境日，由联合国环境规划署、国家环保总局和深圳市人民政府联合举办的2002年世界环境日国际纪念大会在深圳市大剧院举行。中共中央政治局委员、国务院副总理温家宝向大会发来贺信。

2002年6月6日，《人民日报》报道：由水利部和亚洲开发银行共同主办的中国水土保持发展战略国际研讨会在北京举行。会议的主要议题是审议亚洲开发银行支援中国水土保持发展战略研究终期报告初稿，使其更好地指导中国水土保持实践。

2002年6月11日，《农民日报》报道：6月10日，卫生部、国家计委、财政部、农业部、国家环保总局、全国爱卫会、国家中医药局正式公布《中国农村初级卫生保健发展纲要（2001—2010年）》。《纲要》主要任务一是落实疾病预防控制措施，重点控制传染病、地方病、寄生虫病、职业病和其他重大疾病，加强精神卫生工作，防止各种意外伤害。稳定计划免疫接种率，提高现代结核病控制策略的人口覆盖率。预防、管理慢性非传染性疾病，做好老年保健。二是提高乡、村卫生机构常见病、多发病的诊疗水平，规范医疗服务行为，为农村居民提供安全有效的基本医疗服务。三是加强对孕产妇和儿童的管理，提高农村孕产妇住院分娩率，稳步降低孕产妇死亡率和婴儿死亡率，改善儿童营养状况，不断提高妇女儿童健康水平。四是加大农村改水、改厕力度，提高农村自来水及农村卫生厕所普及率，结合小城镇和文明乡镇建设，创建卫生乡镇，改善农村居民的劳动和生活环境。五是开展健康教育和健康促进，积极推进“全国亿万农民健康促进行动”（原“全国九亿农民健康教育行动”），提高农村居民基本卫生知识知晓率和中小学健康教育开课率，倡导文明健康的生活方式，增强农村居民的健康意识和自我保健能力，促进人群健康相关行为的形成。六是依法加大对公共卫生、药品和健康相关产品的监督力度，控制危害农村居民健康的主要公共卫生问题，努力抓好食品卫生、公共场所卫生和劳动卫生。七是充分利用中医药资源，发挥中医药的特点与优势，不断提高农村中医药服务水平。八是完善和发展农村合作医疗，探索实行区域性大病统筹，逐步建立贫困家庭医疗救助制度，积极实行多种形式的农民医疗保障制度。

2002年6月14日，《人民日报》报道：由科技部和农业部等六部委联合举办的“国家农业科技园区研讨会”在河南省许昌市举行。代表们就国家农业科技园区的定位、规划、管理以及在农业发展中的推动作用等问题进行了深入研讨和交流。

2002年6月17日，《人民日报》报道：为了积极应对我国加入世贸组织的挑战，有效运用反倾销、反补贴、保障措施等法律武器，维护行业和企业的合法权益，保护产业经济安全，我国化肥行业产业损害预警机制正式启动。6月13日，国家经贸委产业损害调查局与中国磷肥工业协会、中国氮肥工业协会在北京联合召开了化肥行业产业损害预警机制启动工作会，对这一工作进行全面部署。

2002年7月4日，《人民日报》报道：科技部7月2日在京举行“农产品深加工技术与设备研究开发”实施方案论证会，正式启动这一“十五”科技重大专项。我国将在今后3年内投入1.5亿元进行粮油、果蔬等大宗农产品深加工技术和设备的研究开发，以尽快解决目前我国农产品结构性过剩问题，提高农产品的原始创新能力和核心竞争力。

2002年7月27日，《农民日报》报道：农业部出台了《全面推进“无公害食品行动计划”的实施意见》，决定从2002年开始，在全国范围内全面推进“无公害食品行动计划”。《意见》实施目标是，通过健全体系，完善制度，对农产品质量安全实施全过程的监管，有效改善和提高我国农产品质量安全水平，力争用5年左右时间，基本实现食用农产品无公害生产，保障消费安全，质量安全指标达到发达国家或地区的中等水平。蔬菜、水果、茶叶、食用菌、畜产品、水产品等鲜活农产品无公害生产基地质量安全水平达到国家规定标准；大中城市的批发市场、大型农贸市场和连锁超市的鲜活农产品质量安全市场抽检合格率达95%以上，从根本上解决食用农产品急性中毒问题；出口农产品的质量安全水平在现有基础上有较大幅度提高，达到国际标准要求，并与贸易国实现对接。有条件的地方和企业，应积极发展绿色食品和有机食品。

2002年8月3日，《农民日报》报道：8月2日，《中华人民共和国政府与世界粮食计划署关于中国农村综合开发项目实施协议的第一号补充修订协议》在京签署，世界粮食计划署承诺在2005年底以前向中国99万贫困人口无偿提供6.2万吨粮食。

2002年8月19日，《人民日报》报道：中共中央办公厅国务院办公厅发出《关于进一步做好村民委员会换届选举工作的通知》（中办发〔2002〕14号）。《通知》指出在村民委员会选举中，要特别注意做好以下关键环节的工作：一是要做到由村民会议或各村民小组民主推选产生村民选举委员会，保证村民的选举权。二是要做好选民登记工作，不能错登、重登、漏登，保证村民的选举权。三是要做到由村民直接提名确定村民委员会成员候选人，不能用组织提名代替村民提名，保证村民的直接提名权。四是要做好选举日的投票工作，保证村民的投票权。五是要完善罢免程序，保证村民的罢免权。村民委员会组织法和各地颁布的地方性法规是开展村民委员会换届选举工作的基本依据，各地要严格遵守，做到法定的程序不能变，规定的步骤不能少，不能怕麻烦、图省事，更不能走过场。在村民委员会选举中，任何组织或个人都必须依法办事。各地制定的有关村民委员会换届选举工作的方案、意见、规则等，凡与村民委员会组织法和有关地方性法规不一致的，必须尽快修改或废止，以维护社会主义法制的统一。要坚决依法查处侵犯村民民主权利的违法行为。从维护农村社会稳定大局出发，认真做好群众来信来访工作。

2002年8月20日，《人民日报》报道：国务院发出关于加强新阶段"菜篮子"工作的通知。

2002年8月20日，《人民日报》报道：8月19日，由国家经贸委、水利部、农业部联合主办的全国节水滴灌技术应用推广现场会在新疆石河子闭幕。会议期间，与会代表实地考察了新疆石河子市推广膜下滴灌技术的情况，一致认为，该项技术标志着我国农业节水技术产业化实现了重大突破。

2002年8月22日，《人民日报》报道：8月21日，中共中央政治局委员、国务院副总理温家宝出席了中国国际农产品深加工——食品工业发展战略研讨会，并发表讲话指出，要充分发挥中国农产品资源丰富、消费市场广阔的优势，积极实施农产品加工和食品工业发展战略。

2002年9月5日，《人民日报》报道：9月4日，中共中央办公厅、国务院办公厅召开全国减轻农民负担工作电视电话会议。中共中央政治局委员、书记处书记、国务院副总理温家宝在会议上强调，要针对农民负担中存在的突出问题，提出更加明确的要求，采取更加有力的措施，落实更加严格的责任，确保实现"使农民负担的税费水平进一步减轻"的目标。

2002年10月2日，《人民日报》报道：9月30日，国家发展计划委员会向社会公布了《2003年重要农产品进口关税配额分配实施细则》（第4号）、《2003年天然橡胶进口配额分配实施细则》（第5号）及《2003年羊毛、毛条进口关税配额管理实施细则》（第6号）。

2002年10月9日，《农民日报》报道：10月8日，中德"土地整理与农村发展"研讨会在北京举行，来自各方的专家及项目区的村民代表共90余人参加了会议。

2002年10月17日，《人民日报》报道：10月16日，全球环境基金第二届成员国大会在北京国际会议中心开幕。国家主席江泽民出席开幕式，并发表了题为《采取积极行动共创美好家园》的重要讲话。这是全球环境基金首次在中国举办成员大会。

2002年10月18日，《人民日报》报道：国家计委、国家经贸委、农业部、供销合作总社、国家工商总局、国家质检总局、中国农业发展银行等七部门近日联合发出《关于做好当前棉花收购工作的紧急通知》。要求各地要认真宣传贯彻国家计委等部门发布的《避免在棉花采摘、交售、加工过程中混入异性纤维的暂行规定》，引导教育农民和棉花生产企业自觉减少棉花中异性纤维的含量。

2002年10月18日，《农民日报》报道：国务院办公厅发出通知，转发农业部《关于促进饲料业持续健康发展的若干意见》，要求各地区、各有关部门认真贯彻执行。《意见》明确饲料生产和安全监管的目标。一是建设安全优质高效的饲料生产体系。面向市场，依靠科技，科学利用和综合开发各类饲料资源，积极推进安全、优质、高效和替代进口饲料产品的生产，加快建设符合我国国情的饲料生产体系，以实现大宗饲料原料和饲料总量供求的基本平衡。二是健全和完善饲料安全监管体系。当前和今后一个时期，要抓紧建立与国际接轨的饲料质量标准体系、健全的饲料监测体系和规范的饲料安全监管体系，把我国饲料安全监管工作提高到一个新水平。

2002年10月26日，《人民日报》报道：10月24日至25日，全国农村税费改革试点工作座谈会在河南郑州召开。试点工作已在全国20个省份全面展开，试点地区农业人口达6.2亿，约占全国农业人口总数的3/4。

2002年10月27日，《人民日报》报道：10月26日，由中国农业科学院和亚洲农业信息技术联盟主办，中国农业科学院科技文献信息中心等承办的第三届亚洲农业信息技术联盟大会在北京开幕。来自30多个国家（地区）以及国内的200多名农业信息技术和信息管理方面的专家出席会议。

2002年10月27日，《人民日报》报道：农业部与乌拉圭东岸共和国牧农渔业部签订了部门间渔业合作协议。这是我国首次同南美洲国家签订部门间渔业合作协议，标志着我国与乌拉圭原有的民间渔业合作将纳入政府部门渔业合作的框架内。

2002年10月30日，《人民日报》报道：10月29日，全国农村卫生工作会议在京召开。中共中央总书记、国家主席江泽民致信会议强调，各级党委和政府要充分认识做好农村卫生工作的重大意义，进一步加强领导，精心组织部署，切实做好工作，保护和不断增进广大农民的健康，努力把我国卫生事业的改革和发展推进到一个新的阶段。中共中央国务院发布关于进一步加强农村卫生工作的决定。

2002 年 11 月 5 日，《人民日报》报道：中共中央发布《关于做好农户承包地使用权流转工作的通知》。《通知》指出，当前农村出现的土地使用权流转，多数反映了生产要素的合理流动和优化配置，总体上是健康的。但是，一些乡村推行的土地流转，存在不少违背农民意愿、损害农民利益的问题，需要引起足够重视。通知强调，土地流转要按照有关法律法规和中央的政策进行。在承包期内，村集体经济组织无权单方面解除土地承包合同，也不能用少数服从多数的办法强迫农户放弃承包权或改变承包合同。不准收回农户的承包地搞招标承包，不准将农户的承包地收回抵顶欠款，不准借土地流转改变土地所有权和农业用途。流转期限不得超过农户承包土地的剩余承包期。通知指出，土地流转的主体是农户，土地使用权流转必须建立在农户自愿的基础上。在承包期内，农户对承包的土地有自主的使用权、收益权和流转权，有权依法自主决定承包地是否流转和流转的形式。这是农民拥有长期而有保障的土地使用权的具体体现。任何组织和个人不得强迫农户流转土地，也不得阻碍农户依法流转土地。由乡镇政府或村级组织出面租赁农户的承包地再进行转租或发包的“反租倒包”，不符合家庭承包经营制度，应予制止。《通知》指出，农业产业化经营应当是公司带动农户，而不是公司替代农户。为稳定农业、稳定农村，中央不提倡工商企业长时间、大面积租赁和经营农户承包地，地方也不要动员和组织城镇居民到农村租赁农户承包地。

2002 年 11 月 7 日，《人民日报》报道：国家计委、财政部、农业部、水利部、国土资源部、建设部、国务院纠风办和国家电力公司等部门联合发出了《关于开展农业生产性费用专项治理工作的通知》和《关于开展农民建房收费专项治理工作的通知》，在全国范围内组织开展专项治理工作。

2002 年 11 月 15 日，《人民日报》报道：截至 2002 年 9 月末，全国 90%以上农村信用社发放了农户小额信用贷款，贷款余额 789 亿元，比年初增加 454 亿元，增长 139%。农户小额信用贷款和农户联保贷款的合计受益农户达 5 684 万户，占有贷款需求且符合贷款条件农户数的 59%，占全部农户数的 25%。

2002 年 12 月 18 日，《农民日报》报道：12 月 17 日，农业部在北京召开第一届国家农作物品种审定委员会成立大会。

2002 年 12 月 27 日，《人民日报》报道：12 月 26 日，中共中央政治局召开会议，听取有关方面关于农业和农村工作的汇报。会议强调，全面建设小康社会，加快推进社会主义现代化，必须统筹城乡经济社会发展，更多地关注农村，关心农民，支持农业，把农业、农村、农民问题作为全党工作的重中之重，放在更加突出的位置，努力开创农业和农村工作的新局面。

2003 年 1 月 6 日，《人民日报》报道：1 月 5 日，国务院办公厅发出《关于做好农民进城务工就业管理和服务工作的通知》。《通知》提出取消对农民进城务工就业的不合理限制，各地区、各有关部门要取消对企业使用农民工的行政审批，取消对农民进城务工就业的职业工种限制，不得干涉企业自主合法使用农民工。

2003 年 1 月 8 日，《人民日报》报道：据浙江省计划部门初步统计，2002 年，浙江省各级党委政府积极推行涉农价格和收费公示制度，全省减轻农民负担 6.5 亿元，农户人均减负 60.5 元；农民人均纯收入比上年增长 6.9%。

2003 年 1 月 14 日，《人民日报》报道：国务院办公厅印发《关于促进农产品加工业发展的意见》，要求各省、自治区、直辖市人民政府，国务院各部委、各直属机构认真贯彻执行。《意见》要求：当前和今后一个时期，要紧紧围绕农业和农村经济结构的战略性调整，因地制宜，科学规划，合理布局，依靠科技进步发展农产品加工业；在避免重复建设、提高农产品综合加工能力的同时，逐步实现农产品由初级加工向精深加工转变，由传统加工工艺向采用先进适用技术转变；推进农产品加工原料生产基地化，产加销经营一体化，加工制品优质化，促进农产品加工业持续健康发展。发展目标：经过 5～10 年发展，形成与优势农产品产业带相适应的加工布局，建成一批农产品加工骨干企业和示范基地；建立农产品加工业的技术创新体系，健全重要农产品加工制品质量安全标准；使农产品加工业增加值占国内生产总值、工业增加值的比重有较大提高。重点领域主要有：①大力发展粮、棉、油料等重要农产品精深加工。粮食加工以小麦、玉米、薯类、大豆、稻米深加工为主，配套发展粮食烘干等产后处理能力。发展各类专用粮油产品和营养食品、经济食品、方便食品加工。②积极发展“菜篮子”产品加工。肉类重点发展猪、牛、羊、鸡、鸭、鹅、兔等产品深加工；奶业要优先提供优质、营养的学生饮用奶；水产品发展优质鱼、虾、贝类、海珍品等水产品精深加工；积极发展有机蔬菜产品和绿色蔬菜产品加工，搞好蔬菜的清洗、分级、整理、包装，推广净菜上市，发展脱水蔬菜、冷冻菜、保鲜菜等；注重发展干鲜果品保鲜、储藏及精深加工。③巩固发展糖、茶、丝、麻、皮革等传统加工。鼓励发展精制糖，发展名优茶、有机茶和保健茶；发展丝和麻加工系列制品；积极开发牛、羊等皮毛（绒）深加工制品；合理利用和开发食用菌等农业野生资源，发展特色农产品加工。

2003年1月24日，《人民日报》报道：国务院办公厅转发了卫生部、财政部和农业部3部门《关于建立新型农村合作医疗制度意见的通知》，要求从2003年起，各省、自治区、直辖市至少要选择2～3个县（市）先行试点，取得经验后逐步推开。《通知》要求，到2010年，实现在全国建立基本覆盖农村居民的新型农村合作医疗制度的目标，减轻农民因疾病带来的经济负担，提高农民健康水平，并提出建立新型农村合作医疗制度要遵循的原则。

2003年2月13日，《经济日报》报道：12日，农业部公布了专用小麦、专用玉米等11种优势农产品35个优势产区的布局规划。

2003年2月19日，《农民日报》报道：国土资源部发出紧急通知，严禁任何单位和个人使用农民集体土地进行商品房开发。《人民日报》报道：18日，国家计委发布公告，决定继续实施现代农业高技术产业化示范工程。公告提出了现代农业高技术产业化示范工程的主要内容与工作重点：一是高效种植业、养殖业优良新品种繁育及良种产业化示范；二是具有品牌优势、出口创汇能力的农产品种植、养殖技术产业化示范；三是设施农业技术集成产业化示范；四是农副产品深加工技术产业化示范；五是绿色环保型农业投入品的产业化示范；六是农业信息化示范。

2003年2月20日，《农民日报》报道：民政部将对农村特困人口进行全面排查，以便为建立农村居民最低生活保障制度提供政策依据。

2003年2月27日，《农民日报》报道：2003年国家安排2亿元国债资金用于旱作节水农业项目建设。

2003年2月28日，《人民日报》报道：27日，农业部召开新闻发布会，宣布2003年为“全国农业科技年”。2003年，农业部将以实施“优势农产品竞争力提升科技行动”为核心，开展一系列农业科技创新和推广普及活动，为农业结构调整和农村小康建设提供有力的科技支撑。

2003年3月5日，《人民日报》报道：由农民日报社和中国农产品市场协会共同主办的“中国农产品行业协会改革与发展论坛”日前在北京举行。与会代表们认为，中国农产品行业协会是当今农村经济生活中最活跃的成分，只要政府加大规范引导和扶持力度，这些行业协会组织必将为农村经济发展做出贡献，与会代表就此进行了广泛的讨论。

2003年3月6日，《人民日报》报道：5日，国务院总理朱镕基在十届全国人大一次会议上作政府工作报告时提出，今年的政府工作要继续把发展农业和农村经济、增加农民收入，作为经济工作的重中之重。要统筹城乡经济社会发展，切实做好“三农”工作。

2003年3月7日，《人民日报》报道：农业部、公安部、国家工商总局、国家质检总局、全国供销合作总社日前联合发出通知，部署2003年农资打假工作。

2003年3月8日，《人民日报》报道：云南省委省政府最近决定，2003年省级财政投入8 100万元启动以大病统筹为主的新型农村合作医疗制度试点，改造240所乡镇卫生院，建设500个边疆民族贫困村卫生室，整体投入比过去增加1倍。

2003年3月18日，《人民日报》报道：农业部部署整顿全国种子市场，维护农民利益，防止假劣种子坑害农民，让农民用上“放心种”。

2003年4月1日，《农民日报》报道：农业部下发了《关于发展农产品和农资连锁经营的意见》（农市发〔2003〕3号），提出积极引导、大力发展农产品和农资连锁经营。《意见》指出，发展连锁经营是企业为提高市场竞争力和盈利能力而选择的一种营销组织形式，必须尊重客观经济规律，坚持以市场为取向，由企业自主决策和运作。在推进企业发展连锁经营中，要注意把握好几个条件：一是企业要有相当的经济实力。二是要有先进的管理模式、管理手段和过硬的管理队伍。三是要有一定知名度、信誉度的企业品牌。

2003年4月4日，《人民日报》报道：3日，国务院在京召开全国农村税费改革试点工作电视电话会议。中共中央政治局常委、国务院总理温家宝出席会议并指出，中央决定，今年农村税费改革试点工作在全国范围推开，这是深化农村改革、促进农村发展的一项重大决策。全面推开农村税费改革试点工作，要以“三个代表”重要思想为指导，认真贯彻党的十六大精神，以彻底减轻农民负担、促进农民增收为目标，理顺国家、集体和农民的分配关系，推动农村上层建筑的变革，建立与社会主义市场经济要求相适应的农业管理体制和运行机制，进一步解放和发展农村生产力。

2003年4月25日，《人民日报》报道：为有效防止外来有害生物传入我国，国务院办公厅日前转发了国家质检总局会同有关部门提出的《关于加强防范外来有害生物传入工作的意见》，要求各省、自治区、直辖市人民政府和国务院各部委、各直属机构，加强动植物检疫，防止有害生物传入我国。

2003年4月30日，《人民日报》报道：29日，就农民（含进城务工农民）和城镇困难群众非典患者救治费用等有关问题，财政部、卫生部发出紧急通知，要求各地切实做好农民和城镇困难群众非典型肺炎患者救治工作。通知要求，各级医疗机构必须及时收治农村非典患者，绝不允许因费用问题延误农村非典患者的救治。对农民和城镇困难群众中的非典患者实行免费医疗救治，所发生的救治费用由救治地政府负担。其他非典患者救治费用按有关规定给予解决。中央财政对中西部困难地区政府负担救治费用，按规定给予补助。

2003年5月2日，《经济日报》报道：江苏省对户籍管理制度进行重大改革，从5月1日起，全面建立以居住地登记户口为基本形式，4 000万农民转为“居民户口”。

2003年5月7日，《人民日报》报道：国务院6日下午在京召开全国农村非典型肺炎防治工作电视电话会议，部署农村非典型肺炎防治工作和经济工作。中共中央政治局常委、国务院总理温家宝指出，要充分认识做好农村非典型肺炎防治工作的重要性和紧迫性，进一步提高认识，统一思想，加强领导，落实措施，千方百计确保农村不发生大规模疫情，确保广大农民群众身体健康和生命安全，确保农村经济健康发展和社会稳定。

2003年5月18日，《人民日报》报道：新华社发表《国务院关于全面推进农村税费改革试点工作的意见》（国办发〔2003〕85号）。《意见》要求，坚持条件，实事求是，积极稳妥地全面推进农村税费改革试点工作。为了确保改革的顺利推进，现在重申并强调，对目前基础工作还不够扎实，全面试点的条件还不成熟，完成今年改革各项任务确有难度的省份，不强求一律在年内全面推进，可以继续进行局部试点，绝不能不顾条件仓促地全面实施。对照检查，纠正偏差，不折不扣地把中央政策落到实处。先行全面试点的地区，要对照中央有关政策加强对基层改革试点工作的监督检查。坚决落实“三个不准”。要重点督促村内“一事一议”筹资筹劳严格按规定程序和要求进行，不准将村内“一事一议”筹资筹劳变成农民的固定负担项目，不准强行以资代劳。加大力度，整体推进，积极搞好各项配套改革。要规范农村税费改革后的农业税征收管理。认真落实农业税征收机关征税、协税员协税的农业税征收管理制度，推行以定时、定点征收为主的农业税征管方式。规范完税凭证的使用管理，做到一户一票，不准“打白条”或使用其他非法票据。不准非专职征收人员直接收取农业税税款，严禁动用警力或组织“小分队”强制收取农业税费。规范分配，严格监督，确保农村税费改革专项转移支付资金专款专用。中央财政对地方农村税费改革专项转移支付资金已下达到各省（自治区、直辖市），省级财政和有条件的市、县都要安排一定资金支持改革试点。要求各地区和有关部门要注意研究农村税费改革试点中出现的新矛盾和新问题，加强专题调查，及时提出切实可行的解决办法。通过不断调整和完善收入分配政策，逐步实行城乡统一的税费制度，进一步解放和发展农村生产力；同时，加大对农村社会事业发展的财政支持力度，促进城乡经济和社会协调发展，加快全面建设小康社会的步伐。

2003年5月29日，《人民日报》报道：为做好农村传染性非典型肺炎防治工作，根据全国防治非典型肺炎指挥部《全国农村非典型肺炎防治工作方案》精神，卫生部、国家发改委、民政部、财政部、农业部和国家人口计生委联合制定了《关于加强农村传染性非典型肺炎防治工作的指导意见》，印发各地。

2003年5月27日，《人民日报》报道：中共中央政治局委员、国务院副总理、国务院扶贫开发领导小组组长回良玉26日在京主持召开新一届国务院扶贫开发领导小组第一次全体会议。回良玉强调，要以邓小平理论和“三个代表”重要思想为指导，认真贯彻党的十六大和中央农村工作会议精神，坚持中央确定的扶贫开发工作的基本方针，狠抓《中国农村扶贫开发纲要》的落实，全面开创新时期扶贫开发工作的新局面。

2003年5月29日，《人民日报》报道：国家发改委、国家粮食局近期下发了《关于2003年粮食收购价格有关问题的通知》，明确要求，今年粮食主产区要继续坚持保护价收购制度。收购保护价应当总体保持在上年水平，不做大的调整。

2003年6月3日，《人民日报》报道：为了提高农村医疗卫生水平和救治能力，我国已投入43亿元用于农村防治非典。

2003年6月11日，《人民日报》报道：财政部、国家税务总局发出通知，要求实施农村税费改革试点的地区按照国务院统一部署，逐步取消农业特产税。

2003年6月11日，《人民日报》报道："无公害食品行动计划"自2001年实施至今，取得了阶段性成效，农产品质量安全水平有了大幅度提高。为保障农产品质量，目前全国已制定农业国家标准400多项，农业行业标准1 400多项。全国大多数省份建立了农产品质检中心，1/3的地市和1/5的县建立了服务于生产和市场监管的农产品检测站（所），规模较大的农产品生产基地和批发市场建立了以速测为主的检测站点，开展了以自控为主的检测工作。

2003年6月20日，《人民日报》报道：2003年国家将投入总量为299亿元的扶贫资金用于扶贫开发工作，比去年增加8亿元。同时国家将实施以村为基础的扶贫规划，坚持扶贫到村，落实到户，今年集中力量抓好首批5.3万个重点贫困村的扶贫开发。

2003年6月26日，《人民日报》报道：经国务院同意，国家发展改革委、农业部、财政部、商务部、国家广电总局、中华全国供销合作总社、国家统计局、国家粮食局、中国农业发展银行等九部门联合印发了《关于进一步加强和改进农产品价格信息服务工作的意见》，要求各地方及各有关部门做好农产品价格信息服务工作。

2003年6月26日，《农民日报》报道：6月18日，农业部、国家工商行政管理总局、海关总署、公安部联合发出紧急通知，要求严厉打击非法捕捉和经营利用水生野生动物的行为。

2003年7月9日，《人民日报》报道：国务院总理温家宝7月8日主持召开国务院常务会议，研究部署增加农民收入和妥善处理因防治非典引发的矛盾和纠纷等工作。

2003年7月9日，《人民日报》报道：国家林业局、最高人民检察院、公安部、铁道部、交通部等12个部门发出《关于适应形势需要做好严禁违法猎捕和经营陆生野生动物工作的通知》，要求各地、各有关单位采取有效措施，加强监管，严格把关，严禁违法猎捕和经营陆生野生动物。

2003年7月26日，《农民日报》报道：7月8日，农业部部长杜青林签署第30号农业部令，公布《农作物种质资源管理办法》，自2003年10月1日起施行。《办法》指出，农业部设立国家农作物种质资源委员会，研究提出国家农作物种质资源发展战略和方针政策，协调全国农作物种质资源的管理工作。委员会办公室设在农业部种植业管理司，负责委员会的日常工作。各省、自治区、直辖市农业行政主管部门可根据需要，确定相应的农作物种质资源管理单位。农作物种质资源工作属于公益性事业，国家及地方政府有关部门应当采取措施，保障农作物种质资源工作的稳定和经费来源。国家对在农作物种质资源收集、整理、鉴定、登记、保存、交流、引进、利用和管理过程中成绩显著的单位和个人，给予表彰和奖励。

2003年8月1日，《农民日报》报道：7月31日，国务院召开全国进一步治理整顿土地市场秩序电视电话会议，就清理整顿各类开发区用地，加强土地管理做出部署。

2003年8月8日，《人民日报》报道：7月23日，国务院发布《关于克服非典型肺炎疫情影响促进农民增加收入的意见》。

2003年8月19日，《人民日报》报道：国务院深化农村信用社改革试点工作座谈会18日在北京召开。中共中央政治局常委、国务院副总理黄菊出席会议并讲话。他强调，深化农村信用社改革意义重大，这是实践"三个代表"重要思想，切实保障农民利益，增加农民收入，发展农业经济，促进广大农村全面建设小康社会的一件大事。我们要加强领导，精心组织，抓住重点，扎实有效地做好农村信用社改革试点工作，更好地增强服务"三农"功能，促进城乡经济协调发展。

2003年8月20日，《人民日报》报道：国家出台四项政策扶持8个省市率先进行农村信用社改革试点。这四项扶持政策分别是：对亏损农村信用社因执行国家宏观政策开办保值储蓄而多支付保值贴补息给予补贴。具体办法是，由财政部核定1994—1997年农村信用社实付保值贴补息数额，由国家财政分期予以拨补。

2003年8月21日，《人民日报》报道：在20日召开的新一届国家农业综合开发联席会议第一次会议上，中共中央政治局委员、国务院副总理回良玉强调，做好新阶段农业综合开发工作，要以"三个代表"重要思想和党的十六大精神为指导，紧紧围绕全面建设小康社会的目标，着力加强农业基础设施和生态建设，提高农业综合生产能力；着力推进农业和农村经济结构的战略性调整，提高农业综合效益，增加农民收入。

2003年8月25日，《农民日报》报道：上海决定在郊区范围内全面推行"小城镇社会保险"制度，以进一步完善社会保障体系。

2003年8月29日，《经济日报》报道：8月15日，国务院总理温家宝签署第388号国务院令，公布《中央储备粮管理条例》，自公布之日起施行。

《条例》规定国家实行中央储备粮垂直管理体制，地方各级人民政府及有关部门应当对中央储备粮的垂直管理给予支持和协助。

2003年8月30日，《人民日报》报道：农业部草原监理中心正式成立。草原监理中心的主要职责是执行草原法律法规，开展草原资源与生态监测预警、草原防火防灾工作，监督检查草原保护和建设项目执行情况等。目前，全国草原面积较大的省（自治区）都已建立了草原监理机构，全国县级以上草原监理机构共有六百多个，草原监理人员近六千人。

2003年9月3日，《人民日报》报道：中共中央政治局委员、国务院副总理回良玉在2日召开的全国村务公开工作电视电话会议上强调，各地区、各有关部门要深入学习贯彻胡锦涛总书记“七一”重要讲话精神，以“三个代表”重要思想统领新时期的村务公开、民主管理工作。

2003年9月11日，《人民日报》报道：在新棉陆续上市时，为做好新棉收购工作，经国务院批准，近日国家发改委、供销合作总社、国家工商总局、国家质检总局、中国农业发展银行等五部门联合发出《关于做好2003年度棉花收购工作的通知》。《通知》提出，棉花收购价格上涨空间有限，企业在收购新棉时，要切实防范市场风险，保持合理价位。要坚持按质论价、优质优价的原则，防止抬级抬价和压级压价，保持市场棉价的基本稳定。

2003年9月20日，《人民日报》报道：19日，全国农村教育工作会议在北京召开。中共中央政治局常委、国务院总理温家宝出席会议并发表讲话。他强调，要以“三个代表”重要思想和党的十六大精神为指导，按照以胡锦涛同志为总书记的党中央的部署，切实加强农村教育工作，认真解决“三农”问题，推进农村小康建设和城乡协调发展。

2003年9月21日，《人民日报》报道：新华社发表《国务院关于进一步加强农村教育工作的决定》。《决定》明确农村教育在全面建设小康社会中的重要地位，把农村教育作为教育工作的重中之重。加快推进“两基”攻坚，巩固提高普及义务教育的成果和质量，力争用五年时间完成西部地区“两基”攻坚任务。到2007年，西部地区普及九年义务教育（以下简称“普九”）人口覆盖率要达到85%以上，青壮年文盲率降到5%以下。要将“两基”攻坚作为西部大开发的一项重要任务，摆在与基础设施建设和生态环境建设同等重要的位置。国务院有关部门和西部各省（自治区、直辖市）人民政府要制定工作规划，设立专项经费，精心组织实施，并每年督促检查一次，确保目标实现。要以加强中小学校舍和初中寄宿制学校建设、扩大初中学校招生规模、提高教师队伍素质、推进现代远程教育、扶助家庭经济困难学生为重点，周密部署，狠抓落实。中央继续安排专项经费，实施贫困地区义务教育工程，安排中央资金对“两基”攻坚进行重点支持。中央和地方新增扶贫资金要支持贫困乡村发展教育事业。中部地区没有实现“两基”目标的县也要集中力量打好攻坚战。大力提高女童和残疾儿童少年的义务教育普及水平。已经实现“两基”目标的地区特别是中部和西部地区，要巩固成果、提高质量。发展农村高中阶段教育和幼儿教育，建立和完善教育对口支援制度。坚持为“三农”服务的方向，大力发展职业教育和成人教育，深化农村教育改革。落实农村义务教育“以县为主”管理体制的要求，加大投入，完善经费保障机制。建立健全资助家庭经济困难学生就学制度，保障农村适龄少年儿童接受义务教育的权利。加快推进农村中小学人事制度改革，大力提高教师队伍素质。实施农村中小学现代远程教育工程，促进城乡优质教育资源共享，提高农村教育质量和效益。

2003年9月29日，《人民日报》报道：经国务院同意、民政部批准，中国棉花协会28日在北京正式成立。中华全国供销合作总社党组书记、理事会副主任周声涛当选为协会会长。中国棉花协会由棉农及棉农合作组织，棉花生产、收购、加工、经营、仓储企业，棉纺企业和棉花研究机构等涉棉企业和组织自愿组成，是具备全国性社会团体法人资格的非营利性行业组织，接受全国供销合作总社与民政部的业务指导和监督管理。中国棉花协会将为会员提供信息、咨询、培训、联络等方面的服务，为行业争取一个宽松、有序、规范的生产经营环境和发展条件。同时加强调查研究，掌握行业信息，给政府部门当好参谋。

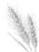

2003年10月2日，《人民日报》报道：经国务院同意，国务院办公厅转发教育部、中央编办、公安部、发展改革委、财政部、劳动保障部《关于进一步做好进城务工就业农民子女义务教育工作的意见》，并要求各省、自治区、直辖市人民政府，国务院各部委、各直属机构认真贯彻执行。《意见》指出，进城务工就业农民流入地政府负责进城务工就业农民子女接受义务教育工作，以全日制公办中小学为主。流入地政府要制定有关行政规章，协调有关方面，切实做好进城务工就业农民子女接受义务教育工作。充分发挥全日制公办中小学的接收主渠道作用。全日制公办中小学要充分挖掘潜力，尽可能多地接收进城务工就业农民子女就学。建立进城务工就业农民子女接受义务教育的经费筹措保障机制。采取措施，切实减轻进城务工就业农民子女教育费用负担。进城务工就业农民流出地政府要积极配合流入地政府做好外出务工就业农民子女义务教育工作。流出地政府要建立健全有关制度，做好各项服务工作，禁止在办理转学手续时向学生收取费用。加强对以接收进城务工就业农民子女为主的社会力量所办学校的扶持和管理。各地要将这类学校纳入民办教育管理范畴，尽快制订审批办法并设置标准，设立条件可酌情放宽，但师资、安全、卫生等方面的要求不得降低。加强宣传引导，营造全社会关心和支持进城务工就业农民子女义务教育工作的良好氛围。

2003年10月26日，《人民日报》报道：乡镇撤并，精简机构，有利于减少行政人员和财政开支。到2002年底，我国已经有25个省份基本完成乡镇撤并工作，全国乡镇总数由撤并前的46 436个减少到39 240个。

2003年10月29日，《人民日报》报道：国务院28日在北京召开农业和粮食工作会议，中共中央政治局常委、国务院总理温家宝发表重要讲话。他强调，要认真贯彻落实党的十六届三中全会精神，继续推进农业和农村经济结构的战略性调整，深化粮食流通体制改革，加强对粮食主产区和种粮农民的支持，切实保护耕地，加大投入力度，加强粮食综合生产能力建设，千方百计增加农民收入，确保国家粮食安全。

2003年11月9日，《光明日报》报道：8日，为期3天的第三届中国“村长论坛”在昆明市举行。来自中国各地的上百名“村长”代表参加，探讨增收致富、奔小康之路。

2003年11月11日，《人民日报》报道：在我国近4亿公顷的天然草原中，有90%的可利用草原已有不同程度退化，并且正以每年200万公顷的速度扩张。农业部将建立基本草原保护制度、推行草畜平衡制度和禁牧休牧制度。开展基本草原的划定工作，由当地政府予以公告后设立保护标志；将严格基本草原的征占用审批程序，对擅自改变基本草原用途的行为严肃查处。

2003年11月12日，《经济日报》报道：11月10日至11日，全国农田水利基本建设工作会议在成都举行。国务院总理温家宝对会议作出重要批示，搞好农田水利基本建设，提高粮食综合生产能力。

2003年11月13日，《农民日报》报道：12日，亚欧会议农业合作高级别会议在北京召开。会议就农业政策、贸易和投资，农业可持续发展与有机农业、农产品质量安全管理、农业生物技术等问题进行了讨论。

2003年11月17日，《人民日报》报道：国务院发展研究中心和大连商品交易所联合举办了“中国粮食高层论坛”。国家有关部门的领导、有关研究机构的专家学者、粮食主产区和粮食产业界的代表出席了会议，共同探讨中国粮食发展这一重大课题。

2003年11月17日，《人民日报》报道：16日，首届中国国际农产品交易会落下帷幕。农交会共有500多家国内企业报名参展，345家企业进场参展交易，其中有154家农业产业化国家重点龙头企业，125家获无公害产品、绿色食品和有机食品认证的企业，67家“双料”企业，以及16家农机企业。

2003年12月4日，《经济日报》报道：3日，国务院总理温家宝主持召开国务院常务会议，研究促进农民增收的有关问题。

2003年12月12日，《农民日报》报道：中国国家质量监督检验检疫总局与美国农业部分别签署了《中国鸭梨输往美国的检疫工作计划》《中国龙眼输往美国的检疫工作计划》和《美国阿拉斯加马铃薯种薯输往中国植物检疫议定书》。

2003年12月12日，《人民日报》报道：11日，由国家环保总局有机食品发展中心、中国农业科学院农业环境与可持续发展研究所共同举办的“中国21世纪生态农业与有机农业可持续发展论坛”在北京市大兴区留民营生态村开幕。来自农业部、国家环保总局等部门的政府官员、专家及一些国际组织的代表共80多人出席论坛，大家围绕生态农业与有机农业中的许多热点问题展开深入研讨。大会还发布了绿色和平资助的研究项目“中国生态农业与有机农业发展”的研究成果。

2003年12月16日，《经济日报》报道：国家发展改革委员会发出通知，要求立即开展全国农业生产资料价格专项检查。

2003年12月18日，《人民日报》报道：12月12日至17日，中共中央总书记、国家主席胡锦涛在山东、河南专门就解决好农业、农村和农民问题进行考察。他强调，解决好“三农”问题，加快农业和农村发展，是保持国民经济持续快速协调健康发展的必然要求，是实现全面建设小康社会宏伟目标的必然要求，是维护社会稳定和国家长治久安的必然要求。各级党委和政府要进一步深刻认识解决好“三农”问题的重要性和紧迫性，真正在思想上、工作上更加重视“三农”问题，扎扎实实地做好各项工作。

2003年12月27日，《人民日报》报道：26日，韩国政府向中国四省水稻机械化生产提供经济发展合作贷款协议签署仪式在北京举行。此次韩国政府向中国政府提供的经济发展合作贷款额为 2 500 万美元，主要用于中国农业部计划实施的湖南、湖北、安徽、云南水稻生产示范基地的建设。韩国驻华大使金夏中和中国财政部副部长李勇出席了签字仪式。

2003 年 12 月 31 日，《人民日报》报道：2003 年 8 月，国家决定在浙江、山东、江西、贵州、吉林、重庆、陕西和江苏 8 省市率先进行农村信用社改革试点。12 月，8 省市农村信用社改革实施方案已经国务院批准，这标志着深化农村信用社改革试点工作进入全面实施阶段。8 省市实施方案明确提出，由省级政府承担辖内农村信用社的管理和风险责任。各地结合实际选择股份制、股份合作制以及继续规范完善合作制等多种制度形式。国家除给予 8 省市部分农村信用社保值储蓄利息贴补，并在税收政策上给予适当优惠外，对 8 省市农村信用社将给予 380 亿元资金扶持（包括中央银行专项票据和专项借款）。

2004 年 1 月 2 日，《人民日报》报道：根据我国加入世贸组织的承诺，商务部公布了 2004 年化肥关税配额分配结果。2004 年化肥进口关税配额量分别为：磷酸二铵 625 万吨，复合肥 313 万吨，尿素 230 万吨。

2004 年 1 月 5 日，《人民日报》报道：自 2001 年 4 月启动“无公害食品行动计划”以来，我国农产品质量安全水平有了大幅度提高。纳入实施认证产品目录的食用农产品 62 种，获得全国统一标识的无公害农产品 408 个。

2004 年 1 月 6 日，《人民日报》报道：国务院农村税费改革工作小组发出通知，决定从 2004 年 1 月 5 日起，对 2003 年农村税费改革试点工作情况开展专项检查。

2004 年 1 月 6 日，《经济日报》报道：为进一步规范涉农收费管理，切实减轻农民负担，财政部会同国家发展和改革委员会发出通知，公布了取消、免收和降低标准的全国性及中央部门涉农收费项目。

2004 年 2 月 2 日，《人民日报》报道：为进一步加强湿地保护，国务院批准了《全国湿地保护工程规划》。按照《规划》，到 2030 年，完成湿地生态治理恢复 140 万公顷，建成 53 个国家湿地保护与合理利用示范区，全国湿地保护区达到 713 个，国际重要湿地达到 80 个，90%以上天然湿地得到有效保护，湿地生态系统的功能和效益得到充分发挥，实现湿地资源的可持续利用。建立比较完善的湿地保护、管理与合理利用的法律、政策和监测科研体系。形成较为完整的湿地区保护、管理、建设体系，使我国成为湿地保护和管理的先进国家。《规划》要求，从 2004—2010 年的 7 年间，要划建湿地自然保护区 90 个，投资建设湿地保护区 225 个，湿地恢复 71.5 万公顷，恢复野生动物栖息地 38.3 万公顷；建立湿地可持续利用示范区 23 处等。

2004 年 2 月 9 日，《人民日报》报道：2003 年 12 月 31 日，中共中央、国务院发出《关于促进农民增加收入若干政策的意见》（中发〔2004〕1 号）。《意见》明确当前和今后一个时期做好农民增收工作的总体要求是：各级党委和政府要认真贯彻十六大和十六届三中全会精神，牢固树立科学发展观，按照统筹城乡经济社会发展的要求，坚持“多予、少取、放活”的方针，调整农业结构，扩大农民就业，加快科技进步，深化农村改革，增加农业投入，强化对农业支持保护，力争实现农民收入较快增长，尽快扭转城乡居民收入差距不断扩大的趋势。该《意见》分集中力量支持粮食主产区发展粮食产业，促进种粮农民增加收入；继续推进农业结构调整，挖掘农业内部增收潜力；发展农村二、三产业，拓宽农民增收渠道；改善农民进城就业环境，增加外出务工收入；发挥市场机制作用，搞活农产品流通；加强农村基础设施建设，为农民增收创造条件；深化农村改革，为农民增收减负提供体制保障；继续做好扶贫开发工作，解决农村贫困人口和受灾群众的生产生活困难。《意见》共八部分二十二条。

2004 年 2 月 10 日，《人民日报》报道：2004 年中央财政的支农资金将比去年增加 300 亿元，达到 1 500亿元以上。新增的支农资金主要用在四个方面：一是用于支持农村税费改革，增加中央对地方的转移支付；二是用于生态建设，加大林业和水利建设的力度；三是用于农村社会事业发展，特别是教育、卫生和对青年农民的培训；四是用于农村中小型基础设施建设和农村扶贫。

2004 年 2 月 10 日，《人民日报》报道：1 月 27 日我国公布禽流感疫情后，一些国家和地区先后对我国禽类产品实施封关。为帮助企业渡过难关，中国信保决定启动“预付赔款”特别措施。吉林省一家大型禽肉类产品加工出口企业从中国出口信用保险公司获得了首笔预付赔款，金额 21 万美元。

2004 年 2 月 12 日，《人民日报》报道：安徽省政府决定，从 2004 年起全面取消农业税附加。全省可直接减轻农民负担近 6 亿元。

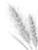

2004 年 2 月 20 日，《人民日报》报道：为实现“打假、护农、保粮、增收”，由农业部联合公安、工商等 16 部门共同组织实施全国农资打假护农专项

治理行动。

2004年2月26日，《经济日报》报道：农业部发布公告，从4月21日起依照《农业转基因生物安全管理条例》及《农业转基因生物安全评价管理办法》《农业转基因生物进口安全管理办法》《农业转基因生物标识管理办法》对进口农业转基因生物实施正常管理。

2004年2月26日，《光明日报》报道：2月25日，国务院总理温家宝主持召开国务院常务会议，研究部署进一步深化粮食流通体制改革工作，会议原则通过了关于进一步深化粮食流通体制改革和实行对种粮农民直接补贴的实施意见。

2004年2月28日，《科技日报》报道：为掌握基本农田利用状况和变化情况，实行最严格的耕地保护制度，国土资源部和农业部联合开展全国基本农田保护检查。

2004年3月4日，《人民日报》报道：中国保监会正式批准上海安信农业保险股份有限公司筹建。这是我国第一家专业性的股份制农业保险公司，注册资本2亿元。

2004年3月8日，《人民日报》报道：国家发改委发出《关于对化肥等农业生产资料价格过快上涨实行干预的紧急通知》，要求各省级价格主管部门结合当地实际情况，对未列入定价目录的化肥等重要农业生产资料，研究制定抑制其价格过快上涨的干预措施，报省级人民政府批准适时出台。关于价格干预方式，《紧急通知》明确指出，对出厂价格，可规定最高限价，或实行提价申报制度、调价备案制度；对化肥批发价格，可规定进销差率，对零售环节，可规定最高限价或批零差率。干预的具体方式和品种，由各省（自治区、直辖市）根据当地实际情况自行确定。同时，国家发改委决定在春耕期间对进口化肥价格政策作适当调整，中央进口化肥的综合经营差率由1.7%下调至1.2%，并对实行政府指导价的中央进口磷酸二铵、复合肥等港口交货价格，原规定3%的上下浮动幅度改为上浮的浮动幅度为0，下浮的浮动幅度维持3%不变。

2004年3月9日，《人民日报》报道：国家发改委发出通知，要求各级价格主管部门切实加强涉农价格和收费管理，促进农业结构调整、扩大农民就业和农民收入稳步增加。通知提出六方面要求，一是加强化肥价格管理，确保农业生产资料价格的基本稳定。二是完善农业用水、用电、农机服务等生产性费用中的价格政策，促进种粮农民增加收入。三是进一步清理农民进城就业收费，增加农民外出务工收入。四是加强涉农收费管理，进一步减轻农民负担。五是深入开展涉农收费专项治理。六是加大对价格违法行为的监督检查力度，维护农民的合法利益。

2004年3月10日，《人民日报》报道：国务院召开会议，进一步部署贯彻中央经济工作会议、中央农村工作会议精神，保护和提高粮食生产能力、改善农资供应等有关工作。为了继续保持粮食市场稳定，国家将进一步采取有效措施，搞好粮食总量平衡和调控工作。

2004年3月20日，《人民日报》报道：为确保中央促进发展粮食生产的各项政策措施尽快进村入户，了解各地贯彻落实中央1号文件精神情况，督导春耕生产特别是春播粮食作物面积落实情况，农业部决定派出14个粮食生产督查指导组，蹲点督查各地春耕生产。

2004年3月27日，《人民日报》报道：国家发展改革委和农业部联合下发紧急通知，要求各地物价和农业主管部门切实采取措施，加强对粮食作物种子价格的管理，防止粮食作物种子价格大幅度上涨增加农民负担，影响农民种粮积极性。

2004年3月28日，《人民日报》报道：为调动农民种粮积极性，解除农民增加粮食生产的后顾之忧，国家发展和改革委员会、财政部、国家粮食局、中国农业发展银行等部门发出通知，宣布2004年早籼稻最低收购价为每千克1.40元。

2004年3月29日，《农民日报》报道：国家发展和改革委员会发出通知，要求进一步加强化肥价格监管。

2004年3月31日，《人民日报》报道：我国一些地方存在不同程度的耕地撂荒现象，直接影响当前春耕生产及粮食播种面积的增加。为切实解决耕地撂荒问题，实现粮食的增产，国务院30日发出紧急通知，要求尽快恢复撂荒耕地生产。

2004年4月1日，《人民日报》报道：由国家质检总局组织的“农资打假下乡”集中行动正式启动。农资打假的重点产品有复混肥、农药、农机和农机配件，重点省份是河北、河南、山东、山西、湖南、广东、江苏、辽宁、吉林等。

2004年4月3日，《农民日报》报道：4月2日，国务院总理温家宝主持国务院常务会议，讨论并原则通过《国家优质粮食产业工程建设规划（2004—2010年）》。《规划》把2004—2007年作为一期项目，2008—2010年作为二期项目。到2007年末，实现新增粮食综合生产能力200亿千克以上、农民人均增收100元、扩大农民就业330万人的目标。《规划》将在13个省区重点选建9个优势产业带，即黄淮海平原、长江下游平原和大兴安岭沿麓3个优质专用小麦产业带；东北和黄淮海平原2个专用玉米产业带；东北地区、长江流域一季稻区及长江流域双季稻区3个优质水稻产业带；东北高油大豆优势产业带。在西部粮食产销基本平衡省区和条件较好的集中产区建设粮食生产基地。并按照生态适宜、商品率高和地域上集中连片的原则，在13个粮食主产省区择优选建441个县（市、区、旗）、43个国有农场，在西部粮食产销基本平衡省区选建159个县、15个团场，全面实施优质专用良种育繁项目、标准粮田建设项目、农机装备推进项目、病虫害防控项目和粮食加工转化项目、西部粮食综合生产能力建设项目6大项目。

2004年4月14日，《人民日报》报道：中共中央总书记、国家主席胡锦涛在陕西考察工作时强调，各级党委和政府必须全面贯彻落实中央关于发展粮食生产、增加农民收入的政策措施，始终坚持农业基础地位不动摇，始终坚持加强、支持、保护农业不动摇，努力开创农业和农村工作的新局面。

2004年4月15日，《人民日报》报道：财政部、农业部、国家税务总局联合下发了《关于2004年降低农业税税率和在部分粮食主产区进行免征农业税改革试点有关问题的通知》，对免征农业税、降低农业税税率的试点省区作出明确规定。

2004年4月20日，《人民日报》报道：农业部在吉林省松原市召开现场会，推广行走式节水灌溉技术。以行走式施水播种机械化技术为重点的抗旱保苗措施，为解决北方春旱地区的春播问题提供了可行的技术模式，实现了粮食增产和农民增收的目的。我国共拥有此类机具10万多台（套），应用面积在1 000万亩以上，此项技术已在北方的14省区推广应用，困扰多年的“卡脖子旱”问题有望得到解决。

2004年4月21日，《人民日报》报道：为切实降低化肥等农资价格，保护农民利益和种粮积极性，国家发展改革委4月19日发出《关于加大价格监管力度努力降低农资零售价格的通知》。

2004年4月22日，《人民日报》报道：我国历时一年多的绿色食品认证和收费制度改革工作基本完成。通过改革，绿色食品认证审核时间缩短到3～6个月，企业认证成本大幅下降。

2004年4月30日，《人民日报》报道：为制止乱占滥用土地，防止突击批地，切实落实最严格的耕地保护制度，推进国土资源管理体制改革，国务院决定在全国范围内深入开展土地市场治理整顿。

2004年5月7日，《农民日报》报道：农业部发出《关于进一步加强当前种子市场管理的紧急通知》（部委号农明发〔2004〕48号），要求各地开展种子市场专项清理整顿，迅速查处制售假种子案件。《通知》要求，一是立即开展种子市场检查。各地要在5月中旬组织所辖范围种子市场专项清理整顿，对照《种子法》及其配套规章，对种子经营资格、种子的包装标签、主要农作物品种审定以及种子质量进行全面检查。重点查处无照无证经营，超越范围经营，不合格种子标签，未经加工、包装销售的种子，未经审定或超审定范围销售种子，以及质量不合格种子。二是迅速查处制假售假案件。要会同工商部门，通过设立举报投诉电话、市场检查等手段，认真受理消费者和企业的举报和投诉，绝不忽视发现案件的线索，要对已掌握的种子案件进行清理排查；对重要案件要制定查处方案，明确查处要求。对大案要案要会同有关部门集中力量查办，坚持杜绝推诿扯皮、责任上交的不作为行为，对证据确凿，触犯刑律的要及时依法移送司法机关，严禁以罚代刑。三是严格依法行政。各级农业行政主管部门在加强种子市场管理的同时，要提高自身执法能力和执法水平，种子管理机构要切实负起责任，要积极争取财政支持，完善执法手段，提高执法效力。四是切实做好种子法宣传和技术服务。各级农业行政主管部门要继续加大《种子法》及其配套规章的宣传普及力度，做到普法与执法，执法与守法，执法与监督相结合，让种子的育种者、生产者、销售者、使用者和管理者都能做到知法、懂法、守法和规范执法，通过法律来维护各方利益，为净化种子市场创造一个良好的环境。五是切实加强种子管理工作的组织领导。

2004年5月10日，《人民日报》报道：截至2003年底，我国农村养老保险累计参保人数已接近6 000万人，基金积累总额260亿元，共有140多万农民开始领取养老金。

2004年5月20日，《人民日报》报道：国务院总理温家宝19日主持召开国务院常务会议，研究部署深化粮食流通体制改革和农村税费改革工作，审议并原则通过《粮食流通管理条例（草案）》。

2004年5月23日，《人民日报》报道：为改善农村卫生服务条件，卫生部正会同有关部门编制《农村卫生规划》，以加快农村卫生基础建设。2004年已决定投资10亿元作为试点启动资金，计划利用3～5年的时间完成建设任务。

2004年5月23日，《人民日报》报道：为保证党中央、国务院宏观调控政策的落实，国土资源部经商国家发展和改革委员会、财政部、农业部、建设部、监察部、审计署同意，启动《深入开展土地市场治理整顿工作实施方案》。

2004年5月24日，《人民日报》报道：5月23日在北京召开的亚洲合作对话（ACD）农业部长级研讨会议通过《联合倡议》。该倡议为ACD成员开展农业合作的总体目标、重点内容、合作机制和合作途径等提出了系统的具体建议。亚洲合作对话20个成员的120名代表参加了此次研讨会。

2004年5月27日，《农民日报》报道：26日，由世界银行发起的首届全球扶贫大会在上海开幕。国务院总理温家宝出席开幕式并发表重要讲话。

2004年5月28日，《人民日报》报道：5月27日，全球扶贫大会在上海圆满闭幕。会上发表的《中国政府缓解和消除贫困的政策声明》明确指出，缓解和消除贫困，实现全体人民的共同富裕，是中国政府始终不渝的宗旨。全球扶贫大会发表了《上海减贫议程》。

2004年5月29日，《人民日报》报道：5月28日，科技部、农业部、财政部和国家粮食局联合在北京启动实施粮食丰产科技工程，为恢复和持续提高我国粮食综合生产能力、为国家粮食持续增产和农民收入持续增加提供有效科技支撑。

2004年6月4日，《人民日报》报道：中共中央政治局委员、国务院副总理、国务院扶贫开发领导小组组长回良玉在国务院扶贫开发领导小组第二次全体会议上强调，要认真落实中央各项政策措施，加大扶贫开发力度，在本世纪头10年尽快解决农村少数贫困人口的温饱问题，同时要帮助初步解决温饱的农村低收入人口增加收入，巩固和提高扶贫成果。

2004年6月4日，《人民日报》报道：5月26日，国务院总理温家宝签署第407号国务院令，公布《粮食流通管理条例》，自公布之日起施行。《条例》全文共六章五十四条，规定严禁以非法手段阻碍粮食自由流通。国有粮食购销企业应当转变经营机制，提高市场竞争能力，在粮食流通中发挥主渠道作用，带头执行国家粮食政策。粮食价格主要由市场供求形成。国家加强粮食流通管理，增强对粮食市场的调控能力。粮食经营活动应当遵循自愿、公平、诚实信用的原则，不得损害粮食生产者、消费者的合法权益，不得损害国家利益和社会公共利益。国家采取储备粮吞吐、委托收购、粮食进出口等多种经济手段和价格干预等必要的行政手段，加强对粮食市场的调控，保持全国粮食供求总量基本平衡和价格基本稳定。国家实行中央和地方分级粮食储备制度。粮食储备用于调节粮食供求，稳定粮食市场，以及应对重大自然灾害或者其他突发事件等情况。政策性用粮的采购和销售，原则上通过粮食批发市场公开进行，也可以通过国家规定的其他方式进行。国务院和地方人民政府建立健全粮食风险基金制度。粮食风险基金主要用于对种粮农民直接补贴、支持粮食储备、稳定粮食市场等。国务院和地方人民政府财政部门负责粮食风险基金的监督管理，确保专款专用。

2004年6月9日，《人民日报》报道：6月7日至8日，国务院扶贫办在河南省信阳市召开全国贫困地区劳动力转移培训工作座谈会。由国务院扶贫办主导推进的大规模扶贫开发劳动力转移培训工程全面启动。

2004年6月11日，《人民日报》报道：经国务院同意，国土资源部、国家发展和改革委员会联合发出《关于在深入开展土地市场治理整顿期间严格建设用地审批管理的实施意见》，对暂停农用地转用审批和须报国务院审批建设项目用地的范围、重点急需建设项目确认程序和用地审查报批程序以及遗留建设用地项目的清理等问题作出具体规定。

2004年6月21日，《光明日报》报道：中宣部、新闻出版总署发布《关于进一步加强"三农"读物出版发行工作的意见》。

2004年6月24日，《农民日报》报道：我国已有8个省份免征或基本免征农业税。

2004年6月25日，《人民日报》报道：国务院总理温家宝23日主持召开国务院常务会议，研究部署深化农村税费改革试点工作。2004年中央决定加大税费改革力度，取消农业特产税，五年内取消农业税，各地区、各部门要按照国务院关于五年内取消农业税的总体安排，有计划地推进免征农业税改革试点工作，全面落实减免农业税的各项政策，积极稳妥地推进乡镇机构、农村义务教育管理体制和县乡财政体制等相关配套改革。

2004年7月1日，《农民日报》报道：6月28日，农业部部长杜青林分别签署第35号、36号农业部令，公布《农业行政许可听证程序规定》和《农业部实施行政许可责任追究规定》，自2004年7月1日起施行。

2004年7月2日，《人民日报》报道：鉴于我国农村金融体系的整体功能已不适应农业和农村经济战略性调整的要求，国家将对政策性金融、商业金融、农村信用社重新进行功能定位和调整，以创新农村金融体制，全面提高农村金融服务水平。

2004年7月3日，《农民日报》报道：农业部发出《关于切实加强监督管理制止向农民乱收税费的紧急通知》。《通知》要求认真落实农村税费改革和支持农业发展的各项政策措施。切实加强对涉农收费项目和行为的监督管理。各级农民负担监督管理部门要切实履行职责，着力做好涉农收费项目和行为的监督管理。一是凡涉及农民的行政事业性收费都必须严格按照国家规定的范围、环节和标准收取，取消的收费项目不得恢复收取，免征的收费项目不得继续收取，政策允许的收费项目不得随意扩大范围和提高标准。二是农村经营服务性收费都必须坚持“公开、公正、自愿、有偿”的原则，不得强行服务和收费，不得只收费不服务或多收费少服务，不得不公示就收费，不得突破标准乱收费。三是涉及农民的罚款必须严格按照法律和法规规定收缴，不得随意设立罚款项目，不得将一次性罚款变成固定收费项目，不得以罚款代替管理。四是严格按农民负担监督卡填写的项目和数额收取税费和筹劳，不准随意更改监督卡的内容，不准增项加码。农民依卡缴纳税费和筹劳，没有发卡到户的，农民有权拒缴税费和拒绝出工。健全完善农村“一事一议”筹资筹劳制度。

2004年7月6日，《农民日报》报道：6月28日，四川省劳动保障、财政、国土等部门联合下发《关于做好失地农民失业保险和再就业工作的意见》，在四川全省建立失地无业农民的保险制度。

2004年7月6日，《人民日报》报道：为降低农用化肥流通费用，支持农业生产，经国务院批准，国家发展和改革委员会、铁道部联合发出通知，要求凡具有农用化肥合法生产、经营资格的企业，经铁路运输列入《实行铁路优惠运价的农用化肥品种目录》的农用化肥，均执行农用化肥优惠运价。

2004年7月7日，《人民日报》报道：7月5日至6日，全国农村税费改革试点工作会议在北京召开。中共中央政治局常委、国务院总理温家宝强调，各地区、各部门一定要从贯彻“三个代表”重要思想、全面建设小康社会的高度，提高思想认识，精心组织实施，切实做好试点工作，把这件关系亿万农民切身利益的大事办好。

2004年7月12日，《人民日报》报道，中共中央办公厅、国务院办公厅下发《关于健全和完善村务公开和民主管理制度的意见》。《意见》要求进一步健全村务公开制度，保障农民群众的知情权。完善村务公开的内容，规范村务公开的形式、时间和基本程序，设立村务公开监督小组，听取和处理群众意见。进一步规范民主决策机制，保障农民群众的决策权。推进村级事务民主决策，明确村级民主决策的形式，规范村级民主决策的程序，建立决策责任追究制度。进一步完善民主管理制度，保障农民群众的参与权。推进村级事务民主管理，建立村民委员会换届后的工作移交制度，加强村民民主理财制度建设，规范农村集体财务收支审批程序。进一步强化村务管理的监督制约机制，保障农民群众的监督权。加强对农村集体财务的审计监督，推行民主评议村干部工作制度，建立和完善村干部的激励约束制度。进一步加强对村务公开和民主管理工作的领导。

2004年7月17日，《人民日报》报道：国家发展改革委、财政部、铁道部、交通部联合发出《关于进一步做好化肥供应工作稳定化肥价格的通知》。《通知》要求，各地区、各有关部门要继续做好化肥供应工作，稳定化肥价格。2004年7月23日，《农民日报》报道：农业部部长杜青林签署第39号农业部令，发布《农业基本建设项目管理办法》，自2004年9月1日起施行。《办法》指出，农业基本建设投资实行统一计划，集中管理，分工负责，分级实施的管理体制。基本建设程序包括提出项目建议书、编制可行性研究报告、进行初步设计、施工准备、建设实施、竣工验收、后评价等阶段。小型和限额以下项目，可根据实际需要适当合并简化程序。县级以上人民政府农业行政主管部门要加强农业基本建设管理队伍的建设，定期培训基本建设管理人员，提高项目管理水平。

2004年7月17日，《人民日报》报道：2003年未解决温饱（人均年收入637元以下）的贫困人口不但没有减少，反而增加了80万人。这是改革开放之后扶贫开发历史上的第一次。

2004年7月20日，《光明日报》报道：中国/全球环境基金干旱生态系统土地退化防治伙伴关系项目正式启动。中国政府与全球环境基金在生态领域第一次以长期计划的形式，遏制西部地区土地退化，恢复干旱地区生态系统，减少贫困，促进区域经济发展。

2004年7月20日，《科技日报》报道：7月16日，全国第一家立足“三农”、服务大众的大型综合性新闻网站——“三农在线”正式开通运营。

2004年7月20日，《农民日报》报道：17日，中国粮食与食物安全研究中心在中国农业大学成立。

2004年8月3日，《经济日报》报道：国家发展和改革委员会、财政部发布了《关于全面清理整顿涉及生猪饲养、屠宰、销售环节收费的通知》。

2004年8月7日，《农民日报》报道：8月4日至5日，全国农药安全使用工作会议在安徽合肥召开，会议提出全面限制和禁止使用高毒高残留农药。

2004年8月10日，《农民日报》报道：财政部、国土资源部联合制定了《用于农业土地开发的土地出让金收入管理办法》，规定土地出让金用于农业开发的比例不低于土地出让平均收益的15%。

2004年8月31日，《农民日报》报道：8月30日，国家广电总局、国家发展和改革委员会、财政部在北京联合召开全国村村通广播电视工作电话会议。

2004年8月31日，《人民日报》报道：由农业部植物新品种保护办公室、农业部科技发展中心和洛阳市农业科学研究所举办的"首届全国农作物授权品种展示暨品种权交易会"30日在洛阳市开幕，来自全国各地的数百名代表观摩了200多个获得农业部授权的农作物新品种并现场进行了品种权的交易和洽谈。

2004年9月9日，《人民日报》报道："国家农业政策分析与决策支持开放实验室"在北京启动，中国的农业政策研究正在由经验型决策向科学量化阶段转变，可为解决"三农"问题提供可靠的科学依据。

2004年9月18日，《人民日报》报道：9月17日，经中国保监会批准，我国第一家专业性股份制农业保险公司——上海安信农业保险股份有限公司正式成立。

2004年9月18日，《人民日报》报道：9月17日，面向贫困人口的农村水利改革项目启动。该项目由英国国际开发署提供总额1 247.4万美元赠款，旨在帮助贫困地区农民能够公平、可靠、持续地获得灌溉和生活用水，同时促进农村小型水利工程管理体制改革。

2004年9月22日，《农民日报》报道：9月21日，国家发展和改革委员会、财政部、农业部、工商总局、质检总局、供销合作总社和农业发展银行七部门联合召开了全国棉花工作电视电话会议。

2004年9月28日，《人民日报》报道：国家税务总局发出通知，要求农业税征收管理机关要按照"据实核减，公正、公开，减地减税、无地无税"的原则，认真做好农业税计税土地的核减管理工作。

2004年10月14日，《人民日报》报道：10月13日，温家宝总理主持召开国务院常务会议，讨论《国务院关于深化改革严格土地管理的决定》，部署加强和改进土地管理工作。

2004年10月21日，《人民日报》报道：以取消"三提五统"等税外收费、改革农业税收为主要内容的农村税费改革试点工作，自2003年在全国全面铺开以来成效显著。全国农民普遍"减负"30%以上，共计减轻农民税收负担280亿元左右。

2004年10月25日，《农民日报》报道：22日至23日，全国新型农村合作医疗试点工作会议在北京召开。

2004年10月29日，《农民日报》报道：10月28日，国务院召开全国深化改革严格土地管理工作电视电话会议。

2004年11月5日，《人民日报》报道：农业部启动了"科技入户工程"，计划到2010年，力争实现培育科技示范户100万个，辐射带动农户2 000万户，发展新型农业技术服务组织1万个。同时，使重点示范区内主要先进实用技术入户率和到位率达到90%以上，农业综合生产成本降低15%以上，科技进步对农业增长的贡献率提高10%以上。

2004年11月8日，《农民日报》报道：11月4日，国土资源部发布《关于加强农村宅基地管理的意见》。规定严禁城镇居民在农村购置宅基地。《意见》指出，一要严格实施规划，从严控制村镇建设用地规模。抓紧完善乡（镇）土地利用总体规划，按规划从严控制村镇建设用地，加强农村宅基地用地计划管理。二要改革和完善宅基地审批制度，规范审批程序。严格宅基地申请条件。坚决贯彻"一户一宅"的法律规定。农村村民一户只能拥有一处宅基地，面积不得超过省（区、市）规定的标准。健全宅基地管理制度，加强农村宅基地登记发证工作。三要积极推进农村建设用地整理，促进土地集约利用。积极推进农村建设用地整理，加大盘活存量建设用地力度，加大对农村建设用地整理的投入。四要加强法制宣传教育，严格执法。

2004年11月13日，《人民日报》报道：为了保护被征地农民的合法权益，使他们原有生活水平不降低，国土资源部发布了《关于完善征地补偿安置制度的指导意见》，确定了征地补偿标准。

2004年11月27日，《人民日报》报道：明年是我国实施科技入户工程的第一年，为有效解决我国农业科技推广中存在的"最后一千米"问题，让科技与农民实现"零距离"接触，农业部26日召开全国农业科技入户工作卫星网络视频会议，全面部署农业科技入户示范工作。

2004年12月2日，《科技日报》报道：中国农业发展银行下发了《关于开展粮棉油产业化龙头企业贷款业务的通知》和《粮棉油产业化龙头企业贷款管理暂行办法》。

2004年12月2日，《农民日报》报道：国家发展和改革委员会会同财政部、农业部、商务部、税务总局，发出了《关于做好化肥生产供应工作加强价格监管的通知》。

2004年12月11日，《人民日报》报道：根据国家发展和改革委员会的初步统计，由于粮食价格上涨，2004年农民的售粮收入增加了600多亿元。

2004年12月13日，《人民日报》报道：出席中国农科院举办的"中国农业科技高级论坛——土壤质量与粮食安全"的专家们提出，提高耕地质量，实施"藏粮于地"新战略，确保国家粮食安全。

2004年12月14日，《农民日报》报道：国家粮食局下发了《关于进一步做好粮食收购工作的通知》，要求各级粮食部门努力保持粮价在合理水平上基本稳定。

2004年12月17日，《农民日报》报道：农业部发出《关于贯彻落实〈国务院关于深化改革严格土地管理的决定〉的通知》（国发〔2004〕28号）。《通知》要求，一要严格执行土地管理法律法规。牢固树立遵守土地法律法规的意识，严格依照法定权限审批土地，严格执行占用耕地补偿制度，禁止非法压低地价招商，严格依法查处违反土地管理法律法规的行为。二要加强土地利用总体规划、城市总体规划、村庄和集镇规划实施管理。严格土地利用总体规划、城市总体规划、村庄和集镇规划修改的管理，加强土地利用计划管理，从严从紧控制农用地转为建设用地的总量和速度，加强建设项目用地预审管理，加强村镇建设用地的管理，严格保护基本农田。三要完善征地补偿和安置制度。完善征地补偿办法，妥善安置被征地农民，健全征地程序，加强对征地实施过程监管。四要健全土地节约利用和收益分配机制。实行强化节约和集约用地政策，推进土地资源的市场化配置，制订和实施新的土地使用标准。严禁闲置土地，完善新增建设用地土地有偿使用费收缴办法。五要建立完善耕地保护和土地管理的责任制度。明确土地管理的权力和责任，建立耕地保护责任的考核体系，严格土地管理责任追究制度，强化对土地执法行为的监督，加强土地管理行政能力建设。

2004年12月18日，《人民日报》报道：财政部、国家税务总局根据各地上报的灾害数据，以及民政部、水利部提供的有关数据分析测定，2004年全国因灾核减农业税任务30亿元，其中中央财政补助15亿元。

2004年12月18日，《农民日报》报道：12月17日，国务院召开"中国西南、秦巴山区扶贫世界银行贷款项目总结暨表彰大会"，经过10年的努力，两个项目取得圆满成功，基本解决了580万贫困人口的温饱问题。

2004年12月23日，《人民日报》报道：由农业部和财政部组织实施的"农业结构调整重大技术研究专项"带给我国农业科技发展新的变化。该专项自2002年启动，重点在优质水稻、专用玉米、优质小麦、高油大豆等15个领域设置项目。3年来，专项共立项141个，国家投入经费6 000万元。选育出通过审定的、在国内外市场具有较强竞争力的农作物新品种99个，创新优异种质423份。

2004年12月25日，《科技日报》报道：河南省宣布，从2005年起全省免征农业税。

2005年1月8日，《人民日报》报道：我国农业信息网站发展到4 000多家，在传播农业政策、科技成果和信息方面发挥显著作用，受到广大基层干部、农技人员和农民朋友的欢迎。

2005年1月8日，《农民日报》报道：截至2004年10月31日，全国31个省、自治区、直辖市共有333个县（市）开展了新型农村合作医疗试点工作，约覆盖10 691.09万农业人口。

2005年1月9日，《人民日报》报道：2005年，浙江在全省范围内全面免征农业税。

2005年1月24日，《光明日报》报道：全国植物新品种测试标准化技术委员会和全国农业转基因生物安全管理标准化技术委员会成立。

2005年1月25日，《人民日报》报道：2005年，农业部将为农民办15件实事，15件实事都明确规定了实施进度，项目责任具体到人，其中科技兴农项目占2/3。

2005年1月29日，《人民日报》报道：国家发展和改革委员会、中国人民银行发布了《关于2004—2005年度化肥淡季商业储备资金供应有关问题的通知》，明确对承储企业收储淡季商业储备化肥给予信贷支持。

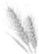

2005年1月31日，《人民日报》报道：新华社播发《中共中央国务院关于进一步加强农村工作提高农业综合生产能力若干政策的意见》。《意见》指出，2005年农业和农村工作的总体要求是：认真贯彻党的十六大和十六届三中、四中全会精神，全面落实科学发展观，坚持统筹城乡发展的方略，坚持"多予少取放活"的方针，稳定、完善和强化各项支农政策，切实加强农业综合生产能力建设，继续调整农业和农村经济结构，进一步深化农村改革，努力实现粮食稳定增产、农民持续增收，促进农村经济社会全面

发展。一是稳定、完善和强化扶持农业发展的政策，进一步调动农民的积极性。继续加大“两减免、三补贴”等政策实施力度，切实加强对粮食主产区的支持，建立稳定增长的支农资金渠道。二是坚决实行最严格的耕地保护制度，切实提高耕地质量。严格保护耕地，认真落实农村土地承包政策，努力培肥地力。三是加强农田水利和生态建设，提高农业抗御自然灾害的能力。加快实施以节水改造为中心的大型灌区续建配套，狠抓小型农田水利建设，坚持不懈搞好生态重点工程建设。四是加快农业科技创新，提高农业科技含量。加强农业科技创新能力建设，加大良种良法的推广力度，加快改革农业技术推广体系。五是加强农村基础设施建设，改善农业发展环境。加大农村小型基础设施建设力度，加快农产品流通和检验检测设施建设，加强农业发展的综合配套体系建设。六是继续推进农业和农村经济结构调整，提高农业竞争力。进一步抓好粮食生产，大力发展特色农业，加快发展畜牧业，重点支持粮食主产区发展农产品加工业，发展农业产业化经营。七是改革和完善农村投融资体制，健全农业投入机制。完善农业投资管理体制，加快农村小型基础设施产权制度改革，推进农村金融改革和创新。八是提高农村劳动者素质，促进农民和农村社会全面发展。九是加强和改善党对农村工作的领导。

2005 年 2 月 1 日，《人民日报》报道：1 月 31 日，全国国家扶贫开发工作重点县“两免一补”工作会议提出：从 2005 年春季学期开始，592 个国家扶贫开发工作重点县农村义务教育阶段家庭贫困学生将全部享受免费教科书、免杂费政策。

2005 年 2 月 3 日，《人民日报》报道：国务院总理温家宝 2 月 2 日主持召开国务院常务会议，审议并原则通过《农村公路建设规划》。本世纪前二十年农村公路建设的总体目标是：具备条件的乡（镇）和建制村通沥青（水泥）路，基本形成较高服务水平的农村公路网络，使农民群众出行更便捷、更安全、更舒适，适应全面建设小康社会的总体要求。具体发展目标如下：（一）“十一五”建设目标。到“十一五”末，基本实现全国所有具备条件的乡（镇）通沥青（水泥）路（西藏自治区视建设条件确定）；东、中部地区所有具备条件的建制村通沥青（水泥）路；西部地区基本实现具备条件的建制村通公路。到 2010 年，全国农村公路里程达到 310 万千米。①东部地区，实现所有具备条件的建制村通沥青（水泥）路。②中部地区，基本实现所有具备条件的建制村通沥青（水泥）路。③西部地区，基本实现所有具备条件的乡（镇）通沥青（水泥）路、具备条件的建制村通公路（西藏自治区视建设条件确定）。（二）2011—2020 年建设目标。到 2020 年，具备条件的乡（镇）和建制村通沥青（水泥）路，全国农村公路里程达 370 万千米，全面提高农村公路的密度和服务水平，形成以县道为局域骨干、乡村公路为基础的干支相连、布局合理、具有较高服务水平的农村公路网，适应全面建设小康社会的要求。

2005 年 2 月 3 日，《农民日报》报道：经国务院批准，财政部计划 2005 年安排 55 亿元资金奖励全国近 800 个产粮大县，以缓解其财政收支困难，稳定粮食产量，确保国家粮食安全。

2005 年 2 月 4 日，《人民日报》报道：为进一步改善农民进城就业环境，维护农民工合法权益，国务院办公厅发出《关于进一步做好改善农民进城就业环境工作的通知》。《通知》要求，一要进一步做好促进农民进城就业的管理和服务工作。清理和取消针对农民进城就业等方面的歧视性规定及不合理限制，开展有组织的劳务输出，完善对农民进城就业的职业介绍服务，做好对农民工的咨询服务工作，加强对农民进城就业的培训工作。二要切实维护农民进城就业的合法权益。进一步解决拖欠农民工工资问题，加强劳动合同管理和劳动保障监察执法，及时处理农民工劳动争议案件，支持工会组织依法维护农民工的权益，做好农民工工伤保险工作。三要进一步健全完善劳动力市场。整顿劳动力市场秩序，探索建立城乡一体化的劳动力市场。

2005 年 2 月 11 日，《人民日报》报道：2004 年，我国共有 29 个省份实施了粮食直接补贴，安排粮食直补资金 116 亿元，约 6 亿农民直接得到了国家补贴的实惠。

2005 年 2 月 18 日，《人民日报》报道：我国科学家绘制完成水稻全基因组“精细图”并进行了相关研究，有关成果发表在国际期刊《PLoSBiology（科学公共图书馆——生物学专辑）》2005 年第 3 卷第 2 期上。专家认为，水稻基因组“精细图”的完成，为科学家研究各个水稻亚种的差异，在新层面上探讨杂交优势的机理，为禾本科植物的比较基因组学和进化研究奠定了基础。

2005 年 2 月 19 日，《人民日报》报道：我国首创的“二系杂交小麦”应用技术，已经走出实验室，成功实现了大面积试种。

2005 年 2 月 26 日，《人民日报》报道：已有近 10 年历史的 4 条蔬菜运输“绿色通道”将全面升级并连通成网。到 2005 年底，总里程达 2.7 万千米的“五纵两横”鲜活农产品流通“绿色通道”网络基本建成后，将有效降低鲜活农产品运输成本，增加农民收入，并使城市人享受到更多、更新鲜的农产品。

2005年3月3日，《经济日报》报道：3月2日，全国“2005红盾护农”启动仪式在京举行。此次“红盾护农”行动国家工商总局将派出4个工作组，分赴各省参加启动仪式并开展明察暗访。

2005年3月3日，《科技日报》报道：中华人民共和国成立以来最大一次的“农业科技入户春季行动”，2月28日在全国吹响号角。农业部将组织全国各级科研、教学、推广人员和科技入户工程试点省、县的200个技术指导单位、500名专家组成员和5 000名技术指导员，在春耕春播时节，深入100个试点县，10万个科技示范户，宣传贯彻国家有关政策，开展技术指导服务，督促春耕春播工作。

2005年3月13日，《人民日报》报道：3月12日，中央人口资源环境工作座谈会在北京人民大会堂举行。中共中央总书记、国家主席、中央军委主席胡锦涛强调，全面落实科学发展观，进一步调整经济结构和转变经济增长方式，是缓解人口资源环境压力、实现经济社会全面协调可持续发展的根本途径。要加快调整不合理的经济结构，彻底转变粗放型的经济增长方式，使经济增长建立在提高人口素质、高效利用资源、减少环境污染、注重质量效益的基础上，努力建设资源节约型、环境友好型社会。

2005年3月14日，《人民日报》报道：2005年全国农资打假专项治理行动全面展开。农业部制定了全国农资打假专项治理行动实施方案和种子、农药、肥料、饲料、兽药五个专项整治方案，印发了《关于开展农资打假专项治理行动的通知》并组织各地实施。

2005年3月16日，《人民日报》报道：中共中央政治局委员、国务院副总理、国务院扶贫开发领导小组组长回良玉，15日主持召开国务院扶贫开发领导小组全体会议，强调切实增强扶贫开发的针对性和实效性，各项政策、项目、资金都要围绕减少贫困人口这个目标来调整和展开，突出整村推进、劳动力培训转移和产业化扶贫三个重点，加大扶贫开发力度，加快贫困地区经济社会发展。

2005年3月23日，《人民日报》报道：经过几年的努力，我国生态修复在范围、规模、效益方面取得了历史性突破。初步统计，我国有25个省526个县发布了封山禁牧的决定，950个县实施了封山禁牧，封育保护面积达到60万平方千米。另外，所有国家水土保持重点工程区全面实现了封育保护，青海“三江”源区实施了预防保护工程，在177个县实施了水土保持生态修复试点工程。

2005年3月24日，《光明日报》报道：国务院总理温家宝23日主持召开国务院常务会议，审议并原则通过《2005—2006年农村饮水安全应急工程规划》。

2005年3月25日，《人民日报》报道：国家工商总局发布《促进个体私营等非公有制经济发展的通知》，通知表示，将积极探索农民专业合作经济组织的登记管理。各类从事生产经营活动的农民专业合作经济组织均可以申请工商登记，取得市场主体资格。对农民个人申办的专业合作经济组织，符合个人合伙设立条件的，按个体工商户登记；符合合伙企业设立条件的，按合伙企业登记；符合有限公司设立条件的，按有限公司登记。对其他投资者根据农业产业化和多种经营的需要申办的专业合作经济组织，要根据投资人身份和出资财产的性质，本着谁出资谁所有的原则，依照现行登记法规核定企业类型。

2005年3月29日，《光明日报》报道：国家发展和改革委员会透露，“十一五”期间，国家将投入1 000亿元资金，对全国所有县乡公路进行改造和道路升级。到2010年，东、中部地区所有的村、西部地区的所有的乡镇将全部实现通油路。

2005年3月31日，《经济日报》报道：中央财政2005年安排了3亿元资金用于农机购置补贴，地方各级财政按照中央1号文件要求也纷纷加大了农机补贴投入，地方各级财政落实农机购置补贴资金达已8亿元左右。

2005年4月2日，《人民日报》报道：全国质检系统“进百村、入百户、抽百样——农资打假下乡”集中行动以来，在11个重点省市查处案件1 263起，深入9 132家农户，抽取了4 465批次农资样品进行检测，现场识别假冒伪劣产品货值达491.26万元，为农民群众挽回损失724.47万元。

2005年4月5日，《人民日报》报道：经过十年建设，我国黄土高原水土保持取得显著成效。项目实施期间累计治理水土流失面积92万公顷，每年累计减少水土流失6 000万吨。项目的实施使黄土高原生态环境明显改善，建设基本农田、乔木林等71万公顷，种草16万公顷，同时修建了大量水土保持工程。其中仅一期工程就使项目区内植被覆盖率从17.8%提高到41.1%。

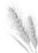

2005年4月7日，《光明日报》报道：由农业部、科技部等部委共同推动的国家农业科技创新体系建设现正式启动。国家农业科技创新体系建设将按照“科学布局、优化资源、完善机制、提升能力”的

指导思想，围绕促进农业稳定增产和农民持续增收、提高农业综合生产能力、保障国家粮食安全，坚持自然生态区域与行政区划相结合、条件建设与机制创新相结合、技术创新与产业发展相结合、整合资源与优化配置相结合、统筹规划与分类实施相结合的原则，构建“层次清晰、分工明确、运行高效、支撑有力”的国家农业科技创新体系。

2005年4月7日，《人民日报》报道：中国水稻研究所程式华博士等人经15年的艰苦奋斗，完成的“超级稻协优9308的选育、超高产生理基础研究及生产集成技术的示范与推广”项目，获2004年度国家科技进步二等奖。

2005年5月9日，《农民日报》报道：为贯彻落实《中共中央国务院关于进一步加强农村工作提高农业综合生产能力若干政策的意见》（中发〔2005〕1号）精神，促进农民专业合作组织健康发展，农业部印发了《关于支持和促进农民专业合作组织发展的意见》。《意见》指出，发展农民专业合作组织应把握的基本条件是：以依法享有家庭承包经营权的农户为主体，建立了民主管理机制，有成员自主制定的章程，按照加入自愿、退出自由、民主管理、盈余返还的原则，依法在其章程规定的范围内开展农业生产经营和服务活动。符合上述条件的，都应从政策上给予鼓励和支持。促进农民专业合作组织发展，要正确把握以下基本原则：坚持以家庭承包经营为基础的原则；坚持自愿民主的原则；坚持多种形式发展的原则；坚持示范引导的原则。

2005年5月10日，《光明日报》报道：浙江台州路桥区大红袍果业合作社和台州市农友园艺合作社等10家农民专业合作社从台州市工商局领到了《企业法人营业执照》。这是我国第一部农民专业合作组织法规——《浙江省农民专业合作社条例》颁布以来，全国成立的首批农民专业合作社。

2005年5月14日，《农民日报》报道：浙江省青田县方山乡龙现村的稻田养鱼，被确定为首批4个世界农业遗产保护项目之一，将得到联合国粮农组织对该世界遗产的保护。

2005年5月16日，《经济日报》报道：由农业部、财政部、共青团等部门共同组织实施的“跨世纪青年农民科技培训工程”自1999年实施以来，中央财政累计投入1.5亿元，地方财政配套投入3亿元，全国有200多万名青年农民接受了“跨世纪青年农民科技培训工程”，产生了巨大的经济、社会效益。

2005年5月17日，《农民日报》报道：针对全省140多万名被征地农民社会保障水平偏低以及相关配套措施不够完善等问题，浙江省政府发出《关于深化完善被征地农民社会保障工作的通知》（浙政办发〔2005〕33号）。

2005年5月18日，《人民日报》报道：5月17日，由中国贸促会、福建省人民政府主办的第七届海峡两岸经贸交易会、第二届中国福建商品交易会在福州开幕。经国务院批准，由台湾青果商业行业公会组织的来榕参加海交会的台湾农产品，首次实现直航免税进入大陆。

2005年5月20日，《人民日报》报道：劳动和社会保障部发布的最新统计显示，2004年末，全国参加农村养老保险的人数为5 378万人，全年共有205万农民领取了养老金，农村养老保险基金累积结存285亿元。

2005年5月24日，《经济日报》报道：国家发展和改革委员会、科技部、水利部、建设部和农业部联合发布了《中国节水技术政策大纲》。《大纲》重点阐明了我国节水技术选择原则、实施途径、发展方向、推动手段和鼓励政策。《大纲》用于引导节水技术研究、产业发展和节水项目投资的重点技术方向，促进节水技术的推广应用，限制和淘汰落后的高用水技术、工艺和设备，为编制水资源和节水发展规划提供技术支持。《大纲》按照“实用性”原则，从我国实际情况出发，根据节水技术的成熟程度、适用的自然条件、社会经济发展水平、成本和节水潜力，采用“研究”“开发”“推广”“限制”“淘汰”“禁止”等措施指导节水技术的发展。重点强调对那些用水效率高、效益好、影响面大的先进适用节水技术的研发与推广。

2005年5月29日，《光明日报》报道：中国扶贫开发协会第三届会员代表大会27日至28日在北京召开。中共中央政治局常委、全国政协主席贾庆林出席大会并讲话。

2005年6月3日，《人民日报》报道：为提高我国粮食主产区生产能力建设，国土资源部实行国家投资土地开发整理项目向粮食主产区倾斜。2001年至今，河北、河南、黑龙江、吉林、辽宁、湖北、湖南、江苏、江西、内蒙古、山东、四川、安徽13个粮食主产区省份共安排国家投资项目997个，国家投资总额116亿元，分别占下达预算项目总数和全部国家投资的66%。

2005年6月8日，《人民日报》报道：全国农村税费改革试点工作会议6月6日至7日在北京召开。中共中央政治局常委、国务院总理温家宝在会上强调，农村税费改革将进入新的阶段，巩固农村税费改革成果，积极稳妥推进以乡镇机构、农村义务教育和县乡财政体制为主要内容的综合改革试点。

2005年6月29日，《人民日报》报道：全国粮食流通体制改革进展顺利。截至2004年底，全国（除西藏外）粮食收购市场和收购价格全部放开，粮食市场主体发展迅速，粮食流通体制改革取得重大突破。

2005年7月22日，《人民日报》报道：我国农用地质量、价格调查与评价的理论体系和技术框架已经建立，安徽、湖北等15个省（自治区、直辖市）基本完成了省级农用地分等和县级定级估价试点工作。

2005年7月23日，《农民日报》报道：由国家发改委制定的《2005—2006年农村饮水安全应急工程规划》获国务院正式批准，计划在两年内使全国2 120万人告别饮水难。

2005年7月23日，《农民日报》报道：7月16日，由中国水稻研究所育成的超级早稻新品种"中早22国家粮食丰产科技工程"示范与"中国超级稻选育与试验示范"高产示范田在浙江江山市贺村镇花园村正式开镰收割。165亩"中早22"示范片平均亩产617.7千克，其中最高亩产693.71千克，超过了农业部超级稻计划早稻百亩片平均亩产600千克的指标，标志着我国长江中下游稻区超级早稻育种和高产技术集成取得了突破性进展。

2005年8月11日，《人民日报》报道：国务院总理温家宝10日主持召开国务院常务会议，研究加快建立新型农村合作医疗制度问题。

2005年8月13日，《人民日报》报道：国务院扶贫开发领导小组办公室、中央精神文明建设指导委员会办公室、教育部、科技部、交通部、水利部、农业部、卫生部、国家广播电影电视总局、国家林业局等单位联合发出《关于共同做好整村推进扶贫开发构建和谐文明新村工作的意见》。

2005年8月13日，《光明日报》报道：为妥善解决农村寄宿制学校建设工程实施过程中的一些问题，国务院办公厅转发了教育部、国家发展和改革委员会、财政部、国土资源部、建设部制定的《关于进一步做好农村寄宿制学校建设工程实施工作的若干意见》。

2005年8月16日，《人民日报》报道：自1999年6月16日至2005年5月20日6年间，农业部已陆续发布6批共62个植物种（属）类型的植物新品种保护名录，育种者申请品种权的数量以年均30%的速度递增。

2005年8月24日，《经济日报》报道：经国务院同意，农业部、国务院纠风办、财政部、国家发展和改革委员会、国务院法制办、教育部联合发出《关于进一步做好减轻农民负担工作的通知》。

2005年8月26日，《经济日报》报道：8月25日，由信用社改制而成的上海农村商业银行股份有限公司正式成立，这是全国第一家省级农村商业银行。

2005年8月28日，《人民日报》报道：9月1日起，《江苏省征地补偿和被征地农民基本生活保障办法》将正式实施，在全国尚属首例。办法规定，各市、县人民政府从土地出让金等土地有偿使用收益中，提取一定数额的资金进入被征地农民基本生活保障资金专户。

2005年9月12日，《农民日报》报道："21世纪农业与农村发展"国际研讨会在北京举行，会议分别就城市化与农村、全球化与农业、环境挑战与食品安全、21世纪的农业科学前沿、边远地区与贫困问题及未来的政策选择等方面进行了深入探讨，并就未来全球农业与农村发展形成了"北京共识"。

2005年9月15日，《人民日报》报道：2005年全国新型农村合作医疗试点工作会议13日至14日在江西省南昌市召开。中共中央政治局委员、国务院副总理吴仪在会议上强调，要切实贯彻落实近期国务院关于加快建立新型农村合作医疗制度的部署和要求，加大力度，加快进度，突破难点，积极推进新型农村合作医疗制度健康发展。

2005年9月19日，《人民日报》报道：9月18日，第十九届国际灌排大会在京闭幕，会议共同讨论了"确保粮食安全和环境可持续发展的水土资源利用"这一主题，会议发表了《北京宣言》，号召各国在2005年之前制定出综合水资源管理和用水效率提高的方案，从而为全人类的可持续粮食安全做出贡献。

2005年9月27日，《人民日报》报道：作为全国第二大农村社会经济调查系统，全国农村固定观察点成立20年来，已收集原始数据近3亿个，完成调查报告约2 000多万字，较为完整地记录了农村改革发展历程。20年来，调查网络逐渐健全，调查样本包括360多个村庄、2.4万多农（牧）户和600多个村级企业，覆盖全国31个省（区、市）的346个县（市、区），年度常规调查指标近2 000项，涵盖了农村经济社会众多方面。

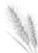

2005年10月1日，《人民日报》报道：中共中央政治局9月29日下午进行第二十五次集体学习，

中共中央政治局这次集体学习安排的内容是国外城市化发展模式和中国特色的城镇化道路。同济大学唐子来教授、北京大学周一星教授就这个问题进行讲解，并谈了他们的有关看法和建议。中共中央总书记胡锦涛主持。他强调，坚持走中国特色的城镇化道路，按照循序渐进、节约土地、集约发展、合理布局的原则，努力形成资源节约、环境友好、经济高效、社会和谐的城镇发展新格局。

2005 年 10 月 11 日，《农民日报》报道：国土资源部、农业部、发展改革委、财政部、建设部、水利部、国家林业局等七部门联合下发《关于进一步做好基本农田保护有关工作的意见》，出台 6 项措施捍卫基本农田这条“红线”。《意见》提出，一是严格制定和实施规划，确保现有基本农田数量。制定和实施土地利用总体规划以及涉及土地利用的相关规划，必须将保护耕地特别是基本农田作为重要原则。严格按照《退耕还林条例》规定的条件和范围实施退耕还林。土地利用总体规划修编中要坚持以严格保护耕地特别是基本农田为重点，保证现有基本农田总量不减少。二是加强非农建设用地审查，严禁违法占用基本农田。严格执行《土地管理法》和《基本农田保护条例》的有关规定，除国家能源、交通、水利和军事设施等重点建设项目以外，其他非农业建设一律不得占用基本农田；符合法律规定确需占用基本农田的非农建设项目，必须按法定程序报国务院批准农用地转用和土地征收。加强对涉及占用基本农田的建设用地的审查。规范基本农田补划行为。三是强化监督管理，不得擅自改变基本农田用途。严格执行《国务院关于坚决制止占用基本农田进行植树等行为的紧急通知》（国发明电〔2004〕1 号）要求的保护基本农田“五个不准”，确保基本农田的规定用途不改变。进一步加大对违法违规骗取批准、占用和破坏基本农田行为的执法力度。四是加大建设力度，切实提高基本农田质量。大力开展基本农田土地整理，加大基本农田质量建设力度，建立基本农田建设集中投入制度。五是开展动态监测，定期通报基本农田变化情况。完善基本农田保护基础性工作，加强基本农田的动态监管，建立基本农田保护定期通报制度。六是探索新机制，落实基本农田保护责任。按照《基本农田保护条例》的规定，建立基本农田保护责任制。探索建立基本农田保护经济激励机制。

2005 年 10 月 14 日，《人民日报》报道：中共中央政治局常委、全国人大常委会委员长吴邦国 13 日在中国农业大学和中国农业科学院考察工作时强调，要认真学习和贯彻落实党的十六届五中全会精神，全面落实科学发展观，按照建设社会主义新农村的要求，加快农业科技进步，调整农业生产结构，转变农业增长方式，走出一条中国特色的现代农业发展之路。

2005 年 10 月 17 日，《人民日报》报道：截至 2005 年 8 月底，我国共有 8 037 万亩基地通过了无公害产地认定，有 11 386 个种植业产品通过了无公害产品认证，200 个无公害农产品（种植业）生产示范基地基本实现了蔬菜等鲜食农产品的无公害化生产，全国无公害农产品生产示范基地创建活动取得明显成效。

2005 年 10 月 24 日，《人民日报》报道：国务院总理温家宝 23 日主持召开国务院常务会议，研究加强环境保护工作，讨论并原则通过《国务院关于落实科学发展观加强环境保护的决定》。

2005 年 10 月 25 日，《光明日报》报道：“十一五”期间，我国将投入 1 000 亿元，用于支持和引导农村交通持续快速发展。

2005 年 10 月 27 日，《农民日报》报道：近年来，我国农村低保和特困户救助工作稳步推进，已有 12 个省市全面建立了农村低保制度。

2005 年 10 月 31 日，《人民日报》报道：目前，我国农村公路总里程已达 290 万千米，全国 99.6%的乡镇、92%的建制村实现了通公路。

2005 年 11 月 1 日，《人民日报》报道：10 月 31 日，中华全国工商业联合会农业产业商会在北京成立。该商会是我国农业产业领域第一家由民营企业自发组建的、与“三农”密切相关的全国性商会组织，是党和政府联系企业的桥梁和纽带。

2005 年 11 月 25 日，《光明日报》报道：为认真学习贯彻党的十六届五中全会精神，推动“三下乡”活动深入发展，中宣部等十四部委在河北衡水联合召开全国文化科技卫生“三下乡”活动十周年工作座谈会，交流经验，表彰先进，研究部署工作。

2005 年 11 月 28 日，《光明日报》报道：全国有 96%的行政村已经开通了电话，原来确定的到“十五”末全国 95%的行政村通电话的目标提前实现。

2005 年 12 月 3 日，《人民日报》报道：国务院总理温家宝 11 月 28 日主持召开国务院常务会议，研究 2006 年农业和农村工作，部署推进产能过剩行业结构调整工作。

2005 年 12 月 12 日，《人民日报》报道：11 月 7 日，中共中央办公厅、国务院办公厅提出《关于进一步加强农村文化建设的意见》。

2005 年 12 月 24 日，《人民日报》报道：国

务院总理温家宝23日主持召开国务院常务会议，研究加强农村义务教育和深化农村义务教育经费保障机制改革问题。会议要求，各地区、各部门要切实把农村义务教育摆在优先发展的战略地位，努力解决制约农村地区普及九年义务教育投入问题，保障农村义务教育持续健康发展。会议提出了深化农村义务教育保障机制改革的主要内容。

2005年12月27日，《人民日报》报道：全国农村义务教育经费保障机制改革工作会议26日在北京召开，对深化农村义务教育经费保障机制改革工作进行全面部署。国务委员陈至立出席会议并讲话。

2005年12月27日，《人民日报》报道：12月23日，温家宝总理主持召开国务院常务会议决定，深化农村义务教育经费保障机制改革，全面构建农村义务教育经费保障新机制。2006—2010年，中央与地方各级财政累计将新增农村义务教育经费约2 182亿元。

2006年1月2日，《人民日报》报道：为更好地发挥旅游在建设社会主义新农村中的作用，国家旅游局确定2006年全国旅游宣传主题为“2006中国乡村游”。1月1日，国家旅游局、河北省人民政府在河北省平山县西柏坡举行“2006中国乡村游”启动仪式，拉开“乡村游”主题年的序幕。

2006年1月5日，《人民日报》报道：2005年以来，国家主抓整村推进扶贫、劳动力转移培训扶贫和产业化扶贫三大重点，全年约有1.65万个贫困村完成整村推进村级规划的实施。

2006年1月7日，《人民日报》报道：“十五”时期，中央财政用于“三农”的资金达1.13万亿元，5年年均递增17%，是改革开放以来投入增加最多、增长速度最快的时期之一。

2006年1月7日，《人民日报》报道：国务院决定，从2006年开始，提高财政补助标准，中央财政对中西部参合农民的补助在原有人均10元的基础上再增加10元，地方财政也相应提高补助标准，农民个人缴费标准保持不变。

2006年1月7日，《人民日报》报道：2006年1月1日起，农业部已经实施的65项行政许可全部纳入综合办公，实现了行政许可的“一站式”办公。

2006年1月12日，《人民日报》报道：“十五”期间，农业综合开发共投入资金1 335.15亿元，改造中低产田1.29亿亩，经改造的中低产田，基本上成为高产稳产、旱涝保收的高标准农田，共新增粮食生产能力407.28亿斤、棉花8.46亿斤、油料26.02亿斤。农业综合开发通过支持农业产业化经营发展，有效地促进了农民增收，项目区农民年人均增收300元左右。

2006年1月12日，《人民日报》报道：财政部向西部地区12个省（自治区、直辖市）、新疆生产建设兵团以及中部地区试点省份预拨专项资金36.9亿元，其中，免除学杂费补助资金30.2亿元，提高公用经费保障水平补助资金6.7亿元。

2006年1月13日，《人民日报》报道：“十五”期间，中央加大对农村水利的投入力度，5年投资620亿元，占中央水利投资总规模的36.6%，重点实施了农村人饮解困、灌区节水改造、农村水电等项目。“十一五”期间水利投资规模预计为4 628亿元，投入重点将继续向农村倾斜，解决1亿农村人口饮水安全，让半数农村人口喝上自来水，新增有效灌溉面积3 000万亩。

2006年1月16日，《人民日报》报道：我国农村公路总里程达到63万千米，比中华人民共和国成立头53年翻了一番；全国乡镇、建制村通公路率分别达到99.8%和94.5%；乡镇客车通达率达98%，建制村通车率达81%。

2006年1月16日，《人民日报》报道：全国“五纵二横”鲜活农产品流通绿色通道网络建成并开通运行。网络各线累计长度2.7万千米，贯穿全国31个省、自治区、直辖市，直接连通了全国29个省会城市，71个地市级城市，覆盖全国所有具备一定规模的重要鲜活农产品生产基地和销售市场。

2006年1月17日，《经济日报》报道：以“把工作落到实处、让农民得到实惠”为主题的“2006农业部科技下乡活动”16日在全国31个省区市正式启动。全国3万多名农业专家和技术人员参加活动，直接受益农民将超过80万人。

2006年1月19日，《经济日报》报道：1月18日，“十五”重大科技专项“农产品深加工技术与设备研究与开发”在北京通过验收。项目获得综合经济效益185.2亿元，促进农民增收54.3亿元。

2006年1月19日，《人民日报》报道：2006年中央政府将安排投资40亿元，加上地方各级政府的投入等，共约80亿元，用于解决农村2 000万人的饮水困难和饮水安全问题。

2006年1月19日，《人民日报》报道：2006年中央政府将安排投资40亿元，加上地方各级政府的投入等，共约80亿元，用于解决农村2 000万人的饮水困难和饮水安全问题。

2006年1月21日，《光明日报》报道：截至

2005年9月30日，全国开展新型农村合作医疗试点的县达到671个，覆盖农业人口2.33亿，占全国农业人口的26.3%，参加合作医疗的人口达到1.77亿，占全国农业人口的19.94%。

2006年1月27日，《人民日报》报道：21日，国务院总理温家宝签署第456号中华人民共和国国务院令，公布《农村五保供养工作条例》，自2006年3月1日起施行。

2006年1月27日，《人民日报》报道：1月25日，中共中央政治局下午进行第二十八次集体学习，学习内容是关于建设社会主义新农村。

2006年2月2日，《人民日报》报道：全国湿地保护工程正式启动实施。国务院批准《全国湿地保护工程实施规划（2005—2010年）》，5年内计划投资90亿元，据全国湿地资源调查统计，我国现有100公顷以上的各类湿地3 848.55万公顷（不包括水稻田）。

2006年2月7日，《经济日报》报道："十一五"期间，我国将增加县乡公路30多万千米，新改建农村公路120万千米，基本实现全国所有具备条件的乡镇、建制村通公路，95%的乡镇和80%的建制村通沥青路或水泥路。

2006年2月9日，《农民日报》报道：为进一步加强对草原的保护和管理，农业部制定并公布了《草原征占用审核审批管理办法》，于2006年3月1日正式实施。

2006年2月10日，《人民日报》报道：2006年，农业部要为农民办的15件实事。包括以粮食主产区为重点，深入推进农业科技入户工程；为全国1亿农户提供测土配方施肥服务；以农村劳动力输出大省、产粮大省、革命老区、贫困地区为重点，开展短期的非农职业技能培训等15项内容。

2006年2月15日，《人民日报》报道：国务院发布《国务院关于落实科学发展观加强环境保护的决定》（国发〔2005〕39号）。《决定》深刻分析了新世纪新阶段我国环境保护面临的形势和任务，对未来5～15年环保事业发展的宏伟蓝图进行了规划和部署，是指导我国经济、社会与环境协调发展的纲领性文件。环境目标是：到2010年，重点地区和城市的环境质量得到改善，生态环境恶化趋势基本遏制。主要污染物的排放总量得到有效控制，重点行业污染物排放强度明显下降，重点城市空气质量、城市集中饮用水水源和农村饮水水质、全国地表水水质和近岸海域海水水质有所好转，草原退化趋势有所控制，水土流失治理和生态修复面积有所增加，矿山环境明显改善，地下水超采及污染趋势减缓，重点生态功能保护区、自然保护区等的生态功能基本稳定，村镇环境质量有所改善，确保核与辐射环境安全。到2020年，环境质量和生态状况明显改善。

2006年2月15日，《人民日报》报道：国家发展和改革委员会、财政部发出《关于做好2006年化肥生产供应和价格调控工作的通知》。通知明确，2006年要继续促进化肥生产流通、控制化肥出口和加强化肥流通领域价格管理。继续对化肥生产用电实行优惠电价；继续暂免征收尿素产品增值税；继续对化肥铁路运输免收铁路建设基金。继续暂停对尿素、磷酸二铵、磷酸一铵的出口退税；继续对尿素出口征收季节性暂定关税。对化肥批发和零售价格，仍实行进销差率、批零差率或最高限价等形式管理。

2006年2月21日，《人民日报》报道：我国农田水利建设机制将发生重大调整，由国家发改委、财政部、水利部、农业部、国土资源部等部门提出的新机制的主要思路是：以政府安排补助资金为引导，以农民自愿出资出劳为主体，以农田水利规划为依托，以加强组织动员为纽带，以加快农田水利管理体制改革为动力，逐步建立起保障农田水利建设健康发展的长效机制。

2006年2月22日，《人民日报》报道：2月21日，新华社发布《中共中央 国务院关于推进社会主义新农村建设的若干意见》。《意见》指出：各级党委和政府必须按照党的十六届五中全会的战略部署，始终把"三农"工作放在重中之重，切实把建设社会主义新农村的各项任务落到实处，加快农村全面小康和现代化建设步伐。主要内容包括：一是统筹城乡经济社会发展，扎实推进社会主义新农村建设。二是推进现代农业建设，强化社会主义新农村建设的产业支撑。三是促进农民持续增收，夯实社会主义新农村建设的经济基础。四是加强农村基础设施建设，改善社会主义新农村建设的物质条件。五是加快发展农村社会事业，培养推进社会主义新农村建设的新型农民。六是全面深化农村改革，健全社会主义新农村建设的体制保障。七是加强农村民主政治建设，完善建设社会主义新农村的乡村治理机制。

2006年2月22日，《人民日报》报道：2006年国家将加大对测土配方施肥的扶持力度，财政补贴资金由去年的2亿元增加到5亿元以上。全年免费为4 000万以上农户提供测土配方施肥服务，力求配方施肥建议卡和施肥技术指导入户率达到100%。

2006年2月23日，《人民日报》报道：22日下午，中共中央政治局委员、国务院副总理回良玉在财政部、国家税务总局联合举行的纪念废止农业税条例暨全面取消农业税座谈会上强调，要深刻认识全面取消农业税的重大历史意义，全面推进农村综合改革，继续加强农民负担监督管理，加快建立以工促农、以城带乡的长效机制，努力扩大公共财政覆盖农村的范围，扎实推进社会主义新农村建设。

2006 年 2 月 23 日，《经济日报》报道：从 2006 年起，财政每年将安排 1 030 亿元用于支持农村税费改革的巩固和完善。

2006 年 2 月 24 日，《人民日报》报道：2 月 23 日，中央组织部、国家发展和改革委员会、财政部在京召开全国村级组织活动场所建设工作座谈会，安排部署村级组织活动场所建设工作。中央决定采取由地方财政投入、中央财政适当补助和党费予以支持的办法，抓紧解决村级组织无活动场所问题。

2006 年 2 月 24 日，《经济日报》报道：2006 年全面取消农业税以后，与农村税费改革前相比，全国农民共减轻负担 1 265 亿元。

2006 年 2 月 25 日，《经济日报》报道：2 月 17 日，国务院总理温家宝签署第 459 号国务院令，自 2006 年 2 月 17 日起废止《国务院关于对农业特产收入征收农业税的规定》和《屠宰税暂行条例》，对烟叶收入，另行制定征税办法。

2006 年 3 月 2 日，《人民日报》报道：3 月 1 日，国务院总理温家宝主持召开国务院常务会议，审议并原则通过《农村卫生服务体系建设与发展规划》。

2006 年 3 月 2 日，《人民日报》报道：为促进我国优势农产品更快走出国门，提升市场竞争力，帮助农产品生产经营者寻找销路，我国目前已初步建立起一套农产品营销促销服务机制和相关服务平台，形成了以国际促销为重点，以网络展示为先导，以公益广告为补充，国际与国内促销相结合、形式多样的农产品营销促销服务体系。

2006 年 3 月 14 日，《人民日报》报道：3 月 21 日，建设部在北京举行“建设社会主义新农村——农房建设送图下乡暨试点村庄签约”仪式，向全国 1 887 个重点乡镇赠送“系列小城镇住宅国标图集”。同时，中国建筑设计研究院与两个试点整治村签订定向支持协议。

2006 年 3 月 17 日，《光明日报》报道：根据中共中央的建议，建设社会主义新农村被列入《中华人民共和国国民经济和社会发展第十一个五年（2006—2010 年）规划纲要》。

2006 年 3 月 24 日，《人民日报》报道：截至 2005 年底，全国农村改水受益率为 94.06%，到 2005 年底，全国饮用自来水农村人口达 5.79 亿人，占农村总人口的 61.32%；手压机井、雨水收集农村受益人口分别占农村总人口的 20.79%和 1.53%；其他初级改水形式的受益人口 9 860 万，占农村总人口 10.42%。

2006 年 4 月 12 日，《人民日报》报道：为切实保护种粮农民利益，统筹考虑柴油、化肥等农业生产资料价格变动对农民种粮收益的影响，经国务院批准，财政部决定 2006 年新增 125 亿元补贴资金，对种粮农民柴油、化肥、农药等农业生产资料增支实行综合直补。这样，中央财政今年对种粮农民的直接补贴总额达 267 亿元，比上年增长 102%。

2006 年 4 月 12 日，《人民日报》报道：国土资源部公布了 2005 年度全国土地利用变更调查结果。截至 2005 年 10 月 31 日，全国耕地面积 18.31 亿亩，离“十一五”规划确定的未来 5 年耕地保有量 18 亿亩约束性指标仅剩 3 100 万亩。2005 年度全国耕地比上年度净减少 542.4 万亩，耕地面积净减少势头有所减缓。

2006 年 4 月 15 日，《科技日报》报道：4 月 12 日，由国家旅游局和四川省人民政府主办的首届“中国乡村旅游节”在成都开幕。

2006 年 4 月 18 日，《人民日报》报道：4 月 17 日，中央文明办、民政部、新闻出版总署、国家广电总局四部门联合主办“第四期万家社区图书室援建和万家社区读书活动”启动仪式，从 2006 年开始到“十一五”期末，每年将有上千种农民“读得懂、用得上”的图书，无偿送到 3 万～5 万个村委会，5 年内全国将有 1/3 以上的村委会建立起农村图书室，亿万农民将共同分享公共文化利益。

2006 年 4 月 18 日，《人民日报》报道：农业部启动“农业科技提升行动”。为提高农业科技对农业增产、农民增收的贡献率，农业科技提升行动将从农业科技推广、农民培训、农业科技创新、农业机械化、农业信息化五方面入手，全面提升我国的农业科技水平。

2006 年 4 月 26 日，《人民日报》报道：2005 年实施的农村义务教育“两免一补”政策，直接减轻农民经济负担 70 多亿元，中西部农村地区共有 35 万名因贫辍学学生重返校园。

2006 年 4 月 30 日，《人民日报》报道：4 月 29 日上午，中共中央政治局委员、国务院副总理回良玉在农村劳动力转移培训阳光工程实施两周年座谈会上强调，要进一步加大阳光工程实施力度，广泛开展农村劳动力教育培训，切实增强农村劳动力就业创业能力，扎实推进社会主义新农村建设，积极促进经济社会全面协调可持续发展。

2006年5月8日，《农民日报》报道：财政部、教育部联合印发了《农村义务教育经费保障机制改革中央专项资金支付管理暂行办法》，将农村义务教育经费保障机制改革中，中央财政负担的免费教科书资金、免杂费补助资金、公用经费补助资金、校舍维修改造资金等中央专项资金纳入国库集中支付管理。

2006年5月11日，《经济日报》报道：商务部、财政部联合出台《关于做好2006年度"万村千乡市场工程"资金管理工作的通知》。主要内容是：从外贸发展基金中拨专项对"万村千乡市场工程"试点企业在农村地区建设和改造流通网络、发展新型流通业态的建设项目进行一定的资金支持。支持的方式分贴息和直补两种。对试点企业建设或改造配送中心的金融机构中长期固定资产投资贷款，予以贴息补助，对农家店建设项目予以直接补助。

2006年5月19日，《人民日报》报道：国家电网公司与江西省政府在南昌市安义乡罗丰村举行江西省农村"户户通电"工程启动仪式，拉开了国家电网公司农村"户户通电"工程的序幕。按照国家电网公司最近提出的"新农村、新电力、新服务"的农电发展战略，该公司供电区域的农村在"十一五"期间将全面实现户户通电。

2006年5月21日，《人民日报》报道：中国农业发展银行下发《中国农业发展银行农业小企业贷款试点办法》，今后，农业小企业生产经营活动中的资金需求可从中国农业发展银行获得信贷支持。

2006年5月22日，《人民日报》报道："十一五"期间，供销社将实施"千社千品"富农工程，每年选择1 000个规范的专业合作社，根据产业优势和地域特点，塑造1 000个特色农产品品牌。5年时间，扶持5 000家专业合作社，塑造5 000个特色农产品品牌。

2006年5月23日，《人民日报》报道：全国统一的专用特服号码"12316"农民服务热线在吉林省率先开通，吉林省将之定名为"12316新农村热线"。今后，农民在生产中遇到各种问题，都可以直接向专家咨询。

2006年5月30日，《农民日报》报道：国家发改委出台《关于加强涉农价格和收费管理为建设社会主义新农村服务的意见》。《意见》从促进农村生产发展、改善农民生活条件、着力解决农民最关心的实际问题等方面提出了加强涉农价格和收费管理的政策指导性意见，要求各级价格主管部门把为建设新农村服务作为价格工作的一项主要任务来抓。

2006年5月30日，《人民日报》报道：5月29日，农业部和北京市人民政府正式启动"北京全面实施保护性耕作项目"，标志着我国保护性耕作技术推广工作进入了普及应用的新阶段。未来3年，农业部和北京市人民政府将投入8 000万元，对北京市郊的粮田作物全面实施保护性耕作，实施面积将达到230多万亩。到2008年，北京市将建成全国首个全面实施保护性耕作的示范省（区、市），减少农田扬尘量50%左右。

2006年5月31日，《人民日报》报道：4月28日和5月12日，新批准设立的两个两岸农业合作试验区分别在广西玉林和广东佛山、湛江成立。至此，祖国大陆自1997年开始设立的海峡两岸农业合作试验区达到7个，分布在福建、海南、山东、黑龙江、陕西、广东、广西等省区。

2006年6月6日，《人民日报》报道："十一五"期间，我国将投入400多亿元，用于解决1亿农村居民饮用高氟水、高砷水、苦咸水、污染水以及局部地区严重缺水等问题。

2006年6月7日，《人民日报》报道：为贯彻落实支持社会主义新农村建设的政策措施，中国人民银行调剂支农再贷款额度50亿元，重点用于支持西部地区和粮食主产区农村信用社加大农户贷款投放力度。

2006年6月7日，《人民日报》报道：农业部启动社会主义新农村建设百村示范行动，示范行动将通过100个村的典型示范，采取"省部共建、主抓靠县、行动在村、实惠到户"的工作格局，强化"主导产业强村、工商企业富村、科技人才兴村、生态家园建村、支部组织带村"五大支撑体系，扎实推进新农村建设。

2006年6月8日，《人民日报》报道：国务院总理温家宝7日主持召开国务院常务会议，研究了改革和加强基层农业技术推广体系建设问题。

2006年6月8日，《人民日报》报道：国家发展和改革委员会7日对外宣布，2006年农村公路改造工程投资计划已经下达，安排中央补助投资175亿元。2006年在东、中部地区安排建设总里程9.6万千米，投资总规模274亿元，其中中央补助投资96亿元；在西部地区安排建设总里程2.32万千米，投资总规模176亿元，其中中央补助投资79亿元。

2006年6月10日，《农民日报》报道：国务院办公厅发布关于推进种子管理体制改革加强市场监管的意见，提出种子生产经营机构与农业行政管理部门的分开工作要在2007年6月底之前完成。

2006年6月27日，《农民日报》报道：《国务院关于保险业改革发展的若干意见》指出，要探索建立适合我国国情的农业保险发展模式，将农业保险作为支农方式的创新，纳入农业支持保护体系。

2006年7月3日，《人民日报》报道：6月30日，国务院总理温家宝主持召开国务院常务会议，部署深化农村税费改革和推进农村综合改革工作。会议指出，2006年要扩大农村综合改革试点范围，扎实推进乡镇机构改革，加强农村义务教育综合改革，全面落实农村义务教育经费保障机制改革措施，免除学生学杂费，规范课本等其他收费，坚决制止乱收费，改革和完善县乡财政管理体制，严格控制乡村债务，建立农民负担监管机制。

2006年7月11日，《农民日报》报道：截至2006年3月底，全国开展新型农村合作医疗覆盖的农村人口达4.7亿人，占我国农业人口的53.44%；参加合作医疗的人口达3.7亿人，占全国农村人口的42.25%，参加合作医疗的人口的比例是79.06%。

2006年7月16日，《人民日报》报道：国务院总理温家宝签署第470号国务院令，公布《国务院关于修改〈棉花质量监督管理条例〉的决定》，自公布之日起施行。

2006年7月24日，《人民日报》报道：中国在2005年停止接受联合国粮食援助的当年，一举成为世界第三大粮食捐助方，排名仅次于美国和欧盟。与上一年相比，中国对该署的捐助增加了260%，总数达到57.7万吨。

2006年7月27日，《人民日报》报道：中国电信启动“千乡万村”示范工程，决定用1年时间，建成1 000个乡镇信息示范站，10 000个发达村级信息示范点，从而以点带面，推动整个农村信息化建设。

2006年7月28日，《农民日报》报道：国务院总理温家宝25日主持召开国务院常务会议，部署进一步加强土地调控工作。会议强调，必须采取更严格的管理措施，切实加强土地调控。

2006年8月2日，《人民日报》报道：农业部在辽宁省丹东市举行了农业环境污染突发事件应急处理的技术培训和现场演练，这是我国在农业环境污染突发事件偏重发生背景下举行的首次现场演练。

2006年8月6日，《人民日报》报道：上海农村合作医疗覆盖率达到100%，114所乡镇卫生院全部完成标准化建设，农民门诊就医70%在村卫生室。

2006年8月13日，《人民日报》报道：7月7日，国务院总理温家宝签署第471号国务院令，公布《大中型水利水电工程建设征地补偿和移民安置条例》，自2006年9月1日起施行。

2006年8月21日，《经济日报》报道：2006年中央财政全部支农资金达到3 397亿元，比上年增加422亿元。

2006年8月22日，《科技日报》报道：8月21日，中国科协、财政部宣布联合组织实施“科普惠农兴村计划”，提高农民科学素养，推进社会主义新农村建设。

2006年8月31日，《人民日报》报道：国务院总理温家宝30日主持召开国务院常务会议，审议并原则通过《全国农村饮水安全工程“十一五”规划》《防治海洋工程建设项目污染损害海洋环境管理条例（草案）》。

2006年9月1日，《光明日报》报道：国务院总理温家宝签署第473号国务院令，公布《全国农业普查条例》。《条例》规定：农业普查对象是在中华人民共和国境内的下列个人和单位：（一）农村住户，包括农村农业生产经营户和其他住户；（二）城镇农业生产经营户；（三）农业生产经营单位；（四）村民委员会；（五）乡镇人民政府。农业普查行业范围包括：农作物种植业、林业、畜牧业、渔业和农林牧渔服务业。农业普查内容包括：农业生产条件、农业生产经营活动、农业土地利用、农村劳动力及就业、农村基础设施、农村社会服务、农民生活以及乡镇、村民委员会和社区环境等情况。农业普查采用全面调查的方法。国务院农业普查领导小组办公室可以决定对特定内容采用抽样调查的方法。农业普查采用国家统计分类标准。

2006年9月2日，《科技日报》报道：9月1日，中央财政安排1亿元专项资金，在全国选择1万个村实施的“新型农民科技培训工程”正式启动。

2006年9月4日，《人民日报》报道：9月1日至2日，国务院在北京召开全国农村综合改革工作会议。中共中央政治局常委、国务院总理温家宝出席会议并强调，要按照巩固农村税费改革成果和完善社会主义市场经济体制的要求，推进乡镇机构、农村义务教育和县乡财政管理体制改革，建立精干高效的农村行政管理体制和运行机制、覆盖城乡的公共财政制度、政府保障的农村义务教育体制，促进农民减负增收和农村公益事业发展，全面推动社会主义新农村建设。

2006年9月6日，《人民日报》报道：截至7月底，农民工参加工伤保险人数已达到1 871万人，比去年底增加619.45万人。煤矿等高风险企业参保进展较快，94家国有重点煤矿已有87家参加了工伤保险，一些产煤大省的大中型煤矿已实现全部参保。

2006年9月11日，《人民日报》报道：中央20亿元农民工培训补贴资金已落实到位，加上地方配套资金，可使全国800万农民工获得人均500元的培训补贴。

2006年9月12日，《人民日报》报道：卫生部、国家中医药管理局、国家发展和改革委员会、财政部联合发布了《农村卫生服务体系建设与发展规划》。根据规划，“十一五”期间，国家将投入200多亿元，对部分县医院和乡镇卫生院的房屋和设备进行改造。到2010年，将建设和改造约2.2万所乡镇卫生院、1 300所县医院、400所县中医（民族医）医院以及950所左右的县妇幼保健机构。我国农村卫生事业发展进入全面提速阶段。

2006年9月19日，《人民日报》报道：截至今年5月底，全国推广测土配方施肥面积2.5亿亩，减少不合理用肥84.6万吨，为农民节约生产成本17.4亿元。

2006年9月24日，《科技日报》报道：为加快构建农产品现代流通网络，商务部确定了北京顺鑫首联绿色物流有限公司等100家重点培育的大型农产品流通企业，并核准了2006年支持这些企业的建设和改造项目。

2006年9月24日，《科技日报》报道：我国高度重视发展保护性耕作，已在15个省份的167个县实施了国家级保护性耕作项目。

2006年10月11日，《人民日报》报道：我国已有185万农村计划生育模范领到养老金，45万农民领到少生快富工程奖励金。从2006年起，我国将全面实施农村计划生育家庭奖励扶助制度和少生快富工程，使农村计划生育家庭老有所养，后顾无忧。

2006年10月17日，《人民日报》报道：国家发展和改革委员会、财政部、广电总局16日在北京联合召开新时期广播电视村村通工作电视电话会议，会议明确，到2010年底，我国全面实现20户以上已通电自然村通广播电视的目标，大力提高广大农村地区的广播电视无线覆盖水平，不断丰富服务“三农”的广播电视节目内容，建立覆盖广大农村地区的广播电视公共服务的长效机制。

2006年10月25日，《人民日报》报道：国家发展和改革委员会等部门24日对外发布《棉花加工资格认定和市场管理暂行办法》，彻底放开棉花收购，同时提高了棉花加工的市场准入门槛。

2006年10月27日，《农民日报》报道：国家发展和改革委员会、农业部、科技部和中国轻工业联合会联合发布了《食品工业“十一五”发展纲要》。《发展纲要》确定了“十一五”食品工业发展的重点行业，包括粮食加工业、食用植物油加工业等8个行业。

2006年10月27日，《农民日报》报道：截至9月底，全国参加工伤保险的农民工人数达到2 244.78万人，比上年底增加992.95万人，增长79.3%。

2006年10月29日，《科技日报》报道：中国移动通信农村信息网10月26日在重庆开通，过去分散在各个省份的农村信息化网有了全国统一平台，中国移动为此投资近1亿元人民币。

2006年11月2日，《经济日报》报道：2006年12月31日，我国将开展第二次全国农业普查，这是全世界规模最大的一次农业普查。

2006年11月14日，《人民日报》报道：中共中央办公厅、国务院办公厅下发《关于加强农村基层党风廉政建设的意见》，《意见》提出：大力开展农村基层反腐倡廉教育，进一步加强农村基层党风廉政制度建设，全面推进乡镇政务公开、村务公开和党务公开，认真抓好贯彻执行党的农村政策情况的监督检查，加强对农村基层党风廉政建设的组织领导。

2006年11月21日，《人民日报》报道：为进一步加大对社会主义新农村建设的支持力度切实减轻农民负担，中央财政出台农业综合开发有偿资金债务核减方案，确定从2006年开始至2009年，用4年时间，核减2004年以前主要由农民和农村基层组织承借的、用于改善农业生产条件的土地治理项目有偿资金债务44.86亿元。

2006年12月2日，《农民日报》报道：国家发展和改革委员会、农业部、财政部、税务总局、国家林业局联合下发《关于发展生物能源和生物化工财税扶持政策的实施意见》，国家将在四项财税政策上扶持生物质能源的发展。

2006年12月8日，《人民日报》报道：中共中央、国务院召开的中央经济工作会议12月5日至12月7日在北京举行。会议提出，必须坚持把“三农”问题放在经济社会发展全局的突出位置，坚持以发展农村经济为重点，扎实推进社会主义新农村建设。

2006年12月12日，《人民日报》报道：全国农村义务教育阶段中小学生将全部免收学杂费。免除学杂费将惠及全国农村近1.5亿名中小学生。免除学杂费后，平均每个小学生年减负140元，初中生年减负180元，贫困寄宿生可减负500元。

2006年12月16日，《经济日报》报道：《全国粮食生产发展规划（2006—2020年）》正式发布。该规划是指导各地科学安排粮食生产力布局，着力加强粮食综合生产能力建设，确保国家粮食安全的基础和行动指南。《规划》指出，2010年和2020年我国粮食发展目标是立足国内资源，实现粮食基本自给，是我国解决粮食供需问题的基本方针。根据国际上粮食安全的通行标准，以及国内现有资源条件和粮食生产潜力，我国粮食自给率应保持在95%以上。缺口部分可通过进口解决，主要用于品种、丰歉调剂和解决区域平衡问题。按照优先保障口粮需求，基本保障饲料及加工用粮需求的总体要求，确定2010年和2020年的粮食发展目标为：2010年确保国内粮食总产量达到10 000亿斤，届时我国粮食生产的自给率约为96%。达到上述目标，要求“十一五”期间，粮食产量在2005年的基础上年均增加64亿斤左右，粮食单产年均增长0.7%，粮食播种面积须稳定在15.5亿亩以上。到2020年，粮食在2010年的基础上，再增产700亿～800亿斤，粮食自给率保持在95%。

2006年12月16日，《人民日报》报道：为缓解农业小企业融资难问题，中国农业发展银行自2006年3月起组织开展了农业小企业贷款业务试点，截至11月末，山东、江西、重庆、福建4家试点行已累计向152个项目发放贷款9.6亿元，单个项目平均金额625万元。

2006年12月21日，《农民日报》报道：针对我国农产品出口频繁遭遇贸易摩擦和壁垒，中国出口信用保险公司专门设计了低费率、广覆盖、简便投保、快捷赔付的“农产品出口特别保险”，为农产品出口提供一揽子保险和金融服务。

2006年12月23日，《农民日报》报道：为进一步改进和加强农村金融服务，支持新农村建设，中国银行业监督管理委员会22日公布了《关于调整放宽农村地区银行业金融机构准入政策更好支持社会主义新农村建设的若干意见》，率先在6省（区）适当调整和放宽农村地区银行业金融机构准入政策，涉及放开准入资本范围和境内投资人入股比例、取消营运资金限制、放宽业务准入条件及范围等一系列改革措施。

2006年12月24日，《人民日报》报道：“十一五”期间科技部将增加农村科技的投入，将工业领域和农社（农村与社会发展）领域的经费比例从原来的7∶3调整到5∶5，仅国家科技支撑计划农业领域“十一五”期间第一批项目就初步安排30亿元，“863”计划拟投入14亿元。

2006年12月24日，《人民日报》报道：截至11月末我国银行业金融机构涉农贷款余额已达4.5万亿元，农户贷款覆盖面逐步扩大，获得农户小额信用贷款和农户联保贷款服务的农户数为7 072万户，占全国农户总数的近三成，受惠乡村人口在3亿人左右。

2006年12月28日，《人民日报》报道：中央财政用于“三农”的支出，2006年预算数为3 397亿元，比2005年增长14.2%，高于2006年中央财政预算总收入11.7%的增幅。

2006年12月30日，《人民日报》报道：全面开展“温暖工程李兆基基金百县百万农民及万名乡村医生培训”仪式29日在京举行。“温暖工程李兆基基金百县百万农民及万名乡村医生培训”由中央统战部、教育部、劳动和社会保障部、建设部、农业部、卫生部等联合实施，计划在中西部地区培训转移100万农村富余劳动力和培训1万名乡村医生。

2006年12月30日，《人民日报》报道：2006年我国新建改建农村公路26万千米；又有近3万个行政村通上油路和水泥路，3 000万群众得到实惠；全国建设农村客运站8 711个，停靠站点2.93万个，全国又有19 759个行政村新开通客运班车，客车通达率由81%提高到83.2%。

2007年1月9日，《人民日报》报道：据卫生部统计，截至2006年9月底，全国已有1 433个县（市、区）开展了新型农村合作医疗试点，占全国县（市、区）总数的50.1%。有4.06亿农民参加了新型农村合作医疗，占全国农业人口的45.8%，参合率达80.5%。2007年，新型农村合作医疗将覆盖到全国80%的县（市、区）。

2007年1月23日，《人民日报》报道：银行业监督管理委员会公布了调整放宽农村银行业准入政策首批6省（区）36个试点单位名单，同时强调积极稳妥推进调整放宽农村银行业准入政策试点工作。

2007年1月24日，《人民日报》报道：2007年全国新型农村合作医疗工作会议22日至23日在陕西省西安市召开。中共中央政治局委员、国务院副总理、国务院新型农村合作医疗部际联席会议组长吴仪出席会议并强调，这是“新农合”从试点到全面推进的一次关键性会议。四年来，“新农合”试点取得显著成效，全面推进“新农合”具备了基本条件，要坚定信心，扎实工作，不失时机地全面推进并确保2007年“新农合”覆盖全国80%以上县（市、区），确保“新农合”深入持续发展。卫生部部长高强在会议上宣读了卫生部等8个部门《关于通报表彰全国新型农村合作医疗先进试点县（市、区）的决定》

2007年1月30日，《科技日报》报道：1月29日，新华社全文播发《中共中央国务院关于积极发展现代农业扎实推进社会主义新农村建设的若干意见》。《意见》指出：2007年农业和农村工作的总体要求是：以邓小平理论和“三个代表”重要思想为指导，全面落实科学发展观，坚持把解决好“三农”问题作为全党工作的重中之重，统筹城乡经济社会发展，实行工业反哺农业、城市支持农村和多予、少取、放活的方针，巩固、完善、加强支农惠农政策，切实加大农业投入，积极推进现代农业建设，强化农村公共服务，深化农村综合改革，促进粮食稳定发展、农民持续增收、农村更加和谐，确保新农村建设取得新的进展，巩固和发展农业农村的好形势。

2007年1月30日，《人民日报》报道：据国务院发展研究中心2006年对东、中、西部地区共2 749个建制村的调查，有近50%的农村劳动力已经转入非农产业，其中本地非农就业和外出打工各半。

2007年2月1日，《人民日报》报道：为保证今年春季开学后学校的正常运转，中央财政向27个省（自治区、直辖市）、3个计划单列市和新疆生产建设兵团预拨了2007年春季学期免除学杂费和提高公用经费保障水平资金92亿元，财政部统计，从2006年春季学期开始，我国西部地区已经有4 880万名学生受益于农村义务教育经费保障机制改革，平均每名小学生减负140元、初中生减负180元。

2007年2月5日，《人民日报》报道：银监会发布六项文件为新型农村银行业金融机构服务“三农”提供制度保障。这六项行政许可实施细则文件包括：《村镇银行管理暂行规定》《村镇银行组建审批工作指引》《贷款公司管理暂行规定》《贷款公司组建审批工作指引》《农村资金互助社管理暂行规定》以及《农村资金互助社组建审批工作指引》。

2007年2月10日，《农民日报》报道：2月9日，国家农村信息化试点项目——“神农行动”在湖北襄樊启动。“神农行动”采取政府引导、企业参与、市场化运作的模式，整合多渠道信息资源，配合网站、手机、固定电话、闭路电视以及“综合服务大篷车”等设备，为农户提供定时、定制、系统、持续的信息服务。

2007年2月26日，《人民日报》报道：中国银监会核准四川仪陇惠民村镇银行有限责任公司和四川仪陇惠民贷款有限责任公司等2家机构开业，批准吉林东丰诚信村镇银行股份有限公司、梨树闫家村百信农村资金互助社和青海乐都雨润镇兴乐农村资金互助社等3家机构筹建。至此，5家新型农村银行业金融机构获得批准，将陆续挂牌对外营业。

2007年2月27日，《人民日报》报道：2006年，全国农村公路建设成效显著，完成投资、建成里程均创历史新高。全年全社会完成投资1 513亿元，新改建农村公路32.5万千米，458个乡（镇）、17 764个建制村通公路，1 708个乡（镇）、43 962个建制村通油路或水泥路。2007年交通部将投入至少248亿元车购税用于农村公路建设，比去年增加21亿元以上。各级政府对农村公路建设的投入也将进一步加大，确保完成新改建农村公路30万千米。

2007年3月8日，《人民日报》报道：为调动广大农民开展春季农业生产的积极性，稳定提高粮食生产能力，财政部会同农业部向各地预拨资金83亿元，支持各地开展春季农业生产等工作。这其中有农作物良种补贴51亿元、地方农机购置补贴11亿元、测土配方施肥补贴9亿元和农民培训及奶牛良种补贴12亿元。2007年中央财政进一步加大了预拨资金的规模，预拨金额比去年增加36亿元。同时，预拨时间也比去年有所提前。

2007年3月10日，《农民日报》报道：3月9日，吉林省梨树县闫家村百信农村资金互助社正式挂牌营业，这是全国首家经中国银监会批准、由农民自愿入股组建的农村资金互助社。该互助社注册资本10.18万元，由闫家村32位农民发起。百信农村资金互助社提供存款和贷款等服务，以信用贷款为主，会员用最低100元作为入会费，可以享受入会费十倍以内的贷款额度。

2007年3月23日，《人民日报》报道：3月22日，国务院在河南省鹤壁市召开全国春季农业生产工作会议。中共中央政治局委员、国务院副总理回良玉在会上指出，要认真贯彻今年两会和中央1号文件精神，紧紧围绕发展现代农业、建设社会主义新农村，立足于调动广大农民积极性落实强农惠农政策，立足于抗灾夺丰收强化各项工作，立足于争农时、抢季节抓好春耕备耕，千方百计促进粮食稳定发展和农民持续增收，努力实现今年农业农村发展的良好开局。

2007年3月26日，《农民日报》报道：3月25日，中国大豆产业协会在北京成立，原农业部常务副部长万宝瑞当选协会会长。协会的成立标志着中国大豆产业从此有了自己全行业的组织。农业部副部长范小建在讲话时说，在经济全球化、贸易自由化的新形势下，大豆产业的市场竞争日趋激烈，成立大豆产业协会是中国大豆产业发展的需要，是中国大豆参与国际市场竞争的需要，也是一些国家发展大豆产业的成功经验。万宝瑞对大豆产业协会的发展思路、指导思想、工作原则和2007年主要工作提出了明确要求。他特别指出，全体会员、理事、常务理事和会长要同心协力，共同奋斗，扎扎实实为会员搞好服务，全心全意致力于振兴中国大豆产业。

2007年4月2日，《农民日报》报道：3月31日，中国农村信息网络工程正式启动，2007年计划在1 000多个行政村建立免费向农民开放的网络应用中心——新农网络之家，通过信息扶贫帮助农村摆脱贫困。

2007年4月4日，《人民日报》报道：今年国家进一步扩大测土配方施肥试点，将免费为1亿以上农户提供测土服务，指导农民科学施肥。中央财政安排的测土配方施肥补贴资金由5亿元增加到9亿元，实施范围由600个县扩大到1 200个县，应用作物扩展到蔬菜、水果等经济作物，将推广测土配方施肥面积6.4亿亩。

2007年4月14日，《人民日报》报道：截至3月底，国家开发银行累计发放新农村建设及县域贷款、中小企业贷款等3 300多亿元，其中新农村建设及县域贷款余额达2 484亿元，比去年底增长38.8%。目前，该行累计融资支持中小企业、个体工商户和农户9.2万户，创造就业岗位71万个；建设65万套廉租廉价住房，惠及208万低收入人群；形成培训农民工26万人的培训能力。

2007年4月15日，《人民日报》报道：在国家对“三农”的投入持续增加的大趋势下，今年中央财政决定拿出10亿元进行政策性农业保险保费补贴试点，试点省份已确定为吉林、内蒙古、新疆、江苏、四川、湖南6个省区，中国人寿、中华联合和吉林安华3家保险公司将参与试点。

2007年4月24日，《人民日报》报道：到目前全国各类扶贫培训基地已发展到2 323个。其中，国务院扶贫办认定的基地30个，省级扶贫办认定的基地600个，市县两级扶贫部门认定的基地1 693个，基本上构成了覆盖全国各贫困地区的培训网络，基本具备担负“雨露计划”的各项培训任务的能力。

2007年5月22日，《经济日报》报道：经国务院批准，2007年中央财政在继续保持去年120亿元农资综合直补资金不变的基础上，新增156亿元农资综合直补资金，同比增长130%。

2007年5月24日，《人民日报》报道：国务院总理温家宝23日主持召开国务院常务会议，研究部署在全国建立农村最低生活保障制度工作。会议指出，目前，在全国农村普遍建立最低生活保障制度，条件基本具备。做好这项工作，对于稳定地解决农村贫困人口温饱问题，逐步缩小城乡差距，维护社会公平，促进社会主义和谐社会建设，具有重要意义。

2007年6月5日，《人民日报》报道：6月4日，在国家农业综合开发联席会议上，国务院副总理回良玉强调，各地区、各有关部门要坚持以科学发展观为指导，按照发展现代农业、推进社会主义新农村建设的总体部署，围绕提高农业综合生产能力和促进农民增收，加大农业综合开发资金投入，更加注重支持粮食主产区，更加注重支持现代农业产业体系建设，努力提高土地产出率、资源利用率和农业劳动生产率，努力提高农业整体素质、效益和竞争力，促进农业可持续发展。

2007年6月11日，《人民日报》报道：全国农田节水现场经验交流会在山西省长治市、晋城市召开。“十五”以来，农业部在东北、华北、西北、西南的150多个县组织开展了节水农业试点示范，集成推广了水肥一体化、膜下滴灌等九大农田节水技术模式，示范应用面积达800多万亩，辐射带动8 500多万亩，降水利用率提高20%，总节水量达5亿立方米以上，年均增产粮食40亿斤。

2007年6月21日，《人民日报》报道：日前，中央财政向中西部19个省（区、市）及东部4个省（区、市）拨付新型农村合作医疗补助资金93.96亿元。

2007年6月27日，《人民日报》报道：6月26日，国务院召开全国建立农村最低生活保障制度工作会议，研究部署农村最低生活保障工作。中共中央政治局委员、国务院副总理回良玉出席会议并讲话。他强调，在全国建立农村最低生活保障制度，是全社会高度关注的一件大事，是广大农村群众殷切期盼的一件好事，是党和政府坚持以人为本、执政为民所办的一件实事。各级政府和有关部门要充分认识建立这项制度的重大意义，准确把握这项工作的目标原则和关键环节，逐步将符合条件的农村贫困人口全部纳入保障范围，切实把这项利民惠民的德政办好办实。

2007年7月3日，《人民日报》报道：农业部发布《农业生物质能产业发展规划（2007—2015

年）》。我国发展农业生物质能潜力巨大。目前，我国每年产生农作物秸秆6亿吨左右，其中约有3亿吨可作为能源使用，折合1.5亿吨标准煤。

2007年7月3日，《人民日报》报道：国土资源部发布2006年《中国国土资源公报》。公报显示：2006年，全国耕地12 177.59万公顷（18.27亿亩）与2005年相比，耕地面积减少0.25%，耕地净减少30.7万公顷（460.2万亩）。同期土地整理复垦开发补充耕地36.7万公顷（550.8万亩），超过建设占用耕地42.0%。全面部署基本农田保护示范区建设，启动116个国家级示范区建设，面积886.67万公顷。

2007年7月4日，《人民日报》报道：7月3日，国家发改委向社会公开发布了《2007年政府支农投资指南》，《指南》所涉及范围在去年中央预算内和国债投资农林水利主要项目的基础上，进一步扩大为用于农业和农村基础设施、农村社会事业发展、生态保护和建设等重大建设项目。

2007年7月8日，《经济日报》报道：信息产业部农村信息化试点工程暨山东省农村信息化服务体系项目7日在济南启动，这标志着我国将以政府推动的形式整合社会资源，加快以信息技术改造传统农业，促进新农村信息化建设，增强农民增收致富的能力。

2007年7月17日，《经济日报》报道：7月16日，为我国粮食持续增产、农民持续增收提供科技支撑的“十一五”国家科技支撑计划重大项目“粮食丰产科技工程”在京启动。该项目计划投入资金3.2亿元，计划建立核心试验区14万亩、示范区1 350万亩、辐射区1.35亿亩，累计示范面积7亿亩以上，预计新增粮食3 000多万吨，新增经济效益300多亿元。

2007年7月22日，《经济日报》报道：截至目前，全国已有2 037万亩农田实施了保护性耕作方式。这是21日从农业部农业机械化管理司举办的“2007中国保护性耕作论坛”上得到的消息。自2002年设立保护性耕作项目以来，农业部在旱作地区示范推广保护性耕作技术，夏玉米已普遍实行免耕播种，春播和秋播作物的免耕作业面积不断扩大，建立了167个国家级保护性耕作示范县。今年，中央财政继续投入3 000万元用于发展保护性耕作。山西、河北、内蒙古、辽宁等省区相继出台了发展保护性耕作的意见。

2007年7月23日，《人民日报》报道：为了引导特色农产品向最适宜区集中，促进农业区域专业分工，农业部日前发布了《特色农产品区域布局规划（2006—2015）》，确定了特色蔬菜、特色果品、特色粮油、特色饮料、特色花卉等10类114种特色农产品。《规划》旨在引导特色农产品向最适宜区集中，促进农业区域专业分工，深化农业结构战略性调整，加快形成科学合理的农业生产力布局。

2007年7月28日，《人民日报》报道：我国唯一的国家级农业高新技术产业示范区——杨凌示范区27日举行庆祝成立十周年大会，国务委员陈至立出席大会并讲话。陈至立指出，杨凌农业高新技术产业示范区成立十年来，艰苦创业，开拓进取，各项事业取得显著成效，已经成为功能较为齐备、设施较为完善的现代农科城，科技创新能力明显增强，农科教、产学研紧密结合的机制初步形成，农业高新技术产业初具规模，示范带动作用成效明显，创造了有利于吸引人才和对外合作的良好环境。陈至立强调，要抓住建设创新型国家和社会主义新农村提供的历史机遇，充分发挥农科教基地和农业示范区的优势，为建设现代农业提供有力的科技支撑。

2007年8月1日，认清“菜篮子”工作的重要意义，正确分析“菜篮子”生产供应面临的新形势，认真贯彻落实中央关于加强“菜篮子”工作的重大举措，着力抓好生猪等副食品的生产和供应，保障产品质量，以更好地满足城乡居民消费需求，努力把“菜篮子”工作提升到一个新的水平。

2007年8月3日，《人民日报》报道：国务院下发《关于促进生猪生产发展稳定市场供应的意见》。要求各地区、各有关部门必须立足当前，着眼长远，在切实搞好市场供应的同时，建立保障生猪生产稳定发展的长效机制，调动养殖户（场）的养猪积极性，从根本上解决生猪生产、流通、消费和市场调控方面存在的矛盾和问题。

2007年8月14日，《人民日报》报道：为贯彻落实党的十六届六中全会精神，切实解决农村贫困人口的生活困难，国务院决定，2007年在全国建立农村最低生活保障制度。

2007年8月26日，《人民日报》报道：作为我国政策性最强、投资最大、涉及面最广、群众参与程度最高的生态建设工程，退耕还林工程在有效改变我国生态面貌的同时，直接增加了农民的收入。国务院决定完善退耕还林政策，继续对退耕农户给予适当补助，以巩固退耕还林成果，解决退耕农户生活困难和长远生计问题。

2007年9月3日，《农民日报》报道：国家发展和改革委员会发布了《现代农业示范项目建设规划（2007—2010年）》。《规划》按东部沿海发达地区和大城市郊区、中部地区和西部地区的区域划分，明确了各自的项目建设重点。项目建设投资来源包括中央补助投资、地方补助投资、企业自有资金及其他投资四个部分。

2007年9月6日，《人民日报》报道：从今年开始，我国新型农村合作医疗制度建设由试点阶段转入全面推进阶段。截至6月30日，全国开展“新农合”的县（市、区）达到2 429个，占全国总县（市、区）的84.87%，参加合作医疗人口7.2亿人，占全国农业人口的82.83%。

2007年9月12日，《人民日报》报道：从1988年到2007年，农业综合开发累计投入各项资金3 200多亿元，其中中央财政资金992亿元。20年来，共改造中低产田5.22亿亩，新增和改善农田灌溉面积4.81亿亩，新增和改善农田除涝面积2.12亿亩。通过项目实施，改善了农业生产条件，大大提高了农业综合生产能力，有力地保障了国家粮食安全。统计显示，项目区累计新增粮食生产能力892.54亿千克，近几年粮食亩均增产150千克。同时，棉花、油料、糖料的生产能力也得到了大幅提升。

2007年9月21日，《人民日报》报道：9月20日，中国农学会成立90周年庆祝大会在人民大会堂隆重举行。国务院副总理回良玉强调，必须从战略和全局出发，大力推进农业科技进步，进一步强化农业基础地位，着力促进农业发展方式转变，推动我国农业农村进一步步入科学发展的轨道。

2007年9月24日，《农民日报》报道：农村低保制度的建立在全国正稳步推进，最新统计数据显示，农村低保已覆盖2 500多万农村贫困居民；自然灾害应急救助年均救助受灾群众达8 000万人次；农村五保供养实现了由农民互助共济向财政保障为主的转变，507万孤老孤儿的生活得到保障。

2007年9月25日，《人民日报》报道：国务院办公厅下发《关于促进油料生产发展的意见》，《意见》提出，油料生产和供给必须坚持立足国内，同时充分利用两个市场两种资源，满足需求的不断增长。发展油料生产要避免与粮食、棉花争地，把重点放在主攻单产上，同时要调整品质结构和区域布局，着力培育东北及内蒙古高油大豆、长江流域“双低”（低芥酸、低硫苷）油茶、黄淮海榨油花生以及特色油料等优势产业带。力争到2010年，我国油料种植面积比2006年扩大6%左右，总产量增长14%左右。

2007年9月30日，《人民日报》报道：国务院下发《关于促进奶业持续健康发展的意见》，提出把发展现代奶业放在更加重要的位置，以保护奶农利益为根本，以提高良种化水平和转变饲养方式为基础，以建立奶农与企业合理的利益关系为纽带，以完善法律法规、质量标准和规范市场秩序为保障，以加大政策扶持力度为支撑，努力推进我国奶业的规模化、标准化、优质化和产业化，把我国奶业的整体素质和效益提高到一个新水平。

2007年10月14日，《光明日报》报道：由农业部主办的第五届中国国际农产品交易会13日在山东济南国际会展中心开幕。中共中央政治局委员、国务院副总理回良玉出席开幕式并宣布交易会开幕。全国31个省、市、自治区、新疆生产建设兵团和台湾展团共1 536家企业将参加本届农交会展示交易。其中，省级以上重点龙头企业938家，通过“三项”质量认证的企业1 145家。同时，来自美国、日本、英国等19个国家和地区的近90家企业也前来参展。

2007年10月24日，《人民日报》报道：10月23日，全国农药监督管理网络联动系统在京正式启动。今后，农药监管有了覆盖全国的信息共享、联查联办、协查共管的信息网络。

2007年10月29日，《人民日报》报道：《2008年国家农业综合开发产业化经营项目申报指南》已经正式下发。2008年中央财政将继续加大农业产业化项目的投入力度，通过扶持具有明显竞争优势和辐射带动作用的产业化经营项目，促进优势农产品基地建设，发展区域主导产业，推进现代农业，促进农民增收。

2007年11月2日，《人民日报》报道：我国农村初级卫生保健工作取得明显成效，到今年6月底，全国参加新型农村合作医疗的人数达7.2亿；农村三级卫生网络得到进一步完善和加强，到2006年底，全国在县级已设立医疗、妇幼保健、疾病预防控制和卫生监督机构共10 165个，平均每县6.22个卫生机构。全国农村县级卫生技术人员数为147.6万，每千农业人口有1.22人。

2007年11月11日，《人民日报》报道：中国农业科学院建院50周年庆祝大会10日在京隆重举行。国务院副总理回良玉强调，要切实加快国家农业科技创新体系建设，大力提高农业科技成果转化应用水平，着力推动农业发展方式转变，为促进现代农业发展和社会主义新农村建设提供有力支撑。

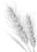

2007年11月22日，《人民日报》报道：为了保护和改善农村环境，优化农村经济增长，国务院办公厅20日转发了环保总局等部门《关于加强农村环境保护工作意见》。《意见》强调，要充分认识加强

农村环境保护的重要性和紧迫性，着力解决突出的农村环境问题，明确了农村环境保护的指导思想、基本原则和主要目标，并强化了农村环境保护工作的具体措施。

2007 年 11 月 24 日，《农民日报》报道：为充分借鉴国际上解决农村能源问题方面的成功经验，吸收先进的研究成果，开展中外农村能源领域的交流，11 月 23 日，由国家能源领导小组办公室主办、联合国开发计划署（UNDP）协办的“中国农村能源发展国际研讨会”在北京召开。来自中国、澳大利亚、巴西、法国、德国、印度、日本、巴基斯坦、英国、美国、俄罗斯等国家的 100 多位专家学者、政府官员出席了研讨会，交流农村能源发展经验，共同为中国农村能源的发展和改革建言献策。

2007 年 11 月 24 日，《农民日报》报道：中央财政已安排 10 亿元资金，在全国 6 省区推行政策性农业保险保费补贴试点。参加今年农业保险保费补贴试点的 6 省区分别为吉林、内蒙古、新疆、江苏、四川、湖南。被列入补贴对象的有玉米、水稻、大豆、棉花、小麦 5 种农作物。同时对能繁母猪也进行保险保费补贴试点。

2007 年 11 月 30 日，《人民日报》报道：经国务院批准，财政部、教育部印发了《关于调整完善农村义务教育经费保障机制改革有关政策的通知》，决定从 2007 年起三年内，新增经费 470 亿元左右，用于调整完善农村义务教育经费保障机制改革有关政策。至此，2006—2010 年全国农村义务教育经费保障机制改革累计新增经费，将由原来的 2 182 亿元至少增加到 2 652 亿元。

2007 年 12 月 1 日，《人民日报》报道：中国农产品流通经纪人协会成立大会 11 月 30 日在北京举行。中共中央政治局委员、国务院副总理回良玉发来贺信，全国人大常委会副委员长蒋正华、全国政协副主席、中华全国供销合作总社理事会主任白立忱出席成立大会。中国农产品流通经纪人协会由中华全国供销合作总社牵头，共青团中央、全国妇联和国家工商总局共同发起成立。协会的成立，将为农产品经纪人提供一个覆盖全国的公共服务平台，促进农产品经纪人整体素质的提高，密切政府与广大农产品经纪人之间的联系，为农村经济发展发挥引领和带动作用。

2007 年 12 月 5 日，《人民日报》报道：国土资源部、财政部、中国人民银行联合制定发布了《土地储备管理办法》，此举是为了完善土地储备制度，加强土地调控，规范土地市场运行，促进土地节约集约利用，提高建设用地保障能力。明确规定储备土地必须符合规划、计划，优先储备闲置、空闲和低效利用的国有存量建设用地。

2007 年 12 月 12 日，《农民日报》报道：国务院总理温家宝 11 日主持召开国务院常务会议，研究促进节约集约用地和依法严格管理农村集体建设用地。会议指出，我国耕地资源紧缺，土地供需矛盾突出，但土地利用方式粗放的现象相当普遍，节约用地的潜力很大。守住 18 亿亩耕地的红线，解决发展用地和保护耕地的矛盾，不仅要实行最严格的土地管理制度，还要切实解决用地浪费问题，大力促进节约用地和集约用地，保障经济社会可持续发展。

2007 年 12 月 19 日，《人民日报》报道：12 月 18 日，中共中央政治局召开会议，研究推进农业和农村发展工作，会议强调，要全面贯彻党的十七大精神，按照形成城乡经济社会发展一体化新格局的要求，走中国特色农业现代化道路，突出加强农业基础建设，积极促进农业稳定发展、农民持续增收，努力保障农产品基本供给，切实解决农村民生问题，扎实推进社会主义新农村建设。

2007 年 12 月 21 日，《农民日报》报道：国务院办公厅下发《关于进一步扶持生猪生产稳定市场供应的通知》，要求各地区、各有关部门要从加强和改善宏观调控的大局出发，继续狠抓各项促进生猪生产、稳定市场价格政策措施的落实。切实落实“菜篮子”市长（行政领导）负责制，并尽快采取有效措施扶持本地区的生猪生产，切实保障市场供应。

2007 年 12 月 22 日，《人民日报》报道：农业部、财政部 21 日在京联合召开“现代农业产业技术体系建设试点启动大会”，力争构建围绕产业发展需求，以农产品为单元，产业为主线，建设从产地到餐桌、从生产到消费、从研发到市场各个环节紧密衔接、服务国家目标的现代农业产业技术体系，这标志着我国农业科研创新体系取得实质性突破。

2008 年 1 月 10 日，《人民日报》报道：1 月 3 日，国务院下发《关于促进节约集约用地的通知》。《通知》强调，切实保护耕地，大力促进节约集约用地，走出一条建设占地少、利用效率高的符合中国国情的土地利用新路子，是关系民族生存根基和国家长远利益的大计，是全面贯彻落实科学发展观的具体要求，是中国必须长期坚持的一条根本方针。

2008 年 1 月 13 日，《经济日报》报道：12 日，在农业部市场定点工作会议上，北京日上综合商品批发市场等 79 家农产品批发市场被授予“农业部定点市场”标牌，全国农业部定点市场总数增加到 694 家。按照要求，各定点市场要带头贯彻国务院产品质量和食品安全专项整治工作部署，切实有效开展农药、兽药残留检测并报送相关数据，确保上市交易农产品的质量安全；建立信息系统，加入农业部“全国农产品批发市场信息网”，坚持报送产品价格、质量等信息及市场异动情况；完善基础设施，规范市场运作，强化运行管理，充分发挥辐射带动作用。

2008年1月13日，《人民日报》报道：为加快油料生产的恢复发展，增加有效供给，稳定市场价格，农业部决定从2008年起组织实施振兴油料生产计划，力争2008年油料生产面积达到3.46亿亩、平均亩产达到135千克、总产量达到4 700万吨。到2010年油料面积比上述目标扩大2 080万亩，平均亩产提高10千克，总产提高14%。

2008年1月26日，《人民日报》报道：国务院办公厅发出《关于进一步加强鲜活农产品运输和销售工作的通知》。为进一步加强鲜活农产品（包括蔬菜、水果、活畜活禽）的运输和销售，保障春节市场供应，保持价格基本稳定，经国务院同意，决定从2008年1月26日至2月5日，采取临时性应对措施。

2008年1月26日，《农民日报》报道：全国重大植物疫情阻截带建设启动，农业部危朝安副部长代表农业部与18个沿海、沿边省（区、市）人民政府签订了《重大植物疫情阻截带建设责任书》。农业部还安排了专项资金，全面启动阻截带建设区的植物疫情监测、封锁工作。

2008年1月31日，《人民日报》报道：中共中央国务院下发《关于切实加强农业基础建设进一步促进农业发展农民增收的若干意见》。《意见》指出，推动科学发展，促进社会和谐，夺取全面建设小康社会新胜利，必须加强农业基础地位，走中国特色农业现代化道路，建立以工促农、以城带乡长效机制，形成城乡经济社会发展一体化新格局。2008年和今后一个时期，农业和农村工作的总体要求是：全面贯彻党的十七大精神，高举中国特色社会主义伟大旗帜，以邓小平理论和“三个代表”重要思想为指导，深入贯彻落实科学发展观，按照形成城乡经济社会发展一体化新格局的要求，突出加强农业基础建设，积极促进农业稳定发展、农民持续增收，努力保障主要农产品基本供给，切实解决农村民生问题，扎实推进社会主义新农村建设。

2008年2月16日，《人民日报》报道：2008年全国新型农村合作医疗工作会议14日至15日在京召开。国务院副总理、国务院新型农村合作医疗部际联席会议组长吴仪出席会议并强调，2008年“新农合”工作的总体要求是增加补助、全面覆盖、巩固提高，实现在新的起点上又好又快发展。实践证明，“新农合”制度符合我国国情，符合农村经济发展水平，与农民经济承受能力和医疗服务需求基本适应，在减轻农民医疗负担、缓解因病致贫和返贫状况、保障农民健康方面发挥了重要作用，是我国农村卫生改革发展的重大制度创新和现阶段农民基本医疗保障的重要实现形式。

2008年2月22日，《人民日报》报道：经国务院批准，在统筹考虑全年柴油、化肥等农资预计增支因素的基础上，2008年中央财政新增206亿元农资综合直补资金，进一步加大对种粮农民的补贴力度。新增补贴资金后，2008年中央财政对种粮农民的农资综合直补资金规模达到482亿元，比上年增长75%。加上今年从粮食风险基金中预计列支的151亿元粮食直补资金，2008年国家对种粮农民两项直接补贴达到633亿元。

2008年2月22日，《人民日报》报道：2月21日，国家统计局宣布，第二次全国农业普查历时近三年，取得了圆满成功。这次普查对我国所有住在农村的或从事农业的单位和个人进行了调查，涉及2.3亿住户、40万个农业生产经营单位、65万多个村（含村委会、居委会）和4万多个乡镇（含乡、镇、街道），填报普查表近5亿张。普查对象之多、涉及范围之广、工作难度之大，都是前所未有的，是世界上规模最大的农业普查。通过普查，获取了大量常规统计难以取得的统计数据，摸清了农业的家底。

2008年2月26日，《农民日报》报道：国务院农村综合改革工作小组、财政部、农业部联合印发了《关于开展村级公益事业建设“一事一议”财政奖补试点工作的通知》，2008年黑龙江、河北、云南三个省在全省范围开展村级公益事业建设“一事一议”财政奖补试点工作。村级公益事业建设“一事一议”财政奖补政策是党中央、国务院确定的重大惠民政策，在改善农民生产生活条件、推进社会主义新农村建设、促进农村社会管理创新和基层民主政治建设等方面具有重要意义。各级财政和农村综合改革部门要高度重视，精心组织，周密部署，稳妥实施，确保将党中央、国务院对农民群众的关怀落到实处。

2008年2月26日，《农民日报》报道：中国农业银行25日公布，中国农业银行成立我国首个以农民工养老金管理为主的养老金管理中心，以协助解决我国数亿农民工养老保险难以流动转移续保的难题。

2008年3月27日，《人民日报》报道：国务院总理温家宝26日主持召开国务院常务会议，研究扶持农业生产的政策措施，为了更好地调动农民种粮积极性，保证农副产品的充足供给，会议指出，加强农业发展，对于保持经济又好又快发展，抑制通货膨胀，维护大局稳定，具有关键性的作用。会议决定，立即采取增加农资综合直补、增加良种补贴、提高粮食最低收购价格等一系列综合措施，进一步加大对农业和粮食生产的政策支持力度。

2008 年 3 月 28 日，《人民日报》报道：国务院 27 日召开全国农业和粮食生产工作电视电话会议，中共中央政治局常委、国务院总理温家宝发表重要讲话。国务院在对当前形势进行认真分析研究的基础上，决定进一步加大对农业和粮食生产的政策支持力度。在今年预算安排“三农”投入 5 625 亿元、比上年增加 1 307 亿元的基础上，中央财政再增加 252.5 亿元投入，主要直接补贴给农民，采取十项重要措施，支持农业和粮食生产。

2008 年 3 月 29 日，《人民日报》报道：由国家质检总局和中化集团公司等企业联合开展的“全国质检系统 2008 年农资打假下乡——扶优扶强”活动在山东省临沂市启动，拉开了全国农资专项执法打假活动的序幕。

2008 年 4 月 2 日，《人民日报》报道：2008 年农业部继续将测土配方施肥作为为农民办理的实事之一，免费为 1.2 亿农户提供测土配方施肥服务，预计技术推广面积 9 亿亩以上。国家从 2005 年启动实施测土配方施肥补贴项目，3 年累计安排中央财政补贴资金 16 亿元，在 1 200 个县推广应用测土配方施肥技术。2008 年，中央财政补贴资金 11.5 亿元，项目实施县将达到 1 861 个，覆盖全国 2/3 以上的农业县。

2008 年 4 月 9 日，《农民日报》报道：国务院 8 日在山西太原召开春耕生产和农业工作座谈会，深入分析当前农业和粮食生产形势，进一步研究安排当前春耕和农业工作。中共中央政治局委员、国务院副总理回良玉在会上强调，各地区、各有关部门要把春耕生产作为当前农业农村工作的中心任务，强化农资供应和保持价格基本稳定，强化农业投入和科技服务，强化农业基础建设和抗旱减灾工作，强化组织领导和责任落实，充分调动广大农民的积极性，千方百计争取今年农业有个好收成。

2008 年 4 月 11 日，《人民日报》报道：农业部、商务部、财政部下发了新增良种补贴项目实施方案，利用 2008 年中央财政新增的 50 亿元国家良种补贴资金，进一步扩大水稻、小麦、玉米补贴范围和规模。根据实施方案，安排优质专用小麦良种补贴 1 亿亩，专用玉米良种补贴 1.7 亿亩，每亩补贴 10 元，水稻良种补贴实行全国水稻生产地区全覆盖，并按实际种植面积补贴，早稻每亩补贴 10 元、中稻（含一季稻）15 元、晚稻 15 元。

2008 年 5 月 3 日，《人民日报》报道：从 2002 年农业部启动“保护性耕作示范县建设”项目以来，中央累计投入项目资金 1.7 亿元，保护性耕作实施面积达到 3 062 万亩，免耕播种面积约 1 亿亩，带动机械化秸秆还田 3 亿亩。保护性耕作已在北方 15 个省（区、市）及新疆生产建设兵团、黑龙江农垦总局建设了 173 个国家级示范县、328 个省级示范县，带动地方各级财政资金和农民及服务组织自筹资金 17.28 亿元。据农业部农机化管理司测算，保护性耕作实施年增产粮食 40 万～120 万吨，节省灌溉用水 12 亿～18 亿立方米，减少农田扬尘 60 万～120 万吨，减少水土流失 3 000 万～6 000 万吨，节本增收总效益可达 15 亿～23 亿元。

2008 年 5 月 25 日，《人民日报》报道：国家发展和改革委员会等部门和相关机构 20 日联合公布了《2008 年小麦最低收购价执行预案》，2008 年小麦最低收购价格为白小麦（标准品）每斤 0.77 元，红小麦、混合麦每斤 0.72 元；执行区域为河北、江苏、安徽、山东、河南、湖北 6 个小麦主产省。中储粮总公司在湖北 64 个县（市、区）设定了 1 207 个最低收购价收购库点。

2008 年 6 月 17 日，《经济日报》报道：商务部、工商总局、质检总局、全国供销合作总社联合下发了《关于加强农村市场体系建设的意见》，根据《意见》，商务部、工商总局、质检总局、全国供销合作总社四部门将通力合作，积极配合，重点是加强对农村市场的监管，严厉打击各种制售假冒伪劣商品的不法行为，严肃查处各类违法经营案件。

2008 年 6 月 17 日，《经济日报》报道：财政部发出通知，要求各地财政部门认真解决好人民群众反映强烈的突出问题，全面清理涉农负担文件，严格涉农税收、价格和收费公示制，农村订阅报刊限额制，农民负担监督卡制以及涉及农民负担案（事）件责任追究制，坚决纠正涉农乱收费、乱罚款和各种摊派问题。

2008 年 6 月 20 日，《人民日报》报道：中共中央政治局委员、国务院副总理回良玉在河北考察“三夏”生产和农业农村工作时强调，抓好今年的农业生产和农村工作，对稳定经济社会发展大局具有极其重要的意义。毫不松懈地抓好当前农业生产和各项强农惠农政策措施的落实，毫不动摇地促进粮食稳定发展和农民持续增收，切实保障农产品市场供给。要继续抓好当前的“三夏”生产，落实抢收抢种和田间管理措施，保障农资供应，强化农技服务，搞好夏粮收购，保护和调动农民种粮务农的积极性，千方百计争取今年农业有个好收成，为经济社会又好又快发展和抗灾救灾工作提供有力支撑。

2008 年 6 月 26 日，《人民日报》报道：为稳定发展粮食生产，2008 年中央财政加大农业综合开发投入，将安排 127 亿元资金，比上年增加 10.27%，重点投向粮食主产区，计划将 2 655 万亩中低产田改造成高标准农田，新增粮食生产能力 30 亿千克。中央财政投入农业综合开发的资金，将有超过六成投向 13 个粮食主产省份，初步安排 76.9 亿元。

2008 年 7 月 3 日，《人民日报》报道：国务院总理温家宝 2 日主持召开国务院常务会议，讨论并原则通过《国家粮食安全中长期规划纲要》和《吉林省增产百亿斤商品粮能力建设总体规划》。会议强调，要通过实施《国家粮食安全中长期规划纲要》，使粮食自给率稳定在 95%以上，2010 年粮食综合生产能力稳定在 1 万亿斤以上，2020 年达到 10 800 亿斤以上。

2008 年 7 月 7 日，《人民日报》报道：农业部、国务院纠风办、财政部、国家发展和改革委员会、国务院法制办、教育部、新闻出版总署联合发出《关于做好减轻农民负担工作的通知》。通知强调，要针对当前存在的突出问题，深入开展专项治理，扎实推进农村综合改革，着力加强制度建设，进一步强化监督管理，切实防止农民负担反弹。

2008 年 7 月 7 日，《经济日报》报道：2003 年以来国家连续六年安排专项国债资金共 19 亿元，扶持全国 550 家骨干农产品批发市场信息和质量检测系统建设，取得了显著成效。

2008 年 7 月 12 日，《人民日报》报道：2008 年上半年，农业部开展农资打假专项治理行动，严厉打击制售假冒伪劣农资坑农害农行为，共为农民挽回直接经济损失 5.8 亿元。据统计，上半年全国农业部门共出动执法人员 118.5 万人次，检查各类农资企业 50.5 万家次，整顿农资市场 12.1 万多个次，立案查处假劣农资案件 18 880 件，查获假劣农资 2 397 万千克，捣毁制售假窝点 222 个，为地震灾区农业生产恢复和全国夏粮丰收提供了保障，为促进秋季农业生产、确保全年粮食丰收奠定了基础。

2008 年 7 月 18 日，《人民日报》报道：截至 2008 年 3 月底，全国开展“新农合”的县（市、区）共有 2 679 个，参加新型农村合作医疗的人口已达 8.04 亿人，参合率为 91.05%。

2008 年 7 月 25 日，《人民日报》报道：7 月 24 日下午，国务院召开全国农村环境保护工作电视电话会议，这次会议是中华人民共和国成立以来首次召开的全国农村环境保护会议。会议确定我国农村环境保护的主要目标是：到 2010 年，农村饮用水水源地水质有所改善，农业面源污染防治取得一定进展，严重的农村环境健康危害得到有效控制。农村生活污水处理率、生活垃圾处理率、畜禽粪便资源化利用率、测土配方施肥技术覆盖率、低毒高效农药使用率均提高 10%以上。到 2015 年，农村人居环境和生态状况明显改善，农村环境监管能力显著提高。

2008 年 8 月 14 日，《人民日报》报道：国务院总理温家宝 13 日主持召开国务院常务会议，审议并原则通过《全国土地利用总体规划纲要（2006—2020 年）》。新修订的《纲要》围绕全面建设小康社会的总体目标，从保障粮食安全、经济安全和社会稳定出发，提出了坚守 18 亿亩耕地红线的目标，到 2010 年和 2020 年，全国耕地保有量分别保持在 18.18 亿亩和 18.05 亿亩。

2008 年 9 月 4 日，《人民日报》报道：经国务院审批，农业部发布了新一轮《全国优势农产品区域布局规划（2008—2015 年）》，提出未来 8 年将重点培育水稻、小麦、玉米、大豆、马铃薯等 16 个优势品种，在全国划定 58 个优势区。这意味着我国现代农业发展的区域化步伐将进一步加快，农业产业集中度、产业化水平将进一步提高。

2008 年 9 月 12 日，《人民日报》报道：从 2009 年起，除国家重大工程可以暂缓外，我国非农建设占用耕地将全面实行“先补后占”。今后我国土地整理复垦开发工作将全面强化，大力开展基本农田建设整理，提高农业综合生产能力。

2008 年 9 月 16 日，《科技日报》报道：截至目前，全国已有 31 个省（区、市）的 1 039 个县市开展了科技特派员工作，人数超过 5.7 万人，直接服务近 4 万个村和 1 400 多万农民。

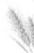

2008 年 9 月 28 日，《人民日报》报道：为帮助奶农减少损失，稳定奶牛存栏，促进奶业健康发展，财政部于 9 月 26 日发出通知，决定在一定期限内，对奶制品企业收购原料奶贷款实施贴息政策，鼓励奶制品企业收购生鲜奶。通知明确，从 2008 年 10 月 1 日起至 12 月 31 日，中央财政对企业的原料奶收购贷款给予利息补贴，贴息率为半年期银行贷款基准利率的 50%（即 3.105%）。贴息期限为 3 个月，实际贷款期限不足3个月的，按实际贷款期限贴息。

2008年10月12日，《人民日报》报道：从2000年以来的9年间，全国累计投入农村饮水的资金达616亿元，其中中央财政安排资金310亿元，地方配套和农民群众自筹306亿元，解决了1.6亿农村人口的饮水困难和不安全问题，保障了广大农民群众的身体健康，促进了农民生产生活方式的变革。这也标志着我国农村严重缺乏饮用水的历史基本结束。

2008年10月13日，《人民日报》报道：中国共产党第十七届中央委员会第三次全体会议，于2008年10月9日至12日在北京举行。全会审议通过了《中共中央关于推进农村改革发展若干重大问题的决定》。全会提出，到2020年，农村改革发展基本目标任务是：农村经济体制更加健全，城乡经济社会发展一体化体制机制基本建立；现代农业建设取得显著进展，农业综合生产能力明显提高，国家粮食安全和主要农产品供给得到有效保障；农民人均纯收入比2008年翻一番，消费水平大幅提升，绝对贫困现象基本消除；农村基层组织建设进一步加强，村民自治制度更加完善，农民民主权利得到切实保障；城乡基本公共服务均等化明显推进，农村文化进一步繁荣，农民基本文化权益得到更好落实，农村人人享有接受良好教育的机会，农村基本生活保障、基本医疗卫生制度更加健全，农村社会管理体系进一步完善；资源节约型、环境友好型农业生产体系基本形成，农村人居和生态环境明显改善，可持续发展能力不断增强。

2008年10月22日，《农民日报》报道：国务院总理温家宝21日主持召开国务院常务会议，审议并原则通过《农业银行股份制改革实施总体方案》，会议要求，农业银行改革要以建立完善现代金融企业制度为核心，以服务"三农"为方向，进一步强化面向"三农"的市场定位和责任，稳定和发展在农村地区的网点和业务，建立县域事业部制管理体制，不断增加对"三农"的信贷支持，全面改进金融服务。要继续深化内部改革，强化监督管理，转换经营机制，建立完善公司治理结构和风险控制体系，为推进农村改革发展服务。

2008年12月5日，《光明日报》报道：我国第一家农村土地交易所——重庆农村土地交易所12月4日在渝成立。通过土地交易所进行的全国第一宗地票交易，以现场竞价拍卖的方式进行。经过激烈的竞争，面积分别为300亩和800亩的两宗乡镇复垦地块的地票，分别拍出了2 560万元和6 420万元的价格。

2008年12月8日，《人民日报》报道：农业部发出《关于做好当前农村土地承包经营权流转管理和服务工作通知》。《通知》要求，加强农村土地承包经营权流转管理和服务工作，必须坚持依法、自愿、有偿原则，切实维护农民土地承包权益和流转主体地位，以实施流转合同制和备案制为重点，全面建立健全农村土地流转规范管理工作制度、工作机制和工作规程，确保流转规范有序；以建立流转服务组织和网络为平台，逐步完善和加强土地流转信息提供、法律政策咨询等服务；以逐步依法建立纠纷仲裁体系为依托，不断健全流转纠纷调处机制。

2008年12月12日，《人民日报》报道：国务院总理温家宝10日主持召开国务院常务会议，部署做好当前农民工工作，决定增加农机具购置补贴。会议决定，2009年增加农机具购置补贴。中央安排农机具购置补贴资金100亿元，比2008年增加60亿元。补贴范围覆盖全国所有农牧业县（场），并向粮棉油种植大县、养殖大县和血吸虫病防疫区及汶川地震重灾区县倾斜，补贴对象包括农民、农场职工及直接从事农机作业的农业生产经营组织，允许农民以拟购买的农机具作为抵押物向金融机构贷款。

2008年12月13日，《农民日报》报道：商务部、农业部联合下发了《关于开展农超对接试点工作的通知》，对"农超对接"试点工作进行部署。《通知》要求，以科学发展观为指导，以发展鲜活农产品"农超对接"经营作为农产品流通体制改革的突破口，以减少农产品流通环节、降低农产品流通成本，保障城乡居民消费安全，增加农民收入，促进社会主义新农村建设和城乡统筹协调发展为宗旨，按照建立符合中国特色社会主义农产品现代流通体制的总体要求，推进农产品流通现代化，加快形成流通成本低、运行效率高的农产品营销网络。

2008年12月21日，《人民日报》报道：中央宣传部、中央党校、中央文献研究室、中央党史研究室、国家发展和改革委员会、教育部、国务院发展研究中心、中国社会科学院、解放军总政治部18日至20日在北京联合召开纪念党的十一届三中全会召开30周年理论研讨会。与会代表参加了中央召开的纪念大会，聆听了胡锦涛总书记的重要讲话，进行了学习、研讨和交流。

2008年12月29日，《人民日报》报道：中央农村工作会议27日至28日在北京举行。会议讨论了《中共中央、国务院关于2009年促进农业稳定发展农民持续增收的若干意见（讨论稿）》。会议指出，2009年农业农村工作的总体要求是：全面贯彻落实党的十七大、十七届三中全会和中央经济工作会议精神，高举中国特色社会主义伟大旗帜，以邓小平理论和“三个代表”重要思想为指导，深入贯彻落实科学发展观，把保持农业农村经济平稳较快发展作为首要任务，围绕稳粮、增收、强基础、重民生，进一步强化惠农政策，增强科技支撑，加大投入力度，优化产业结构，推进改革创新，千方百计保证国家粮食安全和主要农产品有效供给，千方百计促进农民收入持续增长，为经济社会又好又快发展继续提供有力保障。

2008 年 12 月 31 日，《人民日报》报道：国务院扶贫开发领导小组决定，将“国家扶贫开发工作重点县农民人均纯收入年均增幅高于全国农民平均水平”列入未来 12 年扶贫开发工作的奋斗目标之一。从 2009 年起，我国将贫困线标准从人均年收入 786 元提高至 1 067 元，扶贫开发的目标人群将由 1 497 万人增加到 4 320 万人，占全部农村人口的 4.6%。1 067 元的扶贫标准还将根据 2008 年度物价指数做出新的调整。

2009 年 1 月 13 日，《人民日报》报道：截至 2008 年底，全国已有 105 家新型农村金融机构获准开业，其中，村镇银行 89 家，贷款公司 6 家，农村资金互助社 10 家。另外，还有 5 家机构获准筹建，将申报开业。

2009 年 1 月 14 日，《农民日报》报道：为建立生猪生产稳定发展的长效机制，防止生猪价格过度下跌，稳定生猪生产，维护生猪养殖户利益，国家发展和改革委员会、财政部、农业部、商务部、国家工商总局、国家质检总局制定并发布了《防止生猪价格过度下跌调控预案（暂行）》。《预案》的主要调控目标是在市场机制充分发挥作用的基础上，通过必要的政府调控，防止生猪价格过度下跌，保护生猪养殖户利益，缓解生猪生产的周期性波动。

2009 年 1 月 25 日，《人民日报》报道：国家发展和改革委员会、财政部联合下发了《关于改革化肥价格形成机制的通知》。这次改革化肥价格形成机制的主要内容为：一是将国产化肥出厂价格、除钾肥外的进口化肥港口交货价格由政府指导价改为市场调节价；二是取消对已放开的化肥出厂价格以及对化肥流通环节价格实行提价申报、调价备案、最高限价、差率控制等各项临时价格干预措施；三是对市场集中度较高的一般贸易进口钾肥价格仍进行适度监管，但适当调整监管方式。

2009 年 1 月 25 日，《人民日报》报道：中共中央政治局 1 月 23 日下午进行第十一次集体学习，学习安排的内容是中国特色农业现代化道路研究。中共中央总书记胡锦涛强调，必须坚持把解决好农业、农村、农民问题作为全党工作重中之重，坚定不移走中国特色农业现代化道路，加快推进社会主义新农村建设，更加扎实地做好农业、农村、农民工作。

2009 年 1 月 25 日，《人民日报》报道：1 月 24 日，国家发展和改革委员会发出大幅度提高 2009 年稻谷最低收购价格的通知。经国务院批准，2009 年生产的早籼稻（三等）、中晚籼稻、粳稻最低收购价分别提高到每 50 千克 90 元、92 元、95 元，均比 2008 年提高 13 元，提高幅度分别为 16.9%、16.5%、15.9%。

2009 年 2 月 2 日，《人民日报》报道：2008 年 12 月 31 日，中共中央国务院发出《关于 2009 年促进农业稳定发展农民持续增收的若干意见》。2009 年农业农村工作总体要求是：全面贯彻党的十七大、十七届三中全会和中央经济工作会议精神，高举中国特色社会主义伟大旗帜，以邓小平理论和“三个代表”重要思想为指导，深入贯彻落实科学发展观，把保持农业农村经济平稳较快发展作为首要任务，围绕稳粮、增收、强基础、重民生，进一步强化惠农政策，增强科技支撑，加大投入力度，优化产业结构，推进改革创新，千方百计保证国家粮食安全和主要农产品有效供给，千方百计促进农民收入持续增长，为经济社会又好又快发展继续提供有力保障。

2009 年 2 月 28 日，《人民日报》报道：全国村务公开和民主管理“难点村”治理工作电视电话会议 2 月 27 日在北京召开。中共中央书记处书记、中央纪委副书记何勇强调，各地区各部门要按照中央的要求，

2009 年 3 月 11 日，《经济日报》报道：为支持各地春耕备耕，减轻冬春旱情对粮食生产的影响，稳定粮食生产能力，中央财政加大农业补贴资金的预拨力度，向各地预拨了农作物良种补贴资金 149 亿元，农机具购置补贴资金 100 亿元。

2009 年 3 月 15 日，《经济日报》报道：由商务部联合国家发展和改革委员会、工业和信息化部、财政部、农业部、工商总局、质检总局、全国供销合作总社下发的《关于完善农业生产资料流通体系的意见》指出，完善农资流通体系的总体目标是，要培育若干家销售额超 100 亿元的大型农资流通企业，建设改造一批农资连锁门店和区域性配送中心，通过 3～5 年的努力，初步形成以乡、村两级经营网络为基础，以农资交易市场为平台，以大型农资龙头企业为重点，区域性连锁配送中心为骨干，布局合理、经营规范、运作高效、协调发展的多元化、连锁化农资流通体系。认真落实《关于开展村务公开和民主管理

“难点村”治理工作的若干意见》，以饱满的精神和良好的作风抓紧抓好“难点村”治理工作，推动农村经济社会又好又快发展。

2009 年 3 月 17 日，《光明日报》报道：2009 年我国将实行人均纯收入 1 196 元的新扶贫标准，对农村低收入人口全面实施扶贫政策，这标志着我国扶贫开发进入一个新阶段。国家统计局统计显示，按照这个新标准，2008 年在这个标准以下的扶贫对象为 4 007 万人，比 2007 年绝对贫困标准以下的 1 479 万人增加了 2 528 万人。

2009 年 4 月 4 日，《人民日报》报道：在中央财政 130 亿元补贴政策带动下，地方各级财政安排农机补贴投入预计 16 亿元以上。农民购机热情高涨，农机市场产销两旺。截至 3 月 30 日，农机购置补贴资金已落实到农户 40.8 亿元，占中央财政已下达 100 亿元补贴资金的 40.8%，带动农民和服务组织投入超过 150 亿元，补贴购置大中型拖拉机、水稻插秧机、联合收割机等各类农机具逾 78 万台（套），受益农户约 73 万户。全国规模以上农机生产企业今年 1 月至 2 月实现农机产值 280 多亿元，同比增长 22%。

2009 年 4 月 16 日，《农民日报》报道：为贯彻落实医改意见和实施方案，中央财政预拨新型农村合作医疗补助资金 198 亿元，对农民参加新型农村合作医疗给予补助。这是医药卫生体制改革实施方案出台后，中央财政下拨的第一笔医药卫生体制改革资金。

2009 年 5 月 9 日，《经济日报》报道：财政部确定 2009 年中央财政用于“三农”方面的支出合计为 7 161.4 亿元，比上年增加 1 205.9 亿元，增长 20.2%。2009 年中央财政加大补贴农民力度，安排粮食直补、农资综合补贴、良种补贴、农机具购置补贴四项补贴 1 230.8 亿元，增长 19.4%。

2009 年 5 月 31 日，《人民日报》报道：为进一步做好当前和今后一个时期的村民委员会选举工作，保障村民委员会选举的公正有序，保障村民享有更多更切实的民主权利，推动农村经济平稳较快发展，确保农村社会和谐稳定，中共中央办公厅、国务院办公厅印发了《关于加强和改进村民委员会选举工作的通知》。《通知》要求各地区各部门要高举中国特色社会主义伟大旗帜，以邓小平理论和“三个代表”重要思想为指导，深入贯彻落实科学发展观，按照党的十七大关于坚持和完善基层群众自治制度和党的十七届三中全会关于健全农村民主管理制度的要求，充分认识加强和改进村民委员会选举工作的重要意义，认真研究解决目前选举工作中存在的问题，把以直接选举、公正有序为基本要求的村民委员会选举实践进一步推向深入。

2009 年 6 月 20 日，《农民日报》报道：为贯彻落实《国务院关于当前稳定农业发展促进农民增收的意见》和《国务院办公厅关于搞活流通扩大消费的意见》精神，加快农产品现代流通体系建设，进一步促进农民增收，扩大农村消费，商务部、财政部、农业部下发通知，决定 2009 年在河北等 15 个省（市）开展“农超对接”试点。

2009 年 6 月 25 日，《光明日报》报道：国务院总理温家宝 24 日主持召开国务院常务会议，研究部署开展新型农村社会养老保险试点。会议指出，建立新型农村社会养老保险制度，是加快建立覆盖城乡居民的社会保障体系的重要组成部分，对确保农村居民基本生活，推动农村减贫和逐步缩小城乡差距，维护农村社会稳定意义重大，同时对改善心理预期，促进消费，拉动内需也具有重要意义。会议决定，2009 年在全国 10%的县（市、区）开展新型农村社会养老保险试点。

2009 年 6 月 30 日，《人民日报》报道：卫生部出台新型农村合作医疗报销新政策，全国农民将有望实现在本省内看病即时结算报销。

2009 年 7 月 14 日，《农民日报》报道：卫生部、民政部、财政部、农业部、国家中医药管理局五部门联合印发《关于巩固和发展新型农村合作医疗制度的意见》，提出在已全面建立“新农合”制度的基础上，各地要以便民、利民、为民为出发点，大力加强制度建设，巩固和发展与农村经济社会发展水平和农民基本医疗需求相适应的、具有基本医疗保障性质的“新农合”制度，逐步缩小城乡居民之间的基本医疗保障差距。逐步提高筹资标准和待遇水平，进一步调整和完善统筹补偿方案，强化基金监督管理，让参合农民得到更多实惠，增强“新农合”的吸引力，继续保持高水平的参合率。

2009 年 7 月 15 日，《农民日报》报道：7 月 14 日，农业部与中国移动在北京联合签署“共同推进农业农村信息化战略合作框架协议”，双方将在农业产业信息化改造、农业生产经营信息服务、农村信息服务站建设、现代农业示范区信息技术应用、农业生产指挥调度系统建设等五方面展开合作。

2009 年 7 月 22 日，《人民日报》报道：为期两天的首届两岸乡村座谈 21 日在上海青浦区朱家角镇揭开帷幕，来自两岸的农业生产者、专家学者、各级农业组织负责人及业务主管部门负责人等近 400 人，就“大三通”背景下两岸基层农业交流与合作，构建惠及两岸农民利益的新平台和新机制展开深入研讨。两岸乡村座谈活动期间，祖国大陆7个省、市27个县（区）的30个乡村将与台湾12个县的27个乡村签署“合作备忘录”，结成对口合作的对子。

2009年7月24日，《人民日报》报道：我国参加“新农合”的人数已达8.3亿人，截至今年3月底，中央和地方各级财政共落实补助资金1 331亿元，占“新农合”筹资总额的71.5%。自2003年试点以来，全国累计有16.5亿人次享受到“新农合”补偿。其中，住院补偿1.2亿人次，门诊补偿13.1亿人次，1.8亿人进行了健康体检。参合农民次均住院补偿金额从试点初期的690元提高到1 180元，实际住院补偿比从25%提高到41%。

2009年7月25日，《科技日报》报道：国家科技基础性工作专项《全国1∶5万土壤图籍编撰与高精度数字土壤构建》取得重要进展，已完成全国1 100多个县的高精度数字土壤建设，建立的1∶5万大比例尺土壤图籍覆盖全国1/2地区。

2009年7月30日，《农民日报》报道：银监会编制的《新型农村金融机构2009—2011年总体工作安排》已经国务院原则同意，未来三年计划在全国再设立1 294家新型农村金融机构。在大力推进新型农村金融机构三年总体工作安排过程中，鼓励主发起人成立专司村镇银行、贷款公司管理的事业部，支持在经营规模大、服务能力强、带动农户多、运营管理好、信用记录良的农民专业合作社基础上组建农村资金互助社，允许各地在三年总体工作安排框架下经银监会同意后适当调整机构类型、区域分布、时间安排。

2009年8月10日，《人民日报》报道：截至2009年6月末，全国已有118家新型农村金融机构开业，其中村镇银行100家，贷款公司7家，农村资金互助社11家；从经营情况看，已开业机构实收资本47.33亿元，存款余额131亿元，贷款余额98亿元，累计发放农户贷款55亿元，累计发放中小企业贷款82亿元。通过设立新型农村金融机构、现有银行业金融机构设立分支机构和延伸服务，解决1 878个零金融服务乡镇的金融服务问题。

2009年8月28日，《人民日报》报道：经国务院批准，农业部和国家发展和改革委联合印发了《保护性耕作工程建设规划（2009—2015年）》。《规划》将在我国北方15个省（区、市）和苏北、皖北地区实施。通过各类项目建设与辐射带动，预计到规划期末，全国可新增保护性耕作应用面积1.7亿亩。

2009年9月5日，《农民日报》报道：国务院出台了《新型农村社会养老保险试点的指导意见》，按照加快建立覆盖城乡居民的社会保障体系的要求，逐步解决农村居民老有所养问题。《意见》要求，探索建立个人缴费、集体补助、政府补贴相结合的“新农合”制度，实行社会统筹与个人账户相结合，与家庭养老、土地保障、社会救助等其他社会保障政策措施相配套，保障农村居民老年基本生活。2009年试点覆盖面为全国10%的县（市、区、旗），以后逐步扩大试点，在全国普遍实施，2020年之前基本实现对农村适龄居民的全覆盖。

2009年9月14日，《农民日报》报道：2009年中国农村发展高层论坛9月12日在北京举行。论坛由农业部农村经济研究中心主办，主题是金融危机下的中国农村发展。来自中央政策研究室、国家发展和改革委员会、财政部、人力资源与社会保障部、国务院研究室、农业部等国家涉农部门、地方政府、科研单位、高等院校以及农业产业化龙头企业的近30位专家、学者和企业代表，围绕农产品生产与贸易、金融危机与龙头企业发展、农村劳动力就业与增加农民收入、农村消费与扩大内需、农村基本经营制度创新与农村改革、统筹城乡发展与改善农村民生等专题发言，分析了当前的形势、存在的问题，提出了发展思路和应对措施。

2009年9月16日，《人民日报》报道：15日，农业部举行新闻发布会，农业部、财政部共同启动实施了“基层农业技术推广体系改革与建设示范县项目”，以推进各地加快基层农技推广体系改革与建设步伐。2009年这一项目将在全国770个县实施，中央财政安排资金7.7亿元，每个示范县安排农技推广工作经费100万元。

2009年10月22日，《人民日报》报道：全国农业科技创新与推广工作会议在江苏南京召开。中共中央政治局委员、国务院副总理回良玉在会上强调，要切实把农业科技工作放在整个科技工作的首要位置，把农业科技创新与推广作为加强“三农”的重要举措，创新体制机制，加大投入力度，壮大人才队伍，着力建立与我国农业大国地位相适应、具有国际先进水平的新型农业科技创新体系，着力健全基层农业科技推广体系，促进农业农村又好又快发展。

2009年11月2日，《人民日报》报道：11月1日，第十六届中国杨凌农业高新科技成果博览会在陕西杨凌召开。中共中央政治局委员、国务委员刘延东宣布开幕，并在2009年杨凌国际合作周开幕式暨现代农业高端论坛上强调，要依靠科技进步建设高产、优质、高效生态的现代农业，为社会主义新农村建设和国家现代化打下坚实基础。

2009年12月5日，《人民日报》报道：为支持各地新型农村社会养老保险试点工作的开展，对国务院新型农村社会养老保险试点领导小组办公室已经批复的27个省区市的试点县，中央财政12月4日下达了第一批专项补助资金9.5亿元。

2009年12月8日，《人民日报》报道：为纪念我国基本农田保护工作开展20周年，12月6日至7日，国土资源部和农业部在湖北省仙桃市联合召开全国基本农田保护工作座谈会。会议在回顾基本农田保护工作20年历程，总结成绩、交流经验、表扬先进，分析形势的基础上，进一步明确和部署下一阶段基本农田保护的主要任务。会议明确提出，建立基本农田保护制度是党中央、国务院立足资源国情和发展阶段，审时度势作出的战略决策；今后一个时期，“吃饭与建设”的矛盾将更加突出，这项制度必须长期坚持。目前，我国基本农田占耕地总量的80%以上、面积超过15.8亿亩。

2009年12月24日，《农民日报》报道：自2008年7月国务院提出“以奖促治”政策以来，中央财政投入农村环境保护专项资金15亿元，支持2 160多个村镇开展环境综合整治和生态示范建设，带动地方投资达25亿元，直接受益农民达1 300多万人，众多村庄的村容村貌明显改善，不少项目实现了生态、社会和经济效益的统一。

2010年1月29日，《农民日报》报道：中国科协、农业部1月28日北京签署协议，决定合作共建9家农科类学会。这9家学会均是由中国科协业务主管、挂靠农业部及所属单位的全国性农科类学会。包括中国农学会、中国水产学会、中国农业历史学会、中国农业工程学会、中国园艺学会、中国植物保护学会、中国作物学会、中国茶叶学会和中国热带作物学会。

2010年2月4日，《农民日报》报道：2010年1月4日，农业部第1次常务会议审议通过《农业植物疫情报告与发布管理办法》，自2010年3月1日起施行。该办法严格规范了红火蚁、苹果蠹蛾、稻水象甲、香蕉枯萎病等全国农业植物检疫性有害生物、省级补充的农业植物检疫性有害生物及其他潜在的危险性有害生物的报告制度。规定农业植物疫情报告实行12小时快报、月报和年报三种形式，疫情由地方各级植物检疫机构负责上报，并同时报告本级农业行政主管部门；明确了各级农业行政主管部门及其检疫机构对农业植物疫情的报告职责和发布权限，其他单位和个人不得以任何形式发布农业植物疫情。

2010年2月11日，《人民日报》报道：国务院总理温家宝10日主持召开国务院常务会议，听取《中国农村扶贫开发纲要（2001—2010年）》实施情况汇报。会议认为，《中国农村扶贫开发纲要（2001—2010年）》实施以来，我国扶贫开发取得新的成就。率先实现了联合国《千年发展目标》中贫困人口减半的指标，贫困地区经济实力增强，基础设施明显改善，生态恶化趋势初步得到遏制，扶贫开发工作水平明显提高。新型农村合作医疗、新型农村养老保险试点和最低生活保障制度的建立，为解决农村温饱问题作了制度性安排。扶贫开发增强了贫困地区群众自强自立的精神和自我发展的能力，为促进国民经济持续健康发展与社会和谐、民族团结发挥了重要作用。

2010年2月22日，《农民日报》报道：2月21日，农业部部长韩长赋主持召开部常务会议，审议通过了2010年为农民办实事工作方案。韩长赋强调，坚持为农民办实事，是农业部深入贯彻落实科学发展观、认真贯彻落实中央经济工作会议、中央农村工作会议和全国农业工作会议精神，实现“两个千方百计、两个努力确保”目标任务的重要举措；是坚持以人为本，坚持问政于民、问计于民、问需于民，想农民之所想、急农民之所急的实际行动，也是进一步转变机关工作作风、狠抓工作落实的具体体现。各单位一定要从全局的高度，深刻认识为农民办实事的重要意义，扎实推进各项实事的落实，确保让农民群众真正得到实惠。农业部决定2010年为农民办26件实事。

2010年3月12日，《农民日报》报道：为贯彻落实2010年中央1号文件精神，进一步加强农业机械购置补贴项目管理，充分发挥政策效益，切实保护农民利益，农业部、财政部联合印发《2010年农业机械购置补贴实施指导意见》，并于3月1日预拨了第一批补贴资金100亿元。与2009年相比，农机购置补贴政策从七个方面进行了调整和完善。

2010年3月23日，《科技日报》报道：3月22日，首届中国农业科技创新创业大赛北方赛区暨科技特派员农村科技创新创业大赛在陕西杨凌启动，旨在创造风险投资与农业科技创业团队对接的范例，培育用现代服务业引领推动现代农业产业发展的生态环境。大赛将瞄准世界农业科技发展前沿，依托“千人计划”、杨凌示范区优惠政策，特别吸引世界一流农业科技创新创业团队。大赛重点关注高科技生物农业、环保农业、精准农业，开辟高附加值的现代农业发展道路。大赛着力培育科技特派员创业者和创业团队，特别是支持大学生创业团队、科技特派员创业团队创新创业。

2010 年 3 月 24 日，《农民日报》报道：国务院农村综合改革工作小组、财政部、农业部联合发出《关于做好 2010 年扩大村级公益事业建设“一事一议”财政奖补试点工作的通知》。《通知》要求，2010 年，要进一步做好扩大村级公益事业建设“一事一议”财政奖补试点工作，让这项政策惠及广大农民。2010 年，除已在全省（区、市）开展试点的黑龙江、云南、河北、江苏、内蒙古、湖南、安徽、贵州、重庆、宁夏 10 个省份外，从已开展局部试点、工作基础扎实和有扩大试点意愿的省份中，选择确定浙江、福建、湖北、广西、甘肃、山西、陕西、江西、山东、辽宁、四川 11 个省份在全省（区）范围内进行试点，新疆、海南、河南、吉林、青海、西藏 6 个省份进行局部试点。

2010 年 3 月 30 日，《农民日报》报道：3 月 12 日，国务院办公厅出台了《国务院办公厅关于统筹推进新一轮“菜篮子”工程建设的意见》，《意见》的出台标志着新一轮“菜篮子”工程建设正式启动，是指导实施新一轮菜篮子工程的重要纲领性文件。《意见》提出，通过加强生产能力建设、完善市场流通设施、加快发展方式转变、创新调控保障机制，推动菜篮子工程建设步入生产稳定发展、产销衔接顺畅、质量安全可靠、市场波动可控、农民稳定增收、市民得到实惠的可持续发展轨道，通过 5 年左右的努力，实现肉、蛋、奶、鱼、菜、果等产品生产布局合理、总量满足需求、品种更加丰富、调控保障有力、档期供应均衡。

2010 年 3 月 30 日，《人民日报》报道：“金砖四国”首届农业部长会议在莫斯科举行。中国农业部部长韩长赋与巴西、俄罗斯和印度三国农业部长就共同应对全球粮食安全、减缓气候变化对农业的影响、加强信息和农业科技交流与合作等问题交换了意见，并共同签署了《“金砖四国”农业和农业发展部长莫斯科宣言》。

2010 年 4 月 9 日，《人民日报》报道：农业部、国务院纠风办、财政部、国家发展和改革委员会、国务院法制办、教育部、新闻出版总署联合发出《关于做好 2010 年减轻农民负担工作的意见》。2010 年减轻农民负担工作的总体思路是：按照中央加大统筹城乡力度、夯实农业基础的要求，坚持治标与治本结合，积极推进重点治理，狠抓减负惠农政策落实，完善相关法律法规，逐步探索构建新形势下农民负担监管的长效机制和村级公益事业建设的有效机制，坚决防止农民负担反弹。

2010 年 4 月 15 日，《农民日报》报道：由农业部农业贸易促进中心（中国国际贸促会农业行业分会）和延庆县人民政府共同举办的首届中国国际薯业高峰论坛 4 月 14 日在北京市延庆县举行。农业部牛盾副部长出席论坛并致辞。北京市农委主任王孝东、联合国粮食与农业组织驻中国、朝鲜和蒙古国代表维多利亚·塞奇托莱科也出席论坛并致辞。

2010 年 4 月 25 日，《人民日报》报道：农业部制定并印发了《2010 年农作物重大病虫害专业化统防统治工作方案》和《小麦中后期病虫害防治方案》，在 100 个重点县和 1 000 个示范区大力推进病虫害专业化统防统治，带动主要小麦病虫害发生区防治处置达到 70%以上。

2010 年 4 月 28 日，《农民日报》报道：4 月 28 日，农业部在安徽省启动全国测土配方施肥普及行动，将测土配方施肥工作的重中之重锁定在技术推广普及上，力促配方肥下田。今年是农业部实施测土配方施肥工作第六年，项目实施单位已经从 2005 年的 200 个增加到今年的 2 498 个，基本覆盖了所有县级农业行政区。2009 年全国测土配方施肥技术推广面积达 10 亿亩以上，5 年累计减少不合理氮肥施用量达 430 万吨。

2010 年 4 月 29 日，《人民日报》报道：国务院办公厅发出通知，转发科技部、农业部《关于发挥科技支撑作用促进当前农业抗灾保丰产的意见》，《意见》指出，要通过农业科技专家大院、农村科普示范基地、农民田间学校、现场观摩会、科技大集等多种形式，进一步加强农民科技培训，确保农民及时掌握各项农业抗灾技术措施要领。按照“科技人员直接到户、良种良法直接到田、技术要领直接到人”的推广机制，加大科技示范户培养力度，切实发挥示范辐射作用。

2010 年 5 月 7 日，《人民日报》报道：4 月以来，全国农机购置补贴政策实施全面加快。截至 4 月 30 日，全国各省（区、市）已实施中央补贴资金 40.5 亿元，占首批下达 100 亿元补贴资金的 40.5%，补贴农机具 77.73 万台（套），受益农户 66.94 万户。

2010 年 5 月 12 日，《人民日报》报道：为充分发挥农村低保制度和扶贫开发政策的作用，保障农村贫困人口基本生活，提高收入水平和自我发展能力，国务院办公厅发出通知，转发扶贫办、民政部等部门《关于做好农村最低生活保障制度和扶贫开发政策有效衔接扩大试点工作的意见》。《通知》要求各地在总结一些地方试点经验的基础上，进一步扩大两项制度有效衔接试点工作。

2010 年 5 月 19 日，《农民日报》报道：为进一步推动农机服务市场化、社会化和产业化，农业部在全国范围内开展农机社会化服务示范建设活动，确定了 206 个农机专业合作社、200 个农机大户和 101 个农机维修服务经营实体为全国农机化服务示范点。

2010 年 5 月 20 日，《农民日报》报道：5 月 19 日，财政部、国土资源部在北京分别与河北、内蒙古、吉林、黑龙江、江苏、安徽、江西、山东、湖北、广西等 10 省（自治区）举行了整体推进农村土地整治示范协议签字仪式。今后 3 年内，中央财政将从中央分成的新增建设用地土地有偿使用费中安排资金 260 亿元用于 10 个示范省（自治区）的整体推进农村土地整治示范工作，并带动示范省（自治区）统筹各项土地整治资金 300 亿元左右配套投入。

2010 年 5 月 24 日，《农民日报》报道：2010 年中国农村发展高层论坛 5 月 22 日在京开幕。中共中央政治局委员、国务院副总理回良玉致信祝贺。本次论坛以面向“十二五”的中国农村发展为主题，主要围绕现代农业建设与产业发展、促进就业与增加农民收入、统筹城乡与区域协调发展、新农村建设与农村公共服务等专题进行研讨与交流，总结“十一五”我国农业农村发展取得的成就与经验，分析未来 5～10 年我国农业农村经济发展面临的机遇与挑战，进一步明确“十二五”时期我国农业农村经济发展目标、思路与措施，为制定我国“十二五”农业农村发展规划建言献策。

2010 年 5 月 25 日，《农民日报》报道：中组部、中宣部、教育部、公安部、民政部、财政部、人力资源和社会保障部、农业部、中国人民银行、国家林业局、国务院扶贫办、团中央、全国妇联 13 个部门，联合印发了《关于做好大学生“村官”有序流动工作的意见》，对做好期满大学生“村官”有序流动工作作了安排部署，明确了有关政策规定。

2010 年 6 月 3 日，《农民日报》报道：农村环保“以奖促治”连片整治示范工作已经全面启动，财政部、环保部选择了辽宁、江苏、浙江、福建、湖北、湖南、重庆、宁夏 8 个省（自治区、直辖市）作为第一批连片整治的示范，并与他们签署了示范协议。

2010 年 6 月 11 日，《经济日报》报道：截至目前，全国“农超对接”205 个试点项目共带动社会投资 40 亿元，建设冷链系统 145 个，配送中心 91 个，试点企业 2009 年农产品直采金额达 211 亿元。“农超对接”试点取得了良好的阶段性成果。

2010 年 6 月 11 日，《人民日报》报道：卫生部出台《关于开展提高农村儿童重大疾病医疗保障水平试点工作的意见》。《意见》决定开展提高农村儿童重大疾病医疗保障水平试点工作，在保持新型农村合作医疗和医疗救助制度健康发展并使广大农村居民公平享有的基础上，优先选择几种危及儿童生命健康、医疗费用高、经积极治疗预计后期效果较好的重大疾病开展试点，通过“新农合”和医疗救助等各项医疗保障制度的紧密结合，探索有效的补偿和支付办法，提高对重大疾病的医疗保障水平。各省（区、市）要在试点基础上逐步探索建立“新农合”重大疾病医疗补偿办法，进一步缓解农村居民重大疾病的经济负担。

2010 年 6 月 22 日，《人民日报》报道：从 2004 年的先行试点到目前的全面推开、深化，新一轮乡镇机构改革已经走过 6 年时间。截至目前，已经完成机构改革的乡镇共计 20 673 个，占全国乡镇总数的 60.3%。

2010 年 7 月 6 日，《农民日报》报道：7 月 5 日，农业部与国家旅游局签署合作框架协议，共同推进休闲农业与乡村旅游发展。计划从 2010 年开始，通过 3～5 年的努力，推出一批示范县（镇）、示范村（企业），制发一张全国性的休闲农业与乡村旅游重点产品地图，为消费者提供优质乡村休闲度假指南。

2010 年 7 月 13 日，《人民日报》报道：我国将启动新一轮农村电网改造升级建设，用 3 年时间基本建成安全可靠、节能环保、技术先进、管理规范的新型农村电网。据悉，新一轮农村电网改造升级建设将拉动社会投资 2 000 亿元。按照新安排，计入电费中的 2 分钱农网还贷资金，将单列出来专项用于农网建设贷款的还贷。近年来，各地用电量增长很快，按发电量估算，目前该项资金规模应在每年 500 亿元以上。

2010 年 8 月 30 日，《人民日报》报道：全国人大常委会农业技术推广法执法检查组 29 日在北京人民大会堂举行第一次全体会议，正式启动农业技术推广法执法检查。中共中央政治局常委、全国人大常委会委员长吴邦国作出重要批示。吴邦国指出，农业技术推广法执法检查是今年全国人大常委会监督工作的一个重点。要通过这次执法检查，督促有关部门高度重视农业技术推广体系建设，深化农业技术推广体系改革，推动农业科技成果转化，提高科技对农业的贡献率，加快建设现代农业，促进农民增收，确保国家粮食安全。

2010 年 9 月 3 日，《农民日报》报道：中国政府网公布《国务院关于进一步促进蔬菜生产保障市场供应和价格基本稳定的通知》，要求充分发挥市场机制的作用，强化“菜篮子”市长负责制，加大政府调控力度，把解决当前问题和建立长效机制结合起来，采取更加有针对性的措施，进一步促进蔬菜生产，保障市场供应和价格基本稳定。

2010年9月4日，《人民日报》报道：我国首批国家现代农业示范区已获得认定，北京市顺义区等51个县（区、市、垦区）作为第一批国家现代农业示范区，耕地面积共1.01亿亩，占全国耕地总面积的5.5%，粮棉油糖、畜禽、水产和蔬菜等大宗农产品生产优势突出，现代农业发展均处于本省、区、市领先水平。

2010年10月13日，《人民日报》报道：为保护农民种粮积极性，进一步促进粮食生产发展，国家继续在小麦主产区实行最低收购价政策，并适当提高2011年最低收购价水平。经报请国务院批准，2011年生产的白小麦、红小麦和混合麦最低收购价分别提高到每50千克95元、93元和93元，比2010年分别提高5元、7元和7元。

2010年11月10日，《人民日报》报道：截至10月31日，中央财政155亿元农机购置补贴全部实施到位，共补贴各类农机具约525万台（套），受益农户近400万户。

2010年11月15日，《农民日报》报道：11月11日，全国基层农技推广体系改革与建设工作会议在江西省九江市召开。截至2010年9月底，全国共有1 826个县（市、区）基本完成改革任务，占应改革县（市、区）的68.7%。

2010年11月18日，《人民日报》报道：农业部农村经济研究中心发布《2010年中国农村政策执行报告》，《报告》显示，农民工就业形势好于往年，工资水平明显提高，农民收入增速快于城镇居民，工资性收入对农民增收的贡献率达到49.8%。农民收入与消费增速双双快于城镇居民，10多年来尚属首次。主要农产品生产稳定发展，供求基本平衡，大豆、棉花、糖料等部分品种产需缺口增大，农产品价格整体上涨趋势明显。

2010年11月24日，《人民日报》报道：从2008年开始，国家提出并实施“以奖促治”政策，中央财政设立专项资金，重点支持各地开展农村饮用水源地保护、生活污水和垃圾处理、禽畜养殖污染和历史遗留的农村工矿污染治理、农业面源污染和土壤污染防治，解决危害农民健康、群众反映强烈的突出环境问题。2008年，中央农村环保专项资金投入5亿元，2009年增加到10亿元，2010年又增加到25亿元，2011年和2012年还计划安排95亿元。中央专项资金作为引导资金，发挥了杠杆作用。据初步估算，2008年至2009年，中央专项资金带动地方投入超过50亿元，促进全国2 165个村庄开展环境综合整治和生态示范。

2010年12月22日，《人民日报》报道：为早日让农民喝上放心水，“十一五”期间，中央不断加大农村饮水安全投入力度，中央财政累计投入590亿元，投资强度是“十五”期间的5倍。在中央强投入的带动下，地方政府和群众投资443亿元，社会融资12.2亿元，农村饮水安全工程总投入达到1 045亿元。5年来，全国累计解决了2.1亿农村人口的饮水安全问题，超额完成了“十一五”规划提出的解决1.6亿农村人口饮水安全的建设任务。

2011年1月6日，《农民日报》报道：国务院总理温家宝5日主持召开国务院常务会议，决定按照统一规划、分步实施，因地制宜、突出重点，经济合理、先进适用，深化改革、加强管理的原则，实施新一轮农村电网改造升级工程。会议提出，在“十二五”期间，使全国农村电网普遍得到改造，农村居民生活用电得到较好保障，农业生产用电问题基本解决，基本建成安全可靠、节能环保、技术先进、管理规范的新型农村电网。

2011年1月8日，《人民日报》报道：在全国国土资源工作会议上，我国“十二五”时期国土资源管理的主要目标已确立。基本农田稳定在15.6亿亩以上，严格落实耕地占补平衡，通过农田整治、村庄整治、工矿废弃地复垦和宜农未利用地适度开发共增加耕地2 800万亩，建设占用和灾毁耕地足额补充。

2011年1月11日，《人民日报》报道：共青团中央、农业部10日签署《关于共同实施农村青年创业就业行动框架协议》，双方约定在“十二五”期间开展农村青年创业培训、农业科学技术普及、农业科研杰出人才培养等工作，服务和支持农村青年增收致富、成长成才。

2011年1月21日，《农民日报》报道：为进一步稳定粮食生产、促进农民增收，加大对种粮农民的直接补贴力度，中央财政下拨2011年粮食直补和农资综合补贴资金986亿元，比上年增长14%。其中，农资综合补贴835亿元，粮食直补资金151亿元。

2011年1月25日，《人民日报》报道：国土资源部、农业部联合发出《关于加强和完善永久基本农田划定有关工作的通知》，要求各地切实做好基本农田划定工作，全面把握并衔接好基本农田落地到户、上图入库、成果验收和报备等关键环节，切实加强和完善永久基本农田划定工作。

2011年1月29日，《人民日报》报道：截至1月26日，第二批扩大新农保试点地区全部启动参保和养老金发放工作，全国27个省、自治区的838个新农保试点县和4个直辖市新农保参保人数达到1.25亿人，其中3 428万经确认符合条件的农村老年人按月领取养老金。

2011年1月29日，《人民日报》报道：人社部、国家发展和改革委员会、监察部、财政部、住建部联合发布的《关于加强建设工程项目管理解决拖欠农民工工资问题的通知》，要求加大解决建设领域拖欠工程款力度，切实解决拖欠农民工工资问题，严格建设工程项目分包管理，落实总承包企业的工资支付责任，强化建设工程项目审批等管理，有效预防产生新的工资拖欠，完善企业工资支付保障制度，确保农民工工资按时足额发放，落实地方政府监管责任，保证农民工工资支付保障工作取得实效，着力解决拖欠农民工工资问题。

2011年2月10日，《人民日报》报道：国务院总理温家宝9日主持召开国务院常务会议，分析粮食生产形势，研究部署进一步促进粮食生产的政策措施。会议决定，在近期已出台扶持政策的基础上，进一步加大对粮食生产的扶持力度。会议强调，经过多年的努力，我国农业基础设施有了较大的改善，国家财力物力有了较大的提高，只要各地区、各有关部门高度重视，切实将组织领导落实到位、抗旱措施落实到位、科技支撑落实到位、物资保障落实到位、资金投入落实到位，抓住时机，不违农时，调动广大农民的积极性，就一定能够战胜困难，夺取今年粮食的丰收。

2011年2月11日，《经济日报》报道："十一五"期间，中央对农村公路建设投资达1 978亿元，年均递增30%，全社会共计完成投资9 500亿元，新改建农村公路186.8万千米，其中新增农村公路52.7万千米，农村公路总里程达到345万千米。

2011年2月15日，《光明日报》报道：中共中央办公厅、国务院办公厅印发《关于进一步加强新形势下农村精神文明建设工作的意见》，要求深入贯彻落实党的十七大和十七届三中、四中、五中全会精神，进一步加强新形势下农村精神文明建设。《意见》指出，要扎实开展群众性精神文明创建活动，加快提升农村社会文明程度，要不断丰富广大农民的精神文化生活，广泛开展各种形式的群众文化活动，深入进行共产党好、社会主义好、改革开放好、伟大祖国好、各族人民好的宣传教育。

2011年2月19日，《人民日报》报道：2月18日，农业部与国家开发银行在北京签署规划合作备忘录，双方将进一步巩固长期稳定的战略合作关系，在编制全国农业发展规划、支持农业"走出去"、建设现代农业、构建农业基础设施建设融资机制、农业合作试点等方面进一步加强合作，共同推进我国农业产业快速健康发展。

2011年2月25日，《农民日报》报道：2月24日，农业部、最高人民法院、最高人民检察院、工业和信息化部、国务院纠风办、公安部、工商总局、质检总局、中华全国供销合作总社等九部门联合召开全国农资打假专项治理行动电视电话会议，贯彻国务院常务会议和全国粮食生产电视电话会议精神，部署开展2011年农资打假专项行动，力保抗旱春管和春耕备耕，力促全年粮食丰收和农民增收。

2011年2月27日，《人民日报》报道：国务院国资委2月25日首次召开中央企业农民工工作会议。中央企业直接使用的农民工和通过劳务派遣、分包等形式使用的农民工已达到680多万人，农民工已经成为推进中央企业改革发展不可或缺的重要力量，在中央企业的生产经营中发挥了重要作用。中央企业要切实提高认识，牢固树立大局意识、责任意识、法律意识，努力将党和国家关于加强农民工工作的各项部署贯彻落实好。

2011年2月27日，《人民日报》报道：全国3年来累计投资677.2亿元，完成了7 356座大中型和重要小型病险水库的除险加固，如期实现了党中央国务院提出"大中型病险水库三年除病"的目标。初步统计，共恢复防洪库容约35亿立方米，基本解除了637座县级以上城市、1.61亿亩农田以及大量国家重要基础设施的洪水威胁。

2011年3月3日，《农民日报》报道：中共中央政治局委员、国务院副总理、国务院扶贫开发领导小组组长回良玉2日主持召开国务院扶贫开发领导小组全体会议，全面总结过去10年的扶贫开发工作，深入分析扶贫形势，安排部署未来10年和"十二五"时期的扶贫工作。他强调，要从全局和战略高度，充分认识做好今后10年扶贫开发工作的重大意义，坚持以消除绝对贫困为首要任务、以连片特困地区为主战场，坚持扶贫开发和农村低保制度有效衔接，坚持政府主导、社会帮扶和自力更生紧密结合，更加注重提高贫困群体的综合素质、增强自我发展能力，更加注重转变贫困地区发展方式、增强可持续发展能力，不断提高扶贫开发成效，为全面建成小康社会作出重要贡献。

2011年3月7日，《人民日报》报道："十一五"时期我国贫困人口从6 431万人减少到2 688万人，5年年均减少748.6万人。到2010年，贫困发生率下降到2.8%，扶贫开发工作重点县农民人均纯收入"十一五"期间年均增长10.28%，比全国平均水平高出0.95个百分点，《中国农村扶贫开发纲要(2001—2010年)》目标如期实现。

2011年3月18日，《农民日报》报道：国务院总理温家宝16日主持召开国务院常务会议，确定《政府工作报告》重点工作部门分工，决定开展2011年全国粮食稳定增产行动。会议决定，以粮食主产省和非主产省的主产县为重点地区，以增加重要紧缺品种供给和推广落实防灾减灾增产关键技术为重点，开展2011年全国粮食稳定增产行动。力争粮食播种面积稳定在去年水平，实现夏粮丰收、早稻增产、秋粮稳定，全国粮食产量在1万亿斤以上。

2011年3月24日，《人民日报》报道：国务院办公厅印发了《关于开展2011年全国粮食稳定增产行动的意见》，要求坚持把发展粮食生产作为"三农"工作的首要任务，坚定抗灾夺丰收的信心不退缩，坚定保持粮食稳定发展的目标不动摇，坚定抓工作落实的劲头不放松，以粮食主产省和非主产省的主产县为重点，以增加重要紧缺品种供给为重点，以推广落实防灾减灾增产关键技术为重点，认真落实好国家已有支持粮食生产的政策和项目，进一步强化责任落实，强化政策扶持，强化措施到位，强化考核奖励，千方百计促进粮食稳定增产。确保全年粮食产量在1万亿斤以上，全力以赴争取实现连续第八个丰收年。

2011年3月26日，《农民日报》报道：农业部、教育部出台《关于实施基层农技推广特设岗位计划的意见》。《意见》提出通过机制创新和政策扶持，计划利用2年时间试点，选用3万名特岗农技人员到基层服务；力争通过5～10年时间努力，实现每个乡镇区域内拥有5名左右特岗农技人员。通过农技推广特岗计划实施，壮大基层农业技术推广服务队伍，扩大农业技术推广服务覆盖面，加快农业科技成果转化与推广应用，为现代农业发展提供强有力的科技支撑。

2011年3月28日，《人民日报》报道：为大力推进农村环境连片整治，加快社会主义新农村建设，中央财政将对纳入农村环境连片整治的15个省份投入资金115亿元以上，带动地方投入资金不少于120亿元，预计将整治村庄近2万个，直接受益农村人口近1亿人。

2011年3月29日，《农民日报》报道：28日全国农村环境保护工作会议召开，总结近年来农村环境保护工作进展和经验，安排部署"十二五"时期和2011年农村环境保护工作。会议提出到2015年，我国将完成6万个建制村的环境综合整治，使严重损害群众健康的农村突出环境问题基本得到治理。

2011年4月18日，《人民日报》报道：4月15日，以"农村土地整治，利民利乡利城"为主题的"农村土地整治万里行"宣传活动拉开帷幕。2001年以来，通过大力推进农村土地整治，我国建设高产稳产基本农田2亿多亩，增加耕地4 200多万亩，保证了耕地面积基本稳定。同时，提高了耕地质量，经整理的耕地亩均产量提高10%～20%。

2011年4月19日，《人民日报》报道：4月18日，国务院《关于加快推进现代农作物种业发展的意见》全文发布。《意见》的出台，标志着我国农作物种业将进入产业升级的新阶段。《意见》提出今后种业发展的思路，即以科学发展观为指导，推进体制改革和机制创新，完善法律法规，整合农作物种业资源，加大政策扶持，增加农作物种业投入，强化市场监管，快速提升我国农作物种业科技创新能力、企业竞争能力、供种保障能力和市场监管能力，构建以产业为主导、企业为主体、基地为依托、产学研相结合、"育繁推一体化"的现代农作物种业体系，全面提升我国农作物种业发展水平。

2011年4月26日，《人民日报》报道：25日，全国村村通电话工程"十一五"总结暨"十二五"启动大会召开。工业和信息化部副部长奚国华出席会议并作重要讲话，他指出，通过村村通工程的组织实施，我们探索走出了一条中国特色普遍服务的道路，进一步深化了对农村通信发展的认识，积累了弥足珍贵的经验。服务社会、服务民生是实施村村通工程的根本宗旨，"分片包干"是实现中国特色普遍服务的有效方式，"三个三步走"是农村信息通信建设的内在规律，各方协作配合是村村通工程取得成效的重要保障。截至2010年，全国行政村、20户以上自然村通电话比例分别达到100%和94%，实现全国100%乡镇能上网，其中99%的乡镇和80%的行政村基本具备宽带接入能力。

2011年4月27日，《光明日报》报道：中共中央政治局26日召开会议，研究扶贫开发工作面临的形势和任务，审议《中国农村扶贫开发纲要

(2011—2020 年)》。会议要求，要坚持开发式扶贫方针，创新体制机制，完善政策体系，大力推进专项扶贫、行业扶贫、社会扶贫，不断提高贫困地区和扶贫对象自我发展能力，积极开展国际合作。各级党委和政府要进一步提高思想认识，切实加强组织领导，强化扶贫开发责任，加强扶贫机构队伍建设，加强扶贫法制化建设，努力实现到 2020 年扶贫开发目标任务。

2011 年 5 月 11 日，《光明日报》报道：国务院 9 日在湖南省长沙市召开全国现代农作物种业工作会议，全面部署加快推进现代农作物种业发展各项工作。中共中央政治局委员、国务院副总理回良玉在会上强调，国以农为本，农以种为先。各地区、各有关部门要认真贯彻落实《国务院关于加快推进现代农作物种业发展的意见》，坚持依靠自主创新，坚持发挥企业主体作用，坚持产学研相结合，坚持扶优扶强，把发展现代种业作为建设现代农业的战略举措，把良种培育作为农业科技创新的首要任务，把提高种子企业核心竞争力作为做大做强种业的关键支撑，把建立产学研联盟、促进育繁推一体化作为整合种业资源的重要切入点，努力建立与我国农业大国地位相适应、具有国际先进水平的现代种业体系，为推动农业稳定发展、农民持续增收，为保障国家粮食安全、促进经济社会又好又快发展提供有力支撑。

2011 年 5 月 14 日，《经济日报》报道：国土资源部、财政部、农业部联合下发《关于加快推进农村集体土地确权登记发证工作的通知》，要求力争到 2012 年底把全国范围内的农村集体土地所有权证确认到每个所有权的集体经济组织，做到农村集体土地确权登记发证全覆盖。要按照土地总登记模式，集中人员、时间和地点开展工作，坚持依法依规、便民高效、因地制宜、急需优先和全面覆盖的原则，注重解决难点问题。

2011 年 6 月 10 日，《科技日报》报道：6 月 9 日，全球农业文化遗产论坛在中国举行，来自世界各地的近 60 位专家学者齐聚北京，与上百位的中国专家学者共同参加了论坛。由于中国在农业文化遗产保护方面进行了有益的探索与实践，开创性地提出了农业文化遗产保护的实施方案和保护办法，因此联合国粮农组织特意“跳出”罗马，将本次论坛选择在中国举行。本次论坛重点讨论农业文化遗产对粮食安全和农村生计的主要贡献，自然—文化与人类的关系，社会、文化和环境基础，应对生物多样性丧失挑战的策略以及促进可持续农业和农村发展的途径等问题。

2011 年 6 月 11 日，《人民日报》报道：新世纪中国农村扶贫开发成就展 10 日在北京开幕。中共中央政治局委员、国务院副总理、国务院扶贫开发领导小组组长回良玉出席开幕式并强调，要认真贯彻中共中央、国务院印发的《中国农村扶贫开发纲要(2011—2020 年)》，以更大的决心、更强的力度、更有效的举措，打好新一轮扶贫开发攻坚战，为实现全面建成小康社会的宏伟目标作出新的贡献。

2011 年 6 月 21 日，《农民日报》报道：全国城镇居民社会养老保险试点工作部署暨新型农村社会养老保险试点经验交流会议 20 日上午在京召开。中共中央政治局常委、国务院总理温家宝出席会议并指出，国务院决定在全国范围启动城镇居民社会养老保险制度试点，并加快新农保试点进度，在本届政府任期内基本实现制度全覆盖。

2011 年 6 月 28 日，《人民日报》报道：中共中央政治局委员、国务院副总理回良玉 27 日参观了正在北京全国农业展览馆举行的建党以来农村政策回顾展。他强调，我们要认真总结我们党在长期实践中积累的宝贵经验，毫不动摇地坚持党在农村的基本政策，不断完善强农惠农举措，推动体制机制创新，促进农村经济社会又好又快发展。

2011 年 7 月 12 日，《农民日报》报道：7 月 9 日至 10 日，国家能源局、财政部、农业部在北京联合召开全国农村能源工作会议。这是近 30 年来，第一次围绕农村能源召开的专题会议。会议提出要按照“十二五”规划纲要关于强农惠农、加快社会主义新农村建设的要求，以建设绿色能源示范县、实施新一轮农网改造升级工程、大力发展农村可再生能源为重点，全面推动农村能源建设取得新进展，为改善农民生活和发展农村经济提供优质、清洁、经济、可靠的现代能源保障。

2011 年 8 月 4 日，《农民日报》报道：为确保进城务工农民工随迁子女平等接受义务教育，中央财政下拨 45.68 亿元，对进城务工农民工随迁子女接受义务教育问题解决较好的省份给予适当奖励。

2011 年 8 月 12 日，《农民日报》报道：中央财政追加下达农村义务教育学校公用经费补助资金 79.3 亿元，加上年初预算安排的 392.4 亿元，2011 年中央财政已累计安排农村义务教育学校公用经费补助资金 471.7 亿元。

2011 年 8 月 13 日，《农民日报》报道：8 月 11 日至 12 日，国务院在内蒙古自治区呼伦贝尔市召开全国牧区工作会议。中共中央政治局委员、国务院副总理回良玉在会上强调，牧区在我国经济社会发展大局中具有特殊重要的战略地位，要深入贯彻落实科学发展观，牢固树立生态优先理念，以加快转变经济发展方式为主线，以保障改善民主为根本出发点和落脚点，加强草原生态保护建设，积极发展现代草原畜牧业，努力开辟牧民增收和就业新途径，大力发展公共事业，不断提高广大牧民物质文化生活水平，努力建设生态良好、生活宽裕、经济发展、民族团结、社会稳定的新牧区。

2011 年 8 月 22 日，《人民日报》报道：历经 7 年不懈努力，我国乡镇机构改革取得了突破性进展。截至目前，各地已经进行改革的乡镇达 33 524 个，占全国乡镇总数的 97.7%。

2011 年 8 月 26 日，《人民日报》报道：在今年全部取消主产区粮食风险基金地方配套的基础上，为进一步加强地方政府粮食调控能力，解决地方粮食风险基金缺口问题，国务院决定增加全国粮食风险基金规模 80 亿元。其中，中央财政新增粮食风险基金中央补助款 44 亿元，非粮食主产区省份负担 36 亿元。

2011 年 8 月 29 日，《人民日报》报道：中共中央政治局常委、国务院总理温家宝 26 日—28 日到河北省张家口市万全县、张北县、康保县、沽源县，深入田间地头、走访村庄农户，召开基层干部群众座谈会，就农业生产、生态建设、农村扶贫等进行调研。27 日晚，温家宝在张北县主持召开了农业、农村工作座谈会。温家宝指出，必须毫不松懈地抓好当前农业生产，认真做好技术指导，加强田间管理，千方百计夺取秋粮丰收。要认真落实促进生猪生产和牧区发展的政策措施。强化科技服务，狠抓疫病防控，切实促进生猪和牛羊肉生产，保障市场供给。牧区要认真落实和完善草原生态保护补助奖励机制，保持畜牧业持续稳定健康发展。要改善农产品流通，加快形成流通成本低、运行效率高、安全便利的农产品营销网络。要加大扶贫开发力度，调整农业结构，发展特色农业，大力发展二、三产业特别是农产品加工业，全面提高农业效益，多渠道增加农民收入。

2011 年 10 月 17 日，《农民日报》报道：在“十二五”开局之年，《农村实用人才和农业科技人才队伍建设中长期规划（2010—2020 年）》在京颁布。《规划》提出，遵循人才成长规律，充分发挥政府的主导作用，以培养农业农村发展急需紧缺人才为重点，以人才资源能力建设为核心，以创新体制机制和完善政策体系为保障，紧紧抓住培养和使用两个关键环节，努力建设规模宏大、结构优化、布局合理、素质优良的农村实用人才和农业科技人才队伍，为发展现代农业、推进社会主义新农村建设提供强有力的人才支撑。这是中华人民共和国成立以来我国第一个关于农业农村人才队伍建设的中长期规划，颁布和实施这个规划，对于加快推进我国农业现代化、建设社会主义新农村具有重大而深远的意义。

2011 年 10 月 18 日，《经济日报》报道：2011 年中央财政对“三农”方面的投入规模将在年初预算安排 9 884.5 亿元的基础上进一步加大，预计全年对“三农”的投入规模将首次达到 1 万亿元左右。

2011 年 10 月 20 日，《经济日报》报道：自 2007 年实施农业保险保费补贴政策以来，中央财政已累计拨付农业保险保费补贴资金 262.1 亿元，为“三农”事业提供风险保障逾 1.5 万亿元。2007 年至 2011 年 8 月，农业保险经办机构通过“一卡通”等，及时向农户支付农业保险赔款共计 356 亿元，受益农户达 5 990 万户次；农业保险保费收入共计 564 亿元，由 2007 年的 51.84 亿元增长至 2010 年的 135.8 亿元，年均增长 37.8%，较同期保险业保费年均增速高出约 10 个百分点。

2011 年 10 月 24 日，《农民日报》报道：10 月 21 日至 23 日，以“新村官、新创造、新奉献”为主题的第十一届全国“村长”论坛在山东临沂市沈泉庄隆重举行，来自全国各地的 1 300 多名“村官”代表参加了论坛。中央政治局委员、国务院副总理回良玉发来贺信，对论坛的召开表示祝贺。农业部副部长危朝安出席论坛并讲话。论坛由中国村社发展促进会与山东省农办及临沂市共同主办。参加论坛的有全国各地的知名村官、少数民族村官、大学生村官的代表。论坛期间还举行了“中国市场村合作论坛”“全国大学生村官交流会”“少数民族村与特色村经济发展交流会”等活动，并授予部分村官为“功勋村官”“十大杰出村官”。

2011 年 10 月 26 日，《经济日报》报道：10 月 25 日，商务部、农业部组织的“全国农超对接进万村”行动启动仪式在浙江省杭州市举行。该行动旨在切实加强鲜活农产品流通体系建设，推进鲜活农产品产销衔接。通过商务、农业部门搭台，组织全国性和区域性大型连锁超市与农民专业合作社开展培训、直接对接，扩大农超对接规模，以实体洽谈与在线洽谈相结合的方式，促进直供直销，进一步加强农产品现代流通体系建设。

2011 年 10 月 27 日，《农民日报》报道：国务院总理温家宝 26 日主持召开国务院常务会议，决定启动实施农村义务教育学生营养改善计划，讨论通过《疫苗供应体系建设规划》和《饲料和饲料添加剂管理条例（修订草案）》。会议决定，从 2011 年秋季学期起，启动实施农村义务教育学生营养改善计划。（一）在集中连片特殊困难地区开展试点，中央财政按照每生每天3元的标准为试点地区农村义务教育阶段学生提供营养膳食补助。试点范围包括680个县（市）、约2 600万在校生。初步测算，国家试点每年需资金160多亿元，由中央财政负担。（二）鼓励各地以贫困地区、民族和边疆地区、革命老区等为重点，因地制宜开展营养改善试点。中央财政给予奖补。（三）统筹农村中小学校舍改造，将学生食堂列为重点建设内容，切实改善学生就餐条件。（四）将家庭经济困难寄宿学生生活费补助标准每生每天提高1元，达到小学生每天4元、初中生每天5元。中央财政按一定比例奖补。

2011年10月31日，《人民日报》报道：第九届中国国际农产品交易会30日在四川省成都市国际会展中心隆重举行。中共中央政治局委员、国务院副总理回良玉出席开幕式并宣布交易会开幕。本届农交会以“转变发展方式，推进现代农业”为主题，增加了专业合作社、园艺作物标准园等新的展示内容，设立了展示农业灾后重建新成果和农业农村新面貌的四川省展示交易区，强化了现代农业发展新观念与成功实践典型的展示和宣传，室内室外展区相呼应，展示、示范和推广相结合，体现了现代农业展会的特点。来自全国31个省（区、市）、新疆生产建设兵团、台湾等33个展团和美国、瑞士、英国、日本、加拿大、匈牙利等国家的2 000多家企业参展，近万家专业采购商到会进行贸易洽谈。

2011年11月9日，《农民日报》报道：11月8日，全国首届农村产权交易研讨会在京召开。会议就如何深化农村改革，培育与发展农村产权交易市场，促进农村生产要素流动和优化组合，引导社会资本有效参与社会主义新农村建设，更好地发展壮大集体经济，促进农民增收，加强政府对农村产权市场平稳健康发展的扶持与监管等议题进行了深入探讨和交流。

2011年11月17日，《人民日报》报道：国务院新闻办11月16日发表了《中国农村扶贫开发的新进展》白皮书。我国扶贫标准以下的农村贫困人口数量从2000年底的9 422万人减少到2010年底的2 688万人，农村居民的生存和温饱问题已基本解决。扶贫标准从2000年的865元提高到2010年的1 274元。

2011年11月24日，《农民日报》报道：11月22日，由中国银监会主办、中国银行业协会承办的农村信用社60年发展历程暨金融服务产品博览会在北京举行。60年来，农村信用社不断探索完善管理体制，经历了农行管理、行社脱钩、人行代管、交由省级人民政府管理等重大体制变迁，已有近8万个网点遍布乡镇，服务8亿农民，提供了全国近80%的农户贷款，承担了近80%的金融机构空白乡镇的机构覆盖重任。

2011年12月2日，《人民日报》报道：中共中央、国务院印发了《中国农村扶贫开发纲要（2011—2020年）》，要求各地区各部门结合实际认真贯彻执行。《纲要》提出，坚持开发式扶贫方针，实行扶贫开发和农村最低生活保障制度有效衔接。把扶贫开发作为脱贫致富的主要途径，鼓励和帮助有劳动能力的扶贫对象通过自身努力摆脱贫困；把社会保障作为解决温饱问题的基本手段，逐步完善社会保障体系。到2020年，稳定实现扶贫对象不愁吃、不愁穿，保障其义务教育、基本医疗和住房。贫困地区农民人均纯收入增长幅度高于全国平均水平，基本公共服务主要领域指标接近全国平均水平，扭转发展差距扩大趋势。

2011年12月9日，《农民日报》报道：12月8日，农业部在京召开全国农民教育培训工作会议，全面部署“十二五”全国农民教育培训工作。农业部决定从2011年12月开始，充分利用冬春农闲季节，连续五年在全国开展冬春农业科技大培训行动，在全国农村掀起“学科技、用科技，促双增”的热潮。“十二五”期间，我国农民教育培训工作将以现代农业发展和农民科技需求为导向，以提高农民对现代科技的吸纳转化应用能力和综合发展能力为重点，以培养职业农民为目标，充分利用各类教育培训资源，通过重大培训工程引导，多层次、多渠道、多形式开展农民教育培训，培养适应现代农业发展需要、扎根农村生产创业的职业农民和实用人才，为发展现代农业和建设社会主义新农村提供人才保障。

2011年12月13日，《农民日报》报道：2011年，各级农机化、财政主管部门共落实农机深松作业补贴资金10.5亿元，农民和农机服务组织开展深松整地的积极性高涨，全国共完成春、秋季深松整地1.6亿亩，比去年增加2 100万亩。农业部提出，力争到2015年，将全国适宜地区的7亿亩耕地全部深松一遍，并进入“同一地块三年深松一次”的耕作周期。

2011年12月20日，《农民日报》报道：国务院办公厅发布《关于加强鲜活农产品流通体系建设的意见》，提出以加强产销衔接为重点，加强鲜活农产品流通基础设施建设，创新鲜活农产品流通模式，提高流通组织化程度，完善流通链条和市场布局，进一步减少流通环节，降低流通成本，建立完善高效、畅通、安全、有序的鲜活农产品流通体系，保障鲜活农产品市场供应和价格稳定。提出完善农产品流通税收政策，免征蔬菜流通环节增值税。

2011 年 12 月 22 日，《人民日报》报道：农村综合改革工作座谈会 21 日在北京召开，中共中央政治局委员、国务院副总理回良玉出席会议并讲话。他强调，以农村税费改革为起点的农村综合改革，走过了 10 多年艰辛而辉煌的历程，极大地解放和发展了农村社会生产力，掀开了公共财政更多地覆盖农村的新篇章。在新形势下，要继续坚持统筹城乡发展的方略，坚持工业反哺农业、城市支持农村和“多予少取放活”的方针，深入推进农村综合改革，巩固少取成果、加大多予力度、做好放活文章，创新体制机制，完善服务体系，力争在重点领域取得重大突破、在关键环节取得重大进展，为加快城乡经济社会一体化发展提供强大动力和制度保障。

2011 年 12 月 26 日，《经济日报》报道：中宣部、中央文明办、教育部、科技部、司法部、农业部、文化部、卫生部、国家人口计生委、国家广电总局、新闻出版总署、共青团中央、全国妇联、中国科协联合下发通知，要求认真贯彻中央精神，紧密结合农村经济社会发展实际，在 2012 年深入开展文化科技卫生“三下乡”活动，进一步动员社会各界关心支持社会主义新农村建设，促进农村经济社会又好又快发展。

2012 年 1 月 8 日，《人民日报》报道：据财政部门统计，2011 年中央财政对“三农”的实际投入首次突破万亿元大关，达到 10 408.6 亿元，同比增长 21.3%。

2012 年 1 月 13 日，《人民日报》报道：经中央农村工作领导小组同意，农业部会同有关部门批复了北京市大兴区等 24 个农村改革试验区，新形势下的农村改革试验区工作正式启动。新一轮农村改革试验区将围绕六大制度建设选择试验主题：稳定和完善农村基本经营制度、健全严格规范的农村土地管理制度、完善农业支持保护制度、建立现代农村金融制度、建立促进城乡经济社会发展一体化制度、健全农村民主管理制度。

2012 年 2 月 2 日，中共中央政治局委员、国务院副总理回良玉出席在北京举行的加快农业科技创新与推广农业专家座谈会并讲话。他强调，各地区、各有关部门要深入学习贯彻中央 1 号文件精神，切实把农业科技摆到更加突出的位置，下决心突破体制机制障碍，大幅度增加农业科技投入，充分调动广大农业科技人员的积极性，全面加强农业科技服务，努力夺取 2012 年粮食和农业丰收。

2012 年 2 月 6 日，主题为“科技进村入户，助力增产增收”的全国农业科技促进年活动正式启动，2012 年将有 100 万农业科技人员为农业生产开展全年全程科技服务，160 个农业主导品种和 10 项主推技术也同时向全国发布。

2012 年 2 月 14 日，《人民日报》报道：13 日公布的《全国现代农业发展规划》首次提出了今后 5～10 年我国现代农业建设的奋斗目标。到 2015 年，我国现代农业建设要取得明显进展，粮食等主要农产品供给得到有效保障，物质装备和科技支撑能力显著增强，土地产出率、劳动生产率、资源利用率显著提高，东部沿海、大城市郊区和大型垦区等条件较好区域要率先基本实现农业现代化；到 2020 年，现代农业建设要取得突破性进展，主要农产品优势区基本实现农业现代化。

2012 年 2 月 20 日，《人民日报》报道：财政部、环境保护部联合颁布《关于加强“十二五”中央农村环保专项资金管理的指导意见》。2012 年中央财政将安排 55 亿元资金支持农村环境整治工作。中央财政自 2008 年起设立农村环境保护专项资金，截至 2011 年底，共安排了 80 亿元用于开展农村环境综合整治，带动地方投资 97 亿元，对 1.63 万个村庄进行了整治，受益人口 4 234 万人。

2012 年 3 月 8 日，《人民日报》报道：中国人民银行决定，增加支农再贷款 100 亿元支持春耕备耕，并下发通知，对管好用好支农再贷款。支持扩大涉农信贷投放作出部署。

2012 年 3 月 18 日，《经济日报》报道：农业部在全国范围内正式启动“‘12316’信息惠农家”活动，并同时发布“‘12316’‘三农’信息服务”标识。

2012 年 3 月 18 日，《经济日报》报道：2012 年，农业保险共向 2 818 万户次农户支付赔款 148 亿元。2007 年以来，我国农业保险累计向 1.13 亿户次的农户支付赔款 551 亿元。

2012 年 3 月 20 日，《经济日报》报道：农业部、财政部联合印发《2013 年农产品产地初加工补助项目实施指导意见》，投资 5 亿元在 14 个省、自治区开展农产品产地初加工补助项目，重点扶持农户和农民专业合作社建设马铃薯贮藏窖、果蔬通风库、冷藏库和烘干房等产地初加工设施。

2012 年 3 月 22 日，《人民日报》报道：考虑油价上涨以及后期其他农用生产资料价格变化因素，财政部再次拨付各地农资综合补贴资金243亿元，全国平均每公顷新增补贴资金约210元，直接补助给种粮农户，确保农民种粮收益不因农资价格上涨而降低。

2012年3月31日，《经济日报》报道：30日，农业部在北京启动2012年全国农企合作推广配方肥试点行动，选择100家化肥企业与农业部门对接，在100个县（场）、1 000个乡镇、1 000个村开展农企合作推广配方肥试点，着力解决企业参与积极性不高、肥料结构不合理和科学施肥技术落地难等问题。

2012年4月5日，《人民日报》报道：为着力解决一些蔬菜用药登记品种少、部分蔬菜“无药可用”和用药不规范等问题，农业部农药检定所2012年将重点开展蔬菜用药现状调查，药检所预期筛选出150多种蔬菜上的500种病虫害防治用药，提出500项相应的农药残留标准，制定150多种蔬菜安全合理使用技术规范，并选择广谱、高效、低毒、环境友好的农药品种，组织开展白菜等10类蔬菜品种、20种病虫害的“菜药组合”登记试验，扩大登记使用范围。

2012年4月6日，《农民日报》报道：近年来，我国农业保险发展取得显著成绩，已有22家保险公司经营农业保险业务，基本实现了粮食生产大省都有2家以上农业保险经营机构，初步满足农业保险发展的需要。

2012年4月9日，《人民日报》报道：8日，农业部正式启动小麦重大病虫春季防控行动，以小麦条锈病阻截防控为切入点，以大力推进专业化统防统治为重点，确保不因监测预警措施不到位而延误最佳防治时机，确保不因防控措施不到位而导致病虫害大面积暴发成灾，全力保障夏粮丰产增收。

2012年4月11日，《人民日报》报道：自肉类蔬菜流通追溯体系建设试点工作启动以来，商务部、财政部分两批确定了20个试点城市，确定在260多个屠宰企业、140多个大型批发市场、5 300多个标准化菜市场、2 400多个大中型连锁超市、7 100多个团体消费单位开展肉类蔬菜流通追溯体系建设试点。

2012年4月16日，《人民日报》报道：2008—2011年，各级财政共投入全国村级公益事业建设“一事一议”财政奖补资金1 050亿元，带动村级公益事业建设总投入2 800多亿元，建成近10万个项目，亿万农民从中受益。

2012年4月19日，国家开发银行和农业部在北京签署《共同推进现代农业发展合作协议》及《开发性金融支持我国农业国际合作协议》。根据协议，“十二五”期间国家开发银行将融资2 000亿元支持现代农业发展。

2012年5月2日，《人民日报》报道：农业部首次召开全国都市现代农业现场交流会，我国将加快推进都市现代农业建设，推动城市郊区率先基本实现农业现代化，促进形成城市郊区和优势农产品生产区、特色农产品生产区共建现代农业的新格局。力争通过3～5年的努力，把都市农业建设成为城市“菜篮子”产品重要供给区、农业现代化示范区、农业先进生产要素聚集区、农业多功能开发样板区、农村改革先行区，大幅提升城市主要农产品供给保障能力和农民收入水平。

2012年5月16日，《人民日报》报道：为了缓解生猪市场价格周期性波动给生产者和消费者带来的影响，经国务院批准。国家发展和改革委员会、财政部、农业部、商务部、国家工商行政管理总局、国家质量监督检验检疫总局等六部门联合发布了《缓解生猪市场价格周期性波动调控预案》。

2012年5月18日，《人民日报》报道：中国人民银行、浙江省人民政府联合印发通知，决定在丽水市开展农村金融改革试点工作，并同意实施《丽水市农村金融改革试点总体方案》。丽水市成为全国首个经央行批准的农村金融改革试点地区。

2012年5月19日，《农民日报》报道：17日，农业部在江苏省常州市举办全国地市级农产品质量安全检验检测中心建设启动会暨项目实施培训班，正式启动首批56个地市级农产品综合检测中心建设项目，并对检测机构负责人和技术骨干进行项目实施和业务培训。

2012年5月20日，《经济日报》报道：测土配方施肥实施7年来，中央财政累计投入资金57亿元，项目县（场、单位）达到2 498个，基本覆盖所有农业县（场），实现了从无到有、由小到大、由试点到全覆盖的历史性跨越，测土配方施肥技术推广面积达到80 000千公顷以上，惠及了全国2/3的农户。

2012年5月23日，《农民日报》报道：农业部、财政部联合印发了《2012年农产品产地初加工补助项目实施指导意见》。2012年，中央财政安排资金5亿元，按照不超过单个设施平均建设造价30%的定额补助标准，采取“先建后补”的方式，扶持农户和农民专业合作社建设农产品储藏、保鲜、制干等设施。

2012年5月25日，《经济日报》报道：卫生部、财政部和民政部联合印发《关于做好2012年新型农村合作医疗工作的通知》。从2012年起，各级财政对新农合的补助标准从每人每年200元提高到240元。

2012年6月12日，中国银行业监督管理委员会在福建省泉州市召开全国农村中小金融机构支持“三农”科学发展现场会，全面启动实施“金融服务进村入社区”“阳光信贷”和“富民惠农金融创新”三大工程。

2012年6月22日，《人民日报》报道：十多年来，全国建设高产稳产基本农田13 333.3千公顷多，补充耕地3 000多千公顷，农田产出率提高10%～20%，改善了农村生产生活条件、促进了新农村建设。

2012年7月3日，全国村务公开民主管理工作会议在山西省运城市召开。中共中央书记处书记、中央纪委副书记何勇强调，要进一步完善乡村治理机制，着力解决农民群众反映强烈的问题，切实维护农民群众合法权益，促进农村社会和谐稳定，推动农村经济社会又好又快发展。

2012年7月5日，《农民日报》报道：为推动农村集体“三资”管理的制度化、规范化，实现农村集体“三资”的保值增值，保障群众的合法权益，农业部办公厅发出《关于开展全国农村集体“三资”管理示范县创建工作的通知》，决定从2012年开始，在全国范围内开展农村集体“三资”管理示范县创建工作。2012年将认定首批全国农村集体“三资”管理示范县150个。

2012年7月15日，《人民日报》报道：住房和城乡建设部、国家发展和改革委员会、财政部联合发出通知，要求各地支持完成400万农村贫困户危房改造。根据通知，补助标准为每户平均7 500元，2012年中央安排扩大农村危房改造试点补助资金318.72亿元（含中央预算内投资35亿元），由财政部会同国家发展和改革委员会、住房和城乡建设部联合下达。

2012年8月6日，《人民日报》报道：农业部、财政部联合印发了《2012年农产品产地初加工补助项目实施指导意见》。2012年中央财政安排5亿元资金，专门用于农产品产地初加工补助项目的实施。通过财政“以奖代补”、部门指导、技术培训等综合措施，支持农户和专业合作社建设产地初加工设施，推广普及科学适用的初加工技术。

2012年8月8日，《农民日报》报道：国务院发布《关于深化流通体制改革加快流通产业发展的意见》，要求在一定期限内免征农产品批发市场、农贸市场城镇土地使用税和房产税；将免征蔬菜流通环节增值税政策扩大到有条件的鲜活农产品；加快制定和完善促进废旧商品回收体系建设的税收政策；完善并落实家政服务企业免征营业税政策，促进生活服务业发展；落实总分支机构汇总纳税政策，促进连锁经营企业跨地区发展；积极推进营业税改增值税逐步深化，取得了重要阶段性成果。省以下财政体制进一步完善，“省直管县”和“乡财县管”稳步推进，截至2011年底，全国共有27个省份对1 080个县实行了财政直接管理，2.93万个乡镇实行了“乡财县管”，基层政府提供基本公共服务能力明显增强。

2012年9月1日，《人民日报》报道：近年来，国家和省部级举办有组织的农产品展会活动数量以每年10%～20%的速度增长。据统计，仅2011年各地举办以农产品为主题的各类产销会展活动就有1 600多场次。农业部将力争通过3～5年努力，在我国主要优质特色农产品产区，打造一批具有鲜明地方特色、以公益性为主的农产品会展活动。

2012年9月16日，《科技日报》报道：由中国科学院院士张启发教授率领的课题组最新研究成果揭示了水稻籼粳亚种间生殖隔离的机理，该论文于9月14日在《科学》杂志发表。

2012年9月27日，全国农家书屋工程建设总结大会在天津举行。截至2012年8月底，农家书屋已覆盖全国具备条件的行政村，提前三年完成了“农家书屋村村有”的任务。全国共建成达到统一规定标准的农家书屋600 449家，投入资金180多亿元，共计配送图书9.4亿册、报刊5.4亿份、音像制品1.2亿张、影视放映设备和阅读设施60多万套，丰富了农村的文化生活。

2012年10月12日，全国新型农村和城镇居民社会养老保险工作总结表彰大会在北京人民大会堂召开。中共中央政治局常委、国务院总理温家宝强调，实现“老有所养”是社会保障的重要目标，要进一步提高认识、完善制度、改进工作，推动养老保险制度建设取得新进展，更好地保障和改善民生。

2012年10月17日，是第20个国际消除贫困日，减贫与发展高层论坛在北京举行。中共中央政治局委员、国务院副总理、国务院扶贫开发领导小组组长回良玉出席，强调要加大资金和政策支持力度，努力巩固温饱成果、加快脱贫致富、改善生态环境、提高发展能力、缩小发展差距，尽快改变贫困地区经济社会面貌。

2012年10月17日，国家开发银行与中国扶贫基金会在北京举行微小贷款扶贫试点合作协议签约仪式。该协议将双方合作金额由2亿元提高到10亿元，用于在全国范围内实施小额信贷扶贫项目，这是国内小额信贷领域最大的一笔批发贷款，将为推动贫困地区农户脱贫致富、改善农村金融服务发挥重要作用。

2012年10月18日—19日，中共中央政治局委员、国务院副总理回良玉在山东主持召开农业农村工作座谈会，他指出，越是农业农村形势好，越要重视和加强“三农”工作，做到思想上毫不放松、行动上毫不松懈，政策措施不断强化、投入力度不断加大。

2012年10月20日，《经济日报》报道：农业部“百名农业科教兴村杰出带头人2012年度资助项目发布会”在北京举行，计划三年内面向全国资助100名农业科教兴村杰出带头人，每人每年奖励5万元，鼓励科学技术创新的佼佼者，并在全国范围内起到引领示范作用。

2012年10月29日，《人民日报》报道：2003—2012年，中央财政“三农”投入累计超过6万亿元，为赢得“三农”发展黄金期作出了重要贡献。在总量上，中央财政“三农”投入从2003年的2 144亿元增加到2012年的12 280亿元，翻了两番多；在速度上，中央财政“三农”投入年均增长21%，高于同期财政支出4.5个百分点；在比重上，中央财政“三农”投入占财政支出的比重从13.7%提高到19.2%。

2012年10月31日，《农民日报》报道：30日，农业部在山东省齐河县举行粮食增产模式试点启动仪式，旨在总结粮食高产创建整建制推进经验，积极推广成熟技术模式，更大规模、更广范围集成推广技术，探索粮食稳定增产新途径，力争到2020年粮食增产5 000万吨以上、油菜籽增产500万吨以上。

2012年11月23日，《人民日报》报道：国务院办公厅印发了《关于规范农村义务教育学校布局调整的意见》，对农村义务教育学校布局调整提出了明确要求和规范意见。

2012年11月29日，《人民日报》报道：为确保农村义务教育学生营养改善计划顺利实施，中央财政近期下达2012年秋季学期第二批专项资金22.85亿元，用于集中连片特殊困难地区农村义务教育学生营养膳食补助。

2012年12月14日，《经济日报》报道：国务院办公厅印发了《国家农业节水纲要（2012—2020年）》。《纲要》指出，到2020年，基本完成大型灌区、重点中型灌区续建配套与节水改造和大中型灌排泵站更新改造，全国农田有效灌溉面积达到66 666.7千公顷，农田灌溉水有效利用系数达到0.55以上，旱作节水农业技术推广面积达到33 333.3千公顷以上，高效用水技术覆盖率达到50%以上。

2012年12月20日，《经济日报》报道：商务部发布《关于加快推进鲜活农产品流通创新的指导意见》。《意见》明确开展鲜活农产品流通创新就是要经过3～5年的发展，使得流通环节进一步减少，流通成本明显降低，流通效率明显提高，流通的现代化水平明显提升，流通的公益性特征更加突出。

2013年1月3日，《光明日报》报道：科技特派员是农业科技创新行动下的科技创业人员，是在双向选择下，根据农民的实际需要，深入农村一线，为农业生产提供服务的科技人员，我国科技特派员已达24万人。

2013年1月5日，《农民日报》报道：农业部在北京举行农业社会化服务体系建设工作交流会，交流当前我国农业社会化服务发展情况和存在问题，研究推进农业社会化服务体系建设工作。

2013年1月8日，《光明日报》报道：2013年，我国将再次提高新型农村合作医疗人均筹资标准，达到340元左右，其中各级政府补助增加到人均280元。

2013年1月9日，《农民日报》报道：为了贯彻落实党的十八大关于促进工业化、信息化、城镇化、农业现代化同步发展的要求，农业部发布《全国农村经营管理信息化发展规划（2013—2020年）》，以加强对各地农村经营管理信息化科学发展的指导，夯实稳定完善农村基本经营制度和促进农村社会和谐稳定的工作基础。

2013年1月11日，《经济日报》报道：国务院召开国家农业综合开发联席会议，研究部署农业综合开发和高标准农田建设工作。会议审议了《国家农业综合开发高标准农田建设规划》。

2013年1月21日，《经济日报》报道：农业部发布《新一轮“菜篮子”工程建设指导规划（2012—2015年）》。《规划》提出：到2015年，蔬菜、水果、肉、蛋、奶、水产品产量分别达到5.5亿吨、1.7亿吨、8 500万吨、2 900万吨、5 000万吨、6 000万吨，大城市蔬菜自给率稳定提高。生产方式明显转变，蔬菜标准化生产基地核心区全部采用集约化育苗和采后商品化处理；生猪、蛋鸡、奶牛规模养殖比例达到50%，73%，38%。“菜篮子”产品质量安全追溯制度基本建立，主要“菜篮子”产品监测合格率稳定在96%以上。

2013年2月1日，《光明日报》报道：中共中央、国务院下发《关于加快发展现代农业进一步增强农村发展活力的若干意见》。2013年农业农村工作的总体要求是：按照保供增收惠民生、改革创新添活力的工作目标，加大农村改革力度、政策扶持力度、科技驱动力度，围绕现代农业建设，充分发挥农村基本经营制度的优越性，着力构建集约化、专业化、组织化、社会化相结合的新型农业经营体系，进一步解放和发展农村社会生产力，巩固和发展农业农村大好形势。

2013年2月4日，《农民日报》报道：为促进农村物流、资金流、信息流的双向流通，中国农业发展银行通过信贷杠杆加快农村流通基础设施建设，至2012年末已累计向497家企业发放农村流通体系建设贷款400亿元，贷款余额219亿元。

2013年2月16日，《人民日报》报道：农村危房改造工作逐步由试点转为全面推进，2012年实现了全国农村地区全覆盖，累计支持1 033.4万贫困户实施危房改造。2013年我国要完成农村危房改造任务300万户左右。

2013年2月19日，《人民日报》报道：中央农村工作会议召开后，中国银行业监督管理委员会围绕“改善农村金融服务”的总体部署，提出2013年将继续加大涉农信贷投放，保持增速不低于各项贷款平均增速，截至2012年末，银行业金融机构涉农贷款余额17.6万亿元，比年初增加3万亿元，比上年同期增长20.7%。

2013年2月21日，《经济日报》报道：2012年，中央财政预算安排农业综合开发资金290亿元，比2011年增加60亿元。农业综合开发坚持以粮食主产区为重点，加强中低产田改造、高标准农田建设，加快中型灌区节水配套改造，大力推进粮食核心产区建设，积极支持农业产业化经营，推进现代农业发展。

2013年2月21日，《农民日报》报道：农业部正式启动“美丽乡村”创建活动，以促进农业生产发展、人居环境改善、生态文化传承、文明新风培育为目标，2013—2015年，在全国不同类型地区试点建设1 000个天蓝、地绿、水净，安居、乐业、增收的“美丽乡村”。

2013年2月23日，《人民日报》报道：过去10年，中央财政不断加大农业综合开发投入，累计安排农业综合开发资金1 519亿元，带动地方财政投资、银行贷款、项目单位及群众自筹。共计投入农业综合开发资金3 903亿元，坚持强基础、扶产业、富农民，将18 000千公顷旱岗地、水淹地改造成高产稳产田，扶持产业化经营项目2.6万多个。

2013年2月27日，《人民日报》报道：我国扶贫开发取得显著成效，按照农民年人均纯收入2 300元（2010年不变价）这一新的国家扶贫标准，2012年农村扶贫对象减少了2 339万人，总规模下降到9 899万人，占农村户籍人口的比例下降到10.2%，下降2.5个百分点。

2013年3月14日，《农民日报》报道：在我国农村有58.9万个村委会，其中98%以上实行直接选举，大部分省份到目前已经开展了8～9轮的村委会换届选举，村民平均参选率达到了95%以上。

2013年3月19日，《经济日报》报道：《国家农业综合开发高标准农田建设规划》已经国务院批准。通过实施《规划》，到2020年，改造中低产田、建设高标准农田4亿亩，对于保障国家粮食安全和重要农产品有效供给，加快农业现代化进程，推动城乡发展一体化具有重要意义。

2013年3月21日，《光明日报》报道：农业部、财政部联合印发《2013年农产品产地初加工补助项目实施指导意见》，投资5亿元，在14个省、自治区开展农产品产地初加工补助项目，重点扶持农户和农民专业合作社建设马铃薯贮藏窖、果蔬通风库、冷藏库和烘干房等产地初加工设施。2012年补助18 629个农户和1 095个合作社建设了28 268座贮藏、烘干设施，新增马铃薯和果蔬贮藏能力80万吨，果蔬烘干能力30万吨。

2013年3月24日，《人民日报》报道：为支持春耕生产，中央财政151亿元粮食直补和171亿元农资综合补贴存量资金于1月16日下拨地方，并要求各地抓紧制订补贴兑付方案，在春耕前将补贴资金兑付到种粮农民手中。

2013年3月27日，《人民日报》报道：2013年中央财政安排对农民的粮食直补、农资综合补贴、良种补贴、农机购置补贴四项补贴，达到1 700.55亿元。

2013年3月28日，《农民日报》报道：农业部举办的一年一度中国最有魅力休闲乡村的推荐活动，2012年度10个最有魅力休闲乡村名单在江苏省张家港市南丰镇永联村发布，2012年全国休闲农业接待游客超过8亿人次，营业收入超过2 400亿元，规模以上休闲农业园区超过3.3万家。从业人员超过2 800万人，占农村劳动力的6.9%。

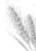

2013年3月31日，《人民日报》报道：财政

部会同农业部、中国中化集团公司、中国农业发展银行发起的现代种业发展基金正式成立。这是我国第一支具有政府背景、市场化运作的种业基金，该基金平台将整合政府部门、央企、金融部门的政策、产业和资本优势，合力推进现代种业健康发展。

2013年4月1日，《农民日报》报道：由中国政府和比尔·盖茨基金会共同资助的"为非洲和亚洲贫困地区培育绿色超级稻"项目，是中华人民共和国成立以来我国最大的农业科技国际合作项目。3月11日—15日，项目二期启动会在海南省三亚市举行，来自国际水稻研究所、非洲水稻中心、亚洲和非洲16个目标国家的近40位水稻科学家和100余位中国水稻科学家参加了项目启动会。

2013年4月2日，《经济日报》报道：中央财政下达2013年中央基建投资预算100亿元用于农村电网改造升级，这笔资金将专项用于支持辽宁、福建、江西、河南、重庆、云南、青海、新疆等25个省、自治区、直辖市实施农村电网改造升级工程。此外，中央财政还下达2013年中央基建投资预算（拨款）24亿元，专项用于支持内蒙古、四川、西藏、青海、新疆等省、自治区实施无电地区电力建设工程。

2013年4月3日，《经济日报》报道：2013年的测土配方施肥工作将以农企合作整建制推进测土配方施肥为抓手，强化配方肥应用和施肥方式改进，将全国农企合作推广配方肥企业扩大到200家，重点与100个示范县对接，省级、县级农企合作企业1 000个示范乡、1万个示范村对接，开展整建制推进测土配方施肥，免费为1.9亿农户提供测土配方施肥指导服务，力争测土配方施肥技术推广面积达到主要农作物种植面积的60%以上，配方肥施用面积达到主要农作物种植面积的25%以上，施用纯量达到700万吨以上。

2013年4月11日—12日，全国农村改革试验区工作交流会在江苏省苏州市召开。会议围绕贯彻落实党的十八大和中央农村工作会议精神，总结交流了各地农村改革试验工作进展情况，研究部署了下一步的农村改革试验区工作。

2013年5月1日，《农民日报》报道："中国重要农业文化遗产保护与发展战略研究"在中国工程院正式启动，由5位院士领衔就种植业、林业、畜牧业、水产业以及水土资源利用和生态保护5个专题，通过实地调查，从传统品种、传统技术、传统知识与民俗3个方面，深入开展研究，梳理我国重要农业文化遗产的类型与基本模式，挖掘其生态、经济、社会和文化等多重价值，探索不同类型、不同产业保护与发展路径，形成多学科研究合力，为农业的可持续发展和全面建成小康社会服务。

2013年5月6日，《农民日报》报道：2013年中央财政继续安排26亿元资金补助基层农技推广工作。

2013年5月9日，《人民日报》报道：我国农村土地流转速度明显加快，并呈现向新型农业经营主体集中的趋势。到2012年底，全国家庭承包耕地流转面积达到18 533.3千公顷，比2011年底增长22.1%，占家庭承包经营耕地（合同）总面积的比例比上年提高3.5个百分点。在全部流转耕地中，流转入农民合作社的占15.8%，比上年提高2.4个百分点。《人民日报》报道：中央财政下拨2013年旱作农业技术推广资金7亿元，支持华北、西北等7省、自治区开展旱作农业技术推广工作。

2013年5月11日，《人民日报》报道：全国妇联发布《我国农村留守儿童、城乡流动儿童状况研究报告》。《报告》显示，我国农村留守儿童数量达6 102.55万人，总体规模扩大；全国流动儿童规模达3 581万人，数量大幅度增长。

2013年5月21日，《农民日报》报道：中美农业投资合作论坛在河南郑州举行，来自中美两国的农业企业、金融机构负责人和政府官员就"中美企业如何加强在种业领域合作"和"中美企业在食品安全领域的投资与合作"两个议题进行了专题讨论。

2013年6月14日，农业部、财政部、中国银行业监督管理委员会、国家开发银行、中国农业发展银行、中国储备粮管理总公司在北京举行农业改革与建设试点启动仪式，天津武清等21个国家现代农业示范区签署了加强农业改革与建设试点工作承诺书，将着力探索建立集约化、专业化、组织化社会化相结合的农业经营新体系等。

2013年6月14日，《光明日报》报道：根据国家农业转基因生物安全委员会评审结果，农业部批准发放了巴斯夫农化有限公司申请的抗除草剂大豆CV127、孟山都远东有限公司申请的抗虫大豆MON87701和抗虫耐除草剂大豆MON87701XMON89788等三个可进口用作加工原料的农业转基因生物安全证书。

2013年6月14日，《经济日报》报道：由农业部和联合国粮农组织联合主办的"全球重要农业文化遗产"试点授牌仪式在北京举行，为新近入选的我国浙江"绍兴会稽山古香榧群"和河北"宣化城市传统葡萄园"进行授牌。至此，在25个"全球重要农业文化遗产”试点中，我国的农业文化遗产试点已达到8个，居世界各国之首。

2013年6月18日，全国农业信息化工作会议在江苏省宜兴市召开。会议明确，要强化信息技术在农业生产领域集成应用，以信息化促进产业升级，确保农产品有效供给；加快信息技术在政务管理领域应用，提高农业行政管理水平；推动信息技术在农业经营领域的创新，提升农业经营网络化水平；完善综合信息服务体系，为农民提供灵活便捷的信息服务；加强农业信息化基础设施建设，加快农业基础设施、装备与信息技术的全面融合。

2013年6月22日，《经济日报》报道：国务院办公厅发出通知，为进一步加强对农民工工作的组织领导，国务院决定成立国务院农民工工作领导小组，作为国务院议事协调机构，国务院农民工工作联席会议同时撤销。

2013年7月5日，《农民日报》报道：中央财政下拨农业综合开发产业化经营贷款贴息项目资金25.79亿元。通过对农业产业化经营项目单位发生的银行贷款利息予以补贴，充分发挥财政资金“四两拨千斤”的引导作用，有效推动农业产业化经营项目发展，增加农产品有效供给，促进农业增效和农民增收。

2013年7月6日，《农民日报》报道：财政部、水利部决定从2013年起全面实施农村水电增效扩容改造，3年将投入约80亿元促农村老旧水电站增效扩容。从2013—2015年底，中央财政投入约80亿元，带动地方政府、社会投资约140亿元，完成1995年底前建成投产的4 000多座老旧农村水电站增效扩容改造，使装机容量从680万千瓦增加到810多万千瓦，年发电量从220亿千瓦时增加到320亿千瓦时。

2013年7月8日，《经济日报》报道：住房和城乡建设部、文化部、财政部发出《关于做好2013年中国传统村落保护发展工作的通知》，明确2013年中国传统村落保护发展工作的目标是做好基础性工作。通过科学调查，掌握传统村落现状，建立中国传统村落档案，完成保护发展规划编制。

2013年7月9日，《人民日报》报道：为提高农村土地承包经营纠纷仲裁的权威性和严肃性，农业部8日正式启用农村土地承包仲裁标识。《农村土地承包经营纠纷调解仲裁法》颁布实施以来，农村土地承包经营纠纷调解仲裁工作取得明显成效。到2012年底，全国已设立农村土地承包仲裁委员会2 259个，占农业县（市、区）总数80%；共聘任仲裁员2万多名；化解农村土地承包经营纠纷54.51万件。

2013年7月17日，《科技日报》报道：第二届中国农业科技创新创业大赛15日启动，本届大赛将提供不少于5 000万元的创业天使投资，面向海内外选拔优秀农业科技创新项目。

2013年7月28日，《经济日报》报道：2013年，中央安排农村危房改造补助资金230亿元，支持全国266万户贫困农户改造危房。中央在补助标准户均7 500元的基础上，对贫困地区每户新增加补助1 000元，对陆地边境县边境一线贫困农户、建筑节能示范户每户新增加2 500元补助。

2013年8月3日，《人民日报》报道：在秋粮生产的关键时期，国务院出台东北秋粮和南方水稻综合施肥促早熟补助政策，中央财政投入10亿元支持东北秋粮和南方水稻生产。

2013年8月28日，《农民日报》报道：为进一步调动地方重农抓粮积极性，促进粮油稳产增产，财政部拨付2013年产粮（油）大县奖励资金319.2亿元，对纳入奖励范围的产粮大县、产油大县、商品粮大县进行奖励。

2013年9月28日，《农民日报》报道：中央财政下拨2013年农村文化建设专项资金46亿元。

2013年10月18日，《光明日报》报道：截至目前，住房和城乡建设部、文化部、财政部共命名两批1 561个中国传统村落，并建立了国家保护名录。其中，云南最多，有294个；贵州有292个，位列第二。

2013年11月5日，《人民日报》报道：中央财政通过分成的新增建设用地土地有偿使用费，下拨高标准基本农田建设资金300亿元，比2012年增长30%。其中，安排粮食主产区255亿元，占资金总量的85%。同时，中央财政还安排资金41.08亿元，主要支持云南兴地睦边、新疆伊犁河谷等土地整治重大工程。

2013年11月12日，《农民日报》报道：中央财政拨付2012年度农村金融机构定向费用补贴资金41.05亿元，同比增长74%，用于支持村镇银行、贷款公司、农村资金互助社等三类新型农村金融机构发展和保障基础金融服务薄弱乡镇的金融服务。2009年以来，中央财政不断加大定向费用补贴政策力度，五年间中央财政分别拨付资金4 189万元、2.19亿元、10.32亿元、23.27亿元和41.05亿元，累计向3 785家农村金融机构（含薄弱地区金融机构）拨付补贴资金77.26亿元。

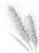

2013年11月15日，《科技日报》报道：经过近6年的石漠化综合治理，岩溶地区石漠化土地面积比上年减少9 000平方千米，首次实现石漠化面积由持续增加向净减少的重大转变。

2013年11月18日，《人民日报》报道：我国力争到2015年在100个试点县培育10万名新型职业农民，重点对专业大户、家庭农场主、农民合作社负责人、农机手等加强技能培训，强化政策扶持。充分发挥他们引领当地主导产业发展的示范带动作用。

2013年12月19日，农业部在陕西省西安市召开北方城市冬季设施蔬菜开发试点座谈会。农业部、财政部安排中央财政资金1亿元，在东北、华北、西北8个省份开展北方城市冬季蔬菜开发试点，每个试点城市建设166.7公顷以上的标准化设施蔬菜生产基地。农业部要求试点省份加快建设步伐，尽快形成生产能力，保障蔬菜均衡供应。

2013年12月30日，国家农业科技园区协同创新战略联盟在北京成立，标志着国家农业科技园区工作率先推动了由政府主导的行政化管理向联盟主导的社会化管理模式的转变。

2014年1月3日，《光明日报》报道：全国扶贫开发工作会议在北京召开。会议提出，2014年将扩大“雨露计划”实施方式改革试点，加大对留守农村劳动力的适用技术培训，使贫困家庭的新生劳动力都能接受适应就业需求的职业培训。

2014年1月14日，《农民日报》报道：为进一步加强农产品质量安全科学监管力度，农业部认定北京市房山区农业环境和生产监测站等145家技术单位为首批农业部农产品质量安全风险评估实验站，授权承担各主产区相应农产品质量安全风险评估的定点动态跟踪和风险隐患摸底排查工作。

2014年1月16日，《光明日报》报道：由中国科学院动物研究所康乐院士领衔，深圳华大基因研究院和中国科学院北京生命科学研究院等研究机构的科学家参与，共同绘制出了飞蝗的全基因组序列图谱，并基于基因组信息，揭示了飞蝗的食性、迁飞和群聚的奥秘。

2014年1月19日，《光明日报》报道：中国农业科学院蚕业研究所家蚕育种中心科研人员成功培育出一对夏秋用家蚕新品种——“华康2号(HK2)”，该品种对“血液型脓病”具有高度抵抗性，耐病力是原系统“秋丰”和“白玉”的1.28万倍，万头收茧量、万头产丝量同比分别提高了5.5%和9.6%。

2014年1月20日，《人民日报》报道：中共中央、国务院印发了《关于全面深化农村改革加快推进农业现代化的若干意见》。

2014年1月26日，《光明日报》报道：中共中央办公厅、国务院办公厅印发了《关于创新机制扎实推进农村扶贫开发工作的意见》，并发出通知，要求各地区各部门结合实际认真贯彻执行。

2014年2月27日，《人民日报》报道：国务院印发《关于建立统一的城乡居民基本养老保险制度的意见》。《意见》提出到“十二五”末，在全国基本实现新农保和城居保制度合并实施，并与职工基本养老保险制度相衔接。

2014年3月17日，《农民日报》报道：中共中央、国务院印发了《国家新型城镇化规划（2014—2020年)》，并发出通知，要求各地区各部门结合实际认真贯彻执行。

2014年5月30日，《农民日报》报道：国务院办公厅印发《关于改善农村人居环境的指导意见》。《意见》提出，到2020年，全国农村居民住房、饮水和出行等基本条件明显改善，人居环境基本实现干净、整洁、便捷，建成一批各具特色的美丽宜居村庄。

2014年6月22日，《人民日报》报道：住房和城乡建设部、国家发展改革委、财政部联合发出通知，要求各地切实做好2014年农村危房改造工作。

2014年6月24日，《光明日报》报道：根据国务院批复的财政部上报的《国家农业综合开发高标准农田建设规划》，到2020年，我国将通过国家农业综合开发完成改造中低产田、建设高标准农田4亿亩，平均每公顷粮食生产能力比实施农业综合开发前提高1 500千克以上。《规划》中所指的高标准农田建设，应达到田地平整肥沃、水利设施配套、田间道路通畅、林网建设适宜、科技先进适用、优质高产高效的综合标准。

2014年8月11日，《人民日报》报道：国土资源部、财政部、住房和城乡建设部、农业部、国家林业局联合下发《关于进一步加快推进宅基地和集体建设用地使用权确权登记发证工作的通知》。

2014年10月2日，《人民日报》报道：苏州银行日前在全国银行间债券市场发行“三农”专项金融债券，成为自国务院发布《关于金融支持经济结构调整和转型升级的指导意见》以来，全国首家发行“三农”专项金融债的商业银行。苏州银行本期“三农”专项金融债发行总量为20亿元。

2019年10月19日，《人民日报》报道：中央审议通过了发展农民股份合作、赋予农民集体资产股份权能的改革试点方案，标志着我国布局农村集体资产产权试点工作即将全面展开。改革试点的目标在于探索赋予农民更多财产权利，明晰产权归属，完善各项权能，激活农村各类生产要素潜能，建立符合市场经济要求的农村集体经济运营新机制。这是我国农村改革一项重要顶层设计，是我国农村集体经济改革重大制度创新。

2014 年 2 月 11 日，《光明日报》报道：教育部、财政部从 2010 年开始在中西部地区和东部的辽宁、山东、福建 3 省实施农村义务教育薄弱学校改造计划（简称薄改）。截至 2013 年底，中央财政已投入改造资金 399 亿元，薄改项目全国已开工 68 981 个，开上面积 4 053.82 万平方米，占规划面积的 79%；已竣工 51 283 个，竣工面积 2 952.24 万平方米，占规划面积的 58%。

2014 年 2 月 14 日，《经济日报》报道：全国大学生村官工作取得了明显成效，6 年来，大学生村官成为新农村建设的重要力量。目前，全国共有超过 22 万名在岗大学生村官，有 2.9 万名大学生村官创办致富项目 2 万多个，领办、创办各类专业合作社 5 204个，为 26 万名村民提供了就业岗位。已有 7.4 万名大学生村官担任村“两委”干部，增强了村级组织的创造力、凝聚力、战斗力。

2014 年 2 月 28 日，《人民日报》报道：27 日，农业部、最高人民法院、最高人民检察院、工业和信息化部、公安部、国家工商行政管理总局、国家质量监督检验检疫总局、中华全国供销合作总社等八部门联合召开 2014 年全国农资打假专项治理行动电视电话会议，动员各地迅速行动起来，深入开展农资打假专项治理行动，保障春耕生产需要，维护农民合法权益。

2014 年 3 月 4 日，《农民日报》报道：农业部启动 2014 年“百乡万户调查”活动，派出 108 名干部和科技人员组成 27 个调查组，在 3 月初和 4 月初分两批深入全国 27 个省、自治区、直辖市，开展为期 1 个月的驻乡进村入户调查，全面了解政策落实、春耕备耕、动物防疫、农产品市场、农民增收、农村改革和社情民意等情况。

2014 年 3 月 19 日，《光明日报》报道：农业部 2014 年“放心农资下乡进村”现场咨询活动 18 日在河北省涞水县举办，这既是农资打假专项治理行动的一项重要内容，也是农业部为农民群众办的一件实事，标志着“放心农资下乡进村宣传周”全面启动。

2014 年 3 月 19 日，《农民日报》报道：由中国农业科学院作物科学研究所主办、国家谷子糜子产业技术研发中心承办的首届国际谷子遗传学会议在北京召开。来自 9 个国家和地区的 200 余位科研人员围绕“推动谷子成为禾本科功能基因组研究的模式植物”的主题展开研讨。

2014 年 3 月 22 日，国务院召开全国农村金融服务经验交流电视电话会议。国务院总理李克强作出重要批示：“要从‘三农’发展的要求出发，深化农村金融改革，培育农村金融市场，加大涉农信贷投放和政策支持力度，落实好差别化存款准备金制度，完善金融监管和风险防控机制。”

2014 年 3 月 26 日，《农民日报》报道：25 日，中国重要农业文化遗产专家委员会在北京成立。农业部按照“在发掘中保护、在利用中传承”的思路，于 2012 年部署开展了中国重要农业文化遗产发掘工作，并在 2013 年第一批发布了 19 个中国重要农业文化遗产，其中 8 个被联合国粮食及农业组织认定为全球重要农业文化遗产。

2014 年 4 月 4 日，《农民日报》报道：农业部对“十二五”农业农村经济发展系列规划进行了中期评估，规划实施以来，粮食、油料、肉类、水产品等主要农产品产量指标超额完成规划末期目标，棉花、糖料、蔬菜、禽蛋等其他农产品产量指标总体好于规划中期目标。

2014 年 4 月 22 日，《经济日报》报道：2014 年，国家农业综合开发进一步突出扶持重点，调整优化区域布局，继续提高投入标准，大力推进高标准农田建设。中央财政已下拨农业综合开发土地治理项目资金 172.43 亿元。各省份高标准农田建设项目亩均财政资金投入标准比去年提高近 10%。

2014 年 5 月 7 日，《人民日报》报道：截至目前，全国还有 1.1 亿名农村居民和 1 535 万名农村学校师生存在饮水安全问题。全国农村饮水安全工作视频会议提出，确保如期完成“十二五”规划目标，让所有农村居民都能喝上干净的水。

2014 年 5 月 13 日，《经济日报》报道：农业部、财政部发出通知，2014 年草原生态保护补助奖励机制政策继续在内蒙古、四川、云南、西藏、甘肃、青海、宁夏、新疆、河北、山西、辽宁、吉林、黑龙江 13 个省、自治区，以及新疆生产建设兵团、黑龙江省农垦总局实施。

2014 年 6 月 8 日，《人民日报》报道：为进一步完善农村义务教育经费保障机制，中央财政下达 2014 年农村义务教育经费保障机制资金 878.97 亿元，同上年相比，在学生人数减少的情况下，资金增加约 50.6 亿元，增长 6.1%。

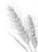

2014年6月17日，《人民日报》报道：联合国粮食及农业组织16日对中国提前实现千年发展目标予以表彰。这是联合国系统首次官方认定我国率先完成有关目标。

2014年6月17日，《农民日报》报道：针对部分领域涉农乱收费问题屡禁不止、“一事一议”筹资筹劳实施不够规范、村级组织负担明显增加、一些新的领域农民负担问题凸显等情况，农业部、财政部、国家发展和改革委员会、国务院法制办公室、教育部、国家新闻出版广电总局等六部委联合下发了《关于做好2014年减轻农民负担工作的意见》。

2014年6月21日，《光明日报》报道：财政部、住房和城乡建设部、国家发展和改革委员会三部门20日宣布，2014年中央安排农村危房改造补助资金230亿元，支持全国266万贫困农户改造危房。

2014年7月1日，全国现代农业示范区建设经验交流会在黑龙江省哈尔滨市举行。国务院副总理汪洋出席会议并强调，要紧紧围绕确保国家粮食安全和主要农产品供给、确保农民收入持续增长两大目标，深化改革创新，充分发挥市场作用和我们的制度优势，加快推进现代农业建设，为经济社会持续健康发展提供有力支撑。

2014年7月3日，《人民日报》报道：我国已经成为全球第二、亚洲第一的农业保险市场。2013年，中央财政拨付农业保险保费补贴资金126.88亿元，是2007年的6倍，带动全国农业保险实现保费收入306.7亿元，为2.14亿户次投保农户提供风险保障1.39万亿元，为3 367万户次农户提供保险赔款208.6亿元，发挥了较好的强农惠农政策效果。

2014年7月4日，《科技日报》报道：由中国农业科学院作物科学研究所开展的抗旱节水转基因小麦新品种培育研究取得最新成果。该项目培育的转基因小麦新品系水分利用效率同比提高15%以上、产量提高10%以上，具有较大的生产应用潜力。

2014年7月4日，《科技日报》报道：从广西农业科学院二级研究员韦本辉研究出一种水稻全新栽培法——“水稻粉垄生态高效栽培法”，粉垄耕作一次，可达到多年持续稳定增产和节耕、节能、节水、省工、环保的目的。该技术实现了高产、高标准稻田的综合生产能力，可由低产田变成中产田，中产田变成高产田。

2014年7月12日，《科技日报》报道：中国水稻研究所朱德峰研究员的稻作技术创新团队，利用农艺农机结合，首创水稻钵形毯状秧苗机插技术，既实现了水稻毯苗机插，又解决了水稻钵苗难以机插的问题。试验和示范应用表明，应用这项新技术，同比可节约30%杂交稻种子，平均增产9.4%。

2014年7月16日，《人民日报》报道：2014年农业部围绕建设美丽乡村，大力推进休闲农业规范有序发展，上半年全国休闲农业接待游客近5亿人次，营业收入近1 500亿元，同比增速超过10%，带动3 000万农民受益。

2014年7月26日，《经济日报》报道：住房和城乡建设部、中央农村工作领导小组办公室、环境保护部、农业部联合印发通知，要求各地落实《国务院办公厅关于改善农村人居环境的指导意见》，规范全国改善农村人居环境工作。

2014年7月27日，《人民日报》报道：2014年中央财政安排农村低保补助资金582.6亿元，比上年增长15.1%。二季度全国农村低保年人均保障标准为2 590.4元，年人均补助水平1 423.4元，同比分别增长14.4%，13.05%。

2014年7月27日，《人民日报》报道：2014年围绕提升良种繁育基地能力、完善良种繁育体系建设，中央财政安排农业综合开发资金41 169万元，在28个省、自治区、直辖市建设良种繁育基地220个。

2014年8月5日，《经济日报》报道：为促进湿地保护与恢复，推动生态文明建设，2014年中央财政安排林业补助资金湿地相关支出15.94亿元，支持湿地保护与恢复，启动退耕还湿、湿地生态效益补偿试点和湿地保护奖励等工作。

2014年8月22日—23日，全国农村精神文明建设工作经验交流会在宁夏举行。来自中央和国家机关，以及全国各省、自治区、直辖市的有关负责人现场考察、观摩，感受了宁夏农村精神文明建设的成就和经验。

2014年9月4日—5日，“2014品牌农业发展国际研讨会”于9月4日在北京举行。来自7个国家驻华大使馆的农业参赞和外交官参加了会议和研讨，共有17个国家和地区以及国际组织的代表，农业部有关司局和单位负责同志，有关地方政府部门领导、农业品牌方面专家、企业界代表等共200多人参加研讨会。

2014年9月11日，《人民日报》报道：农业部与中国邮政储蓄银行在北京签署《金融服务和支持现代农业发展合作协议》。根据协议，双方将围绕粮食等重要农产品有效供给和农民收入持续较快增长的中心任务，深化互信合作，实现优势互补，破解农业生产金融服务难题，尤其是新型农业经营主体“贷款难、贷款贵”问题，努力提高农村金融服务覆盖面。

2014 年 9 月 16 日，由中国生态文化协会主办的“全国生态文化村”经验交流会 16 日在青岛举行。会上，中国生态文化协会授予北京市朝阳区高碑店乡高碑店村等 109 个行政村“全国生态文化村”称号。

2014 年 9 月 19 日，亚太经合组织第三届农业与粮食部长会议在北京召开，来自亚太经合组织 20 个经济体的农业与粮食部长和有关国际组织约 200 名代表出席了会议。会议通过了《亚太经合组织粮食安全北京宣言》。

2014 年 10 月 11 日，全国休闲农业经验交流会在南京召开。我国各类休闲农业接待人数和经营收入均保持年均 15%以上的增速。仅 2014 年上半年，全国休闲农业已接待游客 5 亿人次，营业收入突破 1 500亿元。

2014 年 10 月 16 日，《人民日报》报道：在全国首个“扶贫日”即将到来之际，为进一步创新金融扶贫机制，国务院扶贫开发领导小组办公室和中国农业银行 15 日在北京签署《金融扶贫合作协议》。农业银行将创新发展免抵押、免担保的扶贫小额信贷，每年向贫困地区新增贷款投放将不低于 1 000 亿元，到 2020 年实现贫困地区贷款余额翻番。

2014 年 10 月 27 日，《人民日报》报道：2007—2013 年，我国农业保险累计提供风险保障 4.07 万亿元，向 1.2 亿户次的农户支付赔款 759 亿元。

2014 年 10 月 29 日，《农民日报》报道：贯彻落实《国务院关于进一步做好为农民工服务工作的意见》电视电话会议在北京召开。

2014 年 11 月 3 日，《光明日报》报道：首期全国贫困村创业致富带头人培训工程正式启动，开启了东西协作对口帮扶培训的新模式。此次培训工程探索“1+11”的创业培训模式，即通过一个月集中培训，完成创业项目设计，再通过创业导师实施为期 11 个月的“一对一”电大远程教育辅导和创业跟踪指导，确保学员的创业项目能在贫困村落地生根。

2014 年 11 月 19 日，《光明日报》报道：全国粮食科技创新大会在北京召开，近年来我国粮食科技创新顶层设计不断优化，粮食科技发展环境持续向好，粮食科技投入明显提升，科技创新成果丰硕。“十二五”以来，中央财政粮食科技项目支持超 8 亿元，带动各类创新资金投入超 50 亿元。

2014 年 11 月 21 日，《农民日报》报道：中共中央办公厅、国务院办公厅印发《关于引导农村土地经营权有序流转发展农业适度规模经营的意见》，并发出通知，要求各地区各部门结合实际认真贯彻执行。

2014 年 11 月 29 日，农村改革试验区工作交流会 29 日在安徽省合肥市召开，国务院副总理汪洋出席会议并强调，要认真办好农村改革试验区，发挥好试验区的先行先试作用，不断把农村改革引向深入。

2014 年 12 月 2 日，《经济日报》报道：在 1 日举办的农村集体产权制度改革研究座谈会上，农业部透露，到 2013 年底，全国已有 2.8 万个村和 5 万个组完成农村集体产权制度改革。

2014 年 12 月 3 日，国务院总理李克强主持召开国务院常务会议，决定加大对农村金融的税收支持，助力“三农”改革发展。

2014 年 12 月 18 日，《人民日报》报道：农业部 17 日发布了《全国耕地质量等级情况公报》，这是我国首次将耕地分等定级。根据《公报》，评价为一等至三等的耕地面积为 33 200 千公顷，占耕地总面积的 27.3%。

2015 年 1 月 8 日，《人民日报》报道：为支持农村金融发展，解决农民贷款难问题，经国务院批准，财政部、国家税务总局发出通知，对支持农村金融有关税收政策进行延续和完善。对金融机构农户小额贷款的利息收入，免征营业税；对金融机构农户小额贷款的利息收入，在计算应纳税所得额时，按 90%写计入收入总额；对保险公司为种植业、养殖业提供保险业务取得的保费收入，在计算应纳税所得额时，按 90%计入收入总额。

2015 年 1 月 9 日，《人民日报》报道：2014 年全国各类粮食企业粮食收购量首次突破 3.5 亿吨，总量达 36 490 万吨，同比增加 2 015 万吨。其中最低收购价和政策性临时收储粮食 12 390 万吨，同比增加4 070万吨。各地落实国家粮食收购政策，通过提价托市、增加收购、优质优价、整晒提等、产后减损等措施，促进种粮农民增收 550 亿元。

2015 年 1 月 11 日，《人民日报》报道：中央印发了《关于农村土地征收、集体经营性建设用地入市、宅基地制度改革试点工作的意见》，试点工作将在 2017 年底完成。

2015 年 1 月 19 日，国务院总理李克强主持召开国务院常务会议，推进深化医药卫生体制改革，部署加强乡村医生队伍建设、更好保障农村居民身体健康，讨论通过《全国医疗卫生服务体系规划纲要》。

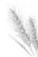

2015 年 1 月 23 日，《农民日报》报道：国务

院印发《关于建立健全粮食安全省长责任制的若干意见》。《意见》从粮食生产、流通、消费等各环节，进一步明确了各省级人民政府在维护国家粮食安全方面的事权与责任，对建立健全粮食安全省长责任制做出全面部署。

2015 年 1 月 23 日，《农民日报》报道：国务院办公厅印发《关于引导农村产权流转交易市场健康发展的意见》。《意见》提出，法律没有限制的品种均可以入市流转交易，农户拥有的产权是否入市流转交易由农户自主决定。

2015 年 1 月 27 日，《人民日报》报道：财政部、国家税务总局发出通知，决定将金融企业涉农贷款和中小企业贷款损失准备金所得税税前扣除、金融企业一般贷款损失准备金税前扣除的税收政策延长 5 年。自 2014 年 1 月 1 日起至 2018 年 12 月 31 日，金融企业对其涉农贷款和中小企业贷款进行风险分类后，按照规定比例计提的贷款损失准备金，可以按规定在计算应纳税所得额时扣除，以有效化解金融企业信贷风险，缓解“三农”、中小企业和实体经济融资困难。

2015 年 1 月 27 日，《农民日报》报道：为深入贯彻落实国家关于深化科技体制改革、种业体制改革、促进科技成果转化、推动现代农业发展的意见和相关法律法规，1 月 26 日，农业部在北京成立“全国农业技术转移服务中心”，并启动建设“全国农业技术转移交易服务平台”。

2015 年 2 月 2 日，《人民日报》报道：国家卫生和计划生育委员会、财政部要求，2015 年各级财政对“新农合”的人均补助标准在上年的基础上提高 60 元，达到 380 元。农民个人缴费标准在上年的基础上提高 30 元，全国平均个人缴费标准达到每人每年 120 元左右。

2015 年 2 月 12 日，《人民日报》报道：截至 2015 年 1 月，农业部已在全国范围内认定了三批 283 个国家现代农业示范区，这些示范区的农业现代化建设成效明显。

2015 年 2 月 14 日，《光明日报》报道：2008—2014 年，中央累计安排 1 191.72 亿元补助资金，支持了 1 565.4 万户贫困农户改造危房。其中 2014 年中央安排补助资金 230 亿元，支持全国 2 万贫困农户改造危房（含贫困地区 105 万户、边境一线 15 万户、建筑节能 14 万户），全国共实施农村危房改造 1 684 万户。

2015 年 2 月 25 日，《人民日报》报道：为夯实粮食安全的基础，科学利用宝贵的水资源，2015 年我国将加快农田水利建设，新增高效节水灌溉面积 2 000万亩以上。

2015 年 3 月 24 日，《农民日报》报道：国务院办公厅印发《关于进一步加强乡村医生队伍建设的实施意见》。《意见》部署进一步加强乡村医生队伍建设，切实筑牢农村医疗卫生服务网络。这是深化医药卫生体制改革的一项重大举措，对于促进基本公共卫生服务均等化和社会公平，让农村居民获得便捷、价廉、安全的基本医疗服务具有重要意义。

2015 年 4 月 11 日，《经济日报》报道：10 日，中国湿地保护协会在北京成立。中国湿地保护协会是经国务院批准成立、从事湿地保护相关工作的全国性社会公益组织，是社会力量参与湿地保护的重要平台。该协会将加强湿地保护国际合作，广泛吸引知识、技术、人才和资金向湿地保护聚集，调动更多社会力量投身湿地保护事业。

2015 年 4 月 11 日—12 日，首届新农人营销创新实战论坛在中国人民大学举行。论坛吸引了来自全国各地的 300 余名农企农商负责人参加，围绕新常态下我国农业企业发展面临的机遇与挑战、农企农商在“互联网＋”的背景下如何实现更好发展做了交流研讨。论坛由中国人民大学农业与农村发展学院、中国农村杂志社、中国农业国际合作促进会和北京新农联盟农业咨询有限公司联合主办。

2015 年 4 月 15 日，《人民日报》报道：我国农田有效灌溉面积达 63 466.7 千公顷，其中节水灌溉工程面积达到 27 133.3 千公顷。农田灌溉效率不断提升，灌溉水有效利用系数达到 0.52，在保持粮食连年丰收的同时，农业灌溉用水总量实现 14 年零增长。

2015 年 5 月 10 日，《农民日报》报道：2015 年国家发展和改革委员会安排 48 亿元中央预算内投资农村危房改造补助资金，专项用于支持抗震设防烈度 8 度及以上县市的农村危房抗震改造。截至 5 月，48 亿元已全部下达地方，支持全国 55.083 万户农村危房进行抗震改造。

2015 年 5 月 22 日，《人民日报》报道：交通运输部印发《关于推进“四好农村路”建设的意见》。根据规划，到 2020 年，乡镇和建制村通硬化路率达到 100%，县、乡道路安全隐患治理率基本达到 100%，农村公路危桥总数逐年下降，新改建农村公路一次交工验收合格率达到 98%以上。

2015 年 5 月 23 日，《人民日报》报道：经国务院批准，2015 年我国将启动对农作物良种补贴、种粮农民直接补贴和农资综合补贴三项农业补贴政策的调整和完善工作，通过“三合一”更有效发挥财政资金支持粮食生产作用。

2015年5月24日，《农民日报》报道：中国农业科学院北京畜牧兽医研究所饲草育种与栽培科技创新团队，从耐盐的紫花苜蓿根中发现新的耐盐因子。该研究成果于日前发表于《植物生理学》杂志上。

2015年5月26日，中央农村工作领导小组办公室、国土资源部、农业部联合召开视频会议，传达贯彻习近平总书记、李克强总理等中央领导同志的重要批示精神。会议提出，要引导农村土地有序流转，坚决防止“非粮化”、禁止“非农化”。要按照中央政策文件精神引导农村土地经营权有序流转，做到“三权分置，确权登记，有序流转，适度规模，家庭基础，农民自愿，农地农用，鼓励种粮”。

2015年6月2日，《人民日报》报道：中央财政下拨26亿元，用于支持基层农技推广体系改革与建设工作。从2009年起，中央财政安排资金支持基层农技推广体系改革与建设，已累计投入资金127.7亿元。从2012年起，实现了基层农技推广体系改革与建设项目基本覆盖全国所有农业县。

2015年6月22日，《光明日报》报道：国务院办公厅印发《关于支持农民工等人员返乡创业的意见》。《意见》指出，支持农民工、大学生和退役士兵等人员返乡创业，通过大众创业、万众创新使广袤乡镇兴旺，可以促就业、增收入，打开新型工业化和农业现代化、城镇化和新农村建设协调发展新局面。

2015年6月23日，《农民日报》报道：国务院印发《关于开展第三次全国农业普查的通知》。《通知》决定于2016年开展第三次全国农业普查，其目的是查清、查实我国农业、农村、农民基本情况，全面掌握农业现代化进程、社会主义新农村建设和农民生活新变化，为党中央、国务院科学制定“三农”政策提供全面扎实可靠的决策依据。

2015年7月14日，《经济日报》报道：第三次全国农作物种质资源普查与收集行动在京启动。该行动拟用5年左右时间，全面普查、系统收集全国2 200个农业县的农作物种质资源，对种质资源丰富的650个县进行实地调查和抢救性收集，征集和收集农作物种质资源10万份，鉴定评价、编目入库保存种质资源7万份，实现珍惜资源、野生资源有效收集和保护，资源保存总量大幅提升。

2015年7月21日，《人民日报》报道：中央财政下拨扶贫资金138.9亿元，支持农村贫困地区扶贫开发。

2015年7月24日，全国加快转变农业发展方式现场会在四川省成都市举行，国务院副总理汪洋出席会议并讲话。汪洋强调，要以改革创新为动力，以发展多种形式适度规模经营为核心，以构建现代农业经营体系、生产体系和产业体系为重点，推动转变农业发展方式尽快取得实效，确保国家粮食安全和农民持续增收，努力走出一条中国特色农业现代化道路。

2015年7月25日，全国农业生态环境保护与治理工作会议在四川成都举行。会议提出，要建立农业生态环境保护与治理的长效机制，促进农业发展由资源消耗型向资源节约型、环境友好型转变。

2015年7月27日，《经济日报》报道：为支持新型职业农民培育，加快构建新型农业经营体系，解决“谁来种地”“如何种好地”的问题，2015年，中央财政下拨10.96亿元资金，继续支持开展农民培训工作。截至2014年底，全国培育各类型职业农民超过100万人，培养了一批有文化、懂技术、会经营的新型职业农民，为实现农业现代化和建设新农村提供了有力的人才支撑。

2015年7月30日，《农民日报》报道：中国人民银行、国家发展和改革委员会、中国银行业监督管理委员会、中国证券监督管理委员会、中国保险业监督管理委员会、四川省人民政府会同中央农村工作领导小组办公室、财政部、国土资源部、住房和城乡建设部、农业部制定并印发了《成都市农村金融服务综合改革试点方案》，成都成为全国首个农村金融服务综合改革试点城市。

2015年8月4日，《人民日报》报道：财政部、农业部、中国银行业监督管理委员会印发指导意见，通过财政支持建立农业信贷担保体系，破解制约农业发展的融资难、融资贵问题。

2015年8月4日，《农民日报》报道：农业部农村经济研究中心在北京召开2015年“中国农村发展高层论坛”。论坛以“面向‘十三五’的中国农村发展与改革”为主题，重点围绕转变农业发展方式加快推进农业现代化、促进农民增收，全面建成小康社会、全面深化农村改革与农村制度创新、加强农村法治建设与农村社会管理等内容进行研讨和交流。

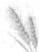

2015年8月8日，《农民日报》报道：国务院办公厅印发《关于加快转变农业发展方式的意见》。《意见》明确把转变农业发展方式作为当前和今后一个时期加快推进农业现代化的根本途径，以发展多种形式农业适度规模经营为核心，以构建现代农业经营体系、生产体系和产业体系为重点，着力转变农业经

营方式、生产方式、资源利用方式和管理方式，推动农业发展由数量增长为主转到数量质量效益并重上来，由主要依靠物质要素投入转到依靠科技创新和提高劳动者素质上来，由依赖资源消耗的粗放经营转到可持续发展上来，走产出高效、产品安全、资源节约、环境友好的现代农业发展道路。

2015 年 8 月 11 日，《人民日报》报道：2015 年，中央财政进一步加大对湿地保护的支持力度，安排湿地补贴 16 亿元。

2015 年 8 月 25 日，《人民日报》报道：国务院印发了《关于开展农村承包土地的经营权和农民住房财产权抵押贷款试点的指导意见》。《意见》明确，开展农村承包土地的经营权和农民住房财产权抵押贷款试点坚持“依法有序、自主自愿、稳妥推进、风险可控”的原则，按照所有权、承包权、经营权三权分置和经营权流转有关要求，以落实农村土地的用益物权、赋予农民更多财产权利为出发点，深化农村金融改革创新，稳妥有序开展“两权”抵押贷款业务，有效盘活农村资源、资金、资产，增加农业生产中长期和规模化经营的资金投入，为稳步推进农村土地制度改革提供经验和模式，促进农民增收致富和农业现代化加快发展。

2015 年 8 月 28 日，《农民日报》报道：截至 2014 年底，全国家庭承包耕地流转面积 26 866.7 千公顷，比 2013 年环比增长 18.3%，流转面积占家庭承包经营耕地面积的 30.4%。整省开展承包经营权确权登记颁证试点的省份已扩大到 12 个，全国先后有 2 215 个县（市、区、旗）开展了试点工作，涉及 1.9 万个乡镇 30.2 万个村，完成确权登记面积 17 333.3千公顷。

2015 年 9 月 9 日，《农民日报》报道：2015 年中央财政已安排农业综合开发资金 235.65 亿元用于高标准农田项目，预计可建设高标准农田 18 516.3 千公顷，平均每公顷新增粮食生产能力 1 500 千克以上。

2015 年 9 月 11 日，《农民日报》报道：9 月 8 日—9 日，全国农业市场与信息化工作会议在重庆召开。会议总结了“十二五”以来农业市场与信息化工作，深入分析了新阶段面临的新形势与新要求，研究部署了“十三五”的总体思路和重点工作。

2015 年 9 月 25 日，《农民日报》报道：22 日，农业部在陕西铜川举办全国“一村一品”经验交流暨村企对接活动。截至 2014 年底，全国各类专业村达到 5.5 万个，农民人均可支配收入 11 673 元，比 2014 年全国农民人均可支配收入高 1 184 元。

2015 年 9 月 29 日，《农民日报》报道：中国现代乡村旅游 30 年论坛日前在北京举办。本次论坛以“乡村创新、旅游富农”为主题，与会专家、学者及业内人士对我国 30 年来休闲农业和乡村旅游的发展状况及未来前景进行了热烈研讨。

2015 年 10 月 14 日，国务院总理李克强主持召开国务院常务会议，决定完善农村及偏远地区宽带电信普遍服务补偿机制，缩小城乡数字鸿沟；部署加快发展农村电商，通过壮大新业态促消费惠民生；确定促进快递业发展的措施，培育现代服务业新增长点。

2015 年 10 月 24 日，环境保护部、财政部在江苏省南京市联合召开全国农村环境连片整治工作现场会。2008 年国家实行“以奖促治”政策以来，安排农村环保专项资金 315 亿元，截至 2014 年底，5.9 万个村庄已开展环境综合整治，直接受益人口超过 1.1 亿人。

2015 年 11 月 3 日，《光明日报》报道：中共中央办公厅、国务院办公厅印发了《深化农村改革综合性实施方案》，并发出通知，要求各地区各部门结合实际认真贯彻执行。

2015 年 11 月 10 日，《农民日报》报道：国务院办公厅印发《关于促进农村电子商务加快发展的指导意见》，全面部署指导农村电子商务健康快速发展。

2015 年 11 月 12 日，《人民日报》报道：国务院总理李克强 11 日主持召开国务院常务会议，确定稳定粮食生产增加种粮收入的措施，保障粮食安全和农民利益；部署以消费升级促进产业升级，培育形成新供给、新动力扩大内需；决定推进医疗卫生与养老服务结合，更好保障老有所医、老有所养。

2015 年 11 月 13 日，《农民日报》报道：国务院办公厅印发《粮食安全省长责任制考核办法》。《办法》明确了粮食安全省长责任制考核目的、对象、组织、步骤和原则，并对监督检查、考核内容、评分办法、实施步骤、结果运用、工作要求等具体事项做了明确规定。

2015 年 11 月 16 日，2015 首届“中国传统村落·黔东南峰会”在贵州省黔东南苗族侗族自治州召开。我国自 2012 年起抢救性地启动传统村落保护工作以来，经过 3 年努力，传统村落快速消失局面得到遏制，开始迈入保护、改善和复苏的阶段。目前，对被列入中国传统村落名录的 2 555 个有着重要保护价值的村落已初步建立了指导和管理机制，平均每个村获得中央财政补助 300 万元。

2015年11月18日，《人民日报》报道：中共中央、国务院印发《关于进一步推进农垦改革发展的意见》。

2015年11月24日，农村改革试验区工作交流汇报会24日在北京召开。国务院副总理汪洋在会上强调，要认真贯彻落实党的十八届五中全会、中央经济工作会议、中央农村工作会议精神，围绕中央深化农村改革总体部署，进一步拓展农村改革试验广度和深度，大力推进制度创新，充分发挥农村改革试验区的示范、突破、带动作用，促进各项农村改革措施落到实处。

2015年11月27日—28日，中央扶贫开发工作会议在北京召开。中共中央总书记、国家主席、中央军委主席习近平发表重要讲话指出，要立下愚公移山志，咬定目标、苦干实干，坚决打赢脱贫攻坚战，确保到2020年所有贫困地区和贫困人口一道迈入全面小康社会。

2015年12月5日，《人民日报》报道：中共中央、国务院印发《关于打赢脱贫攻坚战的决定》。《决定》提出，到2020年，稳定实现农村贫困人口不愁吃、不愁穿，义务教育、基本医疗和住房安全有保障。实现贫困地区农民人均可支配收入增长幅度高于全国平均水平，基本公共服务主要领域指标接近全国平均水平。确保我国现行标准下农村贫困人口实现脱贫，贫困县全部摘帽，解决区域性整体贫困。

2015年12月7日，中国—联合国粮食及农业组织（FAO）南南合作可持续发展与创新高层研讨会在湖北省武汉市举行。研讨会以“可持续发展和创新”为主题，围绕重点合作领域、发展模式、区域合作、多双边合作等四个议题展开研讨。

2015年12月23日，国务院总理李克强主持召开国务院常务会议。会议部署推进农村一、二、三产业融合发展，以结构性改革强农惠农；确定进一步显著提高直接融资比重措施，提升金融服务实体经济效率；决定下调全国燃煤发电上网电价，减轻企业负担促进结构优化。

2016年1月5日，国务院办公厅印发《关于推进农村一二三产业融合发展的指导意见》。《意见》提出，要加大财税、土地等政策支持力度，开展试点示范，落实地方责任，强化部门协作，健全农村产业融合推进机制。

2016年1月9日，《农民日报》报道：为切实减轻产粮大县县级财政农业保险保费补贴支出负担，中央财政将进一步提高对产粮大县稻谷、小麦和玉米的农业保险保费补贴比例。根据财政部印发的通知，对政策出台前，省级财政产粮大县三大粮食作物农业保险保费补贴比例已高于25%（现行补贴比例）的部分，中央财政承担高出部分的50%。

2016年1月26日，国土资源部中国土地勘测规划院发布《2016年中国土地政策蓝皮书》。《蓝皮书》指出，2016年我国将进一步深化管控性保护、激励性保护、建设性保护相结合的耕地保护机制。完善耕地占补平衡制度，耕地占补平衡将更加注重空间均衡、生态效应，探索建设占用耕地补充责任的多元化实现途径，推进补充耕地的跨区域国家统筹。

2016年1月28日，中共中央、国务院印发《关于落实发展新理念加快农业现代化实现全面小康目标的若干意见》。

2016年2月2日，中共中央办公厅、国务院办公厅印发了《关于加大脱贫攻坚力度支持革命老区开发建设的指导意见》。

2016年2月15日，国务院印发《关于加强农村留守儿童关爱保护工作的意见》。《意见》提出要以促进未成年人健康成长为出发点和落脚点，不断健全法律法规和制度机制，强化家庭监护主体责任，加大关爱保护力度，逐步减少儿童留守现象，确保农村留守儿童安全、健康、受教育等权益得到有效保障。

2016年2月27日，《农民日报》报道：农业部在黑龙江召开东北黑土地保护利用试点项目推进落实会。会议要求各省（区）各项目县切实抓好落实，贯彻2016年中央1号文件“藏粮于地”的重大战略部署，力争将耕地地力提高0.5个等级以上，土壤有机质含量提高3%以上，耕作层厚度达到30厘米以上。

2016年3月1日，《农民日报》报道：2月29日，农业部、最高人民法院、最高人民检察院、工业和信息化部、公安部、工商总局、质检总局、供销合作总社八部门联合召开2016年全国农资打假专项治理行动电视电话会议。会议动员各地、各部门迅速行动起来，深入开展农资打假专项治理行动，保障春耕生产，维护农民权益，为农业稳粮增收保驾护航。

2016年3月25日，中国人民银行会同相关部门联合印发《农村承包土地的经营权抵押贷款试点暂行办法》和《农民住房财产权抵押贷款试点暂行办法》。“两个办法”从贷款对象、贷款管理、风险补偿、配套支持措施、试点监测评估等多方面，对金融机构、试点地区和相关部门推进落实“两权”抵押贷款试点明确了政策要求。

2016年3月29日，《经济日报》报道：28

日，国家发展和改革委员会等部门联合召开新闻通气会宣布，2016年，东北三省和内蒙古自治区将玉米临时收储政策调整为“市场化收购＋补贴”的新机制。玉米收储制度改革是供给侧结构性改革在农业领域的重大举措，也是深化农业市场经济体制改革的重要一步。

2016年4月11日，《人民日报》报道：2016年在财政部的支持下，农业部整合了35亿元资金，重点支持玉米结构调整，用于“镰刀弯”地区的粮改饲和粮豆轮作补助，目的是让改种青贮玉米、大豆、饲草等作物的农民收益与过去种籽粒玉米的收益基本相当。

2016年4月20日，《农民日报》报道：4月17日，2016中国农业发展论坛在中国农业大学举行。该论坛由中国农业大学举办，主题为“十三五与中国农业发展”。专家学者、政府高级官员、企业家、投资机构代表围绕“十三五”规划的中国农业，就农业供给侧结构性改革、中国农业走出去、中国农业投资等问题展开交流，共同探讨中国农业发展的机遇与挑战。

2016年4月20日，《农民日报》报道：4月17日，2016中国农业发展论坛在中国农业大学举行。该论坛由中国农业大学举办，主题为“十三五与中国农业发展”。专家学者、政府高级官员、企业家、投资机构代表围绕“十三五”规划的中国农业，就农业供给侧结构性改革、中国农业走出去、中国农业投资等问题展开交流，共同探讨中国农业发展的机遇与挑战。

2016年4月22日，《农民日报》报道：为实现到2020年农药使用量零增长的目标，农业部将从2016年开始在全国创建600个农作物病虫专业化统防统治与绿色防控融合示范基地，充分发挥新型农业经营主体、病虫防治服务组织和农药生产企业的积极作用，集聚资源，集中力量，集成示范病虫综合治理、农药减量控害技术模式，促进绿色防控技术措施与统防统治组织方式有机融合、集中示范，辐射带动大面积推广应用。

2016年4月27日—28日，2016年全国都市现代农业现场交流会在北京市召开。中共中央政治局委员、国务院副总理汪洋出席会议并讲话，强调要从战略和全局的高度，充分认识加快发展新时期都市型现代农业的重要性，进一步增强责任感、紧迫感，切实把都市型现代农业建设的各项工作抓紧抓好，不断开创都市型现代农业发展新局面。

2016年4月28日，《农民日报》报道：4月28日电，中共中央总书记、国家主席、中央军委主席习近平在安徽凤阳县小岗村主持召开农村改革座谈会并发表重要讲话。会议强调，中国要强农业必须强，中国要美农村必须美，中国要富农民必须富。要坚持把解决好“三农”问题作为全党工作的重中之重，加大推进新形势下农村改革力度，加强城乡统筹，全面落实强农惠农富农政策，促进农业基础稳固、农村和谐稳定、农民安居乐业。

2016年4月30日，《农民日报》报道：财政部、农业部联合印发了《关于全面推开农业“三项补贴”改革工作的通知》。《通知》明确，2016年在全国范围全面推开农业“三项补贴”改革，即将种粮农民直接补贴、农作物良种补贴和农资综合补贴合并为农业支持保护补贴，政策目标调整为支持耕地地力保护和粮食适度规模经营。

2016年5月11日，《人民日报》报道：全国支持贫困县开展统筹整合使用财政涉农资金试点电视电话会议10日在北京召开，国务院副总理、国务院扶贫开发领导小组组长汪洋出席会议并讲话。会议强调，支持贫困县统筹整合使用财政涉农资金，是提高财政资金配置效率、保障脱贫攻坚资金需求的关键之举。要认真贯彻党中央、国务院决策部署，支持贫困县以脱贫攻坚规划为引领，以重点扶贫项目为平台，将财政涉农资金捆绑集中使用，提高扶贫精准度和有效性，为打赢脱贫攻坚战提供有力保障。

2016年5月13日，《农民日报》报道：农业部、国家发展和改革委员会、中央网信办、科技部、商务部、质检总局、食品药品监管总局、林业局8部门联合印发《“互联网＋”现代农业三年行动实施方案》。

2016年5月20日，《农民日报》报道：财政部19日宣布，经国务院批准，由财政部会同农业部、银监会组建的国家农业信贷担保联盟有限责任公司正式成立，标志着我国在建立健全全国政策性农业信贷担保体系方面迈出重要一步。

2016年5月24日，《人民日报》报道：全国产业扶贫电视电话会议23日在北京召开，国务院副总理、国务院扶贫开发领导小组组长汪洋出席会议并讲话。会议强调，产业是发展的根基，也是脱贫的主要依托。要认真贯彻落实党中央、国务院决策部署，坚持精准扶贫、精准脱贫基本方略，紧紧围绕贫困人口脱贫目标，培育和发展特色优势产业，在“十三五”期间，要通过产业扶贫，实现3 000万以上农村贫困人口脱贫。

2016年5月30日，《人民日报》报道：为引导各地深化农村改革，激发发展活力，探索中国特色农业现代化道路，中央财政2016年安排资金7.9亿元，继续支持国家现代农业示范区以奖代补。资金以“稳粮增收转方式、提质增效可持续”为主线，以构建农业产业、生产、经营三大体系为重点，着力搭平台、聚合力，强创新、树典型，重管理、促提升，加快示范区建设步伐，引领中国特色农业现代化建设。

2016年5月30日，《经济日报》报道：2016年财政部通过整合和调整增加预算安排10亿元资金，会同农业部围绕加快构建环京津冀生态一体化屏障的重点区域，选择农作物秸秆焚烧问题较为突出的河北、山西、内蒙古、辽宁、吉林、黑龙江、江苏、安徽、山东、河南10个省（自治区）开展农作物秸秆禁烧和综合利用试点。

2016年6月1日，《人民日报》报道：5月28日，国务院印发《土壤污染防治行动计划》。要求各地认真贯彻执行。

2016年6月3日，《经济日报》报道：国务院总理李克强签署第669号国务院令，公布《农田水利条例》，自2016年7月1日起施行。

2016年6月3日，中国银监会、国土资源部联合发布《农村集体经营性建设用地使用权抵押贷款管理暂行办法》，我国农村土地制度改革再获推进。6月20日，《农民日报》报道：农业部办公厅印发《关于实施国家现代农业示范区十大主题示范行动的通知》，全面部署十大主题示范行动工作。

2016年6月4日，《农民日报》报道：2016年财政部通过整合和调整增加预算安排10亿元资金，会同农业部围绕加快构建环京津冀生态一体化屏障的重点区域，选择河北、山西、内蒙古、辽宁、吉林、黑龙江、江苏、安徽、山东、河南10个省区，开展农作物秸秆禁烧和综合利用试点。

2016年6月17日，全国金融扶贫工作电视电话会议在北京召开。国务院副总理、国务院扶贫开发领导小组组长汪洋出席会议并讲话。他强调，金融扶贫是增加扶贫投入的重要渠道，是脱贫攻坚的关键举措。要认真贯彻中央扶贫开发工作会议精神，鼓励和引导商业性、政策性、开发性、合作性等各类金融机构实施特惠金融政策，加大对扶贫的支持力度，为打赢脱贫攻坚战提供强有力支撑。

2016年6月22日，《经济日报》报道：以“尚德守法共治共享农产品质量安全”为主题的全国食品安全宣传周农业部主题日活动在北京市平谷区举办。该活动由农业部主办、北京市政府协办。近3年大宗农产品总体合格率稳定在96%以上，去年全国蔬菜、畜禽和水产品监测合格率为96.1%、99.4%和95.5%，分别比“十一五”时期末提高3个百分点、0.3个百分点和4.2个百分点。

2016年7月5日，《农民日报》报道：按照《中共中央办公厅　国务院办公厅关于引导农村土地经营权有序流转发展农业适度规模经营的意见》和《国务院办公厅关于引导农村产权流转交易市场健康发展的意见》要求，农业部正式印发了《农村土地经营权流转交易市场运行规范（试行）》。

2016年7月10日，《人民日报》报道：国务院副总理、国务院扶贫开发领导小组组长汪洋在京主持召开国务院扶贫开发领导小组第十一次全体会议。会议审议易地扶贫搬迁“十三五”规划、低保制度与扶贫政策衔接指导意见等，总结上半年脱贫攻坚情况，部署下一阶段工作。

2016年7月18日，《人民日报》报道：我国2016年将试点耕地轮作500万亩、休耕116万亩。今后3～5年，适时研究扩大试点规模。对承担轮作休耕任务的农民给予必要补助，让农民有账算、收益不减少。

2016年7月20日，《光明日报》报道：2016年，中央财政贯彻落实《中共中央国务院关于打赢脱贫攻坚战的决定》精神，按照精准扶贫、精准脱贫的有关要求，大幅度增加财政扶贫资金投入规模，预算安排中央财政扶贫资金补助地方部分660.95亿元，比上年增长43.4%。

2016年7月22日，《经济日报》报道：中共中央总书记、国家主席、中央军委主席习近平20日在银川主持召开东西部扶贫协作座谈会并发表重要讲话。习近平强调，东西部扶贫协作和对口支援，是推动区域协调发展、协同发展、共同发展的大战略，是加强区域合作、优化产业布局、拓展对内对外开放新空间的大布局，是实现先富帮后富、最终实现共同富裕目标的大举措，必须认清形势、聚焦精准、深化帮扶、确保实效，切实提高工作水平，全面打赢脱贫攻坚战。

2016年8月4日，《农民日报》报道：为支持各地继续做好农村危房改造工作，中央财政在已提前下达2016年中央财政农村危房改造补助资金146.4亿元的基础上，再次下达补助资金120.5亿元。2016年中央财政预算安排的农村危房改造补助资金266.9亿元已全部下达完毕，用于支持各地完成314万户贫困农户危房改造任务。

2016年8月6日，《农民日报》报道：国务院印发《关于实施支持农业转移人口市民化若干财政政策的通知》。《通知》对建立健全支持农业转移人口市民化的财政政策体系做出部署。

2016年8月10日，《农民日报》报道：为全面完成永久基本农田划定工作，切实加强特殊保护，国土资源部、农业部联合发布《关于全面划定永久基本农田实行特殊保护的通知》。《通知》要求，要实行永久基本农田特殊保护，要建立完善永久基本农田保护激励机制，建立健全“划、建、管、护”长效机制，调动广大农民保护永久基本农田的积极性。

2016年8月16日，《光明日报》报道：8月15日，农业部第27家农村实用人才培训基地揭牌仪式在新疆维吾尔自治区尉犁县达西村举行，这是继沙湾县三道沟村之后在新疆落户的第二个部级农村实用人才培训基地。2006年以来，农业部已在全国布局和建设了26个部级农村实用人才培训基地。累计培养逾5万名各类农村实用人才带头人。

2016年8月22日—23日，中宣部、中央文明办在黑龙江省哈尔滨市召开全国农村精神文明建设工作经验交流会。会议深入贯彻党的十八大和十八届三中、四中、五中全会精神，深入贯彻习近平总书记系列重要讲话精神，坚持以美丽乡村建设为主题，推进农村精神文明建设工作创新发展。

2016年8月23日，《经济日报》报道：中共中央办公厅、国务院办公厅印发了《关于设立统一规范的国家生态文明试验区的意见》及《国家生态文明试验区（福建）实施方案》，并发出通知，要求各地区各部门结合实际认真贯彻落实。

2016年8月25日，《经济日报》报道：8月24日，中国保险业产业扶贫投资基金在北京成立。据了解，保险业产业扶贫投资基金类型为契约型，由中保投资有限责任公司作为管理人。第一期10亿元3天内募资完毕，共39家保险机构参与认购。

2016年9月19日，《经济日报》报道：农业部和中国农业发展银行签订《支持农业现代化全面战略合作协议》，旨在充分发挥各自优势，推动强农惠农富农政策落实到位。据此，农发行力争“十三五”期间向“三农”领域累计提供不低于3万亿元的意向性融资支持，年均贷款增速高于同业平均增速。

2016年9月28日，《经济日报》报道：国务院办公厅转发了民政部、国务院扶贫办、中央农办、财政部、国家统计局、中国残联《关于做好农村最低生活保障制度与扶贫开发政策有效衔接的指导意见》，部署做好农村最低生活保障制度和扶贫开发政策有效衔接工作。《意见》指出，对符合低保标准的农村贫困人口实行政策性保障兜底，确保到2020年现行扶贫标准下农村贫困人口全部脱贫。

2016年10月2日，《人民日报》报道：为方便城乡居民体验农耕乐趣，农业部向社会推介一批以“仲秋到田间去采摘”为主题的休闲农业和乡村旅游精品景点线路，包括150个中国美丽休闲乡村、62个中国重要农业文化遗产、530个精品景点和240条精品线路。

2016年10月15日，《农民日报》报道：10月13日，由贵州省人民政府主办，以“共创共建共享——构建传统村落保护与发展新型关系”为主题的2016第二届“中国传统村落．黔东南峰会”在黎平县肇兴侗寨开幕。我国传统村落数量达到4 157个，标志着我国已经形成了世界上规模最大、内容和价值最丰富、保护最完整、活态传承的农耕文明精髓的保护。

2016年10月18日，《人民日报》报道：中共中央办公厅、国务院办公厅印发了《脱贫攻坚责任制实施办法》，并发出通知，要求各地区各部门结合实际认真贯彻执行。

2016年10月20日，《农民日报》报道：农业部按照严格标准、公正公平、择优选定的原则，组织开展了43个市级国家现代农业示范区返乡农民工创业创新工作推介活动。经各地申报、专家评审打分和综合筛选，推介出返乡农民工创业创新工作成绩优秀的10个示范区，授予返乡农民工创业创新示范基地。

2016年10月21日，《人民日报》报道：经李克强总理签批，国务院印发《全国农业现代化规划（2016—2020年）》，《规划》对“十三五”期间全国农业现代化的基本目标、主要任务、政策措施等作出全面部署安排。

2016年10月31日，《农民日报》报道：中共中央办公厅、国务院办公厅印发了《关于完善农村土地所有权承包权经营权分置办法的意见》，并发出通知，要求各地区各部门结合实际认真贯彻落实。

2016年11月5日，中国—中东欧国家国际农业经贸合作论坛在云南省昆明市举行。十二届全国政协副主席罗富和、斯洛文尼亚副总理日丹等出席论坛并讲话。中国农业部部长韩长赋，云南省委书记、省长陈豪在论坛致辞。

2016年11月5日，中国—中东欧国家（“16＋1”）农业部长会议在云南省昆明市召开。中国农业部部长韩长赋主持会议并作主旨发言。会议以“创新与绿色发展，农业投资贸易合作新机遇”为主题，包括斯洛文尼亚副总理兼农业部长在内的中东欧

16个国家的农业部部长（代表）出席。

2016年11月15日，国务院总理李克强主持召开国务院常务会议，通过了根据国民经济和社会发展第十三个五年规划纲要制定的脱贫攻坚、教育脱贫、生态环境保护三个补“短板”的规划。

2016年11月15日，《农民日报》报道：作为国内反贫困研究的重要基地，中国人民大学中国扶贫研究院在京成立。这是我国扶贫研究和实践领域的一项重大举措，也是产学研一体化聚焦国家扶贫战略需求的可喜成果。

2016年11月15日，《光明日报》报道：中国农业科学院联合多家单位，于16日正式宣布成立全球农业大数据与信息服务联盟。联盟将整合全国农业信息科研机构和海外农业研究机构资源，协同共建农业科技资源共享平台，服务国家农业对外合作事业。

2016年11月30日，《经济日报》报道：国务院办公厅印发《关于支持返乡下乡人员创业创新促进农村一二三产业融合发展的意见》。《意见》要求对农民工、中高等院校毕业生、退役士兵、科技人员等返乡下乡人员到农村开展创业创新给予政策支持。

2016年12月1日，《光明日报》报道：国家旅游局、农业部联合印发了《关于组织开展国家现代农业庄园创建工作的通知》，决定在全国国有农场范围内组织开展国家现代农业庄园创建工作，计划到2020年建成100个国家现代农业庄园。

2016年12月1日，《光明日报》报道：国家发展和改革委员会、财政部、国土资源部、环保部、水利部、农业部、国家林业局、国家粮食局8部门印发《耕地草原河湖休养生息规划（2016—2030年）》，系统提出了推进耕地草原河湖休养生息的目标、措施和制度安排。

2016年12月14日，《光明日报》报道：中央宣传部、中央文明办、教育部、科技部、司法部、农业部、文化部、卫生计生委、国家新闻出版广电总局、共青团中央、全国妇联、中国科协联合下发通知。通知要求2017年深入开展文化科技卫生“三下乡”活动，面向农村积极开展文化科技卫生服务，不断提高农民思想道德素质、科学文化素质、健康素质，为建设社会主义新农村、全面建成小康社会提供坚强保障和有力支撑。

2016年12月30日，《农民日报》报道：中共中央国务院印发《关于稳步推进农村集体产权制度改革的意见》。《意见》提出，通过改革，逐步构建归属清晰、权能完整、流转顺畅、保护严格的中国特色社会主义农村集体产权制度，保护和发展农民作为农村集体经济组织成员的合法权益。落实农民的土地承包权、宅基地使用权、集体收益分配权和对集体经济活动的民主管理权利，形成有效维护农村集体经济组织成员权利的治理体系。

2017年1月1日，《农民日报》报道：为推进生态文明体制建设，财政部、环境保护部、国家发展和改革委员会、水利部联合出台了《关于加快建立流域上下游横向生态保护补偿机制的指导意见》。

2017年1月10日，全国农村集体产权制度改革电视电话会议在京召开。国务院副总理汪洋强调，要分类有序推进改革，逐步构建归属清晰、权能完整、流转顺畅、保护严格的中国特色社会主义农村集体产权制度，促进农村集体经济发展和农民持续增收。

2017年1月24日，《经济日报》报道：自2016年9月农业部与中国农业发展银行签订《支持农业现代化全面战略合作协议》后，双方紧密协作，积极开展工作机制建立、项目推荐和人员培训等工作，取得了较好成效。截至2016年12月底，通过双方点对点合作，已先期落实各类农业融资项目资金247亿元，其中已完成贷款投放135.5亿元。

2017年2月3日，国务院总理李克强主持召开国务院常务会议，听取办理人大代表建议和政协委员提案情况汇报，更好接受监督推进科学决策；部署建立解决农民工工资拖欠的长效机制，切实维护农民工合法权益；通过“十三五”国家食品和药品安全规划，有效保障人民健康福祉。

2017年2月5日，《人民日报》报道：经李克强总理签批，国务院印发《全国国土规划纲要（2016—2030年）》。这是我国首个国土空间开发与保护的战略性、综合性、基础性规划，对涉及国土空间开发、保护、整治的各类活动具有指导和管控作用。

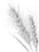

2017年2月6日，《农民日报》报道：中共中央、国务院下发《关于深入推进农业供给侧结构性改革加快培育农业农村发展新动能的若干意见》。《意见》要求要优化产品产业结构，着力推进农业提质增效；推行绿色生产方式，增强农业可持续发展能力；壮大新产业新业态，拓展农业产业链价值链；强化科技创新驱动，引领现代农业加快发展；补齐农业农村短板，夯实农村共享发展基础。各级党委和政府必须始终坚持把解决好“三农”问题作为全党工作重中之重不动摇，重农强农调子不能变、力度不能减，切实把认识和行动统一到中央决策部署上来，把农业农村工作的重心转移到推进农业供给侧结构性改革上来，落实到政策制定、工作部署、财力投放、干部配备等各个方面。

2017年2月8日，《人民日报》报道：中共中央办公厅、国务院办公厅印发了《关于划定并严守生态保护红线的若干意见》，并发出通知，要求各地区各部门结合实际认真贯彻落实。

2017年2月14日，《经济日报》报道：按照国务院工作部署，国务院办公厅就解决拖欠农民工工资问题派出督查组，赴部分省区开展实地专项督查。《农民日报》报道：全国累计建设了253个公益性农产品批发市场和5 291个零售市场，初步形成了覆盖全国主要大中城市的公益性农产品市场体系。

2017年2月21日，中共中央政治局的巩固我国脱贫攻坚形势和更好实施精准扶贫进行第三十九次集体学习。中共中央总书记习近平在主持学习时强调，言必信，行必果。要强化领导责任、强化资金投入、强化部门协同、强化东西协作、强化社会合力、强化基层活力、强化任务落实，集中力量攻坚克难，更好推进精准扶贫、精准脱贫，确保如期实现脱贫攻坚目标。

2017年2月22日，《人民日报》报道：我国农村承包地确权登记颁证稳步推进，截至2016年底，全国2 582个县（市、区）开展了试点，确权面积近8.5亿亩。山东、宁夏两省区已率先向中央报告基本完成当地确权登记颁证。

2017年2月27日，农业部、最高人民法院、最高人民检察院、国家发展和改革委员会、工业和信息化部、公安部、工商总局、质检总局、供销合作总社联合召开2017年全国农资打假专项治理行动电视电话会议暨农资领域失信联合惩戒备忘录发布会。会议动员部署2017年全国农资打假专项治理行动，发布农资领域失信联合惩戒备忘录。

2017年3月2日，《农民日报》报道：2016年全国农村贫困人口减少1 240万，贫困地区农民人均可支配收入增速高于全国平均水平，脱贫攻坚首战之年开局良好。2016年中央和省级共投入财政扶贫资金1 000亿元。全国961个县（其中贫困县792个）启动实施了贫困县涉农资金整合试点，实际已经整合到位的资金共计2 300亿元。2015年、2016年，全国共发放扶贫小额信贷资金2 833亿元，支持801万户贫困户发展脱贫产业。

2017年3月3日，农业部在北京召开信息进村入户工程整省推进示范工作布置会，在各省自愿申报、竞争性遴选的基础上，2017年，农业部将在辽宁、吉林、黑龙江、江苏、浙江、江西、河南、重庆、四川和贵州10省市开展信息进村入户工程整省推进示范。

2017年3月25日，《经济日报》报道：24日，财政部、农业部对外公布了2017年八大领域超过30项强农惠农政策，继续加大支农投入，强化项目统筹整合，以推进农业供给侧结构性改革。

2017年4月7日，《经济日报》报道：商务部公布首批31家全国公益性农产品示范市场，并向全国复制推广10个方面19条典型经验和模式。这是我国公益性市场建设的又一重要阶段性成果。自2014年商务部会同有关部门启动公益性农产品市场建设工作以来，全国已建成253个公益性批发市场和5 291个公益性零售市场，初步形成了覆盖国内大中城市、具有中国特色的公益性农产品市场体系，形成了一批可复制可推广的经验。

2017年4月11日，《农民日报》报道：经李克强总理签批，国务院印发《关于建立粮食生产功能区和重要农产品生产保护区的指导意见》，全面部署粮食生产功能区和重要农产品生产保护区划定和建设工作。

2017年4月19日，《农民日报》报道：由财政部、农业部、银监会共同组建的国家农业信贷担保联盟有限责任公司18日正式挂牌，标志着我国在建立健全全国政策性农业信贷担保体系方面迈出重要一步。

2017年4月26日，国务院总理李克强主持召开国务院常务会议，决定在粮食主产省开展提高农业大灾保险保障水平试点，助力现代农业发展和农民增收。

2017年4月30日，《人民日报》报道：国土资源部召开统筹推进农村土地制度改革三项试点工作现场交流会，33个试点地区进行经验交流。据统计，33个试点地区中，集体经营性建设用地入市地块共计278宗（其中原15个试点地区259宗），面积约4 500亩，总价款约50亿元。3个原征地制度改革试点地区按新办法实施征地的共59宗、3.85万亩。15个宅基地制度改革试点地区退出宅基地7万余户，面积约3.2万亩。

2017年5月3日，《光明日报》报道：为推进农业供给侧结构性改革，农业部决定启动实施畜禽粪污资源化利用行动、果菜茶有机肥替代化肥行动、东北地区秸秆处理行动、农膜回收行动和以长江为重点的水生生物保护行动等农业绿色发展五大行动，改变传统生产方式，减少化肥等投入品的过量使用，优化农产品产地环境，从源头上确保优质绿色农产品供给。

2017年5月25日，《人民日报》报道：中国—中东欧国家首个农业合作示范区23日在保加利亚建立，中国农业部与保加利亚农业部共同签署了建立示范区的联合声明，筹建工作正式启动。

2017年5月26日，"2017中国扶贫国际论坛"在京举行，主题为"减贫治理方案的开发与分享"。本次论坛由国务院新闻办指导，中国互联网新闻中心、中国国际扶贫中心、世界银行、联合国粮农组织与亚洲开发银行联合主办。来自16个国际机构、7个国家的100多位中外嘉宾出席论坛，探讨减贫案例，分享中国的扶贫经验。

2017年5月29日，《人民日报》报道：为贯彻落实党中央、国务院关于打赢脱贫攻坚战的决策部署，各级财政积极调整和优化财政支出结构，切实把脱贫攻坚作为优先保障重点，加大扶贫资金投入。据初步统计，2017年中央和地方财政专项扶贫资金规模超过1 400亿元。其中，中央财政安排补助地方专项扶贫资金860.95亿元，比上年增加200亿元，增长30.3%；有扶贫任务的28个省份的省级财政专项扶贫资金规模达到约540亿元。

2017年6月1日，《人民日报》报道：5月31日，新华社受权播发中共中央办公厅、国务院办公厅《关于加快构建政策体系培育新型农业经营主体的意见》。《意见》提出，综合运用多种政策工具，引导新型农业经营主体提升规模经营水平、完善利益分享机制，更好发挥带动农民进入市场、增加收入、建设现代农业的引领作用。

2017年6月1日，《经济日报》报道：5月31日，财政部发布通知，按照国务院部署，在13个粮食主产省份选择200个产粮大县，面向适度规模经营农户开展农业大灾保险试点。

2017年6月2日，《光明日报》报道：农业部办公厅和中国农业发展银行办公室联合印发《关于政策性金融支持农村一二三产业融合发展的通知》，建立新型合作推进机制，发挥各自优势，加大政策性金融支持农村产业融合发展力度。

2017年6月6日，全国建立粮食生产功能区和重要农产品生产保护区工作电视电话会议在京召开。国务院副总理汪洋出席会议并强调，要认真贯彻落实党中央、国务院决策部署，创新体制机制，完善政策措施，扎实推进"两区"的划定和建设，大力实施"藏粮于地、藏粮于技"，为我国农业现代化建设奠定坚实基础。

2017年6月13日，《农民日报》报道：中共中央、国务院关于下发《加强和完善城乡社区治理的意见》。《意见》要求健全完善城乡社区治理体系，不断提升城乡社区治理水平，着力补齐城乡社区治理短板，强化组织保障，实现党领导下的政府治理和社会调节、居民自治良性互动，全面提升城乡社区治理法治化、科学化、精细化水平和组织化程度，促进城乡社区治理体系和治理能力现代化。

2017年6月13日，《人民日报》报道：国土资源部召开农村土地制度改革三项试点督察动员培训会，全面启动农村土地制度改革三项试点的督察工作。据悉，国土资源部相关司局、各督察局及中央改革办、中央财办、中央农办等相关部门负责同志将组成15个督察组赴33个试点地区进行实地督察。

2017年6月16日，《经济日报》报道：为贯彻落实2017年中央1号文件精神，确保增加农业农村投入，经国务院批准，财政部发文通知地方财政部门，建议在2017年债务限额内安排不少于1 200亿元，由地方政府统筹支持推进农业供给侧结构性改革和脱贫攻坚。

2017年6月21日，《农民日报》报道：财政部会同农业部对2017年耕地轮作休耕制度试点工作进行了研究，确定将2017年耕地轮作休耕试点面积扩大到1 200万亩，2017年中央财政安排资金25.6亿元支持试点。据介绍，2017年耕地轮作休耕试点面积中轮作面积1 000万亩、休耕面积200万亩，试点区域原则上保持相对稳定，承担试点任务地块一定3年不变。

2017年6月23日，中共中央总书记、国家主席、中央军委主席习近平23日在山西太原市主持召开深度贫困地区脱贫攻坚座谈会，听取脱贫攻坚进展情况汇报，集中研究破解深度贫困之策。习近平强调，脱贫攻坚工作进入目前阶段，要重点研究解决深度贫困问题。各级党委务必深刻认识深度贫困地区如期完成脱贫攻坚任务的艰巨性、重要性、紧迫性，以解决突出制约问题为重点，强化支撑体系，加大政策倾斜，聚焦精准发力，攻克坚中之坚，确保深度贫困地区和贫困群众同全国人民一道进入全面小康社会。

2017年6月24日—25日，中宣部、中央文明办在山东省淄博市召开全国农村精神文明建设工作经验交流会。会议深入贯彻党的十八大和十八届三中、四中、五中、六中全会精神，深入贯彻习近平总书记系列重要讲话精神特别是关于"三农"工作和美丽乡村建设的重要指示精神，总结交流经验，研究部署任务，深入推进以美丽乡村建设为主题的农村精神文明建设。

2017年7月6日，《人民日报》报道：财政部、农业部组织7个评价组，采取座谈会、实地考察、问卷调查、数据核查、查证复核等方式，对农作物秸秆综合利用的10个试点省份，实地开展了2016年中央财政农作物秸秆综合利用试点补助资金绩效评价工作，评价结果显示，农作物秸秆综合利用试点工作极大地调动了地方政府、市场主体和广大农户的积极性，试点工作取得了一定成效。

2017年7月18日，《人民日报》报道：截至2016年底，全国（不含西藏）农村集体经济组织账面资产总额3.1万亿元，村均555.4万元，其中东部地区占比高达76.1%，村均1 027.6万元，2017年，农业部会同中央农办，协同各省区市人民政府，选择100个改革基础较好的县（市、区），作为新一轮农村集体产权制度改革试点单位。

2017年7月21日，《人民日报》报道：2007年农业部联合财政部先后启动建设了水稻、油菜、生猪、大宗淡水鱼等50个现代农业产业技术体系。10年来共取得了130项标志性成果和328项重大成果。从2017年开始，中央财政将现代农业产业技术体系经费增加至每年16亿元，支持50个产业体系的科学家协同创新，“十三五”将重点解决水稻全程机械化、大豆增产增效、奶业优质安全、土壤重金属治理等重大问题，为农业供给侧结构性改革提供科技支撑。

2017年7月25日—26日，《农民日报》报道：2017中国农村发展高层论坛在北京举办。本次论坛以“农村改革发展——理论创新政策创新实践创新”为主题，重点围绕党的十八大以来“三农”工作的新理论、新政策、新实践开展研讨交流，对未来一个时期农业农村发展的趋势和前景进行分析展望，为推动“三农”工作上台阶、上水平建言献策。

2017年8月1日，《人民日报》报道：由中国村社发展促进会、中国农业大学、农民日报社等单位主办的第十届全国大学生村官论坛在山西长治召开。论坛发布的《2016—2017中国大学生村官发展报告》显示，截至2016年底，在岗大学生村官人数超过10万人，比2015年有所下降，本科生、硕士研究生和博士研究生的比例均有增加。在岗大学生村官中，有5万多人进入村“两委”班子，9 000多人进入乡镇领导班子，8 000多人选择创业。

2017年8月15日，《人民日报》报道：2017年中央财政共安排资金230亿元，继续支持农业适度规模经营，鼓励各地创新支持方式，采取贷款贴息、重大技术推广与服务等方式发展多种形式的适度规模经营。同时，继续重点支持建立完善全国农业信贷担保体系，并大力推进农业生产托管、机械化烘干等农业生产社会化服务。

2017年8月16日，《光明日报》报道：农业部办公厅印发《关于建立农资和农产品生产经营主体信用档案的通知》。《通知》把建立主体信用档案作为农产品质量安全信用体系建设的一项重要措施予以推进，构建以信用为核心，事前信用承诺、事中信用监管、事后信用评价的新型监管机制。

2017年8月23日，《人民日报》报道：2017年，中央财政安排农业综合开发资金6.05亿元，在河北、山西和内蒙古等23个省份建设61个农业综合开发区域生态循环项目。项目建成后，预计区域生态循环农业示范面积可达67万亩，区域内农业废弃物资源化利用率达到92%，化肥农药减施率达到32%。

2017年8月24日，《人民日报》报道：农业部、国家发展和改革委员会、财政部印发《关于加快发展农业生产性服务业的指导意见》。《意见》提出大力发展多元化、多层次、多类型的农业生产性服务，这标志着我国“三多型”农业服务业正在形成。

2017年8月29日，《经济日报》报道：党的十八大以来，中央投资农村公路建设4 016亿元。2017年，交通运输部全年安排车购税用于农村公路投资达905.8亿元，占全年车购税资金总额的36.3%。截至2016年底，全国农村公路总里程达到396万千米，99.99%的乡镇和99.94%的建制村通了公路，99.02%的乡镇和95.37%的建制村通了客车。

2017年8月30日，《光明日报》报道：党的十八大以来，精准扶贫、精准脱贫深入人心，四梁八柱顶层设计基本完成，五级书记抓扶贫、全党动员促攻坚的良好态势已经形成。2013—2016年，我国现行标准下的农村贫困人口由9 899万人减少至4 335万人，年均减少1 391万人；农村贫困发生率由10.2%下降至4.5%，年均下降1.4个百分点。贫困地区农村居民人均可支配收入连续保持两位数增长，年均实际增长10.7%。

2017年9月21日，《经济日报》报道：全国永久基本农田划定总体完成，实际划定保护面积15.50亿亩，超过《全国土地利用总体规划纲要（2006—2020年）调整方案》确定的15.46亿亩保护任务目标。

2017年9月22日，《人民日报》报道：为贯彻落实《中共中央国务院关于稳步推进农村集体产权制度改革的意见》精神，由点及面开展集体经营性资产产权制度改革，经各省、自治区、直辖市及计划单列市推荐，农业部、中央农办确定北京市海淀区等100个县（市、区）为2017年度农村集体产权制度改革试点单位。

2017年9月24日，《人民日报》报道：近年来，我国坚持把推进农业绿色发展作为农业供给侧结构性改革的主攻方向，把农业科技创新作为驱动农业绿色发展的主要动力，化肥减施技术、绿色农药创制、土壤环境修复、农产品质量安全等领域均取得一系列进展和成果。2016年全国化肥使用量首次接近零增长，主要农产品例行监测总体合格率达到97.5%，农田灌溉有效水利用系数从1998年的0.4提高到0.52。

2017年9月28日，《农民日报》报道：农业部、国家发展和改革委员会、教育部、科技部、民政部、人力资源社会保障部、国土资源部、人民银行、工商总局、国家统计局、共青团中央、全国妇联12部门联合印发《关于促进农村创业创新园区（基地）建设的指导意见》，加快建设一批具有区域特色的农村双创园区（基地），更好地为广大返乡下乡双创人员提供场所和服务，全面助推农村创业创新。

2017年10月1日，《农民日报》报道：中共中央办公厅、国务院办公厅印发了《关于创新体制机制推进农业绿色发展的意见》，并发出通知，要求各地区各部门结合实际认真贯彻落实。

2017年10月3日，《光明日报》报道：中共中央办公厅、国务院办公厅印发了《国家生态文明试验区（江西）实施方案》和《国家生态文明试验区（贵州）实施方案》，并发出通知，要求有关地区和部门结合实际认真贯彻落实。

2017年10月7日，《人民日报》报道：随着生态文明建设深入推进，农业节水灌溉不断提速。5年来，全国新增高效节水灌溉面积1亿亩，高效节水灌溉面积超过3亿亩。告别传统大水漫灌，由“浇地”转向“浇作物”，农业生产方式因水而变，灌溉水有效利用系数达到0.542，在保障国家粮食安全的同时，农业灌溉用水总量实现零增长。

2017年10月17日，《科技日报》报道：16日，在中国农业大学举办的2017年世界粮食日和全国爱粮节粮宣传周主会场活动上，财政部、国家粮食局宣布中国优质粮食工程启动。该工程将力争到2020年把全国产粮大县的粮食优质品率提高30%左右，将建立与完善由6个国家级、32个省级、305个市级和960个县级粮食质检机构构成的粮食质量安全检验监测体系。

2017年10月21日，《农民日报》报道：我国认证的有机产品企业1 009家、产品3 997个，共向272家企业审核发放有机防伪标签和有机码6.62亿枚；同时已在全国创建了水稻、茶叶、畜产品、水果等有机农业示范基地24个，面积超过2 000万亩，已成为很多地方推行农业绿色发展的有力抓手、促进农民增收的有效途径。

2017年10月26日，《农民日报》报道：农业部、国家发展和改革委员会、财政部、国土资源部、人民银行、税务总局联合印发《关于促进农业产业化联合体发展的指导意见》。《意见》以帮助农民、提高农民、富裕农民为目标，以发展现代农业为方向，以创新农业经营体制机制为动力，培育发展一批带农作用突出、综合竞争力强、稳定可持续发展的农业产业化联合体，成为引领我国农村三次产业融合和现代农业建设的重要力量，为农业农村发展注入新动能。

2017年11月2日，《光明日报》报道：全国9个省区市的26个贫困县顺利通过国家专项评估检查，将由省级政府陆续批准退出贫困县，这是脱贫攻坚以来，贫困县首次集中脱贫摘帽。

2017年11月6日，《经济日报》报道：11月5日，为期5天的第24届中国杨凌农业高新科技成果博览会在陕西杨凌开幕，来自50多个国家和地区的农业官员、专家学者和企业界人士前来参会。科技部副部长、中国工程院院士徐南平在本届农高会举办的现代农业高端论坛上透露，我国将设立多个类似于杨凌的农业高新技术产业示范区，吸引和积累各类要素向农业产业开发集聚。

2017年11月7日，《人民日报》报道：十二届全国人大常委会第三十次会议通过决定，北京市大兴区等33个农村土地制度改革试点期限延长一年至2018年12月31日。

2017年11月10日，在2017年度中国农资经销商年会上，中国农业生产资料流通协会向全社会发布了《中国农业生产资料流通行业自律公约》，将结合农资信用体系建设行动方案，为更好地规范农资流通市场、农资企业以及从业者的行为、促进行业诚信健康发展起到推动作用。

2017年11月22日，《经济日报》报道：中共中央办公厅、国务院办公厅印发了《关于支持深度贫困地区脱贫攻坚的实施意见》，对深度贫困地区脱贫攻坚工作做出全面部署。

2017年11月30日，《经济日报》报道：11月29日，农业部就农村承包地确权登记颁证试点有关情况举行新闻发布会。我国从2014年开展整省试点以来，农村承包地确权登记颁证试点工作进展顺利，成效显著。全国整省推进此项工作的省份已达28个，试点范围扩大至全国2 718个县（区、市），3.3万个乡（镇）、53.9万个行政村，实测承包地面积15.2亿亩，已经超过二轮家庭承包耕地面积，确权面积达到11.1亿亩，占二轮家庭承包耕地账面面积的82%；山东、宁夏、安徽、四川、江西、河南、陕西等7省份已向党中央、国务院报告基本完成。

2017年12月4日，《人民日报》报道：经过几年改革探索，我国农村改革试验区已经形成许多突破性的制度成果。建立了改革试验第三方评估验收机制；探索试验区“有进有出”动态管理机制，压实地方改革责任；探索建立试验区工作组织机制、协调推进机制、改革容错纠错机制，落实了主体责任，激发了改革活力。据统计，已有61项试验成果在54件省部级以上政策文件制定中得到相应转化，58个农村改革试验区改革试验工作已经取得积极进展和明显成效。目前，农村改革试验区承担的试验任务达到了50余项，基本覆盖了农村改革的主要领域。

2017年12月5日，《经济日报》报道：中共中央办公厅、国务院办公厅印发了《关于建立健全村务监督委员会的指导意见》，并发出通知，要求各地区各部门结合实际认真贯彻落实。

2017年12月8日，《农民日报》报道：农业部印发《“十三五”全国远洋渔业发展规划》《规划》明确了“十三五”期间远洋渔业的发展思路、基本原则、主要目标、产业布局和重点任务等。《规划》提出，至2020年，全国远洋渔船总数稳定在3 000艘以内；严控并不断提高企业准入门槛，远洋渔业企业数量在2016年基础上保持“零增长”，培育一批有国际竞争力的现代化远洋渔业企业。

2017年12月14日，《农民日报》报道：国务院印发《关于探索建立涉农资金统筹整合长效机制的意见》，部署推进涉农资金统筹整合工作。《意见》明确，到2018年，实现农业发展领域行业内涉农专项转移支付的统筹整合。到2019年，基本实现农业发展领域行业间涉农专项转移支付和涉农基建投资的分类统筹整合。到2020年，构建形成农业发展领域权责匹配、相互协调、上下联动、步调一致的涉农资金统筹整合长效机制，并根据农业领域中央与地方财政事权和支出责任划分改革以及转移支付制度改革，适时调整完善。

2017年12月22日，《经济日报》报道：2017年农业综合开发始终坚持贯彻落实“藏粮于地”战略，大规模推进高标准农田建设，夯实农业发展基础，为保障国家粮食安全、推进农业供给侧结构性改革、促进农业现代化发挥了重要作用。2017年中央财政预计投入287.4亿元，支持农业综合开发建设高标准农田约2 500万亩。

2017年12月25日，《农民日报》报道：中共中央办公厅、国务院办公厅印发了《关于加强贫困村驻村工作队选派管理工作的指导意见》，并发出通知，要求各地区各部门结合实际认真贯彻落实。

2017年12月26日，《农民日报》报道：中共中央总书记、国家主席、中央军委主席习近平对“四好农村路”建设作出重要指示。他指出，交通运输部等有关部门和各地区要进一步深化对建设农村公路重要意义的认识，聚焦突出问题，完善政策机制，既要把农村公路建好，更要管好、护好、运营好，为广大农民致富奔小康、为加快推进农业农村现代化提供更好保障。5年来，全国新建改建农村公路127.5万千米，99.24%的乡镇和98.34%的建制村通了沥青路、水泥路，乡镇和建制村通客车率分别达到99.1%和96.5%以上，城乡运输一体化水平接近80%。

2017年12月26日，《农民日报》报道：为贯彻落实《国民经济和社会发展第十三个五年规划纲要》中“建设500个全程机械化示范县”的部署，农业部在全国范围内深入开展了主要农作物生产全程机械化推进行动，并启动示范县创建工作。全国已有150个县率先基本实现了主要农作物生产全程机械化，其中包括水稻、小麦、玉米、马铃薯、油菜、大豆、花生、棉花等多种大宗作物主产县。

2018年1月1日，《农民日报》报道：2017年12月30日，农业农村部召开深化农村改革情况交流会，会议指出，要按期完成确权登记颁证任务，2018年，除少数民族边疆地区外，其他省份均应基本完成确权工作；要紧盯2019年基本完成清产核资、2021年基本完成股份合作制改革的目标，全面实施农村集体资产清产核资，摸清承包地以外的资源性资产和经营性资产家底，搞清楚权属关系；继续扩大农村集体产权制度改革试点，2018年将试点扩大到300个，选择有代表性、工作基础好、干部素质高的50个地市开展整市试点。

2018年1月2日，《经济日报》报道：2017年，国家农业科技创新联盟整合各类资金近18亿元，开展了技术集成、落地示范、推广应用、技术服务咨询等协同创新任务约400项。

2018年1月5日，《人民日报》报道：中共中央办公厅、国务院办公厅印发了《关于在湖泊实施湖长制的指导意见》，并发出通知，要求各地区各部门结合实际认真贯彻落实。

2018年2月5日，《人民日报》报道：中共中央国务院发布关于实施乡村振兴战略的意见。按照党的十九大提出的决胜全面建成小康社会、分两个阶段实现第二个百年奋斗目标的战略安排，实施乡村振兴战略的目标任务是：到2020年，乡村振兴取得重要进展，制度框架和政策体系基本形成。到2035年，乡村振兴取得决定性进展，农业农村现代化基本实现。到2050年，乡村全面振兴，农业强、农村美、农民富全面实现。

2018年2月15日，《农民日报》报道：中共中央总书记、国家主席、中央军委主席习近平12日在四川成都市主持召开打好精准脱贫攻坚战座谈会。习近平强调，要清醒认识把握打赢脱贫攻坚战面临任务的艰巨性，清醒认识把握实践中存在的突出问题和解决这些问题的紧迫性，不放松、不停顿、不懈怠，提高脱贫质量，聚焦深贫地区，扎扎实实把脱贫攻坚战推向前进。

2018年3月23日，《人民日报》报道：国家能源局近日正式启动西藏、新疆南疆、四省（四川、云南、甘肃、青海）藏区以及四川凉山、云南怒江、甘肃临夏农网改造升级攻坚三年行动计划编制工作。2018年将分两批安排总投资405亿元用于中西部26个省（区、市）新一轮农村电网改造升级，其中中央预算内投资120亿元。

2018年3月27日，《人民日报》报道：日前，国务院办公厅印发《跨省域补充耕地国家统筹管理办法》和《城乡建设用地增减挂钩节余指标跨省域调剂管理办法》，自印发之日起施行。

2018年4月19日，《经济日报》报道：日前，农业发展银行在北京召开脱贫攻坚工作会议，安排2018年脱贫攻坚工作任务，会上22家省级分行向总行签订服务脱贫攻坚责任书。

2018年4月24日，《农民日报》报道：中共中央总书记、国家主席、中央军委主席习近平近日作出重要指示强调，要结合实施农村人居环境整治三年行动计划和乡村振兴战略，进一步推广浙江好的经验做法，建设好生态宜居的美丽乡村。

2018年4月26日，《农民日报》报道：国务院总理李克强4月25日主持召开国务院常务会议，决定再推出7项减税措施，支持创业创新和小微企业发展；部署对银行普惠金融服务实施监管考核，确保2018年实体经济融资成本下降。

2018年4月27日，《人民日报》报道：全国改善农村人居环境工作会议4月26日在浙江省安吉县召开。会议全面贯彻落实党的十九大精神，深入学习贯彻习近平总书记关于乡村振兴和改善农村人居环境的重要指示精神，认真落实李克强总理批示要求，进一步推广浙江“千村示范、万村整治”工程经验做法，全面部署改善农村人居环境各项任务。

2018年5月3日，《人民日报》报道：国务院办公厅印发《关于全面加强乡村小规模学校和乡镇寄宿制学校建设的指导意见》，《意见》指出，要全面加强乡村小规模学校和乡镇寄宿制学校建设和管理，到2020年，基本补齐两类学校短板，进一步振兴乡村教育，基本实现县域内城乡义务教育一体化发展。

2018年5月4日，《农民日报》报道：5月2日—3日，全国都市现代农业现场交流会在天津召开。会议部署推进都市现代农业高质量发展，促进大中城市在实施乡村振兴战略上走在前、作表率。

2018年5月6日，《人民日报》报道：全国农村承包地确权登记颁证工作进入收尾阶段。按照中央要求，农业农村部以实地督导解决疑难问题为手段，以成果推广应用为重点，加快工作进度，确保到年底全国农村承包地确权登记颁证工作基本完成，实现全国农村承包地“一张图”。截至2017年12月底，承包地确权面积11.59亿亩，占二轮家庭承包地（账面）面积的80%以上。

2018年5月20日，《经济日报》报道：全国生态环境保护大会18日—19日在北京召开。中共中央总书记、国家主席、中央军委主席习近平强调，要自觉把经济社会发展同生态文明建设统筹起来，充分发挥党的领导和我国社会主义制度能够集中力量办大事的政治优势，充分利用改革开放40年来积累的坚实物质基础，加大力度推进生态文明建设、解决生态环境问题，坚决打好污染防治攻坚战，推动我国生态文明建设迈上新台阶。

2018年6月22日，《农民日报》报道：经党中央批准、国务院批复，自2018年起将每年农历秋分设立为“中国农民丰收节”。

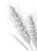

2018年6月25日，《人民日报》报道：中共中央国务院发布《关于全面加强生态环境保护坚决打好污染防治攻坚战的意见》。《意见》指出，我国生态文明建设和生态环境保护面临不少困难和挑战，存在许多不足。一些地方和部门对生态环境保护认识不到位，责任落实不到位；经济社会发展同生态环境保护的矛盾仍然突出，资源环境承载能力已经达到或接近上限；城乡区域统筹不够，新老环境问题交织，区域性、布局性、结构性环境风险凸显，重污染天气、黑臭水体、垃圾围城、生态破坏等问题时有发生。这些问题，成为重要的民生之患、民心之痛，成为经济社会可持续发展的瓶颈制约，成为全面建成小康社会的明显短板。要深刻认识生态环境保护面临的形势，深入贯彻习近平生态文明思想，全面加强党对生态环境保护的领导，推动形成绿色发展方式和生活方式，坚决打赢蓝天保卫战，着力打好碧水保卫战，扎实推进净土保卫战，加快生态保护与修复。

2018年6月28日，《农民日报》报道：国务院总理李克强6月27日主持召开国务院常务会议，听取深入推进“互联网+农业”促进农村三次产业融合发展情况汇报；部署调整运输结构提高运输效率，降低实体经济物流成本。

2018年7月10日，《农民日报》报道：中央农办、农业农村部发布《关于学习推广浙江“千村示范、万村整治”经验深入推进农村人居环境整治工作的通知》。《通知》要求，要认真组织好浙江经验的学习推广工作，切实抓好农村人居环境整治的试点示范工作，加快落实农村人居环境整治工作各项措施，尽快完善农村人居环境整治工作责任新机制，及时开展农村人居环境整治工作督导调研。

2018年8月10日，《科技日报》报道：8日，国内首家航天育种种质资源研究中心和航天育种联合实验室（种质资源库）在陕西杨凌国家农业示范区揭牌，为我国航天育种、选种的种质资源材料有效保护及研究、示范推广提供保障。

2018年8月10日，《人民日报》报道：为贯彻落实党中央、国务院有关要求，促进我国制种行业长期可持续发展，从源头上保障国家粮食安全，财政部、农业农村部、银保监会近日发布通知，将水稻、玉米、小麦三大粮食作物制种纳入中央财政农业保险保险费补贴目录。

2018年8月20日，《人民日报》报道：中共中央国务院发布关于打赢脱贫攻坚战三年行动的指导意见。《意见》提出的任务目标是：到2020年，巩固脱贫成果，通过发展生产脱贫一批，易地搬迁脱贫一批，生态补偿脱贫一批，发展教育脱贫一批，社会保障兜底一批，因地制宜综合施策，确保现行标准下农村贫困人口实现脱贫，消除绝对贫困；确保贫困县全部摘帽，解决区域性整体贫困。

2018年9月23日，《人民日报》报道：中共中央政治局9月21日下午就实施乡村振兴战略进行第八次集体学习。中共中央总书记习近平在主持学习时强调，我们要始终把解决好“三农”问题作为全党工作重中之重，明确思路，深化认识，切实把工作做好，促进农业全面升级、农村全面进步、农民全面发展。

2018年9月27日，《人民日报》报道：近日，中共中央、国务院印发了《乡村振兴战略规划（2018—2022年）》，并发出通知，要求各地区各部门结合实际认真贯彻落实。本规划以习近平总书记关于“三农”工作的重要论述为指导，按照产业兴旺、生态宜居、乡风文明、治理有效、生活富裕的总要求，对实施乡村振兴战略作出阶段性谋划，分别明确至2020年全面建成小康社会和2022年召开党的二十大时的目标任务，细化实化工作重点和政策措施，部署重大工程、重大计划、重大行动，确保乡村振兴战略落实落地，是指导各地区各部门分类有序推进乡村振兴的重要依据。

2018年10月10日，《人民日报》报道：9日，中央农办、农业农村部、国家卫生健康委员会等部门召开全国农村改厕工作推进现场会，在各相关部门持续推动下，目前农村改厕工作取得一定成效，53.5%的村完成或部分完成改厕，近一半农户进行了卫生厕所改造。

2018年10月16日，《农民日报》报道：全国农村创业创新座谈会暨现场交流活动在四川省成都市举行，此次会议既是国家“双创周”系列活动之一，也是农业农村领域推动大众创业万众创新的一项具体行动。

2018年10月20日，《光明日报》报道：国家医保局会同财政部、国务院扶贫办发布《关于印发〈医疗保障扶贫三年行动实施方案（2018—2020年）〉的通知》。《通知》指出，要细化实化医保扶贫措施，确保到2020年，农村贫困人口全部纳入基本医保、大病保险和医疗救助保障范围，农村贫困人口医疗保障受益水平明显提高。

2018年10月23日，《农民日报》报道：“2018扶贫日县域发展与脱贫攻坚论坛”在北京召开。本次论坛在国务院扶贫开发领导小组领导下，由“2018扶贫日论坛组委会”主办、中国扶贫志愿服务促进会承办，以深化扶贫改革、服务产销对接为主题，凝聚社会力量，助力脱贫攻坚。

2018年11月9日，《农民日报》报道：经国务院同意，生态环境部、农业农村部日前联合印发《农业农村污染治理攻坚战行动计划》，《行动计划》提出，通过三年攻坚，乡村绿色发展加快推进，农村生态环境明显好转，农业农村污染治理工作体制机制基本形成，农业农村环境监管明显加强，农村居民参与农业农村环境保护的积极性和主动性显著增强。

2018年11月12日，《农民日报》报道：11月10日，第三届中日韩农业部长会议在北京召开。三国农业部长共同签署了《第三届中日韩农业部长会议联合公报》《中华人民共和国农业农村部、日本国农林水产省与大韩民国农林畜产食品部关于在乡村振兴框架下促进农业合作的备忘录》。

2018年11月19日，《人民日报》报道：由中央农办和山西省委、省政府举办的农村改革（太谷）论坛17日—18日在山西太谷县举行。来自全国人大、中央农办、农业农村部以及研究机构的“三农”专家学者参加了此次论坛，共同回顾农村改革40年的辉煌成就。

2018年12月5日，《农民日报》报道：12月3日，中央农办、农业农村部在京召开落实牵头职责、加快推进农村人居环境整治工作座谈会。

2018年12月10日，《科技日报》报道：《中国农业科学院实施乡村振兴战略十大行动方案(2018—2022年)》9日发布，启动实施五年内“十大行动”，旨在加快形成一批引领和支撑乡村振兴的宏观战略、政策制度、关键技术和典型模式，为乡村振兴战略提供理论指导、政策供给、技术支撑、前沿引领和典型样板，推动农业科技创新能力和水平整体跃升。

2018年12月11日，《农民日报》报道：庆祝农村改革40周年座谈会10日在京召开，中共中央政治局委员、国务院副总理胡春华指出，新时代深化农村改革要求更加迫切、任务更为艰巨，必须进一步解放思想、加大力度，扎实有序向前推进。要突出抓好农民合作社和家庭农场发展，深化农村土地制度改革，深入推进农村集体产权制度改革，完善农业支持保护政策，加快深化农业科技体制改革，健全乡村治理体系，全面优化乡村振兴制度环境。

2018年12月13日，《农民日报》报道：国务院总理李克强12月12日主持召开国务院常务会议，决定实施所得税优惠促进创业投资发展，加大对创业创新支持力度；部署加快推进农业机械化和农机装备产业升级，助力乡村振兴、“三农”发展。

2018年12月17日，《人民日报》报道：中央宣传部、中央文明办、国家发展改革委、教育部、科技部、司法部、农业农村部、文化和旅游部、国家卫生健康委、国家广电总局、国务院扶贫办、共青团中央、全国妇联、中国文联、中国科协日前联合下发通知，要求以习近平新时代中国特色社会主义思想为指导，深入贯彻落实党的十九大精神，广泛开展文化科技卫生“三下乡”活动。

2018年12月28日，《农民日报》报道：民政部、中组部、全国妇联等7部门联合出台《关于做好村规民约和居民公约工作的指导意见》。《指导意见》对村规民约和居民工约的制定程序进行了详细规定，明确一般应经过征集民意、拟定草案、提请审核、审议表决、备案公布等五个步骤。《指导意见》强调监督落实，乡镇、街道要加强督促检查，将落实情况作为抓基层组织建设的经常性工作，防止流于形式；村（居）务监督委员会要将执行情况纳入监督内容；健全完善奖惩机制，通过模范创建、批评教育等方式，促进村规民约和居民公约的遵守和落实，具有很强的指导性和可操作性。

2018年12月29日，《农民日报》报道：全国扶贫开发工作会议27日至28日在京召开，中共中央政治局委员、国务院扶贫开发领导小组组长胡春华强调，要全面落实中央经济工作会议精神，按照党中央、国务院决策部署，坚持目标标准，贯彻精准方略，狠抓扶贫政策举措落地，着力提高脱贫质量和实效，确保如期实现脱贫攻坚目标任务。

四、质量安全与标准化

1953年1月，农业部国营农场管理总局发布《国营农场工人技术标准》。

1962年12月29日，林业部颁发《小规格材标准（草案）》。

1979年2月12日，国务院环境保护领导小组、国家建委、国家经委、国家水产总局发出《关于颁发〈渔业水质标准〉的通知》，确定自1979年12月1日起试行。

1979年12月2日，《人民日报》报道：为了保护农田灌溉和渔业用水的水质，促进农业、渔业生产的发展，国务院环境保护领导小组，国家建委、国家经委、农业部和国家水产总局联合批准颁发了《农田灌溉水质标准》，作为全国通用标准，并决定从1979年12月1日起试行。

1981年5月13日，林业部印发《林木选择育种技术要领》。它规定了林木选择育种的技术原则和要求，对我国高质量建设良种基地有现实指导作用。

1984年8月9日，中国木材标准化技术委员会成立大会在黑龙江省林业科学院江山娇林场召开。

1985年1月26日，《人民日报》报道：全国农业标准化会议24日在南昌市结束。

1987年1月14日，农牧渔业部发布《籼型水稻不育系（或杂交种）与保持系种子真实性室内检验方法专业标准》。

1987 年 9 月 28 日—10 月 2 日，国家机械工业委员会派 2 人赴美国参加 1987 年国际标准组织 ISO/TC23 农机拖拉机和机械 4 个分技术委员会会议。出席会议的有 12 个国家及欧洲制造商协会（CEMA）等。会议讨论修订有关农业机械国际标准。

1987 年 11 月 30 日—12 月 7 日，林业部科技司、中国林木种子公司在南京林业大学联合召开全国林木种子标准化技术委员会成立大会，会议审议并通过了《林木种子贮藏》《林木种子检验仪器技术条件》《主要针叶造林树种子优树选择技术》《主要针叶造林树种种子园营建技术》《主要针叶造林树种优树子代遗传测定技术》5 项国家标准。

1999 年 7 月 26 日，《光明日报》报道：由国家经贸委、国家质量技术监督局组织制定的《棉花细绒棉》国家新标准，经国家质量技术监督局批准，将于 9 月 1 日起实施。

2000 年 5 月 22 日，《人民日报》报道：农业部和财政部决定从今年开始设立财政专项支持农业行业标准的制定和修订，其重点包括种植业、养殖业主导产品品种标准，产品质量分级、专用标准，生产技术规程，农药残留、兽药残留等安全卫生标准，农业生态环境标准，农业投入品及其合理使用标准，农产品包装、贮运标识标准等。到目前为止，我国已组织制定农业国家标准 300 余项，农业行业标准 900 余项，农业地方标准 1 500 余项。

2001 年 3 月 19 日，《经济日报》报道：国家经贸委、国家计委、公安部、国家环保总局联合制定颁布《农用运输车报废标准》。《标准》规定，我国农用运输车的最长使用年限为 12 年。该《标准》列出了应当报废的各种情形。

2003 年 8 月 23 日，《农民日报》报道：为使农副产品市场准入有章可循，商务组织起草了《农副产品绿色批发市场标准》和《农副产品绿色零售市场标准》，已由国家标准委审定发布。

2003 年 11 月 9 日，《人民日报》报道：我国已有农业方面的国家标准 1 911 项、行业标准 3 144 项、地方标准 5 463 项，一套涉及多方面的农业标准体系初步建立。

2003 年 11 月 10 日，《农民日报》报道：7 日，国家质检总局、农业部、国家标准化管理委员会在京召开全国农业标准化工作会议。

2004 年 1 月 27 日，《人民日报》报道：2004 年农业部将正式启动农产品加工推进行动。行动的时间为 3～5 年，重点是食品加工业，包括粮食加工、肉蛋奶制品加工、饲料加工、果品加工、水产品加工等。

2004 年 2 月 18 日，《科技日报》报道：我国在世界上首创微生物肥料标准体系。中国农业科学院土壤肥料研究所和农业部微生物肥料质检中心完成“微生物肥料标准体系建立和应用”课题，所制定的《使用菌种安全分级目录》收录菌种 90 多种，使行业的总体质量提高 20%。

2004 年 10 月 11 日，《人民日报》报道：国家质检总局与安徽省政府就加强农业标准化、推进农业产业化，促进主导农产品出口，签订了工作备忘录。国家质检总局将从 7 个方面支持安徽更多的企业取得国外卫生注册认证，为安徽农产品争取国际市场“通行证”。

2005 年 2 月 20 日，《光明日报》报道：农业部第五次例行监测结果表明，按国际食品法典委员会标准判定，我国农产品农药残留平均合格率为 97.5%。

2005 年 5 月 31 日，《农民日报》报道：商务部、农业部、国家税务总局、国家标准委员会决定在全国范围内开展农产品批发市场标准化工作。我国计划用三年左右的时间培育 2 000 个标准化管理的农产品批发市场，逐步建立布局合理、功能互补、产销结合的农产品批发市场体系。

2005 年 6 月 8 日，《人民日报》报道：我国第一个国家蔬菜质量监督检验中心 6 日在潍坊挂牌。该中心使山东省乃至全国的蔬菜有了国际水准的检验。目前有 40 多个国家认可该中心的检测结果。

2005 年 7 月 19 日，《人民日报》报道：18 日，由国务院台湾事务办公室经济局、商务部台港澳司、农业部台湾事务办公室和国家质量监督检验检疫总局动植物检疫监管司联合主办的“海峡两岸农业合作展览暨台湾农产品展销会”在上海展览中心开幕。

2006 年 5 月 31 日，《农民日报》报道：5 月 30 日，由国家标准化管理委员会正式批准，委托农业部管理的全国畜牧业标准化技术委员会在京召开了成立暨第一次全体委员会议。

2006 年 11 月 30 日，《人民日报》报道：商务部编制发布了我国第一个农村市场国家级专项规划。根据规划，到 2010 年，初步形成以乡村零售网点为基础、以大中型批发市场和连锁配送中心为骨干、以各类农村流通合作经济组织和大中型农村流通企业为主体的农村市场体系，初步建立适应社会主义新农村发展的农村商品流通体制。

2007 年 5 月 8 日，《人民日报》报道：我国已制定颁布农产品质量安全国家标准 1 281 项，行业标准 3 272 项，地方标准 7 000 余项，另有加工食品国家标准和行业标准 671 项，初步建立了农产品及食品质量安全标准体系框架。

2007 年 5 月 27 日，《人民日报》报道：截至 2006 年底，现行的农业国家标准有 1 407 项，行业标准 3 281 项，地方标准 8 000 多项；现行的食品安全国家标准有 1 150 项，行业标准 1 153 项，其中采用国际食品法典委员会和国外先进标准的比例为 23%。全国共建设各类国家级农业标准化示范区 2 767 个，首批建设了国家级农业标准化示范县 100 个，生产示范基地 4 600 多个。农产品质量安全标准已从中华人民共和国成立初期的农作物种子、种畜禽标准发展到涉及农产品品种标准、产地环境标准、生产加工技术规范、产品分级、安全卫生、包装贮运等农产品生产的全过程。

2009 年 11 月 12 日，《人民日报》报道：农业部发布了《农业机械化标准体系建设规划（2010—2015)》，首次明确了农业机械化标准体系的建设内容和建设目标，将在 2015 年前基本建立起科学、统一、协调的农业机械化标准体系。《规划》明确了总体目标，到“十二五”期末，制定修订 150 项农业机械化标准，农机安全监理、维修管理、质量监管、作业服务管理等行政管理中的技术规范基本完善，实现重要作物、重点机具和主要技术的农机化标准基本覆盖和配套，基本建立起科学、统一、协调的农业机械化标准体系，标准体系结构更趋合理，标准应用水平明显提高，基本能够满足农机化行业管理、技术推广应用、服务贸易发展的需要。

2009 年 11 月 25 日，《农民日报》报道：财政部与中国农业发展银行联合下发《关于积极开展合作共同推进农业产业化经营的通知》，从 2009 年起，农发行给予贷款、中央财政给予贴息，用以扶持龙头企业和农民专业合作社实施的种植养殖基地项目，农产品加工项目，储藏保鲜、产地批发市场等流通设施项目。

2010 年 6 月 21 日，《农民日报》报道：从 1990—2009 年，我国绿色食品产品总量规模扩大，企业由 63 家发展到 6 003 家，产品由 127 个发展到 15 707 个，年均增长率分别达到 27%和 29%；农业部已累计发布绿色食品标准 152 项。

2011 年 2 月 17 日，《人民日报》报道：为推动农产品流通标准化建设，提高流通效率、降低流通损耗、促进农民增收、保障质量安全，商务部印发《关于贯彻实施农产品流通标准的通知》，部署贯彻实施《黄瓜流通规范》等 7 项农产品流通标准有关工作。

2011 年 5 月 7 日，《人民日报》报道：2011 年一季度农产品例行监测结果显示，我国蔬菜、畜禽产品和水产品监测合格率分别为 97.1%、99.8% 和 97.8%，继续保持较高的水平。针对监测所反映出的问题和隐患，农业部迅速启动实施了 6 项专项整治行动，确保上市农产品消费安全。

2011 年 11 月 24 日，《农民日报》报道：全国农业标准化示范县创建工作开展 6 年来，共创建国家级农业标准化示范县（农场）546 个，示范县农产品质量安全水平得到稳步提升，抽检合格率比创建前提高 3～5 个百分点，创建工作呈现出以点带面、辐射促进的良好局面。

2012 年 9 月 26 日，《农民日报》报道：为进一步提高农产品质量安全监管水平，强化检验检测能力，保障农产品安全消费和农业产业健康发展，加快推进现代农业建设，农业部发布《全国农产品质量安全检验检测体系建设规划（2011—2015 年)》。“十二五”期间，我国将新建 1 个部级水产品质量安全研究中心、16 个部级专业质检中心、329 个地市级综合质检中心和 960 个县（场）级综合质检站，并且完善 64 个部、省级质检中心风险监测与信息预警功能。

2013 年 11 月 18 日，《农民日报》报道：16 日，中荷奶业发展中心在中国农业大学举行成立启动仪式。该中心由中国农业大学、荷兰瓦赫宁根大学和荷兰菲仕兰坎皮纳乳品公司等三方联合成立，旨在将荷兰先进的乳业管理和乳品生产经验，通过培训、交流等手段带到我国乳业生产、研究的相关层面，以改善和提高我国乳品产业链的生产、安全和质量水平。

2013 年 11 月 27 日，《农民日报》报道：为进一步推动中非农业的交流合作，以“共同携手、促进粮食安全及农业发展”为主题的中非农业合作研讨会在海南省万宁市举办。来自 45 个非洲国家代表与联合国代表以及国内外政府官员、金融机构代表、科研院所代表、农业企业近 500 名代表参加了研讨会。

2014 年 3 月 19 日，光明日报》报道：商务部会同农业部等 13 个部门印发了《关于进一步加强农产品市场体系建设的指导意见》。《意见》指出，争取利用 5～10 年的时间，逐步建立高效畅通、安全规范、竞争有序的中国特色农产品市场体系。

2014 年 3 月 29 日，《光明日报》报道：农业部、国家卫生和计划生育委员会联合发布食品安全国家标准《食品中农药最大残留限量》（GB 2763—

2014）。我国食品中农药最大残留限量指标将由现行的 2 293 项增加到 3 650 项，新增 1 357 项。

2014 年 6 月 14 日，《经济日报》报道：由国土资源部牵头，会同农业部、国家发展和改革委员会等多部门共同编制的《高标准农田建设通则》将于 6 月 25 日“全国土地日”起正式实施。这是我国首部高标准农田建设国家标准。

2017 年 1 月 7 日，《农民日报》报道：《耕地质量等级》（GB/T 33469—2016）国家标准经国家质检总局、国家标准委批准发布，于 2016 年 12 月 30 日起正式实施。这是我国首部耕地质量等级国家标准，为耕地质量调查监测与评价工作的开展，提供了科学的指标和方法。

2017 年 8 月 6 日，《人民日报》报道：上半年农业部组织开展了一、二季度共两次国家农产品质量安全例行监测，共监测 31 个省（区、市）155 个大中城市的蔬菜、水果、茶叶、畜禽产品和水产品等五大类产品 96 个品种，监测农兽药残留和非法添加物参数 94 个，抽检样品 20 823 个。监测结果显示，抽检总体合格率为 97.6%。

2018 年 2 月 4 日，《人民日报》报道：农业部近日印发 2018 年国家农产品质量安全例行监测（风险监测）计划，作为 2018 年农业农村部“农业质量年”活动的重要措施启动实施。

2018 年 7 月 11 日，《农民日报》报道：7 月 10 日，农业农村部在福建省福州市举行 2018 年质量兴农万里行活动启动仪式，动员各地深入开展质量兴农万里行系列活动。农业农村部党组成员宋建朝出席启动仪式并发布质量兴农万里行活动标志和官方主页。

2018 年 7 月 13 日，《人民日报》报道：全国蔬菜质量标准中心 12 日在山东寿光成立。全国蔬菜质量标准中心建设任务力争到 2020 年基本完成，中心将建设成为蔬菜全产业链标准集成和研发中心、蔬菜质量安全评估和预警中心等，成为全国蔬菜产业技术信息的汇集地、发散地，成为蔬菜产业发展的风向标。

五、农村法制建设

1950 年 6 月 28 日，中央人民政府委员会第 8 次会议通过《中华人民共和国土地改革法》。

1950 年 7 月 14 日，政务院举行第 41 次政务会议通过《农民协会组织通则》。

1950 年 10 月 20 日，政务院举行第 55 次政务会议，通过《新区农村债务纠纷处理办法》。

1950 年 11 月 10 日，政务院举行第 58 次政务会议，通过《城市郊区土地改革条例》。

1955 年 3 月，农业部、财政部发布《关于国营农场有关农业税问题的几项规定的通知》。

1955 年 5 月 23 日，国营农场管理总局发出《关于国营机械农场应税产品交纳商品流通税、货物税问题的几项规定》。

1956 年 3 月 9 日，国务院举行第 25 次全体会议。会议通过了《农业生产合作社示范章程草案》，决定提请全国人民代表大会常务委员会完成立法程序。

1956 年 3 月 17 日，毛泽东主席命令公布《农业生产合作社示范章程》。

1956 年 6 月 30 日，第一届全国人民代表大会第三次会议一致通过《高级农业生产合作社示范章程》。毛泽东主席命令公布《高级农业生产合作社示范章程》。

1956 年 10 月 6 日，国务院发布《关于农业生产合作社粮食统购统销的规定》。

1957 年 1 月 26 日，林业部颁发《国营林场经营管理试行办法》。

1957 年 4 月 23 日，水产部颁发《水产资源繁喧保护暂行条例（草案）》。

1957 年 6 月 25 日，全国人民代表大会常务委员会举行第 76 次会议。通过了《关于增加农业生产合作社社员自留地的决定》。

1961 年 6 月 26 日，中共中央颁布《关于确定林权、保护山林和发展林业的若干政策规定（试行草案）》。《规定》对山林所有权，经营管理和收益分配，木材的采伐、收购以及群众造林等有关政策，作出了明确详细的规定。

1962 年 3 月 20 日，林业部发布《营造国有速生用材林技术纲要（草案）》。

1978 年 9 月 23 日—10 月 12 日，国家林业总局在北京昌平县召开全国林业局长会议。会议总结了中华人民共和国成立以来林业建设的经验教训，讨论了《森林法》（草案）和林业发展规划，研究了加快发展林业的措施。

1979 年 1 月 15 日，国务院发布《关于保护森林制止乱砍滥伐的布告》。《布告》规定：坚决维护国家和集体的森林所有权；严禁乱砍滥伐，以木易物，搞非法协作；严禁毁林开荒、毁林搞副业；加强市场管理，严禁非法贩运木材，坚决打击投机倒把活动；健全护林防火组织和制度；大力提倡植树造林，实行谁种谁管谁有的政策；毁林者罚，经过批准采伐的林木，要限期更新，并保证成活；广泛开展爱林护林教育，表彰、奖励护林有功人员和单位，严肃处理破坏山林、树木的案件。

1979年2月10日，国务院颁布《水产资源繁殖保护条例》。《条例》共8章20条，第一章规定了适用范围和对水产资源繁殖保护工作加强组织领导的总要求；第二章规定了保护对象和采捕原则，规定了鱼类、虾蟹类、贝类、海藻类、淡水食用水生植物类及其他类中的重要或名贵的水生动物和植物应当加以重点保护，同时还规定要加强繁殖保护的各项措施；第三章对禁渔区和禁渔期的有关问题作了规定；第四章规定了渔具和渔法，规定了各种渔具的最小网眼（箔眼）尺寸，渔具渔法的计划改进、禁止、限制或淘汰以及禁止炸鱼、毒鱼和滥用电力捕鱼及敲䑩作业等；第五章为水域环境保护，规定了水污染与病虫害的防治及修建水利工程的渔业资源保护措施；第六章规定了奖惩措施；第七章是组织领导和职责。

1979年2月17日—23日，五届全国人大常委会第6次全体会议在北京举行。会议原则通过《中华人民共和国森林法（试行）》，并根据国务院的提议，决定3月12日为中国的植树节。《中华人民共和国森林法（试行）》规定：森林资源包括林木、竹子和林地，以及林区范围内的植物和动物；森林按效益不同划分为防护林、用材林、经济林、薪炭林、特种用途林五类。爱林护林，因地制宜地发展林业是全国人民的光荣义务和权利。国务院设立林业部主管全国林业建设事业。各省、市、自治区设立林业管理机构，主管本地区的林业建设事业。必须采取有效措施，防止森林火灾和防治森林病虫害。严禁毁林开荒、毁林搞副业；已经毁林的，限期由毁林单位或个人还林。禁止在幼林地、封山育林区、防风固沙林和特种用途林内砍柴、放牧、采取砂石。在珍贵、稀有动物和植物的生长繁殖地区划定自然保护区，建立机构，加强保护管理，开展科学研究。国家和各级人民政府应制定规划，限期完成造林绿化任务，使全国森林覆盖面积逐步达到30%，山区县一般达到40%以上，丘陵区县一般达到20%以上，平原区县一般达到10%以上。对森林要实行合理采伐。以县或者国营林业局为单位计算，每年的森林采伐量不得超过生长量。木材生产必须全部纳入国家计划，不准进行计划外的采伐。对于在管理、保护和合理利用森林方面有显著成绩的单位和个人，给予精神鼓励或物质奖励；对于违反森林法规的行为，依法给予制裁。

1979年4月1日，国家水产总局、农业部发出《中华人民共和国口岸淡水鱼类检疫暂行规定》。

1979年11月10日，中国农业银行颁发《农村社队企业贷款试行办法》。《办法》规定：发放贷款要按照客观经济规律办事，讲求经济效果，发挥银行信贷的促进和监督作用，帮助企业用较少的钱办较多的事。必须贯彻“社队自力更生为主，国家支援为辅”的方针，在充分挖掘社队和企业自有物资、资金潜力的基础上，仍有困难的，银行可给予贷款支持。必须坚持“钱物结合，确有物资，物资适用，讲求实效和有借有还，到期归还”的原则。

1980年11月28日，《人民日报》报道：据统计，1957—1977年净减少耕地1.8亿亩，相当于四川、广东、广西耕地面积的总和。如果我们不珍惜土地，再过八十年，我们的后代就难以生存。代表们建议，国家必须尽快颁发《土地法》；组织有权威的土地统一管理机关和一定规模的土地勘测规划事业机构，有步骤地开展土地资源调查，制定土地规划，加强土地管理。

1982年3月25日，农业部颁发《公社畜牧兽医工作站管理试行条例》。

1982年4月1日—12日，林业部与公检法、人大法制委员会等有关部门，联合有开20个省、自治区公检法和林业部门参加的座谈会，总结《森林法》（试行）三年来的情况，征求修改意见。

1982年4月10日，农业部、林业部、化工部、卫生部、商业部、国务院环境保护领导小组联合发出《关于颁布农药登记规定的通知》。本规定自1982年10月1日起施行。

1982年5月10日—16日，全国兽药药政、药检工作会议在山东省福山县召开。会议讨论了《新兽药管理暂行办法》和《兽药检验所工作细则》，并对如何加强药政、药检工作提出了一些建设性意见。

1982年5月22日，农牧渔业部颁发《全国农作物品种审定试行条例》，规定：国家和省、市、自治区分别设农作物品种审定委员会。农作物品种审定委员会的任务是：审议有关农作物品种审定工作的规章、制度、办法；审定新品种，包括其经济效益、适应地区以及相应的栽培技术；领导和组织品种区域试验、生产试验工作；对已推广的品种和新品种的示范、繁育、推广工作提出建议。并对报审品种条件、报审程序、品种定名和登记等进行了规定。

1982年6月4日，国务院发布《中华人民共和国进出口动植物检疫条例》。

1982年8月31日，农牧渔业部发布《农业机械鉴定工作条例（试行）》，自1983年1月1日开始试行，对农机鉴定工作的任务、鉴定工作程序、鉴定工作机构进行了规定。

1982年10月9日，《人民日报》报道：农牧渔业部、林业部、化工部、卫生部、商业部和国务院环境保护领导小组联合颁布了《农药登记规定》，自1982年10月1日起施行。

1982年12月5日，《人民日报》全文登载第五届全国人民代表大会第五次会议通过的《中华人民共和国宪法》。《宪法》在第六、八、九、十条中，就我国的社会主义制度，农村经济组织，自然资源拥所有权及利用，土地问题等都做了明确规定。

1984年7月4日，六届全国人大常委会第六次会议，听取了关于《中华人民共和国森林法（修改草案）》的说明。全国人大常委会委员长彭真指出：修改制定森林法，是为了稳定现有林木、林地的所有权和经营权，保障其合法权益；要防止在森林法的修改制定过程中引起新的乱砍滥伐，对乱砍滥伐的，一定要严肃处理。

1984年9月20日，六届全国人大常委会第七次会议通过了《中华人民共和国森林法》。

1984年11月10日，新华社报道：农牧渔业部部长何康向六届全国人大第八次会议作关于《中华人民共和国草原法（草案）》说明。指出加强草原的保护、管理和建设是当前保证畜牧业稳定发展的一个急待解决的问题。

1985年1月1日，《中华人民共和国森林法》开始施行。

1985年3月16日，新华社报道：国务院6日发布了《中华人民共和国海洋倾废管理条例》。该条例自1985年4月1日起施行。

1985年4月3日，农牧渔业部印发《农牧渔业部关于实施〈中华人民共和国科学技术进步奖励条例〉的细则（试行）》《关于农牧渔业科学技术研究成果管理试行规定》。

1985年6月19日，《人民日报》公布《中华人民共和国草原法》。

1985年11月15日，《经济日报》报道：农牧渔业部副部长朱荣受国务院委托，13日向全国人大常委会作了《关于中华人民共和国渔业法草案的说明》。

1986年1月21日，《人民日报》公布《中华人民共和国渔业法》。

1986年1月25日，《人民日报》报道：国务院7日发布《中华人民共和国城乡个体工商户所得税暂行条例》。

1986年5月15日，《人民日报》全文刊登《中华人民共和国森林法实施细则》。

1986年6月26日，《农民日报》报道：六届全国人大常委会第十六次会议通过《中华人民共和国土地管理法》。

1986年9月29日，《人民日报》报道：根据国务院关于全面清理法规工作的要求，国务院有关部门对1949—1984年，经国务院（含政务院）发布或者批准发布的农（牧渔）业、林业、水利电力和气象方面的行政法规和法规性文件进行了清理，共清出应予废除的法规24件，已明令废止的23件，自行失效的76件。经国务院法制局复查和国务院审议，决定对应于废除的予以废止。

1987年7月7日，林业部印发《林业工业产品生产许可证管理的若干规定》。

1987年7月17日，《人民日报》报道：国务院发布《兽药管理条例》，1988年1月1日起施行。

1987年11月3日，林业部发布《森林病虫害预测预报管理办法》。

1988年1月16日，国务院发布了《森林防火条例》，自1988年3月15日起施行。《森林防火条例》共七章，三十八条，主要内容包括森林防火组织、森林火灾的预防、森林火灾的扑救、森林火灾的调查和统计、奖励与处罚等。

1988年12月29日，《全国人民代表大会常务委员会关于修改〈中华人民共和国土地管理法〉的决定》。第七届全国人民代表大会常务委员会第五次会议根据宪法修正案和国务院关于提请修改《中华人民共和国土地管理法》的议案，决定对《中华人民共和国土地管理法》作如下修改：第二条第二款修改为："任何单位和个人不得侵占、买卖或者以其他形式非法转让土地。"第二条增加两款，作为第四款、第五款："国有土地和集体所有的土地的使用权可以依法转让。土地使用权转让的具体办法，由国务院另行规定。""国家依法实行国有土地有偿使用制度。国有土地有偿使用的具体办法，由国务院另行规定。"第四十条修改为："乡（镇）村公共设施、公益事业建设，需要使用土地的，经乡级人民政府审核，向县级人民政府土地管理部门提出申请，按照省、自治区、直辖市规定的批准权限，由县级以上地方人民政府批准。"第四十七条修改为："买卖或者以其他形式非法转让土地的，没收非法所得，限期拆除或者没收在买卖或者以其他形式非法转让的土地上新建的建筑物和其他设施，并可以对当事人处以罚款；对主管人员由其所在单位或者上级机关给予行政处分。"第五十一条修改为："违反法律规定，在耕地上挖土、挖沙、采石、采矿等，严重毁坏种植条件的，或者因开发土地，造成土地沙化、盐渍化、水土流失的，责令限期治理，可以并处罚款。"第五十二条修改为："本法规定的行政处罚由县级以上地方人民政府土地管理部门决定，本法第四十五条规定的行政处罚可以由乡级人民政府决定。当事人对行政处罚决定不服的，可以在接到处罚决定通知之日起十五日内，向人民法院起诉；期满不起诉又不履行的，由作出处罚决定的机关申请人民法院强制执行。"第五十二条增加第二款："受到限期拆除新建建筑物和其他设施的处罚的单位和个人，必须立即停止施工。对继续施工的，作出处罚决定的机关有权制止。拒绝、阻碍土地管理工作人员依法执行职务的，依照治安管理处罚条例的有关规定处罚。"

1989 年 12 月 28 日，《国务院关于完善化肥、农药、农膜专营办法的通知》。《通知》指出：一、中国农业生产资料公司和各级供销社的农资经营单位是农资专营的主渠道。二、凡列入中央和省（区、市）、计划单列市年度计划，作为工业原料用的化肥，仍按原渠道经营，不得倒卖。三、切实安排好化肥、农药、农膜生产所需主要原材料、燃料和电力供应。四、为了保证突发性病虫害和其他灾情急用，要分级储备一部分农药。五、专营周转资金要配套。对生产和经营所需流动资金，要专项安排，优先保证。六、安排生产计划要切实搞好工商衔接。七、要加强进口管理。进口化肥、农药（包括原料及中间体）、农膜原料及化肥包装原料，必须按国家安排的进口计划或凭进口配额批件，按经贸部有关规定由经贸部中国化工进出口总公司或由经贸部批准的单位对外订货。八、化肥、农药、农膜及生产所需主要原材料、燃料，全部列为国家指令性运输计划，交通、铁道部门要根据各级农资公司和农垦系统、农技部门及生产企业申报的计划优先安排，及时组织卸运，保证不误农时。九、切实稳定化肥、农药、农膜价格

1990 年 6 月 3 日，国务院发布《中华人民共和国乡村集体所有制企业条例》，1990 年 7 月 1 日起施行。《条例》共七章四十五条，包括：总则，企业的设立、变更和终止，企业的所有者和经营者，企业的权利和义务，企业的管理，企业与政府有关部门的关系，奖励与处罚。国家对乡村集体所有制企业实行积极扶持，合理规划，正确引导，加强管理的方针。乡村集体所有制企业的主要任务是：发展商品生产和服务业，满足社会日益增长的物质和文化生活的需要；调整农村产业结构，合理利用农村劳动力；支援农业生产和农村建设，增加国家财政和农民的收入；积极发展出口创汇生产；为大工业配套和服务。国家保护乡村集体所有制企业的合法权益，禁止任何组织和个人侵犯其财产。乡村集体所有制企业实行自主经营，独立核算，自负盈亏。

1990 年 7 月 2 日，《人民日报》报道：据民政部有关部门负责人介绍，在《村民委员会组织法（试行）》试行之初，全国有 27 个省、自治区、直辖市的 1 093 个县（市）进行了试点。目前有 19 个省份已经或正在农村全面贯彻实施这一法律。

1990 年 7 月 12 日，林业部印发执行《林业部科技兴林方案（1990—1995）》、林业部《关于加强林业科学技术工作的若干政策性意见》。

1990 年 10 月 17 日—21 日，林业部在天津召开了全国森林资源和林政管理工作会议。会议审定了"八五"期间年森林采伐限额，并讨论了上报国务院的《关于各省、自治区、直辖市 1991—1995 年森林采伐限额审核意见的报告》。会议决定，本着管全、管严的要求，"八五"期间，将对森林采伐限额实行全额管理。会议还讨论修改了《森林采伐限额管理暂行规定》《森林资源监督办法》《森林采伐限额管理行政处罚暂行规定》和《林地管理及林地林木权属管理行政处罚暂行规定》4 个规定和办法。

1991 年 1 月 4 日，国务院发布《中华人民共和国土地管理法实施条例》，自 1991 年 2 月 1 日起施行。《条例》共七章四十条，规定国家土地管理局主管全国土地的统一管理工作。集体所有的土地，由县级人民政府登记造册，核发《集体土地所有证》，确认所有权。全国土地利用总体规划由国家土地管理局会同有关部门拟订，经国家计划委员会综合平衡后，报国务院批准执行。县级以上地方人民政府的土地利用总体规划，由县级以上地方人民政府土地管理部门会同有关部门拟订，经同级计划主管部门综合平衡后，由同级人民政府审查同意，报上一级人民政府批准执行。乡级人民政府的土地利用总体规划，由乡级人民政府编制，报县级人民政府批准执行。乡（镇）村各项建设应当严格控制占用农业生产用地，不得突破县级以上地方人民政府下达的乡（镇）村建设用地控制指标。

1991 年 6 月 29 日，第七届全国人民代表大会常务委员会第二十次会议通过《中华人民共和国水土保持法》，自公布之日起施行。1982 年 6 月 30 日国务院发布的《水土保持工作条例》同时废止。该法是为预防和治理水土流失，保护和合理利用水土资源，减轻水、旱、风沙灾害，改善生态环境，发展生产而制定，共六章四十二条。法律规定：一切单位和

个人都有保护水土资源、防治水土流失的义务，并有权对破坏水土资源、造成水土流失的单位和个人进行检举。国家对水土保持工作实行预防为主，全面规划，综合防治，因地制宜，加强管理，注重效益的方针。国务院水行政主管部门主管全国的水土保持工作。县级以上地方人民政府水行政主管部门，主管本辖区的水土保持工作。

1991年10月30日，第七届全国人民代表大会常务委员会第二十二次会议通过《中华人民共和国进出境动植物检疫法》。自1992年4月1日起施行。1982年6月4日国务院发布的《中华人民共和国进出口动植物检疫条例》同时废止。法律规定：国务院设立动植物检疫机关，统一管理全国进出境动植物检疫工作。国家动植物检疫机关在对外开放的口岸和进出境动植物检疫业务集中的地点设立的口岸动植物检疫机关，依照本法规定实施进出境动植物检疫。国务院农业行政主管部门主管全国进出境动植物检疫工作。

1992年4月18日，《人民日报》报道：绿色食品标志获商标专用权。农业部将统一负责绿色食品标志的颁发和使用管理，并发出《关于依法使用、保护绿色食品商标标志的通知》。

1992年5月13日，国务院发布《关于修改〈植物检疫条例〉的决定》，自发布之日起施行。农业部1957年12月4日发布的《国内植物检疫试行办法》同时废止。《植物检疫条例》规定：在发生疫情的地区，植物检疫机构可以派人参加当地的道路联合检查站或者木材检查站；发生特大疫情时，经省、自治区、直辖市人民政府批准，可以设立植物检疫检查站，开展植物检疫工作。列入应施检疫的植物、植物产品名单的，运出发生疫情的县级行政区域之前，必须经过检疫。从国外引进种子、苗木，引进单位应当向所在地的省、自治区、直辖市植物检疫机构提出申请，办理检疫审批手续。但是，国务院有关部门所属的在京单位从国外引进种子、苗木，应当向国务院农业主管部门、林业主管部门所属的植物检疫机构提出申请，办理检疫审批手续。疫情由国务院农业主管部门、林业主管部门发布。

1992年6月26日，《农民日报》报道：农业部公布《家畜家禽防疫条例实施细则》，4月8日颁布实施。

1993年6月29日，国务院发布《村庄和集镇规划建设管理条例》，自1993年11月1日起施行。《条例》规定：村庄、集镇规划建设管理，应当坚持合理布局、节约用地的原则，全面规划，正确引导，依靠群众，自力更生，因地制宜，量力而行，逐步建设，实现经济效益、社会效益和环境效益的统一。国务院建设行政主管部门主管全国的村庄、集镇规划建设管理工作。国家鼓励村庄、集镇规划建设管理的科学研究，鼓励推广先进技术，提倡在村庄和集镇建设中，结合当地特点，采用新工艺、新材料、新结构。村庄、集镇规划由乡级人民政府负责组织编制，并监督实施。

1993年7月2日，第八届全国人民代表大会常务委员会第二次会议通过《中华人民共和国农业法》，自公布之日起施行。《中华人民共和国农业法》共九章，分别为：总则、农业生产经营体制、农业生产、农产品流通、农业投入、农业科技与农业教育、农业资源与农业环境保护、法律责任、附则。总则规定：国家坚持以农业为基础发展国民经济的方针。国家采取措施，保障农业的稳定发展。农业发展的基本目标是：努力发展农村社会主义市场经济，进一步解放和发展农村的生产力，开发、利用农村劳动力、土地和各种资源，增加农产品的有效供应，满足人民生活和社会经济发展的需要；在发展生产的基础上增加农业劳动者的收入，提高其生活水平，建设共同富裕的文明的新农村，逐步实现农业现代化。各级人民政府必须把农业工作放在重要地位，统一负责、组织各有关部门和全社会支持农业，做好发展农业和为发展农业服务的各项工作。国务院主管农业的部门按照各自的职责，负责全国有关农业的工作。国务院其他有关部门在各自的职责范围内，负责全国有关的为农业生产经营服务的工作。县级以上地方人民政府主管农业的部门按照各自的职责，负责本行政区域内有关的农业工作。县级以上地方人民政府其他有关部门在各自的职责范围内，负责本行政区域内有关的为农业生产经营服务的工作。

1993年7月2日，八届全国人大常委会第二次会议通过《中华人民共和国农业技术推广法》，自公布之日起施行。国家鼓励和支持科技人员开发、推广应用先进的农业技术，鼓励和支持农业劳动者和农业生产经营组织应用先进的农业技术。各级人民政府应当加强对农业技术推广工作的领导，组织有关部门和单位采取措施，促进农业技术推广事业的发展。对在农业技术推广工作中做出贡献的单位和个人，给予奖励。乡、民族乡、镇以上各级国家农业技术推广机构的职责是：（一）参与制订农业技术推广计划并组织实施；（二）组织农业技术的专业培训；（三）提供农业技术、信息服务；（四）对确定推广的农业技术进行试验、示范；（五）指导下级农业技术推广机构、群众性科技组织和农民技术人员的农业技术推广活动。地方各级人民政府应当采取措施，保障农业技术推广机构获得必需的试验基地和生产资料，进行农业技术的试验、示范。地方各级人民政府应当保障农业技术推广机构有开展农业技术推广工作必要的条件。地方各级人民政府应当保障农业技术推广机构的试验基地、生产资料和其他财产不受侵占。

1993年8月1日，中华人民共和国国务院令第120号发布《中华人民共和国水土保持法实施条例》，自发布之日起施行。《条例》规定：一切单位和个人都有权对破坏水土资源、造成水土流失的行为的单位和个人，向县级以上人民政府水行政主管部门或者其他有关部门进行检举，水土流失防治区的地方人民政府应当实行水土流失防治目标责任制。县级以上人民政府应当将批准的水土保持规划确定的任务，纳入国民经济和社会发展计划，安排专项资金，组织实施，并可以按照有关规定，安排水土流失地区的部分扶贫资金、以工代赈资金和农业发展基金等资金，用于水土保持。

1993年10月5日，中华人民共和国国务院令第130号公布《草原防火条例》，自发布之日起施行。《草原防火条例》规定：草原防火工作实行预防为主、防消结合的方针。国务院农牧业部门主管全国草原防火工作。地方各级人民政府应当组织划定草原防火责任区，确定草原防火责任单位，建立草原防火责任制度，并定期进行检查。重点草原防火区的有关地方人民政府应当加强草原防火工作的组织建设。一切经营、使用草原的单位都应当建立群众扑火队(组)，重点草原防火区还应当组织专业扑火队。草原防火期内，在草原上禁止野外用火。任何单位和个人发现草原火灾，必须立即扑救，并及时向当地人民政府或者草原防火主管部门报告。

1994年4月15日，李鹏总理签署国务院153号令，发布了《种畜禽管理条例》（7月1日起施行)。《条例》所称种畜禽，是指种用的家畜家禽，包括家养的猪、牛、羊、马、驴、驼、兔、犬、鸡、鸭、鹅、鸽、鹌鹑等及其卵、精液、胚胎等遗传材料。从事畜禽品种资源保护、培育和种畜禽生产、经营的单位和个人，必须遵守本条例；农户自繁自用种畜禽的除外。国家鼓励并扶持繁育、推广、使用畜禽良种和培育畜禽新品种。在畜禽品种资源保护、培育和种畜禽科研、生产中作出显著成绩的，由人民政府或者畜牧行政主管部门给予奖励。国务院畜牧行政主管部门主管全国的种畜禽管理工作。县级以上地方人民政府畜牧行政主管部门主管本行政区域内的种畜禽管理工作。《条例》共六章二十七条。

1994年5月7日，《人民日报》报道：我国第一部农业法规全书——《农业法全书》由中国农业出版社出版。

1994年8月18日，国务院发布并开始实施《中华人民共和国气象条例》。在中华人民共和国领域和中华人民共和国管辖的其他海域从事气象探测、预报、服务和气象灾害防御、气候资源利用等活动，应当遵守此条例。国家对气象工作实行统一领导与分级、分部门管理相结合的制度。国务院授权的主管全国气象工作的机构主管全国气象工作。省、自治区、直辖市气象主管机构负责本行政区域内的气象工作。地方各级气象主管机构实行上级气象主管机构与本级人民政府双重领导，以上级气象主管机构领导为主的管理体制。国务院其他设有气象工作机构的部门，依照分工，负责管理本部门的气象工作，并受国务院气象主管机构的行业管理。各级人民政府应当加强对气象工作的领导和对气象基础设施建设的支持。《条例》共八章四十条。

1994年8月28日，《人民日报》报道：国务院发布《基本农田保护条例》。基本农田保护应当贯彻全面规划、合理利用、用养结合、严格管理的方针。县级以上地方各级人民政府应当将基本农田保护工作纳入国民经济和社会发展计划，作为政府领导任期目标责任制的重要内容，由上一级人民政府监督实施。一切单位和个人都有保护基本农田的义务，并有权对侵占、破坏基本农田以及其他违反本条例的行为进行检举、控告。《基本农田保护条例》共六章四十条。

1994年10月13日，《人民日报》报道：国务院发布《中华人民共和国自然保护条例》，自1994年12月1日起施行。凡在中华人民共和国领域和中华人民共和国管辖的其他海域内建设和管理自然保护区，必须遵守此条例。国家采取有利于发展自然保护区的经济、技术政策和措施，将自然保护区的发展规划纳入国民经济和社会发展计划。建设和管理自然保护区，应当妥善处理与当地经济建设和居民生产、生活的关系。自然保护区管理机构或者其行政主管部门可以接受国内外组织和个人的捐赠，用于自然保护区的建设和管理。县级以上人民政府应当加强对自然保护区工作的领导。一切单位和个人都有保护自然保护区内自然环境和自然资源的义务，并有权对破坏、侵占自然保护区的单位和个人进行检举、控告。国家对自然保护区实行综合管理与分部门管理相结合的管理体制。国务院环境保护行政主管部门负责全国自然保护区的综合管理。国务院林业、农业、地质矿产、水利、海洋等有关行政主管部门在各自的职责范围内，主管有关的自然保护区。县级以上地方人民政府负责自然保护区管理的部门设置和职责界定，由省、自治区、直辖市人民政府根据当地具体情况确定。对建设、管理自然保护区以及在有关的科学研究中做出显著成绩的单位和个人，由人民政府给予奖励。《条例》共五章四十四条。

1995 年 1 月 6 日，《人民日报》报道：1 月 5 日，国务委员陈俊生在人民大会堂举行的《森林法》实施 10 周年座谈会上指出，《森林法》是确保林业改革和建设顺利进行的根本大法，今后，要进一步认识依法治林的重要性，建全林业法律体系，加大执法力度，保障我国林业持续、快速、健康发展。

1995 年 1 月 20 日，《农民日报》报道：我国第一部荒山有偿开发的专门法规《云南省荒山有偿开发的若干规定》，由云南省人大常委会制定并颁布施行。

1995 年 6 月 7 日，《经济日报》报道：5 月 26 日—6 月 5 日，中共中央政治局委员、全国人大常委会副委员长田纪云到苏州、无锡、南通、盐城、扬州、南京等地，就农村经济、农业现代化和贯彻《农业法》等方面的情况进行考察。

1995 年 6 月 24 日，《人民日报》报道：6 月 23 日，国务院环境保护委员会召开第六次会议，审议并通过了《中国自然保护区发展规划纲要（1990—2050 年）》。

1995 年 6 月 29 日，《人民日报》报道：28 日，水利部在北京召开座谈会，纪念《中华人民共和国水土保持法》颁布实施 4 周年。

1996 年 4 月 16 日，农业部与国家工商行政管理局联合颁布《农作物种子生产经营管理暂行办法》。各级农业行政主管部门和工商行政管理部门按照各自的职责，依法负责农作物种子生产经营行政管理和市场监督管理工作。从事商品农作物种子生产的单位和个人，必须到农业行政主管部门申请领取《农作物种子生产许可证》，持证进行生产。其中第二十一条规定，农业行政主管部门和工商行政管理部门要依法加强对农作物种子合同的监督管理，跟踪监督合同的履行。《办法》共六章二十七条。

1996 年 5 月 7 日，《人民日报》报道：中共中央办公厅、国务院办公厅转发了《农业部、监察部、财政部、国家计委、国务院法制局关于当前减轻农民负担的情况和今后工作的意见》。《意见》指出，实践证明，党中央、国务院关于减轻农民负担的一系列重大决策是正确的。经过各方面的艰苦努力，减轻农民负担工作取得了一定的成效，摸索了一些有益的做法和经验。但减轻农民负担工作形势依然严峻，农民负担过重问题还没有从根本上解决。当前和今后一个时期减轻农民负担工作，要按照“深化改革、发展经济、规范管理、群众监督”的要求，坚定不移地贯彻执行国务院宣布的“约法三章”，重点解决好提留统筹费超过规定比例和农村“三乱”问题。建立减轻农民负担工作行政主要领导负责制，坚决堵住加重农民负担的源头，健全分工协作的监督管理机制，切实转变工作作风，严禁采取非法手段向农民收取款物。

1996 年 7 月 3 日，《农民日报》报道：国务院办公厅发出《关于治理开发农村“四荒”资源进一步加强水土保持工作的通知》。《通知》强调，20 世纪 80 年代以来，一些“四荒”资源较多的地方出现了以家庭承包、联户承包、集体开发、租赁、股份合作和拍卖使用权等多种方式大规模治理开发“四荒”的好势头，收到了很好的效果。有计划、有领导地治理开发“四荒”资源，是组织广大农民向生产的深度和广度进军的一项战略措施。坚持合理规划的原则，坚持治理和开发相结合的原则，坚持多种方式并举的原则。实行谁治理，谁管护，谁受益的政策，无论采用哪种方式治理开发“四荒”，都必须遵守有关法律法规和政策。

1996 年 9 月 27 日，林业部发布施行《林业行政执法监督办法》。要求林业行政执法监督遵循有法必依、执法必严、违法必究和以事实为依据、以法律为准绳的原则。《办法》共五章三十三条。

1996 年 9 月 27 日，为了规范林业行政处罚，保障和监督林业行政主管部门有效实施行政管理，维护公共利益和社会秩序，保护公民、法人或者其他组织的合法权益，林业部根据有关法律、法规，制定了《林业行政处理程序规定》。实施林业行政处罚必须以事实为依据，以法律为准绳，遵循公正、公开、及时的原则。实施林业行政处罚，纠正违法行为，应当坚持处罚与教育相结合，教育公民、法人或者其他情况自觉守法。《规定》共有五十三条。

1996 年 9 月 30 日，国务院发布《中华人民共和国野生植物保护条例》，从 1997 年 1 月 1 日起施行。国家对野生植物资源实行加强保护、积极发展、合理利用的方针。国家保护依法开发利用和经营管理野生植物资源的单位和个人的合法权益。国家鼓励和支持野生植物科学研究、野生植物的就地保护和迁地保护。县级以上各级人民政府有关主管部门应当开展保护野生植物的宣传教育，普及野生植物知识，提高公民保护野生植物的意识。任何单位和个人都有保护野生植物资源的义务，对侵占或者破坏野生植物及其生长环境的行为有权检举和控告。

1996年10月29日， 八届全国人大常委会第2次会议审议通过《中华人民共和国乡镇企业法》，于1997年1月1日正式施行。国家鼓励和重点扶持经济欠发达地区、少数民族地区发展乡镇企业，鼓励经济发达地区的乡镇企业或者其他经济组织采取多种形式支持经济欠发达地区和少数民族地区举办乡镇企业。国务院乡镇企业行政管理部门和有关部门按照各自的职责对全国的乡镇企业进行规划、协调、监督、服务；县级以上地方各级人民政府乡镇企业行政管理部门和有关部门按照各自的职责对本行政区域内的乡镇企业进行规划、协调、监督、服务。

1996年12月3日，《经济日报》报道：农业部乡镇企业局印发《乡镇企业集体资产管理办法》。《办法》规定，乡镇企业集体资产是农村集体经济组织或农民集体投资形成的，属农村社区全体范围全体农民或部分农民共同所有的资产集体，资产管理应实行政企分开、所有权和经营权分离的原则，禁止任何组织和个人对其进行侵犯。《办法》指出，乡镇企业集体资产界定实行产权登记制度，由企业或乡镇企业集体资产管理委员会提交资产所有权界定报告，经乡镇企业行政管理部门审核后，报县级乡镇企业行政管理部门确认，进行产权登记。

1996年12月16日，《人民日报》报道：2日，国务院发布《中华人民共和国进出境动植物检疫法实施条例》，自1997年1月1日起实施。国务院农业行政主管部门主管全国进出境动植物检疫工作。中华人民共和国动植物检疫局统一管理全国进出境动植物检疫工作，收集国内外重大动植物疫情，负责国际进出境动植物检疫的合作与交流。海关依法配合口岸动植物检疫机关，对进出境动植物、动植物产品和其他检疫物实行监管。具体办法由国务院农业行政主管部门会同海关总署制定。本《条例》共十章六十八条。

1996年12月31日， 林业部发布实施《沿海国家特殊保护林带管理规定》。《规定》要求，在沿海国家特殊保护林带内，禁止从事砍柴、放牧、修坟、采石、采砂、采土、采矿及其他毁林行为，禁止非法修筑建筑物和其他工程设施。沿海地区地方人民政府林业行政主管部门应当在当地人民政府领导下，组织有关部门做好沿海国家特殊保护林带的森林火灾和森林病虫害防治工作。依照有关规定需要对沿海国家特殊保护林带内的林木进行抚育和更新采伐的，必须经所在地县级人民政府林业行政主管部门审核，报省级人民政府林业行政主管部门批准，并报林业部备案。违反森林保护法规，破坏沿海国家特殊保护林带森林资源的，破坏或者擅自移动沿海国家特殊保护林带的保护标志的，依照有关法律、法规的规定从重处罚。

1996年12月31日，《人民日报》报道：30日，林业部、农业部、国务院法制局联合在北京举行新闻发布会宣布，《中华人民共和国野生植物保护条例》将于1997年1月1日起施行。

1997年1月1日，《农民日报》报道：1996年12月30日，林业部、农业部、国务院法制局联合在北京举行新闻发布会，宣布《中华人民共和国野生植物保护条例》自1997年1月1日起施行，并首次发布了我国目前最权威的保护野生动物名录。

1997年3月20日， 国务院发布《植物新品种保护条例》，自1997年10月1日起施行。为了保护植物新品种权，鼓励培育和使用植物新品种，促进农业、林业的发展，制定此条例。国务院农业、林业行政部门按照职责分工，共同负责植物新品种权申请的受理和审查，并对符合本条例规定的植物新品种授予植物新品种权，完成关系国家利益或者公共利益并有重大应用价值的植物新品种育种的单位或者个人，由县级以上人民政府或者有关部门给予奖励。条例共八章四十六条。

1997年4月3日，《经济日报》报道：根据国务院的决定，国家环境保护局、农业部、国家计委、国家经贸委联合制定并公布了《关于加强乡镇企业环境保护工作的规定》。《规定》指出，地方各级人民政府要高度重视乡镇企业的环境保护工作，县长、乡（镇）长要对本地区的环境质量负责，要将辖区环境质量作为考核县、乡（镇）主要领导人工作的重要内容。以县为单位，实施污染物排放总量控制，把乡镇企业的排污量纳入区域污染物排放总量控制目标。地方各级人民政府要制定乡镇企业主要污染物排放总量逐年削减计划并落实到企业，采取有效措施，防治乡镇企业污染和破坏环境，保护和改善农村环境质量。

1997年5月16日，《人民日报》报道，5月8日，国务院发布《农药管理条例》，自1997年5月8日起施行。为了加强对农药生产、经营和使用的监督管理，保证农药质量，保护农业、林业生产和生态环境，维护人畜安全，制定本条例。在中华人民共和国境内生产、经营和使用农药的，应当遵守本条例。国家鼓励和支持研制、生产和使用安全、高效、经济的农药。《条例》共八章四十八条。

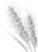

1997年6月16日， 农业部制定了《农业生

物基因工程安全管理实施办法》，以规范和促进我国农业生物基因工程的研究与开发。《办法》指出，从事基因工程工作的单位，在进行有关实验研究、中间试验、环境释放和商品化生产前，应当在遗传工程体及其产品安全性评价的基础上，确定安全等级，制定相应的安全控制措施。审批机关工作人员玩忽职守、徇私舞弊的，由所在单位或者其上级主管部门对直接责任人员给予行政处分。情节严重，构成犯罪的，依法追究直接责任人员的刑事责任。《办法》共六章三十六条。

1997 年 7 月 8 日，《人民日报》报道：7 月 3 日，全国人民代表大会常务委员会第 26 次会议通过了《中华人民共和国动物防疫法》，自 1998 年 1 月 1 日起施行。县级以上地方人民政府设立的动物卫生监督机构依照本法规定，负责动物、动物产品的检疫工作和其他有关动物防疫的监督管理执法工作。国家支持和鼓励开展动物疫病的科学研究以及国际合作与交流，推广先进适用的科学研究成果，普及动物防疫科学知识，提高动物疫病防治的科学技术水平。

1997 年 8 月 13 日，《农民日报》报道：国务院办公厅发出关于印发《国家扶贫资金管理办法》的通知，自 1997 年 8 月 1 日起施行。《办法》指出，国家扶贫资金是指中央为解决农村贫困人口温饱问题、支持贫困地区社会经济发展而专项安排的资金，包括支援经济不发达地区发展资金、“三西”农业建设专项补助资金、新增财政扶贫资金、以工代赈资金和扶贫专项贷款。国家各项扶贫资金应当根据扶贫攻坚的总体目标和要求，配套使用，形成合力，发挥整体效益。国家各项扶贫资金必须全部用于国家重点扶持的贫困县，并以这些县中的贫困乡、村、户作为资金投放、项目实施和受益的对象。国家下达的各项扶贫资金，全部由省、自治区、直辖市人民政府统一安排使用，由同级扶贫开发工作协调领导机构具体负责，组织各有关部门规划和实施项目。有关扶贫资金管理部门应当根据本办法确定的原则，分别制定具体管理办法。各省、自治区、直辖市可以根据本办法，结合当地实际情况，制定实施细则。本办法共十五条。

1997 年 9 月 26 日，《农民日报》报道：为促进棉花工作向规范化、标准化方向发展，切实保护棉农利益，保证棉花收购质量，全国供销合作总社公布了《棉花收购工作规则》，从 1997 年 9 月 1 日起施行。《规则》指出，棉花收购单位主要任务是，贯彻执行国家关于棉花工作的方针、政策和国家棉花标准，适时完成收购任务，改善经营管理，提高服务质量，开展科技兴棉，促进棉花生产发展。棉花收购单位要组织工作人员进行法制、政策和职业道德教育，学习专业知识，掌握基本技能，提高队伍素质。建立和完善棉花收购岗位责任制，实行科学管理。棉花收购单位要严格执行国家价格政策，正确执行国家棉花标准严格资金管理，实行谁经营谁贷款的办法，并要专款专用，不得挪用。全国供销合作总社棉麻局和各省棉麻公司定期或不定期对棉花收购工作进行检查，对认真执行政策、标准的单位予以表彰奖励，对违反法规政策的单位责令限期整改或吊销收购许可证，并追究单位负责人的责任。《规则》共八章三十三条。

1997 年 12 月 26 日，《农民日报》报道：国务院发布《生猪屠宰条例》，将于 1998 年 1 月 1 日起施行。

1998 年 1 月 5 日，刘江部长签发农业部令，公布施行《农用拖拉机及驾驶员安全监理规定》。县以上各级人民政府农业机械行政主管部门负责本辖区内的拖拉机及驾驶员的安全监理工作。法律、法规授权或由农业机械行政主管部门依法委托的农业机械安全监理机构负责具体实施。农机监理机构负责拖拉机及其驾驶员的安全技术检验、考核、核发全国统一的牌证和在田间、场院、乡村道路上作业的安全及技术状态的监理工作。《规定》共五章五十七条。

1998 年 2 月 28 日，《农民日报》全文刊载《中华人民共和国水生动植物自然保护区管理办法》（农业部 1997 年 10 月 17 日发布施行）。《办法》提出：任何单位和个人都有保护水生动植物自然保护区的义务，对破坏、侵占自然保护区的行为应该制止、检举和控告。国务院渔业行政主管部门主管全国水生动植物自然保护区的管理工作；县级以上地方人民政府渔业行政主管部门主管本行政区域内水生动植物自然保护区的管理工作。国家级水生动植物自然保护区的建立，需经自然区所在地的省级人民政府同意，由省级人民政府渔业行政主管部门报国务院渔业行政主管部门，经评审委员会评审后，由国务院渔业行政主管部门按规定报国务院批准。地方级水生动植物自然保护区的建立，由县级以上渔业行政主管部门按规定报省级人民政府批准，并报国务院渔业行政主管部门备案。《办法》共五章三十二条。

1998 年 2 月 28 日，《进口兽药管理办法》（农业部 1998 年 1 月 5 日发布施行）。进口兽药必须经口岸兽药监察所检验合格后，方可在国内销售、分装、使用。凡向中华人民共和国销售兽药的外国企业及境内从事进口兽药的进口、分装、经营的企业均必须遵守本办法的规定。国家对进口兽药实行注册管理制度。凡外国企业生产的兽药首次向中华人民共和国销售的，必须申请注册，取得《进口兽药登记许可证》。未经注册的兽药，不准在中华人民共和国境内销售、分装、使用和进行商业性宣传。《进口兽药登记许可证》只对载明的兽药品种和生产企业有效。注册兽药的申请须由外国企业驻中国办事机构或其在中国境内的代理商提出。申请时须将有关资料一式三份报农业部。农业部对申请企业提供的资料进行审查，对符合规定的发放“进口兽药注册申请受理通知书”。《办法》共六章五十六条。

1998 年 3 月 5 日，《农民日报》全文刊载《渔业行政处罚规定》（1998 年 1 月 5 日农业部发布施行）。对渔业违法的行政处罚有以下种类：罚款；没收渔获物、违法所得、渔具；暂扣、吊销捕捞许可证等渔业证照；法律、法规规定的其他处罚。渔业违法行为轻微并及时纠正，没有造成危害后果的，不予行政处罚。我国渔船违反我国缔结、参加的国际渔业条约和违反公认的国际关系准则的，可处以罚款。按本《规定》进行的渔业行政处罚，在海上被处罚的当事人在未执行处罚以前，可扣留其捕捞许可证和渔具。《规定》共二十一条。

1998 年 3 月 5 日，《乡镇企业登记备案规定》（1998 年 1 月 1 日农业部发布施行）。各级人民政府乡镇企业行政管理部门应当建立乡镇企业登记备案档案管理制度，为发展乡镇企业服务。登记备案管理机关应定期将企业登记备案情况及时汇总，并逐级上报。对符合乡镇企业条件而不按规定登记备案的企业，乡镇企业行政管理部门应当对其进行批评教育，令其改正，限期登记备案。在本规定颁布前已设立的各类乡镇企业，自本规定生效之日起，应在六个月内向当地登记备案管理机关办理登记备案手续。县级以上人民政府乡镇企业行政管理部门应对乡镇企业登记备案工作进行不定期的监督检查。《规定》共十七条。

1998 年 4 月 29 日，中华人民共和国主席江泽民签署主席令，公布《中华人民共和国森林法》自 1998 年 7 月 1 日起施行。国家所有的和集体所有的森林、林木和林地，个人所有的林木和使用的林地，由县级以上地方人民政府登记造册，发放证书，确认所有权或者使用权。国务院可以授权国务院林业主管部门，对国务院确定的国家所有的重点林区的森林、林木和林地登记造册，发放证书，并通知有关地方人民政府。本法共七章四十九条。

1998 年 5 月 25 日，农业部颁布《农业科学技术保密规定》。农业科技秘密是指关系国家安全和利益，依照法定程序确定，在一定时间内只限一定范围的人员知悉的农业科学技术事项。农业科学技术保密是指对农业科技秘密的保密。农业科学技术保密工作既要保障农业科技秘密的安全，又要有利于我国农业科学技术的进步和普及，有利于农业和农村经济的发展。农业科学技术保密应当突出重点，确保重要农业科技秘密的安全，有控制地放宽一般农业科技秘密的交流与应用。农业科学技术保密工作是各级农业科技管理部门的重要职责，应当与我国农业科学技术管理工作相结合。做好农业科学技术保密工作应当依靠广大农业科技工作者。农业部负责指导农业系统的科学技术保密工作。各级农业行政主管部门和有关单位应当按照保密有关规定对为农业科技保密工作作出贡献、成绩显著的集体和个人给予奖励；对于违反国家或者农业部科技保密规定的行为，应当给予批评教育；对于情节严重，给国家安全和利益造成损害的，应当依照有关法律、法规给予有关责任人员行政处分；触犯刑法的，由司法机关追究其刑事责任。《规定》共五章三十四条。

1998 年 6 月 10 日，新华社报道：4 月 18 日，中共中央办公厅、国务院办公厅发出《关于在农村普遍实行村务公开和民主管理制度的通知》。《通知》要求，为了贯彻落实党的十五大关于扩大基层民主，保证人民群众直接行使民主权利的精神，推进农村基层民主建设，密切党群、干群关系，促进农村的改革、发展和稳定，中央认为，有必要在全国农村普遍实行村务公开和民主管理制度。党的十五大指出，发展社会主义民主政治，是我们党始终不渝的奋斗目标。扩大基层民主，保证人民群众直接行使民主权利，依法实行民主管理，是健全社会主义民主制度的重要内容。农民是我们党在农村的依靠力量，也是我们国家政权最广泛、最深厚的群众基础。保护和发挥农民的积极性，历来是我们党取得革命和建设胜利的重要保证，也是推进社会主义现代化建设事业顺利进行的必要条件。村务公开要从农民群众普遍关心的和涉及群众切身利益的实际问题入手，村务公开的重点是财务公开。实行民主管理，首先要坚持和完善村民会议或村民代表会议制度。建立健全村务公开和民主管理制度，实现村务公开和民主管理的规范化、制度化，各级党委和政府要从农村改革、发展和稳定的大局出发，把实行村务公开和民主管理作为农村工作的 项重要任务和农村基层组织建设的一项重要内容，列入重要议事日程。要采取多种措施，加强推行村务公开和民主管理的宣传教育工作。

1998 年 6 月 26 日，国家林业局第五次局长办公会议审议通过《国家林业局关于授权森林公安机关代行行政处罚权的决定》，并于同日发布，自 1998 年 7 月 1 日起施行。根据《中华人民共和国森林法》第二十条规定，国家林业局决定：授权森林公安机关查处《森林法》第三十九条、第四十二条、第四十三条、第四十四条规定的行政处罚案件。森林公安局、森林公安分局、森林公安警察大队，查处本决定第一项规定的案件，以自己的名义作出行政处罚决定；其他森林公安机构，查处本决定第一项规定的案件，以其归属的林业主管部门名义作出行政处罚决定。森林公安机关查处本决定第一项规定的行政处罚案件，必须持有国家林业局统一核发的林业行政执法证件。

1998年8月10日，《农民日报》报道：5日，国务院总理朱镕基签署国务院令，发布实施《粮食购销违法行为处罚办法》。地方各级人民政府及其有关行政主管部门不得违反国家规定，向国有粮食收储企业收取或者变相收取任何税、费。地方各级人民政府及其有关行政主管部门不得挤占、挪用、截留粮食收购资金贷款或者国家拨补的粮食利息、费用补贴，不得干预粮食收购资金贷款或者国家拨补的粮食利息、费用补贴的正常使用，不得指令国有粮食收储企业从事违反国家有关粮食购销规定的活动。中央储备粮的购销价格由国家发展计划委员会会同财政部、国家粮食储备局确定；地方储备粮的购销价格由省、自治区、直辖市人民政府确定。《办法》共十五条。

1998年8月29日，新华社报道：九届全国人大常委会第四次会议通过了《土地管理法》，国家主席江泽民签署主席令，公布这部法律，自1999年1月1日起施行。本法要求，任何单位和个人不得侵占、买卖或者以其他形式非法转让土地。土地使用权可以依法转让。国家为公共利益的需要，可以依法对集体所有的土地实行征用。国家依法实行国有土地有偿使用制度。但是，国家在法律规定的范围内划拨国有土地使用权的除外，国家实行土地用途管制制度。国家编制土地利用总体规划，规定土地用途，将土地分为农用地、建设用地和未利用地。严格限制农用地转为建设用地，控制建设用地总量，对耕地实行特殊保护。使用土地的单位和个人必须严格按照土地利用总体规划确定的用途使用土地。本法共八章八十六条。

1998年10月15日，陈耀邦部长签发农业部令第1号，发布实施《农业行政执法证件管理办法》。农业行政执法证件为"中华人民共和国农业行政执法证"。农业行政执法证是农业行政执法人员从事农业行政执法活动的统一有效证件。县级以上农业管理部门的农业行政执法人员在执行公务时，应当出示或佩戴农业行政执法证。农业行政执法人员应当在法律、法规和规章规定的职责范围内行使职权。农业行政执法证由农业部统一制定，并负责监制。农业行政执法证加盖农业部执法证件专用章。农业行政执法证件实行审验制度，每两年审验一次。持证人所在单位应当于发证后的第二年的第四季度将持证人的农业行政执法证件及有关材料报发证机关，经审验合格的，由发证机关加盖验审印章。农业部法制工作机构负责农业行政执法证件的发放和管理工作。《办法》共十八条。

1998年10月16日，最高人民法院、最高人民检察院、国家林业局、公安部、监察部联合发出《关于开展严厉打击破坏森林资源违法犯罪活动专项斗争的通知》。

1998年11月5日，《人民日报》报道：4日，公布第九届全国人民代表大会常务委员会第五次会议11月4日修订通过的《中华人民共和国村民委员会组织法》，自公布之日起施行。村民委员会是村民自我管理、自我教育、自我服务的基层群众性自治组织，实行民主选举、民主决策、民主管理、民主监督。村民委员会办理本村的公共事务和公益事业，调解民间纠纷，协助维护社会治安，向人民政府反映村民的意见、要求和提出建议。村民委员会向村民会议、村民代表会议负责并报告工作。村民委员会应当支持和组织村民依法发展各种形式的合作经济和其他经济，承担本村生产的服务和协调工作，促进农村生产建设和经济发展。村民委员会依照法律规定，管理本村属于村农民集体所有的土地和其他财产，引导村民合理利用自然资源，保护和改善生态环境。

1998年12月9日，《人民日报》报道：国土资源部发出紧急通知，要求坚决制止新《土地管理法》实施前突击征地批地。

1998年12月30日，新华社报道：27日，国务院总理朱镕基签署国务院令，公布《中华人民共和国土地管理法实施条例》。根据《中华人民共和国土地管理法》，制定本《条例》。国家依法实行土地登记发证制度。依法登记的土地所有权和土地使用权受法律保护，任何单位和个人不得侵犯。土地登记内容和土地权属证书式样由国务院土地行政主管部门统一规定。土地登记资料可以公开查询。农民集体所有的土地，由土地所有者向土地所在地的县级人民政府土地行政主管部门提出土地登记申请，由县级人民政府登记造册，核发集体土地所有权证书，确认所有权。未确定使用权的国有土地，由县级以上人民政府登记造册，负责保护管理。全国土地利用总体规划，由国务院土地行政主管部门会同国务院有关部门编制，报国务院批准。地方各级人民政府应当采取措施，按照土地利用总体规划推进土地整理。土地整理新增耕地面积的60%可以用作折抵建设占用耕地的补偿指标。违反土地管理法律、法规，阻挠国家建设征用土地的，由县级以上人民政府土地行政主管部门责令交出土地；拒不交出土地的，申请人民法院强制执行。《条例》共八章四十六条。

1998 年 12 月 30 日，《基本农田保护条例》自 1999 年 1 月 1 日施行。基本农田保护实行全面规划、合理利用，用养结合、严格保护的方针。县级以上地方各级人民政府应当将基本农田保护工作纳入国民经济和社会发展计划，作为政府领导任期目标责任制的一项内容，并由上一级人民政府监督实施。国务院土地行政主管部门和农业行政主管部门按照国务院规定的职责分工，依照本《条例》负责全国的基本农田保护管理工作。《条例》共六章三十六条。

1999 年 4 月 29 日，《农民日报》报道：国务院办公厅发出通知，印发经国务院批准，由国土资源部组织编制的《全国土地利用总体规划纲要》。《纲要》以保护耕地和控制非农业建设用地规模为重点，确定了土地利用的目标、方针，对土地利用结构和布局进行了必要的调整，制定了实施规划的具体措施。

1999 年 5 月 5 日，《科技日报》报道：4 月 28 日，农业部发出《关于加强肥料管理工作的通知》，要求未经登记的肥料产品不得进口、生产、销售和使用。

1999 年 6 月 4 日，《经济日报》报道：5 月 29 日，国务院总理朱镕基签署第 266 号国务院令，发布《饲料和饲料添加剂管理条例》，自发布之日起施行。新研制的饲料、饲料添加剂，在投入生产前，研制者、生产者必须向国务院农业行政主管部门提出新产品审定申请，经国务院农业行政主管部门指定的机构检测和饲喂试验后，由全国饲料评审委员会根据检测和饲喂试验结果，对该新产品的安全性、有效性及其对环境的影响进行评审；评审合格的，由国务院农业行政主管部门发给新饲料、新饲料添加剂证书，并予以公布。国务院农业行政主管部门公布的新饲料、新饲料添加剂的产品质量标准为行业标准；需要制定国家标准的，依照标准化法的有关规定办理。经营未经国务院农业行政主管部门登记的进口饲料、进口饲料添加剂的，依照刑法关于非法经营罪的规定，依法追究刑事责任；尚不够刑事处罚的，由县级以上地方人民政府饲料管理部门责令立即停止经营，没收未售出的产品和违法所得，并处违法所得 1 倍以上 5 倍以下的罚款。《条例》共五章三十五条。

1999 年 6 月 16 日，农业部第 13 号令发布实施《中华人民共和国植物新品种保护条例实施细则》（农业部分）。对危害公共利益、生态环境的植物新品种不授予品种权。中国单位或者个人就其在国内培育的新品种向外国人转让品种权申请权或者品种权时，属于职务育种的，需经省级人民政府农业行政部门审核同意后报农业部审批；属于非职务育种的，直接报农业部审批。国有单位在国内转让品种权申请权或者品种权的，由其隶属的上级主管部门批准。转让品种权申请权或者品种权的，由农业部公告，并自公告之日起生效。中国单位或者个人申请品种权的，可以直接申请或者委托农业部指定的代理机构向农业部办公室提出申请。本细则共十章八十条。

1999 年 6 月 26 日，《经济日报》报道：6 月 25 日是第九个全国“土地日”，国土资源部等单位在北京举行座谈会，全国人大常委会副委员长姜春云在讲话中强调，要全面实施《土地管理法》，切实保护耕地，确保经济社会可持续发展。

1999 年 7 月 30 日，国务院办公厅发出《国务院办公厅关于继续冻结各项建设工程征占林地的通知》。通知规定，从 1999 年 8 月 5 日起至《森林法实施条例》颁布实施之前，继续冻结各项建设工程征占林地。

1999 年 8 月 10 日，国家林业局第 3 号令发布《中华人民共和国植物新品种保护条例实施细则》（林业部分）。中国的单位或者个人就其在国内培育的植物新品种向外国转让申请权或者品种权的，应当报国家林业局批准。国有单位在国内转让植物新品种申请权或者品种权的，由其上级行政主管部门批准。转让申请权或者品种权的，当事人应当订立书面合同，向国家林业局登记，并由国家林业局予以公告。转让申请权或者品种权的，自登记之日起生效。国家林业局对品种权申请进行初步审查时，可以要求申请人就有关问题在规定的期限内提出陈述意见或者予以修正。国家林业局植物新品种复审委员会由植物育种专家栽培专家、法律专家和有关行政管理人员组成。植物新品种保护办公室根据复审委员会的决定办理复审的有关事宜。《细则》共五章三十九条。

1999 年 8 月 10 日，国家林业局第 3 号令发布《中华人民共和国植物新品种保护条例实施细则》（林业部分）。中国的单位或者个人就其在国内培育的植物新品种向外国转让申请权或者品种权的，应当报国家林业局批准。国有单位在国内转让植物新品种申请权或者品种权的，由其上级行政主管部门批准。转让申请权或者品种权的，当事人应当订立书面合同，向国家林业局登记，并由国家林业局予以公告。转让申请权或者品种权的，自登记之日起生效。国家林业局对品种权申请进行初步审查时，可以要求申请人就有关问题在规定的期限内提出陈述意见或者予以修正。国家林业局植物新品种复审委员会由植物育种专家、栽培专家、法律专家和有关行政管理人员组成。植物新品种保护办公室根据复审委员会的决定办理复审的有关事宜。《细则》共五章三十九条。

1999年8月27日，《农民日报》报道：农业部发出《关于加强种子执法工作的通知》。

1999年12月28日，《人民日报》报道：25日，国家主席江泽民签署第26号主席令，公布《中华人民共和国海洋环境保护法》，自2000年4月1日起施行。国家建立并实施重点海域排污总量控制制度，确定主要污染物排海总量控制指标，并对主要污染源分配排放控制数量。一切单位和个人都有保护海洋环境的义务。国务院环境保护行政主管部门作为对全国环境保护工作统一监督管理的部门，对全国海洋环境保护工作实施指导、协调和监督，并负责全国防治陆源污染物和海岸工程建设项目对海洋污染损害的环境保护工作。国务院和沿海地方各级人民政府应当采取有效措施，保护红树林、珊瑚礁、滨海湿地、海岛、海湾、入海河口、重要渔业水域等具有典型性、代表性的海洋生态系统，珍稀、濒危海洋生物的天然集中分布区，具有重要经济价值的海洋生物生存区域及有重大科学文化价值的海洋自然历史遗迹和自然景观。国务院有关部门和沿海省级人民政府应当根据保护海洋生态的需要，选划、建立海洋自然保护区。国家级海洋自然保护区的建立，须经国务院批准。本法共十章九十八条。

2000年1月29日，国务院发布《中华人民共和国森林法实施条例》，2000年1月29日中华人民共和国国务院令第278号发布，自发布之日起施行。国家依法实行森林、林木和林地登记发证制度。依法使用的国家所有的森林、林木和林地，按照规定登记。集体所有的森林、林木和林地，由所有者向所在地的县级人民政府林业主管部门提出登记申请，由该县级人民政府登记造册，核发证书，确认所有权。单位和个人所有的林木，由所有者向所在地的县级人民政府林业主管部门提出登记申请，由该县级人民政府登记造册，核发证书，确认林木所有权。改变森林、林木和林地所有权、使用权的，应当依法办理变更登记手续。使用集体所有的森林、林木和林地的单位和个人，应当向所在地的县级人民政府林业主管部门提出登记申请，由该县级人民政府登记造册，核发证书，确认森林、林木和林地使用权国家重点防护林和特种用途林，由国务院林业主管部门提出意见，报国务院批准公布等，共计七章四十八条。

2000年3月4日，《农民日报》报道：监察部和国土资源部以“部令”形式发布《关于违反土地管理规定行为行政处分暂行办法》，于3月2日施行。单位或者个人有本办法所列违反土地管理规定行为的，除依法给予行政处罚外，对有关的国家公务员依照本办法给予行政处分；涉嫌犯罪的，移送司法机关依法处理。单位买卖或者以其他形式非法转让土地的，对直接负责的主管人员和其他直接责任人员，分别依照本法规定给予行政处分；单位未经批准或者采取欺骗手段骗取批准，非法占用土地的，对直接负责的主管人员和其他直接责任人员，分别依照本法规定给予行政处分；单位或者个人非法批准征用、占用土地的，对有关责任人员，分别依照本法规定给予行政处分；超越批准权限非法批准征用、占用土地的，视其超越权限以外批准征用、占用土地的数量和其他情节，对直接负责的主管人员和其他直接责任人员按照本法规定给予行政处分，等等，共计二十五条。

2000年7月8日，第九届全国人民代表大会常务委员会第十六次会议审议通过《中华人民共和国种子法》，自2000年12月1日起施行。国家扶持种质资源保护工作和选育、生产、更新、推广使用良种，鼓励品种选育和种子生产经营相结合，奖励在种质资源保护工作和良种选育、推广等工作中成绩显著的单位和个人。省级以上人民政府应当根据科教兴农方针和农业、林业发展的需要制定种业发展规划并组织实施。省级以上人民政府建立种子储备制度，主要用于发生灾害时的生产需要及余缺调剂，保障农业和林业生产安全。对储备的种子应当定期检验和更新。种子储备的具体办法由国务院规定。

2000年7月19日，国家发展计划委员会、财政部根据《财政部、国家计委关于调整野生动植物进出口管理费政策有关问题的通知》，联合印发了《关于野生动植物进出口管理费收费标准的通知》，大幅度调低野生植物和人工繁殖、培植野生动植物出口的收费标准，同时对进口野生动植物实行收费制度。

2000年7月24日，《农民日报》报道：23日，农业部发布《肥料登记管理办法》，自发布之日起施行。国家鼓励研制、生产和使用安全、高效、经济的肥料产品。实行肥料产品登记管理制度，未经登记的肥料产品不得进口、生产、销售和使用，不得进行广告宣传。农业部负责全国肥料登记和监督管理工作。省、自治区、直辖市人民政府农业行政主管部门协助农业部做好本行政区域内的肥料登记工作。县级以上地方人民政府农业行政主管部门负责本行政区域内的肥料监督管理工作。

2000年7月26日，《农民日报》报道：6月

13日，农业部发布《中华人民共和国渔业行政执法船舶管理办法》。渔政船实行建造审批，注册登记，统一编号，统一规范。各级渔业行政主管部门依照本办法的规定对所属渔政船进行管理。凡新建、改造、购置和报废渔政船的，必须填写《中华人民共和国渔政船新建、改造、购置、报废申请表》，经批准后方可进行。未经批准，不得新建、改造、购置和报废渔政船。农业部直属渔政渔港监督管理机构和省级渔业行政主管部门需新建、改造、购置和报废渔政船的，报（沿海省级渔政船经所在海区局审核后）中华人民共和国渔政渔港监督管理局审批。省级以下各级渔业行政主管部门需新建、改造、购置和报废渔政船的，由各省（区、市）渔业行政主管部门审批，报中华人民共和国渔政渔港监督管理局（海洋渔政船同时报所在海区渔政渔港监督管理局）备案。渔政船的设计、建造规范和安装的设备必须符合国家有关规定。《办法》共二十二条，自2001年1月1日起施行。

2000年7月28日，《农民日报》报道：6月13日，农业部发布《中华人民共和国渔业港航监督行政处罚规定》，自下发之日起施行。其中第一章为总则，第二章为违反渔港管理的行为和处罚，第三章为违反渔业船舶管理的行为和处罚，第四章为违反渔业船员管理的行为和处罚，第五章为违反其他安全管理的行为和处罚，第六章为附则。《规定》共六章三十九条。

2000年11月3日，《人民日报》报道：10月31日，国家主席江泽民发布主席令，公布由第九届全国人民代表大会常务委员会第十八次会议于2000年10月31日通过《全国人民代表大会常务委员会关于修改〈中华人民共和国渔业法〉的决定》，自2000年12月1日起施行。

2000年3月28日，农业部在广州市召开全国农业政策法规工作会议（30日结束）。

2000年11月22日，最高人民法院公布《最高人民法院关于审理破坏森林资源刑事案件具体应用法律若干问题的解释》。

2001年1月11日，《科技日报》报道：1月9日，全国环境保护工作会议召开。“十五”期间我国环保的目标是：力争环境污染状况有所减轻，生态环境恶化的趋势开始减缓，重点城市和地区环境质量得到改善，健全适应社会主义市场经济的环境保护政策法规和管理体系。

2001年3月16日，《农民日报》报道：2月26日，农业部部长陈耀邦分别签署第44号、48号农业部令，发布《主要农作物品种审定办法》和《农作物种子生产经营许可证管理办法》。

2001年3月23日，《农民日报》报道：全国第一个以地级市人民政府名义规定培育速生杨树苗必须领取《许可证》的文件，在江苏省宿迁市出台。此举可防止品质退化的速生杨树苗注入市场。

2001年8月11日，《光明日报》报道：国务院总理朱镕基签署第314号国务院令，公布了《棉花质量监督管理条例》。《条例》共5章39条，包括总则、棉花质量义务、棉花质量监督、罚则，附则。制定本条例是为了加强棉花质量的监督管理，维护棉花市场秩序，保护棉花交易各方的合法权益。条例强调，严禁棉花经营者在收购、加工、销售、存储等棉花经营活动中掺杂掺假、以次充好、以假充真。如违反此规定，构成犯罪的，依法追究刑事责任；尚不构成犯罪的，由棉花质量监督机构没收掺杂掺假、以次充好、以假充真的棉花和违法所得，并处违法货值金额2倍以上5倍以下的罚款；同时移送工商行政管理机关依法吊销营业执照。条例还规定，国家实行棉花质量公证检验制度。由专业纤维检验机构按照国家标准和技术规范，对棉花质量、数量进行检验并出具公证检验证书，公证检验不得收取任何费用，所需费用按国家有关规定列支。

2001年12月17日，《农民日报》报道：12月10日，农业部部长杜青林签署第4号、5号、6号农业部令，发布《水产苗种管理办法》《关于修改〈渤海、东海、南海区渔业资源增殖保护费征收使用暂行办法〉的决定》和《兽药质量监督抽样规定》，自发布之日起施行。

2002年4月13日，《农民日报》报道：4月12日，《中华人民共和国进出境动植物检疫法》实施10周年座谈会在北京举行。

2002年4月17日，《农民日报》报道：国务院办公厅发布了《国务院办公厅关于做好2002年扩大农村税费改革试点工作的通知》。

2002年4月29日，《农民日报》报道：28日，九届全国人大常委会在人民大会堂举行第26次法制讲座，题目是关于我国农业法制建设的几个问题。全国人大常委会委员长李鹏指出，必须进一步完善我国的农业法律制度。

2002年5月15日，《农民日报》报道：3月19日，农业部部长杜青林签署第11号农业部令，发布《兽药生产质量管理规范》，自2002年6月19日起施行。

2002年5月17日，《农民日报》报道：国务院办公厅发出《关于完善农村义务教育管理体制的通知》。

2002年7月19日，《农民日报》报道：农业部2002年第193号公告发布了《食品动物禁用的兽药及其他化合物清单》，禁止37种兽药及其他化合物用于食品动物及促进生长用途。

2002年8月25日，《人民日报》报道：农业部、国家质量监督检验检疫总局联合印发了《水产品药物残留专项整治计划》，开展水产品药物残留专项整治活动，力求从源头控制水产品中氯霉素及其他禁用药物的使用，从生产到市场全程质量监控，基本实现水产品无禁用药物残留。

2002年8月30日，《人民日报》报道：8月29日，国家主席江泽民分别签署第73、74号主席令，公布《中华人民共和国农村土地承包法》自2003年3月1日起施行，《中华人民共和国水法》自2002年10月1日起施行。《中华人民共和国农村土地承包法》提出耕地的承包期为30年。草地的承包期为30～50年。林地的承包期为30～70年；特殊林木的林地承包期，经国务院林业行政主管部门批准可以延长。通过家庭承包取得的土地承包经营权可以依法采取转包、出租、互换、转让或者其他方式流转。土地承包经营权流转应当遵循以下原则：①平等协商、自愿、有偿，任何组织和个人不得强迫或者阻碍承包方进行土地承包经营权流转；②不得改变土地所有权的性质和土地的农业用途；③流转的期限不得超过承包期的剩余期限；④受让方须有农业经营能力；⑤在同等条件下，本集体经济组织成员享有优先权。土地承包经营权采取转包、出租、互换、转让或者其他方式流转，当事人双方应当签订书面合同。采取转让方式流转的，应当经发包方同意；采取转包、出租、互换或者其他方式流转的，应当报发包方备案。

2002年9月28日，《农民日报》报道：9月6日，农业部部长杜青林签署第21号农业部令，发布《农业野生植物保护办法》，自2002年10月1日起施行。《办法》规定，国家重点保护野生植物名录的制定和调整由农业部野生植物保护管理办公室提出初步意见，经农业部野生植物保护专家审定委员会审定通过后，由农业部按照《中华人民共和国自然保护区条例》第十条第二款的规定报国务院批准公布。农业部和省级农业行政主管部门负责在国家重点保护野生植物物种天然集中分布区域，划定并建立国家级或省级国家重点保护野生植物类型自然保护区。国家级和省级国家重点保护野生植物类型自然保护区的建立，按照《中华人民共和国自然保护区条例》有关规定执行。申请采集国家重点保护野生植物，应当填写《国家重点保护野生植物采集申请表》，并分别按规定程序向有关主管部门申请办理《国家重点保护野生植物采集许可证》。

2002年12月10日，《农民日报》报道：国家林业局公布了《林木种子生产、经营许可证管理办法》，规定林木种子生产和经营许可证有效期为3年，实行年检年报制度，自12月15日起施行。

2002年12月29日，《人民日报》报道：12月28日，国家主席江泽民签署第八十一号、八十二号主席令，公布第九届全国人民代表大会常务委员会第三十一次会议修订后的《中华人民共和国农业法》和《中华人民共和国草原法》，自2003年3月1日起施行。《中华人民共和国农业法》指出，国家把农业放在发展国民经济的首位。农业和农村经济发展的基本目标是：建立适应发展社会主义市场经济要求的农村经济体制，不断解放和发展农村生产力，提高农业的整体素质和效益，确保农产品供应和质量，满足国民经济发展和人口增长、生活改善的需求，提高农民的收入和生活水平，促进农村富余劳动力向非农产业和城镇转移，缩小城乡差别和区域差别，建设富裕、民主、文明的社会主义新农村，逐步实现农业和农村现代化。国家实行农村土地承包经营制度，依法保障农村土地承包关系的长期稳定，保护农民对承包土地的使用权。农村土地承包经营的方式、期限、发包方和承包方的权利义务、土地承包经营权的保护和流转等，适用《中华人民共和国土地管理法》和《中华人民共和国农村土地承包法》。农村集体经济组织应当在家庭承包经营的基础上，依法管理集体资产，为其成员提供生产、技术、信息等服务，组织合理开发、利用集体资源，壮大经济实力。各县级以上人民政府根据国民经济和社会发展的中长期规划、农业和农村经济发展的基本目标和农业资源区划，制定农业发展规划。农产品的购销实行市场调节。国家对关系国计民生的重要农产品的购销活动实行必要的宏观调控，建立中央和地方分级储备调节制度，完善仓储运输体系，做到保证供应，稳定市场。

2002年10月22日，《人民日报》报道：10月21日，农业部隆重召开中国兽药典第三届委员会成立大会暨第一次全体会议，正式启动了新版《中华人民共和国兽药典》的编制工作，为解决动物性产品和肉食品生产中的安全问题、促进动物性产品出口和维护人民健康迈出坚实的一步。

2003年1月3日，《人民日报》报道：国家环保总局副局长王心芳在贯彻《环境影响评价法》报告会上指出，该法将于今年9月1日实施，把环境影响评价的范围由建设项目拓展到有关的经济发展规划，当务之急是抓紧制定配套法律法规的建设。

2003 年 1 月 6 日，《人民日报》报道：新修订的《农业法》《草原法》和新制定的《农村土地承包法》将于 2003 年 3 月 1 日起施行。15 日，全国人大农业与农村委员会、全国人大法律委员会、全国人大常委会法工委、国务院法制办、农业部、国家林业局联合举办《农业法》《农村土地承包法》《草原法》贯彻实施座谈会。全国人大常委会委员长李鹏出席座谈会并讲话指出，要认真贯彻实施好这三部法律，依法促进全面建设农村小康社会。

2003 年 1 月 12 日，《人民日报》报道：国家主席江泽民签署第 81 号主席令，公布修订后的《中华人民共和国农业法》，自 2003 年 3 月 1 日起施行。《人民日报》报道：国家林业局和国家工商总局联合下发通知，要求有关部门开展对利用野生动物及其产品为原料的生产企业进行清理整顿，并借鉴国际通行做法，对野生动物产品、制成品及衍生物开展标记试点工作，以进一步加强对野生动物资源的保护及其产品的市场管理，防止野生动物资源过量消耗。

2003 年 2 月 1 日，《农民日报》报道：农业部部长杜青林签署第 23 号、24 号农业部令，发布《农业植物新品种权代理规定》和《农业植物新品种权侵权案件处理规定》，自 2003 年 2 月 1 日起施行。

2003 年 5 月 5 日，《农民日报》报道：我国首部涉及农村集体土地登记发证工作的地方法规在江苏南京颁布，《南京市集体土地登记办法》将于 6 月 1 日开始施行。

2003 年 6 月 24 日，《人民日报》报道：6 月 20 日，黑龙江省十届人大常委会第三次会议正式通过《黑龙江省湿地保护条例》。这是全国第一个在湿地资源保护方面的地方法规。黑龙江省是湿地大省，现有湿地面积 434 万公顷，占全国湿地总面积的 16%。

2003 年 7 月 6 日，《光明日报》报道：国务院总理温家宝签署第 383 号国务院令，公布《中华人民共和国渔业渔船检验条例》。《条例》指出，国务院渔业行政主管部门主管全国渔业船舶检验及其监督管理工作。中华人民共和国渔业船舶检验局行使渔业船舶检验及其监督管理职能。地方渔业船舶检验机构依照本条例规定，负责有关的渔业船舶检验工作。各级公安边防、质量监督和工商行政管理等部门，应当在各自的职责范围内对渔业船舶检验和监督管理工作予以协助。国家对渔业船舶实行强制检验制度。强制检验分为初次检验、营运检验和临时检验。渔业船舶检验，应当遵循安全第一、保证质量和方便渔民的原则。

2003 年 8 月 30 日，《人民日报》报道：国土资源部发出通知，要求各地进一步加强基本农田保护工作，坚决遏止各类非农业建设违法占用基本农田。要按照《土地管理法》和《基本农田保护条例》的有关规定，严格执行基本农田目标责任制、用途管制、建设占用审批和补划、监督检查等各项基本农田保护和管理制度，确保土地利用总体规划确定的基本农田面积不减少。

2003 年 9 月 4 日，《农民日报》报道：商务部、公安部、卫生部、工商总局、质检总局联合发出《关于加强生猪屠宰管理确保肉品安全的紧急通知》，要求全面开展定点屠宰厂（场）清理整顿，严格肉品市场准入，确保肉品安全。

2003 年 12 月 11 日，《农民日报》报道：11 月 14 日，农业部部长杜青林签署第 33 号农业部令，发布《中华人民共和国农村土地承包经营权证管理办法》，自 2004 年 1 月 1 日起施行。《办法》指出，农村土地承包经营权证是农村土地承包合同生效后，国家依法确认承包方享有土地承包经营权的法律凭证。农村土地承包经营权证只限承包方使用。承包耕地、园地、荒山、荒沟、荒丘、荒滩等农村土地从事种植业生产活动，承包方依法取得农村土地承包经营权后，应颁发农村土地承包经营权证予以确认。承包草原、水面、滩涂从事养殖业生产活动的，依照《中华人民共和国草原法》《中华人民共和国渔业法》等有关规定确权发证。实行家庭承包经营的承包方，由县级以上地方人民政府颁发农村土地承包经营权证。实行其他方式承包经营的承包方，经依法登记，由县级以上地方人民政府颁发农村土地承包经营权证。县级以上地方人民政府农业行政主管部门负责农村土地承包经营权证的备案、登记、发放等具体工作。农村土地承包经营权证所载明的权利有效期限，应与依法签订的土地承包合同约定的承包期一致。农村土地承包经营权证应包括以下内容：①名称和编号；②发证机关及日期；③承包期限和起止日期；④承包土地名称、坐落、面积、用途；⑤农村土地承包经营权变动情况；⑥其他应当注明的事项。

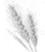

2004 年 3 月 23 日，《人民日报》报道：国务院发出《关于坚决制止占用基本农田进行植树等行为的紧急通知》（国发明电〔2004〕1 号），强调实行最严格的耕地保护制度，切实保护基本农田。《通知》要求，一是坚决制止占用基本农田进行植树等行为，要认真执行《土地管理法》和《基本农田保护条例》，

坚决制止任意改变基本农田用途的行为，切实做好保护基本农田“五个不准”，即：不准占用基本农田进行植树造林、发展林果业和搞林粮间作以及超标准建设农田林网；不准以农业结构调整为名，在基本农田内挖塘养鱼、建设用于畜禽养殖的建筑物等严重破坏耕作层的生产经营活动；不准违法占用基本农田进行绿色通道和城市绿化隔离带建设；不准以退耕还林为名违反土地利用总体规划，将基本农田纳入退耕范围；除法律规定的国家重点建设项目以外，不准非农建设项目占用基本农田。凡在基本农田上进行植树造林（包括种植速生丰产林）、挖塘养鱼、绿色通道和城市绿化隔离带建设的必须立即停止和纠正。

2004 年 6 月 26 日，《农民日报》报道：6 月 25 日，国家主席胡锦涛签署第 16 号中华人民共和国主席令，公布《中华人民共和国农业机械化促进法》，自 2004 年 11 月 1 日起施行。该法规共计八章三十五条，规定县级以上人民政府应当把推进农业机械化纳入国民经济和社会发展计划，采取财政支持和实施国家规定的税收优惠政策以及金融扶持等措施，逐步提高对农业机械化的资金投入，充分发挥市场机制的作用，按照因地制宜、经济有效、保障安全、保护环境的原则，促进农业机械化的发展。国家引导、支持农民和农业生产经营组织自主选择先进适用的农业机械。任何单位和个人不得强迫农民和农业生产经营组织购买其指定的农业机械产品，等等。

2004 年 11 月 25 日，《农民日报》报道：我国大陆第一部农民专业合作组织法规——《浙江省农民专业合作社条例》在浙江省第十届人民代表大会常务委员会第十四次会议上获得通过。《条例》所称的农民专业合作社是指在家庭承包经营的基础上，从事同类或者相关农产品的生产经营者，依据加入自愿、退出自由、民主管理、盈余返还的原则，按照章程进行共同生产、经营、服务活动的互助性经济组织。合作社依照本条例规定登记取得法人资格，依法独立承担民事责任。合作社社员以其出资额为限对合作社承担责任，合作社以其全部资产对合作社债务承担责任。任何单位和个人不得侵犯合作社的合法财产和经营自主权。各级人民政府应当鼓励和支持合作社发展，在资金、税收、科技、人才、用地、供水、供电、交通等方面制定具体措施予以扶持。县级以上人民政府农业行政主管部门负责对本行政区域内合作社的指导、协调和服务工作。工商、财政、税务、金融、科技、交通、林业、海洋与渔业、供销等部门和单位应当按照各自职责做好相关扶持、服务工作。

2005 年 2 月 16 日，《农民日报》报道：《黑龙江省草原管理条例》于 2006 年 1 月 1 日起施行，这是我国首部地方草原管理条例。

2005 年 5 月 16 日，《人民日报》报道：国务院总理温家宝 15 日主持召开国务院常务会议，会议讨论并原则通过了《中华人民共和国农产品质量安全法（草案）》，由国务院提请全国人大常委会审议。

2005 年 7 月 27 日，《人民日报》报道：7 月 15 日，国务院总理温家宝签署第 441 号国务院令，公布《国务院关于修改〈中华人民共和国防汛条例〉的决定》，自公布之日起施行。

2005 年 11 月 17 日，《人民日报》报道：国务院总理温家宝 16 日主持召开国务院常务会议，审议并原则通过《重大动物疫情应急条例（草案）》，研究应对禽流感疫情影响扶持家禽业发展政策措施。

2005 年 12 月 30 日，《人民日报》报道：国家主席胡锦涛签署第四十六号主席令，公布《全国人民代表大会常务委员会关于废止〈中华人民共和国农业税条例〉的决定》。《中华人民共和国农业税条例》自 2006 年 1 月 1 日起废止。

2005 年 12 月 30 日，《人民日报》报道：国家主席胡锦涛签署第四十五号主席令，公布《中华人民共和国畜牧法》，自 2006 年 7 月 1 日起施行。

2006 年 3 月 8 日，《人民日报》报道：国务院总理温家宝签署第 460 号中华人民共和国国务院令，公布《取水许可和水资源费征收管理条例》，自 2006 年 4 月 15 日起施行。

2006 年 4 月 6 日，《农民日报》报道：3 月 27 日，农业部部长杜青林签署第 62 号中华人民共和国农业部令，发布《食用菌菌种管理办法》，自 2006 年 6 月 1 日起施行。

2006 年 4 月 13 日，《农民日报》报道：4 月 12 日，国务院召开常务会议，审议并原则通过《国务院关于粮食流通体制改革政策措施的意见》《中华人民共和国濒危野生动植物进出口管理条例（草案）》。

2006 年 5 月 1 日，《农民日报》报道：《中华人民共和国农产品质量安全法》已经十届全国人大常委会第二十一次会议审议通过，将于 2006 年 11 月 1 日起施行。文件规定，国家建立健全农产品质量安全标准体系。农产品质量安全标准是强制性的技术规范。农产品质量安全标准的制定和发布，依照有关法律、行政法规的规定执行。县级以上地方人民政府农业行政主管部门按照保障农产品质量安全的要求，根据农产品品种特性和生产区域大气、土壤、水体中有毒有害物质状况等因素，认为不适宜特定农产品生产的，提出禁止生产的区域，报本级人民政府批准后公布。具体办法由国务院农业行政主管部门与国务院环境保护行政主管部门制定。农产品禁止生产区域的调整，依照前款规定的程序办理。国务院农业行政主管部门和省、自治区、直辖市人民政府农业行政主管部门应当制定保障农产品质量安全的生产技术要求和操作规程。县级以上人民政府农业行政主管部门应当加强对农产品生产的指导。农产品生产企业、农民专业合作经济组织以及从事农产品收购的单位或者个人销售的农产品，按照规定应当包装或者附加标识的，须经包装或者附加标识后方可销售。包装物或者标识上应当按照规定标明产品的品名、产地、生产者、生产日期、保质期、产品质量等级等内容；使用添加剂的，还应当按照规定标明添加剂的名称。具体办法由国务院农业行政主管部门制定。

2006年5月12日，《人民日报》报道：国务院总理温家宝签署第464号国务院令，公布《中华人民共和国烟叶税暂行条例》，自公布之日起施行。主要内容包括：①烟叶税的纳税人，为在中华人民共和国境内从事烟叶收购的单位；②烟叶税的征收环节为烟叶收购环节；③烟叶税的税率，为20%的比例税率；④烟叶税的计税依据为烟叶的收购金额；⑤烟叶税的征收机关为地方税务机关。

2006年5月19日，《经济日报》报道：国务院总理温家宝签署第465号国务院令，公布《中华人民共和国濒危野生动植物进出口管理条例》，自2006年9月1日起施行。

2006年9月13日，《经济日报》报道：在既有涉农案件审判司法政策基础上，最高人民法院出台了《关于人民法院为建设社会主义新农村提供司法保障的意见》，要求全国各级法院以维护农村社会稳定、促进农村经济发展、维护农民合法权益为目标，依法调整和妥善化解农村经济社会发展过程中出现的各种矛盾纠纷。

2006年9月28日，《人民日报》报道：《农村土地承包法》颁布实施3年多来，我国农业各级部门依法落实农民土地承包的各项权利，加强土地承包规范管理，妥善解决农村土地承包纠纷，农村土地承包管理工作正步入法制化和规范化轨道。据不完全统计，2005年全国新发放农村土地承包经营权证书2 481万户，使证书入户率比2000年提高近10个百分点。

2006年10月26日，《人民日报》报道：11月1日，《农产品质量安全法》将正式实施。对农产品的产地、生产及包装标识都进行了严格的规定。该法将成为农产品质量安全监督管理人员重要的执法依据。

2006年11月1日，《人民日报》报道：10月31日，国家主席胡锦涛签署第57号主席令，公布《中华人民共和国农民专业合作社法》，自2007年7月1日起施行。《中华人民共和国农民专业合作社法》规定，农民专业合作社是在农村家庭承包经营基础上，同类农产品的生产经营者或者同类农业生产经营服务的提供者、利用者，自愿联合、民主管理的互助性经济组织。农民专业合作社以其成员为主要服务对象，提供农业生产资料的购买，农产品的销售、加工、运输、贮藏以及与农业生产经营有关的技术、信息等服务。农民专业合作社应当遵循下列原则：（一）成员以农民为主体；（二）以服务成员为宗旨，谋求全体成员的共同利益；（三）入社自愿、退社自由；（四）成员地位平等，实行民主管理；（五）盈余主要按照成员与农民专业合作社的交易量（额）比例返还。农民专业合作社依照本法登记，取得法人资格。农民专业合作社对由成员出资、公积金、国家财政直接补助、他人捐赠以及合法取得的其他资产所形成的财产，享有占有、使用和处分的权利，并以上述财产对债务承担责任。农民专业合作社成员以其账户内记载的出资额和公积金份额为限对农民专业合作社承担责任。国家保护农民专业合作社及其成员的合法权益，任何单位和个人不得侵犯。农民专业合作社从事生产经营活动，应当遵守法律、行政法规，遵守社会公德、商业道德，诚实守信。国家通过财政支持、税收优惠和金融、科技、人才的扶持以及产业政策引导等措施，促进农民专业合作社的发展。国家鼓励和支持社会各方面力量为农民专业合作社提供服务。

2007年1月18日，《人民日报》报道：国务院总理温家宝17日主持召开国务院常务会议，讨论并原则通过《中华人民共和国动物防疫法（修订草案）》。草案重点对免疫、检疫、疫情报告和处理等制度作了修改和完善，增加了疫情预警、疫情认定、无规定动物疫病区建设、执业兽医管理、动物防疫保障机制等方面的内容。会议决定，修订草案经进一步修改后，由国务院提请全国人大常委会审议。

2007年3月21日，《农民日报》报道：为促进我国农业育种创新和新品种推广应用，加强农业植物新品种保护，农业部出台了《“十一五”农业植物新品种保护发展规划》。这是我国首个农业植物新品种保护发展规划。《中华人民共和国植物新品种保护条例》颁布10年来，我国共发布6批植物新品种保护名录，受保护的植物属和种达到62个；至2006年底，农业部共受理品种权申请3 879件，已授权899件。特别是，目前我国植物品种权的年申请量在国际植物新品种保护联盟中已跃居第4位。

2007年6月2日，《农民日报》报道：《山西省农民工权益保护条例》1日经山西省第十届人大常委会通过，2007年7月1日起正式实施。这是我国第一部通过省级人大常委会立法保护农民工权益的地方性法规，也是近十年来山西省人大常委会颁布的第7部保护职工权益的地方性法规。

2007年6月6日，《人民日报》报道：国务院总理温家宝签署第498号国务院令，公布《农民专业合作社登记管理条例》，自2007年7月1日起施行。《条例》共六章三十三条，包括总则、登记事项、设立登记、变更登记和注销登记、法律责任、附则等。公布施行这一条例，旨在确认农民专业合作社的法人资格，规范农民专业合作社登记行为。

2007年11月2日，《人民日报》报道：由全国人大法律委、全国人大农委、全国人大常委会法工委、国务院法制办、农业部五部门联合举办的《中华人民共和国农产品质量安全法》实施一周年座谈会在北京人民大会堂举行。全国人大常委会副委员长乌云其木格指出，《农产品质量安全法》的颁布实施，填补了我国食品安全法律体系建设的空白，建立了农产品质量安全全程监管制度。一年的实践证明，《农产品质量安全法》确立的各项法律制度，符合国际农产品质量安全立法的趋势，也符合我国农业的客观实际，科学可行。各地要进一步加大实施力度，进一步提升全社会农产品质量安全意识，切实保障广大人民群众农产品食用安全。

2007年12月7日，《人民日报》报道：胡锦涛签署中华人民共和国第74号主席令，公布《中华人民共和国城乡规划法》，自2008年1月1日起施行。凡涉及制定和实施城乡规划，在规划区内进行建设等相关活动，均需遵循此法，是城市与乡村建设管理规划应遵循和依靠的基本法律，充分体现了科学发展观与城乡统筹一体化建设的基本思想，促进与提高城市乡村发展水平，规范各地方建设规划行为，确保自然环境与人居环境的可持续发展。

2007年12月7日，《经济日报》报道：温家宝签署第511号国务院令，公布《中华人民共和国耕地占用税暂行条例》，自2008年1月1日起施行。《条例》规定，占用耕地建房或者从事非农业建设的单位或者个人，为耕地占用税的纳税人，应当依照本条例规定缴纳耕地占用税。耕地占用税以纳税人实际占用的耕地面积为计税依据，按照规定的适用税额一次性征收。

2008年1月12日，《农民日报》报道：农业部发布《农产品地理标志管理办法》，自2008年2月1日起施行。《办法》规定，国家对农产品地理标志实行登记制度。经登记的农产品地理标志受法律保护。农业部负责全国农产品地理标志的登记工作，农业部农产品质量安全中心负责农产品地理标志登记的审查和专家评审工作。省级人民政府农业行政主管部门负责本行政区域内农产品地理标志登记申请的受理和初审工作。农业部设立的农产品地理标志登记专家评审委员会，负责专家评审。农产品地理标志登记专家评审委员会由种植业、畜牧业、渔业和农产品质量安全等方面的专家组成。

2008年2月15日，《人民日报》报道：2月7日，温家宝总理签署国务院令，公布《土地调查条例》，自公布之日起施行。《条例》指出，土地调查的内容包括土地利用现状及变化情况，包括地类、位置、面积、分布等状况；土地权属及变化情况，包括土地的所有权和使用权状况；土地条件，包括土地的自然条件、社会经济条件等状况。同时，为了加强对基本农田的保护管理，《条例》还规定，进行土地利用现状及变化情况调查时，应当重点调查基本农田现状及变化情况，包括基本农田的数量、分布和保护状况，以便做到对每一块基本农田上图、登记、造册。

2008年3月17日，《人民日报》报道：《中华人民共和国农民专业合作社法》和《农民专业合作社登记管理条例》自2007年7月1日实施以来，我国农民专业合作社呈现了迅速发展的良好势头，至2007年底，全国工商机关共登记注册农民专业合作社法人26 397户，成员总数共计350 947人，成员出资总额共计159亿元。

2008年5月31日，《农民日报》报道：5月25日，国务院总理温家宝签署第525号国务院令，公布《生猪屠宰管理条例》，自2008年8月1日起施行。《条例》中对屠宰地点、监督管理、法律责任进行了限制和说明。《条例》规定，国家实行生猪定点屠宰、集中检疫制度。未经定点，任何单位和个人不得从事生猪屠宰活动。

2009年6月29日，《农民日报》报道：备受广大农村干部群众关注的《中华人民共和国农村土地承包经营纠纷调解仲裁法》于6月27日第十一届全国人大常委会第九次会议表决通过，自2010年1月1日起施行。该法明确了运用调解、仲裁双渠道化解纠纷的原则，明确了农村土地承包经营纠纷的范围，对仲裁委员会的组成、仲裁员的条件、仲裁申请和受理的程序、仲裁庭的组成、开庭和裁决作出了明确规定。

2010年1月1日，《农民日报》报道：《农村土地承包经营纠纷仲裁规则》和《农村土地承包仲裁委员会示范章程》于2009年12月18日经农业部第10次常务会议审议通过，并经国家林业局同意，自

2010年1月1日起施行。用以指导农村土地承包仲裁委员会组建工作，切实加强仲裁员队伍和仲裁庭建设，建立健全各项配套制度和相关法律文书，确保农村土地承包经营纠纷调解仲裁工作有序开展。

2010年1月25日，《农民日报》报道：23日，农业部在广西南宁启动了“2010种子执法年”，通过执法年活动的开展，坚决清理不合格种子企业许可证，坚决查处制售假劣种子的案件，坚决退出不适宜生产的品种。

2010年10月29日，《农民日报》报道：10月28日，《中华人民共和国村民委员会组织法修订案》经十一届全国人大常委会第十七次会议表决通过，自公布之日起施行。修订后的《村民委员会组织法》，完善了村民委员会选举和罢免程序，健全了村民会议、村民代表会议、村民小组会议以及村务监督机构等民主决策、民主管理、民主监督方面的制度，对进一步完善中国特色社会主义基层群众自治制度，调动广大农民群众的积极性、主动性和创造性，促进农村改革发展稳定发挥重要作用。

2011年3月12日，《农民日报》报道：3月5日，国务院总理温家宝签署国务院令，公布《土地复垦条例》，自公布之日起施行。1988年11月8日国务院发布的《土地复垦规定》同时废止。《条例》的出台标志着我国土地复垦事业步入了制度化、规范化和法制化的新阶段。《条例》明确土地复垦的责任主体，是开展土地复垦工作的前提。对于生产建设损毁土地，《条例》要求按照“谁损毁、谁复垦”的原则确定土地复垦义务人。对于历史遗留损毁土地和自然灾害损毁土地，《条例》从立法上弥补了责任主体的缺失，要求由县级以上人民政府负责组织复垦，承担历史责任。

2012年5月9日，《人民日报》报道：国务院法制办公室公布了《农业保险条例（征求意见稿）》，向社会各界征求意见。

2012年6月19日，《中华人民共和国农民专业合作社法》实施五周年座谈会在北京召开。全国人大常委会副委员长乌云其木格出席座谈会并讲话。

2013年1月2日，《科技日报》报道：《甘肃省草原禁牧办法》经省政府第117次常务会议讨论通过，自2013年1月1日起施行。这是全国第一个规范草原禁牧管理工作的政府规章。

2015年11月4日，十二届全国人大常委会第十七次会议4日下午在北京人民大会堂闭幕。会议表决通过了新修订的《中华人民共和国种子法》，国家主席习近平签署第35号主席令予以公布。

2017年2月8日，国务院总理李克强主持召开国务院常务会议，确定加强高标准农田建设的政策措施，夯实粮食安全和现代农业基础；通过《农药管理条例（修订草案）》。

2017年4月5日，《农民日报》报道：国务院总理李克强签署第677号国务院令，公布修订后的《农药管理条例》，自2017年6月1日起施行。

2017年9月10日，《人民日报》报道：《农民专业合作社法》实施10年来，合作社已成为重要的新型农业经营主体和现代农业建设的中坚力量。截至2017年7月底，在工商部门登记的农民专业合作社达到193.3万家，实有入社农户超过1亿户，约占全国农户总数的46.8%，参加合作社农户的收入普遍比非成员农户高出20%以上。

2017年12月27日，第十二届全国人大常委会第三十一次会议27日闭幕。经会议表决，通过了新修订的《农民专业合作社法》，国家主席习近平签署第83号主席令予以公布。修订后的《农民专业合作社法》自2018年7月1日起施行。

2018年2月24日，《农民日报》报道：2月23日，《中华人民共和国种子法》执法检查报告提请十二届全国人大常委会第三十三次会议审议。报告介绍，《中华人民共和国种子法》明确了基层种子种苗执法机构的地位，理顺了关系；目前，全国共有农作物种子管理机构3 000多个，实现了省市县三级全覆盖。

2018年6月26日，《人民日报》报道：为全面了解《中华人民共和国农产品质量安全法》贯彻实施情况，督促法律实施机关采取有效措施，进一步贯彻法律各项规定，确保广大人民群众“舌尖上的安全”，全国人大常委会启动《中华人民共和国农产品质量安全法》执法检查。

2018年7月11日，《光明日报》报道：7月10日，全国人民代表大会常务委员会第四次会议通过《关于全面加强生态环境保护 依法推动打好污染防治攻坚战的决议》。会议认为，生态文明建设关系中华民族永续发展，关系亿万中国人民的福祉。党的十八大以来，以习近平同志为核心的党中央把生态文明建设作为统筹推进“五位一体”总体布局和协调推进“四个全面”战略布局的重要内容，谋划开展一系列根本性、开创性、长远性工作，推动生态文明建设和生态环境保护从实践到认识发生历史性、转折性、全局性变化。同时，生态文明建设面临的形势仍然严峻，正处于压力叠加、负重前行的关键期，已进入提供更多优质生态产品以满足人民日益增长的优美生态环境需要的攻坚期，也到了有条件有能力解决突出生态环境问题的窗口期。党的十九大制定了决胜全面建成小康社会、夺取新时代中国特色社会主义伟大胜利的宏伟蓝图，对加强生态文明建设、建设美丽中国作出了全面部署。打好污染防治攻坚战是决胜全面建成小康社会的三大攻坚战之一，关系到全面建成小康社会能否得到人民认可、经得起历史检验。到 2020 年，生态环境质量总体改善，主要污染物排放总量大幅减少，是我们的总体目标。各级人大及其常委会作为国家权力机关，肩负着贯彻落实党中央关于生态文明建设的决策部署、推动生态环境保护法律制度全面有效实施的光荣使命，要充分发挥人民代表大会制度的特点和优势，履行宪法法律赋予的职责，以法律的武器治理污染，用法治的力量保护生态环境，为全面加强生态环境保护、依法推动打好污染防治攻坚战作出贡献。为此，特作决议，坚持以习近平新时代中国特色社会主义思想特别是习近平生态文明思想为指引；坚持党对生态文明建设的领导；建立健全最严格最严密的生态环境保护法律制度；大力推动生态环境保护法律制度全面有效实施；广泛动员人民群众积极参与生态环境保护工作。

六、中央 1 号文件名录

序号	时间	文件题目	主要内容
1	1982 年 1 月 1 日	全国农村工作会议纪要	指出包产到户、包干到户或大包干“都是社会主义生产责任制”，它“不同于合作化以前的小私有的个体经济，而是社会主义农业经济的组成部分”
2	1983 年 1 月	当前农村经济政策的若干问题	从理论上说明了家庭联产承包责任制“是在党的领导下中国农民的伟大创造，是马克思主义农业合作化理论在我国实践中的新发展”
3	1984 年 1 月 1 日	关于一九八四年农村工作的通知	强调要继续稳定和完善联产承包责任制，规定土地承包期一般应在 15 年以上，生产周期长的和开发性的项目，承包期应当更长一些
4	1985 年 1 月	关于进一步活跃农村经济的十项政策	取消了 30 年来农副产品统购派购的制度，对粮、棉等少数重要产品采取国家计划合同收购的新政策
5	1986 年 1 月 1 日	关于一九八六年农村工作的部署	文件肯定了农村改革的方针政策是正确的，必须继续贯彻执行
6	2004 年 1 月	中共中央　国务院关于促进农民增加收入若干政策的意见	针对近年来全国农民人均纯收入连续增长缓慢的情况，对促进农民增收制定和实行了相应的政策
7	2005 年 1 月 30 日	中共中央　国务院关于进一步加强农村工作提高农业综合生产能力若干政策的意见	坚持“多予少取放活”的方针，稳定、完善和强化各项支农政策。要切实抓紧抓好加强农业基础设施建设，加快农业科技进步，提高农业综合生产能力
8	2006 年 2 月	中共中央　国务院关于推进社会主义新农村建设的若干意见	中共十六届五中全会提出的建设社会主义新农村的重大历史任务，本年将迈出有力的一步
9	2007 年 1 月 29 日	中共中央　国务院关于积极发展现代农业扎实推进社会主义新农村建设的若干意见	要用现代物质条件装备农业，用现代科学技术改造农业，用现代产业体系提升农业，用现代经营形式推进农业，用现代发展理念引领农业，用培养新型农民发展农业
10	2008 年 1 月 30 日	中共中央　国务院关于切实加强农业基础建设的若干意见	按照形成城乡经济社会发展一体化新格局的要求，突出加强农业基础建设，积极促进农业稳定发展、农民持续增收，努力保障主要农产品基本供给，切实解决农村民生问题，扎实推进社会主义新农村建设

（续）

序号	时间	文件题目	主要内容
11	2009年2月1日	中共中央　国务院关于促进农业稳定发展农民持续增收的意见	保持农业农村经济平稳较快发展围绕稳粮、增收、强基础、重民生，进一步强化惠农政策，增强科技支撑，加大投入力度，优化产业结构，推进改革创新，保证国家粮食安全和主要农产品有效供给，促进农民收入持续增长
12	2010年1月31日	中共中央　国务院关于加大统筹城乡发展力度　进一步夯实农业农村发展基础的若干意见	统筹城乡发展，改善农村民生，扩大农村需求，发展现代农业。建设社会主义新农村和推进城镇化，稳粮保供给、增收惠民生、改革促统筹、强基增后劲的基本思路
13	2011年1月29日	中共中央　国务院关于加快水利改革发展的决定	把水利作为国家基础设施建设的优先领域，把农田水利作为农村基础设施建设的重点任务，把严格水资源管理作为加快转变经济发展方式的战略举措，大力发展民生水利，加快建设节水型社会，促进水利可持续发展
14	2012年2月2日	中共中央　国务院关于加快推进农业科技创新持续增强农产品供给保障能力的若干意见	同步推进工业化、城镇化和农业现代化，围绕强科技保发展、强生产保供给、强民生保稳定，进一步加大强农惠农富农政策力度，奋力夺取农业好收成，合力促进农民较快增收，努力维护农村社会和谐稳定
15	2012年12月31日	中共中央　国务院关于加快发展现代农业进一步增强农村发展活力的若干意见	落实“四化同步”的战略部署，按照保供增收惠民生、改革创新添活力的工作目标，加大农村改革力度、政策扶持力度、科技驱动力度，围绕现代农业建设，充分发挥农村基本经营制度的优越性，着力构建集约化、专业化、组织化、社会化相结合的新型农业经营体系，进一步解放和发展农村社会生产力，巩固和发展农业农村大好形势
16	2014年1月19日	中共中央　国务院关于全面深化农村改革加快推进农业现代化的若干意见	按照稳定政策、改革创新、持续发展的总要求，力争在体制机制创新上取得新突破，在现代农业发展上取得新成就，在社会主义新农村建设上取得新进展，为保持经济社会持续健康发展提供有力支撑
17	2015年2月1日	中共中央　国务院关于加大改革创新力度加快农业现代化建设的若干意见	主动适应经济发展新常态，按照稳粮增收、提质增效、创新驱动的总要求，继续全面深化农村改革，全面推进农村法治建设，推动新型工业化、信息化、城镇化和农业现代化同步发展，努力在提高粮食生产能力上挖掘新潜力，在优化农业结构上开辟新途径，在转变农业发展方式上寻求新突破，在促进农民增收上获得新成效，在建设新农村上迈出新步伐，为经济社会持续健康发展提供有力支撑
18	2015年12月31日	中共中央　国务院关于落实发展新理念加快农业现代化实现全面小康目标的若干意见	把坚持农民主体地位、增进农民福祉作为农村一切工作的出发点和落脚点，用发展新理念破解“三农”新难题，厚植农业农村发展优势，加大创新驱动力度，推进农业供给侧结构性改革，加快转变农业发展方式，保持农业稳定发展和农民持续增收，走产出高效、产品安全、资源节约、环境友好的农业现代化道路，推动新型城镇化与新农村建设双轮驱动、互促共进，让广大农民平等参与现代化进程、共同分享现代化成果

（续）

序号	时间	文件题目	主要内容
19	2016年12月31日	中共中央　国务院关于深入推进农业供给侧结构性改革加快培育农业农村发展新动能的若干意见	坚持新发展理念，协调推进农业现代化与新型城镇化，以推进农业供给侧结构性改革为主线，围绕农业增效、农民增收、农村增绿，加强科技创新引领，加快结构调整步伐，加大农村改革力度，提高农业综合效益和竞争力，推动社会主义新农村建设取得新的进展，力争农村全面小康建设迈出更大步伐
20	2018年1月2日	中共中央　国务院关于实施乡村振兴战略的意见	以农业供给侧结构性改革为主线，提高农业创新力、竞争力和全要素生产率；尊重自然、顺应自然、保护自然，推动乡村自然资本加快增值；坚持物质文明和精神文明一起抓，提升农民精神风貌；确保乡村社会充满活力、和谐有序；解决好农民群众最关心最直接最现实的利益问题；坚决打好精准脱贫攻坚战；完善产权制度和要素市场化配置；破解人才瓶颈制约；健全投入保障制度，创新投融资机制

农村劳动力

1983 年 3 月 28 日，《经济日报》报道：据国家工商行政管理局统计，到 1982 年底，全国除西藏外，领有营业执照的城乡个体工商业共有 263.6 万多户，从业人员 319.8 万多人。其中农村个体工商业 150.4 万多户，184 万多人，比 1981 年同期增加 54.3 万户、62.2 万多人。河北、山东、河南三省农村个体工商业约占全国一半左右。

1984 年 3 月 17 日，新华社报道：中共中央、国务院转发了农牧渔业部和部党组《关于开创社队企业新局面的报告》，并发出通知。同时同意将社队企业名称改为乡镇企业。18 日《人民日报》摘要刊登了这份报告。

1984 年 10 月 5 日，《中国乡镇企业报》报道，1983 年乡镇建材工业总产值达 140 多亿元，超过国营建材工业，已成为乡镇企业中产值最高的行业。

1984 年 11 月 11 日，《人民日报》报道：全国城乡个体工商业者已发展到 1 100 多万人，是 1978 年人数的 79 倍。全国已建立市、县个体劳动者协会 2 000 多个，占应建立数的 79%。

1984 年 11 月 13 日，《中国农民报》报道：到第三季度，全国农村已有 612.5 万多户个体工商户，从业人员 842 万多人，约占全国城乡个体工商户从业人员的 77%。

1985 年 3 月 1 日，广西壮族自治区区委、区政府发出通知，作出放宽对农民采矿的限制，放手让乡镇企业经营各种农副产品的购销、加工和运输等八条政策规定，扶持发展乡镇企业。

1985 年 5 月 22 日，《中国乡镇企业报》报道：1984 年全国已有农民集资联营企业 906 300 个，占全国乡镇企业总数的 14.9%，从业职工已占乡镇企业职工总数的十分之一，创造利润 25 亿多元。

1985 年 5 月 25 日，《中国乡镇企业报》报道：1984 年我国乡镇建筑企业已发展到 8 万多个，比上年增长 41.05%，占全国乡镇企业总数的 4.88%：从事建筑企业的职工人数达到 683 万多人，比上年增长 41.6%，职工人数和年竣工面积均占全国总数的三分之一以上。1984 年乡镇建筑业总产值已达 216.5 亿元，总收入达到 162 亿元，比上年增长 59%。

1985 年 12 月 7 日，《人民日报》报道；据统计，“六五”期间，乡镇企业总产值由 1980 年的 720 亿元增加到 1984 年的 1 709 亿元，相当于 1964 年全国社会总产值，每年递增 26%。其中工业产值由 1980 年的 573 亿元增加到 1984 年的 1 620 亿元，相当于 1966 年的全国工业总产值。1984 年，乡镇工业产值占全国工业产值的 17.8%。

1986 年 6 月 12 日，《人民日报》报道：我国劳动力就业结构开始发生变化。到 1985 年止，我国 3.7 亿多农村劳动力中，从事第一产业的劳动力为 3.03 亿多人，比 1980 年增长 6.9%，占总劳动力的比重由 1980 年的 89.2%降为 81.9%；从事第二产业的劳动力近 3 900 万人，增长 73.7%，占总劳动力的比重由 1980 年的 7%上升为 10.4%；从事第三产业的劳动力达 2 800 多万人，增长 1.35 倍，占总劳动力的比重由 1980 年的 3.8%上升到 7.7%。

1986 年 12 月 22 日，《农民日报》报道：国家经委、农牧渔业部最近联合发出《关于乡镇企业利润分配问题的若干意见的通知》。乡镇企业利润是企业扩大再生产、发展农村经济不可缺少的资金来源。合理分配、正确使用乡镇企业利润，关系到企业发展的后劲，关系到农村经济的繁荣，关系到党的富民政策的落实，关系到国家财政收入。因此，乡镇企业的利润分配问题应列入各级领导机关的重要议事日程。

1987 年 7 月 24 日，《农民日报》报道：卫生部和农牧渔业部最近颁发了《乡镇企业劳动卫生管理办法》。

1988 年 5 月 5 日，《人民日报》报道：自 1984 年全国第一个乡镇企业工会在江苏诞生以来，全国有 28 个省、自治区、直辖市都陆续在一些乡镇企业比较集中的地区进行了组建工会的试点。到 1986 年底，全国乡镇企业基层工会已有会员 128 万人，占乡镇企业职工总数的 1.6%。

1988 年 9 月 6 日，《人民日报》报道：到 8 月中旬，农业银行乡镇企业贷款增加 73.2 亿元，超计划 44 亿元。

1988年12月15日—19日，国家计委、科委、教委、财政部和农业部联合在北京召开全国乡镇企业技术进步工作会议。

1988年12月21日—24日，全国乡镇企业工作会议在北京召开。会议提出促进乡镇企业持续、稳步、协调、健康地发展，要抓好以下几项具体工作。①分类指导，主动调整，保持适度的增长速度。②多方集资，开源节流。③深化企业改革，增强企业活力。④强化企业管理，促进企业管理现代化。⑤努力解决好乡镇企业所需的原材料和能源。⑥继续加强各种服务体系的建设。

1989年1月4日，新华社报道：我国乡镇企业已在全国建立起3 300多个人才培训基地、29个省级以上的质量检测监督机构。

1989年8月28日，《人民日报》报道：我国乡镇企业目前拥有9 000多万名职工，总产值已相当于70年代中期全国工业总产值。

1990年1月14日，《人民日报》报道：中国乡镇企业协会成立，何康任会长。

1990年4月13日，华人民共和国农业部令第16号发布《乡镇企业承包经营责任制规定》。承包经营责任制，是在坚持社会主义劳动群众集体所有制的前提下，按照所有权与经营权分离的原则，以承包经营合同形式，确定劳动群众集体经济组织与企业的责权利关系；是企业自主经营、自负盈亏、自我约束的经营管理制度。承包经营责任制的主要内容是：包生产经营任务，包税收和利润上缴，包企业提留，包产品质量、技术改造、安全生产，包固定资产流动资金的增值，实行工资总额与经济效益挂钩，加强社会主义精神文明建设。

1990年5月12日，《人民日报》报道：乡镇企业在治理整顿中依靠自身调节，摆脱困境，走健康发展之路。1989年底，关、停、并、转20万个企业，占现有企业总数的1.1%。

1990年8月15日—19日，农业部在北京召开了部分省市区乡镇企业局长座谈会。会议的任务是：交流经验，分析形势，部署下半年的工作。会议要求：要正确对待当前乡镇企业面临的问题和困难，充分利用治理整顿和深化改革带来的机遇，积极引导和促进乡镇企业持续稳定健康地发展。一要认真抓好《乡村集体所有制企业条例》的学习、宣传和贯彻工作。二要更加深入、扎实地开展“企业管理年”活动，苦练“内功”。认真总结推广一些好的经验，进一步加强领导工作，促进企业管理更加规范化、科学化，积极开展“双增双节”活动、企业升级活动。三要进一步因地制宜地搞好产业、产品、企业组织结构的调整。

1991年1月11日—14日，农业部在北京召开了全国乡镇企业工作会议。会议的中心议题是总结交流“七五”期间乡镇企业发展的主要成就和经验，研究“八五”期间发展乡镇企业的思路、主要任务、战略目标和主要措施，部署1991年工作。会议明确“八五”期间工作总的思路是：贯彻中央“积极扶持、合理规划、正确引导、加强管理”的方针，实行内涵发展与外延发展并重，经济、社会、生态效益并重，国内外两个市场同时开拓，深化改革、苦练内功、增强素质、提高效益，保持稳定协调发展。“八五”期间要实现的主要目标是：生产稳定增长，总产值年平均增长11%；经济结构进一步优化；技术水平明显提高；企业管理提高到一个新水平；经济实力继续增强；经济效益有所提高。

1992年3月30日，《人民日报》报道：国务院正式批转了农业部《关于促进乡镇企业持续健康发展的报告》，并发出通知指出：各级人民政府和有关部门要把发展乡镇企业作为一项战略任务，切实加强领导，坚持不懈地抓下去。要继续坚持“积极扶持，合理规划，正确引导，加强管理”的方针，认真贯彻落实党和国家对乡镇企业的一系列政策和法规，按照国民经济和社会发展规划、产业政策，指导乡镇企业调整结构，提高效益。要采取有力的扶持措施，帮助贫困地区和民族地区发展乡镇企业，认真解决乡镇企业在发展过程中的困难和问题，促进乡镇企业持续健康发展，为实现我国现代化建设第二步战略目标作出更大的贡献。

1992年4月22日，《人民日报》报道：广东乡镇企业1991年总收入逾千亿元，乡镇企业已成为广东农村经济的主体。

1992年6月17日，农业部最新统计结果表明，我国1991年乡镇企业总产值超过50亿元的县、市有15个，乡镇企业总产值超过10亿元的乡镇有8个，有9个村乡镇企业总产值超过2亿元。

1992年6月27日，《经济日报》报道：有关部门对全国乡镇企业1991年度财务决算情况汇总表明：1991年全国乡村集体企业实现总产值7 184亿元，比1990年增长27.07%，实现销售收入556亿元，增长27.46%，实现利润总额333亿元，增长25.43%，上缴国家税金306亿元，增长24.18%。

1992年9月23日，《光明日报》报道：1981—1991年，我国乡镇企业总产值平均以增加29.20%的高速增长，1991年总产值高达1.16万亿元。

1992 年 11 月 15 日—18 日，国务院主办的全国加快中西部乡镇企业发展经验交流会在西安召开。田纪云副总理出席并讲话，指出：乡镇企业西进是加快国民经济发展的重大战略选择。中西部乡镇企业应采取的战略，一是要把培养启用各类人才作为加快发展的根本大计，各地要围绕人才做文章，大力发展“能人经济”，形成“政府搭台、能人唱戏”的新局面；二是要把实行“多轮驱动、多轨运行”作为加快发展的基本方针，决不拘泥于所有制性质问题，不能歧视、限制甚至打击个体、私营、联户企业；三是要把发展优势产业作为加快发展的重要途径；四是要因地制宜、合理布局、适当集中；五是要把加强横向经济联合作为加快发展的有效形式；六是要把培育和发展市场体系作为加快发展的必然选择，把要素市场作为新型的第三产业来抓。

1993 年 1 月 8 日，《农民日报》报道：华夏第一县——江苏省无锡县，自 1992 年 8 月起乡镇企业日创产值超亿元，全县乡镇工业已完成总产值 303 亿元。

1993 年 1 月 14 日，《农民日报》报道：农业部颁布《乡镇企业劳动管理规定》。《规定》分为七章，分别对乡镇企业的职工招用、劳动合同、职工的权利和义务、劳动工资和保险、劳动安全和卫生、劳动争议处理、奖励与处罚等进行了规定。总则指出：企业职工的主人翁地位和合法的劳动权益受国家法律保护。鼓励和帮助企业采取各种措施，改善劳动条件，保障企业职工的劳动安全和健康。企业应根据国民经济、社会和企业发展的需要，发展职工培训事业，提高职工的思想政治、文化技术水平。企业应兼顾国家、集体和个人的利益，合理确定积累与消费的比例；对职工实行各尽所能、按劳分配为主的原则，在劳动生产率提高的基础上，增加劳动报酬。各级人民政府乡镇企业行政主管部门应加强对乡镇企业劳动管理工作的指导、管理、监督、协调和服务。

1993 年 1 月 24 日，《人民日报》报道：1992 年广东、河南、四川、河北追随江苏、山东、浙江三省，跻身于乡镇企业产值千亿元大省行列。

1993 年 1 月 30 日，《人民日报》报道：农业部确定乡镇企业县级分类名单。乡镇企业发达县约占全国 2 300 多个县的 24%，欠发达县占 29%，不发达县占 46%。发达县比例超过一半的省、直辖市依次是：北京、天津、上海、辽宁、江苏、浙江、山东。

1993 年 2 月 14 日，《国务院关于加快发展中西部地区乡镇企业的决定》（国发〔1993〕10 号）提出：一、提高认识，加强领导，把加快发展乡镇企业作为中西部地区经济工作的一个战略重点。二、实行适应中西部地区经济发展要求的产业政策。三、提倡不同组织形式的乡镇企业共同发展。四、鼓励和支持各类人才走上开发乡镇经济的主战场。五、走因地制宜、合理布局、集中连片发展的路子。六、积极在中西部地区培育和发展市场体系。七、多渠道增加中西部地区乡镇企业的资金投入。八、抓住机遇，推进东西部横向经济联合和城乡联合。九、各有关部门通力合作，为促进中西部地区乡镇企业上新台阶做出贡献。

1993 年 5 月 10 日，《农民日报》报道：在乡镇企业发达的江苏省苏州、无锡、常州三市，目前拥有产值超亿元、利润超千万元的村 110 多个。

1993 年 9 月 18 日，国务院在北京召开全国乡镇企业工作会议，国务委员陈俊生在开幕式上作了题为《抓住机遇，深化改革，促进乡镇企业高效持续健康发展》的报告，国务院副总理朱镕基做了重要讲话。会上，农业部表彰了发展乡镇企业的先进单位（200 个先进县、市，300 个先进乡镇和 500 家先进乡镇企业）。

1993 年 5 月 30 日，《农民日报》报道：全国乡镇企业产值超过 10 亿元的县有 446 个，占全国乡镇企业总产值的 66.7%。

1993 年 6 月 10 日，《光明日报》报道：全国乡镇企业年产值超过亿元的乡镇已达 4 255 个。

1993 年 10 月 12 日，《农民日报》报道：中国农业银行 9 个月内向乡镇企业发放贷款 534 亿元，自 1978 年以来，14 年农行共向乡镇企业发放贷款 4 340 亿元。

1993 年 12 月 9 日，《农民日报》报道：中国乡镇企业协会乡镇企业家委员会 8 日在北京成立。

1994 年 4 月 21 日，《人民日报》报道：农业部提出了《乡镇企业产权制度改革意见》。在肯定我国乡镇企业在改革开放中形成的独具特色的经营机制的同时，指出乡镇企业在经营机制和企业制度上存在的问题。《意见》中提出的改革目标是：通过改革，使各种生产要素在不同地区、不同行业、不同所有制之间自由流动和优化组合；使各种经营方式得到完善和发展；使企业真正成为企业法人实体和市场竞争主体。《意见》还提出现阶段乡镇企业产权制度改革的主要形式：①具有一定规模、效益较好的企业，改建成股份合作制企业；②以股份合作制形式组建新企业；③规模较大、效益较好、有一定知名度的企业，组建规范化的股份制企业；④以优势产业、名牌产品和骨干企业为龙头，组建企业集团；⑤对小型、微利、亏损企业实行兼并、拍卖和风险抵押承包等。

1994年6月27日—30日，农业部与国家技术监督局在南京联合召开全国乡镇企业质量工作会议。

1994年1月20日，《人民日报》报道：农业部筹划推出“乡镇企业东西合作示范工程”。

1994年9月8日，《人民日报》报道：国家统计局依据乡镇企业销售或经营收入资料，对500家最大乡镇企业排出位次。

1994年9月16日，《人民日报》报道：66家乡镇企业工业小区成为农业部审定并向全国推出的第一批全国乡镇企业东西合作示范区，标志着《乡镇企业东西合作示范工程》已经正式起步运行。

1995年1月5日，《人民日报》报道：据建设部、民政部等有关部门的统计，目前我国农村小城镇（包括县城关镇在内）已达1.52万个，并已形成3.64万个集镇。小城镇的发展，已吸纳了超过1 800万农村剩余劳动力就业。

1995年2月22日，《国务院办公厅转发农业部乡镇企业东西合作示范工程方案的通知》指出，工程的主要目标是，通过工程的示范和导向作用，全面推动乡镇企业东西合作，促进东部地区先进的技术、雄厚的经济实力、科学的管理方式等优势与中西部地区丰富的原材料、能源和劳动力资源优势广泛地结合起来，提高中西部地区乡镇企业的技术素质、管理水平和经济效益，变资源优势为经济优势，推动中西部地区乡镇企业的进一步发展和农村经济的振兴，加快农村剩余劳动力的就地转移和农民收入水平的提高，逐步缩小地区间的经济差距。各级人民政府和有关职能部门要切实加强对乡镇企业东西合作的领导和支持。创造良好的合作环境，制定能够吸引合作对象的优惠政策，并简化审批手续。

1995年4月23日，《经济日报》报道：22日，全国乡镇企业东西合作工作会议在北京召开，国务委员陈俊生在会上强调，各级政府和有关职能部门要从战略高度认识东西合作的重要意义，把乡镇企业东西合作作为一项伟大的事业开展下去。

1995年7月5日，《农民日报》报道：7月4日，农业部、外经贸部在北京联合召开全国乡镇企业出口工作会议。国务委员陈俊生到会并作重要讲话。

1995年7月8日，《光明日报》报道：7月6日，国务院总理李鹏到北京全国农业展览馆参观了农业部和外经贸部联合主办的“第三届中国乡镇企业出口商品展览会”时指出，乡镇企业应大力发展外向型经济。

1995年10月25日，《经济日报》报道：10月20日，中国乡镇企业协会跨世纪企业家促进会成立大会在北京召开。50多位中青年乡镇企业家讨论并签署了《21世纪宣言》。

1995年11月24日，《经济日报》报道：11月23日，国务院副总理吴邦国在北京举行的国务院部署1996年春运期间组织民工有序流动工作电视电话会议上指出，把握大局，组织民工有序流动。

1996年7月24日，《人民日报》报道：农业部、劳动部联合发出《关于乡镇企业实行劳动合同制度的通知》。《通知》要求，进一步提高对乡镇企业实行劳动合同制度重要性的认识。乡镇企业实行劳动合同制度是用工制度的重大改革，是为了适应社会主义市场经济的需要，更好地贯彻落实《劳动法》，加强乡镇企业劳动管理工作，依法保护双方合法权益，各级领导和有关部门应予以高度重视，并当作一项重要工作抓好落实。加大劳动合同制度的宣传力度。各级劳动行政部门和乡镇企业行政主管部门应采取各种形式，向乡镇企业领导和广大职工广泛深入地宣传劳动法律、法规，宣传实行劳动合同制度的重要意义，以保障劳动合同制度的顺利实施。为保证劳动合同制度顺利实施，市、区、县乡镇企业局、劳动局开展检查活动，加强监督工作。请各区、县劳动局和乡镇企业局在1996年12月31日前将本地区乡办企业实行劳动合同制度工作总结，报市劳动局和市乡镇企业局，等等，共九条要求。

1996年10月23日，《人民日报》报道：农业部、国家计委联合向各地印发了《关于促进大中型乡镇企业发展的意见》。要求各地结合本地实际，认真研究贯彻。两部委要求，在新形势下，积极培植大中型乡镇企业，营造规模经济优势，是乡镇企业进一步发展壮大的迫切需要，是不断提高乡镇企业竞争能力和整体素质的必然选择，也是推动乡镇企业上台阶、上水平的一项具有全局性、方向性、战略性的重要措施。加快发展大中型乡镇企业，对于引导乡镇企业加速实现两个根本性转变、提高经济运行质量和效益意义重大。两部委提出发展大中型乡镇企业的主要奋斗目标是：到“九五”期末，全国大中型乡镇企业力争达到1万家。其中特大型、大型企业2 000家；形成销售收入10亿元、利税1亿元以上企业200家；销售收入50亿元、利税5亿元以上的企业50家。

1996年7月19日，《人民日报》报道：按照国家划型标准审定的全国大中型乡镇企业已由1990

年的近200个发展到1995年的4 531个。

1996年11月22日，《人民日报》报道：农业部批准成立了乡镇企业经贸信息中心，并开通全国乡镇企业经贸信息服务网络。

1997年7月22日，《经济日报》报道：农业部下发了《关于开展乡镇企业质量振兴活动的通知》，决定在全国乡镇企业中开展质量振兴活动。这一活动包括强化质量普法教育、推行科学质量管理方法、实施名牌战略等六个方面的内容。

1997年8月28日，《农民日报》报道：全国乡镇企业东西合作现场经验交流会在河南省驻马店地区结束。1996年，东西合作示范区基础设施投入达18.9亿元，年末固定资产达到283.2亿元，大部分东西合作示范区内水、电、路、通信等基础设施完善。1996年，全国208个示范区实现营业收入1 055.6亿元，比上年增长36%，高出中西部地区乡镇企业平均增长速度10个百分点以上。

1997年9月19日，《人民日报》报道：农业部决定“九五”期间在全国广泛开展创建文明乡镇企业活动，要求各地要突出抓好以提高职工思想道德素质和科学文化素质为核心的精神文明建设，同时要全面推进乡镇企业的改革和发展。

1998年6月23日，《农民日报》报道：今年，农业银行共安排农业贷款计划350亿元，占全行新增贷款的20%以上，比去年增加11亿元。同时安排乡镇企业贷款计划250亿元，比去年增加50亿元。

1998年7月16日，新华社报道：农业部近日发出《关于当前深化乡镇企业改革有关问题的通知》。《通知》要求不断完善乡村集体企业改革的多种形式。可以实行股份制、股份合作制或组建企业集团、出售、联合、兼并、承包、租赁、破产等多种形式，也可以几种形式配合使用，切不可强制推行单一形式的改革。《通知》强调，要认真抓好乡镇企业集体资产管理的关键环节，要让企业职工和农民参加企业改革的全过程，涉及欠税和银行债权的必须由税务部门和银行参加。要严格把握清产核资、资产评估、明晰产权、股权设置、收益分配几个关键环节。要尽快健全乡镇企业集体资产的管理和监督机制。乡村集体经济组织代表全社区农民行使集体资产的所有权，并经营管理集体资产。各级乡镇企业行政管理部门要依法对乡镇企业集体资产管理进行指导和监督。

1999年11月19日，《农民日报》报道：农业部发出《关于贯彻党的十五届四中全会精神，促进乡镇企业改革和发展的通知》，提出了乡镇企业新阶段的改革措施。

2000年1月5日，全国乡镇企业专业工作会议在北京举行。会议确定全国乡镇企业工作的指导思想是：坚决贯彻《乡镇企业法》，以质量效益为中心，努力提高乡镇企业的整体素质、运行质量和经济效益。

2000年2月29日，《农民日报》报道：农业部制定了《关于大力推进乡镇企业技术创新的意见》，要求到2005年，科技进步对乡村集体企业经济增长的贡献率从1998年底的40%提高到50%左右。

2000年4月12日，《农民日报》报道：农业部发出《关于切实加强乡镇企业安全生产管理工作的紧急通知》，要求在全国开展乡镇企业安全生产大检查，坚决遏制重大特大事故的发生。

2000年4月24日，《人民日报》报道：23日闭幕的全国乡镇企业结构调整工作会议，确定了“十五”期间乡镇企业结构调整的目标：加快重组、机制创新，发挥比较优势和区位优势，实现布局合理、结构优化、产业升级、产品更新。

2000年4月24日，《人民日报》报道：23日闭幕的全国乡镇企业结构调整工作会议，确定了“十五”期间乡镇企业结构调整的目标：加快重组、机制创新，发挥比较优势和区位优势，实现布局合理、结构优化、产业升级、产品更新。

2001年7月10日，《农民日报》报道：7月9日，全国乡镇企业外向型经济工作会议召开。2000年，全国乡镇企业出口供货额达8 670亿元，占全国外贸出口额的1/3。

2001年9月6日，《农民日报》报道：农业部发布了《乡镇企业发展“十五”计划》。《计划》指出，“十五”期间总体发展目标如下。增加值：预计“十五”期间以年均10%左右的速度增长，2005年达到43 000亿元。工业增加值：预计“十五”期间以年均8%左右的速度增长，2005年达到28 000亿元。出口产品交货值：预计“十五”期间以年均8%速度增长，2005年达到12 700亿元。从业人员：预计“十五”期间增加1 000万人左右，2005年达到13 700万人。“十五”及今后一段时期乡镇企业发展的措施：认真制定并落实有关政策；继续稳妥推进乡镇企业改革；积极进行结构调整；加快发展外向型经济；大力实施科教兴企战略；不断提高企业科学管理水平；坚决控减企业负担和探索建立乡镇企业社会保障制度；积极开拓市场，扩大融资，强化服务体系建设；依法监督和规范企业行为，切实加强对乡镇企业发展的领导。

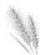

2001年9月11日，《农民日报》报道：农业

部、建设部、国土资源部联合发出《关于促进乡镇企业向小城镇集中发展的通知》。《通知》指出，促进乡镇企业向小城镇集中发展的指导思想是，以党的十五届三中、四中、五中全会精神为指导，认真贯彻落实中共中央、国务院关于促进小城镇健康发展的有关方针政策，通过乡镇企业向小城镇集中，发挥集聚效应，以先进技术优势和规模经济优势，推动乡镇企业布局调整和小城镇发展，促进我国工业化、城镇化和现代化建设。“十五”期间，乡镇企业向小城镇集中发展的目标是，努力提高企业聚集度：东部地区达到40%，中部地区达到30%，西部地区达到25%。到2015年，乡镇企业聚集度提高到60%以上，乡镇企业营业收入的70%来自小城镇内的各类乡镇企业。检验乡镇企业向小城镇集中发展工作的标志：一是农民生活水平明显改善，农民收入明显增加；二是形成具有地区特色的主导产业和具有一定市场占有率的名、特、优、新产品，经济效益明显提高，农村经济结构优化调整；三是节约土地和资源，生态环境得到明显改善；四是吸纳农村富余劳动力的能力得到加强；五是服务功能逐步完善，工业化和城镇化步伐明显加快。

2002年11月4日，《农民日报》报道：11月2日，历时3天的2002年全国乡镇企业东西合作经贸洽谈会在河南省驻马店市结束，洽谈会由农业部、河南省人民政府共同主办。

2003年1月16日，《人民日报》报道：农业部的最新调查结果表明，2002年全国外出就业的农村劳动力超过9 400万人，比上年的8 961万人增加约470万人。全年农村劳动力到乡以外就业的人数比上年增长5.24%。

2003年1月24日，《人民日报》报道：由劳动保障部门开展的农民工工资支付情况检查取得初步成效。在活动开展的一个月时间里，各地劳动监察部门共检查用人单位8万多户，涉及职工183万人，查处拖欠农民工工资违法案件1.3万件，共为62.6万农民工追缴欠薪3.5亿元。

2003年6月11日，《人民日报》报道：自非典疫情暴发以来，我国已有800多万民工流回农村，除少部分正常回乡进行三夏生产的人员外，绝大多数为受疫情影响而回流的务工经商人员。

2003年9月4日，《人民日报》报道：3日，由农业部和山西省主办的2003年全国乡镇企业经贸洽谈暨产品展销会在太原市开幕。正值太原市建城2500年暨旅游招商之际，来自全国28个省、市、区、计划单列市和民营企业的40多个代表团共1万余人参加了“乡洽会”。当天，山西、贵州、河南、甘肃等代表团就有59个合作项目签约。

2003年10月6日，《人民日报》报道：农业部、劳动和社会保障部、教育部、科技部、财政部、建设部等6部门日前联合制订了《2003—2010年全国农民工培训规划》，决定大力实施农村劳动力转移培训，每年培训2 000万人次农民工，争取使新增转移的农村劳动力基本掌握一项在城镇创业、就业的技能，并获得相应的职业资格或培训证书．目前，全国共有4.8亿农村劳动力，农业实际需要的劳动力不到2亿，还有1.6亿劳动力在当地从事乡镇企业工作和其他非农产业，农村共有1亿多富余劳动力。

2003年10月23日，《人民日报》报道：劳动和社会保障部、建设部联合下发通知，要求切实采取措施解决建筑企业拖欠、克扣农民工工资的问题，保护农民工合法权益。

2003年10月26日，《人民日报》报道：20世纪90年代以来，农村劳动力外出务工人数明显增加，据农业部调查推算，外出务工农民已超过9 400万人。

2004年1月3日，《人民日报》报道：自2003年12月1日以来，全国劳动系统集中开展了农民工工资支付情况专项大检查，已帮助农民工追缴工资15亿元。

2005年9月19日，《人民日报》报道：我国农村外出务工人员已达1.2亿人。

2006年1月18日，人民日报》报道：“十一五”期间，国家将加大职业培训的力度。其中包括计划在5年内对4 000万进城务工的农村劳动者开展职业培训，以帮助其顺利实现转移就业。

2006年1月20日，《人民日报》报道：国务院总理温家宝18日主持召开国务院常务会议，审议并原则通过《国务院关于解决农民工问题的若干意见》。

2006年2月9日，《人民日报》报道：春节过后，劳动和社会保障部在全国发起展开“春风行动”，要求公共就业服务机构为进城求职务工的农村劳动者提供免费的就业服务，并推荐一批诚信民办职业中介机构。

2006年3月28日，《农民日报》报道：新华社发布《国务院关于解决农民工问题的若干意见》（国发〔2006〕5号）。

2006年4月4日，《农民日报》报道：建设部、全国总工会联合发文，要求各地采取措施进一步改善建筑业农民工作业、生活环境，切实保障农民工职业健康。

2006年5月19日，《农民日报》报道：江苏省发展和改革委员会等22个部门联合发文规定，在有条件的县市开展城乡统一的就业、失业登记制度试点，农民失业不仅要登记，还要尽可能地给予最低生活保障。

2006年11月8日，《农民日报》报道：截至2006年10月底，阳光工程3年共培训农村劳动力830万人，转移就业720万人，培训转移就业率达86.7%。2006年1月至10月，全国累计培训农村劳动力300万人，转移就业260万人，已完成全年任务的86%。

2006年11月30日，《人民日报》报道：商务部门启动“万村千乡市场工程”以来，已累计在全国建设连锁化农家店12万个，吸纳富余劳动力51万名，受益农民约1.4亿人，扩大农村消费约400亿元。

2006年12月18日，《人民日报》报道：在有关部门支持下，由全国供销合作总社中国再生资源回收利用协会组织的“农民回收工培训计划”正式启动。

2007年1月4日，《农民日报》报道：2006年，我国乡镇企业新增就业人员近380万人，比“十五”期间年均消化吸收农村劳动力291万人增加了89万人；农村居民人均从乡镇企业获得工资性收入1 240元，比上年增加120元，增长10.6%。在乡镇企业发达的长三角、珠三角地区，农民来自二、三产业的收入已占到年纯收入的80%。

2008年3月4日，《人民日报》报道：我国农民工总数已达到2.1亿人，初步统计，2007年农民工月人均工资性收入超千元。从输出地统计看，农民工工资性收入已占到农民人均纯收入的1/3，占新增纯收入的一半以上。

2008年8月20日，《农民日报》报道：我国乡镇企业反哺农业资金超过4 000亿元。从1978年到2007年的30年间，乡镇企业用于支农、补农、建农的资金达到4 012亿元，有效提高了农业技术装备水平，改善了农业基础条件。乡镇企业发展农产品加工业，壮大龙头企业，推进了农业产业化经营，带动了农产品原料基地建设和营销网络建设，延长了农业的产业链条，进而促进了农业结构的优化升级，推动了农业生产产业化、规模化、专业化和标准化。

2008年9月4日，《农民日报》报道：国家级主题类遗址博物馆——中国乡镇企业博物馆，在江苏省无锡市奠基开建。

2008年12月10日，《人民日报》报道：由农业部和江苏省人民政府共同举办的纪念中国乡镇企业发展30年高峰论坛，9日在我国乡镇企业的发祥地江苏省无锡市举行。中央有关部门和江苏省人民政府的有关负责同志、部分专家学者以及300多名知名乡镇企业家参加了本次论坛。中共中央政治局委员、国务院副总理回良玉致信祝贺。经过30年的发展，乡镇企业的生产总值已在国内生产总值和工业增加值中占有很大比重，转移了大量的农村劳动力就业。本次论坛对中国乡镇企业30年发展历程进行了全面回顾，对新形势下乡镇企业在建设社会主义新农村中的地位作用、目标任务等进行了深入研讨。论坛举办期间，与会的乡镇企业家发表了无锡锡山宣言，向全国的乡镇企业发出了努力开拓创新、注重节能环保、发展现代企业、坚持诚信守法、承担社会责任的倡议。

2008年12月21日，《人民日报》报道：2008年12月20日，国务院办公厅发出《关于切实做好当前农民工工作的通知》。《通知》要求，各地区、各部门要加强组织领导，把做好当前农民工工作作为一项紧迫而重要的任务抓紧抓好。要建立健全农民工统计监测网络，深入调查研究，全面掌握情况。切实做好农民工宣传教育工作，引导农民工正确看待当前的经济形势和企业的经营困难。加强农村地区社会治安和公共秩序管理，维护社会的和谐与稳定。充分发挥农村基层党组织的战斗堡垒作用，帮助农民工解决生产生活中面临的困难和问题。

2010年1月26日，《经济日报》报道：为提高农民工技能水平和就业能力，促进农村劳动力向非农产业和城镇转移，推进城乡经济社会发展一体化进程，国务院办公厅发出《关于进一步做好农民工培训工作的指导意见》。《意见》提出，按照培养合格技能型劳动者的要求，逐步建立统一的农民工培训项目和资金统筹管理体制，使培训总量、培训结构与经济社会发展和农村劳动力转移就业相适应；到2015年，力争使有培训需求的农民工都得到一次以上的技能培训，掌握一项适应就业需要的实用技能。

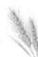

2010年2月6日，《人民日报》报道：国务院办公厅5日发出《关于切实解决企业拖欠农民工工资问题的紧急通知》，要求各地区、各有关部门要把解决企业拖欠农民工工资问题作为当前一项重要而紧迫的任务抓紧抓细，确保各项措施落到实处。地方各级人民政府要在普遍检查的基础上，集中力量重点解决建设领域企业拖欠农民工工资问题。要抓紧组织对本行政区域内所有在建工程项目支付农民工工资情况逐一排查，发现拖欠工资问题或欠薪苗头及时督促企业妥善解决；对反映投诉的建设领域工资历史拖欠问题，也要认真加以解决。要加强行政司法联动，加大对欠薪逃匿行为的防范、打击力度。对因拖欠工资问题引发的劳动争议，要开辟争议处理“绿色通道”，对符合立案条件的当即立案，快速调处，力争在春节前办结；对符合裁决先予执行的拖欠工资案件，可以根据劳动者的申请裁决先予执行。

2010年10月12日，《农民日报》报道：10月11日，全国乡镇机构改革工作电视电话会议在京召开。各地按照统一部署和要求，积极试点，大胆创新，改革逐步从试点转入全面推开阶段。目前，全国已有70%的乡镇进行了机构改革，取得了明显成效，积累了宝贵经验。

2011年2月14日，《人民日报》报道：到“十一五”末，我国农民工总数达2.42亿人。2010年农民工月均收入1 690元，6 329万农民工有工伤保险，80%的农民工随迁子女在城镇公办中小学免费接受义务教育，2010年，农民工月均收入达1 690元，比2005年的875元增长近一倍。

2012年2月29日，全国农民工工作暨家庭服务业工作会议透露，2011年我国农民工工资水平快速提高，外出农民工月均收入首次突破2 000元大关，达到2 049元，比2010年增加359元。

2012年9月25日，《人民日报》报道：我国在岗的大学生村官已达21.2万人。其中，有3万多人领办、参加致富项目2万多个，领办、创办各类专业合作社6 451个，为24.3万村民提供了就业岗位。

2012年12月14日，《经济日报》报道：人力资源和社会保障部、住房城乡建设部、公安部等六部门联合下发《关于开展农民工工资支付情况专项检查的通知》，决定从2012年11月26日至2013年1月31日在全国组织开展农民工工资支付情况专项检查。

2013年2月23日，《农民日报》报道：2012年全国农民工总量为26 261万人，比上年增长3.9%。其中，外出农民工16 336万人，比上年增长3%；本地农民工9 925万人，比上年增长5.4%。

2014年4月12日，《光明日报》报道：《农民工职业技能提升计划——“春潮行动”实施方案》已下发。“春潮行动”实施的重点对象是农村新成长劳动力。《方案》明确，到2020年，力争使新进入人力资源市场的农村转移就业劳动者都有机会接受一次就业技能培训；力争使企业技能岗位的农村转移就业劳动者得到一次岗位技能提升培训或高技能人才培训；力争使具备一定创业条件或已创业的农村转移就业劳动者有机会接受创业培训。

2014年4月15日，《农民日报》报道：2013年，农民工资性收入首次超过家庭经营纯收入，人均4 025元，比上年增加578元，增长16.8，增速比上年提高0.5个百分点。农民工资性收入对农民人均纯收入增幅的贡献率达到59%。人均财产性收入293元，比上年增加了44元，增长17.7%。人均转移性财产性净收入、转移性净收入784元，比上年增加了98元，增长14.2%。

2014年7月30日，国务院总理李克强主持召开国务院常务会议，研究部署做好为农民工服务工作，有序推进农业转移人口市民化。会议指出，要促进农民工就业创业，维护农民工劳动保障权益，深化基本公共服务供给制度改革，加强对农民工的公共文化服务。

2014年10月1日，《人民日报》报道：国务院印发《关于进一步做好为农民工服务工作的意见》。《意见》明确，到2020年，转移农业劳动力总量继续增加，每年开展农民工职业技能培训2 000万人次，农民工综合素质显著提高、劳动条件明显改善、工资基本无拖欠并稳定增长、参加社会保险全覆盖，引导约1亿人在中西部地区就近城镇化，努力实现1亿左右农业转移人口和其他常住人口在城镇落户，未落户的也能享受城镇基本公共服务。

2015年7月30日，《农民日报》报道：27日，农业部印发通知，部署实施推进农民创业创新行动计划（2015—2017年）。农业部实施推进农民创业创新行动计划，将以促进农民就业增收为目标，以农民为主体，以乡镇、村为区域，支持返乡农民工、普通中高等学校毕业生、退役士兵、大学生村官、农村能人等创办领办家庭农场、农民合作社和小微企业等市场主体，发展农村一、二、三产业，力争通过三年努力，形成农民创业创新发展新格局，为推进农业强、农村美、农民富提供有力支撑。

2016年1月20日，国务院办公厅印发《关于全面治理拖欠农民工工资问题的意见》。《意见》要求，要健全源头预防、动态监管、失信惩戒相结合的制度保障体系，完善市场主体自律、政府依法监管、社会协同监督、司法联动惩处的工作体系。

2016年3月25日，《农民日报》报道：教育部、中华全国总工会印发《农民工学历与能力提升行动计划——“求学圆梦行动”实施方案的通知》。据国家统计局发布数据显示，2015年，全国城镇就业人员共4.04亿人，其中农民工总量为2.77亿人，比上年增长1.3%。

2016年6月27日，《人民日报》报道：截至2015年底，全国农民累计创办2 505万个中小微企业，近5年农民工返乡创业人数累计已超过450万；有54.3%的返乡创业者通过新媒体了解信息、政策法规并进行营销推广，现代要素投入明显增加。

2016年12月27日，《农民日报》报道：由中国乡镇企业协会等单位发起的全国农产品加工产业发展联盟成立大会在京召开。大会启动了中国农产品加工品牌推介暨全国农村三次产业融合发展巡回论坛，同时举办了中国乡镇企业协会第五届理事会四次会议。来自全国农产品加工企业、经济组织、科研院所、大专院校、金融机构、社会团体、新闻媒体的300多名代表参加了会议。

2017年8月23日，《人民日报》报道：22日，农业部召开全国农村创业创新及项目创意大赛新闻通气会，各类返乡下乡人员已达700万，其中农民工480万。在返乡下乡人员创办的企业中，有80%以上都是新产业、新业态、新模式和产业融合项目，54%都运用了网络等现代手段。

2017年9月20日，《科技日报》报道：农业部、国家发展和改革委、财政部联合印发了《关于加快发展农业生产性服务业的指导意见》。2016年，农民工总量已经达到2.8亿人。随着现代农业深入发展，农业生产性服务业加快发展，服务领域涵盖种植业、畜牧业、渔业等各个产业。

2017年11月9日，中国农业品牌创新联盟在首届全国新农民新技术创业创新博览会上正式成立。中国农业品牌创新联盟由中国农产品市场协会、中国农村杂志社共同发起成立，由农业部市场与经济信息司主管指导。该联盟旨在通过理论研究、互动交流、教育培训、咨询服务、市场联合等多种方式，着眼于合力推动农业品牌战略实施，深化农业品牌建设模式机制创新，搭建合作交流平台，促进资源的集成和共享，优化资源配置，提升农业品牌的水平和质量，增强农业品牌的活力和效益，打造更多的国家级农业品牌，促进我国现代农业发展。

2017年11月10日，首届新农民新技术创业创新大会在江苏省苏州市召开。中共中央政治局常委、国务院副总理汪洋强调，要大力营造农村创业创新良好环境，吸引更多人才投身农业发展农村建设，为推进农业农村现代化不断注入新动能。

2017年11月16日，《经济日报》报道：11月12日，首届中国农村创业创新论坛在苏州召开。到2020年，我国将培育1 000万人次农村“双创”人才。

农业科研与教育

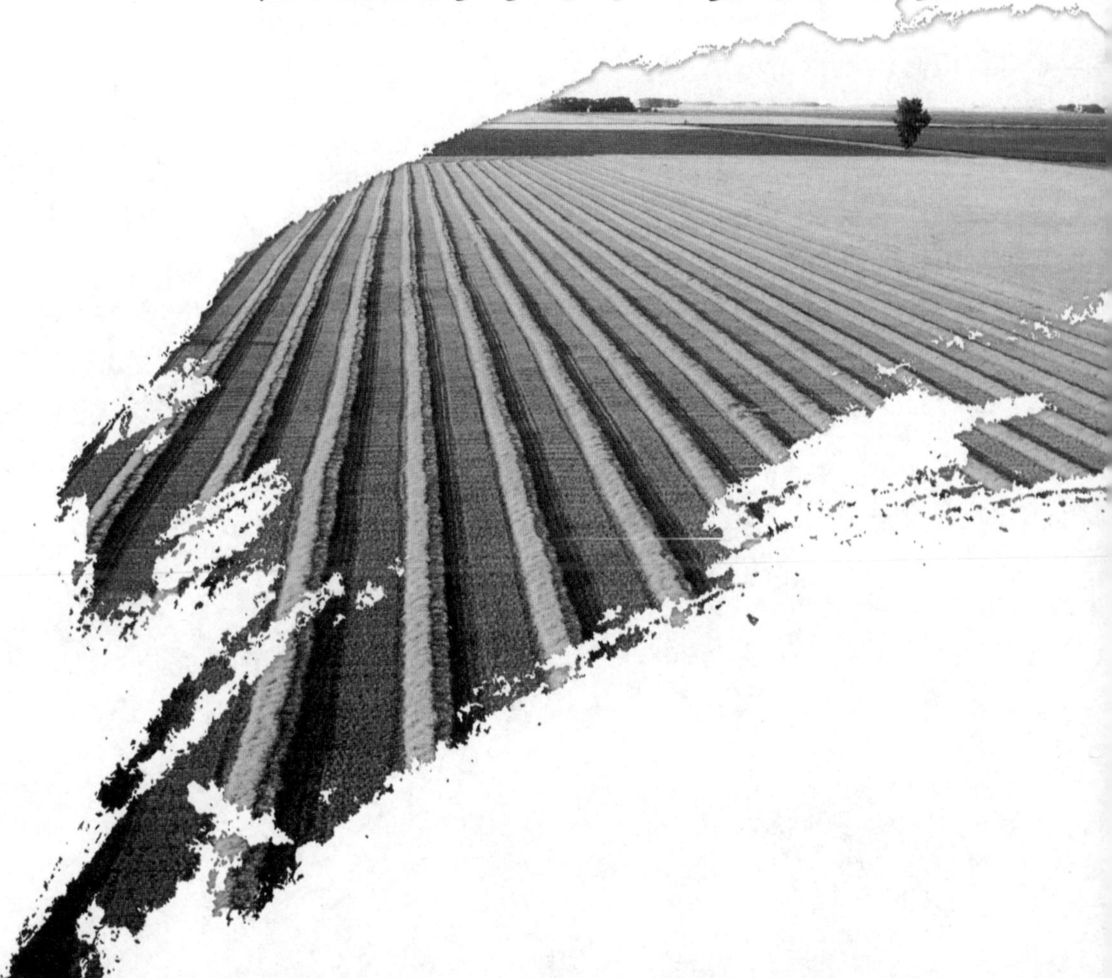

1952年7月4日—11日，教育部召开全国农学院院长会议，讨论高等农业院校方针任务及农学院院系调整与专业设置等问题。

1953年7月31日，林业部召开林业干部教育座谈会。确定了中等林校的办学方针、任务。

1954年3月22日，教育部、扫盲委员会发出《关于1954年组织农民常年学习的通知》。通知说，在农村互助合作和农民生产发展的基础上，逐步提高农民的社会主义觉悟和文化水平，是今后农村中的一项重要的经常工作。目前春耕将到，冬学行将结束，根据各地调查和历年经验证明，春耕之后仍有部分农民可以进行常年业余学习。各地应在冬学的基础上，根据具体情况，积极组织有条件学习的农民利用生产空闲继续学习。

1954年10月27日—11月12日，高等教育部、农业部和林业部召开第二次全国高等农林教育会议。

1955年6月27日—7月13日，高等教育部召集全国30个农林院校的院长、教务长、教授270多人举行会议，审订了高等农林院校的农学、果树蔬菜、植物保护、土壤农化4个专业的57门课程的统一教学大纲。

1955年7月12日—8月13日，农业部在哈尔滨召开中等农业学校教学大纲审订会议。会议制订了中等农业学校使用的动物饲养、兽医和农业机械化三个专业的33门课程的统一教学大纲。

1955年11月15日—12月8日，农业部召开全国农业科学研究工作会议。会议制定了从1956年到1967年12年内的农业科学研究工作方案和1956年的工作要点；制定了国际技术合作中农业部门的工作方案。

1956年5月10日，新华社报道：农作物病虫害预测预报工作正在全国范围内逐步开展。现在全国已有22个省、市、自治区共建立144个病虫害预测预报站（点），有14个省还建立了病虫害预测预报研究室。

1962年10月11日，新华社报道：国家科委和农业部邀请各个学科的60多位农业科学家在北京举行会议，商讨大力加强农业科学研究和农业科学技术队伍问题。会议期间，周恩来总理接见了到会的科学家，并在会上作了讲话。

1963年2月8日—3月31日，中共中央、国务院在北京联合召开全国农业科学技术工作会议。会议制定了全国农业科学技术发展规划。毛泽东主席及党和国家其他领导人接见了与会代表，周恩来总理作了报告。

1963年9月18日，林业部颁发《关于高等林业院校修订教学大纲和实习大纲的原则规定（修正草案）》。

1965年3月27日，新华社报道：国务院最近在北京召开农业科学实验工作会议。会议号召农业科学工作者上山下乡，同群众一起大力发展样板田，促进农业生产新高潮。周恩来总理在会议期间作了报告。

1966年5月7日，新华社报道：最近，全国农村群众科学实验运动经验交流会议在福州市举行。8日，《人民日报》发表社论《农民自觉掌握农业科学和哲学的时代开始了》。

1966年8月14日，《中国共产党第八届中央委员会第十一次全体会议公报》（1966年8月12日通过）发布。公报指出，全会完全同意1963年5月20日《中共中央关于目前农村工作中若干问题的决定（草案）》；完全同意1965年1月14日中共中央政治局召集的全国工作会议讨论纪要：《农村社会主义教育运动中目前提出的一些问题》，即23条；完全同意毛泽东同志近四年提出的一系列英明决策，主要是：关于工业学大庆，农业学大寨，全国学人民解放军，加强政治思想工作的号召，关于逐步实现农业机械化的规划和部署的问题。

1978年5月28日，《光明日报》报道：过去长期危害我国小麦生产的重大病害——条锈病，经过广大科学工作者和贫下中农的共同努力，从1965年以来已基本上被控制，对促进小麦生产的发展起了重要作用。

1978年10月下旬—11月5日，新华社报道，我国历史上第一次全国性的农业经济学学术讨论会在苏州市举行，同时成立中国农业经济学会。

1979年1月5日，新华社报道：中国科学院在我国南、北、中不同地区建立综合实验基地，开展农业现代化科学实验活动，初步取得成效。1978年湖南省桃源县、河北省栾城县和黑龙江省海伦县三个基地县农业生产均获丰收。

1979年4月3日—7日，由国家农委、国家科委、农业部、中国科学院联合召开的全国农业自然资源调查和农业区划会议在北京举行。会议宣布正式成立全国农业自然资源调查和农业区划委员会。农业自然资源调查和农业区划研究是全国科学大会制定的《1978—1985年全国科学技术发展规划纲要（草案）》重点科学技术研究项目的第一项。参加会议的有全国各省、市、自治区农办、科委的负责人，国务院各有关部门和有关科研单位的代表和专家，共260多人。会议确定近两三年内在农业自然资源调查方面，应着重抓好以下几项工作：一是土地资源调查；二是对目前资源开发利用问题较多、农林牧用地矛盾比较突出的地区（如西北黄土高原、黑龙江三江平原、海南岛、西双版纳、沿海滩涂等）农业自然资源，进行综合研究，尽快提出合理开发利用的方案；三是全国土壤普查，以县为单位，搞好试点，由点到面，逐步铺开；四是对全国已建和拟建的自然保护区，提出布局、规划和对稀有珍贵动植物保护的方案。

1979年5月31日，新华社报道：国家农委、国家科委在江苏无锡县召开全国农业现代化科学试验基地座谈会。14个农业现代化综合科学实验基地的70多名代表，从我国实际出发探索农业现代化途径，交流了工作经验，并对建立农业现代化科学实验基地的目的、任务、指导思想进行了讨论。

1979年7月24日—8月5日，林业部在北京召开全国中等林业教育和干部培训工作会议。会议着重研究了林业教育如何贯彻调整、整顿的方针和把学校工作的着重点转移到以教学为中心，提高教学质量上来的问题。

1979年8月11日，国务院副总理、国家科委主任、中国科学院院长方毅邀请农业科学家和有关方面专家，就怎样充分发挥科学技术的作用、加速我国农业的发展问题，进行了座谈。

1979年8月20日—29日，东北地区农业现代化学术讨论会在哈尔滨市举行。会议对东北地区农业现代化进行了多学科综合性的学术讨论，总结了中华人民共和国成立三十年来正反两方面的经验。许多专家提出，我国农业现在应该转入农、林、牧、副、渔全面发展、农工商一体化的轨道上来。

1979年9月22日，国家农委、农业部、林业部。水利部、农垦部、农机部和中央气象局，邀请在北京的农业科学家、教育家以及早期从台湾、香港和国外归来从事农业科学、农业教育的爱国知识分子代表举行茶话会，共庆中华人民共和国成立三十周年，鼓励他们同心同德，为加速实现我国农业现代化作出贡献。

1979年11月28日—12月11日，教育部、农业部、团中央、中国科协在天津联合召开全国农民教育工作会议。这是1949年后几个部门共同讨论农民教育问题的第一次会议。会议总结了三十年来农民教育工作的基本经验，讨论了当前和今后一个时期农民教育的任务和措施。

1980年3月1日，国家科委在江西南昌召开农业土壤学家座谈会。会议认为，为了实现农业现代化，必须重视和加强农业科学的基础理论研究，特别是对土壤的研究。

1980年5月8日，国务院批准颁布国家农委、农业部、农垦部、国务院科技干部局制定的《农业技术干部技术职称暂行规定》，这是中华人民共和国成立三十年来第一次就农业技术干部的技术职称问题颁布的规定。

1980年7月11日，新华社报道：最近由国家农委主持召开的农业教育座谈会在北京举行。中共中央书记处书记、国务院副总理万里在座谈会上讲了话。他说农业教育是关系农业现代化的大事，我们宁肯在农业的其他方面少投一些，也要腾出力量来，把农业院校办好。

1980年10月22日—28日，教育部在山东济南召开了全国农民教育座谈会。参加座谈会的有28个省（市、自治区）教育（高教）厅（局）工农教育处的同志，国家农委、农业部、共青团中央、全国妇联、中国科协的同志，共91人。与会同志汇报了第二次全国农民教育工作会议以来农民教育工作情况，交流了经验，研究了目前农村中出现的新情况和在农民教育工作中存在的一些具体问题，提出了今后工作的意见。根据25个省（市、自治区）的统计，1979年冬以来，参加学习的青壮年农民有1 978万人以上。其中有扫盲班学员1 236万余人，业余小学班学员926万余人，业余初中班学员92万余人，业余高中班学员9万余人，各种技术班学员212万余人。

1980年10月30日，《人民日报》报道：我国土壤学家结合农业生产实际，对水稻土进行了大量研究，在水稻土的发生、分类及肥力演变规律、高产稳产水稻土的培育等方面取得了一大批成果，在中国科学院召开的国际水稻土讨论会上，我国科学家提交的97篇论文中，第一次集中地、大批地向外国学者公布了我国三十年来在水稻土领域所取得的研究成果，引起了到会的15个国家和国际组织的科学家们的重视。

1980年11月12日，新华社报道：国家农委和中央组织部联合举办的第一期农业领导干部学习研究班11日在北京开课。国务院有关各部的副部长和省、市、自治区领导农业生产的书记、副书记、常委、副省长等领导干部参加学习。这是我国首次举办高级农业领导干部学习研究班。

1980年12月7日—16日，由中国农学会、中国林学会、中国水利学会会同西北九省、自治区共同召开的西北地区农业现代化学术讨论会在兰州举行。参加会议的代表达480多人，共有学术论文、报告330多篇。会议对西北地区各种自然资源的现状和利用、农业建设方针、农林牧之间的关系、农业现代化起步、发展商品经济等方面进行了比较深入的探讨，广泛交换了意见。参加会议的科学家提出，要靠科学复兴大西北，实行农林牧并举促进农业全面发展。

1980年12月17日，《人民日报》报道：全国第一次林业经济理论讨论会在南宁市召开。这次会议紧紧围绕森林生态经济、林业管理体制和结构、林业所有制以及如何实现中国式的林业现代化等问题，进行了热烈的讨论。

1981年7月14日—17日，农垦部在辽宁省盐碱地利用研究所召开全国农垦系统少耕免耕法学术交流和科研协作会议。会议交流了各地区旱田、水田、果树等方面少耕免耕的试验结果和经验，以及生产应用中出现的问题，参观了辽宁省盐碱地研究所的少耕法试验田和适应少耕作业的水田旋耕机、驱动耙等配套机具；听取了院校教授的学术报告；讨论研究了今后的研究重点、方法，并组成了课题协作组。

1981年10月13日，新华社报道：能够抵抗枯萎病的优良棉种“86－1号”，已在全国推广播种220万亩。这是中国农业科学院植物保护研究所的科技人员与河南省新乡县的农民技术员共同培育成功的。

1982年1月5日，《光明日报》报道：中国科学技术协会在北京召开农业（包括多种经营技术）技术承包经验交流会。据不完全统计，全国已有2 500多个公社成立了科协或科普协会。会议提出，在新的一年里，中国科学技术协会系统的地、县以下科协，要把工作重点放在农村，尽快把科学技术送到八亿农民手里。

1982年5月17日，新华社报道：我国第一个现代化农业测试中心——湖北省农业科学院农业测试中心，在武汉举行落成仪式，正式投入试运转。它是以土壤肥料为主、科研与测试服务相结合的现代化农业测试中心。

1982年6月18日—27日，黄淮海平原农业学术讨论会在济南召开。会议提出黄淮海平原农业发展的战略目标、调整生产结构和作物布局、加快平原造林速度和牧业发展步伐、搞好治水改土和扩大综合治理试验区，以及当前发展生产技术措施等重要建议。

1982年6月20日—7月10日，农牧渔业部农垦总局在江苏农学院召开全国农垦系统高等院校教学工作座谈会。会议着重对我国农学专业（兼顾植保、生理、生化、遗传育种、土壤、肥料等专业）的教学、科研等问题作了全面而又深入的探讨，研究了有关农业教育改革的意见。

1982年7月16日，《人民日报》报道：农牧渔业部委托高等农业院校对县级以上的农业领导干部分期分批进行轮训。到现在已有4 000多名县级以上的各级领导干部（包括省农业厅长、地区专员、农业局长和县委正副书记、正副县长）在高等农业院校受到了专业培训，一个从中央到省、地、县包括一部分区、社的农业干部教育网正在初步形成。

1982年9月26日，《中国农民报》报道：又一座为全国农业科研和生产服务的土壤肥料测试中心在北京建成投入试运转。这座现代化土壤肥料测试中心，每年可分析测试10万件样品，约50万项次。

1982年10月2日，新华社报道：经国务院批准，天津农学院于最近成立。

1982年10月10日，《光明日报》报道：党的十一届三中全会以来，全国恢复和新建各级党校、专业干校（包括常设干训班）8 100多所，全国干部教育网初步形成，近三年轮训、培训县级以上领导干部20多万人。全国农业系统已培训各级农业领导干部6.2万多人，2 000多个县分管农业的正副县委书记和正副县长已基本轮训一遍。

1982年11月1日，新华社报道，中国农业经济学会第三次代表大会及1982年学术讨论会，最近在合肥举行。大会围绕六个专题进行学术讨论：我国农业发展战略目标和措施；农业生产责任制和农村经济结构；正确贯彻农业以计划经济为主、市场调节为辅的原则；农业与国民经济其他部门的关系；提高农业的经济效益和生态效益；保护各种农业资源和保持生态平衡。

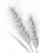

1982年11月13日，《人民日报》报道：农

牧渔业部三年来在全国建立了9个培训基地，对县以上主管农业工作的5 089名党政领导干部进行了轮流培训。各农业院校通过培训班推广科研成果66项。

1983年1月3日，《人民日报》报道：农牧渔业部与地方合资陆续兴建的我国第一批农业科学研究重点项目之一的9个农业科学研究中心，已先后投入试运转。这9个农业科学研究中心是：四川省农业科学院中心实验室、湖北省农业科学院农业测试中心、江苏省农业科学院农业生物遗传生理研究中心、广东省农业科学院水稻研究所、吉林省农业科学院大豆研究所、新疆维吾尔自治区农业科学院中心实验室、陕西省农业科学院黄土高原农业测试中心、中国农业科学院土壤肥料研究所中心分析室、中国农业科学院品质资源研究所种质库。

1983年2月10日，农牧渔业部和教育部联合发出《关于1983年全国高、中等农业院校招生工作的通知》。《通知》提出，农垦院校以80%左右的比例面向垦区定向招生，其余面向所在省、自治区招生（新疆继吾尔自治区主要招收少数民族学生）。为了与农村形势的发展和农村教育改革的需要相适应，农垦院校应积极创办知识面宽、应用性强的两年制专科。

1983年3月27日，《中国农民报》报道：农牧渔业部和中央组织部依托一些农业院校举办的16个农业领导干部培训班（校），已结束第一轮培训。共培训干部7 665名，其中县级领导干部4 622名，农机、水产系统领导干部1 526名。

1983年5月4日，新华社报道：国务院最近批转劳动人事部、农牧渔业部、林业部、财政部《关于加强农林第一线科技队伍的报告》。《报告》提出：1. 通过各种渠道，充实和加强农林第一线的科技力量，建立和健全为农民服务的农林科技推广体系；2. 适当提高农林第一线科技人员的生活待遇；3. 逐步增加农林事业经费，以改善农业第一线科技人员工作条件和生活条件；4. 对于全民所有制的农林科研单位、院校、场圃单位中吃自产粮的科技人员，应当恢复他们的城镇户粮关系，他们的子女可以享受城镇就业和报考技工学校的待遇；5. 各级政府要加强对农林科技人员的管理和合理使用。

1983年7月19日，新华社报道：中共中央办公厅、国务院办公厅最近转发国家科委党组《关于当前农村科技工作和体制改革的若干意见》。建议：1. 鼓励农业科技机构同农民和生产队签订技术合同，形成技术承包责任制；2. 努力改善长期在农村工作和今后去农村工作的科技人员的生活和工作条件；3. 除了奖励发明创造、技术革新成果外，要特别重视奖励那些在推广成果、转移技术、传授科技知识等方面有显著成绩的人；4. 农村科技人员晋升技术职称，主要看对生产发展的实际贡献，晋升中级技术职称，应免试外文。

1983年8月23日，新华社报道：我国正新建8个农业科学研究机构：深圳农业科学研究中心、黑龙江省农业科学院低温冷害研究室、辽宁省农业科学院高粱研究室、吉林省白城地区农业科学研究所向日葵研究室、福建省农业科学院红萍研究室、云南省农业科学院粮食作物品质鉴定站、江苏省农业科学院科技交流站和广东省农业科学院科技交流站，还扩建辽宁省蚕业研究所。目前全国农业系统已有地区级以上农业科研所1 081个，科技人员4万多人。

1983年8月12日，《经济日报》报道：我国第一所农村经济管理干部学院9月11日在河北省廊坊市正式成立，并举行了首届开学典礼。这所学院是农牧渔业部为系统地培训全国农村在职的经济管理干部而建立的，设有农业合作经济管理、农村工业企业经济管理、农村会计、农村统计、资源经济和农村建设等五个专业。

1983年9月29日，《中国农民报》报道：近年来，我国农民技术教育迅速发展。据不完全统计，目前举办农民技术学校、文化技术学校及各种职业技术教育的有1万多个公社，占全国公社总数20%以上。

1983年11月1日，《中国农民报》报道：全国各地采取多种办学形式发展农业教育事业，目前全国有农业高等院校59所，在校生近7万人；中等专业学校358所，在校生8.2万人；农村中一部分中学改为农业中学、职业中学，在校生近100万人。农牧渔业部和各省、市、自治区举办的县级农业干部培训班已培训1万多人；参加中央农业广播学校学习的已有40多万人。

1983年11月7日，《经济学周报》报道：10月17日中国经济学团体联合会安徽农业经济培训中心在合肥成立。第一期农业经济管理干部和师资培训班同时开学。

1984年2月29日，《光明日报》报道：全国共有3 000多所对农民进行技术教育的县级农民技术学校。其中县农业部门办的各种学校2 757所。另外，全国还有30%的公社办起了1.5万所农民技术学校。

1984年3月29日，《人民日报》报道：按照农艺要求创造模拟生态环境的我国最大的现代化科研温室，在安徽省农业科学院建成。温室面积 1 900 平方米。它按科研需要划分为 21 个自成系统的分区，提供多种生态环境。

1984 年 8 月 5 日，《中国农民报》报道：我国已建成各学科配套的农业科研体系。地、市级以上科研机构达 1 300 多个，全国拥有农业科研人员近 40 万人。

1984 年 8 月 20 日，河北张北县建成我国第一个脱毒马铃薯繁育体系。国家科委攻关局、中国科学院生物学部和农牧渔业部全国种子总站联合在张北县召开现场经验交流会。

1984 年 9 月 14 日，新华社报道：全国已有农业大学、农学院等高等院校 59 所，在校生 73 400 人；中等农业专业学校 357 所，在校学生 87 900 多人。三十五年来，从这些学校毕业的学生已有 100 万人。有县办农民技校和成人教育中心 3 000 多个，24 万个村（队）办起了农民夜校或培训班。

1984 年 9 月 16 日，《人民日报》报道：我国第一所培养农村基层干部的大学——山东德州农村发展学院建成开学。

1984 年 12 月 17 日，新华社报道：由农牧渔业部召开的全国中等农业教育改革会议，于 12 月 10 日—17 日在四川温江农校举行。会议指出，中等农校应该面向农村、面向基层，为“两户一体”、乡镇企业和国家农（牧、渔）业企事业单位培养科学技术和经营管理人才。

1985 年 1 月 9 日，《人民日报》报道：中华人民共和国成立后，由政府组织农业科学工作者进行的全国性农家水稻品种调查、收集、保存、研究、利用工作和野生稻的考察，取得可喜成果。现已编入《全国稻种资源目录》的达 29 939 份；1979 年以后，各地又征集 1 万多份，截至目前，总数已逾 4 万份。

1985 年 2 月 12 日，《农民日报》报道：历时六年的全国家畜家禽品种资源调查工作已于最近结束。经对 29 个省、自治区、直辖市的全面普查以及对台湾省畜禽资源现有资料的搜集表明，全国现有畜禽品种共 260 个。这些畜禽品种已被列入新近完成的《中国家畜家禽品种志》中。

1985 年 3 月 11 日，《人民日报》报道：中国农业科学院蔬菜研究所的科技人员运用植物原生质体培养技术，成功地把从黄瓜子叶和结球甘蓝第一真叶中分离出来的原生质体培养成植株。

1985 年 3 月 14 日，农牧渔业部发出《关于利用农业广播学校做好农村基层干部培训工作的意见》。

1985 年 5 月 11 日，安徽省科委举行新闻发布会，宣布以安徽省农业科学院助理研究员王毅为主培自成功的低芥酸油菜新品种 410 通过成果鉴定和品种审定。

1985 年 8 月 14 日，《农民日报》报道：1984 年全国农业技术推广总站推广了 32 项农业新技术，推广面积 4 600 多万亩，比常规技术增加产值 8.8 亿元。

1985 年 8 月 6 日，林业部批准北京林学院、东北林学院和南京林学院改名为北京林业大学、东北林业大学和南京林业大学。

1985 年 9 月 14 日，《光明日报》报道：全国已有 13 个院校开设了农业系统工程专业课程，100 多个地县开展了农业系统工程的研究和应用。

1985 年 10 月 5 日，经农牧渔业部批准，沈阳农学院、华中农学院、西南农学院、西北农学院、北京农业机械化学院分别改名为沈阳农业大学、华中农业大学、西南农业大学、西北农业大学、北京农业工程大学。

1985 年 10 月 14 日，《光明日报》报道：“六五”期间，全国已初步建立了农业环保管理、科研和监测体系，并且有组织有计划地开展了农业环境质量、农药污染、重金属污染和农业生态考察，初步掌握了全国农业环境污染状况和生态农业的发展概况，从事农业环境保护工作的人员已达千余人。

1985 年 12 月 6 日，《光明日报》报道：中国农业科学院计算中心最近建成我国第一个大型农业经济统计资料数据库系统，这一系统主要包括基本数据库、输入子系统和输出子系统。目前已列入 1980—1983 年的 200 万项数据。

1986 年 1 月 14 日，我国政府同联合国粮农组织在北京签署了使用法国政府信托基金（18 万美元）进行木本树种固氮研究的合作项目协议。

1986 年 8 月 28 日，《农民日报》报道：农牧渔业部最近决定，组织北京农业大学、北京农业工程大学、沈阳农业大学、南京农业大学、西北农业大学、西南农业大学、华南农业大学和华中农业大学部分师生开赴贫困山区各基点县（州），进行科技扶贫。

1986 年 10 月 25 日，《经济日报》报道：中国农业科学院国家作物种质库 15 日建成投入使用。该库能容纳 40 万份植物种质资源，长期贮藏最低温度为−18℃，相对温度为 50%左右。

1986 年 10 月 27 日，《人民日报》报道：据全国农业技术推广工作会议提供资料，近几年推广重大农业技术 478 项，产生直接经济效益 140 亿元。

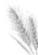

1987年1月3日，《人民日报》报道：一项具有国际先进水平的重大科研成果——土壤识别与优他施肥——于1986年11月底在福建省通过技术鉴定和发明评审。应用这项成果，平均每亩可节约化肥25%～30%，增产稻谷45千克，并可准确预计产量。

1987年9月1日，《内蒙古日报》报道：内蒙古自治区海拉尔农牧场管理局拉布大林小麦抗丛矮病课题组，经21年努力，筛选出小麦丛矮病抗源，培育出我国第一批春小麦抗丛矮病品种（系），并正式通过成果鉴定。

1987年11月18日，《经济参考》报道：全国土壤肥力和肥料效益长期监测点1987年开始兴建。监测点按全国重点农业区和土壤类型分布建立9个点，并在北京中国农科院土肥所内建立数据库及标本室。

1987年9月18日—22日，由中国农学会、中国农业科学院和西北农业大学共同举办的国际旱地农业学术讨论会在陕西省杨陵举行。参加会议的中外代表共97人。

1988年11月15日—19日，农业部全国农业技术推广总站在北京召开全国农业技术推广项目工作会议。会议强调：要使农业持续稳定发展，必须重视和依靠科学技术投入。推广农业技术的重点是：

①进一步开发中低产田，提高耕地素质和生产力。②改革耕作制度，提高复种指数。③大力推广旱作农业技术。④积极推广农作物模式化栽培技术。⑤继续推广地膜覆盖栽培技术。⑥推广杂交水稻及其配套高产栽培技术。

1988年1月20日，《人民日报》报道：近3年来，甘肃省积极推行农村科技服务承包，3 800多名科技人员自上而下层层签订合同，形成大范围科技推广网络。河西冷凉灌区百万亩春小麦比三年前平均亩产净增85.6千克；定西地区百万亩梯田、坝地粮食和胡麻亩产分别增长82%和92%。

1988年3月5日，《人民日报》报道：到1987年底为止，中国农业科学院已有20个科研所与外单位联合开发项目80个，建立生产联合体34个，转让各类科技成果144项（次），为各地培训人才7万人（次），向社会提供苹果、梨、柑橘、山楂、葡萄良种良苗5 700万株，推广小麦、玉米、水稻、棉花、甜菜、蔬菜等作物良种5 080多万千克，种畜种禽700多万头（只）。

1989年2月20日，《人民日报》报道：国家自然科学基金委员会和湖北省人民政府在武汉市通过鉴定，宣布“湖北光周期敏感核不育水稻育性转变机理及其利用研究”在国内外处于领先地位。

1989年5月6日，全国农业成人教育工作会议在北京召开。我国现已培训县处级主管农业的党政领导干部和农业系统的领导干部2万余名；各省、自治区、直辖市还培训了乡镇（科）、县（局）级领导管理干部100余万名；另有1.4亿农民、农村基层干部、乡镇企业职工接受了各种技术培训；全国半数以上的村设立了农民技术教育场所；广播、电视等远距离教育已延伸到农村的千家万户。

1989年5月14日—18日，全国农业技术推广工作会议在北京召开。1988年，全国已建县农业技术推广中心1 003个，约占全国农业县的一半。全国乡、镇农业技术推广站发展到3.8万多个，占全国农业乡的60%。另外，村技术服务组织和农民技术员队伍也有很大发展。全国已有36.3万多个村建立了服务组织或配备了农民技术员。共有村农民技术员50多万人，科技示范户400多万户。农业部决定，授予48个县的农业技术推广中心和136个区、乡农业技术推广站“全国农业推广先进单位”称号。

1989年9月4日，新华社报道：国家科委最近决定，拨出科研推广专款扶持寒地水稻旱育稀植技术，并作出1990—1992年在东北、华北、西北地区推广这项技术的规划。

1989年9月22日，由中国农业科学院作物品种资源研究所承担的“七五”国家重点科技攻关项目“完善国家农作物种质资源库”专题通过部级鉴定。该库容量达55万份，是目前国际库容量最大、现代化程较高的种质资源库之一。

1989年9月25日，《人民日报》报道：中华人民共和国成立40年来，我国已建立起有百万人的农业科技大军，目前全国的农业科研机构已达1 122个，技术人员达87万人。其中，大学文化程度以上的科研人员2.5万人，国家技术人员40.3万人。全国已建成县级农业技术推广中心1 003个，初步形成了科研推广的一整套网络体系。

1989年10月9日，《人民日报》报道：由刘文炳主持研究的“杂交水稻超高产制种技术研究”课题，取得了突破性进展。371亩籼稻制种田平均亩产达308千克，最高单产409.6千克，创我国籼稻制种单产之冠。

1989年10月10日，《人民日报》报道：我国最大的农业科研建设项目——中国水稻研究所9日在杭州市近郊落成。

1989年11月8日，《人民日报》报道：国家教委、农业部、林业部7日在北京联合召开电话会议，表彰奖励我国高等农林院校在支农、扶贫和为农林生产服务中作出突出成绩的教师。全国有68所农林院校的195名教师得到表彰。

1989年12月2日，《人民日报》报道：中国科学院上海生物化学研究所与江苏省农业科学院经济作物研究所、中国农业科学院作物育种栽培研究所经过11年的探索，在国际上首创“农作物遗传操纵新技术——授粉后外源DNA导入植物的生物工程技术”，并已获得一批有经济价值的棉花和水稻后代。

1989年12月5日，《人民日报》报道：中国科学院微生物研究所的科研人员，成功地将抗黄瓜花叶病毒基因转入番茄中，首次得到具有抗病毒遗传性能的番茄新株系。这一成果通过了中国科学院的鉴定。

1990年3月11日，《人民日报》报道：农业部和河北省科委在北京农业大学召开小麦玉米两茬平播亩产吨粮的理论与技术体系研究成果鉴定会，肯定北京农业大学王树安教授在盐碱滩上创吨粮田的成绩，并认为这项技术在黄淮海地区有广泛的实用价值。

1990年10月10日，《人民日报》报道：中国科学院遗传研究所、中国科学院长春地理研究所等单位应用化学诱变技术，成功地培育出了一种大豆优良新品种。试种万亩增产二成。

1990年11月12日，《人民日报》报道：我国高等学校招生制度改革提出一项新措施，全国29所农业院校招收有实践经验的青年农民入学。到目前为止，已有1 800多名农民在校学习。

1991年2月8日，《人民日报》报道：被列为国家“七五”科技攻关第一项的农作物品种资源收集和研究工作，取得巨大成果，建成了我国第一座库容量为40万份的国家种质资源库，跨入世界先进行列。

《人民日报》报道：近几年我国在农作物病虫草鼠害综合研究中，共取得92项重大科技成果，其中50%以上达到80年代国际先进水平。

1991年11月16日，《人民日报》报道：“七五”期间，我国农村文盲在总人口中的比例已由1987年的20.6%下降到15.88%，先后七次获得国际扫盲奖。目前，全国县、乡（镇）、村三级农村成人学校已达28.86万所，教学点66万个，在校人数达3 335万人。

1991年12月1日，《人民日报》报道：世界首例冬小麦原生质体单倍体植株在北京育成。

1992年1月11日，《科技日报》报道：农科教结合工作座谈会在北京召开。国务院副总理田纪云出席并讲话。这次座谈会的任务有两个：一是研究讨论国务院准备下发的《关于积极实行农业科技教育三结合 推动农村经济发展的通知》；二是进一步总结交流各地实行农科教三结合的经验。总的目的是，把农科教三结合工作在全国逐步推开，使其健康发展，促进农业和农村经济的现代化，保证我国经济发展第二步战略目标的实现。

1992年1月14日，《光明日报》报道：广西博白县喷施宝开发有限公司开发的多能营养型叶肥喷施宝，1991年在30个省、自治区和直辖市的推广面积近700万公顷，创造效益30亿元。

1992年1月16日，《光明日报》报道：我国培育出第一个优质面包冬小麦品种PH82-2-2。

1992年1月23日，《经济日报》报道：我国培育出自己的优质爆裂玉米——“黄玫瑰1号、2号”。

1992年1月24日，《科技日报》报道：植物病虫害生物学国家重点实验室建成。

1992年3月2日，《科技日报》报道：由北京农业大学植物生态工程研究所研制的增产菌，到1991年底，已在全国3 400万公顷土地、50余种作物上推广应用，增产粮食150亿千克，增加产值100亿元，投入产出比为1∶30。

1992年5月7日，《农民日报》报道：浙江农业大学育成世界首例小麦无性系变异新品种“核组8号”。

1992年7月1日，《光明日报》报道：我国第一所农业资源和环境学院在北京农业大学成立，该学院设立农业气象、土壤化学、植物营养、土地资源4个系以及6个研究中心。

1992年8月5日，《科技日报》报道：中国农业科学院研制出301菌种，可使秸秆快速还田。

1992年10月8日，《人民日报》报道：我国农业社会化服务形成网络，全国乡镇以上的农业技术推广服务机构达22万多个，有36.6万个村设立了服务组织，还有13万个农业专业协会、研究会以及数百万个科技示范点。

1992年10月15日，《人民日报》报道：由湖南衡阳市农科所副研究员周庭波等人在世界上第一次运用“水稻雄性不育遗传的光温启动因子假说”的理论，通过人工培育出籼型水稻低温雄性不育系“衡农S-3”。

1992年11月2日，《科技日报》报道：海南分离出海洋耐盐碱植物抗性基因，盐碱地上可望五谷飘香。

1992 年 11 月 8 日，《科技日报》报道：陕西农科院蔬菜所成功地选育出大白菜异源胞质雄性不育系“CMS11－7”，这一成果标志着大白菜胞质雄性不育研究上的重大突破。

1992 年 11 月 22 日，《人民日报》报道：世界上第一个高粱两用不育系“湘糯粱 S－1”“湘糯粱 S－2”在湖南省农科院土肥所育成。

1992 年 11 月 23 日，《光明日报》报道：全国农民绿色证书试点工作经验交流会在成都召开，到 1992 年 11 月中旬，全国已有 26 个省、自治区、直辖市在 221 个县实施了绿色证书工程，已经培训了农民学员 11.21 万人，3.6 万余人取得了绿色证书。

1993 年 1 月 17 日，《人民日报》报道：1 747 名长期辛勤耕耘在农业科研、教学、推广等领域的农业专家、学者，获得 1992 年政府特殊津贴待遇。1990 年以来，农业系统有 2 145 名专家、学者、技术人员获此殊荣。

1993 年 1 月 26 日，《科技日报》报道：我国科技人员率先在国际上合成了水稻、小麦、烟草等三种作物的羧化酶小亚基结构基因。

1993 年 4 月 9 日，《科技日报》报道：我国在国际上首次通过远缘杂交途径获得大豆细胞质——核互作不育系。

1993 年 4 月 9 日，《农民日报》报道：农业部全国农技推广总站和国家科委成果办公室向全国推广新型植物生长促进剂“丰收素”，自 1988 年以来，累计示范推广“丰收素”面积达 133.3 万多公顷。

1993 年 4 月 14 日，《人民日报》报道：世界首例鸭胚胎壳外孵化，在北京农业大学动物生化实验室试验成功。

1993 年 4 月 24 日，《人民日报》报道：国家重点科技攻关项目“农作物新品种扩繁研究”取得显著成果，稻、麦、棉、玉米四大类农作物新品种 3 年间扩繁推广 800 万公顷，平均每公顷增产 10%。

1993 年 5 月 9 日，《人民日报》报道：1989 年以来，农业科技成果推广项目 82 个，全国农林科技推广机构已达 22 万多个。水稻旱育稀植技术已推广到我国北方 2/3 的水稻种植地区，每年创造效益 20 亿元以上；ABT 生根粉技术推广，形成了覆盖 30 个省、自治区、直辖市 1 500 个县市的服务网络。

1993 年 5 月 20 日，《农民日报》报道：中国农业科学院棉花研究所培育的中棉 12 号、16 号、17 号棉花新品种，已占全国植棉面积的 50%，产生社会效益达 50 多亿元，增加收入 500 多万元。

1993 年 6 月 30 日，《科技日报》报道：24 日，国家自然科学基金重大研究项目——“湖北光敏感核不育水稻育性转换机理与利用研究”在武汉市通过鉴定验收。

1993 年 7 月 29 日，《光明日报》报道：国家级重点推广科技成果——“ABT 生根粉系列的开发和推广”，据 1989—1992 年 382 个单位的统计，林业推广面积 446 万公顷，获经济效益 15 亿元，农业推广 526.7 万公顷，获效益 26 亿元。

1993 年 8 月 21 日，农业部科学技术委员会五届二次全体会议评定了农业部科技进步奖 196 项、全国农牧渔业丰收奖 200 项，并对科技成果管理和奖励办法提出了修改意见。

1993 年 11 月 5 日，《农民日报》报道：我国第一头试管水牛 10 月 28 日在西宁市降生。

1994 年 1 月 3 日，《人民日报》报道：由中国农业科学院主持的总理基金项目——黄淮海地区棉花高产综合技术研究与示范圆满完成各项任务，三年累计增加产值 2.35 亿元，并于 1 月 4 日在北京通过了农业部验收和专家鉴定。

1994 年 1 月 11 日—15 日，农业部与国家教委、林业部联合召开全国普通高等农林教育工作会议。

1994 年 5 月 22 日，《农民日报》报道：21 日，北京农业大学、农民日报社和全国 16 所农业大专院校联合主办了“1994 年全国农民科技日”活动，有 300 个科技合作项目达成协议。

1994 年 6 月 23 日，《科技日报》报道：我国利用核辐射技术共培育出 383 个优良突变新品种，居世界首位，核技术在农业方面的应用年创经济效益达 33.2 亿元。

1994 年 8 月 15 日，《人民日报》报道：中国农业科学院自建院以来共育成作物新品种 400 多个，其中直接经济效益在 1 亿元以上的品种有 46 个，增加经济效益 304 亿元。

1994 年 9 月 11 日，《人民日报》报道：由中国科学院生物技术研究中心郭三堆主持的国家 863 计划课题“抗虫转基因棉花研究”取得突破性进展，在国内首次人工合成抗虫基因并成功地导入棉花，获高抗虫植株。

1994 年 9 月 12 日，《光明日报》报道：中国农业科学院作物育种栽培研究所育成高赖氨酸玉米单交种——中单 3850。

1994 年 10 月 8 日，《经济日报》报道：国家科委、外国专家局、农业部联合召开“三北”地区水稻旱育稀植技术推广表彰大会。水稻旱育稀植技术已在北方70%的稻区推广应用，1990—1993年，“三北”地区累计推广594.9万公顷，增产稻谷75.53亿千克，增收77.76亿元，减少投入17.337 2亿元，节水200多亿立方米。

1995年1月5日，《人民日报》报道：中国农业科学院棉花研究所从“六五”以来，主持并承担国家科技攻关项目，该所培育的各种类型棉花系列优良品种种植面积达到4 140万亩，占全国棉田的50%以上，近10年累计创社会经济效益达125亿元以上。

1995年1月8日，《人民日报》报道：中国农业科学院作物培育所培育成功糯质玉米新品种“中糯一号”，该玉米是目前国内最佳的鲜食菜用玉米，并且抗病性好，在全国主要玉米产区均可种植。

1995年1月13日，《人民日报》报道：上海农业科学院培育出青菜新品种“小叶青”，该品种抗病性强，形成菜心时间短，株形较小，适宜于“小包装”上市。

1996年1月16日，《人民日报》报道：东北师范大学何孟元教授、中国科学院院士郝水教授通过染色体工程的途径，把天兰冰草染色体引入小麦，然后通过易位，把天兰冰草染色体上的有用基因整合到小麦染色体上。

1995年1月17日，《人民日报》报道：四川省南充市农科所副研究员卢云清等经过30年不懈的努力，在国内首次培育成功棉花“洞A”核雄性不育种质，是一个具有不育遗传稳定、丰产性好、适应性广、配合力强、具有实用性的单隐性核不育种质。

1995年2月24日，《人民日报》报道：四川省农业科学院的科研人员经多年努力，培育出了我国第一个抗棉花黄萎病多菌系的新抗源种质“川737”和“川2802”，为我国农业部门培育高抗黄萎病的棉花新品种提供了高水平的亲本材料。

1995年4月4日，《科技日报》报道：中国水稻研究所与中国科学院遗传研究所经过6年合作研究，成功地将昆虫抗菌肽基因导入水稻，并在我国首次获得了抗细条病和抗白叶枯病的转基因水稻植株。

1995年4月11日，《科技日报》报道：云南大学研制成功高效植物生长调节剂BR 120，在全国28个省区不同生态环境中的多种作物种植中试验，增产增值效果显著，标志着我国植物生长调节剂研制水平已跨入世界先进行列，国家科委将其列入“1995年国家科技成果重点推广计划”。

1995年6月9日，《经济日报》报道：由北京林业大学王斌瑞等人钻研成功的“径流林业”技术，攻克了在黄土高原植树造林这一世界性难关，为黄土高原的绿化带来了希望。

1995年6月13日，《人民日报》报道：为全面掌握土地荒漠化动态和为防治荒漠化提供科学决策，我国将建立全国荒漠化监测体系，国家、省（区、市）县（市）均设监测机构，在重点地区设立监测站。

1995年6月23日，《人民日报》报道：著名农学家、中国科协副主席王连铮教授和黑龙江农科院胡立成研究员等培育成功高产高蛋白大豆新品种“黑农35”，蛋白质含量为45.24%，脂肪含量为18.36%，特别适于制作高蛋白食品。

1995年6月27日，《科技日报》报道：我国863计划生物领域重大项目，两系法杂交水稻中试获得突破性进展，6月21日—23日，国家科委组织有关专家对广东茂名的两系法杂交水稻繁种基地和中试示范基地进行了实地考察。

1995年6月28日，《人民日报》报道：中国农科院作物栽培研究所培育出集矮秆、大穗、大粒于一身的超高产冬小麦新品种中麦9号，亩产可稳定在500～600千克。

1995年6月29日，《人民日报》报道：国家“863”计划两系法杂交稻试种示范现场经验交流会在广东茂名召开，中国科学家独创的两系法杂交稻研究取得突破性进展，单位面积产量比三系法杂交稻提高一成多，我国粮食生产可望获得大幅度增长。

1995年6月29日，《人民日报》报道：世界害虫生物防治史上具有突破意义的松突圆蚧防治技术经我国科技工作者8年攻关，取得成功，这项技术使我国1 000万亩松林得到了保护。

1995年8月23日，《人民日报》报道：我国杂交小麦育种获得重大突破，由西北农业大学何蓓如等科研人员历时15年培育成功的强优势K型杂交春小麦组合“901”，在张掖地区连续进行3年试验，获亩产600千克以上的高产量，比当地主栽品种每亩高出100千克左右。这标志着我国杂交小麦研究居世界领先水平。

1995年8月24日，《科技日报》报道：8月22日，由中国农学会组织召开的全国第二届青年农学学术年会在黑龙江省宁安市召开，来自全国26个省、市、区的近百名代表出席了本届年会。

1995年8月30日，《科技日报》报道：经过9年上千名科技人员的艰苦奋斗，国家“863”计划主要课题——两系法杂交水稻配套技术已经成熟，试验示范在全国十几个省市获得成功，可逐步在生产上大面积推广应用。

1995 年 9 月 23 日，《农民日报》报道：9 月 19 日—23 日，由北京农业大学和意大利帕多瓦大学联合主办的“农业中的生物多样性——为了可持续的未来”国际学术研讨会在北京召开，来自 20 多个国家的 100 多位专家参加了大会，这是我国首次召开农业生物多样性国际会议。

1995 年 9 月 26 日，《经济日报》报道：我国第一张农业科技文献数据光盘在中国农科院文献信息中心诞生，该光盘收录了 20 世纪 80 年代以来 1 000 多种中文期刊的 27 万篇科技文献，是我国农业方面最大的综合科技文献数据库。

1995 年 10 月 3 日，《科技日报》报道：日本著名企业家神内一良荣获 1995 年中华人民共和国“国家友谊奖”。10 月 1 日，由神内先生捐助的中华农业科教基金神内基金和中日友好神内中国农业援助项目新疆食品研究开发中心签字仪式在北京举行。

1995 年 10 月 14 日，《科技日报》报道：中国科学院黑龙江农业现代化研究所科研人员历经 4 年攻关，首次揭示了大豆连作减产机理，并探索出一系列配套措施，使我国在连作大豆营养失调研究领域居于国际先进水平。

1995 年 10 月 18 日，《科技日报》报道：中国农科院土壤肥料研究所和全国 8 家研究单位用 5 年时间协作研究试验，使非豆科作物结瘤固氮在世界上首获成功，将原先只能和豆科植物共生的固氮根瘤菌移植到小麦、水稻等非豆科粮食作物根部使其结瘤。

1995 年 11 月 10 日，《科技日报》报道：11 月 8 日，中国农村专业技术协会宣告成立，全国政协副主席杨汝岱应邀出任名誉理事长，中国科协副主席何康被推举为理事长。据统计，全国已出现农业技术协会超过 13 万个，会员户达 500 万户，占全国农户总数的 2%左右。

1995 年 11 月 14 日，《农民日报》报道：邓景扬博士主持的“太谷核不育小麦利用研究”专题，已选育出小麦新品种 21 个，种植面积 7 800 万亩，创社会经济效益 20.5 亿元，为同期国家投入攻关经费的 3 200 倍。

1995 年 11 月 21 日，《农民日报》报道：11 月 20 日，由原北京农业大学和原北京农业工程大学合并组建的中国农业大学在北京成立。中共中央总书记江泽民为中国农业大学题写了校名，国务院总理李鹏为学校题了词，国务院副总理姜春云出席成立大会并讲话。

1995 年 11 月 23 日，《光明日报》报道：中共中央总书记、国家主席江泽民，国务院总理李鹏，分别为《农民思想政治教育读本》和《农民实用技术教育读本》题写书名并作序。22 日，由中宣部、农业部、国家教委、广播电影电视部、文化部联合举办的两书首发式在北京举行。

1995 年 11 月 29 日，《科技日报》报道：中国农科院植保所植物病虫害生物学国家重点实验室和山东大学生物系等联合培育成功世界上第一株抗大麦黄矮病毒的转基因小麦。

1995 年 12 月 2 日，《科技日报》报道：中国农业大学教授王树安、蓝林旺首创“春季只浇一次水，亩产可达 400 千克”的小麦节水新模式，比现行的三水制麦田每亩减少用水 100 吨，总耗水量减少 15%。

1995 年 12 月 18 日，《人民日报》报道：中央农业广播学校成立 15 年来，共招收注册中专学员 262 万人，已毕业 100.6 万人，结业学员 200 余万人，开展实用技术培训 2 000 万人次，目前已发展成拥有 37 所省级学校，337 所地市级分校，2 239 所县级分校，1.7 万个教学班的教学体系。现有专职、兼职办学人员 5.26 万人，成为全国最大的农村成人中等专业学校。

1995 年 12 月 25 日，《科技日报》报道：22 日，由农业部、中国科学院组织、主持，中国农科院植物保护研究所负责，34 个单位协同攻关的以粮、棉等主要农作物的 20 多种主要病虫、5 种农田恶性杂草和 9 种农区害鼠为主攻对象的“八五”国家科技攻关项目“农作物病虫害综合防治技术研究”在北京通过了由国家科委主持的项目验收。

1996 年 1 月 15 日，《科技日报》报道：中国农业科学院植物保护研究所和山东大学生物系合作培育成功世界上第一株抗大麦黄矮病的转基因小麦。

1996 年 2 月 7 日，《光明日报》报道：中国科学院遗传研究所朱立煌研究员领导的实验小组与美国加州大学戴维斯分校由帕米拉·罗纳德博士领导的实验室以及美国热带农业生物技术国际实验室的科学家，利用图谱为基础的克隆手段从水稻基因组分离了白叶枯病抗性 *Xa*21 基因。

1996 年 2 月 8 日，《人民日报》报道：我国抗虫棉研究获重大突破。由中国农业科学院生物技术研究中心郭三堆研究员主持的国家“863”课题——棉花抗虫基因工程研究 2 月 7 日在北京通过专家鉴定。

1996 年 2 月 28 日，《农民日报》报道：中国农业大学生物学院博士张军研制出新型植物生长调节剂移栽灵混剂，攻克了水稻旱育秧立枯病。

1996年4月13日，《人民日报》报道：中国科学家经过10年努力，在两系法杂交水稻研究方面取得了根本性突破，它将继三系法杂交稻之后为我国水稻生产再次做出巨大贡献。

1996年5月6日，《人民日报》报道：经过中国农业科学院畜牧研究所动物繁殖研究室的科研人员与本所养猪研究室科技人员共同努力、协作攻关，我国首例猪早期胚胎卵裂球移植成功。

1996年6月13日，《科技日报》报道：甘肃省农业科学院生物工程育种获得两项重大突破：一个是用春小麦、玉米花药培养单倍体选育出一批抗性好、综合性状优良的育种材料、株系及品系；另一个是将外源DNA导入小麦育种，在国内首次实现了高粱抗条锈基因向小麦转移，并选育出抗条锈远缘小麦新品系。

1996年6月25日，《科技日报》报道：湖北省农业科学院畜牧兽医研究所采用生物工程技术成功地培育出4头核移植猪。

1996年8月8日，《科技日报》报道：经国家科委和新疆维吾尔自治区人民政府批准，国家新疆棉花工程技术研究中心7月在新疆维吾尔自治区农业科学院成立。

1996年9月6日，《人民日报》报道：国家农业高科技发展项目之一的光（温）敏核不育籼型两系法杂交水稻冷繁和制种在湖北咸宁市获得成功，比三系育种法减少一道工序，节省成本4.0%，大田增产10%以上。

1996年10月5日，《科技日报》报道：8月23日，由山西省农业科学院棉花研究所、中国农业科学院生物工程技术中心承担的国家"863计划"研究项目——"转*Bt*抗虫基因工程棉花培育与研究"，在山西棉花研究所通过成果鉴定，我国成为世界上继美国之后第二个获得抗虫转基因棉花的国家。

1996年12月11日，《科技日报》报道：农业部农作物种质监督检验测试中心（济南）在山东省农业科学院建成，并于11月28日通过部授权审查认可和国家计量认证评审验收。

1996年12月20日，《农民日报》报道：农业部对全国农业系统独立农业科研机构科研开发能力进行了综合评估，评选出了"八五"全国农业科研开发综合实力百强所。

1997年1月8日，《科技日报》报道：河北大学生物系王安利教授，历经三载研究成功对虾防病抗病综合配套新技术，在利用多种类型免疫增强剂于中国对虾不同发育阶段技术上达到了国际领先水平，利用这套技术可使对虾免疫力提高22.4%～55.6%。

1997年2月3日，《科技日报》报道：中国太谷核不育小麦实现重大突破。权威科学家1月31日在北京确认，中国首次在世界上发现的这一独有的种质资源，是由细胞核内一个显性雄性不育基因（*Tal*）控制的天然突变体。用它进行小麦轮回选择育种，可打破传统杂交育种的限制而获得抗逆、抗病、丰产的优异品种。这一成就显示，我国在显性核不育性的鉴定和用于小麦轮回选择育种上，处于世界第1位。

1997年5月24日，《科技日报》报道：贵州农学院麦作研究中心张庆勤教授历时近10年，通过远缘杂交选育成的面包小麦新品系节硬偏1号、3号和野二燕4号，经田间小面积试种初获成功。

1997年7月17日，《科技日报》报道：中国水稻研究所研究员黄大年和他的科研合作者经过多年攻关，成功地将抗除草剂转基因水稻应用于杂交稻制种生产，在世界上首次配制出转基因杂交稻。

1997年7月18日，《科技日报》报道：湖南省杂交水稻研究中心的科技工作者经过艰辛的探索攻关，使两系杂交早稻育种项目取得重大突破，已选育出亩产高达520千克的香S\D68和S\D34两个组合新早稻。这两个新品种比三系杂交平均亩产提高10%～15%，早熟高产、米质优良。

1997年8月2日，《科技日报》报道：湖南省农科院土壤肥料研究所育成湘两优糯粱1号，该品种抗旱能力强，丰产性能好，为北方耕作制度改革及大面积采用机械化收割展示出美好前景，被列入湖南省科委、国家科委和农业部"九五"农业科技成果推广项目。

1997年8月19日，《科技日报》报道：浙江农业大学詹勇等人在国际上首次从废料植物资源中提取并研究完成纯天然绿色生物活性添加剂——"糖菇类"，从而攻克了将有效饲料抗生素替代物应用于畜禽饲养业这项世界畜禽工作中的难题。该项科研成果及课题于8月15日—16日通过了国家科委组织并主持的专家鉴定及验收。

1997年8月27日，《人民日报》报道：26日，由国家科委组织的"中国农业和农村科学技术专家咨询委员会"在北京举行首届中国农村科学技术"绿色论坛"。

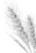

1997年11月21日，《人民日报》报道：中国农业科学院棉花研究所培育成功的短季棉新品种中棉所24，有效地解决了麦棉两熟中低产、晚熟的重

大课题，顺利通过全国品种审定委员会的审定。

1997年12月1日，《光明日报》报道：我国生物“家底”现已摸清，由来自全国115个单位的679名科研人员参加的庞大编研工程——《中国植物志》《中国动物志》和《中国孢子植物志》的编研工作历时5年，于11月28日通过验收。

1997年12月11日，《科技日报》报道：一项由山东农业大学李晴祺、包文翎等专家主持完成的“冬小麦矮秆、多抗、高产新种质‘矮孟牛’的创造及利用”研究成果，获得1997年中国国家发明一等奖。专家们认为，“矮孟牛”的育成，解决了小麦矮秆资源中经常出现的矮秆与早熟、早衰、多病、高产性能差相关的技术难题，有利于选育高产、稳产小麦新品种。

1997年12月23日，《科技日报》报道：云南省农业生物技术重点试验室11月17日在国内首次克隆4个重要功能基因，使我国农业基因工程研究取得重要进展。

1998年1月3日，《农民日报》报道：我国高粱育种取得新突破。辽宁省农业科学院高粱研究所研究员石玉学主持育成我国顶尖级高粱杂交种辽杂10号，是当今世界上第一个用A2细胞质雄性不育系配制而成并大面积应用于生产实践的商业杂交种。在推广中涌现出每公顷15 345千克的高产典型。

1998年2月2日，《科技日报》报道：“国家水稻工程”醴陵基点创造出国内尚无先例的水稻施肥新技术——“一次性全层实施法”。经有关部门根据国际联机检索结果，宣布这种施肥方法居世界先进水平。

1998年2月10日，《科技日报》报道：上海医学遗传研究所与复旦大学遗传学研究所合作进行的转基因山羊研究取得重大进展，在一头转基因母羊的乳汁中分泌出一种有活性的治疗血友病的人凝血因子*IX*。课题组新创造的转基羊技术路线属国际首创，标志着我国的转基因羊技术已处于国际领先水平。

1998年2月18日，《农民日报》报道：由中国农业科学院棉花所培育成功的早熟基因抗虫棉R93-6，通过全国农作物品种审定，被命名为中棉所30号。这标志着我国抗虫棉育种取得历史性突破。

1998年3月26日，《农民日报》报道：中日两国政府合作的“中国农业机械维修、培训项目”实施6年来，联合培训农机维修人才1 700余人。

1998年7月9日，《科技日报》报道：我国应用细胞工程培育新种获重大进展，中国水稻研究所生物工程系副研究员杨长登等科技人员经过组织培养结合辐射处理选育成功早籼新品种中组1号，经多点试种，表现早熟高产，高蛋白质含量，抗病，是一个穗、粒、重兼顾的优良新品种。

1998年9月26日，《科技日报》报道：我国胚胎生物技术取得重大突破。牛胚胎玻璃化冷冻保存技术获得成功。

1998年10月30日，《人民日报》报道：中国工程院院士、中国农业科学院蔬菜所所长方智远率领的课题组。经过10年研究，在国内外首次发现甘蓝显性雄性不育材料79-399-3，并选育成功几个优良的杂交组合。这项成果已通过农业部鉴定。

1998年11月28日，《科技日报》报道：阻碍我国两系法杂交水稻推广的难解之谜，被中国农科院的科研人员率先揭开，科研人员首次发现了两系法水稻的光照长短和温度高低的作用是同时发生的；而当前杂交水稻繁种生产中风险偏高的原因，是因为不育系植株对光、温的敏感性不一致造成的。

1998年12月21日，《农民日报》报道：18日上午，华中农业大学隆重纪念百年华诞，中共中央总书记，国家主席江泽民为华中农业大学校庆亲笔题词：贯彻党的教育方针，实施科教兴国战略，努力培养农业现代化建设优秀人才。

1999年1月6日，《经济日报》报道：北京大北农集团决定筹资千万元设立中国农业科技研究奖励基金，从1999年起每年用100万元奖励10位在农业科技领域、农业经济理论方面做出卓越贡献的农业科学家。

1999年1月12日，《农民日报》报道：陕西省农业科学院和陕西秦阳生物技术有限责任公司，研制出生物特效肥——绿色植保素，是一种对人、畜、禽和植物安全可靠的多功能调节剂，该产品已通过鉴定。

1999年1月12日，《农民日报》报道：山东省农业科学院选育成功既高产又优质的小麦新品系。924 142新品系最高产量达600千克，其品质达到了优质面包小麦的标准。935 031面筋含量达35%以上，是优质面条的理想原料。954 072综合农艺性状优良，试验每公顷产超7 500千克，蛋白质含量高达22%。

1999年1月18日，《农民日报》报道：一种新型转基因小麦在北京市农林科学院培育成功。张晓东等用基因枪将来自美国优质面包小麦品种的高分子量谷蛋白亚基基因导入北京小麦幼胚，幼穗和花药，获得了一批转基因小麦植株和后代结实种子。有关专家认为，此研究成果推进了中国小麦基因工程的实用化发展的进程，具有90年代国际先进水平。

1999 年 1 月 22 日，《科技日报》报道：国家“863”高新技术项目、复旦大学遗传研究所唐克轩主持的“运用转基因技术防治水稻褐飞虱病虫害研究”课题，经过三年多的协作攻关，取得重大成果。经专家鉴定认为，该项成果填补了国内空白，达到了国际先进水平。

1999 年 3 月 3 日，《人民日报》报道：由西北农业大学何蓓如教授带领的课题组经多年试验研究，创制成适应我国北方光、温条件的小麦光周期敏感雄性不育系和异常温度敏感雄性不育系，使杂交小麦生产“三系化”简化为“两系法”，为我国北方小麦主产区杂交小麦大规模走向生产创造了重要条件。

1999 年 3 月 3 日，《人民日报》报道：中国农业科学院作物育种研究所研究员薛光行等科研人员历经 11 年研究，揭开了阻碍我国两系法杂交水稻推广的难解之谜。他们发现，研究光、温敏感强度的消长与变异规律更为重要，当前两系法杂交水稻制种、繁种生产中风险偏高是因为不育系植株对光、温的敏感性不一致造成的。

1999 年 3 月 22 日，《科技日报》报道：黑龙江大学教授郭德栋经历 10 年不懈努力，使“甜菜远缘杂交及应用”课题圆满完成，使我国在该领域的研究跃居国际领先地位。

1999 年 3 月 25 日，《科技日报》报道：中国科学院西北植物研究所植物遗传育种室副研究员何一哲选育成功的高铁锌食药兼用黑小麦——秦黑 1 号在第三届“爱迪生”世界发明博览会暨国际荣誉评奖会上，获“国际发明金奖”。秦黑 1 号铁、锌的含量分别高达 749 毫克/千克、135 毫克/千克，分别是普通小麦的 19.2 倍和 4.1 倍。

1999 年 3 月 26 日，《光明日报》报道：2 月 19 日，我国首例转基因试管牛在上海奉贤县奉新动物试验场诞生，出生时体重 38 千克，经检测带有人血清蛋白基因。

1999 年 4 月 5 日，《科技日报》报道：我国棉花育种专家培育出抗枯黄萎病的棉花新品种——辽棉十五号，具有特早熟、抗病高产的特点。它高抗棉花枯萎病，尤其在抗黄萎病方面，国家规定病指数低于 30%，而新品种的标准低于 10%，使用新品种可使棉花单产提高约 20%。

1999 年 4 月 14 日，《科技日报》报道：青海省农林科学院的育种专家用一年时间在高产、优质和多抗性小麦新品种选育中成功地实现了杂交一年繁育 4 代。此项技术的成功标志着我国小麦常规育种技术研究已获重大突破。

1999 年 4 月 16 日，《人民日报》报道：北京兴绿原农牧发展有限公司，将国外纯种肉羊与我国良种母羊杂交，成功开发出我国首批肉羊种羊——兴绿原羊。该羊具有个体大、繁殖率高、生长迅速、肉质细嫩口感好等优点。

1999 年 4 月 16 日，《光明日报》报道：河北邢台市农科所农艺师张树森培育出高产优质、抗虫玉米新品种邢抗 2 号，其抗虫性和综合抗性居国内领先水平。

1999 年 4 月 23 日，《光明日报》报道：中国北方天然林保护学术研讨会在沈阳市举行。与会学者就天然林资源保护工作的科学管理、天然林的科学经营和生态系统管理等问题建言献策，为科学实施天然林资源保护工程奠定良好的理论基础。

1999 年 5 月 6 日，《科技日报》报道：贵州大学小麦育种专家张庆勤承担的国家自然科学基金课题“野燕麦与小麦近缘种属的杂交及其后代种质的开拓利用”，在采用远缘杂交方式选育小麦优良抗性材料方面取得突破性进展，获得专家的充分肯定。

1999 年 6 月 1 日，《科技日报》报道：国家“863”计划资助的小麦抗黄矮病生物技术育种取得阶段性进展，中国农业科学院作物育种所与山西农业科学院小麦所共同选育的临抗一号新品系，发病率低于 5%。

1999 年 6 月 8 日，《光明日报》报道：5 月 31 日—6 月 3 日，由中国农业科学院和国际农业和生物科学中心联合主办的第一届国际“白色农业”研讨会在北京召开。来自中、英、德、澳、荷、加等国的 100 余名中外学者就“白色农业”概念和发展状况、白色农业对发展中国家的影响、今后的发展方向等进行了探讨。

1999 年 6 月 15 日，《科技日报》报道：一项世界首创的高科技产品——动物角蛋白转基因棉花在上海诞生。

1999 年 6 月 24 日，《科技日报》报道：福建省农业科学院农业遗传工程重点实验室和中国科学院遗传研究所研究人员，利用植物基因工程技术，克隆出植物的抗虫基因并进行改造、修饰，然后通过基因枪法和农杆菌法等方式将抗虫基因转移到水稻基因组中，抗虫基因能抑制水稻螟虫、稻飞虱等害虫的消化系统，导致害虫死亡。

1999 年 6 月 28 日，《科技日报》报道：由甘肃省农科院等完成的“陇中半干旱区集水高效农业技术示范推广”课题通过农业部主持的技术鉴定，这一成果为我国旱作农业区找到了实现持续农业目标的具体形式，主要工程、设施、技术环节打通，已进入实用化阶段。

1999年6月29日，《科技日报》报道：浙江省科委组织实施的“水稻籼粳亚种间杂种优势利用研究”取得重大进展。1994—1998年，育成组合协优9516、优2070、协优9308三个籼粳亚种间杂交稻组合。专家组认为，整体研究水平居国内外先进，在标记基因的研究与应用方面处于领先水平。

1999年7月6日，《科技日报》报道：我国“九五”国家重点科技攻关项目“散粮储运关键技术和装备的研究开发”经过3年攻关，研制开发成套设备8种，新产品21种，新技术、新工艺11项。项目总体研究水平居国内领先，部分成果达到了国际先进水平。该项目的绝大部分成果已得到转化。

1999年7月7日，《人民日报》报道：6日，中国农业科学院作物品种资源与品种改良中心、农业资源与环境研究中心在北京挂牌成立。

1999年7月7日，《科技日报》报道：中国农业科学院原子能利用研究所等单位用核技术和生物技术与常规育种有机集成，培育出超高产小麦H112和耐盐小麦H89。

1999年7月19日，《经济日报》报道：中国农业科学院国家作物种质库储存的农作物种质已达31万余种，数量居世界第一。

1999年7月31日，《科技日报》报道：由我国科学家陈剑平主持的“我国大麦黄花叶病毒株系鉴定、抗源筛选、抗病品种应用及其分子生物学研究”通过专家鉴定。这项重大成果攻克了一项世界性难题——大麦黄花叶病。

1999年8月4日，《科技日报》报道：陕西农业科学院主持的渭北旱源地膜油菜栽培技术示范推广项目获得重大进展。试验表明，平均每公顷产2 250千克，较露地油菜增产45%以上。

1999年8月12日，《科技日报》报道：吉林省松原市水稻研究所和前郭灌区农垦管理局历时十余年研究成功“三推两早一达标”（推广秋天稻草覆盖置床，推广庭院大中棚钵盘育苗，推广稀植栽培；育苗和插秧时间比传统时间分别提前20天和10天，并在综合配套技术措施上实施达标操作）水稻栽培模式，彻底解决了寒地苏打盐渍土水稻大面积高产和防治水稻立枯病的世界难题，创造出每公顷水稻产量1.2万千克的同纬度地区高产纪录。

1999年8月13日，《农民日报》报道：中国科学院动物所鼠虫害综合治理国家重点实验室成功克隆出解毒酶基因。这项技术将使人类从农药的困扰中解脱出来。

1999年9月1日，《农民日报》报道：“两系法小麦杂交”在重庆市获得重要突破。专家说，这项成果有望改变我国“南稻北麦”的粮食生产格局。

1999年9月7日，《农民日报》报道：8月23日，国家林业局全国野生动物研究与发展中心在中国林业科学研究院挂牌成立。

1999年9月9日，《经济日报》报道：河北省杂交小麦研究所栾城县技术开发中心利用化学杂交剂配制杂种小麦，杀雄效果达到98%，异交结实率达80.5%，每公顷产杂交种4 207.5千克。这3项指标在全国均居领先水平。

1999年9月9日，《经济日报》报道：8日，由农业部、科学技术部、全国供销合作总社、教育部和青岛市政府共同主办的中国青岛国际农业科技博览会在山东平度市开幕。全国400多家知名大专院校、科研部门和国内外客商参展，汇集科技项目1 600多项。

1999年9月12日，《光明日报》报道：11日，西北农业大学、西北林学院、中国科学院、水利部水土保持研究所等7个教学科研单位合并组建西北农林科技大学。

1999年9月13日，《光明日报》报道：河北省农林科学院粮油作物所研究员王培和课题组经过多年努力，成功地利用小麦花粉组织培育出花521、花252、冀麦42号等小麦新品系，并总结建立了一整套科学完整的“冬小麦花粉细胞工程育种程序”，在系统性、适用性、广泛性等方面达到国际领先水平。

1999年9月18日，《科技日报》报道：16日，农业部在华中农业大学主持召开了水稻分子技术育种成果鉴定会。华中农业大学完成的“应用叶片衰老抑制基因提高水稻产量潜力”“转Bt基因抗虫籼稻恢复系明恢63的培育”“应用分子标记辅助选择培育广谱高抗白叶枯病的杂交稻恢复系”3项成果经专家鉴定，均达到国际先进水平。

1999年10月6日，《科技日报》报道：河南省农业科学院粮食作物研究所水稻研究室历经8年选育成功水稻新品种水晶3号。经联合测产表明：80公顷大田平均每公顷产9.03吨，高产田块达到10.79吨，精米率高达74.6%，蛋白质含量达9.2%，在优质、高产、多抗等方面实现了整体突破。

1999年10月7日，《科技日报》报道：由福建农业大学遗传育种研究所杨仁崔研究小组承担的“长穗颈不育系选育和高秆隐性杂交稻育种技术体系建立”项目，居国际领先水平，可节省“920”（赤霉素）的用量，降低杂交稻种生产成本，经济效益显著。

1999年10月7日，《科技日报》报道：安徽省农业科学院水稻研究所育成两系杂交中籼新组合华安3号，具有高产、中抗白叶枯病、用种量低的特点，是替代汕优63的理想新组合。

1999年10月11日，《光明日报》报道：我国核农业利用辐射诱变技术，已在40余种植物上选育和推广应用优质突变新品种513个，约占世界辐射诱变育成品种2 050个的1/4，居世界各国之首。

1999年10月27日，《农民日报》报道：我国首例波尔山羊胚胎移植在山东无棣县良种畜禽繁育场获成功。

1999年11月2日，《人民日报》报道：由江苏省里下河地区农科所研究开发的超高茬“麦套稻”新技术，在江苏、山东、四川农村投入实际生产并获得成功。

1999年11月12日，《人民日报》报道：国家重点科技攻关项目——北方贫水区水稻地膜直播技术，在河北承德推广获得成功，并通过科学技术部技术认证。

1999年11月30日，《光明日报》报道：中国农业科学院生物技术研究中心与华中农业大学合作，将*Bt*杀虫基因（苏云金杆菌杀虫结晶蛋白基因）转化至籼稻，配制成籼优63杂交稻。在实验室测定表明，其抗虫率为100%，对螟虫的受害率降至10%以下。

1999年12月7日，《光明日报》报道：沈阳农业大学宋佐衡和陈捷教授共同主持的“玉米茎腐病发生规律和综合防治技术研究”和陈捷主持完成的“腐霉菌产生的细胞壁降解酶作用机制及其应用研究”取得重大突破。长期危害我国玉米生产的茎腐病有望得到解决。

1999年12月27日，《科技日报》报道：由河北农业大学桑润滋教授领导的课题组与中国农业大学朱士恩和中国科学院遗传所吴德国共同合作研究的我国首例“玻璃化冷冻分割牛胚胎”牛繁育成功。

1999年12月27日，《科技日报》报道：国家玉米工程技术中心在农民育种和栽培专家李登海研究员创办的民营山东省莱州市农业科学院挂牌运营，成为全国唯一一家设立在民营科研机构的国家级工程技术研究中心。

2000年1月11日，《农民日报》报道：我国科学家最近成功测定了虾病“祸首”——白斑杆状病毒基因组成的全部序列，在世界上率先破译虾病病毒的遗传密码。

2000年1月24日，《农民日报》报道：中国农业科学院生物技术研究中心与华中农业大学联合攻关，在国内外首次培育成功抗螟虫杂交稻籼优63。

2000年2月24日，《科技日报》报道：2月6日—12日，河北临漳县狄丘牛场的两头西杂母牛和邯郸市牛奶公司第二奶牛厂的3头中国荷斯坦母牛，成功地产下了5头经玻璃化冷冻的“试管牛”。玻璃化冷冻试管牛在我国获得成功。

2000年2月29日，1998年底的40%提高到50%左右。《科技日报》报道：中国农业科学院兰州畜牧与兽药研究所主持的农业部重点项目和国家自然科学基金项目——天然药物对畜禽侵袭性疫病免疫预防研究获得创新性成果，发现了一种具有广谱免疫增强效果的8 031多糖生产菌种，在国内外首次将生物活性多糖用于畜禽疫（菌）苗免疫增强剂。专家认为，该项成果已达到国际先进水平。

2000年4月3日，《人民日报》报道：由云南农业大学曾养志教授主持的国家“九五”科技攻关项目和国家自然科学基金重点科研项目——西双版纳小耳猪近交系选育取得突破，已经进入第十八世代。西双版纳小耳猪近交系选育成功，将成为世界上第一个大型哺乳类实验动物近交系。

2000年4月13日，《人民日报》报道：山西省农业科学院副研究员褚清河、王海存推出了一套调控施肥新技术。这项技术能够依土壤主要肥力指标，计算出最佳施肥比例与最佳施肥量。经试验，采用这套技术作业，每公顷地比传统施肥增产30%～50%。

2000年4月15日，《人民日报》报道：中共中央、国务院最近发出通知，决定在安徽全省和由其他省、自治区、直辖市选择少数县（市）进行农村税费改革试点，探索建立规范的农村税费制度和从根本上减轻农民负担的办法。

2000年4月24日，《农民日报》报道：由沈阳农业大学陈温福等完成的优质粳稻新品种选育及北粳南引的重新研究，历经4年攻关，育成了优质高产粳稻新品种沈农9017，通过籼粳稻杂交异地穿梭育种育成了易脱粒型粳稻新品种中粳564，使北粳南引的重新研究获得成功。

2000年5月3日，《科技日报》报道：国家“九五”重点攻关项目“猪囊尾蚴细胞疫苗开发研究”获得圆满成功。大规模的区域试验表明，采取免疫措施的猪感染猪囊尾蚴的机会仅为未免疫猪的5.36%。

2000年5月8日，《人民日报》报道：中国农业科学院气象研究所研究员廖宗族等研究人员经过

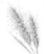

11年努力，最近首次研制成功农药高渗乳化剂系列产品，为降低农药用量、保护农业生态环境带来了新希望。

2000年5月12日，《人民日报》报道：获得国家3 000万元资金支持的“农作物重要病虫害成灾机理与调控基础”课题研究可望找到根治病虫害的办法。这一课题与其他5项重大课题获准《国家重点基础研究发展规划》项目（简称“973”）支持，总经费预算为1.9亿元，是近年来农业基础研究领域所获得的最大强度支持。

2000年5月18日，《科技日报》报道：17日，河北省农林科学院理化研究所植物转基因中心研究成功的“一年五代冬小麦快速育种技术”通过专家组鉴定，从而使我国生物育种取得重大突破，新品种育出时间由过去的8～10年缩短为2年。

2000年5月20日，《科技日报》报道：5月12日，我国第一个生物信息研究中心在西北农林科技大学成立。

2000年5月30日，《人民日报》报道：中日合作中国水利人才培训项目实施协议在北京签署。根据这项为期5年的协议，日本将在水资源管理、水土保持和培训管理等方面向中国专业人员转让先进技术。此外，双方将在中国共同举办约40期培训班。

2000年5月30日，《农民日报》报道：29日，由中央农业广播电视学校、农业部农民科技教育培训中心建设的中国农村远距离教育网开通。

2000年6月2日，《科技日报》报道：一种内镶迷宫式滴灌管生产线在西安市研制成功，这项成果填补了我国在节水灌溉设备上的空白，达到国际先进水平。

2000年6月5日，《人民日报》报道：绿色环保型肥料技术近日在山东烟台市取得突破，由山东烟台绿色肥料有限公司研制成功的农氏可乐系列产品含有植物生长所必需的氮、磷、钾、镁等元素及大量的氨基酸、糖类，不含任何激素，对作物无毒副作用。

2000年6月6日，《人民日报》报道：无核荔枝在海南推广种植获得成功，目前已进入规模化生产。

2000年6月7日，《人民日报》报道：由中国农业科学院培育的高产优质面包专用小麦中优9507日前通过天津市品种审定委员会审定。

2000年6月14日，《农民日报》报道：中国农业大学种衣剂研究中心与中国农业大学北方稻作研究室合作研制出旱稻专用种衣剂。可有效遏制鼠雀和地下害虫危害，防治稻恶苗病、干尖线虫病，杀死稻瘟病菌和其他病菌。

2000年6月18日，《经济日报》报道：16日，世界首例体细胞克隆山羊在西北农林科技大学降生。

2000年6月29日，《人民日报》报道：中国和西班牙政府间科技合作项目“中西农业温室技术示范中心”日前在天津基本建成。该中心总占地面积2.5公顷，建有温室16栋，其中9栋带有计算机水肥控制装置、滴灌装置、温度自动控制装置及供暖设施。

2000年6月30日，《农民日报》报道：上海交通大学与东北农业大学共同完成的国家自然科学基金项目“大豆多抗性资源创新及遗传基础的研究”，选育出了具有丰产、稳产、适应性强的东农43号，能抗灰斑病、孢囊线虫病、花叶病等多种病害。

2000年7月7日，《人民日报》报道：5日，中国农业科学院举办的“农业科技西部万里行”活动在北京圆满结束。

2000年7月11日，《人民日报》报道：我国第一个以股份制运作的工程技术研究中心——江苏省农用激素工程研究中心，日前在常州市新区挂牌。目前，“中心”已承担国家、省级科研项目30项，申请中国专利8项。

2000年7月15日，《人民日报》报道：我国科学家运用独创的基因分离技术已成功地获取近2 000条水稻cDNA片段，并研制出国内第一张功能独特的水稻基因芯片。这项由浙江大学生物技术研究所李德葆教授研究组首次提出的模块表达序列标签技术（M-EST），最近获中国国家知识产权局的专利保护。

2000年7月17日，《光明日报》报道：我国实施绿色证书工程后，目前已有1 029万农民接受培训，458万人获得绿色证书。

2000年7月18日，《人民日报》报道：北京市“提高农民综合素质教育工程”近日启动，该工程计划用3年时间，对农民进行思想道德、科学文化、政策法规的教育。

2000年7月18日，《科技日报》报道：云南省生态农业研究所开发的作物基因表型诱导调控表达技术，成功地解决了提高植物光合作用效率的难题，对解决我国西南高海拔山区农作物和北方小麦等作物增强抗性、提高产量具有重要意义。

2000年7月27日，《农民日报》报道：沈阳农业大学、辽宁省农作物秸秆饲喂反刍家畜配套技术推广中心研制的9WJS-20多功能微型秸秆丝化机，通过辽宁省科委的鉴定，该机为国内首创，达到国际领先水平，且小型实用、节能低耗，完全符合我国国情，具有广泛的应用前景。

2000年8月3日，《科技日报》报道：浙江大学的科研人员从植物中提取出“糖萜素”，用来替代抗生素饲料添加剂，成为国内第一个无污染、无残留的新型饲料添加剂。7月6日，中国绿色食品发展中心向糖萜素颁发了全国唯一的AA级纯天然绿色饲料添加剂证书。

2000年8月7日，《人民日报》报道：由农业部和财政部共同实施的农业科技跨越计划在推动农业科技成果转化方面产生越来越大的作用。从日前在南京市召开的2000年农业科技跨越计划发布会暨合同签字仪式上了解到，今年又有28个跨越计划项目被确定。

2000年8月8日，《人民日报》报道：湖南省教育厅近日批准了湖南省农业科学院的申请，同意此院主办袁隆平科技学院，这是全国首家以科学家姓名命名的高等院校。

2000年8月8日，《科技日报》报道：由浙江大学、浙江省农业厅和金华市农科所组成的“三系杂交棉的选育、引种和高产配套技术研究”课题组，经过多年联合攻关，在世界上首次培育成功了一个对不育系具有强恢复力的恢复系浙大强恢，并初步筛选出一个强优组合浙杂166。

2000年8月9日，《科技日报》报道：中国科学院动物研究所、新疆生态与地理研究所经过多年攻关，在新疆棉花害虫防治研究中取得重要突破，创造出棉花害虫生态治理技术体系，已经推广应用133.3千公顷次，直接经济效益超过了3亿元，减少杀虫剂使用量1 000～2 000吨。

2000年8月20日，《人民日报》报道：被誉为“超级稻”的两系亚种间杂交稻新组合“两优培九”获得大面积推广。这一籼稻新品种1996年育成，是我国“863”计划的重要成果之一，其发明人是我国著名水稻育种专家、江苏省农业科学院研究员邹江石。他很好地解决了水稻生产中的三个矛盾：高产与优质、高产与倒伏、大穗与高结实率。在稻米品质主要检验指标中，有6项达到部颁优质米一级标准，3项达到二级标准。

2000年8月25日，《科技日报》报道：石河子大学、新疆生产建设兵团农五师农科所运用生物技术培育出棉花新品系9456D，攻克了被称为棉花“癌症”的棉花黄萎病。

2000年8月26日，《农民日报》报道：华南农业大学选育出在国内生长期最短、穗位最低、果糖含量最高、品质最接近美国甜玉米的国产甜玉米品种农甜1号。

2000年9月1日，《科技日报》报道：云南农业大学云南省植物病理重点实验室朱有勇教授为首的课题组，经过多年研究，在世界上首次提出水稻遗传多样性持续控制稻瘟病的理论和技术，并取得显著的经济效益、生态效益和社会效益。

2000年9月2日，《科技日报》报道：武汉大学朱英国教授领导的课题组突破水稻种质资源单一模式，培育出马协型、红莲型杂交稻。8月28日，该课题通过了国家自然科学基金委员会的鉴定验收。

2000年9月12日，《科技日报》报道：国家杂交水稻工程技术研究中心和江苏省农业科学院联合育成的超级杂交稻先锋组合，突破了平均每公顷产量10 500千克大关。

2000年9月12日，《科技日报》报道：中国农业大学教授张青文等研制成功盐碱地治理新技术——生化治理技术及其制剂，经10省、自治区17个点多种植物上的示范推广证明，这一技术达世界先进水平。

2000年9月15日，《科技日报》报道：科技人员创新的“水稻节水增效技术开发应用”研究在19个省、自治区、直辖市大面积推广，收效巨大。运用这一技术平均每公顷产水稻7 500千克，每公顷比常规淹水栽培增产600千克，节水1 500立方米以上，增收节支600元。

2000年9月20日，《人民日报》报道：红太阳集团公司和中国农业科学院、南京农业大学、华中农业大学联手，对国内外棉花、水稻、油菜、蔬菜优质良种进行转基因育种，并导入抗虫、抗病基因。首批2 500千克转基因杂交棉南抗3号，在江苏、安徽、湖北、湖南等16个示范区种植，获得成功，皮棉每公顷产量高达1 500千克以上，比国外转基因棉种增产20%以上，每公顷平均增收4 500多元。

2000年10月15日，《光明日报》报道：西南农业大学农学系专家经过近20年的研究，选育出黄籽率高、黄籽度好，含油量和蛋白质含量显著高于一般油菜品种的甘蓝型黄籽油菜杂交组合成渝黄1号。该品种在长江流域10多个省、直辖市示范，收效明显。

2000年10月25日，中国沼气学会、农业部和国家环境保护总局在北京联合主办2000年国际沼气技术与持续发展研讨会（27日结束）。会议发布了

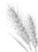

《2000年国际沼气技术与持续发展研讨会宣言》，来自有关国际组织、国家和地区的160名专家参加了会议。

2000年10月25日，《人民日报》报道：11日，我国科学家宣布：中国超级杂交水稻基因组计划正式启动，未来一年内，来自北京华大基因研究中心、中国科学院遗传研究所植物生物技术实验室和国家杂交水稻工程技术研究中心的科学家，将联合起来在世界上率先破译超级杂交水稻的遗传密码。

2000年11月6日，《人民日报》报道：5日，由科学技术部、对外经济贸易合作部、教育部、国家经济贸易委员会、财政部、建设部、农业部、水利部、国家环境保护总局、国家林业局、国家税务总局、海关总署、外国专家局、中国科学院、国务院发展研究中心、全国供销合作总社等16个部委和陕西省人民政府共同主办，联合国开发计划署、联合国教科文组织、世界银行、欧洲联盟等4个国际组织协办的第七届中国杨凌农业高新科技成果博览会在陕西杨凌新落成的国际会展中心开幕（9日结束）。

2000年11月14日，《农民日报》报道：科元生物园暨中国克隆动物基地在国家级农业高新技术产业示范区杨凌成立。

2000年11月15日，《人民日报》报道：万枚优质种羊胚胎移植工程在内蒙古锡林郭勒盟乌拉盖开发区顺利完成。10月24日—11月8日，由澳大利亚生物学专家和中国农业大学张忠诚教授率领15名生物工程博士、硕士和科研人员参加的工作组，利用“借腹怀胎”技术，采用胚胎解冻等生物工程手段，将1万枚胚胎全部移植到当地羊的母体中。此次胚胎移植引进了优质品种波尔山羊和萨福克、多赛特、德克赛尔等绵羊品种的胚胎。

2000年11月21日，《人民日报》报道：最近，由河南省承担的国家“九五”重点科技攻关项目——小麦大面积高产综合配套技术研究开发与示范工程通过了综合评审验收。

2000年11月28日，《科技日报》报道：国家“九五”重点科技攻关课题“玉米大面积高产综合配套技术研究开发与示范”，取得了显著的经济、社会和生态效益，20项关键技术取得突破，获各类成果及专利75项，增产玉米645.5万吨，获直接经济效益90.92亿元。

2000年11月29日，《科技日报》报道：湖南师范大学生命科学学院及湖南湘阴东湖渔场，培育出全球首例遗传性状稳定且能自然繁殖的四倍体鱼类种群，并培育出不育的三倍体鲫鱼和三倍体鲤鱼。这一成果标志着我国在鱼类多倍体育种的理论和应用方面均取得了创造性的突破，居国际领先水平。

2000年12月8日，《科技日报》报道：在内蒙古大学张鹤龄教授主持下，首次用我国自己克隆的马铃薯卷叶病毒（中国株）外壳蛋白基因转化的马铃薯问世。专家认为，这项成果处于国际先进水平。

2000年12月14日，《光明日报》报道：总投资3 820万元的福建省第一个国家级工程研究中心——化肥催化剂国家研究中心12月12日顺利通过专家组验收。

2000年12月25日，《人民日报》报道：中国农业科学院成立了草业综合研究与发展中心。这是由草原研究所、畜牧研究所等10多个研究所联合组成的半紧密型产学研联合体。

2000年12月29日，《科技日报》报道：山西大学研制开发的新型植物生长调节剂——二苯基脲磺酸钙水剂（商品名“多收宝”），具有促进根系发育、增加叶绿素含量，激活多种酶活性等功效，可使小麦、棉花等多种农作物获得显著增产，具有显著的实用性，在同类研究中达国际先进水平。

2001年1月3日，《光明日报》报道：山东省农业科学院玉米研究所选育的玉米杂交种“鲁单50”通过专家鉴定，该品种一般亩产在600千克，比一般品种增产10%～15%，达到同类研究的国际先进水平。

2001年1月3日，《科技日报》报道：700多位科技人员协同完成的“‘九五’国家林业重点科技攻关四大项目”全面告捷。共获139项各类成果和10项专利。

2001年1月8日，《科技日报》报道：1月7日，中国科学院院长基金特别支持项目“新疆棉花可持续优质高产综合技术集成示范工程”在北京通过了专家验收，该项目的成功应用示范不仅取得了11亿元的经济效益，还为新疆棉花的可持续优质高产探索了宝贵经验。

2001年1月10日，《科技日报》报道：黑龙江大学研究人员研制出一种莎稗磷除草剂，除草效果达到90%，专家鉴定认为，这种低毒型除草剂的工艺技术达到国际先进水平。

2001年1月10日，《科技日报》报道：由山西泛土生物有限公司、中国农业大学、中国农业机械科学研究院联合研究的“生物高氮源发酵技术”，既能提高有机肥的养分含量，又可以减少化肥对土壤的破坏，从而达到农产品优质、高产、高效的目标。

2001年1月19日，《科技日报》报道：1月

17 日，“九五”国家重点攻关项目《国家南方农药创制中心建设》项目在北京通过专家验收，南北两个农药中心的建成和运转，使我国新农药创制水平大大提高。

2001 年 1 月 19 日，《农民日报》报道：浙江农业大学生物技术学院薛庆中教授采用共转化技术将抗虫基因和抗除草剂基因导入水稻，不仅育出了抗虫型、抗除草剂型，同时获得了兼抗型种质，这是我国水稻转基因育种上的一次重大突破。

2001 年 2 月 2 日，《农民日报》报道：黑龙江省农科院绥化农科所于良斌主持的“寒地水稻单本超高产栽培法”通过专家鉴定。这种技术每穴只插一棵苗，每公顷用种量不足 10 千克，产量达到 1.1 万千克。

2011 年 2 月 6 日，《科技日报》报道：一种被“种子衣服”的浸种型晚稻专用复合种衣剂在江西省农科院研制成功，稻种包上这种衣剂后，不怕害虫，不畏鼠雀，泡在水里不减效，而且长得更壮硕，还能节省种子农药。

2001 年 2 月 7 日，《科技日报》报道：由 30 个省、319 个单位、1 801 名不同学科的研究人员，历时 5 年协作完成的“主要农作物良种选育及产业化技术研究与开发”通过了专家验收。共育成优质高产、多抗新品种 411 个；创造 719 份优异育种新材料，累计推广应用面积 39.9 亿亩，创社会、经济效益 1 358 亿元。

2001 年 2 月 8 日，《农民日报》报道：云南省以产业化规模开发并生产出了新型生物农药——印楝素。该农药可在无公害条件下杀灭 8 目 400 余种农、林、仓储和卫生害虫。

2001 年 2 月 19 日，《经济日报》报道：国家重点科技项目“荒漠化治理技术研究与示范”项目，共取得新产品 10 个，新技术、新工艺 58 项，新材料 57 种。经专家认定的科技成果 25 项，有 7 项达到产业化水平，获得了综合经济效益 1.7 亿元。

2001 年 2 月 21 日，《科技日报》报道：2 月 19 日，填补国内空白的我国首条菌根制剂生产线在中国林科院建成投产。

2001 年 2 月 23 日，《光明日报》报道：河北大学朱宝成教授等人联合攻关的“转基因抗旱耐盐碱水稻”通过专家鉴定，该研究达到国际领先水平。

2001 年 2 月 23 日，《科技日报》报道：以中国农业大学宋同明教授为首的玉米育种专家，培育出“农大超甜 1 号”餐桌用珍品甜玉米，可溶性糖含量高达 24%，甜度极高，很适合鲜食或速冻加工，将在全国范围内大规模试验示范。

2001 年 2 月 24 日，《农民日报》报道：为加强我国与国际农业研究磋商小组（CGIAR）的农业科技合作，中国与国际农业研究磋商小组（CGIAR）协调领导小组秘书处正式成立，2 月 23 日在中国农科院举行了挂牌仪式。

2001 年 2 月 25 日，《光明日报》报道：云南大学和云南省农科院共同承担的“应用 ADP 葡萄糖焦磷酸酶基因提高水稻产量的研究”，获得了比高产材料还增产的新材料，并建立起与国际同步的水稻转基因技术体系。

2001 年 3 月 20 日，《科技日报》报道：3 月 8 日，湖南省星沙实业发展有限公司研制的“西码西控释专用肥”通过专家鉴定。经对比试验，专用肥可使果树增产 15%～30%，果实含粮量达到 14%～18%，比对照增加 2%～3%。可使水稻试验化肥利用率提高 27%，最高氮利用率达到 64%。

2001 年 3 月 23 日，《农民日报》报道：辽宁省蚕科所选育成世界首例高饲料效率柞蚕新品种大三元，达到国际领先水平。

2001 年 3 月 23 日，《农民日报》报道：国家“863 计划”课题“转基因抗虫小麦育种”通过科技部专家鉴定。课题组成功地将 GAN 抗蚜虫基因导入小麦细胞，得到了抗蚜虫的小麦品种。

2001 年 3 月 28 日，《农民日报》报道：我国口蹄疫基因工程研究获得突破。复旦大学生命科学院和上海农科院等单位的研究人员研制成功“抗猪 O 型口蹄疫基因工程疫苗”。

2001 年 3 月 30 日，《科技日报》报道：3 月 24 日，20 多位国际著名专家和国内 40 多家单位的代表相聚武汉大学，参加水稻节水国际学术研讨会。

2001 年 4 月 17 日，《科技日报》报道：四川盛祥高科技有限责任公司和河南省太行化工有限公司研制出“天杰”牌有机钾肥，含钾量达 18%以上，有机质含量 38%以上，填补了世界化肥领域没有有机钾肥的空白。

2001 年 4 月 24 日，《科技日报》报道，4 月 21 日，由教育部、中国科学院和农业部共同组织申请的国家重点基础研究发展规划“草地与农牧交错带生态系统重建机理及优化生态—生产范式”项目正式启动。

2001 年 4 月 24 日，《科技日报》报道：中国水产科学院黑龙江水产研究所的专家成功攻克鱼类远程繁育难题，繁育成功杂交鲶鱼。

2001 年 4 月 26 日，《农民日报》报道：由沈阳农业大学杨守仁和陈温福承担的籼粳稻杂交超高产育种研究及应用获突破性进展，据不完全统计，我国应用此研究成果已培育水稻新品种 20 多个，增产稻谷约 45 亿斤，新增效益 65 亿元。

2001 年 5 月 2 日，《经济日报》报道：经过 5 年刻苦攻关，新疆科研人员研制出一批以抗病质优为主要特点的长绒棉新品种。新疆农科院经济作物研究所选育的新海 16 号，经测定显示：其等级长度、纤维整齐度、匀度适合纺 80 至 120 支的高支高档产品。

2001 年 5 月 19 日，《科技日报》报道：国家重点技术创新项目——“家蚕基因工程植酸酶工业化生产技术及其配套蚕品种”的研究取得重大突破，该项目大幅度提高了植酸酶基因在家蚕体内的表达量，将原来每头幼虫植酸酶的表达量提高了 3 倍，使加工出的植酸酶添加剂成品在常温下可保存 6 个月，酶活性回收率大于 78%。

2001 年 5 月 24 日，《光明日报》报道：江西农业大学周泽敏培育出一种新粮食作物类型——葛薯。专家鉴定认为，该项研究属国内领先水平。

2001 年 5 月 24 日，《科技日报》报道：5 月 11 日，箭胡毛杨良种繁育技术和推广研究项目通过成果鉴定。课题组经过 3 年多艰苦努力，探明了提高箭胡毛杨良种插穗繁殖系数的技术参数，提高良种繁殖系数 2～3 倍，建立了生物技术种质资源保存和快繁中心。

2001 年 5 月 26 日，《农民日报》报道：上海投资 4 100 多万元开始建设我国国内首家农业生物基因综合库。

2001 年 5 月 30 日，《光明日报》报道：中科院武汉病毒研究所与荷兰科学家合作，完成了中国棉铃虫单核衣壳核型多角体（HaSNPV）的基因全序列测定。

2001 年 6 月 20 日，《农民日报》报道：中国农业大学韩鲁佳主持的国家重点科技攻关计划专题“植物来源免疫增强剂研究与开发”，通过专家验收。该项研究提出了黄芪多糖、黄芪皂苷、黄岑苷、板蓝多糖、蜂胶苏酮等有效成分含量的分析方法。

2001 年 7 月 4 日，《科技日报》报道：6 月 28 日，西南首家农业生物技术工程研究中心——四川农业生物技术工程研究中心在四川大学成立。

2001 年 7 月 5 日，《农民日报》报道：黑龙江省农科院培育成功受太空环境诱变而发生基因变异的番茄新品种——宇番一号番茄，这是我国利用航天技术培育成功的第一个蔬菜品种。

2001 年 7 月 11 日，《光明日报》报道：浙江大学育成抗螟虫转基因水稻新品系“华池 2000B1”和“华池 2000B6”。

2001 年 7 月 26 日，《农民日报》报道：北京大学和美国耶鲁大学共同组建了北大耶鲁植物分子基因和农业生物科技合作中心。

2001 年 8 月 2 日，《农民日报》报道：河南省安阳市农科所选育成功小麦新品种“安麦 1 号”，经参加全省小麦高肥冬水组区试，两亩平均亩产为 518.95 千克，最高亩产 614 千克，属来自全国各地的 17 个优秀小麦品种之首。

2001 年 8 月 7 日，《科技日报》报道：云南省热带亚热带动物病毒重点实验室研制出高效浓缩口蹄疫 O 型灭活苗，免疫效果显著，两次免疫后的抗体滴度分别达到 1∶16 和 1∶256。

2001 年 8 月 8 日，《农民日报》报道：由中山大学等单位承担的国家“863”项目“应用基因工程培育抗稻瘟病和纹枯病的水稻新品系（种）”通过专家鉴定。新型稻种比现用的优质稻种每亩增产 30 千克，还一举攻克了稻瘟病和纹枯病，这在世界上还是第一次。

2001 年 8 月 9 日，《科技日报》报道：8 月 8 日世界首例由成年体细胞克隆山羊自然交配生育在西北农林科技大学获得成功。

2001 年 8 月 17 日，《科技日报》报道：8 月 8 日，国际玉米改良中心与中国农科院等单位签订合作协议，在郑州农业高新技术产业示范区设立试验示范基地。这是联合国粮农组织在中国设立的首家试验示范基地。

2001 年 8 月 17 日，《科技日报》报道：8 月 7 日，由福建省农科院谢华安主持的“超级稻新组合汕优明 86”课题在尤溪县验收，全示范片平均亩产干谷 851 千克，属国内外首创，提早实现了国家超级稻 2005 年的攻关指标。

2001 年 8 月 29 日，《农民日报》报道：8 月 28 日，“十五”国家科技攻关计划“农产品深加工技术与设备研究开发”重大项目在北京首次开标。整个项目国家每年拨款 1 320 万元，计划 3 年完成。

2001 年 8 月 29 日，《农民日报》报道：湖北省武汉市蔬菜研究所建成世界最大的水生蔬菜种质基因库。

2001 年 8 月 30 日，《农民日报》报道：上海交通大学与东北农业大学共同完成国家自然科学基金项目“大豆多抗性资源创新及遗传基础的研究”，成功地培育出抗灰斑病等多种病害的大豆新品种。

2001 年 9 月 2 日，《光明日报》报道：由南京林业大学主持的国家自然科学基项目“杉木杨树遗传图谱构建和数量性状基因定位项目”通过了验收，标志着我国林木遗传图谱构建取得了重要进展。

2001年9月13日，《农民日报》报道：我国培植的超级杂交稻“Ⅱ优明86”经专家测试验收，其亩产达到1 196.5千克，刷新了“特优175”创下的世界纪录。

2001年9月13日，《农民日报》报道：四川省乐山市农科所承担的“优质三系杂交水稻及栽培技术研究”项目取得突破，首次在国内育成了水稻香软米不育系。

2001年9月24日，《农民日报》报道：9月23日，2001年农业科技跨越计划项目发布会暨合同签字仪式在山东青岛举行，2001年的25个跨越计划项目正式启动。

2001年10月13日，《光明日报》报道：深圳市海达克实业有限公司采用植物分生细胞遗传转化法，在世界上首次获得蘑菇与水竹草、豌豆与玉米杂交的新类型植物。

2001年10月15日，《农民日报》报道：山东农业大学田纪春主持培育成功“山东优麦3号”，自然白度为81～84，这是我国正式通过审定的第一个高白度优质小麦品种。

2001年10月18日，《科技日报》报道：10月14日，中国首头“克隆牛”诞生1小时后窒息夭折。

2001年11月12日，《科技日报》报道：11月6日，中国农业高校国际合作联席会、美国高校对华农业合作共同体在中国农大举行联席会议，两国农业专家就农业可持续发展、西部开发及中国入世后农业面临的挑战等进行了探讨并签署合作协议。

2001年12月5日，《农民日报》报道：上海交通大学机器人研究所科研人员，研制成我国首台精准农业联合收割机智能测产系统，精度性能远高于国外产品，而价格只有国外的1/5。

2001年12月11日，《科技日报》报道：12月7日，由中科院和教育部联合共建的“水土保持与生态环境研究中心”在杨凌揭牌。

2001年12月17日，《光明日报》报道：湖南省土壤肥料研究所承担的“可降解膜水稻控释肥料的研制与应用”，通过技术鉴定，34个田间试验结果显示，可降解膜水稻控释肥料氮的作物利用率平均为77%，在同类研究中居国际先进水平。

2001年12月19日，《光明日报》报道：12月18日，国家林业局自然保护区研究中心在北京林业大学成立。

2001年12月19日，《农民日报》报道：农业领域的第一个国家重大科学工程——“中国农作物基因资源与基因改良工程”项目获得国家计委批准开始实施。项目总投资为14 960万元。

2001年12月21日，《科技日报》报道：新疆农垦科学院王兆松在阿尔泰山西段山麓发现大量野生薰衣草群落，有关专家初步认定这是中国首次发现的薰衣草的一个新种。

2001年12月23日，《光明日报》报道：莱阳农学院胚胎工程中心与日本山口大学协作攻关，在国内首次成功地利用牛胎儿皮肤上皮细胞克隆出两头健康成活的牛犊。

2002年1月2日，《科技日报》报道：浙江省农科院研究员陈锦清在国际上首次从光合产物分配的角度，提出了利用反义PEP基因提高油菜种子含油量的技术路线，据此育成的油菜新品系，含油量最高达52.82%，经查是国际上含油量最高的甘蓝型油菜。

2002年1月9日，《科技日报》报道：由科技部、农业部联合组织的“九五”主要农作物新品种重大“后补助”评审活动结束，经专家评审，决定对“九五”期间育成并已在生产上发挥了重要作用的10个农作物新品种，给予50万元的一次性经费补助。

2002年1月9日，《科技日报》报道：江西农业大学生物技术重点实验室建成我国首个地方猪种资源基因组DNA库。该库共采集了70个地方猪种(群)、4 000多个猪个体的血样或组织样，提取保存了1.2万份DNA样品。

2002年1月12日，《人民日报》报道：我国第一部全面记载、直观描述中华民族农器上万年发展史的学术著作——《中华农器图谱》由中国农业出版社出版发行。该书收录了自公元前八千年起至公元二十世纪末，中华民族在农业生产、农产品加工中发明和使用的器皿、工具、农具、机械和设备，以及农家生活使用的某些器具，共3 200多种。

2002年1月15日，《农民日报》报道：西北农林科技大学张改生教授率领的科研攻关小组经过6年研究，率先将CENESIS应用于杂种小麦大田制种，并研究出优化的配套制种技术，使制种产量平均达到每亩250～350千克。

2002年1月17日，《光明日报》报道：黑龙江八一农垦大学育成非转基因优质高油大豆品种“垦农18”，其含油量高达23.98%，高出进口转基因大豆2～3个百分点。

2002年1月19日，《人民日报》报道：一种具有国际领先水平，填补国内空白的油蟠桃新品种——欧宝一号、二号，最近在山东潍坊甜油桃研究所相继推出。专家认为，该品种是一个具有突破性的新品种，将在未来5～10年占领蟠桃产业主导地位。

2002年1月29日，《人民日报》报道：农业部动物检疫所和青岛东方动物卫生法学研究所日前在青岛举办“动物卫生法国际学术研讨会”，中外专家就如何促进我国动物卫生管理体制与国际接轨，切实提高动物产品卫生质量等有关问题进行了研讨和交流。

2002年1月31日，《人民日报》报道：由中国农科院农业经济研究所等联合举办的“农村公共投资、经济增长及扶贫国际研讨会”在北京开幕。来自十五个国家和地区的专家学者就如何增加农村公共投资等问题进行了研讨。

2002年4月18日，《农民日报》报道：经过10年的攻关，新疆兵团农一师农业科学研究所培育出高强力、早熟、丰产、优质和抗枯黄萎病的陆地棉新品系“新陆中14号”。

2002年4月22日，《科技日报》报道：中国农学会第八次全国会员代表大会4月20日至21日在北京召开，来自全国各地的会员代表济济一堂，共商农业科技发展大计。会议选举产生了新一届理事会，农业部副部长张宝文当选新一届中国农学会会长。

2002年4月26日，《光明日报》报道：多年来困扰人们的植物病毒快速检测技术难题获得突破，4月25日，齿兰环斑等四种病毒酶联诊断试剂盒在京通过成果鉴定，专家认为该项目在总体上达到国际先进水平。

2002年4月29日，《科技日报》报道：4月28日，我国濒危野生动植物种质基因保护计划正式启动，同时，国家濒危野生动植物种质基因保护中心在浙江大学成立。

2002年5月5日，《人民日报》报道：7月4日，为期12天的“中国—东盟国家杂交水稻技术培训班”在农业部全国农技中心闭幕。在这期间，我国水稻专家就杂交水稻育种、生产、病虫害防治等做专题讲座。

2002年5月7日，《人民日报》报道：深圳东立公司与国内外科研机构协作，在国内率先成功开发出转基因新型牧草“东立一号”，新型牧草耐寒性好，产草量高，对防治水土流失有显著作用。

2002年5月7日，《光明日报》报道：重庆科研人员采用最新基因调控理论和独创专利技术，研制成功植物基因活化剂，对促进农业高产稳产具有卓越的功效，并解决了工业化生产的世界性难题。

2002年5月8日，《人民日报》报道：我国农业领域迄今最大的无偿援助项目——中日农业技术研究发展中心在中国农科院落成并正式启用。中日农业技术研究发展中心是两国农业科技人员进行科技创新、研究开发和学术交流的基地，其仪器设备设施由日方无偿提供，价值约1亿元人民币。

2002年5月10日，《科技日报》报道：中国农业科学院作物育种栽培研究所刘秉华及课题组研制成功小麦群体改良的理想工具——矮败小麦，并探索出一套方便实用的育种方法和技术，使我国小麦育种技术研究实现了革命性突破。

2002年5月11日，《科技日报》报道：福建省农科院稻麦研究所周天理培育成功京福2A和京福1A两个重穗型优质稻不育系，经专家鉴定分别达到国际和国内先进水平。

2002年5月13日，《人民日报》报道：科技部宣布：“十五”期间，国家将投资2亿元，用于“现代节水农业”的技术攻关。

2002年5月14日，《人民日报》报道：国宝朱鹮首次繁殖成功，第一只朱鹮雏鸟日前在陕西省野生动物抢救饲养中心破壳而出。朱鹮种群数量近200只。

2002年5月29日，《人民日报》报道：中国农业大学与北京基因达科技有限公司和河北芦台农场合作，通过体细胞克隆技术成功地克隆了我国第一头地方优质黄牛——红系冀南牛。

2002年6月2日，《人民日报》报道：为期5天的第十二届国际水土保持大会在北京闭幕。第十二届国际水土保持大会共收到论文700多篇，其中有350多篇进行了会议交流。大会期间，专家、学者们就全球水土保持和生态改善等相关领域的问题进行了充分讨论，为交流各国、各地区水土流失防治和生态环境建设的最新经验提供了很好的机会。

2002年8月20日，《人民日报》报道：2002年农业科技跨越计划项目正式启动，其中包括优质稻开发、特色农产品、高油大豆、无公害农产品生产及规模化养殖技术等19项。

2002年9月18日，《人民日报》报道：由中国农业科学院棉花研究所科技贸易公司承担的国家计委高技术产业化生物技术专项——“转基因抗虫棉种子产业化”项目，日前取得重大进展。该项目的成功实施，不仅建成了包括技术创新、中间试验、良种繁育、种子加工、质量监控和营销推广6大体系，还培育成功中棉所37、38、39、41等多种类型的转基因抗虫棉新品种，使我国在转基因抗虫棉领域达到国际领先水平。

2002年10月18日，《科技日报》报道：10月16日，我国第一例利用玻璃化冷冻技术培育出的体细胞克隆牛在山东省梁山县诞生，这意味着我国体细胞克隆技术又取得新进展。

2002年10月19日，《人民日报》报道：10月18日，科技部、农业部联合在京举行"十五"国家重大科技专项奶业项目启动签约仪式，宣布投入4亿多元攻关6个关键技术研究课题，并在全国建立8个现代化生产示范基地，全面提高我国奶业生产水平。

2002年10月22日，《人民日报》报道：11月21日，科技部、中国科学院、上海市人民政府联合宣布：我国科学家完成了所承担的国际水稻基因组计划第四号染色体精确测序任务，使我国对国际水稻基因组计划测序工作的贡献率达10%。这是迄今为止我国独立完成的最大的基因组单条染色体精确测序。

2002年10月26日，《科技日报》报道：中国农业科学院油料作物研究所王汉中为首的育种组，育成具有高产、高抗菌核病、高抗病毒病、高抗倒伏、高含油量、高蛋白、低芥酸、低硫甙的全能型油菜新品种"中双9号"。将有效增强我国油菜产业的国际竞争力。

2002年11月6日，《人民日报》报道：11月5日，由科技部、农业部等17个部委和陕西省人民政府联合举办的第九届杨凌农业高新科技成果博览会在西安杨凌开幕。中共中央政治局常委、国务院副总理李岚清致信祝贺。

2002年12月13日，《人民日报》报道：12月12日，中国科学院、科技部、国家计委、国家自然科学基金委在京宣布，中国水稻（籼稻）基因组"精细图"已由我国科学家正式完成。这是全世界第一张农作物的基因组精细图谱，由中科院基因组信息学中心等单位完成的这张"精细图"覆盖了籼稻97%的基因序列，其中97%的基因被精确地定位在染色体上；覆盖基因组94%染色体定位序列的单碱基准确性达99.99%，已达到国际公认的基因精细图标准。

2003年1月1日，《光明日报》报道：由新疆生产建设兵团承担的超细毛羊多胎主控基因技术取得重大突破，新疆首家培育的通过体外授精或胚胎移植试管羊受孕率达30%。

2003年1月4日，《人民日报》报道：福建省农科院院长谢华安研究员和福建省农科院稻麦所所长王乌齐研究员等专家，利用航天技术与传统育种技术相结合而选育出的"特优航1号"通过福建省省级技术鉴定。专家们认为，该组合具有高产、稳产，适应性广，米质较好等特点。据介绍，在几年的各地种植试验中，"特优航1号"组合分别比对照组增产4.58%～22.4%，均居参试组合之首，效果极为显著。

2003年1月7日，《科技日报》报道：国家计委同意在云南农业大学建设我国第一个"农业生物多样性应用技术国家工程研究中心"，项目总投资2 500万元，建设期为2年。

2003年1月9日，《人民日报》报道：中国农科院首席大豆育种专家王连铮主持培育的高油大豆新品种"中作983"，其出油率达到23.5%，超过外国目前大面积种植的高油大豆的含油量，且不属于转基因大豆类型大豆，可以开发绿色食用油，为大豆深加工企业显著提高附加值。该品种的生育期仅有115天，可以对其实行二茬复种，即上茬为脱毒土豆腹膜，收入可达600～800元；下茬为高油大豆，年产量达150～200千克，收入可达600～800元，经济效益良好。

2003年1月9日，《人民日报》报道：我国最大的油菜生产省湖北省审定通过了一个全能高效型油菜新品种"中双9号"，该品种是由中国农业科学院油料作物研究所王汉中研究员为首的育种组经过多年艰苦研究育成，它具有高产、高抗菌核病、高抗病毒病、高抗倒伏、高含油量、高蛋白、低芥酸、低硫甙等突出特点，被广大试种农户形象地称之为"六高两底、八项全能"，因而得名"全能628"。

2003年1月18日，《农民日报》报道：在中国农业科学院的倡议下，由全国各省农科院、相关的农业大学和企业等参加的全国农业科研协作网1月15日成立。

2003年1月20日，《科技日报》报道：浙江大学刘树声教授负责的课题组经过4年多的攻关，首次针对十字花科蔬菜，在作物系统水平上提出并建立了一套对害虫和天敌进行综合调控的技术体系，在十字花科蔬菜害虫防治上取得了突破性进展。在示范区内化学农药用量下降30%～60%，获经济效益3.37亿元。

2003年1月21日，《人民日报》报道：20日，中共中央政治局常委、国务院副总理温家宝在北京听取了中国工程院关于西北地区水资源配置、生态环境建设和可持续发展战略研究的汇报。中国工程院2001年启动了“西北地区水资源配置、生态环境建设和可持续发展战略研究”的咨询项目。组织了35名院士和近300名院外专家，开展了跨学科、跨部门的综合性战略性研究。院士和专家们进行了历时一年多的实地考察，深入厂矿企业、田间地头、草原戈壁，获取了大量第一手资料，在九个专题研究的基础上，形成了综合研究报告。

2003年2月11日，《光明日报》报道：吉林省农科院课题组经过20年努力，培育出世界首个大豆杂交种，比当地主栽品种增产20%以上。

2003年2月18日，《人民日报》报道：我国科研工作者培育成功水培诱变花卉，实现了看花、观根、赏鱼三位一体。

2003年2月26日，《人民日报》报道：山东莱州市农科院种苗研究所农民育种家张学信培育的六种糯质玉米，最近经过专家组现场考察验收。这种玉米平均亩产760千克，比大田主栽玉米鲁单50增产12%，其中西星赤糯1号玉米亩产达到840千克，创造了中国糯质玉米的最高产量。

2003年2月28日，《科技日报》报道：通过51家单位350余位科技人员3年联合攻关，“井灌区地下水采补平衡水资源高效利用综合技术”等14项农业高效用水关键技术取得重大创新和突破。27日，“九五”国家重大科技产业工程项目——农业高效用水科技产业示范工程通过科技部组织的验收。

2003年3月28日，《科技日报》报道：被称为植物“癌症”的青枯病有了高效的生物防治技术，福建省农科院刘波博士主持的“农作物青枯病生防菌ANTI 8 098A的研究与应用”项目达到国际先进水平。

2003年4月2日，《科技日报》报道：西北农林科技大学张改生教授主持完成“新型杀雄剂SQ-1诱导小麦不育研究”项目，达到了国际同类研究的先进水平，是我国小麦杂种优势利用研究的一项重大突破。

2003年4月3日，《农民日报》报道：河北省农林科学院粮油作物研究所王铁华创立的“甘薯计划集团杂交育种法”通过专家组验收，我国薯类育种技术进入国际先进行列。

2003年4月8日，《光明日报》报道：我国第一个良种羊胚胎移植工程实验基地在河北省临西县建成。

2003年5月10日，《农民日报》报道：山东农业大学和中科院遗传发育所开展的转基因抗盐杨树研究通过专家鉴定，填补了国内空白。

2003年5月17日，《农民日报》报道：我国在利用航天技术培育优质、高产、抗病农作物新品种方面取得重大进展，已先后育成50多个农作物优异新种质、新品系。

2003年6月10日，《科技日报》报道：中国在水稻分蘖分子遗传学机理研究和功能基因克隆技术上取得重要突破。中国农科院水稻研究所钱前博士领导的课题组，与其他科学家合作，分离鉴定出水稻分蘖控制基因MOC1，它能调节水稻蘖芽的形成及正常生长发育。

2003年6月10日，《光明日报》报道：中国农业科学院蔬菜花卉研究所育成微辣型辣椒新品种“中椒6号”和甜椒新品种“中椒7号”，在抗病性、丰产性、果实品质及商品性等方面达到世界先进水平。

2003年7月16日，《人民日报》报道：我国小麦育种技术获重大突破。由中国农业科学院作物科学研究所刘秉华研究员率领的课题组历经近10年的不懈努力完成的“矮败小麦创制与高效育种技术新体系建立”研究项目通过农业部主持的成果鉴定。鉴定委员会一致认为该成果属国际首创，达到国际领先水平。

2003年7月19日，《农民日报》报道：沈阳农业大学谢甫绨教授率课题组经过12年研究，培育出大豆新品种“沈农7号”，粗蛋白质含量42.38%，粗脂肪含量18.74%。

2003年7月30日，《人民日报》报道：农业部建成国外动物卫生信息系统。这一系统能够动态监视国外动物疫情，掌握各国动物疫情现状和流行趋势，科学评估进口动物和动物产品传入疫病的风险。国外动物卫生信息系统由我国科研人员独立自主开发，是目前我国国外动物疫情信息最全的数据库系统。这一系统可实现多个国家、多种动物疫病在任意时间点（或段）的数据查询。同时，结合地理信息系统，这一系统可以动态显示国外动物疫情，适时反映世界各地动物疫病状况。

2003年8月1日，《农民日报》报道：我国植物克隆技术已居世界领先水平，黑龙江大学郭德栋主持的课题组成功地从野生甜菜中分离出带有无融合基因的单染色体。

2003年8月13日，《人民日报》报道：千年水稻种植模式发生变革，一种不要翻地、整田、育秧、插秧并且早稻、晚稻兼用的水稻新品种在安徽芜湖问世。由中国科学院等离子体物理研究所与芜湖市星火农业实用技术研究所共同培育的这一新品种，目前通过专家评审，开始推广。

2003年9月11日，《农民日报》报道：10日，上海市农业生物基因中心宣布，我国育成世界上第一份优质旱稻不育系。

2003年9月12日，《光明日报》报道：福建省尤溪县良种生化研究所刘文炳带领的课题组，育成野败型“三系”光身杂交早稻组合系列品种，填补了我国这一研究领域的空白。

2003年10月9日，《人民日报》报道：8日凌晨3时18分，国际上首例冷冻克隆牛胚胎移植牛犊“蓓蓓”在山东省莱阳农学院出生。这是我国体细胞克隆技术取得的又一突破性进展。

2003年10月23日，《科技日报》报道：由安徽省农业科学院水稻研究所和江苏省农业科学院遗传生理研究所共同承担的国家转基因植物研究与产业化专项——“高优势转基因两系水稻杂交新组合的选配”课题取得进展，育成转基因玉米高光效基因水稻品种。

2003年10月31日，《人民日报》报道：据新华社济南10月29日电（记者徐冰）我国体细胞克隆牛“双双”的自繁后代——雌性幼牛“健健”于10月29日20时26分在山东省莱阳农学院诞生，这是我国克隆牛技术研究的又一新突破。

2003年11月8日，《农民日报》报道：上海市农业生物基因中心育成了世界上第一份优质旱稻不育系“沪旱1A”。

2003年11月16日，《人民日报》报道：15日，西南农业大学与中科院北京基因组研究所的科学家在重庆宣布，中国家蚕基因组“框架图”测绘工作已胜利完成。这是我国科学家在完成人类基因组1%测序工作、独立完成水稻基因组“框架图”和“精细图”之后，向人类奉献的第三大基因组研究成果。据介绍，通过基因研究，可培养出高产优质蚕品种，解决蚕丝易皱、脱色等先天缺陷，以期取得蚕业技术突破性进步。

2003年11月16日，《人民日报》报道：我国第一头“性控”奶牛牛犊日前在黑龙江省大庆市田丰生物工程公司顺利出生，这标志着我国良种奶牛性别控制繁殖技术已经成熟。这头牛宝宝体重45千克，名为“田丰一号”，母亲来自澳大利亚，父亲来自加拿大。良种奶牛性别控制繁殖技术此前仅为美、英、德3个国家掌握。

2003年11月17日，《科技日报》报道：15日，重庆市政府宣布，在西南农业大学和中科院北京基因组研究所共同努力下，中国家蚕基因组框架图绘制完成。

2003年11月29日，《科技日报》报道：福建省农科院植保所研究员张艳璇研究成功“以螨治螨”生物防治柑橘害螨技术，被列入国家科技部科技成果重点推广计划和农业科技成果转化资金项目。

2003年12月15日，《经济日报》报道：由中科院植物研究所研制的国家级原创性重大成果——控制果实采后病害的生物技术于2003年12月14日在汕头市通过国家级技术项目鉴定。

2003年12月17日，《科技日报》报道：南开大学一项具有自主知识产权的“新型水旱两用除草剂H9201”，通过了天津市科委组织的鉴定。

2003年12月27日，《科技日报》报道：辽宁省农科院稻作研究所承担的国家农业科技跨越计划“辽粳294优质粳稻生产技术试验示范”项目，通过农业部组织的有关专家的验收，可进行商品化和产业化。

2003年12月29日，《科技日报》报道：由中国农业大学和中国兽医药品监察所承担的“十五”攻关项目，畜禽规模化优质高效养殖关键技术研究与产业化示范项目“兽药安全评价与残留检测技术研究”获重要进展。其子课题“磺胺二甲嘧啶和克仑特罗酶联免疫试剂盒”12月24日通过了专家鉴定。

2004年1月15日，《人民日报》报道：由山东莱州市金海种业有限公司作物研究所选育的玉米杂交新品种——“金海五号”，通过山东省、北京市农作物品种审定委员会审定。金海五号玉米株型紧凑，根系发达，茎秆粗壮，粗蛋白含量达10.1%，品质优良。

2004年1月30日，《人民日报》报道：我国首例异体克隆动物诞生。一只灰棕色的母山羊在新疆乌鲁木齐县六十户乡顺利降生。这项成果由新疆金牛生物股份有限公司和中科院动物研究所等单位共同完成。经过专家们对它的体貌特征鉴定后，初步判定这是一只北山羊。

2004年2月8日，《人民日报》报道：2月6日凌晨，陕西杨凌西北农林科技大学克隆羊“阳阳”的外孙女“甜甜”顺利分娩，我国成年体细胞克隆山羊“阳阳”家族实现了四代同堂。

2004年2月20日，《人民日报》报道：由中国林科院与山东农业大学历时8年研制成功的世界上首个抗盐碱、抗干旱的转基因优良杨树（青杨派）新品种——“中天杨”，在山东东营培育成功，并通过了权威鉴定机构的鉴定。

2004 年 2 月 25 日，《人民日报》报道：教育部启动农村劳动力转移培训计划。按照该计划，2004 年，各类中等职业学校、成人学校和培训机构将面向农村招收学生 1 600 万人，其中中等学历教育 300 万人，短期培训 800 万人，培训进城务工人员 500 万人。

2004 年 3 月 5 日，《人民日报》报道：山东省著名玉米育种、栽培专家李登海研究员培育的“掖单”13 号玉米良种获得国家科技进步一等奖。“掖单”13 号玉米种创造并保持着世界夏玉米单产 1 096.29千克的最高纪录和春玉米亩产 1 454 千克的国内纪录。

2004 年 4 月 8 日，《农民日报》报道：农业部、财政部、劳动和社会保障部、教育部、科技部、建设部在北京人民大会堂宣布，农村劳动力转移培训阳光工程正式启动。

2004 年 4 月 10 日，《农民日报》报道：我国研究出无核葡萄育种新技术。由西北农林科技大学承担的国家 948 项目“胚挽救技术体系建立及抗病无核葡萄新品系培育”研究，4 月 4 日通过了农业部、陕西省农业厅和科技厅的验收和鉴定。

2004 年 6 月 19 日，《科技日报》报道：国家科技部重点支持的“863”计划“蔬菜分子育种技术研究和新品种选育”获得重大突破。利用分子标签技术培育的蔬菜杂交品种，可将育种时间从传统的 3 年缩短到 1 年。

2004 年 7 月 3 日，《光明日报》报道：由中国农业科学院作物品种资源研究所主持的“主要农作物种质资源收集、整理与保存”工作取得重要进展。我国国家长期库的保存种数量已达 33.5 万份，跃居世界第一。

2004 年 7 月 10 日，《农民日报》报道：河南省巩义市农民李炳方经过 5 年选育，培育出我国首例矮秆型小麦新品种“巩回 9803”。

2004 年 7 月 13 日，《人民日报》报道：由中国农业科学院与世界粮食奖基金会联合主办的“农业科技·现在与未来”国际研讨会，7 月 10 日至 12 日在北京举行。此次研讨会的主题是：农业科学技术的创新与发展。来自国内外的 150 名专家就农业政策与农村发展、中国粮食安全、农业生物技术等议题进行了研讨和交流。

2004 年 7 月 25 日，《光明日报》报道：江西省宜春市农科所繁育的甘蓝型两系杂交油菜“双优 586”，通过中国农作物品种审定委员会组织的专家鉴定。这是我国第一个应用于生产的两系法杂交油菜新组合，这一成果达到国际领先水平。

2004 年 8 月 7 日，《农民日报》报道：由山东省烟台农科院承担的农业部科技跨越项目——“烟农 18 弱筋小麦新品种生产技术体系试验示范”，通过农业部审定，进入大面积推广阶段。

2004 年 8 月 7 日，《光明日报》报道：我国育出国际领先的转基因玉米。中国农业大学生物学院朱登云率领的课题组，将马铃薯花粉上的一个基因转入玉米，赖氨酸和蛋白质比常规玉米分别提高 30%、90%。

2004 年 8 月 16 日，《农民日报》报道：福建省航天育种超级再生稻“Ⅱ优航一号”创下干谷亩产 971.9 千克、湿谷亩产 1 191.9 千克的最高纪录。

2004 年 8 月 31 日，《人民日报》报道：《农民增收口袋书》丛书由中国农业出版社出版，该丛书围绕科教兴农主题，以农民增收为切入点，力求让农民用得上、看得懂、买得起，是贯彻“三农”读物出版上规模、上档次、上质量要求的一套实用农业科技图书。

2004 年 9 月 6 日，《人民日报》报道：我国粮食储藏安全技术获得重要突破，拥有自主知识产权的粮食储藏新技术——“绿色无公害仓储设备系统”，经云南、河北、四川、江西、湖北、河南等地的国家和地方粮库试验和应用，获得良好的效果。

2004 年 9 月 6 日，《科技日报》报道：由浙江省农业科学院水稻育种专家培育的杂交水稻新组合Ⅱ优 7 954，亩产达 1 195.2 千克。

2004 年 9 月 11 日，《科技日报》报道：由黑龙江省农科院承担的农业科技跨越计划“高油大豆高效生产技术体系及产业化示范”项目通过了验收，其高油大豆核心技术及配套技术全面超额完成合同指标，为项目区农民增加经济效益 2.06 亿元。

2004 年 9 月 13 日，《科技日报》报道：我国杂交水稻制种技术取得新突破，安徽省农科院朱启升研究员经过 10 年攻关，选育出强优势杂交水稻组合“绿优 5 号”，理论亩产为 339.9 千克，比常规方法制种产量高 27.8%。

2004 年 9 月 15 日，《科技日报》报道：9 月 14 日，由科技部、农业部、财政部和国家粮食局等共同组织实施的国家重大科技专项“粮食丰产科技工程”，三个共性关键技术课题在北京正式启动。

2004 年 9 月 21 日，《人民日报》报道：由中国农业科学院棉花研究所等承担的高科技项目“棉花工厂化转基因技术体系”研究，通过专家鉴定。以该技术体系为支撑，已直接育成转基因棉花新品种 8

个，累计推广转基因抗虫棉 3 200 多万亩，从而使我国在这一高科技领域占有了一席之地。

2004 年 9 月 27 日，《人民日报》报道：由中国农业科学院棉花研究所最新培育成功的大铃型抗虫杂交棉新品种“中棉所 48”，通过安徽省农作物品种审定委员会的审定。“中棉所 48”具有丰产、优质、抗病等优良农艺性状，出苗好，长势健壮，结铃性强，适应性广，吐絮畅且集中，絮色洁白。在射阳县试种示范表明，该品种平均亩产籽棉 427 千克，亩产皮棉 166 千克。

2004 年 10 月 26 日，《科技日报》报道：由西北农林科技大学张兴教授主持的国家“十五”科技攻关计划“无公害农药关键技术研究与产品开发”课题，经过 3 年努力，取得阶段性研究成果 5 项，通过了由农业部组织的课题验收。

2004 年 10 月 31 日，《光明日报》报道：福建省农科院果树所选育出世界首个杂交龙眼新品种“冬宝 9 号”。

2004 年 11 月 3 日，《人民日报》报道：为加速东北粮食主产区农业现代化进程，推进国家农业科技创新体系建设，中国农科院与吉林省人民政府联合共建的中国农业科技东北创新中心在长春成立。

2004 年 11 月 11 日，《人民日报》报道：10 月 31 日，中国农村政策研究中心“第二届中国农村发展论坛”在中国农业大学举行，代表们就“2004 年粮食生产和农业政策落实情况”“农村劳动力转移和小城镇现代服务业”等问题做了专题报告。

2004 年 11 月 29 日，《人民日报》报道：经过近 5 年努力，中国农业科学院建设运行的“中国农作物基因资源与基因改良国家重大科学工程”取得重要进展。几年来，这一工程共主持国家级科研项目 300 多项，获国家级奖励的成果达到 39 项，在国际上率先建成小麦、水稻、大豆的核心种质，发表论文 800 余篇，其中被 SCI 收录的论文达 100 多篇，开展国际合作研究 63 项，培育新品种 100 多个，培养研究生 148 名，获得专利 41 项。

2004 年 12 月 1 日，《人民日报》报道：由中国农业科学院棉花研究所毛树春研究员领导的课题组，在承担国家“十五”科技攻关重大计划项目和农业部农业结构调整重大专项的研究中，攻克了棉花“两无两化”移栽技术难关。采用该技术，移栽苗成活率高，每株成苗仅 2～3 分钱，节省用种 50%～70%，节省用工 1/3，增产皮棉 6%～10%。

2004 年 12 月 10 日，《人民日报》报道：世界著名科学杂志《自然》以 3 篇主题科学论文的形式，发表中科院北京基因组研究所关于原鸡基因组和家鸡基因组多态性研究的重大成果。这是我国科学家以加入“人类基因组计划”为起点，在国际合作框架下参与和主持完成的又一突破性成果。

2004 年 12 月 12 日，《人民日报》报道：12 月 10 日，我国科学家在世界上率先完成的家蚕基因组“框架图”及基因组生物学分析成果在世界科学类权威学术期刊《科学》杂志上发表。

2005 年 1 月 8 日，《科技日报》报道：国家 863 科研项目——甘蔗新品种选育及高效育种技术研究。选育出 7 个丰产、高糖、多抗糖料甘蔗新品种，分别通过了国家和省级审（认）定，这些新品种蔗茎产量增产 11%～21%，具有主抗花叶病或黑穗病，兼抗锈病、褐条病或梢腐病等特点，抗旱性也强。该项目整体研究达到国际先进水平，在斑茅利用方面达到国际领先水平。

2005 年 1 月 22 日，《人民日报》报道：我国已突破了中长期粮食增产的技术瓶颈，初步建立起水稻、玉米、小麦、油菜、大豆 5 大作物的遗传育种创新平台，育成新品种 100 多个。

2005 年 1 月 24 日，《光明日报》报道：我国农业科研人员已初步培育出拥有完全自主知识产权的“超级玉米”。这是继“超级水稻”之后我国农业领域的又一个重大科研项目，我国培育出的玉米新品种主要指标在国际上处于领先地位。

2005 年 2 月 6 日，《人民日报》报道：在农业部和科技部共同主持及国家“973”“863”和“攻关”项目资助下，具有国际先进水平的新型高效、重组禽流感病毒灭活疫苗（H5N1 亚型）和禽流感重组鸡痘病毒载体活疫苗，由中国农业科学院哈尔滨兽医研究所农业部动物流感重点开放实验室研制成功。该两种疫苗通过农业部兽药评审委员会评审，获得农业部新兽药证书。

2005 年 3 月 20 日，《人民日报》报道：3 月 19 日，中国农业大学宣布与英国富优基尼（FuturaGene）公司组建“中国农大—富优基尼植物抗逆联合研究中心”，共同研究开发高效抗逆的超级农作物。

2005 年 4 月 9 日，《人民日报》报道：4 月 8 日，农业部启动测土配方施肥行动，决定对全国 2 亿亩耕地普及应用测土施肥技术，每亩节约成本增加效益 20 元。测土行动在 484 个粮食大县重点启动，各级农业部门将组织 10 万名农业技术人员，进村入户指导，将有 5 000 万农民接受科学施肥知识培训。

2005 年 5 月 11 日，《人民日报》报道：中国水稻研究所的科学家为广大稻农奉献出 4 个最新的超级稻品种，分别是协优 9 308、国稻 1 号、国稻 3 号和中浙优 1 号，一般种植产量每亩 500 千克以上。

2005 年 6 月 1 日，《经济日报》报道：上海市农业科学院在粳稻育种领域已成功实现了超高产的突破，已育成的 2 种优质超高产晚粳新品种最高亩产量高达 770 千克。据权威科技情报机构进行的全球文献检索，这一高产量在全球处于领先水平，超过了日本、韩国等国的高产粳稻品种。

2005 年 6 月 4 日，《科技日报》报道：山东棉花研究中心与中国农科院生物技术研究所合作选育的鲁棉研系列转基因抗虫棉新品种研究又获新进展，鲁棉研 15 号、16 号、19 号、20 号、21 号、24 号、25 号共 7 个转基因抗虫棉新品种，于 2005 年 4 月 30 日在第一届国家农作物品种审定委员会第四次会议上通过审定。至此，山东棉花研究中心已经有 11 个转基因抗虫棉新品种通过山东省或（和）国家审定。

2005 年 6 月 11 日，《人民日报》报道：我国育种科学家历经 10 余年努力在矮败小麦高新育种技术上取得重大突破，培育出“轮选”系列矮败小麦新品种。这一成果达到国际领先水平。“轮选 987”在参加国家小麦区域试验的北部冬麦区试中，产量名列第一，比主栽品种（“京冬 8 号”“京 411”）平均增产 14.8%，并在 2004 年国家黄淮南片区域试验中创造了小区折合亩产 715 千克的高产记录。

2005 年 6 月 26 日，《光明日报》报道：采用生物技术手段，将野生烟草独特的有益性状转移到栽培烟草的“烟草体细胞远缘杂交育种研究”获得突破性进展，并通过专家委员会的鉴定。由中国农科院烟草研究所承担的这项研究成果能显著改良烟草品种的品质，提高抗病性，对解决我国烟草品种单一、部分品种种性退化和优良后备品种缺乏等问题具有重要意义。

2005 年 7 月 16 日，《农民日报》报道：湖北大学生命科学院副教授周勇历经 10 年选育而成“两优 287”，极好地解决了双季稻产区杂交水稻高产不优质、高产不早熟的突出问题，成功协调了熟期（95～115 天）、产量（亩产 450 千克以上）、米质（国标一级）、抗性等之间的矛盾，被誉为“杂交早稻育种上的一个重大突破”。

2005 年 7 月 29 日，《人民日报》报道：江西省赣州市农科所育成的超级杂交稻“田两优 39”7 月 26 日通过验收，试验平均亩产达 709.48 千克，刷新了“中早 22”亩产 693.7 千克的纪录。

2005 年 7 月 29 日，《科技日报》报道：我国农业科学家在搞清了“产量构成、光合性能、源库关系”三个作物产量的理论特点和内在联系后，首次提出的超高产“三合模式”的分析理论。

2005 年 7 月 31 日，《人民日报》报道：国际上第一个在植物中具有明确提高磷效率功能的转录因子 OsPTF1 在浙江大学被克隆成功。专家指出，这对于提高作物磷效率，降低生产成本，减少因过多施用磷肥而造成的环境污染具有重要意义。

2005 年 8 月 9 日，《农民日报》报道：8 月 8 日，国家测土施肥中心实验室揭牌仪式在中国农业科学院农业资源与农业区划研究所举行。

2005 年 8 月 14 日，《人民日报》报道：中国农业大学 8 月 8 日宣布，我国第一头体细胞克隆猪诞生。这是我国独立自主完成的首例体细胞克隆猪，填补了我国在这一领域的空白。

2005 年 8 月 16 日，《人民日报》报道：国家转基因棉花中试与产业化基地在位于河南安阳的中国农业科学院棉花研究所建成，该基地的建成标志着我国转基因棉花研究及其产业化总体达到了国际先进水平，显著增强了我国在转基因棉花研究与产业方面的国际竞争力。

2005 年 8 月 26 日，《科技日报》报道：由中国检验检疫科学研究院承担的“新型消毒剂带鸡消毒防止禽类疫病的研究”课题，8 月 23 日在北京通过专家鉴定。有关专家认为，该课题形成的科研成果“检科一号”消毒剂有望使长期困扰我国养殖业的禽流感等疫病从根本上得以防治。

2005 年 8 月 27 日，《农民日报》报道：一种具有快速、敏感、特异、安全等显著特点的猪链球菌荧光 PCR 检测新技术问世，该技术由北京检验检疫局和中国兽医制品监察所共同完成，并于 26 日在京通过了由国家质检总局组织的专家组的鉴定。

2005 年 9 月 16 日，《科技日报》报道：河北省科技厅下属的国家半干旱农业工程技术研究中心翟学军博士，经过多年努力，培育出目前国内熟性最早的短季棉新品种，它具有生育期短、棵小紧凑、高度耐密的特点，在河北省中南部小麦收获后直播，可实现每亩 250 千克的籽棉产量，与春播棉基本持平。

2005 年 9 月 16 日，《人民日报》报道：我国转抗虫基因三系杂交棉分子育种技术获重大突破，研究水平跃居世界领先。目前，我国约有 5 000 万亩棉田适宜种植杂交棉，若按此推算，理论上可新增皮棉 80 万～100 万吨，增收 100 亿～120 亿元，相当于目前 1 000 万亩棉田的总产量，亦即相当于增加了一个长江流域棉区。

2005 年 9 月 18 日，《人民日报》报道：中国农业大学建校一百周年庆祝大会暨世界农业论坛开幕式16日上午在人民大会堂隆重举行。中共中央总书记、国家主席胡锦涛发来贺信，向全校师生员工致以热烈的祝贺和诚挚的问候。

2005年9月21日，《农民日报》报道：经过8年的不懈努力，福建农林大学作物遗传育种研究所成功地把中国70%以上的众多籼型杂交稻包括部分超级稻都改造成为杂交糯稻或超级杂交糯稻。中国杂交水稻界和原子能农业应用领域的专家鉴定认为：该项成果居国内外同类领先水平。

2005年9月29日，《人民日报》报道："十五"期间，由中国农业科学院航天育种中心牵头的课题组利用航天技术先后育成并审定水稻、小麦新品种12个，其中"华航一号""特优航1号""Ⅱ优航1号"和"培杂泰丰"等4个水稻新品种通过国家审定，已完成或正在参加省级以上区域试验稻麦新品系、新组合16个。航天新品种、新组合4年累计种植面积850万亩，增产粮食3.4亿千克，创社会经济效益5.0亿元。

2005年10月6日，《经济日报》报道：我国著名杂交水稻育种制种专家、国家级有突出贡献专家刘文炳研究员育成的超级稻"Ⅱ优28"，经现场实割验收达到亩产1 229.97千克，打破了去年由超级稻"Ⅱ优6"创下亩产1 219.9千克的世界水稻单产纪录。

2005年10月15日，《人民日报》报道：农业部14日宣布，中国农业科学院哈尔滨兽医研究所的科研人员经过近4年努力，在国际上首先研制成功表达H5亚型高致病力禽流感病毒抗原基因的重组新城疫病毒活载体双价疫苗。

2005年10月30日，《人民日报》报道：我国引进国际先进农业科学技术计划（简称"948计划"）实施10年来，累计引进农业高新技术和适用技术3 500多项，引进和利用种质资源2万份以上。10年来，共创制出具有高产、优质、抗病虫等特点的新育种材料近50万份，为未来10～20年我国各生态区培育高产优质抗逆新品种提供了多样化材料来源。

2005年11月4日，《农民日报》报道：以中央财政专项资金形式进行的农业技术引进计划（简称"948计划"）实施10年来，总计投入资金18.12亿元，累计引进农业高新技术和适用技术3 500多项，引进和利用种质资源2万份以上。不仅从根本上扭转了我国农业技术相对落后和储备不足的局面，而且使我国很多农业科研项目研发时间缩短10～15年，节约研发经费30%～50%。

2005年11月26日，《人民日报》报道：新疆已培育开发出7个拥有自主知识产权的彩棉品种，创建了六大类36个彩棉产品标准，成为世界最大的彩棉生产基地，彩棉的生产规模和科技含量均跻身世界领先水平。

2006年1月3日，《农民日报》报道：国家863计划"优质超高产农作物新品种培育"重大专项超额完成预期目标和任务，并完成总体验收。项目实施4年，投入经费1.4亿元，在超级稻育种等5个方面取得了重大进展。

2006年1月4日，《光明日报》报道：1月3日，中国农业科学院向全国农业科技界发出倡议，围绕国家农业战备目标和未来我国农业发展的关键技术领域，实施《"十一五"农业科技自主创新行动》，联合攻关，大幅度提高农业科技的自主创新能力。

2006年1月8日，《经济日报》报道：国家863计划"十五"重大专项在农业领域取得群体突破。"现代农业技术主题""优质超高产农作物新品种培育""现代节水农业技术体系及新产品研究与开发"和"数字农业"等4个重大专项共开发新技术和新成果2 732项，申请专利1 448件，制定标准358项，示范应用创经济效益1 137亿元，显著增强了我国现代农业的核心竞争力。

2006年2月10日，《人民日报》报道：2月13日，两头经分离XY精子性别控制的雌性水牛在广西水牛研究所诞生，这在全世界尚属首例。这意味着水牛生公生母完全可以人为控制。该技术可运用于其他生物种群。

2006年2月22日，《光明日报》报道：经过科研人员10年的努力，我国终于建立起自主小麦品种品质评价体系与分子改良技术方法。这一成果对国内外小麦品质改良有重要的参考价值，总体达到国际先进水平。

2006年2月23日，《科技日报》报道：华中农业大学张启发教授领衔主持的十五国家重大科技专项"水稻重要农艺性状相关功能基因组研究"取得重要进展。该专项2002年立项，到2005年共创建了含有27万个独立转化的T DNA插入大型突变体库，水稻所有基因均被标签的概率接近99%。

2006年2月23日，《光明日报》报道：历经4年努力，总投资950多万元的"国家蚕桑育种中心"在中国农业科学院蚕业研究所建成并通过验收。

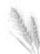

2006年3月9日，《光明日报》报道：我国启动高校毕业生"三支一扶"计划，从2006年开始连续5年，国家将每年招募2万名高校毕业生，主要

安排到农村基层从事支教、支农、支医和扶贫工作。

2006年4月1日，《光明日报》报道：世界首例性控制试管牛在中国农业科学院水牛研究所诞生。

2006年4月12日，《光明日报》报道：中国农业科学院水稻研究所科研人员发现的水稻白背飞虱新基因被国际植物基因命名委员会正式命名为Wbph6。这是我国水稻抗白背飞虱研究领域在国际上注册的、完全拥有自主知识产权的第一个抗性基因。

2006年5月9日，《人民日报》报道：我国棉花栽培技术获得革命性突破。在"国家科技攻关""农业结构调整"等科技项目的资助下，中国农业科学院棉花研究所栽培室主任毛树春研究员领导的课题组发明了无土基质、促根剂和保叶剂等系列专利技术，攻克了棉苗生根困难，裸苗移栽不易成活等难题。新技术具有苗床成苗率高、移栽成活率高、省种、省工等特点，可使每亩增效80元以上。这项新技术先后获得7项专利，在鄂、苏、赣等12个省的100多个优质棉基地县以及5 000多农户中扩大示范了1万多亩，取得了巨大成功。

2006年5月27日，《科技日报》报道：中国农业科学院生物技术研究所首次在世界上成功研制出"有机磷农药降解酶制剂"。这一具有自主知识产权的重大成果，能彻底、有效地降解有机磷农药，全部去除农产品的农药残留。

2006年5月29日，《光明日报》报道：由湖南农业大学主持研发的国家"十五"重点攻关和国家"863"重大专项课题——棉花水浮育苗技术通过专家组鉴定。专家认为，该方式具有显著的省种、省工、增产、增效作用，比常规营养钵育苗移栽棉节省用种40%以上。

2006年6月17日，《农民日报》报道：北京杂交小麦工程技术研究中心承担的国家863计划"优质超高产农作物新品种选育"重大专项"小麦杂种优势利用技术研究与应用"课题，在小麦杂种优势利用的基础研究和应用研究方面均取得了重大突破。"京麦6"通过北京审定。京麦10、京麦20、京麦203等高产杂交小麦组合，在北京开展了联合试验示范。研究人员创造性地提出了"小麦雄性育性的相对性原理"，建立了冬小麦光温敏型雄性不育系选育的四条途径，共获得各类光温敏不育性资源5 700余份，选育出优异光温敏不育系247份。

2006年6月24日，《农民日报》报道：国家863计划课题——水稻栽培稻籼粳两个亚种的比较基因组学研究课题进展顺利。我国率先完成籼稻单条染色体基因组测序，为更有效利用籼粳杂交育种材料提供了分子遗传依据。

2006年6月27日，《农民日报》报道：具有国际先进水平、世界上最大的畜禽遗传资源体细胞库在中国农业科学院畜牧兽医研究所建成。

2006年7月6日，《科技日报》报道：山东省农科院以地方优质鸡种和国外高产肉鸡品系为育种素材培育出了遗传稳定的两个优质肉鸡——鲁禽1号麻鸡和鲁禽3号麻鸡配套系。这两个配套系已通过国家品种审定委员会的审定，成为山东省乃至我国长江以北地区第一个拥有自主知识产权的家禽新品种（配套系）。

2006年7月7日，《农民日报》报道：7月6日，全国农业科技创新工作会议在北京召开。科技进步对我国农业的贡献率已达48%左右，比"十五"初期提高了3个百分点。

2006年7月8日，《经济日报》报道：中国农科院科学家历经10余年努力，在以矮败小麦为工具的轮回选择育种技术领域取得重大突破，培育出"轮选"系列矮败小麦新品种10余个，具有高产、稳产和广适性的特点。专家认为，这一成果属国际首创，育种水平达到国际领先。

2006年7月14日，《人民日报》报道：湖北省农业厅宣布，由湖北大学和省种子集团公司联合选育的"两优287"，被农业部专家评为超级杂交稻。

2006年8月12日，《光明日报》报道：我国快速、准确鉴定杂交稻种子纯度找到了新的方法。由湖南省怀化职业技术学院承担的省农业厅重点科研项目"水稻标810S淡黄叶突变体的发现与研究"通过了以袁隆平院士为首的专家组的鉴定，该研究创新性强，为规避和降低两系杂交种子生产风险提供了技术支撑，该材料的发现具有原创性，居国际领先水平。

2006年8月30日，《人民日报》报道：中国农业大学植物病理系齐俊生博士课题组，经6年艰苦努力，从"海岛棉"中分离、克隆出有自主知识产权的抗黄萎病基因并导入"陆地棉"，培育出高抗黄萎病的新株系。这将对加速培育适合不同区域种植的棉花抗黄萎病新品种产生重大影响。

2006年9月25日，《人民日报》报道：我国首颗专门为航天育种研制的返回式科学技术试验卫星——"实践八号"育种卫星于9月9日15时在酒泉卫星发射中心发射升空，共运行355小时，航程900多万千米，24日10时43分，准确落入四川遂宁预定回收区域，由有关部门成功回收，圆满完成了诱变育种实验和机理研究等空间运行试验任务。

2006年10月10日，《科技日报》报道：用一种聚合育种、诱变技术和小孢子培养相结合的新方法，我国科技人员在世界上首次选育出一种“特高含油量”油菜新品系。检测显示，其种子含油量高达54.72%。比国际上报道的甘蓝型油菜含油量的最高纪录提高了近2个百分点。

2006年10月20日，《光明日报》报道：我国星火科技计划自1986年实施以来，20年中共培训农民近1亿人次，促进了农村社会的整体进步。

2006年10月25日，《人民日报》报道：中国扶贫培训“雨露计划”启动暨全国贫困农民培训学校成立仪式在北京举行。

2006年10月25日，《光明日报》报道：内蒙古农业大学培育出“超级玉米”，亩产达1 158.9千克，每颗果穗平均达600多粒，这是我国在北纬40度寒温带地区玉米单产取得的又一高产纪录。

2006年12月27日，《科技日报》报道：东北农业大学教授刘忠华带领的课题组，12月22日成功培育出国内首例绿色荧光蛋白“转基因”克隆猪，这是世界上继美国、韩国、日本之后第四例绿色荧光蛋白转基因猪。

2006年12月30日，《人民日报》报道：我国科学家在植物重要功能基因的分离克隆研究方面取得重要进展，初步扭转了以往依赖国外引进目的基因的局面。获得新基因610个，其中具有重要应用价值并拥有自主知识产权的新基因46个，并初步建立了棉花、水稻、油菜等主要农作物和林草、花卉、果树高效安全转基因技术体系。

2007年3月19日，《农民日报》报道：由东北农业大学历时多年培育出的“东农冬麦1号”冬小麦新品种，通过了黑龙江省农作物品种审定委员会的正式评定。这是我国农业科研人员培育出的第一个适合于北方高寒地区种植的冬小麦新品种。

2007年3月31日，《光明日报》报道：3月30日，第12届国际油菜大会在武汉闭幕。来自31个国家的500余名外国专家、200余名国内油菜科学家围绕“十字花科油料作物可持续发展”的主题展开学术研讨，涉及议题包括遗传育种、生物技术、营养与加工、饲料与工业原料等专题。

2007年4月7日，《科技日报》报道：历经3年苦心研究，扬州大学园艺与植物保护学院杨益众教授与农学院梁国华研究员牵头组成的科研攻关小组初步研制出对水稻条纹病毒有明显降解作用的“疫苗”——生物导弹，用于防治近几年江苏稻区水稻的“头号杀手”条纹叶枯病。其研究成果结束了国内防治水稻条纹叶枯病只能控制灰飞虱而对条纹病毒无“良药”的历史。

2007年4月9日，《人民日报》报道：商务部“万村千乡市场工程”实施两年多来，取得丰硕成果。截至去年年底，全国已有2 287家流通企业在1 817个县市进行试点，累计建设连锁化农家店超过16万个，覆盖了全国63%的县市。中央财政投资7.5亿元，带动地方和企业投资约117亿元，扩大农村消费近600亿元。吸纳富余劳动力约65万人，1.4亿农民受益。

2007年4月11日，《科技日报》报道：中科院上海生物科学院植物生理生态所、植物分子遗传国家重点实验室研究员林鸿宣领导的研究组，在水稻产量相关功能基因研究方面取得突破性进展，成功克隆了控制水稻粒重的数量性状基因*GW2*，并深入阐明了该基因的生物学功能和作用机理，显示该基因在高产分子育种中具有应用前景。

2007年5月15日，《农民日报》报道：自2006年起，中央和地方政府共投入资金21.4亿元，对全国860万名农民工进行了全面的培训；全国已经建立了一批农民工培训基地，基本实现了为农民工提供免费职业介绍服务。

2007年6月16日，《光明日报》报道：国家“十一五”科技支撑计划——“耕地质量健康调控关键技术研究与示范”与“沃土工程关键支撑技术研究”项目近日正式启动，前者旨在创建符合我国农业特色的耕地质量监测、评价技术与指标体系；后者将着力建立沃土工程核心技术体系和土地生产力可持续提升战略体系。这两项研究成果将为保障国家粮食安全、生态安全和农业可持续发展提供强有力的科技支撑。

2007年6月19日，《科技日报》报道：水稻黄绿叶突变体*ygl1*具有较高光合效率和较强的耐受光抑制能力。找到黄绿叶*ygl1*的突变基因，就可以有针对性地开展一些水稻高光效生理方面的研究。在国家“973”“863”计划项目以及国家自然科学基金等的支持下，南京农业大学水稻研究所等单位的科研人员通过数年研究，从分子水平揭示了引起水稻黄绿叶突变性状的机理。

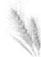

2007年7月1日，《人民日报》报道：由厦门大学、香港大学等联合承担的国家科技支撑计划项目课题——“禽流感病毒H5亚型系列中和性单克隆抗体库的构建及初步应用”6月27日在北京通过专家验收，标志着我国科学家在禽流感防治领域取得重要进展。该项成果第一次发现禽流感病毒的高保守性

中和抗体，该抗体能中和各种禽流感病毒变异株的感染性，并证实了这一单克隆抗体可以挽救各种禽流感病毒变异株导致的死亡。

2007年8月20日，《科技日报》报道：小麦梭条花叶病是近年来世界各国小麦生产的重要病害之一。发病田块一般减产20%左右，严重的减产60%以上。南京农业大学作物遗传育种与种质创新国家重点实验室选育出抗梭条花叶病的小麦新种质，题为《普通小麦—簇毛麦易位系T4VS·4VL-4AL的选育与鉴定》的成果文章日前发表在《作物学报》上。该研究得到了国家“863”计划和国家自然科学基金等项目的支持。

2007年9月11日，《人民日报》报道：9月10日，中国农业科学院宣布，由我国农业科学家历经10多年刻苦攻关完成的“利用玉米种子反应器生产高活性植酸酶”项目，日前通过农业部科技成果鉴定。由李振声院士、戴景瑞院士和方荣祥院士等著名科学家组成的鉴定委员会认为：该项目技术水平达到国际同类研究的领先水平，具有广阔的应用前景。

2007年9月26日，《人民日报》报道：我国大豆新品种创下亩产达371.8千克的高产纪录，这为我国油料生产提供了强有力的科技支撑。由我国著名大豆育种家、中国农业科学院原院长王连铮研究员主持育成的高产高油大豆新品种“中黄35”，今年在新疆石河子新疆农垦科学院作物所实验地上，实收1.2亩，亩产达371.8千克。这是继1999年“新大豆1号”创造的亩产397千克以后，又一大豆高产纪录。

2007年11月3日，《科技日报》报道：10月11日，2007年国家重点基础研究发展计划（973）“肥料减施增效与农田可持续利用基础研究”项目在北京启动。这是我国“973”计划实施10年来资助的第一个肥料领域的项目，标志着我国在肥料高效利用方面的基础研究进入一个新的阶段。“肥料减施增效与农田可持续利用基础研究”项目由中国农业科学院农业资源与农业区划研究所主持，实施5年，资助金额3 000万元。

2008年4月20日，《经济日报》报道：由国家科技部和山东省科技厅共建的国家科技支撑计划重大研究专项“超级玉米新品种选育与产业化开发”项目，在济南市启动。据测算，如果每年种植推广4 000万亩超级玉米，我国每年的玉米产量就能增加60亿千克，相当于新增1 500万亩耕地。

2008年4月27日，《人民日报》报道：由科技部和山东省科技厅共建的国家科技支撑计划重大研究专项“超级玉米新品种选育与产业化开发”项目，19日在山东省济南市启动。

2008年5月11日，《人民日报》报道：5月5日，英国《自然—遗传学》网络版发表中国科学院院士、华中农业大学教授张启发科研团队的最新研究成果，该团队首次发现并成功克隆可以控制水稻产量等性状的基因*Ghd7*。张启发科研团队通过15年努力，发现了一个可以控制水稻植株高矮、抽穗期和每穗粒数的基因。这个基因可以大大延迟抽穗期，使株高和穗粒数显著增加，对水稻增产和生态适应性发挥着关键作用，有望在实际中推动粮食增产。

2008年6月19日，《科技日报》报道：我国首例1月龄两只奶山羊幼羔超排所生5只“试管奶山羊”，6月14日和15日在河北省牛羊胚胎工程技术研究中心实验牧场成功降生。该成果由河北农业大学动物科学院和河北省牛羊胚胎工程技术研究中心桑润滋、田树军、李祥龙教授带领的课题组完成。

2008年8月16日，《光明日报》报道：华中农业大学以中国科学院院士张启发为首的科研团队在水稻基因研究方面取得重大突破：成功分离并克隆出控制水稻籼粳不育和广亲和性状的主效基因——*S5*。

2008年9月21日，《科技日报》报道：三头“带有抗猪瘟病毒基因的克隆猪”先后顺利在吉林大学农学部诞生，体重分别为1 050克、1 100克和550克。这种克隆猪是由吉林大学农学部畜牧兽医学院赖良学教授为首席专家和军事医学科学院军事兽医研究所共同组成的课题组研究出来的，属世界首例。

2008年10月15日，《人民日报》报道：国际知名学术刊物《科学》在显要位置刊登了中国农业科学院植物保护研究所吴孔明博士等科学家历经15年艰辛完成的研究论文《种植*Bt*棉花有效控制棉铃虫在中国多作物生态系统发生与为害》，得出了转基因抗虫棉可以有效改善农作物生态环境的结论，在国际上引起轰动。

2008年10月16日，《农民日报》报道：2008年科技对农业的贡献率达到49%，截至9月底，全国已有专家教授50万人次和基层农技推广人员70万人次，深入田间地头为农民提供科技服务，累计发放明白纸超过1亿张，培训农民超过1亿人次。

2008年10月20日，《农民日报》报道：困扰我国两系超级杂交稻推广的“魔咒”终于被袁隆平院士破解。科技部成果转化资金项目“两系超级杂交稻新组合两优293高产高效生产技术集成与推广”在广西南宁验收成功，实现我国两系超级杂交稻制种零风险。

2008年11月28日，《科技日报》报道：扬州大学的专家经过4年努力，研究的稻麦产量和品质遥感监测与预报技术已基本获得成功，准确率达到90%以上。

2008年12月21日，《人民日报》报道：截至2007年底，阳光工程中央财政累计安排专项补助资金21.5亿元，培训农村劳动力1 230万人，转移就业率达到86%以上。2008年，农村实用人才创业培训试点共计培训创业农民1万名。

2008年12月23日，《光明日报》报道：我国农业领域的重大科技工程之一——"实践八号"航天育种工程经过两年的组织实施，已经培育出通过省级以上品种审定委员会审定的水稻、小麦、棉花、油菜、青椒、苜蓿等作物新品种、新组合40个，其中7个通过国家级品种审定，使我国航天诱变作物新品种的总数达到66个，累计示范应用面积超过2 500万亩，增产粮棉油9.6亿千克，创社会经济效益14亿元。

2009年1月13日，《农民日报》报道：1月12日至13日，农业部、财政部在北京联合召开全国现代农业产业技术体系建设工作会议，总结两年来试点工作，交流经验，部署2009年工作。各省（区、市）农业厅分管厅长和科教处处长、财政厅分管厅长和教科文处处长、技术体系各产品首席科学家等二百多人参加了会议。

2009年2月6日，《人民日报》报道：我国科学家在禽流感病毒研究上取得重大突破：从原子水平上揭开了禽流感病毒的"心脏"——核糖核酸聚合酶PA亚基的工作机制，为相关药物研发提供了新的靶标。2月5日，《自然》杂志社在线发表了这一研究成果，并专门配发新闻。

2009年2月18日，《科技日报》报道：我国首个全国湿地分布遥感制图完成。最新的研究成果显示，与1990年相比，2000年我国湿地总面积已减至30.8万平方千米，10年内湿地面积减少了5.08万平方千米。该研究由遥感科学国家重点实验室研究人员宫鹏、牛振国、程晓等共同完成。

2009年4月18日，《科技日报》报道：4月16日，陕西省科技厅主持"甘蓝型油菜特高含油量育种技术研究与资源创新"成果鉴定会，鉴定认为：课题组"成功选育出一批含油量50%以上不同遗传背景，且性状稳定的甘蓝型油菜宝贵种质材料，其中6份含油量55%以上，2份在甘肃种植后其含油量达到60%左右。"

2009年4月15日，《农民日报》报道：中国农科院中国水稻研究所研究员钱前等带领的科研团队与中国科学院遗传所傅向东的研究团队，从中国超级稻品种中成功地分离出了控制水稻产量的关键基因"*DEP1*"，并在世界上首次成功地克隆了这一基因。这个突变的*DEP*1基因能促进细胞分裂，使稻穗变密、枝梗数增加、每穗籽粒数增多，从而促进水稻增产15%～20%。专家认为，进一步利用该基因，更高产的农作物新品种有望诞生。

2009年4月29日，《农民日报》报道：华中农业大学科研人员成功分离出一个对水稻抗旱改良有显著作用的基因*OsSKIPa*。研究表明，提高此基因在植物体内表达水平可以显著提高水稻抗旱性，缺水的戈壁滩今后也将可能种植水稻。

2009年5月24日，《光明日报》报道：中国热带农业科学院南亚所科研人员经过多年努力，在抗"巴拿马病"香蕉种苗培育工作中取得重要进展，培育出了"8818－1"抗"巴拿马病"香蕉植株，已在广东省的香蕉种植区进行田间试种。

2009年6月4日，《人民日报》报道：中国农业科学院棉花研究所在河南省新乡市前岸头村举行小麦新品种"中育12号"现场观摩会，据专家介绍，这里的2 800亩示范小麦长势喜人，亩产可以达到600千克。"中育12号"已于2008年9月通过河南省审定，并已申请品种保护。据介绍，"中育12号"利用我国独创的"矮败小麦育种技术"，聚合了丰富的遗传基因。

2009年7月12日，《光明日报》报道：中国农科院油料所培育成功世界首个适合机械化收获的高含油量抗菌核病双低油菜品种——中双11号，该品种具有强抗裂角、高抗倒伏、株高中等偏矮等特点，有效克服了机械化收获时因易裂角导致菜籽损失率高、因植株倒伏和植株偏高导致机械收获操作困难等问题，成为目前我国最适合于机械化收获的油菜品种。

2009年8月29日，《科技日报》报道：由深圳华大基因研究院与西南大学合作的研究成果"40个基因组的重测序揭示了蚕的驯化事件及驯化相关基因"，在国际著名学术期刊《科学》上发表，这是我国科学家在家蚕基因组研究领域取得的又一项重要成果。该项研究共获得了40个家蚕突变品系和中国野桑蚕的全基因组序列，是多细胞真核生物大规模重测序研究的首次报道。

2009年8月30日，《人民日报》报道：28日至29日，中共中央政治局常委、国务院总理温家宝在内蒙古检查指导抗旱减灾工作时指出，受灾地区的各级党委和政府必须充分认识做好抗旱减灾工作的极端重要性，切实把抗旱减灾作为当前"三农"工作中最紧迫、最重要的任务，扎实做好各项工作，努力争取今年农业有个好收成。

2009年9月29日，《光明日报》报道：中国热带农业科学院在第二届国际香蕉学术研讨会上正式宣读了香蕉枯萎病菌1、4号小种（*Foc*R1、*FocTR*4）全基因组测序已经完成的声明。这标志着我国科学家在国际上率先破译*Foc*R1、*FocTR*4基因组的遗传密码。

2009年11月4日，《人民日报》报道：世界著名的《自然遗传学》杂志11月1日在线发表了一篇有关蔬菜作物的基因组测序和分析的重要论文。这是由我国科学家发起并主导的国际黄瓜基因组计划第一阶段所取得的重大成果，对黄瓜和其他瓜类作物的遗传改良、基础生物学研究以及对植物维管束系统的功能和进化研究将发挥重要的推动作用。

2009年11月16日，《人民日报》报道：我国科学家15日在深圳宣布完成"兰花基因组框架图"。此举不仅会揭示兰花的进化历史和奥秘，为后续兰花功能和进化基因组学研究打下坚实的基础；而且会为如何保护我国宝贵的兰花种质资源提供科学的政策依据，为下一步开发和利用兰科植物基因资源宝库提供重要的资源平台。

2009年12月30日，《科技日报》报道：12月26日，由西北农林科技大学博士生导师、长江学者特聘教授康振生主持完成的教育部高校科技创新工程重大项目"小麦与条锈菌互作的分子机理研究"，在陕西杨凌通过了教育部组织的专家鉴定。委员会一致认为，该项目研究方法先进，取得多项创新性成果，为揭示条锈菌的致病机理及小麦对条锈菌抗性机制奠定了基础，对小麦抗条锈的遗传改良及条锈病的持久控制具有重要的理论和实际意义，研究处于国际领先水平。

2010年3月26日，《光明日报》报道：由国家胡麻产业技术体系首席科学家、甘肃省农科院经济作物所所长党占海研究员为首的科研团队，历经10余载的探索与创新、千余次试验，最终育成世界首个胡麻杂交新品种——"陇亚杂1号""陇亚杂2号"。这两个品种已经正式通过了省级品种审定委员会审定定名，该品种亩产最高达260千克，含油率平均在40%以上。

2010年7月12日，《人民日报》报道：下半年工商部门将以培育发展农村经纪人纳入《国家人才发展纲要》为契机，进一步加大对包括农村经纪人在内的农村实用人才的培训力度，要选拔10万名以农村经纪人为主的优秀人才，给予重点扶持。到2015年，农村实用人才总量达到1 300万人。到2020年，农村实用人才总量达到1 800万人，每个建制村农村实用人才至少有1～2名。

2020年7月25日，《科技日报》报道：我国第一个以耐盐植物为主的种质资源数据库在山东省科学院生物所建成。该数据库涵盖了自1953年以来世界上各相关研究单位公开发表的耐盐植物信息，涉及99 638个分类种。

2010年8月23日，《农民日报》报道：由武汉大学教授、中国工程院院士朱英国率队选育的世界首个抗褐飞虱优质、高产中稻品种，进入大面积推广阶段。

2010年9月25日，《科技日报》报道：经过20多年的研究，我国热带农业科研人员在橡胶树传统芽接育苗技术的基础上，研究发明出橡胶树籽苗芽接育苗技术。目前，该项技术研究已完成配套设施建设和配套技术研究，这标志着我国橡胶树优良品种籽苗芽接育苗技术达到了国际领先水平。

2010年10月23日，《科技日报》报道：由山东省农业科学院棉花中心选育的红花标记抗虫杂交棉新品种——鲁05H9通过国家农作物品种审定委员会审定。该品种不仅开创了我国棉花红花性状标记育种的先河，在世界上也尚属首例。专家称，红花标记为转基因抗虫杂交棉带上了"防伪标签"。

2010年11月2日，《人民日报》报道：由科技部主办的农业科技成果转化资金实施十周年图片展在第十七届中国杨凌农业高新科技成果博览会上举行，自2001年批准设立以来，"农业科技成果转化资金"专项迄今已由中央财政累计投入31.5亿元，在转化农业科技成果、推动现代农业发展方面取得了突出成就。

2010年11月5日，《科技日报》报道：在由联合国粮农组织主办的第二十七届农业科研成果及科教电影评奖大会上，我国的"秸秆生物反应堆技术"在参评的151项科技成果中脱颖而出，荣获国际评委最高奖，标志着我国秸秆生物反应堆技术达到世界领先水平。

2010年11月29日，《科技日报》报道：由中国农业大学玉米中心、华大基因研究院、美国爱荷华大学、明尼苏达大学等单位合作的研究成果"基因丢失与获得的多态变化揭示玉米中的杂交优势的机制"在国际著名杂志《自然—遗传学》上在线发表，该研究报道了中国重要玉米骨干亲本的全基因组的单核苷酸多态性、插入/缺失多态性以及基因获得和缺失变异图谱，对玉米的遗传学研究和分子育种提供了非常宝贵的资源。

2010 年 12 月 7 日，《科技日报》报道：12 月 6 日，我国农业及生物领域唯一一个国家重大科学工程——中国农作物基因资源与基因改良重大科学工程，在京通过国家验收。工程的建成，使我国具备了世界水平的大规模、高通量和高效率开展农作物基因资源与基因改良研究的现代化设施，大幅度提高了我国农作物基因资源分子鉴定、基因克隆、农作物分子育种的科技创新能力，使我国种质资源研究跻身世界前列。

2010 年 12 月 18 日，《科技日报》报道：由中国农业科学院哈尔滨兽医研究所于力研究员率领的课题组通过三年攻关，在国内率先研制成功了针对我国目前流行的血清型口蹄疫病毒样颗粒缺损腺病毒表达疫苗。16 日，这种更加安全有效的第二代口蹄疫疫苗在哈尔滨通过了专家论证。

2011 年 1 月 17 日，《农民日报》报道：我国农业及生物领域唯一的国家重大科学工程——中国农作物基因资源与基因改良重大科学工程 2010 年 12 月 6 日通过了国家发展和改革委员会组织的国家验收。该工程投入使用以来查明了我国作物种质资源分布规律和富集程度，创建了世界上唯一的长期库、复份库、中期库、种质圃相配套的种质资源保存技术体系，长期安全保存种质资源 40 万份，建立了农作物种质资源技术规范体系，鉴定评选优异种质 3 000 份，育成新品种 658 个，累计推广 42.7 亿亩，使我国种质资源研究跻身世界前列。

2011 年 2 月 1 日，《科技日报》报道：浙江省科技厅、上海市科委 1 月 30 日在浙江省舟山市共同宣布，来自浙江海洋学院、复旦大学、上海交通大学等院所的科学家已绘制完成大黄鱼的全基因组测序、组装和序列图谱。

2011 年 4 月 14 日，《科技日报》报道：13 日，中国农科院和巴西农牧业研究院共建的中国—巴西农业科学联合实验室揭牌。这是我国面向南美洲国家的第一个农业科学联合实验室。

2011 年 5 月 7 日，《科技日报》报道：由中国水产科学研究院水产生物应用基因组研究中心、黑龙江水产研究所和中国科学院北京基因组研究所于 2009 年底共同实施的“鲤鱼基因组计划”，历时一年终于取得重大成果，成功完成鲤鱼全基因组测序，并绘制鲤鱼基因组框架图谱、基因组物理图谱和高密度连锁图谱。

2011 年 6 月 27 日，《科技日报》报道：6 月 25 日，杂交水稻国家重点实验室揭牌仪式，在湖南杂交水稻研究中心举行。

2011 年 7 月 6 日，《科技日报》报道：我国林木基因组学研究取得突破。北京林业大学的科学家们选用百年古树作为测序的样本，利用最新的全基因组鸟枪法测序和拼接策略，绘制完成了毛白杨的基因组序列图谱，标志着毛白杨分子育种进入基因组时代。

2011 年 7 月 20 日，《农民日报》报道：由中国农业科学院棉花研究所杜雄明研究员发明的“棉花优质棕色纤维新品种的选育方法”获得国家发明专利。专家认为，此项发明的问世将为我国棉花优质棕色纤维新 54C1 种的选育提供一种优质、大铃、高产的方法。

2011 年 8 月 18 日，《科技日报》报道：8 月 15 日，国际上首个红莲型抗褐飞虱三系不育系“珞红 4A”在武汉通过鉴定。武汉大学朱英国院士团队抗褐飞虱杂交水稻研究取得重大突破。2010 年，朱英国团队选育出世界上首个抗褐飞虱优质、高产中稻品种——两系杂交稻新品种“两优 234”进入大面积推广阶段。两年区域试验平均亩产 636.43 千克，增产 5.12%，米质达到国标 3 级优质标准。

2011 年 8 月 31 日，《人民日报》报道：8 月 29 日，国际权威学术期刊《自然—遗传学》(Nature-Genetics) 在线发表了由我国主导，通过国际合作完成的白菜全基因组研究论文。这标志着我国以白菜类作物为代表的芸薹属作物基因组学研究取得了国际领先地位。

2011 年 10 月 25 日，《科技日报》报道：华中农业大学作物遗传改良国家重点实验室张启发院士领衔的水稻国家创新研究团队，成功克隆了正调控水稻粒重的数量性状基因 *GS5*。该基因在高产分子育种中具有广阔的应用前景。相关论文 10 月 23 日在线发表于《自然·遗传学》。

2011 年 11 月 6 日，《人民日报》报道：11 月 5 日，以“创新·合作与农业现代化”为主题的第十八届中国杨凌农业高新科技成果博览会在陕西杨凌拉开帷幕。本届农高会由科技部、商务部、教育部、财政部、农业部等 19 个部委和陕西省政府联合主办，为期 5 天。本届农高会活动包括展览展示、国际合作交流、中国农业科技创新创业大赛、科技成果信息发布、农业实用技术咨询培训、项目洽谈与交易等六大版块。展会期间，还将举办包括 2011 杨凌现代农业高端论坛、杨凌国际农业科技论坛、中外农民创业论坛、国际合作交流活动在内的国际农业高新技术交流活动。

2011年11月9日，《经济日报》报道：农业部11月8日全面启动和部署了“十二五”农业部重点实验室建设工作，按照学科群部署和建设农业领域重点实验室。本次重点实验室建设工作围绕主要农产品、共性技术和生态类型进行布局设计，形成了以综合性重点实验室为龙头、专业性和区域性重点实验室为骨干、科学观测实验站为延伸的一体化布局。30个学科群包括重点实验室228个、农业科学观测实验站269个，涵盖了农业领域的主要学科。

2011年12月5日，《科技日报》报道：我国科学家发现水稻叶片衰老死亡原理。中国科学院遗传与发育生物学研究所植物基因组学国家重点实验室储成才课题组发现，一氧化氮（NO）作为信号分子，参与了过氧化氢诱导的水稻叶片细胞死亡。详细的分子、生理及生化分析结果表明：强光条件下，突变体叶片中NO含量的升高和降低，可分别加重和减轻水稻叶片细胞死亡程度。这一研究结果在国际杂志《植物生理学》上在线发表。

2011年12月19日，《科技日报》报道：科学家首次对栽培稻和野生稻基因组进行了大规模的遗传变异分析，为深入挖掘水稻重要农艺性状基因及促进水稻分子育种改良等研究提供了宝贵的基因资源。12月12日，由中科院昆明动物研究所、植物研究所、研究生院及深圳华大基因等单位完成的50个水稻基因组重测序及遗传变异数据库构建等研究成果在《自然—生物技术》上在线发表。

2012年1月4日，《农民日报》报道：农业部发布《全国农民教育培训“十二五”发展规划》。《规划》提出，“十二五”末农民教育培训将覆盖全国所有乡村，围绕农民生产生活实际开展实用技术培训5亿人次，使每个受训农民掌握1～2项实用技术，结合区域优势产业布局和主导产业发展，开展现代农业产业技术培训1 000万人，农村实用人才带头人和农民职业技能培训2 500万人、农民创业培训25万人，培养具有中高等学历的高素质新型农民100万人。

2012年1月4日，《科技日报》报道：湖南农业大学邹应斌等提出一种新的水稻栽培管理技术——因地定产、依产定苗、测苗定氮“三定”栽培技术，经多点试验证明，这项新技术能使传统栽培的早稻和晚稻分别增产11.68%，7.41%。

2012年2月11日，《光明日报》报道：我国首个“油菜基因资源超市”在中国农业科学院油料作物研究所阳逻基地开业，参加国家油菜产业技术体系会议的100多名专家成为光顾的首批客人。

2012年3月21日，《人民日报》报道：在转基因重大专项的大力支持下，我国第二代转基因棉花研究总体跃居世界领先水平，并拥有国际发明专利等自主知识产权，为摆脱高端棉花长期依赖进口的局面，打下坚实基础。这是我国继转基因抗虫棉之后，在这一高科技领域取得的又一项标志性重大科技成果。

2012年3月22日，《光明日报》报道：经过园艺学、基因组学、生物信息学等科研人员一年多的努力，华中农业大学完成了甜橙基因组拼接与注释，获得了较高质量的甜橙基因组。这标志着我国在果树作物基础研究方面已达到国际领先水平。

2012年4月8日，《科技日报》报道：中国农业科学院作物科学研究所所长万建民领导的课题组，通过花粉培养研究构建了独具特色的一系列水稻突变体材料，对其中一个分蘖显著增加的多分蘖突变体TillerEn-hancer（TE）的基因克隆和功能分析，发现了调控水稻分蘖的一个新的重要分子机制。

2012年4月10日，农业部农民田间学校辅导员培训班暨创新试点启动仪式在安徽省巢湖市举行。农业部科技教育司会同中国科学院农业政策研究中心、中国农业大学等单位联合设计并实施的创新试点项目，旨在探索通过“农民田间学校”模式，加速农业技术推广，稳定并继续提高粮食生产水平，提高农业生产效率，改善由于农业生产过程中化肥和农药的过量使用而带来的对土壤、大气和水体的环境压力，推动我国农业实现高产、高效、环保的可持续发展。

2012年4月15日，《科技日报》报道：我研制出世界首例能高产虾青素的番茄新品种。一种富含虾青素的番茄在中国科学院昆明植物研究所问世，这是世界首例能高产虾青素的番茄新品种。

2012年4月24日，《经济日报》报道：“十一五”以来，我国科技进步对农业增长的贡献率由“十五”末的48%提高到53%，为保障国家粮食安全、促进现代农业发展和新农村建设发挥重要支撑作用。

2012年5月4日，《农民日报》报道：中国中化集团公司下属中国种子集团有限公司联合华中农业大学、北京大学共同研制出全球首张水稻全基因组育种芯片，将大幅提高种子真实性检测准确性，有助于提高育种效率，杜绝假种子危害。

2012年5月8日，《人民日报》报道：经国务院批准，财政部、国家税务总局发布《关于支持农村饮水安全工程建设运营税收政策的通知》，自2011

年1月1日至2015年12月31日，对农村饮水安全工程建设、运营实行一揽子税收优惠政策。“十一五”期间，全国饮水工程建设总投资1 053亿元。其中，中央补助资金590亿元，地方财政配套和受益群众自筹439亿元，社会融资24亿元。截至2010年底，全国已建成农村集中式供水工程52万处，受益人口占农村供水总人口的58%，取得了巨大的社会、经济和环境效益。

2012年5月25日，《光明日报》报道：北京市农林科学院玉米研究中心玉米标准DNA指纹库，包括14 000多个玉米品种，已成为世界上最大的玉米标准DNA指纹库。

2012年6月2日，《人民日报》报道：全国农业科技教育工作会议在合肥市举行。中共中央政治局委员、国务院副总理回良玉出席会议并强调，要大力实施科教兴农战略，进一步加大政策支持，加快改革步伐，加强统筹协调，推动农业科技教育事业又好又快发展，努力走出一条中国特色农业科技教育发展之路。

2012年6月11日，《科技日报》报道：内蒙古农业大学生命科学院生物制造重点实验室9日宣布，他们培育的世界首例转乳糖分解酶基因奶牛诞生，并健康成长，此成果为培育“低乳糖奶牛”新品种提供了重要的技术基础。

2012年9月25日，《科技日报》报道：由袁隆平院士领衔的“超级杂交稻第三期亩产900千克攻关”通过现场测产验收，以百亩片加权平均每公顷产量13 765.8千克的成绩突破攻关目标。连续两年百亩片平均每公顷产量突破13 500千克，标志着我国已成功实现该攻关目标。

2012年10月14日，《人民日报》报道：我国南方稻作区7省、直辖市水稻专家11日到福建省尤溪县麻洋村，对中国科学院院士谢华安承担的农业部再生稻研究项目进行测产验收：再生季百亩片干谷平均每公顷产量7 295.4千克，加上头季稻产量12 013.5千克，示范片再生稻全年平均每公顷产量19 308.9千克，实现了高产栽培目标。

2012年12月15日，《农民日报》报道：14日，农业部在安徽蚌埠市启动新型职业农民培育试点工作。力争在3年内，选择100个试点县，每个县根据农业产业分布选择2～3个主导产业，培育新型职业农民10万人。

2012年12月22日，《人民日报》报道：农民收入增幅连续三年超过城镇居民收入增幅，其中出售农产品等家庭经营性收入稳定增加，工资性收入成为重要来源和支柱，政策转移性收入和财产性收入明显增加。

2012年12月24日，《经济日报》报道：2012年我国农业科技进步贡献率达到54.5%，主要粮食品种良种覆盖率达到96%以上，每公顷产量首次达5 250千克以上，单产提高对粮食增产的贡献率达80.5%。

2013年1月7日，《光明日报》报道：我国科学家完成的梅花全基因组测序研究，构建出了世界首张梅花全基因组精细图谱。

2013年1月14日，《光明日报》报道：由福建农林大学尤民生教授主持，深圳华大基因研究院共同完成，英国剑桥大学等多家单位参与的小菜蛾基因组研究成果“小菜蛾杂合基因组揭示昆虫的植食性和解毒能力”于2013年1月13日在国际权威学术刊物《自然遗传学》上在线发布。该论文在全世界首次公布了鳞翅目害虫的基因组，奠定了福建农林大学在小菜蛾基因组研究领域的国际领先地位。

2013年1月19日，《农民日报》报道：2012年度我国农业科技创新取得新的成绩，共有21项成果获得国家科学技术奖励，包括“中国小麦条锈病菌源基地综合治理技术体系的构建与应用”“重要动物病毒病防控关键技术研究与应用”“水稻复杂数量性状的分子遗传调控机理”等农业科技成果。

2013年1月25日，《经济日报》报道：国家油菜产业技术体系首席科学家、中国农业科学院油料作物研究所王汉中团队选育的油菜新品系YN171，经国家粮食局西安油脂食品及饲料质量监督检验测试中心检测，含油量达到64.8%，比一般品种含油量(41%左右)提高了23.8个百分点，创造了油菜含油量世界最高纪录。该品系的选育为我国高油油菜育种和高油基因调控研究提供了宝贵的亲本资源，预示着油菜含油量具有巨大的提升空间。

2013年2月6日，《农民日报》报道：南京农业大学周明国教授团队的科研成果“重要作物病原菌抗药性机制及监测与治理关键技术”，发明了防治小麦赤霉病的“氰烯菌酯”原创性新型杀菌剂，抑制小麦赤霉病菌的活性高于传统农药多菌灵3倍以上，田间用药量可减少50%，减少小麦谷粒中的镰刀菌毒素污染90%。

2013年2月7日，《经济日报》报道：受中国航天育种研究中心委托，依托上海交通大学，上海品牌推进中心和上海市创意产业协会创意农业专业委员会联合成立中国长三角航天育种研发中心。

2013年3月4日，《农民日报》报道：农业部正式启动实施1 000千克超级稻攻关计划（超级稻四期目标）。该计划由袁隆平院士总牵头，组织国家杂交水稻工程技术中心、中国水稻研究所、中国农业科学院作物科学研究所等研究团队，通过联合协作攻关，选育出在我国水稻主产区（以长江中下游稻区为主），百亩方实现亩产1 000千克以上的超级稻品种。

2013年3月19日，《科技日报》报道：挂靠于北京市农林科学院蔬菜研究中心的农业部蔬菜种子质量监督检验测试中心，获得ISTA执行委员会的确认和授权，正式成为ISTA国际认可实验室。该检验测试中心亦是我国目前唯一通过ISTA认可，可以授权出具种子质量进出口国际检验证书，检验数据国际对等互认的第三方种子质量检验机构。

2013年3月25日，《科技日报》报道：《自然》杂志在线发表了有关小麦*A*基因组测序的研究论文。该研究首次完成了小麦*A*基因组的测序和草图绘制，对未来深入和系统研究麦类植物结构与功能基因组学，以及进一步推动栽培小麦的遗传改良具有重要意义。这项研究由中国科学院遗传与发育生物学研究所植物细胞与染色体工程国家重点实验室小麦研究团队发起，通过与深圳华大基因研究院和美国加利福尼亚州大学戴维斯分校合作完成。

2013年4月1日，《科技日报》报道：中国农业科学院作物科学研究所与深圳华大基因研究院等合作，在国际上率先完成了小麦*D*基因组供体种——粗山羊草基因组草图的绘制，结束了小麦没有组装基因组序列的历史。该项成果北京时间在线发表于《自然》杂志，标志着我国的小麦基因组研究跨入世界先进行列。

2013年4月3日，《农民日报》报道：中国农业科学院作物科学研究所万建民研究员领导的课题组，为解决水稻籼粳亚种超亲晚熟问题，开展了水稻抽穗期相关基因克隆和育种利用研究，成功克隆出促进水稻抽穗基因。

2013年4月6日，《光明日报》报道：青海大学杜德志研究员主持培育的“青杂7号”被农业部确定为全国春油菜唯一推介品种，标志着我国高海拔、高纬度油菜主产区一般甘蓝型春油菜不能正常成熟难题得以有效解决，这将为我国高海拔、高纬度地区春油菜稳定发展、农民增收发挥重要作用。

2013年4月11日，《农民日报》报道：9日，农业部部长韩长赋与“杂交水稻之父”袁隆平共同宣布启动第四期超级杂交稻攻关，力争用5～8年时间培育出具备亩产1 000千克以上产量潜力的超级稻新品种。

2013年5月6日，《光明日报》报道：中国科学院、中国疾病预防控制中心等单位科技人员在H7N9病毒溯源和高致病性禽流感HSN1跨种间传播机制的研究中，取得两项重要成果，分别于1日和3日由国际著名学术期刊《柳叶刀》和《科学》在线发表。

2013年5月17日，《科技日报》报道：我国科学家突破大批量生产寡糖素难关，南京工业大学朱玉亮教授生产的寡糖激活剂，能激活植物的自卫免疫系统，产生的植保素可以有效防治稻瘟病、棉花枯萎病及其他作物、蔬菜的病害等，并能调节、促进植物生长。使用这种“生物农药”，极低的浓度（0.3克植物免疫激活剂可应用于1公顷）就可产生足够的植保素，抵御病害，每公顷农田使用成本不到300元。

2013年6月5日，国际农科院院长高层研讨会在北京开幕，来自60多个国家的农业研究机构、农业大学、跨国公司和相关国际组织专业人士，以及国内25个省、自治区、直辖市的农科院院长、主要农业大学校长及相关部委官员等300余人参会。

2013年6月26日，《农民日报》报道：由中国农业科学院作物科学研究所、中国科学院上海生命科学研究院国家基因研究中心等8家单位联合组成的科研团队，在国际上率先完成了谷子单倍体型图谱的构建和47个主要农艺性状的全基因组关联分析，相关成果于6月24日在线发表于《NatureGenetics》（《自然—遗传学》）上，这也标志着我国在谷子遗传学研究领域取得了重要突破。

2013年7月7日，《科技日报》报道：扬州大学通过产、学、研、用相结合的科研攻关，成功研发出了我国首台大马力旋耕施肥复合作业型水田平整机。该成果彻底解决麦稻两季水田的秸秆焚烧问题，实现秸秆全量还田变成有机肥，可节省耕作成本7 500元。

2013年8月5日，《农民日报》报道：农业部南京农业机械化研究所副所长胡志超研究员及其团队创新性地提出了全秸秆覆盖地机械化免耕播种技术方案。试验示范表明，在麦茬全秸秆覆盖情况下，研究团队研发的2BHQM 4型全秸秆覆盖免耕播种复式作业设备可一次性完成碎秸、清秸、播种、施肥、播后覆秸等作业工序，作业顺畅、可靠、高效，播种质量高；秸秆均匀覆盖在地表，不仅肥效化利用好，而且可达到“准地膜”覆盖效果；通过更换部分作业部件，可满足全秸秆覆盖地免耕播种花生、大豆、玉米等不同旱地夏播作物需求。

2013年8月7日，《科技日报》报道：6日，

2013赤峰·中国北方农业科技成果博览会开幕。这次展会的主题是"加快科技创新，发展现代农业"，展会的主要内容为高新农业科技成果展、科技论坛、科技合作项目签约、科技成果推介、科技合作洽谈等。来自北京、天津、上海等21个省份和美国、荷兰、澳大利亚、比利时等4个国家的近1 000家展商参展。中国农业大学等11所高校、中国农业科学院等31家科研院所展出了最新科技成果。

2013年9月25日，《科技日报》报道：宁夏贺兰山东麓葡萄种植节水灌溉技术试验基地，发布了一项节水技术试验结果：我国自主研发的痕量灌溉新技术，完全优于且可替代干旱缺水地区目前使用的最有效的滴灌技术。这项由宁夏水利科学研究院引进的新技术，在基地进行了为期一年的试验。结果显示：痕灌技术较滴灌技术节水40%～50%，其铺设长度达到350米，远超滴灌200米的极限，为干旱地区破解农业节水难题提供了新出路。

2013年9月30日，《农民日报》报道：28日，超级稻单产世界新纪录在湖南省隆回县羊古坳乡牛形嘴村诞生：经过测产，超级稻百亩片平均每公顷产量达14 971.5千克，其中一类田每公顷产量突破15 000千克。这项由"杂交水稻之父"袁隆平院士科研团队攻关的国家第四期超级稻苗头组合Y两优900续写了新的奇迹，创造世界水稻百亩连片平均单产的最高纪录。

2013年10月14日，《科技日报》报道：一度令国际同行束手无策的棉花"癌症"黄萎病，终被我国科学家攻克。由中国农业科学院农产品加工研究所、中国农业科学院植物保护研究所和南京农业大学等共同完成的"棉花抗黄萎病中植棉系列新品种选育及应用"课题，历经26年刻苦攻关，在棉花抗性机理研究、田间动态鉴定和抗性基因追踪、高抗品种培育等关键环节，均获重要突破，培育出的以抗黄萎病为主要特征的中植棉系列新品种已推广应用3 720千公顷，直接经济效益逾百亿元。

2013年10月22日，《科技日报》报道：中国农业科学院蔬菜花卉研究所领导的国际黄瓜变异组研究团队，对115个黄瓜品系进行深度重测序，构建了包含360多万个位点的全基因组遗传变异图谱，为全面了解黄瓜进化及多样性提供了新思路，并为全基因组设计育种打下了基础。相关成果10月20日在线发表于《自然—遗传学》杂志。

2013年10月23日，《人民日报》报道：财政部从农资综合补贴中安排6亿元资金，下拨给黑龙江、辽宁、山东、安徽、江西等5个粮食主产省，用于5省继续开展种粮大户补贴试点工作。

2013年10月29日，《人民日报》报道：2013年，中央财政采取多种有效措施，切实加快农业综合开发资金拨付进度。截至9月底，已累计拨付农业综合开发转移支付项目资金312亿元，占农业综合开发中央补助地方支出预算的99.9%。

2013年11月1日，《农民日报》报道：截至2011年底，全国县级以上草原监理机构共有816个，县级以上草原监理人员共有9 518人。农业部发布《中国草原发展报告》，对2006—2011年我国草原法制建设、草原政策支持、草原执法监督等方面的工作和成效进行了系统全面梳理。这是农业部首次编制发布草原发展报告。

2013年11月14日，《光明日报》报道：国内首个村政学院——成都村政学院在成都都江堰开班。一年时间内，该学院将对成都及全国的3 000多名村、社区干部和大学生志愿者进行轮训。

2013年12月12日，《人民日报》报道：2013年，中央财政累计下拨补助资金207亿元，用于支持农村义务教育薄弱学校改善基本办学条件，促进义务教育均衡发展。2010—2013年，中央财政累计安排薄弱学校改造计划补助资金656.8亿元。

2013年12月14日，《农民日报》报道：教育部、农业部和国家林业局11日联合发布《关于推进高等农林教育综合改革的若干意见》。《意见》提出加强农林专业大学生创业平台建设，新建一批涉农涉林国家级、省级实验教学示范中心，与行业有关部门、科研院所和企业联合建设500个农科教合作人才培养基地，遴选建设一批国家大学生校外实践教育基地。

2013年12月20日，《人民日报》报道：中国农业科学院作物科学研究所万建民教授课题组科研人员在控制水稻分蘖的新激素信号转导研究中取得了开创性进展。11日在线出版的国际顶级杂志——《自然》以ArticleResearch形式刊登了相关研究成果。

2013年12月25日，《光明日报》报道：中国农科院生物技术研究所研究员黄荣峰带领的科研团队，揭示了植物激素乙烯与环境信号光如何相互作用，共同调控植物下胚轴生长的分子机制，由此揭秘了植物初期发育生长的奥秘。研究成果发表在《科学公共图书馆遗传学版》杂志上。

2014年1月2日，《光明日报》报道：中国农业科学院植物保护研究所蛋白质农药课题组完成的"激活植物免疫的链格孢菌蛋白生物农药创制"课题，从真菌“极细链格孢菌”中，分离出具有激发植物免疫的两种新蛋白质 Pearl 和 Hripl，并实现了规模化生产，两种生物农药，对多种植物病害具有较高的防治效果，能降低生产成本，提高农产品品质，取得了显著的经济效益、生态效益和社会效益。

2014 年 1 月 7 日，《光明日报》报道：中国农业科学院北京畜牧兽医研究所杜立新教授领衔的科研团队，历经 12 年从全基因组水平发现和验证了与绵羊驯化和改良相关的一系列基因，建立了基因检测和常规育种技术相结合的高效育种技术体系，应用上述技术体系，选育出 3 个杜泊羊专门化品系，形成湖羊高繁、乌珠穆沁羊高繁、苏尼特羊肥羔和呼伦贝尔短尾等 4 个品系，以及 7 个杂交配套模式，经济效益非常显著。

2014 年 2 月 19 日，《光明日报》报道：中国农业科学院作物科学研究所研究员万建民领衔的科研团队最新研究发现，一种植物特有的 GPA3 蛋白，作为调控水稻贮藏蛋白运输的关键因子，参与了稻米的蛋白品质形成。科学家从细胞生物学和分子遗传学的角度，阐明了 GPA3 在水稻贮藏蛋白定向分选过程中的关键作用，这一发现为未来育种科研人员改良稻米蛋白品质提供了重要的理论基础。

2014 年 2 月 26 日，《光明日报》报道：“国家重大科学研究计划”在纳米农业技术领域部署的第一个项目在中国农业科学院农业环境与可持续发展研究所正式启动。这一项目名为“利用纳米材料与技术提高农药有效性与安全性的基础研究”。整个研究将在高效、安全的农药剂型创制理论与方法方面取得重要突破，通过大幅度提高农药有效利用率，降低农产品残留与环境污染，改善食品安全与生态环境。

2014 年 3 月 21 日，《光明日报》报道：经过近 10 年研究，由中国科学院院士张启发领衔的水稻国家研究团队，成功克隆了第一个稻米垩白率的主效基因 *Chalk5*，并对其调控垩白形成的分子与细胞学机理进行了深入研究。这一研究成果为优质稻米的分子育种提供了目标基因，对水稻优质育种实践具有重要的理论指导意义。

2014 年 4 月 1 日，《光明日报》报道：为确保国家粮食安全和重要农产品有效供给，培养适应现代农业发展和新农村建设要求的新型职业农民，教育部办公厅、农业部办公厅印发了《中等职业学校新型职业农民培养方案试行》的通知，要求各地根据实际情况制定具体政策，组织实施。

2014 年 4 月 18 日，《光明日报》报道：国务院教育督导委员会办公室下发通知，将首次在全国范围内开展农村义务教育学校基本办学条件专项督导，涵盖包括乡镇学校、村小学和教学点在内的全国农村义务教育学校，重点是贫困地区、边远地区、民族地区和革命老区。

2014 年 5 月 13 日，《光明日报》报道：《中国农业知识产权创造指数报告（2014 年）》显示：2013 年，我国农业知识产权总体态势继续保持“数量稳增，质量改善”的特点，农业科研单位创新能力增强，但农业企业创新能力弱小。

2014 年 5 月 13 日，《科技日报》报道：我国科学家成功绘制出高质量的木本棉基因组图谱，并对棉属进化机制及重要经济性状功能基因进行了分析。对四倍体棉种及其他多倍体物种的形成过程的揭示，为研究棉花纤维质量和抗病虫灾害等重要农艺性状奠定了遗传学基础。

2014 年 5 月 30 日，《科技日报》报道：中国农业大学植物病理学系孙文献教授和彭友良教授的团队联合国内外多家科研机构描绘出水稻稻曲病菌的基因组序列草图。通过比较基因组学与表达谱分析预测出影响该致病真菌致病力的关键基因，同时针对该真菌侵染机制与进化提出了相关见解。

2014 年 6 月 1 日，《科技日报》报道：由我国科学家领衔的白菜、甘蓝和油菜全基因组测序项目又取得阶段性重大成果，完成了甘蓝基因组测序和分析。

2014 年 6 月 7 日，《科技日报》报道：由中国科学家领衔的一个国际科研小组 5 日宣布，历经 5 年时间，完成了对绵羊基因组的测序、组装及分析工作。这项成果使人们对反刍动物生物学有了崭新认识。

2014 年 6 月 10 日，《科技日报》报道：由长江大学马国辉研究员主持，长江大学、杂交水稻国家重点实验室、武汉大学等单位共同完成的“超级杂交稻抗逆稳产节氮高效综合配套技术研究与示范”项目，成功突破多项超级杂交稻在平原栽培的关键技术，有力促进了超级杂交稻的健康发展和水稻总产量的稳步增加。

2014 年 6 月 23 日，《科技日报》报道：中国科学院遗传发育所植物基因组学国家重点实验室储成才研究组梁成真博士通过对一早衰突变体的研究，首次阐明了水稻叶片衰老的分子调控机制。这一发现可显著延缓水稻叶片衰老，延长灌浆时间，从而提高水稻的结实率和千粒重，最终使水稻产量得到显著提高。

2014 年 6 月 24 日，《光明日报》报道：中国农业科学院蜜蜂研究所李建科领衔的研究团队以蜜蜂胚胎为材料，系统揭示了胚胎发育过程的分子基础，为提取蜜蜂胚胎干细胞和转基因研究提供了重要的证据。

2014 年 8 月 8 日，《光明日报》报道：财政部、教育部下达了 2014 年农村义务教育薄弱学校改造计划中央专项资金 310 亿元，资金额度比上年提高 50.77%。薄改资金主要应用于完成《国务院教育督导委员会办公室关于开展农村义务教育学校基本办学条件专项督导的通知》规定的有关基本考核指标。

2014 年 9 月 13 日，《农民日报》报道：中国农业科学院作物科学研究所所长万建民研究员率领的水稻功能基因组创新团队成功克隆了首个水稻抗条纹叶枯病基因。这不仅为通过分子手段培育抗病虫水稻品种提供了有用的基因资源，也为水稻抗稻飞虱及其传播病毒病机制的阐明奠定了基础。

2014 年 9 月 16 日，《科技日报》报道：我国大豆资源总数居世界首位，其中一年生野生大豆占全世界野生大豆的 90%。中国农业科学院作物科学研究所与诺禾致源等合作，在国际上率先构建和分析了一年生野生大豆的泛基因组，为作物种质资源研究和利用提供了新的方法和启示。

2014 年 9 月 19 日，《光明日报》报道：围绕水稻先天免疫机制的研究，中国农业科学院植物保护研究所王国梁教授及其科研团队揭示了水稻抗稻瘟病及白叶枯病的分子机理，勾勒出稻瘟病菌、白叶枯病菌与水稻互相作用的分子调控机理，相关论文发表在近期的世界植物病理学领域顶尖期刊《植物病理学年评》上。

2014 年 9 月 30 日，《科技日报》报道：由湖南杂交水稻研究中心牵头的国家“十二五”“863”计划课题“超高产水稻分子育种与品种创制”最近取得重大突破，课题组与创世纪种业有限公司合作研究的最新成果“Y 两优 900”湖南隆回百亩高产示范片，经以中国科学院院士谢华安为组长的专家组现场测产，按算数平均计算法，平均每公顷产量达 15 091.5 千克，首次实现了超级稻百亩片亩产过吨的目标。

2014 年 9 月 30 日，《科技日报》报道：我国育成首个异交不亲和糯玉米，经专家组鉴定，在混种条件下，这种特殊的糯玉米，异交率只有 0.08%。这可解决制种过程中大面积隔离地块难觅的问题，提高制种纯度，解决我国玉米种业制种环节的一大难题。

2014 年 10 月 31 日，《科技日报》报道：29 日，国际权威科学杂志《自然通讯》在线发表了以河北农业大学刘孟军教授为第一作者和通讯作者的枣基因组测序重大研究成果《枣复杂基因组测序及其果树生物学性状解析》。他们在世界上率先完成了枣树的全基因组测序，并使枣树成为世界鼠李科植物和我国干果中第一个完成基因组测序的物种。

2014 年 11 月 3 日，《科技日报》报道：我研究人员在国际上率先完成了小麦 A 基因组的供体——乌拉尔图小麦和小麦 D 基因组供体种——粗山羊草基因组草图的绘制，结束了小麦没有全基因组序列的历史，标志着我国小麦基因组研究跨入了世界先进行列。

2014 年 11 月 5 日，《农民日报》报道：中国农业科学院植物保护研究所吴孔明科研团队和英国兰开斯特大学威尔逊教授科研团队合作研究，发现了一种对寄主棉铃虫有利的浓核病毒（HaDNV-1），该病毒不但使棉铃虫幼虫更健康，还可提高其对生物杀虫剂的抗性水平。

2014 年 12 月 3 日，《农民日报》报道：由中国农业科学院蔬菜花卉所研究员、深圳农业基因组所副所长黄三文博士领导完成的黄瓜苦味合成、调控及驯化分子机制研究，成功揭示了黄瓜发苦的秘密，这一发现将为黄瓜育种提供全新的思路，推动黄瓜产业的健康发展。

2014 年 12 月 17 日，《农民日报》报道：由浙江海洋学院领衔，与上海交通大学、复旦大学等机构联合破译了大黄鱼全基因组测序，构建了大黄鱼基因组图谱，并成功解析其先天免疫系统基因组特征。

2014 年 12 月 28 日，《光明日报》报道：中国现代农业职业教育集团在江苏农林职业技术学院成立。集团以涉农专业为纽带，试点创新人才培养模式、实施现代学徒制，利用校企资源优势，推进新型职业农民培训，开展科技创新与服务，推进产学研合作，共享国际化培训项目，促进国际交流合作。有 60 多家企业、50 多所院校、10 余家科研院所和行业协会加入。

2015 年 1 月 7 日，《农民日报》报道：中国农业科学院作物科学研究所大豆基因资源研究团队在大豆耐盐基因挖掘研究中取得重要进展，成功克隆出大豆耐盐基因。相关研究成果以专题文章发表于最新一期的《植物学杂志》上。该研究明确了栽培和野生大豆中耐盐基因的变异类型，不仅为耐盐资源的标记辅助筛选提供了高效鉴别标记，也为进一步阐明大豆耐盐机理奠定了基础。

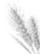

2015 年 2 月 9 日，《人民日报》报道：西北农林科技大学课题组历经多年努力，陆续选育成功秦

黑 2 号等系列彩粒小麦和“玫瑰系列”彩色马铃薯新品种。这些新品种实现了高产与高营养的完美结合。其抗氧化活性物质是一般品种的 5～10 倍，花青素含量达到或接近蓝莓的水平，具有独特的营养价值，其产量高出一般品种 300％。

2015 年 3 月 27 日，《光明日报》报道：中国农业科学院北京畜牧兽医研究所肉羊遗传育种创新团队，通过构建文库和测序的方法，在山羊下丘脑、垂体和卵巢组织中发现了一系列与山羊产羔数相关的重要基因，该研究初步阐明了山羊下丘脑—垂体—卵巢轴系统控制产羔数的分子机制，并为山羊产羔数的遗传改良和分子育种奠定了理论基础。

2015 年 4 月 18 日，《农民日报》报道：从 2015 年起，农业部将联合教育部、共青团中央启动实施“现代青年农场主培养计划”，计划每年选择 1 万名 18～45 周岁的现代青年农民，将他们培育为青年农场主，为现代农业发展注入新鲜血液。

2015 年 4 月 22 日，《科技日报》报道：在 4 月 22 日“世界地球日”到来之际，中国农业科学院于 21 日启动“东北黑土地保护协同创新行动”，以举全国相关学科之力，遏制我国东北黑土地的退化。“东北黑土地保护协同创新行动”将明确东北黑土地地力退化的过程与成因，提出适合东北典型生态类型区的黑土地保护关键技术与规范，构建黑土地保护工程技术与支撑保障体系，实现东北黑土地的持续产粮能力及东北粮仓的稳定输粮能力。

2015 年 4 月 30 日，《农民日报》报道：为加快转变农业发展方式，破解资源环境瓶颈，提升农业可持续发展能力，自 2015 年开始，农业部和国家农业综合开发办公室将在全国部分省份开展农业综合开发生态循环农业示范项目建设试点。试点选择将以粮食主产区、畜禽养殖大县、水源地等典型区域为主。2015 年将从辽宁、山西、江苏等省份选择试点县市，每个省份选择 1 个试点，每个试点安排中央财政资金 1 000 万～1 200 万元。

2015 年 5 月 13 日，《光明日报》报道：中国科学院遗传与发育研究所的科学家发现，将籼稻的一个基因导入粳稻品种，就能大幅度提高粳稻利用氮肥的效率。这一成果于 9 日在线发表在《自然·遗传学》杂志上。《科技日报》报道：12 日，国家杂交水稻综合实验基地建设在长沙正式启动，占地面积 31.57 公顷，建成后将成为目前我国规模最大、最具影响力的杂交水稻科研实验基地。

2015 年 5 月 21 日，《科技日报》报道：中国科学院上海生物科学院植物生理生态研究所植物分子遗传国家重点实验室林鸿宣院士领衔的研究团队，第一次成功分离并克隆了水稻抗高温主要基因，深入研究了其分子机理、在水稻演化史和抗高温育种中的作用。这一研究成果有望明显增强农作物的抗高温能力，于 18 日在线发表于《自然遗传学》。

2015 年 5 月 27 日，《农民日报》报道：中国农业科学院蔬菜花卉研究所蔬菜功能基因组学创新团队与国内外同行合作，发现了一个大片段 DNA 序列拷贝数变化可以决定黄瓜的性别。相关成果发表在国际著名期刊《植物细胞》上。黄瓜全雌系产生遗传机制的揭示，对于进一步揭示性别决定机理具有重要的指导意义，并对将来培育高产黄瓜品种具有潜在的重要应用价值。

2015 年 7 月 8 日，《科技日报》报道：中国农业科学院中国水稻研究所超级稻种质创新团队与中国科学院遗传与发育生物研究所等单位最新合作研究发现，水稻染色体拷贝数变异可调控水稻的粒长和品质，这为水稻粒形的分子设计、高产优质水稻新品种培育奠定了基础。6 日，国际著名学术期刊《自然·遗传学》发表了这一成果。

2015 年 9 月 2 日，《科技日报》报道：8 月 24 日，中国农业科学院棉花研究所与塔里木大学联合成立的“棉花科学学院”在新疆阿拉尔正式揭牌。作为国内首个专门面向棉花产业的学科型学院，该院将致力于新疆棉花可持续发展模式的探索，组建全方位棉花产业发展创新平台。

2015 年 9 月 2 日，《科技日报》报道：农业部与金正大集团合作共建的首所“农民田间学校”在广西南宁市武鸣县挂牌成立。据悉，这是第一家依托“农化服务中心”成立的农业部“农民田间学校”。

2015 年 9 月 9 日，《农民日报》报道：中国农业科学院中国水稻研究所超级稻种质创新团队与中国科学院遗传与发育生物研究所等单位合作，从浙江地方大粒品种“宝大粒”中成功分离并克隆了一个能够显著提高超级稻产量的重要基因 *GS2*。相关研究成果在线发表在最新一期的国际知名刊物《分子植物》杂志上。

2015 年 9 月 15 日，《科技日报》报道；2012 年出生的首批含有脂肪性脂肪连接蛋白基因的体细胞转基因克隆牛“妞妞”成功繁育后代，截至 9 月 12 日，第二代“转基因小牛”各项体征正常，身体健康。这意味着我国应用体细胞克隆技术培育自主品牌的肉牛新品种迈出了关键一步。

2015 年 9 月 30 日，《农民日报》报道：中国农业科学院北京畜牧兽医研究所猪遗传育种科技创新团队通过对猪全基因拷贝数变异进行扫描，获得了多个与猪肉品质性状显著相关的基因拷贝数变异。在猪全基因组范围内进行肉质性状关联研究在国际上尚属首例。

2015年11月4日，《农民日报》报道：中国农业科学院作物科学研究所作物功能基因组学创新团队研究发现，微丝结合蛋白Villin2（V1. N2）通过调节微丝的动态变化，影响细胞膨大、生长素极性运输以及水稻的生长发育。相关研究成果于日前发表在《植物细胞》杂志上。此次研究，不仅成功揭示微丝调节水稻形态发育新机制，同时也为今后进一步阐明微丝与植物发育的机制研究奠定了基础，对水稻形态改良提供理论支持。

2015年11月18日，《人民日报》报道：17日，由中国农业科学院深圳农业基因组研究所、中国科学院遗传与发育研究所以及英国《自然·遗传学》杂志等单位共同主办的第二届国际农业基因组学大会在深圳举行。我国已经把水稻、小麦、玉米以及黄瓜等重要作物的基因组测序完成，初步掌握了这些作物遗传基因的功能性状，研究水平已走在国际前列。

2015年11月18日，《农民日报》报道：中国农业科学院蔬菜花卉研究所功能基因组学创新团队，发现了控制黄瓜卷须发育的身份基因TEN，揭示了“黄瓜卷须的同源器官是侧枝”这一曾经困扰达尔文的植物发育学谜团。相关成果在线发表在最新一期的国际知名刊物《分子植物》杂志上。

2015年12月16日，《农民日报》报道：中国农科院北京畜牧兽医研究所杜立新团队通过对绵羊全基因组甲基化测序，获得了多个与绵羊体型大小相关的甲基化区域和2个DNA甲基化位点，首次构建了蒙古绵羊全基因组甲基化图谱，对今后的绵羊分子育种有推动作用。

2016年1月13日，《农民日报》报道：中国农业科学院兰州畜牧与兽药研究所杨博辉研究员为首席的创新团队联合甘肃省绵羊繁育技术推广站等7家单位，历经20年，培育出我国首例适应高山寒旱生态区的细型细毛羊新品种——高山美利奴羊，通过了国家畜禽遗传资源委员会新品种审定。该品种的问世，填补了世界高海拔生态区细型细毛羊育种的空白，是我国高山细毛羊培育的重大突破，达到国际领先水平。

2016年1月13日，《经济日报》报道：由国家兰科植物种质资源保护中心、深圳市兰科植物保护研究中心首席科学家刘仲健教授领导的国际科研团队经多年的科技攻关，成功绘制出药用兰科植物铁皮石斛高质量全基因组基因图谱，在药用开发研究方面取得阶段性成果。研究成果在国际顶级学术杂志《自然》子刊《科学报告》公开发表，这是世界兰科植物基因组学研究的一个重要成果。

2016年1月23日，《农民日报》报道：农业部科技发展中心组织相关专家在北京对“我国主要地方家畜遗传资源基因库保种关键技术研究及遗传特征分析”科技成果进行评价。专家组在听取了成果完成单位的汇报，查阅了相关资料、档案和原始记录后一致认为，该成果总体技术和主要指标达到国际先进水平。

2016年1月28日，《光明日报》报道：青海大学教授罗玉秀主持的《春性特早熟甘蓝型油菜自主开花基因 *BnFLD* 和 *BnFCA* 的克隆及其表达研究》项目组，首次分离出春性甘蓝型油菜的自主开花关键基因 *sBGnFLD* 和 *sBnFCA*，为探究春性特早熟甘蓝型油菜的自主开花时间及早熟机理奠定了基础。

2016年5月22日，《经济日报》报道：中科院生物物理所的研究团队在光合作用研究中获得重要突破，在国际上率先解析了高等植物菠菜光合作用超级复合物的高分辨率三维结构。该项研究工作发表在最新出版的国际顶级期刊《自然》上。

2016年6月23日，《光明日报》报道：2016年中央财政将投入13.9亿元，计划培训100万人。这些资金将用于实施现代青年农场主培养计划和新型农业经营主体带头人轮训计划，并支持农业院校办好涉农专业，健全农业广播电视学校体系，提高农民教育培训效能。

2016年7月5日，《科技日报》报道：南京农业大学徐国华教授课题组从水稻中发现了一种受细胞pH调控的硝酸盐运输蛋白，过量表达该基因可促进水稻从土壤中吸收更多的氮，提高水稻产量和氮素利用效率。该研究对降低水稻氮肥投入，改善生态环境具有重要意义，并已经获得了中国和美国专利，并许可给国内相关单位和国际种业公司培育作物氮素高效新品种。

2016年7月17日，《经济日报》报道：人力资源和社会保障部、农业部等五部门下发通知。通知决定启动实施农民工等人员返乡创业培训五年行动计划（2016—2020年），力争到2020年使有创业要求和培训愿望、具备一定创业条件或已创业的农民工等人员都能参加一次创业培训，有效提升创业能力。

2016年7月23日，《光明日报》报道：2016年农业部将进一步加大农民创业创新培训力度，计划培养2 000名农民创业创新辅导师，培育1万名农民创业创新带头人，对1.3万现代青年农场主开展精准培育，对1.77万名农村实用人才带头人进行示范培训。

2016年8月24日，《农民日报》报道：中国农业科学院蔬菜花卉研究所王晓武科研团队，对白菜和甘蓝两类芸薹属作物的驯化历程进行了深入研究，在亚基因组层面揭示了物种驯化与古多倍化之间存在紧密关系。该研究获得了白菜和甘蓝类蔬菜作物全基因组的大量变异，确定了一批与白菜甘蓝类蔬菜叶球形成和根（茎）膨大有关的重要基因，为加快白菜与甘蓝类蔬菜分子育种奠定了重要基础。

2016年9月9日，《农民日报》报道：中国科学院上海生命科学院植物生理生态研究所国家基因研究中心韩斌研究组、黄学辉研究组联合中国水稻研究所杨仕华研究组，收集了1 495份杂交稻品种材料，利用一系列新技术详细剖析了杂交稻杂种优势的遗传基础，最终解析了水稻杂种优势的分子遗传机制，利用这项研究成果，科研人员有望进一步优化水稻品种的杂交改良，选育出更加高产、优质和多抗的水稻遗传资源。

2016年9月21日，《农民日报》报道：由王国梁研究员领衔的研究团队通过分析鉴定稻瘟菌效应蛋白在水稻中靶标蛋白，揭示了水稻—稻瘟菌互作过程中的新机制，有望为提出新的病害防控策略提供新思路。

2016年10月12日，《人民日报》报道：2016年我国良种联合攻关取得新突破，实验品种抗倒伏能力强，综合性状较优良，其中机收籽粒玉米品种、高产高蛋白大豆品种获得重要突破。

2016年11月11日，全国农民田间学校建设研讨会在河南郑州召开。会议实地考察了中牟县春峰果蔬专业合作社等农民田间学校，总结交流了各地农广校推动在新型农业经营主体建立农民田间学校的模式和经验，就进一步推进全国农民田间学校建设及运行机制进行了研讨。“十三五”期间，全国农广校将推动建立20万所农民田间学校。

2016年12月16日，《光明日报》报道：教育部等部门自2013年启动农村职业教育与成人教育示范县建设，3年来，全国范围内共遴选三批161个县（市、区）入围创建名单。12月15日，教育部、科技部、水利部、农业部、国家林业局和国家粮食局六部门联合举行仪式，公布第一批国家级农村职业教育与成人教育示范县名单，并为北京市房山区、贵州省盘县、河北省丰南区等59个首批示范县授牌。

2016年12月24日，《农民日报》报道：到“十二五”时期末，我国已建立起中央和地方层级架构完整，涵盖科研、教学、推广的农林科技体系，机构数量、人员规模、产业和学科覆盖面均为全球之最。“十三五”期间要坚持不懈加大农林科技改革创新力度，力争到2020年，农业科技进步贡献率达到60%，林业科技进步贡献率达到55%。

2017年1月4日，《农民日报》报道：华南农业大学农学院年海教授、中国农业科学院作物科学研究所韩天富研究员领衔的团队宣布，在大豆适应短日高温环境的分子机制研究领域取得重要进展。他们克隆了研究者寻觅了近半个世纪的大豆长童期基因*J*，并揭示了*J*在中、美和巴西大豆品种中的分布规律，*J*基因克隆为中高纬度地区的优良大豆品种改造提供了技术途径，对发展低纬度地区大豆生产、拓展大豆品种种植区域、提高植物蛋白保障能力具有重大意义。

2017年1月5日，《农民日报》报道：首届全国土肥和谐大会在京召开，来自农业部、环保部、国家标准委、中科院、农科院等单位的200多名专家学者齐聚，围绕腐殖酸肥料与“土肥和谐”之间的关系展开研讨。

2017年2月7日，《科技日报》报道：中科院上海植物生理生态研究所何祖华团队在广谱和持久抗稻瘟病机制研究领域获重大突破，水稻“癌症”有望治愈。

2017年2月27日，《光明日报》报道：中国农业科学院北京畜牧兽医研究所承建的农业部奶业技术研究实验室建设项目通过竣工验收并全面投入使用，这是我国首个专业奶业技术研究实验室。

2017年4月29日，《人民日报》报道：山东农业大学付道林教授领衔的科研团队在太谷核不育小麦研究方面取得重大突破，成功克隆太谷核不育基因并对其机理进行探讨，为实现小麦等作物杂交制种创造了条件。国际著名学术期刊《自然通讯》28日以《小麦*Ms2*基因编码的稀有蛋白导致禾本科植物的雄性不育》为题发表该研究成果。

2017年5月27日，《人民日报》报道：中共中央总书记、国家主席、中央军委主席习近平26日致信祝贺中国农业科学院建院60周年，向全体农业科研人员和广大农业科技工作者致以诚挚问候。中国农业科学院成立于1957年。建院60年来，共取得各类科技成果6 000多项，获奖成果2 400多项，国家科技奖励成果320余项。

2017年6月1日，《科技日报》报道：南京农业大学张天真教授课题组与得克萨斯大学杰夫瑞·

陈的课题组合作，首次绘制出棉花表观遗传基因的“甲基化基因图谱”，即野生棉和种植棉之间500多种表观遗传基因的差异，为生物技术公司通过表观修饰育种培育出高产优质棉花提供了重要线索。

2017年6月6日—7日，农业部在山西省太原市召开全国新型职业农民培育工作推进会。会议总结了自2012年以来农广校系统在新型职业农民培育工作方面的成绩，研究部署下一阶段职业农民培育的重点工作。

2017年7月10日，《人民日报》报道：中国农业科学院在山东省寿光市组织召开“日晒高温覆膜法”防治韭蛆新技术示范现场会，我国科学家经过不懈努力，成功攻克韭蛆防治难题，制服了这个农产品质量安全“头号杀手”。

2017年7月25日，《科技日报》报道：24日，第十九届国际植物学大会开幕，来自100多个国家和地区的6 000多名植物科学领域顶尖科学家、著名学者及行业翘楚，齐聚深圳开启巅峰对话。这是大会自1900年在法国巴黎举办以来，首次在中国举办，也是首次在发展中国家举办。

2017年7月25日，《农民日报》报道：7月22日，由中国农业科学院（CAAS）和日本国际农林水产业研究中心（JIRGCAS）主办，中国农业科学院农业资源与农业区划研究所承办的中日农业科技合作20周年学术研讨会（CAAS JIRCAS）在北京举行，来自中国和日本的100多名领导和专家出席研讨会。

2017年8月11日，《光明日报》报道：由河南科技学院承担的河南省重大科技专项“强优势BNS型杂交小麦组配与规模化高效制种技术研究”顺利通过专家组验收。该项成果将极大推进杂交小麦研发和产业化进程，为我国抢占世界小麦种业竞争制高点带来突破。

2017年8月22日，《科技日报》报道：中国设施园艺面积达370万公顷，成为世界上拥有设施园艺面积最大的国家。特别是具有中国特色的节能日光温室实现了在北纬34°～42°区域、冬季不加温也能进行果菜类作物生产的奇迹，成功解决了中国北方地区冬春蔬菜短缺和周年均衡供应的难题，为农业增效、农民增收和农村经济发展作出了积极贡献。

2017年8月30日，《农民日报》报道：中国水稻研究所杨仕华课题组联合中国科学院上海生命科学研究院植物生理生态研究所韩斌课题组和上海师范大学黄学辉课题组合作完成的“应用多套群体解析杂交稻粒型和垩白性状的遗传基础”的研究论文在线发表在《分子植物（MolecularPlant）》上。该研究解析了我国当前杂交水稻外观品质性状的遗传学基础。

2017年9月15日，《经济日报》报道：农业部召开四大作物良种重大科研联合攻关会。经过近年的努力，各作物联合攻关组在种业基础理论与育种技术、种质资源发掘与育种材料创制、绿色优质新品种选育等方面取得了重大进展，先后培育出一批适宜机收籽粒玉米、高产高蛋白大豆、节水及抗赤霉病小麦等突破性新品种，筛选出一批优异种质资源和育种新材料。

2017年10月16日，《农民日报》报道：10月15日，华中农业大学、河北省农林科学院、河北工程大学、河北省土肥总站等单位农业专家，对河北邯郸市永年区硅谷农业科学研究院、硅谷肥业有限公司水稻示范基地种植的杂交水稻“超优千号”进行实打实收。随机收割3块稻田，按含水率13.5%标准计算，实打实收亩产分别为1 181.00千克、1 129.68千克和1 136.38千克，平均亩产1 149.02千克，刷新了世界水稻单产纪录。

2017年10月21日，《科技日报》报道：据中国农科院最新消息，由该院作物科学研究所李少昆研究员领导的作物栽培与生理创新团队，在新疆的玉米密植高产全程机械化示范中获得新突破：经农业部玉米专家指导组、全国玉米栽培学组实测验收，示范田玉米最高亩产达到1 517.11千克，刷新了全国玉米高产纪录。

2017年10月29日，《经济日报》报道：农业部办公厅日前印发通知，部署在全国开展为期3年的农产品加工业、农村创业创新、休闲农业和乡村旅游百万人才培训行动，计划于2018—2020年，在全国组织培训农产品加工业、农村创业创新、休闲农业和乡村旅游人才100万人次。

2017年11月22日，《农民日报》报道：中国科学院亚热带农业生态研究所吴金水研究员领衔的农业生态过程方向研究团队，在水稻根际激发效应方面研究中获新进展。

2017年12月3日，《人民日报》报道：农业部印发通知，部署在全国开展为期3年的农产品加工业、农村创业创新、休闲农业和乡村旅游百万人才培训行动，计划于2018—2020年，在全国组织培训农产品加工业、农村创业创新、休闲农业和乡村旅游人才100万人次。

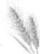

2017年12月11日，《农民日报》报道：12月9日，由中国农业科学院蔬菜花卉研究所牵头，全国蔬菜科研单位与大专院校、蔬菜生产加工与销售企

业等145家发起人共同发起的国家蔬菜科技与产业创新联盟在北京成立。

2017年12月13日，《科技日报》报道：中国农科院植保所周雪平研究员领衔的团队，在前期对水稻条纹病毒（RSV）的生物学、编码蛋白功能及病毒病防控基础上，揭示了水稻条纹病毒解除寄主植物防御机理。

2018年1月30日，《农民日报》报道：日前，由中国农科院油料所选育的新型油料作物油莎豆“中油莎1号”通过中国作物学会油料作物专业委员组织的品种认定。这是我国育成的首个高油高产油莎豆品种。该品种具有产量高、含油量高、品质好等特点，块茎种子含油量31.3%，是长江流域含油量最高的油莎豆品种。

2018年3月24日，《人民日报》报道：近日，教育部印发《关于做好2018年重点高校招收农村和贫困地区学生工作的通知》。《通知》指出，报考学生须同时具备下列三项基本条件：（1）符合2018年统一高考报名条件；（2）本人及父亲或母亲或法定监护人户籍地在实施区域的农村，本人具有当地连续3年以上户籍；（3）本人具有户籍所在县高中连续3年学籍并实际就读。有关高校可在此基础上提出其他报考要求并在招生简章中明确，确保优惠政策惠及农村学生。

2018年4月2日，《科技日报》报道：湖南大学刘选明教授研究团队破译出一个能降低土地盐碱化对水稻产量影响的新基因*STRK*1，并揭示了其分子作用机制，为进一步解析植物耐盐的分子机制奠定了重要基础。

2018年4月3日，《人民日报》报道：2018年农业农村部将继续扩大农村集体产权制度改革试点范围，将试点单位扩大到300个。

2018年4月4日，《人民日报》报道：中共中央政治局委员、国务院副总理胡春华3日出席农业农村部揭牌仪式并召开座谈会。他强调，要深入学习贯彻习近平新时代中国特色社会主义思想，全面落实党的十九大和十九届二中、三中全会以及全国“两会”精神，按照党中央、国务院决策部署，坚持以实施乡村振兴战略为总抓手，扎实有序推进机构改革，全面做好新时代农业农村工作，奋力开创“三农”事业发展新局面。

2018年4月9日，《科技日报》报道：由万建民院士领衔的水稻功能基因组学研究团队，揭示了水稻穗顶部小花退化的遗传和分子机理，为高产品种选育以及在生产上避免因穗顶部退化引起的减产提供了理论基础。

2018年4月10日，《农民日报》报道：中科院合肥智能机械研究所和鹤壁佳多科工贸股份公司在江苏南京联合召开了“农林病虫害监测预警防控物联网虫情自动采集系统暨虫情自动识别系统2.0产品信息发布会”。该系统充分利用互联网的便捷和物联网大数据计算的准确识别优势，能迅速算出被诱捕的昆虫种类、数量，分析其大小、来源，运算生成所需数据结果，实时发布虫情预警，指导防控计划实施。

2018年4月13日，《人民日报》报道：国务院总理李克强4月12日主持召开国务院常务会议，部署全面加强乡村小规模学校和乡镇寄宿制学校建设，为农村孩子提供公平有质量的义务教育。

2018年5月11日，《科技日报》报道：中国科学院遗传与发育生物学研究所植物细胞与染色体工程国家重点实验室、遗传发育所基因组分析平台与中国科学院种子创新研究院等合作，最新完成了小麦*A*基因组序列精细图谱，实现了小麦基因组研究的重大突破。

2018年5月15日，《人民日报》报道：由中国农业科学院、中国植物保护学会、国际生物防治组织主办，中国农业科学院植物保护研究所、植物病虫害生物学国家重点实验室、生物农药与生物防治产业技术创新战略联盟承办的“第一届国际生物防治大会”14日在京开幕。来自全球40余个国家的800多名生物防治领域的科学家出席大会。

2018年5月22日，《经济日报》报道：针对华北地下水漏斗区水资源紧缺和黄淮南片赤霉病危害加剧的问题，国家小麦良种重大科研联合攻关组相继对节水材料和赤霉病抗性材料进行鉴定选育，评选出西农511、郑麦9 023、宁麦26等9个较抗赤霉病品种，石麦15、石麦22、衡观35等7个小麦节水品种，平均节水超过30%。

2018年5月24日，《人民日报》报道：国务院总理李克强5月23日主持召开国务院常务会议，确定加大困难地区和薄弱环节教育投入，推进多渠道增加托幼和学前教育资源供给；采取措施加快推进奶业振兴、保障乳品质量安全；决定深化服务贸易创新发展试点，以开放推动经济结构优化升级。

2018年5月24日，《人民日报》报道：2018中国扶贫国际论坛23日在北京举行，主题为“共享推动合作，携手消除贫困”。本届论坛由中国互联网新闻中心、中国国际扶贫中心、世界银行、联合国粮农组织等联合主办，来自9个国际机构、28个国家的近200名中外嘉宾出席论坛。

2018年5月25日，《人民日报》报道：商务部印发《关于推进农商互联助力乡村振兴的通知》。《通知》提出六项重点工作任务，包括构建长期稳定的产销衔接机制，发展新型农业经营主体，培育打造农业品牌，打造全产业链条标准体系，扶持贫困地区农产品产销对接，加强农产品流通基础设施建设。

2018年5月25日，《经济日报》报道：土壤健康与可持续发展国际研讨会24日在京举行。研讨会旨在回顾土壤可持续管理的实践应用现状及需要充分解决的缺陷和障碍，关注新兴技术、管理制度、方法、机制与政策，研讨确定“一带一路”沿线国家及世界不同地区土壤可持续管理实践策略，推动土壤可持续管理。

2018年5月27日，《人民日报》报道：财政部、农业农村部、银保监会近日联合召开推进全国农业信贷担保工作视频会议，针对当前农担工作存在的一些苗头性、倾向性问题，要求各级相关部门和农担公司牢牢把握专注农业适度规模经营的政策性定位，严格守住防控担保风险的底线，确保全国农业信贷担保工作健康有序发展。

2018年5月29日，《经济日报》报道：财政部、商务部、国务院扶贫办发布通知，决定2018年继续开展电子商务进农村综合示范工作。三部门明确，2018年在全国培育一批能够发挥典型带动作用的示范县，农村电子商务在农村产品上行、带动贫困户就业增收、便民服务等方面取得有效进展。示范地区建档立卡贫困村和整体行政村电商服务覆盖率达到50%左右，农村网络零售额、农产品网络零售额等增速高于全国农村平均水平。

2018年6月1日，《农民日报》报道：中共中央政治局5月31日召开会议，审议《乡村振兴战略规划（2018—2022年）》和《关于打赢脱贫攻坚战三年行动的指导意见》。中共中央总书记习近平主持会议。

2018年6月4日，《农民日报》报道：6月2日，高分六号卫星在甘肃酒泉卫星发射中心用长征二号丁运载火箭成功发射，这是国内第一颗搭载了能有效辨别作物类型的高空间分辨率遥感卫星，将与在轨的高分一号卫星组网运行，大幅提高农业对地监测能力，加速推进天空地数字农业管理系统和数字农业农村建设，为乡村振兴战略实施提供精准的数据支撑。

2018年6月7日，《人民日报》报道：工业和信息化部日前印发《关于推进网络扶贫的实施方案（2018—2020年）》的通知，明确提出了今后三年网络扶贫的任务目标。

2018年6月9日，《人民日报》报道：近些年，通过推进种植结构调整，开展耕地轮作休耕制度试点等，我国在构建绿色种植制度上取得积极进展。2018年中央财政支持轮作试点面积达到2 500万亩，试点区域按照每亩150元的标准安排补助资金；休耕试点面积达到400万亩，试点区域按照不同休耕模式每亩补助500～800元。

2018年6月12日，《光明日报》报道：中共中央总书记、国家主席、中央军委主席习近平近日对脱贫攻坚工作作出重要指示强调，脱贫攻坚时间紧、任务重，必须真抓实干、埋头苦干。各级党委和政府要以更加昂扬的精神状态、更加扎实的工作作风，团结带领广大干部群众坚定信心、顽强奋斗，万众一心夺取脱贫攻坚战全面胜利。

2018年6月21日，《科技日报》报道：应对水稻“癌症”，研发商业化“抗癌”水稻品种，湖南有了新进展。中国工程院院士袁隆平携团队入主省级企业院士专家工作站，构建了“稻瘟病病菌动态监控平台”，根据该平台成果，现已培育出含不同稻瘟病抗性基因的超级杂交稻新品种。

2018年7月31日，《农民日报》报道：7月28日—29日，2018年中国工程科技论坛——智慧农业论坛在北京召开，来自农业领域的院士、专家、学者围绕“加强智慧农业科技创新，服务国家乡村振兴战略”这一主题展开讨论，探讨未来智慧农业科技创新所面临的机遇和挑战。

2018年8月3日，《人民日报》报道：中国农业科学院国家薯类作物研究中心揭牌仪式日前在京举行。中国主要薯类作物年种植面积超过1.5亿亩，占全国可用耕地8%左右。其中，马铃薯和甘薯的种植面积和总产量均居世界第一位。

2018年8月18日，《农民日报》报道：经过13年努力，来自20个国家73个研究机构的200多名科学家终于绘制完成完整的小麦基因组图谱。这项“里程碑”工作为培育产量更高、营养更丰富、气候适应性更强的小麦品种奠定基础。

农业经济统计

全国农牧渔业 1949—2017 年主要经济指标

项　目	单位	2017 年	2016 年	2015 年	2014 年	2013 年	2012 年	2011 年
乡镇数	个	39 888	39 862	39 789	32 683	32 929	33 162	33 270
镇数	个	21 116	20 883	20 515	20 401	20 117	19 881	19 683
乡数	个	10 529	18 979	19 274	12 282	12 812	13 281	13 587
村民委员会数	个		559 702	580 575	585 892	588 547	588 407	589 874
乡村户数	万户				27 053	26 949	26 802	26 607
乡村人口	万人	57 661	58 793	60 345	97 378	97 262	97 066	96 809
乡村从业人员	万人	35 178	36 175	37 041	37 943	38 737	39 602	40 506
第一产业	万人	20 944	21 496	21 919	22 790	24 171	25 773	26 594
二、三产业	万人	14 234	14 679	15 122	15 153	14 566	13 829	13 912
农村人均纯收入	元	13 432	12 363	11 422	10 489	9 430	8 389	7 394
农林牧渔业总产值	亿元	114 653	112 091	107 056	102 226	96 995	89 453	81 304
农业总产值	亿元	61 720	59 288	57 636	54 772	51 497	46 940	41 989
林业总产值	亿元	4 987	4 632	4 436	4 256	3 902	3 447	3 121
牧业总产值	亿元	30 243	31 703	29 780	28 956	28 435	27 189	25 771
渔业总产值	亿元	12 320	11 603	10 881	10 334	9 635	8 706	7 568
农林牧渔业增加值	亿元	68 009	65 968	62 904	60 158	56 966	52 374	47 486
农产品进出口额	亿美元	2 014	1 846	1 846	1 876	1 945	1 867	1 556
出口额	亿美元	775	730	730	707	720	678	608
进口额	亿美元	1 259	1 116	1 116	1 169	1 225	1 155	949
农作物总播种面积	千公顷	166 332	166 939	166 829	164 966	163 453	161 827	159 859
粮食作物播种面积	千公顷	117 989	119 230	118 963	117 455	115 908	114 368	112 980
粮食产量	万吨	66 161	66 044	66 060	63 965	63 048	61 223	58 849
棉花产量	万吨	565	534	591	630	628	661	652
油料产量	万吨	3 475	3 400	3 390	3 372	3 287	3 286	3 213
蔬菜产量	万吨	12 556	12 341	12 500	13 361	13 746	13 485	12 517
茶叶产量	万吨	246	231	228	205	189	176	161
水果产量	万吨	25 242	24 405	24 525	23 303	22 748	22 092	21 019
肉类总产量	万吨	8 654	8 628	8 750	8 818	8 633	8 471	8 023
奶类产量	万吨	3 039	3 064	3 180	3 160	3 001	3 175	3 110
禽蛋产量	万吨	3 096	3 161	3 046	2 930	2 906	2 885	2 830
水产品总产量	万吨	6 445	6 379	6 183	5 976	5 722	5 482	5 603
农业机械总动力	万千瓦	98 783	97 246	111 728	108 057	103 907	102 559	97 735
有效灌溉面积	千公顷	67 816	67 141	65 873	64 540	63 473	62 491	61 682
农用化肥施用折纯量	万吨	5 859	5 984	6 023	5 996	5 912	5 839	5 704
农村用电量	亿千瓦时	9 524	9 238	9 027	8 884	8 550	7 508	7 140

（续）

项目	单位	2010年	2009年	2008年	2007年	2006年	2005年	2004年
乡镇数	个	33 981	34 170	34 301	34 052	34 461	35 509	36 952
镇数	个	19 410	19 322	19 234	18 584	18 832	18 888	19 171
乡数	个	14 571	14 848	15 067	15 468	15 629	16 621	17 781
村民委员会数	个	594 658	599 078	603 589	621 046	631 184	640 139	652 718
乡村户数	万户	26 385	25 976	25 664	25 435	25 268	25 223	24 971
乡村人口	万人	96 619	96 111	95 580	95 095	94 813	94 907	94 254
乡村从业人员	万人	41 418	42 506	43 461	44 368	45 348	46 258	46 971
第一产业	万人	27 931	28 891	29 923	30 731	31 941	33 442	34 830
二、三产业	万人	13 488	13 616	13 538	13 637	13 407	12 816	12 141
农村人均纯收入	元	6 272	5 435	4 999	4 327	3 731	3 370	3 027
农林牧渔业总产值	亿元	69 320	60 361	58 002	48 893	40 811	39 451	36 239
农业总产值	亿元	36 941	30 778	28 044	24 658	21 522	19 613	18 138
林业总产值	亿元	2 595	2 193	2 153	1 862	1 611	1 426	1 327
牧业总产值	亿元	20 826	19 468	20 584	16 125	12 084	13 311	12 174
渔业总产值	亿元	6 422	5 626	5 203	4 458	3 971	4 016	3 606
农林牧渔业增加值	亿元	40 534	35 226	33 702	28 627	24 040	22 420	21 413
农产品进出口额	亿美元	1 208	914	986	776	630	558	511
出口额	亿美元	489	392	402	366	310	272	231
进口额	亿美元	719	522	583	410	320	287	280
农作物总播种面积	千公顷	156 785	155 590	153 690	150 396	152 149	155 488	153 553
粮食作物播种面积	千公顷	111 695	110 255	107 545	105 999	104 958	104 278	101 606
粮食产量	万吨	55 911	53 941	53 434	50 414	49 804	48 402	46 947
棉花产量	万吨	577	624	723	760	753	571	632
油料产量	万吨	3 157	3 139	3 037	2 787	2 640	3 077	3 066
蔬菜产量	万吨	12 008	12 277	13 420	12 188	10 460	9 452	9 571
茶叶产量	万吨	146	135	125	101	103	93	84
水果产量	万吨	20 095	19 094	18 109	16 800	17 102	16 120	15 341
肉类总产量	万吨	7 994	7 707	7 371	6 916	7 100	6 939	6 609
奶类产量	万吨	3 039	2 995	3 011	2 947	2 945	2 753	2 261
禽蛋产量	万吨	2 777	2 752	2 700	2 547	2 424	2 438	2 371
水产品总产量	万吨	5 373	5 116	4 896	4 748	4 584	4 420	4 247
农业机械总动力	万千瓦	92 780	87 496	82 190	76 590	72 522	68 398	64 028
有效灌溉面积	千公顷	60 348	59 261	58 472	56 518	55 751	55 029	54 478
农用化肥施用折纯量	万吨	5 562	5 404	5 239	5 108	4 928	4 766	4 637
农村用电量	亿千瓦时	6 632	6 104	5 713	5 510	4 896	4 376	3 933

（续）

项　目	单位	2003年	2002年	2001年	2000年	1999年	1998年	1997年
乡镇数	个	38 028	39 054	40 161	43 735	44 741	45 462	44 689
镇数	个	19 588	19 811	19 555	19 692	19 184	19 060	18 402
乡数	个	18 440	19 243	20 606	24 043	25 557	26 402	26 287
村民委员会数	个	678 589	694 515	709 257	734 715	737 429	739 980	739 447
乡村户数	万户	24 793	24 569	24 432	24 149	23 811	23 678	23 406
乡村人口	万人	93 751	93 503	93 383	92 820	92 216	91 960	91 525
乡村从业人员	万人	47 506	48 121	48 674	48 934	48 982	49 021	49 039
第一产业	万人	36 204	36 640	36 399	36 043	35 768	35 177	34 840
二、三产业	万人	11 302	11 481	12 276	12 892	13 214	13 844	14 199
农村人均纯收入	元	2 690	2 529	2 407	2 282	2 210	2 162	2 090
农林牧渔业总产值	亿元	29 692	27 391	26 180	24 916	24 519	24 542	23 788
农业总产值	亿元	14 870	14 932	14 463	13 874	14 106	14 242	13 853
林业总产值	亿元	1 240	1 034	939	937	886	851	818
牧业总产值	亿元	9 539	8 455	7 963	7 393	6 998	7 026	6 835
渔业总产值	亿元	3 138	2 971	2 815	2 713	2 529	2 423	2 283
农林牧渔业增加值	亿元	17 382	16 537	15 781	14 945	14 770	14 818	14 442
农产品进出口额	亿美元	401	304	279	269	218		247
出口额	亿美元	212	180	161	156	135		146
进口额	亿美元	189	124	118	112	82		102
农作物总播种面积	千公顷	152 415	154 636	155 708	156 300	156 373	155 706	153 969
粮食作物播种面积	千公顷	99 410	103 891	106 080	108 463	113 161	113 787	112 912
粮食产量	万吨	43 070	45 706	45 264	46 218	50 839	51 230	49 417
棉花产量	万吨	486	492	532	442	383	450	460
油料产量	万吨	2 811	2 897	2 865	2 955	2 601	2 314	2 157
蔬菜产量	万吨	9 642	10 293	8 655	7 635	8 334	9 790	9 386
茶叶产量	万吨	77	75	70	68	68	67	61
水果产量	万吨	14 517	6 952	6 658	6 225	6 238	5 453	5 089
肉类总产量	万吨	6 443	6 234	6 106	6 014	5 949	5 724	5 269
奶类产量	万吨	1 746	1 300	1 026	827	718	663	601
禽蛋产量	万吨	2 333	2 266	2 210	2 182	2 135	2 021	1 897
水产品总产量	万吨	4 077	3 955	3 796	3 706	3 570	3 383	3 119
农业机械总动力	万千瓦	60 387	57 930	55 172	52 574	48 996	45 208	42 016
有效灌溉面积	千公顷	54 014	54 355	54 249	53 820	53 158	52 296	51 239
农用化肥施用折纯量	万吨	4 412	4 339	4 254	4 146	4 124	4 084	3 981
农村用电量	亿千瓦时	3 433	2 993	2 611	2 421	2 173	2 042	1 980

（续）

项　目	单位	1996年	1995年	1994年	1993年	1992年	1991年	1990年
乡镇数	个	45 484	47 136	48 075	48 179	48 250	55 542	55 838
镇数	个	17 998	17 282	16 433	15 223	14 135	11 882	11 392
乡数	个	27 486	29 854	31 642	32 956	34 115	43 660	44 446
村民委员会数	个	740 128	740 150	802 052	802 352	806 032	804 153	743 278
乡村户数	万户	23 438	23 282	23 165	22 984	22 849	22 566	22 237
乡村人口	万人	91 941	91 675	91 526	91 334	91 154	90 525	89 590
乡村从业人员	万人	49 028	49 025	48 802	48 546	48 291	48 026	47 708
第一产业	万人	34 820	35 530	36 628	37 680	38 699	39 098	38 914
二、三产业	万人	14 208	13 495	12 174	10 866	9 592	8 928	8 794
农村人均纯收入	元	1 926	1 578	1 221	922	784	709	686
农林牧渔业总产值	亿元	22 354	20 341	15 750	10 996	9 085	8 157	7 662
农业总产值	亿元	13 540	11 885	9 169	6 605	5 588	5 146	4 954
林业总产值	亿元	778	710	611	494	423	368	330
牧业总产值	亿元	6 016	6 045	4 672	3 014	2 461	2 159	1 967
渔业总产值	亿元	2 020	1 701	1 298	882	613	483	411
农林牧渔业增加值	亿元	14 015	12 136	9 573	6 964	5 867	5 342	5 062
农产品进出口额	亿美元							
出口额	亿美元							
进口额	亿美元							
农作物总播种面积	千公顷	152 381	149 879	148 241	147 741	149 007	149 586	148 362
粮食作物播种面积	千公顷	112 548	110 060	109 544	110 509	110 560	112 314	113 466
粮食产量	万吨	50 454	46 662	44 510	45 649	44 266	43 529	44 624
棉花产量	万吨	420	477	434	374	451	568	451
油料产量	万吨	2 211	2 250	1 990	1 804	1 641	1 638	1 613
蔬菜产量	万吨	8 360	7 940	7 345	7 624	8 808	8 419	7 214
茶叶产量	万吨	59	59	59	60	56	54	54
水果产量	万吨	4 653						
肉类总产量	万吨	4 584	5 260	4 499	3 842	3 431	3 144	2 857
奶类产量	万吨	629	576	529	499	503	465	416
禽蛋产量	万吨	1 965	1 677	1 479	1 180	1 020	922	795
水产品总产量	万吨	3 288	2 517	2 143	1 823	1 557	1 351	1 237
农业机械总动力	万千瓦	38 547	36 118	33 803	31 817	30 308	29 389	28 708
有效灌溉面积	千公顷	50 381	49 281	48 759	48 728	48 590	47 822	47 403
农用化肥施用折纯量	万吨	3 828	3 594	3 318	3 152	2 930	2 805	2 590
农村用电量	亿千瓦时	1 813	1 656	1 474	1 245	1 107	963	845

（续）

项　目	单位	1989年	1988年	1987年	1986年	1985年	1984年	1983年
乡镇数	个	55 764	56 002	68 296	71 521	72 153	72 182	56 331
镇数	个	11 060	10 609	10 280	9 755	9 302		
乡数	个	44 704	45 393	58 016	61 766	62 851		
村民委员会数	个	746 432	740 375	830 302	847 894	940 617	933 485	750 141
乡村户数	万户	21 504	20 859	20 168	19 575	19 077	18 793	18 523
乡村人口	万人	87 831	86 725	85 713	85 007	84 420	84 301	83 536
乡村从业人员	万人	40 939	40 067	39 000	37 990	37 065	35 968	34 690
第一产业	万人	33 225	32 249	31 663	31 254	31 130	30 868	31 151
二、三产业	万人	7 714	7 818	7 337	6 736	5 935	5 100	3 539
农村人均纯收入	元	602	545	463	424	398	355	310
农林牧渔业总产值	亿元	6 535	5 865	4 676	4 013	3 620	3 214	2 750
农业总产值	亿元	4 101	3 667	3 160	2 772	2 506	2 380	2 074
林业总产值	亿元	285	275	222	201	189	162	127
牧业总产值	亿元	1 800	1 601	1 068	876	798	587	485
渔业总产值	亿元	349	322	225	164	126	85	63
农林牧渔业增加值	亿元					2 564		
农产品进出口额	亿美元							
出口额	亿美元							
进口额	亿美元							
农作物总播种面积	千公顷	146 554	144 869	144 957	144 204	143 626	144 221	143 993
粮食作物播种面积	千公顷	112 205	110 123	111 268	110 933	108 845	112 884	114 047
粮食产量	万吨	40 755	39 408	40 298	39 151	37 911	40 731	38 728
棉花产量	万吨	379	415	425	354	415	626	464
油料产量	万吨	1 295	1 320	1 528	1 474	1 578	1 191	1 055
蔬菜产量	万吨	5 804	6 187	5 550	5 853	6 047	4 780	4 032
茶叶产量	万吨	53	55	51	46	43	41	40
水果产量	万吨							
肉类总产量	万吨	2 629	2 480	2 216	2 112	1 927	1 541	1 402
奶类产量	万吨	381	366	330	290	250	219	185
禽蛋产量	万吨	720	696	590	555	535	432	332
水产品总产量	万吨	1 152	1 061	955	824	705	619	546
农业机械总动力	万千瓦	28 067	26 575	24 836	22 950	20 913	19 497	18 022
有效灌溉面积	千公顷	44 917	44 376	44 403	44 226	44 036	44 453	44 644
农用化肥施用折纯量	万吨	2 357	2 142	1 999	1 931	1 776	1 740	1 660
农村用电量	亿千瓦时	791	712	659	587	509	464	435

（续）

项目	单位	1982年	1981年	1980年	1979年	1978年	1975年	1970年
乡镇数	个	54 352	54 371	54 183	53 348	52 781	52 615	51 478
镇数	个							
乡数	个							
村民委员会数	个	719 438	718 022	709 820	698 613	690 388	677 000	643 000
乡村户数	万户	18 279	18 016	17 673	17 491	17 347	16 448	15 178
乡村人口	万人	82 799	81 881	81 096	80 739	80 320	77 712	69 984
乡村从业人员	万人	33 867	32 672	31 836	31 025	30 638	29 459	27 814
第一产业	万人	30 859	29 777	29 122	28 634	28 318		
二、三产业	万人	3 008	2 895	2 714	2 391	2 320		
农村人均纯收入	元	270	223	191	160	134		
农林牧渔业总产值	亿元	2 483	2 181	1 923	1 698	1 397	1 260	1 021
农业总产值	亿元	1 865	1 636	1 454	1 325	1 118	1 020	838
林业总产值	亿元	110	99	81	61	48	39	29
牧业总产值	亿元	457	402	354	286	209	178	137
渔业总产值	亿元	51	44	33	26	22	22	17
农林牧渔业增加值	亿元			1 372		1 028		
农产品进出口额	亿美元							
出口额	亿美元							
进口额	亿美元							
农作物总播种面积	千公顷	144 755	145 157	146 380	148 477	150 104	149 545	143 487
粮食作物播种面积	千公顷	113 462	114 958	117 234	119 263	120 587	121 062	119 267
粮食产量	万吨	35 450	32 502	32 056	33 212	30 477	28 452	23 996
棉花产量	万吨	360	297	271	221	217	238	228
油料产量	万吨	1 182	1 021	769	644	522	452	377
蔬菜产量	万吨	4 359	3 603	2 911	2 461	2 382		
茶叶产量	万吨	40	34	30	28	27	21	14
水果产量	万吨						538	374
肉类总产量	万吨	1 351	1 261	1 205	1 062			
奶类产量	万吨	162	129	114		88		
禽蛋产量	万吨	281						
水产品总产量	万吨	516	461	450	431	465	441	319
农业机械总动力	万千瓦	16 614	15 680	14 746	13 380	11 750	7 479	2 165
有效灌溉面积	千公顷	44 177	44 574	44 888	45 003	44 965		
农用化肥施用折纯量	万吨	1 513	1 335	1 269	1 086	884		
农村用电量	亿千瓦时	397	370	321	283	253	183	96

（续）

项　目	单位	1965年	1964年	1963年	1962年	1958年	1957年	1952年	1949年
乡镇数	个	74 755			74 771	23 630			
镇数	个								
乡数	个								
村民委员会数	个	648 000			703 000				
乡村户数	万户	13 527			13 410	12 861			
乡村人口	万人	59 122				56 017			
乡村从业人员	万人	23 398			21 278	15 492			
第一产业	万人								
二、三产业	万人								
农村人均纯收入	元								
农林牧渔业总产值	亿元	833			584		537	461	
农业总产值	亿元	684			495		444	396	
林业总产值	亿元	22			13		18	7	
牧业总产值	亿元	112			64		65	52	
渔业总产值	亿元	15			13		10	6	
农林牧渔业增加值	亿元								
农产品进出口额	亿美元								
出口额	亿美元								
进口额	亿美元								
农作物总播种面积	千公顷	143 291			140 229		157 244	141 256	124 286
粮食作物播种面积	千公顷	119 627			121 621		133 633	123 979	109 959
粮食产量	万吨	19 453	18 750	17 000	15 441		19 505	16 392	11 318
棉花产量	万吨	210	166	120	75		164	130	44
油料产量	万吨	363	337	246	200		420	419	256
蔬菜产量	万吨								
茶叶产量	万吨	10			7		11	8	4
水果产量	万吨	324			271		325	244	120
肉类总产量	万吨								
奶类产量	万吨								
禽蛋产量	万吨								
水产品总产量	万吨	298			228		312	167	45
农业机械总动力	万千瓦	1 099			757		121	18	
有效灌溉面积	千公顷				30 545		27 339	19 959	
农用化肥施用折纯量	万吨	194			63		37	8	
农村用电量	亿千瓦时	37			16		1	1	

1949—2018年
评奖评优项目选编

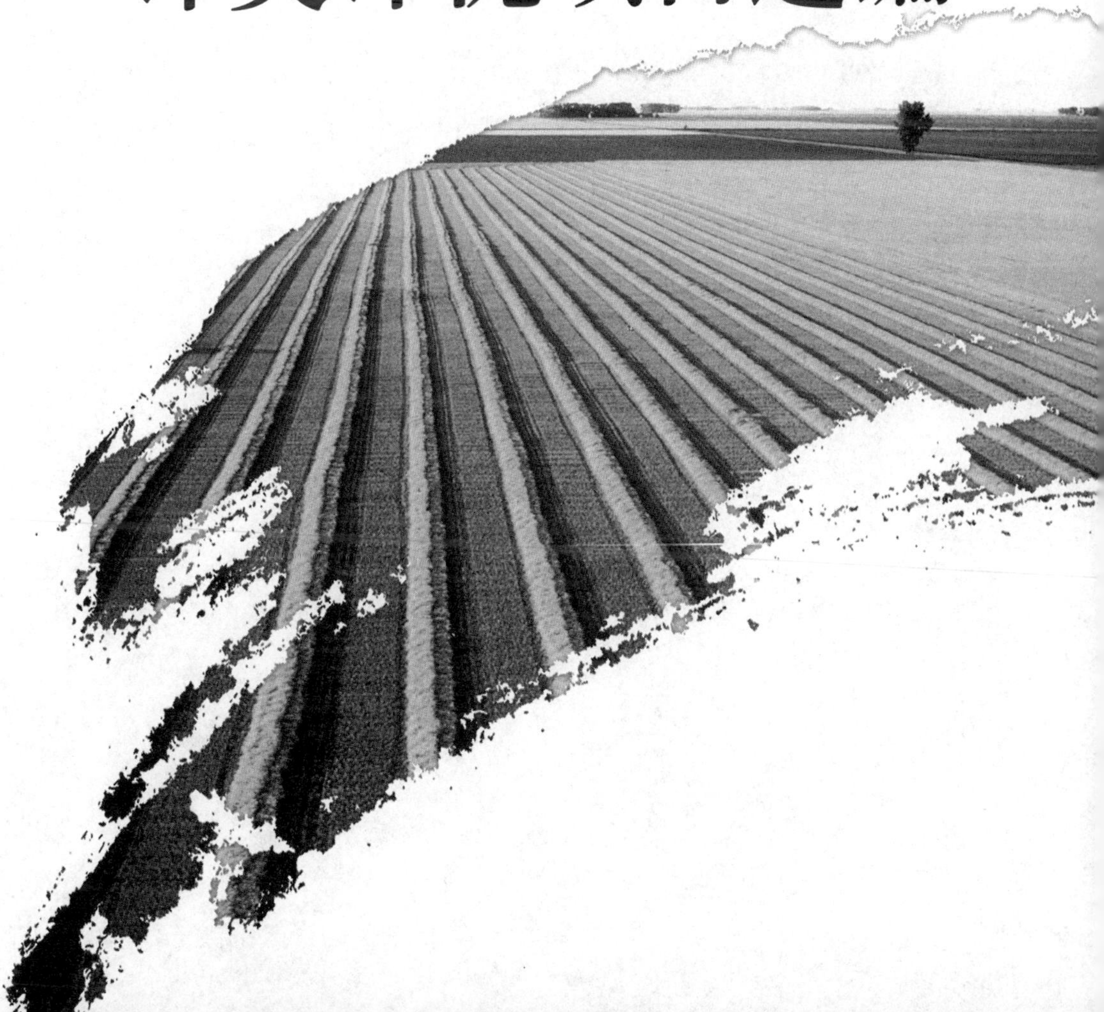

1980年1月12日，《人民日报》报道：1979年底，农业部科学技术委员会对全国各省、市、自治区和部分直属单位1978年农牧业科技成果进行了审评，对其中26项科研成果授予技术改造一等奖。在这批受奖成果中，作物育种、栽培方面的有12项，植物保护方面有11项，畜牧兽医方面有8项。

1980年9月25日，新华社报道：最近在天津召开的农业部科学技术委员会第二次全体会议上，评定1979年全国有55项农牧业科研成果获得由农业部授予的技术改进奖。其中授予一等奖的36项，授予二等奖的19项。

1980年11月28日，新华社报道：林业部科学技术委员会和国家科委林业组在北京召开第一次全体委员会议，对1978年和1979年全国林业科技成果进行了评审。经过评审，有27项林业科技成果获得林业部奖励。其中获一等奖的5项，二等奖的9项，三等奖的13项。

1981年6月6日，国家科委、国家农委在北京联合召开籼型杂交水稻特等发明奖授奖大会。授予全国籼型杂交水稻科研协作组袁隆平等人特等发明奖，发给奖状、奖章和奖金10万元。同时授予棉花良种“鲁棉1号”一等发明奖。

1982年4月4日，《人民日报》报道：国家农委和科委在北京召开农业科技推广奖授奖大会，对220项重大农业科技推广项目授予农业科技推广奖，并颁发了奖金。其中：农业54项，林业40项，畜牧业16项，水产、水利、农垦各30项，气象20项。

1982年8月1日，《人民日报》报道：国家科委发明评选委员会最近审查批准了35项发明。其中，高产抗病甘薯品种“徐薯18”获得一等奖。早熟硬粒、大穗型玉米自交系“原武02”获二等奖。

1982年10月21日，新华社报道：国家科委发明评选委员会最近审在批准了77项发明。橡胶树在北纬18°～24°大面积种植技术、优良玉米自交系“330”两项获得发明一等奖，作蚕线虫病的控制法获三等奖。

1982年11月7日，新华社报道：农牧渔业部最近审评批准了1981年农牧业科技成果技术改进奖52项。冬小麦新品种冀麦3号、我国西部地区粘虫越冬迁飞规律及预测预报技术研究、扬州里下河地区三区改旱技术和江苏省地方猪各品种杂交育肥试验及应用等29个项目获一等奖。评为二等奖的有：我国稻纵卷叶螟迁飞规律及其在测报上的应用、秦川牛早熟性和肉用性能的研究等23个项目。

1983年3月11日，由农牧渔业部和中国科学技术协会联合举办的第一届全国优秀农业科教影片授奖大会在北京举行。大会向六部获得一等奖、九部获得二等奖的优秀科教片的制作单位颁发了奖品、奖金和奖状。

1983年4月8日，《人民日报》报道：国家发明评选委员会第十三次会议决定，授予辽宁省铁岭地区农业科学研究所培育的“铁丰18号”大豆良种国家发明一等奖。

1983年4月17日，中国林学会为新疆生产建设兵团在南北疆盐碱地试验推广一套脱盐开沟、在水印线上播种胡杨育苗和扦插枝条的造林新技术成果颁发了“盐碱地造林”科普奖，这套盐碱地造林技术的成功使天山南北3万亩盐碱地得到绿化。

1984年1月1日，《人民日报》报道：一个抗病性强、适应性广、生育期短的夏播大豆新品种跃进5号，在黄淮流域大面积推广获得成功。山东菏泽地区农科所育成的这个新品种，在条件相同的情况下，可比当地原主栽品种增产15%～20%。这项成果荣获国家二等发明奖。

1984年9月1日，《人民日报》报道：北京市农林科学院作物研究所副研究员胡道芬，培育成功冬小麦新品种——京花1号，获北京市特等科技成果奖，发给奖金1万元。

1984年9月25日，《人民日报》报道：新中国成立三十五年来，我国农业科技队伍已从新中国成立初期的1 000多人，发展到拥有地区以上的科研机构1 300多个，科技人员4.2万人，各级科技推广机构11万多个，科技推广人员37万多人。1979年以来，农业科技成果获国家发明奖32项，获农牧渔业部批准的技术改进奖514项，获科技推广奖130项。

1984年10月30日，《内蒙古日报》报道：

内蒙古自治区政府决定授予旭日干特别奖。旭日干是内蒙古大学生物系讲师，于1982年4月至1984年3月赴日本进修学习期间，在花田章博士的指导与合作下，用化学药物处理过的公山羊精子与母山羊卵子在试管中受精并进行了受精卵的移植，获得了世界第一胎体外受精的小山羊。

1984年11月7日，新华社报道：1983年农牧渔业部技术改进奖评选工作全部结束，57项科技成果获得一等奖，获得二等奖的有162项。其中获得一等奖的中国农科院作物研究所的京红1号春小麦单体系统育成的研究和南京农业大学园艺系的不结球白菜品种资源调查整理和利用的研究，达到了国际水平。

1984年12月3日，《人民日报》报道：由安徽省农牧渔业厅赵乃刚、滁县水产研究所包祥生发明的河蟹繁殖的人工半咸水及其工业化育苗工艺，被国家科委评为一等奖。

1985年1月10日，《农民日报》报道：国家科技攻关经验交流会1月9日结束。"六五"计划国家重点科技攻关项目小麦稳产高产新品种选育及其理论与方法的研究获国家科技攻关奖。

1985年8月24日，《光明日报》报道：最近在济南市召开的全国林业科技工作会议上，林业部向林业系统的126家研究所、大专院校和工厂企业颁发了1982—1983年度林业科技获奖成果证书。

1985年9月28日，《人民日报》报道：我国籼型杂交水稻的主要培育者袁隆平荣获联合国世界产权组织授予的金质奖章。

1985年10月8日，国家科技进步奖评审委员会首次评定出国家级科学技术进步奖1 772项，其中农牧渔业获奖的有116项，获一等奖的项目是：对虾工厂化育苗技术；全国棉花区域试验及其结果应用；我国褐稻虱迁飞规律的阐明以及在预测预报中的应用；中国综合农业区划。

1985年12月23日，国家科委发明评选委员会第十八次会议审查批准，我国又有113项科研成果荣获国家发明奖。其中：西北植物研究所选育的远缘杂交小麦新品种小堰六号和中国农业科学院蔬菜研究所、北京市农业科学院蔬菜研究所选育的甘蓝自交不亲和系的选育及其配制的七个系列新品种获一等奖。

1987年9月10日，《经济日报》报道：中国农业科学院自1957年成立以来，到1987年8月，共取得了科研成果1 810项，其中获奖成果923项。

1987年10月28日，《农民日报》报道：我国杂交水稻研究专家、湖南省农科院研究员袁隆平，继1985年获得联合国世界知识产权组织发明奖后，最近又获得1986—1987年度联合国教科文组织颁发的科学奖。

1988年2月10日，林业部先后授予河北、安徽、山东、江苏、河南、湖北、陕西、天津等9省、直辖市所属78个县（市、区），5个地（市）"全国平原绿化先进单位"称号，并发给"达到平原绿化标准"证书和"全国平原绿化先进单位"奖牌。

1989年7月28日，《光明日报》报道：国家科委完成1989年度国家科技进步奖评审工作。中国农业机械化科学研究院等单位的农业机械切割器获二等奖。

1989年8月27日，《人民日报》报道：今天闭幕的农业部科学技术委员会第二届第二次全体会议，评选出184项"科技进步奖"，其中一等奖11项，二等奖47项；还评出188项"丰收奖"。

1989年9月6日，林业部授予吉林农安县、榆树县、德惠县、长春市郊区、公主岭市、长岭县，陕西华县、华阴县、韩城市9个县（市、区）"全国平原绿化先进单位"称号，并发给"达到平原绿化标准"证书和"全国平原绿化先进单位"奖牌。

1990年9月27日，经国家质量奖审定委员会评审，林业部常州林业机械厂、福建武平县林产化工厂荣获质量管理的最高奖——国家质量管理奖。同时，林业系统还有5项林业工业产品获国家优质产品银质奖。

1990年12月15日，林业部科技进步奖评审委员会就1990年申报的351项科技成果进行评审，共评选出获奖成果158项。其中一等奖52项，二等奖22项，三等奖131项。1991年4月24日，中国水产总公司舟山海洋渔业公司经国家级企业技术进步奖评审委员会审定，被授予国家级企业技术进步奖，此次授奖的企业共108个，舟山海洋渔业公司是唯一的农口企业。

1992年1月6日—9日，《农民日报》报道：全国乡镇企业家表彰大会在京召开。农业部隆重表彰500名全国乡镇企业家，并授予他们全国乡镇企业家称号。国务院副总理田纪云、国务委员陈俊生、农业部部长刘中一出席了颁奖大会。

1992年1月6日，《农民日报》报道：广东省等10个省、市和北京朝阳区等100多个县（市、区）及辽宁省大连市荣获首次全国渔业生产先进奖。

1992年1月27日，《光明日报》报道：植物微生态制剂——增产菌，获中国专利金奖。在全国3 400万公顷大田作物上得到应用，投入产出比高达

1∶30，这是迄今全国农业专利技术第一次赢得这项殊荣。

1992年8月21日，农业部今年首次评出农业科技进步特等奖。由北京农业大学、中国农业科学院等单位1 000余名科技人员共同参与完成的“黄淮海平原中低产地区综合治理与农业开发”项目获特等奖，另有194项成果获农业部科技进步奖，199项成果被评为全国农牧渔业丰收奖。

1993年2月17日，《光明日报》报道：湖南杂交水稻研究中心主任、“杂交水稻之父”袁隆平近日获1993年菲因斯特饥饿奖。

1993年8月5日，林业部、科技日报社、国家环保局在北京举行“中华绿色科技奖”颁奖大会。高德占、王茂林、曲格平、刘东生、陈述彭等荣获“中华绿色科技奖”特别金奖。

1993年10月7日，林业部科技进步奖评审会在北京召开。经专家评议，“水曲柳、胡桃楸、黄波罗、紫椴人工营造技术”等5个项目被评为一等奖，“苹果短式整形修剪技术的研究”等34个项目获二等奖，三等奖共106项。

1993年10月17日，《光明日报》报道：16日是第13个“世界粮食日”，中国农科院在北京隆重举行纪念活动。农业部公布获1993年部科学技术进步奖和全国农牧渔业丰收奖项目。获科学技术进步奖的水产科技成果共23项，其中一等奖2项，二等奖6项，三等奖15项。获农牧渔业丰收奖的水产科技成果共22项，其中一等奖2项，二等奖8项，三等奖12项。

1993年11月24日，农业部授予美国专家朱德琳教授、莫里斯教授、梁学礼教授1993年农业部“国际农业科技合作奖”，表彰他们为中国农业科技进步和生产发展做出的重要贡献。

1994年3月5日，《人民日报》报道：中国农业科学院获得“墨西哥国际粮食奖”。

1994年5月10日，刘于鹤副部长代表林业部向美籍华人许忠允博士颁发中国林业国际合作奖。

1994年6月3日，中国工程院召开成立大会，并产生首批院士，中国林业科学院王涛、南京林业大学王明庥获中国工程院院士称号。

1994年6月5日，《光明日报》报道：联合国环境规划署授予宁夏回族自治区中卫固沙林场“全球500佳”称号。

1994年6月9日，《农民日报》报道：共青团中央、农业部在郑州举行表彰大会，表彰110多名优秀青年乡镇企业家。

1994年11月13日，农业部发出《关于表彰全国乡镇企业家的决定》。对1 000名厂长（经理）予以表彰，分别授予鲁冠球等10名同志“中国乡镇企业功勋”称号；授予姚德荣等100名同志“全国优秀乡镇企业家”称号；授予孙萌环等890名同志“全国乡镇企业家”称号。

1994年12月13日，林业部授予天津市武清县林业科技推广中心等52个单位为“全国林业技术推广先进集体”称号，授予赵印等99名同志为“全国林业科技推广先进工作者”称号。

1995年10月12日，《科技日报》报道：10月9日，由中国扶贫基金会和《半月谈》杂志社联合举办的“猛龙威”杯第二届全国十大“扶贫状元”评选、表彰活动在北京揭晓。甘肃省政协副主席韩正卿等十人被评为全国十大“扶贫状元”。

1995年10月20日，《人民日报》报道：1995年度农业部“国际农业科技合作奖”在北京颁发，该奖项由在我国推广“小体积高密度网箱养鱼技术”中作出突出贡献的美国奥本大学水产博士鲁迪·史密脱先生获得。

1995年12月21日，《科技日报》报道：12月20日，中华农业科教基金会在北京成立，基金会资助中国农科院棉花研究所、生物中心等单位70万元进行抗虫棉研究，还授予李登海、程顺和、刘汉学、张德斌、娄成后、朱立志等6人1995年度“中华农业科教奖”。

1996年9月2日—9日，林业部召开1996年科学技术进步奖评审会议（9日结束）。共评选出104个获奖项目，其中一等奖5项，二等奖19项，三等奖80项。

1996年4月22日，《人民日报》报道：黑龙江省普阳农场历时10年研究成功生产富硒作物的方法，将无机硒通过作物转化为有机硒，生产出富硒原粮，这项技术填补了国内外空白，在中国第四届专利技术博览会上获国家专利金奖。

1996年7月23日—24日，农业部科技进步评奖及全国农牧渔业丰收奖专业组评审会在北京召开。会议共评出科技进步奖149项，其中一等奖9项，二等奖42项，三等奖98项；丰收奖共200项，其中一等奖20项，二等奖80项，三等奖100项。

1996年10月5日，《人民日报》报道：4日，由中国扶贫基金会、半月谈杂志社联合举办的第三届全国十大“扶贫状元”评选在北京揭晓，山西省妇联副主席阎电山等10人被评为“扶贫状元”。

1996年10月24日，《人民日报》报道：共青团中央、农业部、林业部、水利部、财政部和全国青联共同举办“中国十大杰出青年农民”评选活动。23日，王永海等十名青年农民在北京被授予首届“中国十大杰出青年农民”称号。

1997年8月23日，《农民日报》报道：农业部命名一批全国文明乡镇企业，北京韩村河建筑集团公司等20家在加强精神文明建设和创建文明企业活动中取得突出成绩的企业荣膺“全国文明乡镇企业”称号。

1997年8月25日，《人民日报》报道：8月21日，中国工程院院士、著名水稻杂交育种专家袁隆平在墨西哥城举行的农作物杂交问题国际研讨会上获得“国际杂交先驱科学家奖”。

1997年9月6日，《农民日报》报道：4日，农业部在北京举行颁奖仪式，向原世界银行农业项目专家丁文波先生和日本农山渔村协会会长坂本尚先生颁发了两年一度的农业部“国际农业合作奖”。

1997年9月23日，中国林业科学研究院研究员、中国工程院院士王涛荣获香港“何梁何利基金”之“科学与技术进步奖农学奖”。

1997年10月8日，《农民日报》报道：中国扶贫基金会、半月谈杂志社在北京联合举行新闻发布会，公布第四届“吉利杯”全国十大“扶贫状元”评选结果。辽宁省辽阳市委书记傅克诚等被评为全国十大“扶贫状元”。

1997年10月9日，“中国林业十杰”评选活动在北京揭晓，石光银、杰桑·索南达杰、王涛、牛玉琴、孙俊福、马永顺、格日乐、徐凤翔、卫桂英、胡俊生当选。

1997年10月16日，《农民日报》报道：15日，由中华农业科教基金会设立的“中华农业科教奖”颁奖大会在北京举行，245名有功人员获得500万元的奖励。

1998年1月1日，《农民日报》报道：吴仁宝在中国农村新闻人物评选活动中当选为1997年中国农村新闻人物。

1998年4月28日，联合国粮农组织在北京举行为江泽民主席颁发农民奖章授奖仪式。表彰江泽民主席对发展世界农业和促进全球粮食安全所做出的贡献。

1998年9月25日，伍体贤现代林业基金会在北京举行颁奖会，15位专家学者获得1997年度伍体贤现代林业基金奖。

1998年10月26日，《人民日报》报道：由中华农业科教基金会设立的“中华农业科教奖”1998年度评选结果揭晓，共有186人获得奖励。

1998年11月20日，《人民日报》报道：19日，第三届中国杰出青年农民评选揭晓，他们是龙华阶、朱新华、刘爱平、刘德华、安展明、杜德建、祝荣、高慧娟、程立力、穆特里甫·霍加尼亚孜。

1999年1月22日，《科技日报》报道：由中国农业科学院蔬菜花卉研究所方智远主持的甘蓝育种课题研制成功的早熟甘蓝新品种8 398，获国家科技进步二等奖，该课题已第三次获国家级重大科技成果奖，并已创造社会经济效益30亿元。

1999年4月27日，《人民日报》报道：由亚洲农业研究发展基金会设立的“‘亚农杯’农业贡献奖”首届评选活动在西北农业大学揭晓。60位在西北地区农业发展中做出突出贡献的农业科技人员、农技推广人员和农民获奖。

1999年9月10日，《农民日报》报道：9日，1999年度“国际农业合作奖”授奖仪式在北京举行，日本国际协力财团理事长神内良一和国际水稻研究所遗传育种部主任戈·辛·库西获得“1999年农业合作奖”。

1999年10月11日，《光明日报》报道：由中国扶贫基金会、新华《半月谈》杂志社共同主办的“广汕生物环”第六届全国十大“扶贫状元”评选揭晓。香港宏基集团有限公司董事局主席庄水莲等被评为全国十大“扶贫状元”。

1999年10月21日，中国林业科学研究院研究员蒋有绪当选为中国科学院院士。

1999年11月2日，中国林业科学研究院研究员王涛获“全国十大杰出专业技术人员”称号。

1999年12月13日，中国林业科学研究院研究员宋湛谦，北京林业大学教授朱之悌、孟兆祯当选为中国工程院院士。

1999年12月27日，《人民日报》报道：由团中央、农业部、水利部、财政部、国家林业局和全国青联联合开展的第四届中国杰出青年农民评选揭晓，万正和等10名青年农民当选。

2000年9月28日，《人民日报》报道：27日，我国环境保护领域的最高荣誉奖——中华环境奖由中华环境保护基金会设立。该奖旨在鼓励和表彰在环境保护领域做出重大贡献和取得优异成绩的个人或集体。该奖每两年举行一届，每届获奖者不超过5名，另设提名奖若干名。

2000年10月15日，《科技日报》报道：15日，人事部、农业部下发关于表彰全国农村优秀人才的决定，授予石光银等10名同志“全国农村优秀人才”荣誉称号，给常俊英等90名同志记一等功。

2000年12月22日，《农民日报》报道：21日，中华科教基金会在北京举行2000年度神内基金农技推广奖颁奖仪式，150位农技推广人员和科技示范户获奖。

2000年12月22日，《农民日报》报道：21日，“九五”国家重点科技攻关计划项目“农业机械化适用技术研究”通过了由科技部主持的验收。

2000年12月23日，《农民日报》报道：中日无偿资金合作项目“中日农业技术发展中心”项目和“黄河中游防护林建设”项目的政府换文，12月21日在北京签署。

2001年1月2日，《经济日报》报道：水利部和财政部命名了第二批全国生态建设示范工程。深圳等7个城市被命名为“全国水土保持生态环境建设示范城市”、山西省岚县等46个县、市、旗被命名为“全国水土保持生态环境建设示范县”，黑龙江省拜泉县永安小流域等374条小流域被命名为“全国水土保持生态环境建设示范小流域”。

2001年1月3日，《科技日报》报道：2000年12月29日，10位荣膺第五届中国杰出青年农民称号的农村青年在人民大会堂接受了共青团中央等主办单位的表彰。

2001年2月20日，《科技日报》报道：2月19日，中共中央、国务院举行国家科学技术奖励大会，湖南杂交水稻研究中心研究员、中国工程院院士袁隆平获得2000年度国家最高科学技术奖。

2001年10月31日，《科技日报》报道：10月30日，张含英、孙辅世、严恺、张光斗4位水利专家在中国水利学会成立70周年大会上荣获“中国水利学会功勋奖”。

2001年12月22日，《农民日报》报道：辽宁省海城市西洋村党委书记周福仁被评为2001年中国农村新闻人物。

2002年5月27日，《人民日报》报道：全国农村“三个代表”重要思想学习教育活动联席会议领导小组、中共中央组织部近日作出关于表彰全国农村“三个代表”重要思想学习教育活动先进集体和全国农村学习实践“三个代表”重要思想基层干部标兵的决定。255个先进集体、31名基层干部标兵受到表彰。

2002年10月18日，《人民日报》报道：12月17日，共青团中央、水利部、农业部、财政部、国家林业局和全国青联在人民大会堂举行第七届中国杰出青年农民表彰仪式。青海省德令哈市宗务隆乡青年农民才层玛等获得“中国杰出青年农民”称号，全国政协副主席孙孚凌为获奖青年农民颁奖。

2003年10月22日，《人民日报》报道：中宣部、人事部、农业部21日在北京召开表彰大会，授予张玉玺等50人“全国农村优秀人才”荣誉称号。中共中央政治局委员、国务院副总理回良玉在表彰大会前与部分代表进行座谈，国务委员兼国务院秘书长华建敏出席表彰大会并讲话。

2002年10月28日，《农民日报》报道：江苏省张家港市南丰镇永联村党委书记、江苏永钢集团公司董事长吴栋材当选2002年中国农村新闻人物。

2003年10月30日，《人民日报》报道：29日，积极为中国环境与发展献计献策的中国环境与发展国际合作委员会外方委员克里斯宾·梯克尔爵士今天在京被授予中国环境保护国际合作奖，成为中国自今年设立这一奖项以来首批获奖者之一。

2003年11月4日，《人民日报》报道：3日，我国环保科技领域的最高奖项——环境保护科学技术奖在北京颁发。由杜邦公司提供资金支持的环境保护科学技术奖每年评选一次，面向全国环保领域的科研人员。2003年共有5个项目获二等奖，25个项目获三等奖，代表了我国同类研究的最高水平。

2003年12月12日，《农民日报》报道：10日，中宣部、农业部等十四部委联合发布了《关于表彰全国文化科技卫生“三下乡”先进集体和先进个人的决定》，对近年来在“三下乡”工作中做出突出成绩的104个先进集体和200位先进个人予以表彰。

2003年12月12日，《人民日报》报道：12月10日在瑞士日内瓦举行的世界信息峰会上，由国家863计划信息领域多年来持续支持的“智能化农业信息技术应用示范工程”（简称“863电脑农业”）获得大奖。

2003年12月19日，《农民日报》报道：四川省农业厅植保站在“农村鼠害系统控制”上做出突出贡献，获得联合国粮农组织颁发的爱德华·萨乌马奖。这是我国首次获此奖项。

2004年3月31日，《人民日报》报道：中国工程院院士、水稻研究专家袁隆平教授和塞拉利昂水稻专家蒙迪·琼斯博士被共同授予2004年度世界粮食奖。

2004年5月11日，《科技日报》报道：袁隆平获得2004年度沃夫基金奖的农业奖。

2004年5月29日，《人民日报》报道：由山东登海种业西由种子公司种苗研究所、山东农科院蔬菜研究所承担的大白菜新品种项目获得山东省科技进步一等奖。该品种系利用大白菜自交不亲和系的综合选育技术，育成了抗病性等重要经济性状与高配合力有机结合的产品，实现了我国大白菜自交不亲和系选育上的重大突破。

2004年11月18日，《科技日报》报道：11月16日，国家环保总局在人民大会堂举行首批国家环境友好企业授牌仪式。解振华局长向荣获这一称号的8家企业授牌、颁证。拜耳（无锡）化工有限公司、山东鲁北企业集团总公司、青岛港（集团）有限公司、金东纸业（江苏）有限公司、中国石化镇海炼油化工股份有限公司、昆山钞票纸厂、南通醋酸纤维有限公司、中国石油独山子石化分公司获得首批“国家环境友好企业”称号。

2004年12月1日，《人民日报》报道：中国工程院院士、华中农业大学教授傅廷栋获得2003年第三世界科学院农业科学奖，这是该奖项设立近20年来第一次授予中国学者。

2004年12月8日，《人民日报》报道：12月7日，湿地国际（WetlandsInternational）在京向中国国家林业局颁发了“全球湿地保护与合理利用杰出成就奖”，以表彰中国政府在湿地保护和合理利用方面取得的巨大成就。

2004年12月15日，《经济日报》报道：12月14日，共青团中央、水利部、农业部、国家林业局和全国青联在北京举行第九届中国杰出青年农民颁奖典礼。

2004年12月19日，《光明日报》报道：河北农业大学郑均宝教授育成转双价抗虫基因741杨树，这一成果获得国家技术发明二等奖。

2004年12月19日，《人民日报》报道：首届“中国农村发展研究奖”颁奖大会在人民大会堂举行。《回乡还是进城：中国农村外出劳动力回流研究》（白南生、宋洪远著）等7部著作和《土地资本的增值收益及其分配问题》（温铁军、朱守银著）等16篇论文获奖。获奖作品基本上反映出20世纪90年代以来我国农村发展研究领域的最新进展和成就。

2004年12月27日，《人民日报》报道：农业部对在2004年恢复发展粮食生产中作出重要贡献、取得突出成绩的单位和个人进行表彰。评选出“全国粮食生产先进县（市、农场）”200个、“全国粮食生产管理先进个人”100名、“全国农业科技推广先进个人”200名、“全国粮食生产大户”995个。在表彰活动上，为吉林省榆树市等10个“全国十大粮食生产先进县（市）”、郑宝信等10名“全国农业科技推广先进个人标兵”、于会怀等10名“全国粮食生产大户标兵”、李嵘等10名“全国粮食生产管理先进个人”代表颁发了奖牌和证书。

2005年1月24日，《农民日报》报道：1月23日，中国小康村建设报告会在北京人民大会堂举行，广东深圳市坂田村、浙江温州市长虹村、辽宁沈阳市小韩村、江西南昌市进顺村、北京大兴区星光社区、山东潍坊市得利斯村、上海松江区春申村、山西晋城市皇城村、江苏宜兴市兴东村、河南郑州市宋砦村荣获“2004中国十佳小康村”称号。

2005年1月29日，《人民日报》报道：2004年度中国农村新闻人物评选揭晓，山西壶关县常平经济开发区党委书记、常平集团有限公司董事长陈忠孝获此殊荣。

2005年2月2日，《农民日报》报道：农业部做出“表彰全国生态农业和农村能源建设先进县先进集体先进工作者的决定”。授予北京市怀柔区人民政府等17个县（市、区）“全国生态农业建设先进县”称号，授予北京市平谷区农村能源服务中心等30个单位为“全国生态农业建设先进集体”，授予河北省农业厅等30个单位为全国农村能源建设先进单位，授予关宗祥等100位同志为“全国生态农业建设先进工作者”，授予王金英等100位同志为“全国农村能源建设先进个人”，并颁发奖状。

2005年7月9日，《科技日报》报道：在捷克首都布拉格召开的国际自动控制联合会第16届大会上，中科院合肥智能所熊范纶研究员获得IFAC会士（FelGlow）称号，并获得国际自动控制联合会颁发的会士奖（FellowAward）。

2005年10月20日，《农民日报》报道：9月22日，由大北农集团主办，农业部科技发展中心、科技部农村技术开发中心、中国农业科学院、中国农业大学、《农民日报》社等多家单位协办的农业科技创新研讨暨第四届大北农科技奖励颁奖大会在京隆重举行。山东棉花中心李汝忠研究员以“系列转基因抗虫棉新品种选育”获“第四届大北农科技奖励——科技成果奖”。

2005年11月5日，《农民日报》报道：第十届中国杰出青年农民颁奖典礼11月3日在北京举行。中共中央政治局委员、全国人大常委会副委员长王兆国，中共中央政治局委员、国务院副总理回良玉出席大会并颁奖。牛兆学等获得第十届中国杰出青年农民荣誉称号。

2005年12月30日，《人民日报》报道：农业部决定对在2005年农业工作中作出突出贡献的单位和个人进行表彰与奖励。授予河北省藁城市等10

个县（市、区）“全国粮食生产先进县标兵”称号，授予天津市武清区等50个县（市、区、农场）“全国粮食生产先进县”称号；授予张和平等10人“全国粮食生产大户标兵”称号，授予董文森等100人“全国粮食生产大户”称号；授予麻晶莉等10人“全国农业技术推广先进工作者标兵”称号，授予谷天明等1 000人“全国农业技术推广先进工作者”称号；授予李振声等10人“中华农业英才奖”；授予国家禽流感参考实验室“防控禽流感科技贡献奖”。

2006年1月9日，《人民日报》报道：1月8日，卫生部首次表彰“全国优秀乡村医生”。王金海等200名乡村医生被授予“全国优秀乡村医生”荣誉称号，每人获奖励5 000元。

2006年9月15日，《人民日报》报道：9月14日，全国林业科学技术大会在京召开。会议认真总结了“十五”林业科技工作，全面部署了“十一五”林业科技发展各项工作，93个全国林业科技先进集体和239位全国优秀林业科技工作者受到了表彰。

2006年1月17日，《农民日报》报道：1月16日，2005年中国农村新闻人物颁奖座谈会在北京人民大会堂隆重举行。河南省固始县农民工王刚荣膺中国农村新闻人物殊荣、河南省信阳市委书记刘怀廉荣获“农民工书记”称号。

2006年2月20日，《农民日报》报道：2月18日，建设社会主义新农村暨2005中国十佳小康村揭晓仪式在北京人民大会堂举行。江苏省常熟市康博村等荣获“2005中国十佳小康村”称号。

2006年2月24日，《人民日报》报道：动员组织广大妇女参与社会主义新农村建设暨“双学双比”表彰电视电话会议在北京举行。会议表彰了于海霞等第四届“全国十大农民女状元”、席根小等“全国十大绿化女状元”和2 000名“双学双比”女能手、200个先进集体。

2006年3月1日，《人民日报》报道：2月28日，全国“万村千乡市场工程”现场会在扬州召开。商务部在会上对2005年度“万村千乡市场工程”先进集体、优秀试点企业及先进工作者进行了表彰。

2006年10月19日，《人民日报》报道：第二届“中国农村发展研究奖”颁奖大会在京举行。《中国农村土地承包制度研究》等4部专著和《中国粮食与通货膨胀的关系》等7篇论文获奖。

2007年2月5日，《农民日报》报道：2月3日，小康村建设报告会暨2006年中国十佳小康村揭晓仪式在北京人民大会堂隆重举行。获得十佳小康村荣誉称号的是：江苏省宜兴市都山村、上海市闵行区九星村、重庆市沙坪坝区新桥村、山东省昌邑市金家庄、陕西省西安市莲湖区五一村、山西省河津市龙门村、辽宁省铁岭市七里屯村、福建省南安市内厝村、安徽省当涂县三杨村和山东省招远市蒋家村。

2008年4月23日，《人民日报》报道：中华农业英才奖表彰大会22日在北京举行，傅廷栋等10位农业科技工作者被授予中华农业英才奖。中共中央政治局委员、国务院副总理回良玉出席会议，向获奖者表示热烈的祝贺。他强调，党中央、国务院对农业农村工作和农业科技发展高度重视。当前，农业面临的资源环境制约日益加深，气候变化影响日益加重，国际市场波动日益加剧，农业稳定发展对科技和人才的依赖日益加强，必须进一步强化农业科技和人才工作。我们要认真实施科教兴农战略，坚持走中国特色农业现代化道路，以全球的视角，站在战略的高度，紧扣现代农业发展的实际需要，瞄准世界农业科技前沿，采取切实有效的措施，推进农业科技创新和应用，加快人才培养，把农业科技发展提高到一个新水平。

2009年12月30日，《人民日报》报道：2009年，粮食产量再创历史新高，实现42年来首次连续6年增产。为继续调动地方政府重农抓粮、农民务农种粮的积极性，农业部决定授予河北省藁城市等20个市（县、区、旗）“全国粮食生产先进县标兵”称号，授予王培泉等20名同志“全国粮食生产先进工作者标兵”称号，授予孙圣海等20名同志“全国粮食生产大户标兵”称号；授予吉林省公主岭市等300个市（县、区、旗、农场）“全国粮食生产先进县”称号，授予陶恒长等400名同志“全国粮食生产先进工作者”称号，授予柳学友等500名同志“全国粮食生产大户”称号；授予于振文等10名同志“中华农业英才奖”。

2012年10月3日，《人民日报》报道：联合国粮食及农业组织2日在北京人民大会堂向国务院总理温家宝颁发“农民”奖章。在颁奖仪式上，联合国粮农组织总干事达席尔瓦表示，中国仅用占全球9%的耕地和6%的淡水养活了占全球21%的人口。过去9年中，中国的粮食生产保持稳定增长态势，很多农产品的产量位居世界第一，为世界粮食安全作出了巨大贡献。

2013年7月17日，《科技日报》报道：16日，联合国粮农组织在北京举行颁奖仪式。联合国粮农组织助理总干事王韧代表总干事达席尔瓦，向中国科学院地理资源所研究员阂庆文颁发了“特别贡献奖”。我国已拥有8个被联合国粮农组织认定的全球重要农业文化遗产，是拥有全球重要农业文化遗产最多的国家。

2014年2月17日，“北大荒”杯2013年度中国农村新闻人物揭晓仪式17日上午在海南省澄迈县举行。辽宁省辽阳市辽阳县刘二堡镇前杜村党委书记、全国劳动模范王绍永等18名来自“三农”领域的基层实践者光荣当选。

2014年12月18日，《农民日报》报道：为进一步调动地方政府重农抓粮、农技人员科技兴粮和农民群众务农种粮的积极性，农业部决定对2014年发展粮食生产中成绩突出的先进单位和先进个人予以表扬。黑龙江省哈尔滨市等34个市（盟、局）、吉林省榆树市等311个县（市、区、旗、场）被评为“全国粮食生产先进单位”，河南省李卫东等200名同志被评为“全国粮食生产突出贡献农业科技人员”，安徽省赵金良等300名同志被评为“全国种粮大户”。

2015年2月5日，首届“全国十佳农民”评选揭晓仪式在京举行。天津市宝抵区民盛种植、养殖专业合作社理事长张秀霞等10位农民获此殊荣。

2015年10月15日，农业部在湖北省武汉市举办中国最美休闲乡村推介活动。经过地方推荐、专家评审和网上公示等程序，共推介北京市密云县司马台村等120个村为2015年中国最美休闲乡村。

2016年1月18日，《农民日报》报道：第二届“全国十佳农民”评选结果1月17日在京揭晓，河北省石家庄市赵县素敏粮食种植专业合作社理事长李素敏等10位农民获此殊荣。

2016年12月23日，《农民日报》报道：第三届“全国十佳农民”在京揭晓，北京市密云区河南寨农机服务专业合作社理事长陈向阳等10位农民获此殊荣。

2018年2月11日，《人民日报》报道：由农业部、环保部、住建部、中国农业电影电视中心等单位联合主办的“2017寻找中国最美乡村推介活动”日前在河北邯郸举行了颁奖典礼。陕西省延安市延川县文安驿镇梁家河村、河北省邯郸市峰峰矿区响堂水镇（东和村）等十个乡村获评最美乡村。

2018年4月20日，《农民日报》报道：4月19日，联合国粮农组织（FAO）主办的第五届全球重要农业文化遗产（GIAHS）国际论坛在意大利罗马召开，我国“甘肃迭部扎尕那农林牧复合系统”“浙江湖州桑基鱼塘系统”“山东夏津黄河故道古桑树群”“中国南方山地稻作梯田系统（包括崇义客家梯田、尤溪联合梯田、新化紫鹊界梯田、龙胜龙脊梯田）”等4项新遗产获得了FAO授牌，使我国遗产总数达15项，居世界各国之首。

2018年10月18日，《农民日报》报道：全国脱贫攻坚奖表彰大会暨先进事迹报告会17日上午在京举行。会议对99名获奖个人和40个获奖单位进行表彰。刘洪、王喜玲、张渠伟、徐冬梅、黄振荣、闻彬军等获奖代表作先进事迹报告。

2018年12月31日，《农民日报》报道：农业农村部、财政部公布：经自评申请、省级推荐、绩效评价和现场考察等程序，四川省眉山市东坡区等20个现代农业产业园被认定为首批国家现代农业产业园。

山西省农业科学院右玉农业试验站

【概述】山西省农业科学院右玉农业试验站（Youyu Agriclrural Experimental Centre of Shanxi Academy of Agricultral Sciences），以下简称右玉农业试验站，建立于 1962 年，前身是右玉县农业试验站。1980 年，根据山西省人民政府办公厅文件定名为山西省农业科学院右玉农业试验站。根据 2010 年山西省机构编制委员会办公室文件，右玉农业试验站升级为副处级单位。主管部门：山西省农业科学院。站长：刘根科（副处级）。

右玉农业试验站是一所全额事业单位，主要从事农作物种植研究，农作物育种、种植高新技术研究，小杂粮优种培育，农作物优良品种生产、引进和推广，脱毒马铃薯种薯繁殖，农业生产新技术推广、交流和培训及相关社会服务。设有糜黍研究室、杂豆研究室、荞麦燕麦研究室、胡麻马铃薯研究室等 4 个研究室。全站编制数 13 人，其中：科技人员 9 人，管理人员 2 人，工勤 2 人。

单位地址：山西省右玉县梁威路 2 号。邮政编码：037200。电话：0349—8032694。E-mail：sxyylgk@163.com。

【科技交流与合作】2018 年，单位通过走出去，积极参加国家现代农业产业技术体系、山西省农科院等单位组织的学习、参观、培训活动，邀请专家、教授来站讲课、合作研究、共建基地，提高了科研人员的研究水平、业务能力。

【精准扶贫，对口脱贫攻坚工作】2018 年，我站根据右玉县委和政府精准扶贫任务“脱贫后，三年稳定”的要求，并报院党委同意，继续成立扶贫工作组。结合我站的实际情况，带领站党员干部开展了系统的扶贫稳定工作。扶贫项目实施以后，不仅增加了村民收入，加快了脱贫攻坚步伐，同时促进了项目实施区燕麦种植深加工基地建设，也促进了区域主导产业链的形成，提高了种植规模和生产加工水平，推进了燕麦产品产业链的形成，提高了项目区粮食生产能力，带动了区域经济可持续发展。

【农业技术服务】2018 年，右玉农业试验站联系 10 个种养殖专业合作社进行技术指导、良种良法示范，为右玉县无偿提供燕麦、豌豆、胡麻、荞麦示范良种种子合计 1.2 万千克，发放化肥 300 多袋，发放技术资料 0.5 万份，举办农民培训班 11 次，田间地头和现场指导培训大约 25 次，培训农民计 0.15 万人次，带动辐射 10 多万亩。

国家级畜禽新品种“阿什旦牦牛”培育成功

2019 年 4 月 28 日，农业农村部发布第 168 号公告，“阿什旦牦牛”通过国家畜禽遗传资源委员会审定，并取得国家畜禽新品种证书（证书编号：农 02 新品种证字第 8 号）。

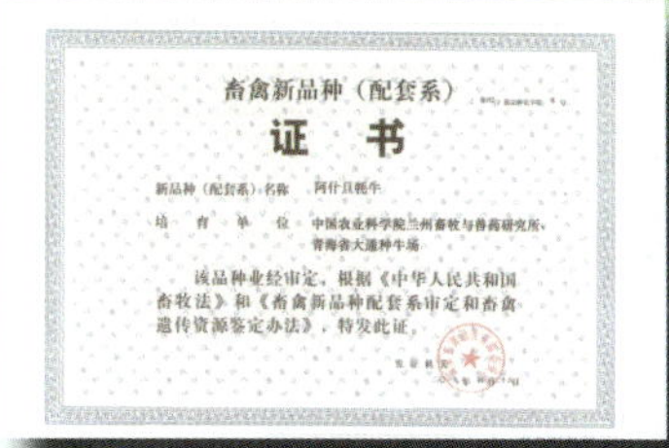
畜禽新品种（配套系）

证书

新品种（配套系）名称　阿什旦牦牛

培育单位　中国农业科学院兰州畜牧与兽药研究所、青海省大通种牛场

该品种业经审定，根据《中华人民共和国畜牧法》和《畜禽新品种配套系审定和畜禽遗传资源鉴定办法》，特发此证。

阿什旦牦牛是以青海高原牦牛为育种素材，采用群体继代选育法，应用测交和控制近交方式，有计划地通过建立育种核心群、自群繁育、严格淘汰、选育提高等主要阶段，集成开放式核心群育种技术体系、分子标记辅助选择技术等现代先进育种技术，经过 20 多年攻坚克难系统选育而成。该品种是世界独特生态区牦牛品种培育的成功典范和品种生态差异化培育的典型代表。

阿什旦牦牛以肉用选育方向为主，被毛黑褐色和无角为重要外貌特征。新品种体型外貌高度一致，遗传性能稳定，品种特征明显，产肉性能好，抗逆性强，繁殖性能高。阿什旦牦牛性情温顺，生长发育快，易于饲养管理，深受牧民群众欢迎。阿什旦牦牛改良后畜在同等饲养条件下，平均繁活率为 59.98%，比当地牦牛提高 11.72 个百分点；死亡率为 1.24%，比当地降低 4.32 个百分点；18 月龄体重比当地同龄牦牛高 18.38kg，提高了 24.71%，增产增效非常明显。

阿什旦牦牛种公牛

阿什旦牦牛母牛

阿什旦牦牛群体

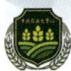

服务建管用 促进新发展

——推进农村能源事业健康发展

农村能源事业是乡村振兴战略的重要抓手，是发展绿色农业的重要纽带，我县机构人员稳定，各项工作有序开展。截至目前，我县今年已建中小型沼气工程2处，沼肥水肥一体化两处，已开工建设，安全生产常抓不懈，质量要求不断提高。在以沼气为主体的农村能源建设中，我们紧紧围绕六个方面开展工作。

1. 围绕扶贫攻坚开展工作：杜皮乡於阳岗村是我县最大的扶贫异地搬迁安置点，在各级、各部门支持下，在杜皮乡人民政府、杜皮乡於阳岗村全心全力投入下，建成总容积700余立方米的沼气工程一处，同时结合沼气工程高标准配套建设公厕（粪便入池、沼液冲厕），安置点122户居民全部用上了沼气。

2. 围绕产业发展开展工作：杜皮乡船石冲村400亩药材基地不仅是该村精准扶贫产业发展基地，种植的射干、红丹参等药材品种更是团风地标品种，基地与多所研究机构开展了合作。

3. 围绕环境整治开展工作：马曹庙镇大路岗村确定为人居环境整治、美丽乡村建设村。

4. 围绕污染处理开展工作：2019年，上巴河镇英霞养猪场在取得养殖许可证下，养猪场建设与沼气工程建设同步进行。

5. 围绕示范样板开展工作：建设了一处沼肥综合利用示范点，沼肥应用于村60亩蔬菜基地，沼肥施肥系统可根据需要喷灌施肥，亦可滴灌施肥。

6. 围绕职能职责开展工作：一是抓中小型沼气工程县级建设质量标准的完善；二是抓沼气工程建设验收结算办法的完善；三是抓沼气供气和供肥补贴办法的完善；四是抓秸秆综合利用工作。

天然胶乳低氨及无氨保存技术的研发与应用

针对传统天然胶乳保存体系在生产应用中存在的环境污染及影响制品加工工艺、安全性等突出问题，本成果采用水溶性、不挥发性的广谱抗（抑）菌剂作为天然胶乳第一保存剂，通过与其他低成本的抗（抑）菌剂或氨复配，开展了不含TT、ZnO的天然胶乳低氨及无氨保存新技术的研发及生产、应用研究，形成了天然胶乳低氨及无氨保存及应用新技术。成果整体达到国际先进水平，探明了低氨、无氨保存体系对天然胶乳保存效果、理化指标及性能影响的规律，系统分析了天然胶乳低氨、无氨保存体系对浓缩胶乳生产工艺、乳胶制品生产工艺的影响，初步建立了天然胶乳低氨及无氨保存技术评价方法，为天然胶乳新型低氨、无氨保存技术的研发奠定了理论基础。天然胶乳低氨及无氨保存技术成本适中，浓缩胶乳保存超过6个月，且不含TT、ZnO，能够使浓缩胶乳中的氨含量控制在0～0.3%，产品质量满足国标要求，有效解决高氨污染以及TT、ZnO对浓缩胶乳质量一致性、制品安全性带来的不利影响。所生产的低氨及无氨浓缩胶乳已在广东、湖南等地的乳胶制品企业用于医用导管、家用手套、制鞋胶粘剂、乳胶枕头、探空气球等产品的生产。

低氨浓缩胶乳应用于乳胶枕头的生产

低氨及无氨浓缩胶乳用于家用手套的生产

低氨及无氨浓缩胶乳用于医用导尿管的生产

苏山猪

——江苏省农业科学院畜牧研究所

苏山猪是江苏省农业科学院任守文研究员团队历时 15 年育成的优质高产瘦肉猪新品种，含 25% 太湖猪血统及 75% 国外猪血统，2017 年通过国家新品种审定，证书编号：农 01 新品种证字第 28 号。该品种被毛白色，有效乳头 14 枚以上，具有优质（肉色鲜红、肌内脂肪含量 2.56%，）、高产（产仔数 13.6 头、日增重 786g、料重比 2.89:1、瘦肉率 59.4%）、抗逆（耐粗纤维可达 11.39%、抗喘气病强）等特点，无 PSE 和 DFD 肉。苏山猪适应性强，适合全国各地饲养，已在江苏省内南京、扬州、泰州、南通、常州、淮安、宿迁、徐州等地近 30 个县（市、区）进行应用并推广到安徽、浙江、云南等省，实现了标准化、产业化生产。苏山猪被毛白色，屠体品质一致性好，肉质口感保留了太湖猪的风味特色，产仔数保留了太湖猪高繁殖力特性，既可纯繁生产优质猪肉，又可作为母本与长白猪或杜洛克猪二元杂交替代“洋三元”，受到生产者和消费者的欢迎和喜爱。

可移动经济型猪舍是江苏省农业科学院任守文研究员团队新近研发的一种新型猪舍及工艺，试图解决经济发达地区发展养猪业中的用地难、环境压力大等问题，将设施养猪、福利养猪与猪生理特性有机结合，猪舍、地面、围栏、温控、排污等自成技术体系，形成定型产品并示范推广，获得 14 项国家专利保护，目前已在南京等地示范推广，受到养猪生产者的欢迎。猪舍规格：宽 11 米，肩高 1.9 米，顶高 5.0 米，长度不限，也可根据实际地形地貌设计猪舍规格。猪舍性能指标：抗风荷载≤ 20m/s，抗雪荷载≤ 15Kg/ ㎡，悬挂荷载≤ 0.35N/ ㎡。该猪舍特点：①采用构件化设计，可组装拆卸移动；②不固化土地，方便土地复耕；③经常移动有利于种养轮换，对环境压力小；④经常移动也有利于疫病防控；5 猪舍造价较低，只有普通猪舍造价的 1/3~1/2，易推广；⑥可根据用户要求先预制生产，现场安装，实施快捷。

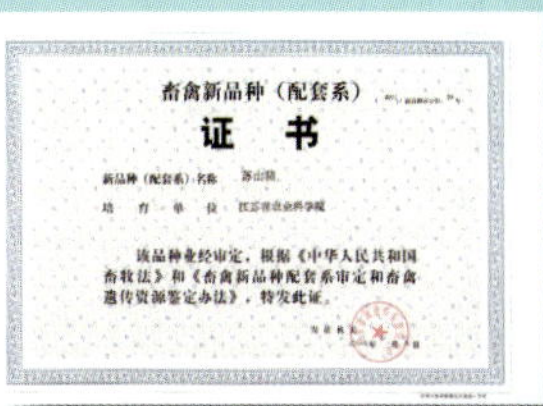

中国农科院萧玉涛团队首次揭示我国草地贪夜蛾来源地和生物型分子特征

草地贪夜蛾隶属于鳞翅目，夜蛾科，原产于美洲热带和亚热带地区，可分为以玉米、高粱、甘蔗等为主要寄主的玉米型和以牧草、水稻等为主要寄主的水稻型，是重大迁飞性农业害虫。2016 年传入非洲，对非洲玉米生产造成巨大损失。草地贪夜蛾于 2019 年初入侵我国并迅速扩散，对我国粮食生产安全构成重大威胁。中国农业科学院农业基因组研究所萧玉涛团队利用 2 个分子标记对中国 13 省（市、区）131 个县市的 318 份样品进行群体遗传特征比较，基于线粒体细胞色素氧化酶 I（cytochrome c oxidase subunit I，COI）基因分析结果显示 96% 以上为“水稻型”，“玉米型”比例不到 4%，且中国样品 COI 序列特征与美国佛罗里达州种群有很高的一致性，而基于核基因组的磷酸丙糖异构酶（triose-phosphate isomerase，Tpi）基因分析表明所有样品单倍型特征均表现为“玉米型”。由此推断，入侵我国的草地贪夜蛾群体很可能来自一个“水稻型”母本和“玉米型”父本杂交群体的后代，在长期的演化扩散过程中，“玉米型”的核基因组占据了主导地位，从而成为一种“特殊玉米型”。明确入侵中国的草地贪夜蛾具体遗传特征，对于风险评估、精准监测和科学防控意义重大。

草地贪夜蛾雌虫（左）和雄虫（右）形态特征

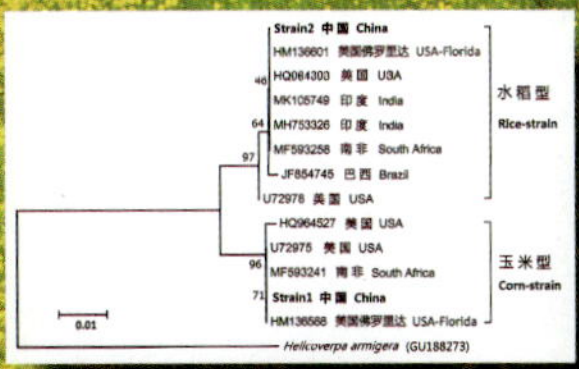

CO Ⅰ序列构建的系统进化树

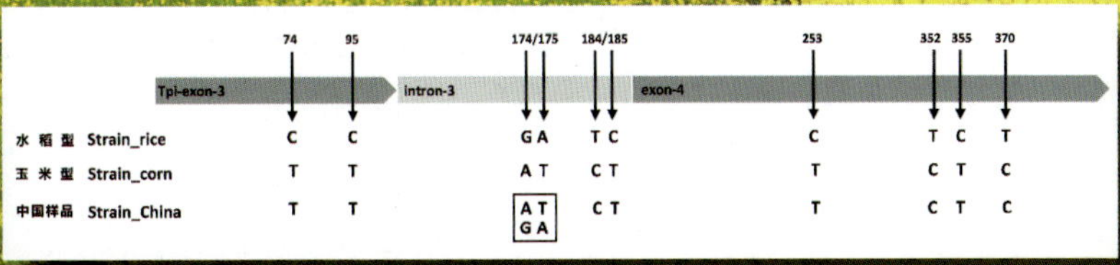

“玉米型”和“水稻型”Tpi 基因片段单倍型比较

注：箭头表明差异单倍型位点，方框代表中国部分样品杂合的两个位点

龙鱼繁养殖技术体系构建与应用

中国水产科学研究院珠江水产研究所

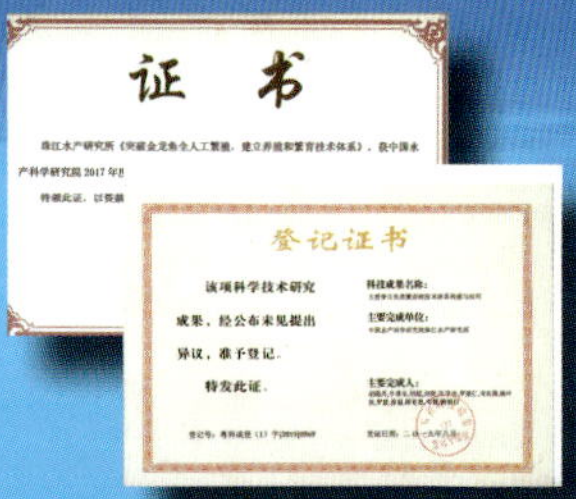

龙鱼是高档观赏鱼，其中金龙鱼（学名为美丽硬仆骨舌鱼）作为国际一级保护鱼类，具有重要的经济、科研和文化价值，由于其依赖进口，使我国市场一直处于非常被动的局面。银龙鱼（学名为双须骨舌鱼）的市场需求量最大，但目前也缺乏行业发展所需的相关研究。中国水产科学研究院珠江水产研究所以这两种代表性龙鱼为研究对象，针对我国自主知识产权缺乏和繁殖技术落后等关键问题，①率先引进金龙鱼良种，建立种质资源鉴定和亲权鉴定的技术方法；②在国内率先突破金龙鱼和银龙鱼的人工繁育难关，并实现连续多代繁殖，建立了从亲鱼培育、人工促熟、营养调控及成鱼培育等综合繁育技术体系，打破了国外技术垄断；③建立了与龙鱼人工繁育技术相配套的关键养殖系统；④建立了血清中性别相关蛋白的检测方法，为研究龙鱼性别鉴定问题奠定基础。

第三方评价委员会认为“该成果为发展我国龙鱼产业打下良好基础，为合理开发和利用金龙鱼这一濒危物种、促进观赏鱼产业发展提供了技术支撑，该成果填补了相关领域研究的空白，整体技术达到国际先进水平”。

涿州市义民玉米研究所

涿紫花青素玉米系列品种的形成及应用的最新成果

紫玉米花青素（也称紫玉米色素），是所有花青素中人类最早发现和使用的。黑玉米、紫玉米原产中南美洲，自古即被用作优良食品和补品。从中提取的花青素，过去叫紫玉米色素，当地人用来制作清凉饮料和果冻等食品的着色剂。随着科学的进步，紫玉米色素，首先进入了国际食品添加剂名录。进入到 21 世纪，紫玉米花青素被很多发达国家重视，进行了很多相关的科学实验，取得了很多振奋人心的成果。2000 年 10 月 12 日《日刊工业新闻》报道，由日本名古屋市立大学教授白井智之领导的科研小组，用小白鼠做实验，发现紫玉米花青素可以有效抑制癌症发生，有效率可以达到 40% 以上，这是世界上首篇紫玉米花青素可以抗癌的报告。2001 年 2002 年他们又连续做了很多实验，至 2004 年又报道了紫玉米花青素对大肠癌细胞的抑制和对糖尿病的抑制治疗效果的实验。至此可以证实，紫玉米花青素对癌症的预防和治疗是有效的，紫玉米花青素可以有效清除人体的自由基，提高人体免疫力。涿紫玉米杂交种，就是一种优质的粮食。

现在用花青素紫玉米酿造的酒已经上市，其他产品还有玉米面、挂面、黑玉米糁，花青素玉米饮料也即将上市，各种化妆品也在研制过程中。据日本教授市隆人说，他们研究成功的防癌、治疗癌症药品已在世界各国销售，我国用紫玉米花青素研制的药品才刚起步。

涿紫花青素玉米全身是宝，每个部位都可以提取花青素。我们利用“涿紫一号”青储饲料做实验，今年已是第十年头，取得了可喜的成果，经化验食“涿紫一号”饲料的牛产的奶是富硒奶，含硒量是普通牛奶的 13 倍，而且奶味芬芳，喝起来带有甜味、非常适口。开始只在会员中销售，都尝到了甜头和好处，身体都很健康。为了扩大销售，让更多的人收益，现准备生产富硒奶的酸奶，开拓更大的市场。用花青素喂的小公牛，喂出了雪花肉，经几次品尝评比（五种肉牛）均得第一名，超过了日本的和牛。用花青素的饲料喂猪、羊的实验也在进行中，喂鸡、鸭、鹅的实验也已经开始。相信优质的饲料，一定会产出优质的产品。涿紫花青素玉米的应用，已经全面展开。涿紫花青素玉米将会带动我国农业的发展，提高国人的健康水平。同时全面促进健康产业发展，使我国的食品，医药，化工，饮料等行业开发出更多新的产品，生产出更多的健康的肉、蛋、奶。

杂交水稻重粒恢复系创制及新品种选育与应用

贵州省水稻研究所主持完成的"杂交水稻重粒恢复系创制及新品种选育与应用"项目，获2018年度贵州省科学技术进步叁等奖，主要完成人：杨占烈、伍祥、甘雨、向关伦、陈文强。本项目研究主要立足于贵州喀斯特稻区生态复杂多样的特点，从提高水稻生物量增加籽粒重量方向入手，开展杂交水稻重粒恢复系种质创制，培育千粒重高的优质、抗逆、高产稳产、广适性杂交水稻新品种，为水稻生产可持续发展和粮食安全提供保障。项目主要创新成果如下：①收集整理了株叶形态优良、稻瘟病抗性强、重粒大穗、优质的水稻种质材料200余份，构建了一定数量规模的育种材料基因库。②兼顾粒重、品质和抗性的育种材料创制取得突破性进展。创制出千粒重30克以上重粒型恢复系5份通过技术鉴定。③重粒型杂交水稻品种培育取得新突破。利用上述重粒恢复系配组杂交水稻新组合，育成并通过国家级审定品种1个、省级审定品种8个（次）。④开展育成品种高产制种技术和栽培技术研究，集成了相关配套技术规程并指导生产，实现早熟品种亩产700千克以上、迟熟品种亩产800千克以上的高产水平。⑤获植物新品种权2项，发表论文20余篇，参编专著1部。⑥累计推广项目育成品种面积193.7万亩，新增社会总产值2.78亿元。

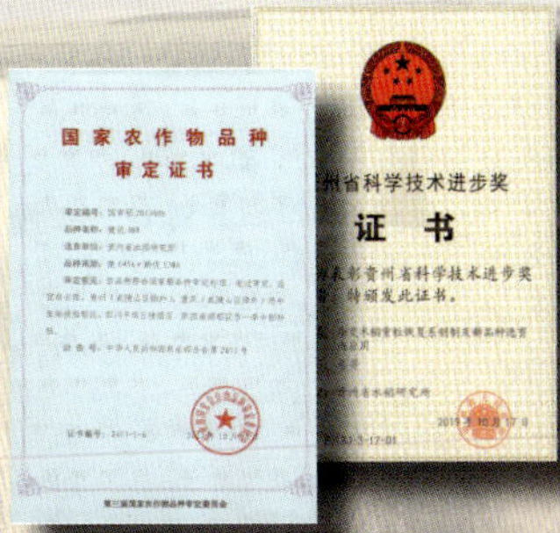
国家农作物品种审定证书

贵州省科学技术进步奖

证书

我国瘦肉型白羽肉鸭育种工作取得突破性进展

中国农业科学院北京畜牧兽医研究所肉鸭育种与营养创新团队利用我国肉鸭遗传资源，通过数量遗传学育种理论和现代化的育种设备和技术培育出的"中畜草原白羽肉鸭"配套系和"中新白羽肉鸭"配套系，分别于2018年9月和2019年4月通过国家畜禽遗传资源委员会新品种审定，获得国家畜禽新品种证书［（农10）新品种证字第06号］、［（农10）新品种证字第07号］。彻底扭转了我国肉鸭种源依赖进口的局面，保障了肉鸭种业的安全。

个体产蛋性能测定鸭舍

国家畜禽遗传资源委员会认为两个肉鸭新品种的出栏体重、饲料转化效率、胸肌率和皮脂率等生产性能指标均达到了国际领先水平。经农业农村部家禽品质监督检验测试中心（北京）检测，中畜草原白羽肉鸭商品代肉鸭42日龄的平均体重为3 496克，成活率为98.6%；中新白羽肉鸭商品代42日龄饲料转化效率为1.85：1，瘦肉率高达20.5%。新肉鸭配套系具有生长快、瘦肉率高、料重比低、耐粗饲等优点，具有极强的市场竞争力和应用前景，可以在全国肉鸭主产区推广应用。2019年中畜草原白羽肉鸭推广父母代种鸭515万只，中新白羽肉鸭推广父母代种鸭209万只，可生产商品代肉鸭10亿只以上，约占全国市场的33%，大幅度提高了肉鸭品种的国产化率。

国家农作物品种审定证书

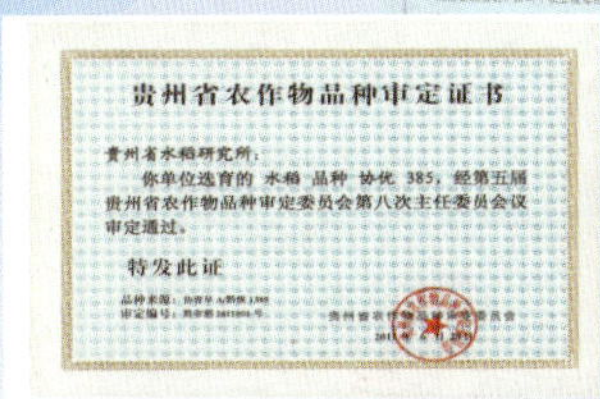
贵州省农作物品种审定证书

贵州省水稻研究所：

你单位选育的 水稻 品种 协优385，经第五届贵州省农作物品种审定委员会第八次主任委员会议审定通过。

特发此证

个体饲料转化效率测定鸭舍

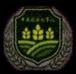

基因组所发布“超清”家猪基因组序列，助力我国地方猪保种与开发利用

9月16日，中国农业科学院深圳农业基因组研究所（以下简称“基因组所”）猪基因组设计育种创新团队，于BioRxiv在线发布了中国优良地方猪——陆川猪的高质量基因组序列。该基因组序列的发表，不仅填补了亚洲家猪缺少高质量参考基因组的空白，更为家猪基因组组装提供了新的方向。

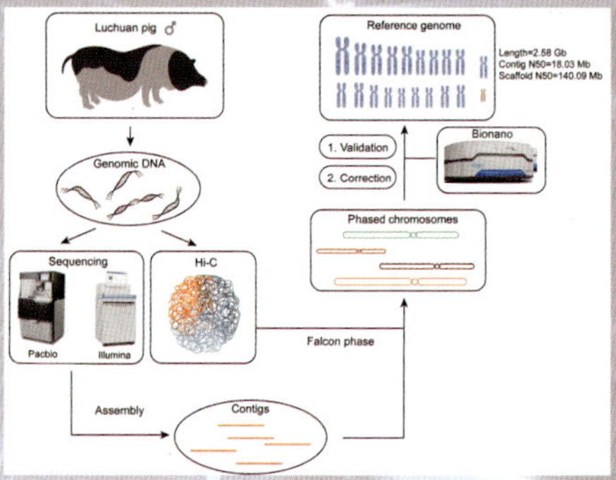

这篇题为《Chromosome——scale denovo assembly and phasing of a Chinese indigenous pig genome》的文章中公布的猪基因组序列采用了目前最新的Pacbio，Bionano DLS和ProximoHi-C等多项测序技术，以及Falcon Phase组装算法，首次获得了染色体级别的定相（Phased）基因组。这标志着来自亲本的等位基因可以完整区分，具有重要的理论和应用价值。

“包括人在内的很多物种，都是二倍体。也就是说，每一个二倍体个体中都有两套不同亲本来源的单倍体序列。我们本次组装得到的猪基因组，除了有很高的连续性外，更是成功地获得了2套染色体级别的基因组序列，这在基因组组装研究领域尚属首次。”项目负责人唐中林研究员兴奋地说到，“这意味着我们可以同时研究同源染色体的变异，以及来自不同亲本的等位基因功能。这是基因组学领域科学家们梦寐已久的，今天我们向前迈了一大步。”

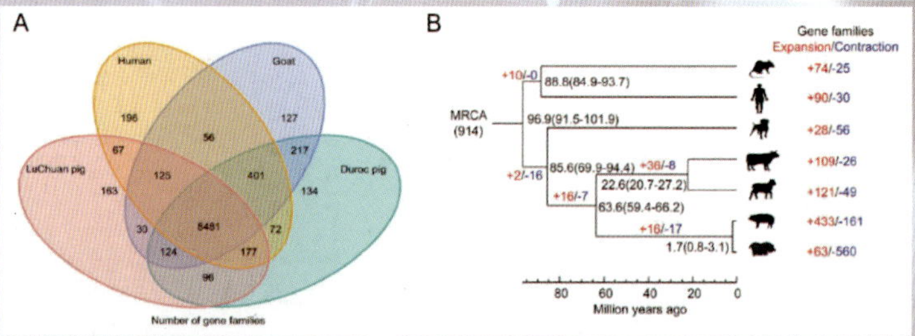

该研究得到国家自然科学基金重点项目、转基因重大专项、深圳市科创委和中国农业科学院创新工程的支持。

玉米秸秆榨糖收贮模式研发与应用

针对玉米主产区秸秆产量大、处理难、综合利用率低等问题，提出将玉米秸秆中游离糖和秸秆纤维分贮综合利用新思路，不仅利用了秸秆糖分，而且榨糖后榨渣质量提升、体积缩小，便于贮运利用，为玉米秸秆产业化所需的低成本、高质量原料长期贮藏技术提供了方向。

玉米果穗和秸秆同步收获

集成玉米秸秆与果穗同步收获机械、运输车辆、压榨设施、浓缩设备、罐装贮藏设施、榨渣打包设备，研发了固定榨糖收贮方式，实现了日处理鲜玉米秸秆500吨的生产能力，可生产标准工业糖浆30吨和多用途榨渣原料约300吨。

通过对通用玉米联合收割机的空间分布、重力配置等方面进行优化改造，增加压榨设施设备，创新制造了“玉米秸秆自走式收榨一体机”样机，实现了田间果穗、茎秆收获与榨糖同步完成，单台收割样机日收获玉米并同步压榨秸秆30亩以上。

秸秆压缩榨糖

建立了玉米秸秆榨糖和榨渣综合利用模式，即玉米果穗与秸秆同步收获；秸秆压榨固液分离、榨汁浓缩；榨渣打包存贮。糖浆用于生物化工和生物能源原料等；榨渣可用于青贮饲料、纤维乙醇、基料和高分子材料等。在内蒙古准格尔旗建成了覆盖4.5万亩玉米种植面积、可年处理5万吨玉米秸秆的示范工程。

天津市人工影响天气工作

天津市人工影响天气工作始于 1973 年，目前全市 10 个涉农区全部开展人工影响天气工作。在市农业农村委的领导下，全市人工影响天气工作者始终牢记全心全意为人民服务的宗旨，把为天津市经济建设尤其是为“三农”服务始终作为立业之本，坚守岗位、勤奋工作，人工影响天气事业全面、快速、健康发展。当前在用人影炮站 43 个、高炮 50 余门、火箭发射装备 33 部、地基碘化银焰炉 11 部、防雹增雨空气燃气炮 4 部，租用人工增雨作业飞机 1 架，形成了集多种作业手段于一体的空地结合作业格局。人工影响天气安全生产持续稳定、人工防雹和人工增雨成效显著，人工影响天气服务领域日趋多样，重大社会活动保障能力不断增强，取得了显著的社会效益和经济效益，得到各级政府和广大群众的认可。

近年来，天津市人工影响天气工作在提升作业能力、提高监测和指挥能力以及科技支撑等方面不断推进现代化建设。“十二五”以来，引进了一套世界先进的机载探测设备，先后完成了人影业务平台升级改造、作业站点安防监控和高炮远程控制发射系统以及人影弹药装备物联网管理等建设项目，初步建成了现代人工影响天气业务体系，实现了作业指挥与管理的市区和作业站点三级联动和综合管理，实现了人工影响天气作业条件监测、作业条件预报、综合分析、作业指挥、作业效果评估以及科技支撑等综合能力的全面提升。

近年来，科技创新水平和人才队伍建设不断加强。先后主持国家自然基金项目 3 项、主持和参与了中国气象局“十一五”国家科技支撑计划、中国气象局公益性行业科研专项、天津市科委公关培育等项目，先后获得天津市科技进步二等奖和三等奖各 1 次。我办 1 人获天津市劳动模范荣誉称号、2 次获天津市三八红旗集体、1 人获三八红旗手荣誉称号，联合天津市总工会已举办了 3 届人工影响天气高炮作业岗位技能竞赛活动，充分展现了人影集体的精神风貌。

今后我市人工影响天气工作将围绕天津市政府提出的大力开展生态文明建设，加强以生态环境修复为目的的人工增雨作业，将林区、生态湿地、地下水涵养区等列入人工增雨作业重点区域。同时在加强探测监测能力、引进高性能探测和作业飞机、实施精准作业，助力乡村振兴等方面不断努力，适应新需求、迎接新挑战、开创新局面。

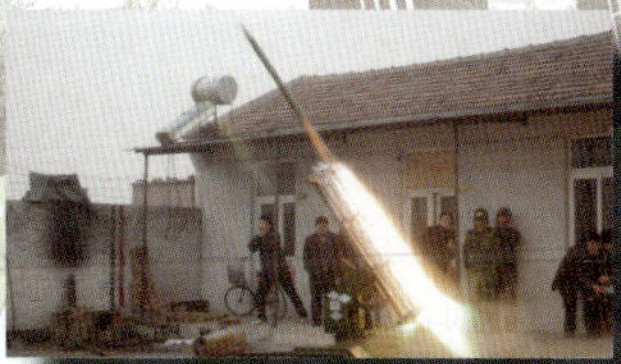

黑龙江省科学院微生物研究所

——“大西北”牌多元微肥

黑木耳是我国珍贵的药食兼用胶质真菌，具有多种生物活性，在抗肿瘤、免疫调节、降血脂、降血糖、抗菌、抗病毒以及防治心脑血管疾病方面发挥着重要作用。

孔祥辉博士，作为黑龙江省科学院微生物研究所食药真菌精深加工创新团队的首席研究员，研发方向聚焦食药用菌精深加工技术研究与产业化开发，新产品硕果累累。从事食药真菌富硒高效栽培技术、深层液体发酵技术、多糖与蛋白质分离纯化、生物活性及精深加工关键技术创新研究与产品开发。多年来立足于黑木耳产业发展的核心及共性技术研究，解决了制约黑木耳精深加工发展的系列技术瓶颈。①活性成分高效一体化制备和生物酶法联合仿生学提取创新性强；②新型提取设备结合管式一蝶式联用高效分离系统，克服了木耳提取体系黏稠、料液分离难、规模化生产难的技术瓶颈；③建立低耗高效多糖纯化工艺；④物理改性超微破壁技术改善木耳粉碎性能、食用品质，提高活性成分溶出率，粒度均匀、分散性好、易冲调和吸收，生物利用率高，攻克了木耳超微粉开发的技术瓶颈；⑤在降血脂、抗氧化、调节肠道菌群和免疫及清肺润肺等研究的基础上，研制的产品具有创新性。获得具有显著降血脂活性的保健食品专利配方 1 个，获得黑木耳活性成分提取和深加工产品配方、工艺发明专利技术 6 项，研制黑木耳一辣木叶复合压片糖果、饮料、黑木耳复合固体饮料（代餐粉）、黑木耳银耳复合固体饮料、黑木耳复合袋泡茶、黑木耳益生菌复合固体饮料、猴头菇复合固体饮料等深加工产品，并实现产业化。

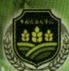

孔祥辉博士作为项目“黑木耳精深加工关键技术创新与应用”的第一完成人，获 2019 年度省科技进步二等奖。获发明专利 6 项：“一种含有黑木耳提取物、具有降血脂作用的组合物及其制备方法”“一种木耳多糖的制备方法”“一种黑木耳糕及其制备方法与应用”“一种双耳颗粒悬浮饮料及其制备方法与应用”“一种组合物及其制备方法与应用”“一种能够表达金针菇免疫调节蛋白的重组菌株及其构建方法、蛋白表达纯化方法和蛋白应用”。

中国农业科学院植物保护研究所捕食螨研究组研发的捕食螨产品及田间应用技术

中国农业科学院植物保护研究所捕食螨研究组，是国内专业化程度最高的捕食螨研究团队，长期关注叶螨、蓟马、粉虱等小型有害生物的防治。团队深入研究捕食螨的生物生态学、生殖和营养机理、规模化繁育和应用等，五年来发表 SCI 论文 30 余篇，拥有国家发明专利 25 项，获得省部级奖项 4 项。拥有近 10 种捕食螨生产技术及产品，掌握捕食螨在设施蔬菜、草莓、果树等方面的多项应用技术。

主要产品：智利小植绥螨，加州新小绥螨，巴氏新小绥螨，东方钝绥螨，剑毛帕厉螨，拟长毛钝绥螨，津川钝绥螨等。

主要应用技术：

1. 叶类蔬菜蓟马生物防治技术（全国农村创业创新实用技术 TOP10 之一）：本项技术结合天敌捕食螨和球孢白僵菌，再悬挂诱虫板监测和预防蓟马成虫，充分利用地下和地上的立体空间对蓟马形成全方位的预防和防治，能够在不使用化学农药的情况下，对蓟马的防治效果达到 90% 以上。

2. 利用智利小植绥螨替代化学农药防治草莓叶螨（红蜘蛛）技术：智利小植绥螨是草莓叶螨（红蜘蛛）的专食性捕食者，能捕食叶螨的各个螨态，是国际上用于防治叶螨的明星天敌产品。本项技术的防效能与化学农药相媲美，且无污染无公害。不仅高效安全，而且操作便利、节省人工，更能有效避免药害。且草莓果形大、品相好、畸果少，经济收益显著。

吉林农业大学

首席专家单位吉林农业大学和参加单位中国农业科学院特产研究所、吉林省人参科学研究院、沈阳农业大学、黑龙江中医药大学、集安市大地参业有限公司和抚松丰泽农业种植有限公司等单位根据市场需求导向充分利用科研单位、教学单位和企业的人力、物力和财力资源，为人参产业发展的产前、产中和产后等环节提供技术支撑，建立了国家人参产业技术创新体系，全面促进了我国人参产业在科技进步基础上的更好、更快发展。

项目组在人参（西洋参）新品种选育研究方面取得突破，示范推广面积不断扩大。新选育出人参（西洋参）新品种 3 个，并建立了良种繁育基地。建立了非林地栽参优质高产栽培技术体系，该技术已被吉林省政府列为非林地栽参主推技术，制定了《农药在人参上的使用系列准则》，建立了人参生产质量保障体系（农残控制）。在东北三省建立了人参生产示范基地 12 个，面积达 1.5 万亩，推广面积达 5 万亩。

建设现代化红参加工厂和生晒参加工厂，建立了人参数字化加工控制体系，解决了传统加工质量不易控制等问题，实现了人参产地加工的现代化，提升了加工水平，制定了我国人参加工技术标准，产品市场竞争力和占有率不断提高。

项目组产品开发成果丰硕，不断促进人参转化增值。开发了具有保健功能的保健食品和普通食品产品，获得批准号并在企业转化生产。

多熟制地区水稻机插栽培关键技术创新及应用

完成单位：扬州大学等。完成人：张洪程等。

针对我国南方多熟制地区，传统机插栽培普遍存在“苗小质弱与大田早生快发不协调、个体与群体关系不协调、前中后期生育不协调”等严重问题，导致产量不高、品质下降与多熟季节矛盾加剧。围绕上述重大难题，经 11 年攻关研究，创立了适应多熟制地区的毯苗、钵苗机插高产优质增效栽培技术新体系。

主要创新成果：

1. 创立机插毯苗、钵苗两套“三控”育秧新技术。创建了“因水稻品种控种精量稀匀播、依秧龄控水精准旱育与化控”的机插毯苗育秧技术，解决了稀播成毯、壮苗早发的技术难题。创立了精准控种、控水与化控为主要内涵的机插钵苗育秧技术，开创了带蘖中苗无植伤机插栽培新途径。有效缓解多熟茬口矛盾，利于周年高产。

2. 研明了毯苗、钵苗机插水稻高产优质形成规律，创建了大田精准机插和肥水诊断调控关键技术。阐明了毯苗、钵苗机插水稻生长发育特性与高产优质形成机理，创建了“增龄壮秧与大田早生快发协调、个体与群体关系协调、前中后期生育协调”的“三协调”高产优质栽培途径及生育诊断调控指标。发明了机械耕深监测控制系统及耕深控制方法，创制了秸秆还田整地新机具与新型钵苗高速移栽机，提高了耕整地质量与机插适应性及精准性。创建了毯苗与钵苗少本精准机插、肥水耦合优化调控生育动态技术。

3. 创立了毯苗、钵苗机插水稻“三协调”高产优质栽培技术新模式，构建了适应多熟制水稻机插高产优质增效栽培技术新体系，增产 10% 以上，增效 15% 以上，并创造了大面积高产实绩。成果被农业农村部与多省列为主推技术。农业农村部科技发展中心组织专家评价一致认为，该成果整体达国际同类研究领先水平。

2006 年以来，成果相继在苏、皖、鄂、赣等地大面积示范推广，取得显著的经济效益、生态效益、社会效益。

中国热带农业科学院晚熟芒果育种与栽培创新团队

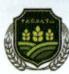

完成单位：中国热带农业科学院南亚热带作物研究所，中国热带农业科学院海口实验站，攀枝花市锐华农业开发有限责任公司，攀枝花市经济作物技术推广站，华坪县有机晚熟芒果研究中心。

团队自 1997 年成立以来，围绕川滇金沙江干热河谷晚熟芒果产业存在的主要问题，以项目为依托，以产业问题为导向，科技人员秉持“求实、创新、奉献、协作”的团队文化精神，力践“把论文写在大地上”，立足田间地头，在晚熟芒果育种和优质栽培等科学问题和技术瓶颈方面取得重大突破。主要包括：①收集保存芒果种质资源 260 余份，选育优质晚熟芒果新品种 6 个，有国家审定芒果新品种 1 个；创新芒果人工杂交育种技术，率先在国内构建了规模最大的杂交后代群体，并建立了高密度遗传图谱；②揭示了低温影响芒果授粉及坐果的细胞学机制、果皮红色色泽形成的生理和分子机制，探明了晚熟主栽品种果肉溃败的原因，研发集成了轮换修剪等树体管理、果实套袋和养分综合管理等技术；③明确了晚熟芒果炭疽病、畸形病和桔小实蝇等主要病虫害种类及其发生为害规律，揭示了芒果畸形病等的致病机理，建立了快速分子检测技术，集成了主要病虫害绿色防控技术体系；④研发出采前诱导抗病及采后果实软化控制相结合的综合保鲜技术。

团队坚持“在科研实践中发现和使用人才，在服务‘三农’中锻炼和培养人才”的理念，积极创造有利条件，加强人才培养和人才梯队建设。现有团队成员 23 人，其中研究员 4 人、副研究员 12 人，具有博士学位的 8 人，研究生导师 8 人。团队带头人詹儒林研究员，博士生导师，长期从事芒果病虫害防治等相关研究，入选中国热带农业科学院“十佳”科研团队带头人、“全国农业先进个人”、广东省“扬帆计划”高层次人才、广东省优稀水果产业技术体系首席专家。

团队依托“农业部热带果树生物学重点实验室”、“广东省工程技术研究中心”等国家和省部级科研平台，主持各类科研项目 46 项，获省部级一等奖 2 项、合作奖和团队奖各 1 项，获二等奖 3 项、三等奖 5 项，有国审和省审品种各 1 个，授权发明专利 7 件，发表论文 168 篇，其中 SCI 收录 24 篇，出版专著 4 部，培养硕士研究生 20 名。团队已成为我国晚熟芒果科学研究和技术应用的核心力量，整体实力居国内领先。

高压电场低温等离子体冷杀菌保鲜包装技术

食品冷杀菌保鲜包装技术的是国际食品科学技术最新发展方向之一；高压电场低温等离子体冷杀菌是目前国际上一种最新的食品冷杀菌技术，利用食品周围介质产生光电子、离子和活性自由基团与微生物表面接触导致其细胞破坏而达到杀菌效果。目前，对于生鲜肉、新鲜果蔬及鲜切菜等热敏食品采用的杀菌包装技术，存在杀菌不彻底及产生二次污染问题；尽管产品可采用冷链物流贮藏，但微生物仍能大量繁殖引起腐败变质，货架保鲜期短。此外，热杀菌对产品生鲜感官品质及营养成分的负面影响，不利于保持原有品质。为生鲜食品有效杀菌保鲜及延长货架保鲜期，开发高效冷杀菌和保鲜包装技术成为食品行业的必然趋势。

南京农业大学课题组在江苏省国际科技合作计划项目（BZ2014034）“靶向抑菌功能性纳米保鲜包装新材料研究与应用开发”江苏省农业科技自主创新资金项目（CX(15)1049）生鲜农产品新型业态加工物流冷杀菌保鲜包装关键技术研究及应用示范支撑下，与美国农业部 ARS 合作研究开发，在国际上首次把高压电场低温等离子体冷杀菌技术应用生鲜畜禽肉及调理制品及生鲜果蔬鲜切菜的保鲜包装，2015 年初引进美国农业部 ARS 的核心技术装备，在国内首次建立了高压电场低温等离子体冷杀菌技术试验系统装备，并联合企业研制开发低温等离子体冷杀菌核心技术装备和 MAP 保鲜包装—低温等离子体冷杀菌自动化生产线装备成套技术，拟解决我国目前食品冷杀菌技术瓶颈。

目前“高压电场低温等离子体冷杀菌核心技术装备”已获得国家发明专利 2 项并申请国际发明专利 2 项和国家发明专利 6 项。如图 2 国际上第一套高压电场 CPCS 试验系统装备已经完成研制，于 2018 年 8 月 3 日在第十届国际食品科技年会推出；高压电场 CPCS-MAP 冷杀菌保鲜包装自动化生产线（图 3）也将在年内完成首次开发，并进一步推进其在生鲜农产品物流、生鲜调理食品产业的商业开发应用。

生鲜调理食品

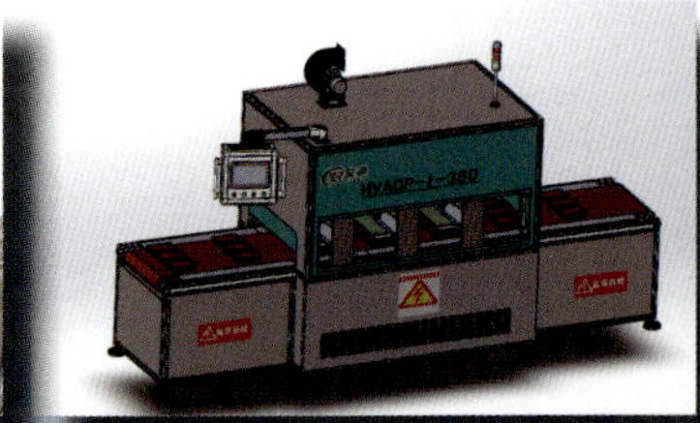

高压电场 CPCS—MAP 冷杀菌保鲜包装自动化生产线

随县农业科学研究所简介

2009 年，伴随着新随县的成立，随县农业科学研究所随之组建。新组建的随县农业科学研究所主要承担农作物新品种新技术新模式的科学研究、试验示范和推广工作。10 年来，该所紧紧围绕中心工作，组织和引导党员干部发挥示范带头作用，营造出共识、共心、共事的良好氛围，建成了团结、务实、勤政、廉洁、高效的集体，不断推进全县科研水平的提高和科研成果转化，为随县农村发展、农业增效和农民增收提供了强有力的保障。

“农工场”托管服务 推动农业绿色发展

甘肃谷丰源农化科技有限公司（简称“谷丰源农工场”）成立于 2006 年。自成立以来，公司一直专注于制种玉米、高原夏菜、中药材等作物的绿色高产技术方案集成与农资配套服务，是甘肃省最早市场化运作统防统治以及农业生产托管的社会化服务组织。

托管服务的做法

1. 以农户需求为导向，确定托管服务作物。谷丰源农工场根据小农户需要，选择制种玉米、高原夏菜、中药材为托管作物。

2. 以作物种植为核心，制定托管服务方案。

3. 以组织创新为重点，探索托管服务模式。

谷丰源农场在甘肃探索形成了以下两种模式：专业服务公司 + 生产企业 + 小农户；专业服务公司 + 规模经营主体 + 家庭农场。

谷丰源农工场通过和甘肃种业有限公司合作，带动 1 150 户小农户，达成托管服务面积 22 906 亩。谷丰源农工场通过和国营八一农场的合作，带动 678 个家庭农场，达成托管服务面积 136 200 亩。

4、以服务质量为根本，构建科学评价体系。

为了让服务对象感知服务带来的价值，谷丰源农工场联合甘肃省耕地质量建设管理总站、甘肃省农业技术推广总站等单位，成立第三方评价机构，对服务效果进行综合评价，帮小农户把关。

托管服务成效

1. 促进了小农户与现代农业发展有效衔接。2018 年托管服务面积 62.5 万亩，带动小农户 8.21 万户。

2. 实现了农产品生产节本增效。通过托管服务，每亩可节约用水 50 ~ 200 立方米、化肥施入量减少 15 ~ 30 千克、农药用量下降 10% ~ 25%。

工场托管服务，提升了农业生产标准化、专业化水平、节约了水肥药，提升了农产品品质，保护涵养了耕地。

谷丰源农工场农业生产托管社会化服务流程

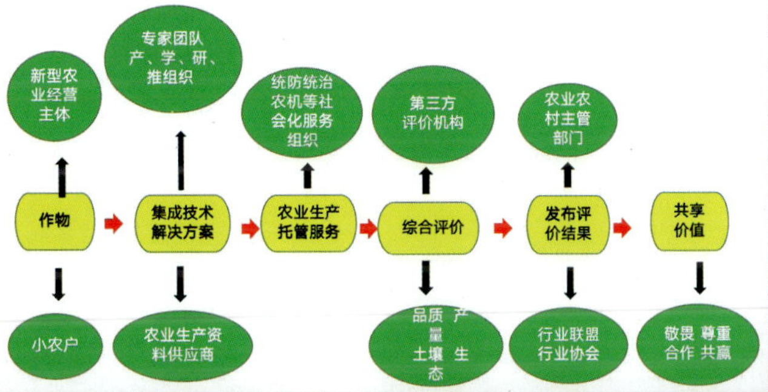

广州华鑫检测技术有限公司

广州华鑫检测技术有限公司是一家专业、独立法人、政府认可的第三方检测服务机构。公司成立于 2016 年 8 月 9 日，注册资金为 1 000 万元人民币，位于广州市黄埔区科学城神舟路 19 号。实验室面积近 2 100 平方米，配备了 800 多台（套）资产价值近 1 500 万元的国内外一流的仪器设备，主要的检测仪器设备均采用全球知名品牌，拥有原子吸收分光光度计一体机、气相色谱仪（安捷伦）、离子色谱仪、原子荧光仪、红外分光测油仪、油气回收检测仪，紫外可见分光光度计、烟尘（气）综合分析仪、电感耦合等离子体质谱仪（安捷伦 ICP-MS）、高效液相色谱仪（安捷伦）、气质联用仪（安捷伦 GC-MS）等检测仪器。公司致力于环境检测、消费品检测、食品检测、农产品检测、农资产品检测等服务。其中公司的环境检测业务主要是为地方政府和各类工业企业提供污染源监督监测、环境执法检测、环境影响评价检测、项目竣工验收检测、排污（排水）许可证办理及年审检测。检测范围包含水（废水、污水、地表水、地下水、生活饮用水）、气（空气、废气、室内空气）、噪声与振动、土壤和沉积物、固体废物、油气回收检测、疾病预防控制、职业病防治检测等类型检测。同时，我公司也为国内进口、出口企业提供消费品检测，为广东及周边省份城市农林牧渔业政府部门提供农产品检测和农药抽查检测服务。作为一家专业从事农产品、消费品及环境检测检验的第三方技术服务机构，我公司实验室严格按照 ISO/IEC 17025、RB/T 214、农产品质量安全检测机构考核要求运行，并取得了 CNAS、CMA、CATL 资质证书，保证检测数据的准确性、公平性和权威性。另外我公司也取得了 ISO9001 质量管理体系认证证书、ISO14001 环境管理体系认证证书、OHSAS18001 职业健康安全管理体系认证。通过运用 ISO9001、ISO14001、OHSAS18001 质量体系程序文件，对文档管理具备了规范的流程和监督机制，利用先进的文档管理体系，保证了文档传递及时、储存安全、必要的文档共享。凭借着先进的现场采样和实验室检测分析设备，科学、合理的质量控制手段，先后与广东省部分市、县、区的环保局和质监局、农业局、科研院所等单位合作，获得一致认可和好评。

前台图片

技术人员 1

技术人员 2

黄土高原小麦、玉米、油菜节水、节肥、节药综合技术方案

经过连续4年努力，项目在黄土高原小麦、玉米、油菜三大作物抗旱节水品种培养、覆盖集雨和节水灌溉、密植栽培、水肥高效利用、配套农机具研发与改进、病虫害防控等方面取得了重要进展。2015—2019年项目共发表论文163篇，其中SCI、EI收录49篇，授权实用新型专利63项，授权发明专利21件，制定地方标准8项，研制新产品8项，编制软件8项，出版专著3部，获得省部级奖励7项。在黄土高原不同类型区建立核心试验示范基地16个，形成了节水、节肥、节药的综合技术方案13套，技术集成17套，品种筛选22个；核心示范基地面积7 250余亩，作物增产12. 2%，水分利用效率增加0.13千克，农药用量降低18.1%，各项技术累计辐射推广应用10.2万亩，举办现场会35次，培训乡镇科技人员、种植大户及农民种植能手20 000余人，培养研究生25人。

首席专家甘肃农业大学吴建民教授进行现场指导

联合研制的勺轮式玉米探墒播种机田间播种

国内首台胡麻联合收割机

——甘肃农业大学联合雷沃阿波斯集团研发出国内首台胡麻联合收割机

发达国家胡麻种植模式统一，品种具有较好的抗倒伏性、成熟度一致，配合化学干燥方法，适合机械化收获。国外发达国家现有的谷物联合收割机工作参数调节范围大，拨禾轮转速、割刀速度、前进速度、脱粒滚筒转速、清选风机转速可实现无级调速，可基本适应胡麻联合收割。由于种植模式、品种等方面因素，不能完全适应国内联合收获的需求。国内福田雷沃谷神、中联重机谷王、沃德、星光等品牌谷物联合收割机都可进行胡麻联合收获，但存在收割时割台缠绕、高损失、高含杂等问题。

甘肃农业大学联合雷沃阿波斯集团研发出国内首台胡麻联合收割机，2018年在景泰县条山农场进行了田间收获试验。该机采用具有自主知识产权的防缠绕低损收获割台，采用胡麻专用"切流脱粒装置附件＋横轴流的组合脱粒"方式，胡麻专用上下筛与清选工作参数、结构参数优化匹配相结合，收获后的胡麻籽粒破损率低、清选含杂率小，作业生产率可达0.6~1.3m^2/h。该机的成功研发能够满足胡麻机械化联合收获的要求，基本解决了胡麻机械化收获易缠绕、含杂高的作业难题。通过更换附件可收获小麦、油菜等其他农作物，能实现一机多用。

2018年江苏省科学技术奖一等奖

——南京农业大学

成果名称：猪圆环病毒病免疫防控关键技术的创建与应用

主要完成单位：南京农业大学，江苏南农高科技股份有限公司

主要完成人：姜平，王先炜，白娟，蒋伟锏，董彦鹏，张书霞，李玉峰，曹瑞兵，陈溥言，缪芬芳，何海蓉

猪圆环病毒病是由猪圆环病毒2型（PCV2）感染引起的一种全球性重要猪传染病。该项目在国家和江苏省科技支撑计划支持下，历经14年持续研究攻关，突破了病毒培养滴度低、疫苗抗原规模化制备技术瓶颈及诊断技术准确性低等世界性关键技术难题，成功研制出该病疫苗和抗体检测试剂盒，实现了对该病的有效防控，推动了我国生猪养殖业持续健康发展。主要创新性成果如下：

1. 发现我国存在PCV2a向PCV2b的基因漂移，明确了我国优势流行毒株为PCV2b基因型。分离鉴定出高纯净和高免疫原性的PCV2b SH毒株，阐明了PCV2致病及免疫机制。创建了能够稳定生产高滴度PCV2的PK15-B1细胞系，病毒滴度提高100倍以上，攻克了PCV2培养滴度低的世界性技术难题，为PCV2研究和疫苗创制及产业化奠定了基础。

2. 发明了高密度细胞培养技术，创建了高效低成本的疫苗生产工艺新技术，建立了国际上首个用于PCV2疫苗免疫效力检验的小鼠试验替代方法，创制出我国第一个安全高效的猪圆环病毒2型灭活疫苗，打破了进口同类疫苗对中国市场的垄断，解决了该病防控的关键性技术难题。

3. 发明了PCV2优势表位重组抗原，研制出10株单克隆抗体，构建了5种PCV2抗原和抗体检测方法，研制出PCV2阻断ELISA抗体检测试剂盒，攻克了PCV2和PCV1因抗原性交叉而难以鉴别检测的技术难题，为该病诊断、疫苗质量控制和免疫效力评估提供了可靠技术和方法。

该项目获国家发明专利6项，中国发明专利优秀奖1项，新兽药注册证书3项，国家技术标准1项，发表研究论文90篇，其中SCI论文27篇，出版专著2部。创新成果在全国推广应用。疫苗实际推广3.12亿头份，直接销售额达9.49亿元左右，新增间接经济效益245.6亿元。研究成果为促进我国规模化养猪业持续健康发展和保障食品安全做出了重要贡献。

姜平教授团队

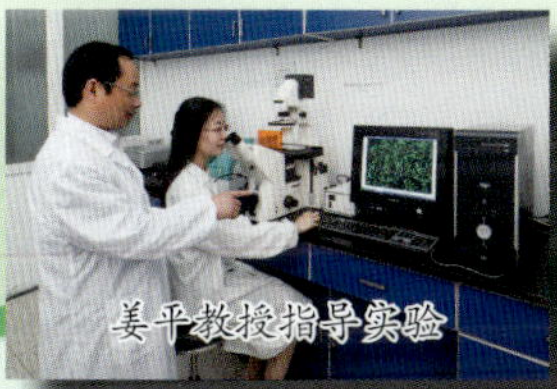
姜平教授指导实验

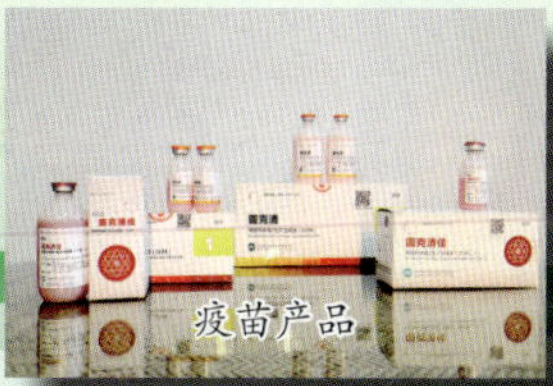
疫苗产品

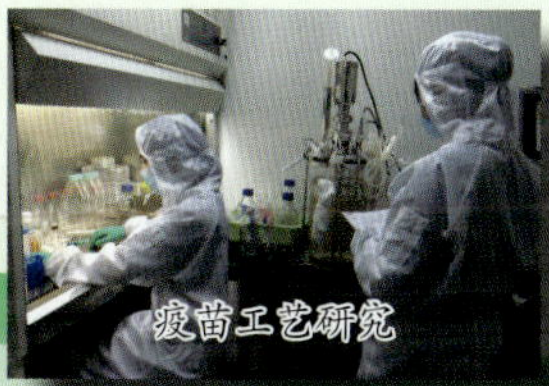
疫苗工艺研究

优质肉鸡新品种京海黄鸡培育及其产业化

完成单位：扬州大学、江苏京海禽业集团有限公司、江苏省畜牧总站。

获奖人员：王金玉、顾云飞、谢恺舟、戴国俊、张跟喜、施会强、俞亚波、王宏胜、侯庆永、朱新飞。

种业创新是国家核心战略，中国是鸡肉消费大国。项目组为满足我国消费者对优质黄羽肉鸡的迫切需求，解决多性状间遗传负相关选择效应相互抵触、地方鸡就巢性强难以产业化等突出的科学难题，历经20多年系统研究，取得了重大突破，成功培育出通过国家审定，具有“肉质优、开产早、产蛋多、抗逆强”特点、适合产业化的优质肉鸡——京海黄鸡新品种（非配套系）。该品种的育成，实现了优质肉鸡理论与技术的重大突破，有力提升了我国肉鸡种业的核心竞争力。该成果整体达到国际领先水平。

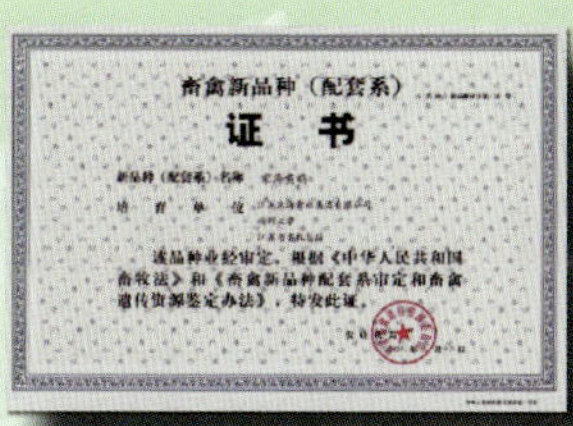

国家畜禽新品种证书

获奖证书

本成果获国家畜禽新品种证书1个、省级证书1个；获授权发明专利9项、实用新型和外观设计专利6项；制定国家标准1项、省级标准 项；出版专著、教材5部；发表论文246篇。2014—2016年京海黄鸡连续3年被农业部确定为全国主导品种。已在全国11个省市推广应用，取得了重大经济、社会和生态效益。成果于2018年获国家科技进步奖二等奖。

京海黄鸡标准照

王金玉教授团队合影

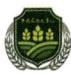

拉曼光谱技术在茶叶农残快速检测领域应用取得重要进展

2019年9月，华中农业大学茶学系倪德江、余志课题组与中国计量大学梁培课题组合作研发，共同提出具有创新性的茶叶中有机氯农药残留快速有效检测方法。茶叶作为世界最受欢迎的天然饮料，其产品质量安全一直备受关注。传统的检测方法如色谱法、质谱法等，往往存在着检测方法复杂、耗时长、成本高，无法满足现场检测需求。新方法主要基于表面增强拉曼光谱（SERS）技术、结合自主合成纳米增强衬底材料与指纹光谱算法，实现了有机氯农药的快速定量检测。本技术首先将含有苯环的有机小分子结合在纳米增强衬底材料表面，能够起到桥接作用，拉近有机氯农药游离分子与增强衬底的距离，进而发生表面等离子共振效应，获得了可区分的分子指纹光谱，实现有机氯农残分子痕量水平的定量检测。目前本联合团队已经研发出基于SERS技术的有机磷、有机氯农残的一系列化快速检测技术，并与GC-MS进行比对分析后认为SERS技术能够有效检测目标农残，具有很好的行业应用前景。课题组目前计划进一步进行跨学科的科技合作，将新研发的SERS检测技术与微流控芯片相结合，期望能够开发出微剂量、高通量、自动化、可重复的应用于实际生产一线的茶叶农药残留现场快速检测新技术方案与相关轻型设备，为从源头提高茶叶安全生产水平保驾护航。

本系列研究与开发工作得到了国家自然科学基金、国家重点研究开发计划项目以及华中农业大学自主创新基金项目的支持，博士研究生张德等为工作做出了重要贡献。该相关工作报告已发表于Journal of Hazardous Materials，Sensors and Actuators B: Chemical等国际学术期刊。

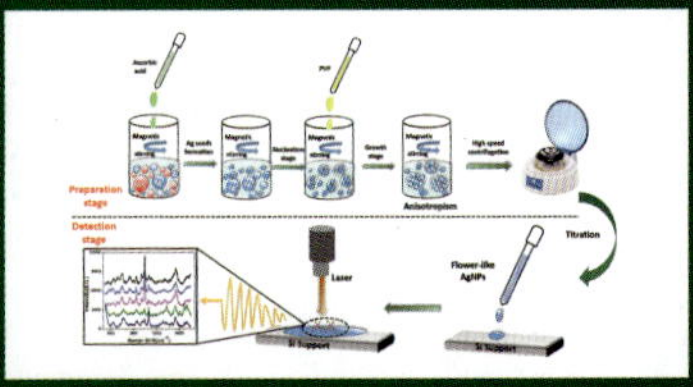

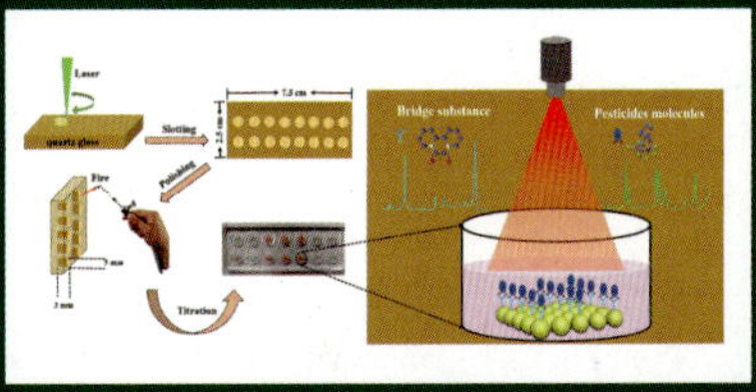

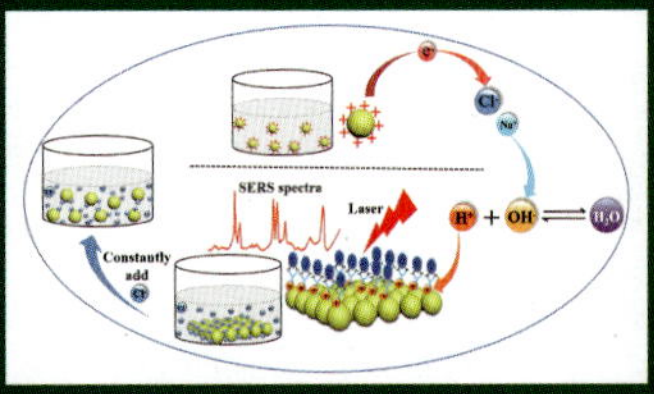

华南农业大学——广东农业面源污染治理保护性耕作项目

项目来源

本项目是广东省世界银行项目——“广东农业污染治理项目”的一部分，是全球环境基金赠款项目。在广东省农业农村厅世行办领导下，成立了由华南农业大学、广东省农科院等单位的专家组成的团队，在罗锡文院士、区颖刚教授的带领下，协同水稻专家、甜玉米专家和机械化专家等，共同解决保护性耕作技术在广东应用出现的问题。这是广东首次开展机械化保护性耕作技术示范和推广。自2014年1月开始实施，投资金额510万美元，主要用于保护性耕作技术示范点的农机具购置、技术培训、技术指导和技术示范等。

技术模式

1. 水稻保护性耕作技术十种模式：免耕机插秧、免耕水直播、免耕旱直播、免耕水撒播、免耕旱撒播；少耕机插秧、少耕水直播、少耕旱直播、少耕水撒播、少耕旱撒播。

2. 甜玉米保护性耕作技术四种模式：免耕机播种、免耕机移栽；少耕机播种、少耕机移栽。

推广规模

在广东省内建立了十个保护性耕作示范点，包括：江门市台山都斛镇水稻、惠州市博罗县柏塘镇水稻、湛江市雷州水稻、梅州市大埔县西农水稻、清远市连州连正水稻、云浮市罗定稻香园水稻、河源市龙川县水稻玉米、河源市连平五丰泰玉米、惠州市惠城玉米和湛江市徐闻正茂玉米示范点。2018年实施保护性耕作的水稻面积达12 670亩（其中免耕1 055亩，少耕11 615亩），产量基本与对照持平；甜玉米实施面积1 000亩（其中免耕350亩，少耕650亩），产量也与对照基本持平。项目开展5年来，举办了10余场培训，累计参加人数500余人，发放宣传资料5 000余份。

社会效益

通过实施秸秆还田、少耕或免耕及秸秆覆盖、机械化作业等技术，增加土壤有机质，培肥地力，减少化肥施用量，减少肥、药、农机具燃油等的消耗，减少地表径流以及地下淋溶带走的化肥、农药对水体的污染，降低生产成本，增加作物产量，减少土壤风蚀、水蚀，保护生态环境。

水稻免耕旱机直播

甜玉米少耕播种

甜玉米少耕移栽

华南农业大学南方草业中心

华南农业大学是全国重点大学，广东省高水平大学重点建设高校，有 110 年的办学历史。草业教育始于 20 世纪 60 年代，是由饲料生产学课程逐步发展为专业、学科。2001 年成立南方草业中心，2002 年开始招收草业科学本科生，2003 年获得硕士学位授予权，2007 年成立草业科学系，2011 年获草学一级学科博士点，2015 年获批广东省草业工程技术研究中心。在 2012 年、2016 年全国学科评估中皆取得了学科排名前十的好成绩。该中心现有研究人员 19 人，其中教授 8 人、副教授 5 人；博士生导师 7 人、硕士生导师 16 人；成员中具有博士学位的 11 人，在国外学习工作过 1 年以上的 10 人；有甘肃省飞天学者 1 人、广东省珠江学者 1 人、广东省千百十工程省级科学家 2 人、广东省现代草牧业岗位科学家 1 人、华南农业大学十佳教师 1 人。本中心以热带亚热带草类植物种质资源与育种、草业生物技术、牧草生产与加工利用、草坪建植管理和观赏植物等为主要研究内容，近十年在教学、科研、生产上取得了显著成果，培养本科生超过 240 人、硕士博士研究生超过 150 人；承担国家自然科学基金项目 26 项、省部级课题 60 多项，育成国审草坪草品种 3 个、省审观赏植物品种 20 多个，授权发明专利 11 项，主编教材 5 部，发表论文 300 多篇；获国家科技进步奖 1 项，省部级奖 6 项；对华南地区牧草生产加工、运动场草坪建植管理、观赏植物生产等的发展做出了重大贡献。中心主办了 2009 年第一届中日饲料研讨会，承办了 2017 年中国草学会年会。

中心部分成员

张巨明教授向副省长叶贞琴汇报工作

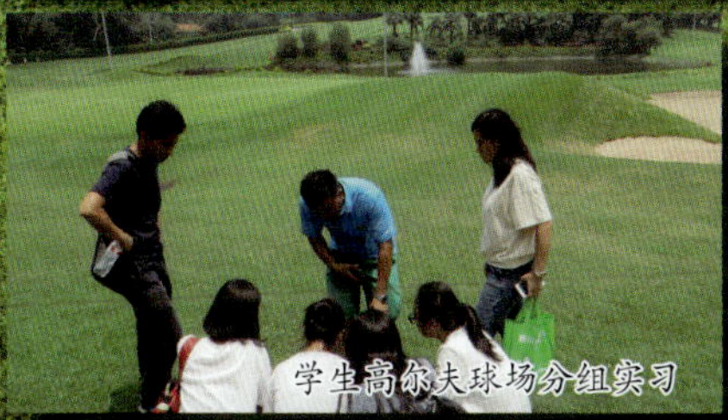

学生高尔夫球场分组实习

分散养殖区有机废物资源化循环利用理念与关键技术

近年来随着流域经济快速发展，有机废物的无序产排已成为流域、湖泊富营养化的一个重要原因。对此，基于国家“十一五”和“十二五”水专项洱海项目之“农业与农村固体废物循环利用技术研究与示范”和“奶牛分散养殖污染减排技术体系研究”子课题的实施，形成了分散养殖区有机废物资源化循环利用理念与关键技术，并在洱海北三江流域开展了示范。

首先，针对奶牛分散圈养、出粪期与施肥期错位、粪便无序堆置等造成的氮磷流失，提出了“养殖上楼”的理念及“复合型”、“侧收型”、“下收型”和“模块化生态圈舍”等生态圈舍构建模式，形成了 5 种新建与改建方案，有效提高了圈舍粪便贮存和就地腐熟能力。

其次，针对畜禽粪便等农业废弃物利用经济效益不高，难以实现有序集中收集，开发了外场强化厌氧发酵技术、畜禽粪便快速生物干燥堆肥化技术和养殖废物基质化生产食用菌技术，并在洱海流域得到应用，有效促进了企业经济效益的提升。

最后，为推进有机固体废物的有序集中收集和规模化运行，提出了以收集站为核心，农户、合作社、养殖场等多方参与的奶牛粪便收集模式和由废物收集处理专业化运营实体特许实施收集处理的运行保障机制，并在永安江流域进行了示范，2017 年奶牛粪便有序收集处理率达 77%。

研究形成了农业农村部行业标准 1 项，云南省地方标准 2 项；协助企业制定了 39 项企业标准；申请发明专利 15 项，其中 7 项获授权，1 项以独占许可的方式转让于企业；发表论文 8 篇，其中 SCI/EI 收录 7 篇。

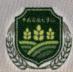

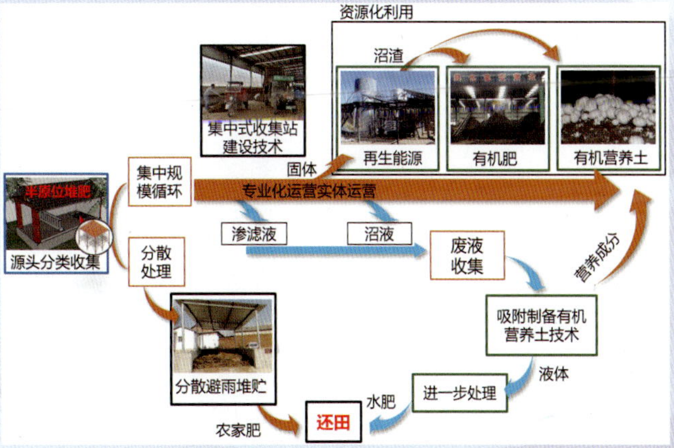

分散养殖区有机废物资源化循环利用理念图

基于物联网的猪只健康移动监测装备

体温是猪只的一个重要生理指标，如果猪只的体温出现异常，则表明猪的生理机能被扰乱。一般猪只发病特别是感染传染病时，体温会明显升高，此时应采取多项措施预防生猪发病。因此，体温是诊断猪体疾病不可缺少的依据之一。传统的利用水银温度计或电子体温计的直肠测温方法，由于测定时间长、难操作和存在交叉感染的特点并不能适应规模化养殖业的需求。基于红外热辐射研发的红外测温技术具有测定方便、快捷、无交叉污染等特点，克服了传统测温方法的不足，使实时监测猪体温变化成为可能。但目前市面上的红外测温仪价格昂贵，如果每个地方定点采集猪只体温数据则成本过高，为了节约猪场监控成本，实现实时的猪只健康监测，本项目设计了一个基于物联网的猪只健康移动监测装备，该装备包括移动滑轨和滑轨控制程序一套、红外测温仪一套、普通彩色摄像头一套及预警计算机一套。各部分的功能如表 1 所示。

表 1 基于物联网的猪只健康移动监测装备各部分功能

名称	功能
移动滑轨	在猪舍不同猪栏中巡航，采集不同猪栏的数据
控制设备箱	控制移动滑轨的移动，可设置为定时移动或任意移动
红外测温仪	利用热辐射成像，测量猪只体温数据
普通彩色摄像头	拍摄猪只的生活状态视频，作为猪只健康的辅助判断
预警计算机	实时处理采集到的体温数据，发出异常预警

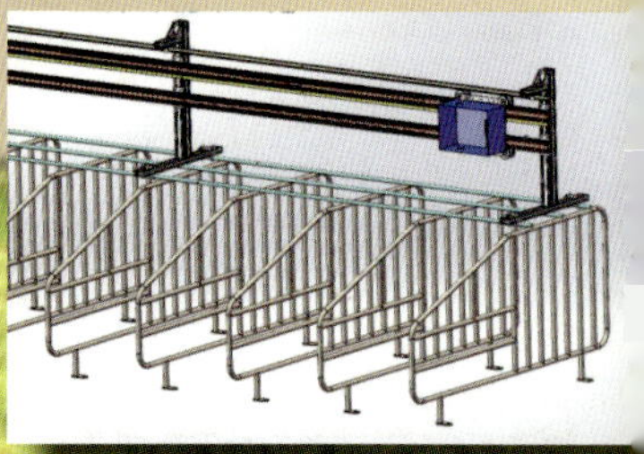

移动滑轨猪场实施设计图

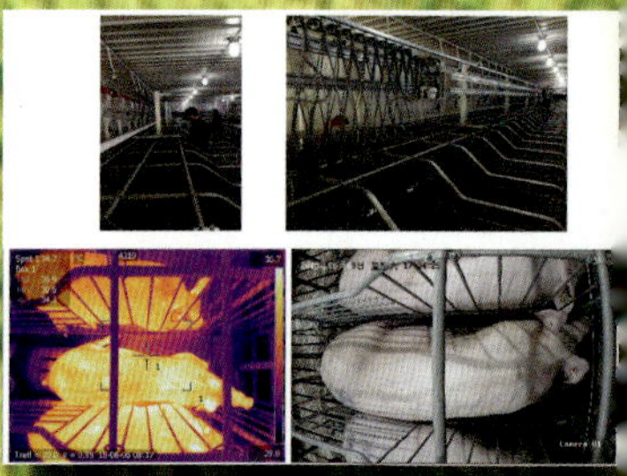

装备实际运行图

北斗导航支持下的智慧麦作技术

我国粮食大面积生产仍面临肥、水、药投入粗放，全程机械化普及率不高，劳动效率低等问题，北斗导航、无人驾驶、物联网等新技术的快速发展为促进现代农业生产提供了有力手段，迫切需要构建以绿色、高质、高效生产为目标的智慧化作物生产管理技术体系。南京农业大学国家信息农业工程技术中心针对小麦生产全程智慧化作业需求，研发了基于北斗导航支持下的智慧麦作技术，并被遴选为农业农村部 2019 年十大引领性农业技术。该技术主要包括北斗导航支持下的小麦精确播种技术、精确施肥技术、精确灌溉技术以及精确收获技术，将北斗导航、现代农学、信息技术、农业工程等应用于小麦生产管理全过程，通过麦田信息感知、麦作处方设计、作业路径规划、智能导航和无人作业的有效集成和无缝衔接，实现了小麦播种、施肥、喷药、灌溉、收获等关键作业环节的定量化和智能化管理。北斗导航支持下的智慧麦作技术总体处于国际领先水平，具有广阔的应用前景。该技术的应用和推广，将有效推动小麦生产管理从粗犷到精确、从有人到无人的方式转变，为发展现代作物生产和保障国家粮食安全提供引领性技术和示范模式。

现场观摩会

装备实际运行图

基于北斗导航的小麦精确播种施肥技术

四川省内江市农科院杂交水稻中心

四川省内江市农业科学院水稻研究始建于 1966 年，1992 年后就与院属科技型企业内江杂交水稻科技开发中心实行一套人马、两块牌子的高效运转模式。曾主持承担了四川省“市、州农科院所水稻联合育种攻关项目”，先后参加了全国杂交水稻协作科研，全国稻瘟病协作科研，参加了国家“863”项目、国家科技支撑项目、国家农业科技跨越计划项目、国家公益性科研院所专项资金项目和四川省“六五”至“十三五”水稻育种攻关，2007 年首批进入国家现代农业水稻产业技术体系，实施内江综合试验站建设。先后获得国家“杂交水稻汕优多系 1 号原种、原种基地”“国家农业科技跨越计划香优 1 号、菲优多系 1 号试验示范基地”“国家农作物品种区域试验站”“优质杂交稻内香不育系原种基地”四个试验基地建设资金支持。

内江市农业科学院全景图

现在有多年从事杂交水稻育种科研、年富力强的科技人员 30 名，其中：四川省学术技术带头人 1 人、“国家有突出贡献的中青年专家”荣誉称号 1 人，享受政府特殊津贴专家 2 人，省优秀专家 1 人，四川省学术技术带头后备人选 2 人。具有正高级职称专家 6 人、副高级职称专家 6 人。

水稻育种科研长期处于国内先进水平，优质育种和抗病育种居国内领先水平，在国内育种和种子界有较大影响。先后承担国家、省、市科研项目、课题 30 余项，获得部级、省级和市级科研成果奖 23 项，其中：农业部“农业技术改进一等奖”2 项，“省部级科技进步一等奖”4 项，“四川省科技进步二等奖”3 项，“省部级科技进步三等奖”7 项，“内江市科技进步特等奖”1 项，“内江市科技进步一等奖”3 项，“市级科技进步二等奖”3 项。45 个具有自主知识产权的杂交水稻新品种和亲本获得了国家植物新品种权，在国家一级核心期刊等发表论文 20 多篇。

内江杂交水稻科技开发中心外貌

先后创制菲改 A、N7A、内香 A、甜香 A 等 13 个优质、香型、抗病的三系不育系和多系 1 号、内恢 92-4、内恢 9914、内香恢 2156 等 22 个对稻瘟病抗性遗传背景各异的优质、抗病恢复系通过四川省技术鉴定，促进了杂交水稻科技与产业的发展。

独立与合作育成优质、高产、抗病的杂交水稻品种 106 个通过国家、省、市级审定，已在我国长江上中下游及华南稻区推广应用，累计在适宜稻区推广应用 3 亿多亩，产生社会经济效益 100 多亿元。在国内形成了“菲优”“多系 1 号”“N 优”“内香”“内优”系列杂交稻组合品牌效应，为确保国家粮食安全做出了重大贡献，为四川省杂交水稻主栽品种多次换代、为四川省杂交水稻育种科研和种子生产在全国确立“川种优势地位”作出了重要贡献。2004 年至今，76 个审定的内香杂交稻品种中，超级稻品种 3 个，达国标 2 级优质米标准 9 个，达国标 3 级的 25 个，优质米品种占 50% 以上。积极参与农业产业结构的调整，适应农业供给侧结构性改革的需求，为乡村振兴做出新的贡献。

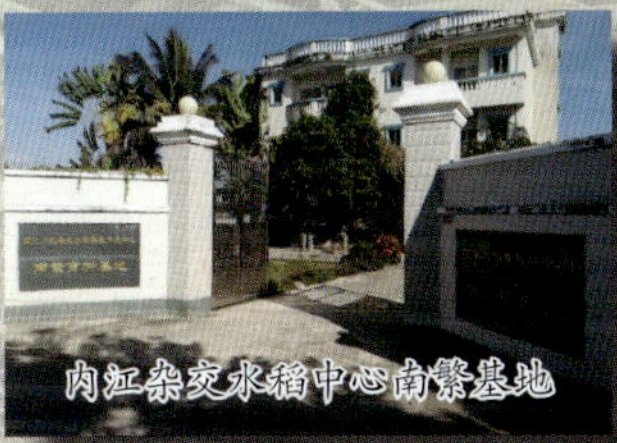
内江杂交水稻中心南繁基地

姜黄属花卉的引选、栽培应用及种球生产技术的研发

以姜荷花为代表的姜黄属花卉是姜科植物中非常具有观赏价值的一类植物。我们从资源引进、应用研发、扩繁、越冬贮存及产业化生产技术方面取得了以下成绩：①引进姜黄属植物 55 种（品种），其中姜荷花品种 26 个，筛选出“清迈粉”“红火炬”等 10 个适应性好、观赏价值高的品种，丰富了浙江省夏秋季高温季节多年生花卉的种类；②针对盆花、切花和园林不同应用需求，分别研发了盆栽年宵花的花期调控、矮化及配套栽培技术，切花花茎伸长、保鲜贮运技术，园林花坛、花境的种植参数与管理技术等一系列的配套栽培关键技术，尤其是实现了在长三角地区冬春季的中高档盆栽供花要求；③研发出以单芽切块繁殖、组培扩繁为主的种球国产化高效自繁技术体系，通过精准栽培与越冬贮藏技术，建立了浙江和海南两地的种球规模化生产繁殖和越冬贮藏体系，建立了种球产业化生产基地，实现了种球在园林应用及中高档盆栽应用中的国产化批量供应。经过在长三角地区多年来的园林推广应用，尤其是在 G20 峰会期间的成功应用，目前已辐射从上海至成都的长江流域地区，大大丰富了各地夏秋高温季节园林应用的多年生花卉种类，应用前景十分广阔。

项目负责人：刘建新，博士，副研究员，现为浙江省萧山棉麻研究所（浙江省农业科学院花卉研究开发中心）新花卉作物研究室副主任。

园林花境应用（杭州植物园）

盆栽应用

鲜切花应用

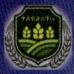

江苏徐淮地区徐州农业科学研究所

2016—2018 年全国农牧渔业丰收奖农业技术推广成果奖二等奖 “优质多抗新品种徐麦 33、徐稻 9 号周年平衡高效栽培技术集成应用”

2016—2018 年，徐州农科所充分发挥成果、技术优势，依托 2016—2018 年江苏省挂县强农富民工程睢宁县项目、邳州市项目和江苏省重点研发计划项目等 10 个项目平台，大力示范推广稻麦新品种徐麦 33、徐稻 9 号及其周年平衡高效栽培技术，以及其他配套栽培措施，取得了良好的经济效益、社会效益和生态效益，为淮北地区的稻麦生产作出了重要贡献。

徐州农科所高度重视新品种、新技术的推广应用，始终坚持把论文写在大地上、成果送到农民家，科技创新要与生产实际紧密结合。徐麦 33、徐稻 9 号是徐州农科所近年研制的重大科技成果，是淮北地区较优秀的主推品种。徐稻 9 号早熟性好，米质优良，产量较高，徐麦 33 产量高、耐迟播，二者结合起来解决了淮北地区稻麦周年栽培茬口较紧的问题，实现了周年平衡高产。

徐州农科所非常重视科技成果的推广工作，特别是徐麦 33、徐稻 9 号周年平衡高效栽培技术的推广项目。成立了项目领导小组，探索实现路径，落实强农富民任务；成立专家组，为科技的示范推广提供了强有力的支撑。从优化稻麦品种布局入手，协调稻麦周年均衡高效生产，提升产业效益，做到了良种良法结合，示范推广同步，全程科技服务支撑。

三年来项目的实施，累计推广应用 1 012 万亩，亩均增产增收与节本增效 120 元，累计新增社会经济效益 121 300 万元；同时，大力推广稻麦秸秆全量还田技术，增加了生态效益。

目前，徐麦 33、徐稻 9 号周年平衡高效栽培已是淮北地区稻麦周年栽培的主要模式之一，而且面积逐年扩大，该项技术成果将在淮北地区的稻麦生产中发挥更大的作用。

国家特色油料产业技术体系平凉综合试验站

国家特色油料产业技术体系平凉综合试验站于 2009 年启动，依托平凉市农业科学院，由 5 名试验站团队成员和崆峒、崇信、灵台、庄浪、静宁 5 个示范县（区）共 15 名技术骨干组建科研创新团队，开展基础性研究、品种引进、展示示范、技术推广、技术培训、精准扶贫等工作。

试验站成立以来，着力于平凉市胡麻产业新品种缺乏、栽培管理技术落后等问题，开展新品种引进筛选，筛选出适合平凉市栽培的抗病抗旱陇亚系列、宁亚系列新品种 8 个在当地推广应用，解决了平凉市生产上胡麻优良品种缺乏的局面；开展栽培试验集成研究与推广，改变胡麻撒播方式为条播，研究提出的胡麻田除草剂精准施用技术和胡麻膜侧沟播机械化栽培技术已在平凉市大面积推广应用，基本实现胡麻播种栽培机械化，首次开展高效航空无人机喷防技术。

试验站在完成体系要求的各项试验研究、推广示范任务的同时，积极投入到脱贫攻坚战之中，将试验站工作紧密地和精准扶贫工作结合起来，先后在国家贫困县庄浪县柳梁镇河湾村、永宁镇刘门村和崇信县新窑镇大庄村开展科技扶贫，确保贫困村每年每户发展 1 亩胡麻，从品种选择、良种提供、技术培训、田间管理等方面开展帮扶，取得显著效果。

通过十年的努力，平凉市胡麻品种得以更新，良种覆盖率达 95% 以上，栽培技术得到改进，生产效益大幅提高。十年编写发放培训手册 15 000 余份，开展技术培训 50 余次，累计培训农民 15 000 人次，建立胡麻新品种新技术示范展示方 100 余个，示范展示 3 万多亩，带动推广 300 多万亩，使当地胡麻平均增产 15.2%，新增产值 2 亿元，社会效益、经济效益和生态效益显著，极大地推动了当地胡麻产业发展。

试验站主要成员在试验田工作

膜侧沟播机械化栽培技术示范田

佛山市农业科学研究所

佛山市农业科学研究所始建于1959年，是佛山市农业农村局下属公益一类科研事业单位，占地768亩，核定编制74人，现有高级职称16人，中级职称26人，其中硕士研究生14人。主要工作职责是农作物新品种选育、新产品和新技术引进示范与推广、全市粮食种子应急储备、农作物病虫害监测预报、农业技术培训与指导、农牧渔业技术及农机技术推广。

2014年4月，佛山市农科所加挂佛山市农业技术推广中心牌子；2015年12月，佛山市农科所成为佛山市人民政府和广东省农业科学院合作共建依托单位——广东省农业科学院佛山分院，成为广东省首个共建的乡村振兴、科技先行地市分院。2017年12月，佛山市人民政府和广东省农业科学院合作共建“广东农业科技示范市”，佛山分院整合人才、团队、平台、成果、信息等科技资源，助力佛山现代农业发展。2019年12月，佛山市农科所被授予“全国农业农村系统先进集体”称号。

佛山市农业科学研究所成立至今，风雨兼程六十载，始终秉持科技立所战略，累计育成水稻、蔬菜等新品种51个，先后获得国家、省、市科研推广成果60项（次）。2007年以来，佛山市农科所每年举办佛山市农业良种良法展示会，累计示范推广新技术80多项，引进展示农作物优良品种6 000多个，其中专家推荐品种400多个，使全市良种覆盖率超过98%，创造社会经济效益累计突破60亿元，为佛山市现代农业发展提供了技术支撑。

新时代，新要求，新任务，佛山市农业科学研究所将在佛山市委市政府的正确领导下，以习近平新时代中国特色社会主义思想为指导，全面贯彻落实十九大精神，紧紧围绕乡村振兴战略，以农业供给侧结构性改革为抓手，以发展绿色优质农业为目标，按照“统筹规划、突出特色、务求实效”的原则，打造区域农业科技创新、示范、服务平台，构建产研直联机制，实施“一十百千万”工程，推进广东农业科技示范市建设，为佛山乡村振兴战略的实施作出更大的贡献。

天然橡胶精细化生产管理与服务技术

中国热带农业科学院橡胶研究所围绕天然橡胶“生产管理智能，技术服务高效”的核心目标，不断地把3S技术、空间数据库、决策支持系统、移动服务等信息技术与橡胶生产管理、营养诊断与施肥等技术相结合进行集成创新。

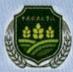

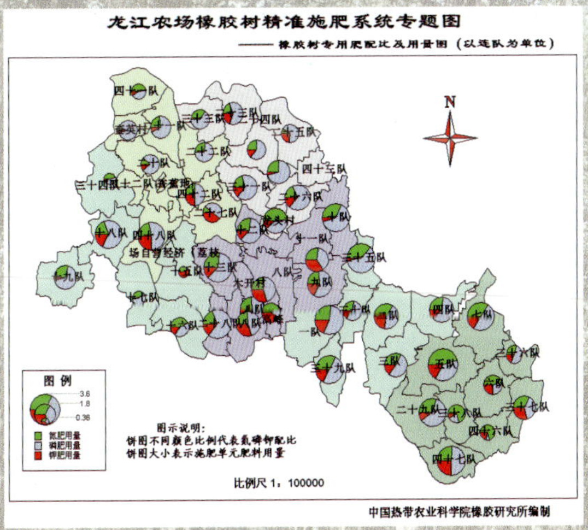

橡胶树精细化施肥技术把橡胶树传统施肥技术与3S等现代信息技术有机集成，革新了橡胶树施肥机制，具有数量精、位置准、决策快、肥效高的特点，填补了橡胶树变量施肥理论研究的空白，达到国际领先水平。

橡胶树栽培技术移动信息服务系统应用现代信息技术对橡胶树新品种、精细化施肥、病虫害防治、割胶等技术进行推广应用，为胶农提供即时准确的技术指导与服务信息，实现了橡胶树生产技术决策自动化和智能化、信息发布渠道多元化和实时化，有效提高了橡胶园的现代化管理水平和节本增效，提高了胶农的收入。

“坤益健”生物有机肥部分替代化肥对烟叶产量、质量的影响

云南省是我国主要优质烤烟产区，近年来，化肥的大量施用及不合理的耕作制度造成烟田土壤肥力下降，土壤微环境受到严重的破坏，烟叶产质受到严重的影响。2015年，国家烟草局按照农业部“一控两减三基本”的要求提出在“十三五”期间实现化肥用量减少20%的目标。

2018年2月至9月，云南省烟草公司昆明市公司、云南农业大学在寻甸县科技试验基地，选择K326烤烟品种，采用不同用量“坤益健”（天津坤禾生物科技股份有限公司生产）生物有机肥替代30%化肥量开展试验。验证在烟草生产中采用“坤益健”生物有机肥替代30%化肥具有可行性。化肥选用烟叶专用复合肥、农家肥、硝酸钾、硫酸钾。

结果表明：生物有机肥80千克/亩替代30%化肥综合表现优于对照，经济效益最佳，产量达149.14千克/亩，亩产值3 033.68元，均价20.53元/千克。生物有机肥施用后烟叶产量增加319.5~600.0千克/公顷。通过田间试验发现，烟田施用生物有机肥较复合肥能显著提高烟叶产量，增产22.3%~37.8%。此外，生物有机肥能使上等烟比例增加3.5%~5.7%，产值增加5 503.5~7 417.0元/公顷。

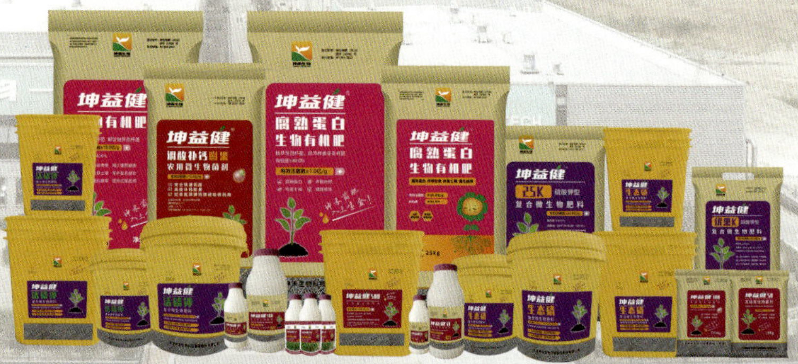

研究发现，增施生物有机肥可以有效的改善烟叶化学成分的合理搭配。总糖和还原糖提升，总植物碱含量下降，部分处理钾含量提高，烟叶品质有较大程度的提高。

苦荞全基因组测序

由山西省农业科学院农作物品种资源研究所燕麦荞麦研究团队牵头，中国科学院遗传与发育生物学研究所生信分析课题组为主要参与团队的苦荞基因组测序工作于2017年完成，并在国际知名学术期刊Molecular Plant上发表题为《The Tartary buckwheat genome provides insights into rutin biosynthesis and abiotic stress tolerance》的论文。

该研究以品苦1号为试验材料首次获得了苦荞高质量（489.3Mb）的参考基因组序列，注释了33 366个蛋白编码基因，鉴定了编码芦丁代谢途径上编码各类酶的基因及调控这些基因表达的MYB类转录因子，同时发现苦荞中存在大量可能与植物耐铝、抗旱和耐寒相关的新基因，并解析了天然产物芦丁的生物合成及耐逆机制。该研究为苦荞优良品种的定向选育奠定了分子基础，对指导苦荞的种植与深加工产业的发展具有重要的意义，同时标志着我国在苦荞基因组研究领域已取得国际领先地位。

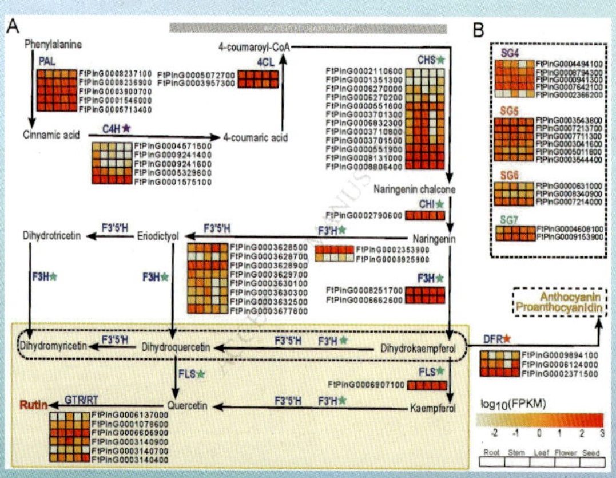

山东成城物联网科技股份有限公司

山东成城物联网科技股份有限公司（以下简称“公司”）位于山东泰安国家高新区，是集物联网产品研发、生产、实施、服务和奶业大数据运营于一体的高新技术企业。

公司成立于 2011 年，是全国最早致力于奶牛（奶山羊）养殖行业数字化、智能化精准养殖的物联网企业之一，是中国奶业协会副理事长单位和山东省畜牧协会奶业分会副会长单位。目前，公司拥有发明专利 1 项，在审 4 项，实用新型和外观专利 15 项，软件著作权 11 项。

公司被评为泰安市奶牛数字化精准养殖工程技术研究中心和泰安市奶牛数字化精准养殖产业技术研究院。2016 年，公司进行国家“863”科技成果转化的“奶牛数字化精准养殖系统”列入山东省“农业农村信息化解决方案（产品）推广目录”；2019 年，“精牧”奶山羊精细化养殖管理平台被农业农村部信息中心评为 2019 数字化农业农村新技术、新产品、新模式优秀项目。

目前，公司已经建立了完备的研发体系、生产体系和咨询服务体系。“精牧”系列产品正在全国推广应用。2019 年 6 月，公司与山东省农业科学院奶牛研究中心合作推动“山东省奶牛育种大数据平台”建设。

“精益求精、矢志于牧”是公司对“精牧”品牌的追求，推动我国奶业发展的规范化、现代化、持续化、国际化是公司使命。公司将努力打造我国智慧畜牧行业首选国产品牌。

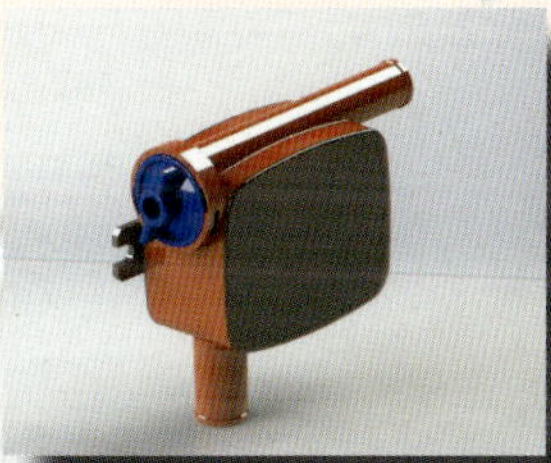

浦江县农业信息中心

近年来，浦江依托政府门户网站，以“四个平台”建设为抓手，整合政务服务，改变不同系统“各自为战”局面，推行“网络共享、多方共建”模式，实现政务服务向农村延伸；以推进信息进村入户示范工程，实现基层信息落地服务，建立县、乡、村“三级联动”的垂直服务体系，实现最多跑一次；打造了全省首个县级农业智慧云平台和集政务、监管、服务于一体的“现代农业大数据中心”，实现“让数据多跑路，让群众少跑腿”；拓展物联网应用，创造新型“智慧农业”，发展“浦江模式”农村电商，助力“互联网 +”走进千家万户，从而实现农业信息化、信息现代化、电商集约化，达到农民增收、农业增效。

全县已建立县、乡镇、村（企业）三级双向互联的农业应急指挥系统、农业地理信息应用展示中心，405 个益农信息社，建设 20 个智慧种植农业物联网示范点，连接种养殖视频监控点 68 个，145 个视频监控，12 辆沼液运输车辆安装了定位管理系统，72 家主体纳入农产品质量安全追溯体系，67 家农资企业全部纳入农资信息化监管系统。打造了现代农业大数据中心，搭建智慧农业云平台，全省首创“滴滴农机”服务新模式，积极创建农业应急智慧体系、农业地理信息应用示范工程、信息进村入户试点县等示范、试点。

曾获中国电子商务发展百佳县，第二批浙江省电子商务示范县，2017 年度整体推进型全国农业农村信息化示范基地等荣誉称号。

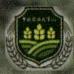

广州市白云区钟落潭镇寮采村

春暖桃花朵朵红，

夏天荷叶满池中。

秋风丹桂香千里，

冬雪寒梅伴老松。

一首藏身宏瑶书舍的《四季》诗，在寮采村广为流传。

诗中所描绘的，正是这座被称为“中国最美休闲乡村”的村庄——寮采村。

寮采村地处流溪河畔，自然环境优美，邻近连片超十万亩生态果林，村庄宁静而优美，民风淳朴，因流溪河水源保护的原因，原生态环境保护得很好，有发展观光休闲农业的良好基础。

寮采村面积 5.42 平方千米，人口约 6 700 人，耕地面积近 5 000 亩，是一个传统的农业村庄。随着社会的发展，传统农业的经营成本不断增加、竞争加剧，分散型农业生产的生存空间已经越来越小。只有通过农业产业化经营，发展新型农业，扩大生产经营规模，才能增强市场竞争力，提高农业综合效益。近年来，寮采村成立农民专业合作社和世外桃源度假村有限公司，集约流转土地，致力于发展高效农业和生态旅游业，有力推动了集体经济及村民在股份、就业、地租等方面增收，取得了不错的成绩。

经过努力，寮采村 2011 年获得由广州市农业局广州市农家乐服务质量等级评定委员会颁发的广州市农家乐服务质量等级三星牌匾，2013 年被评为名镇名村示范村，同年获得由广州市农业局广州市观光休闲农业示范园和特色农庄评定委员会颁发的广州市特色农庄牌匾，2014 年入选广州市美丽乡村试点村，同年 5 月被省农业厅、省旅游局评为“广东省休闲农业乡村旅游示范点”，10 月被农业部评为中国最美休闲乡村。2018 年寮采村与周边的米岗、龙岗、雄伟被确定为新一轮省级新农村示范片。

世外桃源生态旅游区，包括农家美食、河堤休闲公园、市民亲耕农场、水上乐园、鲜花观赏、钓鱼、自行车运动等项目。

上海黄桥村——乡村振兴示范村

2018 年 6 月，黄桥村被确定为乡村振兴示范村和农村宅基地改革试点村；此前，黄桥村还于 2015 年被列入首批市级村庄规划保护试点，并获松江区政府批准。按照上海市委、市政府推进乡村振兴战略的总体要求，肩负市、区重托，黄桥村以党建引领，以“双试点”建设为契机，努力推动乡村振兴工作实施，力争使“黄桥经验”在市、区乡村振兴推进和农村宅基地改革中可复制、可推广。

一、基本情况

黄桥村是泖港镇辖村，地处上海市浦南“三农”工作试验区核心区，东靠绕城高速，西邻黄桥港，向北毗邻黄浦江，村域面积约 3.29 平方千米，位于黄浦江上游水资源保护区，是传统纯农地区。辖 15 个村民小组，现有户籍人口 2086 人，外来人口约 336 人，下设 3 个二级支部，6 个党小组，共有 85 名党员。黄桥村是松江区总体规划暨土地利用总体规划明确的保留（保护）村，素有“浦江第一村”的美誉，近年来先后获得全国特色村（绿色村庄），中国最美休闲乡村，全国生态文化村，全国妇联基层组织建设示范村，全国农家书屋示范村，上海市十大“我喜爱的乡村”等荣誉，被誉为沪上“楹联第一村”。

二、总体规划

2018 年 2 月始，黄桥村委托中船九院、同济大学童明教授团队等专业规划机构，结合《泖港镇土地利用总体规划暨近期公共设施专项规划（2017—2035）》《松江区泖港郊野单元（村庄）规划》开展黄桥村庄规划（修编）+ 村庄设计工作，规划形成了“北林、中田、南园”的公园式整体结构，总体布局依水而建、有机生长，建筑设计提取松江民居建筑元素，保留乡村肌理，彰显江南特色，传承乡村文脉，承载乡愁记忆，营造宜居、美丽、生态的新江南水乡风貌。经松江区委常委会和区政府常务会议及区规划和土地领导小组审议并通过，黄桥村村庄规划（修编）于 2018 年 11 月 27 日正式获批。

村庄规划总用地面积 329.32 公顷，村庄建设用地面积约 21.77 公顷；城镇建设用地面积约 20.99 公顷；农用地面积约 257.10 公顷。各类建设用地有序收缩，形成建设用地紧凑布局，农用地规模化利用的总体态势；散落居民点逐步平移，村民相对集中居住，形成依水而居的江南水乡格局；新建公共服务设施，有效提升公共服务能力，生态农田、农产品体验服务和田园旅游综合体，为黄桥村产业发展提供保障。

通过改革，预计黄桥村实际减量建设用地 9.21 公顷、减量 28%，宅基地减量 5.16 公顷、减量 31%。宅基地减量的面积以村民建房补助的形式奖励，户均约 20 万元，增强了村民对乡村振兴示范村创建的获得感和认同感。

社区公共服务中心

上海城建实业集团对黄桥村村委会进行全面设计施工一体化建设。村委会集村民服务中心、村民会所食堂、幸福老人村、村史展示中心、垃圾资源回收站及农机服务站为一体，占地 12 333 平方米，建筑面积 7871 平方米，同时也是黄桥村的信息中心。黄桥村安防建设是“雪亮工程”“智慧公安”的重要内容，同时，采用智能化路灯等公共服务设施，远期还将实现智能居家养老、远程医疗诊断等功能。

中国美丽乡村—青岛平度市九里夼村

平度市旧店镇九里夼村

依托生态旅游资源　振兴乡村生态旅游产业

九里夼村位于平度市旧店镇人民政府驻地五公里处，村东面周家大山和卧虎山相连，西面独埠山与山枣山相接，四山形成了一个东西高中间底、南北山坡对面起的天然盆地，气温变化甚小，而四山之北汇成一条南北走向的河流，河内终年清水长流。九里夼村现有村民 505 户，人口 1562 人，党员 55 名。本村土地总面积 13035 亩，村庄占地 1398 亩，耕地 3230 亩，山林面积 7800 亩。2015 年村庄被山东省旅游局评为“山东省旅游特色村”，2016 年被评为山东省卫生村庄 ,2017 年被国家林业局评为“山东省森林宜居村庄”，2018 年评为山东省第五批“美丽宜居村庄”，入选中国美丽乡村百佳范例，属平度市首家，青岛市惟一。

一、盘活生态旅游资源，形成特色旅游点

九里夼村黄金资源丰富，天然温泉四季喷涌，千年古树黄连木郁郁葱葱，原味面鱼远近闻名。村庄主要产业以农业、林果业和旅游业为主。村庄黄金开采历史文化悠久，村庄内有清朝黄金矿坑遗址、黑石皮抗日战斗遗址、断截岗历史文化遗址、金盘湾风景名胜、仙姑洞风景名胜、于七洞抗战遗址和千年古树黄连木等历史、文化、自然资源。

2017 年投资 955.38 万元进行了九里夼村美丽乡村示范村建设，包括金水河水城景观打造工程、三界河工程、改造文化广场工程、古树保护工程、古树街改造工程、村史馆工程等 11 个建设项目，经过美丽乡村示范村打造，九里夼村村容村貌得到极大改善，村庄形成了“两河、一树、一古街”的独特风景，其中两河即三界河、金水河，一树即千年古树黄连木，一古街即古树街。近年来，村庄共计接待游客 3.6 万余人次，上级领导观摩 160 余次。

二、完善配套服务设施，助推旅游产业振兴

九里夼村公共基础设施完善，村级组织健全，村“两委”班子成员团结务实，积极为村庄谋发展，为村民办实事，深受村民好评。村庄现有卫生室一处，能基本满足开展医疗及公共卫生服务的需要；文化活动室一处，设有文化广场、篮球场、健身广场以及其他办公活动场所；幼儿园一所，开设小班、中班、大班，并开办全托服务；便民服务大厅一处，设立了办事窗口，实现了“村民不出村、便能办成事”的目标；公共活动及健身场地一处，满足人民日益增长的物质文化需要，丰富了村民的业余文化生活。

九里夼村全村村内道路实现全部硬化，村庄建有净化水站一处，实现了村民安全、方便饮水，村庄排水管网配备齐全，供电及通讯设施齐全。2017 年九里夼村实现农村改厕全覆盖。经过完善村庄配套服务设施，村庄面貌得到极大提升。

三、依托村庄丰富资源，明确乡村发展路径

九里夼村依托村内丰富的生态旅游资源，结合美丽乡村示范村打造及生物科技康养小镇的落户，以乡村振兴战略进行全面提升完善为抓手，着力打造集休闲养生、特色美食、文化体验为一体的乡村生态旅游产业。

四、多项举措同时发力，实现村庄全面发展

重点突出，全面发展。重点突出产业振兴和生态振兴，打造集休闲养生、特色美食、文化体验为一体的乡村生态旅游产业；从产业、组织、文化、人才、生态五个方面实现村庄全面发展。

（一）围绕产业兴旺，推动乡村特色发展 大力发展村庄果品种植产业及旅游产业，同时依托航空小镇项目的资源，进行温泉开发及黄金矿坑开发，依托生物科技康养小镇，打造农业休闲项目板块。依托村庄秀美自然风光，打造特色民宿观光建设以及美食村落建设，完善“吃、住、游”三位一体的旅游观光设施；打造水上乐园，发展垂钓观光等，发展村庄特色产业。

（二）围绕治理有效，提高基层班子战斗力 九里夼村村级基层组织健全，领导班子团结有力。规划引进优秀实干人才，加强组织建设，使村庄领导班子更加强大，为群众干实事、为村庄谋发展的能力，进一步增强。

（三）围绕乡风文明，繁荣活跃乡村文化 村庄内有清朝黄金矿坑遗址、黑石皮抗日战斗遗址、断截岗历史文化遗址、于七洞抗战遗址、千年古树黄连木等历史文化遗址。九里夼村将借助丰富的历史文化资源，深入挖掘、系统整理黑皮石抗日战斗遗址、断截岗历史文化遗址、于七洞抗战遗址等历史文化遗址资料，深入挖掘黄金历史文化，同时进一步加强村庄古树保护工作，确保古树万古常绿。依托康养小镇建设，引进高素质人才，积极和青岛农业大学对接洽谈，确定人才引进、合作计划。举办“本地人拍本土景”摄影展，举办以旧店本土题材为主的画展、组织一次自行车康养骑行活动，吸引社会优秀人才关注九里夼，共同建设九里夼。

（四）围绕生态宜居，持续改善村容村貌

九里夼村山林秀美、风景如画，村庄有金盘湾风景名胜、仙姑洞风景名胜、天然温泉等生态自然资源，村庄将在保护原生态自然资源的同时，合理有序开发，打造游客观光活动场地。一是打造金水河景观长廊；二是完善金盘湾风景名胜基础设施建设；三是种植生态林、公益林；打造三界河夜景灯光系统提升村容村貌；四是完善青岛酸枣山万亩林场生态保护机制，加强日常巡查；五是完善野生动物保护机制等。同时，对村内小巷进行整治提升，从细节入手，启动“村民房前屋后大清洁”行动，进一步提升村容村貌。

山水林村美，人文花草香。九里夼村将紧紧围绕“山、水、林、村”几个要素进行打造，着力打造成人们向往的地方、追梦的地方，最终打造成“吃、住、游、娱、购”一体化的乡村生态旅游产业。

中山市南朗镇崖口村

1. 人口与地理位置

崖口村是中山市南朗镇的一个行政村，设崖口党总支部，下分两个党支部，目前有正式党员 91 名。村辖下有自然村 8 个，总户数近 900 户，现有人口 3 300 多人。我们的祖先早在南宋时期从山东迁徙到此定居，距今已有 600 多年的历史，目前村中有四大族姓，分别是谭、陆、肖、杨，其中以谭姓居多，约占 60%。

我村地处珠江口西岸，东北隔海与深圳和香港相望，东临伶仃洋，南邻珠海市。105 国道、京珠高速及广珠城际轻轨从村旁通过，地理位置得天独厚。村庄依山傍水、风景秀丽，宜居、宜耕、宜种、宜养，是一个美丽富饶的鱼米之乡。

2. 股份制发展

2002 年，我村将约 2 万亩围垦土地（2008 年中山市土地储备中心壹万壹仟柒佰多亩土地使用权）实行了股份制，并成立崖口村民土地股份基金会，凡是崖口村的农业人口，一次分给他们每人五亩五分土地，由村集体统一经营管理，收取到的租金，每年定期分红到各股民手中。没有参加集体生产、自己创业的村民，也能分到一份。2006 年，根据上级的统一部署，进一步推进了农村股份合作制，把全村的资源、资产全部纳入农村股份合作制中，一次性界定股民资格，按在册农业户籍人口共发出红色股本 3 131 本，但资源、资产不量化到个人，保持集体经营模式不变。

3. 水利建设

一直以来，我村十分重视水利建设。早在 1972 年，崖口村村民人工修筑了一个小型水库，名为云梯山水库，至今，崖口村的生活饮用水、农业浇灌用水都来自该水库。为加强农田水利建设，2011 年起，投入 300 多万元实行现代农业示范区改造，建成主干渠道 6 000 多米，高标准整治农田 1 200 亩。2012 年，在省、市农业部门的支持下，投入了 120 多万元，在二顷、二顷六、三顷二等围新建了一个大型的排涝泵站，提高防洪排涝能力。

4. 荣誉称号

几十年来，我村发展成效显著，得到各级政府肯定，先后获得："国家级非物质文化遗产（南朗崖口飘色）""全国综合减灾示范村""广东省文明村""广东省卫生村""广东省宜居示范村""广东省民间文化艺术之乡""广东省最美丽乡村""改革开放 30 年广东省档案编研成果二等奖""中山市先进党支部""中山市文明单位""中山市先进管理区""中山市革命老区建设先进单位""中山市优秀安全小区""广东省健康促进示范村"等荣誉称号。

实践永无止境，创新永无止境。在看到成绩的同时，我们清醒地认识到，当前的人口资源环境压力不断加大，我村还需尽快调整经济结构，转变经济发展方式，继续保持后劲，保持长远协调的可持续发展的态势。

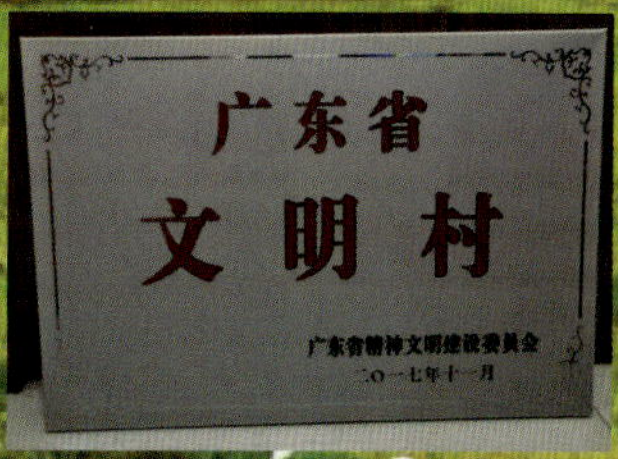

桃　源　村

桃源村位于阳山省级旅游度假区核心地带，区域面积 4.1 平方千米，现有 25 个村民小组，户籍人口 3 300 余人。全村拥有 4 500 亩水蜜桃，亩均产值约 1.8 万元。先后荣获中国最有魅力休闲乡村、全国文明村、中国十佳小康村、中国美丽乡村百家范例、全国文化生态村、江苏最美乡村、江苏省社会主义新农村建设先进村、江苏省文明标兵村等荣誉。

桃源村在省、市、区、镇各级政府的大力支持下，借助阳山生态区的外围环境、配套资源，全体村民、党员干部致力于把村庄建设成最美丽的乡村。桃源村已完成对大路头、前、中、后寺舍四个自然村的新农村村庄整治。在整治的过程中按照"因地制宜、注重特色、挖掘历史、提高品位、拓展功能"的要求，以全新的理念定位旅游农业发展路子，推动现代旅游农业建设，积极开拓旅游农业新功能，在整治过程中注重传承和发扬非物质文化，比如前寺舍的姓氏（周氏）文化、家规家训、酿酒文化及石器文化，在这些历史产物中取其精华、去其糟粕，向现代社会提供正能量。在创建优美环境的同时，提高村民思想道德水平。

近几年，桃源村致力做好一、三产融合发展工作，从一个纯水蜜桃种植主产村，逐渐演变成一个具有水蜜桃种植、销售、休闲观光旅游、乡村文化体验的乡村旅游村庄。鼓励村民就业再创业，做好民宿经济，现有南山居、心悦阁、桃源泉等特色民宿 5 家，姚家大院、美丽乡村专家工作站等民宿正在建设中。2017 年桃源村前寺舍成功入选江苏省首批特色田园乡村建设试点，打造特色乡村旅游文化，2018 年、2019 年成功举办两届"寻找阳山的年味"活动，吸引大量游客，逐步提高了村民农副产品的销售收入。与上海兴影资产管理有限公司合作的山南头特色文化村庄已在建设中，率先推进宅基地"三权分置"，助力乡村振兴，打造美丽乡村。

西藏扎囊县孟卡荣村农机合作社

孟卡荣村共有 119 户、555 人，合作社总面积 3300 平方米，注册资金为 811000(捌拾壹万壹仟元) 元，内有：耙耙加工厂、磨面加工厂、车库、种子包衣房等。合作社成立之初有社员 13 人 ,2013 年以后全村村民均为合作社社员，陆续增添各类机械设备 34 台 (套) 其中农用机械 20 台，分别为：大型联合收割机 4 台，大型拖拉机 5 台，翻地 804 2 台、翻地 604 1 台，大型播种机 2 台，大型犁 4 台，旋耕机 1 台，深松机 2 台；其他机械 5 台，分别为：装载机 2 台，小挖机台，垃圾车 1 台，各类机械折合人民币共 180 万元，其中 50% 享受国家农机购置补贴，其他 (其余资金) 村委会自筹。各类机械除满足本村耕地 2009.14 亩外，并对外作业促进增收。合作社上联市场、下联农户，将农民分散的耕地由合作社集中连片种植，统一选种、统一种植、统一管理、统一销售，荣产供销于一体，实现规模化、专业化、标准化的现代农业产业经营管理模式，具有较好的经济效益和社会效益。

统一连片种植，统一管理使全村从“小农经营”的传统模式中解放出来，转向二、三产业，促进劳务输出、提高土面积，仅 2016–2018 年我村就解决富余半劳力就业 56 人，发放工资 150 余万元 ,5 年来土地由原本的 1267.35 亩增至现在的 2009.14 亩。

现在人们对农产品有多样化、高品质需求，我村所有农作物均为无公害种植。在注重健康的现在，我们主张从源头上减少对人体的损害，杜绝使用化肥培植农作物，现全村青稞、小麦等均为无公害粮食作物。

对于作业面窄的问题，我合作社将充分利用自身优势，加大宣传力度，将农机播种收割作业扩大到全县范围，并利用装载机、挖掘机到各工地作业，以薄利多工的原则促进增收。

今后我们有更大的信心提高农机产品的安全性、可靠性，提高效益，让广大农牧民从农业机械化发展中获得更大收益。良种良法配套，使机械化生产的技术更加提高。

苏州三山岛　太湖小蓬莱

清代诗人吴庄曾有诗曰：长圻龙气接三山，泽厥绵延一望间，烟水漾中分聚落，居然蓬莱在人寰。该诗赞美的正是风光旖旎、环境幽绝，有“小蓬莱”美誉的苏州太湖三山岛。

苏州三山岛位于苏州城西南 50 多千米处的太湖之中，它由北山、行山、小姑山组成，以一岛三峰相连而得名。太湖三山，其湖光山色，动静并存，壮悠兼备，是饱览吴中山水、太湖景色的仙境；是太湖中的一颗璀璨的明珠，也是苏杭天堂丽境中唯一的群岛风光游览区。这里山水相依，层次丰富，形成一幅“山外青山湖外湖，黛峰簇簇洞泉布”的自然画卷。

三山岛上的石质都是石灰岩，暴露在地表的石头几乎都有太湖石瘦、漏、透、皱的特征。有被称为“吴中第一峰”的板壁峰、白猫石、十二生肖石、溶洞、狮身人面像等奇异石景，还有距今一万余年被称为“三山文化”的旧石器时代遗址及哺乳类动物化石遗存。

三山岛充分利用独特的地理、人文优势，为游客提供强身健体的场所，开发一系列集培养个人独立克服困难的意志和加强团队协作精神为一体的项目。有露营、篝火、攀岩、空中断桥等各种有趣的拓展活动，还有皮划艇、肥仔艇、赛龙舟等水上运动项目，将三山岛打造成了集体育、休闲、旅游为一体的生活品质之岛。

淳朴的农家风情和美丽的湖岛风光，使你如临世外桃源。这里到处是大片大片的茶园、果园，可谓是“季季有果，月月有花，日日有鱼虾”。岛上种植着不同种类的果树，一年四季，时新瓜果不断。每年三月开始草莓便出来打头阵了，而四月是采摘碧螺春的时节，五月有枇杷，六月有杨梅，七八月有枣，九月有白果，十月橘子红了、蟹也肥了……游客不论哪个季节来到岛上都有不一样的惊喜。

来到三山岛采摘的是纯天然绿色瓜果，住的是当地村民质朴的农家。入住农家可以吃到村民自家地里种的素菜，吃的鸡鸭是农家土生土长放养的，吃的水产便是太湖里纯野生的……

上海市奉贤区南桥镇杨王村

杨王村位于上海市奉贤区南桥镇东南 3 千米，东与金汇港相依，南邻柘林镇东方红村，西与六墩村毗连，北与曙光村隔河相望。本村地理位置优越，市一级公路莘奉金高速公路、金海公路、平庄公路形成了“井”字架。全村域面积 5.75 平方千米，经济园区用地面积 2.38 平方千米，园区以高起点、高标准为原则进行全面规划、合理布局。园区内建有 15% 的市政道路、公共设施，水、电气、通信等配套设施一应俱全。全村总户数 1 184 户，共有 8 个村民联组，总人口 3 682 人，外来人口在册 6 981 人，流动人口约 10 000 人左右。全村以“新杨王”为口号，旨在发展和谐社会，宣传杨王村以及园区内优秀事迹，报道各类相关活动。全村树立好家风，吹散农村陋习，树立文明新风，这已是奉贤“贤文化”的一部分。2010 年 6 月经区委、镇党委批准建立了杨王村党委，成了市内第二家、区内首家村级党委。现已下设 38 个党支部，共有党员 417 名。2013 年 3 月建立了全市第一家村级纪委。2017 年 12 月，荣获 2017 名村影响力排行榜 300 佳。2017 年全村实现经济收入 225.75 亿元、税收 3.47 亿元，村可支配资金收入 1 713 万元、经济合作社可支配资金收入 3 285.78 万元，中国名村影响力排行为 25 位。

张北县小二台镇德胜行政村

德胜行政村位于张北县城东 11 千米处，毗邻县道后洗公路和塞那都景区，距县城和张石高速张北 3 个出口均为 15 分钟车程，交通十分便利。处于坝上地区纵、横（草原天路—塞那都度假区—中都草原—锡林郭勒大草原和草原天路）两条旅游观光带的交汇处，紧邻阿里巴巴数据港，区位优势明显，生态资源丰富，发展旅游具有得天独厚的条件。

德胜行政村总面积 20 205 亩，其中耕地 5 508 亩（水浇地 2 000 亩），林地 4 900 亩，草地 7 728 亩，可流转土地 3 600 余亩，辖 5 个自然村：德胜村、叶家村、李元村、王家村、德胜新村。村内主要种植马铃薯商品薯、种薯、甜菜等经济作物。

德胜村两委一班人带领全体党员干部和群众，在上级党委、政府的关心支持下，在全体党员干部和村民的共同努力下，德胜村的发展在各发面都取得了一定的成绩，乡村面貌发生了翻天覆地的变化。

产业从无到有，形成了三大支柱。一是光伏产业，二是马铃薯产业，三是蔬菜和甜菜产业。

专业合作社由小到大，服务功能明显增强。从 2017 年开始，充实管理人员 5 名，建立服务平台，对村集体 280 个微型薯大棚统一规划、统一管理、统一指导，目前合作社资产达 760 万元。

集体经济稳步增加。2019 年村集体收入中光伏收益 78 万元，大棚承包收入 53 万元，总收入可达 131 万元。这些收入除了租赁费用、人工维修费和购置费开支外，建档立卡户每人分红 300 元。光伏收益解决了贫困户兜底、公益岗位工资、卫生清理和民生问题，全村自来水和电费统一由村集体解决，村民合作医疗统一由村集体支付。

引进投资项目逐年增加。近几年，村里引进外部投资者 7 家，主要是产业项目，特别是由亿利集团来村投资 4.5 亿元建设的占地 2 640 亩的农光互补项目，成了稳定增收的“铁杆庄稼”，也为将来发展生态旅游打下了基础。

新村建设稳步推进。深入落实乡村振兴战略，建设美丽乡村。近三年拆除 2 个自然村 139 户，综合规划到一个新村，为村民新建了小二层楼，建起了村民活动中心，42 户共计 1800 平米的、幸福互助院、幼儿园、文化广场和村民活动中心，园林绿化、上下水、电视、网络配套齐全。

兰溪石塘山庄园果蔬有限公司

兰溪石塘山庄园果蔬有限公司位于浙江省兰溪市兰江街道七一村兰芝风情线王畈洋段，区位优势突出，距六洞山景区 6 千米，白露山景区 5 千米，交通便捷，与被誉为“城市厢房”的中国传统文化村洛 --- 姚村毗邻。

石塘山庄园建于 2015 年 4 月，利用当地土壤适应种植各种水果的有利条件，以流转农村闲置土地为中心，把农村荒地、杂地、坡地加以调整改造，用来发展农村经济，增加农民收入。七一村投资建设兰芝农林休闲博览园后，规模、品味进一步提升，为兰溪市政府招商引资项目和农业旅游立项项目。庄园为低丘缓坡地貌，由“山、水、田”三大元素组合而成，环境优美，生态良好，构成一副环境优雅、风光淳朴的生态田园图。

庄园先后投入八百万元，种植了樱桃、葡萄、冬桃、红（紫）肉蜜柚、不知火、猕猴桃、蓝莓等优质水果，已逐渐进入盛产期，一年四季均可采摘健康可口的水果。庄园还种植大片毛竹和苗木，均已绿树成荫、空气清新怡人，是天然的绿色氧吧。此外，还在果园里放养了一定数量的土鸡，土鸭、鹅池塘里养殖了不同品种的鱼类。庄园水利、交通、通信、电力等基础设施较为完善，并陆续建成生态餐厅、烧烤场、垂钓场、户外拓展基地、亲子乐园、动物逗趣园、棋牌室、露天 KTV 等。

曲水县才纳乡国家现代农业示范区管理委员会园区

曲水县才纳乡国家农业示范区管理委员会园区建有水稻国家工程实验室（南昌）、国家水稻改良中心南昌分中心、中一菲水稻技术联合实验室等科研平台。现有在职职工 50 人，其中研究员 15 人、博士 23 名。每年举办一次国际杂交水稻技术培训班。2016—2017 年连续两年获得国家科技进步二等奖（合作）。近三年审定品种 21 个，在 Plant Physiology 发表论文 2 篇。

围绕供给侧结构性改革，示范七种新型水稻生产模式：双季机插秧（转方式）、双季机直播（节本）、晚稻早种一连种（去库存）、晚稻早种一再生（稳粮增收）、早籼晚粳（调结构）、有机稻米（提质增效）、稻田种养（提质增效）。指导 500 亩稻田养鳖亩增效 6 000~7 000 元，2017—2018 年江西卫视连续两连做相关报道。

围绕产业扶贫，破解杂交水稻种子生产技术发展不充分的难题。在莲花县开展父本机插秧 + 母本机直播同步操作全程机械化制种示范，院士扶贫在田间，降低杂交稻种子生产成本。

围绕乡村振兴，助推产业兴旺。对接服务高安巴夫洛等田园综合体建设，对接服务鄱阳湖米业等创建区域大米品牌，构建稻作三产融合产业体系；技术指导 13 个水稻绿色高质高效创建和产业重大技术协同推广县，开展科技服务和技术培训，推广水稻新型生产模式，构建优质稻全程机械化抗倒栽培等生产体系；对接服务萍乡吉内德等企业，建设稻田公园，构建电商平台、会员订制、生产体验等经营体系。

2018 年菲律宾科技部副部长罗薇娜女士来访江西省农科院，促成江西省农科院与棕吕宋大学签订共建中一菲水稻技术联合实验室协议。

2018 年本所选育的两个优质稻品种“外七、九香粘”在加纳示范增产 15%，计划提交加纳国家审定；加纳北部省省长亲自签订拓宽合作协议，在加纳日报头版报道。

2018 年与江西赣粮实业共同在赤道几内亚成功试种该国历史上第一批水稻，赤道几内亚农业部长亲自主持测产达 593 千克 / 亩（8.9 吨 / 公顷、远高于非洲一般的 2~3 吨 / 公顷），赤道几内亚国家电视台报道。

西藏自治区党委书记吴英杰到曲水县才纳乡考察

西藏自治区主席齐扎拉莅临曲水净土健康产业园区进行检查指导

市委书记白玛旺堆赴才纳净土健康产业示范区调研

湖北武汉黄陂台湾农民创业园

黄陂台湾农民创业园是 2008 年 2 月经农业部、国台办批准设立的华中地区首家台湾农民创业园，是华中第一，湖北唯一的国家级台湾农民创业园。

园区规划布局为圈层结构，核心示范区 3.2 平方千米，位于武湖街中部和三里街南部，主要发展食品和农产品加工业；核心区 6.5 平方千米，位于武湖街中部，以农业研发、科技示范推广为主；拓展区 240 平方千米，涵盖黄陂南部武湖街、三里街、大潭办事处全部和六指、前川两地部分区域。主要发展以现代工程设施农业、种子种苗繁育、农业观光旅游为特色的现代农业；辐射区为黄陂区全境。

黄陂台创园已初步建成以引进台资台智为重点，以农产品精深加工和物流配送、优新种子种苗生产繁育、农业观光旅游为特色的现代农业示范基地、两岸农业交流合作平台。已引进台资（合资）项目 15 个：佳果食品、天福茗茶、萃元食品、盈年花卉、今日景艺花卉、世华科技（蝴蝶兰组培）、兆丰农业、汉台农业、永和食品、戎钰商行、戎凯食品、台湾精品城、维尔福种苗、银宝地产、大湖草莓。其中，8 家投产，2 家在建，5 家正在进行规划、征地等前期工作，引进合同台资 29 730 万美元。举办台商台农交流考察 30 多次，近千名台商台农参与。先后获得国家现代农业示范区、全国农产品加工示范基地、国家农业产业化示范基地等殊荣。

经过多年发展，园区设施农业、高科技农业、休闲旅游业等产业发展势头强劲。采用世界最先进育苗技术的维尔福种苗公司、采用国内领先胚胎移植技术的开隆公司、已建成 8 万平方米智能温室的武汉林业集团花卉科技园、武汉国英种业公司、农耕年华风情园、省现代农业展示中心、五七水产养殖示范基地等项目聚集园区。精武鸭脖、九州乳制品、仟吉西饼、新辰芦笋茶等一系列产品在武湖研发、生产。67 家农产品加工企业扎堆园区，其中国家级农业龙头企业 3 家，“汉口精武”“仟吉”双双荣获“中国驰名商标”。

2019 年 1 月 26 日，“2019 武汉首届迎春花市”在黄陂台创园开幕。

2019 年 1 月 26 日，“2019 武汉首届迎春花市”在黄陂台创园开幕。

2019 年 3 月 12 日，黄陂台创园开展植树增绿活动。

2019 年 5 月 10 日，台湾杰出农民协会参访台创园企业“武汉市仟吉食品有限公司。

2019 年 5 月 10 日，台湾杰出农民协会参访武汉市农科院北部园区。

2019 年 9 月 24 日，台北黄陂同乡会参访团参访黄陂。

福建清流台湾农民创业园

清流县地处台湾海峡西岸中部，东临福建沿海，西北承江西上饶，南接广东，是闽西北联接沿海、辐射内陆的重要通道。2009 年 5 月，国台办、农业部批准设立国家级清流台湾农民创业园，重点建设“四区一会”（花卉苗木产业区、特色养殖区、农林产品加工区、生态休闲旅游区、台商联谊会），全力打造海峡西岸现代农业合作示范基地、现代农林产品加工示范基地、海峡西岸生态休闲旅游胜地、闽台交流合作先行先试的重要平台。

近年来，在清流县委、县政府的正确领导下和农业农村部、省农业农村厅及对外合作处的精心指导下，清流台创园积极探索海峡两岸融合发展新路，坚持“立足特色、突出重点、注重创新、辐射带动”原则，明确发展定位，强化工作措施，深入开展闽台交流合作，有效提升了台湾农民创业园建设水平。每年组织举办台湾现代农业技术培训班、樱花基地观赏旅游节、仙野石斛兰花旅游文化节、“烧酒会”等活动 10 余场（次），努力使清流成为台胞投资兴业、就业创业的理想家园。园区先后被授予“全国农产品加工创业基地”“海峡两岸科技产业合作基地”“全国农村创业创新园区”“省级专家服务基地”“台湾高校学生农业教学实践基地”等称号。

截至 2018 年 12 月，园区台资企业总数达 58 家，总投资 9.22 亿元，年产值达 10.1 亿元，是三明市引进台资企业最多的县。清流台创园在农业农村部和国台办组织的全国台创园发展建设综合考评中，均荣获优秀等次，其中 2016 年获第三名、2017 年获第六名。中央及省、市主流媒体多次报道清流台创园建设发展成效。

清流县城区全景图

清流台湾农民创业园兰花基地

花卉交易市场（一期）

“一颗红心走天下，万般弥意醉生活”

水城猕猴桃产业发展情况简介

果园一角

猕猴桃采摘

猕猴桃鲜果

在县委县政府的坚强领导下，我县成立水城县东部农业产业园区管理委员会，组建了水城县宏兴绿色农业投资有限公司、水城县猕猴桃产业协会，按照“统一品种、统一品牌、统一标准、统一包装、统一价格、统一销售”六统一原则，整合农户土地、资金、技术等入股发展猕猴桃产业，不断拓宽农户增收致富渠道，从根本上解决农户持续增收、稳定脱贫问题，为农户长期稳定脱贫提供了重要保证。

种植规模化，优势产业底气十足。据中科院武汉植物园调查，全县有野生猕猴桃 14 种，被中国野生植物保护协会授予“中国野生猕猴桃之乡”称号。依托资源优势，我县于 2000 年开始人工栽培红心猕猴桃，目前全县猕猴桃种植面积 11.2 万亩，成为全县脱贫致富主导产业。

品牌高端化，市场拓展精彩纷呈。我县猕猴桃久负盛名，是北京奥运会、上海世博会指定果品，获批“国家级出口食品农产品（猕猴桃）质量安全示范区”“国家有机产品认证示范创建区”“贵州省农产品地理标志示范样板”“猕猴桃生态原产地保护产品”认证。“弥你红”荣获“全球华商最具竞争力品牌”“第十四届中国国际农产品交易会参展农产品金奖”“十八届中国绿色食品博览会金奖”“第二届全国猕猴桃品鉴会金奖”“2019 年中国北京世界园艺博览会优质果品大赛金奖”，入选“全国名特优新农产品目录”、贵州省名牌产品，远销俄罗斯、加拿大等国家和地区。系列红心猕猴桃果酒通过美国 FDA 认证，获准进入美国市场。“一颗红心走天下，万般弥意醉生活”的红心猕猴桃已成为特色农业的一张靓丽名片。

发展抱团化，利益联结愈加紧实。以股权为纽带，鼓励和引导农户以土地、资金、技术等入股经营主体发展猕猴桃产业，实现企业、集体、农户共建共享、抱团发展，农户取得了零距离就业、零风险投入、零投入收益“三零”成效，拓宽农户增收致富渠道，覆盖农户 3.73 万户 14.22 万人，其中贫困户 5 056 户 18 754 人。

湖南佳惠集团

湖南·佳惠农产品（冷链）物流产业园

佳惠·农产品（冷链）物流产业园（原名：佳惠农产品批发大市场）位于湖南省怀化市主城区，由湖南佳惠集团于 2009 年投资建设，规划占地 1 500 亩，计划总投资 50 亿元。

目前，园区内的农产品交易、冷链物流、城市共同配送、生鲜冷链加工等区域共 25 万平方米的功能区已分批投入使用，现有 1 500 余个商户入园经营 .2018 年，园区实现各类农产品交易及配送额 80 余亿元，辐射武陵山片区 44 个县（市）约 1 500 万人。

为解决片区群众的“菜篮子”问题，助力地方经济发展和脱贫攻坚，园区依托集团，引进国际尖端的果蔬冷藏工艺，在贫困村建立产地预冷设施，实现农产品从田间到餐桌全程冷链。借助高度敏感的市场需求反馈，积极引导广大农户适时调整和优化种养殖结构，建立“公司 + 基地 + 贫困户”的利益联结机制，100 余个优质农产品基地带动 7 万贫困人口脱贫。

通过 10 年的建设发展，佳惠·农产品（冷链）物流产业园已成为“农业产业化国家重点龙头企业”，农业农村部“定点市场”和“全国农产品批发市场 100 强”，被商务部评定为“首批全国公益性农产品示范市场”，初步确定了在湘、黔、桂、渝、鄂五省交界地区农产品批发及冷链物流战略地位。

未来，园区将围绕“农”字，进一步强化民生性、公益性和先导性产业园区定位，力争建立城市统仓统配、线上线下为一体的智慧大物流，让农产品卖得好，老百姓吃得好，山区群众日子越过越好！

中粮集团有限公司

作为与新中国同龄的国有企业，中粮集团历经 70 年发展，已经成为立足中国的国际一流粮食企业。目前，中粮集团已经形成了覆盖全球主要粮油产区、销区的粮油设施布局，拥有包括种植、采购、仓储、物流和港口在内的全球生产采购平台和贸易网络，在南美洲、黑海区域等全球粮食主产区和亚洲新兴市场间建立起稳定的粮食走廊，集团 50% 以上营业收入来自于海外业务，为统筹利用国际国内两种资源、两个市场，稳定中国市场供应、保障粮食安全打下坚实基础。

中粮集团以粮、油、糖、棉为核心主业，覆盖稻谷、小麦、玉米、油脂油料、糖、棉花等农作物品种以及生物能源，同时涉及食品、金融、地产等行业。在食品领域，中粮业务涵盖奶制品、肉食、酒、茶叶、食品包装，拥有福临门、蒙牛、长城、中茶等具有影响力的品牌。我们还创造性地为农业发展提供金融服务，已经形成信托、期货交易代理、保险、风险管理咨询、银行、基金等金融业务链。同时，中粮也是卓越生活空间的建设者，建设商业地产、住宅地产、酒店、旅游地产以及区域综合开发。

仓储码头－中国江阴
（Storage Wharf—Jiangyin,China）

小麦收割－中国河南
（Wheat harvesting—Henan,China）

中粮产品全家福（Family photo of COFCO products）

As a state-owned enterprise founded in the same year as the New China, COFCO Corporation has become a leading international agribusiness based in China after seven decades of development. At present, with our G&O facilities in the world' s major G&O production regions and marketing regions as well as our global production & procurement platform and trade network encompassing plantation, procurement, warehousing, logistics and ports, COFCO Corporation has built stable food corridors connecting the world' s major grain production regions such as South America and the Black Sea with emerging markets in Asia. With over 50% of operating revenue coming from our overseas business, the Corporation has laid a solid foundation for the purpose of stabilizing China' s market supply and ensuring grain security by planning the use of both international and domestic resources and markets as a whole.

COFCO Corporation' s core businesses include grain, oil, sugar and cotton, and our business scope ranges from agri-products such as rice, wheat, corn, oils & oilseeds, sugar and cotton and biofuels to food industry, financial services and real estate. In the food industry, COFCO' s businesses cover dairy products, meat, liquor, tea and food packaging and have influential brands such as Fulinmen, Mengniu, GreatWall and ChinaTea. We also provide financial services in a creative way to develop agriculture, having established a financial value chain composed of trust, futures trading brokerage, insurance, risk management consultancy, banking and funds. Meanwhile, COFCO is also a builder of outstanding living space that is engaged in the construction of commercial real estate, residential real estate, hotels and tourism real estate as well as regional comprehensive development.

光明食品（集团）有限公司

光明食品（集团）有限公司是集现代农业、食品加工制造以及食品分销为一体，具有“从田头到餐桌”完整食品产业链的综合食品产业集团。目前已形成以乳业、肉业、糖业、粮油、蔬菜、水产、现代农业和食品零售等食品主业为主体，地产物流和金融为两翼的“一体两翼”产业结构，2018年实现营业收入1 580亿元。

光明食品集团围绕“五年再造一个光明，十年构建实力光明”的战略目标，以满足市民日益增长的美好生活需求为己任，切实保障各类农副产品供应的量足价稳，坚定不移走高质量蛋白质发展道路；以建设“产业先进、环境优美、生活优越”的殷实农场为抓手，主动融入崇明世界级生态岛建设和中国花博会筹办，打造光明田缘，实施沃土工程、重构农业服务体系；举全集团之力参与首届中国国际进口博览会，打造“全球食品集成分销平台”，组织20个国家和地区的近60家海外知名企业参展，完成20亿元人民币的订单；深入云南、遵义等地区开展精准扶贫，“云品入沪”“遵品入沪”惠及了边远贫困地区建档立卡的万名贫困户；坚持践行“爱与尊重”的光明文化和“员工第一”的价值理念，宣传、弘扬劳模精神、工匠精神。2018年，集团全面加强党的建设，保持经济平稳健康发展，集团排名上海百强企业第八名，中国企业全球化50强。

光明乳业华东中心工厂

蔬菜集团西郊国际农产品交易市场

良友集团良友新港储运有限公司

光明食品集团品牌

光明® 乐在新鲜　冠生园®　大白兔® WHITE RABBIT　MALING 梅林　石库门® SHI KU MEN　和酒

品全兴 万事兴　爱森 AISEN　海丰®　光明牌®　正广和®

海狮®　LEHUI®　三添®　福新　華佗 HUA TUO®　玉棠®

XQ　味都　一只鼎®　佛手　大瀛®

新疆盛康粮油有限公司

康盛粮油办公楼

车间

新疆盛康粮油有限公司位于新疆伊犁州伊宁边境经济合作区吉林路 1792 号，成立于 2006 年 1 月，是新疆集生产和研发为一体、工艺设备先进的大型小麦粉加工企业，是新疆小麦粉加工企业中最具规模和发展潜力的企业。

公司先后被自治区授予“农业产业化重点龙头企业”、2 个 100 户成长型企业，是国家粮食加工重点监控企业；国家粮食行业协会授予全国放心粮油示范加工企业和中国制粉行业百强企业；2019 年被中国农业发展银行授予 AA 级信用等级；2019 年被农业农村部授予农业产业化国家重点龙头企业。公司生产的“伊盛”牌产品先后被国家、自治区授予“中国著名品牌”“全国放心面”“新疆著名品牌”等称号。

为进一步延伸农产品加工产业链，立足本地区的农业资源优势，以促进农业、农村经济和食品健康安全的可持续发展，在伊犁河谷周边县市建立了 15 万亩紧密型小麦种植其他和 1.5 万亩旱田有机小麦基地。公司成立了“盛康粮食产业化联合体”；采用国际上最为先进的冷加工制粉工艺技术，全过程采用智能控制技术；实施中央厨房产销模式（主食加工旗舰店）和“互联网 +”相融合的营销模式，致力于农业科技成果的转化。目前公司生产的“伊盛”牌有机黑小麦粉、有机旱田小麦粉、小麦胚芽以及有机营养挂面等七种有机产品十六个产品包装，在南京、南通、连云港、西安、乌鲁木齐等地上市，同时在淘宝网、“集食惠”品质食品专买网（线上线下）、微信平台进行销售。

为强化公司后劲，保证可持续发展，公司积极与农业院校、科研单位进行产研合作，开展关键技术攻关，加快科研成果转化，发展食品工业，充分利用伊犁地区水土资源优势，发展有机食品、方便食品、功能性食品和早餐食品的新产品研发计划、解决并降低蛋白质淀粉破损问题，组建企业研发中心等合作项目，进一步提高产品附加值，以带动当地农村经济发展，为增加农民收入做出更大的贡献。近年来，公司先后研发出具有新疆特色的拉面粉、打馕粉、切面粉、方便面粉、馒头粉、水饺粉，以及“食用菌营养挂面”“五谷杂粮挂面”等系列农副产品精深加工产品。

公司秉持回报国家、回报社会、感恩人民的理念，为人民办实事，为伊犁地区社会和谐、民族团结和社会主义新农村建设等方面做出了一定的贡献。近年来，在捐资助学、扶贫济困、抗震救灾、稳定粮价等方面捐款捐物近 300 余万元，受到了社会的一致好评。

新疆盛康粮油有限公司强化品牌意识、提升产品知名度，在市场竞争中稳步发展，增强了公司核心竞争优势，将以做实、做稳、做强传统产业，延伸和发展产业链，实施产业融合发展，打造“百年老厂”作为发展方向。

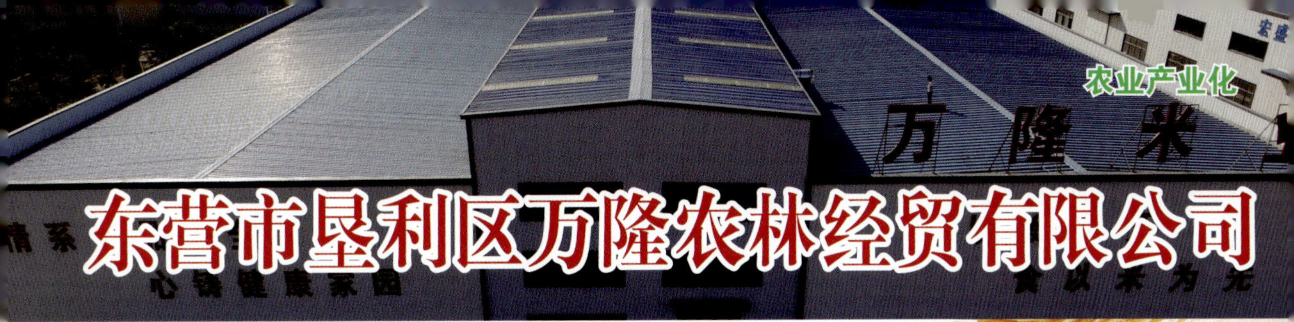

东营市垦利区万隆农林经贸有限公司

东营市垦利区万隆农林经贸有限公司成立于 2003 年 1 月 10 日，注册资本 1000 万元，位于垦利区经济开发区；公司是以稻米技术研发、良种繁育、社会化服务、订单农业、大米加工销售为一体的农业产业化省级重点龙头企业和省级林业重点龙头企业。

公司现有员工 67 人，其中科技研发人员 16 人。公司 2018 年新增年产 5.4 万吨优质大米生产线 1 条，DSH－200TL 连续式烘干塔 2 座，占地 13500 ㎡；同时申请发明专利 4 件，实用新型专利 10 件，软件著作权 15 件，2020 年被认定为山东省高新技术企业；公司积极与山东省果树研究所、山东省农科院水稻研究所、辽宁省水稻研究所、河北省农科院水稻实验所、天津农科院水稻所、中国黄海水产研究所、山东农业大学、齐鲁工业大学、鲁东大学、东营市农科院等开展合作，达成长期技术服务协议，进行技术指导与培训，为公司发展提供了强大的技术保障。根据公司产业布局及自然条件建设特色，为立足黄河三角洲盐碱地水稻高效开发，遵循盐碱湿地生态共生关系和湿地生态共生农业模式集成创新与应用示范；通过建立生态种养增效模式，达到盐碱地的提质增效。突出抓好以水稻为主的种植业、乡村休闲观光旅游业和农产品深加工物流业等三大产业发展，重点抓好万亩水稻标准化种植基地建设，提升水稻生产能力和产品品质，以循环农业、观光农业、乡村旅游等产业有机结合、综合效益显著的园区辐射带动周边，成为具有较强辐射带动与示范效应的现代农业产业化企业。

党委书记、董事长 李祖新

证 书

No.1216

昌吉回族自治州粮油购销(集团)有限责任公司:

经农业农村部、国家发展和改革委员会、财政部、商务部、中国人民银行、国家税务总局、中国证券监督管理委员会、中华全国供销合作总社联合审定，你单位为农业产业化国家重点龙头企业。

特发此证 2018 年－2020 年农业产业化龙头企业证书

（有效期至2020年12月底）

CHANGLIANG GROUP
昌粮集团

昌吉州粮油购销（集团）有限责任公司

昌吉回族自治州粮油购销（集团）有限责任公司（简称昌粮集团）是新疆最大的国有粮食购销企业，经国家农业部、发改委、财政部、商务部等联合审定，被授予“农业产业化国家重点龙头企业”称号。公司注册资本 7 000 万元，下属 12 家子（分）公司、3 家参股企业，资产总额 28 亿元，职工 920 人，经营网点 63 个，粮食储存能力 110 万吨，年均粮油吞吐量 200 万吨，主要经营品种小麦年均收购量达 60 万吨以上，掌控昌吉州近 80% 的市场商品粮源，是保障乌昌、吐鄯托等区域粮食安全、保证军需民食的重要载体。2010 年，被国家粮食局甄选授牌为全国首批 50 个国有粮食企业重点联系企业之一；2011 年，被中国粮食行业协会评为国家“AAA”级诚信粮油企业；2015 年被自治区党委授予“自治区先进基层党组织”荣誉称号；2016 年入围“全国先进基层党组织”评选并获中组部公示；连续六年被评选为昌吉市“重合同守信用单位”。

近年来，昌粮集团积极响应国家供给侧结构性改革号召，不断延伸绿色农业产业链，推进“三产融合”深度发展。公司以粮油产业化经营为主线，以粮油购销为基础，以粮油和特色农产品精深加工为龙头，以大宗农副产品贸易为补充，以构建大物流体系为平台，努力打造成为有影响力的贸、工、农综合产业协同发展的国家现代农业产业化龙头企业。

昌粮汇通仓储

昌储库中心仓库

昌粮汇通油脂厂

仓麦园产品集合

古城乳业 GU CHENG RU YE

古城乳业产业扶贫成效显著

作为山西省的产业扶贫龙头企业，古城乳业积极响应“精准脱贫”的号召，积极履行企业的社会责任，采取多种方式推进产业扶贫：一是尝试在贫困村建立种植基地；二是按10%保底分红的方式吸收扶贫资金投入到项目建设中带动贫困人口脱贫致富；三是为有劳动能力的贫困户提供就业岗位；四是采取“企业＋合作社（园区）＋农户”的带动模式在川区乡村引导种植青贮玉米；五是以提供担保的方式解决贫困户发展资金缺口的问题。

近年来，公司积极响应“推进粮改饲”“加快草牧业发展”的号召，专注于以乳制品加工为主的全产业链布局，以订单收购青贮玉米、流转土地示范种植紫花苜蓿、甜高粱等优质牧草的方式，建成了青贮玉米十万亩、紫花苜蓿一万亩的牧草种植示范基地，投资8 000多万元建成年产20万吨奶牛复合配方饲料加工厂，于2015年底投产，在有效保障饲料源头安全的基础上，让基地奶农得到了实惠、就地转化玉米缓解了周边粮农的卖粮难问题，实现了产业链条上各结利益的均衡分配。近五年以来，古城乳业每年直接、间接向种、养基地农户支付奶款、草款、粮款、土地流转金、短途运费、季节性劳务用工等费用4亿多元。古城乳业的“种养加一体化全产业链协同发展”之路，解决了奶业各利益环节相互脱节的问题，既符合国家畜牧产业发展的政策，也实现了各利益方的共赢。

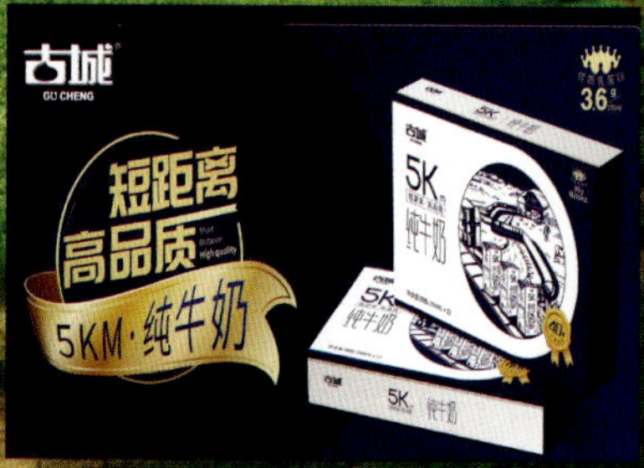

潍坊亿家安农贸批发市场有限公司

潍坊亿家安农贸批发市场有限公司，位于潍城区东风西街西段南侧，紧邻青银、潍日高速和309国道，市场内有铁路专用线，交通便利，是城区内最大的农贸综合批发市场。2018年被农业农村部批准为“农业农村部定点市场”，市场占地总面积14万平方米，建设面积5万平方米，投资2.1亿元，其中综合办公楼4 000平方米，经营面积4.6万平方米，经营铺位1 000多个，现有经营业户900多户，从业人员10 000多人，市场经营种类齐全，有国内外各类水果、干果、水产品、肉禽、蔬菜、粮油批发等1 000多个品种，年交易量30万吨，交易额15亿元。

市场服务设施齐全，有完善的管理制度，监控设施全覆盖，场地全部硬化，交易在大厅进行，信息中心为交易双方提供公开、透明的产品需求信息。农产品进入市场实行严格快检准入制度，合格者准予入市销售，不合格者退市销毁，市场开业以来，得到了社会认可，受到了政府好评，被省工商局评为“文明诚信市场”，省食安办授予“食安山东”食品流通示范单位。

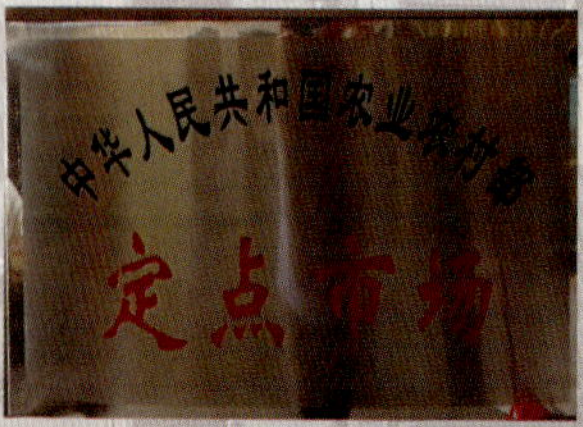

长沙马王堆农产品股份有限公司

企业荣誉：国家级农业产业化重点龙头企业，全国首批公益性示范市场，商务部“百家百亿”市场，农业部定点鲜活农产品中心批发市场，全国工人先锋号，湖南省、长沙市重点“菜篮子”工程。

行业地位：全国最大的蔬菜流通枢纽中心，第30届世界批发市场联合会技术观摩点，中国农产品批发市场行业优秀单位、中国农产品流通改革开放40年最具社会责任感市场、中国农产品流通改革开放40年创新探索市场、亚太批发市场大会突出贡献奖。

2016年9月，世界批发市场联合会年会在长沙召开期间，来自150多个国家的200余名代表到长沙黄兴海吉星国际农产品物流园作技术观摩。

长沙马王堆农产品股份有限公司成立于1999年，注册资本2亿元，由深圳市农产品股份有限公司控股，湖南同超控股有限公司、长沙市国有资本投资运营集团有限公司参股。公司主营农产品的批发、零售、储藏等业务，下辖长沙黄兴海吉星国际农产品物流园、马王堆海鲜水产批发市场、毛家桥水果水产禽类产品大市场，2018年市场交易量639万吨，交易额588亿元。

长沙黄兴海吉星国际农产品物流园位于湖南省长沙县黄兴镇黄江公路旁，占地面积近900亩，总投资超20亿元，分两期开发建设，总建筑面积64.3万平方米。长沙海吉星一期占地446亩，建筑面积约20万平方米，2016年4月建成运营，主要承接马王堆蔬菜市场的整体迁入，市场日均交易量12 000吨（高峰期突破16 000吨），是目前全国最大的蔬菜流通枢纽中心。长沙海吉星二期用地382亩，计划发展海鲜水产、进口水果、进口食材等高端食材交易以及特色农产品交易，配套建设农产品冷链以及整个项目的环保工程等内容。长沙海吉星全部建成并投入运营后，将逐步发展成为线上线下结合、国内商品与国际商品互补、全省农产品互动的一站式综合农产品集散中心，全面支持传统“菜篮子”更具有时代性，争创中国第五代农产品批发市场旗帜，成为中南地区最具行业代表性和地标性的综合性农产品物流产业园区。

蔬菜标准交易大厅采购通道

长沙黄兴海吉星国际农产品物流园干净整洁的交易环境

苏州市南环桥市场发展股份有限公司
江苏苏州市南环桥农副产品批发市场

苏州市南环桥农副产品批发市场（南环桥市场）成立于1997年，现位于吴中区东方大道1688号，占地400亩，总投资6.16亿元，是集蔬菜、鲜肉、水产、家禽、豆制品、南北干货等交易为一体的综合性农产品批发市场，承担了苏州城区80%以上的农副产品市场供应，是苏州市政府“菜篮子”重点工程。上市的农副产品除了供应整个苏州市场以外，辐射周边地区达100千米以上，具有强大的集散力和辐射功能。2018年，南环桥市场全年各类农产品总交易量达256.22万吨，同比增幅为3.62%；全年总交易额250.4亿元，同比增幅为3.68%。

20多年来，南环桥市场始终坚持“海纳百创蔬果 心系万家餐桌”的企业使命，不断发展壮大。根据规划，南环桥市场将再度转型升级，打造现代农产品物流园。新物流园位于苏州市吴中区角直镇车坊苏同黎路3099号，总占地面积约合602.85亩，总投资30亿元。经营品种在原有的蔬菜、鲜肉、水产和干货等的基础上，新增和扩容了水果、冷冻品、海鲜类的经营业务。物流园的新建和搬迁，为省重点项目和2019年度市政府实事项目，预计2020年建成并投入使用。

厦门夏商农产品集团简介

厦门夏商农产品集团有限公司是厦门市直管的十大国有企业之一——夏商集团所属的国有全资企业，也是集团的核心，是以开发建设、经营管理批发市场为核心业务，以基地种植养殖、生鲜终端运营等为延伸业务的集团性商贸企业。公司拥有蔬菜、肉品、家禽、蛋品、台湾水果等8个专业农副产品批发市场及蔬菜种植销售、食品加工、粮食贸易等8家控股公司；所经营的蔬菜、水产品、猪肉、禽蛋品、冷冻食品，分别占全市供应量的75%、80%、70%、60%、90%，在保障供应、平抑物价、食品安全等方面始终发挥国有流通主渠道作用。

近几年，公司致力打造以批发市场为核心，形成夏商特色的完整的从“基地到餐桌”的农产品安全供应链条。

一是多渠道的源头基地。现有蔬菜自建、管控、战略合作等各类种植基地近5万亩；根据2017年市政府为民办实事工作要求，自建白沙仑基地（93亩）已建成投产，同时继续在省内外寻找管控基地及战略合作型基地，保障全市在淡、灾、节时蔬菜供应。

二是全方位布局的批发市场。目前共搭建蔬菜、肉品、水产、家禽、蛋品、冻品、干货、台湾水果等8家专业农副产品批发市场，市场交易额超过200亿元。

三是持续完善的检测体系。依托经国家实验室认可、省级质量认证，商务部在厦唯一定点食品安全检测机构——集团所属农产品检验检测站，推行市场准入制度，对集团所直管（监管）的各类生产基地、所经营的各类农副产品批发市场、生猪定点屠宰厂、家禽定点屠宰厂等农副产品的药物、微量元素、硝酸盐和亚硝酸盐的有害物质残留量和微生物污染进行监控和检测。

四是跨越式拓展的终端网点。依托夏商集团现有各类生鲜供应网点29家，农贸市场17个，可覆盖百万人口，大大增强了对市场的价格调控、供应保障能力。

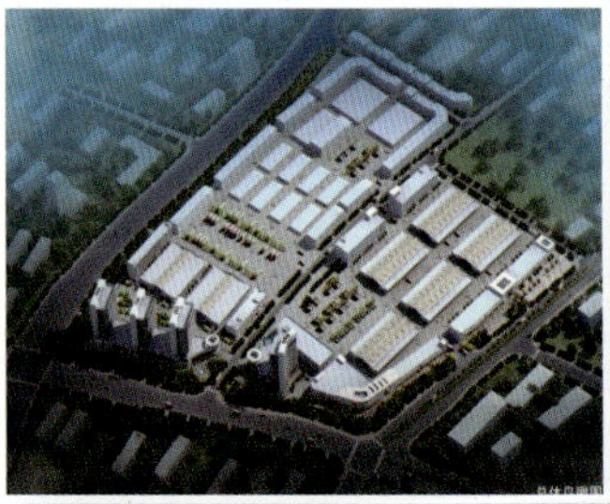

闽南农副产品物流中心

中埔农产品批发市场

吉首市蔬菜果品批发大市场基本情况

吉首市蔬菜果品批发大市场位于吉首市五里牌，于1999年规划建设，2001年12月投入试营。市场一期占地50亩，建筑总面积26 895.2平方米，其中蔬果交易大棚8座，面积5 040平方米；经营门面及地下室仓储488间（套），面积16 815平方米（其中市场自有门面86间）。余下大棚用于仓储、钢材加工及冷库的出租，面积5 040平方米。2000年被中国蔬菜流通协会定为全国首批50家定点蔬菜批发市场之一，2003年被农业部确定为定点农产品专业批发市场，2008年被湘西自治州人民政府确定为州级蔬菜水果批发大市场。

吉首蔬菜果品大市场

2010年市场西面新征土地20.19亩，对老市场配套设施进行升级改造，扩建了南大门，新安装了120T大型电子地磅、LED电子显示屏和市场电子监控等设备。市场设置有蔬菜农残检测室，抓好蔬菜销售源头质量安全，每天派专人对进入市场批发的蔬菜进行抽样检测，让市民吃上“放心菜”。2018年我市场新增停车管理系统，完善监控系统设备，合理分布停车区域，大力改善市场拥堵、混乱局面。

配送中心

市场现有固定蔬菜水果批发经营大户70多户，季节性蔬菜批发户60多户，自产自销蔬菜批发户200多户。目前市场内批发的辣椒、土豆、包菜、白菜、白萝卜、胡萝卜、冬瓜、南瓜等10几个重要蔬菜品种平均每天动态储存量达12万吨，可以确保吉首市民3天的蔬菜供应量。市场蔬菜年交易量达9万吨，年交易总金额达4.2亿元，保障了湘西州8县市的居民蔬菜供应，并辐射四省边区，对整个武陵山片区的农产品物流发挥了重要作用。

沭阳国际花木城

中国·沭阳国际花木城是集花木展销、信息发布、电子商务、现代物流、旅游观光于一体的特大型花木综合交易市场，也是县委、县政府招商引资重点项目，于2012年开工建设，2013年10月正式开业。规划占地3 000亩、投资15亿元，其中一期工程已投资5亿元、开发1 000亩，设“七区一厅两馆”，即大苗区、小苗区、盆景区、景观区、资材区、电商区、物流区、综合大厅及园艺花卉展览馆、苗木资材展览馆。

江苏省企业联合会花木园林行业促进会考察沭阳国际花木城市场交易情况

花木城一期共推出商铺1 800个，现已入驻企业、商户800多家。为更好地服务广大商户，公司坚持科学化经营、规范化管理和优质化服务，以商户利益为中心，不断探索和创新服务机制，在安保、保洁等物业服务方面不断加大投入，完善队伍建设；成立花木产业扶持基金会，扶持企业做大做强；建设信息发布中心，采集、分类、整理、发布花木品种、市场价格、市场走势等信息；建立电子商务平台，帮助商户实现线上、线下同步经营，拓展销售渠道。

2019第七届中国沭阳花木节开幕式现场

公司自2013年10月开业以来，目前已连续成功举办5届中国·沭阳花木节，充分带动沭阳花木产业蓬勃发展，为周边群众就业、创业提供良好平台，与全国各地花木市场、商会、协会建立友好的合作关系，也先后取得县、市、省级“农业产业化重点龙头企业”“行业领军先进企业”“AAA质量诚信企业”“江苏创新发展品牌”“国家级AA旅游景点”“国家2019农业产业化重点龙头企业500强”“农业农村部定点市场”等荣誉称号。

沭阳国际花木城东大门

西吉县马铃薯产业发展情况

马铃薯产业是宁夏回族自治区“1+4”特色优势产业之一，是西吉县农民脱贫增收致富的主导产业。多年来，在党中央、国务院及有关部委的亲切关怀下，在区、市党委和政府的正确领导和有关部门的大力支持下，西吉县坚持以扶贫开发统揽农业农村工作全局，把发展马铃薯产业做为调整农业结构、促进农民收入倍增、壮大县域经济的主导产业来抓，坚持“6410”发展思路，充分发挥“规模大、品种全、品质优、品牌靓、市场广、效益高”六大优势；坚持“种薯繁育、淀粉加工、鲜薯外销、主食开发”四薯并进；强化“十个一”的发展马铃薯产业措施，即制定一个产业发展规划、出台一个产业扶持政策、健全一套标准化生产体系；建设一个马铃薯工程技术研究中心，组建一个专家服务团队，构建一个完善的社会化服务体系，完善一套宣传系统（建设展览室、制作宣传片、出版画册书籍、谱写马铃薯歌曲、注册微信公众号）；打造一个知名品牌，开发一系列马铃薯产品（种薯、三粉、主食化产品、休闲产品）；搭建一个展示平台（举办马铃薯节、产品推介会），马铃薯产业得到长足发展。

2019 年全县种植马铃薯 85 万亩，占全区马铃薯种植面积的 40% 以上，占固原市种植面积的 50% 以上，平均单产 1 768.2 千克，年产马铃薯 150.3 万吨以上，总产值 15.03 亿元。马铃薯产业提供农民人均可支配收入达到 2 127.6 元以上，占经营性收入的 34%，成为西吉县农民脱贫增收致富的主导产业。马铃薯由过去的“救命蛋”变成现在的“致富豆”。

1. 立足资源发展种薯产业。大力推广脱毒种薯“农户自繁自用，企业繁育供种”模式，建设了宁夏佳立、西吉土豆种业 2 个脱毒繁育中心，年繁育原种 5 000 万粒，扶持 13 家经营主体建设原种基地 1 万亩，一级种基地 10 万亩，年产脱毒种薯 16 万吨，实现销售收入 3.2 亿元，占马铃薯总收入的 25.7%。向云南、贵州、四川等省销售种薯 5 万吨以上。

2. 立足品质扩大鲜薯外销。建成 3 个马铃薯专业批发市场，建设贮藏窖 18.7 万座，全县有马铃薯销售代办点 600 多个，年外销鲜薯 50 万吨以上，主要销往云南、广东、贵州等 10 多个省（市），实现销售收入 6 亿元，占马铃薯总收入的 48.2%。

3. 立足原料发展淀粉加工。有万吨以上淀粉加工企业 6 家，主要加工达不到商品薯要求的马铃薯，年加工鲜薯 50 万吨以上，年加工淀粉 6 万多吨，加工粉条、粉丝、粉皮等 1.2 万吨，实现销售收入 3 亿元，占马铃薯总收入的 24.1%。西吉“银鸥”“向丰”牌淀粉畅销全国，出口日本、韩国等国家和地区。

4. 立足消费开发主食产品。扶持西吉县勇兴三粉公司、宁夏国圣食品有限公司、伊香公司建成了各类马铃薯主食产品生产线，年产马铃薯面条、馒头、饼干、馓子、麻花等产品 50 多种，加工主食产品 3 000 多吨，产值 3 600 万元，占马铃薯总收入的 2%。延伸了产业链条，满足主粮多样化需求。

西吉县按照“因地制宜、产业精准，聚力到户、受益精准，科学设计、项目精准，示范带动、扶持精准”的基本原则，实施“有土”扶贫方略，围绕马铃薯、草畜、杂粮、蔬菜四大主导产业，充分利用产业扶贫资金，完善政策机制，优化产业体系、生产体系、经营体系，激发群众内生动力，推进产业转型升级和提质增效。

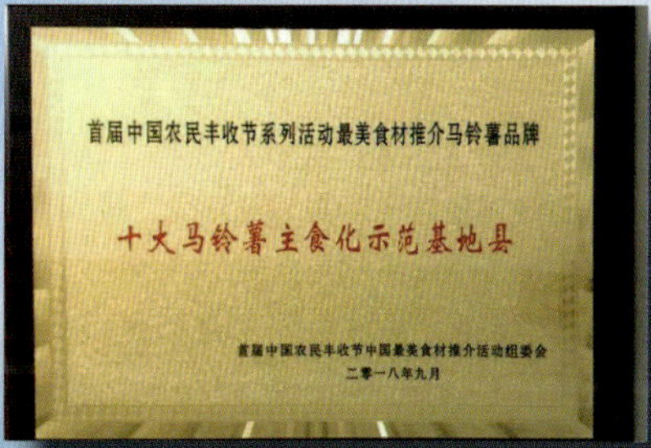

打造“粮食银行＋规模化种植”新型农业产业化发展模式

按照十九大报告实施乡村振兴战略的精神要求，中粮贸易内蒙古有限公司（以下简称内蒙古公司）逐渐形成了“粮食银行＋规模化种植”的新型农业产业化发展模式：央企牵头，搭建平台，整合资源，跨行业强强联合，共同推动规模化种植，通过粮食银行回收粮食，为规模种植户提供涵盖从种植到销售的一站式服务。

2017—2019年内蒙古公司联合中化化肥、中种国际、爱科中国、辽宁北大荒公司、中国农业银行、中国人民保险公司、中国科学院东地所等国内各行业知名企业在内蒙古东四盟地区建立了3个农业综合服务中心，在通辽地区建立了2个玉米示范种植区，探索开展“粮食银行＋规模化种植”新型业务，新型业务包括：①粮食银行，延期结算、二次结算、代烘代储业务；②订单业务，粮食订单、化肥订单、种子订单、定向业务；③商情服务，提供天气、自然灾害预警，粮食价格信息等；④农资服务，农资仓储、中转服务，农资销售服务；⑤农技服务，提供种植方案、田间管理、先进技术应用；⑥农机服务，整地、种植、植保、收割；⑦金融服务，贷款、担保、保险等；⑧技能培训，种植培训、农机培训、农资培训；⑨智慧农业，全程监管、车辅助系统、农业大数据。自开展新型业务以来，有效示范引领带动种粮大户科学种植，解决了分散化种植收益低的现状，2018年规模化种植面积为5万亩，综合服务土地面积60万亩；2019年种植面积扩大至10万亩，综合服务土地面积100万亩，服务区域从内蒙古地区延伸至黑龙江大庆地区。通过规模化种植可帮助农户增加收入约50~115元/亩。

1. 主要科技创新

打造“粮食银行＋规模化种植”新型农业产业化发展模式，改变了传统的农业种植模式和粮食收储模式。内蒙古公司严格按照产业兴旺、生态宜居、乡风文明、治理有效、生活富裕的总要求，不断探索和创新符合《数字乡村发展战略纲要》精神的农业发展模式，并在实践中不断完善使之与时俱进。

创新公共服务体系：为实现从种植到销售一站式综合服务搭建公共服务中心，本着“我种地你受益”和“多元化发展”的原则，引入大型优质战略合作伙伴，为农户发展数字化美丽乡村提供大舞台。

创新生产服务体系：提供地块数字化和可视化检测、利用遥感手段和历年数据对地块范围进行土壤分类与耕地质量等级评价、变量施肥管理、作物长势遥感检测、农机作业检测、灾情检测与预警、灌溉遥感检测与评定等全程监控和服务。

创新电子商务交易体系：将规模化种植、订单农业、“粮食银行＋”与“粮圈儿”APP、金融贷、仓单质押业务有机结合，实现线上与线下有机结合的营销模式。

创新共享物流体系：依托中粮大物流体系建设的优势，搭建集仓储、公路、铁路、海运水路为一体的农产品及物资分拨体系。

创新金融服务体系：引入银行、证券、基金、私募、保险等机构，为农业企业和农户搭建良好的投融资平台，帮助农户解决资金方面的需求，利用系统的信用管理功能，创新融资模式。

创新透明政务体系：围绕国家“三农”政策开展农业综合服务建设，与企业、农户共同了解和掌握国家相关政策和惠农措施。

优化信用管理体系：强化农业综合服务平台信用管理，对企业、合作社、农户进行信用审核，定期进行信用管理更新，营造良好的合作氛围和环境，降低开展农业产业化业务的经营风险。

创建全程溯源体系：通过打造全程溯源体系，实现农产品的全过程数量、质量可控。

创新人才培养机制：培养新型农业主体和农业人才，为乡村振兴提供内生动力是实现中国农业现代化的重要保证。

2. 推广应用情况、经济效益和社会效益

（1）推广应用情况

此业务模式已持续推进两年，规模逐年增加，且得到了当地政府和农户的广泛认可。通过引入中化、爱科农机等战略合作伙伴，规模化种植范围逐年扩大，农业链条服务项目逐年拓宽，相关大数据系统数据采集更加完善，科学种植技术得到广范推广，农机配套设施更加齐全。

（2）经济效益、社会效益

①经济效益。增加农户的收入，主要测算如下（通辽地区）：增加单产（100千克/亩左右），预增加收入140元/亩。降低成本14元/亩（厂家直采，省去经销商）。降低环节损耗及损失71.4元/亩。节约费用59.5元/亩。

②社会效益。提高土地利用率，改变传统种植模式。转移农村富余劳动力，促使农村劳动力向非农产业转移。推进农业产业化发展进程，为农业产业化创造条件。通过降低粮食损耗，提升粮食产量和品质，确保国家粮食安全。

籽粒直收现场照片地块

测土配方知识培训

中粮－中化联合现场观摩会

粮库现场观摩会

膜下滴灌管道安装

中山食品水产集团

广东省中山食品水产进出口集团有限公司（简称中山水出集团）创建于 1955 年，1999 年转制为混合所有制企业，是一家集科研、养殖、深加工、贮存、运输、出口、品牌连锁销售、“互联网 +”新业态为一体的综合性外贸企业，经营水产品国内外销售和机电、轻工、食品等商品的进出口贸易两大主营业务。集团被认定为国家重点农业龙头企业，还是中国外贸协会副会长单位、中国食品土畜商会副会长单位、广东省供港澳鲜活食品协会会长单位。

集团属下拥有绿色食品水产养殖示范基地和注册标准化养殖基地。有省级水产产业研发中心、水产质量检测监控中心等自主研发机构；有获 HACCP 认证的水产加工厂和罐头厂。拥有自主品牌产品：宝平牌鲜活鱼、溢鲜牌冷冻产品、宝和牌鱼罐头。产品远销美国和加拿大、欧盟、东南亚等地。集团还致力于发展国内市场，以品牌连锁方式打造销售网络，引导以健康、安全为主题的农产品消费新趋势。近年，公司逐步建立以体验结合电商的 O2O 经营模式，并进一步加快整合公司旗下的加工实体和销售企业，打造集团粤港澳产销体系，将优质安全的水产品及其制品从保供港澳市场，全面辐射至粤港澳大湾区。通过强强联合模式，打造覆盖粤港澳的优质食品供应链。

南方黑芝麻集团

南方黑芝麻集团股份有限公司始创于 1984 年，是一家以黑芝麻产业为主业、集黑芝麻健康产品研发、生产、销售为一体的大型民营企业集团，公司在深圳证券交易所上市，是中国黑芝麻产业第一股（证券代码为 000716）。“南方黑芝麻”是中国黑芝麻产业知名品牌，在我国享有较高的知名度和美誉度。

公司总部设在广西南宁市，生产基地分布在广西、江西、安徽、河南、内蒙古、湖北、广东、浙江等省区，具备年生产 20 万吨黑芝麻糊、50 万吨黑芝麻饮品的能力。公司是国家农业产业化龙头企业，享受国家农业产业化优惠政策，公司的黑芝麻产业化利用技术曾两次获得国家科技进步二等奖。

“南方黑芝麻糊”是公司创业三十五年来最成功的产品，畅销国内外，跻身中国黑芝麻糊品类第一品牌，名列中国资本市场黑芝麻产业第一股，通过实施黑芝麻饮料化工程，做强做大黑芝麻品类，成为中国黑芝麻产业领头羊和中国传统养生文化的代表品牌。

目前公司正在实施“南方黑芝麻战略”，已完成了跨省区产业布局，专业生产黑芝麻糊类、黑芝麻饮料、富硒食品、糖果和饼干等休闲食品以及燕麦产品等，形成研发、生产、销售、物流、电子商务一体化的现代化集团企业。

近年来，公司大力发展了电子商务平台，跨越 B2B、B2C、跨境、O2O 四大类，提供一站式的电子商务解决方案，并发展自主品牌及独立 B2C 电子商务平台。

公司目标是要做强做大黑芝麻产业，成为中国黑芝麻产业的龙头企业。未来，南方黑芝麻将利用国家农业产业化龙头企业及上市公司、资本市场等优势，坚定推进“南方黑芝麻战略”，做强做大黑芝麻产业，朝着南方黑芝麻 100 亿元目标迈进。

生产基地

广西工厂（世界最大现代化黑芝麻糊生产基地）

安徽工厂（世界最先进黑芝麻饮品生产基地）

江西工厂（罐装黑芝麻糊生产基地）

湖北（京和）工厂（中国硒都超大型富硒大米生产基地）

生产基地

湖北（彭墩）工厂（中国硒都大型有机大米生产基地）

广东（深圳）工厂（曲奇饼等休闲食品出口生产基地）

内蒙工厂（有机燕麦生产基地）

河南工厂（南方黑芝麻北方生产基地：在建）

湖北农谷实业集团

“中国农谷”是由荆门市负责实施的一项湖北省省级重大战略，以建设“农耕文化传承地、农业产业化展示地、农业科技应用地、农业发展方向引领地”为目标，旨在推动湖北区域经济全面协调可持续发展。2012 年 4 月，湖北农谷实业集团因承载“中国农谷”战略而成立，注册资本 7 亿元，是荆门市政府国有独资公司，功能定位为现代农业发展综合营运平台。

农谷八年，万象更新。八年来，农谷实业集团以“服务中国农谷，发展现代农业”为使命，坚持“产业 + 资本 + 品牌”发展理念，产业布局日趋完善，资本营运能力显著增强，品牌影响力逐渐凸显，有力支持了农谷核心区建设和发展。“中国农谷”品牌于 2017 年、2018 年连续获得国家级荣誉，分别被评为“中国诚信品牌”“中国品牌典范”。

现阶段，荆门市着力打造以“中国农谷 · 长寿荆门”为核心内涵的农产品区域公用品牌“荆品名门”，湖北农谷实业集团作为荆门市农产品区域公用品牌协会会长单位，将充分发挥自身在农业产业领域的引领作用，不忘初心，砥砺奋进，以“荆品名门”农产品区域公用品牌建设为抓手，以“产业链 + 基金 + 品牌”为途径，推动荆门市八大农业产业、品牌、平台等资源的整合重组，完善现代农业产业价值链，培育乡村振兴发展新动能，为推动“中国农谷”建设实现新作为，作出新贡献。

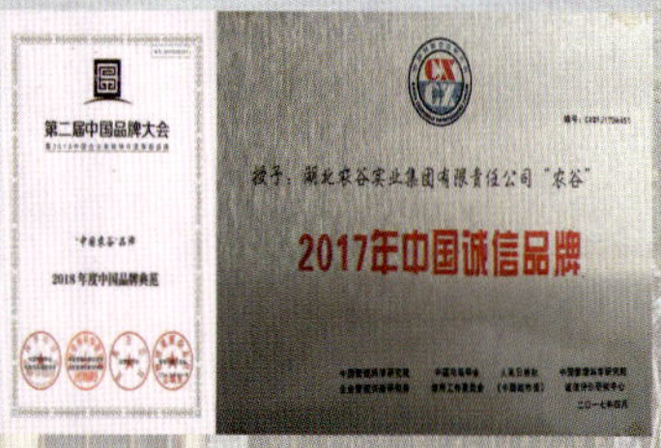

“中国农谷”品牌所获荣誉

京山市畜禽粪污和秸秆综合利用项目

农谷实业集团办公大楼

宿州市市外桃源生态农业发展有限公司

宿州市市外桃源生态农业发展有限公司始建于 2012 年，流转桃园村煤炭塌陷区 2000 余亩，进行综合治理，变废为宝，已成为一家集种植、水产养殖、休闲、娱乐、餐饮为一体的大型生产型企业，由昔日的荒芜烂滩变成今日的休闲胜地。年接待游客近 15 万人次，已经成为本地近郊型生态园的典型代表和知名品牌，先后被评为“市级龙头企业”“国家级健康养殖示范场”“省级四星级农家乐”“安徽省农业大学科普实训基地”。

为了聚集人气，提高园区知名度，打造“蓝天庄园”的六大关键点（区位优越，确定中高端消费；蓝天特质，营造浪漫情怀；忘怀休闲，演绎时尚生活；四季果蔬，品味健康人生；农业体验，接地气；怡情养老，重在迎接新时代），相继举办了热气球嘉年华、承担全国钓鱼比赛、草莓节、拔萝卜比赛、掼蛋比赛、户外帐篷节等大型活动，体现了趣味性、竞技性、团队性、体验性生态园美丽魅力。

园区对农业现代化模式进行探索，共引进瓜果蔬菜、鱼类等新品种 100 多个，推广示范温室育苗、流水养鱼、节水灌溉等新技术 30 多项，开发体验式休闲项目自助烧烤、钓鱼、骑马、射箭、真人 CS、野外拓展训练、拔萝卜、捉泥鳅等新项目 20 多项，极大丰富了园区内容，为本地生态园区建设摸索出了一条可行之路。目前园区共有 8 个基地：创业示范基地，农业现代化先行区科技成果示范基地，扶贫示范基地，两学一做实践示范基地，新型经营主体机制体制创新示范基地，壮大村级集体经济发展示范基地，乡村旅游示范基地，宿州市少儿联盟科普教育示范基地。

市外桃源将继续秉承“营养、安全、健康、绿色、时尚、和谐、让产品变商品、让田园变公园、让劳动变娱乐”的经营理念，坚持标准化生产，发展生态农业，做到生产、休闲双赢，八大功能区自然相连，小桥流水，亭台楼榭，垂柳依依，田园风情万种，人间仙境千年。

山西九牛农业有限开发公司

山西九牛农业开发有限公司成立于2009年，注册资本2亿元，总资产26亿元，员工1 000人，是以奶牛养殖、饲料种植、原奶加工、冷链配送、连锁直销、三产融合全产业链发展的农业产业化国家重点龙头企业。

公司以“一心一意为牛、实心实意为奶、全心全意为人”为宗旨，秉承“牛为先、奶为业、人为本”的发展理念，充分利用“自有牧场奶源、自产优质原奶、自建销售网络、三产融合发展”的突出优势，紧紧把握“牧场标准化、加工精细化、产品品质化、销售连锁化、渠道多元化、供应区域化”的发展定位，先后投入17亿元，建成太原市尖草坪区、阳曲县，晋中市祁县3万头规模的现代化牧场。现存栏奶牛1.5万头，日产原奶200吨，拥有年产7万吨液态乳灌装生产线和年产3 000吨烘焙产品的乳制品加工厂，省城社区鲜奶连锁店100余家，商超销售网点3000余个，企业全面构建“鲜战略”布局，主推巴氏鲜奶系列产品，在全国率先推出24小时“当日鲜”，得到了广大消费者的充分认可，认知度和购买力大幅度攀升，多年来承担着省城太原“菜篮子”工程中放心奶的供应，是太原市政府实施特殊困难群体“爱心奶”工程供给单位，九牛鲜奶成为省城及全省市民餐桌上名副其实的“奶瓶子”，2019年企业销售收入增幅30%以上，是全省产业规模大、建设标准高、产品品质好、产业链条长、三产融合深、示范带动性强的山西农业标杆优势乳企。

公司通过2 000公顷饲草料种植，带动农村1.5万多户农户实现增收，解决剩余劳动力1 000余人就业问题，有力助推乡村振兴和产业扶贫，对山西农业转型创新高质量发展起到了积极的示范带动效应，企业先后被评为山西省优秀畜牧企业、山西省高新技术企业、全国奶牛标准化示范场、国家现代农业产业技术示范基地、全国优秀乳品加工最具影响力品牌企业、2019年“中国品牌影响力行业十大品牌”和“中国品牌影响力最具发展潜力奖”等，产品荣获“山西省名牌产品”、“山西省名优农产品”、“山西十大食品品牌”、“全国消费者喜爱的食品品牌”等多项荣誉。

标准化牧场

科学化饲喂

机械化挤奶

吴忠市伊禾农机作业服务有限公司

吴忠市伊禾农机作业服务有限公司建设智慧农业科技示范展示区，推行优质、高效、绿色三大粮食作物及无公害蔬菜种植，实施“农机农艺＋综合农事”服务，给现代农业插上科技的翅膀。

一、建设数字化农田，优化产地环境

实施绿色优质粮食蔬菜净土工程，开展土壤改良治理，轮作间作倒茬、深翻深耕、秸秆还田，土壤消毒、增施有机肥等技术模式，缓解连作障碍，减轻土传病害。开展农药包装废弃物回收，防止农药包装废弃物污染。调整农业种植结构，保障农产品质量安全、保护生态环境安全。高标准卫星数字平地技术，横向一个面，纵向一条线，打破一户多田，田块高低不平，形状各异现状，集成实现了一面一田，一条一田，一方一田的新模式。

二、农作物秸秆综合利用

1.秸秆还田是增加土壤有机质和提高作物产量的一项有效措施。将农田收获的秸杆直接腐化或利用秸秆腐熟剂分解腐化，翻耕于土壤。2.秸秆离田，就是将秸秆打包离田，秸秆可以作饲草、燃料。3.秸秆粉碎翻压还田技术，就是用秸秆粉碎机将农作物秸秆就地粉碎，均匀地抛撒在地表，随即翻耕入土，使之腐烂分解。

三、秋季争施有机肥和腐熟农家肥，深入推进有机肥替代化肥

增施腐熟的农家肥或有机肥料可以扩大土壤养分库，尤其是土壤有效养分库，从而改善土壤养分状况，提高对植物所需养分的供给力，还可以改善土壤性状。

四、实施深松深翻深耕作业

改土换地改良土壤结构，加厚耕作层，改善土壤的通透性，增强保水保肥性能，促进有机质分解，提高土壤肥力等。

五、抓好科技创新

建设农业科技创新信息平台，加快全程机械化科研基地建设，夯实农机农艺科技创新基础。强化农业科技创新，强化农业创新驱动，组织实施良种联合攻关，推广口感好、品质佳、营养丰、多抗广适新品种，着力提升应用智能农机装备水平，推进主要农作物生产全程机械化，积极推进农作物品种、栽培技术和机械装备集成配套，促进农机农艺融合创新发展。加快发展信息化，开展数字农业建设，完善重要农业资源数据库和台账，推进重要农产品全产业链大数据建设。

六、轮作、间作，用地、养地相结合

实行轮作、间作制度，调整种植结构，做到用地与养地相结合，不仅可以保持和提高土壤有机质含量，而且还能改善农产品品质，对促进农业可持续发展具有重要的意义。

七、推进发展全程绿色防控

积极调整农业投入结构，持续推进化肥农药减量增效，全程绿色防控替代化学防治试点，保持化肥农药使用量负增长。

八、创新服务业态，科技赋能，智慧驱动

大力发展“互联网＋农机作业”“全程机械化＋综合农事服务”等新业态，为农户提供“一站式”综合服务。

固安兴芦集团公司

兴芦集团是一家集休闲旅游、绿色种植、食品加工、蔬菜加工、冷链物流为一体的集团公司，是由固安县兴芦绿色蔬菜种植有限公司、固安县天绿蔬菜种植专业合作社、河北天绿食食品股份有限公司、固安县俊田粮食种植合作社联合社、北荆农机服务专业合作社、北京兴芦餐饮服务有限公司、北京新兴华鹏食品经营中心等组成的集团公司。集团总占地面积 3 200 亩，固定资产投资 1.1 亿元，生产总值 1.3 亿元人民币，员工 371 人，大专以上学历 56 人，冷链及物流车辆 33 台，有有机认证 2 项，绿色认证 22 项，地标认证 4 项。每天生产便当（盒饭）等 30 000 多份，年产值 6 000 万元，上交利税 600 多万元，实现利润 700 余万元；2007 年 6 月在国家工商总局注册了“兴芦”“天绿食”两个商标，其中兴芦商标为河北省著名商标。

公司董事长李俊田，中共党员，固安县政协常委，廊坊市人大代表，固安县工商联副常委；2003 年被固安县委、县政府授予“固安县首届十佳农业产业化带头人”荣誉称号；2006 年被河北省农业技术推广总站和河北省蔬菜行业协会选为“全省种植蔬菜致富科技带头人”荣誉称号；2007 年被农业部授予“农村十大致富带头人” 荣誉称号；2008 年被农业部乡镇企业局、农业部农产品加工局授予“2008 年中国农村十大致富带头人特殊贡献奖”荣誉称号；2010 年获得固安县道德模范奖；2016 年李俊田同志代表河北省出席了在北京人民大会堂召开的“中华全国供销合作社联合社第六届全国社员代表大会。”

北京五福兴农种植农民专业合作社联合社

北京五福兴农种植农民专业合作社联合社于 2012 年 6 月注册成立，法人代表胡顺泉，成员出资总额 1 000 万元，是由北京张山营小泉山庄种植专业合作社、前庙村葡萄种植合作社、北京西五里营种植专业合作社等 7 家种植合作社联合成立。合作社实行“商户 + 合作社 + 果农”的生产销售模式让商家、果农双双收益，充分发挥了一手牵商户一手拉果农的纽带作用。成员总数 561 人，三年来带动非成员农户数约 1 200 户，培训成员达到 1 000 多人次。现被评为“市级示范社，北京市休闲农业星级园区”，并获得京津冀优质农产品金禾奖，北京市延庆区第七届国际葡萄文化节银奖，北京市延庆区张山营镇人民政府中华名果，北京市延庆区文化节葡萄之星等系列奖项。主营项目有：大桃、葡萄、苹果、中药材林下试种，果树新品种培育、果树技术咨询、采摘等。

主打品牌：“五福兴农”走进园区——长空蔚蓝、青山含黛、享受生态，拥生态之环境，集绿色之精华，涌动无限的绿色气象，孕育无限的发展力量。拥发展之良机，创辉煌之未来。

五福兴农大桃

五福兴农葡萄

五福兴农桃园景色

惠泽农业生产专业合作社

惠泽农业生产专业合作社坐落在著名的“中国食品名城”——吉林省德惠市，是一家集农资经销，土地托管经营和农业高效栽培新技术推广应用为一体的现代农业综合实体。合作社 2015 年被评为国家级农民合作社示范社。惠泽农业生产专业合作社坚持农资、农机、农技深度结合，以承接农业生产托管服务和建设农业现代综合服务体系为切入点，突出抓好“产中”全托管，并逐步将农资服务、农业科技服务、农业金融服务等向产前、产后环节延伸，形成了产供销服一体化的完整闭环，实现了合作组织与小规模分散经营农户的合作多赢、良性发展。2019 年度合作社托管土地面积超过 3 000 公顷。与美来众联科技（北京）有限公司、吉林农业大学等科研单位合作，研究编制了《土地托管服务指导手册》，通过科技成果转化和测土配方施肥，减少农药、化肥使用量，为农业生产“做减法”；集成应用秸秆还田保护性耕作技术、合众思壮 ICORS 自动化播种系统、苗期深松打破犁底层技术等 6 项创高产技术，依托农业科技实现玉米种植经营现代化；合作社使 3 000 余户农民与现代农业实现了对接，2019 年节本增收 400 余万元；以土地托管为纽带建立与农民利益链接机制，带动 2 个贫困村实现劳务经济增收 240 万元，初步走出了一条经济效益、社会效益、生态效益兼顾的发展之路。

定西鸿德农牧农民专业合作社

鸿德佳欣
HONG DE JIA XIN

定西鸿德农牧农民专业合作社位于甘肃省定西市安定区内官营镇崖湾村，于 2013 年成立。现有社员 106 名，专职工作人员 8 名，其中管理人员 2 名，具有高级资格的畜牧兽医技术人员 2 名，饲养员 4 名。拥有“鸿德佳欣”注册商标，2017 年被评为省级示范合作社，属甘肃省草产业协会会员单位；2019 年被中国名牌产品联合发展促进会、中国产品质量技术监督中心荣选为“中国知名品牌”。

合作社场区占地面积 23.6 亩，办公区、草料加工区、生产养殖区、污物处理区严格分开。现存栏肉羊 1 500 只，基础母羊 605 只，年出栏肉羊 5 000 只以上，年销售收入 600 万元以上。同时通过土地流转、养殖技术分享、帮带羊只销售、技术培训、饲草订单等途径辐射带动周边 100 余户群众发展肉羊养殖和牧草种植。

该种养结合合作社的建成投产，对推进周边地区规模养殖和品种改良及牧草种植产生了深远的影响。通过“公司＋合作社＋农户”的运营模式和大力推广良种、良舍、良料、良法的“五良”养殖技术，带动周边群众大力发展设施养羊，改良品种，大幅度提高养殖规模和养殖水平及牧草种植面积，提高了经济效益和社会效益。

绥阳县雅泉小康农业专业合作社

绥阳县雅泉小康农业专业合作社成立于 2013 年 5 月，是一家国家级农民专业合作示范社。目前，已建成年育苗 300 万株育苗中心 1 个，绿色食品示范基地“何家沟蔬菜县城直供基地”1 个，无公害蔬菜基地 2 个。已有种植大户 10 户，种植面积 600 余亩。年产销蔬菜 3 932 吨，实现利润 30 余万元。通过土地流转、解决剩余劳动力就近就业、流转土地利益联结带动周边农户 200 余户，实现户均增收 1.5 万余元。合作社 2014 年被评为省级农民专业合作示范社，2015 年被评为市级农业产业化经营龙头企业。2016 年被评为国家级农民专业合作示范社。

合作社理事长冯登跃 2016 年成功当选为雅泉社区党总支书记，2016—2017 年带领 27 户 104 人成功脱贫。2017 年带动雅泉社区农民人均收入同比增加 8.5%。2017 年 12 月又获得全国农业劳动模范称号，2018 年利用产业扶贫量化到户项目，带动 6 户贫困户 31 人增加收入，利用蔬菜种植产业扶贫项目，为无劳动力政策保障兜底的建档立卡贫困户 40 户 102 人，实行“合作社 + 贫困户”代种蔬菜模式，为贫困户增加纯收入 615.5 元 / 户。

冯登跃 2017 年已拥有发明专利：冬天露地繁育辣椒苗的方法，专利号为：ZL 2015 1 0349011.5；一种白菜、辣椒套种方法，专利号为：ZL 2015 1 0348807.9。2018 年已拥有发明专利：一种辣椒种植方法，专利号为：201510349177.7。

古北口镇河西村

河西村，原名柳林营，始建于汉武帝元朔二年（公元前 127 年）。据说河西村旧时古木参天，一片葱茏，尤以柳树最为繁茂，村里既有衙署，又有校场，还大量屯兵，故名“柳林营”。小村不大，却南面潮河，背倚卧虎山，潮河如带，山如卧虎，长城如练，将这里装扮得既威武雄伟，又古朴典雅，大气中不失风韵，凝重中不失儒雅。

潮河，发源于河北丰宁，其水性湍悍，声响如潮，故名潮河。潮河自河北省滦平县西部流入密云县后，经长城关口古北口，从古北口河西村南流过。潮河南来，峡谷洞开，“四面环山，一水中流”成为河西村独有的韵味。明代诗人杨选在《巡边》一诗中有这样的吟咏：“潮河潮河，流迫山阿，中有嵯呀之巨石，旁倚峻嶝之危坡。长垣占乎重隘，铁垒肃乎金戈，虏兮虏兮奈如何！”真是道尽了关河之险。

河西村背倚之山为卧虎山，海拔 665 米，地势险峻、陡峭。山峰南缓北陡，脊尖底宽，山形颇具卧虎之势，头高尾低，头卧西山，尾扎潮河，威猛雄壮。这样的山势，加之虎头上的长城楼台，虎背上的长城墙体，虎尾的水门奇观，怎不让人拍案称绝。特别是万里无云之际，那晴空下的卧虎山，雄伟嵯峨，凌空高耸，那跃跃纵身跳涧的姿态，真是勇猛。

河西村位于北京市密云县古北口镇潮河西岸，四面环山，是一个小型盆地。经过 680 年苍桑由城演变为村落，已有 2100 多年的历史。全村占地面积 6 平方千米，共有粮田 773 亩。村前的潮河犹如一条玉带绕村而过，在村域范围内，有西大梁和沿青龙山至东关的北齐长城，有姊妹楼沿卧虎山至八道楼的明长城，万寿山上的吕祖庙，北面的万寿行宫、明朝的清真寺等。

河西村的古老文化、建筑风格、古建筑的庙宇、历史事件、战争的记载、神话传说、民族的特色等吸引着大批游客前来观光旅游。他们在感受这里的自然气息的同时，也深深地被河西村的文化底蕴所感染。一年四季游客络绎不绝。

在两委班子的领导下，河西村的经济、文化各个方面都有了长足的发展，受到了主管领导、当地政府和社会各界的一致肯定。近几年先后获得全国“平安家庭”先进单位、北京市“平安家庭”优秀示范村、“首都文明村”。

博野县翠伟柴胡知母专业合作社

博野县翠伟柴胡知母专业合作社成立于2009年5月，注册资本400万元，位于博野镇杜各庄村，主要发展中药材地方产业，与日商津村汉方药业有限公司、天津盛实百草药业有限公司合作，建立了三方联合机制，实施统购统销同管理的长期业务合作关系。采取“公司＋合作社＋社员”、带农户的经营模式，倾力打造种植规模化、生产标准化、产品品牌化、管理组织化、经营产业化的中药材现代特色产业基地建设，进一步完善各项规章制度，以订单农业形式实施种植有规划、管理有章法、产品有销路、农民收入有保障的产业化经营体系。在合作社的引领下，2019年中药材主要产品种植规模已超过16 000亩（其中柴胡13 100亩、知母3 200亩、紫苏400亩）。签订中药材种植回收合同4 771份（户）带动辐射周边乡村69个，农民通过中药材种植亩均收入4 500元以上，总产值可达8 000万元，亩均增加收入2 000元，可提高收入3 500万元。

随着经营规模的不断壮大，经济效益与收益相继提高，2016年合作社销售收入2 112万元，实现利润316万元，2017年销售收入2 788万元，实现利润460万元，2018年销售收入4 539万元，实现利润670万元。同时为保证中药材产业稳定与持续发展，该合作社自2016年投资千万元构建原品库房900平方米，加工厂房1 900平方米，成品库房800平方米，培训办公楼房1 500平方米，地下恒温冷库3 200立方米，购置烘干设备、中药材清洗设备及知母脱毛机等，固定资产达1 400余万元，为中药材产品初加工与仓储提供了可靠保障，同时为农民闲散人员及妇弱群体210余人提供了就业岗位，农民就业收入达400余万元。

几年来，合作社以诚信经营为根本，从未拖欠农民工资或种植户货款，在当地已树立较高信誉，2016年被农业部评定为“全国农民合作社示范社”，被保定市人民政府授予“保定市精品特色产业园区”。在带动农民增收致富的过程中，将帮贫扶贫工作列入工作日程，2018年配合县政府扶贫工作，帮扶博野镇贫困户199户，涉及16个村，为响应国家精准扶贫政策发挥了重要作用。

临夏市绿星无公害蔬菜产销农民专业合作社

临夏市绿星无公害蔬菜产销农民专业合作社成立于2010年1月19日，主要从事无公害蔬菜的生产、种植、销售；合作社初建占地154亩，建造温室110栋，发展成千亩蔬菜基地农户206户，解决农村剩余劳动力600多人，年产蔬菜1 200吨，蔬菜年销售收入560万元，年纯收益86万元。合作社理事会由5人组成，入股成员108人。该合作社已发展成为临夏市带动农业产业结构调整步伐，集产、供、销、服务为一体的农民专业合作社。

（一）合作社的产品、服务内容

1. 农民专业合作社主要产品：本专业合作社统一提供优质的蔬菜，形成育苗、种植、销售为一体的蔬菜产业链，蔬菜种植的主要产品有香菇、平菇、芦笋、黄瓜、苦瓜、番茄、甘蓝、红提葡萄、西瓜、香瓜、食用菌等10多个品种。

2. 服务内容：农民合作社成员实行统一蔬菜生产的产地管理、病虫害综合防控、灾害性天气预报；农产品市场信息共享、蔬菜种植新技术、新品种的推广应用及培训，蔬菜产品的统一销售、运输、保鲜、储藏等。

（二）本合作社在其他方面的优势

1. 该农民专业合作社位于折桥镇慈王村，距临夏市城市中心2千米，交通条件便利，基础设施完善，信息灵通，紧靠新建的临夏市富临农贸批发市场，发展设施蔬菜生产具有得天独厚的条件。

2. 该农民专业合作社的成立不仅有效带动了临夏地区蔬菜产业化的发展，而且也成为临夏市无公害蔬菜生产、试验和示范的基地，被评为中国绿色产业行业示范单位、中国质量信誉理事单位、唯一临夏市国家级农民专业合作社示范社、甘肃省省级示范社、甘肃省农作物病虫害专业化统防统治达标单位、临夏州州级示范社、临夏州农科院无公害蔬菜试验示范基地、临夏州农科院临芦1号芦笋示范基地、临夏市农牧局红提葡萄试验示范基地等荣誉称号，同时为临夏市农业产业结构的调整和农业主导产业的健康发展起到积极示范带动作用。

新和戈壁红农产品农民专业合作社

新和戈壁红农产品农民专业合作社成立于2011年8月，由新和县塔什艾日克乡五一水库农场的66名红枣、核桃的种植户、销售户、社会团体等社员自发入股组建。合作社加工厂占地29.3亩，种植基地占地2 382亩，拥有资产1 260万元；主要经营范围是红枣、核桃、黑桑葚、黑枸杞等地产林果种植、加工、代加工、销售；红枣、核桃生产新技术、新品种的引进；红枣、核桃种植有关的技术培训、技术交流和信息咨询服务。本社长期致力于地产林果深加工产品的研发，在传统的核桃、红枣产品基础上拥有枣干、枣粉、核桃粉、黑桑葚干、黑枸杞等附加值较高产品。我社先后取得QS加工企业认证，质量产品认证证书。2017年申报两项实用新型专利并于2018年获得授权（红枣清洗分级机 201720942346.2；青皮核桃脱皮机 201720942337.3）；2013年被评为自治区级农民合作社示范社，同年被县劳动人事局奖励10 000元，作为当地少数民族劳务派遣的（领头羊）合作社；2015年被评为阿克苏地区农业产业化龙头企业；2016年被评为自治区“短平快”项目促就业示范企业；2017年被评为国家级农民合作社示范社。

在合作社现有年加工红枣5 000吨、青皮核桃3 000吨的生产能力；同时可年加工黑桑葚、黑枸杞、杏干各50吨；枣粉、枣干、枣夹核桃等各100吨；合作社注重技术研发，开发了核桃油等高附加值产品，是集林果栽培、加工、销售为一体的标准化林果产业示范基地。

合作社带动周边100多户农户走上了致富道路，同时拉动本地及周边种植、运输、加工等近50户增收发展。合作社社员每户人均年增收10 000元以上，林果采摘及加工就业人员人均增收8 000元以上。

本社把合作社的发展和农户的致富紧密联系在一起，实现了合作社、农民、市场和社会共赢的格局，为建设社会主义新农村作出了突出贡献。

山西怀仁县文亮农机专业合作社

怀仁县文亮农机专业合作社位于山西省怀仁县新家园镇赵麻寨村，成立于2010年7月，注册资金150万元，合作社服务项目有农田作业，技术培训，信息咨询，农机维修，灌溉等。

近年来，在山西省朔州市怀仁县农机部门的大力支持下，合作社坚持“运行企业化、管理科学化、生成规模化、作业标准化、经营市场化”的发展思路，采取带机入社、出资入股、带地入社等3种经营模式，全面提升服务能力。2013年合作社被省农业厅评为“山西省农民合作社省级示范社”；2015年被朔州市农机局评为“三星级文明农机维修网点”，被省农机局评为“2014年度山西省示范合作社”；2016年被农业部评为“全国农机合作社示范社”；2017年被中企国质信（北京）信用评估中心评定为“中国质量信用AAA级示范社”。

现在合作社建成占地面积近1公顷的农机大院1座，拥有各类农机具117台（套），其中，80马力以上拖拉机10台，20-80马力拖拉机15台，旋耕机17台，精少量播种机22台，免耕播种机4台，旋播机1台，高低隙自走式喷杆喷雾机3台，电动喷雾机6台，无人植保机1台，玉米联合收获机17台，谷物收获机1台，秸秆还田机4台，深松机8台，犁10台，机械设备原值达492.9万元。合作社年经营收入767万元，盈余213万元，社员人均收入达1.97万元，为当地农民收入和农业发展做出了积极贡献。

广西扬翔股份有限公司

扬翔楼房猪场是一种突出高强度生物安全、集约化、智能化的现代养猪场，配套有饲料厂、屠宰车间，能够实现料、养、宰、商一体化的猪业闭环生产，实现了安全稳定的生产运营。

扬翔楼房养猪历程

2015 年　扬翔与华中农业大学签订合作协议正式开始共同规划设计楼房猪场

2016 年 5 月　楼房猪场在广西贵港市亚计山开始施工建设

2017 年 8 月　楼房猪场正式投产

2018 年　扬翔公司创新打造出“铁桶猪场”，其理念源于楼房猪场模式

2019 年至今　楼房猪场运营两年、各项指标达到设计预期，扬翔楼房猪场的 PSY 做到了 28.8、MSY27.5（平均），全程成活率 92.1%（平均），肉猪出栏综合成本 10.54 元 / 千克（行业平均 12 元 / 千克以上）

2015 年与华农签约

2016 年 5 月奠基仪式

建设施工

内部先进设备

舒适的母仔猪区域

1、2 号楼

傲农集团漳州科技园基地

傲农集团简介

福建傲农生物科技集团股份有限公司（以下简称“傲农集团”）成立于2011年4月，是一家以标准化、规范化、集约化和产业化为导向的高科技农牧企业，公司主营业务包括饲料、养猪、动物保护、原料贸易、农业互联网等。目前，市场覆及全国大部分省、市、自治区，拥有百余家分公司和子公司、4 500多名员工。2017年9月，在上海证券交易所挂牌上市（股票简称：傲农生物，股票代码：603363）。

傲农集团上市敲钟瞬间

饲料产业：集团始终围绕“以饲料为核心的服务企业，以食品为导向的养猪企业”品牌定位，坚持“依托科技创新，品质安全高效，提升客户价值”的理念，专注“仔猪营养三阶段”和“母猪营养三阶段”产品推广模式，已在全国布局30多家饲料生产基地。

养猪产业：集团以“打造优良种猪品种”为己任，引进加系、美系、丹系等优良品种，已布局近30家控股养猪公司，全面推动育种、扩繁和育肥业务。

集团正在全面推动动保、原料贸易、农业互联网等产业发展，为广大伙伴提供多元、优质、安全、放心、可靠的产品和服务。

傲农集团高度重视科研创新工作，组建有院士工作站、博士工作站、省级重点实验室、省级企业技术中心和省级企业工程技术研究中心等平台。截至2019年2月，傲农集团及下属控股公司共拥有专利200多项（其中发明专利44项、实用新型专利160项、外观专利52项），计算机软件著作权80项，国家核心育种场2家，国家知识产权优势企业3家、国家高新技术企业7家，农业农村部饲料质量安全管理规范示范企业4家、省级工程技术中心1个、省级农业产业化龙头企业7家。公司同时亦是中国饲料工业协会副会长单位、中国畜牧业协会主席团副主席单位。

傲农集团饲料技术研发团队

傲农集团新入职员工职前训练营

山东广耀牧业集团有限公司

山东广耀牧业集团有限公司位于栖霞市桃村镇，占地 5 000 余亩，总资产 6.2 亿元，经营范围涵盖种猪育种、生猪放养回收、屠宰加工、冷鲜直销以及种养结合生态循环综合利用。现建有种猪育种基地 2 个，经山东省畜牧主管部门验收批准，确定为山东省一级种猪扩繁场，经营范围包括长白种猪、大白种猪及二元母猪繁育。有猪舍建筑面积 10 万平方米，基础母猪群 6 000 头，其中核心育种群 1 800 头，扩繁群 4 200 头，年可提供优质种猪 5 万头，商品猪 9 万头，同时配套建有猪人工授精站及冻精站，年可提供优质良种猪精液 40 万份。

集团建有年屠宰能力 50 万头的现代化屠宰厂，建筑面积 1.8 万平方米，配套建设污水处理厂，工厂实施 ISO9001 质量管理体系，确保生产产品全部达到国家标准要求。公司采用“公司 + 合作社 + 农户”模式发展订单式养殖模式，实施统一标准，与 35 家养殖场（户）签订放养合同，累计放养 10 万余头猪苗。公司积极打造“港耀”健康肉品牌，组建了完善的营销团队，扩大品牌影响力，目前在青岛、烟台等地拓展加盟店、直营店 30 余家。

集团积极开发特色养殖，包括特种黑山猪养殖，占地面积 500 亩，配套养殖舍面积 4 000 平方米，母猪存栏量 600 头。特种黑猪养殖采用圈养和散养、粗粮喂养与自然采食相结合的方法，既提高了特种繁育数量，又保持了散养黑猪肉的品质，营养均衡全面，绿色健康。

牙山黑绒山羊为国家级畜禽遗传资源品种。2018 年，我公司成功申报牙山黑绒山羊基地为国家级保种场。该基地占地 300 余亩，羊舍及配套用房面积 5 000 平方米，种羊存栏 800 头，办公生活区用房占地 200 平方米；后备种羊 250 头，总存栏量 1 650 头。

觅食根茎

山野嬉戏

结伴游山

冬尝清雪

母乳喂养

夏饮清泉

秋寻山果

春逐东风

山西保森畜牧有限公司

山西保森畜牧有限公司创立于2012年，坐落于晋中市太谷县北洸乡北洸村，占地336亩。保森牧业从肉羊养殖育肥开始，经过7年的时间已发展成一家以畜牧养殖为主业的现代化农牧企业。作为肉羊养殖全产业链型公司，主要业务涵盖了种群优化、杂交育种、饲料生产加工、育肥成品销售等诸多领域。公司现有纯种湖羊17000头，杜湖羊10000余头，是山西省规模最大的肉羊良种繁育企业，被评为国家级畜禽养殖标准化示范场。

公司经营产品包括种羊和肉羊，并以种羊繁育（产业源头）和肉羊供应链输出（产业末梢）作为公司发展的核心驱动力。保森牧业在种羊繁育能力和育肥技术输出能力的基础上，依托供应链输出能力和渠道能力的构建，发展产业内独创的安全溯源集中育肥发展模式。经过五年多实际运营和经验积累，已经验证了这一模式对于种群优化、生产效益、食品安全、疫情控制、产品溯源和集中供应能力等多方面的独有优势，其运营管理体系经不断完善也已发展成熟，得到了业内专家和产业界人士以及农业部门领导的一致青睐。

公司的研究队伍与中国农促会、中国农科院、山西省农科院、山西农业大学、山西省畜牧兽医中心等合作，在整个肉羊繁育行业中独占鳌头，拥有繁育、软件、饲料、防疫、基因等各方面技术人才，技术已达到国内产业领域的顶尖水平。

公司目前已取得的技术成果包括：杜湖羊种群繁育技术；杜泊羊和湖羊纯繁技术；防疫净体特种饲料配方；种群稳定基因管理技术；乳羊育肥智能溯源软件系统；种羊基因库智能管理系统等。

2017年保森牧业投资新建了“保盛园”项目基地，总投资4.2亿元，是“山西农谷”省级战略重点工程，建成后整个园区将有大型圈舍80个，存栏总数将达到6万余头。直接带动当地农户500余户，直接创造就业岗位180余人，成品羊年出栏头数达到15万头，可配套解决当地3000户以上贫困户的脱贫致富问题。

保森牧业的战略目标是2022年形成种羊20万头以上、肉羊年出栏量达到50万头的繁育规模、年营业额超过5亿元；至2025年形成种羊50万头以上、肉羊年出栏量达到150万头的繁育规模、年营业额超过15亿元；在此过程中，保森牧业力争在未来五年内达到行业第一，成为一家以技术输出为主、产研融商一体化的综合型畜牧产业发展企业。

西藏农牧产业投资集团有限公司

经 2017 年自治区人民政府第 84 次常务会议研究同意，下发《关于设立西藏农牧产业投资集团有限公司的批复》（藏政函〔2017〕309 号）成立西藏农牧产业投资集团有限公司（以下简称西藏农投集团公司），属区管一级国有企业，自治区国资委履行出资人职责，区农业农村厅、粮食和物资储备局、农牧科学院等行业主管部门履行行业管理服务职能。

一、基本情况

西藏农投集团公司由西藏农牧业生产资料（集团）有限责任公司、西藏金谷粮食产业集团有限责任公司两家区管一级企业及西藏自治区农牧工商总公司等 12 家公司整合重组而成，注册资金 20 亿元。西藏农投集团公司对标自治区党委、政府战略意图，强化顶层设计，积极落实自治区政府及行业主管部门交办的一系列民生项目和重大工程。对标现代化企业管理制度，深化企业改革，着力推进企业管理能力和管理水平现代化。对标行业职责使命，优化产业布局、稳妥推开，通过有效整合科技、产业、资金、管理、市场等资源，完善农牧经济产业链，探索新时代西藏农牧产业化发展新路径，形成了涵盖农牧业科技成果转化、生态农业种养、循环农牧业发展、高原特色农畜产品加工和流通等领域，在区内外具有一定影响力的大型产业集团公司。

二、党建领航

坚持以习近平新时代中国特色社会主义思想为指导，落实自治区党委部署要求，加强国企党建工作。持续强化政治引领作用，全面从严治党，落实两个主体责任。壮大党员队伍，提高员工素质，依规开展生产经营活动。扎实开展“不忘初心、牢记使命”主题教育，深入学习贯彻党章党规党纪和习近平总书记系列重要讲话精神，教育干部职工树牢“四个意识”，坚定“四个自信”，做到“两个维护”。持续强化民族团结进步教育，引导广大干部职工特别是农牧民群众不断增强“五个认同”，树牢“三个离不开”思想，增强感党恩、听党话、跟党走的思想自觉和行动自觉。

三、社会尽责

围绕脱贫攻坚任务，强化工作措施落实，西藏农投集团公司所驻四个村均已脱贫摘帽，农牧民群众获得感、幸福感、安全感持续攀升；围绕农牧民增收，对自治区基层粮食收储单位提供旺季粮食收购资金贷款担保工作，为自治区粮食流通和收储安全作出了积极贡献。围绕就业问题，2019 年度吸纳西藏农牧民劳务工 20 人，吸纳高校毕业生 23 人，为社会持续和谐稳定作出了积极努力。围绕关心老同志，在“三大节日”走访慰问区内退休职工，向区外退休职工寄去慰问金和慰问信，老同志们都做到了退休不褪色；认真做好退役军人登记及光荣牌发放工作，深化“双拥”模范城建设，弘扬社会正气。

对标自治区党委、政府决策部署，高起点推进民生工程和重点项目建设，承担应有职责。推进西藏游牧帐篷幸福工程，保护传统游牧文化，改善牧居条件，增加牧民福祉；落实国家级青稞产地交易市场建设项目，促进青稞主营业务走规模化发展路径；建设西藏青稞、西藏羊绒区域公共品牌，努力打造深具高原特色、西藏特点的品牌化发展模式；开展林芝毛纺厂恢复重建项目，重拾老西藏人的“林芝记忆”，促进毛纺产业发展；抓实低氟边销茶项目，落实饮茶型地氟病防治工作，建设西藏健康茶展示展销中心，促进百姓健康。

四、战略把向

集团公司拥有纯正的农牧业基因。通过整合社会资源，拟建立自治区农牧产业发展基金，积极培育优质资产和优势企业，打通一、二、三产业；择机适时进入资本市场，大力发展创意农牧业、体验农牧业、休闲农牧业等新业态，构建西藏全新的农牧产业生态集群；以资本为手段，明确农牧业全产业链发展思路，多方式积极发展种植养殖、农畜产品加工及流通销售、农牧旅游、综合服务、产业投资，促进一、二、三产业协同发展。

五、蓝图指引

集团公司致力成为国内创新特色型农牧产业国有资本投资公司。逐步构建“以青稞、牦牛为拳头产业，以藏系绵羊、绒山羊、藏猪、藏鸡、藏药材、林果、蔬菜为重点产业”的特色农牧产品体系。推进特色种植基地、特色养殖基地建设。打造特色农产品加工基地、农资农机基地，以基地为载体促进特色农牧游融合发展，以“西藏青稞”“西藏牦牛”“西农”“金谷”等品牌产品发力，用好区域公共品牌，努力走出一条与全国其他省市农投集团不同的创新特色型之路。

六、奔向未来

西藏作为地球第三极，集团公司坚持走生态特色之路。研究开发具有高原特色的绿色有机产品，满足国内外消费者的需求，助力西藏农牧业市场化发展。未来业务发展将覆盖“农牧业科技成果转化、生态农牧业种养、循环农牧业发展、高原特色农畜产品加工及流通”等领域，逐步拓展、延伸至农作物种植、畜禽养殖、农畜产品加工、仓储物流、农牧电商等关键环节领域，贯通农业产业链条、构建完整的循环农业体系。

集团公司将认真落实自治区党委、政府及行业主管部门各有关民生项目和重点工程，以两个“一以贯之”作为行动指南，立足区位实际，紧密结合自治区农牧工作特点，在注重产业经济提质增效的同时，确保产业集团公司兼具实力、效益与创新能力，并更好地反哺农牧民、回馈社会，真正做强、做优、做大国有资本，树立良好的国企形象。

郧县安阳湖生态园有限公司

郧县安阳湖生态园有限公司成立于 2011 年，由十堰市丰融公司出资兴建，公司位于郧阳区安阳镇余咀村，现有耕地和荒山面积共 9800 亩。计划投资 1.2 亿元，分三期进行生态养殖和现代牧业观光建设。目前已投资近 3 000 万元进行了基础设施、标准羊舍、牧草基地建设。

公司种羊场占地面积约 3 300 平方米. 总规划为饲养马头山羊种羊 2 000 只，建成十堰市最大的马头种山羊繁育基地；2015 年公司从郧西县引进马头山羊种羊 745 只。于 2016 年 8 月在市、区两级畜牧部门 的指导下，特从北京聘请畜牧专家对场内 304 只母羊成功实施腹腔镜子宫角人工授精，填补了十堰地区乃至全省山羊子宫角人工授精技术空白。

近年来，安阳湖公司依照政府提出的坚持“生态安阳＂战略，以打造安阳湖绿色产业示范区为目标，积极响应政府引导和企业运营相结合的模式，突出汉江沿线生态屏障建设，促进生态绿色产业发展，确保生态家园建设，着力打造“山青、水绿、天蓝＂的绿美安阳。安阳湖生态园做为龙头企业之一，积极响应，全程参与，充分发挥引领带动作用，加快生态绿色产业的发展。安阳湖生态园项目建设，为近 20 多名长期固定务工和数百名季节性临时工提供了就业机会，为当地农民就近打工创造一条新的就业渠道，为精准扶贫工作提供了新的支点。

今后，安阳湖生态园公司以着力发展马头山羊种羊保种、育种提升、牧草基地建设为主，同时将快基地果园、采摘园、观光花卉、休闲度假等现代牧业观光建设，努力打造十堰市最大的马头山羊种羊生产基地和最具特色的现代牧旅观光休闲胜地。

一、郧县安阳湖生态园有限公司自 2015 年 7 月开始养殖已获得中国地理标志的地方品种马头山羊。为了“一江清水永续北京”，公司始终坚持“科学养殖，环保先行”的理念。羊场建设过程中已经建有完备的干粪专用堆粪场、储污池、遮雨棚、污水地下管道且配备专用吸污车等，做到“干湿分离、雨污分流、粪不见天”，采取这些措施有效地避免了对环境和土地的二次污染。干粪采用堆积自然发酵，而后用于还田使土地充分吸纳，（公司流转的土地面积足以吸纳所产生的粪便）尿液通过管道收集进入储污池三级沉淀后达到使用标准。

二、公司在养殖过程中充分利用资金、技术和销售的优势。先后投入资金 34 余万元，建有标准化羊舍 10 栋，饲料加工车间百余平方米，购置各类机械设备 40 余套，专用水、电路等基础设施齐全。与省畜牧兽医局畜禽兽医研究所、湖北省农科院的专家教授形成对接。聘请了以陈明新教授为主的专家学者团队为我公司的长期顾问，为公司科学养殖提供“产、学、研”一条龙的跟踪服务和技术支撑。2016 年、2017 年公司与北京奥沃特科牧业科技有限公司深度合作开发了“马头山羊内窥镜子宫角人工授精”技术并获得成功，这一技术的成功开发填补了山羊人工授精的国内空白，下一步将进行胚胎移植技术的开发与应用，努力使得马头山羊在提纯扶壮、选优配优的基础上发扬光大。目前销售良好，深得养殖者和客户的信赖。

三、在企业良性发展过程中，不断培育新的经济增长点，通过示范场的建设公司也取得了一定的经济效益，最重要的是带动了周边失地农民共同脱贫致富。公司目前固定使用“建档立卡”贫困户 7 人，分散用工全年达到千余人次，这能够使他们“真脱贫、脱真贫”。因此公司在提高经济效益的同时，更加看重社会效益。

四、公司将在区委、区政府以及各级相关职能部门的大力支持和帮助下，一如既往地发展壮大产业优势，做好绣花功夫，保护好地方优势品种，讲好养羊（殖）故事，为企业增效农民增收贡献一份力量。

龙江元盛和牛产业股份有限公司

龙江元盛和牛产业股份有限公司，位于大兴安岭南麓与松嫩平原接壤的过渡地带，属中温带亚湿润季风性气候，区位资源丰富，交通便利。

公司成立于 2009 年，注册资本 15 732 万元，总占地面积 146.2 万平方米，现有员工 1 000 余人，公司形成了一条完整的高档肉牛产业链，是集畜牧良种培育、养殖示范、饲料和原料供应、屠宰加工、产品研发、保鲜储运、市场营销、售后服务为一体的多元化企业。公司下设：元盛制造食品（上海）有限公司、龙江元盛食品有限公司、龙江元盛食品有限公司雪牛分公司、龙江元力养殖科技有限公司、龙江和牛生物科技有限公司、龙江华牛生物科技有限公司、龙江元龙饲料有限公司、大庆元茂食品有限公司、大庆元锦养殖科技有限公司。

为了改善国内肉牛市场结构，打造公司自有品牌，经国家农业部和出入境检验检疫总局批准，2012 年公司决定从新西兰、澳大利亚引进纯种活体和牛基础母牛 2000 头，种公牛 38 头。为了尽快做大做强高档肉牛工作，公司在国家工商总局注册了“龙江雪牛”“龙江和牛”活体牛商标及产品商标。公司高度重视自有人才的培养，多次组织技术人员参加农业农村部相关技术培训，聘请日本专家定期来厂指导，公司与黑龙江省畜牧研究所、省市繁育站、东北农业大学、国家肉牛耗牛体系齐齐哈尔试验站等大学、科研单位建立了良好的项目合作关系，经过几年的不断摸索，龙江元盛已经具备出产 A5 等级和牛肉的能力，“龙江和牛”现代化养殖示范基地标准化牛舍里，牛的毛色黝黑、光泽铮亮、膘肥体壮，每天一边听着音乐，一边有序地享用“美食”。

经过十余年的发展，“元盛食品”“龙江和牛”“龙江雪牛”等系列产品已成为高档肉牛产业链中的重要组成部分。公司生产的主要产品有和牛、肉牛的繁育、养殖；饲料销售、和牛冻精生产及销售；冷冻、冷藏和牛产品系列；调理牛排产品系列；碳烤类产品系列；油炸类产品系列；蒸煮类产品系列等近百个品种，可以满足不同消费层次的客户需求。同时公司生产的产品质量和信誉得到业内同行及广大消费者一致好评。

旗下公司获得国家级重点农业产业化龙头企业称号，通过 ISO9001 质量管理体系认证以及 ISO22000 食品安全管理体系认证等，是国家质监总局批准的国家级出口食品农产品质量安全示范区，2016 年成为中央储备肉会员企业，为国家宏观调控牛羊肉产业的健康持续稳定发展做出了突出贡献。公司先后获得“全国主食加工示范企业”“农业部肉牛示范场”“国家肉牛核心育种场”“全省用户满意产品”“小康龙江扶贫公益领军品牌”“龙江代言品牌”“2019 中国国际肉类产业周最受关注产品”“全国‘万企帮万村’精准扶贫行动先进民营企业”等光荣称号。

元盛公司始终秉持“壮大自己、回馈社会、和谐发展、多方共赢”的发展理念，在自身做强做大的同时，不忘帮助回馈社会，自 2016 年实施脱贫攻坚以来，积极响应国家号召，主动参与到龙江县精准扶贫工程中来，利用龙江和牛产业优势，帮助贫困户养牛增收，实现在产业发展与精准扶贫工程有效衔接，取得了良好的效果。元盛公司以龙江县为中心，不断向周边地区扩展，产业扶贫成果逐步扩大。公司直接参与的产业扶贫模式有三种，共带动贫困户 3 632 户。三种模式分别是“政府＋龙头企业带动贫困户”“国有资产＋龙头企业合作”“龙头企业＋金融”。

根据集团公司战略部署，计划 2020 年在沪交所挂牌上市。目前公司已经整合完毕，上市前期准备工作正在有序进行中，券商、审计、律师团队已经进入公司驻厂辅导，并已向中国证券监督管理委员会黑龙江监管局申报了《辅导备案信息》，予以公示。未来公司成功上市后，通过上市融资可以更好地满足和牛产业的发展战略目标。

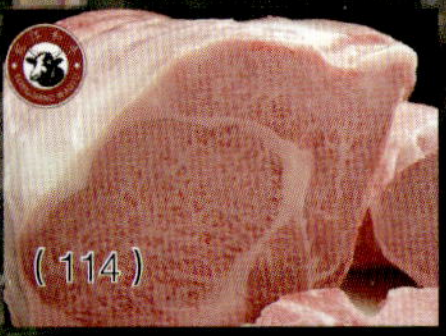

拜城县种羊场

拜城县种羊场始建于1954年，细毛羊养殖及育种已有40多年历史。20世纪80年代初继巩乃斯种羊场育成中国美利奴(新疆型)细毛羊之后，老一辈育种专家杨尔济、李立三教授转战南疆，开始在拜城县种羊场主持培育中国美利奴细毛羊，分别于1983年、1986年和1987年引进澳大利亚澳洲美利奴种公羊6只，与拜城县种羊场新疆细毛羊母羊进行导血杂交。先后经过横交固定、系统的整群鉴定、优选优配、品质的巩固提高，于1993年培育出了适应南疆气候特点的中国美利奴（新疆型）细毛羊，并在1993年10月通过了自治区畜禽品质鉴定委员会的品种归属验收，正式归属为中国美利奴（新疆型）细毛羊。

1999年拜城县种羊场加入新疆细毛羊生产者协会以来，在新疆畜牧科学院的大力支持下，细毛羊育种工作步入了大发展时期。依托农业部种羊质检中心技术力量及设备优势，2004年完成了7 506只生产母羊品质（毛质）的客观检测，全场9 400只生产母羊中核心群实现了同质化组群。2000年至2007年先后从巩乃斯种羊场、吉林农科院、新疆兵团农垦科学院等地引进中国美利奴（新疆型）种羊及澳洲美利奴胚胎移植种公羊26只。后备种公羊年生产能力达到1 000只，除满足拜城、温宿等县细毛羊扩繁改良外，还远销到甘肃肃南县、兵团4师76团、兵团14师、奇台县等地。

拜城县种羊场是农业部确认的“国家肉羊核心育种场”“中国美利奴细毛羊生产基地”“萨帕乐优质细羊毛生产基地”和“新疆细毛羊原种场”。前身为阿克苏专区地方国营拜城东方红种畜场，成立于1954年，地处天山中段南麓，中国四大古道之一“夏塔古道”南端，北邻伊犁昭苏县，西接温宿县，辖四个牧业队，一个农业队，总面积2978平方千米，山区天然草场分部于天山托木尔峰以北、雪莲峰以东，面积194万亩，可利用草场164万亩；人工草地5 700亩，耕地7 400亩。辖区有国家级托木尔自然保护区，动植物资源丰富，野生保护动植物有天山雪豹、雪鸡、雪莲、狼、黄羊、北山羊、盘羊等；畜牧业主要以细毛羊、绒山羊、牦牛、拜城油鸡为主。牲畜存栏5.6万头（只），细毛羊存栏3.85万只，绒山羊存栏1.6万只；每年生产并推广中国美利奴（新疆型）优秀种公羊500多只，年生产萨帕乐品牌羊毛96吨，羊绒3.4吨。

2019年工作开展情况：

一是按照国有农牧场改革相关要求，探索推行职工聘用制、细毛羊绒山羊分段收费管理办法等系列新举措，依托全疆核心育种场之技术优势，打造形成了“中国美利奴”“苏博美利奴”“德国美利奴”及“布鲁拉（多胎型）”四大种资源优势，深入推广推行新品种培育、牲畜大承包制等有效机制，强力推进农牧业结构调整，集中攻坚完成改革方案制定、社会职能移交、成立新公司等重大工作，为平稳顺利改革营造了和谐稳定的社会环境。目前已完成了种羊场资产审计清查、社保续接等改革改制相关工作，并顺利完成了与老虎台乡、布隆乡资产移交工作。二是扎实推进育种工作，采用外引和内育相结合的方式，引进布鲁拉（多胎型）、苏博、德美主配种公羊，自主培育出种公羊520只，向北疆、我县15个乡镇及周边县市售出优质种公羊140只，为脱贫攻坚提供了优秀的种羊资源。三是集成优化细羊毛现代化生产技术，推行羊穿衣、机械剪毛、羊毛分级、规格打包等生产技术，年产羊绒、品牌羊毛及分级羊毛71吨，毛产品呈现竞相购买的局面。四是发挥优势，得到上级部门认可。2019年种羊场被评为国家肉羊核心育种场。优化品种结构，在全国推广优秀种公羊及羊毛现代化生产技术，种羊推广到甘肃、内蒙古等种畜场，羊毛品质和价格再次全国第一，每千克羊毛比乡镇牧场价格高10~15元，增加了农牧民收入，2019年种羊场生产总值达到4 590.48万元，农牧民人均收入达到15 415.92元；因苏博美利奴及布鲁拉多胎型新品种培育及推广，获得“国家科学成果一等奖”。五是品种培育成效显著。实现德美肉毛兼用型培育到第三代繁育，目前核心群生产母羊1 700只，产毛性能与中美比毛有所变粗（平均细度20~22微米），产肉性能突现，臀背典型特征明显。多胎型布鲁拉羊引入培育进入第一代繁育，多羔性能双羔率达到了50%，为辖区农牧民增收致富提供了新技术、开辟了新渠道。

着眼乡村振兴，服务群众惠民生有突破。一是建设基础设施，生活条件明显改善。2019年投资7.10万元建成污水处理系统，修建富民安居52户，修建羊舍11座，庭院改造16户， 完成三改364户，协调援疆资金790多万元对辖区场部260户群众饮水工程进行改建。注重生态文明建设，投资20多万元，在乡村新植绿植景观树种5余种10 820株，新种植集中连片生态杏子园280亩，新增绿化面积达320亩。二是改善民生，排忧解难暖民心。立足实际，将46户151名建档立卡贫困人口纳入社会保障，19名16~60岁贫困人员纳入职工养老统筹、28名贫困人口参加城乡养老保险、60名贫困人口参加农村养老保险、151名贫困人口参加城乡医疗保险和农村新型农村合作医疗。开展医疗惠民全民免费体检，全场完成1 466人的体检工作。人民生活更盈实，出行更方便，环境更优越。三是结对包联，坚决打好脱贫攻坚战。发动场干部及“放惠聚”队员结对帮扶46户151人贫困户，进一步实化细化帮扶措施，确保帮扶有效果。全场46户153人贫困人口全部稳定脱贫。

中国美利奴（超细型）种羊

澳美胚胎移植种羊--布鲁拉（多羔型）

中国美利奴细毛羊原种

湖南省贺家山原种场

湖南省贺家山原种场始建于 1955 年，系湖南省农业农村厅直属县团级农业事业单位，国家级原种场，“三系”杂交水稻发源地之一，湖南省水稻、优质棉原（良）种子生产的重要基地，国家特等发明奖获奖单位之一，2019 年全国农业农村系统先进集体单位。

湖南省贺家山原种场地处常德市境内，现有总人口 1.1 万人，其中干部职工 3 000 多人，科研人员 200 多名，副高以上职称 30 多人，研究员 2 名；总面积 30.66 平方千米，其中耕地面积 1.7 万亩；场辖种业科研、农业生产、管理服务等单位 23 个；主要承担南方稻区及湖南省水稻区域试验、水稻品种组合生产安全性鉴定、两用不育系生态鉴定、水稻新品种引进筛选展示推广、种质资源保护、杂交水稻亲本种子提纯繁殖等公益服务职能，担负着保障全省乃至南方稻区种子生产安全的核心作用。

历年来，共鉴定水稻品种、品系 11 000 多个（次），完成科研课题研究 490 多个，发表专业论文 600 多篇，取得各项科研成果 138 项，其中获得省级以上科研成果奖 30 项，“威优 6 号选育”获得湖南省重大科技成果一等奖、“籼型杂交水稻三系配套”获得国家特等发明奖。自主选育了 V20A、贺 50A、家 60A 等多个不育系，育成了 10 多个米质优、产量高、抗性好、适应性广的水稻新品种，在全国累计推广 5 亿亩以上，增产粮食 250 亿千克；为社会提供水稻原良种和优质棉种超过 1 亿多千克，创造社会效益 500 多亿元；承担商务部杂交水稻技术对外援助项目，培训亚非、拉美 100 多个发展中国家学员 2 000 多人次，让中国杂交水稻的成功经验和先进技术惠泽全世界！

场内基础设施完善，现已建成高标准、规范化杂交水稻种子专用基地 5 000 亩，杂交水稻亲本繁殖、水稻新品种推广示范展示基地 2 000 亩，拥有育种、加工等各种设备设施 500 多台（套）；原良种、再生稻、优质稻繁殖生产，稻田 + 黑斑蛙、龙虾生态种养、中华鳖种苗繁育等种养产业富有特色；人居环境优良，空气清新，鸟语花香，生机盎然，是休闲康养、农业观光的好去处。

“播我原良种、圆您丰收梦”，在场党委的带领下，贺家山人正以习近平新时代中国特色社会主义思想为指引，抢抓乡村振兴战略的历史机遇，围绕种业立场、实干兴场、项目活场、富民强场、生态靓场的发展思路，全面提升和强化公益职能，全力打造全国种业创新基地、湖南省乡村振兴示范基地，努力建成绿色、生态、和谐、美丽的幸福家园。

领导班子照片

湖南省贺家山原种场机关驻地

干部职工大合唱我和我的祖国

开展国际杂交水稻培训

华智水稻生物技术有限公司
HUAZHI RICE BIO-TECH CO., LTD.

华智水稻生物技术有限公司（简称华智）是“国家水稻分子育种平台”承建单位，2013年在农业部倡导下，是由隆平高科等12家中国水稻骨干种企注资3亿元组建的种业共享的高科技研发创新型企业。

华智致力于打造国际一流的种业高科技生物技术研发中心和技术服务中心，为创新驱动种业发展提供科技新动能，为保障国家粮食、生态和种业安全，为乡村振兴战略、农业现代化做贡献。

2014年4月至2018年3月，农业部常务副部长余欣荣、副部长张桃林、种子管理局局长张延秋，科技部副部长徐南平，湖南省委副书记乌兰、湖南省原副省长张硕辅、长沙市委书记胡衡华、长沙市长胡忠雄等部委和省、市、区各级领导视察华智，关注并支持华智的快速发展壮大。

2015年3月至2016年6月，华智先后引进了英国艾吉析（LGC）公司的LGC SNPline和美国道格拉斯（Douglas）科学公司卷带式（Array Tape）基因型分子检测系统，美国昂飞（Affymetrix）公司的GenTitan基因芯片检测系统，美国伊鲁米那（Illumina）公司的主流测序仪，并顺利投入运营。

2015—2017年，华智举办了四期“水稻现代育种技术研修班”，在业内获得广泛好评。2016年11月24日，与隆平高科共同牵头成立长沙生物育种产业技术创新战略联盟（CSBSIA），已有40余家单位加入，张健总经理出任理事长。

2017年4月，华智种子质量分子检测中心获得农作物种子质量检验机构（CASL）合格证书，成为国内首家非事业单位的第三方种子质量检测机构。2017年6月29日，由华智承担的绿色通道试验，其中11个品种通过国家品种审定（《中华人民共和国农业部公告第2547号》）。2018年12月，华智成功通过国家高新技术企业认定。

五莲县莲山黑猪养殖场

五莲县莲山黑猪养殖场位于风景秀丽的山东省日照市五莲县，现饲养五莲黑猪 5 600 余头。

- 是省级“五莲黑猪”保种繁育基地
- 是国家地方猪种“五莲黑猪”活体基因库
- 是我国物种多样性保护的特殊贡献企业
- 是集黑猪保种、饲养、猪肉销售、畜牧生态旅游为一体的综合性畜牧企业

近年来，本场生产的“九戒壮”牌五莲黑猪，采用独创的九戒养殖模式，为民众打造出了零抗生素、无激素和重金属添加的优质生态猪肉，黑猪的跳水、游泳、赛跑吸引了众多消费者参观、旅游、验证。

优良的地方猪种，近乎完美的生态养殖模式，优质的猪肉品质赢得了众多机构的认证和媒体推介。

- 2013 年获得无公害认证
- 2013 年、2015 年两次获得《中国日报》的全球推介
- 2013 年获得山东电视台“特邀诚信单位”称号
- 2013 年获得日照市“行业领军品牌企业”称号
- 2014 年、2016 年两次荣登《中国农业年鉴》
- 2017 年获得了央视“味道”栏目的倾情推荐

任何美好源于责任心和坚持不懈的持续付出，我们会在坚持做好地方猪种保护的同时，加大优质猪肉的生产供应，为满足人们物质生活的不断提高，贡献自己的力量。

南京新淳农业发展有限公司

20 世纪 80 年代，蜜梨种植面积已有 87 公顷，1985 年起，作为市辖区内蜜梨主要种植区的金东区先后引进黄花、翠冠、翠玉等蜜梨优良品种进行推广种植，因个大、产量高、效益好而深受农民喜欢，民间有“婺州蜜梨，一株养一学生娃”的说法。2000 年底，发展到 270 公顷。在传统品种种植基础上，充分发挥当地得天独厚的资源优势，拓宽了市场，促进了农民增收。为提高蜜梨组织化水平，2003 年开始先后成立了金华市婺州蜜梨专业合作社、金华市金东区婺州蜜梨专业技术协会等主体，开始规模化生产，引导单打独斗的梨农向专业化方向发展。2004 年开启婺州蜜梨品牌建设之路，注册“婺州”商标，从此，金东特产“婺州蜜梨”成为特定的商品名称。拟定了金华市婺州蜜梨专业合作社蜜梨生产技术规程，制定了《婺州蜜梨生产模式图》，为婺州蜜梨走高质量标准化生产道路奠定了坚定的基础。通过基地 + 协会（合作社）+ 市场的生产模式，蜜梨产业逐步成为金东农业规模化、专业化、标准化的标杆。

为提升品牌影响力和知名度，2005 年在金华最大的超市——中洋超市举办市民免费品尝比赛，2006 年在江东横店基地举行市民采摘比赛，2007 年开始坚持每年组织会员到上海、广州、杭州等大中城市参加各类产销对接活动。通过不断宣传，婺州蜜梨多次在省名梨评比、省精品果蔬展销会、省农博会上获金奖。先后被评为省名牌农产品、省名牌产品和省著名商标。2007 年，“婺州”蜜梨通过农业部绿色食品认证，2008 年北京奥运会期间，“婺州”蜜梨选为上海赛区特供果品，2016 年合作社被认定为国家农民合作社示范社。

常发农装
CHANGFA AGRICULTURAL EQUIPMENT
品质超越
QUALITY BEYOND,
从常发农装开始
FROM CHANG FA AGRICULTURAL EQUIPMENT CO.,LTD.STARTED
烘干机
小麦收割机
玉米收割机
花生收割机
插秧机
水稻收割机
CF806
CF865
单/多缸机
轮式拖拉机
一扫，关注更多详情
扫一扫，下载常发APP
江苏常发农业装备股份有限公司
ANGSU CHANGFA AGRICULTURAL EQUIPMENT CO.,LTD
地址：江苏省常州市武进区常发工业园
网址：www.changfanz.com
服务热线：400-8878228

黄海金马

研发能力介绍

江苏悦达智能农业装备有限公司系国家高新技术企业。企业技术中心是省级技术中心，采用 UGNX 三维设计软件，虚拟环境下的建模、绘图、检查和校核的全流程设计，设计数据实现了电子化管理，设计文件的审批流程实现了网络化操作。通过生成数字化样机，通过运动仿真检查碰撞和干涉，对关键零部件进行强度的有限元分析并和加工中心连接。通过 PLM 完善的图档管理系统，强化图档设计管理，尽可能减少重复设计，及时方便地为 ERP 提供 BOM 清单。

公司研发、测试设备齐全先进。公司具备较强的产品开发设计能力和完善的质量管理体系，生产设备精良，拥有前处理阴极电泳生产线、总装生产线以及德国、意大利等国生产的进口精密加工中心组成的柔性加工线，激光切割机和焊接机器人组成的智能焊接生产线。可满足农业装备设计制造全生命周期的技术需求。研发场所面积为 41 36 平方米，设有 1 500 平方的试制车间，有变速箱总成加载磨合台，整机加载磨合台，提升器试验台，电气试验台，液压测试台。有整机颠簸试验装置和整机水田颠簸试验装置。有 400 米长的整机试验跑道。

公司技术中心以三名研究员级高级工程师领衔组成了 68 人专业研发团队，其中包括高级工程师 1 8 人，6 名硕士以上研究生，中级职称达 3 1 人。拥有江苏省首席技师 1 名，盐城市技术、工匠 3 人等 1 00 多位中高级技师试制试验团队。

耕耘你的梦想

客服热线：400-1590066 传真：0515-88231975 网址：http://www.jm-cractor.com

地址：江苏省盐城经济技术开发区嫩江路 9 号 E-mail：hhjm@yantuo.cn

徐轮橡胶有限公司

中外合资徐州徐轮橡胶有限公司位于徐州工业园区内，占地 1 000 亩，是国内工程胎、农业胎、叉车胎及汽车轮胎生产基地。公司综合生产能力 320 万套轮胎，其中：工程轮胎 60 万套；大农用胎 180 万套；工业胎 60 万套，销售收入 32 亿元，自营出口 9 000 万美元。

公司设有橡胶科学研究所、中心实验室、产品质量检测站，集生产、科研、检测于一体。现有员工 3 200 人，其中工程技术人员 420 人。企业通过 TS16949、ISO9001:2000 标准质量体系认证和美国质量 DOT 和中国强制性产品 CCC 认证。产品已形成工程机械轮胎、农业轮胎、工业车辆轮胎、载重轮胎、轻型载重胎、实心胎 7 大系列 400 多个产品规格。“甲”牌系列产品连续 10 年被江苏省名牌产品认定委员会认定为“江苏名牌产品”，深得用户的信赖。工程轮胎、农业轮胎产品与国内知名的工程机械、农业机械生产厂家建立了稳定配套关系，产品畅销国内、国际市场。

公司奉行“严格、踏实、上进、创新”的企业精神，坚持以工程轮胎、农业轮胎为主导的发展战略，致力于做优、做强、做大、做国内领先和世界一流的非公路型轮胎制造企业。公司将“以人为本”精心营造优秀的企业文化和良好的用人环境，注重人才的培养、培训、选拔和使用，科学地开发人力资源，努力把徐轮橡胶有限公司建成强大的、现代化的大型轮胎生产基地。

XAG 极飞科技
提升全球农业生产效率
极飞智慧农业解决方案
提升全球农业生产效率
极飞科技成立于2007年，是世界领先的智慧农业科技公司，农业无人机运营规模领跑全球，截至2020年1月1日，极飞农业无人机全球销量超过5万台，市场服务占比达53%，智慧农业技术与产品服务了超过700万农户、3.8亿亩农田、42个国家及地区，为农户提供了完善的智慧农业解决方案，提升全球农业生产效率。
XM 行业应用无人机
农业测绘·农田遥感
XP 系列农业无人机
播种·施药·撒肥·投饲
R 系列农业无人车
植保·运输·巡田
XAPC 农业自动驾驶仪
自动平地·松土·播种
XIoT 农业物联系统
农事记录·农田相机
土壤传感器·温湿度计·气象站
XSAS 智慧农业系统
农场管理·信息检索
作物模型·开源平台
扫码关注极飞科技
服务热线：400-980-3131
官网：XA.COM
公司地址：广州市天河区高普路115号C座

河南省黄泛区农场

机械化收割

黄泛区农场位于中外闻名的“黄泛区”腹地，1951 年 1 月在周恩来总理的指示下建场。地处豫东平原的周口市，点状分布于西华、扶沟两县，是农业厅下属的国有大型农垦企业、农业产业化国家重点龙头企业，也是河南省发展集约农业和现代化农业的重要基地，素有“中原明珠”之称。

建场近 70 年以来，在几代农垦人的奋力拼搏下，秉承“艰苦奋斗、勇于开拓、爱岗敬业、争创一流”的农垦精神，把昔日荒草沙滩建成了花果飘香、林茂粮丰、宜游宜居的现代化优美小城镇。农场场部位于周口市西华县城西 12 千米处，场部建成区面积 8.9 平方千米，常住人口 5 万人，职工 1.5 万人。下辖 16 个农业分场，4 个行政村，场内有 1 000 多家个体工商户及私营企业，21 个周口市、西华县驻场单位，1 个正团级武装部。先后荣获全国五一劳动奖状、全国农垦现代农业示范区、全国粮食生产先进单位等称号。黄泛区生态旅游区景区为国家 3A 级旅游景区。2010 年 6 月，成立黄泛区实业集团有限公司（以下简称集团），属国有独资公司，注册资本 35 亿元，总资产 73.6 亿元。国内有土地 14.7 万亩，果园 1 万亩。下属 16 个农业分公司，11 家场控股和参股企业，在乌克兰、塔吉克斯坦有 3 家境外控股公司，经营土地 17 万亩。集团经营范围包括种植、养殖、种子繁育、农技推广、农副产品加工、化工、机械加工、房地产、建筑工程、物流、商品贸易等，有地神、绿原 2 个国家驰名商标和黄泛区、泛农、天鹰、泛区 4 个河南省著名商标，是农作物良种繁育基地，果蔬生产、加工、贮藏基地，生猪养殖、出口基地。

万亩果园

乌克兰公司牧场

巴南区昌元家庭农场

2011 年，刘昌元一家为了照顾年迈的老人和小孩，放弃常年在外打工，返乡创业。以打工挣来的钱，租种大量撂荒土地，开始从事农业生产。当时山区基本还停留在“刀耕火种”的年代，那时候耕地靠牛，插秧靠手，收割靠抖。农场开始只是进行基本的粮油种植，由于投劳成本大利润低，为了减少投劳和增加工作效率，农场逐渐改进和购置农业机械。于 2013 年 5 月农场正式注册为“巴南区昌元家庭农场”。2014 年获得家庭农场示范场称号，当年农场流转周边 70 余户土地 500 余亩。

由于粮油种植效益低，土地租金年年增加。农场决定进行适度规模经营，减少租种面积，并针对地处丘陵山区，生产管理中劳动强度大、效率低、成本高等因素，大力推进农业机械化，从而提高生产效率，降低投劳，节约生产成本。为其他周边农户和农业企业提供集中育秧、机插秧、病虫害统防统治、机耕地、机收农作物等农业机械社会化服务。农场现有农用机械 20 余台。经过几年的发展，农场的服务面积达到 5 000 亩次上下。2018 年农场租种物面积 285 余亩，其中水稻 185 余亩。为了提高稻田种植收入，农场开展“稻 +N”生态试点种养示范，面积 100 余亩，有稻鳅、稻鱼、稻虾、稻鸭、稻蛙、稻鸭和稻菇。种植梨子 100 余亩、糯玉米 15 余亩、香薯 20 余亩、萝卜 100 余亩。

为了进一步响应乡村振兴战略，使农场和周边农户、农业企业增效增收，农场在农产品精加工和品牌、销售上也在努力发展壮大。在生产、保值、加工、运输、品牌和销售方面，也将投入大量的精力和资金。农场现有农产品：稻花米、稻鳅、稻鱼、稻虾、稻鸭、稻蛙、稻鸭、稻菇（12 月至 5 月成熟）、梨子（7 月至 8 月成熟）、糯玉米（7 月至 10 月成熟）、香薯（10 月至 3 月成熟）、萝卜（11 月至 3 月成熟）。

黑龙江省八五一〇农场

黑龙江省八五一〇农场位于黑龙江省东南部，地处鸡西、密山、鸡东两市一县境内。农场创建于 1948 年，集农、林、牧、副、渔为一体，是涵盖工商业、运建业、服旅业、游业、学校、医院等的国有大型企业，总面积 4.9 万公顷，耕地面积 2.2 公顷，总人口 1.4 万人。种植业以玉米、大豆、水稻为主，水产品有兴凯湖翘嘴红鲌（大白鱼）和湖虾等，工业主要产品有原煤、石墨等，畜牧业以“两牛一猪”（奶牛、肉牛、生猪）为主，梅花鹿、翘嘴红鲌等特色养殖发展强劲。农场当壁镇兴凯湖旅游度假区为国家“AAAA”级旅游名胜景区，王震将军率师开发北大荒纪念馆座落其中，现被国家列为“研学”基地。农场与俄罗斯毗临，区位优势独特，密山口岸位于当壁镇地区，是国家一类陆路口岸。农场交通便利快捷，鸡西兴凯湖机场距农场仅有 10 千米，哈东铁路、方虎公路、建鸡高速、省道 S309 贯通全场。

2019 年农场被农业农村部办公厅、财政部办公厅［农办产 (2019)7 号］批准开展农业产业强镇建设。

遂溪县金龟岭休闲农场

遂溪县金龟岭休闲农场2014年由湛江市绿保现代农业发展有限公司全资投资创建，创始人李广如2018年获“广东省十佳最美新型职业农民”称号；农场占地连片面积1 000多亩，拥有蔬菜大棚150亩，蔬菜露地种植300亩，水果种植250亩，智能玻璃大棚3 200平方米；主要产业有大棚蔬菜种植、观光农业、农庄餐饮、果蔬销售，主要农产品近40个品种，年产量约3 500吨，“绿保农业”品牌获“广东省名牌产品”称号，“绿保尖椒”产品获“绿色食品A级产品”称号。

金龟岭农场坐落于湛江市遂溪县遂城镇社坛村与草塘村之间，由省道指引水泥路直入农场内，交通便利（离湛汕高速出口4千米，离沈海高速出口16千米，离兰海高速出口16千米，离高铁站点10千米，离湛江机场36千米），具有自然生态的田园观光环境，是集农业生产销售、培训、示范、休闲旅游、餐饮于一体的田园综合体，充分利用现代农业田园风光和乡村自然生态环境发展生态旅游业，建设体现龟寿文化、农耕文化、科普文化、田园文化主题特色的生态农业种植园和旅游景区。

金龟岭农场全年满天数开放营业，园区一次性可容纳超过2万人，设置有餐厅可一次容纳2 000人同时用餐，2018年游客流量达38万人次，设有餐饮、水果采摘、培训、烧烤、野炊、喂鱼、打卺、CS野战、儿童乐园、户外拓展、中小学生研学实践教育活动等服务项目。曾获得“全国中小学生研学实践教育基地”“广东省十佳最美农田”“广东省农业公园”“广东省休闲农业和乡村旅游示范点”“广东省新型职业农民培训示范基地”“岭南十大特色农庄”“湛江市科普教育基地”等荣誉称号，已成为粤西地区乡村旅游热点、湛江市乡村旅游的亮丽名片。

金龟岭农场第一期（2015—2019年）建设租用了周边农民土地1 000余亩，农民不但从土地流转得到稳定的租金收入，周边农户200多人在农场就业，人均年收入近3万元；除了提供就业，绿保公司还以农技培训、信息咨询、订单合作帮扶等方式，精准帮扶基地周边的60户贫困户致富。

目前，绿保公司正在计划实施金龟岭农场第二期（2020—2024年）的规划建设，园区将扩大至3 000亩，以现代化新技术、新品种引进、消化、吸收、示范、推广的经营模式进一步带动周边农民致富，进一步完善园区内配套设施及乡村文化建设，充分发挥现代高科技农业生产的观光效应，以现代农业科研生产和美丽的乡村自然环境为资源，并加以提升利用增加农业的附加值，形成以农业保观光、观光促农业的良性循环，突出农业高科技的技术特征，打造一个具有乡土气息及农业文化内涵的自然、清新、质朴的生态农业种植园区和旅游风景区。

采摘游客

餐厅

草莓园

葡萄园

放飞梦想 砥砺前行 谱写新华章

朝邑农场始建于1963年，是陕西省农垦集团直属农场之一，注册资金583万元。农场下属农业分场、农业公司、机务队、冬枣示范园、苗木公司、有机肥厂等16个基层单位，现有总人口2 400余人，其中在职职工人数806人，各类专业技术人才158人，强大的各类专业技术人才队伍，为公司的发展提供强大的人才智力保障。

朝邑农场现有土地面积5.031万亩，其中耕地占3.75万亩。地处美丽富饶的关中平原东部，东临黄河，南滨洛水，距大荔县城东19千米，西潼高速公路20千米、陇海铁路线30千米、108国道18千米、大荔高铁站20千米，县道312线与沿黄旅游专线贯穿全场；农场经济文化核心区坐落在老朝邑县城，与著名的古建筑群“丰图义仓”“岱祠岑楼”“金龙宝塔”等名胜古迹相邻。地理位置优越，交通运输便利。

主要产品有：小麦、玉米、冬枣、西瓜、苜蓿、沙苑籽、蚯蚓粪有机肥等。西瓜、小麦取得了“无公害农产品生产基地”认证，冬枣获得国家“无公害产品、产地”认证；蚯蚓粪有机肥取得了杨凌“后稷奖”。

包头市大西北科技发展有限责任公司

“大西北”牌多元微肥

“大西北”牌多元微肥是包头市大西北科技发展有限责任公司生产的，主要成分为B、Fe、Cu、Zn、Mn、Mo、Se、Co、I、维生素、细胞膜稳定剂。具有促进植物根系生长、增强光合作用、提高产量、增加抗逆性、防止早衰退化、改善品质、增进固形物积累的作用。

在马铃薯上的使用：经内蒙古、甘肃两地农科院马铃薯研究所连续三年的研究证实：淀粉含量增加0.5%，增产幅度在9%~20%，早疫病发病率比对照减少50%~65.8%。抗病作用超过国外一些著名品牌。田间烂薯率减少45%~51%，贮藏期烂薯率比对照减少75%，每吨薯块减少烂薯60千克。各项研究均达到显著差异和极显著差异。

在玉米上的使用：经内蒙古土肥站在全区各盟市11个试验点验证，“内农土肥字【1991】第9号”文件报告，叶面积增加18.05%~39.5%，光合强度提高38.9%~47.5%，叶绿素含量提高24.5%~29.5%。一般增产17.8%，统计分析达到极显著差异。

在蔬菜上的使用：与内蒙古农科院合作，“大西北牌多元微肥对蔬菜中硝酸盐及亚硝酸盐积累控制作用研究”课题总结——具有显著减少蔬菜收获时和贮藏期后硝酸盐及亚硝酸盐积累的作用。

在中药材种植上的使用：与新疆中药民族药研究所合作证实，提高甘草中甘草酸和甘草苷的含量显著。与国内多家公司及研究部门合作证实，有提高多种人工栽培中药材如黄芪、枸杞、吴茱萸、麻黄等代表药性物质如黄芪甲苷、枸杞多糖、吴茱萸碱、麻黄碱等含量的功能。

在经济作物上的使用：有提高甜菜、葡萄水果固形物和糖分，提高啤酒花 α－酸含量的功能。

本专利技术使甜菜除增产外，还显著减少块根中有害氮和钾钠离子，达到明显的“增产、增糖、减氮、提纯、抗病”的效果。

网站：www.dxbwf.cn　Email：yangzhifang48@126.con　电话：13947271458,13716301988

公司地址：包头市石拐工业一园区

互助共济　服务渔民

——广东省渔业互保协会

广东省渔业互保协会（下称“我协会”）是由广东省农业农村厅主管、在广东省民政厅注册登记的非营利性社会组织，主要职能是开展渔业互助保险。我协会在全省各地开设了100个分支机构，遍布省内各大渔港，为渔民群众提供全天候、便利的渔业互助保险服务，成为广东省渔业保险的主要市场主体。主要开设的险种有：雇主责任互助保险、渔民人身意外伤害互助保险、渔船财产互助保险、休闲渔业观光人员人身平安互助保险。

2013—2014年，我协会承担并顺利完成广东省政策性渔业保险试点工作，受惠渔民逾22万人次，受惠渔船16000余艘次；2014年，圆满完成省政府下达的“组织11万渔民、1万艘渔船参加渔业政策性保险”的民生实事工作任务；2018年，积极推动《广东省政策性渔业保险实施方案》和《广东省政策性水产养殖保险实施方案（试行）》出台。实践证明，渔业互助保险是渔业安全生产管理的重要组成部分，是化解渔业生产风险行之有效的途径之一。

成立26年来，我协会始终坚持党的领导，始终坚决服从并贯彻落实党和国家的各项方针政策和决策部署，不忘初心，牢记使命，坚持“互助共济，服务渔民”的服务理念，在渔业互助保险领域逐步发展壮大、成绩突出，为我省渔区安定和渔业经济发展发挥了积极作用，获得省政府及有关上级部门的肯定，曾先后获得“全省先进民间组织”“全国先进民间组织”“5A级社会组织”“广东省海洋与渔业安全生产管理先进单位”“广东省优秀社会组织”等荣誉称号。

广东省政策性渔业保险工作启动仪式

渔民群众踊跃参加渔业互助保险

广东省渔业互保协会获得“5A级社会组织”称号

深圳市渔业服务与水产技术推广总站

深圳市渔业服务与水产技术推广总站（深圳市水生动物防疫检疫站）2018年重点工作：

1. 深圳市水生动物实验室全部通过了2018年申报的农业农村部下发的共11个能力验证项目，同时亦获得2019年国家级、省级水生动物疫病监测计划相应疫病检测实验室备选资格。

2. 建设1.43平方千米东冲—西冲生态公益型人工鱼礁区。投资6 650.3万元，制作8种类型的礁体共3 900个，总容量为264 532立方米。该项已于2017年11月13日组织实施开工建设，截至2018年12月16日，建造礁体2 899个，投放礁体1 935个，形象进度74%，计划至2019年底全面完工。

3. 完成深圳海域放流虾苗450万尾、海水鲷科鱼苗80万尾的任务。

4. 举办渔业信息、龟鳖动物病害防治、防寒预警、农业相关政策宣贯和渔业技能鉴定培训班，开展农产品质量安全活动、增殖放流宣传活动、广东省西部异地蚝科技下乡活动，共有1 340人次参加，发放资料8 840份。

5. 完成海洋渔业大楼消防安全标准化创建工作，做好渔民防台风避护所管理。2018年出色完成了“山竹”“天兔”等台风的避护工作。

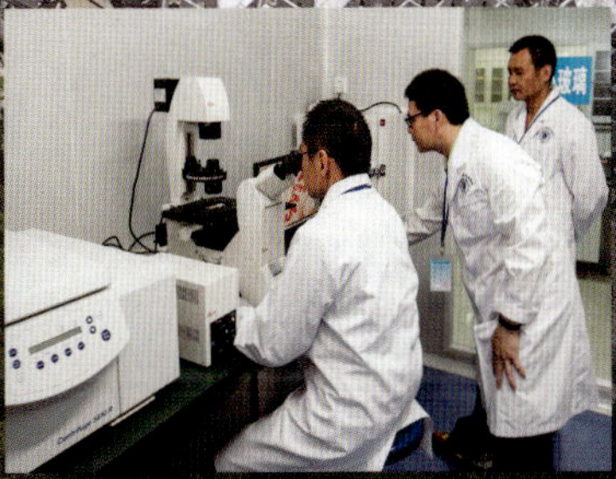

沈阳市金山水产养殖公司

沈阳市金山水产养殖公司位于辽中县冷子堡镇，是一家集苗种繁育、成鱼养殖、饲料生产、产品销售为一体的股份合作制企业。公司现有中高级技术人员14人，以公司为主体成立的水产协会，聘请2名院士，建立了全国首家县级农村专业技术协会特邀院士工作站。本公司从1992年成立以来，经过多年的生产经营，滚动积累，不断发展壮大，现有固定资产5 000万元。公司现有8个渔场，精养面积8 000亩，1个水产研究所，1座3 000平方米现代化育苗室、驯化车间。成立了一个渔业经济合作社，有一座年产5 000吨的鱼用配合饲料加工厂。公司占地面积400公顷，其中精养鱼池200公顷。产地通过了无公害农产品产地认定，年产优质无公害淡水鱼3 600吨，繁殖锦鲤、鲫鱼等8个品种鱼苗3亿尾。养殖的鲤鱼和鲫鱼被评为无公害农产品和中国品牌农产品，注册的“泉城“商标被评为辽宁省著名商标。“辽中”鲫鱼荣获第十二届中国国际农产品交易会参展产品金奖，产品销往辽宁、吉林、黑龙江、北京、天津、河北等地，并出口到韩国。

公司被农业部授予“水产健康养殖示范场“称号，2012年又被农业部授予“全国休闲渔业示范基地”，是国家大宗淡水鱼类产业技术体系高效养殖示范片，在建的有国家级德国境鲤良种场。公司是省级农业产业化重点龙头企业、省级现代农业示范基地、省级现代农业园区、省级水产健康养殖示范区和省级水产良种场，是经辽宁出入境检验检疫局注册的出境水生动物养殖场。

山东登海种业股份有限公司

山东登海种业股份有限公司，是以杂交玉米为主的种业上市公司（证券简称：登海种业，证券代码：002041），是国家玉米工程技术研究中心（山东），国家创新型企业，国家玉米新品种技术研究推广中心，中国种业信用明星企业，农业产业化国家重点龙头企业。公司现有注册资本 8.8 亿元，总资产 38.09 亿元，下设 6 个分公司，拥有全资子公司及控股子公司 25 家，包含一家中外合资种业公司。

从 1972 年至今，李登海带领登海种业科研创新团队，高举“开创中国玉米高产道路、赶超世界先进水平”的旗帜，通过 47 年持续不断地开展玉米高产攻关试验和 46 年 160 代玉米高产品种的研发创新，在我国率先发现了紧凑型杂交玉米较平展型杂交玉米的高产潜力，率先发现和确立了紧凑型杂交玉米是我国高产玉米育种的发展方向，率先开启了我国玉米高产育种由平展型向紧凑型转变的绿色革命，率先总结出了紧凑型玉米杂交种较平展型玉米杂交种在种植密度、叶面积指数、经济系数、高密度情况下单株生产力、高产能力五个方面的突破，率先育出了亩产从 700 千克到 1 500 千克的紧凑型高产玉米新品种，为我国高产玉米育种提供了原始创新的种质资源，提升了我国杂交玉米高产能力，促进了我国玉米高产栽培和高产育种研究的发展，为我国玉米高产创建、农业增产、农民增收以及保障国家粮食安全提供了强有力的高产品种支撑。

登海种业建立了以企业为主体、以市场为导向、产学研结合的创新体系，在新疆、甘肃、宁夏、山东等省区累计投资 11 亿元人民币，建立了长期、稳定的玉米种子生产加工基地，配套安装了集果穗烘干、脱粒、精选、籽粒烘干、包衣、包装为一体的现代化大型种子加工生产线，种子质量得到有效保障。树立一切为种子用户服务的理念，完善的营销网络体系，促进了玉米种子市场占有率的提高，“登海”品牌享誉全国。在做大做强玉米种子产业化的基础上，公司不断拓展特用玉米种、小麦种、蔬菜种、花卉等产业的发展，多元化、规模化产业发展水平正在进一步提升。

登海种业将结合中国种业发展的新任务、新机遇、新挑战，力争在高产引领、产业创新、资本保证、平台建设、人才集结、国际合作与国际市场开发等方面实现新突破、新跨越，为发展现代农业、建设种业强国、保障国家粮食安全创建新业绩，做出新贡献！

大华种业集团

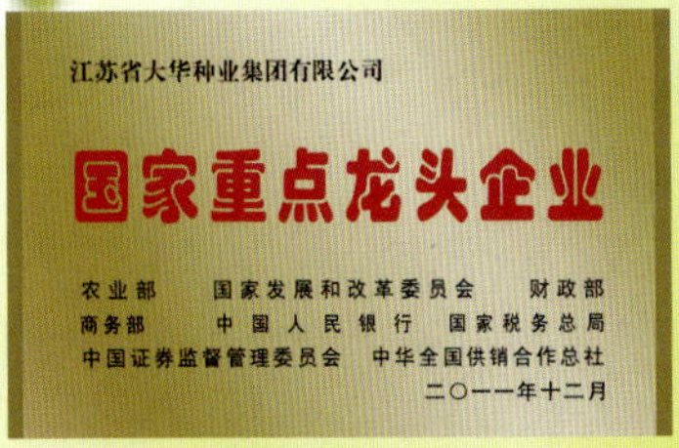

大华种业集团是上市公司苏垦农发（601952）主要全资子公司，为农业产业化国家重点龙头企业、AAA级信用企业、国家育繁推一体化企业和中国种业信用明星企业，是中国种子协会副会长单位和小麦分会会长单位。注册资本5亿元，下辖19家分公司，6家控股子公司，资产总额逾10亿元，员工600多人，具有标准化种子生产基地60万亩。

公司育种研究院下设4个研究所、1个分子育种中心、1个省级小麦育种工程技术研究中心、2个南繁基地和15个生态试验站，研发人员60多人，自主培育审定品种近50个，获省部级科研成果奖4项。"大华"牌商标为中国驰名商标，"大华"牌水稻种、小麦种和大麦种为省名牌产品。

近年来，公司积极实施外延发展战略，控股陕垦大华、江蔬种苗，收购胜田科技、江苏农科种业全部品种和种质资源，设立安徽分公司等，全面推进转型升级和高质量发展，企业发展稳健。

安徽分公司成立大会场景

公司入驻杨凌种子园区

四川国豪种业股份有限公司

四川国豪种业股份有限公司位于中国绵阳科技城，注册资金10 000万元，是集种子科研选育、生产、加工、销售和出口为一体的"国家级农业产业化重点龙头企业"。作为农业部首批设立的全国32家"育繁推一体化"企业之一，小麦水稻等作物遗传育种重点实验室（企业）建设依托单位及"十三五"国家小麦、水稻育种联合攻关单位。连续多年通过ISO9001质量管理体系认证，先后荣获"中国种业信用骨干企业""中国种子行业信用评价AAA级信用企业""四川省高新技术企业"等称号；国豪商标被认定为"四川省著名商标"；国豪牌水稻种子评定为中国名牌和四川省名牌产品、油菜种子为四川省名牌产品。

浓香型菜籽油订单种植品种绵油15、绵油309，适宜在新疆、甘肃、青海、内蒙古、四川春油菜种植区域种植，适宜在长江上游、长江中下游区域冬油菜种植区域种植。

随着生活水平的不断提高，近几年浓香菜籽油市场需求量不断增加，油厂原料缺口量大，公司通过与大型油厂开展多边合作形成订单种植模式，大大降低农户种植风险，提高收益，同时解决种植户销路问题，增产增收效益明显，深受种植户喜爱。

浓香型菜籽订单种植品种

品种优势：浓香型品种、产量高、抗性好、生育期适中

订单种植优势：种植户直接对接油厂，收益有保障，增收好出路。

田间表现

全新时代　创新引领　服务三农

——安徽荃银高科种业股份有限公司

安徽荃银高科种业股份有限公司是一家“以种业为核心，农业服务为延伸，探索和创新农业多元化发展”的现代高科技种业上市公司，注册资金4.3亿元，系“农业部首批农作物种子育繁推一体化企业、中国种业信用明星企业、国家高新技术企业、农业产业化省级龙头企业”。2018年12月，中化集团全资控股子公司、农业板块核心企业中化现代农业有限公司成为公司第一大股东，荃银高科步入全新时代。

公司坚持科技创新，拥有“农业部杂交稻新品种创制重点实验室”、国家级博士后科研工作站、院士工作站、国家企业技术中心等创新平台，牵头组建的“6+1”国家水稻商业化分子育种技术创新联盟，现已成为行业标杆；重视人才培养，首创“现代青年农场主培养”模式，助力国家乡村振兴；积极探索农业社会化服务，与中化农业等深入合作，致力为种植户提供从种到收一条龙服务；国内国外同步发展，海外业务规模位居行业前列，在安哥拉等国开垦建设水稻、玉米农场，并拥有商务部农业技术援外项目实施资质（全国仅有2家农业企业），是首批中国农业对外合作百强企业。

未来，荃银高科将围绕大农业，抢抓机遇，奋力拼搏，正逐步成为大农业的业态创新者和现代农业服务商，为现代农业提供整体解决方案，为发展我国现代种业作出新的贡献。